AF884558

J. von Staudingers
Kommentar zum Bürgerlichen Gesetzbuch
mit Einführungsgesetz und Nebengesetzen
Buch 2 · Recht der Schuldverhältnisse
§§ 662–675b
(Auftrag und Geschäftsbesorgung)

Kommentatorinnen und Kommentatoren

Dr. Karl-Dieter Albrecht
Vorsitzender Richter am Bayerischen Verwaltungsgerichtshof a. D., München

Dr. Christoph Althammer
Professor an der Universität Regensburg

Dr. Georg Annuß
Rechtsanwalt in München, Außerplanmäßiger Professor an der Universität Regensburg

Dr. Christian Armbrüster
Professor an der Freien Universität Berlin, Richter am Kammergericht a. D.

Dr. Arnd Arnold
Professor an der Universität Trier, Dipl.-Volksw.

Dr. Markus Artz
Professor an der Universität Bielefeld

Dr. Marietta Auer
Professorin an der Universität Gießen

Dr. Martin Avenarius
Professor an der Universität zu Köln

Dr. Wolfgang Baumann
Notar in Wuppertal, Professor an der Bergischen Universität Wuppertal

Dr. Winfried Bausback
Professor a. D. an der Bergischen Universität Wuppertal, bayerischer Staatsminister der Justiz, Mitglied des Bayerischen Landtags

Dr. Roland Michael Beckmann
Professor an der Universität des Saarlandes, Saarbrücken

Dr. Dr. h. c. Detlev W. Belling, M.C.L.
Professor an der Universität Potsdam

Dr. Andreas Bergmann
Professor an der Fernuniversität Hagen

Dr. Falk Bernau
Richter am Bundesgerichtshof, Karlsruhe

Dr. Marcus Bieder
Professor an der Universität Osnabrück

Dr. Werner Bienwald
Professor an der Evangelischen Fachhochschule Hannover, Rechtsanwalt in Oldenburg

Dr. Tom Billing
Rechtsanwalt in Berlin

Dr. Claudia Bittner, LL.M.
Außerplanmäßige Professorin an der Universität Freiburg i. Br., Richterin am Hessischen Landessozialgericht

Dr. Reinhard Bork
Professor an der Universität Hamburg

Dr. Jan Busche
Professor an der Universität Düsseldorf

Dr. Georg Caspers
Professor an der Universität Erlangen-Nürnberg

Dr. Tiziana Chiusi
Professorin an der Universität des Saarlandes, Saarbrücken

Dr. Michael Coester, LL.M.
Professor an der Universität München

Dr. Dagmar Coester-Waltjen, LL.M.
Professorin an der Universität Göttingen

Dr. Thomas Diehn
Notar in Hamburg

Dr. Katrin Dobler
Regierungsdirektorin beim Justizministerium Baden-Württemberg

Dr. Heinrich Dörner
Professor an der Universität Münster

Dr. Werner Dürbeck
Richter am Oberlandesgericht Frankfurt a. M.

Dr. Anatol Dutta, M. Jur.
Professor an der Universität Regensburg

Dr. Christina Eberl-Borges
Professorin an der Universität Mainz

Dr. Dres. h. c. Werner F. Ebke, LL.M.
Professor an der Universität Heidelberg

Dr. Jan Eickelberg, LL.M.
Professor an der Hochschule für Wirtschaft und Recht, Berlin

Jost Emmerich
Richter am AG München

Dr. Volker Emmerich
Professor an der Universität Bayreuth, Richter am Oberlandesgericht Nürnberg a. D.

Dipl.-Kfm. Dr. Norbert Engel
Ministerialdirigent a. D., Rechtsanwalt in Erfurt

Dr. Helmut Engler †
Professor an der Universität Freiburg i. Br., Minister in Baden-Württemberg a. D.

Dr. Cornelia Feldmann
Rechtsanwältin in Freiburg i. Br.

Dr. Timo Fest, LL.M.
Priv. Dozent an der Universität München

Dr. Karl-Heinz Fezer
Professor an der Universität Konstanz, Honorarprofessor an der Universität Leipzig, Richter am Oberlandesgericht Stuttgart a. D.

Dr. Philipp S. Fischinger, LL.M.
Professor an der Universität Mannheim

Dr. Rainer Frank
Professor an der Universität Freiburg i. Br.

Dr. Robert Freitag, Maître en droit
Professor an der Universität Erlangen-Nürnberg

Dr. Jörg Fritzsche
Professor an der Universität Regensburg

Dr. Beate Gsell, Maître en droit
Richterin am Oberlandesgericht München, Professorin an der Universität München

Dr. Karl-Heinz Gursky
Professor an der Universität Osnabrück

Dr. Thomas Gutmann, M. A.
Professor an der Universität Münster

Dr. Martin Gutzeit
Professor an der Universität Gießen

Dr. Martin Häublein
Professor an der Universität Innsbruck

Dr. Johannes Hager
Professor an der Universität München

Dr. Felix Hartmann
Professor an der FU Berlin

Dr. Wolfgang Hau
Professor an der Universität Passau

Dr. Rainer Hausmann
Professor an der Universität Konstanz

Dr. Stefan Heilmann
Richter am Oberlandesgericht Frankfurt, Honorarprofessor an der Frankfurt University of Applied Sciences

Dr. Jan von Hein
Professor an der Universität Freiburg i. Br.

Dr. Christian Heinze
Professor an der Universität Hannover

Dr. Stefan Heinze
Notar in Moers

Dr. Tobias Helms
Professor an der Universität Marburg

Dr. Dr. h. c. mult. Dieter Henrich
Professor an der Universität Regensburg

Dr. Carsten Herresthal, LL.M.
Professor an der Universität Regensburg

Christian Hertel, LL.M.
Notar in Weilheim i. OB.

Dr. Stephanie Herzog
Rechtsanwältin in Würselen

Dr. Katharina Hilbig-Lugani
Professorin an der Universität Düsseldorf

Joseph Hönle
Notar in München

Dr. Ulrich Hönle
Notar in Waldmünchen

Dr. Bernd von Hoffmann †
Professor an der Universität Trier

Dr. Heinrich Honsell
Professor an der Universität Zürich, Honorarprofessor an der Universität Salzburg

Dr. Norbert Horn
Professor an der Universität zu Köln, Vorstand des Arbitration Documentation and Information Center e.V., Köln

Dr. Peter Huber, LL.M.
Professor an der Universität Mainz

Dr. Rainer Hüttemann
Professor an der Universität Bonn

Dr. Martin Illmer
Wiss. Referent am MPI, Hamburg

Dr. Florian Jacoby
Professor an der Universität Bielefeld

Dr. Rainer Jagmann
Vorsitzender Richter am Oberlandesgericht Karlsruhe a. D.

Dr. Ulrich von Jeinsen
Rechtsanwalt und Notar in Hannover, Honorarprofessor an der Universität Hannover

Dr. Joachim Jickeli
Professor an der Universität zu Kiel

Dr. Dagmar Kaiser
Professorin an der Universität Mainz

Dr. Bernd Kannowski
Professor an der Universität Bayreuth

Dr. Rainer Kanzleiter
Notar a. D. in Ulm, Honorarprofessor an der Universität Augsburg

Dr. Christian Kesseler
Notar in Düren, Honorarprofessor an der Universität Trier

Dr. Fabian Klinck
Professor an der Universität Bochum

Dr. Frank Klinkhammer
Richter am Bundesgerichtshof, Karlsruhe

Dr. Steffen Klumpp
Professor an der Universität Erlangen-Nürnberg

Dr. Jürgen Kohler
Professor an der Universität Greifswald

Dr. Stefan Koos
Professor an der Universität der Bundeswehr München

Dr. Rüdiger Krause
Professor an der Universität Göttingen

Dr. Heinrich Kreuzer
Notar in München

Dr. Lena Kunz, LL.M.
Akad. Mitarbeiterin an der Universität Heidelberg

Dr. Hans-Dieter Kutter
Notar a. D. in Nürnberg

Dr. Arnold Lehmann-Richter
Professor an der Hochschule für Wirtschaft und Recht Berlin

Stefan Leupertz
Richter a. D. am Bundesgerichtshof, Honorarprofessor an der TU Dortmund

Dr. Martin Löhnig
Professor an der Universität Regensburg

Dr. Dr. h. c. Manfred Löwisch
Professor an der Universität Freiburg i. Br., Rechtsanwalt in Lahr (Schw.), vorm. Richter am Oberlandesgericht Karlsruhe

Dr. Dirk Looschelders
Professor an der Universität Düsseldorf

Dr. Stephan Lorenz
Professor an der Universität München

Dr. Ulrich Magnus
Professor an der Universität Hamburg, Affiliate des MPI für ausländisches und internationales Privatrecht, Hamburg, Richter am Hanseatischen Oberlandesgericht zu Hamburg a. D.

Dr. Peter Mankowski
Professor an der Universität Hamburg

Dr. Heinz-Peter Mansel
Professor an der Universität zu Köln

Dr. Peter Marburger
Professor an der Universität Trier

Dr. Wolfgang Marotzke
Professor an der Universität Tübingen

Dr. Sebastian A. E. Martens
Professor an der Universität Passau

Dr. Dr. Dr. h. c. mult. Michael Martinek, M.C.J.
Professor an der Universität des Saarlandes, Saarbrücken, Honorarprofessor an der Universität Johannesburg, Südafrika

Dr. Annemarie Matusche-Beckmann
Professorin an der Universität des Saarlandes, Saarbrücken

Dr. Gerald Mäsch
Professor an der Universität Münster

Dr. Jörg Mayer †
Honorarprofessor an der Universität Erlangen-Nürnberg, Notar in Simbach am Inn

Dr. Dr. Detlef Merten
Professor an der Deutschen Universität für Verwaltungswissenschaften Speyer

Dr. Tanja Mešina
Staatsanwältin, Stuttgart

Dr. Rudolf Meyer-Pritzl
Professor an der Universität zu Kiel, Richter am Schleswig-Holsteinischen Oberlandesgericht in Schleswig

Dr. Morten Mittelstädt
Notarassessor in Hamburg

Dr. Peter O. Mülbert
Professor an der Universität Mainz

Dr. Dirk Neumann
Vizepräsident des Bundesarbeitsgerichts a. D., Kassel, Präsident des Landesarbeitsgerichts Chemnitz a. D.

Dr. Hans-Heinrich Nöll
Rechtsanwalt in Hamburg

Dr. Jürgen Oechsler
Professor an der Universität Mainz

Dr. Hartmut Oetker
Professor an der Universität zu Kiel, Richter am Thüringer Oberlandesgericht in Jena

Wolfgang Olshausen
Notar a. D. in Rain am Lech

Dr. Dirk Olzen
Professor an der Universität Düsseldorf

Dr. Sebastian Omlor, LL.M., LL.M.
Professor an der Universität Marburg

Dr. Gerhard Otte
Professor an der Universität Bielefeld

Dr. Lore Maria Peschel-Gutzeit
Rechtsanwältin in Berlin, Senatorin für Justiz a. D. in Hamburg und Berlin, Vorsitzende Richterin am Hanseatischen Oberlandesgericht zu Hamburg i. R.

Dr. Frank Peters
Professor an der Universität Hamburg, Richter am Hanseatischen Oberlandesgericht zu Hamburg a. D.

Dr. Axel Pfeifer
Notar in Hamburg

Dr. Christian Picker
Dozent an der Universität München

Dr. Andreas Piekenbrock
Professor an der Universität Heidelberg

Dr. Jörg Pirrung
Richter am Gericht erster Instanz der Europäischen Gemeinschaften i. R., Professor an der Universität Trier

Dr. Dr. h. c. Ulrich Preis
Professor an der Universität zu Köln

Dr. Maximilian Freiherr von Proff zu Irnich
Notar in Köln

Dr. Thomas Raff
Notarassessor, Kandel

Dr. Manfred Rapp
Notar a. D., Landsberg am Lech

Dr. Thomas Rauscher
Professor an der Universität Leipzig, Dipl. Math.

Dr. Peter Rawert, LL.M.
Notar in Hamburg, Honorarprofessor an der Universität Kiel

Eckhard Rehme
Vorsitzender Richter am Oberlandesgericht Oldenburg i. R.

Dr. Wolfgang Reimann
Notar a. D., Honorarprofessor an der Universität Regensburg

Dr. Tilman Repgen
Professor an der Universität Hamburg

Dr. Dieter Reuter †
Professor an der Universität zu Kiel, Richter am Schleswig-Holsteinischen Oberlandesgericht in Schleswig a. D.

Dr. Christoph Reymann, LL.M. Eur.
Notar in Neustadt b. Coburg, Professor an der Privaten Universität Liechtenstein

Dr. Reinhard Richardi
Professor an der Universität Regensburg, Präsident des Kirchlichen Arbeitsgerichtshofs der Deutschen Bischofskonferenz, Bonn

Dr. Volker Rieble
Professor an der Universität München, Direktor des Zentrums für Arbeitsbeziehungen und Arbeitsrecht

Dr. Anne Röthel
Professorin an der Bucerius Law School, Hamburg

Dr. Christian Rolfs
Professor an der Universität zu Köln

Dr. Herbert Roth
Professor an der Universität Regensburg

Dr. Ludwig Salgo
Apl. Professor an der Universität Frankfurt a. M.

Dr. Renate Schaub, LL.M.
Professorin an der Universität Bochum

Dr. Martin Josef Schermaier
Professor an der Universität Bonn

Dr. Gottfried Schiemann
Professor an der Universität Tübingen

Dr. Eberhard Schilken
Professor an der Universität Bonn

Dr. Peter Schlosser
Professor an der Universität München

Dr. Martin Schmidt-Kessel
Professor an der Universität Bayreuth

Dr. Günther Schotten
Notar a. D. in Köln, Professor an der Universität Bielefeld

Dr. Robert Schumacher, LL.M.
Notar in Köln

Dr. Roland Schwarze
Professor an der Universität Hannover

Dr. Andreas Schwennicke
Notar und Rechtsanwalt in Berlin

Dr. Maximilian Seibl, LL.M.
Regierungsrat im Bayerischen Staatsministerium für Gesundheit und Pflege, München

Dr. Hans Hermann Seiler
Professor an der Universität Hamburg, Richter am Hanseatischen Oberlandesgericht a. D.

Dr. Stephan Serr
Notar in Ochsenfurt

Dr. Reinhard Singer
Professor an der Humboldt-Universität Berlin, vorm. Richter am Oberlandesgericht Rostock

Dr. Dr. h. c. Ulrich Spellenberg
Professor an der Universität Bayreuth

Dr. Sebastian Spiegelberger
Notar a. D. in Rosenheim

Dr. Ansgar Staudinger
Professor an der Universität Bielefeld

Dr. Malte Stieper
Professor an der Universität Halle-Wittenberg

Dr. Markus Stoffels
Professor an der Universität Heidelberg

Dr. Dr. h. c. Fritz Sturm †
Professor an der Universität Lausanne

Dr. Gudrun Sturm
Assessorin, Wiss. Mitarbeiterin

Dr. Michael Stürner
Professor an der Universität Konstanz

Burkhard Thiele
Präsident des Oberlandesgerichts Rostock

Dr. Christoph Thole
Professor an der Universität zu Köln

Dr. Karsten Thorn
Professor an der Bucerius Law School, Hamburg

Dr. Gregor Thüsing, LL.M.
Professor an der Universität Bonn

Dr. Judith Ulshöfer
Notarassessorin beim Deutschen Notarinstitut, Würzburg

Dr. Barbara Veit
Professorin an der Universität Göttingen

Dr. Bea Verschraegen, LL.M., M.E.M.
Professorin an der Universität Wien, adjunct professor an der Universität Macao

Dr. Klaus Vieweg
Professor an der Universität Erlangen-Nürnberg

Dr. Markus Voltz
Notar in Offenburg

Dr. Reinhard Voppel
Rechtsanwalt in Köln

Dr. Christoph Weber
Akad. Rat a. Z. an der Universität München

Dr. Johannes Weber, LL.M.
Notarassessor, Geschäftsführer des Deutschen Notarinstituts, Würzburg

Gerd Weinreich
Vorsitzender Richter am Oberlandesgericht Oldenburg

Dr. Birgit Weitemeyer
Professorin an der Bucerius Law School, Hamburg

Dr. Matthias Wendland, LL.M.
Priv. Dozent an der Universität München

Dr. Domenik H. Wendt
Professor an der Frankfurt University of Applied Sciences

Dr. Olaf Werner
Professor an der Universität Jena, Richter am Thüringer Oberlandesgericht Jena a. D.

Dr. Daniel Wiegand, LL.M.
Rechtsanwalt in München

Dr. Wolfgang Wiegand
Professor an der Universität Bern

Dr. Peter Winkler von Mohrenfels
Professor an der Universität Rostock, Richter am Oberlandesgericht Rostock a. D., Rechtsanwalt in Rostock

Dr. Hans Wolfsteiner
Notar a. D., Rechtsanwalt in München

Heinz Wöstmann
Richter am Bundesgerichtshof, Karlsruhe

Redaktorinnen und Redaktoren

Dr. Christian Baldus

Dr. Dr. h. c. mult. Christian von Bar, FBA

Dr. Michael Coester, LL.M.

Dr. Heinrich Dörner

Dr. Hans Christoph Grigoleit

Dr. Johannes Hager

Dr. Dr. h. c. mult. Dieter Henrich

Sebastian Herrler

Dr. Dagmar Kaiser

Dr. Dr. h. c. Manfred Löwisch

Dr. Ulrich Magnus

Dr. Peter Mankowski

Dr. Heinz-Peter Mansel

Dr. Peter O. Mülbert

Dr. Gerhard Otte

Dr. Lore Maria Peschel-Gutzeit

Dr. Manfred Rapp

Dr. Peter Rawert, LL.M.

Dr. Volker Rieble

Dr. Christian Rolfs

Dr. Herbert Roth

Dr. Markus Stoffels

Dr. Wolfgang Wiegand

J. von Staudingers
Kommentar zum Bürgerlichen Gesetzbuch mit Einführungsgesetz und Nebengesetzen

Buch 2
Recht der Schuldverhältnisse
§§ 662–675b
(Auftrag und Geschäftsbesorgung)

Neubearbeitung 2017
von
Michael Martinek
Sebastian Omlor

Redaktor
Volker Rieble

Sellier – de Gruyter · Berlin

Die Kommentatorinnen und Kommentatoren

Neubearbeitung 2017
§§ 662–675b: Michael Martinek/Sebastian Omlor

Neubearbeitung 2006
§§ 662–676h: Michael Martinek

Dreizehnte Bearbeitung 1995
§§ 657–674: Roland Wittmann
§ 675: Michael Martinek

12. Auflage
§§ 657–687: Roland Wittmann (1979)

11. Auflage
§§ 662–704: Präsident des BAG Dr. Dr. Hans C. Nipperdey (1958)

Sachregister

Rechtsanwältin Dr. Martina Schulz, Pohlheim

Zitierweise

Staudinger/Martinek/Omlor (2017) Vorbem 1 zu §§ 662 ff
Staudinger/Martinek/Omlor (2017) § 662 Rn 1

Zitiert wird nur nach Paragraph bzw Artikel und Randnummer.

Hinweise

Das Abkürzungsverzeichnis befindet sich auf www.staudinger-bgb.de.

Der Stand der Bearbeitung ist jeweils mit Monat und Jahr auf den linken Seiten unten angegeben.

Am Ende eines jeden Bandes befindet sich eine Übersicht über den aktuellen Stand des „Gesamtwerk Staudinger".

Abonnieren Sie unseren Staudinger-Newsletter unter www.staudinger-bgb.de.

MIX
Papier aus verantwortungsvollen Quellen
FSC www.fsc.org FSC® C016439

Die Deutsche Nationalbibliothek verzeichnet diese Publikation in der Deutschen Nationalbibliografie; detaillierte bibliografische Daten sind im Internet über http://dnb.dnb.de abrufbar.

ISBN 978-3-8059-1231-0

© Copyright 2017 by oHG Dr. Arthur L. Sellier & Co. – Walter de Gruyter GmbH, Berlin. – Printed in Germany.

Dieses Werk einschließlich aller seiner Teile ist urheberrechtlich geschützt. Jede Verwertung außerhalb der engen Grenzen des Urheberrechtsgesetzes ist ohne Zustimmung des Verlages unzulässig und strafbar. Das gilt insbesondere für Vervielfältigungen, Übersetzungen, Mikroverfilmungen und die Einspeicherung und Verarbeitung in elektronischen Systemen.

Satz: fidus Publikations-Service, Nördlingen.

Druck und Bindearbeiten: Hubert & Co., Göttingen.

Umschlaggestaltung: Bib Wies, München.

♾ Gedruckt auf säurefreiem Papier, das die DIN ISO 9706 über Haltbarkeit erfüllt.

Inhaltsübersicht

* Zitiert wird nicht nach Seiten, sondern nach Paragraph bzw Artikel und Randnummer; siehe dazu auch „Zitierweise".

Vorwort

In der ersten Auflage des STAUDINGER von 1901 hatte die Erläuterung des Auftrags- und Geschäftsbesorgungsrechts von Dr. THEODOR ENGELMANN, Landgerichtsrath in München, d.h. der §§ 662 bis 676 des gerade in Kraft getretenen BGB, knappe 20 Seiten eingenommen. In der Bearbeitung von MICHAEL MARTINEK aus dem Jahr 2006 umfasste die Kommentierung derselben Paragraphen (ohne das inzwischen in den damaligen §§ 676a – 676h geregelte Zahlungsdiensterecht) mehr als 400 Seiten. Das Zahlungsdiensterecht der heutigen §§ 675c bis 676c BGB findet sich seit 2012 in einem gesonderten STAUDINGER-Band von SEBASTIAN OMLOR kommentiert (auf mehr als 500 Seiten). Die nunmehr vorgelegte Neubearbeitung des Auftrags- und Geschäftsbesorgungsrechts der §§ 662 bis 675b BGB, die an die Bearbeitung von 2006 anschließt und auf dem Stand von Dezember 2016 steht, ist nochmals kräftig angewachsen und wird jetzt in einem selbständigen STAUDINGER-Band präsentiert; es hat sich einiges getan zwischen dem korporativen nationalen Liberalismus des Kaiserreichs und unserer europäisch-integrierten, sozial-marktwirtschaftlichen und postmodern digitalen Dienstleistungsgesellschaft.

Der Band behandelt das Auftrags- und Geschäftsbesorgungsrecht umfassend auf der Grundlage der Rechtsprechung und des rechtswissenschaftlichen Diskurses. Die umfangreiche Judikatur und Literatur, die seit dem Erscheinen der Vorbearbeitung 2006 aufgelaufen sind, finden sich umsichtig und sorgfältig auf- und eingearbeitet; gleiches gilt für die zwischenzeitlichen Gesetzesänderungen im Geschäftsbesorgungsrecht. Stellvertretend hervorzuheben sind Neuerungen auf dem Gebiet der Rechtsanwalts-, Steuerberatungs-, Anlageberatungs- und Anlagevermittlungsverträge, die so genannte Kick-back-Judikatur des BGH, die Auswirkungen der Rom I-Verordnung sowie die Neufassungen der §§ 675a, 675 Abs 3, 675b BGB. Der Band bemüht sich in guter STAUDINGER-Tradition als monographischer Kommentar um eine analytische Stoffdurchdringung und systematische Materialaufbereitung sowie um eigenständige Lösungsvorschläge mit ausführlichen Begründungen.

Als Ko-Autoren zeichnen nunmehr MICHAEL MARTINEK und SEBASTIAN OMLOR für den Gesamttext gemeinsam verantwortlich, die sich längst nicht mehr als „Lehrer und Schüler“, sondern als kollegiales Team verstehen.

Dezember 2016

MICHAEL MARTINEK, Saarbrücken
SEBASTIAN OMLOR, Marburg

Titel 12
Auftrag, Geschäftsbesorgungsvertrag und Zahlungsdienste

Vorbemerkungen zu §§ 662 ff

Schrifttum

Grundlagenliteratur zu Auftrag und Geschäftsbesorgung, Abschnitte I-V der Vorbemerkungen; Literaturangaben zu den Abschnitten VI (Relationalkontrakte), VII (Rechtsvergleichung) und VIII (Internationales Privatrecht) finden sich jeweils dort.

AFFOLTER, Das Mandat im öffentlichen Recht, AöR 30 (1913) 538

ALTMEPPEN, Pflicht zur Herausgabe der Gesellschafterliste einer Fondsgesellschaft, NZG 2010, 1321

AMANN, Abgrenzung und Anwendungsbereich von Dienst- und Werkvertrag und Auftrag in der Entstehungsgeschichte des Bürgerlichen Gesetzbuches (Diss Bielefeld 1987)

ARANGIO-RUIZ, Il mandato in diritto romano (1949)

ARMBRÜSTER, Auskunftsansprüche des Treugebers gegen Treuhänder und Fondsgesellschaft, in: FS Rainer Kanzleiter (2010) 31

ASSFALG, Die Behandlung von Treugut im Konkurse des Treuhänders (1960)

BAYER, Legalitätspflicht der Unternehmensleistung, nützliche Gesetzesverstöße und Regress bei verhängten Sanktionen – dargestellt am Beispiel von Kartellverstößen, in: FS Karsten Schmidt (2009) 85

BÄRENFÄNGER, Der Kostenersatzanspruch aus Geschäftsführung ohne Auftrag im Kennzeichenrecht – eine Abrechnung, GRUR 2012, 461

BERG, Korruption in Unternehmen und Risikomanagement nach § 91 Abs. 2 AktG, AG 2007, 271

BERNARD, La Remuneration des Professions Libérales en Droit Romain Classique (1936)

BEHRENDS, Die bona fides im mandatum – Die vorklassischen Grundlagen des klassischen Konsensualvertrags Auftrag, in: FS Wolfgang Waldstein (1993) 33

vBERNSTORFF, Keine entsprechende Anwendbarkeit des § 664 BGB auf entgeltliche Geschäftsbesorgungsverträge!, NJW 1952, 731

BEYERLE, Die Treuhand im Grundriß des deutschen Privatrechts (1932)

BITTER, Rechtsträgerschaft für fremde Rechnung: Außenrecht der Verwaltungstreuhand (2006)

BORMANN, Beiträge zur Erklärung der Geschäftsbesorgung in § 675 (Diss Göttingen 1901)

BORK, Ist die Auslagenersatzklausel in den AGB der Banken und Sparkassen wirklich unwirksam?, WM 2013, 1101

BRUNS/HARTZ, Herausgabe von Unterlagen: Durchsetzung des Anspruchs gegen den Steuerberater im einstweiligen Verfügungsverfahren, DStR 2011, 330

BUCK-HEEB, Aufklärung über Rückvergütungen – die Haftung von Banken und freien Anlageberatern, BKR 2010, 309

BUCHWITZ/SCHÜTT, Die Durchsetzung von Vorschussansprüchen in Schiedsverfahren, SchiedsVZ 2015, 1

CANARIS, Risikohaftung bei schadensgeneigter Tätigkeit im fremden Interesse, RdA 1966, 41

COING, Die Treuhand kraft privaten Rechtsgeschäfts (1973)

ders, Rechtsfragen der privaten Vermögensverwaltung, insbesondere durch Banken in USA und Deutschland, AcP 167 (1967) 99

ders, Zum Geldherausgabeanspruch gegenüber dem Treuhänder, JZ 1970, 245

CROME, Die partiarischen Rechtsgeschäfte (1897)

DREYER, Rechtsnachfolge in „höchstpersönliche“ Rechte von Verbänden, JZ 2007, 606

Eisenhardt, Betriebskostenabrechnung nach § 556 Abs. 3 BGB – Keine bloße Wissenserklärung, WuM 2011, 143
Fleischer, Aktienrechtliche Legalitätspflicht und „nützliche" Pflichtverletzungen von Vorstandsmitgliedern, ZIP 2005, 141
ders, Kartellrechtsverstöße und Vorstandsrecht, BB 2008, 1070
Genius, Risikohaftung des Geschäftsherrn, AcP 173 (1973) 481
Gessner, Retrozessionen im Fokus der neueren Judikatur, BKR 2010, 89
ders, Aufklärungspflichten über Kick-Backs bei der Distribution von Restschuldversicherungsverträgen, VuR 2009, 243
Grothe, Fremdwährungsverbindlichkeiten (1999)
Grundmann, Der Treuhandvertrag: insbesondere die werbende Treuhand (1997)
Grunewald, Die Verwendung post- und transmortaler Vollmachten zum Nachteil des Erben, ZEV 2014, 579
Hachenburg, Dienstvertrag und Werkvertrag im Bürgerlichen Gesetzbuch (1898)
Hadding, Sind Vertriebsvergütungen von Emittenten an Kreditinstitute geschäftsbesorgungsrechtlich an den Kunden herauszugeben?, ZIP 2008, 529
ders, Herkömmliche Einzugsermächtigungslastschrift – Fortbestand nach Umsetzung der EU-Zahlungsdiensterichtlinie der Wegfall nach europäischem Interbankenabkommen (SEPA-Rulebook), in: FS Uwe Hüffer (2010) 273
Heider/Nieden, Vor der Beschlagnahme vereinnahmte, aber nicht verbrauchte Betriebskostenvorauszahlungen – Herausgabeverpflichtung des Vermieters an den Zwangsverwalter, NZM 2010, 601
Henckel, Einziehungsermächtigung und Inkassozession, in: FS Karl Larenz (1973) 643
Henssler, Treuhandgeschäft – Dogmatik und Wirklichkeit, AcP 196 (1996) 37
H Honsell, Die Risikohaftung des Geschäftsherrn, in: FG Ulrich vLübtow (1980) 485
Hoeren, Datenschutz und Auskunftsansprüche des Treugebers bei der Publikums-KG, ZIP 2010, 2436
Holler, Der „gläserne" Treugeber-Kommanditist? – Zum Anspruch des Kapitalanlegers auf Anonymität im Gesellschafts- und Kapitalmarktrecht, ZIP 2010, 2429
Hopt, Die Auswirkungen des Todes des Vollmachtgebers auf die Vollmacht und das zugrundeliegende Rechtsverhältnis, ZHR 133 (1970) 305
Horn/Schabel, Auskunfts- und Rückforderungsansprüche nach möglichem Vollmachtsmissbrauch, NJW 2012, 3473
Isay, Die Geschäftsführung nach dem Bürgerlichen Gesetzbuche für das Deutsche Reich (1900)
Isele, Geschäftsbesorgung – Umrisse eines Systems (1935)
Jacoby, Zur umsatzsteuerlichen Behandlung der Insolvenzverwalterleistung – das Argument von der Höchstpersönlichkeit, ZIP 2009, 554
vJhering, Der Zweck im Recht, 1. Band (3. Aufl 1893)
H T Klami, Mandatum and Labour in Roman Law, SavZ 106 (1989) 575
Kapp, Dürfen Unternehmen ihren (geschäftsleitenden) Mitarbeitern Geldstrafen bzw. -bußen erstatten?, NJW 1992, 2796
Klein, „Auftrag" und „Geschäftsführung ohne Auftrag" im öffentlichen Recht, DVBl 1968, 129
Klumpp, Amtspflichten eines Testamentsvollstreckers bei Einsetzung eines GmbH-Beirats, ZEV 2006, 257
Knütel, Weisungen bei Geschäftsbesorgungsverhältnissen, insbesondere bei Kommission und Spedition, ZHR 137 (1973) 285
Koch, Innenprovisionen und Rückvergütungen nach der Entscheidung des BGH vom 27. 10. 2009, BKR 2010, 177
Kötz, Trust und Treuhand (1963)
Koller, Interessenkonflikte im Kommissionsverhältnis, BB 1978, 1733
ders, Das Haftungsprivileg des Geschäftsbesorgers gem §§ 664 Abs 1 Satz 2, 675 BGB, ZIP 1985, 1243
ders, Gefälligkeiten des nicht zum Ver- oder Entladen verpflichteten Frachtführers und seiner Leute, TranspR 2014, 169
Kramer (Hrsg), Neue Vertragsformen der Wirtschaft (2. Aufl 1992)
Krause, „Nützliche" Rechtsverstöße im Unternehmen – Verteilung finanzieller Lasten und Sanktionen, BB-Special 8/2007, 2

Krieger, Zahlungen der Aktiengesellschaft im Strafverfahren gegen Vorstandsmitglieder, in: FS Gerold Bezzenberger (2000) 211
Lammel, Verträge auf Interessenwahrung, in: Gitter ua, Vertragsschuldverhältnisse (1974) 259
ders, Wohnraummietrecht (3. Aufl 2007)
Lenel, Die auf Geschäftsbesorgung gerichteten entgeltlichen Verträge, JherJb 44 (1902) 31
ders, Unentgeltliche und entgeltliche Geschäftsbesorgung, AcP 129 (1928) 1
Lent, Wille und Interesse bei der Geschäftsbesorgung (1937)
Liebich/Mathews, Treuhand und Treuhänder in Recht und Wirtschaft (2. Aufl 1983)
Lux, Kommt dem Arztvertrag Geschäftsbesorgungscharakter zu? – Auskunfts-, Einsichtnahme- und Herausgabepflichten des Arztes, GesR (= Zeitschrift für Gesundheitsrecht) 2004, 6
Martinek, Franchising – Grundlagen der zivil- und wettbewerbsrechtlichen Behandlung der vertikalen Gruppenkooperation beim Absatz von Waren und Dienstleistungen (1987)
ders, Moderne Vertragstypen Bd I (1991), Bd II (1992), Bd III (1993)
ders, Die Mitwirkungsverweigerung des Schiedsbeklagten, in: FS Akira Ishikawa (2001) 269
ders, Das allgemeine Geschäftsbesorgungsrecht und die analoge Anwendung des § 392 Abs 2 HGB – Anregungen aus und zu Musielaks Gutachten zur Schuldrechtsreform, in: FS Hans-Joachim Musielak (2004) 355
ders, Mediaagenturen und Medienrabatte (2008)
Möller, Kostenerstattung bei Selbstbeauftragung, AnwBl 2007, 526
Mülbert, Auswirkungen der MiFID-Rechtsakte für Vertriebsvergütungen im Effektengeschäft der Kreditinstitute, ZHR 172 (2008) 170
Müller-Freienfels, Die Vertretung beim Rechtsgeschäft (1955)
Müller-Graff, Rechtliche Auswirkungen einer laufenden Geschäftsverbindung im amerikanischen und deutschen Recht (1974)
Musielak, Haftung für Rat, Auskunft und Gutachten (1974)
ders, Entgeltliche Geschäftsbesorgung, in: BMJ (Hrsg), Gutachten und Vorschläge zur Überarbeitung des Schuldrechts, Bd 2 (1981) 1209
Nikisch, Betätigungsverträge, ZAkDR 1940, 369
Nussbaum, Das Geld in Theorie und Praxis des deutschen und ausländischen Rechts (1925)
D Nörr/S Nishimura (Hrsg), Mandatum und Verwandtes – Beiträge zum römischen und modernen Recht (1993)
Omlor, Geldprivatrecht. Entmaterialisierung, Europäisierung, Entwertung (2014)
ders, Die Wohnimmobilienkreditrichtlinie und ihre Umsetzung in Deutschland, ZIP 3/2017
Ostler, Umfang der Herausgabepflicht des Anwalts nach § 667 BGB für Fremdgelder auf Geschäfts- und Anderkonten, NJW 1975, 2273
Priester, Transparenz contra Anonymität bei Treugeber-Innengesellschaften, ZIP 2011, 697
Peters, Der Beginn der Verjährung bei Freihaltungsansprüche, ZGS 2011, 495
Rehbinder, Rechtliche Schranken der Erstattung von Bußgeldern an Organmitglieder und Angestellte, ZHR 148 (1984) 555
Roth, Der Arzt als Samariter und das Haftungsrecht, NJW 2006, 2814
Rumpel, Der Begriff „Geschäftsbesorgung" in § 675 des Bürgerlichen Gesetzbuches für das deutsche Reich (Diss Breslau 1910)
Schack, „Auftrag" und „Geschäftsbesorgung ohne Auftrag" im öffentlichen Recht, JZ 1966, 640
Schimansky/Bunte/Lwowski (Hrsg), Bankrechts-Handbuch (5. Aufl 2017)
Schless, Mittelbare Stellvertretung und Treuhand (1931)
Schmid, Der Ersatzzustellungsvertreter nach § 45 Abs. 2 und 3 WEG, MDR 2008, 662
ders, Die Kosten des Ersatzzustellungsvertreters, MDR 2012, 561
K Schmidt, § 673 BGB bei Verschmelzungsvorgängen im Dienstleistungsunternehmen – oder: Geisterstunde im Umwandlungsrecht?, DB 2001, 1019
ders, Das Rätsel Treuhandkonto – Gedanken über „Unmittelbarkeit", „Mittelherkunft" und „Offenkundigkeit" als Kriterien der Verwaltungstreuhand, in: FS Wolfgang Wiegand (2005) 933

ders, Struktur und Transparenz einer Treugeber-Innengesellschaft, NZG 2011, 361
Schmidt-Rimpler, Das Kommissionsgeschäft, in: Ehrenberg, Handbuch des Handelsrechts, Band 5/1 (1928) 477
Seiler, Über die Vergütung von Dienstleistungen des Geschäftsbesorgers ohne Auftrag, in: FS Heinz Hübner (1984) 239
Siber, Das Verwaltungsrecht an fremdem Vermögen im BGB, JherJb 67 (1917) 81
ders, Grundriß des deutschen bürgerlichen Rechts: Schuldrecht (1931)
Siebert, Das rechtsgeschäftliche Treuhandverhältnis (2. Aufl 1933, Nachdruck 1959)
Steindorff, Wertersatz für Schäden als Aufwendungsersatz im Arbeits- und Handelsrecht, in: FS Hans Dölle Bd I (1963) 273
Ulrich, Der Rechtsanwalt als Weisungsempfänger bei Schriftsatzentwürfen des eigenen Mandanten, MDR 2009, 1017
Vandenhouten, Die Haftung des Verwalters für unterlassene Erhaltungsmaßnahmen, ZWE 2012, 237
Visky, Geistige Arbeit und die „artes liberales" in den Quellen des römischen Rechts (1977)
A Watson, Contract of Mandate in Roman Law (1961)
Weidemann, Der Begriff des Geschäfts in den §§ 662, 675, 677 (Diss Marburg 1932)
Weigelin, Die Haftung des Auftraggebers für Schäden des Beauftragten, SJZ 1946, 90
Weissgerber, Rechtsvergleichende Betrachtung über die Haftung des Auftraggebers, insbesondere für zufällige Schäden (1935)
Willoweit, Die Rechtsprechung zum Gefälligkeitshandeln, JuS 1986, 96
Würdinger, Gesellschaften, 1. Teil: Recht der Personengesellschaften (1937)
vWeschpfennig, Der Regress des Staates beim beliehenen Unternehmer, DVBl 2011, 1137
Zajonz/Nachtwey, Auswirkungen der Verschmelzung einer GmbH auf ihre Stellung als WEG-Verwalter, ZfIR 2008, 701
R Zimmermann, The Law of Obligations – Roman Foundations of the Civilian Tradition (1990) Chapter 13
M Zimmermann, Kartellrechtliche Bußgelder gegen Aktiengesellschaft und Vorstand: Rückgriffsmöglichkeiten, Schadensumfang und Verjährung, WM 2008, 433
Ziche/Wehnert, Die Haftung des Vorsitzenden eines Zweckverbandes, DÖV 2009, 890
Zugehör, Schwerpunkte der zivilrechtlichen Steuerberaterhaftung, DStR 2001, 1613 (I); 2001, 1663 (II); 2007, 723 (II).

Systematische Übersicht

Alphabetische Übersicht

I. Das Regelungssystem des Titels 12 „Auftrag, Geschäftsbesorgungsvertrag und Zahlungsdienste"

1. Überblick und Gesetzesänderungen

1 Seit dem am 1. 1. 2002 in Kraft getretenen Schuldrechtsmodernisierungsgesetz und der Umsetzung der ersten Zahlungsdiensterichtlinie (Richtlinie 2007/64/EG über Zahlungsdienste im Binnenmarkt v 13. 11. 2007 [ABl EU Nr L 319 S 1 v 5. 12. 2007]) findet sich in dem umgestalteten Buch 2 des BGB (Recht der Schuldverhältnisse) im Abschnitt 8 (Einzelne Schuldverhältnisse) der Titel 12 mit der neuen Überschrift „Auftrag, Geschäftsbesorgungsvertrag und Zahlungsdienste". Er ist in drei Untertitel gegliedert: Der Untertitel 1 „Auftrag" umfasst mit den §§ 662–674 das Recht des (unentgeltlichen) Auftragsvertrags, der Untertitel 2 mit den §§ 675–675b den „Geschäftsbesorgungsvertrag" und der Untertitel 3 mit den §§ 675c–676c die „Zahlungsdienste". Hieran schließt sich sodann der Titel 13 zur „Geschäftsführung ohne Auftrag" mit den §§ 677–687 an.

2 Bei Inkrafttreten des BGB war der damals Zehnte Titel mit „Auftrag" überschrieben und umfasste die §§ 662–676, also das Recht des unentgeltlichen Auftrags (§§ 662–674) und das der entgeltlichen Geschäftsbesorgung (§ 675), das damals noch um eine Regelung zur Verantwortlichkeit bei der Erteilung von Rat oder Empfehlung in § 676 ergänzt war. Diese Systematik und der Wortlaut der Vorschriften waren **ein Jahrhundert lang unverändert** geblieben, bis mit dem Inkrafttreten des Überweisungsgesetzes vom 21. 7. 1999 (BGBl I 1642) die §§ 675a–676g aF mit ihren damals neuen Regelungen zum Überweisungs-, zum Zahlungs- und zum Girovertrag in das Gesetz eingefügt wurden und die Vorschrift des alten § 676 zu Rat und Empfehlung in einen angefügten Abs 2 zu § 675 übernommen wurde (mit der geringfügigen Einfügung „oder einer sonstigen gesetzlichen Bestimmung"). Dies geschah in Umsetzung der EG-Richtlinie 97/5/EG zum Recht der grenzüberschreitenden Banküberweisungen vom 27. 1. 1998 (ABl EG Nr L 43/25 v 14. 2. 1997) sowie in teilweiser Umsetzung der Art 3 und 5 der Richtlinie 98/26/EG über die Wirksamkeit von Abrechnungen in Zahlungs- und Wertpapierliefer- und -abrechnungssystemen vom 19. 5. 1998 (ABl EG Nr L 166/45 v 11. 6. 1998). Hierdurch wurde zugleich der Zehnte Titel in „Auftrag und ähnliche Verträge" geändert sowie in die beiden Untertitel „Auftrag" und „Geschäftsbesorgungsvertrag" unterteilt, wobei der letztgenannte Untertitel die Untergliederung in die vier Kapitel: Allgemeines, Überweisungsvertrag, Zahlungsvertrag und Girovertrag erhielt. Die Vorschrift des § 676h aF zum Missbrauch von Zahlungskarten wurde durch das Fernabsatzgesetz vom 27. 6. 2000 (BGBl I 897) eingefügt, mit dem zugleich eine Änderung des § 676g aF vorgenommen wurde. Das Schuldrechtsmodernisierungsgesetz (dazu Rn 1 und 58 ff) hat die vorgefundene Systematik des Zehnten Titels in den neuen Titel 12 („Auftrag und Geschäftsbesorgung") übernommen und den Wortlaut der Vorschriften – abgesehen von kleineren Änderungen in § 675a – unberührt gelassen.

2a Durch das **Gesetz zur Umsetzung** der Verbraucherkreditrichtlinie, des zivilrechtlichen Teils **der Zahlungsdiensterichtlinie** sowie zur Neuordnung der Vorschriften über das Widerrufs- und Rückgaberecht vom 29. Juli 2009 (BGBl I 2355) hat der Gesetzgeber schließlich eine Dreiteilung vorgenommen. Die im Untertitel 2 „Geschäftsbesorgungsvertrag" vorhandene Untergliederung in vier Kapitel (Allgemeines, Überweisungsvertrag, Zahlungsvertrag und Girovertrag) wurde ganz aufgegeben. Dagegen wurde ein neuer Untertitel 3 mit der Überschrift „Zahlungsdienste" eingeführt. Dabei ersetzten §§ 675c bis 676c jeweils mit neuen Zwischenüberschriften die vorherigen §§ 676 bis 676h aF. Die Änderungen dienten der Umsetzung der ersten Zahlungsdiensterichtlinie 2007/64/EG. Rechtspolitischer Hintergrund dieser Richtlinie war das Ziel eines effizienten, modernen Zahlungssystems mit hoher Wettbewerbsfähigkeit und angemessenem Verbraucherschutz (vgl Erwägungsgrund 4 der Richtlinien 2007/64/EG; weitere Einzelheiten bei STAUDINGER/OMLOR [2012] Vorbem 13 zu §§ 675c–676c). Der Sache nach handelt es sich bei Zahlungsdiensterecht um besonderes Geschäftsbesorgungsrecht, sodass das allgemeine Auftrags- und Geschäftsbesorgungsrecht insb durch den Verweis in § 675c Abs 1 grundsätzlich zur Anwendung gelangt. Nicht selten normieren die speziellen §§ 675d ff inhaltlich lediglich, was ohnehin aus dem subsidiären Geschäftsbesorgungsrecht folgte (vgl zur Entwicklung des Zahlungsdienstleistungsrechts STAUDINGER/OMLOR [2012] Vorbem 31 ff zu §§ 675c–676c). Ebenso wie die zugrunde liegende EU-Richtlinie ist auch das BGB-Zahlungsdiensterecht der §§ 675c ff nicht nach den einzelnen Zahlungsdiensten im Sinne eines „Besonderen Teils" gegliedert, sondern davon abstrahiert formuliert. Alle Vorschriften können grundsätzlich auf alle Zahlungsdienste angewendet werden. Die Kapitel und Unterkapitel wenden sich bestimmten Phasen oder Konstellationen zu, die bei jedem erfassten Zahlungsdienst auftreten (können); es liegt ein **„horizontaler" Aufbau** vor (vgl HADDING, in: FS Uwe Hüffer [2010] 273, 278). Insbesondere Kapitel 3 (§§ 675j bis 676c) weist einen strukturellen Gleichlauf zu den Art 54 bis 78 der ersten Zahlungsdiensterichtlinie 2007/64/EG auf. Die durch diese Vorgehensweise provozierten Anwendungsprobleme sind unter besonderer Berücksichtigung des Gebots zur richtlinienkonformen Auslegung (vgl EuGH, ECLI:EU:C:1994:292, 14. 7. 1994 – C-91/92 *Faccini Dori*, Slg 1994 I S 3325 Rn 26 = ZIP 1994, 1187) zu lösen.

2b Zuletzt wurde § 675 dahingehend geändert, dass ihm ein neuer Absatz 3 durch das Gesetz gegen unseriöse Geschäftspraktiken vom 1. 10. 2013 (BGBl I 3714) angefügt wurde, welches der Umsetzung der Richtlinie 2002/58/EG über die Verarbeitung personenbezogener Daten und den Schutz der Privatsphäre in der elektronischen Kommunikation (ABl EG Nr L 201 S 37 v 31. 7. 2002) diente. Bis zum 13. 1. 2018 ist zudem die **zweite Zahlungsdiensterichtlinie** (EU) 2366/2015 (ABl EU Nr L 337 S 35 v 23. 12. 2015) in nationales Recht umzusetzen.

2. Historische Grundlagen

a) Römisches und gemeines Recht

3 Das **klassische römische Recht** kannte schon früh den Konsensualvertrag des *mandatum,* der insbesondere dem Einsatz geistiger Arbeit der *artes/operae liberales,* etwa der Tätigkeit von Lehrern, Rechtsanwälten, Baumeistern, Ingenieuren, Ärzten oder Architekten, zugrunde gelegt wurde, die sich von den *operae illiberales* wie der Arbeit auf dem Feld, im Bergwerk oder im Steinbruch abhoben. Ursprünglich konnte in vorklassischer Zeit ein *mandatum* wohl bereits realvertraglich als *nego-*

tium bona fide, nämlich „dadurch zustandekommen, dass jemand es duldet oder widerspruchslos hinnimmt, wie eine Angelegenheit, die sein Interesse betrifft, für ihn von einem anderen wahrgenommen wird. Durch ein solches Dulden einer Geschäftsführung wird der Geschäftsherr zum Auftraggeber, weil er durch die Duldung – dies ist der Grundgedanke – stillschweigend die Wahrnehmung eines eigenen Interesses einem anderen, dem Beauftragten, an die Hand gibt" (so Behrends, in: FS Wolfgang Waldstein [1993] 33 mit dem Hinweis auf das in dem lateinischen Ausdruck *mandare* steckende „Bild einer tätigen Hand, der etwas anvertraut wird und die dieses Etwas um dieses Anvertrauens willen tut"). Der klassische Typus des *mandatum* kam demgegenüber durch Vertragskonsens über eine künftig vorzunehmende Geschäftsführung zustande und ließ schon vor Aufnahme der Tätigkeit formal einen klagebewehrten *contractus* entstehen. Wurden solche Verträge von vornherein ausdrücklich **entgeltlich** geschlossen, unterfielen sie freilich nicht dem Mandat, sondern der Dienstmiete *(locatio conductio operarum)* oder der Werkverdingung *(locatio conductio operis): „In summa sciendum est mandatum, nisi gratuitum sit, in aliam formam negotii cadere: nam mercede constituta incipit locatio et conductio esse"* (Institutionen III 26, 13). Ein Mandatsvertrag war unwirksam, wenn er nicht entgeltlich war, weil er *ex officio atque amicitia* wahrgenommen wurde (Paulus D 17, 1, 1, 4). Bei sozialer Abhängigkeitsstellung des mit einer Geschäftsbesorgung Beauftragten war allerdings die Tätigkeit vertragslos in sein Gefolgschaftsverhältnis eingebettet; Dienst- und Werkverträge schloss nur der freie Bürger. Dem Selbstverständnis und dem Standesbewusstsein der Angehörigen der freien Berufe erschien jedoch vielfach eine Tätigkeit gegen Entlohnung *infra dignitatem.* Man arbeitete nicht für Geld. Die psychosozialen Kommunikationsstrukturen und die vorrechtlichen Werthaltungen mit ihren Bezugsgrößen *pietas, fides, reverentia* und *amicitia* liefen jedenfalls innerhalb der Nobilität, wenn nicht in weiten Teilen der freien Bürgerschaft alles in allem darauf hinaus, dass sich der von einer höheren Dienstleistung Begünstigte bei nächster Gelegenheit seinerseits erkenntlich zeigen werde. *Mandatum … originem ex officio et amicitia trahit* (Paulus D 17, 1, 1, 4). Die Auftragserfüllung entsprach mithin einer sittlichen Pflicht, bei deren Verletzung aus Nachlässigkeit oder aus Treulosigkeit der Beauftragte Schimpf und Schaden *(summum dedecus)* auf sich lud (vgl Cicero, Pro Sexto Roscio Amerino 111). Gleichwohl bestand ein Bedürfnis für ein nicht nur sozial und moralisch sanktioniertes, sondern auch **vertraglich abgesichertes Vertrauensverhältnis** mit durchsetzbaren Rechten und Pflichten. Insbesondere musste der *mandator* die ordentliche Durchführung des vom *mandatarius* übernommenen Auftrags und die Herausgabe des dadurch Erlangten durch eine *actio mandati directa* erzwingen können, wie umgekehrt dem Beauftragten gegebenenfalls Aufwendungs- und Schadensersatzansprüche, einklagbar durch eine *actio mandati contraria*, zugestanden werden mussten. Der Prätor machte das *mandatum* klagbar; beide Parteien des Auftragsverhältnisses, das formlos durch Konsens zustande kam, konnten ein *bonae fidei iudicium* erstreiten. Kennzeichen des *mandatum* blieb indes die **Unentgeltlichkeit**: *Mandatum nisi gratuitum nullum est* (Paulus D 17, 1, 1, 4). Die Bedeutung des Auftrags wuchs ständig, zumal nicht nur tatsächliche Tätigkeiten wie etwa eine Reisebegleitung oder die Betreuung eines Sklaven, sondern auch rechtliche Aufgaben wie die Übernahme eines Prozesses durch den Prokurator, ein Einkaufs- oder Verkaufsauftrag oder eine Kreditgewährung taugliche Gegenstände des Vertrags bildeten. Freilich blieben sittenwidrige Aufträge, etwa zur Begehung eines Diebstahls oder einer Körperverletzung, unwirksam: *Rei turpis nullum mandatum est* (Ulpian D 17, 1, 6, 3). Auch musste die Geschäftsbesorgung fremdnützig sein; ein lediglich im Interesse des Beauftragten erteiltes *mandatum tua gratia* brachte für keine der Parteien eine Verbindlichkeit zustande, sondern wurde als bloßer Ratschlag *(consilium)* behandelt.

4 Dies schloss allerdings – je nach den persönlichen und tatsächlichen Verhältnissen der Beteiligten – nicht aus, dass sich der Auftraggeber bzw Begünstigte später oder auch von vornherein doch zu einem **anerkennenden Geschenk** oder zur Zahlung eines **Honorars** („Ehrensold") verstand, etwa wenn ein sichtbares Zeichen der Dankbarkeit und Wertschätzung gesetzt werden sollte, wenn ein kompensatorischer Freundschaftsdienst als „Gegenleistung" nicht absehbar in Betracht kam oder wenn der Beauftragte finanziell hilfsbedürftig erschien. Denn immerhin hatte der *mandatarius* für die Geschäftsbesorgung seine Zeit geopfert. Und es schloss auch nicht aus, dass der Beauftragte die Übernahme eines Auftrags mit der mehr oder weniger geballten Erwartung eines Honorars verband. So erkennt Ulpian an: *„si remunerandi gratia honor intervenit erit mandati actio"* (Ulpianus D 17, 1, 6 pr). Jedenfalls in der **hochklassischen Zeit** dürfte die Erwartung eines Honorars vielfach für den Auftraggeber unübersehbar gewesen sein, zumal einige der *artes liberales* praktisch zu „Brotberufen" geworden waren. Doch glitt das Vertragsverhältnis nicht in eine entgeltliche Dienstmiete ab, sondern blieb in den freien Berufen ein unentgeltliches *mandatum.* In der **nachklassischen Zeit**, in der die früheren außerrechtlichen Wertordnungen und die sozial sanktionierten Verständigungsweisen aufgelockert und schließlich erodiert waren, trat an die Stelle des gleichsam nur auf der gemeinsamen Motiv- und Geschäftsgrundlagenebene angesiedelten *honorarium* bald offen eine faktische und konsentierte Entgeltlichkeit auch der höheren Dienstleistungen insbesondere der Rechtsanwälte und Ärzte, doch hielt sich weiterhin formal das konstruktiv unentgeltliche *mandatum* als einschlägiges Rechtsinstitut. *„Gratuitousness of mandatum was by now a matter of form rather than of substance"* (so Zimmermann, The Law of Obligations [1990] 418). Bei Verweigerung der Zahlung eines *salarium* oder *honorarium* wurde dem Beauftragten zwar der Weg des ordentlichen Prozesses *in iure civile* verwehrt, ihm wurde aber vom Prätor durch eine *actio extraordinaria (extraordinaria cognitio)* das *ius honorarium* gewährt. Längst waren die Grenzen des *mandatum* zur *locatio conductio operis* oder *operarum* und die des Honorars *(honorarium* oder *salarium)* zum Lohn *(merces)* faktisch verwischt. Dieses für das spätrömische Recht nicht untypische Auseinanderdriften von Form und Inhalt beschwor vertragstypologische Schwierigkeiten herauf, die auch das gemeine Recht nicht zu überwinden vermochte (vgl zum Vorstehenden Arangio-Ruiz, Il mandato in diritto romano [1949]; Bürge SavZ 97 [1980] 122; Michel, Gratuité en droit romain [1962]; Visky, Geistige Arbeit und die „artes liberales" in den Quellen des römischen Rechts [1977]; Watson, Contract of Mandate in Roman Law [1961]; Zimmermann, The Law of Obligations [1990] Chapt 13; Sohm/Mitteis/Wenger, Institutionen [17. Aufl 1949] § 71; Klami SavZ 106 [1989] 575; vgl zur neueren Forschung vor allem die Beiträge in: D Nörr/S Nishimura [Hrsg], Mandatum und Verwandtes – Beiträge zum römischen und modernen Recht [1993]).

5 Im **gemeinen Recht** ließen Rechtsprechung und Doktrin bei grundsätzlicher Unentgeltlichkeit des Mandats ein einklagbares Honorar für Dienste höherer Art zu, das nicht als Gegenleistung, sondern als **Anerkennung, pauschale Auslagenentschädigung** und allenfalls noch **Unterhaltsbeitrag** für die Dauer des Auftrags verstanden wurde. Teilweise versuchte man, das Mandat vom Dienst- bzw Werkvertrag danach zu unterscheiden, ob bei Vertragsschluss – und sei es auch stillschweigend – ein Entgelt

vereinbart wurde oder nicht, teilweise danach, ob ein Entgelt nach der Art der Tätigkeit sachgerecht erschien bzw erwartet werden musste oder nicht. Andere Stimmen hoben strikt auf einen Kanon der freien Berufe ab, für den das Mandat unbeschadet einer eventuell versprochenen und dann auch einklagbaren Gegenleistung reserviert sein sollte. Teilweise wurden **Dienste höherer Art** *(operae liberales)* dem im Grundsatz unentgeltlichen Mandat, **Dienste niederer Art** *(operae illiberales)* der entgeltlichen *locatio conductio operis* bzw *operarum* unterstellt. Auch fand der Vorschlag Aufmerksamkeit, Dienste tatsächlicher Art dem Dienst- bzw Werkvertragsrecht zuzurechnen und den Auftrag auf Rechtshandlungen, Rechtsgeschäfte und rechtsgeschäftsähnliche Handlungen als Vertragsgegenstände zu beschränken. Die Abgrenzungsprobleme blieben ungelöst. Im **ausgehenden 18. Jahrhundert** setzte sich – begünstigt durch Fehlinterpretationen von Digestenstellen und durch Sachzwänge der Lebenswirklichkeit – die Ansicht durch, dass das Mandat zwar idealtypisch, nicht aber begriffsnotwendig unentgeltlich sei und dass die *actio mandati contraria* auch auf eine versprochene Gegenleistung des Auftraggebers gerichtet werden könne. Dem folgten die meisten Gesetzgebungsentwürfe und Kodifikationen der Naturrechtsepoche (vgl Windscheid/Kipp, Lehrbuch des Pandektenrechts, Band 2 [9. Aufl 1906] § 409; Dernburg/Sokolowski, System des Römischen Rechts, 2. Teil [8. Aufl 1912] § 372; Förster/Eccius, Preußisches Privatrecht, Band II [7. Aufl 1896] 316 f; Lenel JherJb 44 [1902] 31; Bormann, Beiträge zur Erklärung der Geschäftsbesorgung in § 675 [1901]).

b) Die Gesetzgebungsgeschichte

Der **erste Entwurf** des BGB knüpfte in seinen §§ 585, 586 an die herrschende pandektistische Konzeption des Auftrags (Mandats) an, der zwar auf **idealtypische Unentgeltlichkeit** angelegt, für den aber die Gewährung einer Vergütung unschädlich war (vgl Mugdan II 293 ff; hierzu und zum folgenden Amann, Abgrenzung und Anwendungsbereich von Dienst- und Werkvertrag und Auftrag in der Entstehungsgeschichte des Bürgerlichen Gesetzbuches [1987]). Die Unentgeltlichkeit der Geschäftsbesorgung war ausweislich des § 586 E I nicht als Begriffsmerkmal des Auftrags konzipiert, vielmehr sollten auch entgeltliche Geschäftsbesorgungen vom Auftragsrecht erfasst werden (vgl Mot II 527 f). Nach § 586 E I sollte es heißen: „Der Auftraggeber kann sich verpflichten, für die Ausführung des Auftrags dem Beauftragten eine Vergütung zu gewähren. Eine Vergütung gilt als stillschweigend vereinbart, wenn die Ausführung des Auftrags nach den Umständen nur gegen eine Vergütung zu erwarten war.“ Nach der Vorstellung der Väter des BGB konnte dabei „ein und dieselbe Handlung … bald Gegenstand eines Mandatsvertrags, bald eines Dienstvertrags sein“ (Mot II 527). Unausgesprochen mag die 1. Kommission zu der überkommenen Vorstellung geneigt haben, Dienste „höherer Art“ wie anwaltliche Beratung seien dem Auftragsrecht zuzuordnen. Dabei sollte ein Entgelt als stillschweigend vereinbart angesehen werden, wenn die Auftragsausführung nach den Umständen nur gegen eine Vergütung erwartet werden konnte (§ 581 E I). Möglicherweise hatte dieses Regelungsmodell Impulse von den Naturrechtskodifikationen, namentlich vom französischen *code civil* (s unten Rn 115 ff) und vom österreichischen ABGB (s unten Rn 107 ff) erfahren. Eine Begriffsbestimmung des Auftrags und eine Abgrenzung zum Dienst- und zum Werkvertrag unterblieben jedoch. Während der Entwurf einerseits Dienste höherer Art durchaus dem Dienst- und Werkvertragsrecht zugänglich machte, sollten andererseits nicht nur Rechtshandlungen, sondern auch tatsächliche Dienste den Gegenstand einer auftraglichen Geschäftsbesorgung bilden können. „Bei dem Ausdruck ‚ein Geschäft besorgen‘ ist schon nach dem allgemeinen Sprachgebrauch das 6

Missverständnis ausgeschlossen, als ob darunter nur Rechtshandlungen oder Rechtsgeschäfte, nicht auch tatsächliche Dienstleistungen zu verstehen wären" (Mot II 855). Aber es fehlte jede Abgrenzung zum Dienstvertrag des § 559 E I. In den Motiven tritt die Verlegenheit der ersten Kommission bei der Lösung des vertragstypologischen Problems an verschiedenen Stellen hervor (Mot II 455 f, 473, 526 f); die von den „Diensten" und „Werken" abgrenzungsbedürftigen „Geschäfte" vermochten nicht näher konkretisiert zu werden. Die Problemlösung sollte der Rechtswissenschaft überantwortet werden (Mot II 526 f).

7 Damit begnügte sich die **zweite Kommission** indes nicht. Sie verlangte nach einem **klaren Maßstab** für die Unterscheidung zwischen Dienst- (Werk-) und Auftragsvertrag. Ihr erschien die **Unentgeltlichkeit** als deutliches und sachgerechtes Abgrenzungsmerkmal des Auftrags vom Dienst- bzw Werkvertrag; sie fügte in § 593 E 2 = § 662 BGB das Wort „unentgeltlich" ein und strich die von der 1. Kommission noch vorgesehene Regelung des § 596 Abs 1 E I, wonach der Auftraggeber verpflichtet sein sollte, „dem Beauftragten nach Ausführung des Auftrags die vereinbarte Vergütung zu entrichten" (Seiler, in: FS Heinz Hübner [1984] 239, 249). Wie die Leihe als unentgeltliches Pendant neben der Miete stand und der Kauf in der Schenkung eine unentgeltliche Entsprechung fand, so sollten Dienst- und Werkverträge durch den unentgeltlichen Auftrag flankiert werden. Daher hat die zweite Kommission die Unentgeltlichkeit zum Begriffsmerkmal des Auftrags erklärt. In den Protokollen heißt es, „daß im Gegensatz zum Entwurf den Gegenstand des Auftrags die unentgeltliche Geschäftsbesorgung bilden solle, nachdem die entgeltliche Übertragung der Besorgung fremder Geschäfte in den zum Dienst- und Werkvertrag gefaßten Beschlüssen ihre erschöpfende Regelung gefunden habe" (Prot II 352; vgl dazu Erman/Ehmann[12] vor § 662 Rn 7 und 8: „völlig falsche Begründung", „unhaltbare Auffassung", die 2. Kommission habe den 1. Entwurf „in böser Weise verschlimmbessert"). Dabei stand die zweite Kommission offenbar unter dem Eindruck der **römisch- bzw gemeinrechtlichen Doktrin** (vgl Prot II 352, 376, 377; vgl auch H Honsell, Römisches Recht [2. Aufl 1993] 140, der von einem „mehr oder weniger sklavischen Festhalten am römisch-gemeinen Recht" spricht). Die freien Berufe wurden damit dem Dienst- und Werkvertragsrecht unterstellt – übrigens gegen den entschiedenen Widerspruch namentlich der Ärzte- und Anwaltschaft, in der gleichwohl Begriffe wie Honorar und Mandant fortleben. Die zweite Kommission konterkarierte ihre Grenzziehung indes sogleich wieder, indem sie für solche Dienst- und Werkverträge, die eine „Geschäftsbesorgung für den Dienstberechtigten oder den Besteller" zum Gegenstand haben, die meisten Vorschriften des Auftragsrechts für entsprechend anwendbar erklärt sehen wollte. Auch auf der Grundlage der Unentgeltlichkeit des Auftrags sollte der sachliche Anwendungsbereich der Auftragsvorschriften gegenüber dem E I unverändert bleiben, sodass man sich zur Befriedigung des wichtigsten auftragsrechtlichen Regelungsbedarfs außerhalb der unentgeltlichen Geschäftsbesorgung zu einer **Verweisungsvorschrift**, dem heutigen § 675 Abs 1, veranlasst fühlte.

8 Mit der Gesetzesfassung des heutigen § 675 Abs 1 erschien freilich das alte **Abgrenzungsproblem nicht gelöst**, sondern nur vom Auftrags- in den Geschäftsbesorgungsbegriff verlagert: Zwar war der Auftrag als begriffsnotwendig unentgeltlich vom Dienst- und Werkvertrag deutlich abgehoben; auch ließ sich innerhalb der entgeltlichen Verträge im Dienste eines anderen seit jeher der tätigkeitsbezogene Dienstvertrag vom erfolgsbezogenen Werkvertrag hinreichend klar unterscheiden; doch

gab es neben dem Dienstvertrag nun einen **Geschäftsbesorgungsdienstvertrag** und neben dem Werkvertrag einen **Geschäftsbesorgungswerkvertrag**, ohne dass die das Auftragsrecht ergänzend berufende *differentia specifica* der „Geschäftsbesorgung" bestimmbar gewesen wäre. In der Vorstellung der zweiten Kommission klingen die historisch überkommenen Unsicherheiten an, wenn es heißt, „daß nicht ohne Weiteres in jeder Thätigkeit des Dienstverpflichteten oder des Übernehmers eine Geschäftsbesorgung zu finden sei; in der Regel werde es sich bei der Geschäftsbesorgung um die Entfaltung einer solchen Thätigkeit handeln, die innerhalb des Rechtsbereichs des Geschäftsherrn vorzunehmen sei" (Prot II 377). Eine weitere Klärung überließ auch die zweite Kommission ausdrücklich der **Rechtswissenschaft**.

3. Die Geschäftsbesorgungskontroverse zum BGB

a) Die Fortdauer des historischen Abgrenzungsproblems

Nach Inkrafttreten des BGB reagierte die Wissenschaft auf ihre gesetzgeberische Inpflichtnahme zunächst mit einer **Fortsetzung und Verfeinerung der umstrittenen Abgrenzungsbemühungen** der Pandektistik, ohne dass eine befriedigende Klärung erzielt werden konnte (vgl zum früheren Meinungsstand im Einzelnen die Übersicht mit Nachweisen bei Staudinger/Nipperdey[11] § 675 Rn 4 ff; wenig Anerkennung zollt den rechtswissenschaftlichen Bemühungen bis heute Erman/Ehmann[12] vor § 662 Rn 15, wonach ein „Formelstreit um den richtigen Geschäftsbesorgungsbegriff ... zu einem Theorienstreit hochgejubelt wurde", vgl auch daselbst Rn 5 „miserabler Stand der Theorie", „Missstand", Rn 15 „methodisch völlig verfehlt", Rn 17 „Irrtum", „verfehlte Formulierung", „falsche Einordnung", Rn 19 „gescheitert"). Staub nannte die Unklarheiten über Inhalt und Grenzen der Geschäftsbesorgung eine „Crux des neuen Rechts" (Staub, HGB [6./7. Aufl 1907] § 362 Anm 2, S 1149). Ein Teil der Literatur wollte den Geschäftsbesorgungsbegriff des § 675 entgegen dem Willen des Gesetzgebers (Mot II 855), aber in Anlehnung an den österreichischen Bevollmächtigungsvertrag des § 1002 ABGB und an den anglo-amerikanischen *contract of agency* auf Rechtsgeschäfte und andere rechtlich bedeutsame Handlungen beschränken (Enneccerus, Matthiass). Gelegentlich hat man für die entgeltliche Geschäftsbesorgung verlangt, dass der Geschäftsherr an der Vornahme des Geschäfts tatsächlich oder rechtlich verhindert sein müsse (Planck) oder dass die Geschäfte in „Diensten höherer Art" bestehen müssten (Dernburg). Andere Stimmen betonten die Notwendigkeit einer Fürsorge für einen fremden Interessenkreis (Lotmar, Weidemann). 9

Der Streit spitzte sich schließlich zu einer grundsätzlichen **Geschäftsbesorgungskontroverse** über die Kernfrage zu, ob der Geschäftsbesorgungsbegriff im (unentgeltlichen) Auftragsrecht der §§ 662 ff sowie im Recht der auftragslosen Geschäftsführung der §§ 677 ff mit demjenigen des § 675 kongruent ist oder ob das Recht der entgeltlichen Geschäftsbesorgung ein spezifisches und engeres Verständnis der Geschäftsbesorgung verlangt. Diese Geschäftsbesorgungskontroverse kreiste um folgende Überlegungen: Im **Auftragsrecht** wurde und wird die Geschäftsbesorgung nach allgemeiner Meinung derart weit verstanden, dass sie ohne Weiteres Tätigkeiten umfasst, die im Falle ihrer Entgeltlichkeit dienst- oder werkvertraglichen Charakter hätten. In der Tat muss das Auftragsrecht über einen derart weiten Geschäftsbesorgungsbegriff verfügen, weil sein Regelungsprogramm jede zulässige Tätigkeit jenseits der bloßen Gefälligkeitsverhältnisse erfassen soll. Die unentgeltliche 10

Besorgung eines Geschäfts des Auftraggebers durch den Beauftragten ist deshalb als „jede fremdnützige Tätigkeit im Interessenbereich eines anderen“ zu verstehen und schließt auch rein faktische und völlig untergeordnete Tätigkeiten für einen anderen ein (RGZ 65, 17, 18). Dasselbe weite Verständnis gilt für die Geschäftsführung ohne Auftrag. Es wäre nun wenig sinnvoll, den Geschäftsbesorgungsbegriff (auch) der §§ 662 ff und der 677 ff enger zu fassen und etwa Tätigkeiten auszuklammern, die im Falle der Entgeltlichkeit vom Dienst- und Werkvertragsrecht erfasst werden. Denn dann müsste man die auftragsrechtlichen Vorschriften bei solchen – unentgeltlichen – Tätigkeiten jedenfalls „entsprechend“ anwenden. **Der weite Geschäftsbesorgungsbegriff in den §§ 662 ff und 677 ff ist mithin ein dogmatisch-konstruktives Datum.** Im Falle einer Kongruenz dieses (weiten) Geschäftsbesorgungsbegriffs des Auftrags mit dem der (entgeltlichen) Geschäftsbesorgung des § 675 fehlte indes eine eigenständige Qualifikation der auf eine Geschäftsbesorgung gerichteten Dienst- und Werkverträge, denn sie alle sind als „entgeltliche Aufträge“ zu verstehen. Um die Lösung dieses Problems ging es in der Geschäftsbesorgungskontroverse, in der sich – mit Abweichungen unter den jeweiligen Vertretern – **zwei Meinungsblöcke** formierten, die sich als **Einheitstheorie (Kongruenztheorie)** und **Trennungstheorie (Diskrepanztheorie)** bezeichnen lassen. Wenn auch die Einheitstheorie heute stark ins Hintertreffen geraten ist, lebt der Streit in Ausläufern bis heute fort (vgl auch ERMAN/EHMANN[12] vor § 662 Rn 5, der den „miserablen Stand der Theorie“ im Abschluss an die „großen Irrtümer im Gesetzgebungsverfahren“ beklagt).

b) Die Einheitstheorie

11 Die **Einheitstheorie** legt für die entgeltliche Geschäftsbesorgung und für den Auftrag, der vom Gesetzgeber als das unentgeltliche Gegenstück zu Dienst- und Werkvertrag konzipiert wurde (Prot II 351 f; vgl dazu oben Rn 7), ein übereinstimmendes Verständnis in Form eines **weiten Geschäftsbesorgungsbegriffs** zugrunde, der jede fremdnützige Tätigkeit umfasst. Danach hat jeder Dienst- oder Werkvertrag zugleich eine Geschäftsbesorgung zum Gegenstand, womit die entgeltliche Geschäftsbesorgung des § 675 ihren eigenständigen Charakter verliert und zum bloßen entgeltlichen Auftrag wird. Die Einheitstheorie wurde schon kurz vor Inkrafttreten des BGB von HACHENBURG formuliert und schnell von anderen Stimmen aufgegriffen (HACHENBURG, Dienstvertrag und Werkvertrag im Bürgerlichen Gesetzbuch [1898] 14 ff; ISELE, Geschäftsbesorgung [1935] 95; RUMPEL, Der Begriff „Geschäftsbesorgung“ in § 675 des Bürgerlichen Gesetzbuches für das deutsche Reich [1910] 46 ff, 69 ff; LENEL AcP 129 [1928] 1, 8 ff). Nach dem Zweiten Weltkrieg hat sie namentlich in NIPPERDEY einen vehementen Vertreter gefunden, der auch insoweit das vorliegende Kommentarwerk bis zu seiner 11. Auflage von 1958 geprägt hat (vgl insbes STAUDINGER/NIPPERDEY[11] § 675 Rn 2, 15 ff). Heute wird sie vor allem von HORST EHMANN (ERMAN/EHMANN[10] Rn 15 ff vor § 662, ERMAN/EHMANN[11] Rn 12 ff vor § 662, ERMAN/EHMANN[12] Rn 15 ff; anders nun ERMAN/BERGER[14] § 675 Rn 4 ff), HERMANN SEILER (MünchKomm/SEILER[6] § 662 Rn 9 ff, insbes 13, 14; vgl auch MünchKomm/SEILER[3] § 675 Rn 2; anders aber MünchKomm/HEERMANN[6] § 675 Rn 2 ff, 11 ff, insbes 12 zugunsten der Trennungstheorie) und SIEGBERT LAMMEL (HKK/LAMMEL [2013] §§ 662–675b Rn 12, 14 ff, 17, der von einem einheitlichen „Betätigungsvertrag“ spricht) vertreten.

12 NIPPERDEY nannte es eine „naheliegende, aber doch trügerische Annahme“ (STAUDINGER/NIPPERDEY[11] § 675 Rn 4), dass es nach der Fassung des Gesetzes Dienst- und Werkverträge mit und ohne Geschäftsbesorgungscharakter geben müsse. Vielmehr habe jeder Dienst- und Werkvertrag eine Geschäftsbesorgung zum Gegenstand

(Rn 16), sodass die Unterscheidung zwischen Dienst- bzw Werkverträgen mit und ohne Geschäftsbesorgungsnatur überflüssig und die Vorschrift des § 675 **letztlich redundant** sei. „Geschäftsbesorgung in § 675 ist somit nichts anderes als eine Abbreviatur (abgekürzte Bezeichnung) für die gesetzlichen Tatbestände und Rechtsfolgen der in § 675 herangezogenen Auftragsregeln" (Rn 17). Die Vorschrift formuliert danach mit dem Passus „der eine Geschäftsbesorgung zum Gegenstande hat" einen **rein deklaratorischen Zusatz** und bringt lediglich die Selbstverständlichkeit zum Ausdruck, dass die Heranziehung der auftragsrechtlichen Vorschriften für Dienst- und Werkverträge im Einzelfall auf ihre Angemessenheit überprüft und entsprechend begründet werden muss. NIPPERDEY wollte die Rechtsfolgen der von § 675 in Bezug genommenen Auftragsregeln auf alle Dienst- und Werkverträge anwenden, wo sie „offenbar sachgerecht sind und zu angemessenen Ergebnissen führen" (Rn 17). Beispielsweise wollte er die §§ 675, 666, 667 auch „im Arbeitsverhältnis" zur Anwendung bringen, „so wenn die Köchin Vorräte verwaltet oder Einkäufe macht, der Angestellte Waren verkauft, der Kassierer die Kasse, der Lagerverwalter das Lager verwaltet, der angestellte Chauffeur einen Unfall hatte usw" (Rn 11).

13 Der Einheitstheorie neigt auch die frühere BAG-Rechtsprechung zu (BAGE 9, 105, 110; 12, 15, 27). In der Literatur erscheint heute SEILER als ein Hauptvertreter der Einheitstheorie (MünchKomm/SEILER[6] § 662 Rn 9 ff, insbes 13, 14; vgl auch MünchKomm/SEILER[3] § 675 Rn 2; anders aber inzwischen MünchKomm/HEERMANN[6] § 675 Rn 2 ff, 11 ff, insbes 12 zugunsten der Trennungstheorie), für den die in § 675 genannten Auftragsvorschriften dann Anwendung finden, „wo die Interessenlage dies verlangt" (ähnlich BeckOGK BGB/TEICHMANN [Stand: 1. 2. 2016] § 675 Rn 20 ff, 33 [„funktionale Betrachtung"]; kritisch MEDICUS/LORENZ, SchuldR II/BT [17. Aufl 2014] § 112 Rn 883, 884; LARENZ, SchuldR II/1 [13. Aufl 1986] § 56 V). Die Bestimmung des Geschäftsbesorgungsbegriffs dürfe nicht von der Entgeltlichkeit abhängig gemacht werden. Die Einheitstheorie gelangt mithin zu einem **tendenziell breiteren Anwendungsspektrum** der durch § 675 berufenen Auftragsregeln. So wendet SEILER in weitem Umfang auftragsrechtliche Vorschriften auf Dienst- und Werkverträge an. Namentlich der Arztvertrag soll der Anwendung des Auftragsrechts unterliegen (MünchKomm/SEILER[6] § 662 Rn 9 ff, insbes 13; vgl auch KLEINEWEFERS/WILTS NJW 1963, 2345 f; dagegen LUX GesR 2004, 6).

14 Als eine besonders originelle **Variante der Einheitstheorie** kann die Konzeption angesehen werden, die EHMANN im ERMAN'schen Handkommentar seit der 10. Aufl entfaltete (vgl ERMAN/EHMANN[10] Rn 12 ff vor 662, ERMAN/EHMANN[11] Rn 12 ff vor § 662 und ERMAN/EHMANN[12] Rn 15 ff vor § 662; für die Trennungstheorie hingegen ERMAN/BERGER[14] § 675 Rn 4 ff). EHMANN bewegt sich in starker Anlehnung an die Habilitationsschrift von ISELE aus dem Jahre 1935 (ISELE, Geschäftsbesorgung [1935] insbes 95) auf der Grundlage der Einheitstheorie und eines weiten Geschäftsbesorgungsverständnisses. Er spricht sich wie dieser für eine systematische Zuordnung der geschäftsbesorgungsrechtlichen Regelungen zum **allgemeinen Schuldrecht** aus, womit sich der geschäftsbesorgungsrechtliche Vertragscharakter – **ähnlich wie bei einem Vertrag zugunsten Dritter** – letztlich als bloße Variante eines typischen (oder auch atypischen) Vertrags darstellt (ISELE, Geschäftsbesorgung [1935] 5 spricht von einem „Allgemeinen Teil des Besonderen Teils des Rechts der Schuldverhältnisse"). Nach dieser Sicht soll die Einordnung einer Vertragsbeziehung als Geschäftsbesorgungsverhältnis im Sinne eines „starren Entweder-Oder" verfehlt sein. Die Regelungen des Geschäftsbesorgungsrechts müssten je

nach Bedarf auf sämtliche Vertragsverhältnisse, die zu einer Arbeitsleistung verpflichteten, zur Anwendung kommen, auch wenn die Arbeitsleistung lediglich eine Nebenleistung bilde. Ehmann will die (ergänzende) Anwendbarkeit des Geschäftsbesorgungsrechts vom Vorliegen verschiedener „Ordnungsprinzipien" abhängig machen, die sich aus speziellen, gesetzlich geregelten oder gewohnheitsrechtlich anerkannten Geschäftsbesorgungsverhältnissen ableiten ließen. Dies knüpft an Iseles Gedanken an, es gebe nur spezielle Geschäftsbesorgungstypen, nicht aber eine „Geschäftsbesorgung schlechthin" (Isele, Geschäftsbesorgung [1935] 6).

c) Die Trennungstheorie

15 Die **Trennungstheorie** favorisiert demgegenüber für die entgeltliche Geschäftsbesorgung des § 675 Abs 1 ein engeres Geschäftsbesorgungsverständnis als für den Auftrag des § 662. Sie betont, dass sich Dienst- und Werkverträge im weiteren Sinne danach unterscheiden lassen, ob sie eine Geschäftsbesorgung zum Gegenstand haben und damit die auftragsrechtlichen Vorschriften zur Anwendung berufen oder nicht. Der entgeltliche Geschäftsbesorgungsvertrag ist danach ein besonderer Dienst- oder Werkvertragstyp, ein Dienst- oder Werkvertrag „auf Geschäftsbesorgung" (so auch im Grundsatz, trotz inhaltlicher Zugeständnisse an die Einheitstheorie Staudinger/Wittmann[12] Rn 1). Anders gewendet: der Geschäftsbesorgungsvertrag ist **kein entgeltlicher Auftrag**. Auf dieser Grundlage bedarf freilich die Geschäftsbesorgung im Sinne des § 675 einer zusätzlichen, über die Entgeltlichkeit hinausgehenden Differenzierung von der des Auftragsrechts. Die Trennungstheorie bestimmt daher den Geschäftsbesorgungsbegriff des § 675 **eigenständig, nämlich enger als im Auftragsrecht** der §§ 662 ff und im auftragslosen Geschäftsführungsrecht der §§ 677 ff. Weithin durchgesetzt hat sich die Kennzeichnung der Geschäftsbesorgung im Sinne des § 675, wie sie von BGH DB 1959, 168 formuliert wurde (vgl auch ähnlich RGZ 97, 65; RGZ 109, 299, 301; BGHZ 45, 223, 228). Danach ist Geschäftsbesorgung eine „selbständige Tätigkeit wirtschaftlichen Charakters im Interesse eines anderen innerhalb einer fremden wirtschaftlichen Interessensphäre" (sogenannte Geschäftsbesorgungsformel, dazu ausführl § 675 Rn A 9 ff). Nach dieser auf den Bundesgerichtshof zurückgehenden Geschäftsbesorgungsformel der Trennungstheorie zeichnet sich die entgeltliche Geschäftsbesorgung mithin durch eine selbständige Tätigkeit wirtschaftlicher Art zur Wahrnehmung fremder Vermögensinteressen aus.

16 Die Trennungstheorie hat sich als **herrschende Meinung** im Schrifttum durchgesetzt (Enneccerus/Lehmann, Schuldrecht [15. Aufl 1958] § 164 I, S 691 ff; Leonhard, Besonderes Schuldecht des BGB [1931] 255; Siber, SchuldR [1931] 348; Jauernig/Mansel, BGB-Komm [16. Aufl 2015] § 675 Rn 4; Larenz, SchuldR II/1 [13. Aufl 1986] § 56 V, S 421 ff; Musielak, Gutachten [1981] 1220 ff; Staudinger/Wittmann[12] Vorbem 4 zu §§ 662–676 und § 675 Rn 3; Staudinger/Richardi/Fischinger [2015] Vorbem 69 zu §§ 611 ff; Soergel/Benicke[13] § 675 Rn 8; Soergel/Beuthien[13] § 662 Rn 9; Medicus/Lorenz, Schuldrecht II/BT [17. Aufl 2014] § 113 Rn 883; Esser/Weyers, Schuldrecht BT Teilb 1 [8. Aufl 1998] § 35 I 1, S 300 ff; Fikentscher/Heinemann, Schuldrecht [10. Aufl 2006] § 86 II Rn 1253; Brox/Walker, Besonderes Schuldrecht [40. Aufl 2016] § 29 Rn 43; Oechsler, SchR BT – VertragsR [3. Aufl 2013] Rn 1276; Erman/Hauss[8] § 675 Rn 1; **anders sodann** Erman/Ehmann[12] vor § 662 Rn 15 ff, nunmehr Erman/Berger[14] § 675 Rn 5 f für die Trennungstheorie). Die Rechtsprechung des BGH folgt – wie schon tendenziell das RG – der Geschäftsbesorgungsformel und damit der Trennungstheorie (RGZ 97, 65; RGZ 109, 299, 301; BGH DB 1959, 168; BGHZ 45, 223, 229; BGH NJW-RR 2004, 989).

d) Stellungnahme

Allein die **Trennungstheorie** mit ihrem **weiten Geschäftsbesorgungsbegriff im Auftragsrecht** und ihrem **engeren im Geschäftsbesorgungsrecht** kann für sich in Anspruch nehmen, mit dem historischen Willen des Gesetzgebers, dem Wortlaut und der Systematik des Gesetzes in Einklang zu stehen. Man kann den offenbar inhaltlich-modal qualifizierenden Relativsatz „der eine Geschäftsbesorgung zum Gegenstande hat" nicht zum rein deklaratorischen Zusatz herabwürdigen. Denn danach soll eben nicht in jeder Tätigkeit eines Dienstverpflichteten oder eines Werkunternehmers schon eine Geschäftsbesorgung liegen. Auch kann man die Bedeutung des § 675 Abs 1 schwerlich darauf reduzieren, dass sie den Rechtsanwender bei regelmäßiger Bejahung des Geschäftsbesorgungscharakters eines Dienst- oder Werkvertrages der weiteren Prüfung der Rechtsähnlichkeit des Vertrags mit dem unentgeltlichen Auftrag entheben will, weil der Geschäftsbesorgungscharakter eine hinreichende, nicht aber eine notwendige Bedingung für die entsprechende Anwendung der auftragsrechtlichen Vorschriften aufstelle (so aber Staudinger/Wittmann[12] § 675 Rn 2 u 4). Zudem verweigert sich die Einheitstheorie dem Auftrag des Gesetzgebers an die Rechtswissenschaft, eine Abgrenzung durch die Konkretisierung des Geschäftsbesorgungsbegriffs des § 675 zu erringen. Mag die **begriffliche Abgrenzungsfrage** auch **unlösbar** erscheinen (dazu s unten Rn 21), so bleibt die Rechtsordnung doch aufgerufen, jene Vertragsgestaltungen systematisch und dogmatisch aufzubereiten, die vom empirischen Erscheinungsbild her mit der Geschäftsbesorgungsformel der Trennungstheorie als „eigenartig" beschrieben werden und die im Rechtsleben eine herausragende Bedeutung gewonnen haben. Dies stellt von vornherein die Weichen in die Richtung einer Option zugunsten der Trennungstheorie. 17

Die Einheitstheorie schreibt letztlich die Fehleinschätzung des Gesetzgebers zur arbeitsteiligen Ausformung der Wirtschafts- und Gesellschaftsordnung fort, wenn sie sich der Möglichkeiten begibt, die Vorschrift des § 675 Abs 1 zum Ausgangs- und Bezugspunkt für ein ausdifferenziertes Geschäftsbesorgungsrecht zu nehmen, in dessen Mittelpunkt die selbständige und weisungsabhängige Wahrnehmung der Vermögensinteressen eines anderen steht. Nur bei oberflächlicher Betrachtung geht es nämlich in der Geschäftsbesorgungskontroverse um Umfang und Grenzen der Anwendbarkeit auftragsrechtlicher Vorschriften auf entgeltliche Verträge: Soll ein Arzt Auskunft über Krankheit und Behandlung nach § 666 erteilen müssen? Soll ein Handwerker, der sich öffentlich durch ein Schild oder Inserat zur Übernahme von Bestellungen erbietet, der Antwortpflicht des § 663 unterworfen werden? Sollen die Auskunfts-, Benachrichtigungs- und Rechenschaftspflichten nach § 666 auch bei unselbständiger Arbeit anwendbar sein? Insoweit könnte man die Geschäftsbesorgungskontroverse als praktisch unerheblich ansehen, weil ohnehin der Weg zu einer analogen Anwendung auftragsrechtlicher Vorschriften freistehe, wie immer man das Geschäftsbesorgungsverständnis auch bestimme. Damit aber verstellte man sich den Blick dafür, dass sich die entgeltliche Geschäftsbesorgung in Form der selbständigen weisungsgebundenen Wahrnehmung fremder Vermögensinteressen als ein **eigenständiger vertraglicher Rechtsstrukturtyp** erfassen lässt, der sich von den herkömmlichen Austauschverträgen abhebt (vgl hierzu schon ausführlich Staudinger/Martinek [1995] § 675 Rn A 19 und A 37 ff; zustimmend Soergel/Benicke[13] § 675 Rn 8). Während die Dienst- und Werkverträge der §§ 611, 631 ff ebenso wie etwa der Kaufvertrag Koordinationsverträge darstellen, bei denen die Vertragspartner ihre gegenläufigen Eigeninteressen im Tauschakt zu befriedigen suchen, ist die (entgeltliche) Geschäfts- 18 besorgung als Subordinationsvertrag dadurch gekennzeichnet, dass der eine Vertragspartner primär (als Hauptpflicht) die „fremden" Interessen des anderen für diesen und weisungsabhängig von diesem wahrnimmt und fördert und dadurch erst mittelbar sein eigenes Entgeltinteresse verfolgt (dazu ausführlich s unten Rn 23 ff, 28 ff).

19 Dieser subordinativen Interessenstruktur tragen die den Geschäftsbesorgungsvertrag als Rechtsstrukturtyp prägenden Vorschriften Rechnung, was insbesondere an der Weiterleitung von Aufwendungen (§ 670) und Ertrag (§ 667) anlässlich der Durchführung des Geschäfts deutlich wird. Bei Koordinationsverhältnissen wie dem Werk- oder Dienstvertrag muss der Verpflichtete seine Kosten und Vorteile kalkulieren und kann dabei seine Interessen wahrnehmen und ihnen zur Durchsetzung verhelfen. Sind die Aufwendungen gering und stehen sie in einem günstigen Verhältnis zum Entgelt, gereicht ihm dies zum Vorteil. Demgegenüber trägt der Geschäftsbesorger kein derartiges Kalkulationsrisiko mit allen positiven oder negativen Konsequenzen, in denen sich ein eigenes unmittelbares Interesse an der Geschäftsdurchführung verwirklichen würde. Die Vorzüge einer solchen typusprägenden Erfassung zeigen sich insbesondere bei der Ermittlung vertraglicher Pflichten durch Auslegung der Parteivereinbarungen sowie bei der Maßgeblichkeit des Leitbildcharakters des Vertragstyps im Falle einer Kontrolle allgemeiner Geschäftsbedingungen (§ 307 Abs 2). Dabei bleibt indes die Möglichkeit zur Anwendung einzelner Sachregelungen des geschäftsbesorgungsrechtlichen Regelungskomplexes über eine ergänzende Anwendung auch auf Koordinations- oder Koalitionsverhältnisse durchaus gewahrt. Dass zugleich auch das Auftragsrecht Subordinationscharakter besitzt, steht zur Erfassung der entgeltlichen Geschäftsbesorgung als Rechtsstrukturtyp nicht in Widerspruch. Beim Auftrag ergibt sich das Fehlen eines eigenen unmittelbaren Interesses des Beauftragten schon aus der Unentgeltlichkeit seiner Tätigkeit, unabhängig davon, welche Struktur die Rechtsbeziehung im Falle ihrer Entgeltlichkeit aufwiese. Die Aussage, die entgeltliche Geschäftsbesorgung sei nichts anderes als ein „entgeltlicher Auftrag" bzw Geschäftsbesorgungsvertrag und Auftrag unterschieden sich nur durch die bei ersterem hinzukommende Entlohnung, besitzt nur für einen Spezialfall, keineswegs aber allgemein Gültigkeit. Dieser Spezialfall liegt dann vor, wenn ein Auftrag seinen Subordinationscharakter nicht nur aus seiner Unentgeltlichkeit, sondern auch aus den anderen Subordinationselementen der Geschäftsbesorgung im engeren Sinne erhält – ein trivialer Befund, denn selbstredend umfasst das weitere Geschäftsbesorgungsverständnis das engere.

20 Der Rechtsstrukturtyp des **Subordinationsvertrages**, der durch die Geschäftsbesorgungsformel der Trennungstheorie charakterisiert wird, kann auf der Grundlage der Einheitstheorie schwerlich systematisch als eigenständiges Rechtsinstitut erfasst und dogmatisch-konstruktiv hinreichend bewältigt werden. Wenn die Rechtswirklichkeit in immer weiteren Bereichen des Vertragsrechts von der einerseits selbständigen, andererseits weisungsabhängigen wirtschaftlichen Tätigkeit in Verfolgung und Wahrung fremder Vermögensinteressen gekennzeichnet ist, dann muss das Vertragsrecht diesen Entwicklungen durch eine entsprechende vertragstypologische Sonderstellung des Geschäftsbesorgungsvertrags und durch seine **wirklichkeitsgerechte normativ-typologische Ausdifferenzierung** Rechnung tragen. Die Einheitstheorie verschließt sich tendenziell den erfolgreichen Bemühungen der Rechtswissenschaft um eine die Entwicklungen der modernen Vertragswirklichkeit normativ aufgreifende und einfangende Differenzierung. Die Vorschrift des § 675 Abs 1 kann heute nicht mehr als eine womöglich entbehrliche, nur technische Verweisungsnorm, als „ein bloßer Annex des Auftragsrechts" und als systematisch zum Dienst- und Werkvertragsrecht gehörig verstanden werden (so aber noch Staudinger/Wittmann[12] § 675 Rn 1). Vielmehr ist sie zu einer vertragstypologischen Generalklausel von zentraler und fundamentaler Bedeutung im Schuldrecht geworden.

Anders als virtuell die Trennungstheorie vollzieht die Einheitstheorie auch kaum nach, dass sich der durch die Geschäftsbesorgungsformel beschriebene Verpflichtungsinhalt **auch außerhalb von Dienst- und Werkverträgen** verwirklichen lässt: die Rechtswirklichkeit kennt längst Lizenzverträge oder Werklieferungsverträge, auch Darlehens- oder Verwahrungsverträge, vor allem aber Verträge *sui generis* und gemischttypische Verträge mit mehr oder weniger dominantem geschäftsbesorgungsvertraglichem Element, denen ein sachadäquat differenziertes Geschäftsbesorgungsrecht Rechnung tragen muss. Der auf eine systematische Zugehörigkeit der Geschäftsbesorgung zum Dienst- und Werkvertragsrecht fixierte Blickwinkel der Einheitstheorie droht diese Vertragsgestaltungen aus einer systematischen und dogmatischen Aufbereitung des Geschäftsbesorgungsrechts auszublenden. Durch das enge Geschäftsbesorgungsverständnis der Trennungstheorie im Rahmen des § 675 lässt sich demgegenüber die verfehlte gesetzgeberische Systematik gleichsam dogmatisch doch noch „retten", weil der im Wortlaut der Vorschrift angelegte Keim zu einem eigenständigen Vertragstyp der entgeltlichen Geschäftsbesorgung zur Entfaltung gebracht wird. **Der Trennungstheorie ist daher zu folgen**. Zwar gelangt sie zu einer „unerfreulichen Diskrepanz" (Erman/Hauss[8] vor § 662 Rn 6; Esser/Weyers, SchuldR BT Teilb 1 [8. Aufl 1998] § 35 I 1: „systemwidrige Diskrepanz") des Geschäftsbesorgungsverständnisses (vgl auch Larenz, SchuldR II/1 [13. Aufl 1986] § 56 V), nämlich zu einer **Geschäftsbesorgung im weiteren Sinne der §§ 662 ff (Auftragsvertrag) und einer Geschäftsbesorgung im engeren Sinne des § 675 Abs 1 (Geschäftsbesorgungsvertrag)**. Doch ist diese Trennung zum einen vom Wortlaut des Gesetzes selbst vorgezeichnet, zum anderen in der **modernen Vertragswirklichkeit** angelegt. Im Übrigen lässt sich die Systematik des Titels 12 „Auftrag, Geschäftsbesorgung *und* Zahlungsdienste" als eine Bestätigung der Trennungstheorie lesen. Auch wenn das Wort „und" seit der Gesetzesänderung im Jahr 2009 (vgl Rn 2) nicht mehr dem „Geschäftsbesorgungsvertrag" vorangestellt ist, sind alle drei Begriffe dennoch als eigenständig anzusehen. 21

4. Systematische Konsequenzen der Trennungstheorie

Aus der Trennungstheorie lassen sich für das systematische Verständnis des Titels 12 „Auftrag, Geschäftsbesorgung und Zahlungsdienste" mit seinen Untertiteln und Kapiteln folgende Konsequenzen ziehen: Der Untertitel 1 „Auftrag" umfasst mit den §§ 662–674 das Recht des (unentgeltlichen) **Auftragsvertrags**, der auf eine **unentgeltliche Geschäftsbesorgung im weiteren Sinne** gerichtet ist. Als Geschäftsbesorgung im weiteren Sinne ist „jede fremdnützige Tätigkeit im Interesse eines anderen" anzusehen. Man mag diese Formulierung, die ohne Weiteres auch rein faktische und völlig untergeordnete Tätigkeiten einbezieht, als die **weite Geschäftsbesorgungsformel** bezeichnen. Der im Untertitel 2 „Geschäftsbesorgung" in § 675 Abs 1 geregelte (entgeltliche) **Geschäftsbesorgungsvertrag** ist auf eine **entgeltliche Geschäftsbesorgung im engeren Sinne** gerichtet. Als Geschäftsbesorgung im engeren Sinne ist **eine** 22

selbständige Tätigkeit wirtschaftlicher Art zur Wahrnehmung fremder Vermögensinteressen anzusehen. Diese vom BGH geprägte Formulierung (BGH DB 1959, 168; BGHZ 45, 223, 228) kann man kontrastierend die **enge Geschäftsbesorgungsformel** nennen (dazu ausf § 675 Rn 9; vgl auch zu den Hintergründen oben Rn 17, 21). In der Vorschrift des § 675 Abs 1 ist der **allgemeine Geschäftsbesorgungsvertrag** geregelt. Als **Sonderformen des Geschäftsbesorgungsvertrags** sind die in Untertitel 3 geregelten **Zahlungsdienste** anzusehen, die folgerichtig gleichfalls der engen Geschäftsbesorgungsformel folgen. Daneben kennt die Rechtsordnung zahlreiche weitere Sonderformen des Geschäftsbesorgungsvertrags innerhalb und außerhalb des Bankrechts. Bei der **Geschäftsführung ohne Auftrag** in den §§ 677 ff des Titels 13 spricht das Gesetz gleichfalls von der Besorgung eines Geschäfts (§§ 677, 687 Abs 1); hierbei geht es freilich wiederum um **Geschäftsbesorgungen im weiteren Sinne**.

II. Auftrag und Geschäftsbesorgung als einheitlicher Rechtsstrukturtyp

1. Das Grundformen-Paradigma

23 Es ist gewiss kein Zufall, dass Auftrag und Geschäftsbesorgungsvertrag ihre gesetzliche Regelung in ein und demselben Titel (Titel 12) des besonderen Schuldrechts erfahren haben, obwohl der Auftragsvertrag auf eine unentgeltliche Geschäftsbesorgung im weiteren Sinn und der Geschäftsbesorgungsvertrag auf eine entgeltliche Geschäftsbesorgung im engeren Sinn gerichtet sind. Beide Vertragsarten repräsentieren nämlich einen einheitlichen Rechtsstrukturtyp, der sich durch seine Eigenart sehr markant von den Rechtsstrukturtypen anderer Vertragsarten abhebt (s unten Rn 24 ff). Zur näheren Erklärung und zum tieferen Verständnis der eigenständigen und herausragenden Bedeutung von Auftrag und Geschäftsbesorgung im System der schuldrechtlichen Vertragstypen ist eine Besinnung auf jene **grundlegenden Interessenstrukturtypen** unerlässlich, welche die Zivilrechtsordnung zur Kennzeichnung rechtlich relevanter Interessenbeziehungen im rechtsgeschäftlichen Sozial- und Wirtschaftsverkehr sowie als Orientierungsrahmen zur Einordnung der im BGB geregelten Vertragstypen kennt. Es sind dies die von Franz Beyerle sogenannten „Grundformen persönlicher Verkettung“ (Beyerle, Die Treuhand im Grundriß des deutschen Privatrechts [1932] 16 ff) oder von Hans Würdinger sogenannten „Grundtatbestände des Rechtsverkehrs“ (Würdinger, Gesellschaften, 1. Teil: Recht der Personengesellschaften [1937] 9 ff und schon Vorwort 7). In diese lassen sich alle Vertragsrechtsverhältnisse nach Maßgabe der jeweils verschiedenen Verknüpfung der Parteiinteressen einteilen. Für diese Einteilung in Grundformen oder Grundtatbestände ist nicht wie bei den „Vertragstypen“ der Interessen- und der Leistungs**inhalt**, sondern auf einer Vorstufe die **Interessen- und Leistungsrichtung** maßgeblich. Schon vJhering hat auf solcher Grundlage **drei Arten rechtsgeschäftlicher Verbindung** unterschieden: „Im Tauschcontract will der Wille das eigene Interesse auf Kosten des fremden (Egoismus), in der Schenkung das fremde auf Kosten des eigenen (Selbstverleugnung), in der Societas das eigene im fremden“ (vJhering, Der Zweck im Recht, 1. Band [3. Aufl 1893] 214; vgl auch Crome, Die partiarischen Rechtsgeschäfte [1897] 146 f). Aber erst Beyerle und Würdinger haben einen geschlossenen Entwurf für ein System von Interessenstrukturtypen rechtsgeschäftlicher Verbindung erarbeitet, die ungeachtet möglicher Mischtypen „in ihrer Art zugleich erschöpfend“ sind (Würdinger, Gesellschaften, 1. Teil: Recht der Personengesellschaften [1937] 10 ff). Das Grundformen-Paradigma ist inzwischen in vielfältiger Weise und mit weitreichenden Konsequenzen von der Vertragstheorie dog-

matisch fruchtbar gemacht worden (Rittner, Die Ausschließlichkeitsbindungen in dogmatischer und rechtspolitischer Betrachtung [1957] 112; Peter Ulmer, Der Vertragshändler [1969] 265; Biedenkopf, Vertragliche Wettbewerbsbeschränkungen und Wirtschaftsverfassung [1958] 89; Paul NJW 1964, 129 ff, 130; Martinek, Franchising [1987] 239 ff; ders, Moderne Vertragstypen Bd 2 [1992] 62 ff).

2. Interessengegensatz, Interessengleichrichtung und Interessenwahrung

Danach kann *zum ersten* ein vertragliches Beziehungsverhältnis auf einen **Interessengegensatz** gegründet sein, bei dem jeder Vertragspartner **einen eigenen Vorteil** gegen einen dem anderen gewährten Vorteil erstrebt *(do ut des)*. Hier werden die gegenseitigen und gegensätzlichen Interessen im **Leistungsaustauschgeschäft** (Kauf, Tausch, Miete etc) abgestimmt; jeder wahrt seinen Vorteil und schuldet Rücksicht auf den anderen nur insoweit, als Treu und Glauben im Verkehr es erfordern. Der genau umgrenzte Leistungsinhalt und die strenge Sorgfaltspflicht bei der Erfüllung bilden die „Kehrseite dieses rechtmäßigen Eigennutzes"; die Losung lautet hier: *mea res agitur* (Beyerle, Die Treuhand im Grundriß des deutschen Privatrechts [1932] 17). 24

Diesen Verhältnissen des Interessengegensatzes als den Austauschverhältnissen stehen als zweiter „Grundtatbestand" die Gemeinschaftsverhältnisse gegenüber, die sich durch eine Interessenverbindung oder Interessengleichrichtung der Parteien auszeichnen, deren primäre Folge eine gesteigerte „gesellschaftsrechtsrechtliche" Treuepflicht ist. „Fremdes und eigenes Interesse erscheinen in dieser Form als eins; wer das seinige fördert, fördert das fremde und umgekehrt" (vJhering, Der Zweck im Recht, 1. Band [3. Aufl 1893] 218). Hier steht man zusammen, nicht sich gegenüber; die Losung lautet: *nostra, ergo et mea res agitur* (Beyerle, Die Treuhand im Grundriß des deutschen Privatrechts [1932] 18). 25

Zwischen Interessengegensatz und Interessengleichrichtung steht als eigenständige *dritte* Grundform der Tatbestand der **Interessenwahrung**, der durch eine Unterordnung der Interessen der einen Partei unter die der anderen und durch eine im Verhältnis zu Austauschgeschäften gesteigerte Treuepflicht beider Parteien gekennzeichnet ist. Die Losung lautet hier: *tua res a me quasi mea agitur* (Beyerle, Die Treuhand im Grundriß des deutschen Privatrechts [1932] 19). Hier haben der **Auftrag** (die unentgeltliche Geschäftsbesorgung im weiteren Sinne), die **Geschäftsbesorgung** (die entgeltliche Geschäftsbesorgung im engeren Sinne) ebenso wie die Treuhand ihren Platz. Der Geschäftsbesorger ist bei der Interessenwahrung in einer Weise tätig, in der es der Geschäftsherr sein müsste (Beyerle, Die Treuhand im Grundriß des deutschen Privatrechts [1932] 18). Er ist am Erfolg seines Handelns **nicht unmittelbar beteiligt**, denn ein Gewinn des Geschäftsherrn ist nicht notwendig und stets ein Gewinn des Geschäftsbesorgers (wie bei der Interessengleichrichtung), noch ist der Gewinn des Geschäftsherrn jemals der Verlust des Geschäftsbesorgers (wie beim Interessengegensatz). Die aus dieser Interessenkonstellation entspringenden typischen Rechte und Pflichten sind vor allem „Zurückstellung der eigenen Belange des Geschäftsführers hinter die Interessen des Auftraggebers, Befolgung der Weisungen des Geschäftsherrn" (Würdinger, Gesellschaften, 1. Teil: Recht der Personengesellschaften [1937] 11). In der gemeinrechtlichen Lehre wurde diese rechtsgeschäftliche Interessenkonstellation teilweise unter dem Begriff der *contractus bilaterales inaequales* erfasst, der 26 sich nicht allein auf unvollkommen zweiseitige Verträge im heutigen technischen Sinne bezog.

27 In der jüngeren Doktrin zu den rechtsgeschäftlichen Interessenstrukturtypen (Martinek, Franchising [1987] 239 ff; ders, Moderne Vertragstypen Bd 2 [1992] 62 ff) werden die Verhältnisse des Interessengegensatzes, der gegenläufigen Belangwahrung, der Austauschgeschäfte oder der Tauschhand als **Koordinationsverträge** bezeichnet. Die Verhältnisse der Interessengemeinschaft, -gleichrichtung, -verbindung, der gleichläufig-eigennützigen Belangwahrung, der Gesellschaft werden davon als **Koalitionsverträge** (bei Zweigliedrigkeit) oder als **Konföderationsverträge** (bei Mehrgliedrigkeit) abgehoben. Die Verhältnisse der weisungsgebundenen Interessenwahrung, der fremdnützigen Belangwahrung, des Auftrags, der Geschäftsbesorgung und Treuhand werden **Subordinationsverträge** genannt.

3. Auftragsvertrag und Geschäftsbesorgungsvertrag als Subordinationsverträge

28 Im Lichte des Grundformen-Paradigmas wird erkennbar, dass der Auftragsvertrag und der Geschäftsbesorgungsvertrag einem einheitlichen und eigenständigen Rechtsstrukturtypus, dem Subordinationsvertrag, mit seinen Besonderheiten zuzuordnen sind, ja diesen paradigmatisch repräsentieren. Die dogmatischen Konsequenzen reichen weit: Bei den Verhältnissen des Interessengegensatzes, den Koordinationsverträgen, bilden die wirtschaftlichen Interessen der Parteien regelmäßig **nur das Motiv** für ihre den Vertrag konstituierenden Willenserklärungen, sie werden aber nicht zu rechtlichen Interessen. Der wirtschaftliche Motivzusammenhang findet rechtlich seinen Ausdruck in dem Grundsatz der genetischen und funktionellen Abhängigkeit der beiderseitigen, „gegenseitigen" Leistungen. Bei den Verhältnissen der Interessenverbindungen, den Koalitions- oder Konföderationsverträgen, werden die wirtschaftlichen Interessen beider bzw aller Parteien Inhalt des Vertrages und damit (gemeinsames) rechtliches Interesse. Bei den Interessenwahrungsverhältnissen, den Subordinationsverträgen, werden nur die wirtschaftlichen Interessen der **einen** Partei, des Auftragsgebers oder Geschäftsherrn, **Inhalt des Vertrages** und damit **rechtliches Interesse**, während die des Auftragnehmers, Beauftragten oder Geschäftsbesorgers nur Motiv bleiben. Dabei wird zwar der Subordinationsvertrag in erster Linie durch den unentgeltlichen Auftrag der §§ 662 ff repräsentiert, doch ist die Unentgeltlichkeit keineswegs notwendige Bedingung für einen Subordinationsvertrag. Die Entgeltlichkeit ändert nichts an der interessenstrukturtypologischen Qualifikation des Geschäftsbesorgungsvertrages nach § 675 Abs 1 als Subordinationsvertrag, selbst wenn aufgrund der Entgeltlichkeit der Geschäftsbesorgertätigkeit ein austauschvertragliches Element mitspielt. Gewiss stehen die Zahlung des Entgelts durch den Geschäftsherrn und die Dienste des Geschäftsbesorgers im Synallagma, doch weist das *mandatum mea et tua gratia* gegenüber Koordinationsverträgen die Besonderheit auf, dass nicht jeder Vertragsteil primär seinen Vorteil wahrt und Rücksicht auf den anderen nur nach Treu und Glauben im üblichen Verkehr schuldet *(mea res agitur)*. Vielmehr ist der Geschäftsbesorger, wenn auch gegen Entgelt, **zuerst zur Wahrung bzw Förderung fremder Interessen**, notfalls unter Hintanstellung konfligierender Eigeninteressen, verpflichtet, von der er nur mittelbar profitiert *(tua res a me quasi mea agitur)*. Die Interessenwahrung bleibt auch bei Entgeltlichkeit doch der Kategorie der *contractus bilaterales inaequales* verbunden. Zwar ist der Geschäftsbesorgungsvertrag des § 675 Abs 1 ein gegenseitiger, synallagmatischer

Vertrag, bei dem die Leistungen des Geschäftsbesorgers im Gegenseitigkeitsverhältnis zur Entgeltzahlung des Geschäftsherrn stehen. Auch der Gesellschaftsvertrag des § 705 ist bei Zwei- wie bei Mehrgliedrigkeit ein synallagmatischer, aber kein Austauschvertrag. Der Gegenseitigkeitscharakter (Synallagma) beherrscht immer den Koordinations- sowie den Koalitions-/Konföderationsvertrag; er *kann* auch einen Subordinationsvertrag beherrschen (wie beim Geschäftsbesorgungsvertrag; anders aber beim unentgeltlichen Auftrag), doch macht er Geschäftsbesorgungs- so wenig wie Gesellschaftsverträge zu Austauschverträgen. Das idealtypisch an den Austauschvertrag geknüpfte Synallagma ist beim Geschäftsbesorgungsvertrag als Subordinationsvertrag (in anderer Weise auch beim Gesellschaftsvertrag als Koordinations-/Konföderationsvertrag) geschwächt. Deshalb gehört der Geschäftsbesorgungsvertrag des § 675 Abs 1 nicht zu den „normalen, gegenseitigen Verträgen" (so aber MünchKomm/Emmerich[7] vor § 320 Rn 17). Der Mandatar ordnet sich dem Mandanten als dessen **interessenwahrender und weisungsgebundener Repräsentant** unter, wenn auch gegen Entgelt. Der Austausch wird von der **Asymmetrie der Interessenunterordnung** überlagert; **das Synallagma „hinkt"**.

Erst im Licht der vorstehend beleuchteten Zusammenhänge wird die Regelungslogik des Titels „Auftrag, Geschäftsbesorgung und Zahlungsdienste" erkennbar. Der Auftragsvertrag, der auf eine unentgeltliche Geschäftsbesorgung im weiteren Sinne gerichtet ist, und der Geschäftsbesorgungsvertrag, der eine entgeltliche Geschäftsbesorgung im engeren Sinne zum Gegenstand hat, sind durch den gemeinsamen und einheitlichen Rechtsstrukturtypus des Subordinationsvertrags verwandtschaftlich verbunden. Dieser Einordnung trägt das BGB in § 675 Abs 1 und in § 675c Abs 1 Rechnung, wenn trotz der Entgeltlichkeit des Geschäftsbesorgungs- und des Zahlungsdienstevertrages die Vorschriften des unentgeltlichen Auftrages, §§ 663, 665–670, 672–674, für anwendbar erklärt werden. Für den entgeltlichen Geschäftsbesorgungsvertrag kommt damit praktisch das gesamte auftragsrechtliche Regelungsprogramm zum Einsatz, obwohl es auf ein unentgeltliches, nicht-synallagmatisches Vertragsverhältnis zugeschnitten ist; die **Entgeltlichkeit** der Geschäftsbesorgung wird damit **als zweitrangig apostrophiert** und der Zuständigkeit des ordinären Dienst- und Werkvertragsrechts überlassen. Sein Gepräge erlangt der Geschäftsbesorgungswerk- oder -dienstvertrag jedenfalls durch das Auftragsrecht, mit dessen Regelungsprogramm das dienst- oder werkvertragliche Synallagma eine Schlagseite erhält. Seit Jahrhunderten schwingt im Geschäftsbesorgungsrecht die Komponente der vom *do ut des*- Prinzip abweichenden Interessenunterordnung des Mandatars unter die Interessen des Mandanten *(mandatum mea gratia)* oder unter diejenigen eines Dritten *(mandatum aliena gratia)* mit. Bei Zulässigkeit eines Mandats im Interesse sowohl des Mandanten wie des Mandatars *(mandatum mea et tua gratia)* war doch ein Mandat allein im Interesse des Mandatars *(mandatum tua tantum gratia)* von vornherein *„supervacuum"* (Zimmermann, The Law of Obligations [1990] Chapt 35, p 421 f); die Begründung hat bereits Gaius gegeben: *„Quod … tu tua gratia facturus sis, id de tua sententia, non ex meo mandatu, facere debes"* (Gaius III 156). Vielleicht fördert die historische Rechtsvergleichung bei einer gelegentlichen dogmengeschichtlichen Überprüfung zutage, dass die jahrhundertelangen Bewältigungsschwierigkeiten des entgeltlichen Mandats in Abgrenzung zum Dienst- und Werkvertrag (dazu oben Rn 3 ff und 9 ff) nicht zuletzt in jenem „hinkenden" Synallagma begründet liegen, das die weisungsgebundene fremdnützige Interessenwahrung – auch bei Entgeltlichkeit – in das Vertragsverhältnis hineinträgt. 29

30 Die **juristisch-heuristische Fruchtbarkeit** des Grundformen-Paradigmas und der Einordnung des Auftrags- wie des Geschäftsbesorgungsvertrages als Subordinationsvertrag reicht allerdings über die Erklärung und das Verständnis der Rechtsfolgeanordnung des § 675 Abs 1 hinaus. Genau genommen werden nicht nur weite Teile der vertragsrechtlichen Dogmatik des Geschäftsbesorgungsrechts, sondern auch die öffentlich-rechtlichen, aufsichtsrechtlichen und standesrechtlichen Überlagerungen vieler traditioneller Geschäftsbesorgungsverträge (etwa der Bank-, der Architekten- oder der Rechtsanwaltsverträge) sowie die rechtspolitischen Ordnungsaufgaben im modernen Geschäftsbesorgungsrecht etwa der Kreditkarten- oder der Franchiseverträge erst durch die Figur des Subordinationsvertrages verständlich. Die **vertragsimmanente Richtigkeitsgewähr** des synallagmatischen Austauschverhältnisses der sich koordinierenden Interessengegensätzlichkeit und der gegenläufigen Belangwahrung, wie sie den idealtypischen Kauf kennzeichnet, ist beim Geschäftsbesorgungsvertrag **nicht von vornherein und nicht in vollem Umfang gegeben**. Denn der Geschäftsbesorgungsvertrag ist durch eine **asymmetrische Interessenkonstellation** gekennzeichnet, die erst mehrstufig zum beiderseitigen Interessenausgleich führen kann; der Geschäftsbesorger befriedigt seine Interessen erst mittelbar, indem er unmittelbar diejenigen des Geschäftsherrn befriedigt. Mit dieser Interessenasymmetrie ist zwar nicht notwendig ein wirtschaftliches Machtungleichgewicht zwischen den Parteien verknüpft. Vor allem bedeutet die Interessensubordination des Geschäftsbesorgers keineswegs automatisch ein wirtschaftliches Machtgefälle zu seinen Ungunsten. Vielmehr kann die wirtschaftliche Macht bei Geschäftsbesorgungsverträgen nicht anders als bei Kaufverträgen je nach den Verhältnissen der Parteien und des Marktes sowohl ausgeglichen sein als auch ein Übergewicht auf der Seite dieser oder jener Partei aufweisen. So mag bei Handelsvertreterverträgen im Regelfall der Unternehmer als Geschäftsherr, bei Bankverträgen häufig die Bank als Geschäftsbesorgerin die wirtschaftlich überlegene Partei sein, während etwa zwischen einem Werbemittler als Geschäftsbesorger und einem Werbetreibenden als Geschäftsherr oft ein wirtschaftlich ausgewogenes Machtverhältnis bestehen wird. Entscheidend aber ist, dass die **asymmetrische Interessenkonstellation** eines Subordinationsvertrages **im Falle eines Machtungleichgewichts** der Parteien von vornherein **nur in vergleichsweise schwächerem Maße zu einem Interessenausgleich** der Parteien mit **vertragsimmanenter Richtigkeitsgewähr, tendenziellem Gerechtigkeitsgehalt und virtueller marktwirtschaftlicher Ergebnisrichtigkeit zu führen vermag**; es fehlt die Unmittelbarkeit einer Koordination komplementärer Interessen.

31 So erklärt sich der für den Rechtsstrukturtypus des Subordinationsvertrags gegenüber den Austauschverträgen von vornherein **erhöhte rechtliche Regelungs- und Interventionsbedarf**. Namentlich die herausragende Bedeutung von Treu und Glauben für die in einem Interessenwahrungsverhältnis verbundenen Parteien findet zum Gutteil in der geschilderten asymmetrischen Interessenkonstellation des *mandatum* ihre Erklärung, das für den Beauftragten/Geschäftsbesorger immer primär ein *mandatum tua gratia* und nur sekundär ein *mandatum mea gratia* ist. Die Ausgestaltung etwa des Handelsvertreterrechts mit seinen zahlreichen **zwingenden Schutzvorschriften** zugunsten des interessenwahrenden Geschäftsbesorgers wird erst dadurch verständlich, dass die vertraglichen Richtigkeitskontrollen von subordinativen Geschäftsbesorgungsverträgen gegenüber denen von koordinativen Austauschverträgen nur eingeschränkt funktionieren. Auch die als Geschäftsbesorger tätigen Franchisenehmer oder Just-in-time-Zulieferer werden von der Rechtsord-

nung mittels des Grundsatzes von Treu und Glauben in ihrem interessenstrukturell asymmetrischen Vertragsverhältnis geschützt, soweit der Regelungsbedarf nicht durch die analoge Anwendung spezieller Schutzvorschriften (etwa des Handelsvertreterrechts auf das Franchising) gedeckt wird. In anderen Bereichen des Geschäftsbesorgungsrechts – mit einem umgekehrten Machtgefälle zu Ungunsten des Geschäftsherrn – bedarf es zur Kompensation der verminderten Richtigkeitsgewähr privatautonomer Vertragsbeziehungen und zur Ergänzung der eingeschränkten Ordnungsleistungen des Marktes gewisser **vertragsunabhängiger Verhaltenspflichten** und **aufsichtsrechtlicher Leistungs- und Preiskontrollen** der Geschäftsbesorger. Das reicht von Gebühren- und Honorarordnungen etwa für Rechtsanwälte und Architekten über kammer- und verbandsinterne Zulassungs- und Verhaltenskontrollen für einzelne Berufsfelder bis zu einem rigiden aufsichtsrechtlichen Instrumentarium staatlicher Instanzen etwa gegenüber der Kreditwirtschaft. Die Ursachen liegen zu allermeist darin, dass sich der Geschäftsbesorger aufgrund seiner fachlichen Kompetenz für den Geschäftsherrn tendenziell unentbehrlich, unkontrollierbar und jedenfalls nur schwer substituierbar gemacht hat, sodass der Geschäftsherr in Abhängigkeit vom Geschäftsbesorger mit seinem Entscheidungsspielraum bei der selbständigen Interessenwahrung gerät. Auch dies führt im asymmetrisch strukturierten Interessenwahrungsverhältnis zu einer Einbuße der selbsttätigen Richtigkeitskontrollen vertraglicher Übereinkünfte, weil die Beurteilungsmöglichkeiten des wenig kompetenten Vertragspartners hinsichtlich des Leistungsverhaltens des sach- und fachkundigen Geschäftsbesorgers reduziert und damit seine Leistungs- und Preisverhandlungsposition und seine Ausweichmöglichkeit auf andere Anbieter eingeschränkt sind.

4. Typologische Ausdifferenzierungsversuche

Kaum für den unentgeltlichen Auftragsvertrag, wohl aber für den entgeltlichen 32
Geschäftsbesorgungsvertrag liegt der Gedanke einer typologischen Ausdifferenzierung nach Maßgabe der empirisch vorfindbaren Erscheinungsformen nahe. Für den Auftragsvertrag erscheint ein solches Bemühen von vornherein schwerlich durch ein juristisches Erkenntnisinteresse gerechtfertigt. Trotz der unübersehbaren Vielfältigkeit seiner Einsatzbereiche, die durch die weite Geschäftsbesorgungsformel (dazu oben Rn 10 u 21 f) zum Ausdruck kommt („jede fremdnützige Tätigkeit im Interesse eines anderen“), ist dem Auftragsvertrag in der Praxis eine vergleichsweise geringe Bedeutung zuzumessen, weil eine „unentgeltliche Tätigkeit“ in unserer Wirtschafts- und Sozialordnung durchaus Ausnahmecharakter besitzt. Zum unentgeltlichen Auftrag haben sich keine Berufsbilder entwickelt. Anders ist die Lage bei dem Typus des entgeltlichen Geschäftsbesorgungsvertrags mit seiner wirtschaftlich überragenden, nur durch den Kaufvertrag übertroffenen Bedeutung (dazu oben Rn 20). Er kann in **zahlreiche einzelne Untertypen** selbständiger Bedeutung untergliedert werden: Rechtsanwaltsverträge, Steuerberaterverträge, Handelsvertreterverträge, bankrechtliche Geschäftsbesorgungsverträge mit ihren Unterformen oder vertriebsrechtliche Geschäftsbesorgungsverträge mit ihren Unterformen, Baubetreuungsverträge im weiteren und im engeren Sinn, Reisevermittlungsverträge, Vermögensverwaltungsverträge usw. Solche Bildung von Untertypen, die sich am jeweils spezifischen Tätigkeitsprofil des Geschäftsbesorgers orientiert, hat eine gewisse Berechtigung, soweit mit jedem Untertyp spezifische Rechtsfragen und Regelungsprogramme verbunden sind; der „Besondere Teil“ des Geschäftsbesorgungs-

rechts lässt sich demgemäß als das Recht dieser geschäftsbesorgungsvertraglichen Untertypen verstehen (dazu § 675 Rn B 1 ff). Zudem hat der Gesetzgeber selbst im Untertitel 3 des 12. Titels Sonderformen des Geschäftsbesorgungsvertrags erfasst. Indes lässt sich alles in allem aus einer solchen meist branchenspezifischen Betrachtungsweise kaum ein heuristisch fruchtbares System der Untertypen des Geschäftsbesorgungsvertrages ausformen; der Katalog der Einzelverträge bleibt im Wesentlichen enumerativ. Auch bringt die Rechtswirklichkeit ständig neue Einzelverträge geschäftsbesorgungsvertraglicher Rechtsnatur hervor, die aufgrund ihrer empirischen Häufigkeit und Gleichförmigkeit bald „typisch" werden können. Wenig erfolgversprechend sind bislang Versuche geblieben, den Typus des Geschäftsbesorgungsvertrages systematisch und typologisch abschließend auszudifferenzieren.

33 Allerdings bietet Musielak (Gutachten [1981] 1308 f, dazu noch unten Rn 54 ff) einen hilfreichen typologischen Ansatz, wenn er verschiedene **„Fallgruppen" der Geschäftsbesorgung** unterscheidet: *erstens* die Fälle, in denen der Geschäftsbesorger für Rechnung des Geschäftsherrn in eigenem oder in dessen Namen ein Recht zu erwerben hat (zB Kommissionsgeschäft, Handelsvertretervertrag); *zweitens* die Fälle, in denen der Geschäftsbesorger Rechte des Geschäftsherrn gegenüber Dritten wahrzunehmen hat (Rechtsanwaltsvertrag); *drittens* die Fälle, in denen dem Geschäftsbesorger vom Geschäftsherrn ein Recht zur Ausübung in dessen Interesse übertragen wird (Inkassozession und andere Fälle der echten Treuhand); *viertens* die Fälle, in denen der Geschäftsbesorger seine Sachkunde zur Beratung oder zur Unterstützung des Geschäftsherrn bei dessen Wahrnehmung von Vermögensinteressen einzusetzen hat (Anlageberatung, Baubetreuung, Architektenvertrag). Musielak weist indes selbst darauf hin, dass diese vier Grundformen **kombinierbar** sind und auch in der Praxis häufig kombiniert werden. Bei allen Typisierungsbemühungen ist zudem Folgendes zu beachten: Das Geschäftsbesorgungsrecht spielt eine zunehmende Rolle für eine Reihe von Verträgen, die sich einem der austauschvertraglichen Typen des BGB außerhalb des Dienst- und Werkvertragsrechts zuordnen lassen oder sich als Mischformen gesetzlich geregelter Vertragstypen darstellen, bei denen aber ein ausgeprägtes geschäftsbesorgungsvertragliches Element auszumachen ist. Es geht um sämtliche Verträge, bei denen nicht nur einzelne Treuepflichten die Hauptpflichten begleiten, sondern „ein ganzer, wohldefinierter Fürsorgebereich" hinzutritt (Esser/Weyers, SchuldR BT Teilb 1 [8. Aufl 1998] § 35, 1). Der Rechtsstrukturtypus des Geschäftsbesorgungsvertrages lässt mithin zwar die sinnvolle Bildung einzelner Untertypen zu (hieran orientiert sich auch die Darstellung des Besonderen Teils des Geschäftsbesorgungsvertragsrechts, vgl § 675 Rn B 1 ff), doch lassen sich diese Untertypen **kaum zu einem geschlossenen System** zusammenfügen.

III. Auftrag, Geschäftsbesorgung und Vollmacht

1. Abstraktheit

34 Auftrag und Geschäftsbesorgung dürfen, auch wo die Tätigkeit des Beauftragten bzw Geschäftsbesorgers auf Rechtshandlungen für den Auftraggeber oder Geschäftsherrn gerichtet ist, nicht mit der Vollmacht als rechtsgeschäftlich erteilter Vertretungsmacht bei Rechtsgeschäften verwechselt oder vermengt werden. Anders als die meisten ausländischen Rechtsordnungen (s unten Rn 89 ff) behandelt das deutsche Privatrecht die **rechtsgeschäftliche Vollmacht** nach §§ 164 ff **strikt getrennt vom unentgeltlichen Auftrag und von der entgeltlichen Geschäftsbesorgung** (vgl dazu RGZ 71, 222; RGZ 82, 89). Die Vollmachtserteilung ist ein einseitiges abstraktes Rechtsgeschäft, während der Auftrag ein Vertrag ist und das der Vollmacht zugrunde liegende Rechtsverhältnis bildet. Der Auftrag **verpflichtet** den Beauftragten, die Vollmacht **ermächtigt** ihn zum Handeln im Namen des Vertretenen. Der Auftrag kann auf tatsächliches Handeln, die Vollmacht nur auf Vornahme eines Rechtsgeschäfts oder einer geschäftsähnlichen Rechtshandlung des Vertreters gerichtet sein. Der Auftrag kann dahin gehen, dass der Beauftragte **im Namen des Auftraggebers** handelt. Ist das der Fall, so liegt neben dem Auftrag *uno actu* eine durch selbständiges Rechtsgeschäft erteilte Vertretungsmacht, also Vollmacht vor, und es kommen die Vorschriften der §§ 164 ff zur Anwendung. Der Auftrag kann aber auch dahin lauten, dass der Beauftragte **im eigenen Namen** handeln soll. Das ist insbesondere der Fall bei **Treuhandverhältnissen**, bei denen der Beauftragte im eigenen Namen, aber für Rechnung des Auftraggebers handelt (s zur Treuhand allgemein u Rn 40 ff; zum Vergleich und zur Abgrenzung von Treuhand und mittelbarer Stellvertretung s unten Rn 47 ff). Für den Bereich des Geschäftsbesorgungsvertrags (§ 675) ist neben der entgeltlichen Treuhand vor allem der Kommissionsvertrag (§§ 383 ff HGB) zu nennen. Umgekehrt kann eine Vollmacht erteilt sein, ohne dass ein Auftrag vorliegt, so namentlich bei sog Generalvollmachten (vgl Mot II 525). Doch wird in der Vollmachtserklärung regelmäßig konkludent die Erteilung eines Auftrags liegen. Es gibt mithin Vollmachten ohne Auftrag, wie auch Aufträge ohne Vollmacht (vgl RG WarnR 1913 Nr 86). Tritt der Beauftragte **ohne Vollmacht** im Namen des Auftraggebers auf, so ist er Vertreter ohne Vertretungsmacht. Kann er den Auftrag ohne Vollmacht nicht ausführen, so braucht er jedoch nicht tätig zu werden, sofern ihm der Auftraggeber keine Vollmacht erteilt. Einen Anspruch auf Vollmachtserklärung hat er nicht.

Das preußische Allgemeine Landrecht von 1794 hatte demgegenüber noch Vollmacht und Auftrag miteinander verkoppelt und ausdrücklich bestimmt: „Die Willenserklärung, wodurch Einer dem Anderen das Recht erteilt, ein Geschäft für ihn statt seiner zu betreiben, wird Auftrag oder Vollmacht genannt" (I Tit 13 § 85). Unter dem Eindruck einer regelmäßigen Verbindung von Vollmachtseinräumung und Tätigkeitsvertrag stehen heute noch die naturrechtlichen Kodifikationen des *code civil* Frankreichs (s unten Rn 115 ff) und des ABGB Österreichs (s unten Rn 107 ff). Eine scharfe Trennung von Auftrag und Vollmacht ist ausweislich des § 1002 ABGB im Privatrecht unseres Nachbarlands Österreich nicht vorgesehen (s unten Rn 107, 109 ff). Es gehört zu den herausragenden Leistungen der deutschen Rechtswissenschaft und zu den bedeutendsten Eigentümlichkeiten des deutschen Privatrechts, dass sich die von vJhering und Laband in der zweiten Hälfte des 19. Jahrhunderts entwickelte Lehre durchgesetzt hat, wonach Vollmachtserteilung und zugrunde liegendes Rechtsverhältnis nicht nur begrifflich getrennt, sondern in ihrem rechtlichen Schicksal als voneinander unabhängig verstanden und behandelt werden (Müller-Freienfels, Die Vertretung beim Rechtsgeschäft [1955] 2 ff; ders, Stellvertretungsregelungen in Einheit und Vielfalt [1982] 60 ff; Isomura, in: D Nörr/S Nishimura, Mandatum und Verwandtes [1993] 307 ff). Dem trägt das BGB Rechnung. Der Auftragsvertrag des § 662 und der Geschäftsbesorgungsvertrag des § 675 regeln allein das schuldvertragliche Rechts- und Pflichtenverhältnis zwischen dem Auftraggeber/Geschäftsherrn und dem Beauftragten/Geschäftsbesorger und bestimmen insbesondere, welche Interessen der Beauftragte/Geschäftsbesorger in welcher Weise und gegebenenfalls mit welchem **35**

Ergebnis für den Auftraggeber/Geschäftsherrn wahrnehmen muss. Damit *kann* zwar die Befugnis verbunden sein, im Namen des Auftraggebers/Geschäftsherrn Rechtsgeschäfte abzuschließen und diesen damit zu berechtigen und zu verpflichten. Diese Vollmacht als rechtsgeschäftlich erteilte Stellvertretungsmacht (einseitiges Rechtsgeschäft) bei Rechtsgeschäften nach §§ 164 ff betrifft aber das **Außenverhältnis** der Parteien gegenüber Dritten und ist grundsätzlich gegenüber dem zugrunde liegenden schuldrechtlichen **Innenverhältnis** abstrakt: nach Beginn, Dauer und Umfang ist die Vollmacht dogmatisch-konstruktiv unabhängig vom zugrunde liegenden Kausalverhältnis, wenn sie auch praktisch mit ihm – wie §§ 168, 169 anerkennen – eng verbunden ist.

2. Konsequenzen

36 Die **konstruktive Unabhängigkeit des Außenverhältnisses** führt vor allem dazu, dass sich die Wirksamkeit von Schuldverträgen (§§ 104 ff, 145 ff, 241 ff), die der Beauftragte/Geschäftsbesorger im Namen des Auftraggebers/Geschäftsherrn tätigt, allein nach deren Voraussetzungen und nach denen des Außenverhältnisses (§ 164 ff), nicht aber nach seiner internen Pflichtenstellung bemisst. Entsprechendes gilt für die Wirksamkeit rechtsgeschäftlicher Verfügungen des Beauftragten/Geschäftsbesorgers (§§ 929 ff, 398 ff, 873 ff usw). Bei einer Treuwidrigkeit im Innenverhältnis, etwa einer Kompetenzüberschreitung, kann der Auftraggeber/Geschäftsherr nur einen Schadensersatzanspruch gegen den Beauftragten/Geschäftsbesorger geltend machen, soweit er nicht in Kollisionsfällen, etwa durch die Grundsätze zum Missbrauch der Vertretungsmacht, geschützt ist.

37 Nicht nur die **Erteilung** und der **Umfang**, sondern auch die **Beendigung der Vollmacht** ist von der des Auftrags- bzw Geschäftsbesorgungsverhältnisses **grundsätzlich konstruktiv unabhängig**, auch wenn die Abstraktion ausweislich der §§ 169 S 1, 672 S 2, 673, 674 **weniger strikt** durchgeführt ist. Namentlich § 169 S 1 zeigt, dass das Gesetz die Trennung zwischen Vollmacht und Auftrag für das Erlöschen der Vollmacht wieder zu überbrücken sucht. Der Abhängigkeit des Fortbestandes der Vollmacht vom Auftrag trägt das Gesetz in den Fällen der §§ 672 S 2, 673 und 674 durch Fiktion Rechnung. Im Grundsatz aber kann eine Vollmacht des Beauftragten/Geschäftsbesorgers vom Auftraggeber/Geschäftsherrn widerrufen oder nicht verlängert werden, während das Auftrags- bzw Geschäftsbesorgungsverhältnis weiteren Bestand hat; der Beauftragte/Geschäftsbesorger mag sogar einen Anspruch auf Vollmachtserteilung haben, sodass sich der Widerruf oder die Nichtverlängerung als Pflichtverletzung des Auftraggebers/Geschäftsherrn darstellt. Auch kann umgekehrt das Auftrags- oder Geschäftsbesorgungsverhältnis enden, die Vollmacht aber weiterhin Bestand haben, sodass der Beauftragte oder Geschäftsbesorger unter Ausnutzung seines rechtlichen Könnens (im Außenverhältnis), wenn auch unter Überschreitung seines rechtlichen Dürfens (im Innenverhältnis), noch mit Wirkung für und gegen den Auftraggeber bzw Geschäftsherrn handelt, soweit dem nicht die Sonderregeln der §§ 674 und 169 entgegenstehen; allerdings macht sich der Beauftragte/Geschäftsbesorger bei solcher Pflichtverletzung schadensersatzpflichtig.

3. Mittelbare Stellvertretung

38 Der Beauftragte oder Geschäftsbesorger kann nicht nur – als unmittelbarer oder direkter Stellvertreter – rechtsgeschäftlich **im fremden Namen** für den Auftraggeber bzw Geschäftsherrn handeln (oder sich außerhalb jeder rechtsgeschäftlichen und rechtsgeschäftsähnlichen Tätigkeit auf rein tatsächliche Handlungen wie eine Fürsorge- oder eine Bautätigkeit beschränken). Er kann auch bei Rechtsgeschäften **im eigenen Namen handeln** und nur im Innenverhältnis zum Auftraggeber bzw Geschäftsherrn zur Übertragung der Wirkungen seines Handelns verpflichtet sein (indirekte oder mittelbare Stellvertretung). Dies ist etwa regelmäßig bei solchen Auftrags- und Geschäftsbesorgungsverhältnissen der Fall, die ein **kommissionsartiges Treuhandverhältnis** begründen (s zur Treuhand allgemein u Rn 40 ff; zum Vergleich und zur Abgrenzung von Treuhand und mittelbarer Stellvertretung s unten Rn 47 ff). Erwirbt der Beauftragte oder Geschäftsbesorger als indirekter Stellvertreter Rechte gegen Dritte, so stehen sie dogmatisch-konstruktiv grundsätzlich allein ihm selbst zu.

Eine wichtige Durchbrechung dieses Grundsatzes findet sich aber in der kommis- 39
sionsrechtlichen Regelung des § 392 Abs 2 HGB, wonach Forderungen aus einem vom Kommissionär abgeschlossenen Geschäft im Verhältnis zwischen diesem und seinen Gläubigern einerseits und dem Kommittenten andererseits als Forderungen des Kommittenten gelten. Nach hM ist diese Ausnahme allerdings eng gefasst. Denn bei einem Forderungseinzug durch den Kommissionär soll das von dem Dritten an diesen Geleistete in dessen Vermögen fallen und dem Vollstreckungszugriff der Kommissionärsgläubiger ohne Widerspruchsmöglichkeit des Kommittenten ausgesetzt sein, obwohl das Geleistete wirtschaftlich zum Vermögen des Kommittenten gehört und vertragliche Herausgabeansprüche bestehen (Schlegelberger/Hefermehl 6. Band [5. Aufl 1977] § 392 Rn 2, 20; Koller, in: GroßKomm-HGB [3. Aufl 1980] § 392 Anm 2; MünchKommHGB/Häuser[3] § 392 Rn 48; Hopt, in: Baumbach/Hopt [Hrsg] [30. Aufl 2000] § 392 Rn 3, gegenteilig nunmehr, in: Baumbach/Hopt [Hrsg] [37. Aufl 2016] § 392 HGB Rn 7; BGH NJW 74, 456, 457; BGH NJW 2010, 3578, 3579; **aA** aber [eine analoge Anwendung des § 392 Abs 2 HGB auf das Surrogat befürwortend] Schmidt-Rimpler, Das Kommissionsgeschäft, in: Ehrenberg, Handbuch des gesamten Handelsrechts, Band 5/1 [1928] 477, 612; K Schmidt, Handelsrecht [6. Aufl 2014] § 31 VI Rn 120, Rn 143; Canaris, Handelsrecht [24. Aufl 2006] § 30 Rn 81/82). Insoweit ist die Lage nach hM keine andere als bei einem Rechtserwerb durch einen im eigenen Namen, in mittelbarer Stellvertretung für Rechnung des Auftraggebers/Geschäftsherrn erwerbenden Beauftragten/Geschäftsbesorger. Hier wie dort soll dem Auftraggeber/Geschäftsherrn **kein insolvenzrechtliches Aussonderungsrecht** (§ 47 InsO) und **keine einzelzwangsvollstreckungsrechtliche Drittwiderspruchsklage** (§ 771 ZPO) zustehen, sofern sich nicht aus Treuhandgrundsätzen etwas anderes ergibt. Richtiger Ansicht nach ist § 392 Abs 2 HGB indes keineswegs als eine eng auszulegende Ausnahmevorschrift, sondern als Ausdruck eines allgemeinen Rechtsgedankens und deshalb auch als weitgehend analogiefähig anzusehen (zum gleichen Ergebnis gelangt Bitter, Rechtsträgerschaft für fremde Rechnung [2006] 189 ff). Schon im unmittelbaren kommissionsrechtlichen Anwendungsbereich der Vorschrift ist damit die Konsequenz verbunden, dass – entgegen der hM – auch der durch den Kommissionär vom Dritten eingezogene Gegenstand analog § 392 Abs 2 HGB dem Kommittenten zugewiesen wird, sodass diesem durchaus ein insolvenzrechtliches Aussonderungsrecht nach § 47 InsO und eine vollstreckungsrechtliche Drittwiderspruchsklage nach § 771 ZPO zusteht. Darüber hinausgehend aber ist § 392 Abs 2 HGB analog auf Erwerbsvorgänge anwendbar, die von **selbständigen Geschäftsbesorgern mit besonderer Vermögensbetreuungspflicht** in mittelbarer Stellvertretung vorgenommen werden (dazu näher unten § 675 Rn A 60 ff, insbes A 71 f; Martinek, in: FS Hans-Joachim Musielak

[2004] 355, 362 ff; **anders noch** Staudinger/Martinek [1995] § 675 Rn A 51). Im Ergebnis kommen Aussonderungsrecht und Drittwiderspruchsklage daher auch außerhalb von Treuhandgrundsätzen immer dann zum Zuge, wenn sich der Erwerbsakt im Wege der mittelbaren Stellvertretung vollzieht und von einer entgeltlichen Geschäftsbesorgung iS des § 675 Abs 1 getragen wird. Aber auch im Bereich des unentgeltlichen Auftragsrechts ist § 392 Abs 2 HGB analog anzuwenden, wenn die Geschäftsbesorgung nicht nur dem weiten Geschäftsbesorgungsbegriff der §§ 662 ff, sondern dem **engen Geschäftsbesorgungsbegriff** des § 675 Abs 1 entspricht (dazu näher unten § 675 Rn A 72).

IV. Auftrag, Geschäftsbesorgung und Treuhand

1. Außen- und Innenverhältnis

40 Der Auftrags- und der Geschäftsbesorgungsvertrag sind eng mit der Rechtsfigur der Treuhand verbunden, denn beide begründen oft zugleich Treuhandverhältnisse und *vice versa*. Das deutsche Gesetzesrecht kennt zwar keine allgemeine Regelung der Treuhandverhältnisse und vor allem keinen Treuhandvertrag (vollständige Rechtsübertragung mit schuldrechtlicher Beschränkung im Innenverhältnis) als eigenen Vertragstypus, doch hat sich in Rechtsprechung und Literatur ein dogmatisch **verfestigtes Treuhandrecht** entwickelt. Das „Wesen der Treuhand" ist die „Ausübung von Rechten in eigener Rechtszuständigkeit und in eigenem Namen, aber nicht – oder wenigstens nicht ausschließlich – im eigenen Interesse" (so Fikentscher/Heinemann, SchR [10. Aufl 2006] Rn 1254; vgl dazu RGZ 127, 344; BGHZ 11, 37; BGHZ 17, 140; BGHZ 19, 67, 69; BGH NJW 1987, 2071). Während Auftrag und Geschäftsbesorgung das schuldrechtliche Innenverhältnis der Parteien regeln und während für die Rechtsmacht des Beauftragten/Geschäftsbesorgers im Außenverhältnis bei Verfügungsgeschäften ihre dingliche Rechtsinhaberschaft oder ihre Ermächtigung bzw Bevollmächtigung bestimmend sind, bringt die Rechtsfigur der Treuhand das Innen- und das Außenverhältnis miteinander in eine Sinnbeziehung, die an das **Dürfen (nach außen)** und an das **Können (nach innen)** des Beauftragten/Geschäftsbesorgers anknüpft. Die Treuhand ist dadurch gekennzeichnet, dass der Treuhänder in seiner Rechtsstellung nach außen gegenüber Dritten schuldrechtlichen Beschränkungen zum Treugeber im Innenverhältnis unterliegt (Fikentscher/Heinemann, SchR [10. Aufl 2006] Rn 1254: „überschießende Außentendenz"). **Seine Rechtsmacht im Außenverhältnis ist im Innenverhältnis gebunden**, sodass er kraft seiner Rechtsstellung nach außen mehr tun „kann" als er kraft seiner Treuebindung im Innenverhältnis tun „darf". Das rechtliche Können übersteigt das rechtliche Dürfen. Das schuldrechtliche Innenverhältnis des **unentgeltlich tätigen Treuhänders** ist regelmäßig als **Auftragsvertrag**, das des **entgeltlich** tätigen als **Geschäftsbesorgungsvertrag** zu erfassen (vgl RGZ 84, 217; RGZ 121, 296; RGZ 127, 341, 345; RGZ 133, 87; RGZ 153, 366, 369; RGZ 158, 134; RGZ 160, 59; RG Gruchot 72, 198; BGHZ 5, 292; BGH BB 1953, 249; BGH LM Nr 30 zu § 328 BGB; BGHZ 32, 67, 70; BGH LM Nr 21 zu § 667 BGB; WM 1974, 53; Siebert, Das rechtsgeschäftliche Treuhandverhältnis [2. Aufl 1933, Nachdr 1959]; Kötz, Trust und Treuhand [1963]; J Thomas, Die rechtsgeschäftliche Begründung von Treuhandverhältnissen, NJW 1968, 1705; H Coing, Die Treuhand kraft privaten Rechtsgeschäfts [1973]; Liebich/Mathews, Treuhand und Treuhänder in Recht und Wirtschaft [2. Aufl 1983] 92). Umgekehrt ist vielen Auftrags- und Geschäftsbesorgungsverhältnissen eine fiduziarische Treuebindung des Beauftragten/Geschäftsbesorgers eigen. Denn immer übt der Treuhänder gegenüber Dritten die Rechte in eigener Rechtszuständigkeit und in

eigenem Namen aus, aber nicht – jedenfalls nicht ausschließlich – in eigenem, sondern im fremden Interesse (RGZ 127, 344; BGHZ 11, 37; BGHZ 17, 140; BGHZ 19, 67). Und umgekehrt wird der im fremden Interesse tätige und weisungsgebundene Beauftragte/Geschäftsbesorger oft mit einer nach außen unbeschränkten Vollrechtsposition ausgestattet. Seine im Auftrags- bzw Geschäftsbesorgungsvertrag konkretisierte schuldrechtliche Interessenbindung bewirkt dann das **treuhandtypische Minus** im Verhältnis zu seiner sachenrechtlichen Rechtsmacht (überschießende Außentendenz). Grundmann (Der Treuhandvertrag, insbesondere die werbende Treuhand [1997] 87 ff) geht dagegen von einem *neben* dem Auftrag oder Geschäftsbesorgungsvertrag tretenden Treuhandvertrag aus (sehr deutlich Grundmann, S 94, 95). Diese Sichtweise basiert freilich auf der Fehlannahme, dass die für das treuhänderische Verhältnis zentrale und charakteristische Pflicht der Interessenwahrung für einen anderen sich weder im Tatbestand der §§ 662 ff noch in ihren Rechtsfolgen finde (so Grundmann, Der Treuhandvertrag, insbesondere die werbende Treuhand [1997] 94). Dagegen sind Auftrag und Geschäftsbesorgungsvertrag als Subordinationsverträge (Rn 26, 28 ff) zu verstehen, denen die Interessenwahrungspflicht für einen anderen immanent ist.

2. Formen der Treuhand

Man unterscheidet einmal die **echte (eigentliche)** und die **unechte (uneigentliche) Treuhand**; erstere wird auch als Treuhand im engeren, letztere als Treuhand im weiteren Sinn bezeichnet. Nur die echten („eigentlichen") Treuhandverhältnisse, bei denen wie bei der römischen *fiducia* der Treugeber unmittelbar das Treugut an den Treuhänder überträgt (sog **Unmittelbarkeitsprinzip**), gewähren in der Insolvenz ein Aussonderungsrecht (RGZ 84, 214, 217; RGZ 91, 12, 16; RGZ 127, 341, 344; RGZ 133, 84, 87; BGH NJW 1959, 1223, 1224 f = WM 1959, 686, 687 f; BGH NJW 1993, 301; BGH NZI 2015, 937 Rn 10; Siebert, Das rechtsgeschäftliche Treuhandverhältnis [2. Aufl 1933] 159 ff; Kuhn WM 1964, 1005; Assfalg, Die Behandlung von Treugut im Konkurse des Treuhänders [1960] 1 ff; Coing, Die Treuhand kraft privaten Rechtsgeschäfts [1973] 44; vgl ausführlich Henssler AcP 196 [1996] 37, 50 ff). Alle anderen Treuhandverhältnisse im weiteren Sinne unterstehen zwar im Allgemeinen dem Treuhandrecht, begründen jedoch kein Aussonderungsrecht. Bei der **echten Treuhand** hat der Treugeber in der Insolvenz des Treuhänders nicht nur ein **Aussonderungsrecht** nach § 47 InsO, sondern bei der Einzelzwangsvollstreckung von Gläubigern des Treuhänders in das Treugut (§§ 803 f, 808 ZPO) auch eine **Drittwiderspruchsklage** nach § 771 ZPO, sofern das Treugut unmittelbar aus dem Vermögen des Treugebers in dasjenige des Treuhänders übertragen worden ist (dazu noch unten Rn 47 ff, 52). 41

Des Weiteren unterscheidet man die **(uneigennützige) Verwaltungstreuhand** von der **(eigennützigen) Sicherungstreuhand** (vgl BGHZ 5, 292 f; BGH NJW-RR 1993, 301). Für die erstere ist die Inkassozession, für die letztere die Sicherungsübereignung oder -abtretung kennzeichnend. Beide sind aber „echte", „eigentliche" Treuhandverhältnisse. Die **treuhandrechtliche Eigennützigkeit** betrifft nur den Zweck der Vollrechtsübertragung, die in erster Linie den Interessen des Treuhänders selbst dient. Die uneigennützige Treuhand soll den Interessen des Treugebers, dritter Personen oder objektiven Zwecken dienen. Dabei kann ein Formwechsel stattfinden: so wird die Sicherungstreuhand nach Zahlung der gesicherten Forderung zur Verwaltungstreuhand. 42

43 Der **uneigennützigen Verwaltungstreuhand** kann ein Auftrag oder ein entgeltlicher Geschäftsbesorgungsvertrag zugrundeliegen (BGH WM 1969, 935; BGH NJW 2004, 3630, 3631; BGH NJW-RR 2007, 267). Dies gilt namentlich für den Fall der Inkassozession (vgl dazu Henckel, in: FS Karl Larenz I [1973] 643 ff, 649), aber auch für den mit Vollrechtsübertragung verknüpften Scheck- oder Wechseleinziehungsauftrag (vgl RG JW 1911, 581; RGZ 124, 36; RGZ 117, 69, 72, 73; BGHZ 5, 292), sofern sich nicht der Treuhänder zugleich wegen eigener Forderungen gegen den Treugeber befriedigen können soll; dann gewinnt der Einziehungsauftrag den Charakter einer Sicherungstreuhand. Der Bevollmächtigung von Kreditinstituten zur Ausübung des Stimmrechts (§ 135 AktG) liegt im Innenverhältnis ein Auftrag zugrunde. Sie ist von der treuhänderischen Übertragung von Aktien zu unterscheiden, aus der die Ausübung des Stimmrechts durch den Treuhänder – im Rahmen des zugrunde liegenden Auftrags oder Geschäftsbesorgungsvertrags – ohne Weiteres folgt.

44 Auch der **eigennützigen Sicherungstreuhand** (Sicherungsabtretung, Sicherungsübereignung), die ansonsten durch einen atypischen Sicherungsvertrag gekennzeichnet ist, kann ein Auftrag oder ein entgeltlicher Geschäftsbesorgungsvertrag zugrunde liegen. Das Merkmal der Eigennützigkeit betrifft nur den Zweck der Vollrechtsübertragung, schließt also die Rechtspflicht des Treuhänders nicht aus, zugleich auch die Interessen des Treugebers wahrzunehmen. Die Sicherungsübertragung von Forderungen oder Wechseln (die im Interesse des Zessionars erfolgt) ist Auftrag insofern, als der Zessionar zur Wahrung der Interessen des Zedenten und zur Herausgabe des ihm nicht zustehenden Überschusses verpflichtet ist (s RGZ 59, 190; RGZ 76, 347; RGZ 116, 331; RG WarnR 1913 Nr 136). Auch der Sicherungseigentümer ist Beauftragter des Kreditnehmers und hat bei der Verwaltung und Verwertung dessen Interessen zu wahren (RG WarnR 1914 Nr 7).

45 Die Unterscheidungen zwischen echter und unechter oder zwischen uneigennütziger Verwaltungstreuhand und eigennütziger Sicherungstreuhand dürfen keineswegs mit derjenigen zwischen **unentgeltlicher und entgeltlicher Treuhand** gleichgesetzt werden, mögen sich unentgeltliche und uneigennützige Treuhand einerseits, entgeltliche und eigennützige Treuhand andererseits auch weitgehend überschneiden. Insbesondere kann die entgeltliche Treuhand sowohl uneigennützige wie eigennützige Treuhand sein. Wenn der Treuhänder ein Entgelt für seine Tätigkeit erhält, so folgt hieraus allein nicht, dass das Treuhandverhältnis als eigennützige Treuhand einzustufen ist (BGH WM 1969, 935; Coing, Die Treuhand kraft privaten Rechtsgeschäfts [1973] 93). Nicht nur bei der entgeltlichen uneigennützigen, sondern auch bei der entgeltlichen eigennützigen Treuhand stellt sich das Innenverhältnis zwischen Treugeber und Treuhänder regelmäßig als vollwertiges Treuhandverhältnis dar. Auch bei einer „eigennützigen" Treuhand ist nämlich der Treuhänder zur Wahrnehmung (auch) der Interessen des Treugebers verpflichtet.

46 Für die rechtsgeschäftliche Treuhand sind zwei konstituierende Elemente kennzeichnend (Coing, Die Treuhand kraft privaten Rechtsgeschäfts [1973] 85 ff). Das **persönliche Element** besteht in der Bindung des Treuhänders durch die Treuhandabrede, in der er sich dazu verpflichtet, das Treugut für bestimmte fremde Interessen zu halten und mit ihm entsprechend dieser Verpflichtung zu verfahren. Das **sachliche Element** wird dadurch begründet, dass sich die Verpflichtung des Treuhänders gerade auf bestimmte Rechte (das Sondervermögen) bezieht (sog **Objektbezogenheit der Treu-**

hand). „Treuhandschaft ist keine allgemeine Wahrung fremder Interessen; sie hat die Ausübung bestimmter Interessen zum Gegenstand" (Coing, Die Treuhand kraft privaten Rechtsgeschäfts [1973] 85). Demgemäß besteht das Treuhandgeschäft aus einem schuldrechtlichen Geschäft *(pactum fiduciae,* Treuhandabrede) und einem oder mehreren dinglichen Rechtsgeschäften, die die Verfügungsmacht des Treuhänders herstellen (sog **Zweiaktigkeit der Treuhand**). Neben der rechtsgeschäftlichen Treuhand finden sich auch gesetzlich geregelte Fälle der Treuhand wie die rechtsfähige Stiftung, die Vor- und Nacherbschaft, die Testamentsvollstreckung oder die Kapitalanlagegesellschaften. Bei der rechtsgeschäftlichen Treuhand ist der Treuhandvertrag bei unentgeltlicher Treuhandschaft seiner Rechtsnatur nach ein Auftrag, bei entgeltlicher Treuhandschaft ein Geschäftsbesorgungsvertrag nach §§ 675, 611 (RGZ 153, 367, 369; BGH BB 1969, 1154; BGH NJW 2004, 3630, 3631; BGH NJW-RR 2007, 267, Rn 7 ff; BGH NZI 2015, 937, Rn 10; Coing, Die Treuhand kraft privaten Rechtsgeschäfts [1973] 92). Die Tätigkeit des Treuhänders ist „Geschäftsbesorgung in dem begrenzten Sinne, in dem die herrschende Lehre dieses Wort in § 675 BGB interpretiert" (Coing, Die Treuhand kraft privaten Rechtsgeschäfts [1973] 99; s auch o Rn 15 ff). Insbesondere ist der Treuhänder in den Grenzen der Treuhandabrede und ihrer Zwecksetzung frei, nach eigenem Ermessen zu handeln. Er kann dabei grundsätzlich nach außen im eigenen Namen ohne Offenlegung des Treuhandverhältnisses auftreten oder sich als Treuhänder zu erkennen geben.

3. Treuhand und mittelbare Stellvertretung – Vergleich und Abgrenzung

Nur bei der echten, eigentlichen Treuhand, der Treuhand im engeren Sinne (s oben 47
Rn 41), bei der der Treugeber das Treugut unmittelbar an den Treuhänder übertragen hat (sog **Unmittelbarkeitsprinzip**), hat der Treugeber in der Insolvenz des Treuhänders ein Aussonderungsrecht nach § 47 InsO und bei der Einzelzwangsvollstreckung von Gläubigern des Treuhänders in das Treugut eine Drittwiderspruchsklage nach § 771 ZPO (RGZ 84, 214, 217; RGZ 91, 12, 16; RGZ 127, 341, 344; RGZ 133, 84, 87; BGH NJW 1959, 1223, 1224 f = WM 1959, 686, 687 f; Siebert, Das rechtsgeschäftliche Treuhandverhältnis [2. Aufl 1933] 159 ff; Kuhn WM 1964, 1005; Assfalg, Die Behandlung von Treugut im Konkurse des Treuhänders [1960] 1 ff; Coing, Die Treuhand kraft privaten Rechtsgeschäfts [1973] 44; vgl ausführlich Henssler AcP 196 [1996] 37, 50 ff). Diese Ausdehnung des Anwendungsbereiches von § 47 InsO und § 771 ZPO hat sich mittlerweile gewohnheitsrechtlich verfestigt und verselbständigt. Eine Bezugnahme auf die Regelung oder den Rechtsgedanken des § 392 Abs 2 HGB unterbleibt dabei. Meist wird die für die Treuhand typische Interessenlage als ausreichende Begründung angesehen, also die Überwindung der Diskrepanz zwischen wirtschaftlicher und formeller Lage als Grund für den Schutz des Treugebers genannt (BGH ZIP 1993, 213, 214; Jauernig/Berger, Zwangsvollstreckungs- und Insolvenzrecht [23. Aufl 2010] § 44 II Rn 14; Zöller/Herget, ZPO-Komm [30. Aufl 2014] § 771 ZPO Rn 14 [Stichwort: Treuhänder]; Kilger/K Schmidt, KO-Komm [16. Aufl 1993] § 43 KO Anm 9; Hess/Weis/Wiennberg/Weis, InsO-Komm [2. Aufl 2001] § 47 InsO Rn 235), gelegentlich auch die systemgerechte Verwirklichung der Normzwecke des Insolvenz- und Zwangsvollstreckungsrechts betont (Henssler AcP 196 [1996] 37, 51; kritisch zur „wirtschaftlichen Betrachtungsweise" dagegen Canaris, Bankvertragsrecht [4. Aufl 1988] Rn 279). Bei Treuhandkonten, insbesondere bei Anderkonten oder Sonderkonten zur Verwaltung von Fremdgeldern, wird allerdings eine **Ausnahme von dem Unmittelbarkeitsgrundsatz** zugelassen: der Treuhänder erwirbt durch die Einzahlung auf das Treuhandkonto gegen das Kreditinstitut eine Forderung, die wie eine ihm un-

mittelbar vom Treugeber übertragene Forderung behandelt wird (Coing, Die Treuhand kraft privaten Rechtsgeschäfts [1973] 176 f; BGH NJW 1959, 1225; BGH NJW 1971, 559, 560). Damit stellt sich die Frage der **Abgrenzung der (echten) Treuhand von der mittelbaren Stellvertretung**. Beide Rechtsinstitute dürfen nicht miteinander verwechselt oder einander gleichgesetzt, sondern müssen dogmatisch-konstruktiv sorgfältig voneinander unterschieden werden, auch wenn und gerade weil das beide **verbindende Element und die beiden gemeinsame rechtliche Basis die Geschäftsbesorgung** ist.

a) Unmittelbarkeitsprinzip

48 Früher hat man das **Unmittelbarkeitsprinzip** als ausreichend angesehen, um eine Abgrenzung der Treuhand von der mittelbaren Stellvertretung vorzunehmen. Die Rechte nach § 47 InsO und § 771 ZPO sollen dem Treugeber nur zustehen, wenn er selbst das Treugut **unmittelbar auf den Treuhänder übertragen** hat (RGZ 84, 214, 217 f; RGZ 91, 12, 16; RGZ 127, 341, 344; BGH NJW 1959, 1223, 1225 = WM 1959, 686, 687 f; vgl Musielak, Gutachten [1981] 1303). Die Unmittelbarkeit der Übertragung des Treuguts rechtfertigt danach den Schutz des Treugebers; und die **fehlende** Unmittelbarkeit bei der mittelbaren Stellvertretung rechtfertigt die Versagung eines entsprechenden Schutzes. Indes lässt sich damit schwer die allgemein anerkannte Ausnahme vom Unmittelbarkeitskriterium bei Treuhandanderkonten vereinbaren, bei denen die Einzahlung der Geldbeträge von dritter Seite nichts am insolvenz- und vollstreckungsrechtlichen Schutz des Treugebers ändert (Musielak, Gutachten [1981] 1303; BGH NJW 1959, 1223, 1225 = WM 1959, 686, 687 f). Zuletzt hat der BGH selbst die Frage offen gelassen, ob das Unmittelbarkeitsprinzip allgemein zur Abgrenzung der Treuhand von der mittelbaren Stellvertretung geeignet ist, hat es aber bisher nicht aufgegeben (BGH NJW 2003, 3414, 3415). Stattdessen bedient er sich mittlerweile anderer Abgrenzungsmittel (s unten Rn 49b ff).

48a In der Literatur wird die Abgrenzung nach dem Unmittelbarkeitskriterium auch **zunehmend als sachlich verfehlt abgelehnt** (Coing, Die Treuhand kraft privaten Rechtsgeschäfts [1973] 102; Bitter, Rechtsträgerschaft für fremde Rechnung [2006] 106; Henssler AcP 196 [1996] 37, 54 f; K Schmidt, in: FS Wolfgang Wiegand [2005] 933, 944 ff; MünchKommInsO/Ganter[3] § 47 Rn 357). Diese Ansicht lässt sich darauf stützen, dass Treuhand und mittelbare Stellvertretung **schwerlich Gegensätze** sind, sondern sich auf **unterschiedlichen Ebenen** bewegen (Schless, Mittelbare Stellvertretung und Treuhand [1931] 10 ff, 42 ff, 60 f; Siebert, Das rechtsgeschäftliche Treuhandverhältnis [2. Aufl 1933] 108 ff, 110; Coing, Die Treuhand kraft privaten Rechtsgeschäfts [1973] 102 f; für die Treuhand am Gesellschaftsanteil: Schlegelberger/K Schmidt, HGB-Komm, Band 3, Halbb 2 [5. Aufl 1986] § 335 HGB Rn 41; für die Schweiz: Hofstetter, Schweizerisches Privatrecht, Band VII, Halbb 2, Obligationenrecht, Besondere Vertragsverhältnisse [1979] 5 ff, 30). Die Treuhand bringt eine schuldrechtliche Bindung hinsichtlich einer dinglichen Position zum Ausdruck. Die mittelbare Stellvertretung kennzeichnet dagegen ein rechtsgeschäftliches Handeln in eigenem Namen für fremde Rechnung. Demnach können Treuhand und mittelbare Stellvertretung **durchaus nebeneinander** bestehen: Treuhand und mittelbare Stellvertretung erweisen sich als kombinierbare, auf unterschiedlichen Ebenen angesiedelte Rechtsinstitute. Die auf ein Exklusivitätsverhältnis abzielende Abgrenzung nach dem Unmittelbarkeitsprinzip erscheint mit Blick auf die rechtstechnische Funktion der mittelbaren Stellvertretung und der Treuhand sowie auf die Erfordernisse des Rechtsverkehrs kaum geglückt.

So handelt unzweifelhaft der Treuhänder als mittelbarer Stellvertreter, wenn er bei der treuhänderischen Verwaltung des Treuguts rechtsgeschäftlich tätig wird. Auch im Rahmen des Erwerbs des Treuguts steht die mittelbare Stellvertretung einer Treuhand nicht entgegen. Für die Fälle der Treuhandanderkonten wird dies von der traditionellen Auffassung letztlich anerkannt, die in diesen Fällen das ansonsten als Abgrenzungskriterium herangezogene Unmittelbarkeitsprinzip beiseiteschiebt (BGH NJW 1959, 1223, 1225 = WM 1959, 686, 687 f; BGH NJW 1971, 559, 560). Auch unabhängig von den Fällen der Treuhandanderkonten leuchtet nicht ein, warum der Treuhänder nicht durch eigenen Erwerb Inhaber des Treugutes werden darf (Erwerbstreuhand). Ebenso ist an Fälle zu denken, in denen der spätere Treuhänder schon früher längere Zeit Inhaber des (Treu-)Gutes war und sich erst durch nachträgliche Vereinbarung gegenüber dem Treugeber schuldrechtlich bindet (Vereinbarungstreuhand). In dieser Konstellation fehlt es sogar völlig an einem Erwerbsakt, der in unmittelbarem zeitlichen oder finalen Zusammenhang zur Treuhandvereinbarung steht. In beiden Konstellationen ändert sich durch das Fehlen einer Übertragung des Treuguts vom Treugeber an den Treuhänder nichts an der wirtschaftlichen Zuordnung des Treuguts an den Treugeber. Es ist schwer zu rechtfertigen, dass der Treuhänder in derartigen Fällen genötigt sein sollte, den Gegenstand zunächst auf den Treugeber zu übertragen und ihn sich von diesem wieder zurückübertragen zu lassen, nur um dem Unmittelbarkeitskriterium „formal" zu genügen. Der Rechtsklarheit dürfte ein derartiges Vorgehen schon deshalb nicht dienlich sein, weil sich die Übertragungsvorgänge ohne jeglichen Publizitätsakt vollziehen lassen. Das Merkmal der Unmittelbarkeit ist mithin in der Tat kaum geeignet, den Bedürfnissen der Rechtspraxis gerecht zu werden. **49**

b) Herkunftsprinzip

Ob die Forderung als solche des Treuhänders oder Treugebers entstanden ist, welche Herkunft sie somit aufweist, kann **allenfalls indizielle Wirkung** zuerkannt werden (MünchKommInsO/Ganter[3] § 47 Rn 357). Der Herkunftsgedanke war schon in der älteren Rechtsprechung des Bundesgerichtshofs aufgekommen (BGH NJW 1959, 1223, 1225) und später fortgeführt worden (BGH NJW-RR 1993, 301; OLG Naumburg WM 2003, 1668). In der Tat lässt sich das Moment des Rechtserwerbs durchaus einbeziehen: „Wer fremde Forderungen verwaltet, verwaltet fremdes Vermögen; wer diese Forderungen einzieht, verwandelt fremde Forderungen in fremdes Geld, sei dies nun Bargeld oder auf einem Konto befindliches Buchgeld. Der sich hieraus ergebende Treugeberschutz leuchtet ohne Weiteres ein, und zwar in ähnlicher Weise wie in Fällen des Direkterwerbs: Die Treugeberposition scheint durch die Modalität des treuhänderischen Rechtserwerbs legitimiert, und zwar auch gegenüber den Gläubigern des Treuhänders" (K Schmidt, in: FS Wolfgang Wiegand [2005] 933, 950). Die Simplistik dieses Abgrenzungskriteriums zwischen Treuhand und mittelbarer Stellvertretung bleibt jedoch letztlich zu vordergründig; es ermangelt einer hinreichenden Differenzierungskraft. Im Hinblick auf die tatsächliche Entwicklung der Rechtsverhältnisse in eine zunehmende **Unübersichtlichkeit** sieht sich das Herkunftsprinzip bereits Rechtssicherheitsbedenken ausgesetzt (K Schmidt, in: FS Wolfgang Wiegand [2005] 933, 954; vgl auch BGHZ 188, 317 Rn 20). Vor allem bleibt der Treuhänder bei der **Vereinbarungstreuhand** vorher wie nachher Rechtsinhaber des Treuguts, sodass der Herkunftsgedanke unbrauchbar ist. **49a**

c) Offenkundigkeitsprinzip

49b In der **älteren Judikatur** (BGH NJW 1959, 1223, 1225; offen hingegen bereits BGH NJW 2003, 3414, 3415) und **Literatur** (Canaris, Bankvertragsrecht [4. Aufl 1988] Rn 280; MünchKommZPO/K Schmidt[2] § 771 Rn 25; einschränkend nunmehr K Schmidt, in: FS Wolfgang Wiegand [2005] 933, 956) wurde die Offenkundigkeit des Treuhandcharakters als Abgrenzungskriterium bemüht. Eine Treuhand soll danach dann vorliegen, wenn das Rechtsverhältnis bzw Konto als Treuhandverhältnis bzw Treuhandkonto bezweckt ist und dieser **Zweck nach außen bekundet** wurde; anderenfalls handele es sich um eine mittelbare Stellvertretung. Das Aussonderungsrecht nach § 47 InsO und das Interventionsrecht nach § 771 ZPO ließen sich nur dann rechtfertigen, wenn potenziellen Gläubigern gegenüber der Treuhandcharakter bei Begründung des Treuhandverhältnisses bzw bei Eröffnung des Treuhandkontos offengelegt worden sei (K Schmidt, in: FS Wolfgang Wiegand [2005] 933, 955). Inzwischen wird in der Literatur die Bedeutung des Offenkundigkeitsprinzips insofern relativiert, als es sich nicht mehr um ein konstitutives Erfordernis handeln soll (K Schmidt, in: FS Wolfgang Wiegand [2005] 933, 956, 958). Das Offenkundigkeitsprinzip ist jedoch zur Grenzziehung zwischen Treuhand und mittelbarer Stellvertretung **ungeeignet**. Dafür spricht bereits, dass Treuhandfälle häufig Forderungen betreffen, die einer Publizität nicht zugänglich sind (Henssler AcP 196 [1996] 37, 57). Die **neuere Rechtsprechung** sieht die Offenkundigkeit weder als Voraussetzung für das Aussonderungsrecht nach § 47 InsO (BGHZ 188, 317 Rn 13; OLG Hamm WM 1999, 1111; OLG Naumburg WM 2003, 1668) noch für das Interventionsrecht nach § 771 ZPO (BGH WM 1993, 1524; OLG Naumburg WM 2003, 1668). Auf die Publizität eines Treuhandkontos kommt es nicht an (BGHZ 188, 317 Rn 20). Für beide Befugnisse ist entscheidend, ob der **Treuhänder die Treuhandbindung beachtet** (BGHZ 188, 317 Rn 16 f). Ein vorher nach außen bekundeter Treuhandcharakter steht dann einer Beendigung des Treuhandverhältnisses nicht entgegen (vgl auch Bitter, Rechtsträgerschaft für fremde Rechnung [2006] 149).

d) Vermögenstrennungs- und Bestimmtheitsprinzip

49c Als im Grundsatz hilfreich zur Abgrenzung haben sich das Vermögenstrennungs- und das damit eng verbundene Bestimmtheitsprinzip erwiesen. Durch die **Trennung eines aus fremdem Vermögen herrührenden Gegenstands vom sonstigen Vermögen** werde zum Ausdruck gebracht, dass dieser Gegenstand dem Vermögen desjenigen, in dessen Interesse dieser Gegenstand verwaltet wird, zugerechnet werden muss. Aufgrund der Treuhand handelt somit, wer einen Vermögensgegenstand für den wirtschaftlich Berechtigten zu separieren hat (MünchKommInsO/Ganter[3] § 47 Rn 358). Eine bloße Trennbarkeit genügt hingegen nicht (BGH NJW-RR 2003, 1375, 1376; **aA** Canaris WuB I C 3-1.94; Hadding/Häuser, in: Schimansky/Bunte/Lwowski [Hrsg], Bankrechts-Handbuch [5. Aufl 2017] § 37 Rn 2, 28). Danach handelt es sich nur dann um ein **Treuhandkonto**, wenn es ausschließlich zur Verwaltung von treuhänderisch gebundenen Geldern bestimmt ist (BGH NJW 1996, 1543; BGH NJW-RR 2003, 1375, 1376). Unerheblich ist hingegen, ob die Treuhandbindung für einen oder mehrere Treugeber am selben Konto besteht; einer **Exklusivität** bedarf es nur im Hinblick auf die Nutzung des Kontos als Treuhandkonto (BGH NJW-RR 2003, 1375, 1376). Das Trennungsprinzip spiegelt sich zudem in zahlreichen gesetzlichen Regelungen zur Treuhand (zB § 292 Abs 1 S 2 InsO, § 2 S 1 DepotG, § 34a Abs 1 S 1 WpHG) wider. Eine Trennung der Vermögensgegenstände erfordert, dass die betroffenen Gegenstände bestimmt oder bestimmbar sind (BGH NJW-RR 2003, 1375, 1376). Das Trennungsprinzip folgt somit aus dem Bestimmtheitserfordernis (Henssler AcP 196 [1996] 37, 58). Die

Grenzen des Vermögenstrennungs- und Bestimmtheitsprinzips ergeben sich aus der **Unbestimmtheit des Begriffs der Vermögenstrennung**. Der Gedanke der Vermögenstrennung und Bestimmtheit vermag daher als Hilfskriterium nur eine **grobe Orientierung** zu gewähren (K Schmidt, in: FS Wiegand [2005] 933, 953: „in einfachen Fällen helfende Daumenregel").

e) Langfristigkeitsprinzip

Ein verbesserter Abgrenzungsansatz für Treuhand und mittelbare Stellvertretung 50
stellt darauf ab, dass die beiden Rechtsinstitute auf den verschiedenen Ebenen der Verwaltung (Treuhand) und des Erwerbs (mittelbare Stellvertretung) angesiedelt sind. Sie sind zwar miteinander kombinierbar, doch ist die **Treuhand als Verwaltungsmodalität** von der **mittelbaren Stellvertretung als Erwerbsmodalität** (gelegentlich auch: Veräußerungsmodalität) grundlegend verschieden, auch wenn beide jeweils von einem **Geschäftsbesorgungsverhältnis** als rechtlicher Basis getragen werden. Die Ausrichtung der Geschäftsbesorgung auf eine **langfristige Haltung des Gegenstandes als Treugut einerseits** und auf eine **baldige Weiterleitung des Erlangten andererseits** unterscheidet Treuhand und mittelbare Stellvertretung nicht nur typischerweise, sondern wesensmäßig (Coing, Die Treuhand kraft privaten Rechtsgeschäfts [1973] 102 f). Der Treuhänder soll seine fiduziarisch gebundene Rechtsposition für den Treugeber eine gewisse Zeit lang innehaben. Gerade wegen ihrer Längerfristigkeit und Dauer bedarf die Treuhand der fiduziarischen Bindung als Steuerungsmittel. Der mittelbare Stellvertreter, der nicht zugleich Treuhänder ist, erfüllt dagegen regelmäßig nur die mehr oder weniger kurzfristige Aufgabe, für den Vertretenen ein Rechtsgeschäft vorzunehmen, und soll die daraus erlangten Gegenstände möglichst schnell an den Geschäftsherrn weitergeben. Die zeitlich überschaubare, von voraussehbaren Vollzugsakten beherrschte Rechtsbeziehung zwischen Geschäftsherr und Geschäftsbesorger, die bis zur vollständigen Abwicklung besteht, ist schwerlich als Treuhandverhältnis anzusehen, weil für Treuebeweise des „isolierten" Geschäftsbesorgers, die erst in einer Krise erbracht werden könnten, schon zeitlich kaum hinreichender Raum bereitsteht. Zwar hat auch der mittelbare Stellvertreter für einen gewissen Zeitraum die erlangten Gegenstände zu verwalten, doch ist dieser Zustand gerade auf seine Beendigung angelegt. Dieser Verwaltungszustand bildet, anders als bei der Treuhand, nicht Inhalt und Ziel der von den Parteien getroffenen Regelung, sondern lediglich ein notwendiges, häufig gar lästiges Zwischenstadium. Es geht um kurzfristige, **sich selbst beendende Abwicklungsverwaltung**, nicht – wie bei der Treuhand – um langfristige, **sich weiter fortsetzende Gestaltungsverwaltung**; es geht bei der mittelbaren Stellvertretung um **Durchgangserwerb**, nicht – wie bei der Treuhand – um **Dauererwerb**.

Im Gegensatz zum Unmittelbarkeitskriterium, das allein auf die Art des Erwerbs 51
des Gegenstandes abzielt, besitzt das Merkmal der inhaltlichen Ausrichtung des Geschäftsbesorgungsvertrages den Vorzug, sich an den von den Beteiligten verfolgten Interessen zu orientieren: die isolierte mittelbare Stellvertretung ist auf kurzfristige, sich selbst beendende Abwicklungsverwaltung der erlangten Gegenstände, auf Durchgangserwerb, die Treuhand auf langfristige, sich weiter fortsetzende Gestaltungsverwaltung, auf Dauererwerb, ausgerichtet. Mit dem Zeitmoment wird die Ausrichtung des Geschäfts auf eine Weiterleitung an den Geschäftsherrn (kurzfristige Abwicklungsverwaltung) oder auf eine dauernde Sorge um den Gegenstand (langfristige Gestaltungsverwaltung) als maßgebliches Abgrenzungsmerkmal mar-

kiert. Freilich ist einzuräumen, dass die Unterscheidung nach dem Zeitfaktor in der Praxis gewisse Schwierigkeiten bereiten kann und für Grenzfälle die Gefahr von Willkür und Rechtsunsicherheit birgt (vgl auch Hofstetter, Schweizerisches Privatrecht, Band VII, Halbb 2, Obligationenrecht, Besondere Vertragsverhältnisse [1979] 101). Die Probleme bei der Bestimmung der Ausrichtung der Geschäftsbesorgung ändern jedoch nichts daran, dass ein solcher Unterschied zwischen Treuhand und mittelbarer Stellvertretung tatsächlich auszumachen ist. Man kann nicht allein aus den Abgrenzungsschwierigkeiten zwischen kurzfristiger Abwicklungsverwaltung und langfristiger Gestaltungsverwaltung den Schluss ziehen, die beiden sachlich unterschiedlichen Bereiche der isolierten mittelbaren Stellvertretung und der Treuhand seien rechtlich gleich zu behandeln. Ungeachtet eines **Schnittbereichs**, in dem sich die mittelbare Stellvertretung als Treuhand darstellt und nach Treuhandgrundsätzen richtet, sind beide Rechtsinstitute mithin **nach der Ausrichtung des zu Grunde liegenden Geschäftsbesorgungsverhältnisses** zu differenzieren.

52 Es darf allerdings nicht unerwähnt bleiben, dass sich mit dieser Abgrenzung nicht schon zugleich eine Klärung verbinden lässt, ob dem Auftraggeber/Geschäftsherrn in der Insolvenz des Beauftragten/Geschäftsbesorgers **ein insolvenzrechtliches Aussonderungsrecht** (§ 47 InsO) und bei der Einzelzwangsvollstreckung von Gläubigern des Beauftragten/Geschäftsbesorgers **eine einzelzwangsvollstreckungsrechtliche Drittwiderspruchsklage** (§ 771 ZPO) zusteht. Weder die Diskussion über das Unmittelbarkeitskriterium noch der vorzugswürdige Ansatz nach der Ausrichtung des zu Grunde liegenden Geschäftsbesorgungsverhältnisses dürfen **zur Verschleierung des Analogieproblems zu § 392 Abs 2 HGB** führen. Wie an anderer Stelle näher dargelegt und begründet wird, ist nach richtiger Ansicht § 392 Abs 2 HGB als Ausdruck eines allgemeinen Rechtsgedankens und deshalb als weitgehend analogiefähig anzusehen. Die Vorschrift ist auf Erwerbsvorgänge entsprechend anwendbar, die von **selbständigen Geschäftsbesorgern mit besonderer Vermögensbetreuungspflicht in mittelbarer Stellvertretung** vorgenommen werden (dazu näher unten § 675 Rn A 60 ff, insbes 71 f; Martinek, in: FS Hans-Joachim Musielak [2004] 355, 362 ff; **anders noch** Staudinger/Martinek [1995] § 675 Rn A 51). Im Ergebnis kommen Aussonderungsrecht und Drittwiderspruchsklage daher auch außerhalb der „echten" Treuhand immer dann zum Zuge, wenn sich der Erwerbsakt im Wege der mittelbaren Stellvertretung vollzieht und von einer entgeltlichen Geschäftsbesorgung iS des § 675 Abs 1 getragen wird. Aber auch im Bereich des unentgeltlichen Auftragsrechts ist § 392 Abs 2 HGB analog anzuwenden, wenn die Geschäftsbesorgung nicht nur dem weiten Geschäftsbesorgungsbegriff der §§ 662 ff, sondern dem **engen Geschäftsbesorgungsbegriff** des § 675 Abs 1 entspricht (dazu näher unten § 675 Rn A 72).

V. Schuldrechtsreform und Zukunftsperspektiven

1. Allgemeine Reformüberlegungen

53 Schon vor der in den siebziger Jahren einsetzenden Debatte über eine **Reform des im BGB kodifizierten Schuldrechts** ist kaum das Auftragsrecht der §§ 662 ff, wohl aber die Regelung des Geschäftsbesorgungsvertrags in § 675 der damaligen Fassung, die im Wesentlichen dem § 675 Abs 1 heutiger Fassung entspricht, verschiedentlich von der Literatur kritisiert worden. Namentlich im Rahmen der sogenannten Geschäftsbesorgungskontroverse (s oben Rn 9 ff) hat man Änderungen des Wortlauts und der

systematischen Stellung dieser Vorschrift zur besseren Anpassung an die Trennungs- (s oben Rn 15 ff) bzw Einheitstheorie (s oben Rn 11 ff) angeregt. Immer wieder wurde darauf hingewiesen, die systematische Einordnung des § 675 in den 10. Titel zum Auftragsrecht sei ein **gesetzgeberischer Missgriff**, weil die Regelung der Geschäftsbesorgung in das Dienst- und Werkvertragsrecht gehöre (Staudinger/Nipperdey[10/11] § 675 Rn 1; Staudinger/Wittmann[12] § 675 Rn 11). Seltener findet sich der Vorschlag, wegen der Eigenständigkeit des Vertragstyps Geschäftsbesorgung sowohl gegenüber dem Auftrags- wie gegenüber dem Dienst- und dem Werkvertragsrecht eine **selbständige Regelung des entgeltlichen Geschäftsbesorgungsvertrags** einzuführen (Lent, Wille und Interesse bei der Geschäftsbesorgung [1937] 105). Gelegentlich wird auf die schweizerische Regelung im Obligationenrecht (s unten Rn 93 ff) als Vorbild für eine eigenständige und abschließende Regelung für den entgeltlichen wie den unentgeltlichen Geschäftsbesorgungsvertrag hingewiesen (Duden NJW 1962, 1362, 1328). Übrigens gab es Ende der dreißiger Jahre in der Akademie für Deutsches Recht Bestrebungen, den entgeltlichen Geschäftsbesorgungsvertrag als einen Sondertyp der sogenannten „Betätigungsverträge" neben ihren Grundtypen des Dienst- und des Werkvertrages zu erfassen (Nikisch ZAkDR 1940, 369 ff; heute tritt dafür HKK/Lammel [2013] §§ 662–675b Rn 1, 11 ein, der freilich die Einheitstheorie [Rn 11 ff] dem Auftrags- und Geschäftsbesorgungsrecht zugrunde legt). Als gesetzgeberisch „naheliegend" sehen es Esser/Weyers (SchuldR BT Teilb 1 [8. Aufl 1998] § 35 1 b) an, für entgeltliche Geschäftsbesorgungsverhältnisse „einen dispositiven Satz von Normen zu entwerfen, die je nach vertraglichem ‚Lebenstyp' in Verbindung mit Dienst- oder Werkverträgen oder auch mit ganz anderen Vertragsmodellen als Regelungsmuster zur Verfügung stünden". Von anderer Seite wird eingewandt, dass nicht ohne Not auf den **gesetzestechnischen Entlastungseffekt** verzichtet werden solle, der durch die Inbezugnahme des Dienst- und Werkvertragsrechts für Regelungen der Vergütung, der Gefahrtragung oder der Kündigung erreicht werde (Musielak, Gutachten [1981] 1291 ff, dazu noch unten Rn 54 ff). In der die Schuldrechtsreform vorbereitenden und sie begleitenden Debatte der achtziger und neunziger Jahre sowie im sonstigen Schrifttum klingt bisweilen die **Notwendigkeit einer Weiterentwicklung** des kodifizierten Vertragsrechts für **neuartige Geschäftsbesorgungsverträge** an. Insbesondere ist empfohlen worden, für langfristige Vertragsformen der Wirtschaft besondere Regelungen für die fristlose Kündigung, für Anpassungen und Neuverhandlungen bei Wegfall oder Änderung der Geschäftsgrundlage und für fehlerhafte Dauerschuldverhältnisse zu entwerfen (Horn, Vertragsdauer, in: BMJ [Hrsg], Gutachten und Vorschläge zur Überarbeitung des Schuldrechts Bd 1 [1981] 551 ff; ders ua, Die Anpassung langfristiger Verträge – Vertragsklauseln und Schiedspraxis [1984]; Nicklisch JZ 1984, 757; vgl auch J Baur, Vertragliche Anpassungsregelungen [1983]; Steindorff ZHR 148 [1984] 271).

2. Das Musielak'sche Reformgutachten

Eine eingehende Analyse und Kritik des Auftrags- und Geschäftsbesorgungsrechts **54**
hat – auf mehr als eintausend Seiten – Musielak in seinem im Auftrag des BMJ erstellten und im Jahre 1981 veröffentlichten **Gutachten zur entgeltlichen Geschäftsbesorgung** vorgelegt (BMJ [Hrsg], Gutachten und Vorschläge Bd II [1981] 1209 ff; dazu Martinek, in: FS Hans-Joachim Musielak [2004] 355). Aufbauend auf einer historischen, dogmatischen und rechtsvergleichenden Analyse des im BGB vorgefundenen Regelungsprogramms schlägt er eine Neuregelung vor, die zwar an der bisherigen Gesetzeslage orientiert ist, gleichwohl einige tiefgreifende Änderungen vorsieht.

Als Ansatzpunkt hierzu dient ihm der neu zu schaffende **Sachwaltervertrag**, der funktional an die Stelle der entgeltlichen Geschäftsbesorgung treten soll. Es soll zur Vermeidung von Missverständnissen und von Verwechslungen mit dem weiteren Geschäftsbesorgungsverständnis der §§ 662 ff, 677 ff der entgeltliche Geschäftsbesorgungsvertrag im engeren Sinne des § 675 als **„Sachwaltervertrag"** bezeichnet werden (MUSIELAK, Gutachten [1981] 1309 ff; dazu MARTINEK, in: FS Hans-Joachim Musielak [2004] 355, 359). Der Sache nach wird der Geschäftsbesorgungsbegriff durch eine genauere Formel ersetzt, die die heutigen Definitionsschwierigkeiten und den Streit zwischen engem und weitem Geschäftsbesorgungsverständnis zu überwinden sucht. Die zentrale Vorschrift, die den Anwendungsbereich der Regeln über die entgeltliche Geschäftsbesorgung bestimmen soll, ist nach MUSIELAKS Reformkonzept ein **neu gefasster § 662 BGB(-Vorschlag)**. In dessen erstem Absatz charakterisiert MUSIELAK den als Sachwaltervertrag bezeichneten Vertragstyp, indem er in vier (kombinierbaren) Fallgruppen verschiedene selbständige, dienst- oder werkvertragliche Tätigkeiten mit einer besonders intensiven Vermögensbetreuungspflicht aufführt: *Erstens,* der Erwerb eines Rechts für Rechnung des Geschäftsherrn in dessen oder in eigenem Namen; *zweitens,* die Wahrnehmung von Rechten des Geschäftsherrn gegenüber Dritten; *drittens,* die interessenwahrende Ausübung von übertragenen Rechten; und *viertens,* der Einsatz von Sachkunde zur Beratung oder zur Unterstützung des Geschäftsherrn bei dessen Wahrnehmung von Vermögensinteressen. Die einzelnen Regelungen der neu zu fassenden §§ 663 ff BGB(-Vorschlag) sollen nach § 662 Abs 1 BGB(-Vorschlag) unmittelbar nur auf diesen Sachwaltervertrag angewandt werden. Eine entsprechende Anwendung der Regelungen für den Sachwaltervertrag ist aber ergänzend in Abs 2 der Vorschrift für solche Dienst- und Werkverträge vorgesehen, in denen eine Pflicht zur Wahrnehmung fremder Vermögensinteressen begründet wird, „ohne dass es sich um einen Sachwaltervertrag handelt". Dabei klammert die Verweisung einige Vorschriften, deren Regelungsgehalt nach MUSIELAKS Auffassung nur aufgrund der gesteigerten Vermögensbetreuungspflicht beim Sachwaltervertrag angemessen erscheint, aus. Die unentgeltliche Wahrnehmung fremder Interessen (Auftrag) wird nur annexmäßig in einem § 675a BGB(-Vorschlag) erfasst. Damit kehrt MUSIELAK die vorgefundene, allgemein als missglückt angesehene Regelungssystematik um, wonach § 675 Abs 1 als zentrale Vorschrift zur entgeltlichen Geschäftsbesorgung keine eigenständigen Regeln aufstellt, sondern auf die – praktisch weit weniger bedeutsame – unentgeltliche Geschäftsbesorgung, den Auftrag (§§ 662 ff), verweist. Bei alldem befürwortet MUSIELAK dezidiert die Trennungstheorie (S 1220) und neigt der Sicht der Geschäftsbesorgung als eines eigenständigen Vertragstypus des besonderen Schuldrechts zu (S 1231 f).

55 Besonders bemerkenswert erscheint die Differenzierung MUSIELAKS zwischen dem Sachwaltervertrag nach seinem neuen § 662 Abs 1 BGB(-Vorschlag) mit dem Charakteristikum der besonderen Vertrauensstellung einerseits und dem Vertrag über die Wahrnehmung fremder Vermögensinteressen, „ohne dass es sich um einen Sachwaltervertrag handelt", nach seinem vorgeschlagenen § 662 Abs 2 BGB(-Vorschlag) andererseits. Der Anwendungsbereich des vorgeschlagenen geschäftsbesorgungsrechtlichen Regelungskomplexes wird nämlich nach der zweistufig ausgestalteten Vorschrift des § 662 BGB(-Vorschlag) sozusagen in ein „Vollprogramm" und ein gemäßigtes „Teilprogramm" abgeschichtet (vgl insbes S 1308 ff). Der erste Absatz des § 662 BGB(-Vorschlag) mit der Aufzählung der vier speziellen Vermögensbetreuungsinhalte beruft für den Sachwaltervertrag das „Vollprogramm" der vertrauten geschäftsbesorgungsvertraglichen Kernregeln, die sogar teilweise noch verschärft werden, und hält deren Anwendungsbereich damit in einem relativ engen Rahmen. Gleichwohl ist eine Offenheit des Typus, speziell für neue Vertragsgestaltungen, durch die generell-abstrakte Formulierung der vier Fallgruppen gewährleistet; bekanntlich entfaltet gerade auf diesem Gebiet die Vertragspraxis eine besondere Beweglichkeit und Entwicklungsfreude, die einer endgültigen Festschreibung aller besonderen Geschäftsbesorgungsverträge entgegensteht (dazu noch unten Rn 66 ff). Ein eingeschränktes „Teilprogramm" von „entsprechend" anwendbaren Regelungen wird durch den zweiten Absatz des § 662 BGB(-Vorschlag) bei einer „schlichten" Pflicht zur selbständigen Wahrnehmung fremder Vermögensinteressen im Rahmen eines Dienst- oder Werkvertrages berufen. Inhaltlich erscheint der Ausschluss einiger nur im Bereich einer gesteigerten Vermögensbetreuungspflicht angebrachter Regelungen durchaus gerechtfertigt. Im Ergebnis dürfte Musielaks Gesetzesvorschlag für die vergleichsweise eng eingegrenzten Sachwalterverträge zu einem gegenüber der gegenwärtig herrschenden Rechtslage strengeren Gefüge von Rechten und Pflichten gelangen, während es auf der zweiten Stufe der neuen Regelung für den weiteren Bereich der schlichten selbständigen Wahrnehmung fremder Vermögensinteressen im Wesentlichen bei der heutigen Rechtslage verbliebe (vgl S 1309). Durch die mit dem Begriff des Sachwaltervertrages verknüpfte zweistufige Anwendung der einzelnen Regelungen entsteht eine Lösung, die geeignet ist, den erheblichen Unterschieden der Geschäftsbesorgungsverträge im Wirtschaftsleben Rechnung zu tragen und gleichzeitig die verbindenden Elemente der subordinativen Interessenausrichtung zu berücksichtigen.

Neben der **Klärung von Grundsatzfragen** zur vertragstypologischen Stellung des Rechts der entgeltlichen Geschäftsbesorgung bietet Musielaks Reformvorschlag auch **zahlreiche Neuerungen in den einzelnen Sachregelungen**. Beispielsweise soll nach § 663 BGB(-Vorschlag) den Sachwalter (auch den gewerbsmäßig tätigen) mit seiner erhöhten Vertrauensstellung, nicht aber den bloßen Wahrnehmer von Vermögensinteressen, eine Anzeigepflicht bei Ablehnung eines Antrags auf Vertragsabschluss treffen (vgl S 1293 f). In § 666 BGB(-Vorschlag) findet sich eine umfassende Regelung des – heute in § 665 „versteckten" – Weisungsrechts des Geschäftsherrn und der Möglichkeit zu Abweichungen für den Sachwalter (vgl S 1294 f). Dabei werden auch die Folgen einer Abweichung von Weisungen (Anzeigepflicht; Schadensersatzpflicht des Sachwalters) geregelt. Beachtung verdient auch das in § 667 Abs 2 BGB(-Vorschlag) vorgesehene Schriftformerfordernis für einen Ausschluss der Pflicht des Sachwalters, den Geschäftsherren über die Ausführung des Geschäfts zu informieren. Völlig neu ist die Regelung in § 668 BGB(-Vorschlag), in der eine Verschwiegenheitspflicht des Sachwalters über ihm bekannt gewordene Tatsachen statuiert wird. Die Aufwendungsersatzregelung des heutigen § 670 will Musielak in seinem § 671 Abs 2 BGB(-Vorschlag) durch eine Klarstellung ergänzen, inwieweit Aufwendungen als mit der (vereinbarten, nicht erst: gezahlten) Vergütung für die Tätigkeit abgegolten anzusehen sind (vgl S 1296 f). Des Weiteren schlägt er in § 672 Abs 1 BGB(-Vorschlag) zur Ersatzpflicht des Geschäftsherrn für Schäden des Sachwalters aus der Ausführung der vertraglichen Aufgabe eine Anspruchsbeschränkung auf solche Schäden vor, die ein aufgabentypisches Risiko widerspiegeln und Folge einer Geschäftsherrenweisung sind (vgl S 1297 ff) – auch dies wird man zur Ausräumung derzeit bestehender Unklarheiten und zur Vermeidung 56 von dogmatischen Verrenkungen in Literatur und Rechtsprechung nur begrüßen können (vgl dazu § 670 Rn 7 ff, 17 ff). Auch vor einer Streichung vertrauter auftrags- und geschäftsbesorgungsvertraglicher Regelungen (§§ 664 Abs 1 S 3, 664 Abs 2, 671 Abs 1 und 3) schreckt MUSIELAK übrigens nicht zurück, soweit sie ihm unangemessen oder selbstverständlich erscheinen (vgl S 1228 f). Einen der vielleicht folgenschwersten Änderungsvorschläge des Gutachtens von MUSIELAK stellt die Einfügung einer Vorschrift ins Recht der entgeltlichen Geschäftsbesorgung dar, die dem Grundgedanken der Regelung des § 392 Abs 2 HGB entspricht (vgl S 1302 ff) und einen „Übergang" bzw eine Weiterleitung der vom Geschäftsbesorger erworbenen Rechte auf den bzw an den Geschäftsherrn betrifft (vgl dazu ausführlich § 675 Rn A 60 ff).

57 Ungeachtet seiner tiefsinnigen und grundsätzlichen Überlegungen und seiner durchaus weitreichenden Reformvorschläge hat MUSIELAK bei seiner Revision des Geschäftsbesorgungsrechts allerdings „keine gravierenden Mißstände und bedeutsamen Regelungslücken" entdeckt (S 1290 f). Der „geschäftsbesorgerische Kern", nämlich die „Vorschriften über Auskunfts- und Rechenschaftspflichten, Herausgabepflichten, Pflichten zum Ersatz von Aufwendungen und über die Beachtung von Weisungen" werde durch die Auftragsregeln des BGB „im Grunde zufriedenstellend geregelt" (S 1267).

3. Das Schuldrechtsmodernisierungsgesetz

58 Im Abschlussbericht der vom Bundesjustizministerium eingesetzten **Kommission zur Schuldrechtsreform** von 1992 hat der Geschäftsbesorgungsvertrag keine ausdrückliche Erwähnung gefunden (BMJ [Hrsg], Abschlußbericht der Kommission zur Überarbeitung des Schuldrechts [1992]). Offenbar wurden ein sachlich-inhaltlicher Reformbedarf und eine gesetzgeberische Intervention derzeit für entbehrlich gehalten. Das zwanzig Jahre alte Gutachten MUSIELAKS wurde unbeachtet gelassen. Vielleicht hat man sich dabei allzu voreilig auf die Aussage in MUSIELAKS Gutachten gestützt, dass im Geschäftsbesorgungsrecht „keine gravierenden Mißstände und bedeutsamen Regelungslücken" zu entdecken seien (S 1290 f). Gewiss, MUSIELAK hat einen „dringenden Reformbedarf" verneint und das herkömmliche Recht zur Lösung der Sachfragen durchaus imstande gesehen (S 1291 f). In Wirklichkeit hat MUSIELAK durchaus weitreichende und tiefgreifende – vorrangig systematische, aber auch inhaltliche – Umgestaltungen des Auftrags- und Geschäftsbesorgungsrechts gerade im Zusammenhang mit einer Schuldrechtsreform für wünschenswert gehalten (S 1291). Das am 1. 1. 2002 in Kraft getretene **Schuldrechtsmodernisierungsgesetz** hat das Recht des Auftragsvertrags und des Geschäftsbesorgungsvertrags inhaltlich unberührt gelassen (s oben Rn 1 f). Bei den Vorarbeiten zu diesem Gesetz waren die §§ 662 ff und 675 ff nicht mehr thematisiert worden. Nach den Materialien zur Schuldrechtsreform hat sich der Gesetzgeber zum Recht des Auftrags und der Geschäftsbesorgung nur noch in eisiges Schweigen gehüllt.

59 Kurze Zeit vorher hatte der Titel „Auftrag und Geschäftsbesorgungsvertrag" durch das Überweisungsgesetz vom 21. 7. 1999 (BGBl I 1642) und durch das Fernabsatzgesetz vom 27. 6. 2000 (BGBl I 897) seine bis 2009 inhaltliche und systematische Gestaltung gefunden. Das Recht des Geschäftsbesorgungsvertrages war bis 2009 in vier Kapitel aufgeteilt, deren erstes die Vorschriften der §§ 675–676 aF als allgemeinen Teil umfasste. Hier waren Regelungen über spezielle Informationspflichten (§ 675a aF) und über die Kündigung bestimmter Verträge im Wertpapierhandel (§ 676 aF) eingefügt worden. Die folgenden drei Kapitel befassten sich jeweils mit dem Überweisungsvertrag (§§ 676a–676c aF), dem Zahlungs- (§§ 676d–676e aF) sowie dem Girovertrag (§§ 676 f–676h aF) und ließen sich als ein besonderer Teil des Geschäftsbesorgungsrechts verstehen, der allerdings auf einige bankrechtliche Vertragstypen beschränkt war. Im Kern aber hatte es der Gesetzgeber 1999 bei vereinzelten Ergänzungen belassen, die sich auf spezielle Geschäftsbesorgungsverhältnisse beziehen, und **eine umfassende Reform vermieden**, wie sie die Umsetzung des Gesetzesvorschlags von Musielak darstellen würde. An der unglücklichen Verweisung in § 675 Abs 1 auf das gleichgebliebene Auftragsrecht hat sich nichts geändert; das allgemeine Geschäftsbesorgungsrecht war nach wie vor dasselbe.

Durch das Gesetz zur **Umsetzung der Verbraucherkreditrichtlinie**, des zivilrechtlichen Teils der **Zahlungsdiensterichtlinie** sowie zur Neuordnung der Vorschriften über das Widerrufs- und Rückgaberecht vom 29. Juli 2009 (BGBl I 2355) hat der Gesetzgeber eine Dreiteilung vorgenommen und dadurch jedenfalls quantitativ in den 12. Titel des BGB eingegriffen. Die in dem Untertitel 2 „Geschäftsbesorgungsvertrag" vorhandene Untergliederung in vier Kapitel (Allgemeines, Überweisungsvertrag, Zahlungsvertrag und Girovertrag) wurde aufgegeben. Dagegen wurde ein neuer Untertitel 3 mit der Überschrift „Zahlungsdienste" eingeführt. Dabei wurden §§ 676 bis 676h aF durch §§ 675c bis 676c jeweils mit neuen Zwischenüberschriften ersetzt. Dies geschah wiederum zur Umsetzung der Richtlinie 2007/64/EG über Zahlungsdienste im Binnenmarkt vom 13. 11. 2007 (ABl EU Nr L 319 S 1 v 5. 12. 2007). Rechtspolitischer Hintergrund dieser Richtlinie war das Ziel eines effizienten, modernen Zahlungssystems mit hoher Wettbewerbsfähigkeit und angemessenem Verbraucherschutz (vgl Erwägungsgrund 4 der Richtlinien 2000/64/EG; weitere Einzelheiten bei Staudinger/Omlor [2012] Vorbem 13 zu §§ 675c–676c). Der Sache nach handelt es sich bei Zahlungsdiensten um ein besonderes Geschäftsbesorgungsrecht, sodass das allgemeine Auftrags- und Geschäftsbesorgungsrecht insb durch den Verweis in § 675c Abs 1, wenn auch nicht uneingeschränkt, anwendbar ist. Nicht selten normieren die speziellen §§ 675d ff inhaltlich nur, was ohnehin aus dem subsidiären Geschäftsbesorgungsrecht folgte (vgl zur Entwicklung des Zahlungsdienstleistungsrechts Staudinger/Omlor [2012] Vorbem 31 ff zu §§ 675c–676c). Insofern hat die Reform aus dem Jahr 2009 zwar quantitativ viele Veränderungen mit sich gebracht, jedoch war damit keine umfassende Reform des materiellen Auftrags- und Geschäftsbesorgungsrechts verbunden, was durch die erste Zahlungsdiensterichtlinie auch nicht bezweckt war. Auch von der Umsetzung der **zweiten Zahlungsdiensterichtlinie** (EU) 2366/2015 (ABl EU Nr L 337 S 35 v 23. 12. 2015) sind keine Änderungen des allgemeinen Auftrags- und Geschäftsbesorgungsrechts zu erwarten. **59a**

Die gesetzgeberische Zurückhaltung im Bereich des Geschäftsbesorgungsrechts erscheint jedoch angesichts der ansonsten weitreichenden und zum Teil gleichfalls kaum „drängenden" Umgestaltungen im Rahmen der Schuldrechtsmodernisierung und späteren Gesetzesänderungen verwunderlich. Wünschenswert gewesen wäre vor allem ein klärendes Wort des Gesetzgebers zur systematischen Stellung und zur inhaltlichen Präzisierung der entgeltlichen Geschäftsbesorgung als eines eigenständigen schuldrechtlichen Vertragstyps. Sollte es in überschaubarer Zeit zu einem erneuten Vorstoß für eine Schuldrechtsreform kommen – und allgemein scheinen **60** gesetzgeberische Reformen neuerdings den Reformbedarf weniger zu stillen als zu vergrößern –, dann wird man für die Reform des Auftrags- und Geschäftsbesorgungsrechts auf das Gutachten und die Vorschläge von Musielak wieder zugreifen können, die auch nach Jahrzehnten noch von ungebrochener Aktualität sind (vgl auch Martinek, in: FS Hans-Joachim Musielak [2004] 355 ff). Es geht keineswegs nur um Nuancen, sondern um ein angemesseneres Grundverständnis und um sachlich-inhaltliche Verbesserungen des Geschäftsbesorgungsrechts, die wesentlich zur Weiterentwicklung und Verfeinerung des Geschäftsbesorgungsrechts beitragen; hier sind noch Schätze zu heben.

4. Kodifikation und Dynamik

61 Angesichts der erst im Jahre 2002 erfolgten umfassenden Schuldrechtsmodernisierung und in den Jahren 2009 und 2013 erfolgten Gesetzesänderungen im Bereich des besonderen Geschäftsbesorgungsrechts, die die Gelegenheit für eine grundlegende Reformierung des Rechts der entgeltlichen Geschäftsbesorgung ausgelassen haben, erscheint eine baldige Umgestaltung des grundlegenden Geschäftsbesorgungsrechts bei realistischer Betrachtungsweise unwahrscheinlich. Nach der inzwischen für absehbare Zeit abgeschlossenen Reformdebatte im Geschäftsbesorgungsrecht hat sich gezeigt, dass jedenfalls im allgemeinen Geschäftsbesorgungsrecht der §§ 675, 611 ff, 631 ff, 663 ff **kein dringender und unverzichtbarer gesetzgeberischer Handlungsbedarf** auszumachen ist. Das gesetzliche Regelungsprogramm des allgemeinen Geschäftsbesorgungsrechts muss in seiner Breite und Weite als dogmatisch-konstruktive Basis für die Erfassung des Subordinationsvertrages genügen, der als eigenständiger Grundtypus von den anderen Grundtypen, vom Koordinations-, vom Koalitions- und vom Konföderationsvertrag, zu unterscheiden ist (s oben Rn 23 ff, 27) und der in Form des „geschäftsbesorgerischen Kerns" (vgl § 675 Rn A 23 ff) eine eigenständige angemessene und ausreichende normative Erfassung erfahren hat. Gewiss wäre es begrüßenswert, wenn in Umkehrung der unglücklichen Systematik des BGB der 1. Untertitel im 12. Titel im 8. Abschnitt des 2. Buches, der heute den unentgeltlichen Auftrag regelt, der entgeltlichen Geschäftsbesorgung gewidmet, für Zahlungsdienste der 2. Untertitel und für das unentgeltliche Auftragsrecht im geänderten 3. Untertitel eine Verweisungsregelung getroffen würde. Auf diese Weise würde § 675 Abs 1 aus seiner obskuren Randlage befreit und der allgemeine Geschäftsbesorgungsvertrag seiner Bedeutung gemäß aufgewertet und an die angemessene Spitze des Titels 12 gestellt, der dann – in Umkehrung der jetzigen Reihenfolge – freilich die Überschrift „Geschäftsbesorgungsvertrag, Zahlungsdienste und Auftrag" tragen müsste. Indes begründet ein solches **kodifikationskosmetisches Anliegen** keinen dringenden Interventionsbedarf des Gesetzgebers, denn sachlich-inhaltliche Änderungen für das Regelungswerk selbst sind damit kaum verbunden. Insoweit kann der Gesetzgeber schwerlich mehr tun als im BGB getan ist; das normative Entwicklungspotential des allgemeinen Geschäftsbesorgungsvertrages erscheint vorläufig kodifikatorisch ausgeschöpft.

62 Anders ist die Lage im Recht der besonderen Geschäftsbesorgungsverträge (dazu § 675 Rn B 1 ff), die sich zumeist als Untertypen des allgemeinen Geschäftsbesorgungsvertrages darstellen und bei denen die **normativen Entwicklungspotentiale** ebenso unlimitiert sind wie die Möglichkeiten weiterer tatsächlicher Änderungs- und Ausdifferenzierungsprozesse in der Rechtswirklichkeit. Schon seit Inkrafttreten

des BGB haben sich die besonderen Geschäftsbesorgungsverträge, für die vorher jahrhundertelang der Rechtsanwaltsvertrag und der Handelsvertretervertrag (Handlungsagentenvertrag) die zentralen Paradigmen bildeten, sprunghaft vermehrt. Man denke an die zahlreichen Erscheinungsformen der Bank- und Finanzierungsverträge, an die Beratungs-, Betreuungs- und Verwaltungsverträge oder an die modernen Vertriebs- und Zulieferverträge (vgl dazu jeweils im Einzelnen § 675 Rn B 1 ff). Die zunehmende Verfeinerung der Arbeitsteilung und Aufgliederung der Produktions- und Kommunikationsprozesse in Wirtschaft und Gesellschaft wird auch weiterhin durch Innovation, Spezialisierung und Sublimierung des besonderen Geschäftsbesorgungsrechts für Dynamik und Veränderung sorgen. Es versteht sich, dass die **kommerzielle und private Vertragspraxis** im Bereich wiederkehrender, sich typisierender Interessenkonstellationen um eine ständige Weiterentwicklung der Ausgestaltung der einzelnen besonderen Geschäftsbesorgungsverträge in **Anpassung an die sich ändernden Bedürfnisse und Ziele** bemüht sein muss. Jüngere Beispiele hierfür sind der Franchisevertrag und der Just-in-time-Vertrag mit Qualitätssicherungsvereinbarung, der Managementvertrag, der Factoringvertrag und die Kreditkartenverträge. Es ist nicht übertrieben zu sagen, dass manche der besonderen Geschäftsbesorgungsverträge die bundesdeutsche Wirtschaft **lawinenartig überrollt** haben. Dabei ist charakteristisch, dass sie sich in Schüben entwickelt haben und weiterentwickeln. Auf ausgeprägte Boom-Phasen folgen Stagnationen oder zumindest Retardationen, die immer wieder in **innovatorische Weiterentwicklungen** münden, sodass sich verschiedene „Generationen" der einzelnen Geschäftsarten etwa des Franchisings, des Factorings, der Management- oder der Kreditkartenverträge unterscheiden lassen (vgl MARTINEK, Moderne Vertragstypen Bd I [1991] 8 ff). Die Prozesse der Ausdifferenzierung und der Bildung von Untertypen vollziehen sich dabei schnell, unvorhersehbar und kaum steuerbar, wie das die Rechtsordnung früher kaum gekannt hat.

Im Recht der besonderen Geschäftsbesorgungsverträge **differieren die gesetzgeberischen Aktivitäten** stark, soweit die **traditionsreichen** Vertragstypen betroffen sind. Im Handelsvertreterrecht etwa sieht sich der Gesetzgeber häufig zu Änderungen und Anpassungen der umfassenden vertragsrechtlichen Regelungen aufgerufen. In anderen Gebieten wie im Rechtsanwalts- und Bankvertragsrecht belässt er es weithin bei aufsichts- bzw rahmenrechtlichen Vorgaben. Auffallend ist jedoch, dass sich der Gesetzgeber im Bereich der **modernen** Geschäftsbesorgungsverträge alles in allem passiv verhält und die Entfaltung des normativen Entwicklungspotentials der Rechtsprechung, der Rechtswissenschaft und den beteiligten Verkehrskreisen überlässt (MARTINEK, Moderne Vertragstypen Bd I [1991] 10 ff sowie Bd III [1993] 386 ff). Das „kontinentale Kodifikationspostulat" (SCHWARK JZ 1980, 741; K SCHMIDT, Die Zukunft der Kodifikationsidee [1985] insbes 67 ff) mit seiner Idealvorstellung, dass die Rechtsverkehrsteilnehmer ihre Rechte und Pflichten im Wesentlichen dem geschriebenen Recht entnehmen können, ist im Bereich vieler neuerer Geschäftsbesorgungsverträge ein oft wiederholter, aber bislang unerhörter Appell der Wirtschafts- und Verbraucherverbände geblieben (KRAMER, in: KRAMER [Hrsg], Neue Vertragsformen der Wirtschaft [2. Aufl 1992] 23 ff, 42 ff mit der Klage über einen „empfindlichen Normenmangel" und einem „Appell an den Gesetzgeber"). So sehr solche Verträge geeignet sind, Impulse und Zielvorgaben, Verfeinerungen der Arbeitsteilung und rationellere Konzepte der Produktions-, Dienstleistungs- und Kapitalbewegungen in einer dynamischen Marktwirtschaft aufzugreifen und praxisnah vertragsrechtlich zu kanalisieren, so sehr führen sie doch auch zu **Unsicherheiten und Verlegenheiten bei der Rechtsanwendung**. 63

64 Die **Enthaltsamkeit des Gesetzgebers** auf dem Gebiet des modernen Geschäftsbesorgungsrechts wie dem Recht des Franchisings, des Factorings, der Management- oder der Just-in-time-Verträge ist leicht erklärlich, ja in der Tat **geboten**. Dem Gesetzgeber kann keinerlei Vorwurf daraus gemacht werden, dass er im Recht der modernen Geschäftsbesorgungsverträge die Initiative für eine normative Institutionalisierung im Wesentlichen der Rechtsprechung, der Rechtswissenschaft und den beteiligten Verkehrskreisen überlässt. Wie etwa das Factoring, das Franchising, die Kreditkarten- oder jüngst die Just-in-time-Verträge zeigen, müssen sich solche Verträge mit dominierender geschäftsbesorgungsvertraglicher Komponente auch in ihrer Verkehrstypik durch langjährige praktische Übungen, kautelarjuristische Erprobungen und gerichtliche Auseinandersetzungen erst konturieren, bevor sie in verallgemeinernder Weise klassifikatorisch erfasst und dogmatisch-konstruktiv in allen regelmäßigen Einzelheiten systematisiert werden können. Eine zu frühe kodifikatorische Festschreibung könnte eine kraftvoll dynamische, den wirtschaftlichen Bedürfnissen angepasste Typenentwicklung sogar pathologisieren (Martinek, Moderne Vertragstypen Bd I [1991] 11).

65 Die dogmatisch-konstruktive Erfassung und vertragsrechtliche Behandlung der modernen Geschäftsbesorgungsverträge stellt die deutsche Rechtsordnung vor vielfältige und nur schwer lösbare Probleme, die nicht am „grünen Tisch“ durch gesetzgeberische Rechtsfolgenanordnungen dezisionistisch erledigt werden können. Darauf deutet schon der **anglo-amerikanische Ursprung** der genannten Verträge hin, der es nicht einfach macht, sie nach ihrer transatlantischen Invasion in unserem Zivil- und Wirtschaftsrecht zu beheimaten. Bekanntlich ist der Common-Law-Rechtskreis im Vertragsrecht von der römisch-rechtlichen Vertragstypologie und ihrer Dogmatik weithin unberührt geblieben und hat sich von jeher stärker an den von der Wirtschaftspraxis ausgeformten empirischen Gestalttypen von Verträgen orientiert. Dies ermöglicht dem anglo-amerikanischen Rechtsdenken einen ungleich pragmatischeren Zugriff auf die konkreten Rechtsprobleme und eine weniger pandektistisch gefärbte Bewältigung neuerer Formen von Geschäftsbesorgungsverträgen. Im Recht der **modernen Geschäftsbesorgungsverträge begegnen sich zwei Rechtskulturen**, die von unterschiedlichen Prinzipien regiert werden (vgl Martinek, Moderne Vertragstypen Bd I [1991] 8 ff). Mit jenen Verträgen dringen zugleich anglo-amerikanische Formen normativer Ordnungs-, Regelungs-, Steuerungs- und Entwicklungsprogramme in unsere Rechtskultur ein. Das zeigt nicht zuletzt die internationale Debatte über die Relationalverträge (s unten Rn 68 ff). Die **Kodifikationslosigkeit im modernen deutschen Geschäftsbesorgungsrecht** und die Bedeutung höchstrichterlicher Grundsatzentscheidungen auf diesem Gebiet verweist mithin auf tiefliegende rechtskulturelle Verwerfungen. Das anglo-amerikanische *legal thinking,* das vor allem geprägt ist vom Empirismus und Historismus als wissenschaftstheoretischer Grundlage sowie von einer *try and error*-Methode bei der Ausformung optimaler und sozio-ökonomisch funktionaler Rechtsinstitute (Zweigert/Kötz, Einführung in die Rechtsvergleichung Bd I [3. Aufl 1996] 233 ff; Martinek JuS 1984, 92), bedrängt und befruchtet im Recht der modernen Geschäftsbesorgung die klassisch-hermeneutischen Traditionen des deutschen Zivilrechts. Dies bindet dem deutschen Gesetzgeber weitgehend die Hände.

5. Diskurstheorie

66 Freilich ist eine **Rechtsinstitutionalisierung** im modernen Geschäftsbesorgungsrecht unerlässlich, damit dem Rechtsverkehr verlässliche normative Handlungs- und Entscheidungsrahmen zur Verfügung gestellt werden, das Zulässige vom Unzulässigen gesondert und Recht von Unrecht abgegrenzt wird. Was die Parteien an Rechten und Pflichten vereinbaren und oft zu einem hochkomplexen Organismus von gegenseitig einforderbaren Verhaltensweisen zusammenfügen, bedarf auch und gerade bei regelmäßiger Wiederkehr solcher Programme der normativen Würdigung. Der Rechtsverkehr wünscht, was die Praxis einen „Rechtsrahmen" nennt. Bei jeder neuen „Klausel", die für die wirtschaftlichen Ziele zumindest einer der Parteien als angemessen empfunden wird, stellt sich für die Verkehrsteilnehmer die Frage, ob sie „rein rechtlich" zulässig ist. Die modernen Geschäftsbesorgungsverträge müssen von den Rechtsverkehrsteilnehmern als **juristisch berechenbare und unternehmerisch praktikable Instrumente** in Übereinstimmung mit Recht und Gesetz gebracht werden. In vielen Fällen hat sich bereits ein eindrucksvoller Prozess der Integration in unsere Rechtsordnung und der Rechtsinstitutionalisierung vollzogen, der jedoch etwa im Vertriebsvertragsrecht oder im Recht der Finanzierungsverträge – aufgrund der ständigen Innovationsimpulse – kaum je zum Abschluss kommen wird.

67 Die integrative Rechtsinstitutionalisierung der modernen Geschäftsbesorgungsverträge mit ihren vielfach komplizierten wirtschaftlichen und rechtlichen Hintergründen und Zielsetzungen muss sich offenbar notwendig in einem **pluralistischen diskursiven Rechtsentwicklungsprozess** vollziehen, an dem alle Beteiligten, Rechtsprechung, Kautelarjurisprudenz, Rechts- und Wirtschaftswissenschaften teilhaben (dazu ausf Fezer, Teilhabe und Verantwortung [1986] 326 ff; ders JZ 1985, 762 sowie ders JuS 1993, 103; Martinek, Moderne Vertragstypen Bd I [1991] 29 ff und Bd III [1993] 386 ff). Hierauf baut die sog **Diskurstheorie zur Rechtsinstitutionalisierung moderner Vertragsformen** auf, die sich insbesondere auf Geschäftsbesorgungsverträge bezieht. Die **betroffenen Verkehrskreise** wirken an diesem Diskurs zur Rechtsintegration und -institutionalisierung durch die kautelarjuristische Formulierung ihrer wirtschaftlichen Ziele und Interessen mit. Die **Parteien und ihre Rechtsberater** repräsentieren den privatautonomen Gestaltungswillen bezüglich der Vertragswirklichkeit, den der Rechtsanwender zuerst zu respektieren, hierfür aber zu analysieren und zu würdigen hat. Den kautelarjuristischen Rechtsumgehungsstrategien müssen freilich Rechtsprechung und Rechtswissenschaft immer wieder die Ordnungsfunktion und Gestaltungsaufgabe des Rechts entgegensetzen (Grossfeld, Zivilrecht als Gestaltungsaufgabe [1977]). Die **Mitwirkung der Wirtschaftswissenschaften** am diskursiven Rechtsentwicklungsprozess ist heute vielfach unerlässlich, weil die Interessen und Ziele der Vertragsparteien einer **betriebs- und volkswirtschaftlichen Analyse** zugeführt werden müssen, damit die für die rechtliche Würdigung bedeutsamen empirischen Daten und hermeneutischen Materialen vollständig werden. Erst in wirtschaftswissenschaftlichem Licht werden vielfach Motivationen, Intentionen und Interessen der Vertragsparteien in voller Tiefenschärfe erkennbar; viele Missverständnisse über Rechtsfragen der modernen Geschäftsbesorgungsverträge folgen allein aus Unklarheiten über empirische Fakten. Die am diskursiven Rechtserkenntnis- und -entwicklungsprozess mitwirkende **Rechtswissenschaft** hat die Normativität und Legitimität der modernen Geschäftsbesorgungsverträge im Einzelnen zum Gegenstand. Aufgabe und Auftrag der auf Begriffs- und Systembildung angelegten Rechtswissenschaft ist es, Kaute-

larjurisprudenz und Rechtsprechung kritisch zu begleiten und anzuleiten, die Ergebnisse der wirtschaftswissenschaftlichen Analyse rechtlich aufzubereiten und fruchtbar zu machen sowie nicht zuletzt dogmatisch-konstruktive Erfassungsvorschläge für die einzelnen Vertragsformen zu formulieren, um in widerspruchsfreier Sprache und in schlüssigen Gedankengebäuden die Grundlagen für die juristische Verständigung und Nachprüfung zu schaffen. Dies ermöglicht es, Rechtsinstitute eingreifen zu lassen, Vorschriften zur Anwendung zu bringen und die zivilrechtsdogmatische Ausformung eines Vertragstyps voranzutreiben. Die **Rechtsprechung** schließlich ist zur Umsetzung der rechtswissenschaftlichen Erkenntnisse in den rechtlich zu würdigenden Einzelfällen aufgerufen. Der von der Rechtswissenschaft tatkräftig angeleiteten und unterstützten Rechtsprechung kommt eine Schlüsselposition im diskursiven Rechtsentwicklungsprozess zu. Die betroffenen Verkehrskreise, die Kautelarjurisprudenz, Rechts- und Wirtschaftswissenschaften sowie die Rechtsprechung sind danach für das **diskursive Rechtserkenntnisverfahren** im Recht der modernen Geschäftsbesorgungsverträge die wichtigsten Stützen der „Rechtsfindungsgemeinschaft“ (Fezer, Teilhabe und Verantwortung [1986] 326 ff; ders JZ 1985, 762 sowie ders JuS 1993, 103).

VI. Der Geschäftsbesorgungsvertrag als Relationalkontrakt

Schrifttum

M Adams, Franchising – A Case of Long-term Contracts, ZgS/JITE 144 (1988) 145
Alchian, Specificity, Specialization, and Coalitions, ZgS/JITE 140 (1984) 34
Alchian/Demsetz, Production, Information, Costs, and Economic Organization, American Economic Review 62 (1972) 775
Assmann/Kirchner/Schanze (Hrsg), Ökonomische Analyse des Rechts (1978 und 1993)
Bamberg/Spremann (Hrsg), Agency Theory, Information, and Incentives (1987, corrected reprint 1989)
Böhner, Vom Franchisevertrags- zum Franchisenetzwerkrecht, BB 2004, 119
ders, Zivilrechtliche und kartellrechtliche Ansprüche wegen Vorenthaltung von Einkaufsvorteilen in Franchiseverhältnissen, WRP 2006, 1089
Jürgen Baur, Vertragliche Anpassungsregelungen (1983)
Campbell/Collins/Wightman (Hrsg), Discrete, Relational und Network Contracts (2003)
Coase, The Nature of the Firm, Economia 4 (1937) 386
ders, The Problem of Social Cost, Journal of Law and Economics 3 (1960) 1
ders, The Firm, the Market and the Law (1988)
Collins, Regulating Contracts (1999)
De Alessi/Staaf, Subjective Value in Contract Law, ZgS/JITE 145 (1989) 561
Engel, Rezensionsaufsatz, RabelsZ 57 (1993) 556
Eschenbruch, Der relationale Bauvertrag – ein neues Paradigma für die Bauvertragsgestaltung, BauR 2012, 1323
Fama, Agency Problems and the Theory of the Firm, Journal of Economic Literature 10 (1972) 1137
Fama/Jensen, Agency Problems and Residual Claims, Journal of Law and Economics 26 (1983) 327
Friedman, The Efficient Breach Fallacy, Journal of Legal Studies 18 (1989) 1
vGierke, Dauernde Schuldverhältnisse, JherJb 64 (1914) 355
Goetz/Scott, Principles of Relational Contracts, Virginia Law Review 67 (1981) 1089
Goldberg, Regulation and Administered Contracts, The Bell Journal of Economics 7 (1976) 426
ders, Toward an Expanded Economic Theory of Contract, Journal of Economic Issues 10 (1976) 45

ders, Regulation and Administered Contracts, The Bell Journal of Economics 7 (1976) 426
ders, The Law and Economics of Vertical Restrictions: A Relational Perspective, Texas Law Review 58 (1979) 91
ders, Relational Exchange, Economics, and Complex Contracts, American Behavioral Scientist 23 (1980) 337
Gordon, Macaulay, Macneil, and the Discovery of Solidarity and Power in Contract Law, Wisconsin Law Review 1985, 565
Grossman/Hart, An Analysis of the Principal-Agent Problem, Econometrica 51 (1983) 7
Hart/Moore, Incomplete Contracts and Renegotiation, Econometrica 56 (1988) 755
Henssler, Risiko als Vertragsgegenstand (1994)
Holmström, Moral Hazard and Observability, The Bell Journal of Economics 10 (1979) 74
ders, Moral Hazard in Terms, The Bell Journal of Economics 13 (1982) 324
Horn, Vertragsdauer, in: Gutachten und Vorschläge zur Überarbeitung des Schuldrechts Bd 1 (1981) 551
ders ua, Die Anpassung langfristiger Verträge – Vertragsklauseln und Schiedspraxis (1984)
Imai/Itami, Interpenetration of Organization and Market, International Journal of Industrial Organization 2 (1984) 285
Jickeli, Der langfristige Vertrag. Eine rechtswissenschaftliche Untersuchung auf institutionen-ökonomischer Grundlage (1996)
Joerges, Relational Contract Theory in a Comparative Perspective: Tensions Between Contract and Antitrust Law Principles in the Assessment of Contract Relations Between Automobile Manufacturers and Their Dealers in Germany, Wisconsin Law Review 1985, 581
ders, Vertragsgerechtigkeit und Wettbewerbsschutz in den Beziehungen zwischen Automobilherstellern und -händlern: Über die Aufgaben richterlicher Rechtspolitik in „Relationierungsverträgen", in: FS für Rudolf Wassermann (1985) 697
ders, Status und Kontrakt im Franchise-Recht, AG 1991, 325
ders (Hrsg), Franchising and the Law: Theoretical and Comparative Approaches in Europe and the United States – Das Recht des Franchising: Konzeptionelle, rechtsvergleichende und europarechtliche Analysen (1991)
Kern, Ökonomische Theorie der Langzeitverträge, JuS 1992, 13
Klein, Transaction Cost Determinants of „Unfair" Contractual Agreements, American Economic Review 70 (1980) 356
Klein/Saft, The Law and Economics of Franchise Tying Contracts, Journal of Law and Economics 28 (1985) 345
Köndgen, Selbstbindung ohne Vertrag (1981)
Kramer, Die „Krise" des liberalen Vertragsdenkens (1974)
ders (Hrsg), Neue Vertragsformen der Wirtschaft: Leasing, Factoring, Franchising (2. Aufl 1992)
Kronman, Contract Law and the State of Nature, Journal of Law, Economics, and Organization 1 (1985) 5
Lange, Das Recht der Netzwerke (1998)
Lehmann, Bürgerliches Recht und Handelsrecht – Eine juristische und ökonomische Analyse (1983)
Macaulay, Law and the Balance of Power: The Automobile Manufacturers and Their Dealers (1966)
ders, Non-Contractual Relations in Business, American Sociological Review 28 (1963) 55
Macneil, The Many Futures of Contracts, Southern California Law Review 47 (1974) 691
ders, Restatement (Second) of Contracts and Presentation, Virginia Law Review 60 (1974) 589
ders, A Primer of Contract Planning, Southern California Law Review 48 (1975) 627
ders, Contracts: Adjustments of Long-Term Economic Relations under Classical, Neoclassical, and Relational Contract Law, Northwestern University Law Review 72 (1978) 854
ders, The New Social Contract: An Inquiry into Modern Contractual Relations (1980)
ders, Economic Analysis of Contractual Relations: Its Shortfalls and the Need for a „Rich Classificatory Apparatus", Northwestern University Law Review 75 (1981) 1018
ders, Efficient Breach of Contract: Circles in the Sky, Virginia Law Review 68 (1982) 947
ders, Values and Contracts: Internal and Exter-

nal, Northwestern University Law Review 78 (1983) 340
Martinek, Franchising – Grundlagen der zivil- und wettbewerbsrechtlichen Behandlung der vertikalen Gruppenkooperation beim Absatz von Waren und Dienstleistungen (1987)
ders, Moderne Vertragstypen Bd I (1991), Bd II (1992), Bd III (1993)
Marvel, Exclusive Dealing, Journal of Law and Economics 25 (1982) 1
Mathewson/Winter, The Economics of Franchise Contracts, Journal of Law and Economics 28 (1985) 503
Müller-Graff, Rechtliche Auswirkungen einer laufenden Geschäftsverbindung im amerikanischen und deutschen Recht (1974)
ders, Long-Term Business Relations: Conflicts and the Law, ZgS/JITE 141 (1985) 547
ders, Franchising: A Case of Long-term Contracts, ZgS/JITE 144 (1988) 122
Nicklisch, Empfiehlt sich eine Neukonzeption des Werkvertragsrechts? – unter besonderer Berücksichtigung komplexer Langzeitverträge, JZ 1984, 757
ders, Rechtsfragen des Subunternehmervertrags bei Bau- und Anlageprojekten im In- und Auslandsgeschäft, NJW 1985, 2361
ders (Hrsg), Der komplexe Langzeitvertrag – Strukturen und internationale Schiedsgerichtsbarkeit (1987)
Ott/Schäfer (Hrsg), Allokationseffizienz in der Rechtsordnung – Beiträge zur ökonomischen Analyse des Zivilrechts (1989)
dies (Hrsg), Ökonomische Probleme des Zivilrechts – Beiträge zur ökonomischen Analyse des Zivilrechts (1991)
Polinsky, An Introduction to Law and Economics (1983, 2. Aufl 1989)
Pratt/Zeckhauser (Hrsg), Principals and Agents: The Structure of Business (1985)
Pflug, Kontrakt und Status im Recht der Allgemeinen Geschäftsbedingungen (1986)
Raub/Voss, Die Sozialstruktur der Kooperation rationaler Egoisten, ZfS 15 (1986) 309
Rees, The Theory of Principle and Agent, Bulletin of Economic Research 37 (1985) 3 und 75
Rohe, Netzverträge: Rechtsprobleme komplexer Vertragsverbindungen (1998)
Rosen, Authority, Control, and the Distribution of Earnings, The Bell Journal of Economics 13 (1982) 311
Ross, The Economic Theory of Agency: The Principal's Problem, American Economic Review 63 (1973) 134
Rubin, The Theory of the Firm and the Structure of the Franchise Contract, Journal of Law and Economics 21 (1978) 223
Schäfer/Ott, Lehrbuch der ökonomischen Analyse des Zivilrechts (5. Aufl 2012)
Schanze, Contract, Agency, and the Delegation of Decision Making, in: Bamberg/Spremann (Hrsg), Agency Theory, Information, and Incentives (1987, corrected reprint 1989) 461
Schanze, Symbiotic Contracts: Exploring Long-Term Agency Structures Between Contract and Corporation, in: Joerges (Hrsg), Franchising and the Law (1991) 67
Walter Schmid, Zur sozialen Wirklichkeit des Vertrages (1983)
Schuhmann, Vom rechtssicheren zum effizienten Projektvertrag, ZfBR 2012, 9
Sefrin, Die Kodifikationsreife des Finanzierungsleasingvertrags – Ein Beitrag zu Strategie und Methode der schuldrechtlichen Bewältigung der modernen Vertragstypen (1993)
Smith, Franchise Regulation: An Economic Analysis of State Restrictions of Automobile Distribution, Journal of Law and Economics 25 (1982) 125
Steindorff, Vertragliche Pflichten zur Vertragsanpassung, ZHR 148 (1984) 271
Teubner, „Verbund", „Verband" oder „Verkehr"? – Zur Außenhaftung von Franchising-Systemen, ZHR 154 (1990) 295
ders, Beyond Contract and Organization? The External Liability of Franchising Systems in German Law, in: Joerges (Hrsg), Franchising and the Law (1991) 105
ders, Netzwerk als Vertragsverbund: Virtuelle Unternehmen, Franchising, Just in Time in sozialwissenschaftlicher und juristischer Sicht (2004)
ders, Profit sharing als Verbundpflicht? – Zur Weiterleitung von Netzvorteilen in Franchise-Systemen, ZHR 168 (2004) 78
Max Weber, Rechtssoziologie (Neudruck 1967)
Williamson, Markets and Hierarchies: Analy-

sis and Antitrust Implications. A Study in the Economics of Internal Organization (1975)
ders, Franchise Bidding for Natural Monopolies, The Bell Journal of Economics 7 (1976) 73
ders, Assessing Vertical Market Restrictions: Antitrust Ramifications of the Transaction Cost Approach, University of Pennsylvania Law Review 127 (1979) 953
ders, Transaction-Cost Economics: The Governance of Contractual Relations, Journal of Law and Economics 22 (1979) 233
ders, Credible Commitments: Using Hostages to Support Exchange, American Economic Review 73 (1983) 579
ders, The Economics of Governance: Framework and Implications, ZgS/JITE 140 (1984) 195
ders, Assessing Contracts, Journal of Law, Economics and Organization 1 (1985) 177
ders, The Economic Institutions of Capitalism (1985, deutsch: Die ökonomischen Institutionen des Kapitalismus – Unternehmen, Märkte, Kooperationen [1990])
ders, The Logic of Economic Organization, Journal of Law, Economics, and Organization 4 (1988) 65.

1. Ausgangspunkt und Anliegen der Theorie des Relationalvertrages

a) Der anglo-amerikanische Ursprung

In der Rechtswissenschaft hat sich die vertragsrechtliche Theoriediskussion seit geraumer Zeit **internationalisiert**. Wichtige Impulse für die Weiterentwicklung des deutschen Vertragsrechts gehen vom **anglo-amerikanischen Rechtskreis** aus. Für die juristische Bewältigung neuer Formen von Geschäftsbesorgungsverträgen und die Fortentwicklung des Geschäftsbesorgungsrechts kann der sogenannten **Theorie der relationalen Verträge** *(relational contracts theory)* eine wegweisende Bedeutung zukommen, für die in den sechziger und siebziger Jahren in der anglo-amerikanischen Vertragsrechtstheorie das Fundament vor allem durch die Arbeiten von MACAULAY und MACNEIL gelegt worden ist (vgl die Nachweise im voranstehenden Schrifttumsverzeichnis). Diese Theorie, die in den USA inzwischen eine schulbildende Kraft mit weit verzweigter Gefolgschaft entfaltet hat, ist eng mit der **ökonomischen Analyse des Rechts** *(economic analysis of law)* verbunden (vgl die Beiträge in ASSMANN/KIRCHNER/SCHANZE [Hrsg], Ökonomische Analyse des Rechts [1993]; SCHÄFER/OTT, Lehrbuch der ökonomischen Analyse des Zivilrechts [5. Aufl 2012]; POLINSKY, An Introduction to Law and Economics [1983, 2. Aufl 1989]; LEHMANN, Bürgerliches Recht und Handelsrecht – Eine juristische und ökonomische Analyse [1983]). Sie ist allerdings weniger einseitig auf das Rationalitäts- und Legitimitätskriterium der ökonomischen Effizienz und des *social welfare* eingeschworen, sondern einerseits enger, nämlich im Ausgangspunkt mikro-ökonomisch, andererseits breiter, nämlich verhaltenstheoretisch und -analytisch, angelegt. In der Wirtschaftswissenschaft ist das Konzept der *relational contracts* insbesondere von der Schule der **Neuen Institutionenökonomik** *(new institutional economics)* aufgegriffen und für den namentlich auf COASE zurückgehenden sogenannten Transaktionskostenansatz *(transactional cost approach)* sowie für die Theorie der Eigentumsrechte *(property rights theory)* fruchtbar gemacht worden (vgl hierzu die Literaturangaben zu WILLIAMSON, GOLDBERG und COASE; ferner die dort genannten Arbeiten von KLEIN und ALCHIAN). Dies hat in den USA wiederum die juristische Vertragstheorie beeinflusst und einen intensiven interdisziplinären Dialog eingeleitet (vgl etwa aus neuerer Zeit CAMPBELL/COLLINS/WIGHTMAN [Hrsg], Discrete, Relational und Network Contracts [2003] und COLLINS, Regulating Contracts [1999]). Auch die **deutsche Vertragsrechtstheorie** hat dieses Theoriepotential inzwischen entdeckt, rezipiert und für das deutsche Recht zu operationalisieren versucht, wenn sich auch erst wenige Literaturstimmen in beschei- 68 denen Ansätzen hierzu zu Wort gemeldet haben (vgl Müller-Graff, Rechtliche Auswirkungen einer laufenden Geschäftsverbindung im amerikanischen und deutschen Recht [1974]; Walter Schmid, Zur sozialen Wirklichkeit des Vertrages [1983]; Köndgen, Selbstbindung ohne Vertrag [1981] 129; Joerges, in: FS Rudolf Wassermann [1985] 697 ff; Schäfer/Ott, Lehrbuch der ökonomischen Analyse des Zivilrechts [5. Aufl 2012] 423 ff; vgl ferner die Beiträge in Nicklisch [Hrsg], Der komplexe Langzeitvertrag [1987] sowie vor allem die Beiträge von Joerges, Schanze und Teubner, in: Joerges [Hrsg], Franchising and the Law [1991]; Kern JuS 1992, 13; Henssler, Risiko als Vertragsgegenstand [1994]). Zwar reklamiert die Relationalvertragstheorie eine über unser Geschäftsbesorgungsrecht hinausgehende Bedeutung, doch sind ihre als beispielhaft herangezogenen Verträge zu allermeist als **Geschäftsbesorgungsverträge** zu qualifizieren. Es gehört traditionell zu den vornehmsten Aufgaben des vorliegenden Kommentarwerks, auch über hoffnungsvolle und zukunftsweisende Theorieansätze zu berichten und dazu Stellung zu beziehen (zum Folgenden vgl schon Martinek, Moderne Vertragstypen Bd III [1993] 363 ff; ders RabelsZ 57 [1993] 577; ders JITE/ZgS 148 [1993] 729).

b) Diskrete und relationale Verträge

69 Die Theorie der relationalen Verträge empfindet es als eine schwerwiegende Unvollkommenheit, dass die „klassische" Vertragstheorie und das **traditionelle Vertragsrecht** praktisch aller Rechtsordnungen sogenannte *„discrete transactions"* in den Mittelpunkt rücken, bei denen Leistung und Gegenleistung *ex ante* genau von den Parteien festgelegt werden und sich in einem **kurzfristigen, punktuellen, anonymen und antagonistischen Austauschakt** durch Erfüllung oder notfalls durch Vollstreckung erledigen. Diese „vollständigen Verträge" sind dadurch gekennzeichnet, dass sich die Vertragspartner tendenziell über sämtliche Rechte und Pflichten verständigen, die für die planmäßige Vertragsdurchführung bedeutsam sind. Sie bemühen sich zugleich um eine **vollständige Zuordnung aller Risiken**, die die planmäßige Durchführung des Vertrags bedrohen (Verzug, Unmöglichkeit, Schlechtlieferung etc), und treffen vorausschauend tendenziell abschließende Regelungen über die sich daraus ergebenden Konsequenzen (Schadensersatzansprüche, Rücktrittsrechte, Minderungsansprüche etc). Von der jeweiligen Risikozurechnung wird auch die Preisvereinbarung beeinflusst. Die Parteien lassen möglichst nur solche Fragen offen, für die das ergänzend anwendbare gesetzliche Vertragsrecht Regelungen enthält. Das klassische Vertragsrecht ist mithin ein Recht der „diskreten" Verträge, in dem ein möglichst **hohes Maß an Vollständigkeit in der Vertragsabfassung** *(discreteness)* und eine weitgehende Antizipation der zukünftigen vollzugsrelevanten Entwicklungen *(presentation)* die reibungsfreie Durchführung und gegebenenfalls zwangsweise Durchsetzung von Transaktionen sicherstellen sollen (Macneil Northwestern University Law Review 72 [1978] 854 ff, 862 ff; ders Southern California Law Review 47 [1974] 691 ff, 738; Walter Schmid, Zur sozialen Wirklichkeit des Vertrages [1983] 108 ff; Henssler, Risiko als Vertragsgegenstand [1994] 1 ff). Beispielhaft für den Extremfall des **klassischen, diskreten oder (gleichfalls synonym) transaktionalen, nicht-relationalen Vertrages** ist das einmalige Tanken des Reisenden an einer Tankstelle. In dieser Welt der klassischen Verträge regiert die Organisationsform *(governance structure)* „Markt", was angesichts der nur geringen oder gänzlich fehlenden **transaktionsspezifischen Investitionen** der Parteien ökonomisch durchaus vorteilhaft ist.

70 Demgegenüber ist die Wirklichkeit der modernen Vertragspraxis in den westlichen Ländern heute von langfristigen **geschäftlichen Dauerverbindungen** gekennzeichnet, in denen lediglich Rahmenverträge abgeschlossen werden, und zwar ohne das Ziel einer alle Eventualitäten des Kooperationsverhältnisses berücksichtigenden Regelung, aber mit einer Verständigung der Parteien über das Verfahren einer weiteren Konkretisierung des Arrangements und über die künftigen gemeinsamen Problemlösungen und Konfliktbereinigungen. Solche Verträge sind jeweils in ein umfassendes und vielschichtiges soziales und wirtschaftliches Beziehungssystem eingebettet, dessen Anfang und Ende nicht genau bestimmbar *(open-ended)* und dessen Gestaltwandel teilweise nicht vorhersehbar ist. Um sich während des Vertragsverhältnisses einen **strategischen Verhaltensspielraum** zu bewahren, lassen die Parteien bewusst Lücken in den Vereinbarungen, die auch nicht durch das gesetzliche Vertragsrecht geschlossen werden sollen. Solche Verträge werden als *relational contracts* und – ins Deutsche übertragen – **Relationalverträge, unvollständige oder relationale Verträge**, bisweilen auch als **Beziehungsverträge** oder **komplexe Langzeitverträge** bezeichnet. Sie erklären sich im Kern daraus, dass die Vertragspartner in einer Wirtschaftsordnung mit Transaktionskosten mehr oder weniger belastenden Umfangs leben und sich darin orientieren und optimal absichern müssen. Relationale Verträge kommen deshalb im Falle sich häufig wiederholender (gleichartiger oder verschiedener) Geschäfte zustande, die größere spezifische Investitionen der Parteien bei im Übrigen unsicheren Umweltbedingungen erfordern. Das „klassische" Vertragsrecht wird zufolge der Relationalvertragstheorie mit den unsicheren Umweltbedingungen langfristiger Vertragsbeziehungen nicht fertig. Es vermag die sogenannte Spezifität von tendenziell irreversiblen Investitionen *(asset specificity)*, die gleichsam in der Geschäftsbeziehung „eingeschlossen" *(locked-in)* sind, sowie die Unsicherheit und Häufigkeit von Transaktionen in einer Geschäftsbeziehung nicht hinreichend zu bewältigen. Es versagt gegenüber den **adaptiven und sequentiellen Entscheidungsprozessen**, die die Vertragspartner für notwendig erachten, um den **Ertrag aus den transaktionsspezifischen und irreversiblen Investitionen** (Faktorergiebigkeit) trotz aller Ungewissheiten zu sichern.

Bereits die Langfristigkeit der Kooperation kann unwägbare Gefahren von Störun- **71**
gen und Unsicherheiten bis hin zu „katastrophalen" Änderungen des Geldwerts, der Rohstoffpreise, der Löhne oder auch der kooperationsrelevanten Gesetze bergen. In solchen Fällen ist eine detaillierte vertragliche *ex ante*-Regelung für die Verteilung des späteren Surplus zwischen den Parteien von vornherein **fragmentarisch und defizitär**. Über die tatsächliche spätere Nutzenverteilung entscheidet die Verhandlungsposition einer jeden Partei in der Vollzugskrise des Vertrags *(ex post bargaining position)*. Dies erfordert Vorkehrungen der Geschäftspartner, die auch oder vor allem außerhalb der klassischen vertragsrechtlichen Erfassung liegen. Der Markt mit seinen Mechanismen der Fremdsteuerung bedarf der Ergänzung durch eine parteiliche Organisation der **Selbststeuerung des Kooperationsgeschehens** im Wege einer „mini-society" zwischen den Vertragspartnern (Macneil Northwestern University Law Review 72 [1978] 854 ff, 889 ff), in der „viel mehr geregelt ist, als nur der Austausch von Leistungen und damit zusammenhängenden Problemen" (Kern JuS 1991, 13 ff, 14).

c) Markt und Hierarchie

Relationalverträge erscheinen in dieser Sichtweise als zwischen Austauschvertrag **72**
und Organisation, „zwischen Markt und Hierarchie" angesiedelte Kooperationsformen, in denen organisatorisch-hierarchische Elemente mit austauschvertraglich-

marktkoordinativen Elementen kombiniert werden und in denen sich die Akteure mit ihrer **Neigung zum Opportunismus** nur **begrenzt rational** *(boundedly rational)* verhalten (vgl insbes Williamson Journal of Law and Economics 22 [1979] 233 ff; ders American Economic Review 73 [1983] 579 ff; ders ZgS/JITE 140 [1984] 195 ff; ders Journal of Law, Economics and Organization 1 [1985] 177 ff). Die Kooperationen vollziehen sich in Form von **hybriden Gebilden** *(intermediate organizations),* bei denen die Vertragsverbindungen von organisatorischen Elementen durchdrungen sind und die neben Markt und Organisation eine dritte Kategorie der Verhaltenssteuerung und Ressourcenallokation bilden. Die notwendig nur eingeschränkt rational handelnden Parteien gestalten ihre relationalen Vertragsbeziehungen mit dem Ziel, die Gesamtkosten der Anpassung an die sich laufend ändernden Umweltbedingungen möglichst gering zu halten und damit Produktions- und Transaktionskosten zu minimieren. Sie ziehen zur Durchsetzung der vertraglichen Erfüllungshandlungen und -ziele bei relationalen Verträgen anders als bei diskreten nicht notwendig, jedenfalls nicht ausschließlich „externe Instanzen“ (Rechtsprechung, Schiedsgericht) heran, sondern setzen vertragsinterne Mechanismen formeller und informeller Art ein, um möglichst eine Selbstdurchsetzung *(self-execution)* des Vertrags zu erreichen.

d) Das Principal-Agent-Paradigma

73 Mit der Theorie der relationalen Verträge ist das sogenannte **Principal-Agent-Paradigma** eng verbunden (vgl dazu grundlegend Alchian/Demsetz American Economic Review 62 [1972] 775; Ross American Economic Review 63 [1973] 134; Holmström The Bell Journal of Economics 10 [1979] 74; Rosen The Bell Journal of Economics 13 [1982] 311; Fama/Jensen Journal of Law and Economics 26 [1983] 327; Rees Bulletin of Economic Research 37 [1985] 3 ff und 75 ff; vgl auch die Beiträge in: Bamberg/Spremann [Hrsg], Agency Theory, Information, and Incentives [1987] sowie in: Pratt/Zeckhauser [Hrsg], Principal and Agents, The Structure of Business [1985]). Dieser vertragstheoretische Ansatz thematisiert in Loslösung vom überkommenen Rechtsbegriff der „Agency“ im Common Law (s unten Rn 130 ff) das langfristige vertragliche Verhältnis der beiden Parteien eines Relationalkontraktes, um das Vertragsverhalten der Parteien ökonomisch und soziologisch zu rationalisieren. Für den **anglo-amerikanischen Rechtsrealismus** *(legal realism)* sollen aus dieser analytisch-empirischen Rationalisierung offenbar zugleich verbindliche Vorgaben für die rechtlich-normative Würdigung des Vertragsverhältnisses folgen. Jeder Vertragspartner eines Relationalkontraktes ist danach in seiner Nutzenmaximierung vom Entscheidungsverhalten des jeweils anderen abhängig und sucht sich wegen der notwendigen Lückenhaftigkeit des Regelungswerkes Ermessensspielräume und damit die Möglichkeit zu opportunistischem Verhalten zu sichern. Die Vertragspartner werden als Agent bzw Stellvertreter einerseits und als Principal bzw Geschäftsherr oder Vertretener andererseits in einem weiten, vorjuristischen Sinne konzeptualisiert. Dabei kann jeder Vertragspartner *beide* Positionen zugleich innehaben sowie er zugleich Schuldner und Gläubiger ist; es gibt also **einseitige und zweiseitige Principal-Agent-Beziehungen**. Der Agent ist dadurch gekennzeichnet, dass er aus einer Anzahl von Handlungsmöglichkeiten diejenige auswählt, die sowohl seine eigene Wohlfahrt als auch diejenige seines Prinzipals beeinflusst. Für die Stellung des Prinzipals ist charakteristisch, dass er Entscheidungsbefugnisse auf den Agenten delegiert und deren Ausübung an seine eigenen Interessen und Erwartungen zu binden trachtet, aber die Aktionen des Agenten nicht im Einzelnen beobachten kann. Der Prinzipal vermag nicht unmittelbar vom offensichtlichen Resultat der Aktionen des Agenten auf sein tatsächliches Verhalten und seine Kooperationskon-

formität zu schließen, denn dieses Resultat kann auch von externen „*shocks*" und der *ex post*-Aktualisierung von Imponderabilien abhängen. Deshalb ist der Prinzipal **zur Verhaltenssteuerung des Agenten auf Anreize und Sanktionen** angewiesen, die die Bedingungen der Möglichkeit einer Nutzenmaximierung der Agentenaktionen optimieren. Gewiss wird der Agent so lange an dem geschlossenen Vertrag festhalten, wie dies für ihn günstiger ist als ein Vertragsbruch. Schwieriger als die Vermeidung einer Profitabilität des Vertragsbruchs sind aber effektive Vorkehrungen gegen sublime Formen opportunistischen Agentenverhaltens.

Denn jede Partei neigt im Rahmen des einmal geschlossenen Relationalvertrages zu **74** mehr oder weniger sublimem oder auch zu offen opportunistischem Verhalten. Opportunistisch ist jedes Verhalten, bei dem der Vertragspartner das in ihn gesetzte Kooperationsvertrauen enttäuscht und eine **unkooperative Verhaltensstrategie** wählt, weil ihm die **Opportunismusprämie wertvoller als die Vertrauensprämie** ist. Der Prinzipal kann beim Relationalkontrakt anders als (oder jedenfalls nur in sehr viel geringerem Umfang als) beim diskreten Vertragsmodell das opportunistische Verhalten des Agenten nicht ausschließen. Denn der Prinzipal kennt weder die Art aller möglichen künftigen Ereignisse noch ihre Eintrittswahrscheinlichkeiten. Er kennt auch nicht die **Nutzenfunktion und Präferenzordnung des Agenten** und kann deshalb durch die Wahl etwa eines bestimmten Vergütungsschemas nicht mit Gewissheit erreichen, dass der Agent ein Aktionsniveau mit maximaler Nutzenerwartung für den Prinzipal wählt. Er ist darauf verwiesen, die Eigeninteressen des Agenten durch Anreize zu mobilisieren, damit dieser seinen Ermessensspielraum zugleich im approximativen Interesse des Prinzipals nutzt. So kann er etwa ein Erfolgshonorar mit dem Agenten vereinbaren. Das aber bleibt unvollkommen. *Ex-post*-Opportunismus des Agenten lässt sich durch finanzielle Anreize wie Erfolgshonorare allein nicht ausschalten, weil die Möglichkeiten opportunistischen Verhaltens zu vielgestaltig sind. Die rechtliche Erzwingung genau fixierter Verpflichtungen zu Handlungen und zu Unterlassungen *(court ordering)* reicht als Steuerungsmittel bei Relationalkontrakten kaum jemals aus, schon weil der Prinzipal dem Agenten einen erheblichen Spielraum belassen muss und ihm das Verhalten nicht in allen konkreten Einzelschritten rechtlich erzwingbar vorschreiben kann; er steht insoweit angesichts der unübersehbaren Modalitäten opportunistischer Agentenaktionen vor einem **unlösbaren Informationsproblem**. Gerichtsverfahren sind zudem zusätzlichen Problemen des Opportunismus und der eingeschränkten Rationalität (des Richters und der Anwälte) ausgesetzt. Der Prinzipal greift deshalb zu privaten Vorkehrungen *(private ordering)*, mit denen er seine Transaktionskosten außerhalb des Marktprozesses zu senken sucht: Dies kann vom „milden Mittel" einer Aussprache über die Drohung mit dem Abbruch der Geschäftsbeziehungen bei zielinkonformem Verhalten bis hin zur „Geiselnahme" *(hostage taking)* reichen, bei der der Prinzipal für „*sunk costs*" des devianten Agenten sorgt (vgl etwa WILLIAMSON American Economic Review 73 [1983] 519; ders ZgS/JITE 140 [1984] 195 ff).

Eine besonders bedrohliche Gefahr ist für den Prinzipal der „Raubüberfall" oder **75** der „Erpressungsversuch" von Seiten des Geschäftspartners. Typischerweise tätigt mindestens eine der Parteien eines Relationalkontraktes **spezifische Investitionen**, denen innerhalb der vertraglichen Beziehung ein höherer wirtschaftlicher Wert zukommt als außerhalb, weil sie innerhalb jener Beziehung einen wesentlich höheren Ertrag abwerfen als außerhalb. Der sich hieraus ergebende „*lock-in*"-Effekt ist für die Partei mit den höheren Investitionen ausgeprägter als für die andere, für die sich dann ein „Raubüberfall" *(hold-up)* auf die Quasirente des Vertragspartners lohnen kann. Der unersetzbare Vertragspartner neigt folglich zu **Erpressungsstrategien**, gegen die der andere durch Geiselnahmen *(hostage-taking)* oder durch sonstige Einschränkungen der Verhaltensspielräume *(handcuffs)* Vorsorge treffen muss. Der Vertragspartner kann die „Ausstiegskosten" aus der Kooperation für den anderen (verlorene Eintrittsgebühren, geschäftsspezifische Investitionen, nachvertragliche Wettbewerbsverbote) hochschrauben. Diese **ökonomisch-strategischen Verhaltensmechanismen** verdeutlicht Christoph Engel in Anlehnung an Williamson am Beispiel des Franchisings (RabelsZ 57 [1993] 536, 537): Ein Franchisenehmer kann sich den Goodwill des Systemprodukts zunutze machen und an die Laufkundschaft schlechtere Waren verkaufen bzw nachlässigere Dienstleistungen erbringen als es der Systemstandard vorsieht. Dies kann wegen der Einsparung von Kosten zu höheren Gewinnen führen, schadet aber dem Franchisegeber (und den übrigen Franchisenehmern), leidet doch unter der Abweichung des „schwarzen Schafs" vom Systemstandard der gute Ruf des Produkts; der listige Franchisenehmer beutet die spezifischen Investitionen des Franchisegebers in die Marke aus. Hiergegen muss sich der Franchisegeber als Systemkopf nach Kräften abzusichern versuchen. Eine spätere Klage auf Einhaltung des Systemstandards ist keineswegs immer die rationellste Option. Aber der Franchisegeber kann sich etwa absichern, indem er eine Franchise an einen Franchisenehmer vergibt, der sein Unternehmen auf einem Grundstück des Franchisegebers zu betreiben bereit ist. Vereinbart er mit ihm eine kurze Kündigungsfrist, bekommt er ein wirksames Druckmittel zur Disziplinierung des Franchisenehmers an die Hand, denn durch eine Kündigung kann er die spezifischen Investitionen des Franchisenehmers etwa in die Ausstattung des Geschäftslokals wertlos machen.

76 Es sind die **transaktionsspezifischen Investitionen** jeder Vertragspartei, die der anderen eine gewisse **monopolistische Machtstellung** verleihen. Im Extremfall sind beide Parteien der vorher bestehenden Konkurrenz zu anderen potenziellen Vertragspartnern ihres einmal gewählten Kooperationspartners auf Dauer entzogen. Für diese bilaterale monopolistische Beziehungsverdichtung haben die Marktkräfte nur noch eine sehr eingeschränkte Bedeutung. Der jeweilige Prinzipal ist gegenüber dem jeweiligen Agenten auf eine Kontrolle und Minimierung des opportunistischen Verhaltens nach Vertragsabschluss angewiesen, denn *ohne* Sicherungsvorkehrungen ist bei transaktionsspezifischen Investitionen sein Preis mit Sicherheit höher als *mit* solchen Sicherungsvorkehrungen. Es geht um *ex ante*-Sicherung gegen *ex post*-Opportunismus. Erstrebenswert ist als Mittel der Einschränkung opportunistischen Verhaltens des Agenten **die möglichst perfekte Konstruktion selbstdurchsetzender Verträge** *(self-enforcing agreements)*, die ihre **Bindungswirkung vor allem durch das Nutzenkalkül der Parteien** erhalten und deshalb so lange kooperationskonform fortgesetzt werden, wie beide Parteien dies für vorteilhafter als einen Abbruch und als ein Ausscheren in opportunistische Strategien halten (Macaulay American Sociological Review 28 [1963] 55 ff; Walter Schmid, Zur sozialen Wirklichkeit des Vertrages [1983] 104; Williamson, The Economic Institutions of Capitalism [1985] 168).

e) Relationale Geschäftsbesorgungsverträge

77 Schon aus dieser skizzenhaften Charakterisierung der Relational-Contracts-Theory und des Principal-Agent-Paradigmas wird deutlich, dass sich eine große Zahl der

Geschäftsbesorgungsverträge unseres Wirtschaftslebens den **Relationalkontrakten** zurechnen lässt, auch wenn sich die soziologisch-ökonomisch durchsetzte Terminologie, deren sich dieser Ansatz befleißigt, von dem vertrauten kontinental-europäischen Vertragsrechtsdenken radikal unterscheidet. Letzteres allein darf freilich nicht vorschnell zu einem Verdikt der Irrelevanz der Relationalvertragstheorie für das deutsche Vertragsrecht führen. Zwar ist zu bedenken, dass der relationale Vertrag ebenso wie der diskrete **vor allem ein Denkmodell** darstellt. In Wirklichkeit setzen sich Verträge immer sowohl aus relationalen wie aus diskreten Elementen zusammen; unterschiedlich sind nur die Schwerpunkte. Die Beziehungen der Partner vieler Geschäftsbesorgungsverträge sind aber letztlich durch überwiegende relationale Komponenten gekennzeichnet, wenn auch mit verschiedener Intensität. Während sich etwa im Factoring- oder im Auktionärsvertrag, im bankrechtlichen Giro- oder im Scheckvertrag noch ausgeprägte diskrete Vertragselemente ausmachen lassen, lassen sie sich beispielsweise im Handelsvertreter- und im Franchisevertrag, im Just-in-time-Vertrag, im Anwalts- und im Vermögensverwaltungsvertrag oft nur noch rudimentär auffinden. Die Gründe für einen weitgehenden Verzicht auf genaue Vertragsplanung und deren Durchsetzung unter Umständen auf dem Rechtsweg sind bei den relationalen Geschäftsbesorgungsverträgen zahlreich. Verträge mit detaillierten Einzelbestimmungen, in denen die Parteien alle denkbaren Risiken erkannt und geregelt haben, sind oftmals angesichts der Unwägbarkeiten im Vertragsvollzug schlicht unmöglich; man denke an Consulting-Engineering-Verträge über den Bau eines Staudammes. Soweit detaillierte Einzelregelungen bei langfristigen Kooperationsverträgen überhaupt möglich sind, kann gerade der in der „Regelungswut" zum Ausdruck kommende Vertrauensmangel dem Ziel einer möglichst konfliktfreien Vertragsdurchführung hinderlich sein; man denke an einen langfristigen Rechtsanwaltsvertrag zwischen einem Industrieunternehmen und einer Anwaltssozietät. Bei vielen Geschäftsbesorgungsverträgen lässt sich eine **vertrauensvolle und loyale Leistungsanstrengung**, mit der der Erfolg des Vertragsverhältnisses steht und fällt, **weder rechtlich vorschreiben noch gerichtlich erzwingen**; man denke an Verträge mit Vorstands- oder Aufsichtsratsmitgliedern von Unternehmen. Bei internationalen Geschäftsbesorgungsverträgen erscheinen möglicherweise die Vollstreckungsaussichten wegen der defizitären Gerichtsbarkeit im Gastland ohnehin unrealistisch; man denke an internationale Managementverträge mit in Krisengebieten ansässigen Vertragspartnern. Auch können Geheimhaltungsbedürfnisse eine konkrete vertragliche Regelung gerade kooperationsentscheidender Punkte verbieten; man denke etwa an spezielle Consulting-Engineering-Verträge über patentfähige Erfindungen. Fast immer bedeutet eine vertragliche Einzelregelung bei langfristigen Kooperationsverhältnissen eine Flexibilitätseinbuße; man denke an Franchise- oder Just-in-time-Verträge. In der amerikanischen Doktrin dienen vor allem Vertriebsverträge als häufig bemühtes Beispiel für Relationalverträge (vgl dazu etwa Macaulay, Law and the Balance of Power: The Automobile Manufacturers and Their Dealers [1966]; Rubin Journal of Law and Economics 21 [1978] 223; Williamson University of Pennsylvania Law Review 127 [1979] 953; Goldberg Texas Law Review 58 [1979] 113; Klein American Economic Review 70 [1980] 356; Marvel Journal of Law and Economics 25 [1982] 1; Goetz/Scott Virginia Law Review 67 [1981] 1089; Smith Journal of Law and Economics 25 [1982] 125; Butler/Baysinger Emory Law Journal 32 [1983] 1009; zur Anwendung der Principal-Agent-Theory auf Vertriebsverträge vgl insbes Mathewson/Winter Journal of Law and Economics 28 [1985] 503; Joerges AG 1991, 325 ff, 333 ff; vgl vor allem die Beiträge in: Joerges [Hrsg], Franchising and the Law; diese Beiträge resümieren die Vortragsinhalte und Verhandlungsgegenstände, mit denen sich die Fachgruppe Grundlagenforschung der Deutschen Gesellschaft auf ihrer Würzburger Tagung im Jahre 1989 zum Thema „Langzeitverträge im Spannungsverhältnis von Vertrags-, Wirtschafts-, Gesellschafts- und Arbeitsrecht" beschäftigt hat).

2. Weiterführende Ansätze im deutschen Schrifttum

a) Komplexe Langzeitverträge

78 Im deutschen rechtswissenschaftlichen Schrifttum hat die Rezeption der Theorie der Relationalkontrakte und des Principal-Agent-Paradigmas teilweise eigenständige Schwerpunkte und weiterführende Ansätze hervorgebracht. Vor allem mit dem Namen Fritz Nicklisch ist der Terminus des **komplexen Langzeitvertrages** verbunden, den Nicklisch zwar aus der Theorie der Relationalkontrakte ableitet, aber ungleich **enger und pragmatischer** fasst (Nicklisch, in: ders [Hrsg], Der komplexe Langzeitvertrag [1987] 17 ff; ders JZ 1984, 757, 762 ff; ders NJW 1985, 2361 ff). Im Anschluss an Macneils' Unterscheidung zwischen „discrete" und „relational transactions" stellt Nicklisch dem Modell der „unpersönlichen einmaligen Austauschverträge", die nur zu losen, schnell vorübergehenden Beziehungen zwischen den Parteien führen, das der „relationalen Vertragsbeziehung" gegenüber, bei denen „die Vertragsparteien sozusagen miteinander verheiratet sind". Er engt dann jedoch die komplexen Langzeitverträge weniger auf Geschäftsbesorgungsverträge als auf „technologische Verträge" (mit teilweise dominantem Geschäftsbesorgungscharakter) ein. Als Beispiele dienen etwa Investitionsverträge, Energieverträge, Verträge über Raumfahrtprojekte, Softwareverträge und Projektverträge über komplexe Bau- und Industrieanlagen (zu Projektverträgen im privaten Baurecht vgl Schuhmann ZfBR 2012, 9 ff und Eschenbruch BauR 2012, 1323 ff). Weil es für eine zusammenfassende Definition des komplexen Langzeitvertrages noch zu früh sei, beschränkt sich Nicklisch auf eine „vorsichtige Beschreibung" (insbes Nicklisch, Der komplexe Langzeitvertrag [1987] 17 ff). Als charakteristische Merkmale der komplexen Langzeitverträge nennt er zunächst ihre Stellung „zwischen dem punktuellen Austauschvertrag und dem Dauerschuldverhältnis" sowie ihre Ausrichtung auf die „gemeinsame Durchführung eines Projekts, an dem regelmäßig eine Vielzahl von Projektbeteiligten mitwirkt und das längere Zeit beansprucht". Typisch seien „gewisse Strukturelemente" wie eine **längere Zeitspanne und mehr oder minder ausgeprägte Ungewissheiten**, sodass die Rechte und Pflichten nicht exakt festgelegt werden können. „Der do-ut-des-Mechanismus tritt (jedoch) bei der Durchführung von Langzeitprojekten regelmäßig zurück, weil an die Stelle des einfachen Austauschs eine intensive Kooperation tritt, in die dann häufig eine stufenweise Vergütung je nach Projektfortführung eingebaut ist." Niklisch beklagt, „daß die Entwicklung allgemeiner Rechtsregeln für komplexe Langzeitverträge nicht mit der Entwicklung dieser Verträge Schritt gehalten hat und im Vergleich zu dem ausgefeilten Regelwerk für einfache Austauschverträge zurückgeblieben ist".

b) Symbiotische Verträge und Vertragsnetzwerke

79 Erich Schanze sieht in den *long-term contracts* im Anschluss an Williamson gleichfalls „a third structural order … between the classical laws of contract (standard trade transactions) and corporate organization (standard corporation and partnership law)" (Schanze, in: Joerges [Hrsg], Franchising and the Law [1991] 67 ff, 68). Er bezeichnet Verträge, die sich in ihrer komplexen Langzeitigkeit **durch eine besondere asymmetrische Beziehungsintensität** der aufeinander eingespielten und von einander

abhängigen Partner (bei einseitigem Übergewicht) auszeichnen, mit einem der Biologie entlehnten Terminus als **symbiotische Verträge**: solche Verträge seien auf eine dauerhafte Koexistenz zweier ungleich verhandlungsstarker Partner angelegt, die sich mit dem Ziel der Aufrechterhaltung der Geschäftsbeziehung trotz aller Unsicherheiten und Störungen ihrer Interessensphären wie in einem Gesellschaftsverhältnis aufeinander zubewegen. Als typische Beispiele hebt er etwa Franchiseverträge, Just-in-time-Verträge und Joint-Venture-Verträge hervor. Von einer näheren Konkretisierung seines Begriffs der juristischen Symbiose nimmt Schanze zwar Abstand, ruft aber nach einer *tour d'horizon* durch die Theorie zum Relationalkontrakt zu einer Konzertierung unterschiedlicher wissenschaftlicher Disziplinen auf, um die Regelungskonflikte zwischen Vertrags-, Gesellschafts-, Wettbewerbs- und Arbeitsrecht in modernen „symbiotischen" Vertragstypen durch eine einheitliche Dogmatik des symbiotischen Vertrages zu meistern (dazu Martinek RabelsZ 57 [1993] 577 ff; ders, Moderne Vertragstypen Bd III [1993] 376 f).

Namentlich Gunther Teubner hat am Beispiel des Franchising herausgearbeitet, **80**
dass modernen Vertragstypen vielfach ein „Netzwerkcharakter" eignet, insofern sie **eng koordinierte Vertragssysteme als „Marktnetzwerke"** formieren (Teubner ZHR 54 [1990] 295 ff, insbes 305 ff = deutschsprachige Fassung seines Beitrages in: Joerges [Hrsg], Franchising and the Law [1991] 105 ff; vgl ferner Teubner, Netzwerk als Vertragsverbund: Virtuelle Unternehmen, Franchising, Just in Time in sozialwissenschaftlicher und juristischer Sicht [2004] und ders, Profit sharing als Verbundpflicht? – Zur Weiterleitung von Netzvorteilen in Franchise-Systemen, ZHR 168 [2004] 78; dem folgend Böhner BB 2004, 119, 121; ders WRP 2006, 1089, 1090). „Wirtschaftlich betrachtet werden alle Transaktionen gleichzeitig auf den Profit des Netzwerks und auf den Profit des individuellen Akteurs ausgerichtet (‚profit sharing')." Teubner unterscheidet „Organisationsnetzwerke" (zB Konzerne) und „Marktnetzwerke" (zB Franchisesysteme, wohl auch Just-in-time-Vertragssysteme, Kreditkartensysteme etc); Letztere wiederholen innerhalb der eigenen Systemgrenzen die Differenzierungen zwischen Markt und Hierarchie, indem sie organisatorische Elemente in den Vertrag einbauen. Er greift zur Erklärung nicht nur auf das anglo-amerikanische organisationssoziologische Schrifttum, sondern auch auf eine Denkfigur von Wernhard Möschel zur Kennzeichnung von Vertragsverbünden im Zahlungsverkehr der Banken zurück (Möschel AcP 186 [1986] 211). Er belässt es nicht bei einer Strukturanalyse der Vertragsnetzwerke „zwischen Vertrag und Hierarchie, zwischen Austauschvertrag und BGB-Gesellschaft", sondern will daraus Konsequenzen für die Rechtsanwendung bzw die richterliche Rechtsfortbildung ableiten. „Wenn es richtig ist, dass hybride Vertragsorganisationen zunehmend an wirtschaftlicher Bedeutung gewinnen, dann wird es darauf ankommen, die bisherigen Ansätze auf den drei genannten Gebieten – Dauerschuldverhältnisse, ‚gesellschaftsähnliche Rechtsverhältnisse' und Vertragsverbindungen – systematisch zu einem Vertragsorganisationsrecht auszubauen. Ein Vertragsorganisationsrecht unterscheidet sich vom gesellschaftsrechtlichen Organisationsrecht dadurch, dass sowohl der gemeinsame Zweck als auch die Einzelzwecke der Mitglieder/Vertragspartner rechtlich anerkannt sind und keines von beiden zum bloßen wirtschaftlichen Motiv degradiert wird, dass die Systemmitglieder nicht nur ‚Organe der Organisation', sondern zugleich auch autonome ‚Akteure' sind, dass die Handlungs- und Verantwortungszurechnung zugleich zentral und dezentral stattfindet, kurz: dass das Recht der relationalen Verträge dem Netzwerkcharakter der Vertragsorganisation Rechnung trägt" (Teubner ZHR 154 [1990] 295 ff, 320). Auf dieser Grundlage ent-

wirft TEUBNER eine „Netzwerkhaftung" als **Haftungsmodell von gleichzeitiger Kollektiv- und Individualhaftung**, weil die Verantwortung für ein und dieselbe Handlung gleichzeitig der Organisation und der Individualeinheit zuzurechnen sei. Entscheidendes Kriterium des Netzvertrages sei nämlich die Doppelbezüglichkeit (Kolinealität) des Handelns der Einzelakteure, sei doch jede Handlung sowohl auf das Netz als Kollektiv wie auf das einzelne Individuum bezogen. Dadurch werde die Dialektik von austauschvertraglichem Interessengegensatz und gesellschaftsrechtlicher Interessengemeinschaft überwunden und organisatorische Selbstregulierung mit externer Marktregulierung vereint. Allerdings bleibt das Haftungsmodell im Einzelnen sowohl für den vertraglichen wie für den außervertraglichen, deliktischen Bereich unausgeführt. Die Ideen zur Fortentwicklung des Vertrages zugunsten oder mit Schutzwirkung Dritter, zur Organhaftung nach § 31 BGB und zur Verrichtungsgehilfenhaftung nach § 831 BGB **lösen sich von einer lege artis begründeten subsumtionstechnischen Ableitung und Nachvollziehbarkeit** (dazu MARTINEK RabelsZ 57 [1993] 577 ff; ders, Moderne Vertragstypen Bd III [1993] 377 ff). Letztlich ist TEUBNER auch bislang mit seinem Versuch gescheitert (TEUBNER ZHR 168 [2004] 78), vereinzelte Passagen des sog Apollo-Urteils des BGH (NJW-RR 2003, 1635 = BB 2003, 2254 = ZIP 2003, 2030) für seine Netzwerktheorie in Anspruch zu nehmen und für die vom BGH (als Ergebnis einer Vertragsauslegung) bejahte Pflicht der Franchisezentrale zur Weiterleitung von Einkaufsvorteilen an ihre Franchisenehmer (sog Kick-back-Problematik) sogleich den „Netzzweck als Maßstab von Verbundpflichten" heranzuziehen. Sein Sprung vom „bilateralen Austausch" zum „multilateralen Verbund" führt auch hier aus der bestehenden Rechtsordnung heraus; sein Versuch, das *profit sharing* als „Verbundpflicht" iS einer „intensivierten Treuepflicht" zu hypostasieren, wird nicht *lege artis* an die Autorität des Gesetzes angebunden, sondern letztlich soziologisch und damit unjuristisch begründet. Es ist TEUBNER bislang wohl nicht gelungen, den Befund von BUXBAUM zu widerlegen oder auch nur anzugreifen: „‚Network' is not a legal concept" (so BUXBAUM JITE 149 [1993] 698 ff, 704; dazu TEUBNER, Netzwerk als Vertragsverbund: Virtuelle Unternehmen, Franchising, Just in Time in sozialwissenschaftlicher und juristischer Sicht [2004]).

c) Status und Kontrakt

81 Auch CHRISTIAN JOERGES hat sich der Theorie des Relationalvertrages zugewandt und MACNEIL's Aufforderung, dass man „must abandon traditional (‚classical') notions about exchange relations and refocus upon relational elements in contract law", ausdrücklich als „most important message for the German discussion about long-term contracts" begrüßt. Er sieht den „rich classificatory apparatus" dieser Theorie als „most impressive and, for the present German debate, helpful achievement" an (JOERGES Wisconsin Law Review 1985, 581 ff, 604; kritisch dann aber 609 ff). Er hat sich darum bemüht, die Gedankenwelt und das Theoriepotential der Relationalkontrakte für die kritische Interpretation zweier deutscher Rechtsprechungsfälle aus dem Recht der Automobil-Vertragshändler bzw -Franchisenehmer fruchtbar zu machen (JOERGES Wisconsin Law Review 1985, 581 ff, insbes 588 ff und 605 ff zum „Ford-Fall" BGH NJW 1984, 1182 und zum „Opel-Fall" LG Frankfurt ZIP 1982, 1224; OLG Frankfurt BB 1983, 1435 und BGH BB 1985, 218). Er glaubt, in diesen Entscheidungen bereits „the emergence of truly relational contract law" ausmachen zu können. Darüber hinaus aber haben JOERGES und andere deutsche Vertragstheoretiker aus der **Gegenüberstellung von Markt einerseits und Hierarchie bzw Organisation andererseits** abgeleitet, dass komplexe Langzeitverträge tendenziell eher eine **Statusbeziehung** regeln, bei der der

Vertrag nur am Anfang steht (JOERGES AG 1991, 325 ff, 328 ff = deutschsprachige Fassung seines Beitrages in: JOERGES [Hrsg], Franchising and the Law [1991] 11; SCHANZE, in: JOERGES [Hrsg], Franchising and the Law [1991] 67 ff, 86 ff; WALTER SCHMID, Zur sozialen Wirklichkeit des Vertrages [1983] 38 ff). Das in der Vertragsrechtstheorie berühmte Begriffspaar „Status und Kontrakt" geht auf den englischen Rechtsanthropologen und -soziologen HENRY SUMNER MAINE zurück, der im Jahre 1861 im Rahmen seiner Untersuchungen zum Recht der Antike die Theorie begründet hat, dass „the movement of the progressive societies has hitherto been the movement *from Status to Contract*" (MAINE, Ancient Law: Its Connection with the Early History of Society, and its Relation to Modern Ideas [4. Aufl 1870] 168 ff [Hervorhebung im Original]). Während etwa früher der Familienverband die Rechtsposition der darin hineingeborenen Person determinierte, erlangten schon im Römischen Reich im Zuge des zivilisatorischen Fortschritts die Gesellschaftsmitglieder zunehmend individuelle Verfügungsmacht, um ihre Verhältnisse durch Vertragsabschlüsse selbst zu regeln. Diesen Gedanken übertrug MAINE auf die Privatrechtsgeschichte des Mittelalters und der Neuzeit und auf den Wandel von feudalen zu bürgerlichen Rechtsordnungen. Allgemein lässt sich in den rechtlich mediatisierten Handlungs- und Organisationsformen sich differenzierender Wirtschafts- und Gesellschaftsordnungen eine **Bewegung vom Status zum Kontrakt** feststellen. Später hat der Soziologe MAX WEBER eine entsprechende Unterscheidung eingeführt zwischen einerseits „Statuskontrakten", die die Person in ihrer gesellschaftlichen und wirtschaftlichen „Gesamtqualität" erfassen und sie statusmäßig in den Sozialverband einbinden, und andererseits „Zweckkontrakten", die den Personen statusunabhängig zur selbstbestimmten Durchführung ihrer privaten Transaktionen in der modernen Markt- und Geldwirtschaft dienen (MAX WEBER, Rechtssoziologie [Neudruck 1967] 134 ff). Nachdem sich schon seit längerem etwa im Arbeits-, Miet- oder Verbraucherschutzrecht unübersehbare Anzeichen für eine Umkehr dieser Entwicklung, nunmehr wieder vom Kontrakt zum Status, abzeichnen (KRAMER, Die „Krise" des liberalen Vertragsdenkens [1974]; PFLUG, Kontrakt und Status im Recht der Allgemeinen Geschäftsbedingungen [1986]), greift die deutsche Vertragsrechtstheorie dieses Paradigma in ihrer Betrachtung der komplexen Langzeitverträge insbesondere geschäftsbesorgungsvertraglichen Charakters heute wieder auf, um die modernen realen und normativen Entwicklungstendenzen dieser Verträge in eine **Dialektik von Status und Kontrakt** einzufangen. Im Mittelpunkt stehen dabei die Fragen, inwieweit diese Verträge wieder tendenziell einen Status kreieren und wie die Rechtsordnung „den Neo-Feudalismus des Statusdenkens und den Formalismus reiner Kontraktmodelle sozialer Beziehungen überwinden (kann)" (JOERGES AG 1991, 325 ff, 351). Eine Statusorientierung komplexer Langzeitverträge (Relationskontrakte bzw symbiotischer Verträge) mit geschäftsbesorgungsvertraglicher Rechtsnatur wird in der oft asymmetrischen Macht- und Interessenkonstellation der Vertragsparteien bei Ausgestaltung ihrer Rechtsbeziehungen, in den nur unvollkommen *ex ante* spezifizierbaren Rechts- und Pflichtprogrammen mit Vorbehalt laufender späterer Konkretisierung und in den außerrechtlichen, von sozialen Normen geprägten Erwartungs- und Verhaltensstrukturen der Geschäftsbeziehung gesehen. Namentlich JOERGES klassifiziert die in Rechtsprechung und Rechtswissenschaft entwickelten und diskutierten Regelungsprogramme für solche langfristigen Geschäftsbesorgungsverträge nach ihrer **Ausrichtung am Schutz gesellschaftlich integrierter Rechtsstellungen (Status-Orientierung) bzw nach ihrer Bedeutung für Privatautonomie und Vertragsfreiheit (Kontrakt-Orientierung)**. Als Analysematerial dienen ihm dabei nicht nur die praktischen Rechtsprobleme, die sich bei **Abschluss, Durchführung und Beendigung**

des Vertrages stellen, sondern auch **kartellrechtliche, arbeits- und verbraucherschutzrechtliche Fragestellungen**. Auf **terminologisch eigenwilligen, inhaltlich aber eher auf vertrauten Bahnen** läuft der an den „Rechtsprinzipien" der „Autonomie" und der „Reziprozität" anknüpfende Appell von JOERGES, wonach die Rechtsordnung bei der Bewältigung dieser Verträge daran arbeiten müsse, die Autonomieansprüche der Vertragspartner und ihre Reziprozitätsforderungen in ein **Gleichgewicht der Vertragsgerechtigkeit** zu bringen.

3. Kritische Stellungnahme zur Relationalvertragstheorie

82 Unterzieht man die neueren vertragstheoretischen Ansätze einer kritischen Würdigung im Hinblick auf ihre Fruchtbarkeit für die Weiterentwicklung des Rechts der Geschäftsbesorgungsverträge, so muss die Stellungnahme **ambivalent** ausfallen (zum Folgenden schon MARTINEK, Moderne Vertragstypen Bd III [1993] 380 ff; ders RabelsZ 57 [1993] 577). Die Theorie der relationalen Verträge versteht sich als **Generalangriff** gegen die traditionelle Vertragstheorie aus der Sicht des **amerikanischen Rechtsrealismus**. Ihr liegt die Vorstellung zugrunde, dass das „klassische" oder „neo-klassische" Vertragsrecht mit seiner Orientierung an „diskreten" Verträgen zur **Bewältigung der rechtlichen Ordnungsaufgaben** bei den als Relationalkontrakte oder komplexe Langzeitverträge bezeichneten Verträgen nicht ausreiche. Kritisiert wird die Fixierung der Vertragsrechtsdogmatik auf die Willenserklärungen der Parteien. Gegenüber einer solchen „versprechensorientierten Konzeptualisierung des Vertragshandelns" wird „auf die Interaktionen und Kooperationen zwischen den Beteiligten, auf die daraus resultierenden Wertorientierungen und Bedürfnisse, auf den Prozesscharakter von Vertragsverhältnissen, auf die Marginalität des förmlichen Vertragsrechts für das reale Verhalten der Beteiligten, auf die Ambivalenzen der ‚Verrechtlichung' des Vertrages durch vielfältige staatliche Interventionen" verwiesen (JOERGES ZHR 151 [1987] 195, 211). Dementsprechend setzt die Theorie der Relationalkontrakte radikal und zunächst einmal **außerjuristisch, nämlich ökonomisch und behavioristisch** an (vgl aus Sicht der Neuen Institutionenökonomik DIETRICH NJ 2011, 309). Die Rechtsordnung wird für die interagierenden Parteien zu einem Datum unter vielen anderen. Rechtspositionen und Gerichte werden ökonomisch-strategisch instrumentalisiert. Es geht den Vertretern dieses Ansatzes zuvörderst um eine **ökonomische Erklärung des Geschäftsverhaltens der Vertragspartner**, das in einer langfristigen Vertragsbeziehung **nur noch eingeschränkt als markt- und rechtsgesteuertes Vertragsverhalten** begriffen werden kann.

83 Gewiss stehen Sinn und Nutzen dieses Ansatzes für **ökonomische und soziologische Erkenntnisinteressen** außer Frage. Es kann nicht bezweifelt werden, dass die Theorie der Relationalkontrakte auf der Grundlage ihrer vorstehend skizzierten Grundtheoreme eindrucksvolle Erkenntnisfortschritte für das Vertragsverhalten der Parteien gebracht hat und auch Handlungsanweisungen für ökonomisch rationale Interaktionen zu formulieren vermag. Die ökonomisch rationale und strategisch optimale Ausnutzung der vorhandenen Rechtsinstitute durch die Vertragsparteien sowie die soziologische Erklärung ihres Verhaltens in Vertragsbeziehungen ist für den Juristen im Recht der Geschäftsbesorgung allerdings kaum von unmittelbar dringendem Interesse; er fragt sich vor allem, inwieweit die Theorie der Relationalkontrakte für die **Lösung konkreter Rechtsanwendungsprobleme** im Streitfall Hilfestellungen bietet. Es ist schwer zu beurteilen, ob die Theorie der Relationalkontrakte

für das **US-amerikanische** Vertrags- und Wirtschaftsrecht bereits einen **substantiellen Ertrag für den Umgang mit konkreten Rechtsproblemen im Einzelfall** oder für die doktrinäre Weiterentwicklung der Rechtsinstitute gebracht hat. Unausweichlich erscheint aber die Feststellung, dass ein solcher unmittelbarer Ertrag für das kontinental-europäische Recht im Allgemeinen und für das deutsche Recht im Besonderen **bislang kaum greifbar** ist.

Dies verdeutlicht insbesondere der Blick auf die bisher eher **aporetischen Rezeptionsbemühungen** in der deutschen Vertragstheorie, die unter den Stichworten des komplexen Langzeitvertrages, des symbiotischen Vertrages, des Vertragsnetzwerks oder des Statusvertrages firmieren (s oben Rn 78 ff). Mit der Konzeption des komplexen Langzeitvertrages (Nicklisch) sind bislang **keine handfesten rechtsanwendungsbezogenen Konsequenzen von dogmatisch-konstruktiver Relevanz** verbunden. Das Programm, „allgemeine, rechtssystematische Grundsätze für komplexe Langzeitverträge" zu schaffen, „die deren besonderen Strukturen Rechnung tragen und die daher die nicht passenden Regelungen des Allgemeinen Schuldrechts ersetzen können" (Nicklisch, Der komplexe Langzeitvertrag [1987] 24), steht als eine **noch wenig konturierte rechtspolitische Forderung** im Raum. Der Gedanke vom symbiotischen Vertrag (Schanze) ist letztlich unausgeführt und prätentiös geblieben. Unklar ist vor allem, ob mit Hilfe dieses Terminus lediglich die Fortentwicklung der Lehre vom Dauerschuldverhältnis systematisiert oder ein neues juristisches Denk- und Argumentationsmodell etabliert werden soll. Mit der Proklamation einer „Netzwerkhaftung" für die Beteiligten an vielgliedrigen Vertragssystemen (Teubner) wird zu den bestehenden haftungsrechtlichen Rechtsinstituten ein bemerkenswerter radikaler Alternativentwurf präsentiert, der aber **außerhalb jedes Subsumtionszusammenhangs** steht. Wenn dem Netzmodell irgendeine juristisch fassbare Qualität eignen soll, so müsste seine Haftungstopographie wesentlich präziser herausgearbeitet, begründet und am Einzelfall durchgeführt werden. Auch die Faszination rechtspolitischer Programme, die anhand der Topoi Status und Kontrakt und der Kategorien Autonomie und Reziprozität (Joerges) terminologisch eindrucksvoll entworfen werden, verblasst schnell, wenn zu deren Konkretisierung letztlich nur immer wieder die materielle Gerechtigkeit beschworen werden kann. Für die juristische Kärrnerarbeit im Umgang mit den heutigen Rechtsproblemen der modernen Vertragstypen erweist sich das dargestellte Theoriepotential derzeit im Grunde als wenig fruchtbar. 84

Für unser Privatrechtssystem können die Erkenntnisse zur ökonomischen Effizienz der Ausgestaltung von langfristigen Vertragsbeziehungen auch schwerlich normativ verbindliche Daten markieren, denn **an keiner Stelle erklärt das Recht die Steigerung der ökonomischen Effizienz zum Beurteilungsmaßstab privatrechtlich relevanten Verhaltens**. Die Ideen einer optimalen Bedarfsbefriedigung oder einer Transaktionskostenminimierung **tragen kein Gerechtigkeitskonzept**. Das vom anglo-amerikanischen Rechtsrealismus und der Neuen Institutionenökonomik formulierte oder inspirierte radikale Verdammungsurteil über die „klassische" oder „neo-klassische" Vertragstheorie sprengt die Axiomatik unseres Vertragsrechts, dem ein Verständnis des Vertragsverhaltens der Parteien als primär ökonomisch nutzenmaximierendes Verhalten im Ansatz fremd ist. Das Axiom unseres geltenden Vertragsrechts, das in dem referierten Schrifttum zur relationalen Vertragstheorie nirgendwo auch nur erwähnt wird, lautet: *Stat pro ratione voluntas*. Es steht nicht zur Disposition. Es ist aus dieser Sicht nur folgerichtig und alternativlos, dass die Vertragsrechtsdogma- 85 tik an die **Willenserklärungen** der Parteien anknüpft, das Vertragshandeln **versprechensorientiert konzeptualisiert** und ökonomische Motive der Parteien, seien sie rational, eingeschränkt rational oder irrational, im Grundsatz bewusst ausblendet. Die ökonomische Rationalität des Vertragsverhaltens interessiert juristisch unmittelbar nur, soweit sie die Filter der **Rechtsgeschäftslehre** und des **Schuldvertragsrechts** passiert hat.

86 Im Übrigen wird man auch kritisieren müssen, dass die Relationalvertragstheorie die **endogene Leistungs- und Entwicklungsfähigkeit** unserer Privatrechtsordnung und insbesondere des deutschen Vertragsrechts unterschätzt. Es ist zwar richtig, dass die deutschen Zivilrechtsgesetze, insbesondere das BGB und das HGB nur in wenigen Regelungen dem Langzeitcharakter von Vertragsbeziehungen ausdrücklich Rechnung tragen (zB §§ 313, 314 BGB, § 2 KSchG iVm § 622 BGB, 355 HGB, §§ 84 ff, 89b HGB oder §§ 643, 649 BGB; vgl dazu Kern JuS 1992, 13 ff, 14; Niklisch JZ 1984, 757, 764 f). Die durch die Theorie der relationalen Verträge aufgeworfenen *rechtlichen* Fragestellungen lassen sich aber zumindest zum ganz überwiegenden Teil in die traditionellen dogmatischen und methodischen Denkzusammenhänge des Zivilrechts integrieren, terminologisch in vertrauterer Weise formulieren – und auch beantworten. Macneil selbst hat im Übrigen sehr wohl erkannt, dass seine Theorie des relationalen Vertrages nichts anderes als unsere vertrauten Dauerschuldverhältnisse thematisiert, wenn er zum Begriff des *relational contract* erklärt: „My phrase, intended to encompass any exchange relations, turns out to be something of a term of art in German law, referring to those relational contracts which have been particularly regulated by the German Civil Code" (Macneil, in: Nicklisch [Hrsg], Der komplexe Langzeitvertrag [1987] 31 Fn 2). Ausdrücklich bekennt Macneil – das wurde im deutschen Schrifttum offenbar als bloße Höflichkeitsadresse abgetan: „the Germans are far ahead of us in thinking about this subject" (Macneil, in: Nicklisch [Hrsg], Der komplexe Langzeitvertrag [1987] 31 Fn 2 und 34). In der Tat erscheint es uns gewiss nicht als eine neue Erkenntnis, dass sich etwa innerhalb eines Dauerschuldverhältnisses **vertragliche Treue- und Fürsorgepflichten zu einem „Status-Schutz" verdichten** können. Das Handelsvertreterrecht etwa „lebt" davon und kann deshalb beispielsweise für andere geschäftsbesorgungsrechtliche Vertriebsverträge wie den Kommissionsagenten-, den Vertragshändler- oder den Franchisevertrag herangezogen werden. Dauerschuldverhältnisse sind entgegen Schanze kein „Widerspruch in sich" (Schanze, in: Joerges [Hrsg], Franchising and the Law [1991] 84), sondern eine in die schuldrechtliche Dogmatik gelungen und bruchlos integrierte Erscheinungsform eines Vertragsverhältnisses, das im Übrigen als solches schon vor vielen Jahrzehnten als „Organismus" (Heinrich Siber, Karl Larenz) dargestellt worden ist. Man kann Dauerschuldverhältnisse durchaus als „rechtlichen Ausdruck von formalen Organisationen auf vertraglicher Basis" ansehen (so auch Teubner ZHR 154 [1990] 295 ff, 319). Im Kern kennzeichnet die Bezeichnung *„relational contract"* das persönliche und sachliche Fundament des gegenseitigen „Vertrauens" und der gegenseitigen Rücksichtnahme in länger dauernden Vertragsbeziehungen und **verweist auf längst etablierte und ausdifferenzierte dogmatisch-konstruktive Figuren unseres Vertragsrechts**. Auch eine Rechtsfigur wie die „dauernde Geschäftsverbindung" vermag bereits im vorvertraglichen bzw vertragsbegleitenden Bereich den Interessengegensatz der Vertragspartner über den punktuellen Leistungsaustausch hinaus in einen übergreifenden Kontext aus gegenseitigen Treue- und Rücksichtnahmepflichten einzubetten (vgl dazu Müller-Graff, Rechtliche Auswirkungen einer laufenden Geschäftsverbindung im amerikanischen und deutschen Recht [1974]; ders ZgS/JITE 141 [1985] 547 ff).

Andererseits ist aber zuzugestehen, dass unser Vertragsrecht im Allgemeinen und die Lehre vom Dauerschuldverhältnis im Besonderen angesichts der vor allem durch die modernen Geschäftsbesorgungsverträge aufgeworfenen Ordnungsaufgaben **erweiterungsbedürftig** sind. Hierzu vermag die Lehre von den Relationalverträgen möglicherweise einen Beitrag zu leisten. Die Lehre von den Dauerschuldverhältnissen (vgl grundlegend Otto vGierke JherJb 64 [1914] 355 ff; zur Rezeption vgl Gernhuber, Das Schuldverhältnis [1989] 377 ff) thematisiert in allzu beschränkter Perspektive nur die Langfristigkeit der vertraglichen Bindungen, die erhöhten Treuepflichten, die Notwendigkeit von Anpassungen an veränderte Umstände und das fristlose Kündigungsrecht aus wichtigem Grunde, blendet aber weithin **die Eigendynamik der Kooperation bei quasi-monopolistischen Beziehungsverdichtungen und bei asymmetrischen Macht- und Interessenkonstellationen** aus. Gegenwärtig ist zwar noch schwer vorstellbar, wie die ökonomischen Befunde der Lehre von den Realkontrakten dogmatisch-konstruktiv eingefangen und operationalisiert werden können; die Bemühungen hierum sind aber anerkennenswert und förderungswürdig. Es bedarf für die langfristige metadogmatische Arbeit am Vertragsrecht gewiss der **interdisziplinären Zusammenarbeit von Ökonomie, Soziologie und Jurisprudenz** (vgl dazu auch die grundlegende und in mancher Hinsicht richtungsweisende Studie von Henssler, Risiko als Vertragsgegenstand [1994] mit dem Versuch, die Erkenntnisse der Entscheidungstheorie für die Vertragsrechtstheorie fruchtbar zu machen und die „Risikoverträge" wie etwa Spekulationsgeschäfte, Bürgschafts- und Garantieverträge interdisziplinär zu durchleuchten). Die Distanz, die zwischen höchst anregenden soziologisch-wirtschaftswissenschaftlichen Spekulationen und der an Recht und Gesetz gebundenen Entscheidung von Streitfällen herrscht, muss und kann verringert werden. Es ist uneingeschränkt begrüßenswert, dass ein interdisziplinärer Dialog zwischen Rechts- und Wirtschaftswissenschaften über neuartige langfristige Geschäftsbesorgungsverhältnisse angelaufen ist, der die **Chance** in sich trägt, dass für die gemeinsamen Ordnungs- und Gestaltungsaufgaben auch interdisziplinär abgesicherte Diagnosen und Regelungsprogramme erarbeitet werden. Schon jetzt stellen die ökonomischen und soziologischen Erkenntnisfortschritte der Theorie der Relationsverträge ein **Datenmaterial** zur Verfügung, an dem die **Gesetzgebung und die richterliche Rechtsfortbildung nicht vorbeigehen** kann. Insofern ist Joerges zuzustimmen, der einerseits erkennt, dass sich aus der Qualifikation eines Vertrags als Relationalkontrakt „keine definitiven positiven Konsequenzen für dessen Regelung" ergeben, der aber andererseits zu Recht darauf hinweist, dass mit dem Relationalvertrag oder komplexen Langzeitvertrag Sachstrukturen erfasst werden, „auf die Regelungsversuche treffen und an denen sie scheitern können" (Joerges ZHR 152 [1987] 195, 211 f). Eine umsichtige rechtspolitische Entwicklungsarbeit im Recht der Geschäftsbesorgungsverträge darf die Lehre von den Relationalkontrakten nicht außer Acht lassen. 87

Genau besehen hat die Theorie der Relationalkontrakte bereits heute nicht nur **für den Rechtspolitiker und Gesetzgeber juristisch verwertbare und weiterführende Erkenntnisse** zusammengetragen, sondern vermag auch dem Rechtsanwender und Richter transdogmatische Hilfestellungen zu leisten, wenn für die Lösung von Ordnungs- und Rechtsproblemen im Recht neuartiger Geschäftsbesorgungsverträge Folgeüberlegungen angestellt und Wertungen aufbereitet werden müssen. Bei der 88 analytischen Konstruktion einer angemessenen Risikoverteilung der Parteien eines Geschäftsbesorgungsvertrags können die Erkenntnisse der Theorie der Relationalkontrakte möglicherweise als wissenschaftlich abgeleitete und nachprüfbare Kriterien herangezogen werden und so den interdisziplinären Argumentationshaushalt des Juristen bei der Entscheidungsfindung und -begründung erweitern. Das mag auch die **Transparenz und Kalkulierbarkeit** von Entscheidungen, mithin ihre Vorhersehbarkeit und damit die **Rechtssicherheit** erhöhen. Letztlich sind solche dankenswerten Hinweise zur ökonomischen Relationalität des Vertragsverhaltens freilich zunächst auf das Konto der bloßen Erweiterung des hilfswissenschaftlichen Instrumentariums des Juristen zu buchen. Eine Umsetzung dieser Erkenntnisse in die juristische Dogmatik zeichnet sich zwar noch nicht ab, doch kann sich dies schnell ändern. Denn die Theorie der Relationalkontrakte beschränkt sich nicht auf vorjuristische Motivforschung für das Verhalten der Parteien, sondern erhebt das Vertragsverhalten selbst zu ihrem Gegenstand, entwirft **rationale rechtliche Regelungsprogramme**, stellt **plausible Risikotragungskriterien** zur Verfügung und bietet damit Maßstäbe für eine ökonomisch „vernünftige" Rechtsgestaltung. Diese ökonomischen Erkenntnisfortschritte und Handlungsempfehlungen strahlen natürlich früher oder später in die Rechtspraxis hinein, sofern sie sich nicht in der bloßen Nachrationalisierung dessen erschöpfen, was erfahrene Praktiker in Sachen wirtschaftlich geschickten Vertragsverhaltens ohnehin immer schon gewusst haben. Für **kautelarjuristische Strategiefragen** kann die Theorie der Realkontrakte zumindest einen theoretischen Referenzrahmen zur rationalen ökonomischen Fundierung des einzusetzenden juristischen Instrumentariums bieten. Und dies kann auf die streitentscheidende Rechtsanwendung und auf die vertragsrechtliche Normen-Entfaltung und -Bildung zurückwirken. Generalklauseln wie §§ 242, 138 BGB oder vor allem § 307 BGB sowie die Grundsätze der erläuternden und ergänzenden Vertragsauslegung lassen, ja *bieten* Raum auch für die Berücksichtigung der den Parteien kaum gleichgültigen Frage nach der kostengünstigsten Regelung und für ökonomische Bewertungen des rechtlich relevanten Vertragsverhaltens durch den Rechtsanwender (vgl dazu auch Lehmann, Bürgerliches Recht und Handelsrecht – Eine juristische und ökonomische Analyse [1983] insbes 240; Engel RabelsZ 57 [1993] 556, 560). Bei **zusammenfassender Würdigung** wird man deshalb der Theorie der Relationalverträge ungeachtet ihrer **derzeit noch juristisch unfruchtbaren Esoterik** durchaus eine **mittel- bis langfristige Bedeutung** für das deutsche Recht im fortschreitenden Prozess der normativen Bewältigung neuartiger Geschäftsbesorgungsverträge prognostizieren können.

VII. Auftrag und Geschäftsbesorgungsvertrag in der Rechtsvergleichung

Schrifttum

Albrecht, Vollmacht und Auftrag – eine historische und rechtsvergleichende Studie (1970)
Alpa, European Community Resolutions and the Codification of „Private Law", in: European Review of Private Law 2 (2000) 321
Barbero/Liserre, Sistema del diritto privato italiano (2. Aufl 1993)
Basedow, Codification of Private Law in the European Union – The Making of a Hybrid, in: European Review of Private Law 1 (2001) 35
Bénabent, Droit des contrats spéciaux civils et commerciaux (11. Aufl 2015)
Berger, The Principles of European Contract Law and the Concept of the „Creeping Codification" of Law, European Review of Private Law 1 (2001) 21

vBernstorff, Einführung in das englische Recht (4. Aufl 2011)
vBüren, Schweizerisches Obligationenrecht, Besonderer Teil (Art 184–551) (1972)
Bonell, An International Restatement of Contract Law (2. Aufl 1997)
ders (ed), A New Approach to International Commercial Contracts – The Unidroit Principles of International Commercial Contracts (2000)
Bowstead/Reynolds, on agency (20. Aufl 2014)
Burdese, Manuale di diritto privato italiano (4. Aufl 1993)
Coing, Die Treuhand kraft privaten Rechtsgeschäfts (1973)
David/Grassmann, Die großen Rechtssysteme der Gegenwart (2. Aufl 1988)
DeCupis, in: Istituzioni di diritto privato (4. Aufl 1987) 395
Eccher/Schurr/Christandl, Handbuch Italienisches Zivilrecht (2009)
Ferid/Sonnenberger, Das Französische Zivilrecht, Band 2 Schuldrecht. Die einzelnen Schuldverhältnisse – Sachenrecht (2. Aufl 1986)
Fridman, The Law of Agency (7. Aufl 1996)
Galgano, Diritto commerciale – L'Imprenditore (Edizione 1999/2000, 1999)
Gautschi, Auftrag und Geschäftsführung in der Schweiz (2. Aufl 1960)
Giordano, Mandato – commissione – spedizione (1969)
Gmuer, Das BGB und das schweizerische OR (1965)
Graziadei, „Mandato" in: Rivista di diritto civile parte II (1991) 759
Grundmann, The Structure of European Contract Law, European Review of Private Law 4 (2001) 528
Gschnitzer, Lehrbuch des österreichischen bürgerlichen Rechts, Schuldrecht – Besonderer Teil und Schadenersatz (2. Aufl 1988)
Guhl, Das Schweizerische Obligationenrecht (9. Aufl 1999)
Hanbury, The Principles of Agency (2. Aufl 1960)
Hakulinen, in: Schlegelberger/Seth/Wrede/Dix (Hrsg), Zivilgesetze der Gegenwart Band X, Das Zivilrecht der Nordischen Länder, Lieferung 2a, I. Abteilung: Finnland und Schweden (1936)
Honsell, Schweizerisches Obligationenrecht BT (9. Aufl 2010)
Tades/Hopf/Kathrein/Stabentheiner, Das Allgemeine Bürgerliche Gesetzbuch (37. Aufl 2009)
Koziol/Welser, Grundriß des bürgerlichen Rechts, Band 2 – Schuldrecht (12. Aufl 2001)
Lando, Optional or Mandatory Europeanisation of Contract Law, European Review of Private Law 1 (2000) 59
ders, Principles of European Contract Law – An Alternative of Precursor of European Legislation, RabelsZ 56 (1992) 261
Lando and Beale (eds), Principles of European Contract Law, Part I (Deventer 1995, original version)
dies (eds), Principles of European Contract Law, Parts I and II (Deventer 1999, consolidated version)
Lando/Clive/Prüm/Zimmermann (eds), Principles of European Contract Law, Part III (2003)
Langenbach, Grundzüge des Law of Agency (1928)
Larroumet, Traité de Droit Civil – Tome 3 –Les obligations, Le contrat (8. Aufl 2016)
Malaurie/Aynés, Cour de droit civil 2004 – les contrats spéciaux (2003)
Mirabelli, Dei singoli contratti, in: Commentario del codice civile, libro IV tomo III (1968) 548 u tomo IV (1968) 755
Müller-Freienfels, Stellvertretungsregelungen in Einheit und Vielfalt (1982)
ders, Die „Anomalie" der verdeckten Stellvertretung (undisclosed agency) des englischen Rechts, RabelsZ 17 (1952), 578 ff; 18 (1953) 12
Musielak, Entgeltliche Geschäftsbesorgung, in: BMJ (Hrsg), Gutachten und Vorschläge zur Überarbeitung des Schuldrechts, Bd II (1981) 1209
Nörr/Nishimura (Hrsg), Mandatum und Verwandtes – Beiträge zum römischen und modernen Recht (1993)
Oser/Schönenberger, Kommentar zum Schweizerischen Zivilgesetzbuch, Bd 5, Das Obligationenrecht, 2. Halbb (1936)
Perillo, Unidroit Principles of International Commercial Contracts – The Black Letter Text

and a Review, Fordham Law Review 43 (1994) 281
PÉTEL, Les obligations du mandataire (1988)
PITLO, Het Nederlands Burgerlijk Wetboek, Deel 3 A (8. Aufl 1979)
DE RUGGIERO/MAROI, Istituzioni del diritto privato II (8. Aufl 1957)
RUMMEL, Kommentar zum Allgemeinen bürgerlichen Gesetzbuch in zwei Bänden, Bd 1 (3. Aufl 2000)
RING/OLSEN-RING, Einführung in das skandinavische Recht (2. Aufl 2014)
SANTAGATA, Commentario del Codice civile, 4. Buch – delle obligazioni, 4. Band – del mandato (1998)
SCHNITZER, Vergleichende Rechtslehre, Band 2 (2. Aufl 1961)
SCHÖNENBERGER/JÄGGI, Obligationenrecht, Kommentar zur ersten und zweiten Abteilung, Teilband V 1a (3. Aufl 1973)
SONNENBERGER/CLASSEN, Einführung in das französische Zivilrecht (4. Aufl 2012)
TORRENTE/SCHLESINGER, Manuale di diritto privato (22. Aufl 2015)
TRABUCCHI, Istituzioni di diritto civile (47. Aufl 2015)
TRIMARCHI, Istituzioni di diritto privato (15. Aufl 2003)
TYRELL, Fiduziarische Geschäftsführungsverhältnisse im englischen Recht (1933)
WEISSGERBER, Rechtsvergleichende Betrachtung über die Haftung des Auftraggebers, insbesondere für zufällige Schäden (1935)
WÜRDINGER, Geschichte der Stellvertretung (agency) in England (1933)
ZWEIGERT/KÖTZ, Einführung in die Rechtsvergleichung (3. Aufl 1996).

1. Allgemeines

89 Der Auftrag und der Geschäftsbesorgungsvertrag nehmen im deutschen Schuldvertragsrecht eine Sonderstellung ein, die in den Rechtsordnungen unserer Nachbarländer **nur vage Entsprechungen** findet. Dies betrifft zwar nicht die überall immense praktische Bedeutung des entgeltlichen Geschäftsbesorgungsvertrags und seiner Unterformen (im Gegensatz zum vergleichsweise unbedeutenden unentgeltlichen Auftrag) in der Rechtswirklichkeit, wohl aber die **dogmatisch-konstruktive Erfassung unseres durchaus eigenartigen, ja eigenwilligen Auftrags- und Geschäftsbesorgungsrechts**. Die Figur des Auftrags(vertrags), der nach dem in den §§ 662 ff geltenden weiten Geschäftsbesorgungsbegriff jede fremdnützige Tätigkeit im Interesse eines anderen zum Gegenstand haben kann, aber begriffsnotwenig unentgeltlich ist und für den die Stellvertretung kein Begriffs- bzw typologisches Qualifikationsmerkmal bildet, stellt einen deutschen Sonderweg dar. Dies gilt in noch gesteigertem Maß für den ausschließlich im deutschen Recht sogenannten Geschäftsbesorgungsvertrag nach § 675 Abs 1, der nach dem hierfür geltenden engen Geschäftsbesorgungsbegriff jede rechtsgeschäftliche, rechtsgeschäftsähnliche oder tatsächliche, aber stets wirtschaftliche und entgeltliche Tätigkeit mit Vermögensbezug umfasst, die von einem weisungsabhängigen und zur Interessenwahrung verpflichteten Geschäftsbesorger selbständig und fremdnützig ausgeführt wird. Zu diesem Typus des Geschäftsbesorgungsvertrags findet sich in keiner anderen Rechtsordnung eine unmittelbare Parallele. Es ist auch keineswegs einfach, ein **funktionelles Pendant** in den Rechtsordnungen der Schweiz, Österreichs, Frankreichs, Italiens und Englands aufzuspüren. Während in den anderen Rechtsordnungen der auf entgeltliche Geschäftsbesorgung gerichtete Vertrag bis zur Konturenlosigkeit verschwommen oder von anderen Rechtsinstituten aufgesogen ist, spielt das deutsche Privatrecht in der dogmatischen Ausformulierung des eigenständigen, durch weisungsgebundene Interessenwahrung gekennzeichneten Geschäftsbesorgungsvertrags mit seinem Subordinationscharak-

ter und seinem „hinkenden" Synallagma eine Vorreiterrolle (s oben Rn 9 ff). Damit hat die deutsche Doktrin zum Geschäftsbesorgungsrecht gleichsam aus der Not eine Tugend gemacht. Denn jene Vorreiterrolle hatte sich bei Inkrafttreten des BGB noch keineswegs abgezeichnet, als man im dort geregelten Auftrags- und Geschäftsbesorgungsrecht „eine übertrieben romanisierende Tendenz" beobachtete, der gegenüber schon „die Aufklärungsgesetzbücher mehr Konzessionen an die praktischen Bedürfnisse der Zeit" gemacht hatten (so H Honsell, Römisches Recht [2. Aufl 1992] 140).

Ein rechtsvergleichender Blick in die Nachbarrechtsordnungen führt deutlich vor Augen, dass der Auftragsvertrag und der Geschäftsbesorgungsvertrag unseres BGB lediglich einen **Ausschnitt aus einem weiträumigen Komplex** juristisch höchst verschiedener Handlungsformen erfassen, die sich nur unter einer sehr pauschalen Überschrift wie „Handeln für Dritte" (Schnitzer, Vergleichende Rechtslehre Bd 2 [2. Aufl 1961] 655) oder „Tätigkeiten für andere" (Ferid/Sonnenberger, Das französische Zivilrecht Bd 2 [2. Aufl 1986] Kap 2 K) zusammenfassen lassen. Die Fruchtbarkeit einer derart **umfassenden systematischen Kategorie** ist freilich zweifelhaft, denn ein **„Handeln für Dritte"** kann sich etwa rechtsgeschäftlich, rechtsgeschäftsähnlich oder gar nur tatsächlich vollziehen, mit oder ohne Vollmacht, in eigenem oder fremden Namen, offen oder verdeckt, im eigenen oder fremden Interesse, für eigene oder fremde Rechnung, abhängig oder selbständig, tätigkeits- oder erfolgsbezogen, entgeltlich oder gratis. „Eigenart dieses Gebietes ist, dass die Abgrenzung des Gebiets im ganzen und die Untereinteilung überaus zweifelhaft sind. Selbst die Terminologie steht nicht ganz fest" (so Schnitzer, Vergleichende Rechtslehre Bd 2 [2. Aufl 1961] 656). Die verschiedenen Handlungsformen lassen sich in einer Privatrechtsordnung unterschiedlich kombinieren und damit auch systematisieren, sodass sich unter der Überschrift des Handelns für Dritte in den einzelnen Rechtsordnungen sehr unterschiedliche Rechtsfiguren versammeln können. Die deutsche Rechtsordnung ist hierbei einen besonders eigenwilligen, aber erfolgreichen Weg gegangen: als wichtigster Ausschnitt aus dem weiten Feld des Handelns für Dritte ist der (entgeltliche) Geschäftsbesorgungsvertrag als eigenständiger Vertragstyp mit zentraler und fundamentaler vertragstypologischer Bedeutung dogmatisch-konstruktiv aufbereitet worden, dessen Eigenarten in anderen Rechtsordnungen durch **unterschiedliche Kombinationen der Handlungsformen für Tätigkeiten im Drittinteresse** eher verschüttet werden. Bereits die grundlegende Systematik des BGB zu Auftrag und Geschäftsbesorgung weicht erheblich von den Rechtsordnungen der Nachbarländer ab. Die Differenzen sind schon zu anderen Systemen des **germanischen Rechtskreises** wie denen der Schweiz und Österreichs unübersehbar. Tiefer noch sind die Gräben, die das deutsche Geschäftsbesorgungsrecht von den funktionalen Äquivalenten in den **romanischen Rechtsordnungen** trennen. Im **Common-Law-Rechtskreis** stößt der Rechtsvergleicher nur noch mit Mühe auf Parallelen zum deutschen Geschäftsbesorgungsrecht. Die Lösung der rechtsvergleichenden Qualifikationsprobleme stellt mithin besondere Anforderungen an die Kenntnis der einschlägigen Systembegriffe. 90

Das römisch-rechtliche Axiom *„mandatum nisi gratuitum nullum est"* hat in den benachbarten Rechtsordnungen keine Anerkennung gefunden; nirgendwo sonst als im BGB ist die **Unentgeltlichkeit konstitutives Begriffsmerkmal** des Auftrags. Demgemäß sind in den Nachbarrechtsordnungen die unserem Auftrags- und Geschäfts- 91 besorgungsrecht entsprechenden Institute miteinander verschmolzen. Auch wird nirgendwo sonst die Trennung zwischen **Auftrag/Geschäftsbesorgung (Innenverhältnis)** einerseits und **Bevollmächtigung/Vertretung (Außenverhältnis)** andererseits derart strikt durchgeführt wie im deutschen Recht. Insoweit lassen sich die kontinentalen Rechtsordnungen in Familien einteilen, die – graduell unterschiedlich – entweder dem **Trennungsprinzip** (so Deutschland, Schweiz, Italien, Niederlande) oder aber dem **Verbindungsprinzip** (so Frankreich, Belgien, Luxemburg, Österreich) folgen. Abweichende Regelungen finden sich in den Nachbarrechtsordnungen aber auch zu den Problemkreisen der „freien Widerruflichkeit" des Geschäftsbesorgungsvertrags, der Schadensersatzansprüche des Geschäftsführers, des Vermögensschutzes des Geschäftsherrn sowie zur Frage des Verhältnisses zwischen direkter und indirekter Stellvertretung im Geschäftsbesorgungsrecht.

92 Bei allen Unterschieden in der dogmatischen Aufbereitung und rechtlichen Ausgestaltung lässt sich indes eine wichtige Gemeinsamkeit im Geschäftsbesorgungsrecht der einzelnen Rechtsordnungen gleichsam als **kleinster gemeinsamer Nenner** ausmachen. Diese Gemeinsamkeit verdeutlicht letztlich, dass der Geschäftsbesorgungsvertrag eine fundamentale Rechtsfigur darstellt, die unabhängig von ihrer rechtstechnischen Konstruktion und ihren historischen Entwicklungen gewisse **gleichbleibende genetische Mindestmerkmale** aufweist. Das zentrale Moment der Gemeinsamkeit, das freilich in Ausgestaltung, Festigkeit und Umfang variieren kann, ist **die Gebundenheit des Geschäftsbesorgers an die Weisungen und die Interessen des Prinzipals, die Fremdnützigkeit und der Subordinationscharakter der Geschäftsbesorgung**. Wie ein roter Faden durchzieht dieser Subordinationscharakter der Geschäftsbesorgung die einschlägigen Regelungsprogramme auch der Nachbarrechtsordnungen bis hinein in Einzelfragen wie die der Absicherung des Auftraggebers vor einer Insolvenz seines Mandatars im Rahmen verdeckter Vertretung. Freilich wird wegen der tendenziellen Verschmelzung von unentgeltlichem Auftrag und entgeltlicher Geschäftsbesorgung sowie von Innen- und Außenverhältnis in vielen Rechtsordnungen die zentrale und fundamentale vertragstypologische Stellung der entgeltlichen Geschäftsbesorgung nicht immer deutlich.

2. Schweiz

a) Das System des Auftragsrechts

93 Das deutsche BGB erschließt das Geschäftsbesorgungsrecht gesetzestechnisch zuerst über das Recht des unentgeltlichen Auftrags, §§ 662, 675 Abs 1, sodann über das Dienst- und Werkvertragsrecht, §§ 611, 631 ff, das als spezielles entgeltliches Auftragsrecht verstanden werden kann, um aber über den „Verweisweg" einen letztlich eigenständigen Vertragstypus der entgeltlichen Geschäftsbesorgung mit einem besonderen, engen Geschäftsbesorgungsverständnis vorzuzeichnen. Auch das schweizerische Obligationenrecht (OR) von 1911 wählt das Auftragsrecht zum Ausgangspunkt für die Regelung der vertraglichen Tätigkeiten für andere, gelangt aber zu einer abweichenden Ordnung dieser Tätigkeiten einschließlich derjenigen, die dem Geschäftsbesorgungsverständnis unseres § 675 entsprechen. In den Art 394–406 OR findet sich der „einfache Auftrag" geregelt. „Durch die Annahme eines Auftrages verpflichtet sich der Beauftragte, die ihm übertragenen Geschäfte oder Dienste vertragsgemäß zu besorgen" (Art 394 Abs 1 OR). Der Auftrag ist mithin Geschäfts- oder Dienstbesorgung. Er kann entgeltlich oder unentgeltlich sein; nach Art 394

Abs 3 OR ist eine Vergütung zu leisten, „wenn sie verabredet oder üblich ist". Die Gesetzgebung der Schweiz ist bewusst von der „wenig glücklichen Methode des BGB" abgerückt, den Auftrag als wesenstypisch unentgeltlich zu kennzeichnen (Schnitzer, Vergleichende Rechtslehre Bd 2 [2. Aufl 1961] 657; vgl auch Gmuer, Das BGB und das schweizerische OR [1965] 155; BernerKomm/Fellmann [4. Aufl 1998] Art 394 Rn 11). Dabei hat das schweizerische Privatrecht die Gewährung eines **klagbaren Vergütungsanspruchs** des Mandatars bei einer Entgeltlichkeit des Auftrags im OR als „einen schwerwiegenden Eingriff in die klassische Mandatsstruktur" empfunden (BernerKomm/Gautschi [3. Aufl 1971] Art 394 Rn 73a). Das frühere gemeinrechtliche und heute noch deutsch-rechtliche Moment der Unentgeltlichkeit des Auftrags *(mandatum nisi gratuitum nullum est),* dem auch das schweizerische Recht früher folgte, stellt den interessenwahrenden und fremdnützigen Charakter der Primärpflichten des Geschäftsbesorgers außer Zweifel. Mit der (möglichen) Entgeltlichkeit des Auftrags tritt ebenso wie im deutschen Geschäftsbesorgungsrecht das Strukturmerkmal der gegenseitigen Verpflichtung (Synallagma) zutage. Es führt allerdings **nicht zu einem reinen Austauschcharakter** des Vertrages (Koordination), sondern belässt ihm den **dominanten Interessenwahrungscharakter (Subordination)**. Es ist aber im schweizerischen wie im deutschen (entgeltlichen) Geschäftsbesorgungsrecht gegenüber dem unentgeltlichen Auftragsrecht eine „Verschiebung der Interessenlage" zu Lasten des Auftraggebers zu vermerken (Gautschi, Auftrag und Geschäftsführung [2. Aufl 1960] 10), denn durch die Entgeltlichkeit seiner weisungsgebundenen interessenwahrenden und fremdnützigen Tätigkeit gewinnt der Beauftragte – vom Vertragsschluss bis zur Kündigung – an Rechtsmacht durch erweiterte Gestaltungs- und Handlungsmöglichkeiten.

Der **einfache Auftrag** der Art 394 ff OR umfasst auf der Grundlage eines einheit- **94**
lichen, weiten Geschäftsbesorgungsbegriffs sowohl unser Auftrags- wie unser Geschäftsbesorgungsrecht. Vorangestellt sind den Vorschriften des „einfachen" Auftragsrechts im OR Regelungen zu anderen Verträgen über Tätigkeiten, nämlich zum (Individual-)Arbeitsvertrag (Art 319–355 OR), zum Werkvertrag (Art 363–379 OR) und zum Verlagsvertrag (Art 380–393 OR). Nachgestellt sind den allgemeinen, „einfachen" auftragsrechtlichen Vorschriften neben Regelungen des Auftrags zur Ehe- oder Partnerschaftsvermittlung in Art 406a ff OR Sonderregelungen zu handelsrechtlichen Auftragsarten in den Art 407 ff OR, da das schweizerische Zivilrecht ein eigenständiges Handelsgesetzbuch nach dem Zuschnitt des deutschen HGB nicht kennt, sondern das vertragliche Handelsrecht in das Obligationenrecht als Kodifikation des bürgerlichen Vertragsrechts integriert. Zu diesen **besonderen Auftragsarten** gehören der Kreditauftrag, der Maklervertrag, der Agenturvertrag, der Kommissions- und der Speditionsvertrag sowie der Frachtvertrag.

Die systematische Stellung der Art 394 ff OR lässt bereits erkennen, dass der „ein- **95**
fache Auftrag" im schweizerischen Privatrecht die Bedeutung eines allgemeinen Vertrages zur Erfassung entgeltlichen und unentgeltlichen Handelns für Dritte hat. Er ist der **allgemeine „Arbeitsvertrag"** des schweizerischen Rechts; so nennt das OR den Dienstvertrag im weitesten Sinne. Von diesem Ansatzpunkt her erklärt sich Art 394 Abs 2 OR, wonach „Verträge über Arbeitsleistungen, die keiner besonderen Vertragsart dieses Gesetzes unterstellt sind, … den Vorschriften über den Auftrag (unterstehen)". Die Vorschrift des Art 394 OR verwendet die Begriffe „Arbeitsleistung" und „Geschäfts- oder Dienstbesorgung" praktisch synonym im Sinne einer

Tätigkeit für einen anderen jedweden Inhalts und jedweder rechtlicher Ausgestaltung (zum weiten Begriff der Arbeitsleistung vgl auch PARASTANDEH-CHEHR, Die Geschäftsbesorgung im schweizerischen und deutschen Recht [2012] 50 f). Anders als im deutschen Recht unterscheidet sich im schweizerischen Recht die Geschäftsführung mit Auftrag (Art 394 OR) von der ohne Auftrag (Art 419–424 OR) nur durch den Abschluss des Mandatskontraktes, ansonsten kann sie **dasselbe Tätigkeitsspektrum** des Geschäftsführers abdecken. Dies wird auch durch den Verweis des Art 424 OR auf die Art 394 ff OR deutlich (GAUTSCHI, Auftrag und Geschäftsführung [2. Aufl 1960] 21; GUHL-SCHNYDER, Das Schweizerische Obligationenrecht [9. Aufl 1999] § 49 IV). **Wirtschaftlichkeit und Vermögensbezug** der Tätigkeit sind, anders als im deutschen Recht, nicht für den Geschäftsbesorgungsvertrag charakteristisch.

96 Bei diesem weiten Verständnis der Arbeit und des Arbeitsvertrags, das ohne Weiteres unsere Aufträge, Geschäftsbesorgungs-, Werk- und Dienstverträge umfasst, trifft das schweizerische Recht auch im Grundsatz keine Unterscheidung zwischen freiem Dienstvertrag und abhängigem Arbeitsvertrag (vBÜREN, Schweizerisches Obligationenrecht BT [1972] 121 ff; GAUTSCHI, Auftrag und Geschäftsführung [2. Aufl 1960] 45 ff). In diesem Sinne wird der einfache Auftrag als „die allgemeinste und damit weiteste Form des Arbeitsvertrages" verstanden; er darf mithin nicht als „Anhängsel des Arbeitsrechts" begriffen werden, sondern als dessen „allgemeiner Teil" (vBÜREN, Schweizerisches Obligationenrecht BT [1972] 126). Die Anwendbarkeit des allgemeinen Auftragsrechts wird nach Art 394 Abs 2 OR **für subsidiär erklärt**, weil und soweit **spezielle Regelungen** im OR zu **Arbeitsverträgen, Werkverträgen oder besonderen Auftragstypen** einschlägig sind.

97 Systematisch und dogmatisch stellt die Abgrenzung zwischen der im Auftragsrecht enthaltenen entgeltlichen Geschäftsbesorgung und dem Dienst- bzw Werkvertrag „auch im schweizerischen Recht ein ungelöstes Problem dar" (MUSIELAK, Gutachten [1981] 1277). Das lässt schon Art 394 Abs 1 OR erahnen, der als **möglichen Inhalt des Auftrags** vorsieht, „Geschäfte oder Dienste vertragsgemäß zu besorgen". Die „Geschäftsbesorgung" stellt sich offenbar gegenüber der „Dienstbesorgung" als der weitere Begriff dar, denn unter Geschäftsbesorgung werden **sämtliche fremdnützigen Tätigkeiten**, unter Dienstbesorgung dagegen zeitlich-gegenständlich beschränkte Handlungen im Drittinteresse verstanden (GAUTSCHI, Auftrag und Geschäftsführung [2. Aufl 1960] 1). Der (entgeltliche) Arbeitsvertrag mit seiner eigenständigen Regelung in den Art 319 ff OR erscheint systematisch als eine Weiterentwicklung zum einfachen Auftragsrecht (Art 394 Abs 2 OR). Die grundsätzliche Erfassung sowohl abhängiger Arbeit wie auch freier Dienste **im Auftragsrecht als allgemeinem Arbeitsvertragsrecht** (Art 394 Abs 2 OR) erfährt durch die Art 319 ff OR eine starke Relativierung. Denn der in den Art 319 ff OR geregelte „Einzelarbeitsvertrag" und die von den Art 344 ff OR erfassten „besonderen Einzelarbeitsverträge" gründen im Vorstellungsbild eines abhängigen Arbeitsverhältnisses bzw einer abhängigen Dienstverpflichtung, während der einfache Auftrag in der Rechtswirklichkeit den Prototyp der **Vertragsgestaltung bei Freiberuflern** darstellt. Weil der einfache Auftrag – wie gerade die freiberuflichen Dienste zeigen – auch entgeltlich sein kann (Art 394 Abs 3 OR), können die **Arbeitsverträge im Sinne der „abhängigen Dienstverträge"** (Art 319 ff OR) von einfachen Aufträgen zur Dienstbesorgung (Art 394 ff OR) nicht nach der Entgeltlichkeit bzw Unentgeltlichkeit abgegrenzt werden. Als Abgrenzungsmerkmal wird von der Literatur vorwiegend auf die Einbindung des Verpflichteten in den

Organisationsbereich des Arbeitgebers bzw auf die eigenverantwortliche Risikotragung durch den Dienstverpflichteten abgestellt, während die Rechtsprechung besonders auf die Zeitdauer des Vertragsverhältnisses (Lang- bzw Kurzfristigkeit) schaut (vBÜREN, Schweizerisches Obligationenrecht BT [1972] 122; GAUTSCHI, Auftrag und Geschäftsführung [2. Aufl 1960] 49 f, 70; BernerKomm/FELLMANN [4. Aufl 1998] Art 394 Rn 79 ff; BGE 60 II 117; BGE 63 II 178; OSER/SCHÖNENBERGER, ZGB-Komm [1936] Art 394 Rn 21). Im Einzelnen ist die Abgrenzung streitig, doch läuft die Rechtslage meist darauf hinaus, dass unsere „freien Dienstverträge" dem Recht des entgeltlichen Auftrags unterliegen. Der Auftrag bildet „das Arbeitsrecht der freien Berufe" (GAUTSCHI, Auftrag und Geschäftsführung [2. Aufl 1960] 49; HONSELL, Schweizerisches Obligationenrecht BT [9. Aufl 2010] § 23 S 315, 316). Vom **gesondert geregelten Werkvertrag** (Art 363 ff OR) wurde der Auftrag des Art 394 OR gemeinhin dadurch abgehoben, dass man für den Werkvertrag neben Entgeltlichkeit und Erfolgsbezogenheit der Tätigkeit auch eine „Körperlichkeit" des Leistungsgegenstandes forderte. Der Auftrag wurde als ein „schlichtes Versprechen von Tätigkeit gegen Entgelt, ohne von außen herantretende zeitliche Begrenzung (Arbeitsvertrag) und ohne Bedingung einer Körperlichkeit des Arbeitssubstrats (Werkvertrag)" verstanden (vBÜREN, Schweizerisches Obligationenrecht BT [1972] 126). Nach der heute vorherrschenden Auffassung können dagegen auch geistige Leistungen Gegenstand des schweizerischen Werkvertrages sein (BGE 109 II 37; 110 II 380; HONSELL, Schweizerisches Obligationenrecht BT [9. Aufl 2010] § 23 S 322; PARASTANDEH-CHEHR, Die Geschäftsbesorgung im schweizerischen und deutschen Recht [2012] 58 f), sodass die Körperlichkeit kein Abgrenzungskriterium mehr darstellen kann. Im Übrigen vermögen Merkmale wie Erfolgs- und Tätigkeitsbezogenheit, Entgeltlichkeit und Unentgeltlichkeit, Beschränkung in zeitlicher und/oder gegenständlicher Hinsicht zwar die Tätigkeitsverträge im schweizerischen Recht nach ihrem typologischen Schwerpunkt einzufangen, ermöglichen aber **keine randscharfe Abgrenzung des Auftragsrechts, denn der einfache Auftrag nach Art 394 ff OR kann sämtliche Tätigkeiten zum Gegenstand haben, die auch Inhalt anderer Verträge über Tätigkeiten im Drittinteresse sein können**.

b) Rechtshandlungs- und Tathandlungsauftrag

Zu den wenigen Gemeinsamkeiten, die das deutsche und das schweizerische Recht **98**
im Bereich der entgeltlichen Geschäftsbesorgung teilen und die beide zugleich von den anderen kontinentalen Rechtsordnungen unterscheiden, gehört die Möglichkeit, **sowohl rechtsgeschäftliche und rechtsgeschäftsähnliche wie auch tatsächliche Tätigkeiten** zum Vertragsinhalt zu erheben. Für das deutsche Recht ist dies aus § 675 abzuleiten, der auf alle zulässigen Dienst- und Werkvertragsinhalte verweist; im schweizerischen Recht folgt diese Weite des möglichen Vertragsinhalts mittelbar aus Art 394 Abs 2 OR, der den einfachen Auftrag in seiner Funktion als allgemeinem Vertrag über eine „Arbeitsleistung" iS jeder nur denkbaren Tätigkeit im Drittinteresse hervorhebt. Das „Geschäft" iSd Art 394 OR ist nicht notwendig ein Rechtsgeschäft, sondern kann auch eine rechtsgeschäftsähnliche oder eine rein tatsächliche Handlung sein. In der schweizerischen Dogmatik zum Auftragsrecht wird üblicherweise zwischen **Rechtshandlungs- und Tathandlungsaufträgen** differenziert. Von einem Rechtshandlungsauftrag spricht man, wenn der Auftrag den Erwerb, die Ausübung oder die Übertragung subjektiver Privatrechte für einen anderen zum Gegenstand hat (GUHL-SCHNYDER, Das Schweizerische Obligationenrecht [9. Aufl 1999] § 49 I; GAUTSCHI, Auftrag und Geschäftsführung [2. Aufl 1960] 79). Dabei spielt es keine Rolle, ob der Beauftragte **als unmittelbarer (offener) oder als mittelbarer (verdeckter) Stellver-**

treter auftritt. Hierzu gehören das Anwaltsmandat, der Treuhandauftrag und die Vermögensverwaltung, während die Tätigkeiten der Ärzte, Architekten und Ingenieure als bloße Tathandlungsaufträge erfasst werden. Weil der zu einer Rechtshandlung Beauftragte als unmittelbarer (offener) oder als mittelbarer (verdeckter) Stellvertreter auftreten kann, teilt sich der Rechtshandlungsauftrag wiederum in zwei Untertypen, den **Vollmachtsauftrag** und den **Treuhandauftrag** (zur Kasuistik von Tathandlungs- und Rechtshandlungsaufträgen vgl vBüren, Schweizerisches Obligationenrecht BT [1972] 129 f; Gautschi, Auftrag und Geschäftsführung [2. Aufl 1960] 49 f und 80).

99 Die Dogmatik der Rechtshandlungsaufträge ist dabei von einer **Abstraktheit der Vollmacht vom Auftrag** gekennzeichnet, die dem deutschen Recht entspricht und auch in der Schweiz auf vJherings und Labands Werke zurückzuführen ist (Guhl-Schnyder, Das Schweizerische Obligationenrecht [9. Aufl 1999] § 19 I; Gautschi, Auftrag und Geschäftsführung [2. Aufl 1960] 100; Oser/Schönenberger, ZGB-Komm [1936] Vorbem 3 zu Art 394; Honsell, Schweizerisches Obligationenrecht BT [9. Aufl 2010] § 23 S 324). Allerdings ist bei den Rechtshandlungsaufträgen die Trennung zwischen Auftrag und Vertretung nur unvollkommen durchgeführt worden (BernerKomm/Fellmann [4. Aufl 1998] Art 396 Rn 46 ff). Nachdem im alten OR von 1881 der Auftrag noch auf Rechtshandlungen beschränkt und mit der Vertretung notwendig verbunden war, hat das neue OR lediglich **zögernd von dieser Einheitskonstruktion Abstand genommen**. Dies zeigt der Wortlaut des auf Rechtshandlungsaufträge zugeschnittenen Art 396 Abs 2 OR, wonach im Auftrag auch die Ermächtigung zu denjenigen Rechtshandlungen enthalten ist, die zur Ausführung des Auftrages gehören. Lehre und Rechtsprechung lassen indes keinen Zweifel daran, dass mit Rechtshandlungsaufträgen die Stellvertretung keineswegs mehr notwendig, allenfalls noch regelmäßig verbunden ist (Vollmachtaufträge). Die **Hinwendung zum Trennungsgedanken** zeigt aber die **Zulässigkeit des Treuhandauftrags**, bei dem der Beauftragte das Geschäft in mittelbarer Vertretung besorgt. Auch in der Schweiz gilt der **Offenkundigkeitsgrundsatz** bei der direkten Stellvertretung (vgl dazu Guhl-Schnyder, Das Schweizerische Obligationenrecht [9. Aufl 1999] § 18 mNw). Insoweit erscheint der Wortlaut des Art 396 Art 2 OR irreführend; in Wahrheit steckt diese Vorschrift lediglich den Umfang einer vom Auftraggeber konstruktiv separat erteilten rechtsgeschäftlichen Vollmacht ab, bildet aber nicht ihrerseits den Rechtsgrund für die Vertretungsmacht (Oser/Schönenberger, ZGB-Komm [1936] Art 394 Rn 4 und 5). Die Abstraktion des Auftrags von der Vertretung im schweizerischen Recht liegt im Übrigen schon **wegen der handelsrechtlichen Prägung des OR** nahe, weil sie eine praktische Erweiterung des Instrumentariums des Rechtshandlungsauftrags um das Institut der verdeckten Stellvertretung im Rahmen fiduziarischer Rechtshandlungen erlaubt (näher zum Ganzen BernerKomm/Fellmann [4. Aufl 1998] Art 396 Rn 42 ff).

100 Von **Tathandlungsaufträgen** spricht man vor allem bei der freiberuflichen Geschäftsbesorgertätigkeit von Ärzten, Architekten und Ingenieuren, aber auch bei der auftragsrechtlichen Verpflichtung von Transportunternehmern, Skilehrern oder Bergführern (zur Kasuistik s Gautschi, Auftrag und Geschäftsführung [2. Aufl 1960] 80 ff). Gerade in diesem Bereich des **Berufsauftragsrechts** wird die Abgrenzung zwischen Auftrag und Werkvertrag im schweizerischen Recht relevant. Die Abgrenzung zwischen den beiden Vertragstypen ist zuletzt dadurch erschwert worden, dass das Körperlichkeitskriterium beim Werkvertrag nicht mehr vorausgesetzt wird (s oben Rn 97) und daher nicht mehr ausgeschlossen werden kann, dass auch Rechtshandlungen Ge-

genstand der schweizerischen Werkverträge sein können. Der Auftrag, der im schweizerischen Recht entgeltlich sein kann, erfasst als allgemeiner Arbeitsvertrag für tatsächliche Geschäfts- und Dienstbesorgungen eine Vielzahl von Verträgen, die im deutschen Recht als Dienst- oder Werkverträge nach §§ 611, 631 BGB verstanden werden. Hier lassen sich übrigens Berührungspunkte des schweizerischen Rechts zum englischen Common Law ausmachen, das gleichfalls einen eigenen Vertragstypus für tatsächliche entgeltliche Dienst- und Werkleistungen wie Verträge über *legal services* oder *medical services* hervorgebracht hat (Gautschi, Auftrag und Geschäftsführung [2. Aufl 1960] 43). Reine Tathandlungsaufträge, die in der Praxis gegenüber den Rechtshandlungsaufträgen ungleich häufiger vorkommen, werfen natürlich keine Stellvertretungsprobleme auf, da im schweizerischen Recht wie in allen kontinentalen Rechtsordnungen die Stellvertretung nur im rechtsgeschäftlichen und rechtsgeschäftsähnlichen Bereich zulässig ist; Realakte – und nur diese können Gegenstand des Tathandlungsauftrags sein – sind anders als im Common Law nicht vertretungsfähig.

c) Das Rechts- und Pflichtengefüge

Schließen die Parteien einen Mandatskontrakt, so ähnelt das vertragliche Rechts- **101**
und Pflichtengefüge nur teilweise dem deutschen Geschäftsbesorgungsrecht. Im Unterschied zu § 663 BGB, aber in Parallele zu § 362 Abs 1 HGB fingiert Art 395 OR unter bestimmten Voraussetzungen die Annahme eines nicht unverzüglich abgelehnten Antrages und damit den Vertragsschluss. Der „Geschäftsbesorger" – dieser Begriff ist dem heutigen schweizerischen (Gesetzes-)Recht zwar fremd (anders noch dem OR von 1881), wird aber in der Literatur synonym mit Beauftragter und Geschäftsführer verwendet (BernerKomm/Gautschi [3. Aufl 1971] Art 394 Rn 2 mwNw) – hat die Pflicht zur getreuen, sorgfältigen und im Grundsatz höchstpersönlichen Auftragsausführung (Art 398 OR). Der Beauftragte hat dabei **im Interesse des Geschäftsherrn und nach dessen Willen** zu handeln. Dies lässt sich dogmatisch aus der Kongruenz des Geschäftsführungsbegriffs im Auftragsrecht und im Recht der Geschäftsführung ohne Auftrag ableiten. Das zu besorgende Geschäft muss dabei aus dem Rechts- und Pflichtenkreis des Auftraggebers stammen. Zur **Abgrenzung von der Gesellschaft** wird betont, dass der Beauftragte zur Wahrung primär fremder, nicht eigener Interessen, unter Verfolgung eines fremden, nicht eines gemeinsamen Zwecks und primär zu fremdem, nicht zu eigenem Nutzen tätig wird. Wie im deutschen Recht schadet es freilich nicht, wenn der Beauftragte **auch** eigene, von denen des Geschäftsherrn verschiedene Zwecke verfolgt.

Die **Weisungsabhängigkeit** des Beauftragten/Geschäftsbesorgers war im alten **102**
Art 392 des OR 1881 ausdrücklich und unmittelbar verankert. Sie ergibt sich aber auch aus dem OR 1911 mit hinreichender Deutlichkeit. Denn nach Art 397 Abs 1 OR ist eine Abweichung von erteilten „Vorschriften" ohne vorherige Erlaubnis dem Beauftragten/Geschäftsbesorger nur und insoweit gestattet, als die Einholung der Erlaubnis untunlich ist oder die Erlaubnis bei Kenntnis der Umstände erteilt worden wäre; ansonsten muss der Beauftragte/Geschäftsbesorger die Nachteile einer Abweichung von Weisungen auf sich nehmen, wenn der Auftrag als erfüllt gelten soll, § 397 Abs 2 OR. Neben dieser **eingeschränkten Dispositionssphäre** nach Art 397 OR stellen zudem die dogmatische Erfassung des Auftrags als allgemeiner Arbeitsvertrag und die jederzeitige Widerrufsmöglichkeit des Auftrags auch durch den Auftraggeber den subordinativen Charakter der Beziehung zwischen Geschäftsführer

und Geschäftsherr außer Zweifel (aA Honsell, Schweizerisches Obligationenrecht BT [9. Aufl 2010] § 23 S 323). Der Beauftragte (Geschäftsbesorger) ist zur **Rechenschaftslegung und Herausgabe des Erlangten** verpflichtet (Art 400 OR). Beide Ansprüche basieren auf der Fremdnützigkeit des Auftrags (BSK OR I/Weber [6. Aufl 2015] Art 400 Rn 2, 10). Der Auftraggeber hat dem Beauftragten die Auslagen und Verwendungen samt Zinsen zu ersetzen und muss ihn von den eingegangenen Verbindlichkeiten befreien (Art 402 Abs 1 OR). Der Aufwendungsersatzanspruch des Geschäftsführers aus Art 402 Abs 1 OR ist strikt davon abhängig, dass die „Auslagen und Verwendungen" in „richtiger Ausführung des Auftrags" getätigt wurden. Hierfür entscheidet die Art und Weise, insbes auch die weisungsgemäße Durchführung des Auftrags, nicht der Eintritt des gewünschten Auftragserfolgs, da ansonsten die Aufwendungsersatzpflicht der Erfolgshaftung im Rahmen der werkvertraglichen Gewährleistung entsprechen würde (Oser/Schönenberger, ZGB-Komm [1936] Art 402 Rn 4).

103 Das Problem der Haftung des Auftraggebers für **zufällige Schäden** iS risikospezifischer Zufallsschäden (zum deutschen Recht vgl § 670 Rn 17 ff) wurde im schweizerischen Recht vor Inkrafttreten des OR lange kontrovers diskutiert (Oser/Schönenberger, ZGB-Komm [1936] Art 402 Rn 10 f mwNw), und wird vom Gesetz nunmehr abweichend vom deutschen Recht wie folgt gelöst: Nach Art 402 Abs 2 hat der Auftraggeber dem Beauftragten die aus dem Auftrag erwachsenen Schäden *(ex causa mandati)* zu ersetzen, soweit er nicht zu beweisen vermag, dass der Schaden ohne sein Verschulden entstanden ist (Exkulpationsbeweis, vgl vBüren, Schweizerisches Obligationenrecht BT [1972] 139; Oser/Schönenberger, ZGB-Komm [1936] Art 402 Rn 11; Guhl-Schnyder, Das Schweizerische Obligationenrecht [9. Aufl 1999] § 49 II 2; Gautschi, Auftrag und Geschäftsführung [2. Aufl 1960] 9; BSK OR I/Weber [6. Aufl 2015] Art 402 Rn 11 ff). Diese **ausdrückliche Regelung des Schadensersatzanspruches** des Geschäftsbesorgers in Art 402 Abs 2 OR steht neben der Vorschrift des Art 402 Abs 1 OR, die einen Anspruch auf Ersatz von Auslagen und Verwendungen sowie auf Freistellung von eingegangenen Verbindlichkeiten gewährt. Das deutsch-rechtliche Problem der Gleichbehandlung von risikotypischen (unfreiwilligen) Schäden mit (freiwilligen) Aufwendungen nach § 670 BGB stellt sich im schweizerischen Recht wegen der gesonderten Vorschrift für Schadensersatzansprüche nicht. Indes entgeht auch das schweizerische Recht der Frage einer Begrenzung der **Ersatzfähigkeit von (risikotypischen) Zufallsschäden** nicht. Gelingt nämlich dem Geschäftsherrn der Exkulpationsbeweis nach Art 402 Abs 2 OR für einen zufällig an Rechtsgütern des Geschäftsführers eingetretenen Schaden, so steht der Beauftragte schlechter als er stehen würde, hätte er seine Tätigkeit ohne gültiges Auftragsverhältnis besorgt; im Recht der auftragslosen Geschäftsführung werden solche Schäden gemäß Art 422 Abs 2 OR nach Ermessen des Richters und ohne Entlastungsmöglichkeit des Geschäftsherrn ersetzt. Beim **entgeltlichen Auftrag** stellt deshalb die Rechtsprechung sehr hohe Anforderungen an den Entlastungsbeweis des Auftraggebers (BGE 51 II 189; Oser/Schönenberger, ZGB-Komm [1936] Art 402 Rn 11 mwNw; kritisch zum Entgelt als Differenzierungskriterium BSK OR I/Weber [6. Aufl 2015] Art 402 Rn 14); gelingt er gleichwohl, wird die eigene Schadenstragung des Beauftragten als „risque professionnel" in Kauf genommen und mit dem Honorar als abgegolten angesehen (BernerKomm/Fellmann [4. Aufl 1998] Art 402 Rn 152). Beim **unentgeltlichen Mandat** räumen Literatur und Rechtsprechung den gesetzlichen Wertungswiderspruch durch eine analoge Anwendung des Art 422 Abs 2 OR aus und versagen eine Exkulpationsmöglichkeit (vBüren, Schweizerisches

Obligationenrecht BT [1972] 139, insb Fn 57; GUHL-SCHNYDER, Das Schweizerische Obligationenrecht [9. Aufl 1999] § 49 II 2; OSER/SCHÖNENBERGER, ZGB-Komm [1936] Art 402 Rn 12; zur Rechtspr s GAUTSCHI, Auftrag und Geschäftsführung [2. Aufl 1960] 9; BGE 48 II 487, 490; BGE 61 II 95, 97; HONSELL, Schweizerisches Obligationenrecht BT [9. Aufl 2010] § 23 S 335).

d) Vermögensschutz und Substitution

Bemerkenswerterweise genießt der Auftraggeber (Geschäftsherr) im schweizeri- **104**
schen Recht einen über die deutsche kommissionsrechtliche Regelung des § 392 Abs 2 HGB hinausgehenden **Vermögensschutz**: Eine vom Geschäftsbesorger bei Tätigkeit als verdeckter Stellvertreter (also im Rahmen eines Treuhandauftrags) erworbene Forderung geht per **Legalzession** auf den Geschäftsherrn nach dessen Erfüllung der Verbindlichkeiten aus dem Vertragsverhältnis über (Art 401 Abs 1 OR); dem Geschäftsbesorger von Dritten übereignete bewegliche Sachen, „die dieser im eigenen Namen, aber für Rechnung des Auftraggebers zu Eigentum erworben hat", kann der Geschäftsherr **im Konkurs des Geschäftsbesorgers aussondern und der Einzelzwangsvollstreckung in dessen Vermögen entziehen** (Art 401 Abs 3 OR). Beide Vorschriften finden auf Geld wegen des Spezialitätsprinzips nur bei gesonderter Verwahrung und Verwaltung Anwendung (BernerKomm/FELLMANN [4. Aufl 1998] Art 401 Rn 108; OSER/SCHÖNENBERGER, ZGB-Komm [1936] Art 401 Rn 10 ff; HONSELL, Schweizerisches Obligationenrecht BT [9. Aufl 2010] § 23 S 334 [sofern keine Vermischung]; BSK OR I/WEBER [6. Aufl 2015] Art 401 Rn 14 ff). Sie sollen aber offenbar über ihren Wortlaut hinaus auch für Gegenstände gelten, die dem Beauftragten vom Auftraggeber übertragen wurden (MUSIELAK, Gutachten [1981] 1275 und 1303 f). Anders als im deutschen Recht kommt es hierfür nicht darauf an, dass die Gegenstände von einem (echten) Treugeber unmittelbar in das Vermögen eines Treuhänders übertragen wurden (OSER/SCHÖNENBERGER, ZGB-Komm [1936] Art 401 Rn 11 f). Diese Regelung versteht sich als **Angleichung der mittelbaren an die unmittelbare Stellvertretung**, bei der die Rechtswirkungen von Eigentumsübertragung und Forderungserwerb unmittelbar beim Vertretenen eintreten. Zu beachten ist, dass nur diejenigen Gegenstände der Legalzession und der Aussonderung unterliegen, die **Inhalt der Obligation** des Art 400 Abs 1 OR sind. Darunter fällt **nicht das wirtschaftliche Surrogat**, das der Beauftragte durch Veräußerung als Gegenwert für den Gegenstand erhalten hat. Der Hintergrund für diesen **markanten Unterschied zwischen deutschem und schweizerischem Geschäftsbesorgungsrecht** ist in der stärker **handelsgeschäftlichen Orientierung des OR** zu suchen, die Treuhandaufträge mit verdeckter Stellvertretung als gängige Erscheinungsformen der Rechtshandlungsaufträge von vornherein in den Blickwinkel einbezieht, während im deutschen Recht nur das Kommissionsgeschäft in §§ 383–406 HGB als qualifiziertes Treuhandgeschäft geregelt ist, jede andere fiduziarische Rechtshandlung im Drittinteresse dagegen über das Auftrags- oder Geschäftsbesorgungsrecht erfasst werden muss. Für einen effektiven Schutz des Geschäftsherrn vor der Insolvenz des Geschäftsbesorgers ist das deutsche Recht auf Analogien zum Handelsrecht angewiesen. Eine **Intervention des verdeckt Vertretenen** in das zu seinen Gunsten abgeschlossene Geschäft, wie sie Art 401 des schweizerischen OR vorsieht, erscheint aus der Sicht des deutschen BGB als „Sünde wider LABANDS Theorie" (ZWEIGERT/KÖTZ, Einführung in die Rechtsvergleichung Bd 2 [2. Aufl 1984] 138 [diese Passage ist in der 3. Aufl 1996 S 427 ff nicht mehr enthalten]) von der strikten Trennung des Innenverhältnisses (Auftrag/Geschäftsbesorgung) vom Außenverhältnis (Bevollmächtigung/Vertretung). Die schweizerische Jurisprudenz rechtfertigt diese Intervention unter wirtschaftlichen Gesichtspunkten: sie will zur

Vermeidung eines „paralegalen Schattendaseins" (BernerKomm/Gautschi [3. Aufl 1971] Art 401 Rn 1c) der mittelbaren Vertretung, dem Auftraggeber das Insolvenzrisiko des Geschäftsführers nehmen, der als mittelbarer Vertreter zwar nicht rechtlich, wohl aber wirtschaftlich mit Vermögensgegenständen des Auftraggebers jongliert (BernerKomm/Fellmann [4. Aufl 1998] Art 401 Rn 10). Teilweise wird die Vorschrift auf schlichte Billigkeitserwägungen zurückgeführt (BSK OR I/Weber [6. Aufl 2015] Art 401 Rn 1).

105 In Art 399 Abs 3 OR sieht das schweizerische Recht vor, dass bei einer befugten wie bei einer unbefugten **Substitution** (Übertragung des Auftrags vom Geschäftsbesorger an einen Dritten) der Geschäftsherr die Ansprüche des Geschäftsbesorgers gegen den Substituten **unmittelbar** geltend machen kann. Die schweizerische Regelung ist mit der französischen *action directe* des Art 1994 Abs 2 *code civil* und dem italienischen Art 1705 Abs 2 *Codice civile* vergleichbar. Darüber hinaus kommt aber mit der Substitution ein Vertrag zu Gunsten des Geschäftsherrn zustande.

e) Beendigung

106 Während das BGB in § 675 Abs 1 eine Verweisung auf § 671 Abs 1 bewusst ausspart (vgl § 675 Rn A 51, 54), statuiert Art 404 OR die jederzeitige Widerrufs- und Kündigungsmöglichkeit für beide Parteien des Auftragsverhältnisses, **unabhängig von dessen Ent- oder Unentgeltlichkeit**, wiewohl mit Schadensersatzandrohung für unzeitige Widerrufe oder Kündigungen. **Die beiderseitige freie Widerruflichkeit** auch des entgeltlichen Mandats wird als wichtiges Strukturmerkmal des „einfachen Auftrags" verstanden, das gerade den Freiberuflern die Unabhängigkeit garantieren und ihre Berufsethik flankieren soll; insbes Rechtsanwälte sollen jederzeit das Mandat niederlegen können (zum Ganzen instruktiv BernerKomm/Fellmann [4. Aufl 1998] vor Art 394–406 Rn 121 ff). Aus deutscher Sicht zu Recht wird in der schweizerischen Literatur die freie Aufkündbarkeit selbst des entgeltlichen Mandats zwar kritisiert (vBüren, Schweizerisches Obligationenrecht BT [1972] 142; Oser/Schönenberger, ZGB-Komm [1936] Art 404 Rn 2), doch wird das Gesetz insoweit weitgehend für zwingend gehalten (BernerKomm/Fellmann [4. Aufl 1998] Art 404 Rn 109; BSK OR I/Weber [6. Aufl 2015] Art 404 Rn 9 ff, dort auch Nachweise zur **aA**). In der Praxis haben sich vor diesem Hintergrund verschiedene Umgehungskonstruktionen herausgebildet, etwa indem man die entsprechenden Verträge als solche *sui generis* behandelt (Guhl-Schnyder, Das Schweizerische Obligationenrecht [9. Aufl 1999] § 49 III 1).

3. Österreich

a) Systematische Stellung des Bevollmächtigungsvertrags

107 Auch das österreichische ABGB von 1811, das in seinem 22. Hauptstück „von der Bevollmächtigung und anderen Arten der Geschäftsführung" handelt und an verschiedenen Stellen von „Geschäftsbesorgung" spricht, kennt den Begriff des Geschäftsbesorgungsvertrags zur Bezeichnung eines eigenständigen schuldrechtlichen Vertragstyps nicht. Doch findet sich im ABGB der Sache nach eine unserem § 675 Abs 1 entsprechende Regelung, wonach auf Dienst- und Werkverträge, „insoweit damit eine Geschäftsbesorgung (§ 1002) verbunden ist", ergänzend die (auftragsrechtlichen) „Vorschriften über den Bevollmächtigungsvertrag" anzuwenden sind, § 1151 Abs 2 ABGB. Ausgangspunkt zum Verständnis des österreichischen Rechts ist mithin der „Bevollmächtigungsvertrag", zu dem das ABGB in § 1002 bestimmt:

„Der Vertrag, wodurch jemand ein ihm aufgetragenes Geschäft im Namen des anderen zur Besorgung übernimmt, heißt Bevollmächtigungsvertrag.“

Wie das deutsche Recht legt auch das österreichische Recht für den Auftrag nach **108** §§ 1002 ff ABGB zunächst einen **weiten Geschäftsbesorgungsbegriff** zugrunde, der sowohl Rechtsgeschäfte und rechtsgeschäftsähnliche Akte wie auch Tathandlungen umfasst. Das Regelungsprogramm lässt freilich entsprechend der Rechtswirklichkeit erkennen, dass „die Besorgung von Rechtsgeschäften das Zentrum bildet“ (Gschnitzer, Schuldrecht – Besonderer Teil und Schadenersatz [2. Aufl 1988] § 28 A I; vgl auch Koziol/Welser, Grundriß Bd 2, 2. Teil [12. Aufl 2001] VII A, S 195). Dasselbe umfassende Verständnis kennzeichnet die Geschäftsbesorgung ohne Auftrag der §§ 1035 ff ABGB (Gschnitzer, Schuldrecht – Besonderer Teil und Schadenersatz [2. Aufl 1988] § 28 A I; Koziol/Welser, Grundriß Bd 2, 2. Teil [12. Aufl 2001] VII A; **aA** Welser/Zöchling-Jud [14. Aufl 2015] Rn 951, wobei tatsächliche Tätigkeiten, die mit einer rechtsgeschäftlichen Tätigkeit verbunden sind, ebenfalls dem Auftragsrecht nach §§ 1002 ff ABGB unterliegen sollen). Abweichend vom deutschen und entsprechend dem schweizerischen Recht kann der Auftrag/Bevollmächtigungsvertrag nach §§ 1002 ff ABGB entweder **entgeltlicher oder unentgeltlicher Vertrag** sein; § 1004 ABGB bestimmt: „Wird für die Besorgung eines fremden Geschäfts entweder ausdrücklich, oder nach dem Stande des Geschäftsträgers auch nur stillschweigend eine Belohnung bedungen, so gehört der Vertrag zu entgeltlichen, außer dem aber zu den unentgeltlichen.“ Die unserem § 675 entsprechende Regelung in § 1151 ABGB führt in Parallele zur deutschen Rechtslage zum **Problem der Abgrenzung** des Bevollmächtigungsvertrags von anderen Vertragsformen, das nach herrschender Meinung ebenfalls durch die **Unterscheidung zwischen einem engen und einem weiten Geschäftsbesorgungsverständnis** gelöst wird (Gschnitzer, Schuldrecht – Besonderer Teil und Schadenersatz [2. Aufl 1988] § 28 A II; Tades/Hopf/Kathrein/Stabentheiner, ABGB [37. Auflage 2009] § 1151 E 11 ff, E 77). Daraus ergibt sich folgende Systematik: Im Falle der Unentgeltlichkeit eines Vertrages über rechtsgeschäftliche, rechtsgeschäftsähnliche oder tatsächliche Geschäftsbesorgungen im weiteren Sinn liegt immer ein Auftrag/Bevollmächtigungsvertrag nach §§ 1002 ff ABGB vor. Im Falle der Entgeltlichkeit eines solchen Vertrages handelt es sich um einen Werk-, Arbeits- oder Dienstvertrag; ist dabei der Werk-, Arbeits- oder Dienstvertrag auf eine Geschäftsbesorgung im engeren Sinne gerichtet, verlangt § 1151 Abs 2 ABGB die zusätzliche Anwendung („Beobachtung“) der Regelungen zum Bevollmächtigungsvertrag (zur Dogmatik und Abgrenzung siehe die Übersicht bei Gschnitzer, Schuldrecht – Besonderer Teil und Schadenersatz [2. Aufl 1988] § 28 II).

b) Verbindung von Auftrag und Stellvertretung

Unter der Bezeichnung „Bevollmächtigungsvertrag“ sind in den §§ 1002 ff ABGB **109** jene **zwei Institute integriert** geregelt, die im deutschen Recht streng unterschieden werden: der **schuldrechtliche Auftrag** zur Besorgung eines Geschäfts für Rechnung des Geschäftsherrn und die **rechtsgeschäftliche Erteilung von Vertretungsmacht (Vollmacht)** zur Vornahme von Rechtsgeschäften oder rechtsgeschäftsähnlichen Handlungen. Die Regelung des ABGB wusste zwischen Innen- und Außenverhältnis noch gar nicht zu unterscheiden (Zweigert/Kötz, Einführung in die Rechtsvergleichung [3. Aufl 1996] C § 32 II, S 431). Der Bevollmächtigungsvertrag umfasst – ähnlich wie früher das preußische ALR – beides; Mandat und Vollmacht erscheinen als „zwei Seiten“ eines Vertragsverhältnisses (vgl Müller-Freienfels, Stellvertretungsregelungen in Einheit und Vielfalt [1982] 10). Damit trägt das österreichische Recht dem Regelfall Rechnung, dass bei Aufträgen zur Vornahme eines Rechtsgeschäfts oder einer rechtsähnlichen Handlung auch eine Vollmacht erteilt wird. In der dogmatischen Behandlung wird aber ein **mögliches Auseinanderfallen von schuldrechtlichem Auftrag und rechtsgeschäftlich erteilter Vertretungsmacht** (Vollmacht) durch eine getrennte Würdigung beider Rechtsgeschäfte erfasst, sodass auch auftragslose Vollmachten und vollmachtlose Aufträge bekannt sind.

110 Ansatzpunkt hierfür ist die in der Überschrift zum 22. Hauptstück des ABGB getroffene Unterscheidung zwischen dem Bevollmächtigungsvertrag und „anderen Arten der Geschäftsführung". In diesem Licht erscheint der Bevollmächtigungsvertrag lediglich als **Regeltypus der Geschäftsbesorgung**, der auch andere Arten von „Aufträgen" zulässt. Der Bevollmächtigungsvertrag ist zwar stets mit einer direkten Stellvertretung verbunden, weil schon der Wortlaut des § 1002 ABGB („im Namen des anderen") auf das Institut der offenen, direkten, unmittelbaren Stellvertretung reflektiert und die verdeckte, indirekte, mittelbare Vertretung vom Programm des Bevollmächtigungsvertrages aussperrt. Andererseits hat sich das österreichische Recht **dem Trennungsgedanken** des deutschen Rechts (Laband, vJhering) **nicht völlig verschließen können** und trägt unter den „anderen Arten der Geschäftsführung" der dogmatisch-konstruktiven Unterscheidung zwischen dem Auftrag als Handlungspflicht und der Vollmacht als Handlungsmöglichkeit Rechnung (Gschnitzer, Schuldrecht – Besonderer Teil und Schadenersatz [2. Aufl 1988] § 28 III). Damit wird die gesetzgeberische Identifikation von Mandat und direkter Vertretung weitgehend korrigiert (zu Reformüberlegungen Riedler ÖLZ 2008/69, 667). Im Übrigen kennt das dem deutschen HGB weithin entsprechende **österreichische HGB** in Form der kommissionsrechtlichen Regelungen der §§ 383 ff öHGB die Tätigkeit im Drittinteresse mittels indirekter Vertretung. Soweit ein bürgerlich-rechtlicher Auftrag zu einer Geschäftsbesorgung mittels verdeckter Stellvertretung erteilt wird (wie bei treuhänderischen Rechtsverhältnissen), ist zwar die Regelung über den Bevollmächtigungsvertrag nach §§ 1002 ff ABGB nicht einschlägig, doch wird das Geschäft als (vollmachtloser) Auftrag **unter strikter Trennung zwischen Innen- und Außenverhältnis** erfasst (Rummel/Strasser, ABGB [3. Aufl 2000] § 1002 Rn 8, 10, 42 ff).

111 Im Ergebnis entspricht unser deutscher Geschäftsbesorgungsvertrag nach § 675 Abs 1 nur im Falle seiner Verbindung mit einer Vollmacht zur direkten Stellvertretung bei Rechtshandlungen im Namen des Geschäftsherrn dem österreichischen Bevollmächtigungsvertrag. Ansonsten wird unser Geschäftsbesorgungsvertrag als „andere Art der Geschäftsführung", etwa als vollmachtloser Auftrag bzw Treuhandvertrag mit mittelbarer Vertretung sowie als Dienst- oder Werkvertrag erfasst. Der Vertrag zwischen Rechtsanwalt und Klient ist als entgeltlicher Auftrag zur Vornahme von Rechtshandlungen in direkter Stellvertretung ein Bevollmächtigungsvertrag nach §§ 1002 ff ABGB, während Architekten und Ärzte allein werkvertraglich tätig werden (zur Kasuistik s Rummel/Strasser, ABGB [3. Aufl 2000] § 1002 Rn 15 ff).

c) Das Rechts- und Pflichtengefüge

112 Die Einzelregelungen der §§ 1002 ff ABGB zum Bevollmächtigungsvertrag weisen eine Reihe von **Entsprechungen zur deutschen Rechtslage** auf. Das betrifft insbesondere die schadensersatzbewehrte Pflicht des Geschäftsbesorgers zur Anzeige einer Antragsablehnung (§ 1003 ABGB), seine Pflicht zur weisungsgemäßen, sorgfältigen, schleunigen („emsigen") und im Grundsatz höchstpersönlichen Ausführung der

Tätigkeit (§§ 1009, 1010 ABGB), die Schadensersatzpflicht bei weisungswidrigem Verhalten (§ 1012 ABGB), die Fremdnützigkeit und den Interessenwahrungscharakter seiner Tätigkeit (§ 1013 ABGB). Der Geschäftsherr hat dem Geschäftsbesorger „allen zur Besorgung des Geschäfts notwendig oder nützlich gemachten Aufwand, selbst bei fehlgeschlagenem Erfolg" zu ersetzen und auf Verlangen Vorschuss zu leisten (§ 1014 ABGB).

Die im deutschen Recht bereits für den unentgeltlichen Auftrag und mehr noch für den entgeltlichen Geschäftsbesorgungsvertrag umstrittene **Ersatzfähigkeit von Schäden an Rechtsgütern des Geschäftsführers**, vor allem von sog risikospezifischen Zufallsschäden (s § 670 Rn 17 ff), hat im ABGB eine eindeutige Regelung gefunden. Zunächst folgt – nicht anders als im deutschen Recht – eine Schadenshaftung des Geschäftsherrn bei Verschulden ohne Weiteres aus dem allgemeinen Deliktsrecht der §§ 1293 ff ABGB, die – insoweit anders als das deutsche Recht – nicht nur an die Verletzung absoluter Rechtsgüter anknüpfen. Für **Zufallsschäden** trifft das ABGB in § 1014 aE **eine explizite Regelung**: jeder, von Rechtswidrigkeit und Verschulden unabhängige, an Rechtsgütern des Beauftragten eingetretene Schaden ist zu ersetzen, solange dieser nur „mit der Erfüllung des Auftrags verbunden ist"; freilich kommt bei einem **Mitverschulden** des Geschäftsführers gemäß § 1304 ABGB eine Haftungsminderung in Betracht. Wohl in Anlehnung an die Argumentationsmuster der deutschen Rechtswissenschaft wird die „Verbindung" des Schadens mit dem Auftrag letztlich davon abhängig gemacht, dass der Schadenseintritt als **risikospezifisch** zur übernommenen Tätigkeit erscheint (Tades/Hopf/Kathrein/Stabentheiner, ABGB [37. Aufl 2009] § 1014 E 3 f). Den Kausalzusammenhang zwischen Geschäftsbesorgung und Schadenseintritt *(ex causa mandati)* hat der Beauftragte zu beweisen (Rummel/Strasser, ABGB [3. Aufl 2000] §§ 1014, 1015 Rn 10). **Nicht risikospezifische**, sondern nur bei Gelegenheit des Auftrags entstandene **Zufallsschäden** *(ex occasione mandati)* sind bei **entgeltlichen Geschäftsbesorgungen** nicht gesondert ersatzfähig; sie werden der **Risikosphäre des Geschäftsbesorgers** zugerechnet und gelten als mit der Vergütung abgegolten – der entgeltliche Geschäftsbesorger geht leer aus. Demgegenüber sind solche zufälligen, nicht risikotypischen „Gelegenheitsschäden" nach § 1015 ABGB beim **unentgeltlichen Auftrag** in Höhe einer **fiktiven Vergütung** ersatzfähig (Rummel/Strasser, ABGB [3. Aufl 2000] §§ 1014, 1015 Rn 11). 113

d) Beendigung

Zum Widerruf und zur Kündigung des Auftrags durch den Auftraggeber oder durch den Beauftragten stellt sich die Rechtslage im ABGB (§§ 1020, 1021) bei einer Unentgeltlichkeit ganz entsprechend dem BGB dar (§ 671), wohingegen sich bei einer Entgeltlichkeit der Geschäftsbesorgung durch die Aussparung des § 671 aus dem Verweisungsumfang des § 675 Abs 1 eine Diskrepanz gegenüber dem österreichischen Recht auftut, das den entgeltlichen Bevollmächtigungsvertrag/Auftrag auch insoweit dem unentgeltlichen gleichbehandelt. Auch ist – abweichend von §§ 675 Abs 1, 672 BGB – der Tod des Geschäftsherrn in Österreich vorbehaltlich abweichender Parteivereinbarungen gesetzlicher Beendigungsgrund, § 1022 ABGB. Geschäftsbesorgungsrechtliche Spezialvorschriften zu Widerruf und Kündigung finden sich vor allem im österreichischen HGB und im Handelsvertretergesetz. Der **Konkurs des Auftraggebers/Geschäftsherrn** ist wie in Deutschland Beendigungsgrund für das Vertragsverhältnis: der Auftrag/Bevollmächtigungsvertrag erlischt mit Beschluss über die Konkurseröffnung, §§ 26 öKonkursO, 1024 ABGB. Unklar ist die 114

Rechtslage aber weiterhin beim Konkurs des Beauftragten (Koziol/Welser, Grundriß Bd 2, 2. Teil [12. Aufl 2001] VII D, insb Fn 25 mwNw; Tades/Hopf/Kathrein/Stabentheiner, ABGB [37. Aufl 2009] § 1024 E 1).

4. Frankreich

a) Der Auftrag im Vertragssystem

115 Der französische *code civil* von 1804 regelt in den Art 1984–2010 über „Représentation – Mandat" den **entgeltlichen oder unentgeltlichen Auftrag** *(mandat)* gemeinsam mit der Vollmacht **ohne Unterscheidung zwischen Innen- und Außenverhältnis** und unter Beschränkung auf Rechtsgeschäfte. *Mandat* und *procuration* werden synonym verwandt. Damit reiht sich das französische Geschäftsbesorgungsrecht in die dem **Verbindungsprinzip** folgende Familie von Rechtsordnungen ein. Das kann man als „Rückschritt gegenüber Pothier" werten, der durchaus einen Auftrag *(procuration)* mit und ohne *répresentation* kannte (Albrecht, Vollmacht und Auftrag [1970] 49 ff). Die inhaltliche Beschränkung des französischen Mandats auf die **Vornahme von Rechtsgeschäften** lässt sich aus dem weitgefassten Gesetzeswortlaut des Art 1984 cc *(„faire quelque chose")* allerdings nicht unmittelbar ableiten, entspricht aber der ganz herrschenden Meinung in der Doktrin (vgl Sonnenberger/Classen, Einführung in das französische Zivilrecht [4. Aufl 2012] Nr 102, S 198). Bereits Domat wollte lange Zeit vor Inkrafttreten des *code civil* das Auftragsrecht auf Tathandlungen ausgedehnt wissen; und auch heute noch stellt man die Reduktion des Mandats auf rechtsgeschäftliche Handlungen gelegentlich in Frage (Ferid/Sonnenberger, Das französische Zivilrecht Bd 2 [2. Aufl 1986] 2 K 204 insbes Fn 9 mwNw; Albrecht, Vollmacht und Auftrag [1970] 49, 52).

116 In der Regelung des Art 1986 cc, die den Parteien eines Mandats lediglich die **Option der Entgeltlichkeit** eröffnet, klingt noch die römisch-rechtliche Betrachtungsweise des Mandats als eines grundsätzlich unentgeltlichen „Freundschaftsdienstes" an (Ferid/Sonnenberger, Das französische Zivilrecht Bd 2 [2. Aufl 1986] 2 K 204). Während etwa in der Schweiz eine Vergütungspflicht bereits bei Üblichkeit eintritt, in Italien eine Rechtsvermutung für die Entgeltlichkeit des Mandats besteht, in Österreich „auch nur stillschweigend eine Belohnung bedungen" werden kann, geht das französische bürgerliche Recht (anders das Handelsrecht) nach wie vor von einem unentgeltlichen Auftrag aus. Allerdings hat die Praxis auch in Frankreich diese Klausel in ihr Gegenteil verkehrt. Selbst eine ausdrückliche Vereinbarung über das *salaire* ist nicht mehr erforderlich. Als entgeltlich gilt das *mandat* heute schon dann, wenn die ausgeübte Tätigkeit in den Bereich der beruflichen Tätigkeit des *mandataire* fällt (Ferid/Sonnenberger, Das französische Zivilrecht Bd 2 [2. Aufl 1986] 2 K 209 mwNw; zur Entwicklung des klagbaren Vergütungsanspruchs im Mandatsrecht der kontinentalen Rechtsordnungen vgl BernerKomm/Gautschi [3. Aufl 1971] Art 394 Rn 72 ff).

117 Die **Abgrenzung des entgeltlichen Auftrags** vom Dienst- und vom Werkvertrag ist auch in Frankreich ein umstrittenes und ungeklärtes Problem, wegen der unterschiedlichen Behandlung indes von großer Bedeutung (vgl Sonnenberger/Classen, Einführung in das französische Zivilrecht [4. Aufl 2012] Nr 102, S 199). Vor allem das ältere Schrifttum und die frühere Rechtsprechung reservierten den Mandatskontrakt gern den *„artes liberales"*, um das Dienst- und Werkvertragsrecht vor allem bei den *„entreprises"* einzusetzen (Ferid/Sonnenberger, Das französische Zivilrecht Bd 2 [2. Aufl 1986] Anm 2 K 4). Neuerdings wird der entgeltliche Auftrag gegenüber dem als Dienst-

miete verstandenen **Dienstvertrag** durch die geringere Selbständigkeit des Dienstverpflichteten abgegrenzt: der Mandatar ist zwar in seiner Tätigkeit den Weisungen des Mandanten unterworfen, entscheidet jedoch innerhalb eines ihm überlassenen Spielraums eigenverantwortlich über die Art und Weise seiner Leistungserbringung (Ferid/Sonnenberger, Das französische Zivilrecht Bd 2 [2. Aufl 1986] Anm 2 K 14, 2 K 221). Hat der *mandataire* Vertretungsmacht oder ist die Verpflichtung nicht auf eine bestimmte Zeit eingegangen, so liegen darin Indizien für das Vorliegen eines Auftrags. Allgemein formuliert sind also „Dienste höherer Art" **vorbehaltlich berufsspezifischer Sonderregelungen** dem *mandat* zuzurechnen. Die in der Rechtsprechung gelegentlich zu beobachtende Neigung, sich bei der vertragstypologischen Qualifikation an das Verständnis und die Wortwahl der Parteien anzulehnen, die ihre Entgeltvereinbarung als dienstvertragliches Gehalt oder als auftragsrechtliches Honorar kennzeichnen, ist heute in den Hintergrund getreten (Ferid/Sonnenberger, Das französische Zivilrecht Bd 2 [2. Aufl 1986] Anm 2 K 14, anders noch in der Vorauflage Bd 1, Anm 2 H 83). Weniger schwierig ist die Abgrenzung des Mandats vom **Werkvertrag**, weil das Auftragsverhältnis regelmäßig mit einer Befugnis zur Vertretung des Auftraggebers einhergeht, während dem inhaltlich auf Realakte bezogenen Werkvertrag eine Stellvertretung fremd ist (Ferid/Sonnenberger, Das französische Zivilrecht Bd 2 [2. Aufl 1986] Anm 2 K 108 ff). Freilich bleiben solche Abgrenzungen in **Zweifelsfällen wenig hilfreich**, zumal Dienst- und Werkverträge jeweils mit einem Auftrag kombiniert werden können. Neben dem bürgerlich-rechtlichen Mandat *(mandat civil)* in den Art 1984 ff cc kennt das französische Recht im *code de commerce* zahlreiche geschäftsbesorgungsvertragliche Sonderregelungen, insbesondere zum Kommissionsvertrag, zum Handelsmakler- und zum Handelsvertretervertrag.

b) Mandat und Stellvertretung

Ausweislich des Art 1984 cc ist für das *mandat* die Verpflichtung des Beauftragten **118**
wesensbestimmend, als Stellvertreter für den Auftraggeber (in dessen Namen) etwas zu tun. Die Beschränkung der Regelung der Art 1984 ff cc auf die mit einer Vollmacht verbundene Auftragserteilung zu Rechtsgeschäften ohne Unterscheidung zwischen Innen- und Außenverhältnis (Verbindungsprinzip) wird **in der Rechtsprechung und Lehre erheblich aufgelockert**, wonach Auftrag und Vollmacht durchaus auseinanderfallen können (Pétel, Les obligations du mandataire [1988] 15). Auch ist trotz des Wortlauts in Art 1984 cc *(„pour le mandant et en son nom")* anerkannt, dass ein Auftrag zur Vornahme eines Rechtsgeschäfts nicht notwendig in offener, unmittelbarer Stellvertretung erfüllt werden muss, zählen doch die handelsrechtlichen Auftragsformen insbesondere des Kommissionsrechts mit ihrer verdeckten, mittelbaren Stellvertretung *(représentation indirecte, représentation imparfaite)* durchaus zu den vertrauten Erscheinungsformen des Mandats *(mandat sans représentation),* deren sich die Rechtspraxis auch außerhalb des Handelsverkehrs bedient und die ins bürgerliche Recht als Formen des *mandat civil* Eingang gefunden haben (Pétel, Les obligations du mandataire [1988] 15; Larroumet, Les obligations, le contrat [8. Aufl 2016] Anm 156; Ferid/Sonnenberger, Das französische Zivilrecht Bd 2 [2. Aufl 1986] Anm 2 K 202 und 2 K 256). Entsprechend dem deutschen Recht (anders als bei der *undisclosed agency* des Common Law) tritt **keine Drittwirkung des verdeckten Vertretergeschäfts** ein.

c) Das Rechts- und Pflichtengefüge

Auch in Frankreich ist der Mandatar zur **Rechenschaftslegung** und zur **Herausgabe** **119**
des Erlangten verpflichtet, Art 1993 cc. Den Geschäftsherrn trifft anders als im

deutschen Recht nach § 669 keine Pflicht zur **Vorschussleistung**, wenn auch freiwillig gezahlte Vorschüsse vom Beauftragten zu verzinsen sind, Art 2001 cc. Insofern erweist sich das französische Recht als strenger gegenüber unserer Regelung in § 668 BGB, die eine Verzinsungspflicht des Beauftragten nur bei eigener Verwendung des vom Geschäftsherrn überlassenen Geldes „für sich" vorsieht. Der entgeltliche Geschäftsbesorger haftet für vorsätzlich und fahrlässig verursachte **Schäden**, die dem Geschäftsherrn durch die Nichtausführung des Auftrags entstehen, Art 1991 Abs 1, 1992 cc, während dem unentgeltlich Beauftragten ein **gesetzliches Haftungsprivileg** zugutekommt, Art 1991 Abs 2 cc (Ferid/Sonnenberger, Das französische Zivilrecht Bd 2 [2. Aufl 1986] Anm 2 K 223). Bekanntlich sieht das deutsche BGB eigentümlicherweise anders als bei der Leihe, der Schenkung und der unentgeltlichen Verwahrung gerade beim Auftrag als dem Prototyp des unentgeltlichen Vertrags von einem derartigen Haftungsprivileg ab. Für **zufällige Schäden** an Rechtsgütern des *mandataire* kennt das französische Mandatsrecht im *code civil* einen separaten Ersatzanspruch, der neben dem Anspruch auf Aufwendungsersatz steht, Art 1999 Abs 1, 2000 cc (Ferid/Sonnenberger, Das französische Zivilrecht Bd 2 [2. Aufl 1986] Anm 2 K 233). Er ist von der Entgeltlichkeit des Mandats in Grund und Höhe unabhängig, wenn sich auch der Beauftragte ein Mitverschulden anrechnen lassen muss.

d) Substitution und action directe

120 Im Allgemeinen wird die Substitutionsbefugnis bei höchstpersönlichen Verpflichtungen im französischen Privatrecht kontrovers beurteilt (Ferid/Sonnenberger, Das französische Zivilrecht Bd 2 [2. Aufl 1986] Anm 2 K 224 mwNw). Für das Mandatsrecht setzt die Haftungsregelung des Art 1994 cc aber jedenfalls im Grundsatz eine **Zulässigkeit der Substitution** voraus. Bei Aufträgen mit Dauerschuldcharakter und/oder mit besonderer Vertrauenskomponente wird die Substitution indes nur eingeschränkt und nach Rücksprache mit dem Prinzipal erlaubt. Fehlt eine ausdrückliche Gestattung, haftet der Mandatar für schuldhaftes Verhalten des Substituten; bei ausdrücklich untersagter Substitution haftet er auch für zufällig eingetretene Schäden, die ohne Substitution nicht eingetreten wären; dagegen haftet er bei ausdrücklich gestatteter Substitution nur für eigenes Auswahlverschulden, Art 1994 cc. Ähnlich wie das schweizerische Recht (Art 399 Abs 2 OR) gewährt die Vorschrift des Art 1994 Abs 2 cc dem Auftraggeber eine **direkte Klage gegen den Dritten**, an den der Beauftragte die Geschäftsausführung weiterübertragen hat. Die Rechtsnatur dieser Konstruktion ist umstritten. Teilweise ist von einer Vertretung zweiten Grades *(représentation deuxième degré)*, teilweise von einer vertraglichen Gemeinschaft *(groupe contractuel)* die Rede, während die herrschende Meinung schlicht eine *„action directe"* als Institut eigener Art annimmt (vgl zum Ganzen Malaurie/Aynés, Les contrats spéciaux [2003] Anm 561 mwNw). Die dogmatischen Erfassungsschwierigkeiten gründen darin, dass Art 1994 Abs 2 cc eine sehr weitgehende **Durchbrechung des Grundsatzes der Relativität** vertraglicher Beziehungen (Art 1165 cc: *„relativité des contrats")* begründet, kann sich doch der Anspruch des Geschäftsherrn **sogar gegen einen unerlaubt verpflichteten Substituten** richten (Ferid/Sonnenberger, Das französische Zivilrecht Bd 2 [2. Aufl 1986] Anm 2 K 226). Die Rechtsprechung des französischen Kassationsgerichtshofs hat die *action directe* des Art 1994 Abs 2 cc noch weiterentwickelt und in ein Gegenseitigkeitsverhältnis zwischen dem Auftraggeber und dem (auch unerlaubten) Substituten eingebettet: *„Il y a donc eu bilatéralisation de l'action directe."* Die Klage kann also in beide Richtungen erhoben werden (Bénabent, Droit des contrats spéciaux civils et commerciaux [11. Aufl 2015] Anm 674).

e) Beendigung

Grundsätzlich können sich nach Art 2003–2009 cc beide Parteien frei, frist- und formlos durch einseitige Erklärung von den Verpflichtungen des Auftragsverhältnisses befreien, der Auftraggeber durch Widerruf *(révocation)*, der Beauftragte durch Kündigung *(renonciation)*. Die Rechtsprechung hat dies indes unter Gesichtspunkten des **Vertrauensschutzes** vor allem für das entgeltliche Mandat gelegentlich eingeschränkt, indem sie einerseits die Kündigungsmöglichkeit versagt, andererseits dem Auftraggeber eine Schadensersatzpflicht wegen Missbrauchs des Kündigungsrechts auferlegt hat. Entscheidend sind allerdings stets die konkreten Umstände, sodass sich keine klare Linie in der Entwicklung der Rechtsprechung erkennen lässt (Ferid/Sonnenberger, Das französische Zivilrecht Bd 2 [2. Aufl 1986] Anm 2 K 239). Auch kann bei einer Verknüpfung von *mandat* und *représentation* die im Interesse des Bevollmächtigten/Beauftragten erteilte Vertretungsmacht die grundsätzlich freie Widerruflichkeit des Mandats einschränken (Malaurie/Aynés, Les contrats spéciaux [2003] Anm 550 ff mit Rechtsprechungsübersicht). Schon der Zeitfaktor kann bei langfristigen Auftragsverhältnissen einen hinreichenden Vertrauenstatbestand schaffen, der eine fristlose Kündigung nur in Ausnahmefällen bei wichtigem Grund zulässt. 121

Trotz konstruktiver Unterschiede präsentiert sich das französische System der Mandatsbeendigung beim Tod einer der Auftragsparteien im Ergebnis als dem deutschen Recht ähnlich. Während in Deutschland lediglich der Tod des Beauftragten bzw des Geschäftsbesorgers, nicht aber der des Auftraggebers bzw Geschäftsherrn „im Zweifel" zur Beendigung des Mandats führt (§§ 672 S 1, 673 S 1, 675 Abs 1), erlischt es in Frankreich – wie in der Schweiz und in Österreich – auch beim Ableben des Auftraggebers, Art 2003 cc. Dieser Unterschied relativiert sich freilich dadurch, dass sich die Vorschriften der §§ 672 S 1 und 673 S 1 als Auslegungsregeln verstehen und auch das französische Recht die Art 2003–2009 cc der **Disposition der Parteien** unterwirft, sodass hier wie dort in der Rechtswirklichkeit zu allermeist ein Fortbestand des Mandats über den Tod des Auftraggebers oder des Beauftragten hinaus anzunehmen ist (Ferid/Sonnenberger, Das französische Zivilrecht Bd 2 [2. Aufl 1986] Anm 2 K 241; allgemein Bénabent, Droit des contrats spéciaux [5. Aufl 2001] Anm 675 ff). Als weitere Beendigungsgründe sieht Art 2003 cc den Konkurs oder den Vergleich über das Vermögen von *mandant* oder *mandataire* sowie den Verlust der Geschäftsfähigkeit einer der Vertragsparteien vor. 122

5. Italien

a) Der Auftrag im Vertragssystem

Der italienische *Codice civile* (Cc) von 1942 hat als umfassende, auch das Handelsrecht einbeziehende Privatrechtskodifikation zahlreiche geschäftsbesorgungsrechtliche Vertragsformen gesondert geregelt. Dies gilt für den Makler- und Handelsmaklervertrag (Art 1754 ff Cc), den Kommissionsvertrag (Art 1731 ff Cc), den Speditionsvertrag (Art 1737 ff Cc) und den Agenturvertrag (Art 1742 Cc), aber auch für die Bankverträge (Art 1834 ff Cc) und die Verträge der *„professioni intelletuali"* (Art 2229 ff Cc), denen insbesondere Rechtsanwälte, Ärzte, Ingenieure, Privatlehrer unterfallen. Das allgemeine unentgeltliche und entgeltliche Auftrags- bzw Geschäftsbesorgungsrecht findet sich in den Art 1703–1730 Cc normiert (vgl zu Kooperationsverträgen Schurr, in: Eccher/Schurr/Christandl, Handbuch Italienisches Zivilrecht [2009] Rn 3/333). Nach dem Vorbild des schweizerischen OR gilt für den Auftrag 123 *(mandato)* die **Vermutung der Entgeltlichkeit** (Art 1709 Cc). Dies liegt für das italienische wie für das schweizerische Recht schon deshalb nahe, weil die Privatrechtskodifikationen (anders als in Deutschland und in Österreich) keine Zäsur zwischen bürgerlich- und handelsrechtlichen Aufträgen setzen. Ähnlich wie das französische und tendenziell auch das österreichische Recht hat der italienische Cc den Auftrag auf die Vornahme von **Rechtshandlungen** *(atti giuridici)* für Rechnung eines anderen beschränkt (Art 1703 Cc). Tatsächliche Geschäftsbesorgungen sind folglich nicht über das Auftragsrecht zu erfassen, sondern müssen den zahlreichen Vertragstypen der *„professioni intelletuali"* oder dem Werkvertrag zugeordnet werden. In Loslösung vom schweizerischen Vorbild kann der italienische *mandato* damit nicht mehr die Funktion eines allgemeinen Arbeitsvertrags übernehmen. Allerdings werden die „Rechtshandlungen" im italienischen Auftragsrecht im weiten Sinn aller rechtsrelevanten Tätigkeiten verstanden, sodass auch tatsächliche Handlungen Gegenstand einer Geschäftsbesorgung sein können, sofern der Auftrag dazu um irgendwelcher Rechtswirkungen willen erteilt wird, die von der Rechtsordnung unabhängig vom Willen des Beauftragten an seine tatsächlichen Handlungen geknüpft werden (Barbero, in: Sistema del diritto privato italiano II [2. Aufl 1993] 449 ff; DeCupis, in: Istituzioni di diritto privato [4. Aufl 1987] 395 ff; Trimarchi, Istituzioni [15. Aufl 2003] Anm 357).

124 Der Auftrag des Cc ist nach der Gesetzessystematik in die Gruppe derjenigen Vertragstypen eingereiht, bei denen die Tätigkeit für andere den wesenstypischen Inhalt ausmacht *(contratti di prestazione di servigi)*. Die **Abgrenzung des entgeltlichen Auftrags** von benachbarten Vertragstypen wie Arbeits-, freier Dienst- und Werkvertrag erfolgt mithilfe der auch in den anderen kontinentalen Rechtsordnungen herangezogenen Merkmale. Vom Werkvertrag *(contratto d'opera, contratto d'appalto)* hebt sich der Auftrag einerseits durch die Option der Unentgeltlichkeit, vor allem aber durch die **Beschränkung auf Rechtsgeschäfte** ab, die dem gegenständlich (wie in der Schweiz) auf Realakte reduzierten Werkvertrag unzugänglich sind. Vom Arbeitsvertrag unterscheidet sich der Auftrag durch die fehlende subordinative Einbindung des Verpflichteten in die Organisationssphäre eines Arbeitgebers; der Beauftragte kann – obgleich weisungsgebunden – eine gewisse Selbständigkeit für sich beanspruchen (Trimarchi, Istituzioni [15. Aufl 2003] Anm 357).

b) Mandat und Stellvertretung

125 Der Cc unterscheidet konstruktiv deutlich zwischen Vertretung (Art 1387 ff Cc) und Auftrag, **Außen- und Innenverhältnis** (vgl dazu Santagata, Del mandato [1998] 13 ff). Damit hat das italienische Recht in seiner umfassenden Reform von 1942 einen wesentlichen Schritt weg vom früher geltenden Verbindungsprinzip, hin zum **Trennungsprinzip** getan. Hierfür war neben dem 1927 verfassten italienisch-französischen Obligationenrechtsentwurf auch das deutsche BGB maßgeblich, das auf die italienischen Reformbestrebungen hier wie sonst erheblich einwirkte (Albrecht, Vollmacht und Auftrag [1970] 32; Schnitzer, Vergleichende Rechtslehre Bd 2 [2. Aufl 1961] 657: „wieder einmal die Übernahme einer Idee aus einem Rechtskreis in einen anderen"). Ausweislich der Art 1704 und 1705 Abs 1 Cc kann der Geschäftsbesorger *„con rappresentanza"* oder auch *„senza rappresentanza"* für seinen Prinzipal tätig werden, wobei der zweite Fall die mittelbare Stellvertretung erfasst (Trimarchi, Istituzioni [15. Aufl 2003] Anm 357; Torrente/Schlesinger, Manuale di diritto privato [22. Aufl 2015] § 390, S 785). Denn wenn Inhalt eines Auftrags nur Rechtshandlungen (im Sinne aller Tätigkeiten mit – gewillkürten oder gesetzlichen – Rechtsfolgen) sein können und für die direkte Vertretung auch

in Italien Offenkundigkeit erforderlich ist (Art 1388 Cc), kommt als Handlungsform des Beauftragten *„senza rappresentanza"* nur die mittelbare Vertretung in Betracht, bei der zwischen dem Auftraggeber und der Gegenpartei kein Rechtsverhältnis entsteht, Art 1705 Cc. Fehlt es an einer ausdrücklichen Offenlegung des Handelns im fremden Namen durch den Geschäftsbesorger *(contemplatio domini)*, so liegt ein Handeln ohne Vertretungsmacht vor. Bei erfolgter *contemplatio domini*, aber fehlender Vertretungsmacht bleibt das Vertreterhandeln vom Auftraggeber genehmigungsfähig. Bei beiden Handlungsformen, der unmittelbaren wie der mittelbaren Stellvertretung, tritt der *mandatario* im Interesse des Prinzipals auf, Art 1388 Cc, denn auch der italienische Geschäftsbesorgungsvertrag ist durch seinen **Interessenwahrungscharakter** gekennzeichnet (BernerKomm/Fellmann [4. Aufl 1998] Art 394 Rn 3); Art 1703 Cc betont das Handeln für Rechnung Dritter.

c) Vermögensschutz des Auftraggebers

Die aus dem handelsrechtlichen Einschlag des Cc herrührende Aufgeschlossenheit **126**
gegenüber der **mittelbaren Stellvertretung** im Rahmen von Auftragsverhältnissen zieht ein konsequentes Regelungssystem zum Schutz des Auftraggebervermögens nach sich. Dabei wird das Risiko der Insolvenz des Geschäftsbesorgers vollumfänglich dem Dritten zugewiesen. So weist Art 1705 Abs 1 Cc dem Mandanten per **Legalzession** die Rechte und Forderungen zu, die der im eigenen Namen handelnde Mandatar gegen den Dritten erworben hat. Und Art 1707 Cc schützt den Geschäftsherrn vor einem Gläubigerzugriff auf die vom Geschäftsbesorger im eigenen Namen erworbenen Gegenstände (Forderungen, bewegliche und unbewegliche Sachen), die einer Zwangsvollstreckung durch die Gläubiger entzogen sind, solange der Auftraggeber nur einen schriftlichen Mandatskontrakt vorlegen kann, der vor der Bestellung von Sicherheiten abgeschlossen worden ist und einen mandatsrechtlichen Herausgabeanspruch (Art 1713 Cc) nachweist (Trimarchi, Istituzioni [15. Aufl 2003] Anm 426). Der Auftraggeber ist hierdurch in ähnlicher Weise geschützt wie durch den schweizerischen Art 401 OR, den deutschen § 392 HGB oder den französischen Art 547 des *code de commerce:* in Italien ist er bei handels- wie bei bürgerlich-rechtlichen Mandaten nicht auf die Geltendmachung eines Aussonderungsrechts verwiesen, sondern genießt eine Art **gesetzlich antizipiertes Drittwiderspruchsrecht** (DeRuggiero/Maroi, Istituzioni del diritto privato II [1952] 375 f; Torrente/Schlesinger, Manuale di diritto privato [22. Aufl 2015] § 390, S 786). Man wird hierin eine vage Parallele zum englischen *constructive trust* sehen können, denn dem Auftraggeber werden die Befugnisse eines Eigentümers zuerkannt, obwohl er keine dingliche, eine Zwangsvollstreckung hindernde Rechtsposition innehat, sondern lediglich in einer wirtschaftlichen Beziehung zu den treuhänderisch erworbenen Gegenständen des Geschäftsbesorgers steht.

d) Haftung und Substitution

Im Cc wird der Sorgfaltsmaßstab besonders hervorgehoben, den der Geschäftsbe- **127**
sorger bei Ausführung des Auftrags walten lassen muss. Für einen entgeltlichen Auftrag ist die **erhöhte Sorgfaltspflicht** eines *„buon padre di famiglia"* maßgeblich, der der Beauftragte beim *„mandato gratuito"* nicht unterliegt, Art 1710 Cc. Die detaillierten Regelungen in den Art 1711–1715 Cc über Inhalt und gewöhnlichen Umfang des Auftrags, sei er entgeltlich oder unentgeltlich, bringen die ausgeprägte Interessenwahrungspflicht des Beauftragten zum Ausdruck. Die Haftung des Geschäftsherrn gegenüber dem Geschäftsführer gestaltet der Cc ähnlich wie der fran-

zösische *code civil,* wenn Art 1720 Cc separate Regelungen einerseits für den **Aufwendungsersatz** und andererseits für den **Ersatz von zufälligen Schäden** an Rechtsgütern des Beauftragten zur Verfügung stellt; sie stehen dem Geschäftsführer unabhängig von einer Entgeltlichkeit des Mandats zu. Auch im italienischen Recht fehlt es nicht an Vorschriften zur **Weisungsgebundenheit** des Geschäftsbesorgers und zu seinen **Informations-, Rechnungslegungs- und Verwahrungspflichten**.

128 Die Regelung in Art 1717 Cc zur **Substitution** beim Mandat wird in Literatur und Rechtsprechung sehr uneinheitlich ausgelegt, wobei die Palette der Ansichten von gänzlicher Unzulässigkeit bis grundsätzlicher Zulässigkeit im Falle fehlender ausdrücklicher Gestattung reicht (zum Meinungsstand: Trabucchi, Istituzioni [47. Aufl 2015] § 370 S 1013; Burdese, Manuale di diritto privato [4. Aufl 1993] 505). Im Falle einer erlaubten Substitution haftet der Geschäftsführer für die Auswahl, im Falle der unerlaubten für jedes Verschulden des Substituten. In Übereinstimmung mit dem Grundgedanken des schweizerischen Art 399 Abs 2 OR und des französischen Art 1994 Abs 2 cc bestimmt Art 1717 Abs 3 des italienischen Cc: *„Il mandante puô agire direttamente contro la persona sostituita dal mandatario"*.

e) Beendigung

129 Auch in Italien wird an die **höchstpersönliche** und vertrauensgetragene Auftragsausführung unabhängig von einer Entgeltlichkeit die jederzeit und frei widerrufliche *(revocabile)* Natur des Mandats durch den Auftraggeber geknüpft, Art 1723 Cc. Hingegen ist dem Geschäftsbesorger die Kündigung *(rinunzia)* nur im Falle einer *„giusta causa"* erlaubt, will er sich nicht schadensersatzpflichtig machen, Art 1727 Cc. Allerdings können in Italien entsprechend der Lage in Frankreich die Vertrauensumstände zu einer zeitweisen Unwiderruflichkeit *(irrevocabilitá)* des Auftrags durch den Auftraggeber führen (Torrente/Schlesinger, Manuale di diritto privato [22. Aufl 2015] § 390, S 789; Trimarchi, Istituzioni [15. Aufl 2003] Anm 427). Gleichfalls wie in Frankreich führen das Ableben, der Konkurs oder der Eintritt der Geschäftsunfähigkeit beider Parteien zur Auflösung des italienischen Mandats, Art 1722 Cc.

6. England

a) Das Rechtsinstitut der agency

130 Ein gänzlich vom kontinentaleuropäischen Verständnis des Auftrags-, Vertretungs- und Geschäftsbesorgungsrechts abweichendes Bild bietet sich dem Rechtsvergleicher in der englischen Rechtsordnung (Müller-Freienfels, Stellvertretungsregelungen in Einheit und Vielfalt [1982] 131 ff und 279 ff; Zweigert/Kötz, Einführung in die Rechtsvergleichung [3. Aufl 1996] § 32, S 428 ff). Selbstredend ist auch dem Common Law das Handeln einer Person für eine andere geläufig. Es knüpft für dessen juristische Bewältigung aber in gegenständlich-ganzheitlicher Betrachtungsweise an die **Einheitlichkeit des Lebenssachverhalts** zwischen dem *agent* und dem *principal* an, weithin frei von „kontinentalen" Unterscheidungen zwischen Entgeltlichkeit und Unentgeltlichkeit, Auftrag und unmittelbarer oder mittelbarer Stellvertretung, Innen- und Außenverhältnis (zum geringen Einfluss der Lehren Labands und vJherings auf das Common Law vgl Bowstead/Reynolds, on agency [20. Aufl 2014] Anm 1-025).

131 Diejenigen Rechtsinstitute, die in den kontinentaleuropäischen Rechtsordnungen das Handeln im Drittinteresse zum Gegenstand haben, finden ihre funktionale Ent-

sprechung ganz überwiegend in der nur **unscharf konturierten Common Law-Figur der agency**, die vor allem Elemente der Übertragung von Vertretungsmacht (Bevollmächtigung zur Stellvertretung) und des Auftrags als des rechts- und pflichtenbegründenden Schuldverhältnisses zwischen *principal* und *agent* enthält. In diesem **für den weiten Bereich der Tätigkeiten im Drittinteresse** einschlägigen Institut der *agency* geht auch das deutsche Auftrags- und Geschäftsbesorgungsrecht auf. Dabei überschneidet sich die *agency* mit der gleichermaßen vertrags- wie deliktsrechtlich gefärbten Figur der *master-servant-relationship,* für die sie als haftungsbegründendes Rechtsverhältnis und als *causa* der Verschuldenszurechnung fungieren kann; man bezeichnet die *agency* als *„power-liability-relationship“* (zum „Janus-Gesicht“ der *agency* vgl Zweigert/Kötz, Einführung in die Rechtsvergleichung [3. Aufl 1996] § 32 II, 432). Die „Rechtsnatur“ der *agency* ist in der Vielfalt ihrer Erscheinungsformen schwer fassbar (vgl Zweigert/Kötz, Einführung in die Rechtsvergleichung [3. Aufl 1996] § 32, 432; Schnitzer, Vergleichende Rechtslehre Bd 2 [2. Aufl 1961] 656), doch ist die Rechtsnaturbestimmung von weit geringerer Bedeutung als jener **Fundus von Rechtsregeln**, die sich zu diesem Institut historisch im Laufe der Jahrhunderte in der Rechtsprechung von Fall zu Fall entwickelt und ausgeformt haben (zur historischen Entwicklung der *agency* vgl Langenbach, Law of Agency [1928] 7 f; Würdinger, Geschichte der Stellvertretung in England [1933] 193 ff; Bowstead/Reynolds, on agency [20. Aufl 2014] Anm 1-025). Man kann bereits die Vertragsqualität der *agency* in Frage stellen, da die ansonsten für den Vertrag unerlassliche *consideration* bei der *agency by necessity* entbehrlich ist. Unbestritten ist freilich, dass eine *agency* auf einem Vertrag beruhen kann. Historisch hat sich insbes eine **handelsrechtliche Typologie** der *agents* herausgebildet, die entfernt an die kaufmännischen Figuren kontinentaler Rechtskreise erinnert: *factor, broker, commission agent, auctioneer, delcredere agent* (vgl dazu Hanbury, Principles of Agency [2. Aufl 1960] 13 ff; Langenbach, Law of Agency [1928] § 4, 15 ff). Die Versuche einer näheren Beschreibung der *agency* und einer Abgrenzung von artverwandten Instituten gelangen nicht über sehr **grobe Raster** hinaus (Zweigert/Kötz, Einführung in die Rechtsvergleichung [3. Aufl 1996] § 32, 432), wie etwa die Rede von einer *„fiduciary relationship which exists between two persons, one of whom consents that the other should act on his behalf“* zeigt (Bowstead/Reynolds, on agency [20. Aufl 2014] Anm 1-001; vgl auch Treitel, Law of contract [4. Aufl 1975] 608). Zwar weist die *agency* typischerweise die aus den kontinentalen Rechtsordnungen bekannten Geschäftsbesorgungselemente der **Interessenwahrung**, des besonderen **Vertrauensverhältnisses**, des **Handelns im Drittinteresse** und der **Weisungsgebundenheit** auf. Es erscheint jedoch überaus gewagt, das deutsche Verständnis der Geschäftsbesorgung im weiteren Sinne zur Erfassung der *agency* zugrunde zu legen (so aber Langenbach, Law of Agency [1928] § 2, 11).

Schwierigkeiten bereitet die **Abgrenzung** der *agency* von den Instituten *trust* und *bailment* einerseits, *servant* und *independent contractor* andererseits (dazu Bowstead/Reynolds, on agency [20. Aufl 2014] Anm 1-028 ff; Hanbury, Principles of Agency [2. Aufl 1960] 3 ff; Schnitzer, Vergleichende Rechtslehre Bd 2 [2. Aufl 1961] 657). Vom *trust* lässt sich die *agency* dadurch abheben, dass der *agent* für einen anderen handelt, während der *trustee* das Eigentum *(legal ownership)* an einer Sache (unbeweglich oder beweglich) für einen anderen hält. Dagegen hält der *bailee* die (stets nur bewegliche) Sache lediglich als Besitzer, denn die *legal ownership* verbleibt beim *bailor.* Allein diese dingliche Stellung begründet zwar noch keine *agency* zugunsten des *trustee/bailee,* doch wird sie regelmäßig begleitend durch Vertrag eingeräumt. Demgegenüber werden *servants* (abhängige Arbeitnehmer) und *independent contractors* (freie 132

Dienst- oder Werkverpflichtete), die sich ihrerseits nur durch ihre Weisungsgebundenheit an den Geschäftsherrn unterscheiden, auf umstrittene und bisher nicht geklärte Weise, tendenziell aber nach Intensität und Umfang der Kontrollbefugnis des *principal* vom *agent* abgegrenzt. Aber auch hier können die beiden Institute mit der *agency* zusammenfallen.

133 Soweit der *agent* mit der **Vornahme von Rechtsgeschäften** betraut ist, treten die Wirkungen seines Handelns bei der *disclosed* wie bei der *undisclosed agency* stets, dh unabhängig von der Offenlegung seiner Stellung als Mittler und Vertreter, unmittelbar beim *principal* ein. Auch in unseren Fällen der mittelbaren Stellvertretung findet also bei der *agency* eine solche unmittelbare Zurechnung des Vertreterhandelns zum Vertretenen statt. Eine **Trennung zwischen Innen- und Außenverhältnis** ist bei der *agency* schwer zu vollziehen, jedenfalls aber **unergiebig** (zur „Anomalie" der undisclosed *agency* vgl Müller-Freienfels RabelsZ 17 [1952] 579 ff und RabelsZ 18 [1953] 12 ff; Langenbach, Law of Agency [1928] § 10, S 35 ff; vBernstorff, Einführung in das englische Recht [4. Aufl 2011] § 3 VI, S 60). Man kann dies wohl darauf zurückführen, dass im Common Law nach wie vor die **Fiktionstheorie** als Erklärungsgrund für die Stellvertretung bemüht wird (Bowstead/Reynolds, on agency [20. Aufl 2014] Anm 1-002 ff; Langenbach, Law of Agency [1928] 9). Ansätze für eine wenigstens begriffliche Unterscheidung zwischen Vertretung *(representation),* Vollmachtserteilung *(authorisation)* und Auftrag/Geschäftsbesorgung *(agency* als *contractual relationship)* lässt immerhin die Differenzierung zwischen den beiden Formen der *disclosed* und der *undisclosed agency* erkennen. Auch weist das Erfordernis einer *„ratification"* des *principal* bei der *agency without authority* in diese Richtung (Bowstead/Reynolds, on agency [20. Aufl 2014] Anm 1-019).

b) Das Rechts- und Pflichtengefüge

134 Unter Verwendung deutscher Qualifikationstermini lässt sich über das englische *agency*-Recht berichten, dass **sowohl Tathandlungen wie auch Rechtshandlungen** den Inhalt einer auf Vertrag oder Realakt gegründeten *agency* ausmachen können. Die im Mittelpunkt jeder *agency* stehende Pflicht des *agent* ist seine Treue- und Folgepflicht zum *principal.* Der *agent* muss *in good faith* die Geschäfte des *principal* als dessen Interessenwahrer ausführen (Langenbach, Law of Agency [1928] § 7, 25 ff; vBernstorff, Einführung in das englische Recht [4. Aufl 2011] § 3 VI 2, S 61). Dies ist die zentrale **Parallele zu den kontinentalen Rechtsordnungen**. Dementsprechend treffen den *agent* Rechnungslegungspflichten und eine unserem § 670 entsprechende Pflicht zur **Herausgabe** des aus der *agency* Erlangten. Weitergehend ist der *agent* als **Treuhänder** auch verpflichtet, die in seinem Eigentum stehenden Gegenstände von denen des *principal* getrennt zu halten. Der *principal* ist zur **Vorschussleistung**, zum **Ersatz von Aufwendungen** und zur Zahlung des üblichen (nicht notwendig ausdrücklich vereinbarten) Entgelts verpflichtet (Langenbach, Law of Agency [1928] § 8, 28 ff; Bowstead/Reynolds, on agency [20. Aufl 2014] Anm 6-027 ff, 7–056 ff). Dem unentgeltlichen *agent* kommt im Gegensatz zum deutschen Beauftragten ein Haftungsprivileg zugute. Er haftet nur, wenn er in Ausübung seines Auftrages „fails to exercise the degree of care which may reasonable be expected of him in all the circumstances" (Bowstead/Reynolds, on agency [20. Aufl 2014] Anm 6-027).

135 Den Prinzipal trifft eine Ersatzpflicht für die an den Rechtsgütern des Agenten **unverschuldet eingetretenen Schäden**, soweit sie *„incurred by him in the execution of* *his authority*" sind (Langenbach, Law of Agency [1928] 28; Bowstead/Reynolds, on agency [20. Aufl 2014] Anm 7-056 ff). Bestand und Umfang dieser Ersatzpflicht werden dogmatisch aus einem „*implied contract*" abgeleitet, der die *agency* unabhängig von ihrer Entgeltlichkeit als Schuldverhältnis begleitet. Gegenüber Dritten haftet der *principal* über die Erfüllung der für ihn begründeten Verbindlichkeiten hinaus auch für deliktische Schadensverursachung *(tort)* seines *agent;* eine solche „Vertretung im Delikt" ist den kontinentalen Rechtsordnungen fremd. Nach der Vorstellung des Common Law ist die zur Ausführung von Geschäften eingeschaltete Person nicht nur im rechtsgeschäftlichen, sondern auch im tatsächlichen und deliktischen Bereich als „verlängerter Arm" des Prinzipals mit der Folge einer Verhaltenszurechnung anzusehen. Bei der *agency* erteilt der *principal* seinem *agent* die Befugnis zum Abschluss des Ausführungsgeschäfts **zugleich im Innen- wie im Außenverhältnis** und hat daher grundsätzlich für die Folgen der Geschäftsbesorgung vertraglich wie deliktisch auch nach außen hin einzustehen (vBernstorff, Einführung in das englische Recht [4. Aufl 2011] § 3 VI, S 60).

In unseren Fällen der **mittelbaren Stellvertretung** genießt der Geschäftsgegner nach englischem Recht mithin denselben Schutz wie bei der unmittelbaren Stellvertretung, während die kontinentaleuropäischen Rechtsordnungen bei der indirekten Stellvertretung dem Dritten einen direkten Anspruch gegen den Geschäftsherrn versagen und ihm das Risiko der Insolvenz des Kommissionärs/indirekten Vertreters vollumfänglich zuweisen. Die kontinentalen Rechtsordnungen schützen bei der mittelbaren Stellvertretung allenfalls den **Geschäftsherrn**, indem sie ihm per Legalzession die vom Mandatar im eigenen Namen erworbenen Rechte und Forderungen zuweisen bzw ihm ein Aussonderungsrecht im Konkurs des Mandatars einräumen; sie sehen aber nicht den **Dritten als Geschäftspartner des Geschäftsherrn** an. Dagegen entfaltet die *undisclosed agency* im Common Law ihre direkte Wirkung nach beiden Richtungen. Dem direkten Klagerecht des verdeckt vertretenen Prinzipals gegen den Dritten auf Erfüllung steht auch umgekehrt eine direkte Klage des Dritten gegen den verdeckt vertretenen Prinzipal gegenüber (Zweigert/Kötz, Einführung in die Rechtsvergleichung [3. Aufl 1996] § 32 V, 437). Allerdings wird dabei der Grundsatz des Klagerechts des verdeckten Prinzipals zum Schutz des Dritten dadurch eingeschränkt, dass dieser im Ergebnis nicht ungünstiger gestellt werden darf als bei einer Vertragsabwicklung allein zwischen ihm und dem Agenten (Zweigert/Kötz, Einführung in die Rechtsvergleichung [3. Aufl 1996] 435). Das weitreichende Haftungsrisiko des Geschäftsherrn wird im deliktischen Bereich dadurch begrenzt, dass ein Mitverschulden des Dritten nicht nur zur Minderung, sondern leicht zum völligen Wegfall der Haftung des Prinzipals führen kann (Bowstead/Reynolds, on agency [20. Aufl 2014] Anm 7-062 ff). **136**

Das englische Recht kennt einen **ausgeprägten Vermögensschutz** des *principal* gegenüber dem Zugriff Dritter auf diejenigen Vermögensgegenstände im Besitz des *agent,* die dem Geschäftsherrn zwar (noch) nicht rechtlich, wohl aber wirtschaftlich zugewiesen sind. Dies betrifft vor allem den Erwerb von Aktiva in eigenem Namen des Agenten bei der *indirect representation,* die mit einer *undisclosed agency* einhergeht (Bowstead/Reynolds, on agency [20. Aufl 2014] Anm 1-020). Das für diesen Vermögensschutz einschlägige Rechtsinstitut ist der „*constructive trust*", der bezüglich aller für Rechnung oder im Interesse des *principal* erworbenen Vermögensrechte eintritt und für die der *agent* zwar als „*legal owner*" fungiert, jedoch der *principal* **137** den *„equitable title"* innehat. Der *constructive trust* entfaltet – auch für Surrogate der Vermögensrechte – eine über das Aussonderungsrecht im Konkurs hinausgehende dingliche Zuordnungswirkung (Langenbach, Law of Agency [1928] 26; vBernstorff, Einführung in das englische Recht [4. Aufl 2011] § 10 I, S 143 f; Bowstead/Reynolds, on agency [20. Aufl 2014] Anm 7-099 ff und 8-134 ff).

c) Beendigung der agency

138 Auch in England führen Tod, Verlust der Geschäftsfähigkeit und Konkurs des *principal* und des *agent* zur Beendigung der *agency* (Bowstead/Reynolds, on agency [20. Aufl 2014] Anm 10–015 ff; anders noch Langenbach, Law of Agency [1928] § 9, 32 für den Konkurs des *agent)*. In Übereinstimmung mit dem Geschäftsbesorgungsrecht der handelsrechtlich geprägten kontinentalen Zivilrechtsordnungen geht das Common Law von der **jederzeitigen und freien Widerruflichkeit** der *agency* durch eine *„revocation"* des *principal* oder eine *„renunciation"* des *agent* aus, sofern nicht eine Unwiderruflichkeit vertraglich vereinbart ist oder das Billigkeitsrecht Einschränkungen der frist-, form- und begründungslosen Widerruflichkeit verlangt (Bowstead/Reynolds, on agency [20. Aufl 2014] Anm 10-023 ff).

7. Benelux-Staaten und skandinavische Staaten

139 Das Auftrags- und Geschäftsbesorgungsrecht der Benelux-Staaten ist durch mehr oder weniger **weitreichende Übereinstimmungen** mit den Regelungen des Mandats im französischen *code civil* gekennzeichnet. Das gilt insbesondere für **Belgien** und **Luxemburg**, die sich stark an das französische Recht angelehnt haben. Die Regelungen im belgischen und im luxemburgischen *code civil* zu Auftrag/Geschäftsbesorgung und Vollmacht/Stellvertretung sind grundsätzlich allein auf Rechtshandlungen bezogen und vom **Verbindungsprinzip** gekennzeichnet, das durch die Rechtsprechung allerdings starke Auflockerungen in Richtung auf die Anerkennung der auftragslosen Vollmacht und des vollmachtlosen Auftrags erfahren hat. Auch in den **Niederlanden**, in denen der seit 1804 geltende *code civil* Napoleons im Jahre 1838 durch das *Burgerlijke Wetboek* ersetzt worden war, stellten sich die Regelungen über den Auftrag (Art 1829 ff: *lastgeving)* im Wesentlichen als Übernahme des französischen Rechts (Art 1984 ff cc) dar. Dies hat sich durch die Anfang der neunziger Jahre abgeschlossene große Zivilrechtsreform geändert. Das *Nieuwe Burgerlijke Wetboek* hat sich praktisch vollständig **vom Verbindungsprinzip gelöst** und dem Trennungsprinzip zugewandt. Es unterscheidet zwischen Auftrag *(lastgeving,* Art 400 ff in *boek* 7) und Vollmacht *(volmacht,* Art 60 ff in *boek* 3). Zwar beschränkt auch das neue BW den (entgeltlichen oder unentgeltlichen) Auftrag auf Dienstleistungen in Form von **Rechtshandlungen** für Rechnung des Auftraggebers, Art 400 Abs 1, doch lässt es sowohl unmittelbare wie mittelbare Stellvertretung zu, Art 400 Abs 2. Freilich klingt das alte Verbindungsprinzip noch nach, wenn etwa Art 409 eine dem Selbstkontrahierungsverbot unseres § 181 entsprechende Regelung im Auftrags-, nicht im Vollmachtsrecht vorsieht. Die Weisungsgebundenheit (Art 402) und die besondere Treuepflicht (Art 401) des Beauftragten werden ausdrücklich hervorgehoben. Für die Fälle der mittelbaren Stellvertretung enthält das neue BW in den Art 411–413 kommissionstypische Vorschriften zum Schutze der Vermögensinteressen des Auftraggebers. Der Auftraggeber hat Ansprüche auf Herausgabe des aus der Auftragsausführung Erlangten und auf Rechnungslegung (Art 403), der Beauftragte kann Ersatz seiner Aufwendungen verlangen, soweit sie nicht durch die Vergütung

abgegolten sind (Art 406). Ein separater Schadensersatzanspruch des Beauftragten für zufällige Einbußen an seinen Rechtsgütern bei Auftragsdurchführung ist nicht vorgesehen, doch lässt der Aufwendungsersatzanspruch für eine (analoge) Erfassung von Zufallsschäden *ex causa mandati* Raum. Der Geschäftsherr kann den Auftrag grundsätzlich frei, frist- und formlos widerrufen, der Beauftragte nur aus wichtigem Grund kündigen, Art 414.

Das Recht der **skandinavischen Länder** weist trotz seiner über Jahrhunderte hinweg eigenständigen Entwicklung im Bereich des Auftrags- und Geschäftsbesorgungsrechts nur marginale Struktur- und Wertungsunterschiede zu den übrigen – allerdings untereinander verschiedenen – kontinentalen Rechtsordnungen auf. Auf der Grundlage eines **weiten Geschäftsbesorgungsverständnisses**, das jede entgeltliche und unentgeltliche, rechtsgeschäftliche oder tatsächliche Tätigkeit im Drittinteresse einbezieht (Ring/Olsen-Ring, Einführung in das skandinavische Recht [2. Aufl 2014] Rn 300), folgen alle skandinavischen Länder in ihren Regelungen zu Auftrag und Vollmacht dem **Trennungsprinzip**. Die handelsrechtliche Ausrichtung des Privatrechts der skandinavischen Länder führt freilich zu einer **Vermutung zugunsten der Entgeltlichkeit** des Mandats. Der Rechtsvergleicher stößt auch in den skandinavischen Ländern auf die bekannten **Abgrenzungsschwierigkeiten** zwischen Auftrag/Geschäftsbesorgung und Werk- bzw Dienstvertrag, die auch hier mit den Unterscheidungsmerkmalen angegangen werden, die aus den germanischen und romanischen Rechtsordnungen bekannt sind: Grad der Subordination des Beauftragten, Erfolgs- bzw Tätigkeitsbezogenheit des Handelns, Koppelung des Mandats an die Vertretung. Insgesamt erscheint auch in Skandinavien der Befund unausweichlich: Der Auftragsbegriff ist von Klarheit weit entfernt (vgl auch Hakulinen, in: Schlegelberger/Seth/Wrede/Dix [Hrsg], Zivilgesetze der Gegenwart Bd X, Das Zivilrecht der Nordischen Länder I. Abt Finnland und Schweden [1936] 72). 140

Die Einzelregelungen zu den Rechten und Pflichten der Parteien, namentlich zu den Sorgfalts- und Treuepflichten der Parteien, zu den Pflichten des Beauftragten zur Rechenschaftslegung, Information und Herausgabe des aus der Geschäftsbesorgung Erlangten, zum grundsätzlichen Verbot der Substitution sowie vor allem zur Weisungsgebundenheit, Interessenwahrung und Höchstpersönlichkeit der Geschäftsbesorgung lassen das Auftrags- und Geschäftsbesorgungsrecht Dänemarks, Norwegens, Islands, Schwedens und Finnlands als zwar im Grundsätzlichen **als eng verwandt mit den mitteleuropäischen Rechtsordnungen** erscheinen. Indes kann die Beantwortung konkreter Einzelfragen des Auftrags- bzw Geschäftsbesorgungsrechts – wie in den übrigen kontinentalen Rechtsordnungen – erheblich abweichen. Zu den vielleicht wichtigsten Besonderheiten des skandinavischen Auftrags- und Geschäftsbesorgungsrechts gehören die Regelungen des Ersatzes für Schäden, die der Beauftragte im Rahmen seiner Tätigkeit für den Geschäftsherrn erlitten hat. Hier halten die Juristen vor allem Finnlands und Schwedens streng am **Verschuldensprinzip** fest und versagen eine Erstattung zufälliger Schäden selbst beim unentgeltlichen Auftrag (Hakulinen, in: Schlegelberger/Seth/Wrede/Dix [Hrsg], Zivilgesetze der Gegenwart Bd X, Das Zivilrecht der Nordischen Länder I. Abt Finnland und Schweden [1936] 75). In allen skandinavischen Ländern sind im Übrigen **handelsrechtliche Geschäftsbesorgungsverträge** (zB Kommissions- und Handelsagentenverträge) bekannt, die teilweise in eigenen Gesetzen eine Regelung erfahren haben. 141

8. Rechtsvereinheitlichung – Europäisches Auftrags- und Geschäftsbesorgungsrecht

142 Die europäischen Vereinheitlichungsbemühungen im allgemeinen Privatrecht haben das Auftrags- und Geschäftsbesorgungsrecht – ebenso wie andere besondere Schuldvertragstypen des Privatrechts – bislang ausgespart bzw noch nicht erreicht. In den sog **Lando-Principles**, den *Principles of European Contract Law (PECL)*, die sich ua als vorbereitende Studien für ein Europäisches Vertrags- oder gar Zivilgesetzbuch verstehen, sich freilich bisher auf die Formulierung einer „europäischen" Quintessenz der Regelungen zur Rechtsgeschäftslehre und zum allgemeinen Schuldvertragsrecht in den einzelnen EU-Mitgliedsländern beschränken, kommen Auftrags- und Geschäftsbesorgungsverträge nicht vor (vgl Lando and Beale [eds], Principles of European Contract Law, Part I [Deventer 1995] [original version]; Lando and Beale [eds], Principles of European Contract Law, Parts I and II [Deventer 1999] [consolidated version]; Lando/Clive/Prüm/Zimmermann [eds], Principles of European Contract Law, Part III [Deventer 2003]; vgl dazu Alpa European Review of Private Law 2 [2000] 321; Basedow European Review of Private Law 1 [2001] 35; Berger European Review of Private Law 1 [2001] 21; Grundmann European Review of Private Law 4 [2001] 528; Lando European Review of Private Law 1 [2000] 59; Lando RabelsZ 56 [1992] 261). Allerdings ragen die dortigen Grundsätze zum Stellvertretungsrecht bzw zur *principal-agent-relationship* in das Auftrags- und Geschäftsbesorgungsrecht hinein. Im Bereich der **bankvertragsrechtlichen Überweisungs-, Zahlungs- und Giroverträge** wurde dagegen ein einheitliches europäisches Recht geschaffen, indem man die neuen §§ 675c–676c in Umsetzung des zivilrechtlichen Teils der ersten EU-Zahlungsdiensterichtlinie (vgl Richtlinie 2007/64/EG über Zahlungsdienste im Binnenmarkt v 13. 11. 2007 [ABl EU Nr L 319 S 1 v 5. 12. 2007]) durch das Gesetz zur Umsetzung der Verbraucherkreditrichtlinie, des zivilrechtlichen Teils der Zahlungsdiensterichtlinie sowie zur Neuordnung der Vorschriften über das Widerrufs- und Rückgaberecht vom 29. 7. 2009 (BGBl I 2355) einführte (vgl zur Chronologie der erfolgten Veränderungen im Zahlungsdiensterecht Staudinger/Omlor [2012] Vorbem 1 ff zu §§ 675c–676c). Davor hatte als bisher einziger spezieller Geschäftsbesorgungsvertrag (nicht des allgemeinen Zivilrechts, sondern des Handelsrechts) der **Handelsvertretervertrag** eine weitgehende Vereinheitlichung in den Rechtsordnungen der europäischen Mitgliedsländer erfahren, weil die sog **Handelsvertreterrichtlinie von 1986** (Richtlinie 86/653/EWG zur Koordinierung der Rechtsvorschriften der Mitgliedstaaten betreffend die selbständigen Handelsvertreter v 18. 12. 1986 [ABl EG Nr L 382 S 17 v 31. 12. 1986]) in den nationalen Rechtsordnungen umgesetzt werden musste. Diese Handelsvertreterrichtlinie vereinheitlicht – weithin nach dem deutschen Vorbild der §§ 84 ff HGB – vor allem Bestimmungen zum Schutz des Handelsvertreters. Auf dem Gebiet der **Europa übergreifenden** Rechtsvereinheitlichungsbestrebungen ist auf die von UNIDROIT erstmals im Jahre 1994 veröffentlichten und inzwischen mehrfach aktualisierten *Unidroit Principles of International Commercial Contracts* hinzuweisen, die auch **internationale kommerzielle, handelsrechtliche Geschäftsbesorgungsverhältnisse** erfassen (UNIDROIT – International Institute for the Unification of Private Law, Principles of International Commercial Contracts [Rome 1994]; vgl dazu Bonell [ed], A New Approach to International Commercial Contracts – The Unidroit Principles of International Commercial Contracts, Kluwer International Press [2000]; Perillo 43 Fordham Law Review [1994] 281). Abgesehen von diesen Gesetzesänderungen, die vor allem für internationale Geschäftsbesorgungsverhältnisse und auch insoweit nur vereinzelt Bedeutung erlangen können, kann von einer durchgreifenden internatio-

nalen oder auch nur europäischen Rechtsvereinheitlichung auf dem Gebiet des Kerns des Auftrags- und Geschäftsbesorgungsrechts noch keine Rede sein.

VIII. Auftrag und Geschäftsbesorgungsvertrag im Internationalen Privatrecht

Schrifttum

Beitzke, Das anwendbare Recht beim Handelvertretervertrag, DB 1961, 528
Bräutigam, Franchise-Verträge im deutschen internationalen Privatrecht, WiB 1997, 897
Campbell, International Franchising Law (1997)
Detzer, Ausländisches Recht der Handelsvertreter und Vertragshändler (1997)
Ebenroth, Kollisionsrechtliche Anknüpfung der Vertragsverhältnisse von Handelsvertretern, Kommissionsagenten, Vertragshändlern und Handelsmaklern, RIW 1984, 165
Emde, Handelsvertreterrecht – Relevante Vorschriften bei nationalen und internationalen Verträgen, MDR 2002, 190
Ferid, Internationales Handelvertreterrecht im Lichte der deutsch-österreichischen Rechtsbeziehungen, AWD 1964, 197
Gamillscheg, Rechtswahl, Schwerpunkt und mutmaßlicher Parteiwille im internationalen Vertragsrecht, AcP 157 (1958/59) 303
Gunst, Die charakteristische Leistung: zur funktionellen Anknüpfung im internationalen Vertragsrecht Deutschlands, der Schweiz und der Europäischen Gemeinschaft (1994)
Kindler, Zur Anknüpfung von Handelsvertreter- und Vertragshändlerverträgen im neuen bundesdeutschen IPR, RIW 1987, 660
Kränzlin, Das deutsche internationale Handelsvertreterrecht im Rechtsverkehr mit den USA, ZVglRWiss 83 (1984) 257
E Lorenz, Die Auslegung schlüssiger und ausdrücklicher Rechtswahlerklärungen im internationalen Schuldvertragsrecht, RIW 1992, 697
H Maier, Der Ausgleichsanspruch des Handelsvertreters und Eigenhändlers und der ordre public, NJW 1958, 1327
Martiny, Zustandekommen von Gerichtsstandsvereinbarungen und stillschweigende Rechtswahl bei Vertragshändlerverträgen, AWD 1972, 165
ders, Zum Provisions- und Ausgleichsanspruch des New Yorker Agenten, IPRax 1981, 118
Sandrock, Zur ergänzenden Vertragsauslegung im materiellen und internationalen Schuldvertragsrecht (1966)
Schlemmer, Kollisions- und sachenrechtliche Fragen beim Franchising, IPRax 1988, 252
Steinle, Konkludente Rechtswahl und objektive Anknüpfung nach altem und neuem deutschen Internationalen Vertragsrecht, ZVglRW 93 (1994) 300
Sura, Die Anknüpfung des internationalen Handelsvertretervertrages, DB 1981, 1269
Vischer/Huber/Oser, Internationales Vertragsrecht (2. Aufl 2000)
Wengler, Zum IPR des Handelsvertretervertrages, ZHR 146 (1982) 30
Wildhaber, Franchising im internationalen Privatrecht (1991).

1. Überblick

Für grenzüberschreitende Verträge stellt sich häufig die Frage, ob das deutsche Auftrags- und Geschäftsbesorgungsrecht anwendbar ist oder ob die entsprechenden Rechtsnormen eines **ausländischen Rechtssystems** einschlägig sind. Ausgangspunkt zur Beantwortung dieser Frage sind die **Kollisionsnormen** des internationalen Privatrechts, die in dem Staat gelten, in dem ein Gericht mit dem Rechtsstreit befasst ist. Nach dieser *lex fori* bestimmt sich der Erfüllungsort, an dem aus Verträgen folgende Ansprüche – also auch Ansprüche aus Geschäftsbesorgungsbeziehungen **143** und Aufträgen – eingeklagt werden können (BGH WM 2003, 2157 = MDR 2003, 1007 = NJW-RR 2003, 2157). Für ein deutsches Gericht bestimmt sich das auf ein Auftrags- oder Geschäftsbesorgungsverhältnis anwendbare Recht nach der **Rom I-VO** (Verordnung [EG] Nr 593/2008 über das auf vertragliche Schuldverhältnisse anzuwendende Recht v 17. 6. 2008 [ABl EU Nr L 177 S 6 v 4. 7. 2008]).

144 Die Schlüsselnormen im europäischen internationalen Privatrecht hierzu sind Art 3 und 4 Rom I-VO. Maßgeblich ist danach in erster Linie eine von den Parteien getroffene **Rechtswahl** (Art 3 Rom I-VO). Nur wenn es hieran fehlt, kommt die Regelung in Art 4 Rom I-VO zur Anwendung. Vorrangig bedarf es dabei einer Untersuchung, ob der Vertrag von dem Katalog in Art 4 Abs 1 Rom I-VO erfasst ist. Spezialregelungen bestehen insbesondere für Dienstleistungs- (lit b), Franchise- (lit e) und Vertriebsverträge (lit f). Stets bedarf es dabei einer **supranational-autonomen Auslegung** der Rechtsbegriffe im Lichte des jeweiligen Sekundärrechtsakts. Für nicht vom Katalog aus Abs 1 erfasste Verträge gilt die Auffangregelung in Art 4 Abs 2 Rom I-VO, wonach das Recht desjenigen Staates anzuwenden ist, in dem die Partei, welche die vertragscharakteristische Leistung erbringt, ihren gewöhnlichen Aufenthalt hat. Im Falle einer offensichtlich engeren Verbindung zum Recht eines anderen Staates kann von Art 4 Abs 1 und 2 Rom I-VO abgewichen werden (Art 4 Abs 3 Rom I-VO).

145 Das Regelungssystem der Art 3 f Rom I-VO teilt die Ermittlung des international anwendbaren Rechts in eine **zweistufige Prüfung** ein. Auf der ersten Stufe ist nach einer **Bestimmung durch die Parteien** zu suchen. Auf der zweiten Stufe wird der Vertrag nach seiner **charakteristischen Prägung** dem Rechtskreis eines der beteiligten Länder zugewiesen, wobei vorrangig auf den Katalog in Art 4 Abs 1 Rom I-VO abzustellen ist. Während die Schwierigkeit auf der ersten Stufe vor allem darin liegt, eine unter Umständen vorliegende **konkludente Rechtswahl** herauszufinden, liegt der Schwerpunkt auf der zweiten Stufe auf der Analyse des Vertrages, seiner vertragstypologischen Qualifizierung und schließlich auf der Zuordnung zum Rechtskreis eines der beteiligten Staaten.

2. Auftrag

146 Da der Auftrag unentgeltlich ist, unterliegt er nicht dem Begriff des Dienstleistungsvertrages aus Art 4 Abs 1 lit b Rom I-VO (BeckOGK BGB/Köhler [Stand: 1. 7. 2016] Art 4 Rom I-VO Rn 426; **aA** Staudinger/Magnus [2016] Art 4 Rom I-VO Rn 40). Vielmehr gilt für ihn **Art 4 Abs 2 Rom I-VO**, sodass das Recht des Staates anzuwenden ist, in welchem der **Auftragnehmer** als Erbringer der charakteristischen Leistung seinen **gewöhnlichen Aufenthalt** hat.

3. Geschäftsbesorgungsvertrag

147 Von praktischer Bedeutung im internationalen Rechtsverkehr sind aus dem Bereich der §§ 662 ff allein die entgeltlichen Geschäftsbesorgungsverträge. Insbesondere im Bereich der Vertragsformen des Bank- und des Vertriebsrechts, aber auch des Transportrechts und anderer Formen moderner wirtschaftlicher Kooperation kommt ihnen herausragende Bedeutung zu.

Für Geschäftsbesorgungsverträge gilt nach der Regel des Art 4 Abs 1 lit b Rom I-VO das Recht am Sitz **des zur Geschäftsbesorgung Verpflichteten** (Staudinger/Magnus [2016] Art 4 Rom I-VO Rn 378). Er erbringt die charakteristische Leistung (BGH WM 2003, 2157 = MDR 2003, 1007 = NJW-RR 2003, 2157). Der Begriff des Dienstleistungsvertrags in Art 4 Abs 1 lit b Rom I-VO ist autonom auszulegen und erfasst auch den Geschäftsbesorgungsvertrag im Sinne des BGB (Staudinger/Magnus [2016] Art 4 Rom I-VO Rn 376). Typische Fälle hierfür sind Vermögensverwaltungsverträge, Grundstücksverwaltungsverträge, Beratungsverträge und Consulting-Verträge. Die Prägung einer Geschäftsbesorgungsbeziehung liegt gerade in der **Interessenwahrungspflicht des Geschäftsbesorgers**. Das vom Geschäftsherrn zu erbringende Entgelt besitzt demgegenüber keinen kennzeichnenden Charakter. Der Vertrag unterliegt damit grundsätzlich in allen Teilen dem Recht dieses Staates, auch wenn es nicht das Recht eines Mitgliedstaates ist (Art 2 Rom I-VO). Auch hinsichtlich der Gegenleistung des Geschäftsherrn sowie etwaiger Nebenleistungspflichten des Geschäftsbesorgers ist das Recht anzuwenden, das sich über Art 4 Abs 1 lit b Rom I-VO ergibt. **148**

Treuhandverträge unterfallen regelmäßig dem Begriff des Dienstleistungsvertrags in Art 4 Abs 1 lit b Rom I-VO (Staudinger/Magnus [2016] Art 4 Rom I-VO Rn 396). Die Treuhandbeziehung ist in aller Regel maßgeblich durch eine Interessenwahrungspflicht des Treuhänders gekennzeichnet und mithin als Geschäftsbesorgungsverhältnis einzustufen. Der BGH hatte in diesem Zusammenhang insbesondere auch den Ersterwerb von Investmentanteilen als Geschäftsbesorgungsverhältnis eingestuft und damit den Weg zur Anwendung von Art 29 EGBGB aF bereitet (BGHZ 123, 380 = NJW 1994, 262 = WM 1994, 14 = ZIP 1993, 1881 = MDR 1994, 248 = JZ 1994, 363 = DB 1994, 669 = JR 1995, 14). Diese Judikatur lässt sich auf Art 4 Abs 1 lit b Rom I-VO übertragen. **148a**

Problematisch gestaltet sich die Lage nur dann, wenn keine „reine" Geschäftsbesorgungsbeziehung gegeben ist. Im Bereich moderner wirtschaftsrechtlich strukturierter Geschäftsbeziehungen steht nicht immer die Interessenwahrungspflicht einer Vertragspartei allein im Mittelpunkt. Es finden sich vielmehr Modelle, die mit einer Kombination geschäftsbesorgungsrechtlicher Elemente mit Elementen aus anderen Vertragstypen arbeiten und sich zudem auf der Gegenleistungsseite nicht auf eine bloße Entgeltzahlung beschränken. Vor allem im Bereich der **Netzverträge**, bei denen es zu einer Verknüpfung von mehr als zwei Vertragsparteien durch ein Netzwerk von Verträgen kommt, bereitet die Anwendung des auf zweiseitige Vertragsbeziehungen zugeschnittenen Regelungssystems der Art 3 f Rom I-VO Schwierigkeiten. Als Lösungsweg blieb letztlich unter Geltung von Art 28 Abs 1 S 2 EGBGB aF – soweit sich ein Schwerpunkt des Vertragswerkes auch unter Berücksichtigung des insgesamt verfolgten Zwecks nicht ermitteln lässt – nur die Aufspaltung in einzelne zweiseitige Beziehungen. Das unerfreuliche Ergebnis konnte danach die **Anwendung unterschiedlicher Rechtsordnungen auf verschiedene Vertragselemente** sein *(dépeçage)*. Seit dem Inkrafttreten der Rom I-VO ist eine solche objektive Vertragsspaltung durch das angerufene Gericht hingegen grundsätzlich unzulässig (Staudinger/Magnus [2016] Art 4 Rom I-VO Rn 96). Ausnahmen bestehen lediglich bei einer entsprechenden Parteivereinbarung oder bei mehreren miteinander gekoppelten Verträgen (Staudinger/Magnus [2016] Art 4 Rom I-VO Rn 96), wie sie bei Netzverträgen vorliegen können. **149**

4. Verbraucherverträge

150 Eine vom Grundmuster des Art 4 Rom I-VO abweichende Regelung findet sich für Verträge, an denen Verbraucher beteiligt sind, in Art 6 Rom I-VO. Die Regelung nach Abs 1 der Vorschrift ordnet für die dort legaldefinierten Verbraucherverträge die Anwendung des Rechtes an, an dem **der Verbraucher seinen gewöhnlichen Aufenthalt** hat (zu den Einzelheiten vgl Staudinger/Magnus [2016] Art 6 Rom I-VO). Eine Ausnahme besteht insbesondere, wenn die Dienstleistung ausschließlich in einem anderen Staat als dem Aufenthaltsstaat des Verbrauchers erbracht werden soll (Art 6 Abs 4 lit a Rom I-VO).

5. Einzelne Vertragsarten

151 Ein Anwendungsschwerpunkt für die Frage nach dem international einschlägigen Recht liegt für Geschäftsbesorgungsverträge im Bereich des **privaten Baurechts** (vgl eingehend Staudinger/Magnus [2016] Art 4 Rom I-VO Rn 348 ff). Während für den Baubetreuungsvertrag das Recht am Sitz des Baubetreuers gilt und bei den Bauherrengemeinschaften und Bauherren-Modellen das Recht am Sitz des Treuhänders maßgeblich ist, kommt es beim Bauträgervertrag auf den Ort, an dem das Grundstück belegen ist, an (Art 4 Abs 3 Rom I-VO). In der Regel „kauft" der Bauwillige gleichsam das Bauwerk mit Grundstück. Das steht in Einklang damit, dass der Bauträger bereits beim Bau die Wünsche des Bauwilligen berücksichtigt und den Bau durch dessen Vorauszahlungen finanziert. Die vertragstypische Leistung wird mithin dort erbracht, wo das Bauwerk entsteht.

152 Ein weiteres wichtiges Anwendungsfeld bilden die Beratungsverträge. Hierzu zählen nicht zuletzt die **Management- und Consultingverträge** (vgl Staudinger/Magnus [2016] Art 4 Rom I-VO Rn 388 ff), für die grundsätzlich Art 4 Abs 1 lit b Rom I-VO gilt und damit das Recht am Sitz des Managementnehmers bzw Consultant anzuwenden ist. Auch der **Rechtsberatungsvertrag** ist ein Dienstleistungsvertrag iSd Art 4 Abs 1 lit b Rom I-VO, sodass er – vorbehaltlich einer Verbraucherbeteiligung nach Art 6 Rom I-VO – mangels Rechtswahl dem Recht am Kanzleiort des Anwalts unterliegt (Staudinger/Magnus [2016] Art 4 Rom I-VO Rn 301 mwNw). Der **Niederlassungsort** ist selbst dann maßgeblich, wenn der Anwalt an einem anderen Ort tätig wird (so die st Rspr, vgl etwa BGH NJW 1982, 2733 = WM 1982, 1132). Der Schwerpunkt der anwaltlichen Tätigkeit liegt in der **Beratung**, nicht auf dem nur einen recht kleinen Teil der gesamten Tätigkeit ausmachenden **Auftreten vor Gericht**. Gleiches gilt regelmäßig auch für ausländische Anwälte, die in Deutschland tätig werden. Sind **mehrere Niederlassungen** gegeben, muss man auf den Ort abstellen, von dem aus die Bearbeitung des in Rede stehenden Mandates überwiegend erfolgt (Staudinger/Magnus [2016] Art 4 Rom I-VO Rn 302).

6. Handelsvertretervertrag

153 Besondere Schwierigkeiten bereitet die Anwendung von Art 28 EGBGB auf den Handelsvertretervertrag. Problematisch ist in diesem Zusammenhang zunächst, ob Rechtswahlvereinbarungen der Parteien im Bereich des Handelsvertreterrechts besonderen Einschränkungen unterliegen (Staudinger/Magnus [2016] Art 4 Rom I-VO Rn 336). Fraglich erscheint insbesondere, ob **§ 92c HGB als Kollisionsnorm** zu ver-

stehen ist, die ein Abweichen von gesetzlichen Schutzvorschriften nur bei einer Tätigkeit des Handelsvertreters in einem der genannten Staaten gestattet. Nach richtiger Ansicht stellt § 92c HGB indes eine **Sachnorm** dar, die ihrerseits nur Wirkung entfaltet, wenn zuvor die Anwendbarkeit deutschen Rechts bestimmt wurde (BGH NJW 1961, 1061 = MDR 1961, 496).

Der Handelsvertretervertrag ist ein **Dienstleistungsvertrag iSd Art 4 Abs 1 lit b Rom I-VO** und unterliegt nicht der Sonderregelung für Vertriebsverträge in Art 4 Abs 1 lit f Rom I-VO (Staudinger/Magnus [2016] Art 4 Rom I-VO Rn 333; MünchKomm/Martiny[6] Art 4 Rom I-VO Rn 140). Art 4 Abs 1 lit f Rom I-VO spricht von einem „Vertriebshändler", der anders als der Handelsvertreter in eigenem Namen und auf eigene Rechnung tätig wird. Da der Handelsvertreter die vertragstypische Leistung erbringt, wäre auch nach Art 4 Abs 2 Rom I-VO das Recht des Staates anwendbar, in welchem der **Handelsvertreter seinen gewöhnlichen Aufenthalt** hat. Auch wenn der Niederlassungsort des Handelsvertreters und sein Tätigwerden in unterschiedlichen Gebieten liegen, bleibt es grundsätzlich bei der Regel aus Art 4 Abs 1 lit b Rom I-VO (ebenso zur früheren Rechtslage Emde MDR 2002, 190, 194). 154

Nur in Ausnahmefällen lässt sich über Art 4 Abs 3 Rom I-VO abweichenden Umständen des Einzelfalls Rechnung tragen. Auch bei komplexen Vertriebsorganisationen kann nicht automatisch auf den **Sitz des Vertriebskopfes** abgestellt werden (anders noch zur früheren Rechtslage Staudinger/Martinek [2006] Vorbem 156 zu §§ 662 ff). Zwar hat der Prinzipal ein Interesse an einer **Uniformität der einzelnen Rechtsbeziehungen innerhalb des Vertriebssystems**. Zugleich profitiert das gesamte System und damit auch die Gesamtheit aller beteiligten Absatzmittler an einer einheitlichen Rechtsanwendung. Auf diesem Wege lässt sich die für ein dauerhaftes Funktionieren erforderliche Stabilität der Vertriebsorganisation rechtlich absichern. Wegen der typischen Einbindung von Handelsvertretern und sonstigen Vertriebsmittlern in eine Vertriebsorganisation entstünde ansonsten ein unüberwindbarer Widerspruch zu den gesetzlichen Wertungen aus Art 4 Abs 1 lit d und f Rom I-VO. Um ein einheitliches Rechtsregime für ein grenzüberschreitendes Vertriebssystem sicherzustellen, ist eine **Rechtswahl** nach Art 3 Rom I-VO **ratsam**. Nur wenn im Einzelfall besondere Umstände über die Einbindung in eine Vertriebsorganisation hinaus gegeben sind, lässt sich eine Anwendung von Art 4 Abs 3 Rom I-VO rechtfertigen. 155

7. Franchisevertrag

Für den Franchisevertrag – der nach richtiger Ansicht in vielen Konstellationen einen Geschäftsbesorgungsvertrag darstellt – war unter Geltung von Art 28 EGBGB aF streitig, an welchem Ort bei Fehlen einer Rechtswahl anzuknüpfen war. Teils wurde die selbstständige Aktivität des Franchisenehmers – die etwa im Vertrieb von Waren liegen kann – als charakteristische Leistung betrachtet. Teils sah man die Leistungen des Franchisegebers als prägend an. Die Zentrale des Franchisegebers stehe im Mittelpunkt des Absatzsystems des Franchisings. Insbesondere sei er anders als die Franchisenehmer nicht austauschbar. Eine vermittelnde Auffassung sah von einer generellen Anknüpfung völlig ab und nimmt mit Blick auf die Vielfalt der franchiserechtlichen Gestaltungsformen jeweils eine Zuordnung im Einzelfall vor (so Soergel/vHoffmann[12] Art 28 EGBGB Rn 275). Durch die ausdrückliche Neuregelung in **Art 4 Abs 1 lit f Rom I-VO** ist dieser Meinungsstreit weitgehend gegenstandslos 156 geworden und zugunsten einer regelmäßigen Anknüpfung an das Recht des Staates, in dem der **Franchisenehmer seinen gewöhnlichen Aufenthalt** hat, entschieden worden. Für eine Einzelfallbetrachtung ist nur im Rahmen von Art 4 Abs 3 Rom I-VO Raum.

Untertitel 1
Auftrag

§ 662
Vertragstypische Pflichten beim Auftrag

Durch die Annahme eines Auftrags verpflichtet sich der Beauftragte, ein ihm von dem Auftraggeber übertragenes Geschäft für diesen unentgeltlich zu besorgen.

Materialien: E I 585; II 593; III § 649; Mot II 525–530; Prot II 351, 352.

Schrifttum

S die Nachweise zu den Vorbem zu §§ 662 ff.

Systematische Übersicht

Alphabetische Übersicht

I. Rechtsnatur, Abgrenzung und Bedeutung des Auftrags

1. Terminologische Vorfragen

1 Der Auftrag im Rechtssinn der §§ 662 ff ist **ein Vertrag, der auf die Übernahme einer unentgeltlichen Geschäftsbesorgung** durch einen Beauftragten für einen Auftraggeber gerichtet ist. Dies lässt sich aus § 662 als der „Kopfnorm" des Auftragsrechts allerdings nur mit juristisch geschultem Blick herauslesen. Das Gesetz legt hier – ebenso wie in § 663 – bei der Verwendung des Ausdrucks nämlich nicht den Rechtsbegriff des Auftrags iS des **Auftragsvertrags** zugrunde, sondern sieht – ebenso wie der allgemeine Sprachgebrauch – schon das Angebot des Auftraggebers an den Beauftragten zum Abschluss eines Auftragsvertrags als „Auftrag" an. Genau besehen, bedient sich das BGB in den §§ 662 ff des Ausdrucks „Auftrag" **in einem doppelten Sinne**. Zunächst bezeichnet es – wie in den §§ 662, 663 – als „Auftrag" die einseitige Willenserklärung, durch die jemand einen anderen auffordert, für ihn unentgeltlich ein Geschäft zu besorgen, also das Auftragsangebot. Dieser „Auftrag" hat – *notabene* – keine den Beauftragten zur Tätigkeit verpflichtende Wirkung; eine Verpflichtung, dem Auftraggeber mitzuteilen, dass er den erteilten „Auftrag" ablehnt, trifft ihn nur unter den Voraussetzungen des § 663. Der „Auftrag" im rechtstechnischen Sinne (richtiger: Auftragsvertrag) ist dagegen der Vertrag, in dem jemand (der Beauftragte) sich verpflichtet, ein ihm von einem anderen (dem Auftraggeber) übertragenes Geschäft für diesen unentgeltlich zu besorgen. In diesem Sinne des Auftragsvertrags wird der Begriff Auftrag zB in den §§ 671–674 gebraucht. Daneben bedient sich aber der gewöhnliche Sprachgebrauch des Ausdrucks „Auftrag" vielfach auch da, wo Leistungen gegen Entgelt in Frage stehen, wie etwa beim Dienstvertrag, Werkvertrag oder Maklervertrag. In diesem Sinne wird der Ausdruck „Auftrag" auch von der BRAO (§§ 44, 50 Abs 2, 51) für das Verhältnis zwischen Partei und Anwalt, von der ZPO (§§ 193, 194, 753) für das öffentlich-rechtliche Verhältnis zwischen Gläubiger und Gerichtsvollzieher oder im Bank- und Börsenrecht für

Aufträge zu Börsengeschäften herangezogen. Im bargeldlosen Zahlungsverkehr spricht man seit der Gesetzesänderung im Jahre 2009 (vgl Vorbem 2 zu §§ 662 ff) nicht mehr vom „Überweisungsauftrag", sondern von einem „Geschäftsbesorgungvertrag, der die Erbringung von Zahlungsdiensten" zum Gegenstand hat (§ 675c Abs 1) oder vom Zahlungsdienstevertrag (§ 675f Abs 1). Doch auch in den neuen Regelungen findet man den Ausdruck „Auftrag", zB in §§ 675n ff, in denen vom „Zahlungsauftrag" die Rede ist. Soweit der Begriff „Auftrag" iS von „Weisung", „Befehl", etwa des Dienstberechtigten an den Dienstverpflichteten oder iS von Warenbestellungen, „Orders" verwendet wird, hat er mit dem juristischen „Auftrag" der §§ 662 ff nichts zu tun. Im Wirtschaftsleben wird unter einem „Auftrag … fast nie der Auftrag des BGB verstanden" (so Fikentscher/Heinemann, SchR [10. Aufl 2006] Rn 1246).

2. Subordinationscharakter

Wie vorstehend ausführlich dargelegt (vgl dazu Vorbem 23 ff, insbes 28 ff zu §§ 662 ff), ist 2
der Auftrag **rechtsstrukturell** als **Prototyp der Subordinationsverträge** zu verstehen, die auf eine fremdnützige und weisungsgebundene Interessenwahrung gerichtet und durch ein **besonderes Vertrauensverhältnis** geprägt sind. Da Gegenstand des Auftrags, dh die dem Beauftragten übertragene Geschäftsbesorgung, jede nicht unerlaubte fremdnützige Tätigkeit sein kann, gilt im Auftragsrecht der §§ 662 ff der sog **weite Geschäftsbesorgungsbegriff** (vgl dazu Vorbem 7 ff, insbes 17 u 22 zu §§ 662 ff). Der Gegenstand des Auftrags stimmt daher insoweit mit dem möglichen Gegenstand eines Dienst- oder Werkvertrags überein. Er unterscheidet sich von den koordinationsrechtlichen **Dienst- und Werkverträgen** aber durch seinen Subordinationscharakter sowie durch seine Unentgeltlichkeit. Nur im weiteren Sinne kann man, was allerdings wenig hilfreich ist, den Auftrag zu den Dienstleistungsverträgen zählen (so Esser/Weyers, SchuldR BT Teilb 1 [8. Aufl 1998] § 27 I). Den Subordinationscharakter teilt der unentgeltliche Auftrag zwar mit dem **entgeltlichen Geschäftsbesorgungsvertrag** des § 675 Abs 1, doch unterscheidet er sich von diesem nicht nur durch seine Unentgeltlichkeit, sondern auch durch einen anderen Begriff der Geschäftsbesorgung. Denn ein Dienst- oder Werkvertrag auf Geschäftsbesorgung (entgeltlicher Geschäftsbesorgungsvertrag) liegt nach dem hier geltenden **engen Geschäftsbesorgungsbegriff** nur vor bei einer selbständigen Tätigkeit wirtschaftlicher Art, die in der Wahrung der Vermögensinteressen des Geschäftsherrn besteht (vgl dazu Vorbem 7 ff, insbes 17 und 22 zu §§ 662 ff).

3. Unvollkommen zweiseitiger Vertrag

Der Auftrag im Rechtssinne des Auftragsvertrags der §§ 662 ff ist **seiner Rechtsnatur** 3
nach ein unvollkommen zweiseitiger (iSv „zweiseitig verpflichtender") Vertrag *(contractus inadaequalis bilateralis)*. Zwar verpflichtet sich der Beauftragte zur Ausführung des Auftrags, doch trifft den Auftraggeber wegen der Unentgeltlichkeit des Auftrags keine Gegenleistungspflicht. Der Auftraggeber ist nur im Falle von Aufwendungen, die der Beauftragte zur Auftragsausführung tätigt, zum Ersatz dieser Aufwendungen, und auf Verlangen des Beauftragten schon vorher zur Vorschusszahlung verpflichtet. Ihn trifft damit nur *eventualiter* eine Pflicht gegenüber dem Beauftragten, die im Übrigen nicht in einem synallagmatischen Gegenseitigkeitsverhältnis des *do ut des* bzw des *quid pro quo* steht. Auch die Vereinbarung einer besonderen Art des Aufwendungsersatzes nach § 670 ändert nichts an der Unent-

geltlichkeit des Auftrags, solange es nur um einen Ausgleich der Vermögenseinbußen des Beauftragten geht. Vorstellbar ist allerdings die nachträgliche Umwandlung eines unentgeltlichen Auftrags- in ein entgeltliches Geschäftsbesorgungsverhältnis bei Zuwendungen des Auftraggebers an den Beauftragten nach Vertragsschluss (vgl dazu RGZ 72, 191; RGZ 74, 142). Der Auftragsvertrag nach §§ 662 ff ist aber mangels einer Gegenleistungspflicht des Auftraggebers **kein gegenseitiger (dh gegenseitig verpflichtender) Vertrag** im Sinne der §§ 320 ff (BGHZ 15, 102, 105). Für Leistungsstörungen auf Seiten des Beauftragten wie des Auftraggebers gelten daher die §§ 275 ff, nicht aber die §§ 320 ff (Fikentscher/Heinemann, SchR [10. Aufl 2006] Rn 1244). Der Aufwendungsersatzanspruch des Beauftragten nach § 670 ist kein Entgelt für die Verpflichtung zur sorgfältigen Ausführung des Auftrags (BGHZ 15, 102, 105); er soll lediglich verhindern, dass der Beauftragte durch die Ausführung des Auftrags eine Vermögenseinbuße erleidet. Noch weniger ist der nicht einmal einklagbare und auf den Aufwendungsersatz anzurechnende Vorschuss nach § 669 ein Entgelt. Die Verpflichtungen, die sich aus einem wirksamen Auftrag für den Auftraggeber ergeben können, aber nicht müssen, so die Vorschusspflicht (§ 669) und die Verpflichtung zum Aufwendungsersatz (§ 670), gehören nicht zum Begriff des Auftrags, sondern sind Folge des durch Erteilung und Annahme des Auftrags entstehenden Schuldverhältnisses.

4. Unentgeltlichkeit

4 Die Unentgeltlichkeit des Auftrags ist „wie bei der Schenkung im strengen Sinne zu verstehen: auch ein geringes Entgelt ist ein Entgelt" (so Fikentscher/Heinemann, SchR [10. Aufl 2006] Rn 1246). Der Auftrag teilt seine Unentgeltlichkeit mit anderen Rechtsverhältnissen, lässt sich aber von solchen durchaus abgrenzen. Die **Leihe** nach § 598 hat lediglich eine unentgeltliche Gebrauchsüberlassung zum Inhalt. Hierin liegt eine bloße Leistung an den Entleiher, nicht auch eine Tätigkeit für ihn (vgl RGZ 151, 206). Von der unentgeltlichen **Verwahrung** nach §§ 688, 690 unterscheidet sich der Auftrag dadurch, dass sich die Pflicht des Verwahrers in der Verwahrungspflicht erschöpft, während den Gegenstand des Auftrags eine weitergehende Tätigkeit des Beauftragten bildet (vgl Oertmann, BGB-Komm [5. Aufl 1929] Vorbem 4 b vor § 662 und Vorbem 6 b vor § 688; BayObLGZ 13, 548; SeuffA 45 Nr 14; RGZ 126, 79). In der Annahme des Auftrags liegt auch **keine Schenkung und kein Schenkungsversprechen**. Der Beauftragte nimmt keine unentgeltliche Zuwendung in das Vermögen des Auftraggebers vor, sondern stellt nur seine Arbeitsleistung ohne Entgelt zur Verfügung.

5 Wird zwischen den Vertragsparteien eine Vergütung – und sei es auch nur stillschweigend – vereinbart, dann kann niemals ein Auftrag nach §§ 662 ff vorliegen. Dies ist vor allem bei der Vereinbarung von Diensten ohne ausdrückliche Entgeltregelung zu beachten, wenn die Dienste zum Beruf oder Gewerbe des Leistenden gehören (vgl §§ 612, 632, 653, 689 BGB und § 354 HGB). Ein Verwandtschaftsverhältnis allein spricht nicht schon für die Unentgeltlichkeit der Dienstleistungen. Wird von den Parteien die Möglichkeit der Vergütung seitens eines Dritten offen gelassen, dann schließt dies die Unentgeltlichkeit des Vertrags nicht aus (RG WarnR 1915 Nr 168). Eine nachträgliche Vergütung ändert zunächst die rechtliche Natur des Auftrags nicht (Prot II 352; RGZ 72, 190; RGZ 74, 139). Eine ohne rechtliche Verpflichtung hierzu gewährte Vergütung kann in Ausnahmefällen als remuneratorische Schenkung nach § 534 anzusehen sein, sodass Rückforderung und Widerruf aus-

scheiden (ebenso PLANCK, BGB [1./2. Aufl 1900] § 662 Anm 4; einschränkend OERTMANN, BGB-Komm [5. Aufl 1929] Vorbem Anm 2b). Voraussetzung eines Auftrags ist aber immer eine – und sei es auch nur stillschweigende – Einigung über die Unentgeltlichkeit. Ob das Versprechen eines Trinkgeldes oder einer einmaligen Gratifikation als verpflichtende Zusage oder von dem Belieben des Versprechenden abhängige Belohnung aufzufassen ist, hängt von den Umständen ab. Regelmäßig wird das Letztere anzunehmen sein. In diesem Falle wird das Vorliegen eines Auftrags durch das Trinkgeldversprechen nicht ausgeschlossen.

5. Gefälligkeitsvertrag und bloßes Gefälligkeitsverhältnis

Der Auftrag begründet wegen seiner Unentgeltlichkeit einen Gefälligkeitsvertrag. 6
Er ist von bloßen Gefälligkeitsverhältnissen wie rein gesellschaftlichen Zusagen oder Gefälligkeiten des täglichen Lebens abzugrenzen, bei denen ein Rechtsbindungswille fehlt. Der Auftrag kommt nur bei einem **beiderseitigen Rechtsbindungswillen** zustande (BGHZ 21, 102; BGHZ 56, 204); es genügt also nicht der Rechtsbindungswille allein des Beauftragten, sondern der Auftraggeber muss auch bereit sein, die rechtsgeschäftliche Verpflichtung des Beauftragten entgegenzunehmen.

Die Abgrenzung zwischen einem Gefälligkeitsvertrag und einem bloßen Gefällig- 7
keitsverhältnis, die sich im Einzelfall nach objektiven Beurteilungskriterien bemisst (BGHZ 56, 204, 210), kann bisweilen schwierig, aber auch unerlässlich sein. Liegt nämlich kein Auftrag, sondern ein **Gefälligkeitsverhältnis** vor, findet keine vertragliche, sondern nur eine deliktische Haftung für Fehlverhalten nach dem Recht der unerlaubten Handlungen und den Regeln der spezialgesetzlichen Gefährdungshaftung statt. Die einschneidenden systematischen Unterschiede zwischen vertraglicher Haftung bei „echten" Gefälligkeitsverträgen und deliktischer Haftung bei „bloßen" Gefälligkeitsverhältnissen können auch nicht dadurch eingeebnet werden, dass man sämtliche Gefälligkeitsverhältnisse unter die Kategorie eines gesetzlichen Schuldverhältnisses ohne Erfüllungsanspruch zu bringen versucht (so aber SCHWERDTNER NJW 1971, 1673, 1676). Denn die Rechtsordnung muss auch solchen Formen des sozialen Kontakts Rechnung tragen, bei denen sich die Beteiligten weder in besonderer Weise rechtlich binden wollen noch sich zwischen ihnen ein besonderes Vertrauensverhältnis (im Rahmen von Vertragsverhandlungen oder sonst durch geschäftlichen Kontakt, vgl §§ 241 Abs 2, 311 Abs 2) herausgebildet hat. Insoweit muss es bei einer Haftung des bloß Gefälligen aus Delikt oder nach den Grundsätzen der Gefährdungshaftung verbleiben. Der Grad des Verschuldens, für den der Gefällige haftet, bestimmt sich nach den Umständen des Einzelfalls (BGHZ 21, 102), wobei die Art der Gefälligkeit und ihre Bedeutung für den Empfänger zu berücksichtigen sind. Die allen Gefälligkeitsverhältnissen eigentümliche Unentgeltlichkeit genügt, wie die Haftung des Beauftragten für jede Fahrlässigkeit zeigt, für sich allein nicht, um allgemein eine Milderung des Haftungsmaßstabs des Gefälligen anzunehmen (s noch u Rn 41 ff).

Ein starkes **Indiz für einen Rechtsbindungswillen** sind erkennbare **wirtschaftliche** 8
Interessen des Auftraggebers an der Tätigkeit des Beauftragten (BGHZ 56, 210; BGHZ 93, 795; BGH MDR 2012, 952). Hieran fehlt es, wenn die Ausübung einer politischen Widerstandstätigkeit übernommen wird, mögen dabei auch bestimmte Auslagen ersetzt werden (BGHZ 56, 204). Ein Rechtsbindungswille des Beauftragten darf aber

nicht schon deshalb bezweifelt oder gar verneint werden, weil er unentgeltlich das Interesse eines anderen wahrnimmt. Denn das Gesetz hat ja gerade Unentgeltlichkeit zum Begriffsmerkmal des Auftragsvertrags erhoben. Entscheidend ist vielmehr, ob der Auftraggeber annehmen konnte und durfte, dass der Beauftragte nach dem Inhalt seiner Erklärung eine Rechtspflicht zur sorgfältigen Ausführung der ihm anvertrauten Tätigkeit übernehmen will (Larenz, SchuldR II/1 [13. Aufl 1986] § 56 I). Dabei ist zu beachten, dass der Beauftragte trotz Unentgeltlichkeit für jede Sorgfalt haftet (s dazu u Rn 41 ff). Daher ist vielfach besonders prüfungsbedürftig, ob die Überbürdung des Schadensersatzrisikos für den Handelnden zumutbar ist und nicht seinen Rechtsbindungswillen in Frage stellt (BGH NJW 1992, 498). Der Rechtsbindungswille ist zu bejahen, wenn jemand sich bereit erklärt, nicht ganz unbedeutende wirtschaftliche oder rechtliche Interessen eines anderen wahrzunehmen (RG LZ 1923, 275; BGHZ 21, 102; BGH NJW 1992, 498 f; BGH NJW 2016, 317 Rn 28; OLG Hamm NZM 2008, 89, 90; OLG Brandenburg 22. 5. 2008 – 12 U 200/07; 2. 9. 2010 – 12 U 6/10; OLG Naumburg ZNER 2015, 153, 155; vgl auch zur Auslegung von Auslobungsbedingungen BGHZ 88, 373, 382). Die Rechtsprechung hat eine rechtsgeschäftliche Bindung beispielsweise **bejaht** bei der Bereitstellung eines LKW-Fahrers (BGHZ 21, 102), bei der Überführung eines fremden PKW in eine Werkstatt (BGHZ 30, 40), bei einer Fahrgemeinschaft zwischen Wohnort und Arbeitsplatz mit wöchentlich wechselnder PKW-Nutzung (OLG Köln VersR 2004, 189), bei einer Weitervermietung der Wohnung durch den Sohn, bezüglich der er der eigenen Mutter ein lebenslanges Wohnrecht (§ 1093) als Gegenleistung für die Eigentumsübertragung eingeräumt hat und dieses Wohnrecht als Teil der Altersversorgung dienen soll (BGH MDR 2007, 708, 709), bei einer unentgeltlichen Druckluftlieferung mit erkennbarer Störungsanfälligkeit (OLGR Zweibrücken 2003, 242) oder bei einer Aufforderung zum Vorstellungsgespräch zur möglichen Begründung eines Angestelltenverhältnisses (BAG NZA 1989, 468). Das OLG München hat einen Rechtsbindungswillen auch dann angenommen, als die Großtante, nachdem sie ihre Nichte bewusstlos mit dem Gesicht unter Wasser im Chiemsee auffand, nach Hilfe rief, ein zufällig sich in der Nähe befindender Arzt zu ihr eilte und das Mädchen untersuchte (NJW 2006, 1883, 1884). Zweifelhaft ist freilich, ob in einer derartigen emotionalen Schocksituation überhaupt vom Rechtsbindungswillen die Rede sein kann (ebenso Roth NJW 2006, 2814, 2815).

9 Der **Rechtsbindungswille fehlt** dagegen in der Regel bei Gefälligkeitshandlungen des täglichen Lebens, bei Zusagen oder Verabredungen im rein gesellschaftlichen Verkehr und bei Handlungen, die diesen ähnlich sind (zum Ver- oder Entladen einer Fracht vgl Koller TranspR 2014, 169 ff). Die „Verabredung zu einer Treibjagd" (so ein früher häufig genanntes Rechtsprechungsbeispiel aus einer inzwischen versunkenen oder doch versinkenden Welt) betrifft in aller Regel eine nur gesellschaftliche Veranstaltung, bei der es sich um Gefälligkeiten ohne rechtlichen Charakter handelt. Übernimmt der Jagdgastgeber die Leitung der Jagd, so ist darin weder die Erteilung eines Auftrags durch die Jagdgäste, noch ein Auftrag des Gastgebers an die Gäste zum Wildabschuss zu finden (RGZ 128, 39). Als Beauftragten im Rechtsinn der §§ 662 ff wird man mangels Rechtsbindungswillens auch nicht das Mitglied eines „Kriegsvereins" ansehen können, das bei einem Empfang freiwillig die Übernahme des Salutschießens übernimmt (OLG Stuttgart Recht 1907 Nr 868; vgl auch RG Recht 1914 Nr 1092). Die Rechtsprechung hat eine rechtsgeschäftliche Bindung beispielsweise **verneint** bei Abreden über das Ausfüllen eines Lotteriescheins (BGH LM Nr 4 zu § 762), über

die Beaufsichtigung von Kindern (BGH LM Nr 9 zu § 832) oder über die Bewachung eines Hauses während des Urlaubs (LG Hamburg VersR 1989, 468).

Eine besondere Fallgruppe bei der Abgrenzung zwischen Gefälligkeits- und Auftragsverhältnissen stellen die **besonderen Vertrauensverhältnisse** – etwa Ehe, nichteheliche Lebensgemeinschaft, Verwandtschafts- und Freundschaftsverhältnisse – dar. So entschied der BGH, dass im Rahmen einer **Ehe** ein Auftragsverhältnis auch dann nicht anzunehmen ist, wenn die Ehegatten ihr Zusammenleben in der Weise geregelt haben, dass einer von ihnen die Wirtschaftsführung übernimmt, die Einkünfte indes im Wesentlichen aus dem Vermögen des anderen Ehegatten zufließen (BGH NJW 2000, 3199, 3200; zuvor schon NJW-RR 1987, 1347, 1348; NJW 1986, 1870, 1871). Diese Rechtsprechung verleitete die Instanzgerichte zu ihrer extensiven Anwendung (so auch Horn/Schabel NJW 2012, 3473, 3474) auf eine **nichteheliche Lebensgemeinschaft** (OLG Düsseldorf ZEV 2007, 184, 185) oder auf ein Verhältnis zwischen **Großeltern und Enkeln** (OLG Naumburg 6. 7. 2007 – 10 U 27/07). Dem erteilte der BGH eine **Absage**. Auf familiäre und sonstige Verhältnisse mit personalem Einschlag sei seine Rechtsprechung nicht übertragbar, sodass in solchen Fallgestaltungen Auftragsverhältnisse vorliegen *können* (BGH MDR 2008, 1161; dem BGH folgend OLG Brandenburg 19. 3. 2013 – 3 U 1/12; OLG Schleswig NJW-Spezial 2014, 455; OLG Düsseldorf 26. 8. 2008 – I-4 U 182/07; LG Hamburg 29. 1. 2010 – 316 O 322/09; vgl auch FG Baden-Württemberg DStRE 2012, 1500, 1501). Dem BGH ist insofern **zuzustimmen**, wenn gleichwohl in familiären oder sonstigen Verhältnissen mit personalem Einschlag zu oft auch Gefälligkeiten vorliegen können (so etwa bei einer 50-jährigen nachbarschaftlichen Freundschaft, OLG Brandenburg 19. 3. 2009 – 12 U 171/08, oder bei Erteilung einer Kontovollmacht an die Enkelin, damit diese für ihre Großeltern monatlich Geld abhebt und es ihnen übergibt, OLG Saarbrücken 17. 10. 2014 – 5 U 7/14), sodass alleine nach der Art des Verhältnisses kein Automatismus für oder gegen einen Auftrag besteht (so auch OLG Brandenburg v. 19. 3. 2013 – 3 U 1/12). Andererseits können auch im Rahmen einer Ehe Auftragsverhältnisse vorliegen, freilich nicht dann, wie etwa das OLG Bremen annimmt, wenn der eine Ehegatte gegenüber dem anderen Ehegatten versprochen hat, sich um den Versicherungsschutz für den gemeinsamen Hausrat in der gemeinsamen Wohnung der Ehegatten zu „kümmern“ (OLG Bremen NJW 2015, 495 Rn 9); hier ist kein Rechtsbindungswille ersichtlich. 9a

6. Praktische Bedeutung und anderweitige Anwendbarkeit des Auftragsrechts

Ein Auftrag iS der §§ 662 ff kommt in der wirtschaftlichen und gesellschaftlichen Rechtsverkehrspraxis bei Rechtsgeschäften der verschiedensten Art als zugrunde liegendes Rechtsverhältnis in Betracht. So kann etwa die **Schuldübernahme**, der **Schuldbeitritt**, der Abschluss eines **Garantievertrags**, die Übernahme einer **Bürgschaft** oder die Bestellung einer **dinglichen Sicherheit** auf einem Auftrag basieren. Dem Verwaltungsvertrag nach § 1413, durch den ein Ehegatte die Verwaltung seines Vermögens dem anderen Ehegatten überlässt (BGH NJW 1986, 1870, 1871), liegt in der Regel ein Auftrag zugrunde (RGZ 87, 100, 108). Ohnehin sind es wegen der begriffsnotwendigen Unentgeltlichkeit des Auftrags häufig **Geschäfte unter Verwandten oder Freunden**, für die das Auftragsrecht heranzuziehen ist. Wirtschaftlich gesehen besitzt der Auftrag nicht annähernd die Bedeutung der entgeltlichen Geschäftsbesorgungsverträge des § 675 Abs 1. 10

Die praktische Hauptbedeutung des Regelungsprogramms der §§ 662–674 liegt 11 deshalb weniger beim unentgeltlichen Auftrag, der im Rechtsverkehr eher ungewöhnlich ist, als vielmehr im entgeltlichen Geschäftsbesorgungsrecht, auf das ausweislich des § 675 Abs 1 eine Vielzahl der Vorschriften der §§ 662 ff „entsprechende Anwendung" finden (vgl dazu MUSIELAK, Gutachten [1981] 1229 ff). Nach der in § 675 Abs 1 enthaltenen „Liste" werden die §§ 663, 665–670, 672–674 und uU auch § 671 Abs 2 auf einen Dienstvertrag oder einen Werkvertrag, der eine Geschäftsbesorgung zum Gegenstand hat, für entsprechend anwendbar erklärt. Daneben werden auftragsrechtliche Vorschriften vom Gesetz für **verschiedene Rechtsverhältnisse** für anwendbar erklärt (zB §§ 27 Abs 3, 48 Abs 2, 86, 681, 713, 1835 Abs 1, 1915, 1991, 2218 Abs 1). Von besonderer Wichtigkeit erscheint, dass die §§ 664–670 auf die Geschäftsführung des Vorstands und der Liquidatoren eines **Vereins und einer Stiftung** auch entsprechende Anwendung finden (§ 27 Abs 3; § 48 Abs 2; § 86). Dieselben Vorschriften der §§ 664–670, also praktisch der gesamte Kernbereich des Auftragsrechts, gelten nach § 713 auch für die Rechte und Pflichten der **geschäftsführenden Gesellschafter** (vgl RG JW 1907, 830; RGZ 82, 10; RGZ 151, 328). Von zentraler Bedeutung ist ferner, dass die §§ 666–670 auf die Verpflichtungen und Rechte des Geschäftsführers bei der **berechtigten Geschäftsführung ohne Auftrag** (§ 681 S 2; § 683 S 1) anzuwenden sind. Besonders erwähnenswert ist zudem, dass die §§ 664, 666–668, 670, 673 S 2 und 674 für das Rechtsverhältnis zwischen dem Testamentsvollstrecker und dem Erben (§ 2218 Abs 1) gelten (zu § 664 vgl RGZ 81, 170; RG RJA 11, 274; zu § 666 vgl RG Recht 1916 Nr 833, 834; zu §§ 666 und 667 vgl RG WarnR 1914 Nr 8).

12 Ansonsten verweist das BGB bisweilen auf vereinzelte Regelungen des Auftragsrechts. Dies betrifft zB den Verweis in § 712 Abs 2 auf § 671 Abs 2 und 3 für das Recht eines Gesellschafters zur Kündigung der Geschäftsführung oder den Verweis in §§ 1835 Abs 1, 1691 Abs 1, 1908i, 1915 Abs 1 auf die §§ 669, 670 für den Vorschuss und den Aufwendungsersatzanspruch des Vormunds, Gegenvormunds, Beistands, Betreuers und Pflegers; für diese und andere Amtsträger gilt auch die Herausgabepflicht des § 667 (RGZ 164, 102; WIEACKER DR 1940, 1370).

II. Das Zustandekommen des Auftrags

1. Allgemeines

13 Das Zustandekommen des Auftragsvertrags richtet sich ebenso wie seine Durchführung, Beendigung und Abwicklung grundsätzlich nach den allgemeinen Regeln der Rechtsgeschäftslehre und des allgemeinen Vertragsrechts. Nach den §§ 145 ff bedarf es für das Zustandekommen zweier übereinstimmender Willenserklärungen, wobei der Antrag (das Vertragsangebot) und die Annahme von dieser oder jener Seite, vom Auftraggeber oder vom Beauftragten, erklärt werden können. Nach dem Vorstellungsbild des Gesetzgebers und regelmäßig in der Rechtswirklichkeit gibt der Auftraggeber das Vertragsangebot in Form einer Auftragserteilung ab, die vom Gesetz auch als „Auftrag" bezeichnet wird, während der Beauftragte das Angebot durch „Annahme des Auftrags" annimmt, womit der Auftragsvertrag zustande kommt. Die Praxis spricht gern von der „Erteilung" eines Auftrags und meint damit im Rechtssinn das Auftragsvertragsangebot.

14 Das wirksame Zustandekommen eines Auftragsvertrags wird im Allgemeinen nicht dadurch gehindert oder auch nur beeinträchtigt, dass *dieselbe* Person (zB ein Versicherungsagent) Beauftragter (Geschäftsbesorger) der *einen* Partei (so der Versicherungsgesellschaft) und noch in einzelnen Beziehungen (so zB bei Entgegennahme und Weitergabe des Versicherungsantrags) auch Beauftragter der *Gegenpartei* (zB des Versicherungsnehmers) ist (vgl dazu RGZ 21, 90; RGZ 62, 315; RGZ 73, 302; RG JW 1912, 84; RG JW 1913, 542; vgl auch RGZ 76, 250 zu dem für beide Parteien tätigen Makler). Soweit der Beauftragte von zwei oder mehreren Auftraggebern bevollmächtigt wird, gilt für ihn, wenn ihm nichts anderes gestattet ist, das Verbot der Mehrvertretung nach § 181.

2. Formfragen

Eine besondere Form schreibt das Gesetz nicht vor; der Auftrag kommt **formlos** 15
zustande. Sowohl die „Erteilung" wie auch die „Annahme des Auftrags" (s oben Rn 13) kann stillschweigend, insbesondere durch schlüssige Handlung erfolgen (Mot II 528; vgl OLG Düsseldorf MDR 2010, 1087, 1088 bezüglich eines konkludent geschlossenen Treuhandvertrages mit einem Rechtsanwalt). Selbstredend ist beim Zustandekommen des Auftragsvertrags auch § 151 zu beachten. Ob in dem widerspruchslosen Dulden der Führung eigener Geschäfte durch einen anderen eine stillschweigende Auftragserteilung liegt, ist ebenso eine Auslegungsfrage (vgl RGZ 152, 277) wie ob im Beginn der Ausführung bereits eine konkludente Annahme des Auftrags gesehen werden kann.

Auch ein Auftrag, der auf die **Beschaffung oder Veräußerung eines Grundstücks** 16
gerichtet ist, bleibt von der Formvorschrift des § 311b verschont, soweit die damit verbundenen Vermögensbewegungen und Rechtsbelastungen unmittelbar auf Auftragsrecht (§ 667) beruhen (BGHZ 85, 245, 248 f; BGHZ 127, 168), wie dies bei bürgerlich-rechtlichen Kommissionsverhältnissen der Fall ist. In der Praxis wird insbesondere häufig ein Auftrag zum Erwerb des Eigentums an einem Grundstück im Wege der Zwangsversteigerung erteilt, weil der Erwerbsinteressent unbenannt bleiben will. Die Beobachtung der in § 311b vorgeschriebenen Form ist nicht erforderlich, weil die sich für den Beauftragten ergebende Verpflichtung zur Übereignung an den Auftraggeber, auch wenn sie besonders im Vertrag betont wird, eine gesetzliche Pflicht aus § 667 ist (RGZ 54, 75, 78; BGH BB 1956, 1124; DNotZ 1961, 583; LM Nr 40 zu § 313 BGB). Auch Baubetreuungsverträge mit Grundstücksverschaffungspflicht unterliegen der Form des § 311b nur, wenn ausnahmsweise eine Erwerbspflicht des Betreuten besonders vertraglich vereinbart wird (BGH LM Nr 104 zu § 313). Erst im Falle einer tatsächlichen oder rechtlichen Bindung des Auftraggebers an das Erwerbs- oder Veräußerungsgeschäft bedarf der Auftrag (ebenso wie die mit ihm verbundene Abschlussvollmacht) der notariellen Beurkundung nach § 311b. Notarielle Beurkundung ist ferner erforderlich, wenn der Beauftragte im Zeitpunkt des Abschlusses des Auftragsvertrags das Grundstück bereits hat oder wenn er es auf eigene Rechnung erwerben soll (BGH NJW 1956, 812; WM 1969, 917; LM Nr 48 zu § 313 BGB).

Formfrei kann auch ein **unwiderruflicher Auftrag** sein, der auf die **Beschaffung oder** 17
Veräußerung eines Grundstücks gerichtet ist und bei dem der Auftraggeber, soweit nach § 671 Abs 1 zulässig (s § 671 Rn 8 ff), auf die freie Widerrufbarkeit verzichtet hat. Denn der Beauftragte kann trotz Unwiderruflichkeit des Auftrags die Vollmachtserteilung nicht erzwingen. Wollte sich allerdings der Vollmachtgeber durch eine erteilte Vollmacht bereits unwiderruflich binden, unterliegt er dem Formzwang

des § 311b (vgl RGZ 110, 320; BGH LM Nr 18 zu § 167 BGB). Das gilt auch dann, wenn die Vollmacht zwar widerruflich ist, im Einzelfall aber dieselbe Wirkung hat wie eine unwiderrufliche Vollmacht (RGZ 104, 238; 108, 126; BGH LM Nr 18 zu § 167 BGB; DNotZ 1965, 549; 1966, 92; WM 1974, 1230). Der Auftrag zum Erwerb von Geschäftsanteilen einer GmbH unterliegt nicht der Formvorschrift des § 15 Abs 4 GmbHG, selbst wenn der Beauftragte den Auftrag durch Selbsteintritt ausführt (RGZ 80, 99; 124, 374; BGHZ 19, 69, 70).

3. Unwirksamkeit des Auftrags

18 Nur eine **erlaubte Tätigkeit**, insbesondere also keine nach §§ 134, 138 sitten- oder gesetzeswidrige Tätigkeit, kann den Gegenstand eines wirksamen Auftragsvertrags bilden. Beauftragt jemand einen anderen mit einer sittenwidrigen oder verbotenen Tätigkeit, so würde bei Annahme der Gültigkeit des Auftrags eine Rechtspflicht dazu resultieren. Ein solcher Auftrag ist daher nach §§ 134, 138 nichtig (vgl OLG Jena 26. 9. 2009 – 7 U 21/09 zur Vereinbarung eines Auftrags zum Zwecke der Umgehung einer Pflicht zur Durchführung einer Umweltverträglichkeitsprüfung und BGH MDR 2012, 952, 953 = NJW 2012, 3366 Rn 18, 19 zur Weiterleitung von Geldmitteln im Rahmen eines sittenwidrigen Schenkkreises). Eine Treuhandabrede, nach welcher der Treuhänder das Vermögen des Treugebers vor dem Sozialleistungsträger verheimlichen soll, ist dagegen nicht sittenwidrig, wenn durch diese Abrede keine Nachteile für Dritte entstehen (BGH VersR 2013, 370 = MDR 2012, 333 Rn 19 ff). Im Einzelfall kann indes die Entscheidung über die Unwirksamkeit schwierig sein. Wird zB mit einem an sich gültigen Einziehungsauftrag die Nebenabrede verbunden, wonach der Beauftragte einen Teil des eingezogenen Geldes gesetzeswidrig an einen Dritten auszahlen soll, dann lässt diese Nebenabrede die Gültigkeit des Auftrags oder des entgeltlichen Geschäftsbesorgungsvertrags unberührt. Gegenüber dem Anspruch aus § 667 auf Auszahlung in voller Höhe steht jedoch dem Beauftragten der Einwand der unzulässigen Rechtsausübung zu. Andererseits kann, wenn der Beauftragte den Auftraggeber über die Gesetzwidrigkeit der Nebenabrede hätte aufklären müssen, ein Schadensersatzanspruch des Auftraggebers wegen Verschuldens bei Vertragsschluss in Betracht kommen (BGH LM Nr 17 zu § 667 BGB). Um die Sittenwidrigkeit des Auftragsvertrags als solchen kann es dann gehen, wenn der Auftrag die Gefährdung der Gläubiger des Auftraggebers bezweckt. Das ist indes bei treuhänderischen Aufträgen nicht schon wegen des notwendigen Fehlens der Offenkundigkeit anzunehmen (RGZ 160, 52, 57).

19 Ist der Auftrag rechtsunwirksam, sollen nach der Rechtsprechung die Vorschriften zur Geschäftsführung ohne Auftrag gem §§ 677 ff Anwendung finden können (vgl zur Anwendbarkeit der §§ 677 ff bei Geschäftsführung aufgrund eines nichtigen Vertragsverhältnisses BGHZ 37, 263; BGHZ 101, 399; BGHZ 109, 152; BGHZ 140, 109; BGH NJW 2000, 72, 73). Dies würde wegen der Verweisungen des § 683 S 1 und des § 681 S 2 weitgehend zu einer Anwendung auftragsrechtlicher Vorschriften führen, wiewohl mit der Modifikation, dass die Erteilung des Auftrags durch die Voraussetzungen des § 683 S 1 ersetzt würde (BGHZ 39, 87, 90). Dem ist indes wegen des Vorrangs der §§ 812 ff zu widerstreiten (Canaris NJW 1985, 2405; Lorenz NJW 1996, 885). Wenn der Auftrag nichtig ist, so ist für die Abwicklung der Beziehungen zwischen dem Auftraggeber und dem Beauftragten das für die Rückabwicklung unwirksamer Schuldverhältnisse einschlägige **Recht der ungerechtfertigten Bereicherung** berufen. Denn der Beauftragte wird

in einem solchen Fall im Gegensatz zum auftraglosen Geschäftsführer in Erfüllung einer vermeintlich bestehenden Rechtspflicht tätig. Daran ändert es nichts, dass die vermeintlich wirksame Übernahme der Rechtspflicht wie das Tätigwerden des auftraglosen Geschäftsführers unentgeltlich erfolgte. Selbst eine nur „entsprechende Anwendung" der Geschäftsführungsregeln auf den nichtigen Auftrag verbietet sich, weil die §§ 812 ff genau hierfür eine Regelung darstellen und keine „Lücke" lassen. Für gesetzes- oder sittenwidrige (entgeltliche) Geschäftsbesorgungsverträge erkennt auch die Rechtsprechung seit Langem an, dass für deren Rückabwicklung das Bereicherungsrecht einschlägig ist und eine Anwendung der Geschäftsführungsregeln fern liegt. Dies wird allerdings unzutreffend damit begründet, dass der Geschäftsbesorger die Erfüllung einer vermeintlich bestehenden Rechtspflicht gerade in entgeltlicher Absicht übernommen habe (BGHZ 37, 258 für den Fall unzulässiger Rechtsberatung). In Wirklichkeit ist die Einschlägigkeit des Bereicherungsrechts von der Frage der Entgeltlichkeit oder Unentgeltlichkeit des unwirksamen Vertrages unabhängig.

III. Die Pflichten des Beauftragten

1. Die Ausführungspflicht

Die in § 662 festgelegte **Hauptpflicht** des Beauftragten besteht in der unentgeltlichen Besorgung des ihm von dem Auftraggeber übertragenen Geschäfts. Dabei umfasst der im unentgeltlichen Auftragsrecht geltende „weite" Begriff der Geschäftsbesorgung jede selbständige oder unselbständige, wirtschaftliche oder nichtwirtschaftliche Tätigkeit im fremden Interesse (BGHZ 56, 207), ist also umfassender als der für die entgeltliche Geschäftsbesorgung geltende „enge" Geschäftsbesorgungsbegriff (vgl zum Geschäftsbesorgungsbegriff ausf Vorbem 9 ff, insbes 17 und 22 zu §§ 662 ff). Der Beauftragte ist zur Durchführung oder Ausführung des Auftrags verpflichtet. Diese Ausführungspflicht verlangt ihm eine **zielgerichtete und sorgende Tätigkeit** ab, die auf die Erledigung aller den Auftragsinhalt bildenden Aufgaben gerichtet ist. Diese Aufgaben können auf einzelne oder mehrere zusammenhängende **Tätigkeiten rechtlicher oder tatsächlicher Art** abzielen, dem Beauftragten also singuläre und punktuelle Einzelaktionen oder komplexe Verwaltungsanstrengungen abverlangen. Dabei kann der Auftrag inhaltlich – allein oder schwerpunktmäßig – **tätigkeits-, aber auch erfolgsbezogen** sein. Die Tätigkeit des Beauftragten braucht also **nicht rechtsgeschäftlicher** Art zu sein, sondern kann auch in einer **geschäftsähnlichen Handlung** bestehen oder von **rein tatsächlicher Natur** sein. Handelt es sich um ein Rechtsgeschäft, so kann der Auftrag auf ein Geschäft in eigenem Namen des Beauftragten oder auf ein Geschäft im Namen des Auftraggebers als dessen Bevollmächtigter gerichtet sein. Wenn A den B bittet, für A „beim Finanzamt bestimmte Formulare abzuholen", ist dies (vorbehaltlich des Rechtsbindungswillens) genauso ein Auftrag wie wenn A die Haustiere des verreisten B auf dessen Bitte hin füttert (Fikentscher/Heinemann, SchR [10. Aufl 2006] Rn 1245) oder aufforderungsgemäß dessen brennendes Haus löscht. 20

Unter den auftragsrechtlichen Begriff der Geschäftsbesorgung, den sog weiten Geschäftsbesorgungsbegriff (vgl dazu Vorbem 22 zu §§ 662 ff), fallen auch **unselbständige Tätigkeiten**. Der Beauftragte braucht also – im Gegensatz zum Geschäftsbesorger des § 675 Abs 1 – **keinen Entscheidungsspielraum** zu haben. Typischerweise wird 21 freilich auch dem Beauftragten ein Entscheidungsspielraum eingeräumt sein, wie schon die Vorschriften der §§ 665, 666, 670 zeigen. Es braucht sich auch nicht um eine Tätigkeit wirtschaftlicher Art zu handeln (vgl BGHZ 56, 204, 207). Immer muss aber eine **Handlung im positiven Sinne** in Frage stehen. Ein bloßes Dulden, Unterlassen oder Gewähren bildet keine Geschäftsbesorgung. Zur differenziert zu würdigenden Frage, ob die Einräumung eines Platzes in einem ohnehin fahrenden Kraftwagen (Mitfahrgelegenheit) ein Auftragsverhältnis zwischen dem Fahrer als Auftraggeber (!) und dem Fahrgast als Beauftragtem (!) bzw umgekehrt zwischen dem Fahrgast als Auftraggeber und dem Fahrer als Beauftragtem begründet, vgl RGZ 65, 17, 18 und Siber JherJb 67, 187.

22 Gegenstand des Auftrags kann auch die Besorgung einer **Reihe bzw Mehrzahl von Geschäften**, insbesondere die **Verwaltung eines ganzen Vermögens** sein. Das preußische ALR von 1794 (Teil I Tit 14 §§ 109 ff) kannte noch einen besonderen Verwaltungsvertrag, von dem das BGB aber abgesehen hat, weil hierin keine vertragstypologischen Besonderheiten zu erkennen seien (Mot II 529; vgl aber § 31 ZPO über den Gerichtsstand für Klagen aus einer Vermögensverwaltung). Wird die Führung der Vermögensverwaltung gegen Entgelt übernommen, so sind die Bestimmungen über den Geschäftsbesorgungsdienstvertrag nach §§ 675 Abs 1, 611, bei Unentgeltlichkeit die §§ 662 ff über den Auftrag anwendbar (vgl Gierke § 203 Anm 4; RGZ 90, 129). Jedenfalls aber haftet der Vermögensverwalter für jede, nicht nur für grobe Fahrlässigkeit (RG JW 1913, 87 ff), ist nach § 666 auskunfts- und rechenschaftspflichtig sowie nach § 667 herausgabepflichtig (RGZ 90, 133; vgl auch LZ 1923, 314). Der Auftrag kann auch dahin gehen, alle **Maßnahmen innerhalb einer bestimmten Angelegenheit** (eines „Auftragsgebiets") im Interesse des Auftraggebers vorzunehmen, mögen sie auch im Einzelnen im Auftrag nicht aufgeführt sein oder sich überhaupt erst nachträglich als sachgemäß erweisen (RG Recht 1917 Nr 1254).

23 Der Auftrag und die dafür erforderliche Tätigkeit bestimmen sich zuvörderst nach den vertraglichen Vereinbarungen der Parteien. Sie kann sich aber auch aus der Natur des Auftrags ergeben. So kann etwa ein von der Wohnungseigentümergemeinschaft zur Verwaltung der Gemeinschaftskonten Beauftragter, vorbehaltlich besonderer Vereinbarungen, nicht mehr Rechte haben als der nach § 26 WEG bestellte Verwalter (vgl dazu OLG Hamm NZM 2008, 89, 90). Soweit sich diese Vereinbarungen auf **Richtlinien** oder **Zielbeschreibungen**, auf **grobe Vorgaben** oder **Rahmenbeschreibungen** beschränken, kann der Auftraggeber dem Beauftragten später **konkretisierende Weisungen** erteilen, die der Beauftragte nach § 665 zu beachten und zu befolgen hat. Die Ausführungspflicht ist im Zweifel **höchstpersönlich** zu erfüllen, § 664 Abs 1 S 1 (vgl Fikentscher/Heinemann, SchR [10. Aufl 2006] Rn 1248). Bei der Ausführung des Auftrags hat der Beauftragte mit derjenigen Sorgfalt, Gewissenhaftigkeit und Sachkunde vorzugehen, die der Beauftragte von ihm nach den Umständen des Einzelfalls unter Berücksichtigung der Verkehrssitte und von Treu und Glauben erwarten darf.

24 Durch den Auftragsvertrag erlangt der Beauftragte im Verhältnis zum Auftraggeber zugleich die **Berechtigung**, das ihm übertragene Geschäft zu besorgen. Die Möglichkeit, dem Beauftragten für die Ausführung des Geschäfts **Weisungen** zu erteilen, bleibt dabei für den Auftraggeber erhalten. Von den Weisungen des Auftraggebers darf der Beauftragte nur unter den Voraussetzungen des § 665 abweichen. Der

Beauftragte ist zur Ausführung des Auftrags verpflichtet und dazu deshalb auch berechtigt; er hat jedoch **keinen klagbaren Anspruch** darauf, den Auftrag auszuführen. Daher kann er auch weder eine Vorschussleistung noch eine andere Mitwirkungshandlung des Auftraggebers, zB eine erforderliche Vollmachtserteilung, erzwingen. Ein **Anspruch auf Ausführung des Auftrags** kann nur durch besondere vertragliche Vereinbarung begründet werden. Aus dem Ausschluss des Widerrufsrechts des § 671 Abs 1 folgt ein Anspruch auf Ausführung des Auftrags dann, wenn der Auftraggeber nicht weiter mitzuwirken braucht; er darf dann die Ausführung des Auftrags jedenfalls nicht verhindern.

2. Die Interessenwahrungspflicht

Neben der Auftragsausführung als der ordnungsgemäßen Erfüllung der einzelnen 25
Aufgaben gehört grds auch **das „Wie" der Auftragsausführung zur Hauptpflicht des Beauftragten**. Die Art und Weise und die inhaltliche und äußere Gestaltung der Ausführungstätigkeit des Beauftragten hat sich daher im Zweifel gleichfalls nach den Vorgaben des Auftraggebers zu richten. Das Gesetz bringt dies dadurch zum Ausdruck, dass es in § 662 und in den folgenden Vorschriften wiederholt vom „Besorgen" des übertragenen Geschäfts und von einer „Geschäftsbesorgung" spricht. Auch muss der Beauftragte, wie § 662 es ausdrückt, „für" den Auftraggeber tätig sein.

Damit ist nämlich gemeint, dass der Beauftragte die **Interessen des Auftraggebers**, 26
nicht etwa seine eigenen oder die eines zum Auftraggeber in keiner Beziehung stehenden Dritten wahrzunehmen hat und hierbei unter den gegebenen Umständen und bei Einhaltung der erforderlichen Sorgfalt den **größtmöglichen Nutzen für den Auftraggeber** anzustreben hat. Dieses Interesse braucht kein vermögensrechtliches zu sein. Die Formel des Reichsgerichts (RGZ 97, 65), der Beauftragte müsse eine Tätigkeit ausführen, die an und für sich der Sorge des anderen (des Auftraggebers) obliegen würde, die also dem anderen diese Sorge abnimmt, ist unscharf und letztlich unrichtig. Sie passt zwar als „Faustformel" oder „Daumenregel" für den Normalfall, darf aber nicht als exaktes begriffliches Erfordernis verstanden werden. Sie versagt zB bei der Bürgschaftsübernahme im Auftrag des Hauptschuldners. Zulässig ist es auch, dass der Auftrag dem öffentlichen Interesse oder nur den Interessen eines Dritten dient (über die Bestellung einer Hypothek für eine fremde Schuld als Auftrag vgl BGH MDR 1955, 283).

Die **Fremdnützigkeit der Auftragsausführung** wird allerdings nicht dadurch ausge- 27
schlossen, dass der Beauftragte zugleich die Mitverfolgung eigener Interessen im Visier hat (BGHZ 56, 207). Für sie genügt es umgekehrt, dass der Auftraggeber wenigstens auch ein Interesse an der vom Beauftragten übernommenen Tätigkeit hat. Schließlich wird die Fremdnützigkeit des Auftrags nicht dadurch in Frage gestellt, dass der Auftraggeber bei der Erteilung des Auftrags neben seinem Interesse zugleich auch das Interesse des Beauftragten im Auge hat (RG WarnR 1935 Nr 129; LZ 1933, 915; BGHZ 16, 266; BGHZ 19, 292). Bei der Beurteilung der Fremdnützigkeit kommt es entscheidend auf den Inhalt des Rechtsgeschäfts und nicht darauf an, welche Interessen der Beauftragte tatsächlich verfolgt (vgl zur Anlageberatung OLG Stuttgart BKR 2012, 33, 35, 36).

28 Wenn das Geschäft aber **allein den Zwecken des Beauftragten** dienen soll, dann steht kein Auftrag iS der §§ 662 ff in Rede. Denn ein Auftrag kann niemals lediglich im Interesse des Beauftragten erteilt werden. Den im gemeinen Recht anerkannten Satz, dass das *mandatum tua tantum gratia* kein verbindlicher Auftrag ist, spricht das Gesetz zwar nicht ausdrücklich aus, er ergibt sich aber aus den Worten „für diesen" in § 662, sowie aus dem Inhalt der §§ 675 Abs 2 und 778 (Mot II 527). Bei einem solchen Geschäft wird entweder der Bindungswille fehlen oder es wird sich um einen Fall des § 675 Abs 2 (Rat, Empfehlung) handeln oder um eine „in Auftragsform" gefasste Ermächtigung des Beauftragten, über Vermögen bzw Vermögensteile des Auftraggebers zu verfügen, ohne den Beauftragten selbst irgendwie vertraglich zu binden (vgl RGZ 56, 134; ebenso Planck BGB [1./2. Aufl 1900] § 662 Anm 3b). Mit einem derartigen Rechtsverhältnis kann ein Garantievertrag zugunsten des „Beauftragten" verbunden sein (ebenso Enneccerus/Lehmann, SchuldR [15. Aufl 1954] §§ 160 I 4, 164 II).

29 Der Beauftragte kann sich nur selten auf bloße ausführende Verrichtungen beschränken, sondern hat bezüglich der Art und Weise seiner Tätigkeit **regelmäßig einen Gestaltungs-, Beurteilungs- und Ermessensspielraum**. Insoweit hat er eine Hauptpflicht zur **Wahrung und Förderung derjenigen Interessen** des Auftraggebers zu beobachten, die sich vor allem aus dem Sinn und Zweck des Auftrags ergeben, falls sie nicht schon ausdrücklich vom Auftraggeber formuliert oder dem Beauftragten konkludent vermittelt werden. Er hat die Stellung eines **Wahrers und Förderers fremder Interessen** und muss sich um das Fremdinteresse sorgen und bemühen. Dies erfordert tendenziell eine gleichsam **empathische Identifikation** des Beauftragten mit den Interessen des Auftraggebers; der Beauftragte darf sich nicht auf eine sorgfältige und sachgerechte Ausführung des Auftrags beschränken, sondern muss sich in seiner Tätigkeit die Interessen des Auftraggebers zu eigen machen. Die Tätigkeit der Auftragsausführung ist nicht eigennützig, sondern fremdnützig. Der Beauftragte hat **Loyalität** zu zeigen. Diese Interessenwahrungspflicht ist vor allem dann gefordert, wenn während der Ausführung des Auftrags **Unklarheiten oder Planabweichungen** auftreten. Dann hat der Auftraggeber sich gleichsam in die Person des Auftraggebers hineinzuversetzen und aus dessen wohlverstandenem Interesse heraus zu handeln, falls er nicht unmittelbar mit ihm Rücksprache halten und ergänzende Weisungen einholen kann.

30 Die Vertrauensstellung des Beauftragten setzt **keine besondere treuhänderische Bindung** des Beauftragten voraus, sondern gilt für jeden Auftrag unabhängig vom Bestehen und von der Ausprägung treuhandlicher Elemente (zum Verhältnis des Auftrags zur Treuhand vgl Vorbem 40 ff zu §§ 662 ff). Freilich erhält die Interessenwahrungspflicht und die Vertrauensstellung des Beauftragten bei **Treuhandverhältnissen** wegen der damit regelmäßig verbundenen Vollübertragung einer Rechtsposition im Außenverhältnis bei fiduziarischer Bindung im Innenverhältnis eine besondere Bedeutung. Das gilt nicht nur für den uneigennützigen Treuhänder (RGZ 160, 52, 59), sondern auch bei der Sicherungstreuhand. So ist der Zessionar einer sicherungsweise abgetretenen Forderung verpflichtet, die Interessen des Zedenten wahrzunehmen, die abgetretene Forderung ordnungsgemäß beizutreiben oder so gut wie möglich zu verwerten, den beigetriebenen Geldbetrag zu verwahren und den Überschuss herauszugeben. Der Treuhänder braucht dabei allerdings keine Maßnahmen zu ergreifen, die trotz der Übertragung des Rechts dem Treugeber offen stehen (BGHZ 32, 67, 70; OLG Frankfurt NJW-RR 2012, 1332 [keine Verpflichtung des Treuhänders, den Eintritt der

Verjährung zu unterbrechen]). Auch der Sicherungseigentümer ist verpflichtet, das Interesse des Sicherungsgebers bei der Verwertung des Sicherungsgutes zu berücksichtigen (BGH NJW 1966, 2209). Er haftet für ordnungsgemäße Aufbewahrung und Verwertung des Sicherungsguts (RG JW 1914, 16). Die Verpflichtung des Treuhänders zur Rückübertragung des Rechts oder der Sache ergibt sich bei der Sicherungstreuhand aus der Sicherungsabrede, bei der Verwaltungstreuhand aus § 667.

3. Die Konkretisierung der Hauptpflicht

Zusammenfassend, wiewohl nur generell-abstrakt, lässt sich die Hauptpflicht des Beauftragten dahingehend beschreiben, dass er nach besten Kräften die Interessen des Auftraggebers zu wahren und den Auftrag sorgfältig und sachgemäß auszuführen hat (RGZ 90, 129; 130, 29; 145, 35). Diese Hauptpflicht des Beauftragten zur interessenwahrenden Auftragsausführung nach § 662 wird in zwei weiteren Vorschriften des Auftragsrechts inhaltlich näher bestimmt. Denn die Regelungen des § 665 zur Abweichung von Weisungen und des § 666 zur Auskunfts- und Rechenschaftspflicht begründen nicht etwa nur Neben(leistungs)pflichten des Beauftragten, sondern sind als Konkretisierungen der Hauptpflicht zur interessenwahrenden Auftragsausführung zu verstehen. 31

Die allgemein beschriebene Hauptpflicht der Auftragsausführung und (dabei) der Interessenwahrung lässt sich im Übrigen oft nur im Einzelfall nach Maßgabe des erteilten Auftrags und der sich entwickelnden Umstände näher konkretisieren, etwa als besondere **Prüfungs-, Aufklärungs- und Hinweispflicht, Verschwiegenheits- oder Warnpflicht** (vgl aus der Rspr BGHZ 52, 359 = NJW 1970, 35; BGHZ 23, 222, 227 = NJW 1957, 586; BGHZ 27, 241; BGHZ 32, 67; BGHZ 33, 293 = NJW 1961, 166; BGHZ 72, 92; BGHZ 131, 347; OLG Köln NJW-RR 2015, 1258). Dies kann so weit reichen, dass der Beauftragte dem Auftraggeber nochmals zu bedenken geben muss, ob an einem erteilten Auftrag tatsächlich festgehalten werden soll, wenn sich etwa eine den Interessen des Auftraggebers möglicherweise zuwider laufende Lage ergibt. Der Beauftragte kann uU sogar verpflichtet sein, von der weiteren Auftragsausführung Abstand zu nehmen, wenn diese sich gegen die Interessen des Auftraggebers zu wenden droht. Häufig ist er im Krisenfall der Auftragsdurchführung aufgerufen, sich mit dem Auftraggeber zu beraten oder gar diesen zu beraten und dessen sachgemäße Weisungen durch Empfehlungen vorzubereiten, denn vielfach schaltet der Auftraggeber den Beauftragten gerade wegen seiner besonderen Sachkunde ein. 32

Der zentrale Maßstab für die Konkretisierung der Hauptpflicht der Ausführungs- und Interessenwahrungspflicht des Beauftragten ist – neben dem oft inhaltlich blassen Auftragsinhalt – die **Vertrauensstellung**, die der Beauftragte gegenüber dem Auftraggeber genießt. Je mehr Vertrauen der Auftraggeber dem Beauftragten entgegenbringt, indem er ihm einen Auftrag „anvertraut", desto ausgeprägter ist dessen Vertrauensstellung und desto höherrangig ist seine Pflicht, diesem Vertrauen gerecht zu werden. Bei einer einfachen Verrichtung wie einem simplen Botengang zum Briefkasten kann sich die Vertrauensstellung weithin zur Bedeutungslosigkeit verlieren. Bei persönlichen und folgenschweren Angelegenheiten jedoch, die die Vermögenssphäre oder Privatsphäre des Auftraggebers betreffen und von denen „einiges abhängt", wie beispielsweise bei der geschäftlichen Vermögensverwaltung oder der Führung der privaten Korrespondenz, hat der Beauftragte sich **als loyales** 33

alter ego des Auftraggebers zu verhalten. Gewiss wirken sich auch die Kurzfristigkeit oder die Dauer eines Auftrags auf die Intensität der Vertrauensstellung aus.

4. Die Verletzung der Hauptpflicht

34 Verletzt der Beauftragte seine Hauptpflicht zur interessenwahrenden Auftragsausführung, so richten sich die Rechtsfolgen der Pflichtverletzung in erster Linie nach den §§ 280 ff. Der Auftraggeber kann nach § 280 Abs 1 bei einer vom Beauftragten zu vertretenden Pflichtverletzung Ersatz des hierdurch entstandenen Schadens verlangen. Nach §§ 280 Abs 2, 286 kann der Auftraggeber Schadensersatz wegen Verzögerung der Leistung geltend machen. Er kann einen Anspruch auf Schadensersatz statt der Leistung nach § 280 Abs 3 unter den zusätzlichen Voraussetzungen des § 281, des § 282 oder des § 283 erheben. Stellt sich die Tätigkeit des Beauftragten als Nichterfüllung dar, bleibt der Anspruch des Auftraggebers auf interessenwahrende Auftragsausführung bestehen, solange der Beauftragte nicht nach § 275 Abs 1 bis 3 von seiner Leistungspflicht frei wird. Freilich kann sich der Auftraggeber auch mit dem Beauftragten im Wege einer Vertragsänderung dahingehend verständigen, dass die ausgeführte Tätigkeit, auch wenn sie den ursprünglichen vertraglichen Vereinbarungen nicht entspricht und deshalb keine Erfüllung nach § 362 Abs 1 darstellt, doch als Erfüllung zu behandeln sein soll.

5. Die Nebenpflichten des Beauftragten

35 Das Auftragsrecht statuiert zusätzlich zu den Hauptpflichten des § 662 verschiedene **Nebenleistungspflichten**. So hat der Beauftragte nach § 668 eine Verzinsungspflicht für von ihm verwendetes Geld. Vor allem aber muss er nach § 667 an den Auftraggeber das zur Ausführung des Auftrags Erhaltene und/oder das aus der Geschäftsbesorgung Erlangte herausgeben. Dagegen bringen die Vorschriften des § 665 zur Abweichung von Weisungen und des § 666 zur Auskunfts- und Rechenschaftspflicht keine Neben(leistungs)pflichten des Beauftragten zum Ausdruck, sondern sind als Konkretisierungen der Hauptpflicht zur interessenwahrenden Auftragsausführung zu verstehen (s oben Rn 20 ff, 25 ff).

36 Den Beauftragten können zwar auch die allgemeinen Sorgfaltspflichten treffen, die jeder Schuldner als **Nebenpflichten aus § 242** wahrzunehmen hat. In aller Regel wird allerdings angesichts der umfassenden Hauptpflicht zur interessenwahrenden Auftragsausführung kaum mehr Raum für weitere Sorgfaltspflichten „neben" dieser Hauptpflicht sein. Es kann sich allenfalls um Sorgfaltsverstöße und dadurch verursachte Schäden *bei Gelegenheit* und insofern „neben" der interessenwahrenden Auftragsdurchführung handeln. Die früher im Einzelfall schwierige Abgrenzung ist inzwischen entbehrlich, weil seit der Schuldrechtsreform 2002 die Verletzung von Haupt- und Nebenpflichten in gleicher Weise nach § 280 Abs 1 schadensersatzbewehrt ist.

37 Als selbstverständliche auftragsrechtliche Nebenpflicht wird die aus der Treuepflicht folgende **Verpflichtung zur Verschwiegenheit** angesehen (BGHZ 27, 241, 246), die alle Tatsachen umfasst, die der Auftraggeber geheim zu halten wünscht. Im Bankvertragsrecht spielt die **Verschwiegenheitspflicht der Bank** eine besondere Rolle, die dort AGB-rechtlich näher konkretisiert wird und in einem Spannungsverhältnis zur

Bankauskunft steht (vgl GRUNDMANN, in: CANARIS/HABERSACK/SCHÄFER [Hrsg], HGB, Bd 10/1, Bankvertragsrecht Teilbd 1 [5. Aufl 2016] Zweiter Teil, Rn 72 ff). Nebenpflichten können für den Beauftragten auch in Form von **Obhutspflichten** bestehen, wenn ihm für die Auftragsausführung Sachen vom Auftraggeber übergeben werden, für die er möglicherweise gar besondere Sicherungs- und Vorsichtsmaßnahmen zu treffen hat (BGHZ 32, 70; BGH NJW-RR 1993, 795).

Schwierigkeiten kann im Einzelfall die Frage aufwerfen, ob den Beauftragten auch **Beratungs-, Hinweis- und Warnpflichten** als Nebenpflichten treffen (vgl BGHZ 131, 353). Im Grundsatz ist zunächst zu betonen, dass der Beauftragte im Gegensatz zum auftraglosen Geschäftsführer nicht verpflichtet ist nachzuprüfen, ob die (ihm anvertraute und im Einzelnen vorgegebene) Geschäftsbesorgung tatsächlich dem Interesse des Auftraggebers entspricht. Es besteht auch grundsätzlich keine Verpflichtung des Beauftragten, im Rahmen eines Auftragsverhältnisses die Zweckmäßigkeit von Weisungen des Auftraggebers nachzuprüfen. Besondere Beratungs-, Hinweis- und Warnpflichten ergeben sich jedoch dann, wenn der Auftraggeber die Geschäftsbesorgung dem Beauftragten gerade **mit Rücksicht auf dessen besondere Sachkenntnis eigenverantwortlich überträgt** (vgl dazu BGHZ 23, 222; BGHZ 72, 102; BGHZ 102, 225; BGH NJW 1985, 43; BGH NJW 1994, 2541; BGH NJW 1998, 1486). Wird durch die Verletzung dieser Pflichten schon der Abschluss des Auftrags betroffen, so kommt eine Haftung wegen Verschuldens bei Vertragsschluss in Betracht (zB Nichtbelehrung über die Gesetzwidrigkeit des erteilten Auftrags). Im Übrigen führt eine Verletzung von Nebenpflichten zur Schadenshaftung nach § 280 Abs 1. 38

Wenn der Auftrag gerade angesichts der besonderen Sachkunde des Beauftragten erteilt wurde und sich der Aufraggeber auf dessen **Expertenwissen** verlässt, bestimmen sich die Beratungs-, Hinweis- und Warnpflichten des Beauftragten aus der auftragsrechtlichen Treuepflicht unter Berücksichtigung der Verkehrssitte. Die Kasuistik der Rechtsprechung hierzu betrifft naturgemäß eher die entgeltliche Geschäftsbesorgung, doch bietet sie auch für den unentgeltlichen Auftrag Beurteilungsmaßstäbe und Anhaltspunkte. So trifft den **Steuerberater** eine Belehrungspflicht über die Möglichkeit von Steuerersparnissen – freilich nur im Rahmen des dem Steuerberater erteilten Auftrags (BGH WM 1967, 72: Ausfüllen von Umsatzsteuererklärungen; vgl zur Haftung aus Steuerberatung ZUGEHÖR DStR 2001, 1613 ff [I]; 2001, 1663 ff [II]; 2007, 723 ff [II]). Andererseits muss er den Mandanten davor schützen, sich einer strafrechtlichen Verfolgung auszusetzen (BGH WM 1997, 328, 330). Die Weisungen des Mandanten darf er dabei nicht blind ausführen, wenn diesem ansonsten Nachteile drohen; ihn trifft in diesem Fall vielmehr die Verpflichtung, den Mandanten über die drohenden Gefahren zu informieren und seine Reaktion abzuwarten (BGH WM 1998, 301, 303). Der Steuerberater muss seinen Auftraggeber auch über die eigene Regresshaftung belehren (BGH NJW 1982, 1285). Besonders umfassende Hinweis-, Belehrungs- und Beratungspflichten obliegen dem **Rechtsanwalt** (BGH LM Nr 28, LM Nr 46 zu § 675 BGB). Diese Pflichten folgen allerdings bereits aus der Hauptpflicht des Rechtsanwalts, nämlich der Pflicht zur sorgfältigen Erledigung des Auftrags, und hierbei insbesondere aus der Verpflichtung, vorhersehbare Nachteile seines Mandanten zu vermeiden (RGZ 151, 259, 264; BGH VersR 1975, 425). Der Umfang der Beratungspflicht des Anwalts wird durch seine Verpflichtung zur Verhütung vorhersehbarer Nachteile des Mandanten bestimmt (BGH LM Nr 2 zu § 945 ZPO; LM Nr 46 zu § 675 BGB). Er muss daher seinen Mandanten über die zur Unterbrechung der 39 drohenden Verjährung geeigneten Schritte belehren und beraten, falls er nicht schon aufgrund des Mandats ohne Weiteres zu diesem Zweck tätig werden kann, sondern erst die Entschließung seines Mandanten herbeiführen muss. Er hat ferner, falls er von mehreren in Betracht kommenden Wegen einen weniger sicheren oder gefährlicheren einschlagen will, den Mandanten auf die sich aus dieser Wahl ergebenden Gefahren aufmerksam zu machen (RG WarnR 1921 Nr 103; RGZ 148, 324, 325; RGZ 151, 259, 264; BGH NJW 1974, 1865, 1866). Auf unverhältnismäßig hohe Anwalts- oder Gerichtsgebühren muss er schon bei Übernahme des Mandats unaufgefordert hinweisen (RGZ 118, 365; RG JW 1919, 446; BGH NJW 1998, 3486, 3487). Ihn kann auch eine Hinweispflicht zu den Folgen verspäteter Zahlung des Gerichtskostenvorschusses treffen (vgl BGH LM Nr 51 zu § 675 BGB). Die anwaltliche Beratungspflicht umfasst auch Regressansprüche des Mandanten gegen den Rechtsanwalt selbst (BGH VersR 1969, 849; 1975, 907; 1977, 617; 1993, 700). Um seinen Hinweis- und Beratungspflichten nachkommen zu können, muss sich der Rechtsanwalt über den Stand der neueren Rechtsprechung und der Rechtslehre ebenso unterrichten wie über den neuesten Stand der Gesetzgebung.

40 Demgegenüber wird die **Bank** nicht mit einer allgemeinen Rechtspflicht zur Warnung, Aufklärung oder Belehrung ihres Kunden belastet. Daher ist sie insbesondere grundsätzlich nicht verpflichtet, ihn vor gefährlichen und risikobehafteten Kreditgeschäften zu warnen oder über die Vermögensverhältnisse eines potenziellen Kreditnehmers aufzuklären (BGH WM 1969, 560 f; 1971, 817, 818; BGH NJW 1963, 2270; BGH NJW 1992, 2147; BGH NJW-RR 1992, 880; Vortmann WM 1989, 1557). Daran hat auch die Pflicht zur Kreditwürdigkeitsprüfung nach §§ 505a–505d nichts geändert, da sie lediglich dem Schutz der Bank und der Stabilität des Finanzmarktes dient (Omlor ZIP 3/2017). Bei Immobiliar-Verbraucherdarlehensverträgen greift jedoch die Beratungspflicht aus § 511 Abs 2 ein. Ob und inwieweit im Einzelfall die Bank jenseits dieser Sonderregeln eine Aufklärungs- oder Warnpflicht trifft, hängt vom Inhalt des jeweiligen Bankgeschäfts ab. Eine solche Warnpflicht kann insbesondere bei einem Kreditauftrag (§ 778) an die Bank und bei Kenntnis der Bank von der Zahlungseinstellung oder vom unmittelbar bevorstehenden wirtschaftlichen Zusammenbruch des Kreditnehmers ihres Kunden und in vergleichbaren Fällen zu bejahen sein (BGHZ 72, 92; BGHZ 123, 126; BGH WM 1960, 1322; BGH WM 1961, 510 f; BGH NJW 1997, 1362; BGH NJW-RR 1992, 374). Eine Beratungspflicht der Bank kann sich ferner aus dem Gegenstand der Geschäftsbesorgung hinsichtlich steuerlicher Konsequenzen ergeben, wenn es dem Kunden bei der Gestaltung des Geschäfts erkennbar auf Steuervergünstigungen ankommt (BGHZ 28, 268, 373 f). Ferner kommt eine Aufklärungs- und Warnpflicht hinsichtlich devisenrechtlicher Vorschriften (BGHZ 23, 222, 227; BGH WM 1958, 1078, 1080), hinsichtlich ungewöhnlicher Effektengeschäfte (vgl BGH WM 1973, 164; Hopt, Der Kapitalanlegerschutz im Recht der Banken [1975] 234 ff, 413 ff) oder hinsichtlich der Gefahren von finanzierten Abzahlungsgeschäften in Betracht (BGHZ 33, 299; BGHZ 47, 227; BGHZ 72, 97, 102). Da solche Beratungs-, Hinweis- und Warnpflichten darauf beruhen, dass der Auftraggeber das Geschäft dem Beauftragten mit Rücksicht auf dessen besondere Sachkenntnis überträgt, bestehen sie nur begrenzt oder entfallen ganz, wenn der Auftraggeber seinerseits sachkundig ist. Deshalb trifft die Bank eine Warnpflicht vor den Gefahren des Wechselverkehrs oder des Börsentermingeschäfts nur, wenn nicht damit gerechnet werden kann, dass der Kunde diese Gefahren von sich aus erkennt (BGH WM 1966, 619, 620; RG WarnR 1916 Nr 227; RG BankArch 29, 454). Die Beratungspflicht schließt die Verpflichtung der

Bank ein, auch über neueste Änderungen der Rechtslage selbst informiert zu sein (BGH NJW 1964, 2058).

6. Der Verschuldensmaßstab des Beauftragten

Als ein klassisches dogmatisches Problem des Auftragsrechts wird die Frage diskutiert, ob der Beauftragte in seiner Pflichtenstellung dem herkömmlichen Maßstab des Vertretenmüssens von Vorsatz und Fahrlässigkeit nach § 276 unterliegt oder ob er eine **Haftungsmilderung** genießt. Für eine solche Haftungsmilderung könnte sprechen, dass das Gesetz bei unentgeltlichen Verträgen wie der Schenkung (§ 521) und der Leihe (§ 599) eine Haftungserleichterung auf Vorsatz und grobe Fahrlässigkeit vorgesehen hat; bei der unentgeltlichen Verwahrung hat der Verwahrer nur für eigenübliche Sorgfalt *(diligentia quam in suis rebus)* einzustehen (§ 690 iVm § 277). Es könnte deshalb für das Auftragsrecht, das trotz der Unentgeltlichkeit des Auftrags **keine entsprechende Regelung** enthält, eine Rechtsanalogie (Gesamtanalogie) in Betracht kommen. Die Frage des Verschuldensmaßstabs des Beauftragten weist bis ins römische Recht zurück und durchzieht die gesamte Rezeptionsgeschichte (vgl dazu ZIMMERMANN, The Law of Obligations [1990] 430 ff). 41

Die Rechtsprechung hierzu bietet ein uneinheitliches Bild. So wurde eine Haftungserleichterung für eine Gefälligkeitsfahrt abgelehnt (RGZ 145, 390, 394), für ein Auftragsverhältnis ausdrücklich verneint (BGHZ 30, 40, 46 f = NJW 1959, 1221), dann wieder von den Umständen des Einzelfalls abhängig gemacht (BGHZ 21, 102, 110 = NJW 1956, 1313). Im Schrifttum spricht man sich überwiegend sehr grundsätzlich **gegen eine Haftungserleichterung** für den Beauftragten aus (zB HECK, SchR [1929] § 119 Anm 2, 4, S 354; ablehnend auch die gesamte Kommentarliteratur). Dem ist zuzustimmen. Ausschlaggebend hierfür ist zum einen das zwischen den Parteien bestehende **besondere Vertrauensverhältnis**, das eher einen gegenüber § 276 gesteigerten, verschärften, keinesfalls aber einen abgesenkten, gemilderten Haftungsmaßstab nahelegt (so letztlich auch BGHZ 21, 102, 110 = NJW 1956, 1313). Zum anderen und mehr noch ausschlaggebend ist für die Versagung einer Haftungsmilderung des Beauftragten, dass er sich gerade verpflichtet, in fremdem Interesse, wenn auch unentgeltlich, tätig zu werden. Die Berufung auf eine Haftungserleichterung würde sich als ein *venire contra factum proprium* und als Widerspruch zu der übernommenen Verpflichtung ausnehmen (BGHZ 21, 102, 110; BGHZ 30, 40, 47). Dem liegt letztlich die Vorstellung zugrunde, dass auch der unentgeltlich tätig werdende Beauftragte ein zumindest stillschweigendes Versprechen abgibt, wonach er alle Sorgfalt und Umsicht für das übernommene Geschäft einsetzen wird – in den berühmten Worten von POTHIER: *„Spondet diligentiam et industriam negotio gerendo parem"* (POTHIER, Traité du contrat de mandat [1835] n 46; dazu ZIMMERMANN, The Law of Obligations [1990] 429 f). Man kann sich auch auf einen einfachen positivistischen Standpunkt stellen: Ein generelles Haftungsprivileg in Rechtsanalogie zu §§ 521, 559 oder in Analogie zu § 690 allein schon wegen der Unentgeltlichkeit des Auftragsvertrags anzunehmen, entbehrte einer ausreichenden Analogiebasis. 42

Allerdings liegt es nahe, bei einem Auftrag zur **Abwendung einer dringenden Gefahr** die Vorschrift des **§ 680 entsprechend** anzuwenden (vgl BGH NJW 1972, 475). Dies gilt vor allem dann, wenn der Beauftragte eine dem Auftraggeber drohende dringende Gefahr abwehren muss und keine Zeit mehr zur Einholung von Weisungen hat. Die 43

Regelung des § 680 stellt auf eine dem Geschäftsherrn drohende Gefahr ab. Übernimmt der Beauftragte eine gefahrgeneigte Tätigkeit für den Auftraggeber, so prägt sich darin die Fremdnützigkeit seines Handelns in besonderer Weise aus. In der Literatur wie in der Rechtsprechung wird auch eine über die Analogie zu § 680 hinausgehende Haftungsmilderung nach arbeitsrechtlichen Grundsätzen erwogen (vgl Erman/Ehmann[11] § 662 Rn 21, **anders** nun Erman/Berger[14] § 662 Rn 25; BGH LM BGB Nr 102 zu § 635). Damit wird die spezifisch arbeitsrechtliche Haftungsbeschränkung von Arbeitnehmern in Bezug genommen, die sich in der höchstrichterlichen Rechtsprechung durchgesetzt hat, früher zunächst auf sog gefahrgeneigte Tätigkeiten beschränkt war, inzwischen aber davon weitgehend losgelöst ist (vgl BAG NJW 1995, 210 [Gemeinsamer Senat]; BGHZ 129, 386). Einer pauschalen Übertragung dieser Grundsätze auf den unentgeltlich handelnden Auftragnehmer steht indes entgegen, dass die Haftungsprivilegierung des Arbeitnehmers vor allem mit dem Betriebsrisiko des Arbeitgebers und mit seiner Mitverursachung iS des § 254 begründet wird.

IV. Die Pflichten des Auftraggebers

44 Wegen der Rechtsnatur des Auftrags als eines **unvollkommen zweiseitig verpflichtenden Vertrags** (s oben Rn 3) trifft den Beauftragten zunächst, dh mit Abschluss des Auftragsvertrags, **keine Hauptpflicht**. Der Auftraggeber ist nicht einmal dazu verpflichtet, den Beauftragten das ihm übertragene Geschäft ausführen zu lassen. Das folgt aus der jederzeitigen Widerruflichkeit des Auftrags nach § 671 Abs 1. Er kann daher auch die Erteilung einer für die Ausführung des Auftrags notwendigen Vollmacht oder die Leistung eines Vorschusses (§ 669) ablehnen. Tut er dies, so kann darin konkludent der Widerruf des Auftrags liegen. Ein Anspruch auf Ausführung des Auftrags kann dem Beauftragten freilich durch besondere Vereinbarung eingeräumt werden, sofern der Auftrag auch im Interesse des Beauftragten erteilt ist.

45 Im Übrigen kann es zur Begründung einer Hauptpflicht für den Auftraggeber im Verlauf der Ausführung des Geschäfts durch den Beauftragten kommen: Denn den Auftraggeber trifft nach § 670 eine **Verpflichtung zum Ersatz von Aufwendungen** des Beauftragten, die zur Ausführung des Auftrags erforderlich sind und die dieser nach den Umständen für erforderlich halten darf. Mit den Aufwendungen des Beauftragten entsteht mithin ein Ersatzanspruch. Umgekehrt formuliert: Der Ersatzanspruch entsteht, wenn Aufwendungen entstehen. Auf Verlangen des Beauftragten hat der Auftraggeber schon vor den Aufwendungen Vorschuss nach § 669 zu leisten. Diese Vorschusspflicht des Auftraggebers ist als eine gesetzlich geregelte Nebenpflicht anzusehen. Bei Leistungsstörungen finden die §§ 280 ff Anwendung.

46 Unter den **Nebenpflichten**, die sich für den Auftraggeber aus § 242 ergeben können, ist vor allem die **Pflicht zur Mitwirkung** bedeutsam, die sich etwa auf die Ausstattung des Beauftragten mit den zur Auftragsausführung nötigen Gerätschaften, Unterlagen, Vollmachten und Genehmigungen, Instruktionen und Auskünften beziehen kann. Dabei sind solche Mitwirkungspflichten aber im Allgemeinen lediglich als **Obliegenheiten** (Gebote des eigenen Interesses) des Auftraggebers, nicht als einklagbare Vertragspflichten anzusehen, sodass dem Beauftragten weder Erfüllungsansprüche noch im Falle des Unterlassens von Mitwirkungshandlungen Schadensersatzansprüche zustehen.

Nur wenn sich die Mitwirkungspflicht mit einer das Integritätsinteresse des Beauftragten schützenden allgemeinen Sorgfaltspflicht deckt, kann es zu einem **Schadensersatzanspruch** aus §§ 280 Abs 1, 241 Abs 2 kommen. Dies betrifft beispielsweise die Warnung des Beauftragten vor besonderen Gefahren bei der Auftragsausführung oder den Hinweis auf erforderliche Schutzvorkehrungen. Der Auftraggeber hat hinsichtlich der Sachen, die er dem Beauftragten als Mittel zur Ausführung des Auftrags überlässt (vgl § 667), die notwendigen Schutzmaßnahmen zu ergreifen. Er muss daher etwa für ausreichenden Versicherungsschutz des dem Beauftragten überlassenen Kraftwagens sorgen (BAG AP Nr 18 zu § 670 BGB). Wenn die Tätigkeit des Beauftragten – von ihrer Unentgeltlichkeit abgesehen – dienstvertraglichen Charakter hat, gilt § 618 hinsichtlich der Pflicht zu Schutzmaßnahmen mit der Folge der Unabdingbarkeit nach § 619 (BGHZ 16, 265). Über § 618 Abs 3 gelten dann auch die §§ 844, 845 entsprechend bezüglich der Ersatzansprüche Dritter bei Tötung bzw der Ersatzansprüche wegen entgangener Dienste. 47

Die unterlassene Mitwirkung des Auftraggebers kann allerdings ernste Konsequenzen haben. So kann der Beauftragte, wenn er für die Auftragsausführung auf die Mitwirkungshandlung angewiesen ist, von seiner Leistungspflicht nach § 275 Abs 1 frei werden. Auch kann der Auftraggeber bei unterlassener Mitwirkung nach §§ 293 ff in Annahmeverzug geraten. 48

V. Auftrag und öffentliches Recht

1. Öffentlich-rechtliche Auftragsverhältnisse

Wenn ein öffentlich-rechtlicher Vertrag einen Auftrag zum Gegenstand hat, unterliegt er in erster Linie den Regeln des öffentlichen Rechts. Die bürgerlich-rechtlichen Auftragsregeln der §§ 662 ff gelten nur subsidiär und entsprechend (vgl § 62 S 2 VwVfG; MünchKomm/Seiler[6] § 662 Rn 68 f; vgl insgesamt zur [analogen] Anwendung des Auftragsrechts und des zivilrechtlichen Leistungsstörungsrechts in verwaltungsrechtlichen Verhältnissen: vWeschpfennig DVBl 2011, 1137, 1142 ff). Die „Bundesauftragsverwaltung" nach Art 85 GG hat mit dem Auftrag des bürgerlichen Rechts nichts zu tun (BVerwG 12, 253). In einem öffentlich-rechtlichen Auftragsverhältnis zur beleihenden Körperschaft stehen beispielsweise die Prüfingenieure etwa des Technischen Überwachungsvereins (vgl BVerwG JR 1972, 305) oder der Verbandsvorsitzende zu seinem Zweckverband (vgl Ziche/Wehnert DÖV 2009, 890, 891 ff). Auch wenn eine Gemeinde eine andere zur Löschhilfe heranzieht, wird ein öffentlich-rechtliches Auftragsverhältnis anzunehmen sein (anders noch OLG Hamm VersR 1930, 82). 49

2. Nothilfeleistungen Privater

Wenn eine Behörde jemandem den „Auftrag" gibt, eine **ihm obliegende öffentlich-rechtliche Pflicht zu erfüllen**, so bei Anweisungen an ein Mitglied der Pflichtfeuerwehr (RGZ 122, 298) oder bei der polizeilichen Aufforderung zur Menschenhilfe nach § 323c StGB, liegt kein privatrechtlicher Auftrag vor. Deshalb besteht in diesen Fällen auch keine Pflicht des Staates usw zum Ersatz von Aufwendungen und Schäden nach § 670; auch eine (stillschweigende) privatrechtliche Garantiezusage der Behörde, für die entstehenden Schäden aufzukommen, scheidet in diesen Fällen aus (zutreffend RGZ 122, 305). Doch kann nach einer traditionsreichen höchstrichter- 50 lichen Rechtsprechung und zustimmender Literatur in derartigen Fällen das Ersatzbegehren uU auf einen sog Aufopferungsanspruch gestützt werden, der aus einem allgemeinen Rechtsgedanken abgeleitet wird, wie er früher in § 75 Einl zum prALR von 1794 zum Ausdruck kam. Dieser Aufopferungsanspruch umfasst – entgegen der Meinung des RG (vgl RGZ 122, 302; 156, 310; s dazu Weber ZAkDR 1938, 136) – nicht nur Sachschäden, sondern auch Personenschäden (so zutreffend BGHZ 7, 331; BGHZ 9, 83; BGHZ 17, 173; BGHZ 20, 63; BGHZ 22, 43; BGHZ 24, 25; Enneccerus/Lehmann, SchuldR [15. Aufl 1954] § 162, 4; Larenz, SchuldR II/1 [13. Aufl 1986] § 56 Anm 21; Schack JZ 1966, 641; Klein DVBl 1968, 129 ff). Büßt der requirierte Helfer bei der Befolgung der polizeilichen Aufforderung das Leben ein, so steht der Aufopferungsanspruch in entsprechender Anwendung des § 844 dem mittelbar geschädigten Unterhaltsberechtigten zu (vgl BGHZ 18, 286).

51 Wird ein Privater von einer Behörde, etwa der Polizei, zu einer **freiwilligen Hilfeleistung** herangezogen, zu der keine Rechtspflicht besteht, nahm das RG in ständiger Rechtsprechung ein privatrechtliches Auftragsverhältnis an (RGZ 94, 169; RGZ 98, 195; RG JW 1914, 676; RG JW 1927, 441; vgl vor allem OLG Stuttgart MDR 1952, 490: Ein achtjähriger Schüler wird zur Erledigung von Schulangelegenheiten herangezogen, die „nicht unmittelbar zum Unterricht gehören", indem er auf Geheiß der Lehrerin während ihrer zeitweiligen Abwesenheit auf die Klasse aufpassen muss; die Schule hafte „zumindest entsprechend" nach § 670 für die Schäden, die durch eine Schlägerei der Schüler entstanden). Vorzugswürdig erscheint es aber, auch hier – trotz Fehlens einer Rechtspflicht des Privaten – einen Aufopferungsanspruch anzunehmen. Es sollte dafür nämlich genügen, dass die Tätigkeit der Behörde oder des Beamten, bei der der Private mitwirkt, hoheitlicher Natur ist. Auf diesen Aufopferungsanspruch ist die Vorschrift des § 844 ebenfalls entsprechend anzuwenden.

§ 663
Anzeigepflicht bei Ablehnung

Wer zur Besorgung gewisser Geschäfte öffentlich bestellt ist oder sich öffentlich erboten hat, ist, wenn er einen auf solche Geschäfte gerichteten Auftrag nicht annimmt, verpflichtet, die Ablehnung dem Auftraggeber unverzüglich anzuzeigen. Das Gleiche gilt, wenn sich jemand dem Auftraggeber gegenüber zur Besorgung gewisser Geschäfte erboten hat.

Materialien: E I § 587; II § 594; III § 650; Mot II 530; Prot II 353, 354.

Schrifttum

S die Nachweise zu den Vorbem zu §§ 662 ff.

Systematische Übersicht

Alphabetische Übersicht

I. Voraussetzungen der Anzeigepflicht

Die Vorschrift verpflichtet **einen bestimmten Kreis von Beauftragten** für den Fall, 1
dass sie einen „Auftrag“, dh das Angebot zum Abschluss eines Auftragsvertrags (vgl dazu § 662 Rn 1) nicht annehmen wollen, zur unverzüglichen Anzeige der Ablehnung des Angebots („Auftrags“) gegenüber dem Antragenden („Auftraggeber“). Es ist leicht zu erkennen, dass in der Vorschrift das Wort „Auftrag“ nicht im Sinne des Auftragsvertrags, sondern mit dem allgemeinen Sprachgebrauch im Sinne einer einseitigen Aufforderung des Auftraggebers an den Beauftragten zum Abschluss des Auftragsvertrags verwendet wird. Der Kreis der Anzeigepflichtigen wird vom Gesetz durch **drei Fallgruppen** bestimmt: öffentliche Bestellung, öffentliches Selbsterbieten und besonderes Anerbieten.

Nach § 663 S 1 Alt 1 unterliegt der Anzeigepflicht, wer zur (unentgeltlichen) Be- 2
sorgung gewisser Geschäfte **öffentlich bestellt** ist. Dabei verweist die „öffentliche Bestellung“ nicht etwa auf eine öffentlich-rechtliche Rechtsnatur des Bestellungsvorgangs oder auf eine öffentlich-rechtliche Qualifikation des Bestellenden, verlangt also keine behördliche, amtliche, staatliche Bestellung durch einen Verwaltungsakt oder durch einen öffentlich-rechtlichen Vertrag und keine Mitwirkung einer Person des öffentlichen Rechts. Vielmehr ist mit der „Öffentlichkeit“ einer Bestellung die **Publizität** iS der allgemeinen Kundgabe der üblichen Geschäftsbesorgungstätigkeit des Beauftragten gegenüber der Öffentlichkeit gemeint. Es ist mithin ein **adressatenbezogenes Verständnis** der öffentlichen Bestellung zugrunde zu legen. Der Bestellungsakt kann daher auch außerhalb jeder öffentlich- oder privatrechtlichen Rechtsform erfolgen; der Bestellende kann ohne Weiteres auch eine natürliche oder juristische Person des Privatrechts sein. Entscheidend ist nur, dass die übliche Geschäftsbesorgungstätigkeit der Allgemeinheit nach außen publik gemacht wird. Öffentlich bestellte Geschäftsbesorger sind deshalb etwa auch Auskunftspersonen von Fremdenverkehrsvereinen.

3 Nach § 663 S 1 Alt 2 unterliegt der Anzeigepflicht zudem, wer sich zur (unentgeltlichen) Besorgung gewisser Geschäfte **öffentlich erboten** hat. Hier geht die Bestellung in Abgrenzung zur Alt 1 nicht von dritter Seite, sondern vom Geschäftsbesorger selbst aus, der sich durch eine **allgemeine Kundbarmachung** seiner üblichen Geschäftsbesorgungstätigkeit und durch eine Publizierung seiner allgemeinen Bereitschaft zur Geschäftsbesorgung gegenüber der Öffentlichkeit gleichsam **selbst erbietet**. Die Abgrenzung der Fälle der öffentlichen Bestellung von denjenigen des öffentlichen Sicherbietens ist mithin danach zu vollziehen, ob eine externe Kundbarmachung von dritter Seite oder ein Selbsterbieten des Geschäftsbesorgers vorliegt. Selbstredend schließen sich beide Fälle nicht aus, sondern können **kumulativ** vorliegen. Das Sicherbieten ist dabei nicht schon als Vertragsantrag des Geschäftsbesorgers *ad incertas personas,* nicht einmal als eine Aufforderung zur Auftragserteilung iS einer *invitatio ad offerendum,* sondern nur als ein allgemeiner Hinweis an die Öffentlichkeit über die grundsätzliche Bereitschaft zur Besorgung bestimmter Geschäfte zu verstehen. Beispielsweise kann ein öffentliches Sicherbieten durch ein Hinweisschild am Haus, durch die Unterhaltung eines öffentlichen Geschäftslokals, durch Zeitungsanzeige, Rundschreiben, Säulenanschläge und dergl erfolgen. Selbstverständlich können auch in Postwurf-Sendungen, Massen-E-Mails oder durch Websites im Internet Formen des öffentlichen Sicherbietens gesehen werden. Die Fälle des öffentlichen Selbsterbietens kommen weniger bei unentgeltlichen Aufträgen, aber regelmäßig bei der entgeltlichen Geschäftsbesorgung nach § 675 vor, zB bei Rechtsanwälten, Versteigerern und Taxatoren, Spediteuren (RGZ 104, 267), Banken und Tierärzten (OLG Düsseldorf JW 1925, 2271). Den Rechtsanwalt trifft etwa die Pflicht, auf bei ihm eingehende Briefe zu antworten (RG JW 1931, 522; SeuffA 85 Nr 63). Der Anzeigepflicht nach §§ 675, 663 unterliegen aber nicht Ärzte oder Hebammen, da sie keine Tätigkeit wirtschaftlicher Art ausüben.

4 Nach § 663 S 2 unterliegt der Anzeigepflicht zudem, wer sich **dem Auftraggeber gegenüber** zur Besorgung gewisser Geschäfte erboten hat. Damit wird den Fällen der allgemeinen öffentlichen Bestellung nach § 663 S 1 Alt 1 und des allgemeinen öffentlichen Selbsterbietens nach § 663 S 1 Alt 2 als dritter Fall das besondere und gezielte Anerbieten zur Seite gestellt. Ein solches **besonderes Anerbieten** kann durch mündliche oder schriftliche Erklärung, durch konkludente Handlung, mit allgemeinem oder speziellem Inhalt geschehen. Auch hierbei handelt es sich nicht schon um einen Vertragsantrag mit Rechtsbindungswillen, doch wird regelmäßig eine Aufforderung zum Vertragsangebot *(invitatio ad offerendum)* vorliegen. Denn das Gesetz geht ausweislich der in § 663 normierten Pflicht des „Beauftragten" zur Mitteilung der Auftragsablehnung davon aus, dass erst der Auftraggeber ein Angebot zum Abschluss eines Auftrags- bzw Geschäftsbesorgungsvertrags macht.

II. Ausnahmecharakter und Anwendungsbereich der Anzeigepflicht

5 Die drei Fallgruppen der Anzeigepflicht in § 663 S 1 und 2 sind als **Ausnahmen** zu verstehen, die die Regel bestätigen. Die Regel ist, dass der „Beauftragte", dem ein Auftrag im Sinne einer einseitigen Aufforderung des Auftraggebers zum Vertragsabschluss zugeht (§§ 130 ff), weder zur Annahme des Auftrags, noch zur Mitteilung einer allfälligen Ablehnung verpflichtet ist. Es besteht also grundsätzlich für den Beauftragten **kein Zwang zur Äußerung**. Sein Schweigen ist hier wie sonst grundsätzlich rechtlich neutral. Neben den gesetzlichen Ausnahmefällen des § 663 von

dieser Regel sind allerdings noch **andere Ausnahmefälle** zu berücksichtigen. So kann sich eine Verpflichtung zur Anzeige der Ablehnung eines Auftrags aus einem vorangegangenen Vorvertrag, einer sonstigen vertraglichen Bindung, aus den Schutzpflichten einer laufenden Geschäftsverbindung oder auch öffentlich-rechtlich aus einer dem Beauftragten erteilten Konzession ergeben.

Die praktische Bedeutung des § 663 für den Auftragsvertrag der §§ 662 ff selbst ist 6
gering. Eine unentgeltliche Besorgung von Geschäften bei öffentlicher Bestellung wird meistens eine Amtsausübung darstellen, also nicht auf einem privatrechtlichen Auftragsverhältnis beruhen. „§ 663 hat für sich genommen wenig Bedeutung. Wichtig ist er in Verbindung mit § 675" (so Fikentscher/Heinemann, SchR [10. Aufl 2006] Rn 1247). Die Hauptbedeutung und der eigentliche Anwendungsbereich des § 663 liegen in der Tat auf dem Gebiet der **entgeltlichen Geschäftsbesorgung**, denn die Vorschrift ist auf Dienst- und Werkverträge, die eine Geschäftsbesorgung zum Gegenstand haben, nach § 675 Abs 1 entsprechend anzuwenden. Für Rechtsanwälte ist die Spezialvorschrift des § 44 BRAO einschlägig. Soweit die Verletzung der Anzeigepflicht bei Auftrags- oder Geschäftsbesorgungsablehnung eine Amtspflichtverletzung darstellt, haben die Bestimmungen zur Amtshaftung Vorrang vor § 663.

Im **Handelsrecht** ist die Vorschrift des § 362 HGB zu berücksichtigen, die zwar mit 7
der Regelung des § 663 BGB verwandt und schon nach dem Wortlaut parallel aufgebaut ist, aber doch eine weitergehende Rechtsfolge vorsieht, denn § 362 S 1 HS 2 HGB bestimmt: „sein Schweigen gilt als Annahme des Antrags" (dazu noch u Rn 13). Demgegenüber kann die Verletzung der Anzeigepflicht nach § 663 nur zu Schadensersatzansprüchen des Auftraggebers führen. Für die in § 663 bezeichneten Personen besteht keine Verpflichtung zur Annahme des Auftrags; insbesondere begründet die Vorschrift **keinen Kontrahierungszwang**. Liegen die besonderen Voraussetzungen des § 362 HGB (Kaufmann, auf Geschäftsbesorgung gerichteter Gewerbebetrieb, Geschäftsverbindung) **nicht** vor, ist auch im Handelsverkehr § 663 BGB anzuwenden.

III. Inhalt und Rechtsnatur der Anzeigepflicht

Unter den Voraussetzungen des § 663 ist der Beauftragte verpflichtet, bei Ableh- 8
nung des Auftrags diese dem Auftraggeber **unverzüglich anzuzeigen. Anzeigepflicht bedeutet damit Mitteilungspflicht**. Zu beachten ist dabei, dass die Anzeigepflicht nur dann besteht, wenn der erteilte Auftrag in den Rahmen derjenigen Geschäfte fällt, zu deren Besorgung der Beauftragte öffentlich bestellt ist oder sich öffentlich oder dem Auftraggeber gegenüber erboten hat. Betrifft dagegen das Vertragsangebot des Auftraggebers eine Geschäftsbesorgung anderer Art, dann gilt statt der ausnahmsweisen Anzeigepflicht wieder die Regel der Freiheit von jedem Äußerungszwang (s oben Rn 5). Die Vorschrift des § 663 erlegt dem Normadressaten eine **vorvertragliche Verhaltenspflicht** infolge seiner Begründung eines Vertrauenstatbestandes gegenüber dem möglichen Auftraggeber auf. Sie versteht sich als eine **sondertatbestandliche Ausprägung der culpa in contrahendo** nach §§ 241 Abs 2, 311 Abs 2 Nr 1, die gegenüber § 311 Abs 2 spezieller Natur ist.

Anzeigepflichtig ist lediglich die **Tatsache der Ablehnung**. Eine Angabe von Gründen 9
ist nicht erforderlich. Dem Beauftragten schadet nur Schweigen; antwortet er sofort und lässt er dabei seine Bereitschaft zur Übernahme des Auftrags in der Schwebe, so

haftet er nur nach den allgemeinen Grundsätzen über Verschulden bei Vertragsverhandlungen (BGH NJW 1984, 866, 867). Der mit dem Vertragsangebot konfrontierte Normadressat des § 663 unterliegt auch dann einer Pflicht zur Anzeige der Ablehnung, wenn er den Auftrag nicht selbst ausführen, sondern einem Dritten übertragen will und mit einer Gestattung bzw Zulässigkeit der Übertragung nach § 664 rechnet. Denn darin liegt nur eine abgeänderte Annahme des Vertragsangebots, die gemäß § 150 Abs 2 als Ablehnung zu werten und durchaus nach § 663 anzeigepflichtig ist.

10 Die Anzeige der Ablehnung hat „unverzüglich" zu erfolgen, was nach der Legaldefinition dieses Rechtsbegriffs in § 121 Abs 1 S 1 hier wie sonst „ohne schuldhaftes Zögern" bedeutet. Dies schließt insbesondere aus, dass der Beauftragte bis zu einem Erlöschen des Antrags mangels Annahme nach § 146 zuwartet. Eine besondere Form für die Anzeige schreibt das Gesetz nicht vor. Es kann auch nicht von einem Erfordernis der „Waffengleichheit" ausgegangen werden, wonach sich der Beauftragte für seine Ablehnungsanzeige etwa derselben Form bedienen müsste, die der Auftraggeber für sein Vertragsangebot („Auftrag") gewählt hat.

11 Die Ablehnungsanzeige als solche ist ihrer Rechtsnatur nach als eine **geschäftsähnliche Handlung** mit der Folge einer grundsätzlichen analogen Anwendbarkeit der §§ 104 ff zu qualifizieren (vgl Enneccerus/Nipperdey, AT [15. Aufl 1960] § 137 IV 2 a). Zwar kommt im Falle des Sicherbietens gegenüber dem Auftraggeber nach § 663 S 2 eine **Irrtumsanfechtung** gem § 119 in Betracht, doch kann dies nicht zur rückwirkenden Beseitigung des schon geschaffenen Vertrauenstatbestands führen. Fraglich ist allerdings, ob die Mitteilung der Ablehnung dem Auftraggeber auch nach § 130 zugehen muss, wie man dies entsprechend für andere geschäftsähnliche Handlungen (zB für die Mahnung) annimmt. Für das **Erfordernis eines rechtzeitigen Zugangs** spricht, dass nur damit der geschaffene Vertrauenstatbestand vernichtet werden kann. Eine nähere Interessenabwägung führt aber wohl zu dem Ergebnis, dass ein solches **Zugangserfordernis verneint** werden muss. Zu beachten ist nämlich, dass eine Haftung des Beauftragten nach § 280 Abs 1 S 2 ein – wenn auch vermutetes – Vertretenmüssen der Pflichtverletzung verlangt. Das Risiko eines Verlustes oder einer Verzögerung der Anzeige muss dem Antragenden aufgebürdet werden. Es bedeutete eine vom Gesetz schwerlich gewollte Belastung der in § 663 bezeichneten Normadressaten, wollte man die Haftungsfreiheit des Anzeigenden von dem Zugang seiner Ablehnungsanzeige beim Auftraggeber abhängig machen, der seiner Einflusssphäre regelmäßig entzogen ist. Deshalb muss für die Erfüllung der Anzeigepflicht des § 663 eine den Umständen nach sorgfältig vorgenommene und **unverzügliche Absendung** genügen. Welche Anforderungen im Einzelnen an die Sorgfalt der Absendung, insbesondere an die gewählte Mitteilungsform zu stellen sind, ist nach § 242 zu beurteilen. Dabei spielt insbesondere die vom Beauftragten erkennbare Bedeutung der Kenntnis der Ablehnung für den Auftraggeber im Hinblick auf den Wert oder die Wichtigkeit des Geschäfts eine wichtige Rolle. Wer demgegenüber die Mitteilung der Ablehnung analog § 130 für zugangsbedürftig hält, wird jedenfalls für die Unverzüglichkeit entsprechend § 121 Abs 1 S 2 gleichwohl auf die Absendung abstellen müssen. Die Meinungsverschiedenheit wirkt sich aber auf die Beweislast aus, denn bei Unanwendbarkeit des § 130 braucht der von der Anzeigepflicht des § 663 Betroffene lediglich die (sorgfältige) Absendung, nicht auch den Zugang zu beweisen.

12 Fehlt dem Normadressaten die (volle) **Geschäftsfähigkeit**, so kann für ihn grds keine Anzeigepflicht zur Entstehung gelangen; denkbar ist jedoch, dass eine Anzeigepflicht nachträglich durch **Genehmigung** gem § 108 Abs 1 entsteht. Ansonsten kann die Anzeigepflicht in der Person des gesetzlichen Vertreters entstehen, wenn der Beauftragte geschäftsunfähig (geworden) ist und der Vertragsantrag dem gesetzlichen Vertreter zugegangen ist (§ 131 Abs 1). Die Anzeigepflicht aus § 663 geht beim Tod des zunächst Anzeigepflichtigen auf seinen Erben über; Voraussetzung hierfür ist freilich, dass die Anzeigepflicht in der Person des Erblassers tatsächlich bereits entstanden war, dieser also bei Zugang des Auftrags noch gelebt hat.

IV. Rechtsfolgen der Anzeigepflichtverletzung

13 Die Regelung des § 663 enthält selbst **keine ausdrückliche Sanktion** iS von Rechtsfolgen einer Anzeigepflichtverletzung. Eine Verletzung der Anzeigepflicht durch den Beauftragten kann nur zu **Schadensersatzansprüchen** des Auftraggebers führen. Dabei lässt sich eine Verpflichtung zum Schadenersatz nicht aus einer Vertragsverletzung des Beauftragten ableiten, da ein Schuldverhältnis ja gerade nicht zustande kommt. Wohl aber ergibt sich die Schadensersatzpflicht aus einer Verletzung einer vorvertraglichen Pflicht *(culpa in contrahendo)* nach §§ 241 Abs 2, 311 Abs 2 Nr 1. Man muss § 663 als eine **sondertatbestandliche Ausprägung der culpa in contrahendo** ansehen, die gegenüber § 311 Abs 2 spezieller Natur ist (s oben Rn 8). Letztlich begründet die Vorschrift des § 663 mithin eine vorvertragliche Verhaltenspflicht infolge der Begründung eines Vertrauenstatbestandes gegenüber dem möglichen Auftraggeber.

14 Die Vorschrift des § 663 schafft also auch für die dort bestimmten Personen keine Verpflichtung zur Annahme des Auftrags. Keineswegs läuft die Regelung auf einen Kontrahierungszwang hinaus. Vor allem gilt die Unterlassung der Anzeige nicht als Annahme des Auftrags. Gerade hierin liegt der Unterschied des § 663 gegenüber der handelsrechtlichen Regelung des § 362 HGB, wonach sich an das Schweigen die Fiktion der Annahme des Antrags knüpft. Nur die **schuldhafte** (§ 276) Anzeigepflichtverletzung kann einen Anspruch auf Ersatz desjenigen Schadens begründen, der dem Auftraggeber dadurch entstanden ist, dass ihm der Beauftragte die Ablehnung nicht oder nicht unverzüglich angezeigt hat (§§ 249 ff). Zu ersetzen ist also das negative Vertragsinteresse (Vertrauensinteresse) im Umfang des § 122, weil es sich um einen Sonderfall der *culpa in contrahendo* handelt (BGH NJW 1984, 867; GRUNEWALD JZ 1984, 708). Wenn auch die Sonderregelung des § 44 S 2 BRAO zum Ersatz des „durch die Verzögerung erwachsenen Schadens" verpflichtet, ist damit ebenso wie bei § 663 der Ersatz des negativen Interesses gemeint. Kommt dagegen ein Auftragsverhältnis nach § 362 HGB durch Schweigen zustande, verpflichtet die Nichtausführung des Auftrags zum Ersatz des Erfüllungsinteresses (des positiven Vertragsinteresses). Im älteren Schrifttum wurde bisweilen dafür plädiert, den Anspruch des Vertragsantragenden auf Ersatz seines Vertrauensschadens bei einer Anzeigepflichtverletzung nach § 663 auf das positive Vertragsinteresse zu beschränken (so noch STAUDINGER/WITTMANN [1995] § 663 Rn 10; BGB-RGRK/STEFFEN § 663 Rn 10), womit wohl der Konstruktionsverschiedenheit der gestuften Regelung in § 663 einerseits und in § 362 HGB Rechnung getragen werden sollte. Dafür besteht indes nach heute zu Recht hM kein Anlass (ERMAN/BERGER[14] § 663 Rn 7; MünchKomm/SEILER[6] § 663 Rn 22;

SOERGEL/BEUTHIEN[13] § 663 Rn 15). Die „Deckelungen" des Vertrauensschadens durch das Erfüllungsinteresse in § 122 Abs 1 oder § 179 Abs 2 stellen Sonderregelungen dar und dürfen nicht zu einem allgemeinen Grundsatz des Vertrauensschadensersatzes hochstilisiert werden, der doch qualitativ eine eigenständige Schadensberechnungsweise ist und keineswegs von vornherein quantitativ als ein „minus" gegenüber dem positiven Erfüllungsinteresse verstanden werden darf. Die Vorschrift des § 663 enthält keine Begrenzung auf den Betrag „des Interesses, welches der andere Teil an der Wirksamkeit des Vertrags hat". Im Übrigen ist zu berücksichtigen, dass es in denjenigen Fällen, in denen es erst nach wirksamem Vertragsabschluss nachträglich zu einer **verspäteten (ins Leere gehenden) Ablehnungsanzeige** kommt und der Beauftragte den Auftrag nicht oder fehlerhaft ausführt, nach §§ 662, 280 Abs 1 u 3, § 281 zu einem auf das Erfüllungsinteresse gerichteten Anspruch auf Schadensersatz statt der Leistung kommen kann.

15 Die Ersatzpflicht aus §§ 663, 280 Abs 1 betrifft den aus der nicht oder nicht unverzüglich erfolgten Anzeige der Auftragsablehnung entstandenen Schaden. Danach ist der Antragende so zu stellen, wie er bei rechtzeitiger Kenntnis von der Auftragsablehnung gestanden hätte. Dies kann beim entgeltlichen Geschäftsbesorgungsvertrag insbes zu einem Anspruch auf Ersatz eines Schadens führen, wenn der Antragende wegen der verzögerten Anzeige das günstigere Angebot eines anderen Geschäftsführers ausgeschlagen hatte und nun auf ein teureres Angebot zurückgreifen muss. Der Schaden kann zudem in vergeblichen Aufwendungen bestehen. Nicht zuletzt kann die nicht rechtzeitige Ablehnungsanzeige bewirken, dass ein Geschäft versäumt wird und dadurch dem Antragenden Verluste entstehen, wie dies beispielsweise bei Ausfall eines Geschäfts infolge nicht rechtzeitiger Akkreditivgestellung der Fall ist (BGH LM Nr 79 zu § 276).

§ 664
Unübertragbarkeit; Haftung für Gehilfen

(1) Der Beauftragte darf im Zweifel die Ausführung des Auftrags nicht einem Dritten übertragen. Ist die Übertragung gestattet, so hat er nur ein ihm bei der Übertragung zur Last fallendes Verschulden zu vertreten. Für das Verschulden eines Gehilfen ist er nach § 278 verantwortlich.

(2) Der Anspruch auf Ausführung des Auftrags ist im Zweifel nicht übertragbar.

Materialien: E I §§ 588, 589; II § 595; III § 651; Mot II 530–534; Prot II 354–357.

Schrifttum

S die Nachweise zu den Vorbem zu §§ 662 ff.

Systematische Übersicht

Alphabetische Übersicht

I. Überblick

Die Vorschrift bringt in ihrem Abs 1 S 1 eine **Auslegungsregel** („im Zweifel") zur Unübertragbarkeit der Auftragsausführung und damit das **Prinzip der Höchstpersönlichkeit** des Auftragsverhältnisses zum Ausdruck (vgl Fikentscher/Heinemann, SchR [10. Aufl 2006] Rn 1248). In Abs 1 S 2 ist für den Fall der ausnahmsweise erlaubten Übertragbarkeit der Auftragsausführung eine Haftungserleichterung für den Erstbeauftragten in Form einer bloßen Haftung für Verschulden „bei der Übertragung" vorgesehen. Von dem Fall der erlaubten Übertragung der Auftragsausführung (Substitution) hebt sodann § 664 Abs 1 S 3 die – ohne Weiteres zulässige – Einschaltung eines Erfüllungsgehilfen ab und ruft für diesen Fall die Haftung des § 278 in Er- 1 innerung. In § 664 Abs 2 schließlich findet sich wiederum eine Auslegungsregel („im Zweifel"), die anders als § 664 Abs 1 S 1 nicht an die Person des Beauftragten und eine Übertragung der Auftragsausführung, sondern an die Person des Auftraggebers und an eine Übertragung des Anspruchs auf Auftragsausführung anknüpft und diese gleichfalls für grundsätzlich unzulässig erklärt, was sich wiederum als Ausfluss des Prinzips der Höchstpersönlichkeit des Auftragsverhältnisses versteht.

II. Die Höchstpersönlichkeit des Auftragsverhältnisses

2 Die Vorschrift trägt dem persönlichen Vertrauensverhältnis Rechnung, das der Erteilung des Auftrags zugrunde liegt und grundsätzlich eine höchstpersönliche Auftragsausführung durch den Beauftragten verlangt (vgl Fikentscher/Heinemann, SchR [10. Aufl 2006] Rn 1248). Der Auftraggeber sucht sich seinen Beauftragten als den Wahrer und Förderer seiner Interessen regelmäßig mit Rücksicht auf dessen unverwechselbares Persönlichkeitsprofil aus. Die Vorschrift des § 664 versteht sich als eine in dem persönlichen Vertrauensverhältnis der Parteien begründete Ausnahmeregelung zum allgemeinen schuldrechtlichen Grundsatz des § 267 Abs 1, wonach der Schuldner – mangels anderweitiger Vereinbarung – „nicht in Person zu leisten" braucht.

III. Die ungestattete Substitution

3 Mangels einer Substitutionsgestattung handelt der Erstbeauftragte, der gleichwohl die Auftragsausführung einem Dritten überträgt, im Verhältnis zum Auftraggeber **vertragswidrig** und ist im Verschuldensfall für den dadurch adäquat kausal entstandenen Schaden nach § 280 Abs 1 **haftbar** (Koller ZIP 1985, 1248; Mot II 534: „kontraktwidrige Pflichtverletzung"). Dies betrifft jeden Schaden, der ohne die ungestattete Substitution nicht eingetreten wäre, also nicht allein den Schaden, der durch ein Verschulden des Dritten herbeigeführt wurde. Die Frage nach einem Verschulden des Substituten stellt sich nicht. Soweit es freilich zu einem Schaden gekommen ist, der auch ohne die ungestattete Substitution eingetreten wäre (beispielsweise wenn auch der Beauftragte selbst den Schaden nicht hätte vermeiden können), fehlt es für eine Haftbarkeit des Erstbeauftragten an einem ursächlichen Zusammenhang zwischen Vertragsverletzung und Schaden. Der Schaden muss also durch die ungestattete Substitution adäquat kausal verursacht worden sein (MünchKomm/Seiler[6] § 664 Rn 10). Die Geltendmachung der Pflichtverletzung bei ungestatteter Substitution kann für den Auftraggeber gegen Treu und Glauben verstoßen, wenn sich der Substitut bei Auftragsausführung völlig beanstandungsfrei verhalten hat (Auftragserledigung in vertragsgemäßer Quantität und Qualität) und es gleichwohl zu einem Schaden gekommen ist (MünchKomm/Seiler[6] § 664 Rn 10; Soergel/Beuthien[13] § 664 Rn 5; Planck/Lobe § 664 Anm 1b; Hansen BB 1989, 2418). Dies sahen die Väter des BGB offenbar noch anders, die dem Auftraggeber auch hier ein Zurückweisungsrecht und einen Schadensersatzanspruch einräumen wollten (Mot II 534).

4 Die ungestattete Substitution hat nicht nur schadensersatzrechtliche Rechtsfolgen. Schon vorher und unabhängig von einem Schaden steht dem Auftraggeber vielmehr ein **Zurückweisungsrecht** zu (Mot II 534): Der Auftraggeber braucht die Auftragsausführung durch einen vertragswidrig bestellten Dritten nicht als Erfüllung der dem Beauftragten obliegenden höchstpersönlichen Ausführungspflicht gelten zu lassen.

Dieses Zurückweisungsrecht steht dem Auftraggeber jedoch nicht einschränkungslos und nicht ohne Rücksicht auf die Interessenlage der Beteiligten zu. Insbesondere kann der Ausübung des Zurückweisungsrechts der Einwand der missbräuchlichen Rechtsausübung (§ 242) entgegengehalten werden, wenn durch die (ungestattete) Substitution das Interesse des Auftraggebers nicht verletzt ist (Enneccerus/Lehmann, SchuldR [15. Aufl 1954] § 161 Anm 1; Planck/Lobe § 664 Anm 1b; Oertmann, BGB-Komm [5. Aufl 1929] § 664 Anm 2b).

Bei einer unbefugten Auftragsübertragung ist der Beauftragte nicht ohne Weiteres dazu verpflichtet, Ersatzansprüche gegen den Dritten an den Auftraggeber abzutreten (Mot II 534). Dem Auftraggeber steht jedoch ein Recht zur Genehmigung der bislang ungestatteten Substitution zu, mit der er seine Rechtsposition verbessern und auf die Ergebnisse der Auftragsausführung zugreifen kann. Insbesondere kann er sich nach der Genehmigung wie bei einer von vornherein gestatteten Auftragsübertragung allfällige Ersatzansprüche des Erstbeauftragten gegen den Dritten abtreten lassen. Der Anspruch findet seine Grundlage in § 667. 5

IV. Die gestattete Substitution

1. Die Substitutionsgestattung

Bei der gestatteten Substitution ist zwischen der **Substitutionsgestattung** im Verhältnis zwischen Auftraggeber und Beauftragtem und der Substitution selbst iS der **Substitutionsvornahme** im Verhältnis zwischen dem Beauftragten und dem Dritten (Substituten) zu unterscheiden. Die Substitutionsgestattung kann der **Rechtsnatur** nach eine **vertragliche Vereinbarung** zwischen Beauftragtem und Auftraggeber in Ergänzung zum Auftragsvertrag darstellen (supplemente vertragliche Substitutionsgestattung). Häufig, wenn nicht im Regelfall werden sich die Parteien schon bei Begründung des Auftragsverhältnisses darüber verständigen, ob und gegebenenfalls in welchem Umfang eine Ausführungsübertragung des Auftrags zulässig oder gar geboten ist (koinzidente vertragliche Substitutionsgestattung). Die Substitutionsgestattung kann aber auch auf einem **einseitigen Vorgehen des Auftraggebers** beruhen, der – auch nach vorher begründetem Auftragsverhältnis – die Handlungsmöglichkeiten des Beauftragten durch die Substitutionsgestattung erweitern will (koinzidente bzw supplemente unilaterale Substitutionsgestattung). Sie ist dann als Willenserklärung mit der Folge der Anwendbarkeit der §§ 104 ff zu qualifizieren, denn sie ist auf eine einseitig rechtsgestaltende **Änderung des Vertragsinhalts** gerichtet. Die Änderung des Vertragsinhalts zieht nicht etwa die Haftungsbeschränkung des § 664 Abs 1 S 2 nach sich, denn diese tritt erst infolge der (vom Erstbeauftragten vorgenommenen) Substitution, nicht aber schon infolge der (vom Auftraggeber erklärten) Substitutionsgestattung ein. Wohl aber lässt die mit der Gestattung der Ausführungsübertragung bewirkte Änderung der Rechtsstellung des Beauftragten, der erst jetzt zur Substitution befugt ist, die Substitutionsgestattung als Willenserklärung des Auftraggebers erscheinen. Hiervon geht das Gesetz durch die Wahl des Wortes „gestatten", das auf eine einseitige Vorgehensweise hindeutet, offenbar als Regelfall aus. Es bedarf deshalb keiner Heranziehung der Regeln über das (gegebenenfalls vertraglich vorgesehene) einseitige Leistungsbestimmungsrecht nach § 315; das Recht zur einseitigen Substitutionsgestattung steht dem Auftraggeber *ex lege* zu. Weil die Substitution nach § 664 im Zweifel unzulässig, also verboten und nur 6 ausnahmsweise zulässig, also erlaubt ist, verbietet sich eine Substitutionsgestattung im Allgemeinen im Wege formularvertraglicher Regelung (Hansen BB 1989, 2424; Kümpel WM 1996, 1896).

7 Die Substitutionsgestattung braucht **nicht durch eine ausdrückliche Erklärung** des Auftraggebers an den Beauftragten zu erfolgen. Es genügt auch das **stillschweigende Einverständnis** des Auftraggebers, auf das die Umstände des Einzelfalls, insbesondere auch die Verkehrssitte, hinweisen können. Wer zB mit dem Verkauf eines großen Immobilienobjekts beauftragt wird, ist zur Übertragung des Auftrags an einen Makler befugt, wenn dies den Umständen nach der Verkehrssitte entspricht.

8 Die auftrags- und geschäftsbesorgungsrechtliche Regelung des § 664 kann nicht isoliert, sondern muss im Zusammenhang mit der **Interessenwahrungspflicht** und der **Weisungsgebundenheit** des Beauftragten gesehen werden. Deshalb kann sich im Einzelfall eine Substitutionsgestattung unter den Voraussetzungen des § 665 auch aus dem **hypothetischen Willen** des Auftraggebers ergeben, etwa wenn der Beauftragte selbst an der persönlichen Ausführung des dringend erledigungsbedürftigen Auftrags unerwartet verhindert ist oder wenn sich ein Dritter plötzlich als besonders ausgewiesener Fachmann für die Auftragsausführung empfiehlt. Allerdings wird man den Beauftragten nicht immer schon dann zur Bestellung eines Substituten für verpflichtet halten dürfen, wenn ihm selbst die Erledigung des Auftrags unmöglich wird (Mot II 532). Der Pflichteninhalt des Auftragsverhältnisses würde überspannt, wenn der Beauftragte für Notfälle immer einen Ersatzmann bereithalten und gegebenenfalls zum Substituten bestellen müsste. Eine Substitutionsgestattung bedeutet **keine Substitutionsaufforderung**. Denn grundsätzlich soll die Substitutionsgestattung eine **Befugnis zugunsten des Beauftragten** bedeuten, eine Erweiterung seines Handlungsspielraums begründen und seine Haftungsposition verbessern, nicht aber zusätzliche Pflichten zu Lasten des Beauftragten schaffen. Allerdings kann bisweilen nach den Umständen erkennbar sein, dass die Substitutionsgestattung auch oder gar vor allem **im Interesse des Auftraggebers** liegt. Unter Umständen kann sie dann zugleich eine Verpflichtung des Beauftragten begründen, bei Verhinderung und Gefahr im Verzuge von seinem Recht zur Ausführungsübertragung des Auftrags Gebrauch zu machen.

2. Die Substitutionsvornahme

9 Die **Substitutionsvornahme** im Verhältnis zwischen Beauftragtem und Substituten, dh die auf der Grundlage der Substitutionsgestattung vollzogene Ausführungsübertragung des Auftrags ist dadurch gekennzeichnet, dass der Erstbeauftragte die Auftragsausführung an einen Dritten weitergibt, den damit als Selbstbeauftragten eine eigenständige Pflicht zur Geschäftsbesorgung trifft. Eine solche **Auftragsübertragung an einen Dritten** ist von der **Übernahme des Auftrags durch einen Dritten** nach den Regeln der **Schuldübernahme** gem §§ 414 ff zu unterscheiden. Bei der (privativen) Schuldübernahme scheidet der Erstbeauftragte aus dem Schuldverhältnis völlig aus. Dagegen bleibt bei der Substitution die Stellung des Beauftragten als Partei des Auftragsverhältnisses bestehen, wenn auch mit verändertem Inhalt: Die gestattete Substitution führt lediglich zur Beschränkung der Haftung des Beauftragten, der jetzt nur noch für sein eigenes Verschulden bei der Übertragung des Auftrags,

insbesondere für **Auswahlverschulden** hinsichtlich des Substituten, nicht jedoch nach § 278 für das Verschulden des Substituten haftet.

Überträgt der Erstbeauftragte nur einen abgegrenzten Teil der vorzunehmenden Geschäftsbesorgung auf den Dritten, dann kommt es zur Erteilung eines **Unterauftrags**. Der Beauftragte kann den Unterauftrag **im Namen des Auftraggebers** oder **im eigenen Namen** erteilen (Mot II 533; Prot II 355; Enneccerus/Lehmann, SchuldR [15. Aufl 1954] § 161 I 1; RGZ 78, 312; 141, 186; 161, 73; BGH VersR 1958, 41). Im ersten Fall kommt nach dem Willen der Beteiligten ein Auftragsverhältnis zwischen dem Substituten und dem Auftraggeber, im zweiten Fall ein Auftragsverhältnis nur zwischen Substituten und Beauftragtem zustande (RGZ 78, 312; KG OLGE 9, 295; Planck, BGB [1./2. Aufl 1900] § 664 Anm 1a und d). Bei der Erteilung eines Unterauftrags im eigenen Namen des Beauftragten ist der Auftraggeber, wenn er selbst gegen den Unterbeauftragten (Substituten) vorgehen will, darauf angewiesen, dass der Beauftragte ihm seine Rechte gegen den Unterbeauftragten abtritt. Rechnen der Auftraggeber und der Erstbeauftragte schon von vornherein mit einer Weiterbeauftragung, etwa mit Rücksicht auf den Umfang der dem Beauftragten anvertrauten Geschäfte, dann liegt die Annahme nahe, dass der Beauftragte den Unterauftrag im Namen des Auftraggebers erteilen soll und erteilt. Wurde hingegen der Beauftragte nur mit einer einzelnen Geschäftsbesorgung beauftragt, so wird es vielfach dem Vorstellungsbild und dem Geschäftswillen der Beteiligten entsprechen, dass der Unterauftrag im eigenen Namen des Erstbeauftragten erteilt wird. Erschöpft sich die Geschäftsbesorgungspflicht des Beauftragten überhaupt darin, dass er einen Dritten mit der Ausführung der Geschäfte beauftragen soll, so spricht dies regelmäßig für einen im Namen des Auftraggebers erteilten „Unterauftrag"; in diesem Fall liegt, streng genommen, überhaupt kein „Unterauftrag", sondern ein „Weiterauftrag" vor. Die Beschränkung der Haftung desjenigen, der einen Beauftragten finden soll, folgt schon aus der gegenständlichen Beschränkung seines Auftrags. 10

Welche Wirkung das **Erlöschen des (Haupt-)Auftrags** auf den von dem Erstbeauftragten erteilten Unterauftrag entfaltet, hängt von den Umständen des Einzelfalls ab. In der Regel bleibt das zwischen dem Substituten und dem Beauftragten bzw dem Auftraggeber begründete *Unter*-Auftragsverhältnis vom Erlöschen des Erstauftrags unberührt (Mot II 552 ff). Vielfach soll der Unterauftrag seine Bedeutung gerade erst dann gewinnen, wenn der Erstauftrag (Hauptauftrag) erlischt (etwa beim Tod des Erstbeauftragten). Vor allem die gestattete Substitution im Namen des Auftraggebers wird in der Regel von der **Fortdauer des Hauptauftrags unabhängig** sein. Aus den Umständen des Einzelfalls kann sich freilich auch ergeben, dass der zweite Auftrag nach dem Willen der Beteiligten durch das (Fort-)Bestehen des Hauptauftrags bedingt sein soll (Planck, BGB [1./2. Aufl 1900] § 664 Anm 1d). Dabei kann es, je nach den Umständen, auch einen Unterschied machen, ob das Erlöschen des Hauptauftrags auf dem Willen des Auftraggebers beruht (Widerruf) oder auf einem plötzlichen unvorhergesehenen Ereignis (Tod des Beauftragten). Ferner kann es eine Rolle spielen, ob der Auftraggeber von der Unterbeauftragung Kenntnis hat oder nicht. 11

3. Das Übertragungsverschulden

Die Vorschrift des § 664 Abs 1 S 2 verbindet mit der ausnahmsweise zulässigen 12

Auftragsübertragung an einen Dritten die Rechtsfolge, dass die Haftung des Erstbeauftragten auf das Verschulden bei der Übertragung beschränkt wird. Zu beachten ist, dass nicht schon die Substitutionsgestattung, sondern **erst die Substitutionsvornahme** zur Haftungsbeschränkung führt. Der Erstbeauftragte haftet mithin nicht für einen durch Verschulden des Substituten entstandenen Schaden, sondern für denjenigen Schaden, der dem Auftraggeber dadurch entsteht, dass der Erstbeauftragte bei der Übertragung der Auftragsausführung eine schuldhafte Pflichtverletzung begeht. Dieses **Übertragungsverschulden** wird vielfach ein **Auswahlverschulden** sein, weil der Beauftragte die Ausführung des Geschäfts schuldhaft einem ungeeigneten Dritten übertragen hat. Es kann aber auch ein **Informations- oder Instruktionsverschulden** sein, wenn dem Erstbeauftragten etwa bei der erforderlichen Unterweisung und Anleitung des Substituten ein Verschulden zur Last fällt (Mot II 532; Prot II 355; OLG Bamberg SeuffA 61 Nr 228; RGZ 142, 184, 187; BGH NJW 1993, 1706). Denn der Beauftragte hat den Substituten grds über den Gegenstand des Auftrags und die etwaigen Vorgaben des Auftraggebers in Kenntnis zu setzen und gegebenenfalls zu „unterrichten". Je nach den Umständen des Falles kann ferner zwischen Auftraggeber und Erstbeauftragtem vereinbart werden, dass der Beauftragte den Unterbeauftragten zu **überwachen** hat, sodass als Übertragungsverschulden auch ein **Überwachungsverschulden** in Betracht kommt (RGZ 78, 312; sehr weitgehend RGZ 161, 72, 75). In der Regel wird sich allerdings für den Beauftragten, dem eine vollständige Übertragung der Ausführung seines Auftrags auf einen Dritten gestattet ist, das Übertragungsverschulden auf ein Auswahlverschulden beschränken (LG Leipzig 12. 10. 2006 – 05 O 4444/04; LG München GRUR-Prax 2011, 400). Eine Überwachungspflicht kann lediglich dann entstehen, wenn die Fehler des Substituten sich **in offensichtlicher Weise** aufdrängen, zB in Form der Hinweis-, Belehrungs- und Beratungspflichten bei der Übertragung einer anwaltlichen Tätigkeit eines inländischen Anwalts an einen ausländischen Anwalt, um ein ausländisches gewerbliches Schutzrecht zu erlangen (LG Leipzig 12. 10. 2006 – 05 O 4444/04). Das Übertragungsverschulden in seinen Erscheinungsformen des Auswahl-, Anleitungs- und Überwachungsverschuldens *(culpa in eligendo, instruendo vel custodiendo)* nach § 664 Abs 1 S 2 findet eine gewisse Parallele in der Verrichtungsgehilfenhaftung des § 831 Abs 1, auch wenn diese konstruktiv abweichend als **vermutete** Haftung für eigenes Verschulden ausgestaltet ist. Die Frage eines **Entlastungsbeweises** nach Art des § 831 Abs 1 S 2, etwa durch Nachweis der Beobachtung der im Verkehr erforderlichen Sorgfalt bei der Auftragsübertragung, stellt sich freilich bei § 664 Abs 1 S 2 nicht; für das – hier nicht vermutete – Übertragungsverschulden des Beauftragten ist vielmehr nach allgemeinen Grundsätzen der Auftraggeber beweislastig. Wohl aber wird man mit Ehmann die Regelung des § 831 Abs 1 S 2 **aE** auf § 664 Abs 1 S 2 analog anwenden und einen Haftungsausschluss im Falle eines **hypothetischen Schadenseintritts auch bei sorgfältiger Auftragsübertragung** bejahen können (Erman/Ehmann[12] § 664 Rn 21; für eine Verschuldenszurechnung nach §§ 276, 278 jetzt Erman/Berger[14] § 664 Rn 8).

13 Für den **Auftraggeber** bedeutet die Haftungsbeschränkung des Beauftragten nach § 664 Abs 1 S 2 uU eine **Rechtsverkürzung**. Er hat im Schadensfalle zwar möglicherweise – je nach Ausgestaltung der Substitution – den Substituten als neuen Anspruchsgegner gewonnen, der Erstbeauftragte als „primärer" Vertragspartner steht ihm gegenüber jedoch nicht mehr in der vollen Verantwortung. Diese Rechtsverkürzung hat der Auftraggeber zu tragen, hat er doch hierfür selbst durch die Gestattung der Ausführungsübertragung des Auftrags den Grund gelegt. Für den **Be-**

auftragten selbst wirkt die Haftungsbeschränkung des § 664 Abs 1 S 2 freilich als eine **Rechtswohltat**.

4. Die Drittschadensliquidation

14 Hat der Erstbeauftragte auf der Grundlage einer Substitutionsgestattung dem Dritten einen **Unterauftrag im eigenen Namen** (s oben Rn 11) erteilt, so kann er den Schaden seines Auftraggebers, der durch das Fehlverhalten des Substituten entstanden ist, nach den Grundsätzen der **Drittschadensliquidation** gegen den Unterbeauftragten (Substituten) geltend machen. Er ist dann freilich nach § 667 verpflichtet, das Erlangte an den Auftraggeber herauszugeben. Der Auftraggeber kann aber auch nach § 667 Abtretung der Ersatzansprüche des Erstbeauftragten gegen den Substituten verlangen und dann aus abgetretenem Recht gegen diesen vorgehen (Prot II 356; BGH VersR 1958, 40, 41). Hat der Beauftragte die Auftragsausführung dem Dritten **im Namen des Auftraggebers** übertragen, so besteht zwischen dem Substituten und dem Auftraggeber ein unmittelbares Auftragsverhältnis, in dessen Rahmen der Substitut dem Auftraggeber unmittelbar für die sorgfältige Ausführung des Auftrags haftet.

V. Die Einschaltung von Erfüllungsgehilfen (§ 664 Abs 1 S 3)

15 Die Vorschrift des § 664 Abs 1 S 3 besitzt **kaum einen eigenständigen Regelungsinhalt**, sondern erscheint im Grunde entbehrlich. Sie hat vor allem eine Erinnerungs- und Klarstellungsfunktion. Von einer **Erinnerungsfunktion** kann man sprechen, weil die Vorschrift darauf aufmerksam macht, dass von der vorher geregelten Auftragsübertragung (Substitution) die allgemein im Schuldrecht geregelte **Einschaltung eines Erfüllungsgehilfen** nach § 278 zu unterscheiden und mit anderen haftungsrechtlichen Konsequenzen versehen ist. Die **Klarstellungsfunktion** bezieht sich darauf, dass die Einschaltung eines Erfüllungsgehilfen (§ 278) durch den Beauftragten nicht als Bedrohung des Prinzips der Höchstpersönlichkeit des Auftragsverhältnisses angesehen wird.

16 In der Tat ist der Erfüllungsgehilfe gegenüber dem Substituten der Rechtsstellung nach sehr verschieden. Substitution ist verboten, falls sie nicht ausnahmsweise erlaubt ist; Erfüllungsgehilfenschaft ist grds erlaubt, falls sie nicht ausnahmsweise verboten ist. Im Gegensatz zum Substituten wird der Gehilfe nicht in eigener Verantwortung, sondern als **Hilfsperson des Beauftragten** bei der Auftragsausführung tätig, wobei die Verantwortung für die Auftragsausführung beim Beauftragten verbleibt, der von dem eingeschalteten Gehilfen lediglich unterstützt wird. Anders als bei der befugten Auftragsübertragung an einen Dritten wird der Erstbeauftragte nicht aus seinen Sorgfaltspflichten als Geschäftsbesorger entlassen und seine Haftung auf ein Übertragungsverschulden beschränkt. Die Pflichtenstellung des Beauftragten bleibt von der Einschaltung eines Erfüllungsgehilfen völlig unabhängig. Bei einem Fehlverhalten des Erfüllungsgehilfen gelten die üblichen Haftungsregeln; es findet eine Verschuldenszurechnung an den Beauftragten nach §§ 276, 278 statt (BGH LM Nr 1 zu § 664 BGB). Für den Beauftragten ist die Einschaltung eines Erfüllungsgehilfen zulässig, sofern sich nichts Abweichendes aus dem vereinbarten Auftragsverhältnis oder aus der Eigenart des aufgetragenen Geschäfts ergibt (Mot II 532; Prot II 354; Enneccerus/Lehmann, SchuldR [15. Aufl 1954] § 161 I 2).

17 Sollte dem Beauftragten freilich nach der vertraglichen Ausgestaltung des Auftragsverhältnisses (auch) eine **Einschaltung von Erfüllungsgehilfen untersagt** sein, dann ist der Beauftragte für jeden Schaden haftbar, den der Auftraggeber infolge der vertragswidrigen Einschaltung des Gehilfen erleidet. Die Unzulässigkeit der Zuziehung von Gehilfen kann sich im Wege der Auslegung aus dem Vertragszweck (zB besondere Verschwiegenheitspflicht) ergeben oder auf einer entsprechenden Weisung des Auftraggebers (§ 665) beruhen. Die Haftung des Erstbeauftragten beruht dann nicht auf der Zurechnungsnorm des § 278, sondern auf seinem schuldhaft vertragswidrigen Verhalten. Er haftet für die eigene vertragliche Pflichtverletzung auch dann, wenn dem Gehilfen bei der Schadensverursachung kein Verschulden zur Last fällt. Im Einzelfall kann dies auf eine Zufallshaftung oder Risikohaftung des Beauftragten hinauslaufen, der für sämtliche auch als solche schuldlos verursachten Schäden verantwortlich ist, nachdem ihm die verbotene Gehilfeneinschaltung als schuldhafte Pflichtverletzung anzulasten ist (Mot II 534; **aA** Prot II 355). Allerdings haftet der Beauftragte mangels Kausalität nicht, wenn der Schaden auch ohne Gehilfeneinschaltung eingetreten wäre.

18 Die **Abgrenzung** zwischen einer (gestatteten) **Substitution** und einer **Erfüllungsgehilfenschaft** kann im Einzelfall schwierig sein, ist aber vielfach wegen der stark divergierenden Haftungskonsequenzen unvermeidlich (vgl dazu RG WarnR 1930 Nr 134; 1931 Nr 57; RGZ 161, 73). Es ist Tatfrage, ob vom Auftraggeber eine Ausführungsübertragung des Auftrags gestattet und vom Beauftragten vorgenommen wurde, womit sich dann der Beauftragte seiner Haftung bis auf das Übertragungsverschulen entledigt hätte, oder ob der Beauftragte **lediglich einen Erfüllungsgehilfen** hinzugezogen hat, für den er nach § 278 haftet. Ein starkes Indiz für eine gestattete Substitution kann man dann annehmen, wenn der Beauftragte an der zugesagten persönlichen Ausführung des Auftrags wider Erwarten verhindert ist und mit Einverständnis des Auftraggebers oder aufgrund einer Eilentscheidung nach § 665 einen Dritten zuzieht; allgemein wird in unerwarteten „Notfällen" regelmäßig eine Übertragung des Auftrags anzunehmen sein. Umgekehrt spricht es für eine Erfüllungsgehilfenschaft, wenn der Beauftragte von vornherein selbst nur eingeschränkt einsatzfähig und/oder -willig ist und nach Art des Auftrags Hilfspersonen zu seiner Unterstützung benötigt. Besondere Vorsicht mit der Annahme einer Substitution ist geboten, wenn juristische Personen einen Auftrag auszuführen haben und sich dabei dritter Personen (anderer als ihrer gesetzlichen Vertreter) bedienen. Hier verbietet sich vielfach die Annahme einer Substitution, während nach der Verkehrssitte eine Erfüllungsgehilfenschaft naheliegt. Das gilt auch dann, wenn die juristische Person einen geschlossenen Teil der Geschäftsbesorgung einem Dritten überträgt (RGZ 161, 74; BGH LM Nr 1 zu § 664).

VI. Die Unübertragbarkeit des Anspruchs auf Auftragsausführung (§ 664 Abs 2)

19 Die **Auslegungsregel** des § 664 Abs 2, wonach der Anspruch des Auftraggebers auf die Auftragsausführung „im Zweifel" nicht übertragbar ist, trägt dem persönlichen Vertrauensverhältnis zwischen Auftraggeber und Beauftragtem Rechnung, auf dem der Auftrag beruht (s oben Rn 1 aE). Der Gesetzgeber hat sich zur Normierung dieser Auslegungsregel offenbar veranlasst gesehen, um einem *argumentum e contrario* aus § 613 S 2 entgegenzutreten (Mugdan II 945). Die Vorschrift steht in Übereinstimmung

mit der allgemeinen abtretungsrechtlichen Regelung des § 399, wonach eine Forderung nicht abgetreten werden kann, wenn die Leistung an einen anderen als den ursprünglichen Gläubiger nicht ohne Veränderung ihres Inhalts erfolgen kann. Konsequenz der Unübertragbarkeit ist insbesondere, dass der Anspruch nicht gepfändet werden kann (§ 851 Abs 1 ZPO) und ihm gegenüber keine Aufrechnung stattfinden kann (§ 394 S 1). Die übrigen dem Auftraggeber aus dem Auftrag erwachsenen Ansprüche, insbesondere aus §§ 666, 667, sind dagegen ebenso wie allfällige Schadensersatzansprüche des Auftraggebers nach allgemeinen Grundsätzen (§§ 398 ff) übertragbar und pfändbar (vgl AG Suhl JurBüro 2008, 328, 329).

VII. Der Anwendungsbereich des § 664

1. Entgeltliche Geschäftsbesorgung

Die Vorschriften des § 664 Abs 1 S 1 bis 3 und Abs 2 finden grundsätzlich **keine Anwendung** auf einen Dienst- oder Werkvertrag, der eine **Geschäftsbesorgung** zum Gegenstand hat. Denn in § 675 Abs 1 wird § 664 nicht zu den auftragsrechtlichen Vorschriften gerechnet, die auf den entgeltlichen Geschäftsbesorgungsvertrag „entsprechende Anwendung" finden sollen. Der Wortlaut des § 675 Abs 1 lässt dabei keinen Zweifel daran zu, dass der Gesetzgeber die Vorschrift des § 664 **ausdrücklich ausgeklammert** wissen wollte. Bei Dienstverträgen auf Geschäftsbesorgung fehlt für eine analoge Anwendung von § 664 Abs 1 S 1 und § 664 Abs 2 wegen der inhaltsgleichen Regelungen in § 613 schon jedes Bedürfnis (RGZ 161, 68, 70). Anders ist die Lage allerdings, soweit § 613 nicht an die Stelle des § 664 tritt. Dies gilt insbesondere für die Auslegungsregel des § 664 Abs 1 S 1 und für die Haftungsbeschränkung bei gestatteter Substitution nach § 664 Abs 1 S 2. Hier wird man sich darauf besinnen müssen, dass der Gesetzgeber dem Rechtsanwender eine methodengerechte analoge Normanwendung schwerlich verbieten kann. Die Unentgeltlichkeit des Auftrags und die Entgeltlichkeit der Geschäftsbesorgung begründen kaum einen für die *ratio legis* des § 664 Abs 1 S 1 und S 2 durchgreifenden Unterschied. Bei **Geschäftsbesorgungsverträgen**, die auf einem **besonderen persönlichen Vertrauensverhältnis zum Geschäftsbesorger** beruhen, leuchtet es nicht ein, warum die Auslegungsregel des § 664 Abs 1 S 1 nicht entsprechend anwendbar sein soll. Die Rechtsprechung hat sich auch an einer analogen Anwendung des § 664 Abs 1 S 2 auf entgeltliche Geschäftsbesorgungsverträge nicht gehindert gesehen, wenn diese durch Rechtsähnlichkeit und Bedürfnis gerechtfertigt erscheint (BGH LM Nr 1 zu § 664 BGB). Weitergehend wird man sogar § 664 Abs 1 S 2 für den Ausdruck eines **allgemeinen Rechtsgedankens** halten müssen, der unabhängig von § 675 Gültigkeit beansprucht (Erman/Berger[14] § 664 Rn 1; tendenziell wohl auch MünchKomm/Seiler[6] § 664 Rn 19 f; Soergel/Beuthien[13] § 664 Rn 14; LG München GRUR-Prax 2011, 400; anders noch RGZ 161, 68, 79; dagegen Erman/Ehmann[12] § 664 Rn 8: „Buchstabenjurisprudenz"; vgl auch RGZ 163, 377). 20

Im Ergebnis kann die analoge Anwendung der Haftungsbeschränkung nach § 664 Abs 1 S 2 auf Geschäftsbesorgungsverträge nicht schlechthin durch § 675 Abs 1 ausgeschlossen sein, wenn die (entgeltliche) Geschäftsbesorgung mit Gestattung des Geschäftsherrn auf einen Dritten übertragen wird. Es kommt dann vielmehr darauf an, ob das **Vertrauensverhältnis** zu dem mit der Geschäftsbesorgung zunächst betrauten Geschäftsbesorger und damit dessen Verantwortung erhalten bleiben soll. Bejahendenfalls haftet der erstbeauftragte Geschäftsbesorger für den Dritten als 21

Erfüllungsgehilfe nach § 278. So kann § 664 Abs 1 S 2 nicht für den amtlich bestellten Vertreter eines Rechtsanwalts gelten (RGZ 163, 377, 379). Kann hingegen die Geschäftsbesorgung auf den Dritten nicht übertragen werden, ohne dass ein eigenständiges Vertrauensverhältnis des Geschäftsherrn zum Dritten begründet und der bisherige Geschäftsbesorger aus der Verantwortung für die Ausführung des Geschäfts entlassen wird, dann gilt § 664 Abs 1 S 2 entsprechend. Das RG hat daher § 664 Abs 1 S 2 zu Recht auf einen Kommissionsvertrag angewandt, dessen Ausführung mit Einverständnis des Kommittenten auf einen Dritten übertragen wurde (RGZ 78, 310, 313).

2. Entsprechende Anwendung auf andere Rechtsverhältnisse

22 Auch außerhalb von Geschäftsbesorgungsverträgen stellt sich vielfach die Frage einer Anwendung der Regelungen des § 664. Das Gesetz selbst sieht in § 27 Abs 3 vor, dass die Vorschrift des § 664 auf die Geschäftsführung des **Vorstands eines Vereins** Anwendung findet; die Satzung kann jedoch eine abweichende Regelung treffen. Auch gelten nach § 713 die Vorschriften des § 664 für die Rechte und Pflichten der geschäftsführenden **BGB-Gesellschafter**, soweit sich nicht aus dem Gesellschaftsvertrag etwas anderes ergibt (vgl RG JW 1907, 830). Überträgt der Erbe die Ausführung von Verwaltungshandlungen hinsichtlich des Nachlasses auf Dritte, so haftet er gemäß § 1978 im Falle der **Nachlassverwaltung oder der Nachlassinsolvenz** nach Maßgabe des § 664 Abs 1 S 2. Für Verschulden eines Gehilfen ist er nach § 278 verantwortlich. Die Vorschrift des § 2218 bestimmt durch Bezugnahme auf den Erben, dass der **Testamentsvollstrecker** sein Amt als Ganzes nicht auf einen anderen übertragen darf, auch nicht mit Zustimmung des Erben. Bei Übertragung **nur einzelner Geschäfte** hat der Testamentsvollstrecker ein Verschulden nach Maßgabe des § 664 Abs 1 S 2 zu vertreten. Für das Verschulden eines Gehilfen ist der Testamentsvollstrecker nach § 278 verantwortlich (zu Amtspflichten eines Testamentsvollstreckers Klumpp ZEV 2006, 257 ff). Der **Insolvenzverwalter** kann die ihm obliegenden Pflichten als solche nicht derart einem anderen übertragen, dass er mit der Bestellung eines Dritten seine Pflichten erfüllt. Die Vorschriften des § 664 Abs 1 S 1 und 2 können daher nicht zur Anwendung kommen. Bedient sich der Insolvenzverwalter zur Erfüllung seiner Pflichten einer dritten Person, so haftet er für deren Verschulden nach § 278 (vgl RGZ 142, 189; umfassend zu der Frage, welche Tätigkeiten eines Insolvenzverwalters übertragen werden dürfen und welche nicht, Jacoby ZIP 2009, 554, 555 ff).

§ 665
Abweichung von Weisungen

Der Beauftragte ist berechtigt, von den Weisungen des Auftraggebers abzuweichen, wenn er den Umständen nach annehmen darf, dass der Auftraggeber bei Kenntnis der Sachlage die Abweichung billigen würde. Der Beauftragte hat vor der Abweichung dem Auftraggeber Anzeige zu machen und dessen Entschließung abzuwarten, wenn nicht mit dem Aufschub Gefahr verbunden ist.

Materialien: E I § 560; II § 596; III § 652; Mot II 535, 536; Prot II 357.

Schrifttum

S die Nachweise zu den Vorbem zu §§ 662 ff.

Systematische Übersicht

Alphabetische Übersicht

I. Bedeutung, Sinn und Zweck der Norm

Die Vorschrift des § 665 gilt als **eine der wichtigsten Regelungen** des gesamten Auftrags- und Geschäftsbesorgungsrechts und kann als eine der am meisten zitierten Vorschriften dieses Rechtsgebiets angesehen werden. Dies gründet allerdings weni- 1 ger in ihrem unmittelbaren Regelungsinhalt zur Abweichungsbefugnis des Beauftragten gegenüber den vom Auftraggeber im Rahmen des Auftrags erteilten Weisungen, als vielmehr in ihren **unausgesprochen gebliebenen Voraussetzungen**, auf denen ihr Regelungsinhalt fußt und ohne die sie nicht erklärbar ist. Die Vorschrift setzt nämlich offenbar eine vertragliche Verpflichtung des Beauftragten voraus, **anfängliche oder nachträgliche Weisungen** des Auftraggebers zur Auftragsdurchführung **grundsätzlich strikt und abweichungslos** zu befolgen. Diese auch in anderen Vorschriften nicht ausdrücklich genannte **Weisungsbindung des Beauftragten** hat der Gesetzgeber offenbar für nicht besonders erwähnungsbedürftig und derart selbstverständlich gehalten, dass er sich in § 665 gleich auf die Voraussetzungen einer zulässigen Abweichung von Weisungen konzentrieren zu können glaubte. In der Tat folgt die **grundsätzliche Weisungsbindung** bereits unmittelbar aus der auftragsrechtlichen Interessenwahrungs- und Treuepflicht des Beauftragten gegenüber dem Auftraggeber (vgl § 662 Rn 25 ff). Der Beauftragte **schuldet dem Auftraggeber Gehorsam**, insofern er sich bei der inhaltlichen Ausgestaltung und der Art und Weise der Auftragsausführung nach den Vorgaben und Instruktionen des Auftraggebers zu richten hat. Dies betrifft sowohl **anfängliche**, schon bei der Auftragserteilung erteilte Weisungen in Konkretisierung des Auftragsinhalts, als auch **nachträgliche**, erst während der Auftragsausführung steuernd eingreifende Weisungen in laufender Verfolgung der Entwicklung und Anpassung an die Ereignisse. Nach diesem **Grundsatz der Weisungsbindung** darf sich der Beauftragte über die Weisungen des Auftraggebers keineswegs deshalb hinwegsetzen, weil er sie für unzweckmäßig hält und eine andersartige, aber weisungswidrige Auftragsausführung selbst als vorzugswürdig ansieht, mag diese sogar nach objektiven Maßstäben tatsächlich sachdienlicher erscheinen (BGH NJW 1978, 1852; KG Berlin MDR 2007, 451, 452). Der **Auftraggeber bleibt Herr** des dem Beauftragten anvertrauten Geschäfts. Wenn der Beauftragte mit den Weisungen des Auftraggebers nicht einverstanden ist und sich damit nicht derart identifizieren kann, wie es seine Pflicht als Beauftragter ist, steht es ihm jederzeit frei, den Auftrag zu kündigen, § 671 Abs 1.

2 Die Vorschrift des § 665 über die **Zulässigkeit von Weisungsabweichungen** ist als ein **Korrektiv oder Ventil** zum (vorausgesetzten) Grundsatz der Weisungsbindung zu verstehen. Ihr liegt die Erfahrungstatsache zugrunde, dass bei Auftragserteilung zukünftige Ereignisse nur mehr oder weniger eingeschränkt vorhergesehen, vorab bedacht und eingeplant werden können; die Zukunft ist niemals völlig sicher. Die Vorschrift will der Möglichkeit Rechnung tragen, dass bei der Ausführung des Auftrags Umstände auftreten, die eine Abweichung von früheren Weisungen, eine anpassende Ergänzung durch neue Weisung oder auch erstmals steuernd eingreifende Weisungen des Auftraggebers erforderlich machen, um die Interessenwahrung und -förderung in jeweils situationsgerechter Reaktion zu optimieren. Dies impliziert zugleich, dass der Beauftragte bei veränderten Umständen oder unvorhergesehenen Ereignissen nicht mehr an ursprünglich erteilten, jetzt aber als interessenwidrig und nicht mehr sachdienlich erscheinenden Weisungen „stur" festhalten und im Vertrauen auf die früheren Instruktionen einen längst unangemessenen Kurs der Auftragsausführung weiterverfolgen darf.

3 Dabei liegt der Norm des § 665 S 1 und S 2 ein **Kooperationsmodell** auf der Basis des zwischen Auftraggeber und Beauftragtem bestehenden Vertrauensverhältnisses zugrunde. Keineswegs wird das Weisungsrecht des Auftraggebers etwa bei veränderten

Umständen während der Auftragsausführung verdrängt und dem Beauftragten ein Freibrief für Abweichungen nach eigenem Gutdünken ausgestellt. Die dem Beauftragten eingeräumte Abweichungsbefugnis bleibt an das Weisungsrecht des Auftraggebers angekoppelt. Der Beauftragte darf nur nach seinem Ermessen handeln, wenn und soweit er berechtigterweise das Einverständnis des Auftraggebers mit der Abweichung voraussetzen kann und wenn es um eine unaufschiebbare Maßnahme geht, die Entschließung des Auftraggebers nach vorheriger Unterrichtung also wegen der mit der Verzögerung verbundenen Gefahr nicht abgewartet werden kann. In der Literatur wird zur Erläuterung des § 665 gern das Schlagwort vom „denkenden Gehorsam" herangezogen: Das Gesetz verlangt vom Beauftragten zwar nach dem Grundsatz der Weisungsbindung Gehorsam gegenüber dem Auftraggeber, aber keinen blinden, sondern einen **denkenden Gehorsam** (HECK, SchR [1929] § 119 Anm 5, S 355).

Der Norminhalt des § 665 geriete allerdings in ein „schiefes Licht", wenn man ihn nicht nur als Korrektiv und Ventil zur grundsätzlichen Weisungsbindung des Beauftragten verstünde, sondern in ihn einen „Grundsatz der Abweichungsbefugnis" hineininterpretieren und ihn zu einem Gegenprinzip zum Grundsatz der Weisungsbindung hochstilisieren wollte (so aber ERMAN/EHMANN[12] § 665 Rn 1, 22 ff, der zudem von einem „Spannungsverhältnis" zwischen den widersprüchlichen Prinzipien, dem Grundsatz der Weisungsgebundenheit und dem Grundsatz der Abweichungsbefugnis, spricht). Denn die immer nur eingeschränkte Abweichungsbefugnis des Beauftragten ist als **Ausnahme** gedacht und begründet nur eine Reservezuständigkeit für die Ermessensentscheidung des Beauftragten. Nur „notfalls" (so auch ERMAN/BERGER[14] § 665 Rn 1) ist der Beauftragte zu Abweichungen von Weisungen berechtigt oder gar verpflichtet. Das Kooperationsmodell des § 665 ist in die subordinationsrechtliche Rechtsnatur des Auftragsverhältnisses (dazu näher Vorbem 23 ff, insbes 28 ff zu §§ 662 ff und § 662 Rn 2) eingebettet. 4

Die Vorschrift des § 665 findet nach § 675 Abs 1 **entsprechende Anwendung** auf Dienst- und Werkverträge, die eine Geschäftsbesorgung zum Gegenstand haben, sowie gemäß § 675c Abs 1 auf Zahlungsdienste (vgl konkretisierend §§ 675f Abs 3 S 2, 675j Abs 1). Sie wird auch ausdrücklich auf die Geschäftsführung des Vereinsvorstandes und der Vereinsliquidatoren (§§ 27 Abs 3, 48 Abs 2) sowie auf die Geschäftsführung des BGB-Gesellschafters (§ 713) für anwendbar erklärt; für die Liquidatoren einer offenen Handelsgesellschaft gilt dagegen § 152 HGB. 5

II. Die Weisungsbindung des Beauftragten

1. Weisungsrecht und Weisungswiderruf

Der Weisungsbindung des Beauftragten entspricht auf Seiten des Auftraggebers das Weisungsrecht. Es kann in **vertraglicher Form** etwa durch begleitende Instruktionen bei Abschluss des Auftragsvertrags oder durch **einseitige Erklärungen** bei oder nach der Auftragserteilung ausgeübt werden. Die Weisung kann der **Rechtsnatur** nach ein einseitiges oder ein zweiseitiges Rechtsgeschäft (**aA** MünchKomm/SEILER[6] § 665 Rn 5; SOERGEL/BEUTHIEN[13] § 665 Rn 2; ULRICH MDR 2009, 1017, 1018), nicht aber ein Realakt (**aA** noch STAUDINGER/MARTINEK [2006] § 665 Rn 6) sein. In aller Regel wird sich die vom Auftraggeber während des Auftragsvollzugs erteilte Weisung als eine **einseitige empfangsbedürftige Willenserklärung** darstellen (s noch u Rn 8). Immer geht es um eine 6

Konkretisierung oder Aktualisierung der Interessenwahrungs- und -förderungspflicht des Beauftragten. Der **bankgeschäftliche Überweisungsauftrag** wird beispielsweise heute (wieder) als als eine **geschäftsbesorgungsrechtliche Weisung des Überweisenden an seinen Zahlungsdienstleister** eingeordnet (vgl STAUDINGER/OMLOR [2012] Vorbem 85 zu §§ 675c–676c mwNw). Vor der Reform aus dem Jahr 2009 (vgl Vorbem 59 zu §§ 662 ff) erfolgte die Überweisung dagegen nach §§ 676a ff aF in vertraglicher Form, während vor deren Inkrafttreten war die Überweisung als eine geschäftsbesorgungsvertragliche Weisung durch einseitige Erklärung des Bankkunden (des überweisenden Auftraggebers) im Rahmen des geschäftsbesorgungsrechtlichen Girovertrags angesehen worden (vgl zB BGHZ 10, 322). Insofern stellt das heutige Regelungsmodell eine Rückkehr zu der ursprünglichen Rechtslage dar.

6a Die Weisung muss von einer bloßen „Empfehlung" oder von bloßen „Wünschen" (LG Göttingen MDR 2009, 1075, 1076) des Auftraggebers abgegrenzt werden. Das Abgrenzungskriterium bildet auch hier der Wille des Auftraggebers, sich rechtlich zu binden (MünchKomm/SEILER[6] § 665 Rn 9; ULRICH MDR 2009, 1017, 1018). Wo die Grenze verläuft, ist durch Auslegung anhand der Umstände des Einzelfalls zu ermitteln (vgl zu einer Weisung im Rahmen eines Anwaltsvertrages ULRICH MDR 2009, 1017, 1018 ff). Die Weisung ist darauf gerichtet, vom Beauftragten die Vornahme einzelner Tätigkeiten zu verlangen, die zur Auftragsausführung gehören, die Art und Weise der Auftragsausführung zu bestimmen (BGH WM 1976, 630), aber uU auch einzelne Tätigkeiten zu untersagen. Es versteht sich, dass das Weisungsrecht des Auftraggebers und die entsprechende Weisungsbindung des Beauftragten **von Inhalt, Zweck und Gegenstand des Auftrags** begrenzt sind. Der Auftraggeber darf keine Weisungen erteilen und der Beauftragte braucht keine Weisungen zu befolgen, die außerhalb des Auftragsgegenstandes liegen (Mot II 535). Vor allem an nachträglich erteilte Weisungen ist der Beauftragte nur gebunden, wenn sie in den Rahmen des erteilten Auftrags fallen (Mot II 535; RGZ 90, 129, 131). Allgemein lässt sich sagen, dass die Weisungsbefugnis des Auftraggebers durch §§ 134, 138, 242 begrenzt ist. Bei einer Überschreitung der Weisungsbefugnis durch den Auftraggeber sowie bei unzulässigen, rechtswidrigen oder unzumutbaren Weisungen mag der Beauftragte an sein jederzeitiges Kündigungsrecht nach § 671 Abs 1 oder, falls dies abbedungen sein sollte, an ein außerordentliches Kündigungsrecht nach § 314 denken.

7 **Weisungen sind frei widerrufbar**. Dies ergibt sich bereits *per argumentum a maiore ad minus* aus § 671 Abs 1: Wenn schon der Auftrag selbst widerrufen werden kann, dann erst recht die konkretisierende Weisung (RGZ 90, 129, 133; BGHZ 103, 145). Dabei kann auch in dem Widerruf der Weisung zugleich der Widerruf des gesamten ursprünglichen Auftrags gemäß § 671 Abs 1 liegen. Wird eine Weisung widerrufen, die die Geschäftsbesorgungspflicht des Beauftragten überhaupt erst aktualisiert, so entfällt damit die Verpflichtung und die Berechtigung des Beauftragten zu dieser Tätigkeit. Mit der Widerrufbarkeit der Weisung gewinnt der Auftraggeber einen erheblichen zusätzlichen Spielraum bei der Beeinflussung, Gestaltung und Steuerung der Auftragsausführung durch seinen Beauftragten. Weil er an die zunächst erteilte Weisung nicht ein für allemal gebunden ist, kann er sich eines Besseren besinnen, kann umdisponieren und rearrangieren. Der Widerruf einer Weisung stellt sich zunächst als reiner **actus contrarius zur ursprünglich erteilten Weisung** dar, die damit aus der Welt geschafft wird. Der Widerruf ist als eine **Gegenweisung** anzusehen (BGHZ 103, 143, 145; BGHZ 17, 317). Allerdings ist mit dem Widerruf einer Weisung vielfach, wenn nicht regelmäßig die Erteilung einer neuen, anderen Weisung verbunden. Denn zu allermeist wird der Auftraggeber eine etwa als unzweckmäßig oder auch nur verbesserungsbedürftig erkannte Weisung durch eine andere ersetzen. Der Weisungswiderruf wird dann von einer **Weisungsneuerteilung** begleitet, mit der er sich zu einer **Weisungskorrektur** verbindet. Freilich kann der Beauftragte mit dem Widerruf einer Weisung, die etwa die Art und Weise der Ausführung des Auftrags betrifft, auch **auf eine neue Weisung verzichten** und damit die Auftragsdurchführung der pflichtgemäßen Beurteilung des Beauftragten überlassen. Bei alledem versteht sich aber, dass der Widerruf stets **nur für die Zukunft** wirkt (BGHZ 17, 326). Es ist dem Auftraggeber versperrt, ein zunächst weisungskonformes Beauftragtenhandeln **nachträglich** in ein weisungswidriges Handeln umzuwidmen und die vollendeten Tatsachen einer Neubewertung zuzuführen. Deshalb ist eine Weisung auch **nur bis zur Durchführung** des Auftrags, genauer: bis zur Ausführung des weisungsgebundenen Auftragsteils, widerrufbar (BGHZ 103, 145; OLG Stuttgart NJW-RR 2013, 376). Das Widerrufsrecht erlischt mithin, wenn der Auftrag ganz oder auch nur in dem der Weisung unterliegenden Teil bereits ausgeführt ist. Für das Zahlungsdiensterecht stellt § 675p eine besondere Schranke auf.

2. Weisungsauslegung, Rücksprachepflicht und Warnpflicht

Zumeist ergehen Weisungen in der Form von sprachlichen (schriftlichen oder mündlichen) Äußerungen (Erklärungen) und sind dann entsprechend §§ 133, 157 nach dem erkennbaren Willen des Auftraggebers aus der Sicht eines objektiven Erklärungsempfängers und unter Berücksichtigung der Verkehrssitte auszulegen (Enneccerus/Lehmann, SchuldR [15. Aufl 1954] § 161 I 3; RGZ 56, 149, 150; BGH WM 1972, 308, 309; BGH WM 1978, 367). Die Erscheinungsformen von Weisungen sind kaum übersehbar: von der Anlagerichtlinie bei einem Vermögensverwaltungsvertrag (BGHZ 137, 73) bis zum Unterschreiben des Belastungsbelegs einer Kreditkarte (OLG Karlsruhe NJW-RR 1991, 238). Der Rechtsnatur nach sind Weisungen nicht immer als empfangsbedürftige einseitige Willenserklärungen zu qualifizieren (s auch o Rn 6). Dies ist nur dann der Fall, wenn sie auf eine Änderung des Vertragsinhalts gerichtet sind. Geht es um eine bloße Konkretisierung des Vertragsinhalts sind sie als geschäftsähnliche Handlungen anzusehen. Bleibt das Verständnis der Weisung zweifelhaft und unsicher, so ist der Beauftragte aufgrund seiner Interessenwahrungs- und Treuepflicht gehalten, sich um eine **Klärung im Wege der Rücksprache** mit dem Auftraggeber zu bemühen (BGH NJW 1991, 488; OLG München NJW-RR 1995, 814). 8

Den Beauftragten kann bei seiner weisungsgebundenen Tätigkeit eine **Warnpflicht** gegenüber dem Auftraggeber treffen, wenn sich Zweifel an der fortbestehenden Gültigkeit oder Angemessenheit der früher erteilten Weisungen einstellen. Erscheint eine Weisung etwa angesichts geänderter Umstände oder unvorhergesehener Ereignisse nicht (mehr) sachgerecht oder interessengerecht, dann hat der Beauftragte den Auftraggeber von der Lage zu unterrichten, ihm die Möglichkeit einer Weisungskorrektur einzuräumen und ihn uU davor zu warnen, auf der Aufrechterhaltung der fragwürdig gewordenen Weisung zu bestehen. Ob eine solche Warnpflicht des Beauftragten besteht, ist eine Frage seiner auftragsrechtlichen Treuepflicht und nach §§ 157, 242, 241 Abs 2 zu beurteilen. In besonders gelagerten Fällen kann den Beauftragten über die Warnpflicht hinaus sogar eine **Verpflichtung zur Nichtbefolgung bzw zur Abweichung von Weisungen** treffen (zur Weisungsabweichungs- 9 pflicht s noch u Rn 16 f). Wird beispielsweise ein Rechtsanwalt vom Mandanten angewiesen, von mehreren möglichen Wegen einen weniger sicheren zu wählen, so ist er verpflichtet, vor Beschreitung dieses Weges den Mandanten vor den damit verbundenen Risiken zu warnen (vgl RGZ 151, 259, 264). Hat ein Beauftragter einen bestimmten Auftrag nur wegen seiner besonderen Sachkunde erhalten, muss er beim Auftreten von Bedenken gegen erteilte Weisungen den Auftraggeber warnen (BGH NJW 1985, 42, 43).

10 Die **Warnpflicht**, die bereits bei Zweifeln an der fortbestehenden Gültigkeit oder Angemessenheit der erteilten Weisung entsteht, ist konstruktiv von der **Anzeigepflicht und Wartepflicht** nach § 665 S 2 zu unterscheiden. Letztere entsteht erst, wenn der Beauftragte selbst bereits eine Weisungsabweichung im Sinn hat („vor der Abweichung"), die er dem Auftraggeber noch zur „Entschließung" vorlegen muss, falls nicht Gefahr im Verzuge ist (§ 665 S 2 aE). Allerdings können die Warnpflicht, die Anzeige- und die Wartepflicht praktisch auch zusammenfallen.

3. Weisungsfreies Handeln und Weisungseinholung

11 Lässt der Auftraggeber den Beauftragten bei seiner Auftragsausführung ohne nähere Weisungen, dann genießt der Beauftragte zwar einen Beurteilungs- und Ermessensspielraum für seine Tätigkeit. Indes hat er auch das weisungsfreie Handeln an den Interessen des Auftraggebers auszurichten und hierbei stets seine **auftragsrechtlichen Treuepflichten** zu beobachten (RG JW 1905, 43; RGZ 90, 131). Hieraus kann insbesondere die Verpflichtung erwachsen, in einer „kritischen Situation" **Weisungen des Auftraggebers einzuholen**, falls der Beauftragte nicht ausdrücklich und bedingungslos ohne jede Weisung handeln darf (RG WarnR 1917 Nr 204; BGHZ 131, 352; OLG Frankfurt WM 1977, 984).

III. Die Weisungsabweichung

1. Weisungsabweichungsrecht und Weisungsabweichungspflicht

12 Die Vorschrift des § 665 S 1 regelt unmittelbar nur das **Recht zur Abweichung** von Weisungen („Der Beauftragte ist berechtigt … ") und bindet dieses an eine redlicherweise vermutbare Billigung der Abweichung durch den Auftraggeber. Nach S 2 der Vorschrift trifft den Beauftragten „vor der Abweichung" eine **Anzeigepflicht** und eine **Wartepflicht**, um dem Auftraggeber die Möglichkeit einer eigenen „Entschließung" über die Abweichung einzuräumen, „wenn nicht mit dem Aufschub Gefahr verbunden ist". Genau besehen, enthält die Vorschrift eine **versteckte Stufenregelung**: Nach dem engen Zusammenhang der Sätze 1 und 2 besteht das Abweichungsrecht des S 1 nämlich nur vorbehaltlich der Anzeige- und Wartepflicht des S 2. Der negative Bedingungssatz in § 665 S 2 aE ist in seiner positiven Form bereits auf S 1 zu beziehen. Dies bedeutet: Nur wenn mit dem Aufschub der (weiteren) Auftragsausführung „Gefahr verbunden ist", also nur bei Gefahr im Verzug, steht dem Beauftragten das Weisungsabweichungsrecht des S 1 zu. Ist dagegen **keine Gefahr im Verzug**, besteht **kein Weisungsabweichungsrecht**, sondern die Anzeige- und Wartepflicht des S 2. Diese Wartepflicht dauert entweder bis zu einer „Entschließung" des Auftraggebers oder bis zur Gefahr im Verzug an. Im Fall der Entschließung des Auftraggebers ist der Beauftragte an die aufrechterhaltene alte

oder an die neue Weisung des Auftraggebers gebunden, wobei Letztere möglicherweise, aber nicht notwendigerweise mit der vom Beauftragten selbst geplanten und angezeigten Weisungsabweichung konform ist. Im Fall ausbleibender Entschließung des Auftraggebers gerät die Auftragsausführung ins Stocken. Denn erst bei auftretender Gefahr im Verzug steht dem Beauftragten das Weisungsabweichungsrecht des S 1 zu. In aller Regel darf der Beauftragte jedoch, wenn er innerhalb einer angemessenen Frist (§ 147 Abs 2) nichts Gegenteiliges vom Auftraggeber hört, von dessen Einverständnis mit der geplanten Abweichung ausgehen (vgl auch MUSIELAK, Gutachten [1981] 1230).

13 **Zusammenfassend** lässt sich sagen: Der Beauftragte ist zur Abweichung von Weisungen berechtigt, wenn er den Umständen nach annehmen darf, der Auftraggeber werde die Abweichung bei Kenntnis der Sachlage billigen, und wenn Gefahr im Verzug ist oder wenn er den Auftraggeber von der geplanten Abweichung unterrichtet, aber innerhalb angemessener Frist keine gegenteilige Entschließung mitgeteilt erhält.

14 Die vorstehenden Überlegungen mögen deutlich gemacht haben, was die Normstruktur mit der versteckten Stufenregelung in § 665 S 1 und 2 eher verschleiert. Der Rechtsanwender darf nicht sogleich auf § 665 S 1 zusteuern und die Voraussetzungen eines Weisungsabweichungsrechts allein von der vermuteten Billigung der Abweichung abhängig machen. Die erste Frage, die sich der Rechtsanwender (und der Beauftragte) zu stellen hat, ist diejenige nach der Gefahr im Verzug. Solange eine solche Gefahr nicht besteht, besteht auch kein Weisungsabweichungsrecht nach § 665 S 1, sondern die Anzeige- und Wartepflicht nach § 665 S 2. Erst wenn Gefahr im Verzug vorliegt, kann sich die zweite Frage nach der vermuteten Billigung der Abweichung stellen.

15 Die Stufenregelung des § 665 wirkt sich auch auf die **Darlegungs- und Beweislast** der Beteiligten aus. Denn den Beauftragten, der ein Weisungsabweichungsrecht für sich in Anspruch nimmt, trifft die **Beweislast** erstens für die Unaufschiebbarkeit der (weiteren) Auftragsausführung und zweitens dafür, dass er aus seiner Sicht zu Recht angenommen hat, die Abweichung entspreche dem vermuteten Willen oder den Interessen des Auftraggebers und würde deshalb gebilligt (RGZ 90, 131; HRR 1931 Nr 405; KG OLGZ 1973, 18).

16 Das Weisungsabweichungsrecht ist von der **Weisungsabweichungspflicht** des Beauftragten zu unterscheiden (dazu schon o Rn 9), die nur in **engen Ausnahmefällen** besteht: Lediglich in besonders gelagerten Fällen kann den Beauftragten eine Verpflichtung zur Nichtbefolgung bzw zur Abweichung von Weisungen treffen, wenn er in Wahrnehmung seiner Interessenwahrungs- und Treuepflicht – von den Umständen der Auftragsausführung alarmiert – erkennt, dass seine Befolgung der Weisung zu einer höchstwahrscheinlich unwillkommenen Verletzung der Interessen oder gar zu einem Schaden an Rechtsgütern des Auftraggebers führte. In solchen Ausnahmefällen überlagert die auftragsrechtliche Interessenwahrungs- und Treuepflicht die grds Pflicht zur Weisungsbefolgung und begründet eine über § 665 hinausgehende Verpflichtung zur Abweichung von Weisungen. Eine derartige Weisungsabweichungspflicht wird sich wohl nur in Ausnahmefällen annehmen lassen, in denen *erstens* die alte Weisung des Auftraggebers durch die Umstände evident überholt und obsolet

geworden ist, *zweitens* die abweichende Maßnahme unaufschiebbar und für die Auftragsausführung unerlässlich ist, *drittens* der Auftraggeber bei Kenntnis der Sachlage die abweichende Ausführung selbst anordnen würde und *viertens* die Weisungsabweichung nicht zu einer wesentlichen Erschwerung der Tätigkeit des Beauftragten führt (Mot II 535; Oertmann, BGB-Komm [5. Aufl 1929] § 665 Anm 3). Auch die Weisungsabweichungspflicht kann **nur bei Gefahr im Verzug** bestehen. Solange keine Gefahr im Verzug besteht, ist es immer Sache des Auftraggebers, den Beauftragten mit den notwendigen Weisungen zu versehen, sodass der Beauftragte sich vorrangig um eine Weisungseinholung bemühen muss.

17 Als Weisungsabweichung ist jedes Abrücken des Beauftragten von den ursprünglichen oder nachträglichen (weit gefassten) Instruktionen und Richtlinien oder (detailliert erteilten) Vorgaben und Maßregeln, Anordnungen und Direktiven des Auftraggebers zur Auftragsdurchführung anzusehen, wobei sich deren genauer Inhalt nach dem ausdrücklichen oder stillschweigenden, durch Weisungsauslegung zu ermittelnden (dazu oben Rn 8) Willen des Auftraggebers bestimmt. Auch die Befolgung einer ursprünglich erteilten, dann aber vom Auftraggeber widerrufenen Weisung stellt sich als eine Weisungsabweichung dar. Ist der Auftrag bzw der weisungsgebundene Auftragsteil **bereits ausgeführt**, dann ist zur Feststellung einer Weisungsabweichung ein **Ist-/Soll-Vergleich** anzustellen: Bei einer Inkongruenz zwischen der vom Beauftragten tatsächlich vorgenommenen und der vom Auftrags- und Weisungsgeber geplanten Auftragsausführung liegt eine Weisungsabweichung vor. Steht der Auftrag bzw der weisungsgebundene Auftragsteil erst noch bevor – wie bei der Anzeige- und Wartepflicht des § 665 S 2 („vor der Abweichung") – dann bemisst sich die Frage einer Weisungsabweichung nach einem Vergleich zwischen der vom Beauftragten nunmehr geplanten und der vom Auftraggeber ursprünglich vorgegebenen Auftragsausführung. Für die Frage, ob eine Abweichung vorliegt, kommt der **Übung und Verkehrssitte** des geschäftlichen Lebens maßgebliche Bedeutung zu (hierzu RG HRR 1936 Nr 1106). Ein Handeln des Beauftragten, das sich mit dem durch Auslegung des Auftrags zu ermittelnden Willen des Auftraggebers deckt, mag es auch ursprünglich nicht ausdrücklich vorgesehen gewesen sein, ist keine Weisungsabweichung. Zu Recht hat die Rechtsprechung das Vorliegen einer Weisungsabweichung in einem Fall verneint, in dem der Beauftragte die eingezogenen Gelder, statt sie selbst zu verwahren, bei einer als sicher geltenden Bank angelegt hat (RGZ 56, 149, 150 f). Führt der Beauftragte das Geschäft unter **günstigeren Bedingungen** aus, als ihm vorgeschrieben ist, so wird in der Regel eine Abweichung von den Weisungen des Auftraggebers zu verneinen sein, weil der Abschluss zu den günstigeren Bedingungen als letztlich weisungskonform, nämlich im Inhalt des Auftrags enthalten angesehen werden kann; die zusätzlichen Vorteile kommen dem Auftraggeber nach § 667 BGB bzw in entsprechender Anwendung des § 387 HGB zu (vgl KG WarnR 1908 Nr 464). Ist bei Vorliegen besonderer Umstände ein Geschäftsabschluss bzw eine sonstige Auftragsdurchführung zu den günstigeren als den ursprünglich vom Auftraggeber anvisierten Bedingungen nicht von den Weisungen abgedeckt, greifen die Regelungen der Geschäftsführung ohne Auftrag (§§ 677 ff) ein.

2. Weisungsabweichungsrecht bei Gefahr im Verzug

18 Das Weisungsabweichungsrecht des Beauftragten und damit die Zulässigkeit einer Weisungsabweichung wird von § 665 S 1 an die **Bedingung** („wenn") geknüpft, dass

der Beauftragte den Umständen nach annehmen darf, der Auftraggeber würde bei Kenntnis der Sachlage die Abweichung billigen. Die weitere, im Grunde sogar vorrangige Bedingung für das Weisungsabweichungsrecht ergibt sich aus der **Rückwirkung des S 2 auf S 1** (s oben Rn 12 ff), weil die Abweichungsbefugnis auch davon abhängig ist, dass mit der durch eine Benachrichtigung des Auftraggebers und durch ein Abwarten seiner Entschließung eintretenden Verzögerung „Gefahr verbunden" ist. Entgegen dem ersten Anschein besteht das Weisungsabweichungsrecht des § 665 S 1 nur dann, wenn mit dem „Aufschub" der Auftragsdurchführung, zu dem es bei einer Anzeige der geplanten Abweichung und bei einem Abwarten bis zur Entschließung des Auftraggebers käme, „Gefahr verbunden" ist. Man darf daher nicht sogleich auf § 665 S 1 zugreifen und die Voraussetzungen eines Weisungsabweichungsrechts ohne Rücksicht auf S 2 allein von der vermuteten Billigung der Abweichung abhängig machen. Die **erste Frage**, die sich dem Beauftragten (und dem Rechtsanwender) stellt, ist diejenige nach der Gefahr im Verzug. Wenn und solange keine solche Gefahr auszumachen ist, kann kein Weisungsabweichungsrecht nach § 665 S 1 in Betracht kommen. Dann muss der Beauftragte vielmehr der Anzeige- und Wartepflicht nach § 665 S 2 entsprechen. Erst wenn und sobald Gefahr im Verzug auftritt, kann sich der Beauftragte (und der Rechtsanwender) die **zweite Frage** nach der redlicherweise vermuteten Billigung der Abweichung durch den Auftraggeber stellen.

Im Gegensatz zu § 683 S 1 stellt § 665 nicht, auch nicht hilfsweise, darauf ab, ob die **19**
Abweichung **objektiv** dem mutmaßlichen Willen des Auftraggebers entspricht, sondern auf die den Umständen nach berechtigte Annahme des Beauftragten, das Einverständnis des Auftraggebers voraussetzen zu können. Das Risiko eines **schuldlosen Irrtums** trägt daher der Auftraggeber. Ist die Maßnahme ohne Gefahr im Verzug aufschiebbar, so ist der Beauftragte verpflichtet, vor der Abweichung den Auftraggeber zu benachrichtigen und seine Entschließung abzuwarten, selbst wenn er das Einverständnis des Auftraggebers mit der Abweichung annehmen darf (RGZ 105, 53; 106, 31; 114, 377). Ebensowenig begründet die Unaufschiebbarkeit der Maßnahme allein die Befugnis des Beauftragten zur Abweichung, wenn nicht mit dem Einverständnis des Auftraggebers gerechnet werden kann (BGH VersR 1977, 421).

3. Anzeige- und Wartepflicht ohne Gefahr im Verzug

Solange keine Gefahr im Verzug ist, hat der Beauftragte dem Auftraggeber eine für **20**
sachdienlich und empfehlenswert erachtete, uU bereits geplante Weisungsabweichung anzuzeigen und dessen Entschließung abzuwarten (s oben Rn 12 ff). Diese Anzeige- und Wartepflicht des Beauftragten vor geplanten Weisungsabweichungen außerhalb einer Gefahr im Verzug nach § 665 S 2 versteht sich als eine **spezielle Ausprägung** der in § 666 Var 1 normierten **allgemeinen Pflicht zu notwendigen Informationen** über die laufende Auftragsausführung (vgl § 666 Rn 5). Die Normstruktur des § 665 mit ihrer versteckten Stufenregelung verschleiert eher, dass die Anzeige- und Wartepflicht des S 2 Vorrang gegenüber dem Weisungsabweichungsrecht des S 1 zukommt, solange mit dem Aufschub der Auftragsausführung (noch) keine Gefahr verbunden ist.

Die Anzeigepflicht des Beauftragten bezieht sich auf die veränderten oder über- **21**
raschenden Umstände, die sich vor oder im Zuge der Auftragsausführung eingestellt

haben und die aus der Sicht des Beauftragten die ursprünglich erteilten Weisungen nicht mehr als sachdienlich und angemessen, als veränderungs- oder verbesserungsbedürftig erscheinen lassen. Das Vorstellungsbild des Gesetzgebers ging ausweislich des Wortlauts der Norm, in dem von einer Anzeige **„vor der** Abweichung" die Rede ist, wohl dahin, dass der Beauftragte auch die schon von ihm geplante Abweichung anzeigen und damit für die Entschließung des Auftraggebers zur Diskussion stellen soll.

22 Die **Wartepflicht nach der Anzeige** hält grds bis zu einer „Entschließung" des Auftraggebers an. Mit der Anzeige liegt gleichsam der „Schwarze Peter" beim Auftraggeber, ohne dessen Entschließung über die (weitere) Auftragsausführung der Beauftragte weitgehend der Verantwortung enthoben ist. Im Fall der Entschließung des Auftraggebers ist der Beauftragte an die vom Auftraggeber schließlich verlautbarte, aufrechterhaltene, alte oder veränderte, neue Weisung gebunden, wobei Letztere möglicherweise, aber nicht notwendigerweise mit der vom Beauftragten selbst geplanten und angezeigten Weisungsabweichung konform ist. Damit hat der Beauftragte wieder eine klare Direktive für die (weitere) Auftragsausführung. Bleibt die Entschließung des Aufraggebers aus, stockt die Auftragsausführung, was dem Verantwortungsbereich des Auftraggebers zuzuweisen ist. Allerdings kann nach den Umständen auch in Betracht kommen, dass der Beauftragte nach Ablauf einer gewissen Wartefrist von einer Entschließung des Auftraggebers ausgehen und dessen Einverständnis mit der vorgeschlagenen Abweichung annehmen darf. Bleibt die Entschließung des Auftraggebers bewusst dauerhaft aus, dann kann dies je nach den Umständen des Falles als eine Kündigung des Auftrags, möglicherweise aber auch als Annahmeverzug des Auftraggebers gewürdigt werden. Die Wartepflicht des Beauftragten nach § 665 S 2 kann allerdings auch dadurch enden, dass durch den Aufschub der Auftragsausführung eine Gefahr im Verzug auftritt, mit der das Weisungsabweichungsrecht des S 1 entsteht.

23 Auch wenn die ursprünglichen Weisungen des Auftraggebers sich **als ungenau oder als nicht befolgbar** erweisen, etwa weil der Auftraggeber von rechtsirrigen Voraussetzungen ausging, und der Beauftragte annehmen darf, der Auftraggeber werde bei Rechtsbelehrung die Abweichung von seinen Weisungen billigen, hat der Beauftragte dennoch vor der Abweichung dem Auftraggeber Anzeige zu machen, solange keine Gefahr im Verzug ist (RG WarnR 1930 Nr 34). Kann der Beauftragte dem Auftraggeber keine Anzeige von der (geplanten) Weisungsabweichung machen und dessen Entschließung nicht abwarten, weil mit dem Aufschub der Auftragsausführung Gefahr verbunden ist, so trifft ihn nach § 666 die Pflicht zur **unverzüglichen nachträglichen Benachrichtigung**, deren Verletzung schadensersatzpflichtig machen kann (RGZ 114, 375, 377).

4. Das Zurückweisungsrecht bei unberechtigter Weisungsabweichung

24 Weicht der Beauftragte von den Weisungen des Auftraggebers ab, ohne dass ihm das Recht hierzu zur Seite steht, so braucht der Auftraggeber die (weitere) Ausführung und Erledigung des Auftrags **nicht als Erfüllung** der dem Beauftragten obliegenden Verpflichtungen gelten zu lassen (RGZ 57, 395; RG JW 1912, 910; RGZ 114, 270 f; RG HRR 1931 Nr 405; BGH NJW 1980, 2131; BGH LM Nr 5, 7 zu § 665 BGB; OLG Hamm NJW-RR 1992, 1139). Der Auftraggeber hat also ein **Zurückweisungsrecht**, das im Recht der han-

delsrechtlichen Kommission eine spezielle Regelung in § 385 Abs 1 aE HGB erfahren hat, wonach der Kommittent das weisungswidrig ausgeführte Geschäft „nicht für seine Rechnung gelten zu lassen (braucht)" (vgl Knütel ZHR 137 [1973] 286 ff). Unmittelbare Folge der Zurückweisung ist, dass der Auftraggeber dem Beauftragten **keinen Aufwendungsersatz nach § 670** für weisungswidrige Aufwendungen zu leisten braucht (BGH NJW 1980, 2131; OLG Hamm NJW-RR 1992, 1139). Andererseits kann der Auftraggeber gegen den Grundsatz von Treu und Glauben verstoßen, wenn er den Ersatz der Aufwendungen des weisungswidrig handelnden Beauftragten ablehnt, obwohl der von ihm angestrebte Erfolg voll eingetreten ist (OLG Koblenz VersR 2009, 405, 407). Das Zurückweisungsrecht des Auftraggebers entfaltet bei einer rechtsgeschäftlichen Auftragsausführung **nur im Innenverhältnis** zum Beauftragten Wirkung, nicht aber im Außenverhältnis gegenüber dritten Geschäftspartnern. Dies findet seine Rechtfertigung in der Abstraktheit der Vollmacht von dem zugrunde liegenden Auftragsverhältnis. Hat der Beauftragte gegenüber einem Dritten aufgrund wirksamer Vollmacht im Namen des Auftraggebers gehandelt, wenn auch im Innenverhältnis weisungswidrig, so bleibt der Auftraggeber hieran gebunden und kann sich nicht auf das Zurückweisungsrecht berufen. Wenn mit dem Zurückweisungsrecht des Auftraggebers nicht zugleich ein Widerruf des Auftragsverhältnisses gegenüber dem Beauftragten nach § 671 Abs 1 Alt 1 verbunden ist, wirkt sich das Zurückweisungsrecht dahingehend aus, dass der Auftraggeber weiterhin die vertragsmäßige und weisungskonforme **Auftragsausführung verlangen** kann, falls diese noch möglich ist. Er kann insbesondere den Beauftragten durch Mahnung in Verzug setzen und dann den **Verzugsschaden** von ihm ersetzt verlangen. Der Auftraggeber kann zugleich mit der Zurückweisung der weisungswidrigen Auftragsausführung den **Widerruf des Auftrags** nach § 671 Abs 1 Var 1 erklären und vom Beauftragten nach § 667 alles zurückfordern, was dieser zur Ausführung des Auftrags erhalten hat (vgl RGZ 114, 271; BGHZ 108, 390; BGHZ 130, 91). Bei einem unwiderruflichen Auftrag kann der Auftraggeber unter den Voraussetzungen des § 323 zurücktreten oder unter den Voraussetzungen des § 314 aus wichtigem Grund kündigen. Weder der Rücktritt (§ 325) noch die Kündigung schließt einen Schadensersatzanspruch des Auftraggebers (dazu unten Rn 27 f) aus. Dem Beauftragten steht hingegen, wenn der Auftraggeber die weisungswidrige Auftragsausführung zurückweist, kein Aufwendungsersatzanspruch nach § 670 zu. Es versteht sich, dass er einen etwa schon erhaltenen Vorschuss, auf den er nunmehr keinen Anspruch (mehr) aus § 669 hat, nach § 667 zurückzuerstatten hat. Dagegen muss der Beauftragte dem Auftraggeber nach § 667 **nicht** diejenigen Vorteile herausgeben, die er aus einer weisungswidrigen Geschäftsbesorgung erlangt, es sei denn, dass der Auftraggeber diese genehmigt (s unten Rn 26). Fehl geht die Argumentation des OLG Koblenz (VersR 2009, 405, 406), dass der Herausgabeanspruch bei weisungswidrigem Verhalten des Beauftragten **nicht in jedem Fall** ausgeschlossen sei. Schaltet der Beauftragte, der die Auszahlung des während des Zweiten Weltkriegs beschlagnahmten Vermögens der Erblasserin vom englischen Staat erreichen soll, weisungswidrig in England einen Rechtsanwalt ein, scheidet damit nicht per se ein Herausgabeanspruch hinsichtlich des ausgezahlten Vermögens aus. Vom Auftrag umfasst war durchaus die Wiedererlangung des Vermögens (das „Ob"), sodass der Auftragnehmer durch die Auszahlung des Vermögens den Besitz iSv § 667 erlangt hat, den er an den Auftraggeber herauszugeben hat. Nicht umfasst war dagegen die Beauftragung des englischen Rechtsanwalts zur Wiedererlangung des Vermögens, insofern das „Wie", sodass die entsprechenden

Anwaltskosten nicht im Rahmen der Herausgabepflicht nach § 667 in Abzug zu bringen wären.

25 Das **Zurückweisungsrecht** des Auftraggebers bei unberechtigter Weisungsabweichung kann allerdings nach § 242 **entfallen**, wenn durch die unberechtigte Weisungsabweichung die Interessen des Auftraggebers nicht verletzt werden, etwa weil die Abweichung nur sehr geringfügig ist oder weil der Auftragszweck trotz der Abweichung in vollem Umfang erreicht wird. Denn dann verstieße es gegen **Treu und Glauben**, wenn der Auftraggeber die Ausführung nicht als Erfüllung des Auftrags gelten ließe (RGZ 106, 26 f; BGHZ 130, 95; BGH NJW 1991, 3209; BGH LM Nr 5 zu § 665 BGB; OLG München WM 1995, 2139; OLG Koblenz VersR 2009, 405, 407). Dies gilt vor allem dann, wenn die Weisungsabweichung nur deshalb unberechtigt ist, weil der Beauftragte gegen die Anzeige- und Wartepflicht des § 665 S 2 verstoßen hat, ohne hierdurch im Ergebnis die Interessen des Auftraggebers verletzt zu haben. Freilich obliegt die **Darlegungs- und Beweislast** dafür, dass die Ausübung des Zurückweisungsrechts gegen Treu und Glauben verstößt, dem Beauftragten (BGH WM 1976, 630). Das Zurückweisungsrecht entfällt auch dann, wenn der Beauftragte zwar über die Grenzen seines ursprünglichen Auftrags hinausgegangen ist, den Auftraggeber jedoch in die Lage gesetzt hat, das ausgeführte Geschäft, soweit es außerhalb des Auftrags liegt, abzulehnen. Der Auftraggeber muss nach § 242 BGB und in entsprechender Anwendung des § 386 Abs 2 HGB das weisungswidrig ausgeführte Geschäft schließlich auch dann als Erfüllung gelten lassen, wenn der Beauftragte sich anerbietet, die Nachteile des Auftraggebers auszugleichen (Enneccerus/Lehmann, SchuldR [15. Aufl 1954] § 161 I 4; RGZ 57, 392; Mot II 535).

5. Die Genehmigung der unberechtigten Weisungsabweichung

26 Der Auftraggeber kann die unberechtigte Weisungsabweichung **nachträglich genehmigen** (RGZ 106, 29; 114, 272; vgl auch § 386 Abs 1 HGB). Eine solche Genehmigung kann auch **konkludent erklärt** werden, indem der Auftraggeber es unterlässt, die Nichtbefolgung der Weisungen zu rügen, und sich das Geschäft ungeachtet der unberechtigten Weisungswidrigkeit zu eigen macht. In der Genehmigung ist meist eine **Annahme als Erfüllung** iS des § 363 zu sehen. Einen den ursprünglichen Auftragsvertrag abändernden Vertrag wird man nur dann für erforderlich halten müssen, wenn der Beauftragte mit seiner Weisungsabweichung ein völlig andersartiges, dem Auftraggeber aber durchaus willkommenes Geschäft besorgt (vgl Knütel ZHR 137 [1973] 286, 332). Ob bereits das **Schweigen** des Auftraggebers als Genehmigung verstanden werden kann, hängt davon ab, ob eine sofortige Rüge der unberechtigten Weisungsabweichung und damit der Vertragswidrigkeit der Auftragsausführung nach Treu und Glauben und der Verkehrssitte, insbesondere nach Handelsbrauch, zu erwarten und geboten war (vgl RGZ 114, 272). Im Falle der Genehmigung kann der Auftraggeber aus der Weisungswidrigkeit keine Rechte herleiten, sondern bleibt auf die sich aus dem Auftragsverhältnis ergebenden Rechte, insbesondere auf den Anspruch aus § 667 beschränkt (BGH WM 1976, 904). Er kann aber, wenn sich das weisungswidrig durchgeführte Geschäft für ihn als günstig erweist, durch die Genehmigung über § 667 auf diejenigen Vorteile zugreifen, die der Beauftragte durch die zunächst weisungswidrige Geschäftsbesorgung erlangt hat und die diesem ohne die Genehmigung ansonsten verblieben (s oben Rn 24 aE).

6. Schadensersatz bei unberechtigter Weisungsabweichung

Der Beauftragte verhält sich bei der Auftragsausführung in unberechtigter Weisungsabweichung **vertragswidrig** und begeht eine **Pflichtverletzung**, für die er bei Verschulden dem Auftraggeber nach §§ 280 Abs 1, 249 ff schadensersatzpflichtig ist (RGZ 106, 31; RGZ 114, 268, 271; HRR 1912 Nr 405; BGHZ 137, 69; BGH VersR 1956, 762, 763; BGH LM Nr 28 zu § 675 BGB; KG OLGZ 1973, 18, 19). Der Auftraggeber muss sich uU ein Mitverschulden nach § 254 schadensersatzmindernd anrechnen lassen, etwa wenn der Auftrag ungenau oder unausführbar war (BGHZ 130, 95; BGH NJW-RR 2000, 273). Zu dem ersatzfähigen Schaden gehören auch Aufwendungen, die der Auftraggeber im Vertrauen auf die weisungsgemäße Ausführung des Auftrags gemacht hat (RGZ 114, 375, 378). Ist die Weisungsabweichung allein deshalb unberechtigt, weil der Beauftragte gegen die Anzeige- und Wartepflicht des § 665 S 2 verstoßen hat, so steht dem Auftraggeber ein Schadensersatzanspruch nur zu, wenn er bei Erfüllung der Anzeige- und Wartepflicht eine andere Weisung erteilt hätte oder sich auf die weisungsgemäße Ausführung des Auftrags eingestellt hat. 27

Der Auftraggeber kann seinen Schadensersatzanspruch neben seinen sonstigen Rechten geltend machen, die ihm bei weisungswidrigem Verhalten des Beauftragten zustehen (dazu oben Rn 25). 28

§ 666
Auskunfts- und Rechenschaftspflicht

Der Beauftragte ist verpflichtet, dem Auftraggeber die erforderlichen Nachrichten zu geben, auf Verlangen über den Stand des Geschäfts Auskunft zu erteilen und nach der Ausführung des Auftrags Rechenschaft abzulegen.

Materialien: E I § 591 S 1; II § 597; III § 653; Mot II 537, 538; Prot II 357–360.

Schrifttum

S die Nachweise zu den Vorbem zu §§ 662 ff.

Systematische Übersicht

Alphabetische Übersicht

I. Überblick

1 Die Vorschrift des § 666 belastet den Beauftragten mit verschiedenen **Informationspflichten** (so der übliche zusammenfassende Oberbegriff) und unterscheidet dabei drei Arten von Informationen: die **erforderlichen Nachrichten (§ 666 Var 1), die verlangten Auskünfte (§ 666 Var 2) und die abschließende Rechenschaft (§ 666 Var 3)**. Der allgemeinen Benachrichtigungspflicht des Beauftragten (Var 1) entspricht ein allgemeiner Benachrichtigungsanspruch des Auftraggebers, der Auskunftspflicht (Var 2) ein Auskunftsanspruch und der Rechenschaftspflicht (Var 3) ein Rechenschaftsanspruch. Während der **Benachrichtigungsanspruch nicht selbstständig einklagbar** ist, sondern eine reine Schutzpflicht und im Verletzungsfall einen Schadensersatzanspruch nach § 280 begründet, sind der Auskunfts- und der Rechenschaftsanspruch einklagbare **Erfüllungsansprüche**, deren Vollstreckung sich nach §§ 887 bzw 888 ZPO richtet und die auch im Wege einer einstweiligen Verfügung geltend gemacht werden können (LG Berlin NZG 2001, 375). Der Benachrichtigungspflicht muss der Beauftragte aus eigener Initiative nachkommen, der Anspruch auf Auskunft und Rechnungslegung entsteht erst auf Initiative des Auftraggebers, denn die Worte „auf Verlangen" in § 666 beziehen sich auf Var 2 **und** 3. Die Regelung des § 666 lässt sich ebenso wie diejenige des § 665 zur Weisungsbindung bzw zur Abweichung von Weisungen als Ausdruck des **subordinationsrechtlichen Charakters des Auftrags** verstehen (dazu näher Vorbem 23 ff, insbes 28 ff zu §§ 662 ff, § 662 Rn 2 sowie § 665 Rn 1 ff, insbes 4). Die Vorschriften der §§ 259–261 sowie der §§ 809, 810 haben im Verhältnis zu der eigenständigen

Anspruchsgrundlage des § 666 lediglich eine ergänzende Funktion, die freilich vielfach bedeutsam werden kann.

Weil die Informationspflichten des Beauftragten nach § 666 als **unselbständige Nebenpflichten** mit dem Anspruch des Auftraggebers auf Auftragsdurchführung verbunden sind, können dessen Informationsansprüche grundsätzlich **nicht isoliert übertragen (§ 399)**, verpfändet (§ 1274 Abs 2), gepfändet und zur Einziehung überwiesen (§ 851 ZPO) werden, es sei denn, dass der Anspruch auf Auftragsdurchführung entgegen der Auslegungsregel des § 664 Abs 2 ausnahmsweise übertragbar ist (BGH NJW 2006, 217, 218). Dient der Anspruch auf Rechenschafts- und Rechnungslegung nach §§ 666 Var 3, 259 der Berechnung eines übertragbaren Hauptanspruchs, dann kann er zusammen mit diesem übertragen werden (vgl KG LZ 1919, 1088; RGZ 52, 35; RG Recht 1930 Nr 1992; HRR 1931 Nr 107). Ist der Auftraggeber aus einem anderen Rechtsgrund einem Dritten gegenüber auskunftspflichtig und kann er diese Pflicht nur nach Auskunftserteilung durch den Beauftragten erfüllen, dann braucht er den Auskunftsanspruch nicht erst gegenüber dem Beauftragten geltend zu machen, sondern kann ihn an den Dritten abtreten (BGHZ 107, 104, 110 f). Allerdings sind die Informationsrechte insofern dem Auftraggeber selbständig zustehende Rechte, als sie keinen weitergehenden Anspruch voraussetzen, zu dessen Vorbereitung die begehrte Information dienen soll (BGH NJW 2001, 1486; BGH MDR 2006, 220, 221). Bei berechtigtem Interesse kann der Auftraggeber sogar mehrfach Auskunft über dieselbe Angelegenheit begehren, etwa wenn die hierfür bereits früher erteilte Information verloren ging (BGH NJW 2001, 1487). Es versteht sich, dass die Informationspflicht den Schranken des Schikaneverbots nach § 226 (vgl OLG München NZM 2006, 512) und der unzulässigen Rechtsausübung nach § 242 unterliegt. Andererseits darf der Beauftragte den Auskunftsanspruch nicht mit dem Einwand ablehnen, er selbst habe nicht die Kenntnis der erforderlichen Informationen. Ist dem Beauftragten die Verschaffung der Informationen **möglich und zumutbar**, so erstreckt sich der Auskunftsanspruch auch auf diese Informationen (BGH NJW 1985, 2699, 2700; OLG Saarbrücken ZMR 2007, 141, 142; OLG Hamm NZM 2008, 850, 851 = ZWE 2008, 193, 194; OLG Frankfurt ZWE 2013, 410, 411). Keine Zumutbarkeit ist etwa gegeben, wenn der Beauftragte eine Rekonstruktion der mehr als 15-jährigen Geschäftsverbindung vollständig wiedergeben muss (OLG Celle NJW-RR 2008, 1584, 1586). Etwas schwieriger gestaltet sich die Frage, ob der Beauftragte eigene oder fremde, jedoch legitime **Geheimhaltungsinteressen** dem Auskunftsanspruch des Auftraggebers entgegenhalten kann. Grundsätzlich kann der Auskunftanspruch durch Geheimhaltungsinteressen eingeschränkt werden. Legitime Geheimhaltungsinteressen stehen allerdings dann zurück, wenn der Auftraggeber die Auskünfte **zwangsläufig zur Erfüllung der Pflichten oder zur Wahrnehmung der Rechte braucht**, wenn beispielsweise die Auskünfte für den Abschluss des Vertrages oder für die Erstellung eigener Einkommenssteuererklärung unerlässlich sind (BGH WuM 2007, 205 = MDR 2007, 825 = VersR 2007, 801; BGH MDR 2011, 1461; so auch BGH NZG 2011, 276 Rn 19 in Bezug auf § 716). Dies folgt schon aus § 28 Abs 1 S 1 Nr 1 und Nr 2 BDSG (vgl dazu Armbrüster, in: FS Rainer Kanzleiter [2010] 31, 44; Hoeren ZIP 2010, 2436, 2437). Sie stehen jedoch dann nicht zurück, wenn es eine Möglichkeit gibt, die Verletzung fremder Geheiminteressen zu vermeiden (etwa durch Schwärzen von Geldbewegungen Dritter auf den Kontoauszügen, OLG Hamm NZM 2008, 850, 851 = ZWE 2008, 193, 195). 2

Stehen die Informationsansprüche gegen den Beauftragten **mehreren Auftraggebern** 3 zu, beispielsweise den Mitgliedern einer Erbengemeinschaft (Gesamthandsgemeinschaft) oder einer Wohnungseigentümergemeinschaft nach dem WEG, ist zu bedenken, dass die Benachrichtigung, die Auskunftserteilung und die Rechenschaftslegung **unteilbare Leistungen** iSd § 432 darstellen, da sie nicht aufgeteilt, sondern nur einheitlich vorgenommen werden können (RG DR 1941, 2191; BGH MDR 2011, 413; OLG Naumburg NJW-RR 2014, 548, 549; SOERGEL/BEUTHIEN[13] § 666 Rn 16). Nur in Ausnahmefällen wird man einen Individualanspruch des einzelnen Auftraggebers bejahen können (BGH NJW 1996, 656; LG Kleve BKR 2007, 434, 436 [schwere Erkrankung des an einem anderen Ort lebenden Auftraggebers]). Bilden mehrere Auftraggeber eine Gesamtgläubigerschaft nach § 428, kann jeder der Auftraggeber die ganze Leistung fordern, doch kann der Beauftragte die Informationen nach seinem Belieben an jeden der Auftraggeber erbringen. Auch dies dürfte allerdings auf Ausnahmen beschränkt sein. In aller Regel kann der Beauftragte nach § 432 nur an sämtliche informationsberechtigten Auftraggeber gemeinschaftlich leisten und kann jeder der Auftraggeber Leistung nur an alle verlangen. Das gilt auch im Verhältnis der Wohnungseigentümer (Auftraggeber) zum Verwaltungsbeirat (Beauftragter), sofern nicht ein besonderes Interesse des einzelnen Wohnungseigentümers auf Informationserteilung gegeben ist (BayObLG NJW 1972, 1377). Ein solches besonderes Interesse des einzelnen Miteigentümers auf Auskunft gegen den Verwalter ist umso eher anzuerkennen, als dem Verwalter vielfach die gleichzeitige Information der anderen Auskunftsberechtigten unschwer möglich ist (BGH LM Nr 18 zu § 666). Fehlt freilich ein besonderes Individualinteresse des einzelnen Miteigentümers an der Auskunftserteilung – etwa bei einem Schadensersatzanspruch der Miteigentümergemeinschaft –, bleibt nur die Klage auf gemeinschaftliche Auskunftserteilung (BGHZ 106, 222, 226; BayObLG ZMR 1989, 386). Ein Gesellschafter, der von einem Dritten nicht Leistung an sich selbst verlangen kann, hat gegen ihn auch keinen Auskunfts- oder Rechnungslegungsanspruch (BGH WM 1966, 1037).

4 Eine **schuldhafte Verletzung der Informationspflichten** aus § 666, etwa durch unterlassene oder unrichtige Benachrichtigung (Var 1), Auskünfte (Var 2) oder Rechenschaft (Var 3), stellt die **Verletzung einer Nebenleistungspflicht** dar und macht den Beauftragten gegenüber dem Auftraggeber aus §§ 666, 280 Abs 1 schadensersatzpflichtig. Auch einen etwaigen Verzugsschaden muss er ersetzen.

II. Die erforderlichen Nachrichten

5 Wenn § 666 Var 1 den Beauftragten zunächst dazu verpflichtet, dem Auftraggeber „die erforderlichen Nachrichten" zu geben, dann sind damit solche laufenden Informationen gemeint, die für die Herrschaft des Auftraggebers über die Auftragsausführung notwendig sind. Man spricht bei § 666 Var 1 in Gegenüberstellung zu der Auskunftspflicht nach Var 2 und zur Rechenschaftspflicht nach Var 3 von der **Benachrichtigungspflicht**. Das Verständnis der erforderlichen Nachrichten als der **laufenden notwendigen Informationen während der Auftragsausführung** lässt sich insbesondere aus der Gegenüberstellung zu den verlangten Auskünften und der abschließenden Rechenschaft, aber auch aus Sinn und Zweck der Regelung gewinnen. Denn der ordnungsgemäße Auftragsvollzug kann davon abhängig sein, dass der Auftraggeber vom Beauftragten mit gewissen Informationen versorgt wird. Die Erforderlichkeit von Nachrichten kann sich etwa daraus ergeben, dass der Auftraggeber für seine den Auftrag steuernden Weisungen bestimmte Informationen von

der „operativen Front" der Auftragsausführung braucht. Auch für etwaige sonstige Mitwirkungshandlungen mag der Auftraggeber auf Nachrichten angewiesen sein. Eine Benachrichtigung kann bisweilen schon vor Beginn der Ausführung des Auftrags erforderlich sein. Die **allgemeine Pflicht zu notwendigen Informationen** findet in der Anzeigepflicht des Beauftragten vor **geplanten Weisungsabweichungen** außerhalb einer Gefahr im Verzug nach § 665 S 2 noch eine spezielle Ausprägung (vgl § 665 Rn 20).

Die allgemeine Benachrichtigungspflicht gehört immer dann zum **typischen Inhalt des Auftrags** (oder des entgeltlichen Geschäftsbesorgungsvertrags), wenn dieser in Bezug auf das Vermögen des Auftraggebers im Ganzen oder hinsichtlich einzelner Vermögensgegenstände **Verwaltungsfunktion** hat, und dient in diesen Fällen der Herbeiführung von Weisungen des Auftraggebers. Dies tritt vor allem beim **bankrechtlichen Depotgeschäft** deutlich hervor. Dem Depotgeschäft liegt ein gemischttypischer Vertrag zugrunde, der neben verwahrungsrechtlichen Elementen auch die Merkmale eines entgeltlichen Geschäftsbesorgungsvertrages aufweist. Das zeigt sich gerade an der Verpflichtung der Banken, den Kunden über die Ausübung von Bezugsrechten sowie über Umtausch-, Abfindungs- und Übernahmeangebote zu benachrichtigen, damit der Kunde hierauf mit steuernden Weisungen reagieren kann (zu den Mitteilungspflichten der Banken hinsichtlich der Ausübung des Depotstimmrechts vgl § 128 AktG). Der Widerruf einer Weisung zur Verwertung oder Ausübung von Bezugsrechten ist möglich, solange sie nicht ausgeführt ist (RGZ 107, 392, 393). 6

In Kontext mit der Benachrichtigungspflicht stellen sog **„Kick-back"-Zahlungen**, dh (verdeckte) Rückvergütungen, ein eigenständiges Problemfeld dar. Solche Zahlungen treten beispielsweise beim Franchising in Bezug auf die **Weitergabe von Einkaufsvorteilen** der Franchisegeber an die Franchisenehmer (BGH NJW-RR 2006, 776 = BB 2006, 1071 = ZIP 2006, 810; Martinek, Mediaagenturen und Medienrabatte [2008] 76 ff), bei **Rückvergütungen der Dentalhandelsgesellschaften an Zahnärzte** (BGH NStZ 2007, 269) und vor allem bei **Kapitalanlagen** auf, wenn etwa eine Bank im Rahmen eines Beratungsvertrages Fondsanteile empfiehlt und nicht darauf hinweist, ob und in welcher Höhe sie Rückvergütungen oder Innenprovisionen erhält (BGH VersR 2007, 953). Alle diese Fallgestaltungen vereint das mögliche Bestehen einer **Gefahr für die Interessen des Auftraggebers** und damit – in Konflikt mit dem subordinationsrechtlichen Charakter des Auftrags und der Geschäftsbesorgung – ein Interessenkonflikt zwischen dem Auftraggeber und Beauftragten/Geschäftsbesorger. Den Ausgangspunkt bildet die **Abgrenzung zwischen Rückvergütungen und Innenprovisionen**, zwischen welchen Judikatur und Schrifttum lange Zeit keine hinreichende Differenzierung vorgenommen haben (vgl Varadinek/Röh ZIP 2009, 2383; Koch BKR 2010, 177, 178). Bei Innenprovision handelt es sich um eine in der Regel umsatzabhängige Entlohnung für die Vermittlung eines Vertragsschlusses, wobei der Zusatz „Innen" den Weg der Vergütung vom Auftraggeber an den Vermittler beschreibt, diese also nicht direkt vom Kunden bezahlt wird (Koch BKR 2010, 177, 178). Rückvergütungen sind dagegen dadurch gekennzeichnet, dass sie zunächst an den Emittenten gezahlt werden und erst von diesem an die mit dem Kunden in einem Auftrags- bzw Geschäftsbesorgungsverhältnis stehende beratende Bank zurückfließen (Koch BKR 2010, 177, 178; vgl BGH NJW 2011, 3227 Rn 25). 7

7a Schon in seiner sog **Kick-back-I-Entscheidung** urteilte der BGH, dass eine Bank, bei der ein Kunde ein Wertpapierdepot unterhält, verpflichtet sei, diesen vorvertraglich darüber aufzuklären, dass sie von ihm an die Bank gezahlte Provisionen und Depotgebühren teilweise an den Vermögensverwalter des Kunden zurückzahlt (BGHZ 146, 235, 239 = WM 2001, 297, 298). Dem Kunden soll auf diese Weise eine sachgerechte Entscheidung über die Inanspruchnahme der Dienste des Vermögensverwalters ermöglicht werden (BGHZ 146, 235, 241= WM 2001, 297, 298). Die Rückzahlung von Provisionen eines Kunden an dessen Vermögensverwalter wird dabei als „schwerwiegende Treuwidrigkeit" eingeordnet (Varadinek/Röh ZIP 2009, 2383, 2384: „verwerflich"). In seiner sog **Kick-back-II-Entscheidung** aus dem Jahr 2006 (BGHZ 170, 226) konkretisierte der BGH die Aufklärungspflichten weiter. Umfasst sei auch Existenz und Umfang einer Rückvergütung von Ausgabeaufschlägen, Verwaltungskosten oder sonstigen offen ausgewiesenen Provisionen (BGH NJW 2011, 3227 Rn 24 f) durch Fondsgesellschaften, deren Fondsanteile die Bank vermittele. Der Kunde solle damit in die Lage versetzt werden, „das Umsatzinteresse der Bank selbst einzuschätzen … und zu beurteilen, ob die Bank ihm einen bestimmten Titel nur deswegen empfiehlt, weil sie selbst daran verdient" (BGHZ 170, 226 Rn 23 = NJW 2007, 1876 = BKR 2007, 160 = WM 2007, 487). Argumentiert hat der BGH mit der wertpapierhandelsrechtlichen Bestimmung des § 31 Abs 1 Nr 2 WpHG aF, ohne sich jedoch auf eine Schutzgesetzverletzung iSd § 823 Abs 2 zu stützen. Für Aufträge oder Geschäftsbesorgungsverträge ist dagegen **§ 666 die gesetzliche Grundlage** für eine Informationspflicht (Böhner WRP 2006, 1089, 1092; Gessner BKR 2010, 89, 91), denn der Geschäftsbesorger befindet sich „im Lager" des Geschäftsherrn (Gessner VuR 2009, 243, 245), der zwar eigene wirtschaftliche Interessen verfolgen kann, nicht jedoch solche, die im Widerspruch mit den Interessen des Geschäftsherrn stehen. Dem hat sich der BGH in der Folge angeschlossen (BGH NJW 2009, 2298 Rn 15: „auftrags- und kommissionsrechtlichen Auskunfts- und Herausgabepflicht [§§ 666, 667 BGB, 384 II HGB] in Bezug auf heimlich hinter dem Rücken des Auftraggebers geflossene Zahlungen"). In der sog **Kick-back-III-Entscheidung** hat der BGH seine Linie in Bezug auf den Vertrieb von geschlossenen Fonds erneut bestätigt und auf Fälle erweitert, die nicht dem WpHG unterliegen (BGH DStR 2009, 649 = BKR 2009, 126 Rn 12; ebenso OLG Frankfurt BKR 2013, 391, 392; OLG Frankfurt BKR 2013, 433 Rn 71 ff). In seiner sog **Kick-back-IV-Entscheidung** erläuterte er einschränkend die Reichweite der Aufklärungspflicht; betroffen seien nur solche Rückvergütungen, die hinter dem Rücken des Kunden umsatzabhängig an die beratende Bank zurückfließen (BGH BB 2010, 15 Rn 31).

7b Nach Ansicht des BGH unterliegen **freie Anlageberater** nicht der Aufklärungspflicht im Hinblick auf Rückvergütungen, sofern sie nicht § 31d WpHG unterfallen (BGHZ 185, 185 Rn 11 ff = VersR 2011, 76 Rn 11 ff; BGH NJW 2011, 3227 Rn 29 f; **aA** OLG Düsseldorf 18. 11. 2010 – I-6 U 36/10; Buck-Heeb BKR 2010, 309, 315, vorher schon dies, jurisPR-BKR 7/2010 Anm 2). Zur Begründung führte der BGH im Wesentlichen zwei **Unterschiede** zwischen einer Bank und dem freien Anlageberater auf: (1) Das Verhältnis zwischen der Bank und dem Kunden sei in der Regel auf Dauer angelegt, da die Bank regelmäßig daran interessiert sei, die erworbenen Wertpapiere im Rahmen eines Depotvertrages zu verwalten und ein Wertpapierdepot zu errichten; das Verhältnis mit einem freien Anlageberater sei dagegen vielmehr auf einen einmaligen rechtsgeschäftlichen Kontakt gerichtet; (2) die Bank erhebe idR Entgelte und Gebühren für ihre Dienstleistungen und sei daher nicht sachnotwendig auf eine Rückvergütung angewiesen, wohingegen eine solche Notwendigkeit bei einem durch den Kunden nicht vergüteten freien Anlageberater offenkundig sei (BGHZ 185, 185 Rn 12, 13 = VersR 2011, 76).

Der BGH hat mit Urteil vom 3. 6. 2014 (BGH NJW 2014, 2947) Aufklärungspflichten auch in Bezug auf **versteckte Innenprovisionen** angenommen und zugleich in einem *obiter dictum* aus dem Aufsichtsrecht ein „das Kapitalanlagerecht … prägendes Transparenzgebot" (BGH NJW 2014, 2947 Rn 38) abgeleitet. Die öffentlich-rechtlichen Pflichten aus §§ 31 ff WpHG seien in die Auslegung des Anlageberatungsvertrags einzubeziehen. Diese Begründung vermag **nicht zu überzeugen** (im Einzelnen bereits Omlor LMK 2014, 361191). Das Aufsichtsrecht vermag nur insoweit ein Transparenzgebot zu tragen, als die aufsichtsrechtliche *lex lata* entsprechende Vorgaben enthält. Der Anleger kann redlicherweise von seiner Bank nicht mehr als die Einhaltung der aufsichtsrechtlichen Pflichten erwarten. Ein davon losgelöstes zivilrechtliches Transparenzgebot trägt das Aufsichtsrecht damit nicht. Dieser Auffassung war der erkennende Senat auch noch nach Inkrafttreten der aus seiner Sicht maßgeblichen aufsichtsrechtlichen Gesetzesänderungen in einem Urteil vom September 2013: „§ 31d WpHG kann auch nicht im Wege einer Ausstrahlungswirkung eine eigenständige schuldrechtliche Aufklärungspflicht der Bekl. über die von ihr aus einem Wertpapiergeschäft erzielte Gewinnmarge begründen. … Die aufsichtsrechtlichen Wohlverhaltenspflichten bewirken daher als solche weder eine Begrenzung noch eine Erweiterung der zivilrechtlich zu beurteilenden Haftung des Anlageberaters (…)" (BGH NZG 2013, 1226 Rn 20). 7c

III. Die verlangten Auskünfte

Die Pflicht des Beauftragten zur Erteilung vom Auftraggeber verlangter Auskünfte nach § 666 Var 2 ist als ein **Komplementärinstitut** zur allgemeinen Pflicht zu laufenden erforderlichen Nachrichten nach § 666 Var 1 zu verstehen. Man spricht bei § 666 Var 2 in Gegenüberstellung zur Benachrichtigungspflicht nach Var 1 und zur Rechenschaftspflicht nach Var 3 von der **Auskunftspflicht**. Hier hat der „verlangende" Auftraggeber die Initiativlast, indem er mehr oder weniger zielgerichtet nachfragt und damit Auskünfte anstößt. Der Beauftragte hat dem Auftraggeber **auf dessen Verlangen jederzeit über den Stand des Geschäfts Auskunft zu erteilen** (RG JW 1912, 910; BGHZ 41, 318; BGH MDR 2011, 75). Die Pflicht zur Auskunftserteilung besteht also, soweit sich aus vertraglichen Abmachungen nichts anderes ergibt, im Gegensatz zur Benachrichtigungs- (§ 666 Var 1), aber in Übereinstimmung mit der Rechenschaftspflicht (§ 666 Var 3) nur **auf Verlangen**. Der Auskunftsanspruch bezieht sich auf den jeweiligen Stand oder den Abschluss der Auftragsausführung. 8

Der Auskunftsanspruch dient namentlich dazu, dem Auftraggeber als Geschäftsherrn eine Intervention in die Auftragsausführung durch Weisungen zu ermöglichen, Steuerungsmaßnahmen und anderweitige Dispositionen vorzubereiten oder vorzunehmen, sich auf den erreichten Stand der Geschäftsbesorgung einzustellen und ihm die Wahrung seiner Rechte bei etwaiger mangelhafter Geschäftsführung durch den Beauftragten zu erleichtern. Allerdings bedeutet dies nicht, dass die Auskunftspflicht nur während der laufenden Auftragsausführung und immer nur *vor* der Rechenschaftspflicht und Rechnungslegung besteht. Sie kann vielmehr durchaus noch *nach* der Rechenschafts- und Rechnungslegung bedeutsam werden, wenn der Auftraggeber eine rückbezügliche Information oder Erläuterung begehrt. 9

10 Das Auskunftsverlangen des Auftraggebers muss von einem **berechtigten Auskunftsinteresse** getragen sein, insbesondere darf der Auftraggeber den Auftragsvollzug nicht durch sachwidrige, unangemessene Auskunftsbegehren stören. Dies bedeutet aber nicht, dass ein Auskunftsverlangen nur berechtigt wäre, wenn der Auftraggeber aus jeder Auskunft Konsequenzen, etwa durch daraufhin erfolgende Weisungserteilungen oder anderweitige Dispositionen zieht. Er kann auch die verlangten Auskünfte stillschweigend quittieren und sammeln. Auch steht es ihm grds frei, den Beauftragten mit einem engmaschigen Netz von Auskunftsverlangen zu belasten. Man wird ein berechtigtes Auskunftsinteresse in aller Regel und im Zweifel vermuten können, weil der Aufraggeber als Geschäftsherr auf Auskünfte angewiesen ist, um seine Steuerungs- und Kontrollkompetenz hinsichtlich der Auftragsausführung durch sachgerechte Weisungen auf der Basis umfassender Informationen auszuüben.

11 Der Auskunftsanspruch des Auftraggebers über die **Art und Weise der Auftragsausführung** ist unabhängig davon, ob dieser eine **Pflichtverletzung** des Beauftragten argwöhnt und einen **Schadensersatzanspruch** gegen ihn vorbereiten will oder nicht. Selbstverständlich kann eine Auskunft immer verlangt werden, wenn die Möglichkeit einer Pflichtverletzung durch den Beauftragten besteht und die verlangte Auskunft der Klärung von Schadensersatzansprüchen dient. Erteilt der Beauftragte eine **falsche Auskunft**, so muss er den daraus entstehenden Schaden ersetzen (RG LZ 1932, 887). Der **Inhalt der Auskunft** bestimmt sich nach den Grundsätzen von Treu und Glauben gem § 242 (RG Recht 1921, 1343). Bezieht sich der Auskunftsanspruch auf einen Inbegriff von Vermögensgegenständen, so findet § 260 Abs 1 Anwendung. Dem Auskunftsanspruch und der im Fall des § 260 Abs 2 bestehenden Verpflichtung zur Abgabe einer Versicherung an Eides Statt steht nicht entgegen, dass sich der Beauftragte einer strafbaren Handlung bezichtigen muss (BGHZ 41, 318, 322).

11a Anlegern, die sich auf geschäftsbesorgungsvertraglicher Basis über eine Treuhandkommanditistin an einer Publikumskommanditgesellschaft beteiligt haben, kann das Recht zustehen, **Auskunft über die Namen und Anschriften ihrer Mitgesellschafter** zu verlangen (BGH NZG 2011, 276 ff; ablehnend unter Verweis auf datenschutzrechtliche Bestimmungen Hoeren ZIP 2010, 2436 ff; zuvor schon ablehnend Holler ZIP 2010, 2429, 2434; überwiegend zustimmend Priester ZIP 2011, 697 ff; Wertenbruch EWiR 2011, 183, 184; im Ergebnis zustimmend, jedoch mit abweichender Begründung K Schmidt NZG 2011, 361 ff; Altmeppen NZG 2010, 1321, 1322, 1327; ders ZIP 2011, 326). Der BGH hat das Auskunftsrecht anerkannt und dieses auf die gesellschaftsrechtliche Vorschrift des § 716 gestützt. Dabei ließ er ausdrücklich offen, ob derselbe Auskunftsanspruch nicht vielmehr auf § 666 zu stützen wäre, denn das Bestehen der Innengesellschaft bürgerlichen Rechts und die sich daraus ergebende gesellschaftsrechtliche Treuepflicht würde das Treuhandverhältnis überlagern (BGH NZG 2011, 276 Rn 21; für einen Anspruch aus §§ 675 Abs 1, 666 hingegen OLG München 12. 2. 2010 – 5 U 3140/09; OLG Frankfurt 12. 12. 2007 – 23 U 132/07). Unabhängig davon, welcher dogmatischen Grundlage ein solcher gesellschaftsrechtlicher Auskunftsanspruch zuzuordnen wäre (vgl K Schmidt NZG 2011, 361 ff, der die direkt an einer Gesellschaft Beteiligten, dh die Gesellschafter, und die indirekt Beteiligten, dh die Treugeber-Anleger, zu einer Treugeber-Innengesellschaft zusammenfasst, innerhalb derer die Auskunftsansprüche bestehen; **aA** Altmeppen NZG 2010, 1321, 1322, 1327 und ZIP 2011, 326 für Rückgriff auf §§ 705, 242), ließe sich ein solcher Anspruch jedenfalls aus dem Treuhandverhältnis und damit aus § 666 herleiten (ebenso Armbrüster, in: FS Rainer Kanzleiter [2010] 31, 41, 42;

aA Altmeppen NZG 2010, 1321, 1323 ff). Letztlich stellt sich wie bei der gesellschaftsrechtlich basierten BGH-Lösung die Frage nach den Geheimhaltungsinteressen der Gesellschafter stellt; diese müssen dann zurücktreten, wenn der Anspruchsteller diese Informationen zur Erfüllung der Pflichten oder zur Wahrnehmung der Rechte angewiesen ist (so auch BGH NZG 2011, 276 Rn 11, 17 in Bezug auf § 716).

IV. Die abschließende Rechenschaft

Die Pflicht des Beauftragten zur abschließenden Rechenschaft „nach der Ausführung des Auftrags" gem § 666 Var 3 dient der **vollständigen Abwicklung des Auftragsverhältnisses** im Innenverhältnis zum Auftraggeber. Man spricht bei Var 3 in Gegenüberstellung zu der Benachrichtigungspflicht nach Var 1 und zur Auskunftspflicht nach Var 2 von der **Rechenschaftspflicht**. Sie soll insbesondere die Geltendmachung von Herausgabeansprüchen des Auftragebers nach § 667 vorbereiten, diesem also einen Überblick darüber verschaffen, was der Beauftragte „aus der Geschäftsführung erlangt" hat und was er von dem „zur Ausführung des Auftrags" Erhaltenen etwa noch behalten hat. Auch soll sich der Auftraggeber durch die Rechenschaftslegung auf Art und Umfang von Aufwendungsersatzansprüchen des Beauftragten nach § 670 vorbereiten und diese überprüfen können. Die Rechenschaftspflicht ist deshalb als Pflicht zur Erstellung eines **umfassenden Gesamtberichts über die Auftragsausführung** zu verstehen. Rechnungslegung kann zwar grundsätzlich erst nach Beendigung des Auftrags verlangt werden, wobei es gleichgültig ist, ob der Auftrag durch Ausführung oder aus sonstigem Grund (zB Widerruf, § 671 Abs 1) sein Ende findet (RGZ 56, 116, 118; BGH LM Nr 8 zu § 666 BGB). In Ausnahmefällen aber kann der Auftraggeber bereits **vor Beendigung des Auftrags** die Rechnungslegung verlangen, zB wenn der Auftraggeber der Rechnungslegung zur Berechnung seines Gewinnanteils bedarf (RG Recht 1920 Nr 2372). Im Übrigen kommt bei laufender Verwaltungstätigkeit des Beauftragten auch eine **periodische Rechenschaftsablegung** in Betracht. 12

Die Pflicht zur Rechenschaftsablegung besteht, soweit sich aus vertraglichen Abmachungen nichts anderes ergibt, im Gegensatz zur Benachrichtigungs- (§ 666 Var 1), aber in Übereinstimmung mit der Auskunftspflicht (§ 666 Var 2) nur **auf Verlangen**. Der Beauftragte hat nach der Ausführung oder der sonstigen Beendigung des Auftrags zwar **nicht automatisch und ungefragt**, wohl aber bei entsprechender Vereinbarung oder auf Verlangen Rechenschaft abzulegen (RGZ 56, 116, 118; BGH LM Nr 8 zu § 666 BGB). Für den handelsrechtlichen Kommissionär ist dies in § 384 Abs 2 HGB ausdrücklich hervorgehoben. Der Auftraggeber kann Rechnungslegung verlangen, sobald der Auftrag ausgeführt oder sonst beendet ist, ohne etwa vorher den Verdacht von „Unregelmäßigkeiten" äußern oder gar den Nachweis mangelhafter Geschäftsführung erbringen zu müssen (RG Recht 1921 Nr 1343). 13

Da sich die Rechenschaftspflicht in ihrem Umfang und Inhalt nach den allgemeinen Vorschriften der §§ 259 und 261 bemisst, ist mit ihr zugleich die Pflicht zur **Rechnungslegung** iS einer Darlegung und Erläuterung, Nachweisung und Begründung der vermögensmäßigen Auftragsabwicklung (Einnahmen und Ausgaben) verbunden. Der Beauftragte ist verpflichtet, dem Auftraggeber die wesentlichen Einzelheiten seiner Tätigkeit zur Auftragsausführung in verkehrsüblicher Weise darzulegen und ihm eine Übersicht über die besorgten Geschäfte zu verschaffen (BGHZ 109, 266). Die 14

Abrechnung muss eine erschöpfende, übersichtliche und verständliche Darlegung der geführten Geschäfte enthalten und dem Auftraggeber die Prüfung ermöglichen, ob und in welcher Höhe ihm Ansprüche gegen den Beauftragten zustehen bzw Ansprüche des Beauftragten gegen ihn begründet sind. Sie muss dem Berechtigten eine Kontrolle ihrer Richtigkeit erlauben (RGZ 53, 254; 127, 243; RG LZ 1919, 1251; Recht 1926 Nr 406; BGH LM Nr 8 zu § 666 BGB). Die Einzelheiten hierzu richten sich mangels besonderer Vereinbarung nach Treu und Glauben und der Verkehrssitte (§ 242) sowie nach den Umständen des Falles. Es gilt insoweit dasselbe wie für den Auskunftsanspruch (vgl BGHZ 41, 318, 321; BGH NJW 1985, 2699). Ist über gewisse Geschäfte oder Zeitperioden bereits Rechnung gelegt, wozu der Beauftragte aus der Auskunftspflicht (RG JW 1916, 868) verpflichtet sein kann, dann kann bei der Schlussrechnung an jene früheren Abrechnungen angeknüpft werden (RG Gruchot 49, 832). Die für die Rechnungslegung erforderlichen Belege sind dem Auftraggeber gemäß § 667 (über § 259 hinausgehend) auch auszuhändigen.

15 Wenn auch der Rechnungslegungsanspruch der Geltendmachung von Herausgabeansprüchen des Auftraggebers gegen den Beauftragten nach § 667 dient (vgl § 254 ZPO – Stufenklage), so ist doch keineswegs die Geltendmachung solcher Ansprüche umgekehrt von einer vorherigen Rechnungslegung durch den Beauftragten abhängig. Der Auftraggeber kann vielmehr, statt vom Beauftragten Rechnungslegung nach § 666 Var 3 zu fordern, auch **selbst „die Rechnung aufmachen“** (RG JW 1911, 95; WarnR 1915 Nr 169). Es bleibt dann Sache des Beauftragten, den Nachweis über den Verbleib der Einnahmen zu erbringen. Falls der Auftraggeber die Prüfung und Beanstandung der Rechnungslegung in angemessener Zeit unterlässt, kann sich hieraus nach § 242 (Fallgruppe: Verbot des *venire contra factum proprium)* eine Entlastung des Beauftragten ergeben. Dies kann dann zum Ausschluss von Schadensersatzansprüchen wegen mangelhafter Geschäftsführung führen, wenn die Mängel bei ordnungsgemäßer und rechtzeitiger Überprüfung der Rechnungslegung erkennbarer gewesen wären.

16 Soweit der Beauftragte zur Rechenschafts- und Rechnungslegung (und/oder zur Auskunftserteilung) verpflichtet ist, kann er die Erfüllung dieser Pflichten nicht von der Erfüllung seiner Aufwendungsersatzansprüche aus § 670 oder seiner allfälligen Schadensersatzansprüche abhängig machen, sondern ist **vorleistungspflichtig**. Wegen dieser Vorleistungspflicht darf er seine Rechenschafts- und Rechnungslegung (bzw Auskunftserteilung) nicht bis zur Befriedigung seiner Aufwendungsersatzansprüche oder Schadensersatzansprüche zurückhalten. Das **Zurückbehaltungsrecht** des § 273 findet **keine Anwendung**, da sich aus dem Schuldverhältnis insoweit etwas anderes ergibt (RGZ 102, 110; RG Recht 1925 Nr 932). Muss die Information vom Beauftragten nur Zug um Zug gegen Erstattung seiner **Informationsbeschaffungskosten** gem § 670 erteilt werden, bildet dieser Aufwand keinen rechtfertigenden Grund für eine Informationsverweigerung (BGH NJW 2001, 1487).

V. Ausschluss der Informationspflichten

17 Weil die Vorschrift des § 666 dem **dispositiven Recht** zuzurechnen ist, können die Parteien die allgemeine Benachrichtigungspflicht (Var 1), die Auskunftspflicht (Var 2) und auch Rechenschaftspflicht (Var 3) durch – ausdrückliche oder stillschweigende – **Individualvereinbarung** einschränken oder völlig ausschließen. So

kann die Benachrichtigungspflicht **abbedungen** sein, wenn dem Beauftragten die eigenverantwortliche Auftragsausführung vollständig anvertraut wird und der Auftraggeber von vornherein nicht durch Weisungen eingreifen will; eine gleichwohl erfolgte Benachrichtigung ist dann in aller Regel gleichsam gegenstandslos, was freilich den Auftraggeber nicht hindert, die überraschende und „überobligationsmäßige" Benachrichtigung doch zum Anlass für eine korrigierende Weisung zu nehmen. In der Literatur (Erman/Ehmann[12] § 666 Rn 41, 50; anders dagegen Erman/Berger[14] § 666 Rn 8) wird teilweise ein vollständiger Ausschluss sämtlicher Informationsrechte nicht nur bei formularvertraglichen Vereinbarung nach § 307 für unwirksam gehalten, sondern selbst in individualvertraglicher Form als Verstoß gegen § 138 angesehen, wohl weil die Regelung des § 666 ungeachtet ihres dispositiven Charakters für das fremdnützige Auftragsverhältnis einen konstitutiven Charakter habe und ein Ausschluss „dem Wesen des Auftragsverhältnisses" widerspreche. Zu einem derartigen Pauschalverdikt besteht indes kein Anlass; Auftraggeber und Beauftragter mögen gute Gründe für einen vollständigen Ausschluss der Informationspflicht haben. Der Auftraggeber kann etwa „vollkommenes Vertrauen" in den Beauftragten setzen und sich nicht mit für ihn nutzlosen Informationen belasten wollen. Allerdings darf eine weitgehende Freistellung von Weisungen und Zustimmungen, etwa bei einer Vermögensverwaltung oder bei Börsentermingeschäften des Beauftragten, nicht schon zugleich als Entbindung von der Pflicht zur Erteilung der erforderlichen Nachrichten angesehen werden (BGH LM Nr 36 zum BörsG). **Formularvertragliche** Einschränkungs- oder Ausschlussklauseln sind freilich an § 307 Abs 2 zu messen. Es versteht sich, dass nicht nur eine Einschränkung oder ein Ausschluss des § 666, sondern auch eine **Erweiterung der Informationspflichten** vereinbart werden kann; namentlich können sich die Parteien des Auftragsverhältnisses darauf verständigen, dass der Beauftragte nicht nur die „erforderlichen Nachrichten", sondern auch zusätzliche, den Auftraggeber interessierende Informationen mitzuteilen hat.

18 Der Auftraggeber hat auch keinen Anspruch auf Benachrichtigung, Auskunftserteilung oder Rechnungslegung, wenn er auf diese Ansprüche – durch einseitige empfangsbedürftige Willenserklärung – **wirksam verzichtet** hat. Der Verzicht muss gleichfalls nicht ausdrücklich, sondern kann auch konkludent erfolgen. Der Verzicht auf den Auskunftsanspruch wird allerdings gegenstandslos, wenn die Vertrauensgrundlage, auf der er beruht, erschüttert ist (BGH LM Nr 19 zu BGB § 242 Be). Ein **stillschweigender Verzicht** des Auftraggebers auf Auskunftserteilung oder auf Rechenschaftslegung wird freilich auch gegenüber einem besonders vertrauenswürdigen Beauftragten nur in engen Ausnahmefällen und bei ganz besonderen Umständen angenommen werden dürfen, etwa dann, wenn der Auftraggeber während langjähriger Verwaltung niemals Rechnungslegung verlangt hat (BayObLG Recht 1904, 2229; RG LZ 1923, 314; OLG München 20. 6. 2012 – 3 U 114/12). Der Verzicht auf übliche Jahresrechnungen wirkt nur für die Vergangenheit und schließt die Anforderung einer Schlussabrechnung nicht aus (RG LZ 1923, 314). Den Anforderungen an einen hinreichenden Verzichtswillen wird die vereinzelte Annahme des OLG München (20. 6. 2012 – 3 U 114/12) nicht gerecht, dass „gesundheitlich beeinträchtigte Eheleute" auf ihr Auskunftsrecht konkludent verzichten, da von diesen aufgrund ihres gesundheitlichen Zustandes nicht erwartet werden könne, dass sie Auskunfts- und Rechnungslegungsbegehren stellen würden.

19 In besonders gelagerten Fällen kann die Geltendmachung des Anspruchs auf Aus-

kunftserteilung und auf Rechnungslegung auch ohne vertragliche Abbedingung bzw einseitigen Verzicht (in ausdrücklicher oder konkludenter Weise) ganz oder teilweise gegen **Treu und Glauben** (§ 242) verstoßen. Dies kann zB bei einer jahrelangen Überlassung einer Vermögensverwaltung zur freien Verfügung oder bei einem Auskunftsverlangen für eine weit zurückliegende Zeit anzunehmen sein, wenn der Auftraggeber früher niemals Auskünfte eingeholt und auch nicht zu erkennen gegeben hat, dass er sich dies für später vorbehält (RG WarnR 1915 Nr 277; JW 1938, 1892; LAG Bremen VersR 1965, 1069). Ein Verstoß gegen Treu und Glauben scheidet allerdings aus, wenn dem Auftraggeber erst nachträglich Tatsachen bekannt werden, die Zweifel an der Zuverlässigkeit des Beauftragten und seiner Geschäftsführung zu wecken geeignet sind (RG JW 1938, 1892; BGHZ 39, 87, 93). Auch ein im Zusammenhang mit der Auftragsausführung gänzlich sachwidriges Auskunftsverlangen, das in Wahrheit Wettbewerbszwecken dient, scheitert an § 242 (RGZ 127, 243; BGHZ 10, 385, 387). Ebenso steht der Grundsatz von Treu und Glauben bei einem Baubetreuungsvertrag mit Festpreisvereinbarung der Geltendmachung des Auskunfts- und Rechnungslegungsanspruchs wegen der Baukosten entgegen. Wenn der Baubetreuer mit der Festpreisvereinbarung eine Kostengarantie ohne Nachforderungsrecht übernimmt und daher das Kostenrisiko trägt, hätte der Auskunfts- und Rechnungslegungsanspruch wohl nur den Zweck, dass der Bauherr den vom Baubetreuer erzielten Gewinn auskundschaftet (vgl Locher NJW 1969, 1439; OLG Stuttgart NJW 1968, 2338). Dagegen wird der Auskunftsanspruch nicht dadurch eingeschränkt, dass der Beauftragte, der gegen seine Vertragspflichten verstoßen hat, sich mit einer Auskunft uU selbst belastet. Die Gefahr der Selbstbelastung oder Selbstbezichtigung des Beauftragten steht dem Auskunftsanspruch des Auftraggebers auch dann nicht entgegen, wenn die Pflichtverletzung eine strafbare Handlung begründet (BGHZ 41, 318). Auch hindert es den Informationsanspruch nicht, wenn sich der Auftraggeber die Information selbst beschaffen könnte (BGH LM Nr 21 zu § 666).

VI. Entsprechende Anwendung des § 666

20 Nach § 675 Abs 1 wird die Vorschrift des § 666 zu den auch auf die **entgeltliche Geschäftsbesorgung** entsprechend anwendbaren Vorschriften gezählt. Sie findet bei der entgeltlichen Geschäftsbesorgung sogar gegenüber dem unentgeltlichen Auftrag ihren Hauptanwendungsbereich. Gemäß § 675c Abs 1 findet § 666 auch bei Zahlungsdiensten entsprechende Anwendung, wobei eine detailreiche und insoweit verdrängende Sonderregelung in § 675d iVm Art 248 EGBGB niedergelegt ist. Des Weiteren unterliegt der **berechtigte Geschäftsführer ohne Auftrag** kraft der ausdrücklichen Anordnung in § 681 S 2 den Informationspflichten des § 666 (vgl BGH LM Nr 2 zu § 677 BGB). Der entgeltliche Geschäftsbesorgungsvertrag (§ 675) und die berechtigte Geschäftsführung ohne Auftrag (§§ 677, 683) haben ebenso wie der unentgeltliche Auftrag eine Tätigkeit in fremdem Interesse zum Gegenstand, und diese Gemeinsamkeit trägt bei allen drei Rechtsverhältnissen die Auskunfts- und Rechenschaftspflicht nach § 666 des Geschäftsbesorgers, Geschäftsführers bzw Beauftragten ebenso wie sie seine Verpflichtung zur Herausgabe des aus der Geschäftsbesorgung Erlangten nach § 667, aber auch seinen Aufwendungsersatzanspruch aus § 670 rechtfertigt. Anwendbar ist § 666 auch nach § 687 Abs 2 S 1 auf den böswilligen Eigengeschäftsführer (BGHZ 7, 208, 218; BGH NJW 1957, 1026). Zudem ist eine entsprechende Anwendung der Bestimmungen des § 666 gem § 27 Abs 3 auf die Geschäftsführung des Vereinsvorstandes und der Vereinsliquidatoren und nach § 2218 auf das Rechtsverhältnis zwischen dem Testamentsvollstrecker und dem Erben angeordnet (RGZ 130, 131; BGH LM Nr 1 zu § 2221 BGB; vgl insgesamt zu § 666 im System der erbrechtlichen Auskunftsansprüche SARRES ZEV 2008, 512 ff). Auch aus der allgemeinen schadensrechtlichen Vorschrift des § 249 kann ein Recht auf Auskunftserteilung und Rechnungslegung abgeleitet werden (RGZ 89, 99; BGH MDR 1963, 300).

§ 667
Herausgabepflicht

Der Beauftragte ist verpflichtet, dem Auftraggeber alles, was er zur Ausführung des Auftrags erhält und was er aus der Geschäftsbesorgung erlangt, herauszugeben.

Materialien: E I § 592; II § 598; III § 654; Mot II 538; Prot II 360–365.

Schrifttum

S die Nachweise zu den Vorbem zu §§ 662 ff.

Systematische Übersicht

Alphabetische Übersicht

I. Normzweck und Anwendungsbereich

1 Die Verpflichtung des Beauftragten zur Herausgabe des (vom Auftraggeber im Innenverhältnis) **zur Auftragsausführung Erhaltenen** und des (von Dritten im Außenverhältnis oder auch anderweitig) **aus der Geschäftsbesorgung Erlangten** findet ihre Grundlage in der Fremdnützigkeit des Auftrags, die dem Beauftragten die Stellung eines Interessenwahrers des ihn beauftragenden Geschäftsherrn zuweist. Was der Beauftragte vom Auftraggeber zur Auftragsausführung erhält, verwaltet er ohne eigenes Vermögensinteresse für ihn, sodass er ihm alles, was er nicht zur Auftragsausführung braucht, zurückzugeben hat. Was der Beauftragte im Zuge seiner Auftragsausführung von dritter Seite erlangt, soll im Ergebnis nicht seinem Vermögen, sondern dem des Geschäftsherrn zufließen, denn die fremdnützig erlangten Vorteile gebühren im Ergebnis dem Geschäftsherrn. Der Beauftragte soll durch die Auftragsausführung weder Vor- noch Nachteile haben (BGH NJW-RR 1992, 561). Dagegen zielt § 667 nicht auf den Ausgleich eines Vermögensausfalls des Auftraggebers ab (BGH NJW 2001, 2477). Die Vorschrift setzt auch nicht voraus, dass das Erhaltene oder Erlangte noch im Vermögen des Beauftragten vorhanden ist, denn der Herausgabeanspruch soll nicht zuletzt bei auftragswidriger Verwendung des Empfangenen zum Zuge kommen (BGHZ 87, 380; BGHZ 130, 91). Es versteht sich, dass es auf ein Verschulden des Beauftragten nicht ankommt (BGH NJW-RR 2000, 273). Verletzt der Beauftragte seine Herausgabepflicht durch Nichtleistung oder Verzögerung, stehen dem Auftraggeber die Rechte aus §§ 280, 281, 286 zu (BGH MDR 2006, 584).

2 Damit wird zugleich erkennbar, dass § 667 in erster Linie als eine **Abwicklungs- und Auseinandersetzungsnorm** für die Zeit nach Durchführung des Auftrags konzipiert ist. Im Innenverhältnis zwischen Beauftragtem und Auftraggeber sollen durch die Herausgabeansprüche des § 667 die Vermögensverhältnisse bereinigt und hinsichtlich des zur Auftragsausführung (übrig gebliebenen) Erhaltenen und des aus der Auftragsausführung Erlangten die abschließenden Konsequenzen aus der Auftragsausführung gezogen werden. Der Herausgabeanspruch des Auftraggebers findet sein Komplementärinstitut im Aufwendungsersatzanspruch des Beauftragten nach § 670,

der gleichfalls in erster Linie der vermögensmäßigen Abwicklung und Bereinigung des Innenverhältnisses nach Auftragsbeendigung dient. Aus dem Zusammenspiel beider Ansprüche wird deutlich, dass der Beauftrage durch die fremdnützige Geschäftsbesorgung keine vermögensmäßigen Nachteile erleiden, aber auch keine eigenen Vorteile ziehen soll. Die Auftragsausführung soll sich für den Beauftragten **im Ergebnis vermögensneutral auswirken**. Der Herausgabeanspruch knüpft nach dem Vorstellungsbild des Gesetzgebers zwar an die ordnungsgemäße Beendigung des Auftrags durch Zweckerreichung an, dient aber auch der Auftragsabwicklung bei sonstiger Beendigung, insbesondere bei Widerruf des Auftrags (§ 671 Abs 1).

Die Vorschrift des § 667 gehört dem **dispositiven Recht** an, kann also von den Vertragsparteien abbedungen oder modifiziert, etwa an die Besonderheiten der Auftragsausführung angepasst werden (RG WarnR 1915 Nr 168; BGH NJW-RR 1997, 778). Findet § 667 Alt 2 über § 675 Abs 1 entsprechende Anwendung auf einen Geschäftsbesorgungsvertrag, so ist bei der Anwendung der Herausgabevorschrift eine etwaige **Atypik des Auftrags oder Geschäftsbesorgungsvertrags** zu berücksichtigen. Handelt es sich um Vorteile, die der Geschäftsbesorger aus einem Tätigkeitsbereich erhält, der ihm zu eigenunternehmerischen Entfaltung zugewiesen ist, scheidet ein Anspruch aus § 667 Alt 2 im Wege teleologischer Reduktion der Norm aus. Ein solcher Ausschluss kann namentlich bei einem Mediaagenturvertrag geboten sein, bei welchem die Mediaagentur für eigene Rechnung handelt (Martinek, Mediaagenturen und Medienrabatte [2008] 61); wird die Mediaagentur hingegen auf fremde Rechnung tätig, fehlt es regelmäßig an einer solchen Atypik und der Anspruch aus §§ 675 Abs 1, 667 Alt 2 besteht (BGH NJW-RR 2016, 1391 Rn 24). Der Herausgabeanspruch ist **übertragbar** und **pfändbar** (RGZ 121, 297; BGHZ 11, 37). Er setzt aber immer ein wirksames, sei es auch ein inzwischen gekündigtes Auftragsverhältnis voraus (RG WarnR 1939 Nr 131). Sollte der Auftrag rechtsunwirksam sein, kann § 667 allerdings unter den Voraussetzungen einer berechtigten Geschäftsführung ohne Auftrag nach §§ 683 S 1, 681 S 2 Anwendung finden. Ansonsten erfolgt lediglich ein bereicherungsrechtlicher Ausgleich zwischen Beauftragtem und Auftraggeber, in dessen Rahmen es freilich auch zu einem Anspruch des vermeintlichen Geschäftsherrn auf Herausgabe des zur Ausführung des unwirksamen Auftrags Erlangten kommen kann. Gleichwohl kann in Ausnahmefällen trotz der Nichtigkeit des Auftrags eine Herausgabepflicht aus § 667 in Betracht kommen. Dies ist zB bei einem nach § 134 nichtigen entgeltlichen Geschäftsbesorgungsvertrag anzunehmen, bei dem der Zweck der nichtigkeitsbegründenden Verbotsnorm (zB Art 1 § 1 RBerG) eine Anwendung des § 667 verlangt, um den sonst möglichen Entreicherungseinwand nach § 818 Abs 3 auszuschließen (vgl BGHZ 37, 258, 263). Die Ansprüche aus § 667 sind abtretbar und pfändbar; sie können mit kondiktionsrechtlichen, vindikatorischen oder deliktischen Herausgabeansprüchen aus §§ 812 ff, 985 ff bzw 823 ff konkurrieren und können durch Spezialbestimmungen wie § 175 (Vollmachtsurkunde), § 50 BRAO (anwaltliche Handakten) oder § 66 StBerG (Steuerberatungshandakten) ergänzt werden. 3

Die Vorschrift des § 667 findet nach § 675 Abs 1 „entsprechende Anwendung" auf den **entgeltlichen Geschäftsbesorger**, nach § 675c Abs 1 auf Zahlungsdienste und nach § 681 S 2 bei berechtigter oder genehmigter **Geschäftsführung ohne Auftrag** (RG WarnR 1927 Nr 57). Der entgeltliche Geschäftsbesorgungsvertrag (§ 675) und die berechtigte Geschäftsführung ohne Auftrag (§§ 677, 683) haben ebenso wie der unentgeltliche Auftrag eine Tätigkeit in fremdem Interesse zum Gegenstand, und 4 diese Gemeinsamkeit trägt bei allen drei Rechtsverhältnissen die Verpflichtung des Geschäftsbesorgers, Geschäftsführers bzw Beauftragten zur Herausgabe des aus der Geschäftsbesorgung Erlangten nach § 667, ebenso wie sie seine damit verknüpfte Auskunfts- und Rechenschaftspflicht nach § 666, aber auch seinen Aufwendungsersatzanspruch aus § 670 rechtfertigt. Eine entsprechende Anwendung findet § 667 auch nach § 687 Abs 2 S 1 bei böswilliger Eigengeschäftsführung, nach §§ 27 Abs 3, 48 Abs 2 auf den Vereinsvorstand und den Vereinsliquidator, nach § 713 auf den geschäftsführenden Gesellschafter und nach § 2218 auf den Testamentsvollstrecker sowie nach §§ 26 ff WEG auf den Wohnungseigentums-Verwalter. Eine entsprechende Anwendung des § 667 wird auch bei einem Zwangsverwalter im Rahmen einer Immobilienvollstreckung, der über den Zuschlag hinaus dem Ersteher zur Verwaltung verpflichtet ist, angenommen (BGH NZM 2008, 100 Rn 14; BGH MDR 2012, 139 Rn 14 f; ablehnend Heider/Nieden NZM 2010, 601, 602; kritisch Ganter ZfIR 2012, 188, 191). Bei der Rückabwicklung eines unwirksamen Auftrags- oder Geschäftsbesorgungsvertrags ist kein Weg zu einem Anspruch aus § 667 über die Regeln der Geschäftsführung ohne Auftrag eröffnet, weil insofern das Bereicherungsrecht der §§ 812 ff das einschlägige Rückabwicklungsprogramm bereithält (vgl dazu § 662 Rn 18).

II. Das zur Auftragsausführung Erhaltene

5 Wenn der Beauftragte nach § 667 Alt 1 zur Herausgabe des (vom Auftraggeber im Innenverhältnis) **zur Auftragsausführung Erhaltenen** verpflichtet ist, dann sind damit die ihm zur auftragsgemäßen und interessenwahrenden Verfügung überlassenen Mittel gemeint, soweit diese nicht bei der ordnungsgemäßen Auftragsausführung verbraucht worden sind. Der Beauftragte bedarf des zur Auftragsausführung Erhaltenen insbesondere dann nicht mehr, wenn er den Auftrag bereits ohne diese Mittel erfüllt hat, wenn ihm die Auftragserfüllung nach § 275 Abs 1 unmöglich geworden ist, wenn er sie vorübergehend nach § 275 Abs 2 u 3 verweigert hat oder wenn der Auftrag nach § 671 Abs 1 vom Auftraggeber widerrufen bzw vom Beauftragten gekündigt wurde. In erster Linie ist bei dem zur Auftragsausführung Erhaltenen an einen nicht verwendeten Vorschuss (§ 669) – sei es in Form von Bargeld, sei es als Giroguthaben – zu denken, der vom Beauftragten auch dann nach § 667 zurückzugewähren ist, wenn der Auftrag durch Widerruf beendet wird (BGH NJW 1997, 48; BGH LM Nr 13 zu BGB § 242 Bb; KG NJW-RR 1996, 427); der Auftraggeber ist also nicht auf einen bloßen Bereicherungsanspruch nach § 812 Abs 1 S 2 Alt 1 verwiesen. Die Herausgabepflicht bezieht sich – namentlich bei vom Auftraggeber erhaltenem Bargeld (RGZ 101, 307, 308) – sowohl auf ins Eigentum des Beauftragten übergegangene als auch auf ihm lediglich zum Besitz überlassene Sachen. Dies können Werkzeuge, Unterlagen oder Schlüssel, es mag ein Fahrzeug, eine Wohnung oder ein Computer sein.

6 Die Herausgabepflicht nach § 667 Alt 1 erstreckt sich auch auf die dem Beauftragten ausgehändigten **Urkunden**. Eine Vollmachtsurkunde hat der Beauftragte freilich bereits nach § 175 herauszugeben, wenn mit dem Auftrag auch die Vollmacht nach § 168 S 1 erlischt, wobei er kein Zurückbehaltungsrecht wegen seiner Aufwendungen geltend machen kann. Für den Verbleib der von ihm erlangten Gelder hat der Beauftragte die Darlegungslast (BGH NJW 1986, 1492, 1493) und muss deren auftragsgemäße Verwendung beweisen (RG Recht 1928 Nr 1831). Geht es um die Rückgabe eines Vorschusses, so hat der Auftraggeber den Inhalt des Auftrags und die Hingabe

des Vorschusses zu beweisen; der Beauftragte hat dann nachzuweisen, dass er das Erhaltene zur Erfüllung des erwiesenermaßen erteilten Auftrags verwendet hat (RG WarnR 1920 Nr 158; BGH WM 1988, 763; BGH NJW 1991, 1884). Die Herausgabepflicht (Rückgabepflicht) umfasst auch immaterielle Güter wie etwa Kundendaten und Adressenlisten (auch E-Mail-Adressen, so OLG Düsseldorf NZI 2012, 887, 889, kritisch GERLANDT EWiR 2013, 53, 54) und kann nach § 242 von einer Unterlassungspflicht der Weiterverwendung flankiert werden (BGH LM Nr 26 zu § 84 HGB = EWiR 1996, 803 [MARTINEK]).

III. Das aus der Geschäftsbesorgung Erlangte

1. Gegenstand und Umfang des Herausgabeanspruchs

Wenn der Beauftragte nach § 667 Alt 2 zur Herausgabe des (von Dritten im Außenverhältnis oder anderweitig) **„aus der Geschäftsbesorgung" Erlangten** verpflichtet ist, dann sind damit alle Vorteile gemeint, die ihre Grundlage in der Auftragsausführung finden und in einem inneren Zusammenhang mit ihr stehen. Das „aus" der Geschäftsbesorgung Erlangte muss also **nicht kausal** iS einer *conditio sine qua non* „durch" die Geschäftsbesorgung erlangt sein; vielmehr kommt es entscheidend auf eine wertungsmäßige Zuweisung des vom Beauftragten Erlangten an den Auftraggeber an. Die Vorschrift, die nach Sinn und Zweck in erster Linie schuldrechtlich der Abwicklung der fremdnützigen Auftragsausführung dienen soll (dazu s oben Rn 2), darf nicht als eine schuldrechtliche oder gar dingliche Surrogationsregelung missverstanden werden, auch wenn der Beauftragte vielfach das aus der Geschäftsführung Erlangte mit ihm vom Auftraggeber überlassenen Mitteln erworben haben mag. Ein etwaiger enger geschäftlicher Zusammenhang zwischen der Verwendung von Mitteln des Auftraggebers und einem dafür von dritter Seite erlangten Gegenstand wird von der Regelung des § 667 nicht aufgegriffen, die vielmehr die Ansprüche auf Herausgabe des intern Erhaltenen (Alt 1) und auf Herausgabe des extern Erlangten (Alt 2) unverbunden und unabhängig nebeneinander stellt. 7

Die herausgabepflichtigen Gegenstände umfassen zunächst alle **Sachen und Rechte**, die der Beauftragte durch die Auftragsausführung **von Dritten** selbst als Eigentümer bzw Inhaber **rechtsgeschäftlich** erworben hat (BGHZ 109, 264; BGH NJW 2000, 2672). Ein Vermögenswert braucht ihnen nicht zuzukommen. Der Herausgabepflicht unterliegen auch **Ansprüche**, die im Zusammenhang mit dem Auftrag in der Person des Beauftragten gegen Dritte entstanden sind, wie etwa Ersatzansprüche gegen den Unterbeauftragten oder Gehilfen sowie Schadensersatz- oder Bereicherungsansprüche gegen Dritte (BGH LM Nr 17 zu § 667 BGB). Dabei kommt es nicht darauf an, ob die Ansprüche tatsächlich begründet sind. Erforderlich ist nur, dass die Möglichkeit eines solchen Anspruchs besteht und sein Nachweis erst im Verfahren gegen den möglichen Schuldner zu führen ist (OLG Düsseldorf NJW-RR 2011, 57, 58). Insofern ist eine rechtsgedankliche **Parallele zu § 255** gegeben (vgl STAUDINGER/BITTNER [2014] § 255 Rn 8; OLG Düsseldorf NJW-RR 2011, 57, 58). Auch hinsichtlich solcher Sachen, die der Beauftragte durch die Auftragsausführung **gesetzlich erwirbt**, etwa nach §§ 937 ff (Ersitzung), §§ 946 ff (Verbindung, Vermischung, Verarbeitung), §§ 953 ff (Erwerb von Erzeugnissen und sonstigen Bestandteilen), §§ 958 ff (Aneignung) oder §§ 965 ff (Fund), ist er herausgabepflichtig. Schließlich unterfallen der Herausgabepflicht auch die ihm **für den Auftraggeber übergebenen Sachen** (zB Zahngold im Rahmen der 8

Tätigkeit in einem Krematorium, BGH MDR 2015, 406 Rn 36) sowie die **von ihm selbst bei der Auftragsausführung hervorgebrachten** Sachen und Rechte. So hat der Beauftragte nicht nur die von Dritten erhaltenen, sondern auch die selbst über die Geschäftsführung angelegten **Urkunden** und **Belege, Aufzeichnungen** (zB Tonbänder, die der Erstellung von Memoiren dienen, BGH NJW 2016, 317 Rn 35 ff [„Kohls-Ghostwriter"]) **und Unterlagen, auch EDV-Ordner** (LG Itzehoe ZWE 2015, 414, 415), **Domain(namen)** (BGH MDR 2010, 1275 Rn 11 = NJW 2010, 3440 Rn 11 [„braunkohle-nein.de"]; OLG Brandenburg NJW-RR 2014, 931), **Akten und Notizen**, soweit sie nicht nur für ihn selbst bedeutsam sind, herauszugeben (RGZ 105, 392, 395; BGHZ 109, 260, 264; BGH NJW 1988, 2607); dies gilt selbst dann, wenn der Beauftragte zur Erstellung der betreffenden Unterlagen nicht verpflichtet war (OLG Saarbrücken 3. 12. 2009 – 8 U 579/08).

8a Die **Handakten eines Rechtsanwalts** mitsamt dem Schriftverkehr, den er für seinen Mandanten geführt hat, gehören zu den nach § 667 Alt 2 herauszugebenden Gegenständen (BGHZ 109, 260, 264 f), während die vom Mandanten erhaltenen Unterlagen schon nach § 667 Alt 1 herausgegeben werden müssen (vgl dazu auch die Sonderregelung des § 50 Abs 4 BRAO). Den Herausgabeanspruch kann der Mandant nur gegen den Rechtsanwalt richten, den er beauftragt hat, nicht jedoch gegen seinen Angestellten, selbst wenn dieser ebenfalls ein Rechtsanwalt ist (OLG Düsseldorf MDR 2008, 836). Auch **Geschäftsführer einer GmbH, Vorstand einer AG** oder **Aufsichtsratmitglieder einer AG** haben die ihnen überlassenen Geschäftsunterlagen herauszugeben (BGH AG 2008, 743, 744 = MDR 2008, 1345, 1346; zustimmend Paul EWiR 2008, 737, 738). Hinsichtlich der vom **Arzt** angefertigten **Krankengeschichten** und **Röntgenaufnahmen** stellt sich allerdings bereits die Frage, ob sie im Sinne des § 667 „aus der Geschäftsbesorgung erlangt" sind, nicht, denn der Arztvertrag ist kein Geschäftsbesorgungsvertrag nach § 675 Abs 1 und § 667 damit nicht auf ihn anwendbar. Eine Herausgabepflicht kann sich hier jedoch aus dem Inhalt des mit dem Arzt geschlossenen Dienstvertrages als Nebenpflicht ergeben (vgl dazu Lux GesR 2004, 6; Daniels NJW 1976, 346; Erman/Ehmann[12] § 667 Rn 24; MünchKomm/Seiler[6] § 667 Rn 16), wobei zur Begründung einer solchen Nebenpflicht auf § 242 zurückgegriffen werden kann (BGHZ 85, 327 = NJW 1983, 328; LG Aachen NJW 1986, 1551; anders noch BGH LM Nr 19 zu § 611). Freilich findet sich mit **§ 630g** inzwischen ein spezielles gesetzliches Einsichtsrecht in die Krankenakten, sodass auch die Frage nach einer analogen Anwendung des § 667 auf den Arztvertrag nicht mehr zu stellen ist (Erman/Berger[14] § 667 Rn 8).

9 Der Beauftragte muss den herausgabepflichtigen Vorteil **bereits tatsächlich erlangt und nicht nur in Aussicht haben** (BGHZ 109, 264; BGH NJW 2000, 2672; BGH NJW 2007, 2640, 2641). Was der Beauftragte auftragsgemäß einzuziehen, aber noch nicht eingezogen hat, schuldet er bis zur Einziehung weder bedingt noch betagt, da die Einziehung weder die rechtliche Natur der Bedingung noch die der Zeitbestimmung hat, vielmehr den Inhalt des Rechtsgeschäfts bildet (RGZ 53, 330). Aus der Geschäftsbesorgung erlangt sind auch die vom Beauftragten gezogenen – im § 592 des 1. Entwurfs noch ausdrücklich erwähnten – **Nutzungen** (§ 100); auch das **Zubehör** (§ 97) muss, soweit erlangt, dem Auftraggeber herausgegeben werden (vgl Mot II 539). Die Verpflichtung zur Herausgabe von Geldmitteln errechnet sich üblicherweise nach der Höhe des Erlangten abzüglich der Auslagen (RGZ 150, 373) und abzüglich dessen, was auftrags- bzw weisungsgemäß an einen Dritten ausgezahlt worden ist (BGH LM Nr 17 zu § 667 BGB). Hat der Beauftragte die Geldmittel vertragswidrig an Dritte weitergeleitet, so erstreckt sich der Herausgabeanspruch auch auf diese Mittel (BGH

29. 7. 2008 – XI ZR 297/06). Dabei wird die Herausgabe einer Geldsumme, nicht nur die der erlangten Zahlungsmittel geschuldet (BGHZ 143, 378). Auch **Ersatzwerte (Surrogate)** sind nach § 285 herauszugeben (BGHZ 143, 380).

Allgemein ist, was **den Gegenstand und den Umfang der Herausgabepflicht des Erlangten** betrifft, darauf hinzuweisen, dass der Anspruch **gegenständlich-objektiv** und **nicht lediglich wertmäßig-vermögensbezogen** ausgerichtet ist. Dies bedeutet, dass keinesfalls von vornherein nur Wertersatz zu leisten, sondern **das Erlangte selbst gegenständlich an den Auftraggeber auszukehren** ist. Dies gilt nach Treu und Glauben aber nur eingeschränkt bei erlangten Zahlungsansprüchen. Sind für einen Mandanten Zahlungen auf das Geschäftskonto seines Rechtsanwalts eingegangen, so kann der Mandant nicht nur Abtretung des Auszahlungsanspruchs verlangen, sondern hat einen unmittelbaren Zahlungsanspruch gegen den Rechtsanwalt (BGH NJW 1978, 1807). Der **Sicherungszessionar** hat den Erlös, soweit er die gesicherte Forderung überschreitet, an den Zedenten herausgeben (RGZ 59, 190; 116, 330; RG WarnR 1934 Nr 77; HRR 1934 Nr 1200). Bei auflösend bedingter Sicherungsübereignung konkurriert der auf Rückgabe der Sache gerichtete Anspruch aus § 667 mit dem Eigentumsherausgabeanspruch nach § 985. 10

2. Das bei Gelegenheit der Geschäftsführung Erlangte

Negativ formuliert umfasst die Herausgabepflicht solche Vorteile nicht, die dem Beauftragten **außerhalb oder nur bei Gelegenheit der Geschäftsbesorgung**, dh ohne **inneren sachlichen Zusammenhang** mit ihr zugeflossen sind (BGHZ 109, 264; BGH NJW 2000, 2672). Die Abgrenzung fällt bisweilen nicht leicht. Ein innerer sachlicher Zusammenhang ist schon dann zu bejahen, wenn objektiv die Gefahr besteht, dass der Beauftragte infolge der Zuwendung das Interesse seines Auftraggebers vernachlässigen könnte (BGHZ 39, 1, 4; BAG NJW 2006, 3803, 3805). Bei Gelegenheit der Geschäftsbesorgung erlangt der Beauftragte daher **Trinkgelder**, die eine solche Gefahr der Vernachlässigung der fremdnützigen Interessenwahrnehmung nicht begründen. Auch **rein persönliche Geschenke**, die der Beauftragte anlässlich der Geschäftsbesorgung empfängt, wird man von der Herausgabepflicht im Regelfall ausnehmen müssen, soweit sie die Fremdnützigkeit der Auftragsausführung ungefährdet erscheinen lassen (RGZ 55, 91). Anders ist die Lage aber bei Sondervorteilen, Sonderprovisionen und vor allem **Schmiergeldern**, die der Beauftragte an den Auftraggeber nach § 667 Alt 2 herausgeben muss (Prot II 360; RGZ 99, 31, 33; BGHZ 39, 1, 4; BGH wistra 2008, 262, 263; **aA** MünchKomm/Seiler[6] § 667 Rn 17 zugunsten eines Schadensersatzanspruchs nach § 280; dagegen zutreffend Soergel/Beuthien[13] § 667 Rn 13 Fn 51, denn das Schmiergeld ist *im Zuge der Geschäftsausführung* erlangt worden und der Beauftragte wäre ansonsten zum Behalten berechtigt, da dem Geschäftsherrn das Schmiergeld nicht iSd § 252 entgangen ist). Das gilt auch dann, wenn solche Sondervorteile einem Strohmann des Beauftragten oder Geschäftsbesorgers zugeflossen sind (BGH NJW-RR 1987, 1380; BGH NJW 1991, 1224). Dabei ist unbeachtlich, dass die Sondervorteile nach dem Willen des Dritten gerade nicht dem Auftraggeber zufließen sollten (BGHZ 39, 1; BGH NJW-RR 1992, 560; BGH NJW 2000, 2672; BGH NJW 2001, 2477; OLG Koblenz NJW-RR 1991, 921; vgl dazu Medicus JuS 1985, 662). In der Annahme von Schmiergeldern liegt zudem jedenfalls eine Verletzung der **auftragsrechtlichen Treuepflicht** (BGHZ 39, 1, 5). Entsteht dem Auftraggeber durch die Vertragsverletzung ein Schaden, dann hat er neben dem Anspruch auf Herausgabe auch einen Schadensersatzanspruch, wobei die an den Auftraggeber 11 abgeführten Schmiergelder auf den Schadensersatzanspruch anzurechnen sind. Auch Schmiergelder, die an eine dem Beauftragten gehörende GmbH oder die unter Einschaltung eines Strohmannes gezahlt werden, muss der Beauftragte herausgeben (RG DR 1940, 580; vgl auch Coing NJW 1977, 1794; BGH NJW-RR 1987, 1380). Veräußert der Beauftragte für Rechnung des Auftraggebers einen Gegenstand unter Wert, damit ihm der Erwerber seinerseits etwas unter Wert auf eigene Rechnung überträgt, so hat der Auftraggeber einen Anspruch auf Herausgabe des erlangten Vorteils (RGZ 82, 10, 13). Zu berücksichtigen ist, dass ein Rechtsgeschäft, bei dessen Abschluss Schmiergelder gezahlt worden sind, nach §§ 134, 138 nichtig oder nach § 123 anfechtbar sein kann (vgl dazu RGZ 107, 210; RGZ 134, 43; RGZ 136, 359). Die Herausgabepflicht des § 667 erstreckt sich auch auf **sonstige** von einem Dritten eingeräumte **Sondervorteile**, die eine Willensbeeinflussung zum Nachteil des Auftraggebers befürchten lassen (BGH NJW 1982, 1752).

12 Weiterhin können auch **Vielflieger-Bonusmeilen** einer Herausgabepflicht unterliegen. Bei dem sog „Miles & More"-Vielfliegerprogramm der Deutschen Lufthansa AG werden ua für Flüge Bonuspunkte in Form von Meilen gutgeschrieben, die sodann ua für Freiflüge eingelöst werden können; andere Fluggesellschaften bieten ähnliche Kundenbindungsprogramme an. Nach Ansicht des BAG zählen diese Meilen bei dienstlich veranlassten und vom Arbeitgeber bezahlten Reisen zu den Vorteilen, die nach § 667, der auf das Arbeitsverhältnis analog anzuwenden ist, herauszugeben sind; eine private Nutzung durch den Arbeitnehmer ist vorbehaltlich einer abweichenden vertraglichen Regelung unzulässig. Für den erforderlichen **inneren Zusammenhang** der erlangten Meilen mit dem geführten Geschäft kommt es nicht darauf an, dass die Vorteile nicht unmittelbar aus der Tätigkeit des Arbeitnehmers resultieren, sondern sich aus den von ihm im eigenen Namen abgeschlossenen Beförderungsverträgen ergeben; es besteht ein innerer Zusammenhang des Beförderungsvertrags mit der Arbeitsleistung des Arbeitnehmers, der zu seinem Auftragsort gebracht werden soll (BAG NJW 2006, 3803, 3805). Hinzu tritt der Umstand, dass Dienstreisen auf Rechnung des Arbeitgebers vorgenommen werden und er die gesamte Gefahr zu tragen hat (so schon RGZ 99, 31). Entsprechend gebühren ihm auch die Vorteile (BAG NJW 2006, 3803, 3805).

12a Anders als hinsichtlich des Auskunftsanspruchs nach § 666 steht dem Auftraggeber grundsätzlich **kein Herausgabeanspruch in Bezug auf sog „Kick-back"-Zahlungen** gegen den Auftragnehmer zu (OLG Düsseldorf BB 2007, 738, 739; OLG Düsseldorf 9. 6. 2011 – I-14 U 18/11; OLG Düsseldorf 20. 10. 2011 – I-14 U 18/11; LG Kiel WM 2011, 1228, 1229; Hadding ZIP 2008, 529, 534; Schmidt-Rimpler, Das Kommissionsgeschäft, in: Ehrenberg, Handbuch des gesamten Handelsrechts, Band 5/1 [1928] 477, 688; Mülbert ZHR 172 [2008] 170, 199 ff; **aA** Koller BB 1978, 1733, 1738 f; Böhner WRP 2006, 1089, 1092; in Bezug auf § 384 Abs 2 HS 2 Alt 2 HGB Canaris, Handelsrecht [24. Aufl 2006] § 30 Rn 31; EBJS/Füller, HGB Kommentar [3. Aufl 2015] § 384 Rn 35; Roth, in: Koller/Kindler/Roth/Morck [Hrsg], HGB Kommentar [8. Aufl 2015] § 384 Rn 17; MünchKommHGB/Häuser[3] § 384 Rn 73a; offen BGH BB 2006, 1071, 1073 mit Anm von Flohr). Es fehlt am erforderlichen inneren Zusammenhang zwischen der Ausführung des Geschäfts und dem Erlangten iSv § 667. **Zur Vermeidung eines Interessenkonflikts genügt** es **im Regelfall**, dass den Beauftragten eine **Aufklärungspflicht** – beispielsweise aus § 666, § 384 Abs 2 HS 2 Alt 2 HGB oder § 31 Abs 1 Nr 2 WpHG – auferlegt ist. Schließt ein pflichtgemäß über „Kick-back"-Zahlungen aufgeklärter Auftraggeber dennoch einen Auftrag oder Geschäftsbesorgungsvertrag ab, nimmt er damit deren Existenz und Umfang hin, sodass eine Verletzung der Interessenwahrungspflicht ausscheidet (Hadding ZIP 2008, 529, 535). „Kick-back"-Zahlungen lassen sich zudem nicht mit sonstigen Sondervorteilen (zB Schmiergeld) vergleichen, da im Gegensatz dazu die Auftraggeberinteressen regelmäßig nicht tangiert sind (Hadding ZIP 2008, 529, 534). Verletzt der Beauftragte seine Pflicht zur Aufklärung, kann ihn eine **Schadensersatzpflicht** aus § 280 Abs 1 treffen (Hadding ZIP 2008, 529, 535).

3. Das Erlangte bei mittelbarer Stellvertretung

Was der Beauftragte „aus der Geschäftsbesorgung" erlangt hat und nach § 667 Alt 2 13
herausgeben muss, hängt bei einem im Ausführungsverhältnis gegenüber Dritten rechtsgeschäftlichen Auftrag vielfach davon ab, ob er den Auftrag als **unmittelbarer, offener oder als mittelbarer, verdeckter Stellvertreter** ausführt. An Sachen, die der Beauftragte in **unmittelbarer Stellvertretung** für den Auftraggeber erwirbt, erlangt wegen des regelmäßig vereinbarten vorweggenommenen Besitzkonstituts der Auftraggeber Eigentum und mittelbaren Eigenbesitz, während der Beauftragte nur unmittelbarer Fremdbesitzer wird. In diesem Fall trägt der Auftraggeber wegen seines unmittelbaren Rechtserwerbs kein Insolvenzrisiko des Beauftragten. Hat der Beauftragte als **mittelbarer Stellvertreter** im eigenen Namen, aber für Rechnung des Auftraggebers Sachen oder Rechte erworben, muss er diese an ihn übereignen bzw abtreten. Dabei trägt der Auftraggeber insoweit grundsätzlich das Insolvenzrisiko des Beauftragten. Das soll nach hM auch für Forderungen gelten, da es im allgemeinen Auftrags- und Geschäftsbesorgungsrecht an einer dem § 392 Abs 2 HGB entsprechenden Vorschrift fehle (vgl Mot II 539; Prot II 363 ff; RGZ 58, 273, 276 f). Indes gibt es gute Gründe, die Regelung des § 392 Abs 2 HGB bzw den damit verbundenen Rechtsgedanken auch im allgemeinen Auftrags- und Geschäftsbesorgungsrecht zur Anwendung zu bringen. Wie an anderer Stelle näher dargelegt und begründet wird, ist nach richtiger Ansicht § 392 Abs 2 HGB als Ausdruck eines allgemeinen Rechtsgedankens und deshalb als weitgehend analogiefähig anzusehen. Die Vorschrift ist auf Erwerbsvorgänge entsprechend anwendbar, die von **selbständigen Geschäftsbesorgern mit besonderer Vermögensbetreuungspflicht in mittelbarer Stellvertretung** vorgenommen werden (vgl dazu näher § 675 Rn A 57, A 71 f; vgl schon Musielak, Gutachten [1981] 1302 ff, 1312; darauf aufbauend Martinek, in: FS Hans-Joachim Musielak [2004] 355, 362 ff; **anders noch** Staudinger/Martinek [1995] § 675 Rn A 51). Dies bedeutet im Ergebnis nicht nur, dass Aussonderungsrecht und Drittwiderspruchsklage – auch außerhalb der „echten" Treuhand – immer dann zum Zuge kommen, wenn sich der Erwerbsakt im Wege der mittelbaren Stellvertretung vollzieht und von einer entgeltlichen Geschäftsbesorgung iS des § 675 Abs 1 getragen wird. Vielmehr ist § 392 Abs 2 HGB **auch im Bereich des unentgeltlichen Auftrags** analog anzuwenden, sofern die Geschäftsbesorgung nicht nur dem weiten Geschäftsbesorgungsbegriff der §§ 662 ff, sondern dem **engen Geschäftsbesorgungsbegriff** des § 675 Abs 1 entspricht (dazu näher vgl § 675 Rn A 72). Da der weite Geschäftsbesorgungsbegriff den engen umfasst, kann auch bei einem unentgeltlichen Auftrag eine Geschäftsbesorgung gegeben sein, die den Kriterien der sog **Geschäftsbesorgungsformel** genügt und die die analoge Anwendung des § 392 Abs 2 HGB rechtfertigt.

Die §§ 387, 401 HGB gelten beim Auftrag zum **Einkauf** entsprechend, sodass bei 14
einem **Geschäftsabschluss zu günstigeren Bedingungen** die Vorteile an den Auftrag-

geber auszukehren sind. Was der Beauftragte in mittelbarer Stellvertretung zwar mit Geldmitteln des Auftraggebers, aber nicht im Rahmen der Geschäftsbesorgung für Rechnung des Auftraggebers, sondern **für sich selbst außerhalb der Auftragsausführung** erwirbt, unterliegt nicht der Herausgabepflicht nach § 667 **Alt 2** (RGZ 152, 349, 354). In diesem Fall kommt aber ein Herausgabeanspruch aus § 667 **Alt 1** in Betracht, der sich auf Rückgewähr der zur Auftragsausführung erhaltenen Geldmittel richtet. Zudem kann eine vertragsrechtliche Schadensersatzpflicht wegen Verletzung der auftragsrechtlichen Treuepflicht oder gar ein deliktsrechtlicher Schadensersatzanspruch nach § 823 Abs 2 BGB iVm § 266 StGB (Untreue) begründet sein. Hat der Beauftragte als mittelbarer Stellvertreter für den Auftraggeber gehandelt und kommt es im Ausführungsgeschäft zu einer Leistungsstörung, etwa Nichtlieferung oder Verzug des Dritten, kann der Beauftragte wie ein Kommissionär den Schaden seines Auftraggebers nach den Regeln der **Drittschadensliquidation** geltend machen und muss dann das Erlangte an den Auftraggeber herausgeben. Freilich kann der Auftraggeber auch die Abtretung der Ersatzansprüche des Beauftragten gegen den Dritten verlangen, um sodann selbst gegen den Dritten vorgehen zu können.

15 Bei Beendigung eines **Treuhandverhältnisses** muss der Treuhänder das Treugut auf den Treugeber zurückübertragen (RGZ 153, 366, 369; BGHZ 11, 37) oder an einen neuen Treuhänder herausgeben (RGZ 121, 294, 296). Da für den Umfang der Herausgabepflicht der Gedanke maßgebend ist, dass der Beauftragte durch den Auftrag weder gewinnen noch verlieren soll, hat auch der Treuhänder das Treugut in dem Zustand herauszugeben, in dem es sich nach der von ihm geführten Verwaltung befindet. Weil der Herausgabeanspruch nur schuldrechtlicher Natur ist, wirkt er bei abredewidriger Verfügung über das Treugut nicht gegen Dritterwerber (RGZ 153, 366, 369). Er berechtigt nicht zur Drittwiderspruchsklage nach § 771 ZPO und gewährt kein Aussonderungsrecht in der Insolvenz des Beauftragten. Die Anwendung des § 771 ZPO und des § 47 InsO zugunsten des Treugebers bei der **uneigennützigen Treuhand** (RGZ 84, 214; BGH NJW 1959, 1223 zu § 43 KO aF) beruht auf der wirtschaftlichen Zuordnung des Treuguts selbst zum Vermögen des Treugebers.

4. Grundstücke und Inbegriffe von Gegenständen

16 Ist vom Beauftragten bzw Geschäftsbesorger ein **Grundstück** herauszugeben, das er für Rechnung des Auftraggebers in eigenem Namen erworben hat, so umfasst seine Herausgabepflicht auch die Verpflichtung, das Grundstück dem Auftraggeber aufzulassen. Die Übereignungspflicht ist hierbei **nicht Inhalt, sondern gesetzliche Folge** des Auftrags oder des entgeltlichen Geschäftsbesorgungsvertrags. Sie fällt damit mangels einer **vertraglichen Übertragungspflicht** nicht unter § 311b Abs 1 Alt 1 (vgl zu § 313 Alt 1 aF BGH NJW 1981, 1267; 1987, 2087; BGHZ 82, 292, 294; 83, 246, 249), wohl aber kann § 311b Abs 1 Alt 2 erfüllt sein, wenn zugleich eine **vertragliche Erwerbspflicht** des Auftraggebers begründet werden soll (BGH NJW 1981, 1267; BGHZ 83, 246, 250; vgl dazu schon § 662 Rn 17 f). Entsprechendes gilt, wenn durch eine **Vertragsstrafe** oder durch andere Vereinbarungen ein Zwang zur Eingehung einer **Pflicht zum Erwerb eines Grundstücks** ausgeübt wird (BGHZ 89, 41, 47; BGH NJW 1987, 2071). Soll der Beauftragte das **Grundstück für eigene Rechnung** erwerben, dann ist § 311b Abs 1 Var 1 freilich anwendbar (BGH LM Nr 40, 48 zu § 313 BGB aF). Ist nach § 667 ein **Inbegriff von Gegenständen** herauszugeben, so hat der Beauftragte dem Auftraggeber ein Verzeichnis des Bestandes vorzulegen und, falls Grund zu der Annahme

besteht, dass das Verzeichnis nicht mit der erforderlichen Sorgfalt aufgestellt worden ist, an Eides Statt zu versichern, dass er nach bestem Wissen den Bestand so vollständig angegeben habe, als er dazu imstande sei, § 260 (Ausnahme: §§ 260 Abs 3, 259 Abs 3).

5. Entstehung, Fälligkeit und Verjährung des Herausgabeanspruchs

17 Der Herausgabeanspruch **entsteht** erst, wenn der Beauftragte etwas aus der Geschäftsbesorgung erlangt hat (BGHZ 107, 88, 90; BGH NJW 2007, 2640, 2641). **Fällig** wird er grds erst mit Beendigung des Auftrags (BGH MDR 2006, 231), kann aber bei einer andauernden Verwaltungstätigkeit vereinbarungsgemäß auch in näher bestimmten Zeitabständen (periodisch) fällig werden. Setzt sich das Auftragsverhältnis aus einer Reihe von Einzelaufträgen zusammen, so wird der Herausgabeanspruch mit der Ausführung des einzelnen Auftrags fällig (BGHZ 109, 260, 264).

17a Mangels anderweitiger Vereinbarung wird er also grds mit Widerruf des Auftrags **fällig** (§ 671 Abs 1; RGZ 121, 294, 296) oder bei seiner sonstigen Beendigung, zB durch Tod des Treuhänders wegen Erlöschens des Treuhandverhältnisses gemäß § 673 (vgl KG HRR 1931 Nr 1866). Die Einzelheiten **zu Zeit und Ort der Erfüllung** der Herausgabepflicht beurteilen sich nach dem – uU durch Auslegung zu ermittelnden – Auftragsverhältnis in Verbindung mit den allgemeinen Vorschriften. Die Herausgabepflicht ist mangels abweichender Vereinbarung eine **Holschuld** gem § 269. Bei Geldschulden ist die Vorschrift des § 270 zur **Schickschuld** auf den Anspruch aus § 667 jedenfalls nicht uneingeschränkt anwendbar (BGHZ 28, 123; BGHZ 143, 378; BGH MDR 2006, 139, 140). Man wird hier mit Ehmann differenzieren müssen: Die **Gefahr des zufälligen Untergangs** des aus der Geschäftsbesorgung von Dritten erlangten Geldes muss der **Auftraggeber** nach § 275 Abs 1 tragen (BGHZ 82, 296; BGH MDR 2006, 584; Erman/Ehmann[12] § 667 Rn 8 [nicht mehr differenzierend Erman/Berger[14] § 667 Rn 12]; Omlor, Geldprivatrecht [2014] 334). Diese Gefahr trägt er aber hinsichtlich des zur Ausführung des Geschäfts erhaltenen Geldes nur im Normalfall der Rückforderung nicht verwendeten Geldes, nicht aber bei **bestimmungswidriger Verwendung** (Ausgabe), bei der der **Beauftragte** für den zurückzuerstattenden Ersatzbetrag nach § 270 Abs 1 die Gefahr trägt. Der Beauftragte übernimmt durch den Auftrag allein nicht schon eine Garantie für die Herausgabe des Erhaltenen oder Erlangten nach § 276 Abs 1 S 1. Trägt der Auftraggeber die Versendungsgefahr auch dann, wenn die Herausgabepflicht in einer Zahlungsverpflichtung besteht, muss der Beauftragte im Streitfall beweisen, dass er das Geld ordnungsgemäß abgesandt hat. Der Anspruch auf Herausgabe des Erlangten entfällt, wenn der Auftraggeber wegen weisungswidriger Auftragsausführung von seinem **Zurückweisungsrecht** (vgl § 665 Rn 24 f) Gebrauch macht. Gerät der Beauftragte mit der Herausgabepflicht in **Verzug**, so hat er dem Auftraggeber den hieraus entstehenden Schaden zu ersetzen (BGHZ 85, 11, 13). **Beweisrechtlich** genügt bei einem Anspruch auf Herausgabe einer bestimmten, für den Auftraggeber erworbenen Einzelsache grundsätzlich – abgesehen vom Nachweis der Auftragserteilung – der Beweis, dass der Beauftragte die Sache erworben hat; dass der Erwerb gerade **in Erledigung des Auftrags** erfolgt sei, braucht der Auftraggeber im Regelfall nicht zu beweisen. Es ist vielmehr Sache des Beauftragten, wenn er das Gegenteil behauptet, in dieser Hinsicht den Gegenbeweis zu führen (RG JW 1925, 467; vgl im Übrigen zur Beweislast noch RG LZ 1913, 395; WarnR 1915 Nr 169; LZ 1916, 1426; RGZ 90, 134 ff; RGZ 98, 100; BGH NJW-RR 1987, 963; BGHZ 130, 94; BGH NJW 1997,

48; BGH MDR 2006, 231; OLG Frankfurt MDR 2008, 1027; OLG Saarbrücken NJW-RR 2015, 739, 741; Horn/Schabel NJW 2012, 3473, 3477).

18 Die **Verjährung** des Herausgabeanspruchs aus § 667 richtet sich nach §§ 195, 199 und beginnt mit der Anspruchsfälligkeit, dh mit dem Herausgabeverlangen bzw spätestens mit der Auftragsbeendigung. Falls der Anspruch auf die Übereignung eines Grundstücks gerichtet ist, finden §§ 196, 200 Anwendung; die lange Frist des § 197 Abs 1 Nr 1 gilt hierbei nicht. Wird dagegen auf § 667 aus einem anderen Regelungsbereich verwiesen, kann sich eine andere Verjährungsfrist ergeben. So verjährt etwa der erbrechtliche Herausgabeanspruch eines Testamentsvollstreckers aus § 2218 Abs 1 iVm § 667 gemäß § 197 Abs 1 Nr 2 nach 30 Jahren (OLG Köln 9. 11. 2009 – 2 U 79/09 unter Bezugnahme auf BGH NJW 2007, 2174).

IV. Zurückbehaltungsrecht, Aufrechnung und Verletzung der Herausgabepflicht

19 Dem aus § 667 Alt 1 und/oder Alt 2 herausgabepflichtigen Beauftragten steht wegen seines Aufwendungsersatzanspruchs aus § 670, sofern er fällig ist (RG LZ 1912, 326), ein Zurückbehaltungsrecht nach Maßgabe der §§ 273, 274 zu (RG JW 1929, 654). Die Vorschriften des § 50 Abs 3 S 1 BRAO und des § 66 Abs 2 StBerG stellen hierzu eigenständige berufsrechtliche Zurückbehaltungsrechte dar (BGH NJW-RR 2015, 186 Rn 15), die beispielsweise den Herausgabeanspruch in Bezug auf die anwaltlichen Handakten erfassen. Ein Zurückbehaltungsrecht an der Vollmachtsurkunde schließt § 175 allerdings aus. Beim treuhänderischen Auftrag kann sich ein weitgehender Ausschluss des Zurückbehaltungsrechts gegenüber dem Herausgabeanspruch des Treugebers ergeben, wenn der Treuhänder das Erlangte jederzeit weisungsgemäß zur Verfügung des Treugebers zu halten hat (RGZ 160, 52; vgl auch BGH WM 1968, 1325, 1328; OLG Hamm ZMR 2007, 982, 984). Ein Zurückbehaltungsrecht kann bei Herausgabe von Handakten nach § 50 Abs 3 S 2 BRAO oder nach § 66 Abs 2 StBerG ausgeschlossen sein, wenn die Verweigerung der Herausgabe „unangemessen" ist. Beide Vorschriften sind jedoch nur dann anwendbar, wenn die betroffenen Schriftstücke iSv § 667 „erlangt" sind. Das ist dann nicht der Fall, wenn sie Gegenstand des **vertraglichen Erfüllungsanspruchs** (zB Hauptabschlussübersichten eines Steuerberaters) sind und im Rahmen dieses Anspruches herausgegeben werden müssen (Bruns/Hartz DStR 2011, 330, 331 ff). Ausnahmsweise kann die Ausübung des Zurückbehaltungsrechts auch wegen des Verstoßes gegen den **Grundsatz von Treu und Glauben** ausgeschlossen sein (zB wenn die Verteidigungsmöglichkeiten eines von Freiheitsstrafe bedrohten, vermögenslosen Mandaten deutlich eingeschränkt werden, OLG München DStR 2012, 1939, 1940).

20 Zwischen dem Aufwendungsersatzanspruch des Beauftragten aus § 670 oder Vergütungsanspruch des Geschäftsbesorgers (§ 675) einerseits und dem Anspruch auf Herausgabe des Erlangten nach § 667 Alt 2 fehlt es für eine **Aufrechnung** in der Regel an der **Gleichartigkeit** (§ 387), es sei denn, dass die Herausgabepflicht in einer Zahlungsverpflichtung besteht (OLG Celle OLGZ 1970, 5, 8; BGH NJW 1978, 1807, 1808; **aA** Enneccerus/Lehmann, SchuldR [15. Aufl 1954] § 71 IV). Auch dann kann aber die Aufrechnung im Einzelfall mit Rücksicht auf den besonderen Charakter des Auftragsverhältnisses ausgeschlossen oder wegen des Vorliegens besonderer Umstände nach Treu und Glauben unzulässig sein (RGZ 160, 60; BGHZ 14, 346 f; BGHZ 54, 247; BGHZ 71,

383; BGH WM 1972, 52; NJW 1973, 1368; BGH JR 2007, 109, 110). So kann ein Treuhänder seinen Vergütungsanspruch nicht beliebig aufrechnen, sondern nur dann, wenn die Gegenforderungen ihren Grund in dem Treuhandverhältnis und den damit verbundenen Aufwendungen haben (BGHZ 95, 109, 113; BGHZ 113, 90, 93; BGH MDR 2006, 231, 232 = JR 2007, 109, 110). Eine Aufrechnung ist etwa dann ausgeschlossen, wenn der Treuhänder seinen Vergütungsanspruch mit dem Fremdgeld aufrechnet, welches er nach dem Inhalt des Treuhandverhältnisses verpflichtet war, an den Treugeber auszukehren, sodass eine besondere **Zweckbindung** des Fremdgeldes (fort)bestand (BGH MDR 2006, 231, 232 = JR 2007, 109, 111). Auch ein Rechtsanwalt darf die vereinnahmten Gelder, die zweckgebunden sind (zB zur Tilgung der Gerichtskosten) nicht mit seinem Honoranspruch aufrechnen, auch dann nicht, wenn dieser Anspruch aus demselben Mandat stammt (OLG Düsseldorf VersR 2010, 1031).

Der Beauftragte hat seine Herausgabepflicht je nach den Umständen, etwa durch Übereignung nach §§ 929, 873, 925, Abtretung bzw Rechtsübertragung nach §§ 398, 413 oder durch Besitzverschaffung zu erfüllen. Verletzt er seine Herausgabepflicht durch Nichtleistung oder Leistungsverzögerung, haftet er nach den allgemeinen Vorschriften der §§ 280, 281, 286. Der lediglich obligatorische Herausgabeanspruch gewährt dem Auftraggeber in der Einzelzwangsvollstreckung gegen den Beauftragten keine Drittwiderspruchsklage nach § 771 ZPO und in der Insolvenz des Beauftragten kein Aussonderungsrecht nach § 47 InsO. Beim handelsrechtlichen Kommissionsgeschäft ist der Auftraggeber als Kommittent durch § 392 Abs 2 HGB geschützt. Diese Vorschrift kann bei einer Tätigkeit des Beauftragten bzw Geschäftsbesorgers auch zugunsten des Auftraggebers bzw Geschäftsherrn analog angewandt werden (s oben Rn 13). 21

Die Verpflichtung des Beauftragten zur Auskehr von Geld nach § 667 Alt 2 ist nach der Rspr des BGH **keine gewöhnliche Geldschuld** (BGHZ 28, 123, 128; BGHZ 143, 373, 378; BGH NJW 2002, 2316; BGH NJW 2003, 743, 744; BGH ZGS 2005, 479; BGH MDR 2006, 139, 140; BGH MDR 2006, 584). Anders als bei der regulären Geldschuld (dazu Omlor, Geldprivatrecht [2014] 319 ff mwNw) muss der Beauftragte zur Erfüllung seiner Verpflichtung die erforderlichen Mittel wirtschaftlich nicht aus seinem unabhängig von dem Auftrag bestehenden Vermögen aufbringen. Vielmehr ist er nur Durchgangsstelle für eine zwar zu seinen Händen geleistete, aber für Rechnung des Geschäftsherrn entgegengenommene Zahlung, die er ohne Inanspruchnahme seines eigenen Vermögens weiterzuleiten hat (so BGHZ 28, 123, 128; BGH MDR 2006, 584). Wie auch § 668 zeigt, ist der entsprechende Betrag im Innenverhältnis zwischen den Parteien des Auftragsvertrags bereits der Vermögens- und Risikosphäre des Auftraggebers zuzurechnen. Dies hat zur Folge, dass § 270 Abs 1 auf den Geldherausgabeanspruch nicht anzuwenden ist, wenn die Gefahr des vom Geschäftsführer nicht verschuldeten Untergangs des Leistungsgegenstands von Anbeginn an der Geschäftsherr zu tragen hat (dazu näher s oben Rn 17). Andererseits wird der Geldherausgabeanspruch nach § 662 Alt 2 bei der **Aufrechnung** wie eine übliche Geldschuld, dh als mit einer ihm entgegen gestellten Geldforderung gleichartig iSv § 387 behandelt (BGHZ 71, 380, 382; BGH NJW 1995, 2041, 2042; BGH MDR 2006, 139, 140; Omlor, Geldprivatrecht [2014] 359; Staudinger/Omlor [2016] Vorbem B102 zu §§ 244–248). Auch ist der Geldherausgabeanspruch nach § 667 Alt 2 als eine **Geldforderung iSv § 288 Abs 1** anzusehen und entsprechend zu verzinsen, wenn der Beauftragte mit der Leistung der geschuldeten Summe in Verzug kommt, denn das Bedürfnis nach pauschalierter Schadensberech- 22 nung besteht unabhängig von einer Mittelaufbringung des Schuldners aus wirtschaftlich eigenem oder bereits dem Gläubiger zuzurechnenden Vermögen; der Auftraggeber braucht deshalb nicht nach § 280 Abs 1, 2, § 286 seinen Schaden infolge der verspäteten Leistung konkret darzulegen (BGHZ ZGS 2005, 479; BGH MDR 2006, 139, 140).

§ 668
Verzinsung des verwendeten Geldes

Verwendet der Beauftragte Geld für sich, das er dem Auftraggeber herauszugeben oder für ihn zu verwenden hat, so ist er verpflichtet, es von der Zeit der Verwendung an zu verzinsen.

Materialien: E I § 593; II § 599; III § 655; Mot II 540; Prot II 365.

Schrifttum

S die Nachweise zu den Vorbem zu §§ 662 ff.

Systematische Übersicht

Alphabetische Übersicht

I. Normzweck und Anwendungsbereich

1 Die Regelung versteht sich als **Ergänzung zu den Herausgabeansprüchen des § 667** und erklärt sich wie diese aus der Fremdnützigkeit des Auftrags. Wenn der Beauftragte Kapital, das eigentlich dem Auftraggeber zusteht, für eigene Zwecke einsetzt,

soll er es dem Auftraggeber verzinsen, also ihm den Gebrauchswert des Kapitals erstatten. Der Beauftragte soll aus dem Auftragsverhältnis „plus/minus null" hervorgehen, also keine eigenen Vermögensverluste beklagen müssen, aber auch keine Vermögenszuwächse einstecken dürfen. Der Verzinsungspflicht des Beauftragten nach § 667 entspricht folgerichtig eine Verzinsungspflicht des Auftraggebers für die vom Beauftragten gemachten Aufwendungen nach §§ 670, 256 (vgl § 670 Rn 31).

Ohne Bedeutung für die Verzinsungspflicht des § 668 ist es, ob den Beauftragten bei der Eigenverwendung des Geldes ein Verschulden trifft oder ob er subjektiv unredlich gehandelt hat (vgl Mot II 539). Soweit dies der Fall ist, hat er dem Auftraggeber nach den allgemeinen Grundsätzen der Vertragsverletzung oder der unerlaubten Handlung Schadensersatz zu leisten; die Verzinsungspflicht des § 668 lässt solche weitergehenden Ansprüche unberührt (vgl Mot II 540). Gleichfalls unerheblich ist, ob dem Auftraggeber, etwa durch ihm entgangene Zinseinkünfte oder darüber hinaus, ein eigener Schaden entstanden ist. Die Regelung zielt vielmehr auf eine **verschuldens- und schadensunabhängige Mindestkompensation** des vom Beauftragten eigenverwendeten statt fremdnützig eingesetzten Geldes. 2

Ebenso wie die Herausgabepflicht aus § 667 findet die Verzinsungspflicht aus § 668 nach § 675 Abs 1 „entsprechende Anwendung" auf den **entgeltlichen Geschäftsbesorger**, nach § 675c Abs 1 **auf Zahlungsdienste**, nach § 681 S 2 bei berechtigter oder genehmigter **Geschäftsführung ohne Auftrag**, nach § 687 Abs 2 S 1 bei böswilliger Eigengeschäftsführung, nach §§ 27 Abs 3, 48 Abs 2 auf den Vereinsvorstand und den Vereinsliquidator, nach § 713 auf den geschäftsführenden Gesellschafter und nach § 2218 auf den Testamentsvollstrecker. Zudem findet die Regelung des § 668 Parallelen in den Vorschriften des § 698 für den Verwahrer und des § 1834 für den Vormund. 3

II. Fiduziarisches Geld

Als Ergänzungsnorm zu § 667 erfasst § 668 sowohl Geld, das der Beauftragte zur Auftragsausführung erhalten hat, wie auch Geld, das er aus der Geschäftsbesorgung erlangt hat. Geld kann Bar- wie auch Buchgeld sein. Auch Geld in ausländischer Währung ist erfasst (Staudinger/Omlor [2016] Vorbem A88 u A99 zu §§ 244–248). Auf andere Gegenstände, etwa geldwerte Forderungen oder Wertpapiere, findet die Regelung keine Anwendung (Omlor, Geldprivatrecht [2014] 76); hier gelten die Grundsätze zur Verletzung der auftragsrechtlichen Treuepflicht. Nach dem Inhalt des Auftragsverhältnisses bestimmt sich sodann, ob und in welcher Höhe der Beauftragte das erhaltene bzw erlangte Geld an den Auftraggeber herauszugeben hat oder für ihn zu verwenden hat. Man mag von **fiduziarischem Geld** sprechen. Geht es um Geldmittel, die der Beauftragte nicht aufgrund des Auftragsverhältnisses, sondern aufgrund eines anderen Rechtsverhältnisses erhalten oder erlangt hat, so findet § 668 keine Anwendung. 4

III. Eigenverwendung

Eine die Verzinsungspflicht auslösende Eigenverwendung des fiduziarischen Geldes liegt vor, wenn der Beauftragte das Geld für seine eigenen Zwecke oder für Zwecke eines Dritten einsetzt. Es geht also um eine im Widerspruch zum Auftragsverhältnis 5 stehende, objektiv **treuwidrige Kapitalnutzung**. Dabei ist aber unerheblich, ob die Eigenverwendung dem Beauftragten selbst oder einem Dritten **tatsächlich Vorteile** gebracht hat oder nicht; es braucht also **nicht zu tatsächlichen Nutzungen iS des § 100** gekommen zu sein. Unerheblich ist auch, ob die Eigenverwendung wirtschaftlich sinnvoll und vernünftig erscheint oder nicht. Entscheidend ist allein, dass der Beauftragte das Geld für sich oder einen Dritten und nicht für den Auftraggeber verwendet. Allein die theoretische Möglichkeit von Nutzungen des eigenverwendeten Geldes reicht zur Begründung der Verzinsungspflicht aus.

6 Hier lassen sich verschiedene Verwendungs- oder Nutzungsformen durch Rechtsgeschäfte, insbesondere Verfügungen, oder durch Realakte, insbesondere Vermischungen (§§ 947, 948), vorstellen. Der Lehrbuchfall einer Zerstörung von Münzen zum Zwecke der Ausnutzung des Metallwertes erscheint dabei recht unpraktisch. Lebensnahe Fälle sind wohl eher die Verwendung des Geldes für eigene Anschaffungen, für Geschenke, für die Darlehensgewährung an Dritte oder für Spekulationsgeschäfte. **Keine Verwendungsformen** iS des § 668 sind in der bloßen Verzögerung der Ablieferung vereinnahmten Geldes, im Unterlassen der Einziehung von Außenständen oder in der Versäumnis einer verzinslichen Geldanlage zu sehen. Auch das Verlieren des Geldes durch den Beauftragten stellt kein „Verwenden" dar. In solchen Fällen kann sich der Beauftragte freilich aus schuldhafter vertraglicher Pflichtverletzung nach § 280 Abs 1 oder wegen Verzuges nach §§ 280 Abs 2, 286 schadensersatzpflichtig machen.

IV. Verzinsungspflicht

7 Die Verzinsungspflicht, dh der Zinssatz, bemisst sich in der Höhe nach den allgemeinen Vorschriften, beträgt also nach § 246 im allgemeinen Privatrechtsverkehr 4% und nach § 352 Abs 1 S 1 HGB bei beiderseitigen Handelsgeschäften 5%. Während des Verzuges (§ 286) ist die Geldschuld sodann nach § 288 mit 5 bzw 9 Prozentpunkten über dem Basiszinssatz (§ 247) zu verzinsen. Höhere Zinsen aus anderen Rechtsgründen oder weitergehende Schadensersatzansprüche aus § 280 oder § 823 Abs 2 iVm §§ 246, 263, 266 StGB kommen ebenso wie Bereicherungsansprüche aus §§ 812 ff neben bzw unabhängig von § 668 in Betracht.

8 Die Verzinsungspflicht des § 668 besteht ohne Rücksicht darauf, ob und in welcher Höhe das Geld ohne die Eigenverwendung des Beauftragten dem Auftraggeber selbst auch Zinsen oder entsprechende Einkünfte gebracht hätte (vgl Oertmann, BGB-Komm [5. Aufl 1929] § 668 Anm 1). Die Vorschrift ist vielmehr als eine von jedem tatsächlichen Schaden in Form etwa entgangener Zinseinkünfte des Auftraggebers unabhängige Regelung zu verstehen, die eine gesetzliche Mindestfolge an die Eigenverwendung des Geldes knüpft.

V. Beweislast

9 Will der Auftraggeber Ansprüche aus § 668 erheben, braucht er lediglich darzulegen und im Streitfall zu beweisen, dass der Beauftragte das ihm herauszugebende oder für ihn zu verwendende Geld für sich bzw einen Dritten verwendet hat (vgl OLG Bremen ZEV 2010, 480, 481, 482). Dagegen braucht er kein Verschulden und keine tatsächlichen Nutzungen darzulegen. Gerade auf diese **Erleichterung der Darle-**

gungs- und Beweislast zielt die Vorschrift des § 668 zugunsten des Auftraggebers ab. Beansprucht dieser dagegen einen Schadensersatz, der den gesetzlichen Zinssatz übersteigt, so obliegt ihm nach den allgemeinen Grundsätzen der Beweis dafür, dass ihm ein solcher entstanden ist (s Mot II 540).

§ 669
Vorschusspflicht

Für die zur Ausführung des Auftrags erforderlichen Aufwendungen hat der Auftraggeber dem Beauftragten auf Verlangen Vorschuss zu leisten.

Materialien: E I § 594; II § 600; III § 656; Mot II 539, 540; Prot II 365.

Schrifttum

S die Nachweise zu den Vorbem zu §§ 662 ff.

Systematische Übersicht

Alphabetische Übersicht

I. Normzweck und Anwendbarkeit

1 Die Verpflichtung des Auftraggebers aus § 669, für die zur Ausführung des Auftrags erforderlichen Aufwendungen dem Beauftragten auf dessen Verlangen Vorschuss zu leisten, soll den Beauftragten davon befreien, eigene Finanzmittel für die Auftragsdurchführung einsetzen und damit ein **wirtschaftliches Risiko** für die spätere Durchsetzung seines Aufwendungsersatzanspruchs aus § 670 tragen zu müssen. Der Beauftragte soll die zur Auftragsausführung erforderlichen Aufwendungen (Vermögensopfer) nicht aus seinem eigenen Vermögen erbringen müssen. Die Vorschusspflicht aus § 669 soll mithin den für den Beauftragten im Mittelpunkt stehenden Anspruch auf Aufwendungsersatz nach § 670 ergänzen; sie ist wohl nur deshalb in der Paragraphenreihenfolge vorgängig geregelt, weil sie dem Aufwendungsersatz zeitlich vorausgeht. Für den unentgeltlichen Auftrag leuchtet die Regelung ohne Weiteres ein: Wenn der Beauftragte schon seine eigene Arbeitskraft für die Auftragsausführung aufopfert, erscheint die Übernahme eines wirtschaftlichen Risikos durch Verauslagung von Aufwendungen kaum zumutbar. Die Fremdnützigkeit des Auftrags, die Treuepflicht und die Pflicht zur Wahrung der Interessen des Auftraggebers reichen nicht so weit, dass sich der Beauftragte auch noch finanziell einem Risiko aussetzen müsste. Mit Einschränkungen beansprucht diese *ratio legis* auch beim **entgeltlichen Geschäftsbesorgungsvertrag** Gültigkeit.

2 Der Normzweck des § 669 erschöpft sich in der wirtschaftlichen Risikoentlastung zugunsten des Beauftragten, führt aber nicht zu weitergehenden Konsequenzen. Insbesondere darf der Beauftragte keineswegs die Auftragsausführung insgesamt von einer Vorschussleistung abhängig machen („keine Auftragsausführung ohne Vorschuss“), wenn die zu bevorschussenden Aufwendungen nur für einen Teil des Auftrags bedeutsam sind. Erst Recht hat der Beauftragte kein Recht auf Vorschuss, wenn überhaupt keine Aufwendungen erforderlich sind. Vielmehr darf sich der Beauftragte nur darauf beschränken, gerade den aufwendungsbelasteten Auftragsteil hintanzustellen, bis ihm der verlangte Vorschuss gewährt wird („keine Aufwendungen ohne Vorschuss“). Nur **die Erbringung von Aufwendungen, nicht die Ausführung des Auftrags** darf der Beauftragte also von der vorherigen Vorschussleistung abhängig machen (RGZ 76, 345, 350; RGZ 82, 400, 403). Anders ist die Lage nur, wenn sich die Ausführung des Auftrags bereits in den Aufwendungen erschöpft. Insofern findet der Beauftragte in § 669 durchaus ein gewisses **Druckmittel** gegenüber dem Auftraggeber. Denn die Vorschusspflicht des Auftraggebers begrenzt die Verpflichtung des Beauftragten zur Auftragsausführung.

3 Die Regelung des § 669 gehört dem **dispositiven Recht** an, sodass die Vorschusspflicht vertraglich **abbedungen** werden kann. Eine konkludente Abbedingung, wenn nicht gar eine teleologische Reduktion des § 669 ist immer dann anzunehmen, wenn eine Vorschussgewährung mit der wirtschaftlichen Zweckbestimmung des einzelnen Auftrags als unvereinbar anzusehen ist. So ist für den Kreditauftrag des § 778 die Vorschussregelung des § 669 nicht anwendbar, da der Zweck des Kreditauftrags gerade dahin geht, den Kredit aus den Mitteln der Beauftragten zu gewähren. Für das Verhältnis zwischen Hauptschuldner und Bürgen, das als (unentgeltlicher) Auftrag oder als (entgeltliche) Geschäftsbesorgung anzusehen ist, wird der (unangemessene) § 669 durch die bürgschaftsrechtliche Sonderregelung des § 775 ersetzt, wonach im Innenverhältnis zwischen Hauptschuldner und Bürge der Hauptschuld-

ner (Auftraggeber) gegenüber dem Bürgen (Beauftragtem) vorleistungspflichtig ist. § 669 ist auch auf den **Ersatzzustellungsvertreter** (§ 45 Abs 2 und 3 WEG) nicht anwendbar, da bei diesem nicht absehbar ist, ob er überhaupt tätig wird und falls ja, in welcher Höhe Kosten entstehen (SCHMID MDR 2008, 662, 663; ders MDR 2012, 561). LAMMEL nimmt an, dass der Vermieter hinsichtlich der **Betriebskostenvorauszahlungen** nach § 556 dem Mieter gegenüber wie ein Treuhänder auftritt, sodass auf dieses Treuhandverhältnis die §§ 675 Abs 1, 669 Anwendung fänden (LAMMEL, Wohnraummietrecht [3. Aufl 2007] § 556 Rn 35; auch AG Schöneberg 6. 1. 2009 – 3 C 366/08). Richtigerweise fehlt es in diesem Rechtsverhältnis hingegen an „Auftragselementen", sodass eine Anwendung von § 669 ausgeschlossen ist (BGH NJW-RR 2010, 1311 Rn 15). Außerdem sind die Betriebskosten nicht Gegenstand des Vorschussanspruchs nach § 669, sondern Teil des geschuldeten Mietentgelts gemäß § 535 Abs 2 (EISENHARDT WuM 2011, 143, 144).

Die Vorschussregelung des § 669 findet nach § 675 Abs 1 **„entsprechende Anwendung"** auf den entgeltlichen Geschäftsbesorger, nach § 675c Abs 1 auf Zahlungsdienste, nach §§ 27 Abs 3, 48 Abs 2 auf den Vereinsvorstand und den Vereinsliquidator, nach § 713 auf den geschäftsführenden Gesellschafter, ferner nach § 1835 Abs 1 auf den Vormund, nach §§ 1891 Abs 1, 1835 Abs 1 S 1, 1835 Abs 1 S 2, 1915 Abs 1 auf den Gegenvormund und den Pfleger und nach §§ 1908i, 1835 Abs 1 auf den Betreuer. Um seiner Pflichten nach § 27 Abs 2 Nr 2 WEG nachzukommen, kann auch ein **WEG-Verwalter** einen Vorschuss nach §§ 675 Abs 1, 669 verlangen, um etwa den Vorschussanspruch des von ihm beauftragten Rechtsanwalts nach § 9 RVG zu erfüllen (BGH MDR 2015, 146 Rn 20 = ZWE 2015, 91 Rn 20 = MietRB 2015, 16, 17; in Bezug auf Erhaltungsmaßnahmen VANDENHOUTEN ZWE 2012, 237, 240). § 669 ist auch auf das gesetzliche Schuldverhältnis eines **Insolvenzverwalters** entsprechend anzuwenden (BGH GmbHR 2010, 1346, 1347; H-F MÜLLER EWiR 2010, 827). Auch **Schiedsparteien** sind verpflichtet, nach §§ 675 Abs 1, 669 Vorschüsse an die Schiedsrichter zu entrichten (BUCHWITZ/SCHÜTT SchiedsVZ 2015, 1, 2; MARTINEK, in: FS Akira Ishikawa [2001] 269, 283). 4

II. Klagbarkeit und Rechtsnatur

Schon in den Gesetzgebungsmaterialien wird darauf hingewiesen, dass dem Beauftragten **kein klagbarer Anspruch auf eine Vorschussleistung** gegen den Auftraggeber zusteht (Mot II 540). Begründet wird dies mit dem unbeschränkten Widerrufsrecht des Auftraggebers nach § 671 Abs 1, aus dem sich ergibt, dass dem Beauftragten keinerlei Recht auf die Auftragsausführung zusteht. Die Widerruflichkeit des Auftrags schließt eine Vorschussklage aus. Für den Auftraggeber bedeutet dies, dass ihn – bei einem Vorschussverlangen des Beauftragten – keine einklagbare Rechtspflicht, sondern lediglich eine **Obliegenheit zur Vorschussleistung** trifft (BGHZ 77, 60, 63; BGHZ 94, 330, 334). Die Vorschussleistung ist für den Auftraggeber ein Gebot des eigenen Interesses, weil ohne sie die Auftragsausführung ins Stocken geraten kann, braucht doch der Beauftragte die erforderlichen Aufwendungen ohne Leistung des angeforderten Vorschusses nicht aus Eigenmitteln zu erbringen und damit den betreffenden Auftragsteil nicht auszuführen. Zahlt der Auftraggeber den erforderlichen Vorschuss nicht, dann hat der nicht vorleistungspflichtige Beauftragte ein Zurückbehaltungsrecht nach § 273, das zu einem **Verweigerungsrecht** hinsichtlich der Auftragsausführung führt. 5

6 Anders ist die Lage allerdings bei **Dienst- und Werkverträgen, die eine Geschäftsbesorgung zum Gegenstand haben**, bei denen dem entgeltlichen Geschäftsbesorger durchaus ein klagbarer Anspruch auf Vorschussleistung gegen den Geschäftsherrn eingeräumt werden muss, den dementsprechend auch eine **Rechtspflicht zur Vorschussleistung** trifft. Denn bei § 675 Abs 1 besteht für den entgeltlichen Geschäftsbesorger ein Recht auf Besorgung des Geschäfts; die Vorschrift des § 671 Abs 1 zur jederzeitigen Widerrufbarkeit durch den Auftraggeber, die beim unentgeltlichen Auftrag zur Verneinung einer Einklagbarkeit des Vorschusses führt, findet nach § 675 Abs 1 auf den entgeltlichen Geschäftsbesorgungsvertrag keine Anwendung. Dabei ist der Vorschuss auf Aufwendungsersatz von dem uU vertraglich vorgesehenen Vorschuss auf die vereinbarte Vergütung (oder einen Teil hiervon) zu unterscheiden. Der Vorschuss ist **immer aufwendungsbezogen** und gleichsam als **vorweggenommener Aufwendungsersatzanspruch** anzusehen. Er kann keinesfalls als Darlehensgewährung verstanden werden (RG Recht 1912 Nr 2027).

III. Die einzelnen Voraussetzungen des § 669

1. Das Vorschussverlangen

7 Die Vorschrift des § 669 lässt keinen Zweifel daran, dass der Auftraggeber dem Beauftragten nicht aus eigener Initiative mit einem Vorschuss entgegenzukommen braucht, sondern dass **der Beauftragte die Initiativlast** trägt und einen Vorschuss ausdrücklich vom Auftraggeber verlangen muss. Dieses **notwendige Vorschussverlangen** fügt sich in das Umfeld der sonstigen Regelungen ein. Denn gemäß § 666 ist der Beauftragte im Regelfall verpflichtet, den Auftraggeber von der Notwendigkeit eines Vorschusses rechtzeitig zu benachrichtigen, falls er die erforderlichen Aufwendungen nicht zunächst selbst verauslagen und erst später nach § 670 Ersatz verlangen will (Mot II 540). Insbesondere darf der Beauftragte angesichts bevorstehender erforderlicher Aufwendungen und ohne ein ausdrückliches Vorschussverlangen keineswegs einfach „die Hände in den Schoß legen“, auf einen Vorschuss warten und sich auf ein Recht der Nichtausführung des Auftrags bzw des Auftragsteils (s oben Rn 2) ohne Vorschussleistung berufen. Vor allem darf er die einmal ohne Vorschuss begonnene Tätigkeit nicht ohne Weiteres wegen Ausbleibens des Vorschusses einstellen (Planck, BGB [1./2. Aufl 1900] § 669 Anm 2). Das Vorschussverlangen ist eine **einseitige empfangsbedürftige Willenserklärung des Beauftragten** (§§ 130 ff) an den Auftraggeber. Auf die Fälligkeit des Aufwendungsersatzanspruchs des Beauftragten kommt es ebensowenig wie auf die Vollendung der Ausführung an.

8 Hat der Auftraggeber dem Beauftragten allerdings bereits vorher zu erkennen gegeben, dass er keinen Vorschuss leisten werde, so braucht der Beauftragte den Vorschuss nicht (noch einmal) zu fordern, sondern er kann insoweit von der Ausführung des Auftrags absehen (RGZ 76, 345, 350; BGHZ 77, 60, 63; 94, 330, 334). Die grds Initiativlast des Beauftragten für das Vorschussverlangen darf nicht zu einer bloßen Förmelei führen.

2. Die Verauslagungspflicht

9 Die Regelung des § 669 macht zugleich deutlich, dass eine eigene Verauslagungspflicht des Beauftragten nur besteht, wenn er sie vertraglich (ausdrücklich oder

stillschweigend) übernommen hat (RG JW 1908, 324; RGZ 82, 400). Der Beauftragte ist im Grundsatz nicht vorleistungspflichtig und braucht nicht mit Eigenmitteln in Vorlage zu treten. Genau dies will ihm § 669 ersparen.

3. Die Erforderlichkeit von Aufwendungen

Das Vorschussverlangen muss sich *erstens* auf **Aufwendungen im Sinne des § 670** 10
beziehen (vgl zum Aufwendungsbegriff § 670 Rn 7 ff) und *zweitens* **zur Auftragsausführung erforderliche** Aufwendungen betreffen. Die Erforderlichkeit bemisst sich dabei **nach objektiven Maßstäben**. Während der Beauftragte nach § 670 Ersatz für solche Aufwendungen verlangen kann, die er (subjektiv) den Umständen nach für erforderlich halten darf, ist mithin bei § 669 nach objektiven Gesichtspunkten zu prüfen, ob die Aufwendungen notwendig sind (Oertmann, BGB-Komm [5. Aufl 1929] § 669 Anm 2). Insoweit ist also zwischen § 669 und § 670 eine Diskrepanz festzustellen, die aber ohne Weiteres als begründet erscheint. Für den endgültigen Aufwendungsersatzanspruch des § 670 ist die subjektive Einschätzung der Erforderlichkeit von Aufwendungen nach pflichtgemäßem, interessenwahrenden Ermessen des Beauftragten zugrunde zu legen, um ihn im Ergebnis schadlos zu halten (vgl § 670 Rn 10 ff, insbes 15). Für das Vorschussverlangen des § 669, bei dem es lediglich um eine bevorstehende Ersparung des Einsatzes von Eigenmitteln des Beauftragten und noch nicht um eine endgültige Abrechnung geht, kann zugunsten des Auftraggebers ein zurückhaltender objektiver Beurteilungsmaßstab der Erforderlichkeit angelegt werden. Damit wird zugleich indirekt ein uU „heilsamer" Begründungszwang für die objektiv erforderlichen Aufwendungen auf den Beauftragten ausgeübt.

IV. Art und Höhe des Vorschusses

Der Vorschuss kann **nur in Form von Geldmitteln** vom Beauftragten verlangt und 11
vom Auftraggeber geleistet werden. Dies gilt auch dann, wenn die erforderlichen Aufwendungen in anderen Gegenständen als Geld bestehen, zB Kraftstoff für das Reisefahrzeug, Futter für das zu transportierende Vieh oder eine spezielle Software für den zur Auftragsausführung einzusetzenden Computer. Der Auftraggeber hat also keinen **Vorschuss von Aufwendungen, sondern für Aufwendungen** zu leisten. Dies steht in Übereinstimmung mit dem allgemeinen Sprachgebrauch zu dem vom Gesetz verwendeten Wort „Vorschuss", wonach lediglich Geldzahlungen gemeint sind. Schließlich ist auch der Aufwendungsersatzanspruch des Beauftragten aus § 670 gemäß § 256 („Betrag") in Geld zu erfüllen, was auf das Vorschussverlangen nach § 669 rückwirkt (Oertmann, BGB-Komm [5. Aufl 1929] § 669 Anm 1). Damit ist zugleich verbunden, dass der Auftraggeber dem Beauftragten nach § 270 das Geld (den Vorschuss) im Zweifel auf seine Gefahr und Kosten zu übermitteln hat. Über die vorschussweise geleisteten Geldzahlungen ist später im Rahmen der §§ 666, 667, 670 **abzurechnen** (BGH NJW-RR 1988, 1264).

Die **Vorschusshöhe**, dh die Höhe des zu leistenden Geldbetrags bestimmt sich in 12
objektiver Beurteilung nach den erforderlichen Aufwendungen. Die Vorschrift des § 669 verlangt dabei nicht unbedingt, dass die vorgeschossenen Geldmittel in jedem Fall in das Eigentum des Beauftragten übergehen müssen (vgl RGZ 101, 308). Ein für eine bestimmte Aufwendung vorgeschossener und abgezählter Betrag kann dem Beauftragten zur schlichten Weiterleitung an einen Dritten nur besitzweise über-

lassen werden. Je nach den Umständen des Falles und dem Inhalt des Auftragsverhältnisses kann auch eine **Vorschussgewährung in Teilvorschüssen** angezeigt sein, wenn die erforderlichen Aufwendungen nicht in einem Einmalbetrag, sondern in Teilbeträgen zu bestreiten sind. Die Regelung des § 266 wird insoweit durch § 669 verdrängt. Wenn der Beauftragte den Vorschuss wider Erwarten nicht oder nicht in voller Höhe (vgl OLG Frankfurt 25. 8. 2006 – 19 U 54/06; OLG München 4. 6. 2014 – 7 U 4399/13) benötigt, kann der Auftraggeber nach § 667 die **Rückzahlung** des nicht verwendeten Vorschusses vom Beauftragten verlangen. Bei **Nichtzahlung des Vorschusses** fallen für den (unentgeltlichen) Auftraggeber **keine Verzugszinsen** an. Dies folgt aus der Rechtsnatur des Vorschusses (s oben Rn 5), wonach die Vorschusszahlung beim unentgeltlichen Auftrag nur ein Gebot des eigenen Interesses ist (BGHZ 77, 60). Aber auch bei der entgeltlichen Geschäftsbesorgung, bei der die Vorschusszahlung eine Rechtspflicht des Auftraggebers ist (s oben Rn 6), trifft den Geschäftsbesorger bei Säumnis keine Pflicht zur Zahlung von Verzugszinsen, denn auch hier dient die Vorschusszahlung dem Interesse des (entgeltlichen) Geschäftsbesorgers (Erman/Ehmann[12] § 669 Rn 3 u 4; nunmehr für generelle Einklagbarkeit Erman/Berger[14] § 669 Rn 3).

13 Die **Rechtsprechung** hat eine Vorschusspflicht nach § 669 im Falle der Bestellung von Lotterielosen zum gemeinsamen Spiel durch einen von den anderen beauftragten Mitspieler bejaht (RG JW 1908, 324 = Recht 1908 Nr 1785). Der Gefälligkeitsakzeptant eines Wechsels braucht nicht mit der Zahlung der Wechselsumme in Vorschuss zu gehen, denn der Aussteller hat für die Deckung zu sorgen (RGZ 77, 30). Der Sicherheitszessionar braucht nur gegen Vorschuss in der Zwangsversteigerung mitzusteigern (RGZ 76, 345, 350).

V. Beweislastfragen

14 Wenn der Auftraggeber den Vorschuss vom Beauftragten zurückverlangt oder anderweitig Streit darüber entsteht, ob ein Vorschuss geleistet worden ist, dann trifft die Beweislast den Auftraggeber (BGH WM 1988, 763; RG SeuffA 61 Nr 81; OLG Bamberg OLGE 10, 184 ff; OLG Celle OLGE 22, 327 ff; LZ 1928, 1383; HRR 1936 Nr 395; **aA** OLG Celle OLGE 9, 9 ff). Die vertragsgemäße Verwendung des vorgeschossenen Geldes muss der Beauftragte beweisen (BGH WM 1988, 763).

§ 670
Ersatz von Aufwendungen

Macht der Beauftragte zum Zwecke der Ausführung des Auftrags Aufwendungen, die er den Umständen nach für erforderlich halten darf, so ist der Auftraggeber zum Ersatz verpflichtet.

Materialien: E I § 595 Abs 1 S 1; II § 601 Abs 1 S 1; III § 657 S 1; Mot II 541; Prot II 365–369.

Schrifttum

S die Nachweise zu den Vorbem zu §§ 662 ff.

Systematische Übersicht

Alphabetische Übersicht

I. Normzweck und Anwendungsbereich

Der Aufwendungsersatzanspruch des Beauftragten nach § 670 beruht auf dem Ge- **1** danken, dass der Beauftragte durch seine fremdnützige Tätigkeit im Interesse des Auftraggebers **keinen Vermögensverlust** erleiden soll. Der Beauftragte, der schon seine Arbeitskraft und seine Zeit uneigennützig für den Auftraggeber einsetzt, soll bei der Auftragsausführung wenigstens sein Vermögen schonen können. Im Grunde braucht er bei erforderlichen Aufwendungen seine eigenen Vermögensmittel überhaupt nicht für den Auftraggeber einzusetzen, falls ihn nicht eine **besonders vereinbarte Verauslagungspflicht** trifft, denn das Gesetz gestattet ihm in § 669, vom Auftraggeber einen Vorschuss in Höhe der erforderlichen Aufwendungen zu verlangen und damit von vornherein auf Kosten des Auftraggebers tätig zu werden. Wenn er aber gleichwohl bei der Auftragsausführung eigene Vermögensmittel einsetzt oder eigene Verbindlichkeiten begründet, dann soll er einen Anspruch auf Ausgleich der Vermögenseinbuße oder auf Freistellung von Verbindlichkeiten haben.

2 Die *ratio legis* des Aufwendungsersatzanspruchs nach § 670 ist nach dem Gesagten eng mit der **Unentgeltlichkeit des Auftrags** verknüpft: Wenn der Beauftragte schon ohne Anspruch auf Vergütung für die geleistete Tätigkeit handelt, soll er nicht auch noch auf eigene Kosten für den Auftraggeber tätig werden müssen. Anders formuliert: Wegen der Unentgeltlichkeit des Auftrags verdient das eigene Vermögen des Beauftragten Verschonung und Freistellung von Belastungen. Deshalb ist mit der Annahme eines Aufwendungsersatzanspruchs bei der **entgeltlichen Geschäftsbesorgung** Zurückhaltung geboten, auch wenn die Vorschrift des § 670 nach § 675 Abs 1 ausdrücklich „entsprechende Anwendung" findet. Es ist nämlich immer zuerst zu prüfen, ob Aufwendungen für den Geschäftsherrn nicht bereits durch die Vergütung des Geschäftsbesorgers abgegolten sein sollen; nur soweit dies nicht der Fall ist, hat der entgeltliche Geschäftsbesorger in „entsprechender" Anwendung des § 670 einen Aufwendungsersatzanspruch.

3 Da die *ratio legis* des § 670 darauf gerichtet ist, den Beauftragten bei seinem fremdnützigen Einsatz frei von eigenen Vermögenseinbußen zu halten, sodass er – abgesehen von seinem Einsatz von Arbeit und Zeit – „plus/minus null" aus seiner Tätigkeit hervorgeht, besteht der Anspruch auf Aufwendungsersatz grundsätzlich ohne Rücksicht darauf, ob die Tätigkeit des Beauftragten den mit dem Auftrag bezweckten Erfolg bewirkt hat oder nicht (Mot II 541; RG WarnR 1919 Nr 60). Dies bedeutet, dass das **Risiko unverschuldet-erfolgloser Aufwendungen** des Beauftragten vom Auftraggeber zu tragen ist. Dieser Grundsatz kann jedoch durch Parteivereinbarung verändert oder gar ins Gegenteil umgekehrt werden, insbesondere wenn die Geschäftsbesorgung allein und gerade in der Herbeiführung des Erfolgs besteht.

4 Zwar soll der Beauftragte „unbeschadet" iS von „ohne Vermögenseinbuße" aus der Auftragsausführung hervorgehen. Indes darf § 670 nicht als Schadensersatzanspruch, sondern muss als **Wertersatzanspruch** verstanden werden (RGZ 126, 186). Daher kann der Auftraggeber dem Anspruch des Beauftragten auf Aufwendungsersatz nicht den Einwand des Mitverschuldens nach § 254 entgegenhalten (BGHZ 8, 235). Die dem Schadensersatzrecht angehörende Figur des Mitverschuldens wäre bei dem auftragsrechtlichen Aufwendungsersatzanspruch gänzlich deplatziert – und zudem unnötig. Denn es ist zu berücksichtigen, dass der Beauftragte nur für solche Aufwendungen Ersatz verlangen kann, „die er den Umständen nach für erforderlich halten darf". Aus dieser Formulierung (dazu noch u Rn 12) in Verbindung mit der Interessenwahrungspflicht des Beauftragten ergibt sich für diesen eine **Aufwendungsminderungs-**

obliegenheit iS eines Gebots der Beschränkung von Aufwendungen auf das im Rahmen des Auftrags Erforderliche bei Gefahr eigener Kostentragung (s unten Rn 12 ff, insbes 15). Diese Aufwendungsminderungsobliegenheit lässt sich als die auftragsrechtliche Parallele zur schadensersatzrechtlichen Schadensminderungsobliegenheit nach § 254 verstehen, die eine Heranziehung dieser Norm hier erübrigt. Soweit § 670 auf sog **risikospezifische Zufallsschäden** des Beauftragten analog anzuwenden ist (s unten Rn 17 ff, insbes 23), mutiert der Aufwendungsersatzanspruch durch seine analoge Aufwendung auf „Schäden" noch nicht zu einem Schadensersatzanspruch, der den §§ 249 ff unterläge. Es bedarf auch bei der analogen Anwendung des § 670 auf risikospezifische Zufallsschäden keiner Heranziehung des § 252, weil sich bei einer Mitwirkung des Beauftragten an der Schadensentstehung der Umfang des ihm gewährten Ersatzes unter teleologischen Gesichtspunkten des Normzwecks („Schadloshaltung") bestimmt (dazu näher s unten Rn 28 und 29).

Die Vorschrift des § 670 gehört dem **dispositiven Recht** an, sodass Aufwendungs- 5
ersatzansprüche des Beauftragten durch ausdrückliche oder stillschweigende Vereinbarung der Parteien ausgeschlossen oder eingeschränkt, aber auch erleichtert und erweitert werden können. Formularmäßige Bestimmungen eines Girovertrages **(Nr 18 AGB-Sparkassen, Nr 12 Abs 6 AGB-Banken aF)**, wonach in einem Verbraucher-Unternehmer-Verhältnis der Geschäftsbesorger *alle* Aufwendungen ersetzt verlangen kann, ohne dass eine Prüfung, ob sie iSv § 670 erforderlich sind und ob sie im Interesse des Auftraggebers getätigt werden, stattzufinden braucht, verstößt gegen das Benachteiligungsverbot nach § 307 Abs 2 Nr 1; diese Klauseln widersprechen dem Grundgedanken der gesetzlichen Regelung der §§ 675 Abs 1, 670, welche nur *fremdnützige* Aufwendungen als erstattungsfähig ansieht, die der Geschäftsbesorger „den Umständen nach für *erforderlich* halten darf" (BGH NJW 2012, 2337 Rn 17 ff; BGH WM 2012, 1344 Rn 41; zustimmend Derleder EWiR 2012, 401, 402; Nobbe WuB IV C § 307 BGB 3.12; kritisch Merz WuB I A 2 Nr 18 AGB-Sparkassen [2009] 1.13; kritisch Bork WM 2013, 1101, 1105 insb in Bezug auf die Ablehnung der Fremdnützigkeit der Aufwendungen; für eine Übertragung auf das Unternehmer-Unternehmer-Verhältnis H Schmidt LMK 2012, 336112; Riegger BB 2012, 2206, 2207; ebenso im Hinblick auf Verbraucherdarlehensverträge OLG Frankfurt 9. 1. 2014 – 3 U 72/13).

Das Gesetz sieht in § 675 Abs 1 eine entsprechende Anwendbarkeit des § 670 auf 5a
Dienst- und Werkverträge vor, die eine Geschäftsbesorgung zum Gegenstand haben. Hier ist jedoch regelmäßig zu prüfen, ob bei einer derartigen entgeltlichen Geschäftsbesorgung die Aufwendungen nicht bereits durch die Vergütung – und sei sie stillschweigend nach §§ 612, 632 vereinbart – mit abgegolten sind (vgl Musielak, Gutachten [1981] 1297; BayObLG NJW-RR 2001, 1232; zur Abgrenzung des Vergütungsanspruchs des Vertreters eines Rechtsanwalts nach § 53 Abs 10 S 4 BRAO und dem Aufwendungsersatzanspruch nach § 53 Abs 9 S 2 BRAO, der auf § 670 verweist, vgl OLG München BRAK-Mitt 2007, 91). Entsprechende Anwendung findet § 670 auch auf **Zahlungsdiensteverträge** (§ 675c Abs 1). Führt der Zahlungsdienstleister einen Zahlungsauftrag des Zahlungsdienstnutzers pflichtgemäß aus, steht ihm ein Aufwendungsersatzanspruch zu, der im Zahlungsdiensterecht keine Normierung gefunden hat und sich daher aus §§ 675c Abs 1, 670 ergibt (Staudinger/Omlor [2012] § 675c Rn 2). Sonderregelungen gelten für Rechtsanwälte nach den Bestimmungen des RVG, für Handelsvertreter nach § 87d HGB, für Kommissionäre nach § 396 Abs 2 HGB und für OHG-/KG-Gesellschafter nach § 110 HGB (iVm § 161 Abs 2 HGB).

6 Auch der **berechtigte Geschäftsführer ohne Auftrag** kann nach §§ 683, 670 seine Aufwendungen vom Geschäftsherrn ersetzt verlangen. Die berechtigte Geschäftsführung ohne Auftrag (§§ 677, 683) hat ebenso wie der entgeltliche Geschäftsbesorgungsvertrag (§ 675) und der unentgeltliche Auftrag eine Tätigkeit in fremdem Interesse zum Gegenstand, und diese Gemeinsamkeit trägt bei allen drei Rechtsverhältnissen den Aufwendungsersatzanspruch aus § 670, so wie sie auch umgekehrt die Verpflichtung zur Herausgabe des aus der Geschäftsbesorgung Erlangten nach § 667 und die damit verknüpfte Auskunfts- und Rechenschaftspflicht nach § 666 rechtfertigt. Entsprechend anzuwenden ist § 670 ferner in einer Vielzahl weiterer vom Gesetz ausdrücklich bestimmter Fälle, in denen ein Aufwendungsersatz nach dem Recht des Auftrags bzw der auftraglosen Geschäftsführung vorgesehen ist, so nach §§ 27 Abs 3, 48 Abs 2, 86, 601 Abs 2, 713, 1216, 1835 Abs 1 usw.

II. Der allgemeine Aufwendungsbegriff

1. Freiwillige Vermögensopfer

7 Unter Aufwendungen sind *in erster Linie* **freiwillige Vermögensopfer** zu verstehen, die der Beauftragte **zum Zwecke der Auftragsausführung** auf sich nimmt (RGZ 94, 169, 170; RGZ 95, 51, 53; RGZ 122, 298, 303; BGH NJW 1989, 1285; BGHZ 140, 361), einschließlich der auf Weisung des Auftraggebers und damit auftragsgemäß erbrachten Vermögensopfer (RGZ 93, 53). Aufwendungen sind mithin primär als freiwillig aufgeopferte Vermögenseinbußen im Interesse eines anderen (Auftraggebers) zu verstehen, was auch Vorbereitungs-, Hilfs- und Nebenkosten umfasst. *In zweiter Linie* werden aber zu den ersatzfähigen Aufwendungen auch solche Vermögensopfer des Beauftragten gezählt, die sich **als notwendige Folge** der Geschäftsführung ergeben. Dies ist in der Rechtsprechung seit Langem anerkannt (RGZ 75, 208, 212: infolge der Ausführung des Auftrags in der Person des Beauftragten entstehende Steuerpflicht; RG WarnR 1929 Nr 160: Kosten eines durch die Ausführung des Auftrags hervorgerufenen Rechtsstreits; BGHZ 8, 222, 225: Aufwendungen des schuldlosen Verkaufskommissionärs zur Erfüllung von Schadensersatzansprüchen des Käufers; RG WarnR 1921, Nr 121: Zinsen). Das Merkmal der Freiwilligkeit von Vermögensopfern lässt sich für die zweite Fallgruppe (Folgekosten) jedenfalls noch mittelbar bejahen, weil der Beauftragte die Verpflichtung zur Auftragsausführung in Kenntnis und im Bewusstsein der notwendig damit verbundenen Vermögensopfer freiwillig übernommen hat. Fraglich und umstritten ist dagegen, ob – *in dritter Linie* – auch unfreiwillige Vermögenseinbußen, wie insbes Zufallsschäden vom auftragsrechtlichen Aufwendungsbegriff oder von einer analogen Anwendung des § 670 erfasst sein können (dazu näher s unten Rn 17 ff, insbes Rn 23). Die ersten beiden Fälle aber werden unstreitig vom allgemeinen bürgerlich-rechtlichen Aufwendungsbegriff umfasst. Es versteht sich, dass die Tätigkeit iSd Arbeitseinsatzes des Beauftragten keine Aufwendung nach § 670 darstellt, sodass der unentgeltlich tätige Beauftragte insoweit keinen Ersatz verlangen kann.

8 Zu den Aufwendungen (freiwilligen Vermögensopfern) gehören nicht nur Geldleistungen an Dritte „aus eigener Tasche" des Beauftragten wie Auslagen, Kosten, Steuern oder Zölle, ohne Weiteres auch Prozesskosten (BGH NJW 1989, 1285; BGH NJW-RR 1998, 1511), Verteidigerkosten (BAG NJW 1995, 2372), Vorstellungskosten (BAG NZA 1989, 468) oder auch Reparaturkosten (BAG BB 1996, 433). Der auftragsrechtliche Aufwendungsbegriff ist vielmehr an den Regelungen der §§ 256 und 257 zur Ver-

zinsung von Aufwendungen und zum Befreiungsanspruch zu orientieren. Nach § 256 können nicht nur „Beträge", sondern ausdrücklich auch „andere Gegenstände als Geld aufgewendet" werden, für die sodann der „als Ersatz ihres Wertes zu zahlende Betrag von der Zeit der Aufwendung an zu verzinsen" ist. Ohne Weiteres kann deshalb neben Geldaufwendungen auch die Aufopferung anderer Vermögenswerte eine ersatzfähige Aufwendung des Beauftragten nach § 670 darstellen, wobei sich der Anspruch auf **Ersatz des Wertes der aufgewendeten Gegenstände** richtet. Weil „andere Gegenstände als Geld" (§ 256) auch **Forderungen** sind, gehört hierher die Aufrechnung seitens des Beauftragten gegen die Hauptforderung eines Dritten mit einer Gegenforderung gegen den Dritten (RG WarnR 1912 Nr 19). Auch die Bestellung einer dinglichen Sicherheit an eigenen Sachen des Beauftragten für eine Schuld des Auftraggebers ist eine Aufwendung (BGH MDR 1955, 283, 285). Ferner begründet der Verbrauch eigener Sachen des Beauftragten (Fütterung eines fremden Tieres; Betanken eines fremden Fahrzeugs) eine Aufwendung. Dem Verbrauch eigener Sachen ist deren übermäßige Abnutzung gleichzustellen; auch sie ist also eine Aufwendung im Sinne des § 670. Stellt ein Kommissionär Lagerräume oder Beförderungsmittel zur Verfügung, lässt sich ergänzend die Legalinterpretation des § 396 Abs 2 HGB heranziehen.

Die Vorschrift des § 257 gewährt dem Aufwendungsersatzberechtigten einen **Anspruch auf Befreiung von der Verbindlichkeit**, die er für einen bestimmten Zweck 9
gemacht hat. Ohne Weiteres ist daher auch die **Eingehung einer eigenen Verbindlichkeit** durch den Beauftragten als eine Aufwendung iS des § 670 anzusehen (BGHZ 89, 153). Beispiele aus der Rechtsprechung sind etwa die Übernahme einer Verbindlichkeit durch den Gefälligkeitsakzeptanten (RGZ 120, 76, 80; 120, 205, 208), die Übernahme der Bürgenhaftung durch Erteilung eines Kreditauftrags (§ 778) an einen Dritten, dem Auftraggeber ein Darlehen zu gewähren (RGZ 151, 93, 100), die Verbürgung für den Auftraggeber (RGZ 59, 207, 208 ff) oder die Schuldübernahme (BGH WM 1969, 1416). Hierher kann auch eine Schadensersatzverpflichtung aus Gefährdungshaftung gerechnet werden, die dem Beauftragten durch das Abschleppen des Kraftfahrzeugs des Auftraggebers entstanden ist (BGH NJW 1963, 215). Auch zivilrechtliche Aufopferungsansprüche, mit denen der Beauftragte aus Notstandssituationen nach § 228 S 2 oder § 904 S 2 belastet wird, können freiwillig eingegangene Verbindlichkeiten und nach § 670 ersatzfähige Aufwendungen begründen (RAG WarnR 1931 Nr 161).

Nicht zu den nach § 670 ersatzfähigen Aufwendungen zählen zunächst die **allgemeinen Geschäftsunkosten des Beauftragten**. Sie kann der Beauftragte nicht, und zwar 10
auch nicht teilweise, auf den Auftraggeber abwälzen (KG JW 1925, 270; OLG Bamberg VersR 1964, 254; Steindorff, in: FS Hans Dölle [1963] 273, 284; Soergel/Beuthien[13] § 670 Rn 2). Dazu gehören auch die normalen Kosten eines Sachverschleißes bei Auftragsausführung (BAG BB 1998, 2528). Dasselbe gilt für die vom Beauftragten eingesetzte Arbeit und Zeit. Die **Arbeitsleistung des Beauftragten** stellt auch dann keine Aufwendung dar, wenn zur Ausführung des Auftrags eine in sein Gewerbe oder seinen Beruf einschlagende Tätigkeit erforderlich ist und er deshalb einen **Verdienstausfall** erleidet (BGH NJW-RR 1988, 746). Die Ersatzfähigkeit des Verdienstausfalls würde der Unentgeltlichkeit des Auftrags widersprechen, selbst wenn man in Betracht zieht, dass eine nach § 675 Abs 1 vereinbarte Vergütung auch höher hätte sein können als der etwaige Verdienstausfall. Dabei ist besonders erwähnenswert, dass § 1835 Abs 3,

wonach als Aufwendungen eines Vormunds „auch solche Dienste (gelten), die zu seinem Gewerbe oder seinem Beruf gehören", auf den Beauftragten keine entsprechende Anwendung erfahren kann. Im Gegenteil erklärt sich die Notwendigkeit dieser Fiktion („gelten") gerade dadurch, dass solche **gewerbs- oder berufsmäßigen Dienste** nach der Vorstellung des Gesetzgebers keine Aufwendungen „sind". Die analoge Anwendbarkeit des § 1835 Abs 3 auf den Aufwendungsersatzanspruch des **auftraglosen Geschäftsführers** nach §§ 683 S 1, 670 steht dem nicht entgegen. Hier beruht die Analogie auf dem Grundgedanken des auftraglosen Geschäftsführungsrechts, dass ein freiwillig-uneigennütziger Einsatz in fremdem Interesse ohne dahingehenden Auftrag begünstigt werden soll. Eine „qualifizierte Unentgeltlichkeit" kann dem auftraglosen Geschäftsführer ebensowenig wie dem Vormund abverlangt werden. Anders aber ist die Lage bei dem Beauftragten, der sich **durch die Übernahme des Auftrags zur unentgeltlichen Auftragsausführung verpflichtet** und der auch seine gewerbe- oder berufsbezogenen Dienste **bewusst unentgeltlich einsetzt**. Dieser Grundsatz kann allerdings nicht völlig einschränkungslos gelten. Wenn sich nämlich **erst im Zuge der Auftragsausführung** herausstellt, dass eine gewerbe- bzw berufsbezogene Tätigkeit des Beauftragten erforderlich wird, dann ist uU die Unentgeltlichkeit dieser Tätigkeit nicht vom Vertragsinhalt des Auftrags erfasst. Der Beauftragte kann dann eine angemessene Vergütung als Aufwendungsersatz aus § 670 fordern.

2. Auftragszweck und Erforderlichkeit

11 Das Gesetz betont in § 670 ausdrücklich, dass die Aufwendungen „zum Zwecke der Ausführung des Auftrags" gemacht werden müssen. Damit ist allerdings nicht gemeint, dass immer ein Zweckzusammenhang iS eines **finalen**, auf die Auftragsdurchführung gerichteten Einsatzes der freiwilligen Vermögensopfer auszumachen sein muss. Es reicht auch ein schlichter ursächlicher, **kausaler Zusammenhang** aus, wie er etwa bei Vorbereitungsmaßnahmen (Telefonkosten, Reisekosten) bestehen mag. Im gemeinen Recht sprach man von Aufwendungen *„ex causa mandati"*, die von den nicht ersatzfähigen Aufwendungen bei Gelegenheit des Auftrags *(„ex occasione mandati")* abgegrenzt wurden. Aber auch Vermögensopfer, die sich nur als notwendige Folge der Auftragsausführung verstehen, also einen **zwingend konsekutiven Zusammenhang** mit dem Auftrag aufweisen, sind als Aufwendungen ersatzfähig. Letztlich geht es dem Gesetz darum, Vermögensopfer des Beauftragten, die er nicht für den Auftraggeber, sondern **zu eigenen Zwecken** erbringt, aus den ersatzfähigen Aufwendungen auszuklammern. Immer aber müssen die Aufwendungen auf einem tatsächlich erteilten Auftrag beruhen (BGH NJW 2001, 2969).

12 Ferner betont das Gesetz in § 670 ausdrücklich, dass nur solche Aufwendungen ersatzfähig sind, die der Beauftragte „den Umständen nach für erforderlich halten darf". Hierzu ist zunächst zu betonen, dass sich die Frage der Erforderlichkeit von Aufwendungen für den Beauftragten überhaupt nur stellt, wenn ihm selbst im Rahmen des Auftragsverhältnisses eine Entscheidungskompetenz über Aufwendungen zusteht. Es ist zuvörderst **Sache des Auftraggebers**, über Aufwendungen zu entscheiden und dem Beauftragten die dafür angemessenen Mittel – uU vorschussweise nach § 669 – zur Verfügung zu stellen. Wenn und soweit der Beauftragte hinsichtlich allfälliger Aufwendungen Weisungen des Auftraggebers zu befolgen hat, mag er auch zu solchen Aufwendungen angehalten sein, die weder nach allgemeiner objektiver noch nach seiner eigenen subjektiven Einschätzung, wohl aber eben nach der subjektiven Beurteilung des Auftraggebers erforderlich oder jedenfalls tunlich erscheinen. Auch bezüglich der Aufwendungen hat also der Beauftragte in erster Linie den **Weisungen des Auftraggebers** Rechnung zu tragen.

Wenn und soweit dem Beauftragten aber eine Entscheidungskompetenz zusteht, hat 13
er diese nach pflichtgemäßem Ermessen auszuüben und dabei den **Grundsatz der Verhältnismäßigkeit** zu beobachten: Die Aufwendungen müssen – aus seiner Sicht – *erstens* zur Verfolgung des Auftragszwecks geeignet sein; untaugliche und sachwidrige Aufwendungen sind niemals „erforderlich". Die Aufwendungen müssen ihm *zweitens* notwendig erscheinen; die Auftragsausführung muss mithin von den Aufwendungen abhängen, sodass es ohne sie „nicht geht". *Drittens* müssen die Aufwendungen schließlich nach der Einschätzung des Beauftragten angemessen sein, also in einem angemessenen Verhältnis zur Bedeutung der Geschäftsführung für den Auftraggeber stehen; sie dürfen mithin nicht über das Ziel hinausschießen. Unangemessene Aufwendungen gehen zu Lasten des Beauftragten. Zentraler Beurteilungsmaßstab ist immer das Interesse des Auftraggebers (BGHZ 95, 388; LG Hamburg 30. 6. 2006 – 303 O 377/04: Rückführung eines gestohlenen Gemäldes durch Zahlung von 250 000 Euro an einen Hehler; OLG Frankfurt NJW-RR 2008, 1734: Beauftragung eines Immobilienmaklers zur Vermittlung eines Ersteigerers, wenn es sich um ein luxuriöses Anwesen handelt, für welches nur ein begrenzter Interessentenkreis besteht). Die übliche Vergütung für eine Dienstleistung ist in der Regel erforderlich (BGH NJW 2015, 1020).

Es versteht sich, dass sich der Beauftragte nicht nur nach dem Interesse des Auf- 14
traggebers richten, sondern bei seinen Aufwendungen auch **im Rahmen der Rechtsordnung** halten muss. Rechtswidrige Aufwendungen sind niemals erforderlich und können nicht erstattet werden (BGHZ 37, 263; BGH NJW 1977, 432; BGH BB 1978, 1416). Vom Beauftragten gezahlte Schmiergelder sind daher grundsätzlich nicht erstattungsfähig (BGH NJW 1965, 293).

Den Beauftragten trifft mithin (bei Gefahr eigener Kostentragung) die **Obliegenheit**, 15
sich hinsichtlich der Aufwendungen im Rahmen des Auftrags zu halten (vgl auch § 595 Abs 1 S 1 des 1. Entwurfs). Andererseits hat er auch dann einen Anspruch auf Aufwendungsersatz, wenn die Aufwendungen zwar bei objektiver Betrachtungsweise tatsächlich nicht erforderlich waren, der Beauftragte sie aber bei Aufwendung der ihm obliegenden Sorgfalt den Umständen nach für erforderlich halten durfte (Mot II 541; RG WarnR 1910 Nr 108; RGZ 105, 48, 52; RGZ 149, 205, 207). Das Risiko eines schuldlosen Irrtums des Beauftragten über die Erforderlichkeit geht zu Lasten des Auftraggebers. Wenn der Beauftragte nach § 670 Ersatz für solche Aufwendungen verlangen kann, „die er den Umständen nach für erforderlich halten darf", dann bemisst sich die Erforderlichkeit letztlich nach einem – freilich durch das pflichtgemäße Ermessen (s oben Rn 13) eingeschränkten – subjektiven Maßstab, während sich der Anspruch auf Vorschuss für Aufwendungen nach § 669 an einem objektiven Maßstab orientiert (vgl § 669 Rn 10; OLG Naumburg 2. 2. 2007 – 10 U 36/06 [HS]: „objektive[r] Maßstab mit subjektive[m] Einschlag", denn der Beauftragte habe über die Notwendigkeit der Aufwendungen nach eigener Einschätzung zu entscheiden und sich dabei am Interesse des Auftraggebers zu orientieren). Insoweit ist also zwischen § 670 und § 669 eine Diskrepanz festzustellen, die aber ohne Weiteres als begründet erscheint. Für den endgültigen Aufwendungsersatzanspruch des § 670 ist die subjektive Einschätzung der Erforder-

lichkeit von Aufwendungen nach pflichtgemäßem, interessenwahrenden Ermessen des Beauftragten zugrunde zu legen, **um ihn bei seinem fremdnützigen Einsatz im Ergebnis schadlos zu halten**. Für das Vorschussverlangen des § 669, bei dem es lediglich um eine bevorstehende Ersparung des Einsatzes von Eigenmitteln des Beauftragten und noch nicht um eine endgültige Abrechnung geht, kann zugunsten des Auftraggebers ein zurückhaltender objektiver Beurteilungsmaßstab der Erforderlichkeit angelegt werden.

16 Für die Beurteilung der Erforderlichkeit ist der Zeitpunkt maßgebend, in dem der Beauftragte die Aufwendungen tätigt (BGH NJW 1989, 1285). Wenn für den später geltend gemachten Aufwendungsersatzanspruch die Frage der Erforderlichkeit der Aufwendungen zu beantworten ist, muss deshalb eine Betrachtungsweise *ex tunc* oder *a priori* durch **Rekonstruktion der konkreten Entscheidungssituation** des Beauftragten angestellt werden. Dagegen verbietet sich eine Betrachtungsweise *ex nunc* oder *a posteriori,* die etwa auch das „bessere Wissen" aufgrund späterer Geschehensabläufe und Ereignisse einbezöge.

16a Das Problem der Erforderlichkeit ist häufig bei angefallenen **Rechtsanwaltskosten im Wettbewerbsrecht** unter dem Gesichtspunkt der Geschäftsführung ohne Auftrag, auf die § 670 Anwendung findet (§ 683 S 1), oder unter dem Gesichtspunkt des Schadensersatzes (§ 823 Abs 1) aufgetreten. Liegt ein Verstoß gegen das Wettbewerbsrecht (§§ 1, 3, 7 UWG) vor (zB durch unerbetene Telefon-, oder Telefax-Werbung, E-Mails oder sonstige Belästigungen) kann der Geschädigte zur Durchsetzung seiner wettbewerbsrechtlichen Beseitigungs- und Unterlassungsansprüche (§ 8 Abs 1 S 1 UWG) einen Rechtsanwalt beauftragen, um den Schädiger wegen des Wettbewerbsverstoßes abzumahnen. Dabei darf die Geltendmachung der Beseitigungs- und Unterlassungsansprüche gem § 8 Abs 4 S 1 UWG nicht rechtsmissbräuchlich sein und der Abmahnende darf nur den Ersatz der erforderlichen Aufwendungen – konkret: nur den erforderlichen Abmahnkosten – verlangen (§ 8 Abs 4 S 2, § 12 Abs 1 S 2 UWG). Der Anspruch zur Erstattung der **Abmahnkosten** kann sich aus dem gesetzlichen Schuldverhältnis der Geschäftsführung ohne Auftrag nach §§ 677, 683 S 1, 670 ergeben, denn durch die Beauftragung eines Rechtsanwalts minimiert der Geschädigte die Kosten eines potenziellen Gerichtsverfahrens, hilft demnach eine Störung zu beseitigen und führt deshalb ein Geschäft des Schädigers (BGH NJW 1970, 243, 245; BGH NJW 2004, 2448; **aA** Bärenfänger GRUR 2012, 461 ff). Der Anspruch wäre auch unter dem Gesichtspunkt des Schadensersatzrechts (§§ 823 Abs 1, 249) wegen Verletzung des eingerichteten und ausgeübten Gewerbebetriebs oder des allgemeinen Persönlichkeitsrechts denkbar (Köhler, in: Köhler/Bornkamm [Hrsg], Wettbewerbsrecht [34. Aufl 2016] § 7 Rn 14).

16b Unabhängig von der Anspruchsgrundlage gilt für den Anspruch aus §§ 677, 683, 670 die Erforderlichkeitsschwelle und für Schadensersatzansprüche aus §§ 823 Abs 1, 249 die Schadensminderungsobliegenheit des Geschädigten, sodass bei beiden nur die erforderlichen und zweckmäßigen Anwaltskosten erstattungsfähig sind (BGH NJW-RR 2007, 856 Rn 10). Diese sind etwa dann nicht erforderlich, wenn bei typischen, unschwer zu verfolgenden Wettbewerbsverstößen der Abmahnende über hinreichende eigene Sachkunde zur entsprechenden Rechtsverfolgung verfügt, zB weil es sich um einen einfachen Sachverhalt handelt (BGH MDR 2006, 585, 586; BGH MDR 2012, 1407 Rn 16; OLG Brandenburg WM 2008, 418, 419), wenn es sich beim Geschädigten um ein großes Wirtschaftsunternehmen mit einer eigenen Rechtsabteilung handelt (BGH NJW 2004, 2448; einschränkend LG Köln MMR 2008, 126, 128) oder wenn der Abmahnende selbst ein Rechtsanwalt ist und er sich in Bezug auf die Abmahnung insoweit selbst beauftragt (BGH NJW 2004, 2448; BGH NJW-RR 2007, 856; LG München MDR 2011, 573, 574). Ihnen kann zunächst zugemutet werden, ein einfaches **Unterlassungsschreiben** zu erstellen, ohne unmittelbar vergütungspflichtige Dienste eines Rechtsanwalts in Anspruch zu nehmen (BGH NJW-RR 2007, 856 Rn 12, 13; für sog „Abschlussschreiben“: BGH MDR 2007, 585, 586; **aA** MÖLLER AnwBl 2007, 526, 528; vgl dazu auch KG Berlin WRP 2012, 1565 Rn 5, 6; BGH NJW 2015, 3244 Rn 17, wobei das kostenauslösende „Abschlussschreiben“ nur dann erforderlich sei, wenn dem Anspruchsgegner vorher genügend Zeit gewährt wurde, um die Abschlusserklärung unaufgefordert von sich aus abgegeben zu können). Ist der Schädiger schon abgemahnt worden und hat er darauf nicht reagiert, können die Kosten für die **zweite Abmahnung** zwar erforderlich sein, diese entsprechen in der Regel jedoch nicht dem wirklichen bzw dem mutmaßlichen Willen des Geschäftsherrn, sodass aus diesem Grund die tatbestandlichen Voraussetzungen des Anspruches aus echter berechtigter Geschäftsführung ohne Auftrag nach §§ 677, 683 S 1, 670 nicht gegeben sein können (BGH NJW 2010, 1208 Rn 9 [„Kräutertee“]; kritisch MÖLLER AnwBl 2010, 351, 352). An einem fehlenden Willen bzw Interesse des Geschäftsherrn scheitert auch der Anspruch bei einer nach Verbotsverfügung erfolgten Abmahnung (sog „Schubladenverfügung“, BGH NJW-RR 2010, 1130 Rn 14 ff). Nicht erforderlich ist die Inanspruchnahme des Rechtsanwalts indes dann, wenn der Schädiger sich dem Geschädigten bereits unterworfen oder eine Abschlusserklärung abgegeben hat (OLG Stuttgart WRP 2007, 688, 689). In Bezug auf markenrechtliche Streitigkeiten (§ 14 Abs 6 MarkenG) oder auf urheberrechtliche Streitigkeiten (§§ 19a, 97 UrhG; OLG Köln MMR 2013, 319; LG Köln MMR 2008, 126; LG Köln ZUM-RD 2010, 277, 279; LG Köln ZUM-RD 2011, 111, 113) gelten diese Grundsätze genauso, wobei bei den ersteren die Erforderlichkeitsfrage nach der Hinzuziehung eines **Patentanwalts neben einem Rechtsanwalt** gesondert betrachtet werden muss (BGH GRUR 2011, 754 Rn 20 ff; OLG Düsseldorf MittdtschPatAnw 2008, 561; LG Düsseldorf 14. 8. 2007 – 4a O 382/06 [Beauftragung zweier Patentanwaltskanzleien aus Deutschland und Österreich nicht erforderlich, wenn der technische Sachverstand durch die österreichischen Patentanwälte gewährleistet ist und sprachliche Barrieren nicht bestehen]; GÜNTHER MarkenR 2010, 293 ff; **aA** OLG Karlsruhe GRUR 1999, 343; LG Berlin MMR 2008, 838, 839 [Analogie zu § 140 Abs 3 MarkenG]). Die Mitwirkung eines Patentanwalts neben einem Rechtsanwalt ist etwa dann erforderlich, wenn der erstere Aufgaben übernommen hat, die zum typischen Arbeitsgebiet eines Patentanwalts gehören (zB Recherchen zu Registerstand oder Benutzungslage, BGH GRUR 2011, 754 Rn 24).

Zweifelhaft ist auch, ob der Beauftragte/Geschäftsbesorger vom Auftraggeber die Erstattung der gegen ihn verhängten **Bußgeldern, Geldstrafen oder Kosten im Zusammenhang eines strafgerichtlichen Verfahrens** (Gerichtskosten, Kosten der Strafverteidigung) nach § 670 verlangen kann. Dieses Problem tritt insbesondere bei Geschäftsführern oder Vorständen von Unternehmen auf, sofern sie im Verhältnis zu diesen in einem Geschäftsbesorgungsverhältnis (§ 675) stehen und ihnen die Überschreitung der gesetzlichen Vorgaben – insbesondere denen des Straf- (vor allem Bestechungs- und Korruptionsvorwürfe) und Ordnungswidrigkeitsrechts, des Kartell- und Wettbewerbsrechts – von Behörden vorgeworfen wird. Erstens muss ein solcher Anspruch gem §§ 675 Abs 1, 670 dem Grunde nach in Betracht kommen. Zweitens ist zu klären, welche einzelnen Kostenposten die Voraussetzungen **16c** des § 670, insbesondere der Tatbestandsmerkmale „Aufwendungen" und „erforderlich", erfüllen. Hinsichtlich der lange Zeit umstrittenen Existenz eines Anspruchs (vgl den Meinungsstand bei KRIEGER, in: FS Bezzenberger [2000] 211, 212 ff) lässt sich nicht bereits einwenden, die Bezahlung einer Geldstrafe für einen anderen stelle eine Strafvereitelung (§ 258 StGB; dazu BGH NJW 1991, 990, 992) dar (KAPP NJW 1992, 2796, 2799; HACHENBURG/STEIN, GmbHG [8. Aufl 1996] § 35 Rn 307; KRIEGER, in: FS Gerold Bezzenberger [2000] 211, 213). Es würde zu Wertungswidersprüchen führen, wenn an sich erstattungspflichtige Unternehmen von ihrer Erstattungspflicht über das Vehikel des Straf- oder Ordnungswidrigkeitsrechts befreit werden (KRIEGER, in: FS Gerold Bezzenberger [2000] 211, 213). Zudem vermag das Strafrecht insofern keinen Vorrang vor Zivilrecht zu beanspruchen, sodass die Versagung eines zivilrechtlichen Erstattungsanspruchs allein aus diesen Gründen systemfremd wäre (KRIEGER, in: FS Gerold Bezzenberger [2000] 211, 213). Indes bietet der Tatbestand des § 670 eine hinreichende Differenzierungsgrundlage, indem er nur solche Aufwendungen für erstattungsfähig anordnet, die der Geschäftsbesorger „den Umständen nach für erforderlich halten" durfte.

16d Hinsichtlich der erstattungsfähigen Kosten muss unterschieden werden zwischen dem **Innen-** und dem **Außenverhältnis**. Theoretisch sind folgende Fallkonstellationen denkbar: **(1)** der Geschäftsbesorger handelt im Innenverhältnis vertragsgemäß und im Außenverhältnis rechtmäßig, **(2)** der Geschäftsbesorger handelt im Innenverhältnis vertragswidrigwidrig und im Außenverhältnis rechtmäßig, **(3)** der Geschäftsbesorger handelt im Innenverhältnis vertragswidrig und im Außenverhältnis rechtswidrig, und **(4)** der Geschäftsbesorger handelt im Innenverhältnis vertragsgemäß und im Außenverhältnis rechtswidrig. Die Ausdifferenzierung in diese vier Konstellationen basiert auf der Erkenntnis, dass die Rechtswidrigkeit des Geschäftsbesorgerverhaltens nach außen nicht zugleich die Vertragswidrigkeit seines Verhaltens nach innen bedeutet. Umgekehrt bedeutet die Rechtmäßigkeit seines Verhaltens nach außen nicht zugleich auch die Vertragsgemäßheit nach innen. Die Begriffspaare Rechtmäßigkeit/Vertragsgemäßheit und Rechtswidrigkeit/Vertragswidrigkeit werden in den meisten Fällen zusammenfallen. Handelt der Geschäftsbesorger dem Strafgesetzbuch oder dem Ordnungswidrigkeitsrecht zuwider, hat dies in der Regel zugleich auch die Vertragswidrigkeit seines Verhaltens gegenüber dem Auftraggeber zur Folge, da die Sorgfalt eines ordentlichen Geschäftsleiters (§ 35 GmbHG, § 93 AktG) ein gesetzeskonformes Verhalten erfordert (sog Legalitätsprinzip; vgl FLEISCHER ZIP 2005, 141, 144; ders BB 2008, 1070; KRAUSE BB-Special 8/2007, 2, 5; ZIMMERMANN WM 2008, 433, 435; BAYER, in: FS Karsten Schmidt [2009] 85, 87). Für die Frage, ob ein Aufwendungsersatzanspruch nach § 670 gegeben ist, kommt es dabei **ausschließlich** auf die Vertragswidrigkeit/Vertragsgemäßheit im **Innenverhältnis** an (FLEISCHER ZIP 2005, 141, 144; KRAUSE BB-Special 8/2007, 2, 5; KRIEGER, in: FS Gerold Bezzenberger [2000] 211, 213). Daran kann der Verstoß gegen eine Straf-, oder Ordnungswidrigkeitsnorm nichts ändern (KRIEGER, in: FS Gerold Bezzenberger [2000] 211, 213).

16e Im Einzelnen folgt daraus für die gebildeten Fallgruppen: **(1) Vertragsgemäß/Rechtmäßig**: Handelte der Geschäftsbesorger rechtmäßig und vertragsgemäß, sind die entstandenen Verfahrenskosten nach §§ 675 Abs 1, 670 zu erstatten. Zum einen liegen „risikotypische Schäden" vor (vgl Rn 17 ff), die im Zusammenhang mit der Geschäftsbesorgung standen. Zum anderen hat der Geschäftsbesorger die Sorgfalt eines ordentlichen Geschäftsleiters nicht verletzt, sodass die Verteidigung ex ante betrachtet im Interesse des Unternehmens lag, also „erforderlich" war. Vielfach wird der Erstattungsanspruch, wie Krause zu Recht anmerkt (BB-Special 8/2007, 2, 5), freilich **leerlaufen**, weil im Falle der Entlastung des Geschäftsbesorgers die Kosten des Verfahrens mangels hinreichenden Tatverdacht der Staatskasse aufzuerlegen wären (§ 467 StPO, § 105 OWiG). Der Erstattungsanspruch wird indes dann wieder relevant, wenn es um die Begleichung von Honorarvereinbarungen mit einem Strafverteidiger geht, die die gesetzlichen Gebühren übersteigen. In diesen Fällen wird die Erforderlichkeitsfrage zu stellen sein, wobei übliche Honorare in der Regel „erforderlich" sind (Krause BB-Special 8/2007, 2, 5; vgl auch BGH NJW 2015, 1020 Rn 7 ff). **(2) Vertragswidrig/Rechtmäßig**: Es sind weiterhin Fälle denkbar, in denen im Außenverhältnis rechtmäßiges Handeln vorlag und damit die erhobenen Vorwürfe unbegründet waren, der Geschäftsbesorger jedoch nach innen (teilweise) vertragswidrig handelte. Das ist etwa dann anzunehmen, wenn der Geschäftsbesorger den Anfangsverdacht der Begehung einer Straftat geradezu herausforderte (Krieger, in: FS Gerold Bezzenberger [2000] 211, 215, 221; Krause BB-Special 8/2007, 2, 5), oder wenn er nicht in gehöriger Weise daran mitwirkte, die gegen ihn erhobenen Vorwürfe wirksam zu bekämpfen und das Verfahren durch sein Verhalten hinauszögerte (Krause BB-Special 8/2007, 2, 5). Diese Kosten können nicht mehr als „erforderlich" angesehen werden. Freilich muss hier dem möglichen Missverständnis begegnet werden, der Anspruch aus §§ 675 Abs 1, 670 wäre insgesamt nicht gegeben. Es sind in diesem Fall nicht alle entstandenen Kosten auszuschließen, sondern nur solche, die der Geschäftsbesorger vermeiden konnte. **(3) Vertragswidrig/Rechtswidrig**: Ist der entstandene Tatverdacht begründet, handelte also der Geschäftsbesorger tatsächlich rechtswidrig, hat dies in der Regel die Vertragswidrigkeit im Innenverhältnis zur Folge, da der Geschäftsbesorger dem Legalitätsprinzip unterliegt. In diesem Fall sind die entstandenen Verfahrenskosten nicht „erforderlich" (**aA** Kapp NJW 1992, 2796, 2799; Rehbinder ZHR 148 [1984] 555, 565 ff). **(4) Vertragsgemäß/Rechtswidrig**: In Ausnahmekonstellationen kann die Rechtswidrigkeit nicht zugleich zur Vertragswidrigkeit führen (Fleischer WM 2005, 909, 915; Krause BB-Special 8/2007, 2, 6). Dies soll insbesondere im Ordnungswidrigkeitsrecht der Fall sein können, da es in der Praxis trotz der Bindung an das Schuldprinzip (§ 10 OWiG) auf eine Erfolgshaftung hinauslaufe, sodass nicht generell eine Vertragswidrigkeit anzunehmen sei (Krause BB-Special 8/2007, 2, 6). Aufgrund des Legalitätsprinzips handelt es sich um eine Ausnahmeerscheinung (Krause BB-Special 8/2007, 2, 6). Entgegen der Auffassung von Krause (BB-Special 8/2007, 2, 6) zählen dazu allerdings solche Fälle nicht, in denen das zuständige Instanzgericht in einem Straf- oder Ordnungswidrigkeitsverfahren einen bestimmten Standpunkt vertritt, dessen Entscheidung sodann von der höheren Instanz aufgehoben wird oder, wenn neue Tatsachen bekannt werden, die die Rechtswidrigkeit entfallen lassen. Im Grunde sind diese Verhaltensweisen als **von Anfang an rechtmäßig** anzusehen. Zwar waren die Kosten **temporär** aufgrund der ergangenen Gerichtsentscheidung nicht erstattungsfähig, doch sind sie rückwirkend „erforderlich" und damit erstattungsfähig geworden. Auch **sog „nützliche Pflichtverletzungen"** können nicht generell diesem Begriffspaar unterstellt werden (allgM: Fleischer ZIP 2005, 141, 148; Berg AG 2007, 271, 273 f; Krause BB-Special 8/2007, 2, 6 mwNw); die Tatsache, dass durch die „Pflichtverletzung" dem Auftraggeber ein Vorteil entstanden ist, kann an der Beurteilung, dass es sich gleichwohl um ein Handeln handelt, welches den Interessen des Auftraggebers widerspricht und damit nicht „erforderlich" ist, nichts ändern. **(5)** Eine Sonderkonstellation ist bei einer **unklaren oder umstrittenen Rechtslage** gegeben. Anerkannt ist, dass die Verfahrenskosten dann „erforderlich" sind, wenn der Geschäftsbesorger einen für die Gesellschaft günstigen rechtlichen Standpunkt einnimmt, auch dann wenn das Gericht zu einer anderen Auffassung gelangt (Fleischer ZIP 2005, 141, 149, 150; Krause BB-Special 8/2007, 2, 6). Das Gleiche gilt, wenn unverzügliches Handeln geboten war und die rechtliche Beratung nicht mehr eingeholt werden konnte (Krause BB-Special 8/2007, 2, 6). Nicht mehr erforderlich sind dagegen die Kosten, die zur Vertretung eines Rechtsstandpunktes aufgewendet werden, der zwar vertretbar ist, indes mit hoher Wahrscheinlichkeit damit zu rechnen ist, dass das Gericht sich anders entscheiden wird (Bayer, in: FS Karsten Schmidt [2009] 85, 92).

III. Die Behandlung von risikospezifischen Zufallsschäden

1. Das Problem

17 Das vorstehend dargelegte Verständnis des Aufwendungsbegriffs hält an der **Freiwilligkeit der Vermögensopfer** des Beauftragten fest und stellt damit die „Aufwendung“ dem „Schaden“ gegenüber, der als unfreiwillige Einbuße an Rechtsgütern definiert wird. Danach werden von § 670 auch **keine Schäden** erfasst, die der Beauftragte bei der Auftragsausführung erleidet. Soweit zunächst ein Schaden des beauftragten Geschäftsbesorgers **vom auftraggebenden Geschäftsherrn selbst schuldhaft herbeigeführt** wird, hilft ein Anspruch aus § 280 Abs 1, aus § 618 (analog) oder aus § 823. Fraglich ist aber die **Ersatzfähigkeit zufälliger, von keiner Partei verschuldeter Schäden** des Geschäftsbesorgers. Dies betrifft vor allem sog **risikospezifische Zufallsschäden**, die aus einer mit der Auftragsausführung verbundenen Gefahr resultieren, von keiner der beiden Parteien des Auftragsverhältnisses verschuldet sind und in der Person oder im Vermögen des Beauftragten eintreten. Es ist leicht nachvollziehbar, dass das Gerechtigkeitsempfinden danach ruft, den fremdnützig tätigen Beauftragten nicht ohne Weiteres und einschränkungslos mit solchen Zufallsschäden zu belasten. Im Auftragsrecht fehlt eine besondere Regelung über den Ersatz von Schäden, die dem Beauftragten bei Durchführung des Geschäfts erwachsen. Es stellt sich daher die Frage, ob der Aufwendungsbegriff des § 670 einer **erweiterten Auslegung** oder ob § 670 einer **analogen Anwendung** auf Zufallsschäden zugeführt werden oder ob eine sonstige Problemlösung *lege artis* entwickelt werden kann. Die schlichte historische Normauslegung bietet zur Lösung der Frage, die ein **klassisches Rechtsanwendungsproblem des Bürgerlichen Rechts** darstellt, keine Hilfe. Denn der Gesetzgeber hat es offen gelassen und der Rechtsprechung und Rechtswissenschaft überlassen, ob Zufallsschäden unter den Begriff der Aufwendungen iS des § 670 fallen (vgl Mot II 541; Prot II 369; dazu RGZ 94, 171; RGZ 98, 199; RGZ 167, 85, 89). Zunächst hatte der Gesetzgeber zwar die Aufnahme einer entsprechenden Vorschrift in das Gesetz erwogen, doch wurde ein entsprechender Antrag von der 2. Kommission abgelehnt, weil angesichts des Aufwendungsersatzanspruchs eine Regelung von Begleitschäden für unnötig gehalten wurde. Das Problem der Behandlung risikospezifischer Zufallsschäden gehört zu den Grundfragen des Auftrags- und Geschäftsbesorgungsrechts, die sich seit dem römischen Recht durch die gesamte Rezeptionsgeschichte bis in die Gegenwart stellen (vgl Zimmermann, The Law of Obligations [1990] 430 ff).

2. Die Rechtsprechung

Das Reichsgericht hat die Ersatzpflicht bei Übernahme einer gefährlichen Tätigkeit zunächst auf einen **stillschweigend geschlossenen Garantievertrag** zugunsten des Beauftragten gestützt (RG JW 1914, 676; RGZ 94, 169, 170; RG JW 1927, 441; JW 1931, 3441). Es wurde aber zunehmend erkannt, dass die Annahme eines stillschweigend geschlossenen Garantievertrags in Fällen der Geschäftsführung ohne Auftrag versagt, in denen es an einer vertraglichen Vereinbarung und an einer konkludenten Absprache zur Ersatzfähigkeit von möglichen Schäden durch eine erkennbare gefährliche und schadensgeneigte Auftragsausführung fehlt (dazu RGZ 167, 85). Auch hilft diese Konstruktion kaum weiter, wenn die Gefährlichkeit des Auftrags nicht von vornherein abzusehen ist, sondern sich erst bei der Auftragsausführung herausstellt, also auch nicht von einer konkludenten Garantieabrede berücksichtigt werden konnte. Seit der Schuldrechtsreform von 2002 ist die Möglichkeit einer – auch stillschweigenden – Garantieübernahme zwar in § 276 Abs 1 S 1 vorgesehen, doch scheitert diese in aller Regel aus den genannten praktischen Gründen. 18

In der späteren reichsgerichtlichen Rechtsprechung wird die Ersatzfähigkeit von Zufallsschäden daneben auch mit einer **entsprechenden Anwendung des § 670** begründet (RGZ 98, 197, 200; RG JW 1937, 152). Seit einer Entscheidung des Reichsgerichts vom 7. 5. 1941 (RGZ 167, 85, 89) legt die Rechtsprechung, später auch die des Bundesgerichtshofs für die Ersatzfähigkeit von Zufallsschäden, die aus einer mit der Auftragsausführung verbundenen Gefahr herrühren, einen **sog „erweiterten Aufwendungsbegriff"** zugrunde und wendet § 670 **unmittelbar** an (RG DR 1944, 287, 288; BGHZ 33, 251, 257; BGHZ 38, 270, 277; BGHZ 52, 115; BGHZ 89, 153, 157; BAG NJW 1962, 411). Der BGH hat also das der Rechtsprechung des RG zugrunde liegende, über bewusste freiwillige Vermögensopfer hinausgehende Verständnis der Aufwendungen übernommen. Dabei verschwimmen allerdings in den Formulierungen die methodischen Grenzen zwischen einer extensiven Auslegung und einer analogen Rechtsanwendung (vgl etwa BGHZ 92, 171; BGH NJW 1993, 2235). Jedenfalls hat sich aber die Rechtsprechung von der Konstruktion eines stillschweigenden Garantievertrags gelöst und hält Zufallsschäden nach § 670 für ersatzfähig. Dabei kann ein Zufallsschaden auch dadurch eintreten, dass der Beauftragte Dritten gegenüber schadensersatzpflichtig wird, sofern er bei der Durchführung des Auftrags in verstärktem Maße der Gefahr ausgesetzt ist, sich schadensersatzpflichtig zu machen (BGHZ 89, 153, 158). 19

3. Das Schrifttum

Die Literatur verteidigt teilweise die **extensive Auslegung des auftragsrechtlichen Aufwendungsbegriffs** durch die neuere Rechtsprechung und spricht bei ersatzfähigen Zufallsschäden von „bedingten Aufwendungen", womit das Merkmal der Freiwilligkeit des Vermögensopfers gleichsam gerettet werden soll: Wenn der Beauftragte sich oder sein Vermögen bewusst einer mit möglichen Schäden verbundenen Gefahr aussetze, habe er für den Fall der Verwirklichung des **letztlich freiwillig übernommenen Risikos** auch die Einbuße an Rechtsgütern oder den Vermögensverlust vorausgesehen und in Kauf genommen (vgl zB Fikentscher/Heinemann, SchR [10. Aufl 2006] Rn 1250: „Aufwendungen sind gem § 670 freiwillige Vermögensopfer als notwendige Folge der Ausführung des Auftrags, also auch Schäden"). Diese Sichtweise, die im Grunde die frühere Vorstellung eines konkludenten Garantievertrags in eine einseitige freiwillige Ent- 20 scheidung des Beauftragten zu Vermögensopfern im Interesse des Auftraggebers ummünzt, gerät allerdings dann in Schwierigkeiten, wenn die Gefährlichkeit des Auftrags insgesamt oder doch eines Teils der Auftragsausführung **nicht vorher erkennbar** ist und für einen Willensentschluss des Beauftragten zur fremdnützigen Inkaufnahme von Opfern kein Raum ist. Sie versagt auch dann, wenn die Gefährlichkeit zwar schon *vor* der Einbuße erkennbar ist, aber vom Beauftragten selbst tatsächlich nicht erkannt wird. Die Redeweise von den bedingten Aufwendungen verkennt zudem, dass der Beauftragte selbst dann, wenn er sich der Gefährlichkeit des Auftrags bewusst ist, den Eintritt des Schadens regelmäßig zu vermeiden bemüht ist.

21 Eine von Canaris begründete Ansicht, die vielfach, teilweise auch in der Rechtsprechung Zustimmung erfahren hat (Canaris RdA 1966, 41; Honsell, in: FG Ulrich vLübtow [1980] 485; Genius AcP 173 [1973] 481; Jauernig/Mansel [16. Aufl 2015] § 670 Rn 9; BGHZ 89, 157), will die Ersatzpflicht von Zufallsschäden auf einen **allgemeinen Grundsatz der Risikozurechnung bei schadensgeneigter Tätigkeit in fremdem Interesse** stützen, der vor allem für die Haftungsbeschränkung des Arbeitnehmers bei schadensgeneigter Arbeit, für seinen Freistellungsanspruch bei Schädigung betriebsfremder Dritter und für seinen Anspruch auf Ersatz von nicht arbeitsadäquaten Sachschäden herangezogen wird. Danach muss bei der Verteilung der mit der Auftragsausführung verknüpften Risiken darauf geachtet werden, dass der Auftraggeber diejenigen Schäden trägt, die mit der Auftragsausführung ihrer Natur nach unmittelbar verbunden und Ausdruck der ihr eigentümlichen Gefahren sind; dazu gehören im Allgemeinen auch die sogenannten Zufallsschäden. Demgegenüber müssen zu Lasten des Beauftragten sämtliche Schäden gehen, die sich aus dem allgemeinen Lebensrisiko ergeben. Durch diesen **Gedanken der Risikozurechnung** gewinnt freilich der Ersatzanspruch des Beauftragten aus § 670 **insoweit einen schadensersatzrechtlichen Charakter** (Jauernig/Mansel [16. Aufl 2015] § 670 Rn 10: „echter Schadensersatzanspruch"). Dies führt geradewegs zur Anwendbarkeit der §§ 249 ff, insbesondere des § 254 sowie der §§ 844, 845 auf den „Aufwendungsersatzanspruch" des § 670. Ergänzend zu den allgemeinen Überlegungen der Risikozurechnung wird in der Literatur auch die Regelung des § 110 HGB herangezogen und zu einem Grundsatz der Zurechnung auftragsspezifischer Zufallsschäden verallgemeinert (Genius AcP 173 [1973] 481, 512 ff). In der personenhandelsgesellschaftsrechtlichen Vorschrift des § 110 Abs 1 HGB heißt es: „Macht der Gesellschafter in den Gesellschaftsangelegenheiten Aufwendungen, die er den Umständen nach für erforderlich halten darf, oder erleidet er unmittelbar durch seine Geschäftsführung oder aus Gefahren, die mit ihr untrennbar verbunden sind, Verluste, so ist ihm die Gesellschaft zum Ersatze verpflichtet."

22 Im Schrifttum werden der erweiterte Aufwendungsbegriff und die Lehre von der Risikozurechnung vielfach kritisch gesehen, weil beide Sichtweisen zu einer Verwischung der Grenzen von Aufwendungen und Schäden führen. Gegen die Heranziehung des Grundsatzes der Risikozurechnung bei schadensgeneigter Tätigkeit in fremdem Interesse wird zudem eingewandt, er sei schwerlich aus seinem angestammten Anwendungsgebiet im Arbeitsverhältnis herauszulösen. Der Grundsatz der Risikozurechnung bei schadensgeneigter Tätigkeit in fremdem Interesse sei auch zu allgemein und zu unbestimmt, um die Risikoverteilung zwischen Auftraggeber und Beauftragten auf ihn gründen und nach ihm beurteilen zu können. Stattdessen wird eine **analoge Anwendung des § 670 auf Zufallsschäden** bevorzugt (vgl etwa ENNECCERUS/LEHMANN, SchuldR [15. Aufl 1954] § 162, 4; STEINDORFF, in: FS Hans Dölle [1963] 276, 292). Diese Ansicht kann vor allem einen einheitlichen bürgerlich-rechtlichen Aufwendungsbegriff für sich in Anspruch nehmen, der durch § 670 nicht modifiziert wird. In der Tat widerstreiten die allgemeinen Vorschriften der §§ 256, 257 der Bildung eines spezifisch auftragsrechtlichen, „erweiterten" Aufwendungsbegriffs unter Einschluss von Zufallsschäden. Man sollte auch den Einklang mit anderen bürgerlich-rechtlichen Vorschriften über „Aufwendungen" wahren, wie zB mit § 284, § 437 Nr 3, § 526, § 536a Abs 2, § 539 Abs 1, § 633 Nr 2 und 4, § 649, § 652 Abs 2, § 654 oder § 693. Es muss als methodisch vorzugswürdig angesehen werden, im BGB einen **einheitlichen Aufwendungsbegriff** zugrunde zu legen, diesen unverbogen auf „freiwillige Vermögensopfer" zu beschränken und ihn den Schäden, auch den Zufallsschäden, als unfreiwilligen Einbußen gegenüberzustellen.

Eine Ersatzpflicht für Zufallsschäden kann sich daher **nicht in direkter Anwendung des § 670**, sondern nur als Folge des in den §§ 667, 670 enthaltenen Rechtsgedankens ergeben, dass der Beauftragte durch die Ausführung des Auftrags weder gewinnen noch verlieren soll. Eine solche **Analogie** erscheint in der Tat methodisch tragfähig und substantiell überzeugend. Die planwidrige Gesetzeslücke ist ebenso offensichtlich wie die Ähnlichkeit von geregeltem Sachverhalt (Aufwendungen) und ungeregeltem, aber regelungsbedürftigem Sachverhalt (risikospezifische Zufallsschäden) im Licht des auf Schadloshaltung des Beauftragten gerichteten Normtelos. Der Ersatz von Zufallsschäden, die aus einer mit der Auftragsausführung verbundenen Gefahr resultieren, liegt in der Konsequenz des Rechtsgedankens, der schon den Ersatz freiwilliger Vermögensopfer des Beauftragten trägt: Der Beauftragte soll durch die Auftragsausführung zwar keinen Vorteil erlangen, aber auch keine Einbuße an seinen Rechtsgütern und Vermögenswerten erleiden (s oben Rn 1 ff). Diese Wertentscheidung, die der Regelung des § 670 zugrunde liegt, beansprucht unabhängig davon ihre Geltung, ob es sich bei den Einbußen des Beauftragten um Aufwendungen iS freiwillig erbrachter Vermögensopfer oder um (unfreiwillig erlittene) Schäden in der Person oder im Vermögen des Beauftragten handelt, solange solche Schäden von keinem der Beteiligten verschuldet wurden und als Auswirkung einer mit der Auftragsausführung verbundenen, ihr eigentümlichen Gefahr eingetreten sind. Die Tragfähigkeit der Analogiebasis macht es daher verzichtbar, auf den Grundsatz der Risikozurechnung bei schadensgeneigter Tätigkeit in fremdem Interesse oder auf § 110 HGB zurückzugreifen. Die auftragsrechtliche Risikoverteilung beruht vielmehr auf dem **in § 670 selbst enthaltenen Rechtsgedanken der Schadloshaltung des Beauftragten**, die neben dem Aufwendungsersatz auch den Ersatz von Zufallsschäden einschließt. Es ist daher im Ergebnis der Rechtsprechung und jenen Stimmen des Schrifttums zuzustimmen, die den **Ersatz von Zufallsschäden auf § 670 analog stützen**. Voraussetzungen und Grenzen der Ersatzpflicht für Zufallsschäden beurteilen sich somit auftragsrechtlich in entsprechender Anwendung des § 670. 23

4. Konkretisierung der ersatzfähigen Zufallsschäden

Die vorstehenden Überlegungen bilden zugleich die Leitlinien für eine nähere Bestimmung und Abgrenzung der analog § 670 ersatzfähigen Zufallsschäden. Danach muss es sich um einen Zufallsschaden iS einer **verschuldensneutralen Einbuße in Realisierung eines auftragsimmanenten Risikos** handeln. Der Schaden darf also **weder** 24

vom Auftraggeber noch vom Beauftragten verschuldet sein. Hat der **Auftraggeber** einen Schaden an Rechtsgütern oder am Vermögen des Beauftragten **verschuldet**, etwa indem er ihn nicht vor der Gefahr gewarnt oder ihn unzulässigerweise in eine Gefahr geschickt hat, so ist er wegen seiner schuldhaften Vertragsverletzung zum Ersatz des dem Beauftragten entstandenen Schadens verpflichtet. Trifft auch den Beauftragten ein (Mit-)Verschulden, so mindert sich die Ersatzpflicht des Auftraggebers nach § 254 (BGHZ 16, 265, 274). Verletzt der Auftraggeber „Schutzmaßnahmen" für Leben und Gesundheit des Beauftragten, kann bisweilen eine entsprechende Anwendung des § 618 Abs 1 und 3 (und damit auch der §§ 842–846) in Betracht kommen: Wenn der Beauftragte eine Leistung zu erbringen hat, die bei Vereinbarung eines Entgelts dienstvertraglicher Natur wäre, haftet nach § 618 Abs 1 und 3 analog der Auftraggeber für die schuldhafte Verletzung der dort genannten Fürsorgepflichten (BGHZ 16, 265, 267 ff). Das Gleiche gilt, wenn der Auftrag bei Entgeltlichkeit werkvertraglichen Charakter hätte. Im Falle des Todes des Beauftragten haben die Unterhaltsberechtigten nach § 618 Abs 1 und 3 einen vertraglichen Anspruch auf Rente (§ 844). Dieser Anspruch teilt insofern nicht die Schwächen eines deliktischen Anspruchs aus der Verrichtungsgehilfenhaftung, als er nicht dem Exkulpationsbeweis des Auftraggebers nach § 831 Abs 1 S 2 ausgesetzt ist. Wohl aber weist er wegen seiner grundsätzlichen Abdingbarkeit eine andere Schwäche auf. Nur bei sozialer Abhängigkeit des Beauftragten vom Auftraggeber ist der Anspruch aus § 618 ausweislich des § 619 „nicht im Voraus" aufhebbar oder beschränkbar. Hat der **Beauftragte den Schaden selbst allein verschuldet**, dann stehen ihm grundsätzlich keine Ersatzansprüche gegen den Auftraggeber zu. Eine Ausnahme hiervon wird man dann erwägen können, wenn der Schaden jedenfalls **zu einem Gutteil auf der Gefährlichkeit des Auftrags** beruht, mag er auch erst durch ein zusätzlich hinzugetretenes Verschulden des Beauftragten eingetreten sein. Hier ist in analoger Anwendung des § 670 ein teilweiser Ersatz nach den für Zufallsschäden geltenden Grundsätzen in Betracht zu ziehen.

25 In entsprechender Anwendung des § 670 erscheinen immer nur solche „Zufallsschäden" ersatzfähig, die **adäquat kausal durch die Auftragsausführung** eingetreten sind **und** sich aus einer **mit dem Auftrag verbundenen Gefahr** ergeben haben (RGZ 167, 85, 89). Im Ergebnis kann ein Ersatzanspruch nur für solche Zufallsschäden gewährt werden, in denen sich ein **geschäftstypisches Risiko** aktualisiert (Schäden *ex causa mandati),* nicht dagegen für die dem **allgemeinen Lebensrisiko** des Geschäftsbesorgers entspringenden Zufallsschäden (Schäden *ex occasione mandati).* Zu den nicht ersatzfähigen Schäden, in denen sich lediglich das allgemeine Lebensrisiko des Geschäftsbesorgers und keine spezifische Geschäftsgefahr realisiert, gehören typischerweise die **unverschuldeten Verkehrsunfälle**. Das „auftragsspezifische Risiko" kann jedoch gerade in der Teilnahme am Straßenverkehr bestehe (OLG Celle ZStV 2015, 12, 14). Ein adäquater Kausalzusammenhang zwischen Auftragsausführung und Schadenseintritt allein ist also nicht ausreichend; es muss vielmehr geprüft und bejaht werden, ob sich eine **auftragsimmanente (nicht notwendig auftragstypische) Gefahr** verwirklicht, also ein „Auftragsrisiko" realisiert hat. Dabei spielt es im Allgemeinen keine Rolle, ob den Beteiligten die Gefahr einer möglichen Schädigung des Beauftragten bekannt und bewusst war oder sich erst nachträglich herausgestellt hat. Auch sind Grad und Ausmaß der Wahrscheinlichkeit einer Realisierung des Schadensrisikos unerheblich. Ausreichend (und erforderlich) ist, dass die Auftragsausführung **objektiv mit einer Gefahr verbunden war** und **beide Beteiligte mit der Gefahr rechnen**

mussten (RG JW 1937, 152; BGH VersR 1957, 388). Bei der Geschäftsführung ohne Auftrag kommt es für die Rechtsprechung seit jeher überhaupt nur darauf an, ob die Gefahr der Geschäftsführung – zB der Rettungshandlung – eigentümlich war (RGZ 167, 85, 89; RG DR 1944, 288; BGHZ 33, 251, 257; 38, 270, 277). Eine mit dem Auftrag verbundene Gefahr (eine „auftragsimmanente Gefahr" oder ein „Auftragsrisiko") ist immer dann anzunehmen, wenn die Geschäftsbesorgung schon ihrer Art und Natur nach riskant ist, weil es dabei nach der Lebenserfahrung immer wieder zu Schäden kommen kann (Zureiten eines Hengstes, Löschen eines Brandes). Bisweilen kann sich eine bestimmte Geschäftsbesorgung auch aufgrund besonderer Umstände (plötzlich gebotene Eile) als gefährlich darstellen (Abholen eines dringend benötigten Medikaments).

Im Gegensatz zu den ersatzfähigen Zufallsschäden in Realisierung einer auftragsimmanenten Gefahr stehen die nicht ersatzfähigen Unfallschäden in Realisierung allgemeiner, nicht auftragsspezifischer **Gefahren des allgemeinen Lebensrisikos**. Schadensereignisse, die jedermann unabhängig von einer Auftragsausführung treffen können, weil sich in ihnen nur das allgemeine Lebensrisiko ausdrückt, sogenannte Unfallschäden iwS also, hat der Beauftragte selbst zu tragen, mögen sie auch gerade bei der Auftragsausführung eintreten (BGH NJW 1993, 2235). Fährt der Beauftragte im eigenen Kraftfahrzeug auftragsgemäß zu einer Versteigerung und erleidet er auf der Fahrt ohne Verschulden einen Verkehrsunfall, so kann er sich wegen des ihm dadurch entstehenden Schadens nicht an den Auftraggeber halten (vgl auch Genius AcP 173 [1973] 513 f). Die allgemeine, nicht mit der Art der transportierten Ladung zusammenhängende Gefahr der Beschlagnahme geht zu Lasten des Beauftragten (BGH VersR 1957, 388, 390). 26

Zu beachten ist, dass die entsprechende Anwendung des § 670 auch und gerade solche Zufallsschäden erfasst, über deren möglichen Eintritt sich der Beauftragte angesichts der ihm bewussten Risikolage bei der Auftragsausführung völlig im Klaren war. Allerdings ist eine Einschränkung dann geboten, wenn der Beauftragte die **Zufallsschäden besonders provoziert** hat, indem er ein im Verhältnis zum Auftragszweck unangemessenes, zusätzliches Risiko eingegangen ist. Zu berücksichtigen ist aber vor allem, dass beim **entgeltlichen Geschäftsbesorgungsvertrag** nach § 675 Abs 1 im vereinbarten Entgelt die Übernahme vorhergesehener, mit der Geschäftsbesorgung verbundener Risiken mit enthalten und damit ein allfälliger Zufallsschaden abgegolten sein kann. Solche Zufallsschäden, die aus ausdrücklich übernommenen Risiken entstehen, hat der Geschäftsbesorger selbst zu tragen. Soweit ein Schadensereignis vom vereinbarten Entgelt nicht abgedeckt ist bzw ein Risiko nicht vorhergesehen wurde, kommt es für die Schadenstragung bzw Risikoallokation auf eine Abgrenzung der Risikosphären zwischen den Beteiligten an. Die Tatsache allein, dass jemand (Geschäftsbesorger/Beauftragter) im Interesse eines anderen (Geschäftsherrn/Auftraggeber) tätig wird, ist bei entgeltlicher Geschäftsbesorgung noch weniger als beim unentgeltlichen Auftrag genügend, um dem anderen (Geschäftsherrn/Auftraggeber) sämtliche, mit der Geschäftsbesorgung adäquat verknüpfte Schäden aufzubürden. Andererseits ist es sachgerecht, dass der Geschäftsherr/Auftraggeber solche Zufallsschäden tragen muss, deren Ursachen in seinem Risikobereich liegen. Die Entgeltlichkeit führt also nicht zur Aufbürdung *aller* Risiken auf den Geschäftsbesorger und schließt eine Ersatzpflicht des Geschäftsherrn nicht schlechthin aus. 27

5. Umfang der Ersatzpflicht bei Zufallsschäden

28 Nach dem Vorstehenden muss betont werden, dass die Ersatzpflicht des Auftraggebers für Zufallsschäden analog § 670 an eine **verschuldensunabhängige Verteilung der Risiken** zwischen den Beteiligten anknüpft. Sie bedeutet mithin eine **Risikohaftung des Auftraggebers**, deren Ziel die angemessene **Schadloshaltung des Beauftragten** im Fall von Vermögenseinbußen bei der Auftragsausführung ist. Der Anspruch des Beauftragten ist aber **kein Schadensersatzanspruch**, der einschränkungslos den §§ 249 ff unterfiele (BGHZ 52, 115, 117). Gewiss wird es in aller Regel angemessen erscheinen, entsprechend dem Grundsatz der Totalreparation dem Beauftragten analog § 670 einen vollen Schadensersatz zuzusprechen, nachdem er bewusst ein angemessenes, zur Auftragsausführung notwendiges Risiko eingegangen war und dabei einen Schaden erlitten hat. Indes verlangt der *telos* der angemessenen Schadloshaltung des Beauftragten nicht immer und unbedingt eine Totalreparation seines Zufallsschadens. Vielmehr kann es unter besonderen Umständen unbillig erscheinen, dem Beauftragten einen vollen Schadensausgleich zuzusprechen. So kann bei erkennbarer, den Beteiligten jedoch nicht bewusst gewordener Gefahr oder bei einer riskanten Geschäftsbesorgung, deren Gefährlichkeit die Beteiligten nicht in vollem Ausmaß erkannt haben, im Einzelfall eine Totalreparation unbillig sein. Dies gilt etwa dann, wenn der Beauftragte den leichtfertig erteilten riskanten Auftrag ebenso leichtfertig annimmt (OLG Celle NJW 1965, 2350). In solchen Fällen erzwingen Treu und Glauben nach §§ 157, 242 eine **Begrenzung der Ersatzpflicht des Auftraggebers**. Es muss aber darauf hingewiesen werden, dass es hierbei um eine **Billigkeitskorrektur zur Begrenzung der Ersatzpflicht in besonders gelagerten Ausnahmefällen** geht. Keineswegs darf man die Billigkeit als zusätzliche Voraussetzung ansehen und etwa die Vermögensverhältnisse der Beteiligten in die Betrachtung einbeziehen.

29 Der vorstehend genannte Gesichtspunkt verdient insbesondere Beachtung, wenn es um die Begrenzung der Haftung für **Zufallsschäden bei riskanten Rettungshandlungen** auftragloser Geschäftsführer geht. Hat der Retter (Geschäftsbesorger) selbst die Gefahrenlage des Geretteten (Geschäftsherrn) mit verursacht, so kann dieser Umstand bei der Bemessung seines Ersatzanspruchs zu seinem Nachteil berücksichtigt werden. Dabei braucht man zur Begrenzung der Ersatzpflicht des Geschäftsherrn aus §§ 683, 670 nicht auf eine entsprechende Anwendung des § 254 zurückzugreifen (so aber Deutsch AcP 165 [1965] 293 ff) oder allgemeine Grundsätze der Vorteilsausgleichung zu bemühen (so OLG Oldenburg VersR 1972, 1178, 1180). Es geht vielmehr um eine unter teleologischen Gesichtspunkten des Normzwecks vorzunehmende **Anpassung der Rechtsfolge bei der analogen Anwendung des § 670 auf Zufallsschäden**. Denn der den Vorschriften der §§ 683, 670 zugrunde liegende Zweck erfasst zwar neben dem Aufwendungsersatz auch den Ersatz von Zufallsschäden, dies aber immer insoweit, als es um eine **angemessene Schadloshaltung des Geschäftsbesorgers** geht. So muss bei einer bewussten Inkaufnahme eines höheren Risikos gegenüber der gleichfalls vertretbaren Entscheidung für ein geringeres Risiko der Ersatzanspruch des Geschäftsbesorgers aus § 670 gekürzt werden. In den praktischen Ergebnissen führt dies bei dem Ersatz von Gefahraufwendungen zu einer Anrechnung (Schadensverteilung) nach den Grundsätzen des Handelns auf eigene Gefahr (vgl grundlegend Hans Stoll, Das Handeln auf eigene Gefahr [1961]), die kaum von den Ergebnissen abweichen, die bei einer Analogie zu § 254 erzielt würden. Keineswegs hängt die Schadensteilung also von einem „echten" Schadensersatzanspruch ab, sodass die

sog **Mitverschuldensproblematik** auch nicht zu einer Abkehr von § 670 als Ausgangspunkt für eine Ersatzfähigkeit von risikospezifischen Zufallsschäden nötigt (**aA** Canaris RdA 66, 44; vgl auch MünchKomm/Grunsky[2] § 254 Rn 12; MünchKomm/Oetker[7] § 254 Rn 19; Esser/Weyers, SchuldR BT Teilb 1 [8. Aufl 1998] § 35 III 2).

30 Dies veranschaulichen die von der Rechtsprechung entschiedenen Fälle: Wer als Kraftfahrer (Geschäftsbesorger) zur Rettung eines anderen Verkehrsteilnehmers (Geschäftsherrn) bei einem Ausweichmanöver einen Schaden erleidet, kann zwar einen Ersatzanspruch nach §§ 683, 670 geltend machen, sofern er den Entlastungsbeweis nach § 7 Abs 2 StVG führen kann, doch muss er sich eine Kürzung seines Anspruchs gefallen lassen, soweit er die Gefahrenlage mit verursacht hat (BGHZ 38, 270, 277 ff). Wer dagegen einen Ertrinkenden rettet, ohne von der gesetzlichen Unfallversicherung abgedeckt zu sein (zum Unfallversicherungsschutz des Helfers s §§ 2 Abs 1 Nr 11, 13, 128 Abs 1 Nr 7 SGB VII), hat Anspruch auf vollen Ersatz gegen den Geretteten. Wird der auftraglose Geschäftsführer bei der Hilfeleistung getötet, so können seine Angehörigen die Ansprüche aus §§ 844, 845 erheben (RGZ 167, 85, 89). Einen Anspruch auf **Schmerzensgeld** hat freilich weder der Beauftragte noch der auftraglose Geschäftsführer (BGHZ 52, 115). Schon der frühere § 847 aF war wegen seiner deliktischen Natur nicht entsprechend anwendbar; der heutige § 253 Abs 2 Var 1 verlangt ohnehin einen hier nicht in Betracht kommenden Vorsatz.

IV. Gegenstand und Umfang der Ersatzpflicht

31 Die Ersatzpflicht des Auftraggebers schließt nach der auch für § 670 geltenden allgemeinen Vorschrift des § 256 eine **Verzinsungspflicht** ein (E I § 595; II § 601 Abs 1 S 1; III § 657 S 2; Mot II 541). Der Auftraggeber hat daher den vom Beauftragten aufgewendeten Betrag oder, wenn andere Gegenstände als Geld aufgewendet worden sind (s oben Rn 8), den als Ersatz ihres Wertes zu zahlenden Betrag von der Zeit der Aufwendung an zu verzinsen (BGH WM 1967, 1148), und zwar im allgemeinen Privatrechtsverkehr nach § 246 mit 4% und im Handelsrechtsverkehr nach § 352 HGB mit 5%. Der Auftraggeber muss ferner die **Steuern** bezahlen, die der Beauftragte infolge der Auftragsausführung zu leisten hat und die mit ihr in einem untrennbaren Zusammenhang stehen (BGH WM 1978, 115). Sind „andere Gegenstände als Geld aufgewendet worden", so kann der Beauftragte, wie aus § 256 zu entnehmen ist, keine Erstattung in Natur verlangen; § 249 Abs 1 ist auf den Aufwendungsersatzanspruch unanwendbar. Vielmehr hat der Auftraggeber nach § 256 einen Geldbetrag als Wertersatz für die „anderen Gegenstände" zu zahlen und diesen Betrag wiederum zu verzinsen.

31a Besteht der Aufwendungsersatz in einer Geldzahlung, so ist in der **Währung** zu leisten, in welcher Geldmittel aus dem Vermögen des Auftragnehmers tatsächlich abgeflossen sind (Nussbaum, Das Geld in Theorie und Praxis des deutschen und ausländischen Rechts [1925] 251; Grothe, Fremdwährungsverbindlichkeiten [1999] 311 f; Staudinger/Omlor [2016] § 244 Rn 64; **aA** RGZ 109, 85, 88, 120, 76, 81 f). Namentlich im **Geschäftsbesorgungsrecht** können sich jedoch aus dem besonderen Charakter des jeweiligen Geschäftsbesorgungsvertrags Ausnahmen aus einer konkludenten Parteiabrede ergeben (Staudinger/Omlor [2016] § 244 Rn 66). Auf die Währung, in welcher die aufgewendeten Geldmittel tatsächlich abgeflossen sind, ist auch bei einem **Kreditkarteneinsatz im Ausland** abzustellen (Grothe, Fremdwährungsverbindlichkeiten [1999] 313 f; Martinek/Om-

LOR, in: SCHIMANSKY/BUNTE/LWOWSKI [Hrsg], Bankrechts-Handbuch [5. Aufl 2017] § 67 Rn 27; **aA** OLG Hamburg NJW 1996, 1902, 1903).

32 Ist der Beauftragte zum Zweck der Auftragsausführung eine Verbindlichkeit eingegangen (s oben Rn 9), so kann er nach §§ 670, 257 **Befreiung von der Verbindlichkeit** verlangen. Das Gesetz sieht mithin bereits die Belastung des Vermögens des Beauftragten mit einer Verbindlichkeit als eine Aufwendung an. Ist die Verbindlichkeit allerdings noch nicht fällig, so kann der Auftraggeber, statt den Beauftragten zu befreien, ihm nach § 257 S 2 Sicherheit leisten. Besteht der Auftragsgegenstand in der Übernahme einer Bürgschaft, so finden die Bestimmungen des § 775 Anwendung. Wenn der Bürge (Beauftragter), der die Bürgschaft im Auftrage des Hauptschuldners (Auftraggeber) übernommen hatte, den Gläubiger befriedigt, so erlangt er unabhängig von seinem Recht aus § 774 (gesetzlicher Forderungsübergang) den Ersatzanspruch des § 670 (RG JW 1907, 831; RGZ 59, 207, 208 ff).

33 Ein auf die Befreiung von Verbindlichkeiten gerichteter Aufwendungsersatzanspruch des Beauftragten ist freilich schon mangels einer Aufwendung (Eingehung einer Verbindlichkeit) gegenstandslos, wenn es bei der Auftragsausführung unmittelbar in der **Person des Auftraggebers** zur Entstehung der Verbindlichkeit kommt. Dies ist dann der Fall, wenn der Beauftragte aufgrund ihm erteilter Vollmacht gegenüber dem Dritten im Namen des Auftraggebers in unmittelbarer Stellvertretung handelt. Im Übrigen ist der Anspruch aus §§ 670, 257 auf die Befreiung von Verbindlichkeiten beschränkt. Die Regelung gewährt dem Beauftragten nicht etwa einen Anspruch auf Genehmigung eines vollmachtlosen Vertreterhandelns. Wenn der Beauftragte im Vertrauen auf die Genehmigung ohne Vollmacht im Namen des Auftraggebers auftritt, so hat er jedenfalls nach § 670 keinen Anspruch auf Genehmigung; ein solcher Genehmigungsanspruch kann sich allenfalls aus dem Auftragsverhältnis selbst ergeben.

34 Von welchen Verbindlichkeiten der Auftraggeber den Beauftragten nach §§ 670, 257 zu befreien hat, kann im Einzelfall davon abhängig sein, welchen von mehreren möglichen Wegen der Beauftragte zur Auftragsausführung wählt. Wer für den Auftraggeber Geld beschaffen soll, kann im eigenen Namen ein Darlehen aufnehmen; der Auftraggeber hat ihn dann von der Darlehensschuld zu befreien. Der Beauftragte kann aber auch einem Dritten einen Kreditauftrag erteilen; dann ist er von der Haftung nach § 778 freizustellen (RGZ 151, 93, 100). Schließt der Beauftragte den Darlehensvertrag im Namen des Auftraggebers ab und tritt er selbst dessen Schuld bei, dann hat ihn der Auftraggeber von der sich aus dem Schuldbeitritt ergebenden Haftung freizustellen. Zur Befreiung von Verbindlichkeiten gehört auch die Befreiung von der dinglichen Haftung aus der für eine fremde Schuld bestellten Hypothek (BGH MDR 1955, 283).

35 Die **Fälligkeit** des Anspruchs auf Aufwendungsersatz nach § 670 tritt mit der das Vermögen des Beauftragten belastenden Aufwendung, also mit der Auftragsausführung oder ihres aufwendungsbezogenen Teils, spätestens aber mit der Beendigung des Auftragsverhältnisses ein (RG LZ 1912, 326). Während der Beauftragte einen Vorschuss gemäß § 669 erst anfordern, also seinen Vorschussanspruch geltend machen muss, bedarf es für den Aufwendungsersatzanspruch keines besonderen Verlangens. Er entsteht *ex iure* auch ohne eine Initiative des Beauftragten. Durch

besondere Vereinbarung der Beteiligten kann auch die periodische Erstattung von laufend zu tätigenden Aufwendungen vorgesehen werden. Die **Verjährung** des Anspruchs auf Aufwendungsersatz nach § 670 richtet sich nach §§ 195, 199. Der Aufwendungsersatzanspruch aus § 670 ist **abtretbar, verpfändbar und pfändbar**. Ein **Freistellungsanspruch** aus §§ 670, 257 S 1 wird mit seiner Entstehung fällig (vgl § 257 S 2; BGHZ 185, 310 Rn 20; **aA** Peters ZGS 2010, 495, 496; Rutschmann NZG 2010, 776, 777). Seine Verjährung beginnt gem § 199 Abs 1 jedoch nicht vor dem Fälligwerden der eingegangenen Verbindlichkeit (BGHZ 185, 310 Rn 21 f; BGH 22. 3. 2011 – II ZR 100/09; BGH 22. 3. 2011 – II ZR 215/09). Früher war die höchstrichterliche Rechtsprechung noch davon ausgegangen, dass der Anspruch gemäß § 257 nicht erst in dem Zeitpunkt fällig wird, in dem die Verbindlichkeit fällig wird, sondern in dem Zeitpunkt, in dem sie entstanden ist (BGH NJW 1984, 2151, 2152; BGH MDR 2009, 192; **dagegen** schon OLG Karlsruhe NZG 2010, 151, 153; dem OLG Karlsruhe zustimmend Jagersberger NZG 2010, 136). Diese überkommene Auffassung führte zu unbilligen Ergebnissen. War der Beauftragte eine Verbindlichkeit eingegangen und war diese noch nicht fällig geworden, konnte er seinen Befreiungsanspruch nicht mehr durchsetzen, wenn in der Zeit die Verjährung für § 257 S 1 bereits eingetreten war und der Beauftragte nach § 257 S 2 keine Sicherheit verlangt hatte (OLG Karlsruhe NZG 2010, 151, 153). Dieses Ergebnis widersprach auch dem Grundsatz, dass der Beauftragte durch die Geschäftsführung keine Nachteile erfahren soll.

Dem Auftraggeber können gegen den Aufwendungsersatzanspruch des Beauftragten aus § 670 **Gegenrechte** aus dem Auftragsverhältnis zustehen. Insbesondere kann er einen fälligen Anspruch gegen den Beauftragten auf Herausgabe des zur Auftragsausführung Erhaltenen und/oder des aus der Geschäftsbesorgung Erlangten gemäß § 667 haben. In diesem Fall steht ihm gegenüber dem Ersatzanspruch des Beauftragten ein **Zurückbehaltungsrecht** nach §§ 273, 274 zu. Ein Zurückbehaltungsrecht kann beim Anspruch auf Herausgabe von Handakten eines Rechtsanwalts nach § 50 Abs 3 S 2 BRAO oder eines Streuerberaters nach § 66 Abs 2 StBerG ausgeschlossen sein, wenn die Verweigerung der Herausgabe „unangemessen“ ist (vgl § 667 Rn 19). Bei Gleichartigkeit der einander gegenüberstehenden Ansprüche kommt eine **Aufrechnung** nach §§ 387 ff in Betracht. **36**

Der Aufwendungsersatzanspruch kann nach § 242 **verwirkt** werden. Erforderlich dafür sind kumulativ Zeit- und Umstandsmoment; diese können beispielsweise dann angenommen werden, wenn der Beauftragte/Geschäftsbesorger den Anspruch auf Ersatz der Aufwendungen erst nach Ablauf von 10 Jahren (nach früherer Rechtslage war der Anspruch noch nicht verjährt), nach dem der Auftraggeber die Leistung der Aufwendungen endgültig verweigert hat, erneut stellt (OLG Zweibrücken MDR 2007, 512, 513 = ZWE 2007, 196, 197; zustimmend iE Briesemeister ZWE 2007, 198, 200). Auch kann sich ein Verwirkungstatbestand daraus ergeben, dass Schwiegereltern, die mit ihrer Tochter und dem Schwiegersohn eine zweigliedrige WEG-Gemeinschaft bilden, Aufwendungen auf die Immobilie tätigen, die „innerhalb der Familie“ verortet wurden und deren Abrechnung über mehrere Jahre immer wieder angedroht, aber nie vollzogen wurde (OLG Karlsruhe 20. 7. 2006 – 11 Wx 154/05); stünde dem Aufwendungsersatzanspruch § 242 nicht entgegen, würde er sich gegen den Verband der Eigentümergemeinschaft richten (OLG München NJW-RR 2008, 534, 535; OLG Hamm ZWE 2009, 369, 372), da diese (teil)rechtsfähig ist, soweit sie im Rahmen der gesamten Verwaltung am Rechtsverkehr teilnimmt (BGH NJW 2005, 2061). **36a**

37 Die **Beweislast** für das Bestehen eines Aufwendungsersatzanspruchs nach § 670 oder – bei ersatzfähigen Zufallsschäden (s oben Rn 17 ff, insbes 23) – analog § 670 trifft den Beauftragten (RG JW 1929, 654; BGH NJW-RR 1988, 1264). Dabei hat er neben der Auftragserteilung und den Aufwendungen uU auch die **Erforderlichkeit** der Aufwendungen zu beweisen. Behauptet der Auftraggeber, die für die Aufwendung erforderlichen Beträge dem Beauftragten bereits nach § 669 **vorgeschossen** zu haben, so ist er hierfür beweislastig. Beim Baubetreuungsvertrag mit Festpreisvereinbarung trifft den Betreuten (Auftraggeber) die Beweislast für die Festpreisvereinbarung und damit auch für den aus ihr folgenden Ausschluss von Auslagenersatz (BGH MDR 1969, 999). Bei **Zahlungsdiensten** (§§ 675c ff) greift eine spezielle Regelung für die Beweislastverteilung. *Sedes materiae* ist **§ 675w**, der grundsätzlich auf sämtliche Zahlungsdienste Anwendung findet, wobei er vertraglich abbedungen werden kann (vgl Staudinger/Omlor [2012] § 675w Rn 2). Ohne Autorisierung des Zahlungsvorgangs kann der Zahlungsdienstleister seinen Aufwendungsersatzanspruch nach §§ 675c Abs 1, 670 nicht verlangen. Ihn trifft nach allgemeinen Grundsätzen (vgl BGHZ 113, 222, 225 = NJW 1991, 1052; BGHZ 121, 357, 2168 = WM 1993, 1648) die Darlegungs- und Beweislast für die Erteilung einer Autorisierung durch den Zahlungsdienstnutzer, denn ihr Vorliegen ist für den Aufwendungsersatzanspruch des Zahlungsdienstleisters eine ihm günstige rechtsbegründende Tatbestandsvoraussetzung. § 675w S 1 bestätigt nicht nur deklaratorisch die Beweislastverteilung, sondern legt darüber hinaus den Mindestumfang der Beweisführungslast des Zahlungsdienstleisters fest (vgl weitere Einzelheiten Staudinger/Omlor [2012] § 675w Rn 3 ff).

§ 671
Widerruf; Kündigung

(1) Der Auftrag kann von dem Auftraggeber jederzeit widerrufen, von dem Beauftragten jederzeit gekündigt werden.

(2) Der Beauftragte darf nur in der Art kündigen, dass der Auftraggeber für die Besorgung des Geschäfts anderweit Fürsorge treffen kann, es sei denn, dass ein wichtiger Grund für die unzeitige Kündigung vorliegt. Kündigt er ohne solchen Grund zur Unzeit, so hat er dem Auftraggeber den daraus entstehenden Schaden zu ersetzen.

(3) Liegt ein wichtiger Grund vor, so ist der Beauftragte zur Kündigung auch dann berechtigt, wenn er auf das Kündigungsrecht verzichtet hat.

Materialien: E I §§ 597, 598; II § 602; III § 658;
Mot II 543–547; Prot II 370, 371.

Schrifttum

S die Nachweise zu den Vorbem zu §§ 662 ff.

Systematische Übersicht

Alphabetische Übersicht

I. Normzweck und Anwendungsbereich

Der in § 671 Abs 1 normierte Grundsatz jederzeitiger einseitiger – begründungsloser – Auflösbarkeit des Auftragsverhältnisses durch jede der beiden Vertragsparteien scheint auf den ersten Blick dem fundamentalen Prinzip „*pacta sunt servanda*" zu widersprechen. Auf den zweiten Blick erscheint die Regelung indes durch die persönliche Vertrauensbeziehung und durch die Unentgeltlichkeit des Auftragsverhältnisses durchaus gerechtfertigt (vgl § 662 Rn 2, 4). Der **Auftraggeber** soll den Auftrag jederzeit widerrufen können, weil das Vertragsverhältnis in besonderer Weise auf einer **persönlichen Vertrauensbeziehung** zum Beauftragten beruht (vgl dazu BGH WM 1971, 956), deren Bestand und Hintergründe, Fortbestand und Störung kaum mit den Maßstäben des Rechts von Außenstehenden überprüfbar sind und deshalb der Beurteilung des Auftraggebers überlassen bleiben sollen. Allein der Auftraggeber ist zur Entscheidung darüber berufen, ob er den Beauftragten weiterhin als seinen Interessenwahrer und sein „*alter ego*" mit der Auftragsausführung betrauen will. Angesichts der Unentgeltlichkeit des Auftrags stehen bei einem Widerruf durch den Auftraggeber keine Vergütungsinteressen des Beauftragten auf dem Spiel; der Aufwendungsersatz und damit die Schadloshaltung des Beauftragten sind ohnehin durch § 670 gewährleistet. Das Widerrufsrecht des Auftraggebers ist daher auch unbe- 1 schränkt. Dem **Beauftragten** wird ein jederzeitiges Kündigungsrecht gleichfalls mit Rücksicht auf das persönliche Vertrauensverhältnis und allfällige Beeinträchtigungen eingeräumt, zumal er von Weisungen des Auftraggebers abhängig ist. Ihm wird als Beauftragten eine Identifizierung mit den Interessen des Auftraggebers abverlangt, über deren Fortbestand und Störungen ihm im Grundsatz die Beurteilung zustehen soll. Er soll grundsätzlich jederzeit „Schluss machen" können, zumal er für den Auftraggeber unentgeltlich tätig wird und nicht nur seine Zeit und Arbeitskraft fremdnützig einsetzt, sondern uU auch Belastungen und Risiken für seine Rechtsgüter zu gewärtigen hat. Dem **Beauftragten** steht allerdings **kein unbeschränktes Kündigungsrecht** in Entsprechung zum unbeschränkten Widerrufsrecht des Auftraggebers zu. Vielmehr darf er nach § 671 Abs 2 **nicht zur Unzeit kündigen**, sofern für die unzeitige Kündigung nicht ein wichtiger Grund vorliegt, andernfalls setzt er sich einem Schadensersatzanspruch des Auftraggebers aus. Der Grund für diese **Verschiedenheit zwischen Widerrufs- und Kündigungsrecht** liegt auf der Hand: Nachdem der Beauftragte die unentgeltliche Auftragsausführung einmal versprochen und demgemäß Verhaltenserwartungen beim Auftraggeber geweckt und uU Dispositionen veranlasst hat, soll er sich nicht einfach „davonstehlen" und seinen Vertragspartner „im Regen stehen lassen" können. Zu berücksichtigen ist bei alldem, dass beide Parteien als Vertragspartner eines Dauerschuldverhältnisses nach § 314 bei Vorliegen eines **wichtigen Grundes** ohnehin ein fristloses Kündigungsrecht haben. Die Besonderheit des § 671 Abs 1 ist die Unabhängigkeit des jederzeitigen Widerrufs- bzw Kündigungsrechts von einem wichtigen Grund, ja überhaupt von jeder Begründung. Auf § 314 muss der Auftraggeber bzw Beauftragte allerdings rekurrieren, wenn er seines Rechts aus § 671 durch Abbedingung oder Verzicht verlustig gegangen ist.

2 Die Regelung zur grundsätzlichen jederzeitigen einseitigen Auflösbarkeit des Auftragsverhältnisses ist **dispositiv**, kann also von den Parteien durch Individualvereinbarung und in den Grenzen der §§ 305 ff auch formularmäßig abbedungen oder eingeschränkt werden. Für das Kündigungsrecht des Beauftragten bringt § 671 Abs 3 diese Dispositivität mittelbar zum Ausdruck, wenn er es für **verzichtbar** hält. Ein Ausschluss oder eine Einschränkung der jederzeitigen Widerrufbarkeit durch den Auftraggeber und/oder der jederzeitigen Kündbarkeit durch den Beauftragten darf allerdings nicht mit einem anderen Grundsatz konfligieren, der für Dauerschuldverhältnisse allgemeine Gültigkeit beansprucht: Bei Vorliegen eines **wichtigen Grundes** müssen Dauerschuldverhältnisse einseitig von der beschwerten Partei beendbar sein (§ 314). Deshalb bestimmt § 671 Abs 3, dass der Beauftragte unbeschadet seines Verzichts auf das Kündigungsrecht bei Vorliegen eines wichtigen Grundes gleichwohl zur Kündigung berechtigt ist. Er ist sogar nach § 671 Abs 2 zur Kündigung zur Unzeit berechtigt, ohne einem Schadensersatzanspruch des Auftraggebers ausgesetzt zu sein, wenn der wichtige Grund nicht nur die Kündigung selbst, sondern auch die Kündigung zur Unzeit rechtfertigt (dazu noch Rn 17). Die Regelung des § 671 Abs 3 versteht sich angesichts ihres Gleichlaufs mit dem für alle Dauerschuldverhältnisse geltenden Grundsatz der jederzeitigen Kündbarkeit aus wichtigem Grund **nur deklaratorisch**. Ganz entsprechend kann auch der Auftraggeber, der auf sein Widerrufsrecht verzichtet haben sollte, das Auftragsverhältnis gleichwohl bei Vorliegen eines wichtigen Grundes jederzeit beenden. Das Gesetz enthält zwar über den Verzicht auf das Widerrufsrecht keine Regelung in Parallele zu § 671 Abs 3. Der Gesetzgeber ging nämlich von einer Unverzichtbarkeit des Widerrufsrechts aus,

sofern der Auftrag lediglich den Interessen des Auftraggebers dient (Prot II 370; s unten Rn 8). In den Fällen aber, in denen der Auftrag auch dem Interesse des Beauftragten dienen soll, muss für den Widerruf das Gleiche wie für die Kündigung gelten (Zulässigkeit des Verzichts auf das Widerrufsrecht, Möglichkeit des Widerrufs aus wichtigem Grund trotz Verzichts). Während also § 671 Abs 1 dem dispositiven Recht angehört, sind die Bestimmungen in § 671 Abs 3 und Abs 2 S 1, wonach der Beauftragte beim Vorliegen eines „wichtigen Grundes" trotz Verzichts auf das Kündigungsrecht bzw auch ohne Schadensersatzverpflichtung zur Unzeit kündigen kann, zwingender Natur, können also durch Vereinbarung weder ausgeschlossen noch beschränkt werden. Eine Erweiterung des Kündigungsrechts des Beauftragten durch Ausschluss der Schadensersatzpflicht bei unzeitiger Kündigung ist dagegen zulässig.

Die *ratio legis* des Grundsatzes der jederzeitigen einseitigen Auflösbarkeit trägt allein das **unentgeltliche Auftragsverhältnis**. Deshalb markiert die Regelung des § 671 einen wesentlichen Unterschied zwischen Auftrag und entgeltlichem Dienstvertrag (§ 611) sowie zwischen Auftrag und entgeltlichem Geschäftsbesorgungsvertrag (§ 675 Abs 1). Die Vorschrift des § 671 Abs 1 ist auf entgeltliche Geschäftsbesorgungsverträge kraft Nichterwähnung in § 675 Abs 1 unanwendbar. An Stelle des jederzeitigen Widerrufsrechts kann jedoch eine fristlose Kündigung nach § 627 Abs 1 (bei Dienstverhältnissen mit Vertrauensstellung) oder nach § 649 (bei Werkverträgen) in Betracht kommen, die dem Widerrufsrecht des § 671 Abs 1 im Wesentlichen gleichkommt (BGH NJW 1975, 382, 384). Die Schadensersatzregelung des § 671 Abs 2 für unzeitige Kündigung findet nach § 675 Abs 1 aE nur dann „entsprechende Anwendung", wenn dem Geschäftsbesorger das Recht zusteht, „ohne Einhaltung einer Kündigungsfrist" zu kündigen. Bei einer Kündigung nach §§ 675 Abs 1, 627 Abs 1 folgt die Schadensersatzpflicht bei unzeitiger Kündigung schon aus § 627 Abs 2. Nicht anwendbar ist § 671 auch bei **Zahlungsaufträgen**, deren Widerruf von der Kündigung des Zahlungsdiensterahmenvertrags abzugrenzen ist. Hier ist vielmehr gemäß § 675p von dem **Grundsatz der Unwiderruflichkeit** des Zahlungsauftrags auszugehen (vgl Staudinger/Omlor [2012] § 675p Rn 5 ff). Der Zahlungsauftrag ist grundsätzlich nur bis zu seinem Zugang beim Zahlungsdienstleister widerruflich (§ 675p Abs 1). Nach seinem Zugang kann der Zahlungsauftrag, abgesehen von § 675p Abs 2 bis 4, nicht mehr widerrufen werden. Über § 675j Abs 2 S 1 gilt die Unwiderruflichkeit auch für die Autorisierung des Zahlungsvorgangs, welche konstitutiver Teil des Zahlungsauftrags ist (vgl Staudinger/Omlor [2012] § 675 f Rn 33). Für die ordentliche Kündigung von Zahlungsdiensterahmenverträgen gilt schließlich § 675h. 3

Die Schadensersatzpflicht des § 671 Abs 2 S 2 findet entsprechende Anwendung auf Dauerschuldverhältnisse, die bei Vorliegen eines wichtigen Grundes auch ohne besonders vereinbartes Kündigungsrecht aufgelöst werden können. Insoweit verkörpert die Regelung einen **allgemeinen Rechtsgedanken**. So kann die vorzeitige Kündigung eines Bankkredits Schadensersatzansprüche des Kunden begründen, wenn durch die Duldung der Vertragswidrigkeit seitens der Bank (Überschreitung des Kreditlimits) beim Darlehensnehmer ein Vertrauenstatbestand geschaffen worden ist (BGH NJW 1978, 948). Auf die Geschäftsführung des Gesellschafters und das Amt des Testamentsvollstreckers finden die Bestimmungen des § 671 Abs 2 und 3 entsprechende Anwendung (§§ 712 Abs 2, 2226 S 3). § 671 Abs 3 stellt auch den Grund 4 für die analoge Anwendung des § 775 auf einen Gesellschafter im Falle seines Ausscheidens dar, der sich für die Gesellschaft verbürgt hat. Die Bürgschaft des Gesellschafters erweist sich als ein auftragsähnliches Rechtsverhältnis, welches der Gesellschafter berechtigt ist, nach § 671 Abs 3 außerordentlich bei Vorliegen eines wichtigen Grundes zu kündigen und nach §§ 670, 257 die Befreiung von der Verbindlichkeit zu verlangen; daher müssen ihm die gleichen Rechte zustehen, wenn er aus der Gesellschaft ausscheidet oder seinen Anteil derart drastisch reduziert, dass die Identität seiner Interessen mit der Gesellschaft entfällt und er nur auf sein Abfindungsguthaben wartet (OLG Düsseldorf 1. 7. 2008 – I-3 U 15/08). Die Regelung des § 671 gilt auch für das auftragsähnliche Verhältnis des zum Vertreter in der Vertreterversammlung der Genossenschaft Gewählten (RGZ 155, 21).

II. Widerruf und Kündigung als Auflösungsgründe

5 Widerruf und Kündigung bilden eigenständige Beendigungsgründe für das Auftragsverhältnis mit *ex nunc*-Wirkung (s unten Rn 7) und stehen insoweit neben den anderen Formen der Auftragsbeendigung etwa durch Erfüllung (§ 362 Abs 1), nachträgliche (subjektive oder objektive) Unmöglichkeit (§ 275 Abs 1), Bedingungseintritt (§ 158 Abs 2), Befristung nach §§ 163, 158 Abs 2 oder auch durch Aufhebungsvereinbarung der Parteien. Auch diese allgemeinen Beendigungs- oder Erlöschensgründe, die das Gesetz nicht besonders erwähnt (vgl aber zu Tod sowie Geschäftsunfähigkeit einer Partei §§ 672, 673), wirken nur für die Zukunft. Widerruf und Kündigung nach § 671 sind der Rechtsnatur nach als **einseitige empfangsbedürftige Willenserklärungen** im Sinne der §§ 105 ff, 130 ff anzusehen (Mot II 544, 547; Prot II 371), bedürfen zu ihrer Wirksamkeit keiner besonderen Form (vgl RGZ 61, 125 ff zum telefonischen Widerruf) und können auch durch konkludente Handlung „stillschweigend" erfolgen (Mot II 544). Der Widerruf des Auftrags ist vom **Widerruf einer Weisung** zu unterscheiden, der das Auftragsverhältnis als solches grundsätzlich bestehen lässt. Ebenso wie der Widerruf einer Weisung nach § 665 ist der Widerruf des Auftrags aber nur bis zur Auftragsausführung möglich, etwa bei einem Kreditauftrag nach § 778 lediglich bis zur Kreditgewährung (RGZ 51, 120). Wenn das Gesetz die auf Beendigung des Auftrags gerichtete Erklärung des Auftraggebers „Widerruf" nennt, die Aufhebung durch den Beauftragten aber als „Kündigung" bezeichnet, so verbergen sich dahinter **keine sachlichen Unterschiede**. Nach allgemeiner rechtswissenschaftlicher Terminologie zu den bürgerlich-rechtlichen Handlungsformen der Rechtsgeschäftslehre kann man in beiden Fällen von einer „Kündigung" sprechen. Vor allem kommt es auf die Benutzung der vom Gesetz gewählten Ausdrücke in der Erklärung eines Beteiligten nicht an. Beispielsweise ist die „Kündigung" eines Treuhandverhältnisses seitens des Auftraggebers ohne Weiteres als ein „Widerruf" iSd § 671 Abs 1 zu verstehen (vgl RGZ 121, 294 ff). Legt ein nach § 43a GenG zum Vertreter gewählter Genosse sein Amt nieder, so enthält diese Erklärung des Vertreters eine „Kündigung" des zwischen ihm und der Gesamtheit der Genossen bestehenden auftragsähnlichen Rechtsverhältnisses (RGZ 155, 21, 25).

6 Fraglich ist angesichts der grundsätzlichen Bedingungsfeindlichkeit einseitiger Willenserklärungen, ob Widerruf und Kündigung iSd § 671 auch unter einer **aufschiebenden Bedingung** (etwa des Todesfalls) zulässig sind. Für den Widerruf (des Auftraggebers) war diese Zulässigkeit immer anerkannt (Mot II 554; Prot II 375; Enneccerus/Lehmann, SchuldR [15. Aufl 1954] § 163 I 1 b; Erman/Berger[14] § 671 Rn 2). Doch

auch die früher umstrittene Frage der Zulässigkeit einer **aufschiebend bedingten Kündigung durch den Beauftragten** (vgl PLANCK, BGB [1./2. Aufl 1900] § 671 Anm 3b) ist mit der heute hM zu bejahen. Wirksamkeitsvoraussetzung ist allerdings in jedem Fall eine für den Erklärungsgegner **sichere Rechtslage**. Anders als bei Änderungskündigungen von Arbeitsverhältnissen kommt es bei der aufschiebend bedingten Kündigung eines Auftrags durch den Beauftragten nicht darauf an, ob es sich um eine **Potestativbedingung** handelt, deren Eintritt der Auftraggeber selbst herbeiführen kann, oder ob der **Bedingungseintritt im Einflussbereich des Beauftragten** liegt. Im ersten Fall braucht die Wirksamkeit der aufschiebend bedingten Kündigung nicht an der Ungewissheit des Auftraggebers darüber zu scheitern, ob er eine ihm gesetzte Potestativbedingung herbeiführen kann. Denn der Auftraggeber kann die Ungewissheit seinerseits dadurch beseitigen, dass er den Auftrag nach § 671 selbst widerruft (so zu Recht ENNECCERUS/LEHMANN, SchuldR [15. Aufl 1954] § 163 I 1 b und Anm 3). Im zweiten Fall ist es allerdings Wirksamkeitsvoraussetzung, dass der kündigende Beauftragte dem Auftraggeber Gewissheit über den Bedingungseintritt im Einflussbereich des Beauftragten verschafft. Der Widerruf oder die Kündigung mit der Maßgabe, dass das Auftragsverhältnis nach Bedingungseintritt wieder aufleben soll (auflösend bedingte Kündigung), ist allerdings unwirksam (BGB-RGRK/STEFFEN § 671 Rn 6).

Widerruf und Kündigung können immer nur **in die Zukunft** wirken. Sie beenden das 7
Auftragsverhältnis nicht mit Rückwirkung *(ex tunc)*, sondern – vorbehaltlich der Abwicklung durch Rechnungslegung, Aufwendungsersatz etc – mit Sofortwirkung *(ex nunc)*. Ein bereits **vollzogener Auftrag** kann daher nicht widerrufen werden (RGZ 107, 136, 139; BGHZ 17, 317, 326). Einen Kreditauftrag kann der Auftraggeber bis zum Zeitpunkt der Kreditgewährung widerrufen (RGZ 51, 150). Bereits entstandene Ansprüche werden durch den Widerruf oder die Kündigung nicht berührt, sondern dienen nunmehr der Abwicklung des Auftragsverhältnisses, so insbesondere die Ansprüche des Auftraggebers aus §§ 666, 667 einerseits und die des Beauftragten aus § 670 andererseits. Neben Widerruf und Kündigung nach § 671 kennt das Auftragsrecht der §§ 662 ff noch andere Gründe für die Beendigung des Auftrags, namentlich den Tod und die Geschäftsunfähigkeit des Auftraggebers nach Maßgabe des § 672 und den Tod des Beauftragten nach § 673 (zu den allgemeinen Beendigungsgründen s oben Rn 5). Bei einer **Insolvenz des Auftraggebers** erlischt der Auftrag durch die Eröffnung des Insolvenzverfahrens, es sei denn, dass sich der Auftrag nicht auf das zur Insolvenzmasse gehörige Vermögen bezieht (vgl § 115 InsO; RGZ 53, 327, 330; RGZ 56, 116, 118 zu §§ 23 Abs 1 S 1, 27 KO aF). Entsprechend ist die Lage beim (entgeltlichen) Geschäftsbesorgungsvertrag, § 116 InsO.

III. Das Widerrufsrecht des Auftraggebers

Das Widerrufsrecht des Auftraggebers wird nur in § 671 Abs 1 angesprochen und hat 8
damit im Vergleich zum Kündigungsrecht des Beauftragten nur eine knappe Regelung erfahren. Eine Ergänzung findet sich allerdings in § 1911: Liegt bei Abwesenheit des Auftraggebers, der einen anderen mit der Wahrnehmung seiner Vermögensangelegenheiten beauftragt hat, ein Anlass für einen Widerruf des Auftrags vor, so kommt nach § 1911 Abs 1 S 2 die Bestellung eines **Abwesenheitspflegers** in Betracht. Das Gesetz enthält in § 671 aber keine Regelung zum **Verzicht auf das Widerrufsrecht** in Parallele zu der Vorschrift des § 671 Abs 2 und 3 über den Verzicht des Beauftragten auf sein jederzeitiges Kündigungsrecht. Der Grund hierfür ist, dass

der Gesetzgeber von einer Unverzichtbarkeit des Widerrufsrechts ausging, sofern der Auftrag lediglich den Interessen des Auftraggebers dient (Prot II 370 mit der Begründung, dass sich der Auftraggeber „nicht unter die Vormundschaft des Beauftragten stellen" könne). In der Tat ist in diesem Fall das Widerrufsrecht als Ausdruck der dem Auftrag wesensgemäßen Freiheit des Auftraggebers unverzichtbar (RGZ 160, 122, 127; BGH WM 1971, 956; Soergel/Beuthien[13] § 671 Rn 3). Eine uneingeschränkte Bindung des Auftraggebers an den Willen des Beauftragten wäre mit dem persönlichen Vertrauensverhältnis nicht vereinbar. Insoweit kann man zu Recht von einem **Grundsatz der Unverzichtbarkeit auf das Widerrufsrecht** sprechen.

9 Fraglich ist allerdings, wie sich dieser Grundsatz auswirkt, wenn **an einem Auftragsverhältnis mehrere Auftraggeber** beteiligt sind. Hier stellt sich die Frage, ob jedem einzelnen Auftraggeber ein Widerrufsrecht zusteht. Nach **früher** herrschender Meinung sollte die grundsätzliche Unverzichtbarkeit des Widerrufsrechts auch zur grundsätzlichen Anerkennung der **Widerrufsfreiheit des Mitauftraggebers**, dh zur Anerkennung eines selbständigen Widerrufsrechts eines jeden von mehreren Auftraggebern führen (RG DNotV 1932, 728; RGZ 160, 122 ff; BGH BB 1964, 699; vHippel DR 1939, 1529 ff; Enneccerus/Lehmann, SchuldR [15. Aufl 1954] § 163 Anm 1; **aM** Thiele AcP 89 [1899] 85, 108 f; Oertmann, BGB-Komm [5. Aufl 1929] Anm 2c). Allerdings sollte es den Auftraggebern freistehen, sich intern untereinander hinsichtlich des Auftragswiderrufs schuldrechtliche Bindungen aufzuerlegen und diese Bindung auch nach außen, dem Beauftragten gegenüber, zum Bestandteil der Erklärung zu machen (RGZ 160, 122, 127; BGH BB 1964, 699). Der Widerruf des einzelnen Auftraggebers sollte also nicht schon dadurch unzulässig werden, dass er durch den Widerruf seine Pflichten im Innenverhältnis zu den übrigen Auftraggebern verletzt. Ein **Gesamtwiderruf** wurde nur dann für erforderlich gehalten, wenn er im Außenverhältnis mit dem Beauftragten vereinbart war. Wenn im Einzelfall der einzelne Auftraggeber für sich allein zulässigerweise das Widerrufsrecht ausübte, so sollte von den jeweiligen Umständen abhängen, ob durch seinen Widerruf der ganze Auftrag hinfällig, der Beauftragte also von der Verpflichtung zur Ausführung des Auftrags ganz oder teilweise befreit wurde, oder ob das Auftragsverhältnis zu den anderen (nicht widerrufenden) Auftraggebern bestehen blieb (Mot II 544). Die **heute herrschende Meinung** bevorzugt demgegenüber eine **differenzierte Betrachtung** (Erman/Berger[14] § 671 Rn 3; MünchKomm/Seiler[6] § 671 Rn 10; BGH LM Nr 6 zu § 239 ZPO): Danach ist zunächst zu unterscheiden, ob bei mehreren Beteiligten auf der Auftraggeberseite **mehrere parallele Aufträge** vorliegen oder aber **ein einheitlicher Auftrag** gewollt ist. Bei mehreren parallel vereinbarten Aufträgen kann im Grundsatz ein Widerruf durch jeden einzelnen Auftraggeber erfolgen. Ist jedoch ein einheitlicher Auftrag mit mehreren Auftraggebern anzunehmen, dann muss auch die Widerrufserklärung wegen ihrer **Gestaltungswirkung für das Rechtsverhältnis** einheitlich abgegeben werden. Hier kann es nicht zulässig sein, dass einer von mehreren Beteiligten auf Auftraggeberseite einen Widerruf für das gesamte einheitliche Auftragsverhältnis bewirkt; damit würde der Grundsatz der Unverzichtbarkeit des Widerrufs überzogen. Bei **Gesamthandsgesellschaften** bestimmt sich die Zuständigkeit für die Widerrufserklärung im Außenverhältnis nach den jeweiligen Regelungen der Vertretungsmacht, zB §§ 709, 714 BGB oder §§ 125 ff HGB; bei **Gemeinschaften** sind die einschlägigen Zuständigkeitsregelungen wie §§ 744, 745, 747 BGB oder § 26 Abs 1 WEG zu beachten – auf abweichende interne Absprachen der gemeinschaftlich verbundenen Auftraggeber kommt es nicht an.

10 Der Grundsatz der Unverzichtbarkeit des Widerrufsrechts ist mit dem Gedanken verbunden, dass der Auftrag lediglich den Interessen des Auftraggebers dient, dem die Widerrufsfreiheit erhalten bleiben muss (Prot II 370; RGZ 160, 122, 127; BGH WM 1971, 956). Hat der Auftraggeber dem Beauftragten jedoch durch besondere Vereinbarung einen Anspruch auf Ausführung des Auftrags eingeräumt oder dient der Auftrag mindestens ebenso dem **Interesse des Beauftragten** wie dem des Auftraggebers (ohne seinen Auftragscharakter zu verlieren) oder dient der Auftrag auch den Interessen eines Dritten, dann muss auch der Verzicht auf das **Widerrufsrecht als zulässig** angesehen werden (BGH WM 1971, 956; OLG Zweibrücken OLGZ 85, 46; Soergel/Beuthien[13] § 671 Rn 3; MünchKomm/Seiler[6] § 671 Rn 7). Dies führt zu einer entsprechenden Anwendung des § 671 Abs 3: Dem Auftraggeber bleibt die Möglichkeit erhalten, den Auftrag aus wichtigem Grund zu widerrufen (s dazu schon o Rn 2).

11 Die Frage der Wirksamkeit eines Widerrufsverzichts kann sich auch **im Fall des Todes des Auftraggebers** für die Erben stellen, denn beim Tod des Auftraggebers besteht nach der Auslegungsregel des § 672 S 1 der Auftrag fort. Wollen die Erben eine sofortige begründungslose Auflösung des Auftragsverhältnisses erreichen, sind sie auf das Widerrufsrecht des § 671 Abs 1 angewiesen. In der Tat kann der Auftraggeber das **Widerrufsrecht der Erben** nicht ausschließen. Will der Erblasser eine vom Willen des Erben unabhängige Verwaltung des Nachlasses durch einen Dritten herbeiführen, so kann er dieses Ziel nicht durch einen für den Erben unwiderruflichen Auftrag erreichen. Der Ausschluss des Widerrufsrechts des Erben stellt in Wirklichkeit eine letztwillige Verfügung des Erblassers dar, die den erbrechtlichen Beschränkungen unterliegen muss (vgl RGZ 139, 41 ff).

12 Der in § 671 geregelte Widerruf des Auftragsverhältnisses muss konstruktiv vom **Widerruf einer Weisung** nach § 665 unterschieden werden, der als *actus contrarius* zur ursprünglich erteilten Weisung bis zur Ausführung des Auftrags bzw des weisungsrelevanten Auftragsteils möglich ist (vgl § 665 Rn 6). Freilich lässt der Widerruf einer Weisung das Auftragsverhältnis als solches grundsätzlich bestehen. Der Widerruf des Auftragsverhältnisses muss zudem konstruktiv vom **Widerruf allein einer Vollmacht** unterschieden werden, die der Auftraggeber dem Beauftragten nach §§ 164 ff erteilt haben mag. Diese Unterscheidung ist nicht zuletzt deshalb belangvoll, weil auch ein separater **Verzicht auf den Widerruf der Vollmacht** praktisch möglich ist. Soweit allerdings der Widerruf des Auftrags wegen eines wichtigen Grundes analog § 671 Abs 3 unverzichtbar ist, muss auch der Verzicht auf den Widerruf der dem Beauftragten erteilten Vollmacht als wirkungslos angesehen werden (BGH WM 1971, 956). Bei alldem ist zu berücksichtigen, dass die Widerruflichkeit des Auftrags regelmäßig mit derjenigen der Vollmacht über § 139 miteinander verbunden ist.

13 Das Widerrufsrecht des Auftraggebers nach § 671 Abs 1 ist nicht nur **jederzeit und einseitig**, sondern auch **begründungslos** ausübbar und führt mit Zugang der Widerrufserklärung (s oben Rn 5) zur Auflösung des Auftragsverhältnisses. Der Auftraggeber braucht mithin den Widerruf nicht zu begründen; der Beauftragte hat keinen Anspruch auf eine Begründung. Hat der Auftraggeber auf sein Widerrufsrecht zunächst wirksam verzichtet, dann muss er, falls er später nach § 671 Abs 3 analog unter Berufung auf einen wichtigen Grund gleichwohl wirksam widerruft, dem Beauftragten den wichtigen Grund mitteilen. Unterlässt er diese Mitteilung, so

hat er den Schaden des Beauftragten zu ersetzen, den dieser etwa dadurch erleidet, dass er von der Unwirksamkeit des Widerrufs ausgeht.

14 Besonderheiten sind zu beachten, wenn mit dem Auftragsverhältnis eine **treuhänderische Rechtsübertragung an den Beauftragten** verbunden ist. Dies hindert zwar nicht einen wirksamen Widerruf des Auftraggebers mit der Folge einer Auflösung des Auftragsverhältnisses (RGZ 53, 416 ff; RG Recht 1917 Nr 1018), doch erlischt damit nicht ohne Weiteres auch die Rechtsübertragung (RG Recht 1917 Nr 1018; RGZ 99, 142). Der Widerruf selbst entfaltet keine dingliche Wirkung, sondern führt als einseitige gestaltende Willenserklärung lediglich die Auflösung des Auftragsverhältnisses und damit ein **Abwicklungsverhältnis** zwischen den Beteiligten herbei. Im Rahmen dieses Abwicklungsverhältnisses ist sodann zu unterscheiden: War die Übertragung der Treuhandposition unter der auflösenden Bedingung eines Widerrufs des Auftrags erfolgt (§ 158 Abs 2), dann kommt es in der Tat automatisch und ohne weitere rechtsgeschäftliche Übertragungsakte zu einem **Rückfall der Treuhandposition** an den Auftraggeber. War ein solcher Bedingungszusammenhang aber nicht vereinbart, dann ist nach dem Widerruf und der Auflösung des Auftragsverhältnisses der Beauftragte schuldrechtlich zur Rückübertragung des ihm fiduziarisch übertragenen Rechts auf den Auftraggeber verpflichtet, und zwar gemäß § 667. Der Schuldner des abgetretenen Rechts kann dem Beauftragten gegenüber die Einrede der Arglist geltend machen, falls er von der Sachlage Kenntnis hat und der Auftraggeber die Geltendmachung der Forderung gar nicht mehr beabsichtigt (RGZ 53, 416, 419; RG LZ 1917, 389).

IV. Das Kündigungsrecht des Beauftragten

15 Das Kündigungsrecht des Beauftragten besteht nach § 671 Abs 1 grundsätzlich ebenso wie das Widerrufsrecht des Auftraggebers „jederzeit“ – und ebenso begründungslos. In dieser Vorschrift werden Kündigungs- und Widerrufsrecht sachlich ebenso wie sprachlich nebeneinander gestellt; erst in § 671 Abs 2 erfolgt sodann eine Einschränkung allein für das Kündigungsrecht. Die Zulässigkeit eines Verzichts auf die Kündigung ergibt sich schon aus Abs 3. Der Verzicht kann auch stillschweigend erklärt werden. Ob in der Annahme eines Auftrags für eine bestimmte Zeit nach den Umständen bereits ein Verzicht auf das Kündigungsrecht liegt, ist eine Frage der Auslegung. Eine trotz des Verzichts ausgesprochene Kündigung ist unwirksam, es sei denn, dass ein **wichtiger Grund zur Kündigung** vorliegt. Hiermit ist ein „wichtiger Grund“ iSd § 314 Abs 1 S 2 gemeint. Die Beweislast für das Vorliegen des wichtigen Grundes trifft den Beauftragten. Den gleichen Grundsätzen unterliegen vertragsgemäße Beschränkungen des Kündigungsrechts des Beauftragten.

16 Im Gegensatz zum unbeschränkten Widerrufsrecht des Auftraggebers ist das Kündigungsrecht des Beauftragten nach § 671 Abs 2 S 1 im Interesse des Auftraggebers in der Weise **beschränkt**, dass die Kündigung **nicht zur Unzeit** erfolgen darf (s dazu schon o Rn 1). Der Beauftragte darf von seinem Kündigungsrecht nicht derart Gebrauch machen, dass es dem Auftraggeber unmöglich wird, für die Besorgung des Geschäfts anderweit Fürsorge zu treffen (RG JW 1905, 683). Ihn trifft vielmehr – vorbehaltlich eines wichtigen Grundes selbst für eine unzeitige Kündigung (s unten Rn 17) – eine Rücksichtnahmepflicht auf das Interesse des Auftraggebers an einer Umdisponierung. Die Ehefrau, die ihrem Mann durch Bestellung einer dinglichen

Sicherheit Kredithilfe gewährt hat, darf das zugrunde liegende Auftragsverhältnis bei der Scheidung nur in der Weise kündigen, dass dem Ehemann eine angemessene Zeitspanne bleibt, um für eine anderweitige Sicherheit zu sorgen (BGH WM 1972, 661), wobei der beauftragte Ehegatte berechtigt sein kann, einen Tilgungsplan zu verlangen, aus dem hervorgeht, für welche Zwecke und für welche Zeit die Sicherheit noch benötigt wird (BGH MDR 2015, 466, 467 = NJW-RR 2015, 641, 643). Die Einschränkung des Kündigungsrechts des Beauftragten entspricht einem allgemeinen Rechtsgedanken, der auch in § 627 Abs 2 und § 675 Abs 1 HS 2 Ausdruck gefunden hat (BGH NJW 1978, 948).

Das Gesetz geht bei der Einschränkung des Kündigungsrechts des Beauftragten **17** nach § 671 Abs 2 aber nicht so weit, ein gesetzliches Verbot aufzustellen. Die unzeitige Kündigung ist also **nicht unwirksam**, sondern führt durchaus zur Auflösung des Auftragsverhältnisses. Der Beauftragte ist aber nach § 671 Abs 2 S 2 **zum Ersatz des Schadens verpflichtet**, der dem Auftraggeber daraus erwächst, dass die Kündigung zur Unzeit erfolgte (§§ 249 ff). Den Auftraggeber trifft die Obliegenheit, den Schaden durch ungesäumte Sorge für die Ausführung des Geschäfts zu mindern (§ 254 Abs 2; Mot II 546).

Die Schadensersatzpflicht entfällt allerdings, wenn ein **wichtiger Grund** für die un- **18** zeitige Kündigung vorliegt. Dabei ist besonders zu beachten, dass ein wichtiger Grund für die Kündigung nicht ohne Weiteres auch zugleich ein wichtiger Grund für die unzeitige Kündigung ist. Es muss also zwischen dem „wichtigen Grund" nach § 671 Abs 3, der die Kündigung des Auftragsverhältnisses ungeachtet eines vorherigen Kündigungsverzichts rechtfertigt, und dem „wichtigen Grund" nach § 671 Abs 2, der eine Schadensersatzpflicht bei einer Kündigung zur Unzeit ausschließt, unterschieden werden. Mit der Kündigungsmöglichkeit „aus wichtigem Grund" trotz eines vorherigen Kündigungsverzichts nach § 671 Abs 3 soll dem allgemeinen Prinzip Rechnung getragen werden, dass ein Dauerschuldverhältnis jedenfalls aus wichtigem Grund immer kündbar sein muss. Insofern ist ein Bedeutungsgleichlauf von § 671 Abs 3 und § 314 Abs 1 festzustellen (s oben Rn 15). Wenn aber das Gesetz in § 671 Abs 2 bei Vorliegen eines wichtigen Grundes eine Schadensersatzpflicht trotz einer (ansonsten schadensersatzbewehrten) Kündigung zur Unzeit ausschließt, errichtet es eine **höhere Schwelle der Unzumutbarkeit** für einen „geordneten Rückzug" des Beauftragten: Danach muss dem Beauftragten trotz der Nachteile, Verluste und Schäden, zu denen es beim Auftraggeber infolge der **unzeitigen** Kündigung des Beauftragten kommen könnte, eine weitere Tätigkeit unzumutbar sein. Der Unterschied kann im Einzelfall bedeutsam werden. Der Beauftragte mag in der ständigen Trunkenheit des Auftraggebers, die immer wieder zu unzumutbaren „wilden Weisungen" führt, einen „wichtigen Grund" für eine Kündigung des Auftragsverhältnisses sehen und zur Kündigung nach § 671 Abs 3 berechtigt sein, obwohl er ursprünglich auf sein Kündigungsrecht verzichtet hatte. Dies bedeutet aber noch nicht, dass er auch ohne Schadensersatzverpflichtung zur Unzeit kündigen kann. Dies ist erst und nur der Fall, wenn der „wichtige Grund" (die ständige Trunkenheit des Auftraggebers) derart schwer wiegt, dass es dem Beauftragten sogar unzumutbar ist, eine „anderweitige Fürsorge für die Besorgung des Geschäfts" iSd § 671 Abs 2 S 1 abzuwarten. Entscheidend für den „wichtigen Grund" nach § 671 Abs 2 ist mithin, dass die Beeinträchtigung der Interessen des Auftraggebers durch die unzeitige Kündigung wegen der Unzumutbarkeit der Fortsetzung des Auftragsverhältnisses für den Beauftragten hinzunehmen ist. Wichtige Gründe, die eine unzeitige Kündigung rechtfertigen können, sind Krankheit oder sonstige ernstliche Behinderung an der Ausführung des Auftrags. Auch Ehrverletzungen seitens des Auftraggebers können in Betracht kommen. Die **Beweislast** für das Vorliegen eines die unzeitige Kündigung rechtfertigenden Grundes trifft den Beauftragten (Mot II 545).

§ 672
Tod oder Geschäftsunfähigkeit des Auftraggebers

Der Auftrag erlischt im Zweifel nicht durch den Tod oder den Eintritt der Geschäftsunfähigkeit des Auftraggebers. Erlischt der Auftrag, so hat der Beauftragte, wenn mit dem Aufschub Gefahr verbunden ist, die Besorgung des übertragenen Geschäfts fortzusetzen, bis der Erbe oder der gesetzliche Vertreter des Auftraggebers anderweit Fürsorge treffen kann; der Auftrag gilt insoweit als fortbestehend.

Materialien: E I §§ 599, 600; II § 603; III § 659; Mot II 547–549; Prot II 371–373, 516.

Schrifttum

S die Nachweise zu den Vorbem zu §§ 662 ff.

Systematische Übersicht

Alphabetische Übersicht

I. Normzweck und Anwendungsbereich

1 Die Regelungen in § 672 S 1 und 2 beantworten zwei Fragen: Was geschieht *erstens*, wenn der *Auftraggeber* nach Begründung des Auftrags stirbt oder geschäftsunfähig wird und hierfür von den Parteien keine Vorsorge getroffen wurde? Was geschieht *zweitens*, wenn der Auftrag durch Tod oder Geschäftsunfähigkeit erlischt, der Erbe oder gesetzliche Vertreter nicht sogleich Maßnahmen treffen kann und es zu einem gefahrvollen Aufschub der weiteren Auftragsausführung zu kommen droht? Die Vorschrift findet ihre Parallele in § 673, in dem es um entsprechende Fragen beim Tod des *Beauftragten* geht.

2 Das BGB stellt in § 672 S 1 zunächst die widerlegbare Auslegungsregel („im Zweifel") auf, dass der Auftrag **durch den Tod des Auftraggebers nicht erlischt**. Damit markiert die Vorschrift einen Unterschied zu der Auslegungsregel des § 673 S 1 zum Tod des Beauftragten, der – umgekehrt – im Zweifel zum Erlöschen des Auftragsverhältnisses führt. Dies bedeutet, dass der Erbe im Wege der Gesamtrechtsnachfolge auch in die Rechtsstellung des Erblassers als Auftraggeber einrückt. Diese Regelung war bei der Entstehung des BGB sehr umstritten. In der 2. Kommission war noch der Antrag gestellt (und abgelehnt) worden, die gegenteilige Auslegungsregel aufzustellen, die auf eine lange Tradition in früheren Rechtsordnungen hätte zurückgreifen können. In der Tat galt im römischen und gemeinen Recht der aus dem besonderen Treueverhältnis der Vertragsparteien abgeleitete Grundsatz, dass der Auftrag durch den Tod des Auftraggebers oder auch den des Beauftragten erlischt: *mandatum morte solvitur* (Paul D. 17. 1. 26 pr; Gai III 160; Gai D. 17. 1. 27. 3; vgl dazu ZIMMERMANN, The Law of Obligations [1990] 424 ff). Indes gab es für den Abschied von der Tradition und für die Hinwendung zu der neuen Auslegungsregel gute Gründe (Mot II 547 ff; Prot II 371 ff). Im Vordergrund standen dabei das Interesse der Erben des Auftraggebers an einem (jedenfalls vorläufigen) Fortbestand des Auftragsverhältnisses sowie das Interesse des Rechtsverkehrs an übersichtlichen Rechtsbeziehungen. Auch kannte das Zivilprozessrecht in § 86 ZPO (Fortbestand der Prozessvollmacht beim Tod des Vollmachtgebers) und das Handelsrecht in § 52 Abs 3 HGB (Fortbestehen der Prokura beim Tod des Geschäftsinhabers) entsprechende Regelungen, sodass dem Gesetzgeber die gewählte Lösung als „moderner" erschien. Zugleich hielt es der Gesetzgeber für naheliegend und angebracht, die gesetzliche Auslegungsregel zum Fortbestand des Auftragsverhältnisses auch auf den Fall der **Geschäftsunfähigkeit** des Auftraggebers zu erstrecken (vgl Mot II 548 ff). Auch hiergegen hatte sich Protest erhoben, doch lehnte die 2. Kommission einen Streichungsantrag zu dieser Bestimmung ab (Prot II 373, 516). Ausschlaggebend hierfür war das Interesse des Auftraggebers selbst am Fortbestand des Auftrags, wobei für ihn im Verhältnis zum Beauftragten nunmehr sein gesetzlicher Vertreter handeln konnte.

3 Für den Fall, dass der Auftrag entgegen der Auslegungsregel des S 1 *doch* erlischt,

weil dies „ohne Zweifel“ für den Fall des Todes oder der Geschäftsunfähigkeit des Auftraggebers so vorgesehen war, erlegt S 2 des § 672 dem Beauftragten eine **Notbesorgungspflicht** auf, bis der Erbe bzw der gesetzliche Vertreter anderweitig Vorsorge getroffen haben. Diese Regelung muss im Zusammenhang mit der Vorschrift des § 674 verstanden werden, wonach bei schuldloser Unkenntnis das Vertrauen des Beauftragten auf den Fortbestand des Auftrags geschützt wird. Denn solange der Beauftragte von dem Erlöschen des Auftrags durch Tod oder Eintritt der Geschäftsunfähigkeit des Auftraggebers keine Kenntnis hat oder Kenntnis haben muss, gilt der Auftrag zu seinen Gunsten gemäß § 674 als fortbestehend. § 674 wirkt hingegen nicht zu seinen Lasten. Untätigkeit schadet ihm also nur, wenn er trotz Kenntnis des Erlöschens seine Notbesorgungspflicht nach § 672 S 2 schuldhaft verletzt.

4 Die Vorschrift des § 672 findet auf Dienst- und Werkverträge, die eine Geschäftsbesorgung zum Gegenstand haben (§ 675 Abs 1), und auf Zahlungsdienste (§ 675c Abs 1) entsprechende Anwendung, soweit die Beteiligten nicht eine abweichende Vereinbarung treffen. Die widerlegliche Auslegungsregel erstreckt sich nach § 168 S 1 auch auf die mit dem Auftrag bzw dem Geschäftsbesorgungsvertrag **verbundene Vollmacht**. Sie gilt zudem für den Vollmachtsnachweis im Grundbuchverkehr nach § 29 GBO. Der Grundbuchrichter darf vom Vorliegen einer Vollmacht ausgehen, wenn die Form des § 29 GBO gewahrt ist, mag darin auch keine ausdrückliche Berechtigung der Erben zur Vertretung enthalten sein (RGZ 64, 16). Dies wird man auf das Handelsregisterrecht gem § 12 Abs 1 und Abs 2 S 1 HGB übertragen können (OLG Hamburg DNotZ 1967, 30).

II. Tod des Auftraggebers

5 Die Auslegungsregel des § 672 S 1 zum Fortbestand des Auftragsverhältnisses beansprucht nur „im Zweifel“, nicht aber dann Geltung, wenn die Vertragsparteien für den Fall des Todes oder der Geschäftsunfähigkeit des Auftraggebers ein Erlöschen des Auftragsverhältnisses ausdrücklich vereinbart haben oder wenn sich aus den Umständen des Falles ein derartiger abweichender Parteiwille entnehmen lässt. Letzteres liegt immer dann nahe, wenn die weitere Auftragsdurchführung von der Person des Aufraggebers abhängt und angesichts seines Todes bzw seiner Geschäftsunfähigkeit nunmehr sinnlos erscheint. So ist ein **konkludent vereinbartes Erlöschen des Auftrags** anzunehmen, wenn der Beauftragte für den Auftraggeber eine Wohnung mieten oder einen Lehrer engagieren sollte und der Auftraggeber stirbt bzw geschäftsunfähig wird. Auch erlischt das zwischen Verteidiger und Mandanten begründete Geschäftsbesorgungsverhältnis mit dem Tod des Angeklagten, da dieser von Rechts wegen zur Beendigung des Strafverfahrens führt; damit erlischt auch die Vollmacht des Verteidigers (OLG Düsseldorf NJW 1993, 546). Bei einem **höchstpersönlichen Inhalt des Auftrags** ist gleichfalls ein Erlöschen des Auftrags anzunehmen (BGH NJW-RR 1990, 131). Das Erlöschen des Auftrags ist aber nach § 672 S 1 „im Zweifel“ zu verneinen, wenn der Beauftragte aufgrund eines Vertrauensverhältnisses mit der Vermögensverwaltung des Auftraggebers betraut worden ist (RG JW 1929, 1647; SeuffA 83 Nr 95; WarnR 1929 Nr 160; Gruchot 71, 82). Fragwürdig erscheint, dass die auch eine Vermögensverwaltung umfassende Altersvorsorgevollmacht für den Fall der Betreuungsbedürftigkeit beim Tod des Auftraggebers erlöschen soll (so aber OLG Hamm NJW-RR 2003, 800; dazu kritisch Roth WuB IV A § 168 BGB 1.04). Der Auftraggeber kann die Geltung der Auslegungsregel auch durch einen **einseitigen bedingten Wi-**

derruf („für meinen Todesfall") nach § 671 Abs 1 sperren (vgl § 671 Rn 6). Die Auslegungsregel des § 672 S 1 findet auch dann Anwendung, wenn die gesetzlichen Erben des Auftraggebers die Erbschaft ausschlagen, sodass der Fiskus Erbe wird (RG Recht 1907 Nr 1820).

6 Wie aus der Formulierung „übertragenen Geschäfts" in § 672 S 2 deutlich wird, ist für die Auslegungsregel des S 1 nur Raum, wenn bereits beim Tod des Auftraggebers bzw vor Eintritt der Geschäftsunfähigkeit ein Auftragsverhältnis bestanden hat. Kommt es erst **nach dem Tod** des Auftraggebers oder **nach dem Eintritt seiner Geschäftsunfähigkeit** zum **Abschluss des Auftragsvertrags** (§ 130 Abs 2), so findet § 672 keine Anwendung (Planck, BGB [1./2. Aufl 1900] § 672 Anm 2). Dagegen kann es, obwohl das Gesetz in S 2 vom „Fortsetzen" des Geschäfts spricht, nicht darauf ankommen, ob mit der Ausführung des Auftrags bereits begonnen war.

7 Die Regelung des § 672 lässt auch Aufträge zu, die vereinbarungsgemäß überhaupt erst nach dem Tod des Auftraggebers ausgeführt werden sollen (BGH NJW 1969, 1245; NJW 1975, 382; WM 1976, 1130; Kümpel WM 1977, 1186 ff). Die Auftraggeberstellung geht dann nach § 1922 Abs 1 auf die Erben über. Allerdings steht in solchen Fällen den Erben die Weisungsbefugnis nach § 665 und das – nicht abdingbare, nicht ausschließbare – Widerrufsrecht nach § 671 Abs 1 zu (BGH WM 1976, 1130). War der Beauftragte zugleich zur Vornahme eines Rechtsgeschäfts bevollmächtigt, braucht er nicht die Zustimmung des Erben einzuholen, wenn er nach dem Tod des Auftraggebers von seiner **postmortalen Vollmacht** (Vollmacht auf den Todesfall) **oder transmortalen Vollmacht** (Vollmacht über den Tod hinaus) Gebrauch machen will (BGH NJW 1969, 1245 mit **abl** Anm Finger S 1624; OLG Frankfurt ZEV 2015, 648, 650 mit **abl** Anm Grunewald S 650). Zu Unrecht will ein Teil der Literatur dem Beauftragten im Rückgriff auf §§ 665, 666 die Pflicht auferlegen, die Erben als neue Auftraggeber zu informieren und eventuell neue Weisungen einzuholen (vgl Erman/Ehmann[12] § 672 Rn 7; **aA** Erman/Berger[14] § 672 Rn 3; Soergel/Beuthien[13] § 672 Rn 10; Flume, Rechtsgeschäft II § 51, 5 b; Grunewald ZEV 2014, 579, 581; dies ZEV 2015, 650). Die Pflichtenbindung des Beauftragten gegenüber dem Erben reicht nicht so weit, dass ihm eine Rückversicherung beim Erben abverlangt werden könnte. Bei entgeltlichen Geschäftsbesorgungen durch eine Bank steht den Erben ein jederzeitiges, nicht abdingbares Kündigungsrecht nach §§ 675 Abs 1, 627, 649 zu (vgl BGH NJW 1975, 382, 384). Wenn jemand einem anderen Wertpapiere mit dem Auftrag aushändigt, sie nach seinem Tode einem Dritten als Geschenk zu überbringen, so ist ein solcher Auftrag jedenfalls dann keine Umgehung des § 2301, wenn der Dritte mit dem Tode des Auftraggebers einen Anspruch auf die Ausführung des Auftrags haben sollte (so wohl in dem berühmten Bonifatius-Fall von RGZ 83, 223 ff; vgl dazu ausführl Martinek/Röhrborn JuS 1994, 473 ff und 564 ff). Die Drittbegünstigung ist dann mit dem Tode des Auftraggebers vollzogen, auch wenn die Schenkung selbst noch der Annahme bedarf und der Formmangel (§ 518 Abs 1) erst durch die Annahme geheilt wird (BGH NJW 1964, 1124, 1125; BGH NJW 1975, 382, 383). Der Auftrag über den Tod hinaus kann damit freilich – wie der Vertrag zugunsten Dritter auf den Todesfall überhaupt (§ 331) – Funktionen übernehmen, die ansonsten durch testamentarische und erbvertragliche Regelungen erfüllt werden.

8 Vielfach erscheint es geboten, die Vorschrift des § 672 analog auf die **Vollbeendigung einer juristischen Person** anzuwenden, die dem Tod der natürlichen Person ent-

spricht. So hat das RG bei einer im Wege der Fusion aufgelösten Aktiengesellschaft (Auftraggeberin/Geschäftsherrin), bei der eine Gesamtrechtsnachfolge einer anderen juristischen Person eintrat, die Geschäftsbesorgungsverträge mit den Aufsichtsratsmitgliedern (Beauftragten/Geschäftsbesorgern) entsprechend § 672 behandelt (RGZ 81, 153, 154). Da unter der Geltung des UmwG bei einer Verschmelzung das Vermögen der übertragenden Gesellschaft auf die übernehmende Gesellschaft als Gesamtrechtsnachfolgerin übergeht und die übertragende Gesellschaft erlischt (§ 20 Abs 1 Nr 1 und 2 UmwG), kommt es zu einem Übergang auch der Rechte des Auftraggebers auf die übernehmende Gesellschaft, sodass man § 672 S 1 nicht zu bemühen braucht (vgl auch die Sonderregelung des § 21 UmwG für gegenseitige Verträge). Eine Vollbeendigung der juristischen Person ist nicht zugleich mit ihrer **Liquidation** anzunehmen, da die Liquidation noch nicht zur endgültigen Beendigung führt, wenn etwa noch Vermögensrechte vorhanden sind, die gegen sie gerichtet sind (OLG Hamm DNotZ 2009, 305).

III. Geschäftsunfähigkeit des Auftraggebers

9 Der Gesetzgeber hielt es für naheliegend und angebracht, die gesetzliche Auslegungsregel zum Fortbestand des Auftragsverhältnisses auch auf den Fall der Geschäftsunfähigkeit des Auftraggebers zu erstrecken (vgl Mot II 548 ff). Wenn also der Auftraggeber nach § 104 Nr 2 geschäftsunfähig wird, kommt es gleichfalls „im Zweifel“ **nicht** zum Erlöschen des Auftragsverhältnisses, wenn nicht das Gegenteil vereinbart oder aus den Umständen ein abweichender Wille der Parteien zu entnehmen ist oder ein bedingter Widerruf des Auftraggebers für diesen Fall vorliegt. Insoweit wirft die Vorschrift des § 672 kaum besondere Probleme auf. Erwähnenswert erscheint aber, dass der Auftrag im Zweifel auch nicht erlischt, wenn für den Auftraggeber eine **Betreuung mit Einwilligungsvorbehalt** (§ 1903) angeordnet wird und der Gegenstand des Auftrags innerhalb des Aufgabenkreises des Betreuers liegt. In diesem Fall ist § 672 insoweit entsprechend anzuwenden. Liegen die vom Beauftragten zu besorgenden Geschäfte außerhalb des Aufgabenkreises des Betreuers, dann ist die Anordnung einer Betreuung des Auftraggebers mit Einwilligungsvorbehalt als solche ohnedies unerheblich. Die Vorschrift des § 672 ist auch dann anwendbar, wenn es zu einer Beendigung der gesetzlichen Vertretung des Auftraggebers oder zu einem Wechsel in der Person seines gesetzlichen Vertreters kommt. Diese Ereignisse führen ebenfalls „im Zweifel“ nicht dazu, dass der Auftrag erlischt (vgl auch § 86 ZPO zum Fortbestand der Prozessvollmacht). Ohne Weiteres ist die Vorschrift zudem bei **Eintritt einer beschränkten Geschäftsfähigkeit** des Auftraggebers (zB gem §§ 112, 113) wegen der Gleichheit der Interessenlage entsprechend anwendbar.

IV. Fortbestehen des Auftragsverhältnisses

10 Wenn der Auftrag durch den Tod oder den Eintritt der Geschäftsunfähigkeit des Auftraggebers nicht erlischt, was nach § 672 S 1 die Regel bildet, so besteht das durch den Auftrag begründete Rechtsverhältnis zwischen dem/den Erben des Auftraggebers bzw dem nunmehr durch seinen gesetzlichen Vertreter vertretenen Auftraggeber einerseits und dem Beauftragten andererseits, im Übrigen aber **rechtlich unverändert fort** (Mot II 548). Der Beauftragte kann sich damit aber **praktisch einer mehr oder weniger veränderten Lage** ausgesetzt sehen. Insbesondere hat er nun

Weisungen von ihm bislang uU unbekannten Personen, nämlich dem/den Erben bzw dem gesetzlichen Vertreter nach § 665 zu beachten. Die **persönliche Vertrauensbasis** des Auftragsverhältnisses erfährt insofern eine Umgestaltung. In dieser Lage kann sich der Beauftragte auf sein jederzeitiges Kündigungsrecht nach § 671 Abs 1 besinnen, mit dem er einseitig eine Auflösung des Auftragsverhältnisses herbeiführen kann. Dabei hat er freilich die Beschränkungen des § 671 Abs 2 zu beachten. Auch der Erbe steht als neuer Auftraggeber und Weisungsberechtigter vor einer neuen Situation, die möglicherweise seinen Interessen nicht entspricht. Er kann daher den Auftrag nach § 671 Abs 1 widerrufen. Ein früherer Verzicht des vorherigen Auftraggebers/Erblassers auf das Widerrufsrecht (vgl § 671 Rn 3, 8 u 10) wirkt dem Erben gegenüber nicht. Bereits entstandene Ansprüche beider Parteien des Auftragsverhältnisses bleiben durch Kündigung oder Widerruf auch in diesem Falle unberührt.

Ansonsten bleibt es beim Fortbestehen des Auftragsverhältnisses und bei der Fort- **11**
wirkung des ursprünglichen Auftragsinhalts. Der Beauftragte hat bis zur anderweitigen Bestimmung durch die Erben einen nach dem Tode des Auftraggebers auszuführenden Auftrag mit dem Inhalt auszuführen, den der Auftraggeber mit ihm vereinbart hatte. Wenn er aufgrund ihm erteilter und mit dem Auftrag zusammen fortbestehender Vollmacht (§§ 672 S 1, 168 S 1) über Nachlassgegenstände zugunsten Dritter verfügen soll, kann es zu einem **Interessenkonflikt mit den Erben des Auftraggebers** kommen (BGH NJW 1969, 1245 mit Anm von Finger 1624; Hopt ZHR 133 [1970] 305, 322 ff). Da das Auftragsverhältnis bis zum Widerruf oder bis zur Erteilung neuer Weisungen durch die Erben mit seinem ursprünglichen Inhalt fortbesteht, braucht der Beauftragte nach dem Tod des Auftraggebers grundsätzlich nicht die Zustimmung der Erben einzuholen, solange er sich innerhalb des vom Erblasser bestimmten Rahmens bewegt (BGH NJW 1969, 1245, 1247). Wenn der Beauftragte aufgrund ihm bekannter Umstände davon ausgehen muss, dass das Auftragsverhältnis dem Erben unbekannt ist, so muss er sie zwar informieren, braucht aber mit der Auftragsausführung nicht abzuwarten (Hopt ZHR 133 [1970] 305, 322 ff, 324).

Wenn das Auftragsverhältnis gemäß § 672 S 1 beim Tod des Auftraggebers nicht **12**
erlischt, besteht gemäß § 168 S 1 auch eine **mit dem Auftrag erteilte Vollmacht** fort, die nun den Beauftragten zur rechtsgeschäftlichen Vertretung des Erben berechtigt (RGZ 88, 345, 348; LZ 1925, 542). Entsprechendes gilt für eine **Generalvollmacht** nach dem Tode des Vollmachtgebers (RGZ 106, 185; SeuffA 83 Nr 160). Soll ein Auftrag erst nach dem Tode des Auftraggebers ausgeführt werden, so kann auch die Vollmacht auf den Fall des Todes des Vollmachtgebers beschränkt werden (RG LZ 1925, 542; RGZ 114, 351, 353; KG JW 1939, 482; BGH NJW 1969, 1245).

V. Erlöschen des Auftragsverhältnisses und Notbesorgungspflicht

Kommt die Auslegungsregelung des § 672 S 1 nicht zur Anwendung, weil eine Be- **13**
endigung des Auftragsverhältnisses beim Tod bzw Eintritt der Geschäftsunfähigkeit des Auftraggebers vereinbart wurde oder sich aus einem bedingten Widerruf für den Todesfall ergibt, dann erlischt im Regelfall das Auftragsverhältnis. Die durch den Auftrag für den Auftraggeber bereits erwachsenen Ansprüche und Verbindlichkeiten gehen im Todesfall des Auftraggebers auf seine Erben über. Der Beauftragte ist also insbesondere dem Erben des Auftraggebers gegenüber zur Rechenschaftslegung (§ 666) und Herausgabe (§ 667) verpflichtet. Umgekehrt ist der Erbe seiner-

seits verpflichtet, die bereits entstandenen Aufwendungs- und Schadensersatzansprüche des Beauftragten zu erfüllen. Kommt es bei Eintritt der Geschäftsunfähigkeit des Auftraggebers zum Erlöschen des Auftragsverhältnisses, wird dieser im Abwicklungsstadium durch den gesetzlichen Vertreter vertreten.

14 Wie § 672 S 2 zu erkennen gibt, führt das Erlöschen des Auftragsverhältnisses aber nicht immer ohne Weiteres umgehend zu einem Abwicklungsstadium. Vielmehr trifft diese Regelung für den Fall Vorsorge, dass bei einem Erlöschen des Auftrags „mit dem Aufschub Gefahr verbunden ist". Dann nämlich bleibt der Beauftragte zu der übernommenen Geschäftsbesorgung solange verpflichtet, bis der Erbe des Verstorbenen oder der gesetzliche Vertreter des geschäftsunfähig gewordenen Auftraggebers anderweit Fürsorge treffen kann. Diese **Notbesorgungspflicht** besteht freilich nur, wenn der Beauftragte vom Eintritt des Erlöschensgrundes Kenntnis hat. Sie entfällt, sobald der Erbe oder gesetzliche Vertreter die **Möglichkeit** hat, für das Geschäft **anderweitig Vor- und Fürsorge zu treffen**. Gleichgültig ist, ob er von dieser Möglichkeit tatsächlich Gebrauch macht und sich um das zu besorgende Geschäft kümmert. Ob und wann der Erbe bzw gesetzliche Vertreter die Möglichkeit einer Fürsorge für das Geschäft hat, bestimmt sich vom Standpunkt eines objektiven Betrachters der Sachlage. Das Gesetz spricht in § 672 S 2 vom „Fortsetzen" der Besorgung des übertragenen Geschäfts. Diese Wortwahl darf nicht zu der Annahme verleiten, die Notbesorgungspflicht des Beauftragten bestehe nur dann, wenn dieser mit der Auftragsausführung schon vor dem Todesfall bzw dem Eintritt der Geschäftsunfähigkeit begonnen hatte (Mot II 548; Enneccerus/Lehmann, SchuldR [15. Aufl 1954] § 163 I 3 Anm 4). Der Beauftragte hat durchaus auch einen noch nicht begonnenen, aber übernommenen Auftrag unter den Voraussetzungen der Notbesorgung auszuführen. Für den Fall, dass das Auftragsverhältnis durch **Insolvenz über das Vermögen des Auftraggebers** erlischt (vgl § 671 Rn 7), ist in **§ 115 Abs 2 InsO** eine **besondere Notgeschäftsführungspflicht** vorgesehen; dies gilt nach § 116 InsO auch beim Erlöschen eines **Geschäftsbesorgungsvertrags** durch die Eröffnung des Insolvenzverfahrens (vgl auch die Regelung des § 117 InsO zum Erlöschen der mit einem Auftrag bzw Geschäftsbesorgungsvertrag verbundenen Vollmacht).

15 Während des Bestehens der Notbesorgungspflicht gilt ausweislich des § 672 S 2 aE auch der Auftrag „insoweit als fortbestehend", entfaltet also weiterhin alle seine rechtlichen Wirkungen. **Die Notbesorgung modifiziert das gesetzlich fingierte Auftragsverhältnis**. Der Beauftragte handelt aber bei Wahrnehmung der Notbesorgungspflicht des § 672 S 2 im Rahmen des vertraglichen Auftragsverhältnisses und wird nicht etwa zum Geschäftsführer ohne Auftrag. Zur Vornahme der Notbesorgung ist er berechtigt und verpflichtet. Der Beauftragte macht sich schadensersatzpflichtig, wenn er schuldhaft die Notbesorgung unterlässt oder schlecht ausführt. Seine Haftung geht auf das Erfüllungsinteresse. Soweit das aufgetragene Geschäft im Ganzen unaufschiebbar ist, muss er es vollständig ausführen.

16 Das nach § 672 S 2 aE als fortbestehend fingierte und durch die Notbesorgung modifizierte Auftragsverhältnis kann vom Erben bzw gesetzlichen Vertreter, falls er an der Ausführung des Auftrags kein Interesse hat, gemäß § 671 Abs 1 widerrufen werden. Der Beauftragte hingegen kann sich von seiner Notbesorgungspflicht nicht ohne Weiteres durch eine Kündigung nach § 671 Abs 1 befreien, sondern hat die Beschränkung seines Kündigungsrechts nach § 671 Abs 2 zu beachten. Eine Kündi-

gung bei Gefahr im Aufschub stellt sich stets als Kündigung zur Unzeit dar, ist also zwar wirksam, hat aber die Schadensersatzpflicht des § 671 Abs 2 S 2 zur Folge, falls nicht gerade für die Kündigung **zur Unzeit** ein wichtiger Grund vorliegt (vgl dazu § 671 Rn 17). Zu beachten ist, dass die Vorschrift des § 674 den Beauftragten bei schuldloser Unkenntnis vom Erlöschen des Auftragsverhältnisses in seinem Vertrauen auf dessen Fortbestand schützt. Denn solange der Beauftragte von dem Erlöschen des Auftrags durch Tod oder Eintritt der Geschäftsunfähigkeit des Auftraggebers keine Kenntnis hat oder Kenntnis haben muss, gilt der Auftrag zu seinen Gunsten gemäß § 674 als fortbestehend. Weil § 674 nicht zu Lasten des Beauftragten wirken soll, schadet ihm ein Untätigbleiben nur, wenn er trotz Kenntnis des Erlöschens seine Notbesorgungspflicht nach § 672 S 2 schuldhaft verletzt.

VI. Legitimationswirkung des § 672 S 1

Der Auslegungsregel des § 672 S 1 kommt im Rechtsverkehr eine weitreichende 17
Legitimationswirkung für den Beauftragten zu. Wenn beispielsweise die Vollmacht in der Form des § 29 GBO beurkundet ist und das zugrunde liegende Auftragsverhältnis sich aus der Vollmachtsurkunde ergibt, genügt die Vermutung des § 672 S 1 in Verbindung mit § 168 S 1 zum Nachweis des Fortbestehens der Vollmacht gegenüber dem Grundbuchamt; die Vollmacht braucht nicht ausdrücklich über den Tod hinaus erteilt zu sein (KG DNotZ 1972, 18, 20). Entsprechendes gilt für § 12 Abs 1 und Abs 2 S 1 HGB (OLG Hamburg DNotZ 1967, 30). Die Vermutung des § 672 S 1 genügt auch zur Erbringung des nach § 29 GBO zu führenden Beweises der Fortdauer des Rechtsverhältnisses trotz nachträglich eingetretener Geschäftsunfähigkeit des Vollmachtgebers, wenn aus der Vollmachtsurkunde hervorgeht, dass der Vollmacht ein Auftrag zugrunde liegt.

VII. Insolvenz des Auftraggebers

Welchen Einfluss die Insolvenz des **Auftraggebers** auf das durch den Auftrag be- 18
gründete Rechtsverhältnis ausübt, regeln die unabdingbaren Vorschriften der InsO mit ihren Sonderregelungen in §§ 115 ff. Danach erlischt ein vom Gemeinschuldner/Auftraggeber erteilter Auftrag durch die Eröffnung des Verfahrens, es sei denn, dass der Auftrag sich nicht auf das zur Insolvenzmasse gehörige Vermögen bezieht. Das Gleiche gilt nach § 116 InsO für den Fall der Insolvenz des **Geschäftsherrn beim entgeltlichen Geschäftsbesorgungsvertrag**. Erlischt der Auftrag bzw Geschäftsbesorgungsvertrag durch die Eröffnung des Insolvenzverfahrens, so findet die Regelung zur Notgeschäftsführung nach § 115 Abs 2 InsO Anwendung, sodass auf § 672 S 2 nicht rekurriert zu werden braucht. In § 115 Abs 2 S 2 InsO findet sich eine **eigenständige Fortgeltungsfiktion**, die der Regelung des § 672 aE entspricht. Die Vorschrift des § 115 Abs 3 InsO bietet eine **Vertrauensschutzregelung** für Dritte. Der Beauftragte/Geschäftsbesorger ist in diesem Falle Massegläubiger in Ansehung der nach Eröffnung des Verfahrens etwa entstehenden Ansprüche, § 115 Abs 2 S 3 InsO. Was der Beauftragte/Geschäftsbesorger nach Insolvenzeröffnung noch in Ausführung des Auftrags erlangt hat, schuldet er seinerseits der Masse (RGZ 53, 327; 82, 400).

§ 673
Tod des Beauftragten

Der Auftrag erlischt im Zweifel durch den Tod des Beauftragten. Erlischt der Auftrag, so hat der Erbe des Beauftragten den Tod dem Auftraggeber unverzüglich anzuzeigen und, wenn mit dem Aufschub Gefahr verbunden ist, die Besorgung des übertragenen Geschäfts fortzusetzen, bis der Auftraggeber anderweit Fürsorge treffen kann; der Auftrag gilt insoweit als fortbestehend.

Materialien: E I § 601; II § 604; III § 660; Mot II 549, 550; Prot II 373, 516 f.

Schrifttum

S die Nachweise zu den Vorbem zu §§ 662 ff.

Systematischer Überblick

Alphabetische Übersicht

I. Normzweck und Anwendungsbereich

Die Regelungen in § 673 S 1 und 2 beantworten zwei Fragen: Was wird *erstens* aus dem Auftragsverhältnis, wenn der Beauftragte nach Begründung des Auftrags stirbt und hierfür von den Parteien keine Vorsorge getroffen wurde? Was hat *zweitens* zu geschehen, wenn der Auftrag durch den Tod des Beauftragten erlischt, aber Gefahr im Verzug ist? Die Vorschrift findet ihre Parallele in § 672, in dem es um entsprechende Fragen (und abweichende Antworten) beim Tod des *Auftraggebers* geht. 1

Das BGB stellt in § 673 S 1 zunächst die Auslegungsregel („im Zweifel") auf, dass der Auftrag durch den Tod des Beauftragten erlischt. Damit markiert die Vorschrift einen Unterschied zu der Auslegungsregel des § 672 S 1 zum Tod des Auftraggebers, der – umgekehrt – im Zweifel **nicht** zum Erlöschen des Auftragsverhältnisses führt. Die Auslegungsregel gilt nur „im Zweifel". Es ist unbedenklich zulässig, dass die Parteien das Gegenteil ausdrücklich vereinbaren, nämlich das Fortbestehen des Auftragsverhältnisses beim Tod des Beauftragten. Auch kann sich aus den Umständen des Falles „ohne Zweifel" eine **konkludente Vereinbarung** der Parteien in diesem Sinne ergeben. Eine **Widerlegung der Auslegungsregel** bestimmt sich im Einzelfall danach, ob ein besonderes Vertrauensverhältnis, das früher zwischen Auftraggeber und Beauftragtem bis zu dessen Tod bestanden hatte, nunmehr ohne Weiteres auf den Erben übertragen wurde oder nicht; bejahendenfalls kann ohne Erlöschen des Auftrags die Stellung des Beauftragten nach § 1922 Abs 1 auf den Erben übergehen. 2

Anders als die gegenteilige Auslegungsregel zum Tod des Auftraggebers in § 672 S 1, die bei der Entstehung des BGB durchaus umstritten war (§ 672 Rn 2), fügte sich die Vorschrift des § 673 S 1 bruchlos in das Vorstellungsbild des Gesetzgebers zur Interessenlage der Parteien des Auftragsverhältnisses ein: Wenn der Auftrag in besonderem Maße auf einem persönlichen Vertrauensverhältnis beruht, der Beauftragte daher auch nach § 664 Abs 1 S 1 „im Zweifel" die Auftragsausführung nicht einem Dritten übertragen darf, dann verbietet es sich mangels eines erkennbaren anderweitigen Parteiwillens auch, dass im Todesfall des Beauftragten sein(e) Erbe(n) in die Beauftragtenstellung einrückt (einrücken) (Mot II 549). Hinzukommt, dass es eine unbillige Beschwerung des/der Erben bedeutete, wenn der Auftrag mit der Pflichtenstellung des Beauftragten ohne Weiteres auf ihn/sie überginge. **Insoweit** hat der Gesetzgeber des BGB an einer **langen Tradition** festgehalten. In der Tat galt im römischen und gemeinen Recht der aus dem besonderen Treueverhältnis der Vertragsparteien abgeleitete Grundsatz, dass der Auftrag durch den Tod des Auftraggebers oder auch den des Beauftragten erlischt: *mandatum morte solvitur* (Paul D. 17. 1. 26 pr; Gai III 160; Gai D. 17. 1. 27. 3; vgl dazu Zimmermann, The Law of Obligations [1990] 424 ff). 3

Die Auslegungsregel des § 673 S 1 **gilt nicht** für andere in der Person des Beauftragten liegende Umstände, die ihn an der (weiteren) Auftragsausführung hindern, insbesondere nicht bei Eintritt der Geschäftsunfähigkeit des Beauftragten (zur Insolvenz des Beauftragten s unten Rn 15). Insoweit ist das Regelungsspektrum des § 673 S 1 enger gefasst als dasjenige der Parallelvorschrift des § 672 S 1. Dahinter verbirgt sich durchaus eine bewusste und zielgerichtete Differenzierung, wie schon die Gesetzgebungsgeschichte zeigt: In der 2. Kommission wurde beantragt, die Vorschrift des 4 jetzigen § 673 auf den Fall der Geschäftsunfähigkeit des Beauftragten mit der Maßgabe für entsprechend anwendbar zu erklären, dass an Stelle des Erben des Beauftragten dessen gesetzlicher Vertreter trete. Dieser und ein ähnlicher Antrag wurden aber abgelehnt, weil man bereits mit der Anwendung der allgemeinen Grundsätze zu einem richtigen Ergebnis gelange (Prot II 517). Bildet den Auftragsgegenstand die Vornahme eines Rechtsgeschäfts oder einer geschäftsähnlichen Handlung, dann hat die **dauernde Geschäftsunfähigkeit** des Beauftragten regelmäßig eine Unmöglichkeit der Leistung nach § 275 zur Folge, weil dem Geschäftsunfähigen die rechtsgeschäftliche Betätigung nach § 105 nicht mehr möglich ist und der gesetzliche Vertreter das Geschäft nach § 664 regelmäßig nicht besorgen darf (Enneccerus/Lehmann, SchuldR [15. Aufl 1954] § 163 I 2). Bei **vorübergehender Geschäftsunfähigkeit** des Beauftragten ist nicht ohne Weiteres Unmöglichkeit der Ausführung des Auftrags anzunehmen. Hat der Auftraggeber an der Ausführung des Auftrags kein Interesse mehr, so muss er den Auftrag nach § 671 Abs 1 widerrufen. Wird der Beauftragte durch den Eintritt der Geschäftsunfähigkeit von seinen Verpflichtungen befreit, so ist auf seinen gesetzlichen Vertreter § 673 S 2 mit der Folge der Anzeigepflicht und der Notbesorgungspflicht entsprechend anzuwenden (Enneccerus/Lehmann, SchuldR [15. Aufl 1954] § 163 I 2).

5 Auch findet § 673 S 1 keine (entsprechende) Anwendung bei Anordnung einer **Betreuung des Beauftragten mit Einwilligungsvorbehalt nach § 1903**, die in der Regel auf den Auftrag keinen Einfluss hat; die in § 1903 Abs 1 S 2 unerwähnt gebliebene Vorschrift des § 165 ist entsprechend anzuwenden, sodass die Wirksamkeit einer von oder gegenüber dem Vertreter abgegebenen Willenserklärung nicht durch seine beschränkte Geschäftsfähigkeit beeinträchtigt wird. Im Einzelfall kann es freilich auf die Art der Geschäftsbesorgung ankommen. Liegt der Gegenstand des Auftrags außerhalb des Aufgabenkreises des Betreuers, dann ist die Anordnung der Betreuung als solche für den Fortbestand des Auftrags ohnehin unerheblich.

6 Naheliegend, aber umstritten ist die Anwendbarkeit der Auslegungsregel des § 672 auf eine **beauftragte Gesellschaft** beim Übergang ihres Vermögens auf eine andere Gesellschaft im Wege der **Gesamtrechtsnachfolge**. Die Rechtsprechung hat das Erlöschen des Auftrags in einem Fall angenommen, in dem das Vermögen einer zur WEG-Verwalterin bestellten Kommanditgesellschaft *qua* Gesamtrechtsnachfolge auf ihre Komplementär-GmbH übertragen worden war (BayObLG MDR 1987, 588; unentschieden aber OLG Düsseldorf NJW-RR 1990, 1299). Schon das RG hatte nach der Verschmelzung einer als Grundbuchvertreterin eingesetzten KG auf Aktien einen Übergang von Auftrag und Vollmacht auf die übernehmende Gesellschaft bejaht und dabei betont, dass das Vertrauen des Auftraggebers durch die Fusion nicht beeinträchtigt worden sei (RGZ 150, 289; vgl auch LG Koblenz NJW-RR 1998, 38). Es ist gewiss richtig, dass es bei der Bestellung einer juristischen Person zum Treuhänder, Vermögensverwalter oder zum Grundbuchvertreter nach § 1189 nicht notwendig (wie bei der Beauftragung einer natürlichen Person) um besonderes persönliches Vertrauen geht. Indes ist darauf hinzuweisen, dass das **UmwG in § 20 Abs 1 Nr 1 eine Sonderregelung** zum Rechtsübergang von Dienstleistungsverhältnissen bei Verschmelzungsvorgängen bereithält, die gegenüber § 673 eine Verdrängungswirkung entfaltet (dazu zutreffend K Schmidt DB 2001, 1019). Im Ergebnis ist die Vorschrift des § 673 deshalb unabhängig von der Übertragung eines besonderen Vertrauensverhältnisses **unanwendbar** (zustimmend Dreyer JZ 2007, 606, 612 ff; Zajonz/Nachtwey ZfIR

2008, 701, 707). Nun schließt sich dieser Auffassung auch der BGH an und erkennt zu Recht, dass wegen § 20 Abs 1 Nr 1 UmwG keine Regelungslücke vorhanden ist und die Bestellung einer juristischen Person zur Verwaltung kein höchstpersönliches Rechtsverhältnis ist, wie § 673 es verlangt (BGH ZMR 2014, 654 Rn 18 = ZfIR 2014, 327 Rn 18 = WuM 2014, 295 Rn 18; mit zustimmender Anm Wachter EWiR 2014, 343, 344; Armbrüster/Greis ZfIR 2014, 330, 331; Brandt/Hansen ZMR 2014, 657, 658).

Die Vorschrift des § 673 findet nach § 675 Abs 1 auf **Dienst- und Werkverträge, die eine Geschäftsbesorgung zum Gegenstand haben**, entsprechende Anwendung; das Gleiche gilt für Zahlungsdiensteverträge (§ 675c Abs 1). Das Amt des **Testamentsvollstreckers** erlischt kraft Gesetzes gem § 2225 mit dessen Tod, womit die Auslegungsregel des § 673 **S 1** obsolet ist. Allerdings gilt die Regelung des § 673 **S 2** nach § 2218 Abs 1 entsprechend für das Rechtsverhältnis zwischen dem **Testamentsvollstrecker** und dem Erben des Auftraggebers, sodass nunmehr der Erbe des Testamentsvollstreckers dem Erben des Auftraggebers gegenübersteht. Ersteren trifft gegenüber Letzterem die Anzeige- und Notgeschäftsführungspflicht des § 673 S 2. Dabei ist aber vorausgesetzt, dass zwischen dem Testamentsvollstrecker und den Erben das Rechtsverhältnis der Testamentsvollstreckung bereits bestanden hat (vgl BGH NJW 1977, 1726). Wenn daher der Erbe die Erbschaft ausschlägt und der Erblasser nicht auch im Verhältnis zu den Ersatzerben Testamentsvollstreckung angeordnet hat, ist § 673 S 2 im Verhältnis zu den Ersatzerben unanwendbar. 7

II. Erlöschen des Auftrags

1. Anzeigepflicht des Erben

Kommt es nach § 673 S 1 zum Erlöschen des Auftragsverhältnisses, ist der Erbe nach § 673 S 2 dazu verpflichtet, dem Auftraggeber den Tod des Beauftragten unverzüglich (dh ohne schuldhaftes Zögern, vgl § 121 Abs 1 S 1) anzuzeigen. Die Anzeigepflicht ist nicht davon abhängig, ob mit dem Aufschub der Auftragsausführung eine Gefahr verbunden ist (Mot II 549). Die Beobachtung irgendeiner **Form** ist für die Anzeige nicht vorgeschrieben. Wie bei der in § 663 geregelten Anzeigepflicht des Beauftragten bei Auftragsablehnung (vgl § 663 Rn 8) gilt auch bei § 673 S 2: **Anzeigepflicht bedeutet Mitteilungspflicht**. Wie die Ablehnungsanzeige nach § 663 ist auch die Todesanzeige nach § 673 S 2 ihrer Rechtsnatur nach als eine geschäftsähnliche Handlung mit der Folge einer grundsätzlichen analogen Anwendbarkeit der §§ 104 ff zu qualifizieren. Fraglich ist allerdings, ob die Todesanzeige dem Auftraggeber auch nach § 130 zugehen muss, wie man dies entsprechend für andere geschäftsähnliche Handlungen (zB für die Mahnung) annimmt. Eine nähere Interessenabwägung führt indes – ebenso wie bei der Ablehnungsanzeige nach § 663 – zu dem Ergebnis, dass ein solches **Zugangserfordernis verneint** werden muss. Denn es bedeutete eine vom Gesetz schwerlich gewollte Belastung des Erben des Beauftragten als des in § 673 S 2 bezeichneten Normadressaten, wollte man ihn für das Zugehen der Todesanzeige verantwortlich machen, das seiner Einflusssphäre regelmäßig entzogen ist. Deshalb muss auch für die Erfüllung der Anzeigepflicht des § 673 S 2 eine den Umständen nach sorgfältig vorgenommene und **unverzügliche Absendung** genügen. Welche Anforderungen im Einzelnen an die Sorgfalt der Absendung, insbesondere an die gewählte Mitteilungsform zu stellen sind, ist nach § 242 zu beurteilen. Dabei spielt insbesondere die vom Erben erkennbare Bedeu- 8 tung der Kenntnis der Ablehnung für den Auftraggeber im Hinblick auf den Wert oder die Wichtigkeit des Geschäfts eine wichtige Rolle. Wer demgegenüber die Mitteilung der Ablehnung analog § 130 für zugangsbedürftig hält, wird jedenfalls für die Unverzüglichkeit entsprechend § 121 Abs 1 S 2 gleichwohl auf die Absendung abstellen müssen. Die Meinungsverschiedenheit wirkt sich aber auf die **Beweislast** aus, denn bei Unanwendbarkeit des § 130 braucht der von der Anzeigepflicht des § 673 S 2 betroffene Erbe lediglich die (sorgfältige) Absendung, nicht auch den Zugang zu beweisen.

2. Notbesorgungspflicht des Erben

9 Kommt es nach § 673 S 1 beim Tod des Beauftragten zum Erlöschen des Auftragsverhältnisses und ist mit dem Aufschub der Auftragsausführung Gefahr verbunden, so trifft den Erben nach § 673 S 2 neben der Todesanzeigepflicht eine Notbesorgungspflicht: Er hat die Besorgung des aufgetragenen Geschäfts solange fortzusetzen, bis der Auftraggeber nach rechtzeitigem Empfang der Todesanzeige anderweitig Fürsorge treffen kann. Die Notbesorgungspflicht des Erben nach § 673 S 2 ist der Notbesorgungspflicht des Beauftragten bei Erlöschen durch Tod des Auftraggebers nach § 672 S 2 nachgebildet und wird von den entsprechenden Grundsätzen regiert (vgl § 672 Rn 13 ff).

3. Fiktion des Fortbestehens

10 Die parallele Ausgestaltung der Norminhalte von §§ 672 und 673 erstreckt sich auch auf die **Fiktion des Fortbestehens des Auftragsverhältnisses**. Denn nach § 673 S 2 aE gilt hinsichtlich der Anzeigepflicht wie auch hinsichtlich der Notbesorgungspflicht („insoweit“) der Auftrag mit allen seinen rechtlichen Wirkungen als fortbestehend. Dies bedeutet, dass Erben nicht gesetzlich *(ex lege)*, sondern vertraglich *(ex contractu)* zur Anzeige und Notbesorgung verpflichtet sind, weil sie in dem vom Gesetz gekennzeichneten beschränkten Umfang in das Vertragsverhältnis eintreten. Eine Verletzung der Anzeige- und/oder Notbesorgungspflicht begründet eine vertragliche Pflichtverletzung. Der Erbe des verstorbenen Beauftragten ist also insbesondere verpflichtet, dem Auftraggeber den aus der Unterlassung der Anzeige oder aus der Unterlassung der Notbesorgung erwachsenen Schaden nach § 280 zu ersetzen.

11 Die Anzeige- und Notbesorgungspflicht besteht unabhängig davon, ob der Beauftragte selbst schon mit der **Ausführung des Auftrags begonnen** hatte oder nicht. Wie bei § 672 S 2 ist auch bei § 673 S 2 insofern der Wortlaut des Gesetzes, der von einer „Fortsetzung“ der Besorgung des übertragenen Geschäfts spricht, unscharf (vgl dazu § 672 Rn 14). Der Auftraggeber kann den fingierten Auftrag nach § 671 Abs 1 unbeschränkt widerrufen, der Erbe kann ihn mit den Einschränkungen des § 671 Abs 2 kündigen. Falls dem Erben die Auftragsausführung unmöglich ist, entfällt nach § 275 die Notbesorgungspflicht. Dann erlischt der fingierte Auftrag, ohne dass es einer Kündigung durch den Erben bedarf.

12 Der Wortlaut des § 673 S 2 („insoweit“), wonach der Erbe lediglich bezüglich der in der Vorschrift genannten Pflichtenstellung in das als fortbestehend fingierte Auftragsverhältnis einrückt, darf nicht dazu verleiten, den Erben ansonsten von allen Beauftragtenpflichten zu befreien. Zu Recht hat die Rechtsprechung angenommen,

dass der Erbe trotz des Erlöschens des Auftrags in die Informationspflichten des Beauftragten einrückt (BGHZ 104, 369, 372 ff). Konstruktiv erklärt sich die Belastung des Erben mit Informationspflichten allerdings nicht als eine Fortsetzung des Auftragsverhältnisses im Rahmen der Notbesorgungspflicht, sondern als eine **Nachwirkung des erloschenen Auftrags**.

13 Im Übrigen lässt die Regelung des § 673 die allgemeinen Grundsätze der §§ 1923, 1967 ff unberührt, wonach sämtliche Ansprüche und Verbindlichkeiten, die für den Beauftragten bei seinem Tod bereits durch den Auftrag entstanden sind, auf den Erben übergehen. Dies betrifft namentlich die Verpflichtung, dem Auftraggeber im Rahmen der Abwicklung des erloschenen Auftrags nach § 666 Rechenschaft abzulegen und ihm das Erlangte nach § 667 herauszugeben (Mot II 550).

III. Fortbestand des Auftrags

14 Wenn das Auftragsverhältnis durch den Tod des Beauftragten **nicht erlischt**, was gemäß § 673 S 1 die Ausnahme bildet, besteht das durch den Auftrag begründete Rechtsverhältnis zwischen dem Auftraggeber und dem Erben des Beauftragten als dessen Rechtsnachfolger unverändert fort (vgl RGZ 150, 289, 291). Eine Verpflichtung des Erben zur Anzeige des Todes des Beauftragten gegenüber dem Auftraggeber hat das Gesetz für diesen Fall nicht besonders ausgesprochen. Sie ist aber ohne Weiteres schon aus §§ 662, 666, 1922 abzuleiten (Mot II 550). Die Erben haben den Auftrag so auszuführen, wie dies dem Erblasser obliegen hat; an sie gerichtete neue Weisungen des Auftraggebers haben sie zu beachten (§ 665). Sie können jedoch den Auftrag gemäß § 671 Abs 1 und 2 kündigen.

IV. Insolvenz des Beauftragten

15 Eine Insolvenz des Beauftragten hat als solche **keinen Einfluss** auf den Fortbestand des Auftragsverhältnisses. Die Lage ist bei der Insolvenz des Beauftragten anders als bei der Insolvenz des **Auftraggebers**, für die die §§ 115 ff InsO zwingend das Erlöschen des Auftrags vorschreiben, der sich auf das zur Insolvenzmasse gehörende Vermögen bezieht, wobei in § 115 Abs 2 InsO eine Notgeschäftsführung vorgesehen ist (vgl § 661 Rn 7 und § 672 Rn 18). Keinesfalls ist die Auslegungsregel des § 673 S 1 auf die Insolvenz des Beauftragten übertragbar; dies verbietet schon ein *argumentum e contrario* aus §§ 115 ff InsO. Bei einer Insolvenz des Beauftragten erlaubt es vielmehr die beiderseitige freie Auflösbarkeit des Auftragsverhältnisses nach § 671 den Beteiligten, aus der Insolvenz selbst die notwendigen Folgerungen zu ziehen und gegebenenfalls einen Widerruf bzw eine Kündigung auszusprechen (vgl Mot II 550, 551). Der Auftraggeber kann den Auftrag auch nach Insolvenzeröffnung jederzeit widerrufen (§ 671 Abs 1). Zur Ausführung des Auftrags für die Zeit nach Insolvenzeröffnung über das Vermögen des Beauftragten ist nur der Beauftragte persönlich, nicht der Insolvenzverwalter verpflichtet. Es ist daher auch Sache des Beauftragten und nicht des Insolvenzverwalters, den Auftrag nach § 671 Abs 1 und 2 zu kündigen, wenn er ihn nicht mehr ausführen will. Ansprüche auf Ersatz von Aufwendungen, die der Beauftragte vor Eröffnung des Insolvenzverfahrens erworben hatte, gehören zur Insolvenzmasse.

§ 674
Fiktion des Fortbestehens

Erlischt der Auftrag in anderer Weise als durch Widerruf, so gilt er zugunsten des Beauftragten gleichwohl als fortbestehend, bis der Beauftragte von dem Erlöschen Kenntnis erlangt oder das Erlöschen kennen muss.

Materialien: E I § 603; II § 605; III § 661; Mot II 553, 554; Prot II 375.

Schrifttum

S die Nachweise zu den Vorbem zu §§ 662 ff.

Systematischer Überblick

Alphabetische Übersicht

I. Normzweck und Anwendungsbereich

1 Die Fortwirkungsfiktion des § 674 dient dem **Schutz des gutgläubigen Beauftragten**, der mit der Auftragsausführung befasst ist, aber vom Erlöschen des Auftrags nichts weiß und nichts wissen muss (BGHZ 74, 257; BGH NJW 2000, 739). Zu seinen Gunsten wird das erloschene Auftragsverhältnis als fortbestehend fingiert („gilt"), bis ihm das Erlöschen bekannt ist oder bekannt sein muss. Der Beauftragte soll keinen Schaden erleiden, wenn er sich nach Erlöschen des Auftrags in gutem Glauben an dessen Fortbestehen für den Auftraggeber weiter fremdnützig einsetzt und Aufwendungen für ihn tätigt. Auf diese Weise bleibt dem Beauftragten insbesondere der **Anspruch**

auf Ersatz seiner gutgläubig gemachten Aufwendungen gem § 670 nach dem Erlöschen des Auftrags gewahrt (Mot II 554).

Durch diese allein auf den Beauftragtenschutz gerichtete Zielsetzung unterscheidet 2 sich die Fortwirkungsfiktion des § 674 von den Fortwirkungsfiktionen in § 672 S 2 aE und § 673 S 2 aE, wonach bei Beendigung des Auftrags durch in der Person des Auftraggebers liegende Umstände (§ 672 S 2) oder durch Tod des Beauftragten (§ 673 S 2) der Auftrag insoweit als fortbestehend gilt, als trotz der Beendigung des Auftragsverhältnisses dem Beauftragten oder seinen Erben gewisse Pflichten auferlegt sind. Die Fortwirkungsfiktionen in § 672 S 2 aE und § 673 S 2 aE bezwecken den Schutz der Erben des Auftraggebers und den des geschäftsunfähig gewordenen Auftraggebers (§ 672 S 2) bzw den des Erben des Beauftragten (§ 673 S 2), indem sie vor allem die dort geregelten Rechte und Pflichten der Notbesorgung bei Gefahr im Verzug vertragsrechtlich absichern; sie schützen mithin die Auftraggeber- wie die Beauftragtenseite. Demgegenüber hat die Fortwirkungsfiktion des § 674 **allein den Schutz des gutgläubigen Beauftragten** in der „Schwebezeit" zwischen dem Erlöschen des Auftrags und der Kenntnis bzw dem Kennenmüssen davon im Auge; sie entfaltet ausdrücklich nur „zugunsten des Beauftragten" Wirkung. Dies hat die wichtige Konsequenz, dass sich der **Auftraggeber bzw sein Rechtsnachfolger nicht auf § 674 berufen** kann.

Die Regelung des § 674 findet nach § 675 Abs 1 auf **Dienst- und Werkverträge, die** 3 **eine Geschäftsbesorgung zum Gegenstand** haben, entsprechende Anwendung; das Gleiche gilt für Zahlungsdiensteverträge (§ 675c Abs 1). Sie gilt auch entsprechend für das Rechtsverhältnis zwischen dem Testamentsvollstrecker und dem Erben gemäß § 2218 Abs 2. Wenn jedoch der Erbe die Erbschaft ausschlägt und der Erblasser nicht auch im Verhältnis zu den Ersatzerben Testamentsvollstreckung angeordnet hat, ist § 674 im Verhältnis zu den Ersatzerben unanwendbar (BGH NJW 1977, 1726).

II. Erlöschen des Auftragsverhältnisses

Die Regelung des § 674 erfasst sämtliche Fälle des Erlöschens des Auftragsverhält- 4 nisses **mit Ausnahme des Widerrufs** seitens des Auftraggebers nach § 671 Abs 1. Dies leuchtet unmittelbar ein: Der Widerruf des Auftrags durch den Auftraggeber ist ein einseitiges empfangsbedürftiges Rechtsgeschäft. Er wird daher dem abwesenden Beauftragten gegenüber nach § 130 Abs 1 S 1 erst in dem Zeitpunkt wirksam, in dem er ihm zugeht, er mithin regelmäßig davon Kenntnis, jedenfalls aber die Möglichkeit der Kenntnisnahme hat (vgl RGZ 61, 125, 126).

Endet das Auftragsverhältnis durch einen **bedingten Widerruf** und hat der Beauf- 5 tragte von dem Eintritt der Bedingung **keine Kenntnis**, so kommt ihm der Schutz des § 674 zugute. Da der Auftrag dann nach § 158 Abs 1 erst durch Eintritt der Bedingung erlischt, ist nach dem Grundgedanken des Gesetzes die Kenntnis oder Nichtkenntnis des Eintritts der Bedingung der Kenntnis oder Nichtkenntnis eines anderen, das Erlöschen des Auftrags bewirkenden Umstandes gleichzusetzen. Bemerkenswert ist, dass nach § 603 des 1. Entwurfs der gutgläubige Beauftragte sogar ausdrücklich auch im Fall des bedingten Widerrufs geschützt werden sollte.

Die Regelung des § 674 findet auch für den Fall der Beendigung des Auftrags **durch** 6

Kündigung des Beauftragten Anwendung, solange dieser nicht weiß oder wissen muss, dass seine Kündigung nach § 130 durch Zugang oder nach § 158 Abs 1 durch Eintritt einer aufschiebenden Bedingung wirksam geworden ist. Sie ist entsprechend anzuwenden zugunsten der **Erben**, wenn sie ohne Verschulden davon ausgehen konnten, dass der Auftrag durch den Tod des Beauftragten trotz der Auslegungsregel des § 673 S 1 ausnahmsweise nicht erloschen war.

7 Erlischt der Auftrag bzw Geschäftsbesorgungsvertrag durch **Eröffnung des Insolvenzverfahrens** über das Vermögen des **Auftraggebers** (vgl § 672 Rn 18), finden die Sonderregelungen der §§ 115 Abs 3, 116 InsO zum Vertrauensschutz des Beauftragten bzw Geschäftsbesorgers Anwendung, sodass es seit Inkrafttreten der InsO eines Rekurses auf § 674 nicht bedarf. Der Beauftragte/Geschäftsbesorger ist hinsichtlich der nach Insolvenzeröffnung entstandenen Ersatzansprüche aber nicht Massegläubiger, sondern Insolvenzgläubiger, § 115 Abs 3 S 2 InsO. Was er nach Insolvenzeröffnung noch in Ausführung des Auftrags erlangt hat, schuldet er seinerseits zur Masse (RGZ 53, 327; 82, 400). Der Schutz nach den §§ 115 Abs 3, 116 InsO greift grds auch beim Erlöschen eines Bankvertrags durch Insolvenzeröffnung über das Vermögen des Kunden ein, beispielsweise wenn eine Gesellschaft (Gemeinschuldnerin, Auftraggeberin und Bankkundin), für die eine Bank als Beauftragte im Rahmen eines Girovertrags mit Kontokorrentverhältnis tätig wird, durch Konkurseröffnung als Handelsgesellschaft aufgelöst wird (BGHZ 63, 87; vgl auch BGHZ 74, 253; OLG Düsseldorf DB 1977, 1548; OLG Koblenz WM 1988, 1355). Auch wenn das Stornorecht der Bank nach deren Kenntniserlangung von der Insolvenz erlischt, darf sie irrtümliche Buchungen weiterhin durch Rück- bzw Gegenbuchungen beseitigen (BGHZ 63, 87, 90). Allerdings ist die Sonderregelung des § 116 S 3 InsO zu beachten, wonach Zahlungsaufträge sowie Aufträge zwischen Zahlungsdienstleistern oder zwischengeschalteten Stellen (§§ 675c ff) und Aufträge zur Übertragung von Wertpapieren durch die Eröffnung des Insolvenzverfahrens des Auftraggebers **nicht erlöschen**, sondern mit Wirkung für die Masse fortbestehen.

III. Gutgläubigkeit des Beauftragten

8 Die Fortwirkungsfiktion des § 674 kommt dem Beauftragten nur zugute, wenn er vom Erlöschen des Auftrags keine Kenntnis hatte und seine Unkenntnis auch nicht verschuldet war. Dabei schadet dem Beauftragten auch schon **leichte Fahrlässigkeit** (§ 122 Abs 2, § 276 Abs 2). Die Kenntnis der Umstände, aus denen das Erlöschen hervorgeht, steht der Kenntnis des Erlöschens nicht gleich, kann aber fahrlässige Unkenntnis begründen. Ein Kennenmüssen der Beendigung des Auftrags liegt bei der Kündigung durch den Beauftragten vor, sobald der Beauftragte nach dem regelmäßigen Lauf der Dinge annehmen muss, dass seine Kündigung dem Auftraggeber zugegangen ist (Oertmann, BGB-Komm [5. Aufl 1929] Anm 3). Setzt der Beauftragte in Kenntnis oder schuldhafter Unkenntnis der Beendigung des Auftrags seine Tätigkeit fort, so ist er, mit der Ausnahme der Fälle der Notbesorgung, nicht schutzwürdig. Er setzt sich der Schadensersatzpflicht des § 678 aus und kann seinerseits allenfalls einen Bereicherungsanspruch nach § 684 S 1 haben. Notbesorgung nach § 672 S 2 kann erst bei Kenntnis vom Erlöschen des Auftrags gegeben sein; bis dahin ist der Beauftragte nach § 674 geschützt. Liegt Unaufschiebbarkeit objektiv vor, kann vor Beginn der eigentlichen Notbesorgung freilich eine berechtigte Geschäftsführung ohne Auftrag gegeben sein.

IV. Rechtsfolgen der Fortwirkungsfiktion

Wenn nach § 674 der erloschene Auftrag zugunsten des gutgläubigen Beauftragten solange als fortbestehend „gilt“, bis er das Erlöschen kennt oder kennen muss, dann soll diese Fiktion nach Wortlaut und Zweck der Vorschrift **nur zum Vorteil des Beauftragten**, also nicht zu seinem Nachteil und nicht zugunsten des Auftraggebers Rechtswirkungen entfalten. Der Auftraggeber bzw dessen Erben (im Falle des Erlöschens des Auftrags nach § 672 durch Tod des Auftraggebers) müssen daher sämtliche Handlungen gegen sich gelten lassen, die der Beauftragte in der „Schwebezeit“ zur Auftragsausführung vornimmt. Insbesondere haben sie ihm hierfür seine Aufwendungen nach § 670 zu erstatten. 9

Solange der Auftrag gemäß § 674 zugunsten des Beauftragten als fortbestehend gilt, wirkt gemäß § 168 S 1, § 169 auch eine **damit verbundene Vollmacht** zugunsten eines Dritten fort, der mit dem Beauftragten noch abschließt. Dies gilt jedoch nach § 169 nicht zugunsten des Dritten, wenn der Dritte bei Vornahme des Rechtsgeschäfts das Erlöschen kennt oder kennen muss. 10

Wenn sich auch die Regelung des § 674 nur mit dem fingierten Fortbestehen des erloschenen Auftrags „zugunsten des Beauftragten“, also nur mit seinen **Rechten aus dem Auftragsverhältnis** befasst, so darf dies doch nicht zu der Annahme verleiten, der Beauftragte habe wegen des Erlöschens des Auftrags keinerlei Pflichtenstellung mehr gegenüber dem Auftraggeber bzw dessen Erben. Vielmehr hat der Beauftragte, der in gutem Glauben an die Fortdauer des bereits erloschenen Auftrags Ausführungs- oder Fortsetzungshandlungen vornimmt, hierbei durchaus **weiterhin die Pflichten eines Beauftragten** zu erfüllen. Er ist insbesondere weiterhin nach § 665 zur Weisungsbefolgung bzw gebundenen Weisungsabweichung, weiterhin nach § 666 zur Auskunft und Rechenschaft, weiterhin nach § 667 zur Herausgabe des Erhaltenen und des Erlangten und weiterhin nach § 668 zur Verzinsung verwendeten Geldes verpflichtet. Der Gesetzgeber hat diese Fortwirkung der Pflichtenposition des Beauftragten in § 674 unerwähnt gelassen, weil er sie für selbstverständlich hielt und sich die gleichen Verpflichtungen im Übrigen schon aus den Grundsätzen über die Geschäftsführung ohne Auftrag (§§ 677 ff) ergeben (Mot II 554). 11

Weil die Fortwirkungsfiktion des § 674 nur zugunsten des Beauftragten wirkt, darf aus ihr keinesfalls eine **Verpflichtung des gutgläubigen Beauftragten zur Fortsetzung des Auftrags** in der „Schwebezeit“ herausgelesen werden. Der Beauftragte **darf** die Geschäfte fortführen, er **muss** es aber nicht. Unterlässt der Beauftragte die Fortführung des Auftrags, obwohl er zu ihr nach § 674 befugt war, so können der Auftraggeber oder im Falle des § 672 dessen Erben keine Schadensersatzansprüche gegen ihn wegen der Unterlassung erheben. Gerade hier kommt der Schutzcharakter des § 674 zugunsten des Beauftragten zum Tragen. Der Auftraggeber und seine Erben haben nach Erlöschen des Auftrags ein Recht auf ein Tätigwerden des Beauftragten oder seiner Erben nur, soweit es um eine Notbesorgung unter den Voraussetzungen des § 672 S 2 und des § 673 S 2 geht. Wohl aber können sie den Beauftragten wegen schuldhaft vertragswidriger Ausführung des Auftrags in Anspruch nehmen, wenn er den Auftrag nach § 674 fortführt. 12

Wenn der Beauftragte aus seiner Tätigkeit nach Erlöschen des Auftrags Ansprüche 13 geltend macht, muss der Auftraggeber beweisen, dass der Beauftragte vom Erlöschen Kenntnis hatte oder nur infolge von Fahrlässigkeit keine Kenntnis hatte (Mot II 553; Enneccerus/Lehmann, SchuldR [15. Aufl 1954] § 163 Anm 5).

Untertitel 2
Geschäftsbesorgungsvertrag

§ 675
Entgeltliche Geschäftsbesorgung

(1) Auf einen Dienstvertrag oder einen Werkvertrag, der eine Geschäftsbesorgung zum Gegenstand hat, finden, soweit in diesem Untertitel nichts Abweichendes bestimmt wird, die Vorschriften der §§ 663, 665 bis 670, 672 bis 674 und, wenn dem Verpflichteten das Recht zusteht, ohne Einhaltung einer Kündigungsfrist zu kündigen, auch die Vorschriften des § 671 Abs. 2 entsprechende Anwendung.

(2) Wer einem anderen einen Rat oder eine Empfehlung erteilt, ist, unbeschadet der sich aus einem Vertragsverhältnis, einer unerlaubten Handlung oder einer sonstigen gesetzlichen Bestimmung ergebenden Verantwortlichkeit, zum Ersatz des aus der Befolgung des Rates oder der Empfehlung entstehenden Schadens nicht verpflichtet.

(3) Ein Vertrag, durch den sich der eine Teil verpflichtet, eine Anmeldung oder Registrierung des anderen Teils zur Teilnahme an Gewinnspielen zu bewirken, die von einem Dritten durchgeführt werden, bedarf der Textform.

Materialien zu § 675 Abs 1: E II §§ 567 Abs 1, 606; III § 662; Prot II 376–379; VI 189; **zu § 675 Abs 2 (= § 676 aF)**: E I § 604; II § 607; III § 663; Mot II 554, 555; Prot II 380, 664.

Systematische Übersicht

Alphabetische Übersicht

A. Das Recht der entgeltlichen Geschäftsbesorgung – Allgemeiner Teil

Schrifttum

Arangio-Ruiz, Il mandato in diritto romano (1949)

Assfalg, Die Behandlung von Treugut im Konkurse des Treuhänders (1960)

Assmann/Schütze, Handbuch des Kapitalanlagerechts (4. Aufl 2015)

Basty, Der Bauträgervertrag (8. Aufl 2014)

Benedict, Die Haftung des Anlagevermittlers – Von der Vertrags-, Vertrauens- und Garantiehaftung zu einer Berufshaftung?, ZIP 2005, 2129

Bertzel, Der Notgeschäftsführer als Repräsentant des Geschäftsherrn, AcP 158 (1958) 107

Beyerle, Die Treuhand im Grundriß des deutschen Privatrechts (1932)

Blank, Bauträgervertrag (5. Aufl 2015)

Bohrer, Die Haftung des Dispositionsgaranten (1980)

Borgmann/Jungk/Schwaiger, Anwaltshaftung (5. Aufl 2014)

Borgmann, Die Rechtsprechung des BGH zum Anwaltshaftungsrecht von Juli 2012 bis Juli 2013, NJW 2013, 3343

Bormann, Beiträge zur Erklärung der Geschäftsbesorgung in § 675 (Diss Göttingen 1901)

Bross, Vertragshandbuch GmbH-Geschäftsführer (2013)

Buck-Heeb, Die „Flucht" aus dem Anlageberatungsvertrag, ZIP 2013, 1401

Büchting/Heussen (Hrsg), Beck'sches Rechtsanwaltshandbuch (11. Aufl 2016)

Coing, Die Treuhand kraft privaten Rechtsgeschäfts (1973)

ders, Zum Geldherausgabeanspruch gegenüber dem Treuhänder, JZ 1970, 245

ders, Rechtsformen der privaten Vermögensverwaltung, insbesondere durch Banken, in USA und Deutschland, AcP 167 (1967) 99

Crome, Die partiarischen Rechtsgeschäfte (1897)

Dahl, Die Kautionsversicherung in der Insolvenz des Versicherungsnehmers, NJW-Spezial 2008, 693

Deckenbrock, Die Anwaltssozietät – eine GbR wie jede andere?, AnwBl 2012, 723

Dniestrànski, Aufträge zugunsten Dritter (1905)

ders, Zur Lehre von der Geschäftsführung, JherJb 77 (1927) 48

Flohr, Aktuelle Tendenzen im Franchise-Recht, BB 2006, 389

Freise, Das Transportrecht – Stand und Entwicklungslinien, RdTW 2013, 41

Fuchs, Regelung des Architekten- und Ingenieurvertrags, Der Referentenentwurf des Bundesjustizministeriums, NZBau 2015, 675

Führich, Die neue Pauschalreiserichtlinie, NJW 2016, 1204

Gaedertz/Martinek/Ory (Hrsg), Handbuch Mediaagenturen (2016)

Genius, Risikohaftung des Geschäftsherrn, AcP 173 (1973) 481

Gerold (Begr)/Schmidt (Hrsg), Rechtsanwaltsvergütungsgesetz (22. Aufl 2015)

Grziwotz/Koeble (Hrsg), Handbuch Bauträgerrecht (2. Aufl 2017)

Hachenburg, Dienstvertrag und Werkvertrag im Bürgerlichen Gesetzbuch (1898)

Hadding, Die Rechtsstellung des Verwalters zwischen Verband und Wohnungseigentümern, ZWE 2012, 61

Hans, Die Auswirkungen des Medienwandels auf das Werbevertrags- und Werbekartellrecht (2015)

Hartung/Schons/Enders, Rechtsanwaltsvergütungsgesetz (3. Aufl 2017)

Harriehausen, Die aktuellen Entwicklungen im Leasingrecht, NJW 2015, 1422; NJW 2016, 1421

Herresthal, Die Rechtsprechung zu Aufklärungspflichten bei Rückvergütungen auf dem Prüfstand des Europarechts, WM 2012, 2261

ders, Die Grundlage und Reichweite von Aufklärungspflichten beim Eigenhandel mit Zertifikaten, ZBB 2012, 89

Heuer/Weber, Die Entwicklung des Bauträgerrechts in den Jahren 2013 und 2014, NJW 2015, 2086

Heusel, Die Haftung für fehlerhafte Anlageberatung, JuS 2013, 109

HINNE, Das Einsichtsrecht in Patientenakten, NJW 2005, 2270
HIRTZ, Rechtliche Auswirkungen der Partnerwahl, AnwBl 2008, 82
HÖCHSTÄDTER, Der auf eine Geschäftsbesorgung gerichtete Dienst- und Werkvertrag (Diss Erlangen 1905)
HOFFMANN/LIEBS, Der GmbH-Geschäftsführer (3. Aufl 2009)
H HONSELL, Die Risikohaftung des Geschäftsherrn, in: FG vLübtow (1980) 485
ISAY, Die Geschäftsführung nach dem Bürgerlichen Gesetzbuche für das Deutsche Reich (1900)
ISELE, Geschäftsbesorgung (1935)
vJHERING, Der Zweck im Recht, 1. Band (3. Aufl 1893)
KAMPS/WOLLWEBER, Formen der Berufsausübung für Steuerberater – Sozietät, GmbH & Co. KG, Bürogemeinschaft und Kooperation, DStR 2009, 926
KATZENMEIER, Arzthaftung (2002)
KESSELRING/HENNIG, Die Entwicklung des Architekten- und Ingenieurrechts der Jahre 2013 und 2014, NJW 2014, 2083
dies, Die Entwicklung des Architekten- und Ingenieurrechts in den Jahren 2014 und 2015, NJW 2015, 2165
H T KLAMI, Teneor mandati (1976)
ders, Mandatum and Labour in Roman Law, SavZ 106 (1989) 575
KÖTZ, Trust und Treuhand (1963)
KOLLER, Das Haftungsprivileg des Geschäftsbesorgers gem §§ 664 Abs 1 Satz 2, 675 BGB, ZIP 1985, 1243
KOSLOWSKI, Steuerberatungsgesetz (7. Aufl 2015)
KRAMER (Hrsg), Neue Vertragsformen der Wirtschaft (2. Aufl 1992)
KRÖLL, Die Entwicklung des Rechts der Schiedsgerichtsbarkeit in den Jahren 2003 und 2004, NJW 2005, 194
KRÜGER, Aufklärung und Beratung bei Kapitalanlagen, NJW 2013, 1845
LAMMEL, Verträge auf Interessenwahrung, in: GITTER ua, Vertragsschuldverhältnisse (1974) 263
ders, Die Haftung des Treuhänders aus Verwaltungsgeschäften (1972)
ders, Zur Auskunftshaftung, AcP 179 (1979) 337
LANG, Die neuere Rechtsprechung des Bundesgerichtshofes zu Auftrag, Geschäftsbesorgung und Geschäftsführung ohne Auftrag, WM 1988, Sonderbeilage 9
LANGENBUCHER/BLIESENER/SPINDLER, Bankrechts-Kommentar (2. Aufl 2016)
LAUFS/KERN, Handbuch des Arztrechts (4. Aufl 2012)
LENEL, Die auf Geschäftsbesorgung gerichteten entgeltlichen Verträge, JherJb 44 (1905) 31
ders, Unentgeltliche und entgeltliche Geschäftsbesorgung, AcP 129 (1928) 1
LENT, Wille und Interesse bei der Geschäftsbesorgung (1938)
LIEBICH/MATHEWS, Treuhand und Treuhänder in Recht und Wirtschaft (2. Aufl 1983)
LUTTER/KRIEGER/VERSE, Rechte und Pflichten des Aufsichtsrats (6. Aufl 2014)
LUX, Generelle Haftungsprivilegierung von Sozien, NJW 2003, 2806
ders, Kommt dem Arztvertrag Geschäftsbesorgungscharakter zu? – Auskunfts-, Einsichtnahme- und Herausgabepflichten des Arztes, GesR = Zeitschrift für Gesundheitsrecht 2004, 6
ders, Rechtsscheinhaftung des Scheinsozius auch für nicht anwaltstypische Tätigkeiten, NJW 2008, 2309
MARTINEK, Franchising – Grundlagen der zivil- und wettbewerbsrechtlichen Behandlung der vertikalen Gruppenkooperation beim Absatz von Waren und Dienstleistungen (1987)
ders, Moderne Vertragstypen Bd I (1991), Bd II (1992), Bd III (1993)
ders, Das allgemeine Geschäftsbesorgungsrecht und die analoge Anwendung des § 392 Abs 2 HGB – Anregungen aus und zu Musielaks Gutachten zur Schuldrechtsreform, in: FS Hans-Joachim Musielak (2004) 355
ders, Mediaagenturen und Medienrabatte (2008)
ders, Die modernen Mediaagenturen als Nachfolger der Werbeagenturen – Rechtstatsachen und Rechtsverhältnisse, in: FS Elmar Wadle (2008) 551
MARTINEK/SEMLER/FLOHR (Hrsg), Handbuch des Vertriebsrechts (4. Aufl 2016)
MESSERSCHMIDT/VOIT (Hrsg), Privates Baurecht (2. Aufl 2012)

MEYER, Ausgewählte Probleme des Bauträgervertrags, RNotZ 2006, 497
MÜLBERT, Anlegerschutz bei Zertifikaten – Beratungspflichten, Offenlegungspflichten bei Interessenkonflikten und die Änderungen durch das Finanzmarkt-Richtlinie-Umsetzungsgesetz (FRUG), WM 2007, 1149
MÜLLER-FREIENFELS, Die Vertretung beim Rechtsgeschäft (1955)
MÜLLER-GRAFF, Rechtliche Auswirkungen einer laufenden Geschäftsverbindung im amerikanischen und deutschen Recht (1973)
MUSIELAK, Haftung für Rat, Auskunft und Gutachten (1974)
ders, Entgeltliche Geschäftsbesorgung, in: BMJ (Hrsg), Gutachten und Vorschläge zur Überarbeitung des Schuldrechts, Bd II (1981) 1209
MUTSCHLER, Die zivilrechtliche Einordnung des Steuerberatungsvertrags als Dienst- oder Werkvertrag, DStR 2007, 550
NEUHAUS, Die Verwaltung vermieteter Gewerbeimmobilien, GuT 2008, 244
NEUNER, Der Reisevermittlungsvertrag, AcP 193 (1993) 1
NIKISCH, Betätigungsverträge, ZAkDR 1940, 369
D NÖRR/S NISHIMURA (Hrsg), Mandatum und Verwandtes – Beiträge zum römischen und modernen Recht (1993)
OECHSLER, Die Entwicklung des privaten Bankrechts im Jahre 2004, NJW 2005, 1406
PAUSE, Bauträgerkauf und Baumodelle (5. Aufl 2011)
POSEGGA, Die Haftung der Mitglieder einer freiberuflichen Sozietät. Eine Bestandsaufnahme der höchstrichterlichen Rechtsprechung zur Haftung der Mitglieder einer freiberuflichen Sozietät nach der Entscheidung des BGH vom 10. 5. 2012, IX ZR 125/10 (Teil I), DSTR 2013, 547
PROSKE, Die Kautionsversicherung in der Insolvenz des Unternehmers, ZIP 2006, 1035
RAAPE, Die Rechte des Mandanten bei vertragswidriger Ausführung des Auftrags, AcP 141 (1935) 88
REGENFUS, Auskunft und Herausgabe von Rückvergütungen – zwei allenfalls selten begründete Klageanträge, WM 2015, 169
RIND/WENDT, Die Kautionsversicherung und die Besteuerung der „Kautionsversicherung“, VersR 2008, 1601
RUMPEL, Der Begriff „Geschäftsbesorgung“ in § 675 des Bürgerlichen Gesetzbuches für das Deutsche Reich (Diss Breslau 1910)
SCHELLING, Vergütungssysteme und Interessenkonflikte in der Anlageberatung (2013)
SCHIEMANN, Der freie Dienstvertrag, JuS 1983, 649
SCHMEEL, Aktuelle Entwicklungen im Architekten- und Ingenieurrecht, MDR 2016, 311
K SCHMIDT, Die Sozietät als Sonderform der BGB-Gesellschaft – Wandlung einer klassischen Rechtsform im Lichte der Rechtsprechung, NJW 2005, 2801
SCHNAUDER, Auskunfts- und Beratungsvertrag beim Vertrieb von Kapitalanlagen, JZ 2013, 120
SIBER, Das Verwaltungsrecht an fremdem Vermögen im BGB, JherJb 67, 81
SIEBERT, Das rechtsgeschäftliche Treuhandverhältnis (1933)
SCHWARZ/THOMAS, Vereinbarungen zur Einleitung und Durchführung einer Mediation, DStR 2009, 2338
SCHÜTZE, Schiedsgericht und Schiedsverfahren (6. Aufl 2016)
SPICKHOFF, Die Entwicklung des Arztrechts 2014/2015, NJW 2015, 1728
ders, Die Entwicklung des Arztrechts 2015/2016, NJW 2016, 1633
SPINDLER, Aufklärungspflichten im Bankrecht nach dem „Zins-Swap-Urteil“ des BGH, NJW 2011, 1920
SWOBODA, Bevollmächtigungsvertrag und Auftrag, Geschäftsführung ohne Auftrag, versio in rem (1932)
TAMM, Die Pflichten des Reisebüros gegenüber dem Reisekunden und die Folgen einer Pflichtverletzung, VuR 2006, 329
THOMAS/DREHER, Die Kautionsversicherung im System des Privatversicherungsrecht, VersR 2007, 731
TILLMANN/MOHR, GmbH-Geschäftsführer (10. Aufl 2013)
TONNER, Die neue Pauschalreiserichtlinie, EuZW 2016, 95
TYRELL, Fiduziarische Geschäftsführungsverhältnisse im englischen Recht (1933)

Vosberg, Die Kautionsversicherung in der Insolvenz des Unternehmers, ZIP 2002, 968
A Watson, Contract of Mandate in Roman Law (1961)
Weidemann, Der Begriff des Geschäfts in den §§ 662, 675, 677 (Diss Marburg 1932)
vWestphalen (Hrsg), Der Leasingvertrag (7. Aufl 2015)
Wilske/Markert/Bräuninger, Entwicklungen in der internationalen Schiedsgerichtsbarkeit im Jahr 2015 und Ausblick auf 2016, SchiedsVZ 2016, 127
Wöhe/Bilstein/Ernst/Häcker, Grundzüge der Unternehmensfinanzierung (11. Aufl 2013)
Würdinger, Gesellschaften, 1. Teil: Recht der Personengesellschaften (1937).

I. Die Grundlagen der entgeltlichen Geschäftsbesorgung

1. Gesetzliche Konzeption und praktische Bedeutung

Das Recht der entgeltlichen Geschäftsbesorgung (Geschäftsbesorgungsrecht) hatte **A 1** bei Inkrafttreten des BGB in Form des § 675 damaliger Fassung an eher unscheinbarer Stelle im BGB Erwähnung gefunden und diese „Randlage" einhundert Jahre lang behalten. Die Vorschrift war gesetzestechnisch auf eine Position als bloßer **Annex zum Auftragsrecht** (dem Recht der unentgeltlichen Geschäftsbesorgung) verwiesen; systematisch wurde sie traditionell eher dem Dienst- und Werkvertragsrecht zugerechnet, während sie im Auftragsrecht als ein „Fremdkörper" erschien (AK-BGB/Joerges [1979] § 675 Rn 1; Fikentscher/Heinemann, SchuldR [10. Aufl 2006] Rn 1252). Inzwischen hat der Geschäftsbesorgungsvertrag allerdings im BGB **jedenfalls gesetzestechnisch eine deutliche Aufwertung** erfahren (zur Regelungssystematik und zu den Gesetzesänderungen vgl Vorbem 1 zu §§ 662 ff). Schon im Titel 12 „Auftrag, Geschäftsbesorgungsvertrag und Zahlungsdienste" ist er jetzt ausdrücklich erwähnt. Im Anschluss an den Untertitel 1 „Auftrag" mit den §§ 662 ff folgte bis zur Reform im Jahr 2009 (BGBl 2009 I 2355) der Untertitel 2 „Geschäftsbesorgungsvertrag", der in vier Kapitel unterteilt war. Kapitel 1 „Allgemeines" regelte in § 675 die „Entgeltliche Geschäftsbesorgung", in § 675a aF „Informationspflichten" und in § 676 aF die „Kündigung von Übertragungsverträgen". Es folgten Kapitel 2 zum „Überweisungsvertrag" mit den §§ 676a–676c aF, Kapitel 3 zum „Zahlungsvertrag" mit den §§ 676d und 676e aF und Kapitel 4 zum „Girovertrag" mit den §§ 676 f–676h aF. Durch das Gesetz zur Umsetzung der Verbraucherkreditrichtlinie, des zivilrechtlichen Teils der Zahlungsdiensterichtlinie sowie zur Neuordnung der Vorschriften über das Widerrufs- und Rückgaberecht vom 29. 7. 2009 (BGBl I 2355) hat der Gesetzgeber schließlich eine Dreiteilung vorgenommen. Die im Untertitel 2 „Geschäftsbesorgungsvertrag" vorhandene Untergliederung in vier Kapitel (Allgemeines, Überweisungsvertrag, Zahlungsvertrag und Girovertrag) wurde ganz aufgegeben. Hinzu trat ein neuer Untertitel 3 mit der Überschrift „Zahlungsdienste". §§ 675c–676c ersetzten jeweils mit neuen Zwischenüberschriften die vorherigen §§ 676–676h aF. Die Änderungen dienten der Umsetzung der **ersten Zahlungsdiensterichtlinie** (Richtlinie 2007/64/EG über Zahlungsdienste im Binnenmarkt vom 13. 11. 2007 [Abl EU Nr L 319 S 1 vom 5. 12. 2007]). Rechtspolitischer Hintergrund dieser Richtlinie war das Ziel eines effizienten, modernen Zahlungssystems mit hoher Wettbewerbsfähigkeit und angemessenem Verbraucherschutz (vgl Erwägungsgrund 4 der Richtlinien 2007/64/EG; weitere Einzelheiten bei Staudinger/Omlor [2012] Vorbem 14 zu §§ 675c–676c). Das Zahlungsdiensterecht stellt sich als besonderes Geschäftsbesorgungsrecht dar, sodass das allgemeine Auftrags- und Geschäftsbesorgungsrecht über den Verweis in § 675c Abs 1 grundsätzlich zur subsidiären Anwendung gelangt. Nicht selten normieren die speziellen §§ 675d ff inhaltlich lediglich, was ohnehin aus dem Geschäftsbesorgungsrecht folgte (vgl zur Entwicklung des Zahlungsdienstleistungsrechts Staudinger/Omlor [2012] Vorbem 31 ff zu §§ 675c–676c). Dem Titel 12 schließt sich sodann der Titel 13 zur „Geschäftsführung ohne Auftrag" mit den §§ 677–687 an. Der frühere § 676 aF zur Haftung bei Rat oder Empfehlung findet sich heute in § 675 Abs 2. Zuletzt wurde § 675 dahingehend geändert, dass ihm ein **neuer Absatz 3** durch das Gesetz gegen unseriöse Geschäftspraktiken vom 1. 10. 2013 (BGBl I 3714) angefügt wurde, welches der Umsetzung der Richtlinie 2002/58/EG über die Verarbeitung personenbezogener Daten und den Schutz der Privatsphäre in der elektronischen Kommunikation (ABl EG Nr L 201 S 37 v 31. 7. 2002) diente. Bis zum 13. 1. 2018 ist zudem die **zweite Zahlungsdiensterichtlinie** (EU) 2366/2015 (ABl EU Nr L 337 S 35 v 23. 12. 2015) in nationales Recht umzusetzen. Im Schrifttum wird seit siebzig Jahren und bis heute immer noch wieder angemahnt, dass eine gesetzliche Reform des Geschäftsbesorgungsrechts „das gesamte, auch das handelsrechtliche und sonstige spezielle Geschäftsbesorgungsrecht" einbeziehen und einen „allgemeinen Teil" des Geschäftsbesorgungsrechts herausarbeiten solle (so Erman/Ehmann[12] vor § 662 Rn 12; aber auch schon Isele, Geschäftsbesorgung [1935] 4 f, 140 ff, 149; Musielak, Gutachten [1981] 1209 ff, 1267). Dieser Besondere Teil des Geschäftsbesorgungsrechts ist freilich fragmentarisch geblieben und spiegelt die Vielfalt der Geschäftsbesorgungsverträge in der Rechtspraxis kaum wider. Daran hat sich durch die unionsrechtlich determinierte Kodifizierung des Zahlungsdienstevertrags als besonderer Geschäftsbesorgungsvertrag nur wenig geändert. Jedenfalls aber ist im modernisierten BGB nunmehr eine gewisse Anerkennung der herausragenden Bedeutung dieses Vertragstyps erfolgt. Denn in der Tat markiert § 675 Abs 1 heute eine sowohl dem Auftrags- wie dem Dienst- und Werkvertragsrecht gegenüber auch **systematisch eigenständige vertragsrechtliche Kategorie** der Geschäftsbesorgungsverträge. Die ursprüngliche Entscheidung der Väter des BGB, die entgeltliche Geschäftsbesorgung nur im Verweiswege zu normieren und den Regelungsschwerpunkt auf den praktisch weit weniger bedeutsamen unentgeltlichen Auftrag zu setzen, hatte „mehr als nur einen Schönheitsfehler des Gesetzes" zur Folge gehabt (Musielak, Gutachten [1981] 1291). Sie hatte zu einer „unbefriedigenden Gesetzessystematik" geführt (AK-BGB/Joerges [1979] vor §§ 662 ff Rn 8), die das praktische und theoretische Gewicht dieses Vertragstyps kaum erkennen ließ.

A 2 Allerdings ist der **unveränderte Regelungsgehalt des heutigen § 675 Abs 1** nach wie vor eher dünn. Schon Planck hatte bei Inkrafttreten der Vorschrift diese **Dürftigkeit** bemerkt (Planck, BGB [1./2. Aufl 1900] § 675 Anm 2). Auch ohne die Anordnung des § 675 Abs 1 würde sich dem Rechtsanwender die Frage einer entsprechenden Anwendbarkeit von Vorschriften des Auftragsrechts auf Dienst- und Werkverträge mit Treuhand-, Interessenwahrungs- und Geschäftsbesorgungscharakter stellen, wenn man von den mit der Unentgeltlichkeit des Auftrags verknüpften Beendigungsgründen des § 671 Abs 1 einmal absieht (Staudinger/Wittmann[12] § 675 Rn 1; Musielak, Gutachten [1981] 1232). Letztlich bietet die Vorschrift wenig mehr als **nur das Stichwort „entgeltliche Geschäftsbesorgung"** und bildet damit lediglich den gesetzlichen Ausgangs- und Bezugspunkt für das Recht der Geschäftsbesorgungsverträge. „Der Wortlaut des § 675 lässt seinen Sinn kaum erkennen" (so Fikentscher/Heinemann, SchR [10. Aufl 2006] Rn 1252).

Dieses Geschäftsbesorgungsrecht bildet allerdings heute eine **Zentralkategorie des Vertragsrechts von immenser praktischer und theoretischer Bedeutung** und schwer übersehbarer Vielfalt. Es steht insoweit gleichrangig neben dem Kaufrecht und dem Mietrecht, nachdem sich wirtschaftsstrukturell weithin eine Verschiebung von der Warenproduktion zum Dienstleistungssektor vollzogen hat (vgl ERMAN/EHMANN[12] vor § 662 Rn 1: „Banken statt Stahlwerke"). Die Grundidee der Geschäftsbesorgung, die selbständige, wiewohl weisungsunterworfene Sachwalter-Tätigkeit des Geschäftsbesorgers in Wahrung der Vermögensinteressen des Geschäftsherrn, findet sich in weiten Teilen des Wirtschaftslebens verwirklicht (vgl dazu schon ISELE, Geschäftsbesorgung [1935] 1 ff). Auf ihr beruhen Architekten- und Anlageberatungsverträge, Bankverträge und Baubetreuungsverträge, Hausverwalter- und Inkassoverträge, Factoringverträge und Managementverträge, Rechtsanwalts- und Wirtschaftsprüferverträge, Vertragshändler- und Franchiseverträge, Speditionsverträge und Werbeagenturverträge. Viele andere, teils traditionsreiche, teils moderne Vertragsformen haben sich als **typologische Differenzierungen** des Vertragstyps „Geschäftsbesorgung" ausgeprägt. Die Fortentwicklung der Vertragswirklichkeit durch Ausbildung neuer Verkehrstypen findet zum Gutteil auf dem Gebiet des Geschäftsbesorgungsrechts statt. Die systematische und dogmatisch-konstruktive Durchdringung dieser Materie hatte bereits vor Jahrzehnten die für ein eigenständiges Rechtsgebiet symptomatische Gliederung in einen **Allgemeinen Teil und einen Besonderen Teil** vollzogen. Der Allgemeine Teil thematisiert die Voraussetzungen und Rechtsfolgen des Grundtypus des Geschäftsbesorgungsvertrages, während der Besondere Teil (s unten Rn B 1 ff) die einzelnen typologischen Ausgestaltungen, atypischen Unterformen und die typengemischten Verträge mit dominantem geschäftsbesorgungsvertraglichen Element zum Gegenstand hat. Der Allgemeine Teil des Geschäftsbesorgungsrechts ist zugleich ein Schauplatz vertragstheoretischer Auseinandersetzungen, wie insbesondere durch die Diskussion über die sog Relationsverträge deutlich wird (vgl dazu Vorbem 68 ff zu §§ 662 ff). A 3

Als **sozio-ökonomische Hintergründe und Antriebskräfte** für die bisherige Ausbreitung und weiter wachsende Bedeutung der Geschäftsbesorgungsverträge lassen sich unschwer die fortschreitende Arbeitsteilung in der Produktion und Distribution wirtschaftlicher Güter sowie die Schwerpunktverlagerung von der Warenerzeugung zur Dienstleistung ausmachen. Im Zuge der sozio-ökonomischen Differenzierungsprozesse, die mit dem Stichwort der postindustriellen **Dienstleistungsgesellschaft** assoziiert werden, hat sich eine Ausprägung hochspezialisierter Berufe und Organisationen mit funktional detaillierten Leistungsangeboten vollzogen, sodass neue wirtschaftliche Koordinationsformen und neue kontraktliche Interaktionstypen auf der Basis der entgeltlichen Geschäftsbesorgung notwendig wurden. Denn die arbeitsteiligen Entwicklungen haben in wachsendem Maße dazu geführt, dass die für einen Geschäftsbereich eigentlich zuständigen Geschäftsherren (seien sie natürliche Personen, Gesamthandsgesellschaften oder juristische Personen) nicht länger persönlich tätig werden, sondern Geschäftsbesorger einschalten, die für sie, in ihrem Interesse und für ihre Rechnung rechtsgeschäftlich oder tatsächlich handeln. Vor allem für die Leistungen des stark ausgeweiteten **tertiären Sektors** stellt die Geschäftsbesorgung eine **interessenstrukturelle Grundfigur** dar. Die sozio-ökonomischen Entwicklungen forcieren mit noch unabsehbaren Konsequenzen einen ungemein dynamischen Prozess der sich potenzierenden Vermehrung von Untertypen des Geschäftsbesorgungsvertrags. Das Geschäftsbesorgungsrecht bietet deshalb den A 4 vertragstheoretischen und dogmatisch-konstruktiven Schlüssel für die rechtsförmige Erfassung weiter Teile des praktischen Vertragsgeschehens unserer Sozial- und Wirtschaftsordnung. Von ihm gehen zugleich wichtige Impulse für die **Weiterentwicklung des modernen Vertragsrechts** aus.

A 5 Unter diesem Blickwinkel muss ungeachtet der begrüßenswerten gesetzessystematischen Aufwertung der Geschäftsbesorgungsverträge im neuen Titel 12 des 8. Abschnitts des 2. Buchs die unverändert gebliebene Regelung des Geschäftsbesorgungsvertrags in § 675 Abs 1 beinahe als ein **Kuriosum unseres BGB** erscheinen. Der tatsächliche Regelungsbedarf für die unentgeltlichen Aufträge einerseits und für die vielfältigen Typen entgeltlicher Geschäftsbesorgung andererseits steht heute im umgekehrten Verhältnis zu der vom Gesetzgeber konzipierten Relation zwischen den §§ 662 ff und § 675 Abs 1. Rechtswissenschaft und Rechtsprechung haben dieses Missverhältnis nur mit mühsamem Aufwand zu korrigieren vermocht. Und es wirkt bis heute noch nach, dass der historische Gesetzgeber des BGB die sich teilweise schon um die Jahrhundertwende abzeichnende herausragende Bedeutung dieses Vertragstyps verkannt oder doch vernachlässigt hatte. Wenn er auch die revolutionäre Ausbreitung des Dienstleistungssektors schwerlich voraussehen konnte, hätte doch die schon vor der Jahrhundertwende massiv voranschreitende arbeitsteilige Spezialisierung der Wirtschaft eine andere gesetzgeberische Regelungskonzeption nahelegen können, zumal es im Ausland nicht an Vorbildern (vgl dazu Vorbem 89 ff zu § 662 ff) fehlte. Die ausführliche Regelung der „unentgeltlichen Geschäftsbesorgung" im Auftragsrecht und die Marginalisierung der „entgeltlichen Geschäftsbesorgung" in einer Ergänzungsvorschrift zum Dienst- und Werkvertragsrecht erklärte sich freilich nicht nur aus einer **Fehleinschätzung** der seinerzeit absehbaren sozio-ökonomischen Realitäten und Tendenzen, sondern auch aus der **rechtsgeschichtlich orientierten Perspektive** des Gesetzgebers (vgl dazu Vorbem 6 ff zu §§ 662 ff).

2. Geschäftsbesorgungsbegriff und Vertragstypus

A 6 Es ist bereits dargelegt worden, dass für das Recht der entgeltlichen Geschäftsbesorgung nach § 675 Abs 1 ein **enger Geschäftsbesorgungsbegriff** zugrunde zu legen ist, der von dem **weiten Geschäftsbesorgungsbegriff** des unentgeltlichen Auftragsrechts abweicht. Nicht der Einheitstheorie mit ihrer Vorstellung von einem homogenen und kongruenten Geschäftsbesorgungsbegriff für Auftragsvertrag und Geschäftsbesorgungsvertrag, sondern der **Trennungstheorie** ist aus den vorstehenden Erläuterungen und Überlegungen der Vorzug zu geben (vgl Vorbem 11 ff, 17 ff und 22 ff zu §§ 662 ff).

A 7 Es ist allerdings unübersehbar, dass der Trennungstheorie eine begrifflich scharfe Bestimmung der Geschäftsbesorgung ieS des § 675 Abs 1 und damit eine Abgrenzung des Geschäftsbesorgungs- vom Dienst- bzw Werkvertrag kaum gelungen ist (so zu Recht kritisch Erman/Ehmann[12] vor § 662 Rn 14; vgl aber auch Erman/Heermann[11] § 675 Rn 10 ff, wonach die Trennungstheorie trotz der Abgrenzungsschwierigkeiten „insgesamt vorzugswürdig" ist; für die Trennungstheorie auch Erman/Berger[14] § 675 Rn 4 ff). Die Formel von der selbständigen Tätigkeit wirtschaftlicher Art zur Wahrnehmung fremder Vermögensinteressen hat ungeachtet aller Bemühungen **keine konsentierte begriffliche Konkretisierung** gebracht, die dem Rechtsanwender rundum eindeutige Zuordnungen und Abgrenzungen erlaubte. Schon 1932 hielten Düringer/Hachenburg/Breit (HGB-Komm

[3. Aufl 1932] § 362 Anm 3) fest: „Alle Versuche, einen begrifflichen Gegensatz zwischen Geschäftsbesorgung im technischen Sinne und der Übertragung von anderen Dienstleistungen zu schaffen (') sind vergebens." Es gibt bis heute keinen „Begriff" der Geschäftsbesorgung iS des § 675 Abs 1.

Darauf kommt es indes auch nicht an, weil bereits eine **typologische Erfassung der Geschäftsbesorgung** unter Verzicht auf randscharfe Begrifflichkeit eine hinreichend plausible Grundlage für die Anwendung des § 675 Abs 1 und für die Ausformung eines Vertragsrechts der Geschäftsbesorgung erlaubt (dies vernachlässigt die Kritik von ERMAN/EHMANN[12] vor § 662 Rn 14). Namentlich LARENZ hat zu verstehen gegeben, dass dem Rechtsanwender statt mit einer erschöpfenden Definition der Geschäftsbesorgung iS des § 675 Abs 1 bereits mit einer anschaulichen Beschreibung von Indizien für die Erfassung des Vertragstyps Geschäftsbesorgung hinreichend gedient sein kann (LARENZ, SchuldR II/1 [13. Aufl 1986] § 56 V; zustimmend MUSIELAK, Gutachten [1981] 1231 f). Dies steht in Einklang mit dem üblichen vertragsrechtlichen und vertragstypologischen Konkretisierungsverfahren im Besonderen Schuldrecht. Zwar weisen ESSER/WEYERS (SchuldR BT Teilb 1 [8. Aufl 1998] § 35 I 1, S 311) zu Recht darauf hin, dass das Hauptleistungsprogramm des Geschäftsbesorgers in einer variablen, situationsangepassten und allgemein nur durch das Treueverhältnis zu umschreibenden Interessenwahrnehmungspflicht besteht. Indes ist es auf dieser Grundlage der Rechtslehre und der Rechtsprechung gelungen, einen **Grundtypus** und eine Vielzahl von **Untertypen** des Geschäftsbesorgungsvertrags mit hinreichender Konturierung und Profilierung für die Lösung von Rechtsanwendungsproblemen auszuprägen. Deshalb bestreitet die Einheitstheorie zu Unrecht, dass es einen „besonderen, inhaltlich bestimmten Typus des entgeltlichen Geschäftsbesorgungsvertrags" gebe (so STAUDINGER/NIPPERDEY[11] § 675 Rn 4). Der Tatbestand der entgeltlichen Geschäftsbesorgung nach § 675 Abs 1 ist im Grunde als ein **offener, typologischer und normativer Tatbestand** zu verstehen. Die folgenden Merkmale der entgeltlichen Geschäftsbesorgung sind deshalb nicht als randscharf abgrenzbare „Begriffsmerkmale", sondern als **typologische Qualifikationsmerkmale** zu verstehen, denen eine indizielle Bedeutung für die wertungsgetragene Zuordnung zum Vertragstyp der entgeltlichen Geschäftsbesorgung zukommt. A 8

3. Typologische Qualifikationsmerkmale

a) Die Geschäftsbesorgungsformel

Nach der von der herrschenden Literatur inhaltlich übernommenen, wiewohl oft paraphrasierten **„Geschäftsbesorgungsformel" des BGH** ist die entgeltliche Geschäftsbesorgung dadurch gekennzeichnet, **dass sich der Geschäftsbesorger gegenüber dem Geschäftsherrn dazu verpflichtet, eine selbständige Tätigkeit wirtschaftlicher Art zur Wahrnehmung fremder Vermögensinteressen auszuführen** (BGH DB 1959, 168; BGHZ 45, 223, 228). In dieser Formel kommen **mehrere vertragstypologische Qualifikationsmerkmale** zum Ausdruck, die in ihrer Summe einen starken **Indizcharakter** für die Einschlägigkeit des geschäftsbesorgungsvertraglichen Regelungsprogramms begründen und zur Abgrenzung von anderen Vertragstypen dienen. Dies vermag freilich erst eine nähere Erläuterung deutlich zu machen. A 9

b) Tätigkeit

Voraussetzung einer (entgeltlichen) Geschäftsbesorgung ist zunächst die Verpflich- A 10 tung des Vertragspartners zu einer Tätigkeit, die als **aktives Tun** iS einer **positiven Handlung** zu verstehen und der ein passives Unterlassen nicht gleichzusetzen ist. Ein bloßes Unterlassen, einfaches Dulden oder schlichtes Gewährenlassen genügt deshalb als geschäftsbesorgerische Tätigkeit nicht. Insoweit ist die Lage bei § 675 Abs 1 keine andere als beim unentgeltlichen Auftrag zur Besorgung eines Geschäfts nach § 662 (vgl § 662 Rn 21). Die Tätigkeit kann auch hier wie dort auf **rechtsgeschäftliche, rechtsgeschäftsähnliche oder tatsächliche Handlungen** gerichtet sein. Der Ausdruck „Geschäft" weist nicht etwa auf eine Beschränkung der möglichen Geschäftsbesorgertätigkeiten auf Rechtshandlungen im engeren Sinne der Rechtsgeschäfte hin. Der Abschluss von Verträgen, die erfüllungs- oder bereicherungsrechtliche Zweckbestimmung einer Leistung oder die verzugsrechtliche Mahnung kommen ebenso als geschäftsbesorgerische Tätigkeiten in Betracht wie die Dereliktion, die Mängelrüge oder die Verbindung, Vermischung und Verarbeitung. Darüber hinaus umfasst die „Tätigkeit" aber auch solche natürlichen Handlungen, an die die Rechtsordnung keinerlei Privatrechtsfolgen knüpft und die nicht einmal Rechtshandlungen im weiteren Sinne sind. Verrichtungen wie die Kontrolle von Lagerbeständen oder das Einsortieren von Briefmarken in Sammleralben sind ohne Weiteres als taugliche Geschäftsbesorgertätigkeiten anzusehen. Vom empirischen Erscheinungsbild her ist der Geschäftsbesorger allerdings typischerweise im rechtsgeschäftlichen Bereich für den Geschäftsherrn tätig.

c) Selbständigkeit

A 11 Die Tätigkeit des Geschäftsbesorgers muss **selbständig** sein. Dabei bezieht sich das Merkmal der Selbständigkeit aber nicht etwa auf die Verrichtung als solche, sodass etwa rein mechanische Tätigkeiten wie die Bedienung einer Maschine ausgenommen werden müssten. Es kennzeichnet vielmehr die Rechtsbeziehungen zwischen Geschäftsbesorger und Geschäftsherrn dahingehend, dass dem Geschäftsbesorger ein **Ermessens- und Gestaltungsfreiraum** im Überlegen und Handeln gerade gegenüber dem Geschäftsherrn verbleiben muss. Insoweit ist die Lage bereits **anders als beim Auftrag**, bei dem ein solcher Ermessens- und Gestaltungsfreiraum durchaus fehlen kann. Der Dienstverpflichtete oder Werkunternehmer aber muss als Geschäftsbesorger über einen Handlungsspielraum oder „verantwortlichen Entscheidungsspielraum" verfügen (so Staudinger/Wittmann[12] § 675 Rn 4; vgl auch in diesem Sinne Musielak, Gutachten [1981] 1222). Gemeint ist damit eine **wirtschaftliche, persönliche und sachliche Selbständigkeit** des Geschäftsbesorgers, die ihm ein Macht- und Entscheidungsreservat bei seiner Tätigkeit für den Geschäftsherrn sichert. Er besitzt einen „Spielraum … im Überlegen und Wollen, im Selbsthandeln wie im Anleiten oder Beaufsichtigen anderer" (so Isele, Geschäftsbesorgung [1935] 103 f). Zu Recht hat das RG festgestellt, dass „Dienste, die keine selbständige Betätigung des Willens und der Überlegung fordern", nicht der Geschäftsbesorgung iS des § 675 (Abs 1) unterfallen.

A 12 Die Selbständigkeit des Geschäftsbesorgers darf freilich nicht als Unabhängigkeit und Ungebundenheit missverstanden werden. Sie ist **keine absolute Selbständigkeit**, vielmehr eine nur relative, nämlich fremdnützige und gebundene Selbständigkeit; sie steht insgesamt „im Dienste" des Geschäftsherrn und ist an die Wahrung seiner Vermögensinteressen geknüpft. Eine **Weisungsbindung** in einzelnen oder auch grundsätzlichen Belangen (§§ 675, 665) ändert an der geschäftsbesorgerischen Selbständigkeit ebensowenig wie die interessenwahrende Treuepflicht und die daraus fließende Auskunfts-, Benachrichtigungs- und Rechenschaftspflicht. Die Selbständigkeit steht **im Spannungsverhältnis zur Weisungsgebundenheit** und Interessenwahrungspflicht des Geschäftsbesorgers, durch die sie aber nicht stranguliert werden darf. Typischerweise bedient sich der Geschäftsherr des Geschäftsbesorgers nicht zuletzt deshalb, weil er dessen kompetente Selbständigkeit, sachkundige Ermessensausübung und eigenverantwortliche Auswahl von Handlungsalternativen für seine Vermögensinteressen nutzbar machen will. Die geschuldete Tätigkeit wird dem Geschäftsbesorger nicht *en detail* vorgeschrieben, sondern nur rahmenartig nach dem erwarteten Inhalt und/oder Erfolg beschrieben, sodass der Rahmen eigenverantwortlich ausgefüllt zu werden vermag. Der Geschäftsherr belässt dem Geschäftsbesorger zu allermeist bewusst einen Freiraum.

Die Betonung der Selbständigkeit des Geschäftsbesorgers allein vermag freilich den **A 13** Geschäftsbesorgungsvertrag kaum vom Auftrag, vom Dienst- und vom Werkvertrag abzugrenzen, sondern lediglich eine Eingrenzung zu schaffen. Der nach §§ 662 ff Beauftragte kann – worauf schon in den Protokollen hingewiesen wurde (Prot II 352) – bei seiner Tätigkeit sowohl eine selbständige wie eine völlig unselbständige Stellung innehaben. Im Auftragsrecht finden sich dementsprechend Vorschriften, die teils auf beide Tätigkeitsprofile, teils auf selbständige und teils auf unselbständige Tätigkeiten zugeschnitten sind. Hier gehen die eine selbständige Tätigkeit voraussetzenden Vorschriften bei einer *in casu* unselbständigen Tätigkeit des Beauftragten ins Leere und *vice versa*. Die von § 675 Abs 1 in Bezug genommenen Auftragsregeln allerdings **setzen eine selbständige Tätigkeit voraus**. Das gilt insbesondere für § 665 (Abweichen von Weisungen), §§ 666, 667 (Auskunfts-, Rechenschafts- und Herausgabepflicht) sowie § 670 (Maß der erforderlichen Aufwendungen). So gesehen erscheint die Betonung einer selbständigen Tätigkeit des Geschäftsbesorgers als Ableitung aus dem auftragsrechtlichen Rechtsfolgenprogramm des § 675 Abs 1 plausibel; sie reicht aber noch keineswegs zur typologischen Qualifikation der (entgeltlichen) Geschäftsbesorgung aus.

Das Merkmal der Selbständigkeit markiert auch noch keine ausreichende Grenze **A 14** zwischen dem **Dienstverpflichteten**, für den allein die §§ 611 ff einschlägig sind, und dem dienstvertraglichen Geschäftsbesorger nach § 675 Abs 1. Ein Dienstverpflichteter kann sowohl selbständig wie unselbständig tätig sein, denn die §§ 611 ff umfassen sowohl „freie" wie „abhängige" Dienstverträge. Der selbständige Dienstverpflichtete wie etwa ein Rechtsanwalt oder ein Wirtschaftsberater führt seine Tätigkeit eigenverantwortlich aus, teilt sich seine Arbeitszeit selbst ein und bestimmt die Art und Weise seiner Tätigkeit selbst; er ist **keinem Direktionsrecht** des Vertragspartners unterworfen und nicht in den Organisationsbereich des Dienstherrn eingebunden. Ist der Dienstverpflichtete selbständig tätig, dann muss er allerdings ungeachtet dieses typologischen Qualifikationsmerkmales nicht notwendig Geschäftsbesorger sein, denn andere typologische Qualifikationsmerkmale der entgeltlichen Geschäftsbesorgung (Wirtschaftlichkeit, Vermögensbezug, Fremdnützigkeit, Interessenwahrungscharakter) können völlig fehlen; auch bei einem Dienstvertrag ohne Geschäftsbesorgungscharakter kann eine selbständige Tätigkeit vorliegen. Bei fehlender Selbständigkeit scheidet dagegen regelmäßig eine Geschäftsbesorgung aus, während ein Dienstvertrag möglich bleibt. Der dem Arbeitsrecht in Ergänzung zu den §§ 611 ff unterliegende abhängige Dienstverpflichtete (Arbeitnehmer) ist bezüglich der Arbeitszeit und Arbeitsausführung regelmäßig dem Direktionsrecht des

Dienstherrn unterworfen, in dessen Organisationsbereich er eingegliedert ist. Mit der Betonung der Selbständigkeit des Geschäftsbesorgers nach § 675 Abs 1 ist mithin jedenfalls klargestellt, dass die Auftragsregeln mangels persönlicher Selbständigkeit des Dienstverpflichteten **nicht auf Arbeitsverhältnisse** anwendbar sind. Dies schließt freilich nicht aus, dass einzelne Vorschriften des Auftragsrechts auf Arbeitsverhältnisse analog zur Anwendung kommen. Die arbeitsgerichtliche Rechtsprechung neigt dazu, auf der Grundlage der geschäftsbesorgungsrechtlichen Einheitstheorie und damit unabhängig von den vertragstypologischen Qualifikationsmerkmalen der Trennungstheorie die in § 675 Abs 1 angeführten auftragsrechtlichen Bestimmungen auf alle Dienst- und Werkverträge entsprechend anzuwenden, wenn sie zu einem angemessenen Ergebnis führen (zB § 670, dazu BAGE 12, 24 = NJW 1962, 411, 414 – Großer Senat; § 665, dazu BAGE 19, 86 = NJW 1967, 414). Ein Werkunternehmer ist bei der Herstellung des Werkes dagegen ohnehin selbständig und eigenverantwortlich tätig, mag er auch im Einzelfall weisungsgebunden sein (vgl § 645 Abs 1, der von einer „von dem Besteller für die Ausführung erteilten Anweisung" spricht). Insofern kommt der Betonung der Selbständigkeit des Geschäftsbesorgers keinerlei einschränkende Funktion zu.

d) Wirtschaftlichkeit

A 15 Die selbständige Tätigkeit des Geschäftsbesorgers zeichnet sich des Weiteren durch einen **wirtschaftlichen Charakter** aus. Durch das Merkmal der Wirtschaftlichkeit kann die Tätigkeit des (entgeltlichen) Geschäftsbesorgers gegenüber derjenigen eines bloßen Dienstverpflichteten nach § 611 ff oder bloßen Werkunternehmers nach §§ 631 ff sowie gegenüber derjenigen eines (unentgeltlich) Beauftragten typologisch näher qualifiziert werden, bei denen der wirtschaftliche Charakter der Tätigkeit zwar im Regelfall, aber nicht – wie bei der entgeltlichen Geschäftsbesorgung – praktisch durchweg vorliegt. Mit dem wirtschaftlichen Charakter ist nicht etwa gemeint, dass die geschuldete Tätigkeit einen **wirtschaftlichen Wert** aufweisen muss; dies ist angesichts ihrer Entgeltlichkeit ohnehin der Fall. Auch reicht der gleichfalls charakteristische Vermögensbezug (s unten Rn A 17) der Tätigkeit des Geschäftsbesorgers und der damit verbundene wirtschaftliche Effekt für den Geschäftsherrn nicht aus. Keinesfalls darf das Merkmal der Wirtschaftlichkeit – wie dies meist in der Literatur geschieht – als schlichte Wiederholung oder Betonung des Vermögensbezugs angesehen bzw mit dem Vermögensbezug gleichgesetzt werden. Vor allem wird die Tätigkeit speziell wirtschaftlicher Art nicht dadurch entbehrlich, dass man nicht nur einen Vermögensbezug, sondern einen *unmittelbaren* Vermögensbezug verlangt (so aber wohl Musielak, Gutachten [1981] 1224 ff). Der wirtschaftliche Charakter der Geschäftsbesorgertätigkeit ist nicht danach zu beurteilen, ob die Tätigkeit der wirtschaftlichen Interessensphäre des Geschäftsherrn (!) angehört (so aber noch Isay, Die Geschäftsführung [1900] 44 f). Das Qualifikationsmerkmal der Wirtschaftlichkeit zielt schließlich auch nicht auf eine besonders rationelle, kostensparende oder gar effektive und insofern „wirtschaftliche" Tätigkeit.

A 16 Vielmehr ist mit dem Erfordernis einer Tätigkeit wirtschaftlicher Art gemeint, dass die Tätigkeit des Geschäftsbesorgers **der Art nach dem Bereich des Wirtschaftslebens im weiteren Sinne angehören** muss und nicht in davon (mehr oder weniger) abgehobenen Bereichen wie etwa **der Kunst und Musik, der Religion, der Pädagogik, der Wissenschaft oder der Heilkunst** angesiedelt sein darf. Die Tätigkeiten eines Bildhauers oder Kunstmalers, der die Hausfassade verziert, eines Arztes, der die Gesundheit und Arbeitskraft wiederherstellt, eines Fahrlehrers, der auf den Erwerb eines LKW-Führerscheins hin schult, eines Sprachlehrers, dessen Englischunterricht zur Gehaltserhöhung des Schülers führt, oder etwa eines freireligiösen Predigers, der karitative Spenden einwirbt, haben zwar Vermögensbezug für den Geschäftsherrn, gehören aber nicht dem Wirtschaftsleben an. Verträge über das Erteilen von Privatunterricht, über die Erziehung eines Kindes oder über das Vorlesen für einen Blinden sind nicht auf eine Tätigkeit wirtschaftlicher Art gerichtet und jedenfalls deshalb – vom zweifelhaften Vermögensbezug abgesehen – einem Geschäftsbesorgungscharakter unzugänglich. Kurz: **Künstler, Ärzte und Lehrer** sind keine Geschäftsbesorger.

e) Vermögensbezug

Die selbständige Tätigkeit des Geschäftsbesorgers bedarf zudem eines **Vermögensbezuges**, genauer: eines Bezuges zum Vermögen des Geschäftsherrn. Diesem Qualifikationsmerkmal, das sich schon aus der Auskunfts-, Rechenschafts- und Herausgabepflicht des Geschäftsbesorgers nach §§ 666 und 667 rechtfertigt, kommt neben dem wirtschaftlichen Charakter der Tätigkeit des Geschäftsbesorgers durchaus eine **eigenständige Bedeutung** zu; zu Unrecht werden gelegentlich der Vermögensbezug und die Wirtschaftlichkeit der Geschäftsbesorgertätigkeit gleichgesetzt (s oben Rn A 15). Gewiss darf sich der Vermögensbezug nicht darin erschöpfen, dass der Geschäftsherr ein Entgelt für die Tätigkeit entrichten muss. Der Vermögensbezug bezeichnet also nicht den Vermögenswert der Tätigkeit. Vielmehr muss sich die Tätigkeit jenseits ihrer Entgeltlichkeit und zusätzlich zu ihrem wirtschaftlichen Charakter auf das Vermögen des Geschäftsherrn auswirken. Von den selbständigen Verrichtungen des Geschäftsbesorgers muss eine **Einflussnahme auf den Vermögensstatus des Geschäftsherrn** ausgehen. Die Erhaltung und Verwaltung höchstpersönlicher Interessen und Werte des Dienstberechtigten oder des Bestellers, die Förderung und Verfolgung seiner höchstpersönlichen Anliegen und Ziele stellen mangels Vermögensbezugs keine Geschäftsbesorgung dar. A 17

Nicht notwendig ist dabei, dass das Vermögen des Geschäftsherrn vermehrt oder vermindert werden soll; auch das Halten eines Vermögensbestandes in Abwehr von Bedrohungen ist eine Tätigkeit mit Vermögensbezug. Der Vermögensbezug darf **nicht nur reflexartig, zufällig oder über eine unabsehbare kausale Ereigniskette** nur mittelbar zutage treten. Andererseits braucht die Tätigkeit keineswegs unmittelbar die Verwaltung des Vermögens zum Gegenstand und Inhalt zu haben. Sowohl ein objektbezogenes wie auch ein kausalitätsbezogenes Erfordernis der Unmittelbarkeit des Vermögensbezuges ginge zu weit. Auch bedeutete es eine ungebührliche Einengung, wenn man eine unmittelbare Relevanz der Geschäftsbesorgertätigkeit für das Vermögen des Geschäftsherrn verlangte (so aber Musielak, Gutachten [1981] 1224 im Anschluss an Crome, System des deutschen Bürgerlichen Rechts, 2. Band, Recht der Schuldverhältnisse [1902] § 252, S 613). Die geschäftsbesorgerische Tätigkeit muss aber auf eine **nicht nur mittelbare Einflussnahme** auf das Vermögen **angelegt** sein, also nach der Lebenserfahrung in gezielter, gesteuerter und voraussehbarer Weise eine Einwirkung auf das Geschäftsherrnvermögen erwarten lassen. A 18

f) Fremdnützigkeit

Die Tätigkeit des entgeltlichen Geschäftsbesorgers muss ferner objektiv im fremden Interesse (des Geschäftsherrn) liegen und insofern **objektiv fremdnützig** sein. Dieses A 19

Erfordernis kennzeichnet auch die Tätigkeit eines (unentgeltlich) Beauftragten nach §§ 662 ff und die eines auftragslosen Geschäftsführers nach §§ 667 ff. Wie dort stört auch bei der entgeltlichen Geschäftsbesorgung nicht, dass die Tätigkeit **„auch" im Eigeninteresse** liegt, sofern sie nur im Schwerpunkt im Fremdinteresse liegt (MUSIELAK, Gutachten [1981] 1225).

A 20 Enger eingrenzend wird allerdings vom BGH, im Anschluss an die reichsgerichtliche Rechtsprechung zur Geschäftsführung ohne Auftrag (RGZ 97, 61, 65 f) sowie zur entgeltlichen Geschäftsbesorgung (RGZ 109, 299, 301), die objektive Fremdnützigkeit der für § 675 Abs 1 typischen Tätigkeit dahingehend charakterisiert, dass für den Aufgabenbereich „ursprünglich der Geschäftsherr selbst zu sorgen hatte, (er) ihm aber durch einen anderen (den Geschäftsbesorger) abgenommen wird" (BGHZ 45, 223, 229). Der Geschäftsbesorger müsse „eine bestehende Obliegenheit des Geschäftsherrn wahrzunehmen haben". Dieser Ansatz geht wohl noch auf PLANCK zurück, der eine Geschäftsbesorgung dadurch kennzeichnen wollte, dass der Geschäftsherr an der Vornahme der zu verrichtenden Tätigkeit tatsächlich oder rechtlich gehindert ist (PLANCK, BGB [1./2. Aufl 1900] § 675 Anm 2). Auf dieser Grundlage hat der BGH den Geschäftsbesorgungscharakter eines „planenden" Architektenvertrages (zum Architektenvertrag s unten Rn B 13 ff) verneint, der auf das Erstellen von Entwürfen, Bauzeichnungen und baulichen Berechnungen gerichtet war; erst die Durchführung der vorbereitend erstellten Pläne stelle eine Obliegenheit des Geschäftsherrn dar (BGHZ 45, 223, 229). Man wird diese Rechtsprechung als wenig plausibel kritisieren müssen. In Wirklichkeit kommt es für die Fremdnützigkeit der Geschäftsbesorgung auf eine „ursprüngliche Obliegenheit" des Geschäftsherrn nicht an. Auch **eine „neu geschaffene", erstmalig durch den Geschäftsbesorgungsvertrag wahrgenommene Tätigkeit reicht dafür aus**. Vielfach werden durch Maßnahmen etwa der Vermögensverwaltung, wie den Erwerb eines Mietshauses mit Mitteln des Geschäftsherrn, Aufgabenkreise neu geschaffen, deren Geschäftsbesorgungscharakter geradezu idealtypisch ist.

A 21 Wenig geeignet zur Konkretisierung der Fremdnützigkeit ist auch die Unterscheidung zwischen **Leistungen „für" und Leistungen „an" einen anderen**, wobei nur die ersteren Geschäftsbesorgungscharakter aufweisen sollen (so aber noch STAUDINGER/WITTMANN[12] § 675 Rn 6; FIKENTSCHER/HEINEMANN, SchuldR [10. Aufl 2006] Rn 1253). Die Betonung des Tätigwerdens „für" den Begünstigten wird aus dem Wortlaut des § 662 abgeleitet. Danach wird dem Handwerker oder Bauunternehmer, der „an" und nicht „für" den Besteller leistet, von vornherein die Geschäftsbesorgereigenschaft versagt. Diese **eher spielerische Begrifflichkeit** entbehrt inhaltlich als Versuch einer tauglichen Grenzziehung einer hinreichenden Überzeugungskraft; im Grunde sind Leistungen „an" und solche „für" einen anderen *in puncto* Fremdnützigkeit regelmäßig ununterscheidbar. Ohne Weiteres ist etwa ein Dachdecker, der ein undichtes Dach repariert, alte Schäden beseitigt, neuen Schäden vorbeugt und den Wert des Hauses erhöht, auch „für" den Besteller und objektiv fremdnützig tätig, indem er „an" den Besteller leistet. Ebenso erhöht die Reparatur einer Uhr durch den Uhrmacher deren Vermögenswert und liegt im objektiven Fremdinteresse des Bestellers. Dass beide nicht Geschäftsbesorger iS des § 675 sind, muss mit einem anderen Qualifikationsmerkmal der Geschäftsbesorgung, nämlich dem des Interessenwahrungscharakters erklärt werden.

g) Interessenwahrungscharakter

Das wohl wichtigste typologische Qualifikationsmerkmal der entgeltlichen Geschäftsbesorgung ist der **Interessenwahrungscharakter**, genauer: die die Tätigkeit des Geschäftsbesorgers tragende und leitende **Wahrnehmung der Vermögensinteressen des Geschäftsherrn**. Die selbständige Tätigkeit wirtschaftlicher Art hat nicht nur fremden Vermögensbezug, sondern ist inhaltlich auf die Förderung und Wahrung des Geschäftsherrninteresses ausgerichtet. Man kann insoweit von **subjektiver Fremdnützigkeit** sprechen. Gemeint ist damit, dass der Geschäftsführer „mit dem ihm anvertrauten Vermögen treu und gewissenhaft umzugehen" und „im fremden Interesse fürsorglich tätig zu sein" hat (Larenz, SchuldR II/1 [13. Aufl 1986] § 56 I). Der Interessenwahrungscharakter der Geschäftsbesorgertätigkeit **prägt entscheidend den Geschäftsbesorgungsvertrag** nach § 675 Abs 1 als **Subordinationsvertrag** und damit als einen eigenartigen, von anderen Verträgen abgehobenen Rechtsstrukturtyp (vgl dazu ausf Vorbem 23 ff, 28 ff zu §§ 662 ff). A 22

II. Das Rechtsfolgenprogramm

1. Der geschäftsbesorgerische Kern

Die Vorschrift des § 675 Abs 1 enthält durch den Verweis auf auftragsrechtliche Vorschriften nicht nur eine Teilregelung, sondern **die Kernregelung für Geschäftsbesorgungsverträge**. Allerdings könnte das Gesetz den Anschein erwecken, als handele es sich bei den auftragsrechtlichen Regelungen um zusätzliche Rechtsfolgen, die das anderweitig auf einen Geschäftsbesorgungsvertrag zur Anwendbarkeit berufene vertragliche und außervertragliche Recht nur ergänzen und die *essentialia negotii* des Dienst- oder Werkvertrages unberührt lassen wollten. Dieser Eindruck einer auftragsrechtlichen Hilfs- oder Ergänzungsregelung für Dienst- und Werkverträge mit Geschäftsbesorgungscharakter wäre indes unzutreffend. Vielmehr gibt das nach § 675 Abs 1 anwendbare auftragsrechtliche Regelungsprogramm dem Geschäftsbesorgungsvertrag das entscheidende Gepräge: **es prägt den Geschäftsbesorgungsvertrag als Subordinationsvertrag**. Während sich Dienst- und Werkvertrag als typische Koordinationsverträge darstellen, ändert sich im Falle ihrer Ausrichtung auf eine Geschäftsbesorgung ihre Rechtsnatur zu einem Subordinationsvertrag. Das ist bei gemischten Verträgen oder Verträgen *sui generis* nicht anders. Soweit ein Dienst- oder Werkvertrag oder ein sonstiger Vertrag „eine Geschäftsbesorgung zum Gegenstande hat", also den vertragstypologischen Qualifikationsmerkmalen der entgeltlichen Geschäftsbesorgung entspricht, sind die in § 675 Abs 1 bezeichneten auftragsrechtlichen Regelungen nicht gleichsam zusätzlich und ergänzend, sondern in erster Linie anwendbar. A 23

Insgesamt bündeln sich die von § 675 Abs 1 in Bezug genommenen auftragsrechtlichen Vorschriften zu einem geschäftsbesorgungsvertraglichen Rechtsfolgeprogramm, das dem Interessen- und Rechtsstrukturtyp des Subordinationsvertrages Rechnung trägt und den Geschäftsbesorgungsvertrag als eigenständigen Vertragstyp kennzeichnet. Insbesondere besteht nunmehr die **Hauptpflicht** der einen Partei, des Geschäftsbesorgers, in **der weisungsgebundenen Interessenwahrung** zugunsten der anderen Partei, des Geschäftsherrn. Der Dienst- oder Werkvertrag mit Geschäftsbesorgungscharakter unterscheidet sich rechtsstrukturell fundamental von demjenigen ohne Geschäftsbesorgungscharakter durch diese weisungsgebundene Interes- A 24 senwahrungspflicht des Geschäftsbesorgers. Sie ist nicht nur ein „Plus“, sondern das zentrale, **den Geschäftsbesorgungsvertrag qualifizierende „Aliud“ gegenüber dem schlichten Dienst- oder Werkvertrag**. Die für den unentgeltlichen Auftrag nach §§ 662 ff typische Pflicht „zu sorgfältiger und sachkundiger Wahrnehmung des fremden Geschäfts sowie zur Loyalität“ (MünchKomm/Seiler[3] § 675 Rn 3; ebenso MünchKomm/Heermann[6] § 675 Rn 13) trifft den Geschäftsbesorger als vertragliche Hauptpflicht. Der schlichte Dienstverpflichtete oder Werkunternehmer bleibt davon verschont, denn dieser wie jener ist im Rahmen des Interessenkoordinationsvertrags Wahrer zuerst seiner eigenen und nicht fremder Interessen; er ist zur Berücksichtigung von Fremdinteressen nur nach Maßgabe von Treu und Glauben verpflichtet.

A 25 Nach einer Formulierung von Musielak geht es bei den auftragsrechtlichen Rechtsfolgen des § 675 Abs 1 um den **„geschäftsbesorgerischen Kern“**. Danach erklärt sich die durch Verweisung getroffene Rechtsfolgeanordnung dieser Vorschrift daraus, dass sich bei entgeltlichen Geschäftsbesorgungsverträgen „im Kern weitgehend gleiche Interessen (ergeben), für deren Ausgleich Vorschriften über Auskunfts- und Rechenschaftspflichten, Herausgabepflichten, Pflichten zum Ersatz von Aufwendungen und über die Beachtung von Weisungen erforderlich sind“ (Musielak, Gutachten [1981] 1267). Richtigerweise gehören zum geschäftsbesorgerischen Kern allerdings nicht allein die in § 675 Abs 1 genannten auftragsrechtlichen Vorschriften mit ihren tatbestandlichen Voraussetzungen und Rechtsfolgen, vor allem mit der geschäftsbesorgungsspezifischen Weisungsbindung und Interessenwahrungspflicht. Vielmehr sind auch die sich aus Treu und Glauben ergebenden **allgemeinen Grundsätze des Geschäftsbesorgungsrechts** hierzu zu zählen. Denn die asymmetrische, subordinationsrechtliche Interessenstruktur der Geschäftsbesorgung hat für beide Vertragspartner eine gegenüber koordinationsrechtlichen Austauschverträgen gesteigerte Bedeutung von Treu und Glauben zur Folge. Namentlich gehört die **geschäftsbesorgungsspezifische gegenseitige Loyalität der Vertragspartner**, die in den §§ 663 ff nur mittelbar zum Ausdruck kommt, zum geschäftsbesorgerischen Kern. Auf den so verstandenen geschäftsbesorgerischen Kern laufen auch die von Esser/Weyers genannten drei Regelungsbereiche hinaus, die das Geschäftsbesorgungsrecht charakterisieren: „Treuebindung, Flexibilität des Leistungsprogramms, Korrektur von Wertverschiebungen unter den beteiligten Vermögen“ (Esser/Weyers, SchuldR BT Teilb 1 [8. Aufl 1998] § 35 I 1 d). Die vom Gesetzgeber gewählte Verweisungstechnik bietet sich als sachgerecht an, weil sich die in Bezug genommenen Vorschriften des Auftragsrechts unabhängig von einer Entgeltlichkeit oder Unentgeltlichkeit „als allgemeiner Teil eines Rechts über Tätigkeiten im fremden Interessenbereich“ kennzeichnen lassen (Lammel, in: Gitter ua, Vertragsschuldverhältnisse [1974] 272).

A 26 Geschäftsbesorgungsverträge erschöpfen sich freilich nicht in jenem geschäftsbesorgerischen Kern. Bei Dienst- und Werkverträgen mit Geschäftsbesorgungscharakter richten sich die Hauptpflichten der Parteien auch nach dem Dienst- und Werkvertragsrecht der §§ 611 ff und 631 ff, wiewohl inhaltlich nicht nur erheblich modifiziert, sondern geradezu **umstrukturiert durch die nunmehr dominante Interessenwahrungspflicht und Weisungsgebundenheit** des Geschäftsbesorgers. Zur Ermittlung der Rechte und Pflichten der Parteien eines Geschäftsbesorgungsdienst- oder Geschäftsbesorgungswerkvertrages sind im Übrigen nicht nur die §§ 663 ff mit den §§ 611 ff bzw mit den §§ 631 ff zu kombinieren, sondern meist auch weitere, die jeweils einschlägigen Tätigkeitsfelder betreffenden Normen (Berufsordnungen, Gebührenordnungen usw) zu berücksichtigen. Auch andere Verträge als Dienst- und Werkverträge können „eine Geschäftsbesorgung zum Gegenstande" haben, also den vertragstypologischen Qualifikationsmerkmalen der Geschäftsbesorgung entsprechen. So können etwa Lizenzverträge oder kaufrechtliche Werklieferungsverträge, Darlehens- oder Verwahrungsverträge ein ausgeprägtes geschäftsbesorgungsvertragliches Element aufweisen. In diesen Fällen tritt gleichfalls ein **Rechtsstrukturwandel** gegenüber dem Koordinationsvertrag ein, weil der Geschäftsbesorger zur weisungsgebundenen Förderung und Wahrung von Fremdinteressen verpflichtet ist. Der koordinationsrechtliche Lizenz-, Werklieferungs-, Darlehens-, Verwahrungsvertrag oder sonstige Vertrag wandelt sich bei dominanter Ausprägung der vertragstypologischen Qualifikationsmerkmale der Geschäftsbesorgung zu einem subordinationsrechtlichen Geschäftsbesorgungsvertrag. Neben den Regelungen des geschäftsbesorgerischen Kerns, dh den von § 675 in Bezug genommenen auftragsrechtlichen Vorschriften und den Grundsätzen des Geschäftsbesorgungsrechts, sind für die Rechte und Pflichten der Parteien auch hier die Vorschriften des jeweils einschlägigen Vertragstyps maßgeblich.

2. Anwendbare auftragsrechtliche Vorschriften

a) Vertragsabschluss

Die von § 675 Abs 1 in Bezug genommene Vorschrift des § 663 S 1 verpflichtet den öffentlich bestellten oder sich öffentlich erbietenden Geschäftsbesorger dazu, seine allfällige Ablehnung eines Antrags auf Vertragsschluss unverzüglich dem Antragenden anzuzeigen (vgl zu den drei Fallgruppen der Anzeigepflicht in § 663 S 1 und S 2 im Einzelnen § 663 Rn 1 ff). Sie ändert freilich nichts daran, dass der Geschäftsbesorgungsvertrag nach den allgemeinen Regeln durch **Konsens der Parteien** zustande kommt, § 145 ff. Liegt weder ein bindender Vorvertrag noch irgendeine sonstige Verpflichtung zur Übernahme der Geschäftsbesorgung vor, so steht es im Belieben des Antragsempfängers, ob er den Auftrag annehmen oder ablehnen will. Es geht in § 663 nur um die Frage, wann ein Antragsempfänger verpflichtet ist, die von ihm beabsichtigte Ablehnung des Antrags alsbald dem Antragsteller zu erklären, falls er sich nicht dem auf die Annahme des Geschäftsbesorgungsauftrags vertrauenden Antragsteller haftbar machen will. Die Vorschrift des § 663 **S 1** knüpft an Umstände an, die unter Berücksichtigung der Lebenserfahrung in den Verkehrskreisen eine **generelle Vermutung für die Annahme des Antrags** begründen. Während die Vorschrift in ihrem unmittelbaren Anwendungsbereich des Auftragsrechts kaum von Bedeutung ist – die **öffentliche Bestellung** oder das **öffentliche Anerbieten** zu unentgeltlicher Geschäftsbesorgung dürfte auf seltene Ausnahmefälle beschränkt sein –, stellt sie für die betroffenen entgeltlichen Geschäftsbesorger eine **einschneidende Modifizierung des Rechts des Zustandekommens von Verträgen** dar. Die Regelung des § 663 **S 2**, auf die § 675 Abs 1 gleichfalls verweist, erstreckt diese Modifikation auf den Geschäftsbesorger, der sich gegenüber einem konkreten potenziellen Auftraggeber zur Geschäftsbesorgung **erboten** hat. A 27

Die Vorschriften sehen selbst keine Rechtsfolge im Falle der Pflichtverletzung vor. Gewiss kommt nicht automatisch ein Vertrag zustande. Insbesondere gilt das Schweigen des Antragsempfängers nicht als Annahme des Antrages. Vielmehr bedeutet Schweigen hier wie sonst grundsätzlich Ablehnung, falls nicht unter besonderen Umständen die Unterlassung der Ablehnung gemäß §§ 133, 157 als Annahme A 28 des Auftrags anzusehen ist oder auf einen Zugang der Annahmeerklärung nach § 151 verzichtet werden kann. Wohl aber ist der Geschäftsbesorger bei **schuldhafter Verletzung seiner Pflicht** zur Ablehnungsanzeige dem Antragenden zum Schadensersatz (negatives Interesse) verpflichtet. Es geht letztlich dem Rechtsgrund nach um eine **sondertatbestandliche Ausprägung der culpa in contrahendo** und des *venire contra factum proprium* nach §§ 241 Abs 2, 311 Abs 2 Nr 1, die gegenüber § 311 Abs 2 spezieller Natur ist (vgl § 663 Rn 8 und 13). Denn der Antragsempfänger enttäuscht das Vertrauen auf das Zustandekommen des Vertrages, wenn er sich nachträglich auf die Nichtannahme des Vertragsangebots beruft. Auch wenn der Schadensersatzanspruch auf das **negative Interesse** gerichtet ist, wird sich allerdings häufig der Schaden, der durch die Verzögerung der Ablehnungsanzeige entsteht, mit dem Schaden der Nichtausführung der Geschäftsbesorgung decken.

A 29 Zu beachten ist aber, dass im **kaufmännischen Rechtsverkehr** ausweislich des § 362 Abs 1 HGB ein **Schweigen als Annahme** des Antrages gilt, wenn einem gewerblichen Geschäftsbesorger ein Angebot zum Vertragsabschluss zugeht (vgl dazu § 663 Rn 7). Auch diese Vorschrift ist keine Ausnahme von dem allgemeinen Grundsatz, dass ein Vertrag durch Antrag und Annahme zustande kommt. Vielmehr wird das Schweigen auf den Antrag, richtiger: die Unterlassung der unverzüglichen Mitteilung der Ablehnung, vom Gesetz als Annahmeerklärung fingiert. Diese Vorschrift hat sowohl für geschäftsbesorgungsvertragliche Werkunternehmer wie auch für die gewerblichen Dienstleister Bedeutung, die oft nach § 1 HGB oder doch nach § 2 HGB Kaufleute sind. Während der Umfang der Schadensersatzpflicht bei § 663 auf das **Vertrauensinteresse** gerichtet ist, führt § 362 Abs 1 HGB bei Nichterfüllung des Vertrags zum Ersatz des **Erfüllungsinteresses** (vgl im Einzelnen § 663 Rn 1 ff).

b) Vertragsbeendigung

A 30 Während der unentgeltliche Auftrag nach § 671 Abs 1 von dem Auftraggeber jederzeit begründungslos widerrufen und von dem Beauftragten jederzeit begründungslos gekündigt werden kann, besteht das Gesetz beim Geschäftsbesorgungsvertrag wegen der Entgeltlichkeit der Geschäftsbesorgung auf einer Erschwerung der Loslösungsmöglichkeit und richtet die Vertragsbeendigung mangels anderer Vereinbarungen an den einschlägigen Vorschriften **des Dienst- und des Werkvertragsrechts** (§§ 620 ff, 634 Nr 3, 643, 649 und 650 Abs 1) aus; denn die Verweisungsnorm des § 675 Abs 1 spart die Regelung des § 671 Abs 1 aus der Aufzählung der entsprechend anwendbaren auftragsrechtlichen Vorschriften aus. Falls jedoch dem Geschäftsbesorger ein fristloses Kündigungsrecht zusteht, schützt die in § 675 Abs 1 aE modifizierend vorgeschriebene entsprechende Anwendung des § 671 Abs 2 den Geschäftsherrn vor einer **Kündigung zur Unzeit**: Wenn nicht ausnahmsweise ein **wichtiger Grund** sogar für eine unzeitige Kündigung durch den Geschäftsbesorger vorliegt, soll der Geschäftsherr auch bei Ausübung des fristlosen Kündigungsrechts des Geschäftsbesorgers anderweitige Vorsorge treffen können. Der Geschäftsbesorger ist insoweit zur **schonenden Ausübung seines fristlosen Kündigungsrechts** aufgerufen.

A 31 Das **besondere Vertrauensverhältnis** und die **Höchstpersönlichkeit** auch der entgeltlichen Geschäftsbesorgung erklären den Verweis auf die §§ 672–674 in § 675 Abs 1. Nach § 672 S 1 erlischt im Zweifel der Geschäftsbesorgungsvertrag **nicht** mit dem **Tod** oder dem Eintritt der **Geschäftsunfähigkeit des Geschäftsherrn**. Freilich hat § 672

S 1 nur **deklaratorische Bedeutung**, denn der Tod und die Geschäftsunfähigkeit des Dienstnehmers oder Bestellers haben auch auf den Bestand schlichter Dienst- oder Werkverträge keinen Einfluss (§§ 1922, 1967). Bei abweichender Abrede trifft den Geschäftsbesorger eine **Notbesorgungspflicht**, bis der Erbe oder der gesetzliche Vertreter des verstorbenen bzw geschäftsunfähig gewordenen Geschäftsherrn anderweitig disponieren kann, § 672 S 2. Bis dahin fingiert das Gesetz einen Fortbestand des Geschäftsbesorgungsverhältnisses, § 672 S 2 aE. Die Vorschrift ändert nichts daran, dass bei Geschäftsbesorgungsverträgen, die auf ein (auch) nach dem Tod des Geschäftsherrn (weiter) zu besorgendes Geschäft gerichtet sind, **den Erben ein Kündigungsrecht** zusteht. Die Regelung des § 672 S 2 zur Notbesorgungspflicht und zur Fortbestandsfiktion beim Erlöschen des Vertrags nach §§ 675 Abs 1, 672 S 1 kann für solche Geschäftsbesorgungsverträge Bedeutung gewinnen, bei denen die Leistungserbringung auf die Person des (lebenden und geschäftsfähigen) Geschäftsherrn zugeschnitten war und die Zweifelsregelung des S 1 durch ausdrückliche oder konkludente vertragliche Absprache oder nach der Auslegung der Vertrages gesperrt ist (vgl im Übrigen die Kommentierung zu § 672).

Nach §§ 675 Abs 1, 673 S 1 endet das Geschäftsbesorgungsverhältnis im Zweifel mit dem **Tod des Geschäftsbesorgers**. Zum Schutz der Geschäftsherrninteressen muss der Erbe des Geschäftsbesorgers nach § 673 S 2 dessen Tod unverzüglich anzeigen und hat bei Gefahr im Verzuge die dem zwischenzeitlich verstorbenen Geschäftsbesorger übertragene Geschäftsführung fortzusetzen, bis der Geschäftsherr „anderweit Fürsorge" getroffen hat. Das Fortbestehen des Geschäftsbesorgungsvertrages wird nach § 673 S 2 HS 2 fingiert. **A 32**

Nach § 675 Abs 1 wirkt auch zugunsten des entgeltlichen Geschäftsbesorgers die auftragsrechtliche Fiktion des Fortbestehens des Vertrages nach § 674 (vgl dazu im Einzelnen die Kommentierung zu § 674). Sie kommt immer zum Tragen, wenn der dienstvertragliche Geschäftsbesorgungsvertrag anders als durch Kündigung durch den Geschäftsherrn endet (§§ 622, 626, 627) oder wenn der werkvertragliche Geschäftsbesorgungsvertrag anders als durch Rücktritt oder Kündigung des Geschäftsherrn endet (§§ 634 Nr 3, 649, 650 Abs 1). Zur **Insolvenz einer der Vertragsparteien** findet sich heute in §§ 115, 116 und 117 InsO eine umfassende Spezialregelung, die einen Rekurs auf § 674 entbehrlich macht (vgl dazu näher § 674 Rn 7). **A 33**

c) Der Geschäftsherrenanspruch

Unter den Vorschriften mit **Schutzcharakter für die Interessen des Geschäftsherrn**, die § 675 Abs 1 für entsprechend anwendbar erklären und die im Anschluss an die gemeinrechtliche Terminologie zusammenfassend als **„Geschäftsherrenanspruch"** *(actio mandati directa)* bezeichnet werden, findet sich vor allem § 667, wonach der Geschäftsbesorger dem Geschäftsherrn das **zur Ausführung des Auftrags Erhaltene** und das **aus der Geschäftsführung Erlangte herauszugeben** hat. Hierin zeigt sich, dass der Geschäftsbesorger **fremdnützig und treuhänderisch** tätig ist. Er handelt im Innenverhältnis für Rechnung des Geschäftsherrn und darf nicht in die eigene Tasche wirtschaften. Was der Geschäftsherr aus seinem oder drittem Vermögen dem Geschäftsbesorger für die Auftragserfüllung verschafft und was ein Dritter dem Geschäftsbesorger zur Ausführung des Geschäfts überträgt, hat er dem Geschäftsherrn ebenso herauszugeben wie das, was ihm in – auftragsgemäßer oder auftragswidriger – Durchführung des Geschäfts von dritter Seite zufließt (zu den **A 34**

Einzelheiten vgl § 667 Rn 5 ff). Für seine Tätigkeit erhält der Geschäftsbesorger eine Vergütung und unter Umständen einen Aufwendungsersatz nach §§ 675 Abs 1, 670; jede anderweitige **Bereicherung ist rechtsgrundlos** und muss abgeschöpft werden, da die fremdnützig vereinnahmten Vermögenswerte dem Geschäftsherrn gebühren. Zum „Erlangten" iS des § 667 können auch vertragswidrig kassierte **„Schmiergelder"** und **„Sonderprovisionen"** gehören (dazu näher vgl § 667 Rn 12), die – streng genommen – nicht „aus", sondern nur bei Gelegenheit der Geschäftsbesorgung erlangt wurden (RGZ 164, 98; BGHZ 39, 1; BGH NJW 1982, 1752). Ob der Geschäftsbesorger dem Geschäftsherrn die Rückvergütungen oder Innenprovisionen – die **sog Kick-backs** – herauszugeben hat, ist umstritten (vgl dazu § 667 Rn 12a).

A 35 Für vorübergehend selbst „verwendetes Geld", das der **fiduziarischen Bindung** unterliegt, hat der Geschäftsbesorger nach §§ 675 Abs 1, 668 dem Geschäftsherrn Zinsen zu zahlen. Auch diese Regelung entspricht wie die Herausgabepflicht des § 667 der fremdnützigen und treuhänderischen Position des Geschäftsbesorgers. Deshalb ist für seine Verzinsungspflicht auch unerheblich, ob der Geschäftsherr ansonsten einen Schaden erlitte.

A 36 Ferner hat der Geschäftsherr nach §§ 675 Abs 1, 666 einen Anspruch auf „die erforderlichen Nachrichten", auf Auskunftserteilung „über den Stand des Geschäfts" und auf abschließende Rechenschaftslegung. Diese Vorschrift hat eine **mehrfache Bedeutung**. *Zum Ersten* sichert sie iVm § 259 dem Geschäftsherrn die **laufenden Informationsgrundlagen**, die er **zur Erteilung von Weisungen** an den Geschäftsbesorger, zur Kontrolle und zum Überblick über die laufende Geschäftsdurchführung, etwa im Hinblick auf eventuellen Interventionsbedarf, aber auch im Hinblick auf eventuelle sonstige außervertragliche Dispositionen benötigt. Insoweit knüpft die Vorschrift an die vorherige Regelung der Weisungsbindung des Geschäftsbesorgers in § 665 an. *Zum Zweiten* ist § 666 der systematischen Stellung nach und inhaltlich auf die **Herausgabepflicht des Geschäftsbesorgers** nach § 667 mit der flankierenden Verzinsungspflicht nach § 668 sowie auf seine Vorschuss- und Aufwendungsersatzansprüche nach § 669 und § 670 bezogen. Der Geschäftsherr soll rechtzeitig darüber unterrichtet werden, welche Herausgabe- und Zinsansprüche er stellen kann und auf welche Vorschuss- und Aufwendungsersatzleistungen er sich einstellen muss. *Zum Dritten* schließlich bringt § 666 zum Ausdruck, dass das Geschäftsbesorgungsverhältnis erst nach einer Schlussbilanz und einem Schlussbericht seine **ordentliche Beendigung** findet.

d) Der Geschäftsbesorgeranspruch

A 37 Die Ansprüche des Geschäftsbesorgers gegen den Geschäftsherrn werden in Fortführung der gemeinrechtlichen Terminologie gern zusammenfassend als **„Geschäftsbesorgeranspruch"** bezeichnet *(actio mandati contraria)*. Im Mittelpunkt steht hier der **Vergütungsanspruch**, der sich bei Geschäftsbesorgungsdienst- und -werkverträgen aus §§ 675 Abs 1, 611 Abs 1 bzw 631 Abs 1, in Ermangelung vertraglicher Vereinbarungen aus den Vorschriften des Dienst- bzw des Werkvertragsrechts (§§ 675 Abs 1, 612 bzw 632) ergibt. Für speziell geregelte Geschäftsbesorgungsverträge gelten häufig besondere Vergütungsvorschriften. So sind etwa bei den handelsrechtlichen Geschäftsbesorgungsverträgen die Vorschriften der §§ 87 ff, 396, 403, 409, 420 und 459 HGB zu beachten. Auch zählt die **Vorschusspflicht des Geschäftsherrn** nach §§ 675 Abs 1, 669 für die zur Ausführung des Geschäfts erforderlichen

Aufwendungen zum Geschäftsbesorgeranspruch; der Anspruch auf Vorschussleistung bestimmt sich in seiner Fälligkeit unabhängig von derjenigen der Vergütungsansprüche nach den §§ 614, 641 Abs 1.

Vor allem aber kann der Geschäftsbesorger seine getätigten **Aufwendungen**, dh freiwillige Vermögensopfer, die er bei Anwendung gehöriger Sorgfalt für erforderlich halten durfte (BGHZ 8, 222; BGHZ 95, 388), vom Geschäftsherrn nach § 670 ersetzt verlangen (vgl zum allgemeinen Aufwendungsbegriff im Einzelnen § 670 Rn 7 ff). Das gilt auch, wenn sich sein verständiges und redliches Urteil über die Erforderlichkeit *ex post* als unrichtig erweisen sollte. Der Aufwendungsersatzanspruch ist **von jedem Entgeltcharakter frei**; er steht außerhalb des geschäftsbesorgungsvertraglichen Synallagmas. Er soll lediglich verhindern, dass der Geschäftsbesorger durch die Geschäftsbesorgung eine Vermögenseinbuße erleidet, die durch die Vergütung nicht abgedeckt wird. Die Verweisung des § 675 Abs 1 auf den auftragsrechtlichen Aufwendungsersatzanspruch des § 670 steht mithin angesichts der Entgeltlichkeit der Geschäftsbesorgung unter einem Vorbehalt: Nur soweit die Aufwendungen nicht bereits durch die **Vergütung abgegolten** sind, kann der Geschäftsbesorger einen Aufwendungsersatz zusätzlich zu seiner Vergütung beanspruchen. Dieser Vorbehalt aktualisiert sich insbesondere beim werkvertraglichen Geschäftsbesorgungsvertrag häufig, da die zu erwartenden bzw gewöhnlichen Aufwendungen des Unternehmers regelmäßig **in die Preiskalkulation Eingang finden** und in der Vergütung enthalten sind. Namentlich **laufende Geschäftskosten**, die ihm auch ohne die Übernahme des Auftrags entstanden wären, hat der Geschäftsbesorger selbst zu tragen. **A 38**

Beweisrechtlich ist bedeutsam, dass der Aufwendungsersatzanspruch die **Regel** und die Abgeltung von Aufwendungen schon durch die Vergütung die zu beweisende **Ausnahme** bildet, freilich mit der praktisch wichtigen Einschränkung **(Gegenausnahme)**, dass allgemeine Geschäftskosten und gewöhnliche Aufwendungen durch die Vergütung abgegolten zu werden pflegen und nicht gesondert zu ersetzen sind (Musielak, Gutachten [1981] 1297). Wer dieser Gegenausnahme entgehen und einen gesonderten Aufwendungsersatz auch für allgemeine Geschäftskosten und übliche Aufwendungen erhalten will, hat eine entsprechende ausdrückliche Vereinbarung darzulegen und im Bestreitensfall zu beweisen. **A 39**

e) Risikospezifische Zufallsschäden

Unfreiwillige Vermögensopfer, insbesondere **Schäden** einschließlich **Zufallsschäden** werden vom allgemeinen Aufwendungsbegriff nicht umfasst, der sich im bürgerlichen Recht üblicherweise nur auf freiwillige Vermögensopfer bezieht (vgl § 670 Rn 17). Es fehlt im Geschäftsbesorgungsrecht an einer besonderen Regelung über den Ersatz von Schäden, die dem Geschäftsbesorger bei Durchführung des Geschäfts erwachsen. Der Gesetzgeber hatte zwar die Aufnahme einer solchen Vorschrift in das Gesetz zunächst erwogen, doch wurde ein entsprechender Antrag von der 2. Kommission abgelehnt, weil angesichts des Aufwendungsersatzanspruchs eine Regelung von Begleitschäden für unnötig gehalten wurde. Soweit zunächst ein Schaden des Geschäftsbesorgers **vom Geschäftsherrn selbst schuldhaft herbeigeführt** wird, hilft ein vertraglicher Schadensersatzanspruch aus positiver Vertragsverletzung gem §§ 280 Abs 1, 241 Abs 2, gegebenenfalls aus § 618 (analog) oder aus § 823. Fraglich ist aber die **Ersatzfähigkeit zufälliger, von keiner Partei verschuldeter Schäden** des Geschäftsbesorgers. Es besteht Einigkeit darüber, dass solche Zufallsschä- **A 40**

den jedenfalls teilweise vom Geschäftsherrn zu ersetzen sind. Voraussetzung ist freilich schon entsprechend dem Wortlaut des § 670, dass sie „in Ausführung" und nicht nur „bei Gelegenheit" der Geschäftsbesorgung eingetreten sind. Die Frage der Ersatzfähigkeit zufälliger, von keiner Partei verschuldeter Schäden des Beauftragten/Geschäftsbesorgers begründet ein **klassisches bürgerlich-rechtliches Anwendungsproblem des § 670**, das sich im Ausgangspunkt ebenso im entgeltlichen Geschäftsbesorgungsrecht wie im unentgeltlichen Auftragsrecht stellt (zum Streitstand und seiner Entwicklung vgl ausf § 670 Rn 17 ff).

A 41 Nach der hier vertretenen, im Zusammenhang mit § 670 näher begründeten und mit der herrschenden Literaturmeinung übereinstimmenden Auffassung (vgl § 670 Rn 23 ff) kann sich eine Ersatzpflicht für risikospezifische Zufallsschäden **nicht in direkter Anwendung des § 670**, sondern nur als Folge des in den §§ 667, 670 enthaltenen Rechtsgedankens ergeben, dass der Beauftragte/Geschäftsbesorger durch die Ausführung des Auftrags/Geschäfts weder gewinnen noch verlieren soll. Im Ergebnis muss daher dem Geschäftsbesorger **analog §§ 675 Abs 1, 670** ein Ersatzanspruch zwar für solche Zufallsschäden gewährt werden, in denen sich ein **geschäftstypisches Risiko** aktualisiert (Schäden *ex causa mandati),* nicht aber für die dem **allgemeinen Lebensrisiko** des Geschäftsbesorgers entspringenden Zufallsschäden (Schäden *ex occasione mandati).* Zu den nicht ersatzfähigen Schäden, in denen sich lediglich das allgemeine Lebensrisiko des Geschäftsbesorgers und keine spezifische Geschäftsgefahr realisiert, gehören typischerweise die **unverschuldeten Verkehrsunfälle** (vgl im Einzelnen zur näheren Konkretisierung der ersatzfähigen Zufallsschäden § 670 Rn 24 ff). Zu beachten ist dabei, dass es bei der analogen Anwendung des § 670 auf risikotypische Zufallsschäden im Geschäftsbesorgungsrecht zu einer **Doppelanalogie** kommt, denn nach § 675 Abs 1 findet bereits § 670 auf Geschäftsbesorgungsverträge „entsprechende Anwendung".

A 42 Schwieriger ist die Frage zu beurteilen, ob gegenüber dem Anwendungsbereich des § 670 im Recht des **unentgeltlichen** Auftrages eine **Einschränkung der Ersatzpflicht für geschäftsrisikoinhärente Zufallsschäden** geboten ist, wenn der Anspruch **im Rahmen der entgeltlichen Geschäftsbesorgung** nach §§ 675 Abs 1, 670 geltend gemacht wird. Ausgangspunkt für diese Frage ist die Unentgeltlichkeit des Auftrags einerseits und die Entgeltlichkeit des Geschäftsbesorgungsvertrags andererseits. In der Tat muss die Abgrenzung von ersatzfähigen und nicht ersatzfähigen Zufallsschäden bei einer entgeltlichen Geschäftsbesorgung dann **abweichend vom Auftragsrecht** beurteilt werden, wenn in die **Vergütungsregelung ein Risikozuschlag einkalkuliert** ist und die Parteien damit eine Risikoverteilung zu Lasten des Geschäftsbesorgers verbunden haben. Das Abgrenzungsproblem liegt in der **Auslegungsfrage**, welche Risiken die Vergütungsregelung umfasst und welche nicht. Gewiss wird die Vergütung jedenfalls primär, bisweilen gar ausschließlich für die **Tätigkeit** des Geschäftsbesorgers, allenfalls sekundär, wenn überhaupt für die **Risikoübernahme** von Zufallsschäden geleistet. Die Lösung hängt aber jeweils von den Umständen des Einzelfalls ab. Bei einem als gefährlich eingeschätzten Geschäft kann die Höhe der Vergütung bewusst im Hinblick auf einen möglichen Schadenseintritt bemessen worden sein, sodass der Geschäftsbesorger auch außergewöhnliche Schäden selbst tragen muss. Demgegenüber werden **spezifische Berufsrisiken** regelmäßig auch ohne ausdrückliche Parteivereinbarung von der Vergütung abgedeckt sein. Die Darlegungs- und Beweislast für eine Ersatzpflicht von Zufallsschäden nach Maßgabe der konkreten

Vergütungsregelung im Einzelfall hat jedenfalls der Geschäftsbesorger zu tragen, weil die Entgeltlichkeit der Geschäftsbesorgung *prima facie* Zufallsschäden seinem Risiko zuweist.

f) Weisungsbindung und Eigenverantwortlichkeit

Eine herausragende, das Vertragsverhältnis der entgeltlichen Geschäftsbesorgung als fremdnütziges Interessenwahrungsverhältnis geradezu charakterisierende Bedeutung kommt der Vorschrift des § 665 in „entsprechender Anwendung" nach § 675 Abs 1 zu. Aus ihr ergibt sich eine **grundsätzliche Weisungsbindung des Geschäftsbesorgers** sowie – bei Gefahr im Verzug – eine **ausnahmsweise Berechtigung zur Abweichung von Weisungen** nach Maßgabe des hypothetischen Interesses und einer mutmaßlichen Billigung des Geschäftsherrn, wenn dieser bei unvorhergesehenen Gegebenheiten sein Weisungsrecht etwa mangels Erreichbarkeit nicht ausüben kann (vgl dazu näher § 665 Rn 6 ff und 12 ff). Die Regelung hat die Konstellation im Visier, dass der Geschäftsbesorger bei Durchführung des Geschäfts mit einer Situation und mit einem Handlungsbedarf konfrontiert ist, für die ihm die generellen Weisungen des Geschäftsherrn keine oder keine eindeutige Orientierung geben. Sie schließt auch den Fall ein, dass der Geschäftsbesorger in einer konkreten Entscheidungssituation einen Widerspruch zwischen den ihm erteilten Weisungen des Geschäftsherrn einerseits und dem seiner Meinung nach im Interesse des Geschäftsherrn Erforderlichen ahnt. Auch ist die Vorschrift des § 665 im Lichte der Hauptpflicht des Geschäftsbesorgers zur fremdnützigen Interessenwahrung und im Lichte der geschäftsbesorgungsrechtlichen Bedeutung von Treu und Glauben zu verstehen. Erst hieraus lassen sich im Einzelfall die Maßstäbe für die Anforderungen an ein pflichtgemäßes Verhalten des Geschäftsbesorgers bei der Weisungsbefolgung und -abweichung ableiten. **A 43**

Insbesondere kann die Interessenwahrungspflicht des Geschäftsbesorgers unter Umständen (in Ausnahmefällen) auch zu einer **Pflicht zur Abweichung von Weisungen** führen (vgl zum Auftrag § 665 Rn 16 f). Zwar trägt der Geschäftsherr grundsätzlich die Verantwortung für seine Weisungen, sowohl für die anfängliche Erteilung wie auch für spätere Ergänzungen und Änderungen. Doch gebietet die situative Problemnähe des Geschäftsbesorgers, dass er seinen Geschäftsherrn, wenn möglich, auf weisungsbedingte Nachteile hinweist und ihm eine Möglichkeit zur Weisungskorrektur einräumt. Erkennt der Geschäftsbesorger die Sachwidrigkeit der ihm erteilten Weisungen oder erkennt er sie schuldhaft nicht und befolgt er die Weisungen gleichwohl ohne Unterrichtung des Geschäftsherrn, verletzt er seine Interessenwahrungspflicht. Er kann zu **prekären Ermessensentscheidungen** aufgerufen sein, wenn die Unterrichtung des Geschäftsherrn nur mit zeitlicher Verzögerung durchführbar ist und während des Aufschubs eine Gefahr von Nachteilen für die Interessen des Geschäftsherrn besteht. Das **treuepflichtgemäße Ermessen** kann von ihm jedenfalls auch eine Abweichung von Weisungen verlangen. **A 44**

Eine **pflichtwidrige Abweichung von Weisungen** des Geschäftsherrn oder eine **interessenwahrungspflichtwidrige Befolgung sachwidriger Weisungen** durch den Geschäftsbesorger kann, falls der Geschäftsherr die Vorgehensweise nicht nachträglich billigt, zum (Teil-)Verlust des Vergütungsanspruchs des Geschäftsbesorgers und zu einer Schadensersatzpflicht wegen einer vom Schuldner zu vertretenden Pflichtverletzung nach §§ 280 Abs 1, 241 Abs 2 führen. Ein in mittelbarer Stellvertretung vom Ge- **A 45** schäftsbesorger abgeschlossenes Geschäft braucht der Geschäftsherr dann freilich nicht gegen sich gelten zu lassen. Insoweit enthält die kommissionsrechtliche Regelung des § 385 HGB, die in ihrem Abs 2 die Vorschrift des § 665 ausdrücklich „unberührt" lässt, in ihrem Abs 1 nur die Ausprägung eines allgemeinen geschäftsbesorgungsrechtlichen Grundsatzes. Ein nicht nur weisungs-, sondern auch interessenwidriges Verhalten des Geschäftsbesorgers begründet nicht nur bei nachteiligen Konsequenzen, sondern auch bei *ex post* vorteilhaften Folgen eine Pflichtverletzung. Keinesfalls rechtfertigen es **allein die im Ergebnis vorteilhaften Folgen**, ein interessenwidriges Verhalten nicht (mehr) als Verletzung der Geschäftsherrninteressen zu würdigen; der Geschäftsbesorger drohte sonst zum „Spieler" zu werden. Die *ex post*-Betrachtung kann die *ex ante*-Pflichtverletzung nicht umqualifizieren.

A 46 Die Vorschrift des § 665 ist bei ihrer entsprechenden Anwendung nach § 675 Abs 1 auf einen Geschäftsbesorgungsvertrag dienstvertraglichen oder werkvertraglichen Charakters in das **komplexe Interessengefüge** eingebettet, das ein Geschäftsbesorgungsverhältnis strukturell kennzeichnet. Sie **schützt** einerseits den Geschäftsherrn durch die **Zuerkennung einer Weisungskompetenz**; er soll nach Maßgabe der sich im Vertragsvollzug zeigenden Umstände das **Monopol zur Konkretisierung seiner Interessen** innehaben. Die Vorschrift **belastet** den Geschäftsherrn aber zugleich durch die **Reservezuständigkeit**, die dem Geschäftsbesorger für die Konkretisierung der Interessen des Geschäftsherrn eingeräumt wird. Andererseits **schützt** die Vorschrift die Interessen des Geschäftsbesorgers, der unter den Voraussetzungen seiner Reservezuständigkeit und unter Berücksichtigung seiner Interessenwahrungspflicht **selbst zur eigenverantwortlichen Entscheidung berechtigt** ist. Sie **belastet** ihn aber auch zugleich, weil sie ihm nicht nur eine umsichtige Vergewisserung des Vorliegens der Voraussetzungen seiner Reservezuständigkeit, sondern gleichzeitig – oder später – die eigene fremdnützige Entscheidung an Stelle des Geschäftsherrn abverlangt. Der **„denkende Gehorsam"** des Geschäftsbesorgers (vgl zum denkenden Gehorsam des Auftraggebers § 665 Rn 3) ist sowohl für ihn selbst wie für den Geschäftsherrn **zugleich Chance und Risiko**. Mit denkendem Gehorsam ist gemeint, dass sich der Geschäftsherr in wechselnden Situationen „völlig mit den Interessen des Geschäftsherrn identifizieren muss, um so zu handeln, wie dies nach seiner besten möglichen Einschätzung der Geschäftsherr selbst tun oder anordnen würde" (Esser/Weyers, SchuldR BT Teilb 1 [8. Aufl 1998] § 35 II 3).

A 47 Bei ihrer entsprechenden Anwendung nach § 675 Abs 1 auf einen Geschäftsbesorgungsvertrag dienstvertraglichen oder werkvertraglichen Charakters ist die Vorschrift des § 665 auch Ausdruck der geschäftsbesorgungsspezifischen **Dynamik und Flexibilität** des Vertragsverhältnisses, insofern die Norm dem Geschäftsbesorger einen Spielraum zu eigenverantwortlichen Reaktionen auf situative Änderungen einräumt. Es ist in diesem Licht nicht einfach, einerseits das Weisungsrecht und andererseits die Abweichungsmöglichkeit in das Rechts- und Pflichtengefüge der Parteien so einzubetten, dass es der Dynamik und Flexibilität der geschäftsbesorgungsvertraglichen Praxis gerecht wird. Die Gewährung und zugleich Einschränkung von Rechten bzw die Belastung und sogleich Begrenzung von Pflichten darf bei § 665 insbesondere nicht an dem Modell einer bloß exekutivisch abwickelnden „Durchführung" des Geschäftsbesorgungsvertrages nach Maßgabe des bei Vertragsabschluss einvernehmlich festgelegten Programms der Parteien orientiert bleiben. Wie schon beim unentgeltlichen Auftrag liegt auch (und vielfach: besonders) beim entgeltlichen Geschäftsbesorgungsvertrag der Regelung in § 665 S 1 und S 2 ein **Kooperationsmodell** auf der Basis des zwischen Auftraggeber/Geschäftsherr und Beauftragtem/Geschäftsbesorger bestehenden Vertrauensverhältnisses zugrunde (vgl schon § 665 Rn 3). Denn statt der Ausübung von Rechten und Erfüllung von Pflichten in Konkretisierung des ursprünglichen Vertragsprogramms geht es vor allem bei langfristigen Geschäftsbesorgungsverhältnissen vielfach um eine **fortwährende Rückkopplung der Parteien**, die sich zu einer permanenten Revision und zu einer einvernehmlichen Fortschreibung des Vertragsprogramms aufgerufen fühlen. Das zeigt sich ganz besonders etwa an sog **relationalen oder komplexen Langzeitverträgen** mit Geschäftsbesorgungscharakter (vgl dazu Vorbem 68 ff zu §§ 662 ff). Hier sind die Vertragsparteien bei sich ändernden Umständen genötigt, fortwährend, mindestens aber etappenweise eine **neue Verständigung** zu suchen.

Wie die Chancen und Risiken des denkenden Gehorsams des Geschäftsbesorgers für **A 48** diesen und für den Geschäftsherrn im Einzelnen verteilt sind, hängt weithin – vorbehaltlich der Einflüsse von Änderungen der Geschäftsgrundlage – von der konkreten Ausgestaltung des Vertragsverhältnisses und den uU wechselnden Umständen ab, denen es ausgesetzt ist. Das Weisungsrecht des Geschäftsherrn kann inhaltlich mehr oder weniger eingeschränkt, sogar zeitweise oder für die Gesamtdauer des Vertrages ausgeschlossen werden. Dementsprechend kann der Geschäftsbesorger in seiner **Eigenverantwortlichkeit** bei freilich immer bestehenbleibender Interessenwahrungspflicht einen mehr oder weniger ausgedehnten **Entscheidungs- und Handlungsspielraum** besitzen. Im Extremfall verbleibt dem Geschäftsherrn die Kündigung als einzige Möglichkeit der Einflussnahme auf den Geschäftsbesorger. Dem entspricht die Ausgestaltung mancher Managementverträge (vgl BGH ZIP 1982, 578 = NJW 1982, 1817 „Holiday-Inn"). Umgekehrt kann der Geschäftsbesorger auch mit detaillierten Weisungen versehen werden, die ihm weithin eine Eigenverantwortlichkeit nehmen. So ist eine geschäftsbesorgend tätige Akkreditivbank zur exakten Einhaltung der detailliert vorgegebenen Akkreditivbedingungen des Kunden verpflichtet. Für unvorhersehbare Situationen kann der Geschäftsherr bei eigener Unerreichbarkeit eine **Passivitätsweisung** erteilen, die dem Geschäftsbesorger die Hände bindet.

Dementsprechend hängt es auch von der Ausgestaltung des Geschäftsbesorgungs- **A 49** verhältnisses im Einzelfall ab, ob und inwieweit der Geschäftsbesorger dazu aufgerufen ist, sich in Zweifelsfällen nach Möglichkeit beim weisungsbefugten Geschäftsherrn **rückzuversichern**. Nur selten wird der Geschäftsbesorger dazu angehalten sein, sich auf Schritt und Tritt über die Kongruenz seiner Handlungen mit den Interessen des Geschäftsherrn zu vergewissern, indem er **laufende Rücksprache** hält. Denn der Geschäftsherr wünscht im Regelfall eine **Entlastung** durch das kompetente Urteil des als Experten eingeschalteten Geschäftsbesorgers über die im Geschäftsherrninteresse erforderlichen Maßnahmen. Das Recht des Geschäftsherrn zur Weisungserteilung und damit die Pflicht des Geschäftsbesorgers zur Rückversicherung ist insbesondere dort beschränkt, wo der Geschäftsbesorger kraft besonderer **Fach- und Sachkunde und Befähigung als berufener Fachmann** eingesetzt wird und die Details der Geschäftsbesorgung in großem Umfang selbst bestimmen muss und soll. Hier genießt der Geschäftsbesorger oft einen erheblichen Spielraum für seine eigenverantwortlichen Entscheidungen im Interesse des Geschäftsherrn, der sich seinerseits auf eine **Richtlinienkompetenz** oder auf eine **Zielvorgabebefugnis** beschränkt.

A 50 Beim Geschäftsbesorgungs**werkvertrag** mit seiner eigenverantwortlichen Erfolgsbezogenheit ist das Weisungsrecht des Geschäftsherrn/Bestellers tendenziell geringer ausgeprägt als beim Geschäftsbesorgungs**dienstvertrag**. Freilich entscheidet auch hier die Vertragsauslegung im Einzelfall. So kann der Geschäftsherr auch beim Geschäftsbesorgungswerkvertrag ein Interesse an der Art und Weise der Erfolgserreichung oder an den dafür eingesetzten Mitteln haben und sich auch insofern eine Weisungsbefugnis ausbedingen. Umgekehrt kann bei einem Geschäftsbesorgungsdienstvertrag „höherer Art" nach § 627 Abs 1 (Beispiel: persönliche Vermögensverwaltung) ein Weisungsrecht des Geschäftsherrn insoweit eingeschränkt sein oder entfallen, als dem Geschäftsbesorger **berufsspezifische Sorgfalts- und Schutzpflichten** obliegen.

3. Unanwendbare auftragsrechtliche Vorschriften

A 51 Die Vorschrift des § 675 Abs 1 nimmt – im Gegenschluss und scheinbar zielgerichtet – von der entsprechenden Anwendbarkeit des Auftragsrechts auf Geschäftsbesorgungsverträge lediglich die §§ 662, 664 und 671 Abs 1 und 3 aus. Dies ist von vornherein lediglich auf der Basis der hier vertretenen **Trennungstheorie** zur sogenannten **Geschäftsbesorgungskontroverse** bedeutsam (vgl Vorbem 9 ff und 17 ff zu §§ 662 ff). Die **Einheitstheorie** wendet die ausgesparten Vorschriften gleichwohl an, soweit dies im Einzelfall sachgerecht erscheint (vgl insbes Erman/Ehmann[11] vor § 662 Rn 15 ff, 20; MünchKomm/Seiler[6] § 662 Rn 9 ff, 13 f). Allerdings halten sich die praktischen Auswirkungen dieses unterschiedlichen Ansatzes in Grenzen. Die Definition des unentgeltlichen Auftrags in § 662 ist ohnehin für den entgeltlichen Geschäftsbesorgungsvertrag gegenstandslos. Im Übrigen ist die Durchbrechung der Verweisung auf das Auftragsrecht in § 675 Abs 1 **verunglückt**. Denn zum einen Teil sind die von einer entsprechenden Anwendung ausgenommenen Vorschriften unabhängig von § 675 Abs 1 bereits **aus Konkurrenzgründen unanwendbar**. Zum anderen Teil führt die Anwendbarkeit von Vorschriften und Rechtsgrundsätzen außerhalb des Auftragsrechts dazu, dass der Regelungsgehalt der scheinbar unanwendbaren auftragsrechtlichen Vorschriften doch zum Tragen kommt.

A 52 Ungeachtet der von § 675 Abs 1 vorgesehenen „Unanwendbarkeit" des § 664 ist für **Dienstverträge** – ob mit oder ohne Geschäftsbesorgungscharakter – jedenfalls nach § 613 S 1 und S 2 im Zweifel die **Höchstpersönlichkeit** der Leistung des Dienstverpflichteten und die **Unübertragbarkeit** des Anspruchs des Dienstherrn ausdrücklich vorgesehen. Die entsprechenden Auftragsregelungen in § 664 Abs 1 S 1 **(Substitutionsverbot des Beauftragten)** und Abs 2 **(Abtretungsverbot des Geschäftsherrn)** sind mithin entbehrlich (RGZ 161, 68, 70). Bei **Werkverträgen** mit Geschäftsbesorgungscharakter ist die Lage im Ergebnis nicht anders. Zwar fehlt im Werkvertragsrecht eine dem § 613 S 1 entsprechende Regelung, doch schließt bei auf Geschäftsbesorgung gerichteten Werkverträgen das mit dem Interessenwahrungscharakter verknüpfte besondere Treueverhältnis zwischen den Parteien eine Einschaltung Dritter in die Leistungserbringung bzw eine Übertragung des Leistungsanspruchs auf Dritte aus (Larenz, SchuldR II/1 [13. Aufl 1986] § 56 V; Musielak, Gutachten [1981] 1228 f). Die Rechtsfolgen der auftragsrechtlichen Substitutions- und Abtretungsverbote nach § 664 Abs 1 S 1 und Abs 2 brauchen also nicht erst durch entsprechende Anwendung dieser Vorschrift herbeigeführt zu werden, weil sie sich schon im Wege der Vertragsauslegung aus § 242 oder aus § 613 S 1 und S 2 analog ergeben.

Missverständlich ist es allerdings, wenn § 675 Abs 1 auch die Regelungen des § 664 Abs 1 **S 2 und S 3** von einer entsprechenden Anwendung ausnimmt, wonach der Beauftragte bei einer gestatteten Substitution „nur ein ihm bei der Übertragung zur Last fallendes Verschulden zu vertreten hat" (S 2) und bei einer Einschaltung von Erfüllungsgehilfen „nach § 278 verantwortlich" ist (S 3). Hierbei handelt es sich nämlich um allgemeine Rechtsregeln und Rechtsgedanken, die man **nicht schlechthin suspendieren** kann und die durch jene in § 675 Abs 1 unerwähnt gelassenen Vorschriften letztlich nur in Erinnerung gerufen, nicht aber erst konstitutiv mit Rechtswirksamkeit ausgestattet werden können. Die Nichterwähnung dieser Regelungen in § 675 Abs 1 läuft also ebenfalls darauf hinaus, dass ihre entsprechende Anwendung kraft ausdrücklicher Verweisung nur deshalb **rechtstechnisch unnötig** ist, weil diese Regelungen **materiell ohnehin gelten**. Oft wird der Geschäftsbesorger, der nach ausdrücklicher Gestattung des Geschäftsherrn die selbständige Ausführung der geschuldeten Tätigkeit einem Dritten übertragen darf, seine Verpflichtung mit der Übertragung erfüllen. Er kann selbstverständlich für ein Auswahlverschulden verantwortlich gemacht werden, wenn er nicht sogar ausdrücklich eine Haftung für Fehlverhalten des Dritten übernommen hat (RGZ 78, 310, 313). Und ebenso selbstverständlich beansprucht die Gehilfenhaftung nach § 278, auf die § 664 Abs 1 S 3 deklaratorisch Bezug nimmt, gegebenenfalls für einen Geschäftsbesorger Geltung. **A 53**

Die Unanwendbarkeit des von § 675 Abs 1 gleichfalls ausgesparten § 671 **Abs 1** erklärt sich daraus, dass die auftragsrechtliche Widerrufs- und Kündigungsregelung ihre Rechtfertigung allein in der **Unentgeltlichkeit des Auftrags** findet. Die Entgeltlichkeit der Geschäftsbesorgung erlaubt weder für den Geschäftsbesorger noch für den Geschäftsherrn eine jederzeitige Loslösung von den Vertragspflichten. Zwar wird vereinzelt eine Anwendbarkeit der auf das unentgeltliche Mandat zugeschnittenen Vorschrift des § 671 Abs 1 auch auf die entgeltliche Geschäftsbesorgung erwogen (Staudinger/Wittmann[12] § 675 Rn 8), doch verbietet sich bei gegenseitigen Verträgen ein **einseitiges frist- und begründungsloses Loslösungsrecht**. Die weithin dispositiven Kündigungsvorschriften des Dienst- und Werkvertragsrechts nach den §§ 621, 624, 626, 627, 649 bieten in Ermangelung einer vertraglichen Spezialvereinbarung ein differenzierteres Regelungsprogramm, das schließlich auch einen Verweis des § 675 Abs 1 auf § 671 Abs 3 ausschließt. **A 54**

4. Die Bedeutung von Treu und Glauben

Die Vorschrift des § 675 Abs 1 und die von ihr in Bezug genommenen Normen geben nur mittelbar – am deutlichsten noch in § 665 – zu erkennen, dass der **Grundsatz von Treu und Glauben** für den Geschäftsbesorgungsvertrag eine **herausragende Rolle** spielt. Diese besondere, gegenüber den koordinativen Austauschverhältnissen wesentlich gesteigerte Bedeutung der Treuepflicht ist unmittelbar mit den vertragstypologischen Qualifikationsmerkmalen **der Geschäftsbesorgung als eines Subordinationsverhältnisses** verbunden (vgl Vorbem 23 ff, 28 ff zu §§ 662 ff): Wer zu einer selbständigen fremdnützigen wirtschaftlichen Tätigkeit in Förderung und Wahrung der Vermögensinteressen seines Vertragspartners verpflichtet ist, hat schon wegen der ihm eingeräumten Entscheidungsmacht und wegen des von ihm auszufüllenden Spielraums eine **besondere Vertrauensstellung** und darf seinerseits von dem Vertragspartner eine **besondere Loyalität** erwarten. Aus Treu und Glauben nach §§ 675 Abs 1, 242 entspringen **nicht nur zahlreiche „Nebenpflichten"** für die Parteien, wie **A 55** etwa die **Verschwiegenheitspflicht** des Geschäftsbesorgers im Hinblick auf Betriebs- und Geschäftsgeheimnisse und andere geheimhaltungsbedürftige Tatsachen des Geschäftsherrn; der BGH nennt die Verschwiegenheitspflicht eine „selbstverständliche Nebenpflicht" des Geschäftsbesorgers (BGHZ 27, 241, 246). Auch zahlreiche andere Nebenpflichten des Geschäftsbesorgers können aus Treu und Glauben abgeleitet werden, etwa **Obhutspflichten, Beratungs-, Hinweis- oder Warnpflichten**. Vor allem aber gibt der Grundsatz von Treu und Glauben der geschäftsbesorgungsvertraglichen Hauptleistungspflicht zur selbständigen fremdnützigen wirtschaftlichen Tätigkeit in Förderung und Wahrung der Vermögensinteressen des Geschäftsherrn das eigentliche Gepräge. Ähnlich wie die gesellschaftsrechtliche Treuepflicht für die zu einer Zweckgemeinschaft verbundenen Personengesellschafter ist die geschäftsbesorgungsrechtliche Treuepflicht für die in einem Interessenwahrungsverhältnis verbundenen Parteien **die Quelle und der Maßstab für die konkrete Rechts- und Pflichtenposition**. In diesem Sinne heben Esser/Weyers (SchuldR BT Teilb 1 [8. Aufl 1998] § 35 I 1 a) zu Recht hervor, dass bei Geschäftsbesorgungsverträgen „das eigentliche **Hauptleistungsprogramm** in der variablen, situationsangepassten und allgemeingültig eben nur durch das **Treueverhältnis** zu umschreibenden Wahrung der Interessen des Partners (besteht)".

A 56 Freilich unterscheiden sich die ganz unterschiedlich ausgestalteten Geschäftsbesorgungsverhältnisse der Praxis nicht nur im Inhalt der Vertragspflichten, sondern auch in der **Dauer und** vor allem in der **Stärke der Treuebindung** voneinander (Musielak, Gutachten [1981] 1267). Der Anzeigenmittlungsvertrag einerseits markiert ein detailliertes und kurzfristig angelegtes Leistungsprogramm mit nur geringem Entscheidungsspielraum für den Geschäftsbesorger; der Franchisevertrag andererseits begründet für Jahre oder Jahrzehnte ein zunächst nur rahmenartig festgelegtes Kooperationsverhältnis beim Absatz von Waren und Dienstleistungen, bei dem die Parteien immer wieder auf eine erneute Verständigung nach Treu und Glauben angewiesen sind. In einer Vielzahl von Fällen begründen Geschäftsbesorgungsverträge nicht nur ein Dauerschuldverhältnis, sondern haben zugleich bloßen Rahmencharakter. Dann folgt bereits aus dem Dauerschuldcharakter eine **gesteigerte Bedeutung von Treu und Glauben und eine Unaufzählbarkeit der einzelnen Rechte und Pflichten der Parteien**. Da zudem die Pflichten des Geschäftsbesorgers nur rahmenartig bestimmt sind, bleibt deren Konkretisierung dem Geschäftsbesorger innerhalb des Pflichtenrahmens nach Treu und Glauben überlassen; er muss entscheiden, wie er am besten die Interessen des Geschäftsherrn wahren kann. Wie stark die Bedeutung von Treu und Glauben auch immer ausgeprägt sein mag, in jedem Falle stellt sich die Geschäftsbesorgung vor allem als ein Treueverhältnis mit fürsorgerischem Charakter dar.

5. Die Weiterleitung erworbener Rechte analog § 392 Abs 2 HGB

a) Das Problem und der Meinungsstand

A 57 Erwirbt der Geschäftsbesorger als indirekter Stellvertreter Rechte gegen Dritte, so stehen sie dogmatisch-konstruktiv grundsätzlich allein ihm selbst zu (vgl zur mittelbaren Stellvertretung im Auftrags- und Geschäftsbesorgungsrecht Vorbem 38 ff zu §§ 662 ff). Diese Lage wird allerdings durch eine wichtige Vorschrift infrage gestellt. Im Recht des handelsrechtlichen Kommissionsgeschäfts (§§ 383 ff HGB), das als ein besonderes, einerseits auf bestimmte Geschäftsarten, andererseits auf eine gewerbsmäßige Tätigkeit des Geschäftsbesorgers beschränktes Geschäftsbesorgungsverhältnis iSd § 675 Abs 1 zu qualifizieren ist, findet sich die kommissionsrechtliche Vorschrift des § 392 Abs 2 HGB. Danach gelten Forderungen aus einem vom Kommissionär abgeschlossenen Geschäft im Verhältnis zwischen diesem und seinen Gläubigern einerseits und dem Kommittenten andererseits als Forderungen des Kommittenten. Seit Jahrzehnten gehört es zu den **grundlegenden Streitfragen des Geschäftsbesorgungsrechts**, ob diese Vorschrift **analog auf andere Geschäftsbesorgungsverhältnisse** anwendbar ist, bei denen der **Geschäftsbesorger als mittelbarer Stellvertreter** für den Geschäftsherrn auftritt, oder ob der Anwendungsbereich des § 392 Abs 2 HGB durch den Zusammenhang mit dem Vertragstyp des Kommissionsgeschäfts (§ 383 Abs 1 HGB) und durch dessen Eigenarten begrenzt und daher nicht analogiefähig ist. Dieses Analogieproblem stellt sich im Grunde gleichfalls bei einer mittelbaren Stellvertretung im Rahmen eines **unentgeltlichen Auftragsverhältnisses**. Konsequenz einer solchen analogen Anwendung wäre insbesondere ein weitgehender Schutz des mittelbar vertretenen Geschäftsherrn gegenüber Gläubigern des ihn mittelbar vertretenden Geschäftsbesorgers. Denn die zugunsten des Kommittenten wirkende Fiktion der Rechtsinhaberschaft im Drittverhältnis nach § 392 Abs 2 HGB erfüllt bekanntlich vor allem den Zweck, den Kommittenten hinsichtlich der aus dem Ausführungsgeschäft erlangten Forderungen im Falle einer Insolvenz des Kommissionärs durch das **Aussonderungsrecht des § 47 InsO** sowie gegen eine Einzelvollstreckung von Gläubigern durch die **Drittwiderspruchsklage des § 771 ZPO** zu schützen. Indem § 392 Abs 2 HGB im Verhältnis zu Gläubigern des Kommissionärs bestimmte Forderungen **kraft gesetzlicher Fiktion** dem Kommittenten zuweist, wird die Anwendbarkeit von § 47 InsO und § 771 ZPO zugunsten des Kommittenten herbeigeführt (zu den Einzelheiten vgl Canaris, Handelsrecht [24. Aufl 2006] § 30 Rn 73; Hopt, in: Baumbach/Hopt [Hrsg], [37. Aufl 2016] § 392 HGB Rn 1 ff). Zudem werden Verfügungen des Kommittenten über die aus dem Ausführungsgeschäft erlangten Forderungen zu Gunsten eines Gläubigers, die im Hinblick gerade auf dessen Gläubigerstellung erfolgen, unwirksam (Schlegelberger/Hefermehl, 6. Band [5. Aufl 1977] § 392 HGB Rn 23). Der Zusammenhang mit § 392 Abs 1 HGB ändert diese grundsätzlich positiven Wirkungen für den Kommittenten nicht. Denn § 392 Abs 1 HGB stellt nur die Selbstverständlichkeit klar, dass es zur Geltendmachung der Forderung deren Übertragung vom Kommissionär auf den Kommittenten bedarf. Einen Sinngehalt erhält diese Feststellung ihrerseits erst durch die privilegierende Wirkung des zweiten Absatzes, der ansonsten den Schluss auf einen gesetzlichen Forderungsübergang nahelegen könnte.

Eine Erstreckung des von § 392 Abs 2 HGB gewährten Schutzes auf den Bereich des allgemeinen Geschäftsbesorgungsrechts wird von der **Rechtsprechung** und der **überwiegenden Literaturmeinung** seit eh und je abgelehnt (vgl RGZ 84, 214, 216; vThur, Der Allgemeine Teil des Deutschen Bürgerlichen Gesetzbuches II/2 [1918] 206 Fn 111; Enneccerus/Nipperdey, Allgemeiner Teil des Bürgerlichen Rechts, 2. Halbbd [15. Aufl 1960] 1098; Schlegelberger/Hefermehl, 6. Band [5. Aufl 1977] § 392 Rn 1; Staudinger/Dilcher[12] Vorbem 44 zu § 164; MünchKomm/Schramm[3] vor § 164 Rn 18). Es lassen sich aber auch **vereinzelte Befürworter** einer Analogie vor allem im älteren Schrifttum ausmachen (Kohler, Leitfaden des Deutschen Konkursrechts [2. Aufl 1903] 116; Schmidt-Rimpler, Das Kommissionsgeschäft, in: Ehrenberg, Handbuch des gesamten Handelsrechts, Band 5/1 [1928] 477, 612; Schless, Mittelbare Stellvertretung und Treuhand [1931] 76 ff; Dressler, Die entsprechende Anwendung handelsrechtlicher Normen auf Nichtkaufleute am Beispiel des § 392 Abs 2 HGB [1968] 122 ff, 130 ff; Hagen, A 58

Die Drittschadensliquidation im Wandel der Rechtsdogmatik [1971] 252; Hager AcP 180 [1980] 239, 250 mit Ausnahme der Treuhand).

A 59 Die Diskussion über das Problem der analogen Anwendung des § 392 Abs 2 HGB auf Geschäftsbesorger in mittelbarer Stellvertretung hat dadurch **erneuten Auftrieb** erfahren, dass Musielak in seinem **Reformgutachten** zu Auftrag und Geschäftsbesorgung (vgl dazu näher Vorbem 54 ff zu §§ 662 ff) die Einfügung einer Vorschrift ins Recht der entgeltlichen Geschäftsbesorgung vorgeschlagen hat, die dem Grundgedanken der Regelung des § 392 Abs 2 HGB entspricht (Musielak, Gutachten [1981] 1209 ff, insbes 1302 ff; dazu Martinek, in: FS Hans-Joachim Musielak [2004] 355 ff). Die Vorschrift – ein neu gefasster § 670 BGB(-Vorschlag) – soll nach Musielaks Formulierungsvorschlag folgenden Wortlaut erhalten:

> „Forderungen und bewegliche Sachen, die der Sachwalter in Erfüllung der vertraglichen Aufgabe für Rechnung des Geschäftsherrn im eigenen Namen erwirbt oder die ihm vom Geschäftsherrn zur Erfüllung der vertraglichen Aufgaben übertragen werden, gelten im Verhältnis zu den Gläubigern des Sachwalters als Forderungen und Sachen des Geschäftsherrn."

Dabei soll der Anwendungsbereich der vorgeschlagenen Regelung auf den sog **Sachwaltervertrag mit seinem charakteristischen Vertrauensbezug** begrenzt sein (vgl die eingeschränkte Verweisung in § 662 Abs 2 BGB[-Vorschlag]). Die für § 392 Abs 2 HGB streitige Frage, ob sich der Schutz der Vorschrift auch auf Gegenstände bezieht, die zur Erfüllung der Verbindlichkeit geleistet wurden, entscheidet Musielak nach dem vorgeschlagenen Gesetzeswortlaut zu Gunsten einer umfassenden Anwendung. Zur Einführung einer solchen Regelung zum „Übergang erworbener Rechte" (besser vielleicht: zur „Weiterleitung" erworbener Rechte) ins allgemeine Geschäftsbesorgungsrecht ist es im Zuge der **Schuldrechtsmodernisierung** zwar nicht gekommen. Doch hat Musielaks Reformgutachten die erneute Überprüfung der Frage angestoßen, ob sich eine derartige Regelung zur Weiterleitung erworbener Rechte nicht doch *per analogiam* aus § 392 Abs 2 HGB ableiten lässt. Diese Frage ist in der Tat zu bejahen.

b) Historischer Gesetzgeber und planwidrige Regelungslücke

A 60 Die Befürworter einer Analogie müssen sich zuerst mit dem Gegenargument auseinandersetzen, die Analogievoraussetzung einer **planwidrigen Regelungslücke** liege nicht vor, habe doch der historische Gesetzgeber ausweislich der Stellungnahme der 2. Kommission zum BGB zur Ausgestaltung des allgemeinen Geschäftsbesorgungsrechts die Übernahme einer dem § 392 Abs 2 HGB entsprechenden Vorschrift ausdrücklich abgelehnt (Prot II 360 ff). Zur Begründung hat der historische Gesetzgeber auf die Unterschiede zwischen handelsrechtlicher Kommission und allgemeiner Geschäftsbesorgung verwiesen. Die gesetzgeberischen Überlegungen im Einzelnen halten indes einer näheren Überprüfung nicht (mehr) stand.

A 61 So soll der besondere Regelungsgehalt des § 392 Abs 2 HGB dadurch gerechtfertigt sein, dass bei der Kommission die vom Kommissionär erlangte **Forderung in aller Regel an die Stelle einer Sache** trete, die der Kommissionär für den Kommittenten im eigenen Namen verkaufe (Prot II 364). Die Sache habe aber, auch wenn sie sich im Besitz des Kommissionärs befinde, bis zur Veräußerung an den Dritten typischerweise noch im Eigentum des Kommittenten gestanden. Die aus der Veräußerung resultierende Forderung trete also an die Stelle einer Sache, auf die der Gläubiger ohnehin nicht habe zugreifen können. Die Überlegung der 2. Kommission, das Eigentum des Kommittenten werde durch die dem Kommissionär zustehende Forderung ersetzt, steht in Wirklichkeit einer Analogie aus zwei Gründen nicht entgegen. Zum einen kann eine solche Sachlage auch außerhalb der Kommission im Rahmen einer allgemeinen Geschäftsbesorgung auftreten, ist also kein Spezifikum der Kommission. Zum anderen beschränkt sich auch der gesetzliche Anwendungsbereich der Regeln über die Kommission ausweislich der §§ 383, 406 HGB nicht auf die Fälle einer **Verkaufskommission** an Waren. Umfasst sind vielmehr auch Konstellationen der **Einkaufskommission**, bei denen der Kommissionär nicht veräußernd, sondern erwerbend tätig wird. Ein Eigentum des Kommittenten, auf den sich der dargestellte **Surrogationsgedanke** beziehen könnte, ist hier von vornherein nicht auszumachen; gleichwohl findet § 392 Abs 2 HGB auch hier unmittelbare Anwendung.

Des Weiteren erkennt die 2. Kommission zwar an, die Billigkeit spreche „in gewisser Weise" für eine allgemeine Regelung, eine derartige Vorschrift entfalte jedoch eine kaum absehbare Tragweite. Es stelle sich dann die Anschlussfrage, „warum nicht auch zB der Käufer eines Grundstücks, der den Kaufpreis gezahlt habe, falls der Verkäufer vor der Uebergabe in Konkurs gerathe, ein besonderes Recht auf das Grundstück vor den anderen Gläubigern haben solle" (Prot II 364, 365). Auch dieses Argument, wonach eine Ausdehnung des Schutzes des Geschäftsherrn über das handelsrechtliche Kommissionsrecht hinaus zu Wertungswidersprüchen führe, überzeugt nicht, denn sie lässt sich mit dem angeführten Beispiel des vorleistenden Grundstückskäufers in Wirklichkeit nicht begründen. Die unterschiedliche Behandlung des vorleistenden Vertragspartners beim Austauschvertrag rechtfertigt sich nämlich ohne Weiteres aus der Interessenlage: Austauschverträge sind als Koordinationsverhältnisse von einem Interessengegensatz geprägt, während die Geschäftsbesorgung als Subordinationsvertrag durch die Unterordnung der Interessen des Geschäftsbesorgers gekennzeichnet ist (vgl dazu näher Vorbem 24 ff zu §§ 662 ff). Daraus folgt zugleich, dass beim Austauschvertrag jeder Beteiligte sein Interesse zuerst selbst wahren muss. Es ist *sein* Risiko, wenn er sich ohne Absicherung zu einer Vorleistung entschließt. Für die **Geschäftsbesorgung als Subordinationsverhältnis** ist demgegenüber prägend, dass der Geschäftsbesorger seine Interessen denen des Geschäftsherrn unterordnet, die er weisungsgebunden zu wahren und zu fördern hat. Der Geschäftsherr bringt dem Geschäftsbesorger aufgrund dessen Interessenunterordnung ein **besonderes Vertrauen** entgegen und darf erwarten, dass dieses besondere Vertrauen auch in der Insolvenz des Geschäftsbesorgers zum Tragen kommt und dass er das ihm wirtschaftlich Gebührende auch tatsächlich erhält. Denn die Geschäftsbesorgung dient dem Interesse des Geschäftsherrn. Es geht nicht um riskante Vorleistungen im Austauschverhältnis im Vertrauen auf die Gegenleistung des Vertragspartners, sondern um von vornherein fremdnützig erworbenes Vermögen des Geschäftsherrn, das diesem nur formal und vorläufig rechtlich zugewiesen ist, aber dem Geschäftsherrn gebührt. Der Interessenwahrungscharakter des Geschäftsbesorgungsverhältnisses rechtfertigt den Umschlag von der wirtschaftlichen zur rechtlichen Zurechnung der aus der Geschäftstätigkeit erlangten Forderung gegen den Dritten an den Geschäftsherrn *qua* Fiktion analog § 392 Abs 2 HGB. **A 62**

A 63 Als wohl am schwersten wiegendes Argument gegen eine allgemeine Regelung wird vom historischen Gesetzgeber allerdings ins Feld geführt, Dritte rechneten allein beim gewerbsmäßig handelnden Kommissionär mit eingeschränkten Zugriffsmöglichkeiten auf dessen Forderungen, nicht aber beim nicht gewerbsmäßig tätigen allgemeinen Geschäftsbesorger. Denn „bei dem gewerbsmäßigen Kommissionär wisse jeder, daß derselbe vielfach fremdes Vermögen in Händen habe, und sei deshalb eine Täuschung der Gläubiger und eine Störung der Kreditverhältnisse kaum zu befürchten" (Prot II 364). Der Schutz des Rechtsverkehrs, insbesondere die störungsfreie Gewährleistung des Kreditwesens, verbiete eine solche Regelung jenseits des Kommissionsrechts. Die 2. Kommission zielt damit **auf eine Art abstrakte Publizität** ab, bei der die Gewerbsmäßigkeit der Kommissionärstätigkeit den Geschäftsverkehr generell zur Vorsicht anhält. Demgegenüber muss aber darauf hingewiesen werden, dass ein schutzwürdiges Vertrauen der Gläubiger des Geschäftsbesorgers/Kommissionärs in dessen Berechtigung hinsichtlich der Forderung schwerlich von einer nach Art und/oder Umfang gewerbsmäßigen Qualität seiner Aktivitäten abhängen kann. Es erscheint gewagt, wenn nicht fehlsam, von der Gewerbsmäßigkeit auf eine abstrakte Publizität zu schließen. Vielmehr ist zu berücksichtigen, dass die in der Praxis herausgebildeten Sicherungsinstrumente des Eigentumsvorbehalts, der Sicherungsübereignung und der Sicherungsabtretung das Vertrauen in scheinbar als Haftungsobjekt zur Verfügung stehende Gegenstände nachhaltig ausgehöhlt haben (vgl auch MUSIELAK, Gutachten [1981] 1304). Dieser Effekt wird bei der Sicherungsabtretung dadurch verstärkt, dass die Abtretung ohne Publizitätsakt erfolgt und zudem der gute Glaube an die Inhaberschaft einer Forderung grundsätzlich nicht geschützt wird (so schon SCHMIDT-RIMPLER, in: EHRENBERG, Handbuch des gesamten Handelsrechts Band 5/1 [1928] 477, 611). Damit aber erscheint die Argumentation der 2. Kommission insoweit durch die Rechtsentwicklung hinfällig und kann nicht mehr als Hindernis für eine Analogie gewertet werden.

A 64 Dass der Gesetzgeber die Einfügung einer ausdrücklichen Vorschrift zur Weiterleitung erworbener Rechte ins allgemeine Geschäftsbesorgungsrecht bislang unterlassen und insbesondere den Gesetzgebungsvorschlag MUSIELAKS, etwa anlässlich der **Schuldrechtsmodernisierung**, nicht umgesetzt hat, stellt keine erneute bewusste Entscheidung gegen eine Übernahme des Regelungsgehaltes des § 392 Abs 2 HGB dar, da eine **umfassende Reform des Geschäftsbesorgungsrechts ohnehin unterblieben** ist. Das ist auch mit späteren Gesetzesänderungen – namentlich der Kodifizierung des Zahlungsdiensterechts (vgl § 675 Rn A1) – nicht geschehen. Für die Annahme einer planwidrigen Regelungslücke spricht zudem die ohnehin nur knappe Regelung des allgemeinen Geschäftsbesorgungsrechts, deren eingeschränkte Verweisung in § 675 Abs 1 seit jeher für unvollkommen gehalten wird. Es kann nach alledem festgestellt werden, dass in der Tat eine planwidrige Reglungslücke hinsichtlich einer dem § 392 Abs 2 HGB entsprechenden Schutzvorschrift für den Geschäftsherrn im allgemeinen Geschäftsbesorgungsrecht besteht.

c) Die Interessenlage

A 65 Bei näherer Betrachtung liegt die entscheidende Voraussetzung einer analogen Anwendung des § 392 Abs 2 HGB im allgemeinen Geschäftsbesorgungsrecht wegen der **manifest gleichartigen Interessenlage der Beteiligten** hier und dort durchaus vor. Die Gleichartigkeit der Interessenlage besteht zunächst ohne Weiteres aus der **Perspektive des Kommittenten/Geschäftsherrn** hinsichtlich der Einschaltung einer anderen Person zur fremdnützigen Wahrnehmung seiner Vermögensinteressen. Dieses Interesse ist darauf gerichtet, auf die vom eingeschalteten Geschäftsbesorger fremdnützig gehaltenen Vermögenswerte, einschließlich der auf die Herausgabe oder Übereignung von Gegenstände gerichteten Forderungen, notfalls durchgreifen zu können. Gewiss kommt eine Analogie von vornherein nur in denjenigen Fällen in Frage, in denen der interessenwahrende Geschäftsbesorger im eigenen Namen handelt und dadurch eigene Forderungen erwirbt. Das „ungeschriebene" Erfordernis eines Handelns im eigenen Namen ergibt sich zwar nur mittelbar aus der kommissionsrechtlichen Grundnorm des § 383 HGB, indes greift die Vorschrift des § 392 HGB nach Sinn und Zweck für ein Handeln im fremden Namen von vornherein nicht ein; insoweit herrscht wegen der eigenen Forderungsinhaberschaft des Geschäftsherrn auch kein Regelungsbedarf. In dem allein interessierenden Fall der mittelbar stellvertretenden Tätigkeit des Kommissionärs/Geschäftsbesorgers aber bringt die Fiktion des § 392 Abs 2 HGB dem Geschäftsherrn nicht anders als dem Kommittenten den Vorteil, dass sie ihn vor dem Zugriff der Gläubiger des Kommissionärs/Geschäftsbesorgers auf die wirtschaftlich dem Kommittenten/Geschäftsherrn, rechtlich aber dem Kommissionär/Geschäftsbesorger zustehenden Forderungen schützt. Für die Beurteilung der Gleichartigkeit der Interessenlage von Kommittent und allgemeinem Geschäftsbesorger bei Einschaltung eines mittelbaren Stellvertreters spielt es keine Rolle, dass sich der Kommissionär, im Gegensatz zum allgemeinen Geschäftsbesorger, **gewerbsmäßig mit dem Ankauf und Verkauf von Waren oder Wertpapieren auf fremde Rechnung** beschäftigt (§ 383 Abs 1 HGB). Aus der Perspektive des Kommittenten/Geschäftsherrn kann das Privileg des § 392 Abs 2 HGB schwerlich mit diesen typischen Elementen des Kommissionsgeschäftes zusammenhängen. Hinsichtlich der Geschäftsart des An- und Verkaufs von Waren und Wertpapieren bringt ohnehin schon § 406 Abs 1 S 1 HGB eine Auflockerung, sodass als zentraler Unterschied nur die **Gewerblichkeit der Kommission** bleibt. Unter einem Gewerbe wird bekanntlich eine nach außen hervortretende, planmäßige, erlaubte, auf Gewinnerzielung gerichtete und selbständige Tätigkeit mit Ausnahme der freien Berufe verstanden. Problematisch ist bei der allgemeinen entgeltlichen Geschäftsbesorgung im Vergleich zur handelsrechtlichen Kommission vor allem die Planmäßigkeit der Tätigkeit, die eine Ausrichtung auf eine unbestimmte Vielzahl von Geschäften erfordert. Eine derartige Ausrichtung ist bei der allgemeinen entgeltlichen Geschäftsbesorgung gewiss nicht immer gegeben, doch macht dies aus der Perspektive des Geschäftsherrn für seine Interessenlage im Grunde keinen Unterschied: Die Diskrepanz zwischen rechtlicher und wirtschaftlicher Zuordnung der Forderung besteht genauso zu Lasten des Geschäftsherrn, wenn der Geschäftsbesorger nicht planmäßig-gewerblich als Kommissionär tätig ist. Die für ihn günstigen Auswirkungen des § 392 Abs 2 HGB müssen mithin aus der Perspektive des Geschäftsherrn allgemein als eine wünschenswerte und der wirtschaftlichen Sachlage angemessene Regelung erscheinen, gleichviel ob eine handelsrechtliche, gewerbliche oder eine bürgerlich-rechtliche, ungewerbliche Kommission in Rede steht.

Aus der **Perspektive des Kommissionärs/Geschäftsbesorgers** fragt sich, ob der allgemeine Geschäftsbesorger außerhalb einer gewerblichen Tätigkeit zu Unrecht benachteiligt wird, wenn ihm die mit der Anwendung des § 392 Abs 2 HGB für den gewerbsmäßigen Kommissionär verbundenen Nachteile aufgebürdet werden. Die Regelung des § 392 Abs 2 HGB weist die betroffenen Forderungen mit einge- **A 66** schränkt dinglicher Wirkung dem Kommittenten zu. Damit wird der Vollstreckungszugriff der Gläubiger gehindert, doch verliert auch der Kommissionär selbst in gewissem Umfang seine Verfügungsbefugnis. Ein umfassender, ungehinderter Vollstreckungszugriff der Gläubiger liegt in deren eigenem Interesse. Der Kommissionär ist deshalb nur insofern betroffen, als eine Begrenzung des Vollstreckungszugriffs der Gläubiger **seine Kreditwürdigkeit und damit seine Handlungsfähigkeit im Geschäftsverkehr** berührt. Dabei kann die Kreditwürdigkeit des Kommissionärs nur dann beeinträchtigt sein, wenn die Gläubiger die Herkunft der Forderungen aus einer Kommission/Geschäftsbesorgung kennen. Dann aber müssen sie ohnehin damit rechnen, dass diese Forderungen pflichtgemäß an den Geschäftsherrn weitergeleitet werden. Hinzu kommt, dass es für die Gläubiger in der Praxis regelmäßig an einer Offenkundigkeit der geschäftlichen Herkunft und Hintergründe der einzelnen Forderungen fehlen dürfte. Man wird deshalb in der **Einschränkung des Vollstreckungszugriffs für seine Gläubiger** kaum eine Beeinträchtigung der schützenswerten Interessen des Kommissionärs bzw Geschäftsbesorgers sehen können.

A 67 Zu überprüfen bleibt die Bedeutung der zugleich bestehenden **Einschränkung der Verfügungsbefugnis** des Kommissionärs/Geschäftsbesorgers selbst. Diese Einschränkung ergibt sich daraus, dass der Kommissionär/Geschäftsbesorger über eine Forderung nicht mehr seinerseits zur Befriedigung der Gläubiger verfügen kann, wenn diesen darauf ein Vollstreckungszugriff verwehrt ist (Canaris, Handelsrecht [24. Aufl 2006] § 30 Rn 75). Genau genommen folgt indes diese Einschränkung der Verfügungsbefugnis, wenn auch nur auf schuldrechtlicher Ebene, bereits aus dem Vertrag mit dem Geschäftsherrn, unabhängig von der Einstufung als Kommissionsgeschäft. Insofern nimmt die dingliche Einschränkung nach § 392 Abs 2 HGB dem Kommissionär nur die Möglichkeit zu weisungswidrigem Verhalten. Die Fiktion des § 392 Abs 2 HGB verstärkt nur qualitativ (dinglich) eine substantiell (schuldrechtlich) ohnehin bestehende Verfügungsbeschränkung. Dem Kommissionär wird nicht genommen, was ihm nicht ohnehin verboten ist. Der „Überschuss" an dinglicher Verfügungsbefugnis, der ansonsten bestünde, dient aber nicht dem Schutz des Kommissionärs, sondern dem Verkehrsschutz. Aus der Perspektive des allgemeinen Geschäftsbesorgers ist die Lage dieselbe wie beim Kommissionär. Deshalb stehen der analogen Anwendung des § 392 Abs 2 HGB **keine berechtigten und schutzwürdigen Interessen des Geschäftsbesorgers** entgegen; es geht nur um die Angleichung der dinglichen Lage an die schuldrechtliche.

A 68 Auch die **Perspektive außenstehender Dritter** begünstigt letztlich eine analoge Anwendung des § 392 Abs 2 HGB. Es ist nämlich nicht erkennbar, dass Interessen Dritter eine Beschränkung des § 392 Abs 2 HGB auf die Fälle einer gewerblichen Tätigkeit des Geschäftsbesorgers/Kommissionärs erfordern oder auch nur nahelegen. Vor allem kann ein schutzwürdiges Vertrauen der Gläubiger des Geschäftsbesorgers/Kommissionärs in dessen Berechtigung hinsichtlich der Forderung kaum von einer nach Art und/oder Umfang gewerbsmäßigen Qualität seiner Aktivitäten abhängen. Das Argument, der Geschäftsverkehr rechne nur beim gewerbsmäßig handelnden Kommissionär, nicht aber beim allgemeinen Geschäftsbesorger mit der fiduziarischen Gebundenheit der fremdnützig gehaltenen Forderung („abstrakte Publizität"), weshalb die Gläubiger des allgemeinen Geschäftsbesorgers in höherem Maße schutzbedürftig seien und durch eine analoge Anwendung des § 392 Abs 2 HGB nicht „enttäuscht" werden dürften (s oben Rn A 63), erscheint allzu vordergründig. In Wirklichkeit ist der reklamierte **Unterschied in der Schutzwürdigkeit nicht zu erkennen**. Zunächst ist festzustellen, dass die Gewerbsmäßigkeit der Tätigkeit des Kommissionärs für dessen Gläubiger keine besonderen Möglichkeiten einer Absicherung schafft. Insbesondere begründet die bloße Gewerbsmäßigkeit noch keine Buchführungspflichten des Kommissionärs (vgl §§ 238 ff HGB), die es den Gläubigern erleichtern würde, zu erkennen, welche Forderungen nach § 392 Abs 2 HGB dem Kommittenten zustehen. Man könnte allenfalls im Gefolge der 2. Kommission zum BGB (Prot II 360 ff, 364; s oben Rn A 63) meinen, beim gewerbsmäßigen Kommissionär sei es besonders offensichtlich, dass scheinbar eigenes Vermögen wirtschaftlich anderen Personen zusteht. Eine solche „besondere Offensichtlichkeit" setzt allerdings ein gut entwickeltes juristisches Unterscheidungsvermögen der Gläubiger zwischen rechtlicher und wirtschaftlicher Zuordnung voraus, die schwerlich den empirischen Gegebenheiten im Geschäftsverkehr entspricht. Vor allem aber: Die fortschreitende Verbreitung publizitätsloser Sicherungsinstrumente wie des Eigentumsvorbehalts, der Sicherungsübereignung und der Sicherungsabtretung hat ebenso wie die Gebräuchlichkeit von Leasinggeschäften die Diskrepanz zwischen scheinbarem und tatsächlichen Vermögen bzw die **äußerliche Ununterscheidbarkeit** des wirtschaftlich (fiduziarisch) zugeordneten und des rechtlich frei verfügbaren Vermögens zu einem allgemeinen Phänomen werden lassen, das sich keineswegs auf den gewerbsmäßigen Kommissionär beschränken lässt. Auch aus dem Blickwinkel und der Interessenlage der Gläubiger des Geschäftsbesorgers stehen einer Analogie zu § 392 Abs 2 HGB für das allgemeine Geschäftsbesorgungsrecht mithin keine durchgreifenden Bedenken entgegen.

d) Der Vergleich zur Treuhand

Zugunsten einer analogen Anwendung des § 392 Abs 2 auf den mittelbar vertretenden Geschäftsbesorger außerhalb der handelsrechtlichen Kommission lässt sich zudem die Rechtslage bei der echten (eigentlichen) Treuhand (vgl dazu Vorbem 41, 47 ff zu §§ 662 ff) anführen. Der echte Treugeber erhält nach ganz herrschender Meinung in der Insolvenz des Treuhänders ein Aussonderungsrecht nach § 47 InsO und im Fall einer Einzelzwangsvollstreckung ein Recht zur Drittwiderspruchsklage nach § 771 ZPO (RGZ 84, 214, 217; RGZ 91, 12, 16; RGZ 127, 341, 344; RGZ 133, 84, 87; BGH NJW 1959, 1223, 1224 f = WM 1959, 686, 687 f; BGH NJW 1993, 2622; BGH NJW-RR 2011, 779 Rn 13; Siber, Das rechtsgeschäftliche Treuhandverhältnis [1933] 159 ff; Kuhn WM 1964, 1005; Assfalg, Die Behandlung von Treugut im Konkurse des Treuhänders [1960] 1 ff; Coing, Die Treuhand kraft privaten Rechtsgeschäfts [1973] 44; vgl ausführlich Henssler AcP 196 [1996] 37, 50 ff). Diese Ausdehnung des Anwendungsbereiches von § 47 InsO und § 771 ZPO zum Schutz des Treugebers bei der echten Treuhand hat sich mittlerweile gewohnheitsrechtlich verfestigt und verselbständigt. Eine Bezugnahme auf § 392 Abs 2 HGB unterbleibt dabei; die für die Treuhand typische Interessenlage wird als ausreichende Begründung angesehen. Dies ist im vorliegenden Zusammenhang einer ausdehnenden Anwendung des § 392 Abs 2 HGB *per analogiam* auf die allgemeine Geschäftsbesorgung von Interesse, weil die die Treuhand tragende Rechtsbeziehung zwischen Treugeber und Treuhänder regelmäßig als Geschäftsbesorgungsvertrag ausgestaltet ist (vgl schon Musielak, Gutachten [1981] 1303, der von „engen Berührungspunkten in der Sache" spricht). Für einen Teilbereich des allgemeinen Geschäftsbesorgungsrechts ist damit durch den Schutz des Treugebers eine dem Rechtsgedanken des § 392 Abs 2 HGB weitgehend entsprechende Regelung anerkannt (vgl dazu im Einzelnen Vorbem 47 ff zu §§ 662 ff). Die idealtypischen Unterschiede hinsichtlich des Zeitfaktors und der Aus- A 69 richtung der Treuhand (langfristige Gestaltungsverwaltung – Dauererwerb) und der mittelbaren Stellvertretung (kurzfristige Abwicklungsverwaltung – Durchgangserwerb) spielen in diesem Zusammenhang keine Rolle. Auch bei der echten Treuhand werden Güter, die wirtschaftlich dem Treugeber als Geschäftsherrn zustehen, den Gläubigern des Treuhänders (Geschäftsbesorgers) entzogen. Auf eine abstrakte Publizität (s oben Rn A 63, A 68) im Sinne einer gewerblichen Tätigkeit des Treuhänders kommt es hier nicht an. Schon die grundlegende Entscheidung zum Schutz des Treugebers in der Insolvenz des Treuhänders hat nicht auf die (dort wohl gegebene) Gewerbsmäßigkeit der Tätigkeit des Treuhänders abgestellt (RGZ 45, 80, 85; vgl zur Herleitung des Schutzes des Treuhänders HENSSLER AcP 196 [1996] 37, 50 ff). Eine wirkliche Erkennbarkeit der wirtschaftlichen Zuordnung der Güter kann sich allein aus der Gewerblichkeit der Tätigkeit des Geschäftsbesorgers (Kommissionärs) ohnehin nicht ergeben. Es folgt mithin nicht zuletzt aus dem gewohnheitsrechtlichen verfestigten Treuhandrecht, dass es auf eine Eigenschaft des Geschäftsbesorgers als Gewerbetreibender für den Schutz des Geschäftsherrn nach § 392 Abs 2 HGB nicht ankommen kann, womit die analoge Anwendung zwingend erscheint.

e) Umfang und Grenzen der analogen Anwendung

A 70 Wie bei der unmittelbaren Anwendung des § 392 Abs 2 HGB auf die handelsrechtliche Kommission ist auch bei ihrer analogen Anwendung auf den mittelbar stellvertretenden Geschäftsbesorger umstritten, ob die *qua* Fiktion angeordnete Zuweisung dem Wortlaut der Vorschrift entsprechend **allein auf Forderungen** zu beschränken ist oder auf **aus der Geschäftsführung erlangte Sachen** erstreckt werden kann. Diese Frage hängt eng mit der gleichfalls umstrittenen Problematik einer Erstreckung des Rechtsübergangs auf das **Surrogat für die Forderung** zusammen; regelmäßig wird nämlich der Erlangung einer Sache durch die Geschäftsführung eine Forderung aus dem Ausführungsgeschäft vorhergehen, durch deren drittseitige Erfüllung der Geschäftsbesorger dann erst die Sache erlangt. Die Erstreckung des Rechtsübergangs auf das Surrogat für die Forderung wird im unmittelbaren Anwendungsbereich des § 392 Abs 2 HGB in der **Rechtsprechung** ebenso wie **teilweise im Schrifttum** abgelehnt (BGH NJW 1974, 456, 457; SCHLEGELBERGER/HEFERMEHL, 6. Band [5. Aufl 1977] § 392 Rn 2, 20; KOLLER, in: GroßKomm-HGB [3. Aufl 1980] § 392 Anm 2; BAUMBACH/HOPT [31. Aufl 2003] § 392 Rn 3; **aA** nunmehr BAUMBACH/HOPT [37. Aufl 2016] § 392 Rn 7). Danach soll die Ausnahmevorschrift § 392 Abs 2 HGB eng zu verstehen und bei einem Forderungseinzug durch den Kommissionär das von dem Dritten an diesen Geleistete in *dessen* Vermögen fallen und dem Vollstreckungszugriff der Kommissionärsgläubiger ohne Widerspruchsmöglichkeit des Kommittenten ausgesetzt sein, obwohl das Geleistete wirtschaftlich zum Vermögen des Kommittenten gehört und vertragliche Herausgabeansprüche bestehen. Dagegen wendet sich aber eine **Mindermeinung in der Literatur**, die eine analoge Anwendung des § 392 Abs 2 HGB auf das Surrogat durchaus befürwortet (SCHMIDT-RIMPLER, Das Kommissionsgeschäft, in: EHRENBERG, Handbuch des gesamten Handelsrechts, Band 5/1 [1928] 477, 612; CANARIS, Handelsrecht [24. Aufl 2006], § 30 Rn 81/82, der sich auf eine hM beruft; K SCHMIDT, Handelsrecht [6. Aufl 2014] § 31 VI 4d Rn 138 ff; nun auch BAUMBACH/HOPT [37. Aufl 2016] § 392 Rn 7). Den befürwortenden Stimmen ist in der Tat zu folgen. Das Surrogat wird ebenso wie die Forderung von der wirtschaftlichen Zuordnung an den Geschäftsherrn umfasst, was eine Zugriffsmöglichkeit der Gläubiger des Geschäftsherrn hierauf als nicht schützenswert erscheinen lässt. Der Einwand, die Gläubiger könnten bei Sachen wegen der Publizitätswirkung des Besitzes auf das Eigentum des Kommissionärs/Geschäftsbesorgers vertrauen, verschlägt dabei nicht, nachdem die wirtschaftliche und rechtliche Entwicklung zu einer deutlich verringerten Bedeutung der Publizität des Besitzes geführt hat. Der Rechtsverkehr kann sich auf den Besitz als Eigentumsindiz längst nicht mehr verlassen, wenn beim Eigentumsvorbehalt und bei der Sicherungsübereignung der Besitzer nicht der Eigentümer ist. Diese Erwägung muss für die Überprüfung des Analogieumfangs den Ausschlag zugunsten einer Erstreckung auf das Surrogat und damit auch auf erlangte Sachen geben (vgl dazu auch Musielak, Gutachten [1981] 1304 f und 1312, der in seinem Gesetzesvorschlag in § 670 BGB[-Vorschlag] eine Erweiterung auch auf das Sachsurrogat vorsieht). Dies wird zudem dadurch gestützt, dass auch bei der (echten) Treuhand für den Schutz des Treugebers nicht zwischen Forderungen und Sachen als Treugut unterschieden wird (s oben Rn A 69). Die Publizitätswirkung ist tendenziell bei der Treuhand aufgrund ihrer Ausrichtung auf eine längere Zeitdauer eher stärker ausgeprägt (Stichwort: langfristige Gestaltungsverwaltung – Dauererwerb) als bei der mittelbaren Stellvertretung (Stichwort: kurzfristige Abwicklungsverwaltung – Durchgangserwerb), sodass die Einbeziehung von Sachen bei der mittelbaren Stellvertretung insofern näherliegt. Allerdings gebietet die **größere Publizitätswirkung im Bereich des Grundstücksrechts** bei der Treuhand (Henssler AcP 196 [1996] 37, 59) wie bei der mittelbaren Stellvertretung eine Beschränkung auf bewegliche Sachen (Musielak, Gutachten [1981] 1305). Bei Grundstücken ist der Geschäftsherr auf die Schutzmöglichkeit über eine Auflassungsvormerkung (§ 883) zu verweisen.

f) Ergebnis

Nach den vorstehenden Überlegungen erweist sich eine analoge Anwendung des 392 Abs 2 HGB im allgemeinen Geschäftsbesorgungsrecht des § 675 Abs 1 als tragfähig (**anders noch** Staudinger/Martinek [1995] § 675 Rn A 51). Im Ergebnis kommen das insolvenzrechtliche Aussonderungsrecht des § 47 InsO und die einzelzwangsvollstreckungsrechtliche Drittwiderspruchsklage des § 771 ZPO (auch außerhalb des anerkannten Bereichs der „echten" Treuhand) immer dann zugunsten des Geschäftsherrn zum Zuge, wenn sich der Erwerbsakt des Geschäftsbesorgers im Wege der mittelbaren Stellvertretung vollzieht. Dadurch entsteht ein Schutz des Geschäftsherrn, der den gesamten Bereich der allgemeinen bürgerlich-rechtlichen Geschäftsbesorgung umfasst. Geboten ist auch die Erstreckung des § 392 Abs 2 HGB *per analogiam* auf die vom Geschäftsbesorger erhaltene **Sache als Surrogat der Forderung**. **A 71**

Es ist nun leicht zu erkennen, dass diese analoge Anwendung des § 392 Abs 2 HGB auch auf die **Fälle der mittelbaren Stellvertretung beim unentgeltlichen Auftrag nach §§ 662 ff** ausgedehnt werden muss, wenn auch nicht auf die gesamte Bandbreite aller Erscheinungsformen. Soweit aber Erwerbsvorgänge in Rede stehen, die von **selbständigen Auftraggebern mit besonderer Vermögensbetreuungspflicht in mittelbarer Stellvertretung** vorgenommen werden, vermag die Unentgeltlichkeit des Auftrags nach §§ 662 ff für das vorstehend behandelte Analogieproblem kein sachliches Differenzierungskriterium gegenüber der Entgeltlichkeit der Geschäftsbesorgung nach § 675 Abs 1 zu begründen. Auch im Bereich des unentgeltlichen Auftragsrechts ist mithin § 392 Abs 2 HGB analog anzuwenden, wenn die Geschäftsbesorgung des Beauftragten nicht nur dem weiten Geschäftsbesorgungsbegriff der §§ 662 ff, sondern dem **engen Geschäftsbesorgungsbegriff** des § 675 Abs 1 iSd sog **Geschäftsbesorgungsformel** entspricht (vgl dazu Vorbem 17, 21 und 22 zu §§ 662 ff sowie oben Rn A 9 ff). **A 72**

B. Das Recht der entgeltlichen Geschäftsbesorgung – Besonderer Teil

I. Systembildung und „Alphabetismus“ im Besonderen Geschäftsbesorgungsrecht

B 1 Die Versuche der Systembildung und der typologischen Ausdifferenzierung im Auftrags- und Geschäftsbesorgungsrecht, dh der rechtstypologischen Systematisierung verkehrstypischer Verträge, haben bislang noch kaum zu ausgereiften Ordnungsmustern geführt (vgl dazu schon Vorbem 32 zu §§ 662 ff). Dies hat im Auftragsrecht der §§ 662 ff andere Gründe als im Geschäftsbesorgungsrecht nach § 675 Abs 1. Im Recht des (unentgeltlichen) Auftrags nach §§ 662 ff haben sich ohnehin keine nennenswerten Berufsbilder oder verkehrstypischen Tätigkeitsfelder ausprägen können. Da einer „unentgeltlichen Tätigkeit“ in unserer Wirtschafts- und Sozialordnung Ausnahmecharakter zukommt, ist dem Auftragsvertrag in der Praxis eine vergleichsweise geringe Bedeutung zuzumessen. Auch vom Rechts- und Pflichtengefüge her bietet sich kein sinnvoller Differenzierungsansatz für verschiedene Untertypen oder Gruppen von Auftragsverträgen an. Im **Auftragsrecht** haben die praktische **Bedeutungslosigkeit** sowie die rechtsstrukturelle **Schlichtheit und Gleichförmigkeit** eine nähere Systembildung und Ausdifferenzierung verhindert bzw entbehrlich gemacht. Geradezu umgekehrt ist die Lage bei dem Typus des **entgeltlichen Geschäftsbesorgungsvertrags** mit seiner wirtschaftlich überragenden, nur durch den Kaufvertrag übertroffenen Bedeutung (dazu Vorbem 20 zu §§ 662 ff) und mit seiner bunten Fülle möglicher Rechts- und Pflichteninhalte. Hier haben sich **zahlreiche einzelne Untertypen** selbständiger Bedeutung in einem weitgefächerten Spektrum verschiedener Berufs- und Tätigkeitsfelder entwickelt. Teilweise können diese auf eine Jahrhunderte alte Tradition zurückblicken, teilweise haben sie aber auch als sog moderne Vertragstypen erst in den letzten Jahrzehnten in unserer Rechtskultur Fuß gefasst. Das Panorama von Untertypen des Geschäftsbesorgungsvertrags umfasst etwa Rechtsanwaltsverträge, Steuerberaterverträge, Handelsvertreterverträge, bankrechtliche Geschäftsbesorgungsverträge mit ihren zahlreichen Unterformen oder vertriebsrechtliche Geschäftsbesorgungsverträge wie Vertragshändler- oder Franchiseverträge, Baubetreuungsverträge im weiteren und im engeren Sinn, Reisevermittlungsverträge, Vermögensverwaltungsverträge oder Transportverträge wie insbes Speditions- oder Frachtführerverträge usw. Offensichtlich sind es die immense Vielfalt und der Gestaltungsreichtum sowie die Eigengesetzlichkeiten der zahlreichen Untertypen, die eine typologische Ausdifferenzierung und Systembildung stark erschweren und präsentable Ordnungsmuster bisher verhindert haben. Es ist bislang noch kaum gelungen, den geradezu unübersehbaren Inhaltsreichtum der unterschiedlichsten Arten von Geschäftsbesorgungsverträgen in Gruppen von Untertypen zu untergliedern. Man ist über wenig folgenreiche Ansätze wie Beratungsverträge, Verwaltungsverträge oder Betreuungsverträge nicht hinausgelangt. Letztlich ist man bei der vom Gesetz selbst vorgegebenen **Zweiteilung in Geschäftsbesorgungsverträge dienstvertraglichen und solche werkvertraglichen Charakters** steckengeblieben und begnügt sich mit der Identifizierung einzelner, unverbundener Sonderformen von Geschäftsbesorgungsverträgen. Der Gesetzgeber selbst bietet keine weitere Hilfestellung, sondern bleibt mit inzwischen im eigenen Untertitel besonders geregelten Zahlungsdiensten (§§ 675c–676c) dem Denken in individuellen Sonderformen des Geschäftsbesorgungsvertrags verhaftet.

Einen wohl vielversprechenden typologischen Ansatz bietet allerdings MUSIELAK (Gutachten [1981] 1308 f, dazu schon Vorbem 54 ff zu § 662 ff) mit seiner Differenzierung verschiedener **„Fallgruppen" der Geschäftsbesorgung**. Er unterscheidet *erstens* die Fälle, in denen der Geschäftsbesorger für Rechnung des Geschäftsherrn in eigenem oder in dessen Namen ein Recht zu erwerben hat (zB Kommissionsgeschäft, Handelsvertretervertrag); *zweitens* die Fälle, in denen der Geschäftsbesorger Rechte des Geschäftsherrn gegenüber Dritten wahrzunehmen hat (Rechtsanwaltsvertrag); *drittens* die Fälle, in denen dem Geschäftsbesorger vom Geschäftsherrn ein Recht zur Ausübung in dessen Interesse übertragen wird (Inkassozession und andere Fälle der echten Treuhand); *viertens* die Fälle, in denen der Geschäftsbesorger seine Sachkunde zur Beratung oder zur Unterstützung des Geschäftsherrn bei dessen Wahrnehmung von Vermögensinteressen einzusetzen hat (Anlageberatung, Baubetreuung, Architektenvertrag). MUSIELAK weist indes selbst darauf hin, dass diese vier Grundformen **kombinierbar** sind und auch in der Praxis häufig kombiniert werden. Mehr als eine erste Wegweisung, auf der künftige systematisierende Überlegungen aufbauen können, ist diese Fallgruppen-Differenzierung derzeit nicht. Wegweisend erscheint der Differenzierungsansatz von MUSIELAK, weil er von vornherein rechtsstrukturell angelegt ist, dh sich an unterschiedlichen Rechts- und Pflichtengefügen orientiert und nicht bloß empirische Berufsbilder aufgreift. **B 2**

Gewiss erscheint es keineswegs fernliegend, eine Differenzierung von Untertypen und Gruppen der Geschäftsbesorgung – jedenfalls zunächst – an den empirischen Berufs- und Tätigkeitsfeldern der Praxis auszurichten oder aber rechtsgebietsspezifisch anzulegen. Jede Bildung von Untertypen und Gruppen, die sich am jeweils eigenartigen Tätigkeitsprofil des Geschäftsbesorgers oder an der Zuweisung zu einem Rechtsgebiet orientiert, kann aber immer nur dann eine Berechtigung reklamieren, wenn mit jedem Untertyp oder jeder Vertragsgruppe spezifische Rechtsfragen und Regelungsprogramme verbunden sind; und schon dies ist oft kaum erkennbar, weil beispielsweise die einzelnen bankrechtlichen, vertriebsrechtlichen oder transportrechtlichen Geschäftsbesorgungsverträge jeweils sehr verschieden sind. Gegenwärtig lässt sich alles in allem aus einer branchen- oder rechtsgebietspezifischen Betrachtungsweise noch kein heuristisch fruchtbares System der Untertypen oder Gruppen von Geschäftsbesorgungsverträgen erkennen. Zudem ist bei allen Typisierungsbemühungen Folgendes zu beachten: Die Rechtswirklichkeit bringt ständig neue Einzelverträge geschäftsbesorgungsvertraglicher Rechtsnatur hervor, die aufgrund ihrer empirischen Häufigkeit und Gleichförmigkeit bald „typisch" werden können (zB Managementverträge). Auch spielt das Geschäftsbesorgungsrecht eine zunehmende Rolle für eine Reihe von Verträgen, die sich einem der austauschvertraglichen Typen des BGB außerhalb des Dienst- und Werkvertragsrechts zuordnen lassen oder sich als Mischformen gesetzlich geregelter Vertragstypen darstellen, bei denen aber oft ein ausgeprägtes geschäftsbesorgungsvertragliches Element auszumachen ist (zB Sponsoringverträge oder Turnkeyverträge). Es geht um sämtliche Verträge, bei denen nicht nur einzelne Treuepflichten die Hauptpflichten begleiten, sondern „ein ganzer, wohldefinierter Fürsorgebereich" hinzutritt (ESSER/WEYERS, SchuldR BT Teilb 1 [8. Aufl 1998] § 35 I 1). **B 3**

Im Ergebnis muss deshalb festgehalten werden, dass die Bemühungen, den Typus des Geschäftsbesorgungsvertrages systematisch und typologisch abschließend auszudifferenzieren, (noch) keinen vorzeigbaren Erfolg gebracht haben. Derzeit lässt **B 4** der Rechtsstrukturtypus des Geschäftsbesorgungsvertrages lediglich die Erfassung individueller Sonderformen zu, die sich **nicht zu einem geschlossenen System** zusammenfügen lassen, sondern **jeweils ein geschäftsbesorgungsrechtliches Spezialgebiet** darstellen. Es verwundert daher nicht, dass sich die BGB-Kommentarliteratur zu § 675 Abs 1 praktisch durchweg auf eine **enumerative Katalogisierung** der wichtigsten Arten von Geschäftsbesorgungsverträgen beschränkt und im Übrigen auf die jeweilige Spezialliteratur verweist; es herrscht in Ermangelung eines Systemrasters ein **darstellerischer Alphabetismus**, bei dem einzelne Arten von Geschäftsbesorgungsvertragen schlicht in alphabetischer Reihenfolge vorgestellt werden. Eine Ausnahme hiervon bildete die Bearbeitung dieses Kommentarwerks aus dem Jahr 1995, in der für den Besonderen Teil des Geschäftsbesorgungsrechts die folgende systematisierende Darstellungsweise gewählt wurde (Staudinger/Martinek [1995] § 675 Rn B 1 ff): Unter der Überschrift „Bankverträge und Finanzierungsverträge" finden sich dargestellt der allgemeine Bankvertrag (Rn B 1 ff), der Girovertrag und der Scheckvertrag (Rn B 17 ff), die sonstigen KWG-Bankgeschäfte (Rn B 43 ff) wie das Einlagengeschäft, Zahlungs- und Haftungskreditgeschäfte (Rn B 45), Diskontgeschäft und Forfaiting, Effektengeschäft, Depotgeschäft, Investment- und Revolvinggeschäft, Garantiegeschäft und Akkreditivgeschäft, sodann das Kreditkartengeschäft und die Point-of-Sale-Systeme (Rn B 59 ff), die Factoringverträge (Rn B 119 ff) und die Leasingverträge (Rn B 172 ff). Es schließen sich unter der Überschrift „Beratungs-, Betreuungs- und Verwaltungsverträge" Kommentierungen der Rechtsanwaltsverträge (Rn C 1 ff), der Steuerberaterverträge (Rn C 38 ff), der Architektenverträge (Rn C 46 ff), der Baubetreuungsverträge (Rn C 57 ff), der Turnkeyverträge (Rn C 73 ff), der Management- und Betriebsführungsverträge (Rn C 86 ff), der Consultingverträge (Rn C 104 ff) und der Schiedsverträge (Rn C 120 ff) an. Es folgt ein Abschnitt zu den verschiedenen Vertriebs- und Zulieferverträgen (Rn D 1 – D 112), bevor eine alphabetische Liste der sonstigen Geschäftsbesorgungsverträge im Überblick einschließlich der Zweifelsfälle erstellt wird.

B 5 Von dieser Darstellungsform wurde in der Vorauflage (Staudinger/Martinek [2006] § 675 Rn B 6 – B 264) und nun auch in dieser Auflage aus folgenden Gründen Abstand genommen: Die geschäftsbesorgungsrechtlichen Vertragsformen des bargeldlosen Zahlungsverkehrs mussten ohnehin in die Kommentierung der §§ 676a–676h aF und nunmehr in die Kommentierung der §§ 675c–676c integriert werden. Die sonstigen in der Vorauflage ausführlich behandelten Sondermaterien haben sich in den letzten Jahren weiterhin in einer Breite und Tiefe ausdifferenziert und spezialisiert, die den Rahmen einer BGB-Kommentierung inzwischen deutlich sprengen würden. Insoweit ist deshalb eine Beschränkung auf eine kurze Kennzeichnung dieser geschäftsbesorgungsrechtlichen Vertragsarten im Rahmen einer alphabetischen Liste geboten. In der Tat muss man sich in der Darstellung des Besonderen Teils des Geschäftsbesorgungsrechts mit einer solchen beispielhaften Präsentation der gängigsten Sonderformen von Geschäftsbesorgungsverträgen bescheiden und sich wegen der zahlreichen Besonderheiten jedes Einzelvertrags zumeist auf bloße vertragsrechtliche Skizzen beschränken; lediglich vergleichsweise neue Formen von Geschäftsbesorgungsverträgen oder von Typenmischverträgen mit dominant geschäftsbesorgungsvertraglichem Charakter sollen näher vorgestellt werden. Der Besondere Teil des Geschäftsbesorgungsvertragsrechts ist in kaum übersehbare verkehrstypische Sonderformen und hochspezialisierte Einzelverträge zersplittert, deren Bandbreite und Vielfalt Zeugnis von der Bedeutung der Geschäftsbesorgungsverträge in der post-industriellen Dienstleistungsgesellschaft ablegen.

II. Alphabetische Übersicht über verkehrstypische Geschäftsbesorgungsverträge und Zweifelsfälle

Absatzmittlungsverträge s Vertriebsverträge.

Agent/Agentur

Die Vertragsform eines Agenten- oder Agenturvertrages ist überaus unkonturiert. **B 6**
Anders als den romanischen und angelsächsischen Rechtsordnungen (zur *agency* im Common Law s Vorbem 130 ff zu § 662 ff) ist dem deutschen Recht ein **„Zivilagent"** unbekannt. In Praktikerkreisen wird mit der Tätigkeit eines „Agenten" oder einer „Agentur" tendenziell jede Art der entgeltlichen Geschäftsbesorgung bezeichnet. In einem engeren Sinne versteht man unter einem Agenten- oder Agenturvertrag ein rechtsgeschäftliches Tätigwerden eines Beauftragten (Agenten) im Namen und für Rechnung des Auftraggebers gegen Entgelt (oft: Provision). Ein solcher Agent kann wie ein **Handelsvertreter** (früher: Handelsagent oder Handlungsagent) „ständig betraut", aber auch fallweise bzw einmalig eingesetzt werden (zum Handelsvertretervertrag s Vertriebsverträge). Regelmäßig handelt es sich um Geschäftsbesorgungsverträge dienst- oder (bei Erfolgsbezug) werkvertraglichen Charakters. So ist das Rechtsverhältnis zwischen einem Autohändler und dem Käufer, dessen bisherigen **Gebrauchtwagen** der Händler im Namen und für Rechnung des Käufers verkaufen soll, ein Geschäftsbesorgungsvertrag (vgl zu Agenturgeschäften im Gebrauchtwagenhandel BGH NJW 2005, 1039; BGHZ 170, 67; Katzenmeier NJW 2004, 2632; vgl auch BGHZ 89, 134 f; BGH NJW 1978, 1482; BGH NJW 1982, 1699; BGH NJW 1981, 388; Behr AcP 185 [1985] 401). Dieser Weg wurde im Automobilhandel an Stelle eines Kaufs und Weiterverkaufs des Altwagens für eigene Rechnung früher gern gewählt, um einen Mehrwertsteueranfall beim Händler zu vermeiden. Heute wird diese Verfahrensweise vor allem herangezogen, um die zwingenden Regelungen des Gewährleistungsrechts im Verbrauchsgüterkauf im Verhältnis Händler (Unternehmer) – Käufer (Verbraucher) durch einen „Privatverkauf" zu umgehen; ein solches Agenturgeschäft kann im Gebrauchtwagenhandel mit Verbrauchern uU als Umgehungsgeschäft anzusehen sein, wenn es missbräuchlich zur Verschleierung eines in Wahrheit vorliegenden Eigengeschäfts des Unternehmers eingesetzt wird (BGH NJW 2005, 1039; BGHZ 170, 67 Rn 14 ff). Der **Schiffsagentenvertrag** (OLG Hamburg VersR 1973, 464) und der **Postagenturvertrag** (OLG Koblenz WM 2006, 1452, 1453) sind ebenfalls Geschäftsbesorgungsverträge.

Anlageberatungsvertrag

Der Anlageberater, dem eine individuelle Beratungspflicht gegenüber einem Kun- **B 7**
den gegen Entgelt obliegt, wird aufgrund eines Geschäftsbesorgungsvertrags tätig (BGH NJW 1983, 1730; BGH NJW-RR 1992, 531; OLG Koblenz BB 1989, 2001; Musielak, Gutachten [1981] 1234 f); bei unentgeltlicher Beratung liegt ein Auftrag vor (BGH NJW 1999, 1540, 1541). Die Anlageberatung allein ist kein Bankgeschäft iS des § 1 KWG (BGHZ 70, 356), ist aber oft mit der Anlagevermittlung (s dort) verbunden, die ihrerseits Finanzdienstleistung nach § 1 Abs 1a Nr 1 KWG ist. Durch einen Anlageberatungsvertrag wird der Berater verpflichtet, seinem Kunden eine Vermögens-

anlage zu empfehlen, die nach dessen wirtschaftlichen und persönlichen Verhältnisses für ihn geeignet ist (MünchKommHGB/Nobbe/Zahrte[3] Anlageberatung Rn 67). Die Anforderungen der höchstrichterlichen **Rechtsprechung** an den **Abschluss** eines Anlageberatungsvertrags sind überschaubar. Es komme nicht darauf an, von wem die Initiative für ein Beratungsgespräch ausgegangen sei (BGHZ 123, 126, 128 = BGH NJW 1993, 2433). Regelmäßig liege ein lediglich **konkludenter** Vertragsschluss vor (BGH WM 2002, 1683, 1686; vgl auch BGH WM 2016, 504 Rn 14); lediglich ein Dauerberatungsvertrag erfordere eine ausdrückliche Einigung der Parteien (BGHZ 205, 117 Rn 24). Die Entgeltlichkeit der Beratung sei unerheblich (BGHZ 100, 117, 119 = ZIP 1987, 500). Es genüge, wenn sich der Kunde an den Berater wende und danach tatsächlich eine Beratung stattfinde (BGH NJW 1993, 2433; BGHZ 205, 117 Rn 23). In der **Literatur** wird die Existenz eines solchen selbständigen **Beratungsvertrags als Fiktion** eingeordnet und seine Existenz vielfach abgelehnt (Herresthal WM 2012, 2261; ders ZBB 2012, 89, 92 ff; Heusel JuS 2013, 109; Spindler NJW 2011, 1920, 1921; Krüger NJW 2013, 1845 ff). Ebenso wird teilweise eine Unvereinbarkeit mit den Vorgaben der sog **MiFID** I-Richtlinie (Richtlinie über Märkte für Finanzinstitute v 21. 4. 2004 [ABl EG Nr L 145 S 1 v 30. 4. 2004]; neugefasst als sog MiFID II-Richtlinie 2014/65/EU über Märkte für Finanzinstrumente v 15. 5. 2014 [ABl EU Nr L 173 S 349 v 12. 6. 2014]) angenommen (Mülbert WM 2007, 1149, 1157; Herresthal WM 2012, 2261 ff). Stattdessen sei von einem vorvertraglichen Schuldverhältnis nach § 311 Abs 2 Nr 1 (Heusel JuS 2013, 109; Erman/Berger[13] § 675 Rn 134) oder Nr 2 (Herresthal ZBB 2012, 89, 94) auszugehen oder es wird eine reale Geschäftsbesorgung (Schnauder JZ 2013, 120, 127) angenommen. Teilweise wird der BGH-Linie dem Grunde nach gefolgt, wobei die Anforderungen an den Rechtsbindungswillen der Parteien verschärft werden (Buck-Heeb ZIP 2013, 1401, 1403).

B 7a An dem Vehikel des Anlageberatungsvertrags ist **entgegen der vorgebrachten Kritik festzuhalten**, wobei die Anforderungen an den Rechtsbindungswillen im konkreten Fall geschärft werden müssen. Für einen Rechtsbindungswillen der Parteien spricht regelmäßig bereits die **erkennbare wirtschaftliche Bedeutung der Beratungsleistung** für den Kunden; die Offenkundigkeit des Vermögensbezugs bei einer Kapitalanlage lässt sich kaum steigern. Die auch rechtliche Eigenständigkeit des Beratungsvorgangs vom umsetzenden Anlageakt verdeutlicht auch die getrennte Erfassung der Anlageberatung gegenüber dem Finanzkommissionsgeschäft, dem Emissionsgeschäft, dem Platzierungsgeschäft und der Finanzportfolioverwaltung im **Katalog der Wertpapierdienstleistungen des § 2 Abs 3 WpHG** (Regenfus WM 2015, 169, 173). Es liegt in der Natur der Anlageberatung, dass in diesem Stadium noch nicht feststeht, ob und welche Anlageform nachfolgend gewählt wird. Eines Realvertrags, der allein auf der Vornahme der Vermittlungs- bzw Beratungstätigkeit mit Einverständnis des Kunden beruhte (Schnauder JZ 2013, 120, 127), bedarf es daher nicht. Eine solche Vertragskonstruktion ist zudem mit der *lex lata* unvereinbar, da sowohl Auftrag als auch Geschäftsbesorgung stets auf einer vertraglichen, dh rechtsgeschäftlichen, Einigung der Beteiligten beruhen. Auch eine vollharmonisierende MiFID II-Richtlinie, die namentlich in ihren Art 24 f detaillierte Bestimmungen zum Anlegerschutz im Beratungsstadium enthält, stünde nicht einer privatautonomen Vereinbarung entgegen, die weiterreichende Pflichten des Beraters aufstellt (Herresthal WM 2012, 2261, 2265 zur MiFID I-Richtlinie). Lediglich im Anwendungsbereich des § 511 ist ein konkludenter Abschluss eines Beratungsvertrags wegen der Informationspflichten aus Art 247 § 18 EGBGB ausgeschlossen.

Der Anlageberater ist aufgrund seiner Expertenstellung zur fürsorgerischen Wahrnehmung der Vermögensinteressen des Kunden verpflichtet, der sich seiner Sachkunde anvertraut (vgl weiterführend Edelmann, in: Assmann/Schütze, Handbuch des Kapitalanlagerechts [4. Aufl 2015] § 3 Rn 15 ff mwNw; rechtsvergleichend Schelling, Vergütungssysteme und Interessenkonflikte in der Anlageberatung [2013] 46). Im Rahmen der Verpflichtung zur **anlegergerechten Beratung** hat der Anlageberater (regelmäßig ein Kreditinstitut) den Wissensstand des Kunden über Anlagegeschäfte der in Rede stehenden Art sowie dessen Risikobereitschaft zugrunde zu legen und gegebenenfalls zu erfragen (BGHZ 189, 13 Rn 22). Im Rahmen der Verpflichtung zu **objektgerechter Beratung** muss das empfohlene Anlageobjekt den Bedürfnissen und der Risikobereitschaft des Kunden entsprechen (BGHZ 123, 126 = BGH NJW 1993, 2433 = WM 1993, 1455; BGHZ 189, 13 Rn 20; OLG Braunschweig ZIP 1993, 1457). Die Aufklärung beschränkt sich dabei nicht nur auf das Anlageobjekt, sondern erstreckt sich auch auf Umstände, die für die Zuverlässigkeit der Fondsverantwortlichen von Bedeutung sind oder sein können. Namentlich kann eine strafrechtliche Verurteilung oder auch ein anhängiges Ermittlungsverfahren gegen die Fondsverantwortlichen die Vertrauenswürdigkeit dieser Personen in Frage stellen (BGH WM 2011, 2353 Rn 9; zustimmend Stöhr WuB I G 1 Anlageberatung 5.12). Bei der *Effektenberatung* (Anlageberatung der Banken und Sparkassen im Rahmen des Effektengeschäfts) trifft die Bank die Pflicht zu umfassender und sachgemäßer Beratung des Kunden vor Geschäftsabschluss. Plant der Kunde erkennbar falsche und ungewöhnlich gefährliche Maßnahmen, muss die Bank ihn aufklären und warnen (OLG Köln WM 1989, 402; OLG Braunschweig ZIP 1993, 1457; vgl auch Heinsius ZHR 145 [1981] 177; Ungnade ZFK 1979, 1132; Kübler ZHR 145 [1981] 204; F A Schäfer, Haftung für fehlerhafte Anlageberatung und Vermögensverwaltung, insbes von Kreditinstituten [1993]). Dabei darf sich die Bank nicht auf eine Börsenzulassung verlassen und sich mit dem Inhalt des Zulassungsprospekts begnügen, sondern muss die empfohlenen Papiere ihres Anlageprogramms einer eigenen Prüfung unterziehen. **B 7b**

Dem Anlageberater obliegt zumindest eine **umfassende Information** seines Kunden über alle für dessen jeweilige Anlageentscheidung tatsächlich oder möglicherweise bedeutsamen Umstände (vgl auch zu den Informationspflichten von öffentlichen Geschäftsbesorgern und Kreditinstituten die Kommentierung zu § 675a). Diese Informationen müssen wahrheitsgemäß und umfassend erteilt werden (BGH WM 2016, 504 Rn 15). Demgegenüber muss die Bewertung und Empfehlung des Anlageobjekts aus einer *ex ante*-Perspektive lediglich vertretbar sein (BGH WM 2015, 575 Rn 16). Auch über verdeckte Rückvergütungen kann aufzuklären sein (vgl § 666 Rn 7a ff). Zwar betrifft diese Informationspflicht in erster Linie die Mitteilung von Tatsachen ohne deren Wertung oder Auswertung. Indes kann sich nach dem Anlageberatungsvertrag die Informationspflicht auch auf eine Erläuterung der Bedeutung einzelner Fakten erstrecken. Die Reichweite der Informationspflichten wird entscheidend dadurch mitbestimmt, welche Informationsquellen zur **Pflichtlektüre** des Anlageberaters gezählt werden. Im Ausgangspunkt ist festzuhalten, dass angesichts der Vielfalt der Wirtschaftsinformationen und -informationsdienstleister **keine allumfassende Information** und korrespondierende Weitergabe an den Kunden verlangt werden kann (OLG Koblenz BKR 2007, 428). Es muss sich vielmehr um **„herausragend wichtige Publikationen"** (OLG Koblenz BKR 2007, 428) handeln, die sich durch fachliche Qualität und Marktrelevanz auszeichnen. Bei privaten Anleihen können die „Börsenzeitung", die „Frankfurter Allgemeine Zeitung" und das „Handelsblatt" als typische Pflichtlektüre eingeordnet werden (BGH BB 1993, 1903 ff; BGH WM 2009, 2360, Rn 16 [zum Handels- **B 8** blatt]; OLG Hamburg 29. 8. 2012 – 11 U 188/10; kritisch zur Abgrenzung im Einzelfall UNZICKER BB 2009, 1095, 1096); die „Wirtschaftswoche" soll hingegen nicht dazu zählen (BGH BB 2009, 1094 Rn 16 ff). Ist der Berater bei **ausländischen Kapitalanlagen** nicht zu einer hinreichenden Informationsbeschaffung in der Lage, hat er seinen Kunden hierüber in Kenntnis zu setzen (OLG Düsseldorf 13. 12. 2007 – I-6 U 144/06). Besonderheiten können sich sowohl aus der **Person des Anlegers** als auch aus der **Natur des Anlageobjekts oder -modells** ergeben; es besteht eine Pflicht zur anleger- und anlagegerechten Beratung. Verfügt der Anleger über eine nennenswerte Anlageerfahrung, bezieht sich diese aber nicht auf die konkrete Anlageform, besteht die Beratungspflicht im Hinblick auf eine anlegergerechte Beratung uneingeschränkt (BGH NJW-RR 2008, 1365 Rn 25). Bei einer Kapitalanlage in eine Immobilie darf sich der Berater bei der Berechnung des Eigenaufwands des Anlegers nicht auf das Anschaffungsjahr beschränken, wenn steigende Unterhaltskosten (zB infolge eines Reparaturstaus) bereits abzusehen sind (BGHZ 156, 371, 378 = NJW 2004, 64). Bei einem Eintritt in einen **Mietpool** ist in den Eigenaufwand einzubeziehen, ob der Anleger das Leerstandsrisiko aus der Vermietung fremder Wohnungen mitträgt (BGH NJW 2007, 1874 Rn 22; BGH NJW 2008, 649 Rn 6; BGH NJW 2008, 3059 Rn 10). Andererseits muss über allgemeine Risiken aus einer nachteiligen Entwicklung des Mietpools nicht aufgeklärt werden (BGH NJW 2008, 3059 Rn 11). Im Fall des Erwerbs einer **Eigentumswohnung** muss in den Eigenaufwand das Kostenrisiko aus einer seriös kalkulierten Instandhaltungsrücklage einberechnet werden (BGH WuM 2009, 474 Rn 4). Die Pflicht zur anleger- und anlagegerechten Beratung besteht nicht ohne Weiteres bei semiprofessionellen Beratern, die es im erweiterten Familienkreis gegen Gewinnbeteiligung übernehmen, einen größeren Geldbetrag (im konkreten Fall: 145 000 DM) anzulegen (BGH NJW-RR 2007, 1271 Rn 12 ff).

B 8a Weiterhin steht es den Parteien frei, **weitergehende Pflichten** des Anlageberaters zu **vereinbaren**, etwa eine bestimmte Anlageentscheidung zu empfehlen. Die wirtschaftliche Bedeutung und das Verlustrisiko einer Anlageentscheidung sowie die Tatsache, dass der Interessent im Gegensatz zum Anlageberater zumeist selbst keine oder nur geringe Überprüfungsmöglichkeiten hat, rechtfertigen ein besonderes Ausmaß der Aufklärungspflicht. Dessen Erfüllung nimmt dem Interessenten das Risiko des Anlagegeschäfts nicht ab, gibt ihm aber die Möglichkeit, das wirkliche und ohnehin bestehende Risiko zu erkennen. Der Anlageberater ist deshalb insbesondere zu sorgfältiger Überprüfung der seine Empfehlungen tragenden Tatsachen verpflichtet und haftet für vorsätzliche und fahrlässige Falschangaben. Seine Schlussfolgerungen müssen mit den Denkgesetzen und den allgemeinen Erfahrungssätzen in Einklang stehen und an dem vom Kunden verfolgten Investitionszweck ausgerichtet sein (vgl im Einzelnen zur Pflichtenstellung des Anlageberaters BGH NJW-RR 1982, 1095; BGH NJW-RR 1987, 936; BGH NJW-RR 1989, 150; BGH BB 1991, 1374; BGH NJW-RR 1992, 531; zur typischen Beratungssituation und zum Erwartungshorizont des Ratsuchenden vgl LAMMEL AcP 179 [1979] 358; umfassend F A SCHÄFER, Haftung für fehlerhafte Anlageberatung und Vermögensverwaltung, insbes von Kreditinstituten [1993]). Eine Pflicht zur Information über für die Kapitalanlage relevante **Gesetzesänderungen** besteht nur eingeschränkt und umfasst grundsätzlich nicht die Klärung offener Rechtsfragen unter Zuhilfenahme sachkundiger Personen (BGH WM 2012, 24 Rn 17). Aus der spekulativen Natur des Beratungsgegenstandes und den jedermann offensichtlichen Zuverlässigkeitsgrenzen von Prognosen können sich Grenzen der Haftung ergeben (KÜBLER ZHR 145 [1981] 204; ders, in: FS Helmut Coing II [1982] 193; SCHWARK, Anlegerschutz durch Wirtschaftsrecht [1979]).

Eine **Haftung** des Anlageberaters kann nicht darauf hinauslaufen, dem Anleger das Risiko seiner Entscheidung abzunehmen. Deshalb erfasst die Haftung die Richtigkeit und Vollständigkeit der Informationen sowie uU deren sorgfältige Auswertung, nicht aber den späteren Anlageerfolg. Einen Sonderfall bilden die **Börseninformationsdienste** in Zeitschriftenform (vgl dazu BGHZ 70, 356, 360; Köndgen JZ 1978, 389; Schröder NJW 1980, 2279; Hopt, in: FS Robert Fischer [1979] 237), bei denen die Abonnementverträge zur Anlageempfehlung mangels persönlicher Beziehung zwischen den Vertragsparteien und mangels individueller Beratung nicht als Dienstverträge mit Geschäftsbesorgungscharakter angesehen werden können (BGHZ 70, 356, 361: Typenkombinationsvertrag). Die **Händler- und Beraterregeln** (abgedruckt bei Schwark/Zimmer, Kapitalmarktrechts-Komm [4. Aufl 2010]) fassen die Berufspflichten der Anlageberater zusammen. Sie gelten zwar mangels ausdrücklicher Vereinbarung nicht unmittelbar im Verhältnis Anlageberater – Kunde, können jedoch zur Ermittlung der vertraglichen Verhaltenspflichten herangezogen werden (Hopt, in: FS Robert Fischer [1979] 246). Ein Anlageberater kann sich gegenüber der Arbeitsgemeinschaft der Deutschen Wertpapierbörsen den Händler- und Beraterregeln unterwerfen.

Anlagenvertrag

Der früher gelegentlich als Anlagenvertrag bezeichnete Vertrag über schlüsselfertige Industrieanlagen (etwa vWestphalen BB 1971, 1126; Kirchner BB 1971, 67), der in Einzelfällen einen mehr oder weniger ausgeprägten Geschäftsbesorgungscharakter aufweisen kann, wird heute meist **Turnkeyvertrag** genannt (s dort). **B 9**

Anlagevermittlung

Vom Anlageberatungsvertrag (s dort) ist der Anlagevermittlungsvertrag mit seiner gleichfalls geschäftsbesorgungsvertraglichen Rechtsnatur zu unterscheiden (vgl dazu Benedict ZIP 2005, 2129). Die Anlagevermittlung ist **Finanzdienstleistung** nach § 1 Abs 1a Nr 1 KWG. Der Anlagevermittler übernimmt im Interesse des Kapitalsuchenden sowie auch mit Rücksicht auf die von ihm versprochene Provision den Vertrieb für eine bestimmte Emission und wirbt dafür wie ein Handelsvertreter oder Verkäufer (vgl zu den Erscheinungsformen der Anlagevermittlung Lutter, in: FS Johannes Bärmann [1975] 609). Hiervon ist wiederum der Vertrag zwischen Anlageinteressent und Anlagevermittler zu unterscheiden, dem keine geschäftsbesorgungsvertragliche Natur eignet. Der Anlageinteressent wendet sich an den Anlagevermittler in dem Bewusstsein, dass der werbende und anpreisende Charakter seiner Aussage im Vordergrund steht, weil er für die kapitalsuchende Seite handelt und vornehmlich deren und sein eigenes Interesse im Auge hat. Der Vertrag zwischen dem Interessenten und dem Anlagevermittler zielt lediglich auf Auskunftserteilung, auf richtige und vollständige Information über diejenigen Umstände ab, die für den Anlageentschluss des Interessenten von besonderer Bedeutung sind. Das gilt auch dann, wenn der Vertrag zugleich die Vermittlung der Kapitalanlage umfasst (BGH NJW-RR 1982, 1095). Der Anlagevermittler muss seinem Vertragspartner eine fehlende Sachkunde offenlegen (BGH LM BGB § 675 Nr 277 [9/2000]). Die dem Anlagevermittler erteilte Vollmacht zur Abwicklung des Grundstückserwerbs im Rahmen eines Bauträgermodells war nach § 134 BGB iVm Art 1 § 1 RBerG aF rechtsunwirksam (BGH NJW-RR 2004, 632 = DNotZ 2004, 787; dazu Oechsler NJW 2005, 1406 f). **B 10**

B 11 Zwischen dem Anleger und dem Anlagevermittler kann auch **stillschweigend** ein **Auskunftsvertrag** zustande kommen, wenn der potenzielle Anleger gegenüber dem Anlagevermittler deutlich macht, für eine konkrete Anlageentscheidung auf seine Kenntnisse und Kontakte zurückgreifen zu wollen, und daraufhin der Anlagevermittler seine Tätigkeit aufnimmt (BGH NJW 2007, 1362 Rn 10; BGH WM 2007, 2228 Rn 7; zustimmend Klanten EWiR 2007, 429, 430). Der Anlagevermittler schuldet dem Vertragspartner in allen Phasen der Verhandlungen zutreffende **Auskünfte über sämtliche Umstände, die für die Anlageentscheidung wesentlich sind**, und muss allfällige Fehlinformationen umgehend richtigstellen (BGH LM BGB § 675 Nr 242a [3/1998]; BGH WM 2011, 505 Rn 9). So darf er eine Anlage nicht als „absolut sicher" oder „sicher" bezeichnen, wenn diese von der Fondsgesellschaft dem Risikoprofil „gewinnorientiert" und „risikobewusst" zugeordnet ist (BGH WM 2006, 2301, 2303 Rn 12 f = NJW-RR 2007, 348, 349 = MDR 2007, 228, 229). Seine Auskunftspflichten darf der Anlagevermittler nicht dadurch umgehen, dass er im Vertragsformular sämtliche Risikoprofile des Anlegers (sicherheitsorientiert, konservativ, gewinnorientiert, risikobewusst) ankreuzt (BGH BB 2007, 2766, 2767 Rn 13 f = MDR 2008, 81, 82; zustimmend Klanten EWiR 2008, 583, 584). Der maßgebliche Zeitpunkt für die Anforderungen an den Umfang der Risikoaufklärung liegt bei der Anlageentscheidung (OLG München ZfIR 2006, 419, 420). Die Aufklärung kann mittels Zurverfügungstellung eines **Prospekts** erfolgen; jedoch muss dieses nach Form und Inhalt geeignet sein, die erforderlichen Informationen verständlich und wahrheitsgemäß darzulegen (BGH BB 2007, 1753 Rn 9; OLG Frankfurt 24. 3. 2010 – 13 U 110/09). Der Anleger ist jedoch nicht gehalten, die Auskünfte des Anlagevermittlers anhand des überreichten Prospekts auf ihre Richtigkeit hin zu überprüfen (BGHZ 186, 152 Rn 32 f). In der Rechtsprechung lassen sich Tendenzen ausmachen, den Anlagevermittler nicht nur nach den vertrauten Grundsätzen einer vertraglichen oder vorvertraglichen Haftung schadensersatzpflichtig zu machen, sondern ihn *de facto* einer Garantiehaftung zu unterwerfen (BGH ZIP 2000, 355; BGH ZIP 2002, 2641; BGH ZIP 2003, 1928; BGH ZIP 2004, 414; BGHZ 158, 110 = ZIP 2004, 1055; vgl dazu Benedict ZIP 2005, 2129, 2138: „Der Anlagevermittler haftet im Rahmen eines immer bestehenden Auskunftsvertrags aufgrund einer prima facie immer verletzten vertrauensunabhängigen Nachforschungs- und Informationspflicht").

Anwaltsverträge s Rechtsanwaltsverträge.

Anzeigenverträge und Anzeigenmittlungsverträge

B 12 Diese Verträge (Annoncenexpedition) haben in der Regel schlichten Werkvertragscharakter mit allenfalls Nebenpflichten geschäftsbesorgungsvertraglicher Natur (BGHSt 23, 250; BGH NJW 1984, 2406; OLG Stuttgart BB 1954, 300; OLG Düsseldorf MDR 1972, 688). Sie begründen für den Anzeigen(ver)mittler die Pflicht nicht nur zur „Vermittlung", sondern zur „Veröffentlichung" einer Anzeige in einer Zeitung. Häufig fungieren Werbeagenturen (s dort) zugleich als Anzeigenmittler (BGHSt 23, 246, 247). Der Anzeigenmittler wird im eigenen Namen und auf eigene Rechnung gegenüber dem Werbetreibenden wie gegenüber dem Werbeunternehmen, zB einem Zeitungsverleger, tätig (Musielak, Gutachten [1981] 1236) und erhält als Vergütung den Zwischengewinn zwischen dem ihm vom Werbeunternehmen in Rechnung gestellten und dem von ihm dem Werbetreibenden berechneten Preis. Er darf aber deshalb nicht für eine Veröffentlichung diejenige Zeitung auswählen, die ihm die höchste Vergütung einträgt, sondern muss sich in seiner Beratungstätigkeit und seiner konkreten Medienauswahl an den Interessen des Werbetreibenden orientieren (Heider, Das Recht der Werbeagentur [1964]; Lambsdorff/Skora, Handbuch des Werbeagenturrechts [1975]; Wehrmann, Verträge in der Werbung [1973]; Wronka BB 1976, 1580; ders WRP 1976, 142).

Architektenverträge

Der Architekt übt einen der **klassischen freien Berufe** aus, erhält für seine Tätigkeit traditionell vom Bauherrn ein „Honorar“ und unterfiel schon im römischen Recht eher dem Recht des *mandatum* als dem der *locatio conductio operis* bzw *operarum*. Das moderne Recht der Architekten (und Ingenieure, s dort) ist zu einem Spezialgebiet geworden (Basty, Der Bauträgervertrag [8. Aufl 2014]; Blank, Der Bauträgervertrag [5. Aufl 2015]; Messerschmidt/Voit [Hrsg], Privates Baurecht [2. Aufl 2012]; Kleine-Möller/Eichberger, Handbuch des privaten Baurechts [5. Aufl 2014]; Roquette/Otto, Vertragsbuch Privates Baurecht [2. Aufl 2011]; Kniffka/Koeble, Kompendium des Baurechts [4. Aufl 2014]; zur neueren Entwicklung Kesselring/Hennig NJW 2014, 2083 ff; dies NJW 2015, 2165 ff; Wessel ZfBR 2015, 741 ff; Schmeel MDR 2016, 311 ff). Freilich kann der Architekt seine Tätigkeit außer in freiem Beruf auch als Bediensteter des Staates oder als Angestellter freischaffender Architekten und wirtschaftlicher Unternehmungen ausüben. Im Einzelnen gehören zu den **Berufsaufgaben des Architekten** die gestaltende, technische und wirtschaftliche Planung von Bauwerken (Innenräumen, Garten- und Landschaftsplanung) sowie die koordinierende Lenkung und Überwachung der Planung und Ausführung, die Beratung, Betreuung und Vertretung des Auftraggebers in allen mit der Planung und Durchführung eines Vorhabens zusammenhängenden Fragen, die Ausarbeitung städtebaulicher Pläne, die städtebauliche Beratung, die Erstellung von städtebaulichen Gutachten sowie die Mitwirkung an der Ausarbeitung von Entwicklungs- und Regionalplänen. Ein Architektenvertrag kann wegen der vielfältigen Aufgabenbereiche verschieden ausgestaltet sein. **Drei Haupttypen** lassen sich in der Praxis ausmachen: erstens der auf die Planung des Bauvorhabens beschränkte **„Planungsvertrag“**, der den Vorentwurf, die Bauvorlagen, die Massen- und Kostenberechnung und die Ausführungszeichnungen umfasst; zweitens der die Bauleitung betreffende **„Bauleitungsvertrag“**, der die künstlerische, technische und geschäftliche Oberleitung und/oder die örtliche Bauaufsicht zum Gegenstand hat; drittens der sämtliche vorstehenden Leistungen umfassende **„Gesamtarchitektenvertrag“** (umfassender Architektenvertrag, auch Vollarchitekten- oder Vollarchitekturvertrag). B 13

Die **Verordnung über die Honorare für Leistungen der Architekten und Ingenieure (HOAI)** vom 17. 9. 1976 (BGBl I 2805), die auf dem Gesetz zur Regelung von Architekten- und Ingenieurleistungen vom 4. 11. 1971 (BGBl I 1749) beruht, vermittelt einen Eindruck von der Vielgestaltigkeit der Tätigkeit der freiberuflichen Architekten (vgl Korbion/Mantscheff/Vygen/Eisterhues, Honorarordnung für Architekten und Ingenieure [9. Aufl 2016]). Als **ausschließlich preisrechtliches Regelungswerk** beschränkt die HOAI nur in Bezug auf die Vergütungsvereinbarung die Vertragsfreiheit der Parteien (BGH NJW 1985, 2839). Die HOAI ist vom BVerfG im Jahre 1981 auf ihre Verfassungsmäßigkeit überprüft worden (BVerfG NJW 1982, 373). Ihr Geltungsbereich wird nicht subjektiv nach der Architekteneigenschaft oder der Eintragung als Architekt bestimmt, sondern objektiv nach den sachlichen Leistungen festgelegt, die als Grundleistungen, Besondere oder Zusätzliche Leistungen (vgl §§ 2, 28 ff HOAI) unter die sog Leistungsbilder oder Leistungsphasen fallen (OLG Düsseldorf BauR 1979, B 14

352; OLG Düsseldorf BauR 1980, 490; OLG Köln BauR 1986, 468). Die Vorschrift des § 34 HOAI mit ihrer ausführlichen Beschreibung des Leistungsinhalts von Architektenverträgen (Leistungsphasen/Leistungsbilder) hat in der Praxis allerdings eine über den honorar- und preisrechtlichen Regelungszweck hinausgehende Bedeutung für die Auslegung von Architektenverträgen. **AGB-rechtlich** kommt der HOAI praktisch eine dem dispositiven Gesetzesrecht entsprechende **Leitbildfunktion** zu (vgl BGHZ 133, 399 = NJW 1997, 586). Die Leistungsphasen 1 bis 9 des § 34 Abs 3 HOAI sind überschrieben: Grundlagenermittlung; Vorplanung; Entwurfsplanung; Genehmigungsplanung; Ausführungsplanung; Vorbereitung der Vergabe; Mitwirkung bei der Vergabe; Objektüberwachung – Bauüberwachung und Dokumentation; Objektbetreuung.

B 15 Nach der aus dem gemeinen Recht **überkommenen Auffassung war der Architektenvertrag als Dienstvertrag** zu qualifizieren, der „Dienste höherer Art" (§ 627 Abs 1) zum Gegenstand hatte, die aufgrund besonderen Vertrauens übertragen zu werden pflegen. Dem ist auch das RG für die Fälle gefolgt, in denen (nur) die Bauleitung mit oder ohne örtliche Bauaufsicht wahrgenommen wird (RGZ 86, 75; 137, 83; RG JW 1936, 3116). Dagegen betrachtete das RG den vom Architekten entworfenen und gefertigten Bauplan als ein Werk iS des § 631 (RGZ 97, 122, 125), in dem sich die geistige Arbeit des Architekten verkörpere. Mithin wurden „Bauleitungsverträge" dem Dienstvertrags- und „Planungsverträge" dem Werkvertragsrecht unterstellt. Der beides umfassende „Gesamtarchitektenvertrag" sollte aber nach dem RG letztlich ein Dienstvertrag sein, denn es trete die Bedeutung des Bauplans zurück, wenn der Architekt zugleich seinen Plan ausführe und die dafür erforderlichen Arbeiten leite und überwache; der Bauplan bereite dann die eigentliche Architektenleistung, nämlich die Bauleitung nur vor (RGZ 86, 75, 77 f). Diese **traditionelle Auffassung** wurde im Schrifttum stark **angegriffen** (vgl Glaser MDR 1958, 637 mwNw), das jedenfalls beim Gesamtarchitektenvertrag überwiegend für eine werkvertragliche Qualifizierung plädierte. Der Streit hatte vor allem die Voraussetzungen und Rechtsfolgen der Kündigung nach §§ 626 ff oder nach §§ 649 ff zum Gegenstand, insbesondere die Frage einer jederzeitigen Kündbarkeit auch ohne wichtigen Grund (§ 627) und die des Vergütungsanspruchs bei Kündigung (§ 649), aber auch die Geltung des Gewährleistungsrechts nach §§ 633, 634 ff und das Recht auf eine Sicherungshypothek für die Honorarforderung (§ 648). Die Praxis behalf sich meist damit, dass in Architektenverträgen ausdrücklich die Geltung des Werkvertragsrechts vorgesehen wurde, was nach der Rechtsprechung ohne Rücksicht auf die Vertragsnatur als wirksam angesehen wurde (BGH LM Nr 3 zu § 611; vgl zu Kodifikationsbestrebungen hinsichtlich des Architektenvertrags im BGB Fuchs NZBau 2015, 675).

B 16 Anlässlich eines Falles, in dem eine Werkvertragsklausel im Architektenvertrag fehlte, löste sich der BGH im Jahre 1959 von der dienstvertraglichen Qualifikation des Gesamtarchitektenvertrages durch die frühere Rechtsprechung. Nach der **Grundsatzentscheidung BGHZ 31, 224, 226 f** hat der **typische Architektenvertrag**, wenn er sämtliche Architektenleistungen von der Planung bis zur Oberleitung und örtlichen Bauaufsicht umfasst, „jedenfalls in aller Regel" **Werkvertragscharakter**: „Die planende wie die bauleitende Tätigkeit des Architekten dienen der Herbeiführung desselben Erfolges (§ 631 Abs 2), der Erstellung des Bauwerks. Der auch mit der Oberleitung und Bauführung betraute Architekt schuldet zwar nicht das Bauwerk selbst als körperliche Sache. Er hat aber durch zahlreiche, ihm obliegende

Einzelleistungen dafür zu sorgen, dass das Bauwerk plangerecht und frei von Mängeln entsteht und zur Vollendung kommt. Die erforderlichen Verhandlungen mit Behörden, die Massen- und Kostenberechnungen, das Einholen von Angeboten, das Vergeben der Aufträge im Namen des Bauherrn, insbesondere der planmäßige und reibungslose Einsatz der an dem Bauwerk beteiligten Unternehmen und Handwerker, die Überwachung ihrer Tätigkeit auf Einhaltung der technischen Regeln, behördlichen Vorschriften und vertraglichen Vereinbarungen, die Abnahme der Arbeiten, die Feststellung der Aufmaße, die Prüfung der Rechnungen, alle diese Tätigkeiten dienen der Verwirklichung des im Bauplan verkörperten geistigen Werks und haben somit den Zweck, den dem Bauherrn geschuldeten Erfolg, nämlich die mängelfreie Errichtung des geplanten Bauwerks zu bewirken" (BGHZ 31, 224, 227; vgl auch BGHZ 45, 372). Nach der Umsetzung der geplanten **Neukodifizierung des Bauvertrags- und Architektenrechts** (BR-Drucks 123/16; BT-Drucks 18/8486) wird es einen eigenen Untertitel 2 im Werkvertragsrecht zum Architekten- und Ingenieurvertrag mit den §§ 650o–650s BGB-E geben. Nach § 650p Abs 1 BGB-E wären die allgemeinen werkvertragsrechtlichen Vorschriften grundsätzlich entsprechend auf den Architektenvertrag anwendbar.

Dabei hatte der BGH zunächst noch offen gelassen, ob es bei einer dienstvertrag- **B 17**
lichen Qualifizierung bleiben sollte, wenn ohne bauplanerische Tätigkeit die **Bauleitung** und die **örtliche Bauaufsicht** oder eine dieser Tätigkeiten den alleinigen Gegenstand des Architektenvertrages bilden (BGHZ 31, 224, 228). Zunächst blieb im Architektenvertragsrecht (und Ingenieurvertragsrecht) heftig umstritten, ob die **Übernahme von „Bauführungsaufgaben"**, dh die örtliche Aufsicht (Oberleitung) über die Ausführung eines Bauwerks, dienst- oder werkvertraglich einzuordnen ist. Die Honorarordnung für Architekten und Ingenieure (HOAI) sprach in § 15 Abs 2 Nrn 8 und 9 aF (später in § 33 Nr 8 und 9 iVm Anlage 11 [BGBl 2009 I 2732; BR-Drucks 395/09, 191–192]; heute in § 34 Abs 3 Nr 8 und 9 iVm Anlage 10 [BGBl 2013 I 2276; BR-Drucks 334/13, 56]) von Objektüberwachung und Objektbetreuung; inzwischen formulieren § 34 Abs 3 **Nr 8** HOAI **„Objektüberwachung – Bauüberwachung und Dokumentation"** und § 34 Abs 3 **Nr 9** HOAI **„Objektbetreuung"**. Der BGH und ein Großteil des Schrifttums hatten insoweit eine dienstvertragliche Qualifizierung favorisiert (vgl insbes BGHZ 59, 163, 166; BGH NJW 1960, 1198, 1199 mit Nachweisen aus dem Schrifttum; vgl insbes Tempel JuS 1973, 414 ff). Erst im Jahre 1981 kam es durch die Entscheidung BGHZ 82, 100, 103 ff (vgl ebenso BGH NJW 2004, 2588; BGHZ 197, 252 Rn 11) zu einer **Kehrtwende in der Rechtsprechung**. Der Leitsatz dieser Entscheidung lautet: „Auch der Architektenvertrag, der nur die Bauführung umfasst, ist Werkvertrag." In der Begründung heißt es: „Plangerechtigkeit und Mängelfreiheit sollen der Erfolg sein, den der bauausführende Architekt schuldet." Seither erscheint die werkvertragliche Qualifizierung der reinen Bauführung weithin geklärt und wäre nach Umsetzung der Neukodifizierung des Architektenvertrags durch § 650p Abs 1 BGB-E auch gesetzgeberisch bestätigt. Gegenüber der **inzwischen rein werkvertraglichen Qualifizierung** der Architektenverträge durch die Rechtsprechung neigt ein Teil des Schrifttums eher zu einer Einordnung als „gemischte Verträge", um eine „angemessene, differenzierte Verteilung der Leistungsrisiken" zu ermöglichen (so Esser/Weyers, SchuldR BT Teilb 1 [8. Aufl 1998] § 27 II 3 d; vgl auch Tempel JuS 1964, 346; Krukenberg, Der Architektenvertrag [1967]; Jakobs, in: FS Ballerstedt [1975] 355; Ganten NJW 1970, 687; ders, in: FS Korbion [1986] 85 ff). Freilich kann bei isoliert übertragenen Architektenleistungen ohne unmittelbaren Bauwerksbezug (zB Objektbetreuung und

Dokumentation) durchaus Dienstvertragsrecht anwendbar sein. Hat aber der Architekt über die Planung und Bauaufsicht hinaus auch **Verhandlungen mit Dritten** zu führen, Bauaufträge auszuschreiben und zu vergeben, Abrechnungen zu prüfen etc, liegt nach dem BGH ein **Geschäftsbesorgungsvertrag werkvertraglichen Charakters** vor (BGHZ 41, 318), der den Architekten dann auch zur Auskunft und Rechnungslegung nach §§ 675 Abs 1, 666 verpflichtet (BGHZ 41, 318).

B 18 **Vor der Schuldrechtsreform von 2002** war dabei Folgendes zu berücksichtigen: Die Honorarforderung des Architekten, die nach früherer Rechtsprechung bei rein werkvertraglicher Qualifizierung nach § 195 aF in dreißig Jahren verjährte (RGZ 97, 122, 125; 129, 401, 403 f; BGHZ 45, 223 = NJW 1966, 1452; anders dann BGHZ 59, 163 = BGH NJW 1972, 1799), unterlag bei geschäftsbesorgungsvertraglicher Rechtsnatur des Architektenvertrags einer nur zweijährigen Verjährung nach § 196 Abs 1 Nr 7 aF. In der Entscheidung BGHZ 45, 223 = NJW 1966, 1452 hatte eine „Gesamtschau" des Architektenvertrages zur Verneinung einer geschäftsbesorgungsvertraglichen Rechtsnatur geführt, doch hatte der BGH an der dreißigjährigen Verjährung der werkvertraglichen Honorarforderung des Architekten festgehalten. Schon vor der Schuldrechtsmodernisierung hat dann die Frage der Rechtsnatur des Architektenvertrages für die Verjährung der Honorarforderung des Architekten ihre Bedeutung verloren, weil der BGH auch auf rein werkvertragliche Architektenverträge die zweijährige Verjährung nach § 196 Abs 1 Nr 7 aF angewendet hat; es sei „kein Grund erkennbar", warum unter „Leistungen von Diensten" iS dieser Vorschrift „nur solche aufgrund eines Dienstvertrages zu verstehen seien" (BGHZ 59, 163 = BGH NJW 1972, 1799; vgl auch BGHZ 60, 98 = NJW 1973, 364; BGH NJW 1977, 375). Auch der werkvertraglich gewertete Architektenvertrag könne nicht nur, sondern müsse um eines schnellen Rechtsfriedens willen der kurzen Verjährung zugeordnet werden (dazu Schmalzl NJW 1972, 1173; Ganten NJW 1973, 1165). **Mit der Schuldrechtsreform** hat die Lage durch die regelmäßige Verjährungsfrist von drei Jahren nach § 195 eine Bereinigung erfahren.

B 19 Nach einer **Minderansicht** soll auch schon der typische Architektenvertrag unabhängig von Verhandlungen mit Dritten Geschäftsbesorgungscharakter haben, weil die üblichen Architektenleistungen von einem Vermögensbezug, von Selbständigkeit und Interessenwahrung gekennzeichnet seien (Musielak, Gutachten [1981] 1241 f). Dieser Auffassung wird man in dieser Allgemeinheit schwerlich folgen können. Soweit sich der Architekt auf Bauplanung und Bauführung beschränkt, ist die zentrale geschäftsbesorgungsrechtliche Komponente der weisungsgebundenen Interessenwahrung nicht hinreichend ausgeprägt. Zu Recht hat es der BGH auch abgelehnt, dem Architekten eine allgemeine Verpflichtung aufzuerlegen, die Vermögensinteressen des Bauherrn in jeder Hinsicht wahrzunehmen und so kostengünstig wie möglich zu bauen (BGHZ 60, 1, 3). Der vom Bauherrn **lediglich zu Verhandlungen hinzugezogene Architekt** bleibt ebenfalls **werkvertraglicher Unternehmer** (insoweit zu Recht BGHZ 45, 223, 229).

B 20 Abgesehen davon umfasst freilich der Architektenvertrag in vielen Fällen heute *de facto* auch das Element der selbständigen Verhandlungen mit Dritten, bei denen der Architekt dann als Geschäftsbesorger des Bauherrn tätig ist. Die **Anforderungen und Erwartungen** der privaten, gewerblichen und öffentlichen Bauherrn bzw Auftraggeber an die Architekten sind in den letzten Jahrzehnten insoweit **stark gestiegen**. Im

Zusammenhang mit den allgemeinen Betreuungsaufgaben, die dem Architekten zumindest in Form von Nebenpflichten vielfach auferlegt werden (GANTEN BauR 1974, 78; HARTMANN BauR 1974, 168), fließt nicht selten ein **ausgeprägtes geschäftsbesorgungsvertragliches Element** in den Vertrag ein. Sogar einige der Grundleistungen der HOAI sehen für den Architekten Aufgaben vor, die er ohne rechtsgeschäftliche Vertretung des Bauherrn kaum vornehmen kann (§ 34 Abs 3 Nrn 2, 3 und 4: Vorverhandlungen bzw Verhandlungen mit Behörden und fachlich Beteiligten; § 34 Abs 3 Nr 7: Verhandlungen mit Bietern; vgl MEISSNER BauR 1987, 497, 502). In zunehmendem Maße müssen sich die Architekten nach der Vertragsgestaltung als **Sachwalter des Bauherrn** verstehen, die die wirtschaftlichen Belange und Interessen der Bauherren zu wahren haben. Die Architekten werden einer umfassenden Beratungs- und Aufklärungspflicht über sämtliche praktischen, technischen und finanziellen Vorteile und Nachteile der Wünsche und Anliegen des Bauherrn unterworfen (BGHZ 71, 144, 149; BGHZ 92, 251; BGH WM 2001, 373). Die Folgen eines geschäftsbesorgerischen Vertragselements sind insbesondere die Bindung an Weisungen mit nur eingeschränkter Abweichungsmöglichkeit nach § 665, die Pflicht zur Herausgabe von Bauakten und von zugewendeten Vorteilen nach § 667, die Auskunfts- und Rechenschaftspflicht nach § 666 (sie geht über die in den Leistungsphasen 1 bis 3 des § 34 HOAI vorgesehenen Zusammenfassungen oder Zusammenstellungen der Planungsergebnisse hinaus), aber auch der Vorschuss- und Aufwendungsersatzanspruch nach §§ 669, 670 (zur Frage der Genehmigungsfähigkeit der Architektenplanung und den Rechtsfolgen bei verweigerter Baugenehmigung vgl JAGENBURG, in: FS Jack Mantscheff [2000] 3).

Die **Baubetreuung im engeren Sinne** (s Baubetreuungsverträge) ist allerdings **keine originäre Berufsaufgabe des Architekten**, sodass seine Mitwirkung bei der Gestaltung und beim Abschluss von Verträgen, die nicht der Bauausführung, sondern der Veräußerung oder der Vermietung eines Bauwerks dienen, gegen Art 1 § 1 RBerG verstoßen kann (BGHZ 70, 12). Zwar kann er im Rahmen seiner Berufstätigkeit den Bauherrn in bestimmten Fällen auch rechtlich beraten und dazu sogar verpflichtet sein (BGH NJW 1976, 1635, 1636; SCHMALZL NJW 1968, 23). So gehört zum Leistungsbild des mit der Errichtung eines Bauwerks beauftragten Architekten, nämlich zur technischen und geschäftlichen Oberleitung, auch die Vorbereitung der zur Ausführung des Baus erforderlichen Verträge, die Mitwirkung bei der Auftragserteilung und die Wahrnehmung der Rechte des Bauherrn bei der Mängelbeseitigung. Die Vorbereitung und Abfassung von Verträgen mit Erwerbern oder Mietern ist aber „keine eigentliche Berufsaufgabe eines Architekten, sie ist ihm eher fremd und wird von seinem Berufsbild nicht umfasst" (BGHZ 70, 12, 16). **B 21**

Arztverträge

Auf der Grundlage der hier vertretenen Trennungstheorie zum auftrags- bzw geschäftsbesorgungsvertraglichen Begriff der Geschäftsbesorgung (dazu Vorbem 9, 15, 17 zu § 662 ff) sind Arztverträge (medizinische Behandlungsverträge) schon **mangels Wirtschaftlichkeit** (s oben Rn A 15 u 16), nach anderer Ansicht mangels Vermögensbezugs oder mangels der Wahrnehmung von Vermögensinteressen **nicht als Geschäftsbesorgungsverträge** zu qualifizieren (vgl dazu den ausf Beitrag von LUX GesR 2004, 6; vgl ferner WEYERS, Gutachten zum 52. DJT [1978] I A 1; DEUTSCH/GEIGER, Medizinischer Behandlungsvertrag, in: BMJ [Hrsg], Gutachten und Vorschläge zur Überarbeitung des Schuldrechts Bd II [1981] 1049; zur neueren Entwicklung des Arztrechts vgl SPICKHOFF NJW 2015, 1728; ders **B 22**

NJW 2016, 1633; ders, Aktuelle Rechtsfragen des medizinischen Behandlungsverhältnisses [2004]; LAUFS/KERN, Handbuch des Arztrechts [4. Aufl 2010]; KATZENMEIER, Arzthaftung [2002]). Die Einheitstheorie wendet dagegen Auftragsregeln an, soweit sie nach den Analogievoraussetzungen „passen" (MünchKomm/SEILER[6] § 662 Rn 13, § 667 Rn 16; KLEINEWEFERS/WILTS NJW 1963, 2345; KLEINEWEFERS VersR 1963, 297, 299). Richtiger Ansicht nach ist der Arztvertrag (Behandlungsvertrag) regelmäßig als Dienstvertrag nach § 611 zu qualifizieren; einzelne Arztleistungen können freilich auch werkvertraglichen Charakter haben, wie etwa die Herstellung von Zahnprothesen oder eine sog Schönheitsoperation (BGH NJW 1975, 305; BGH NJW 2011, 1674 Rn 7; OLG Düsseldorf VersR 1985, 456; OLG Köln VersR 1988, 1049; krit JAKOBS NJW 1975, 1437). Die Einzelheiten der Abgrenzung zwischen dienst- und werkvertraglicher Qualifikation eines Arztvertrags sind streitig (vgl BGHZ 63, 306; OLG Düsseldorf VersR 1985, 456; zur Sterilisation: BGHZ 76, 259; OLG Düsseldorf NJW 1975, 595).

B 23 Besonders umstritten in seiner rechtlichen Einordnung ist das Verhältnis des Arztes zum Kassenpatienten sowie zum Sozialleistungsträger, das zahlreiche Sonderfragen aufwirft (BGH NJW 1980, 1453; BGHZ 165, 290 Rn 8 ff; OLG Düsseldorf NJW 1987, 707; BALTZER JuS 1982, 652; NATTER, Der Arztvertrag mit dem sozialversicherten Patienten [1986]; vgl zur Entwicklung des Kassenarztrechts und des Vertragsarztrechts R MAAS NJW 1989, 2926; NJW 1990, 2915; NJW 1991, 2938; NJW 1992, 2932 und NJW 1993, 2974; JÖRG, Das neue Kassenarztrecht [1993]; MALLACH/SCHLENKER/WEISER, Ärztliche Kunstfehler [1993]). Zwar mögen Einzelgestaltungen des ärztlichen Behandlungsverhältnisses eine Nachbarschaft zu verschiedenen Formen der Geschäftsbesorgung aufweisen; insbesondere ist bei einem ärztlichen Behandlungsverhältnis mit Rücksicht auf die überlegene Sachkunde des Arztes ein **ausgeprägtes Vertrauenselement** festzustellen. Damit lässt sich indes auch eine „vorsichtige Analogie" zu den §§ 675 Abs 1, 663 ff (vgl MünchKomm/SEILER[6] § 662 Rn 13, § 667 Rn 16) kaum begründen. Das besondere Behandlungsvertrauen im Arzt-Patienten-Verhältnis kann nicht in die auf treuhänderische Vermögensverwaltung zugeschnittenen Rechtsvorschriften eingefangen werden. Nach der hier vertretenen Ansicht können Ärzte im Grundsatz nicht der Anzeigepflicht der §§ 675 Abs 1, 663 unterliegen. Der Patient hat gegen den Arzt auch keinen Anspruch aus §§ 675 Abs 1, 667 auf Herausgabe von Krankheitsberichten (OLG Stuttgart NJW 1958, 2118) oder von zu Diagnosezwecken angefertigten Röntgenaufnahmen (BGH NJW 1963, 389; **aA** KLEINEWEFERS VersR 1963, 297 f; PENTZ NJW 1963, 1670). Freilich kann unter Umständen ein arztvertraglicher Herausgabeanspruch ebenso wie ein Anspruch auf Einsichtnahme in die Krankheitsunterlagen auch unabhängig vom fehlenden Geschäftsbesorgungscharakter des Vertrags bei besonderem Interesse des Patienten begründet sein (so schon OLG Stuttgart NJW 1958, 2118; BGH NJW 1963, 389; grds anerkannt seit BGHZ 85, 327; vgl auch BGHZ 106, 146; dazu ausführlich LUX GesR 2004, 6; HINNE NJW 2005, 2270; DANIELS NJW 1976, 345 und HOHLOCH NJW 1982, 2577); einer Analogie zu § 667 bedarf es hierfür nicht. Ein solches vertragliches Recht des Patienten ergibt sich aus dem durch grundrechtliche Wertungen geprägten Selbstbestimmungsrecht und der personalen Würde des Patienten, die es verbieten, ihm im Rahmen der Behandlung eine bloße Objektrolle zuzuweisen (so LUX GesR 2004, 6, 9; HINNE NJW 2005, 2270; vgl dazu BGHZ 85, 327, 332; BVerfG NJW 1999, 1777; BVerfG NJW 2005, 1103). Freilich findet sich mit **§ 630g** inzwischen ein **spezielles gesetzliches Einsichtsrecht in die Krankenakten**, sodass auch die Frage nach einer analogen Anwendung des § 667 auf den Arztvertrag nicht mehr zu stellen ist (ERMAN/BERGER[14] § 667 Rn 8). Auch besteht der arztvertragliche Auskunfts- und Aufklärungsanspruch des Patienten unabhängig von einer entsprechenden Anwendung des § 666. Ein Anspruch auf Herausgabe bestimmter Unterlagen kann sich im Übrigen bei einem ausnahmsweise werkvertraglichen Charakter des Arztvertrags (zB Vertrag über Herstellung von Röntgenaufnahmen) aus § 631 bzw § 651 ergeben (vgl zu Verträgen mit und Haftung von Ärzten ANDERS/GEHLE, Das Recht der freien Dienste [2001]).

Aufsichtsratsverträge

Zwischen einer AG, einer GmbH, einer GmbH & Co KG oder einer Genossenschaft einerseits und einem Mitglied des Aufsichtsrats (auch: Verwaltungsrat, Beirat) andererseits werden Aufsichtsrats-, Verwaltungs- oder auch Beiratsverträge geschlossen, die bei Entgeltlichkeit als Geschäftsbesorgungsdienstverträge und bei Unentgeltlichkeit als Aufträge zu qualifizieren sind (RGZ 146, 145, 152; RGZ 152, 273, 278; BGH WM 1984, 1640). Die Rechte und Pflichten bestimmen sich nur teilweise aus dem schuldrechtlichen Vertragsverhältnis, überwiegend aus dem **körperschaftlichen Organverhältnis**, das von den jeweiligen gesellschaftsrechtlichen Vorschriften determiniert wird (vgl HOFFMANN, Der Aufsichtsrat [4. Aufl 1999]; LUTTER/KRIEGER/VERSE, Rechte und Pflichten des Aufsichtsrats [6. Aufl 2014]). Auch Aufsichtsratmitglieder haben die ihnen überlassenen **Geschäftsunterlagen** gem § 667 herauszugeben (BGH AG 2008, 743, 744 = MDR 2008, 1345, 1346 = EWiR 2008, 737, 738 [PAUL]). **B 24**

Auktionsvertrag

Zwischen dem Auktionator (vgl dazu MARX/ARENS, Der Auktionator [1992]) und dem Einlieferer wird über die Durchführung einer Versteigerung ein Auktionsvertrag geschlossen, der als Geschäftsbesorgungsvertrag dienstvertraglicher oder (bei Erfolgsbezogenheit) werkvertraglicher Natur anzusehen ist (OLG Hamburg Recht 1919 Nr 1957). Anders als der Gerichtsvollzieher wird der Auktionator auf privatrechtlicher Grundlage tätig (BGHZ 56, 256, 258 f). Auch der mit einer Ersteigerung beauftragte Auktionator ist Geschäftsbesorger (BGH NJW 1983, 1186; OLG Hamburg MDR 1967, 124). Der möglicherweise im eigenen Namen für fremde Rechnung handelnde Auktionator tritt als Kommissionär auf. Ist der Auktionator Geschäftsführer des Einlieferers des zu versteigernden Gegenstands, kann er nicht zugleich einen Courtageanspruch gegen den Käufer geltend machen (BGH LM ZPO § 511 Nr 55 [3/1996]). **B 25**

Auskunftsvertrag

Ein Auskunftsvertrag, auch Auskunftei- oder Informationsvertrag genannt, ist Geschäftsbesorgungsvertrag dienstvertraglichen oder (bei Erfolgsbezogenheit, zB Verpflichtung zu bestimmten Informationen) werkvertraglichen Charakters (vgl zur sog Auskunftshaftung § 675 Abs 2 und die Kommentierung unten Rn C 1 ff; zum Recht der Auskunfteien s PEILERT, Das Recht der Auskunfteien [1996]; vgl auch RGZ 115, 122). Er kann auch stillschweigend geschlossen werden (BGH LM BGB § 675 Nr 242a [3/1998]). Der Auskunftsvertrag mit den Informationspflichten als **Hauptpflichten** muss von den zahlreichen Vertragstypen unterschieden, bei denen Informationspflichten als Nebenpflichten entstehen. Insbesondere begründet jeder Geschäftsbesorgungsvertrag und schon jeder gemischttypische Vertrag mit einem ausgeprägten geschäftsbesorgungsvertraglichen Element Auskunftspflichten. **B 26**

Bankverträge

B 27 Die Tätigkeit der Geschäftsbanken für ihre Kunden ist in vielfältiger Weise darauf ausgerichtet, Geld-, Wertpapier-, Sicherungs- und sonstige vermögensbezogene Geschäfte auszuführen. Ganz überwiegend wird die Bank in ihrem tätigkeitsbezogen-dienstvertraglichen oder erfolgsbezogen-werkvertraglichen **Handeln für ihre Kunden als entgeltliche Geschäftsbesorgerin** iS der §§ 675 Abs 1, 611 bzw §§ 675 Abs 1, 631 tätig. Unabhängig von einer Eintragung ins Handelsregister hat eine Bank den **Status eines Kaufmanns** nach § 1 HGB. Das HGB enthält zahlreiche Vorschriften, die für Bankgeschäfte von Bedeutung sind, so die §§ 349–351 zu Bürgschaft, Kreditauftrag, Schuldversprechen und Schuldanerkenntnis, die §§ 352–354 zu Zinsen und Provisionen, die §§ 355–357 zum Kontokorrent oder die §§ 383 ff zum Kommissionsgeschäft. Vor allem aber regeln die AGB der Banken und der Sparkassen die Vertragsbeziehungen zum Kunden in zahlreichen Einzelfragen; für bestimmte Geschäftsbereiche werden zudem Sonderbedingungen vereinbart.

B 28 Nach weitverbreiteter Auffassung im Schrifttum kommt mit der Eröffnung einer Bankverbindung zwischen einem Kunden und einer Geschäftsbank ein **allgemeiner Bankvertrag als Grundlagen- und Rahmenvertrag** zustande, der die Rechtsnatur eines **Dienstvertrages mit Geschäftsbesorgungscharakter** nach §§ 675 Abs 1, 611 trägt (Hopt, Der Kapitalanlegerschutz [1975] 383 ff mwNw; ders, in: Baumbach/Hopt [Hrsg], HGB, [36. Aufl 2014] Bankgeschäfte, 1 Kap Rn A/6; ders, in: Schimansky/Bunte/Lwowski [Hrsg], Bankrechts-Handbuch [4. Aufl 2011] § 1 Rn 1 ff; Bunte WM 1983, 431; Bunte, in: Schimansky/Bunte/Lwowski [Hrsg], Bankrechts-Handbuch [4. Aufl 2011] § 2 Rn 2; vgl insbes Ohlroggen, Die Allgemeinen Geschäftsbedingungen der Banken [1993] und Der allgemeine Bankvertrag [1997]). Dieser allgemeine Bankvertrag ist danach von den einzelnen Bankgeschäften (Girogeschäft, Depotgeschäft, Effektengeschäft usw) als Ausfüllungsgeschäften zu unterscheiden. Inhalt dieses Bankvertrages ist die Begründung des geschäftsbesorgungsspezifischen Vertrauens- und Interessenwahrungsverhältnisses, die Bereitstellung der Geschäftseinrichtungen der Bank und die Geltung ihrer AGB.

B 29 Die **Lehre vom allgemeinen Bankvertrag** wird von einem Teil der Literatur **angegriffen** (Canaris, Bankvertragsrecht [3. Aufl 1988] Rn 2 ff mwNw; Staudinger/Wittmann[12] § 675 Rn 19; Werner ZBB 1990, 236, 238; Schwark ZHR 151 [1987] 325, 329 f; Peterek, in: Kümpel/Wittig, Bank- und Kapitalmarktrecht [4. Aufl 2011] Rn 2. 765 ff; Heymann/Horn, HGB-Komm [2. Aufl 1995] Anh zu § 327 Rn 6; Schlegelberger/Hefermehl, HGB [5. Aufl 1976] Anh nach § 365 Rn 13; MünchKomm/Westermann[3] vor § 607 Rn 14 ff; MünchKomm/Berger[7] vor § 488 Rn 69; MünchKommHGB/Hadding/Häuser[3] ZahlungsV Rn A 151 f). Danach bestimmen sich die Rechtsbeziehungen zwischen Kunde und Bank nur nach dem jeweils in Rede stehenden Vertragstyp (Kreditvertrag, Girovertrag, Depotvertrag, Sparvertrag, Tresormietvertrag etc). Der angebliche Inhalt eines allgemeinen Bankvertrages rechtfertige nicht die Konstruktion eines eigenständigen Vertrages. Bei der Aufnahme von Geschäftsbeziehungen ergäben sich ohnehin aus *culpa in contrahendo* **Schutzpflichten im Rahmen eines Vertrauensschuldverhältnisses**. Keineswegs wolle eine Bank mit der Eröffnung einer Geschäftsverbindung zu einem Kunden sogleich sämtliche Geschäftseinrichtungen bereitstellen und sich zur Durchführung aller bankmäßigen Geschäfte bereit erklären. Die Geltung der AGB könne schließlich als Bestandteil abgeschlossener Einzelverträge vereinbart werden. Eine vorgezogene separate Rahmenvereinbarung zu den AGB führe gleichfalls nicht zu einem allgemeinen Bankvertrag mit besonderen bankgeschäftsspezifischen Rechten und Pflichten. Die kritischen Stimmen gelangen indes ganz **weitgehend zu denselben Ergebnissen** wie die Lehre vom allgemeinen Bankvertrag, da sie die **Geschäftsverbindung als gesetzliches Schuldverhältnis** mit entsprechenden Verhaltens- und Schutzpflichten der Bank ausstatten.

Die Rspr neigte zunächst, wiewohl ohne eine ausdrückliche Stellungnahme, durchaus der Vorstellung von der Bankverbindung als einem vertraglichen **Dauerschuldverhältnis** zu, das den Rahmen für die zahlreichen unterschiedlichen Bankgeschäfte bildet und durch einen allgemeinen Bankvertrag begründet wird (BGHZ 23, 226; BGHZ 63, 91; BGH BB 1953, 993; BGH WM 1983, 441). Eine Wende hat der XI. Zivilsenat des BGH aber durch sein Urteil vom 24. 9. 2002 (WM 2002, 2281) eingeleitet; hier hat er sich deutlich gegen die Lehre vom allgemeinen Bankvertrag ausgesprochen. Danach lasse sich „(a)llein aus der Existenz einer langjährigen Geschäftsverbindung in Form verschiedener Verträge über Bankkonten und Darlehen … ohne besondere Anhaltspunkte der Abschluss eines eigenständigen allgemeinen Bankvertrags als Rahmenvertrag … nicht herleiten". Es spreche „nichts … für die Bereitschaft der Bank, geschweige denn einen dem Kunden gegenüber ausdrücklich erklärten Vertragswillen, sich schon bei Aufnahme der Geschäftsbeziehung unter Aufgabe ihrer gesetzlich eingeräumten Vertragsfreiheit einem beschränkten privatrechtlichen Kontrahierungszwang zu unterwerfen. Die Annahme eines solchen Rechtsbindungswillens, der mit dem Interesse der Bank erkennbar nicht im Einklang steht, ist genauso fiktiv wie der des Kunden, er wolle sich verpflichten, künftig alle Bankgeschäfte nur mit dieser Bank, nicht aber mit einer anderen abzuwickeln". **B 30**

Indes ist die Lehre vom allgemeinen Bankvertrag gegenüber der Kritik in Literatur und neuerer Rechtsprechung **aufrechtzuerhalten**. Auf der Vorstellung von einem allgemeinen Bankvertrag beruhen offenbar die seit Januar 1993 geltenden **AGB-Banken**, die nach Nr 1 für „die gesamte Geschäftsverbindung" zwischen dem Kunden und der Bank gelten, während daneben „für einzelne Geschäftsbeziehungen (zum Beispiel für das Wertpapiergeschäft, den Zahlungsverkehr und für den Sparverkehr) Sonderbedingungen" vorgesehen sind. Folgerichtig unterscheidet Nr 18 der AGB-Banken zwischen der Kündigung der „gesamten Geschäftsverbindung" und derjenigen nur „einzelner Geschäftsbeziehungen" (Scheckvertrag, Girovertrag, Depotvertrag usw). In der Tat entspricht der allgemeine Bankvertrag der praktischen Handhabung der Beziehung zwischen Kunde und Bank sowie den Bedürfnissen beider Parteien. Typischerweise sind zwischen einem Kunden und seiner Bank im Zeitablauf mehrere einzelne Bankgeschäfte miteinander verbunden. Die isolierte Betrachtung der einzelnen Bankgeschäfte wird ihrem **übergreifenden wirtschaftlichen und rechtlichen Zusammenhang** nicht gerecht. Der Interessenwahrungscharakter einer Bankverbindung ist von besonderer Intensität, die über diejenige eines vorvertraglichen Vertrauensverhältnisses und über die damit verbundenen allgemeinen Schutzpflichten hinausgeht. Der Abschluss eines Rahmenvertrages liegt bei der Begründung eines derartigen Dauerschuldverhältnisses im Interesse beider Parteien. Der Kunde muss schon deshalb darauf Wert legen, weil ihm erst aufgrund des allgemeinen Bankvertrages und der daraus fließenden Interessenwahrungspflicht der Bank der Abschluss einzelner Bankgeschäfte empfohlen werden soll. Er wendet sich an die Bank, um ihre Sachkunde in Vermögensangelegenheiten in Anspruch zu nehmen und auf die einzelnen möglichen Bankgeschäfte erst aufmerksam gemacht und darüber be- **B 31** raten zu werden. Die Bank will sich ihrerseits im Hinblick auf einzelne Bankgeschäfte der Kreditwürdigkeit des Kunden versichern. Nur über den allgemeinen Bankvertrag, durch den die einzelnen Bankgeschäfte ihre Verfassung und ihren „Rahmen“ erhalten, kann die Geschäftsbeziehung in wechselnden Situationen angepasst und gesteuert werden.

B 32 Die Pflichten der Bank zur Beratung und Betreuung, Auskunft und Aufklärung, Warnung und Geheimhaltung können zudem schwerlich als Nebenpflichten einzelner Verträge über konkrete Bankgeschäfte verstanden werden, weil sich diese Pflichten nicht auf diese Bankgeschäfte beschränken. Zu Unrecht weicht die Rechtsprechung zur Begründung solcher Pflichten der Bank oft auf § 242 aus. Auch ist die Vorstellung einer laufenden Geschäftsverbindung und eines nur quasi-vertraglichen Vertrauensverhältnisses als Grundlage der Pflichtenstellung der Bank nicht hinreichend tragfähig, um Umfang und Inhalt der Pflichten dogmatisch zu verankern. Denn es geht nicht um Nebenpflichten nach § 242, sondern um **geschäftsbesorgungsvertragliche Hauptpflichten** in Form von Emanationen und Konkretionen der Pflicht der Bank zur Interessenwahrung des Kunden. Freilich sind diese allgemeinen bankvertraglichen Pflichten nach Maßgabe der Umstände des konkreten Verhältnisses zwischen Bank und Kunde in Umfang und Intensität verschieden ausgestaltet. Insbesondere kann auch über bestimmte bankgeschäftliche Pflichten wie etwa die Erteilung von Auskunft und Rat bei der Vermögensanlage ein gesonderter Vertrag geschlossen werden.

B 33 Die hier vertretene Lehre vom allgemeinen Bankvertrag besagt nicht etwa, dass ein solcher Vertrag immer notwendig zwischen Kunde und Bank zum Abschluss kommt. Durchaus kann sich die Beziehung des Kunden zur Bank in einem Einzelvertrag (zB Girovertrag) erschöpfen, der zudem seinerseits keineswegs Geschäftsbesorgungscharakter haben muss, sondern sich auf ein punktuelles Austauschgeschäft beschränken kann (zB An- und Verkauf von Sorten und Münzen im Schaltergeschäft oder Schrankfachmiete). Auch ist denkbar, dass ein allgemeiner Bankvertrag etwa wegen Geschäftsunfähigkeit des Kunden nicht zustande kommt. In solchen Fällen besteht indes eine sogenannte **Geschäftsverbindung zwischen Bank und Kunde ohne primäre Leistungspflichten**, jedoch mit (uU durchaus beiderseitigen) Verhaltens- und Schutzpflichten (vgl dazu Müller-Graff, Rechtliche Auswirkungen einer laufenden Geschäftsverbindung [1974] insbes 133 ff und 192 ff). Diese Geschäftsverbindung stellt ein gesetzliches Vertrauensschuldverhältnis dar und kann Schadensersatzansprüche aus Pflichtverletzungen – auch für in seinen Schutzbereich einbezogene Dritte – begründen. In aller Regel jedoch wird das Vertrauensschuldverhältnis zwischen Bank und Kunde **vom allgemeinen Bankvertrag absorbiert**.

B 34 Die Tätigkeit der Banken und Sparkassen bestimmt sich betreffend der öffentlich-rechtlichen (bankenaufsichtsrechtlichen) Voraussetzungen im Wesentlichen nach dem KWG, das anlässlich der Bankenkrise von 1931 geschaffen und seitdem vielfach novelliert wurde (dazu Waldeck NJW 1985, 888; Henke WM 1985, 41; Dürselen ZBB 1993, 266; Reifner NJW 1993, 89). Derzeit gilt das KWG in der Fassung der Bekanntmachung vom 9. 9. 1998 (BGBl I 2776), zuletzt geändert durch Art 12 des Gesetzes zur Umsetzung der Wohnimmobilienkreditrichtlinie und zur Änderung handelsrechtlicher Vorschriften vom 11. 3. 2016 (BGBl I 396). Für die Geschäftsbeziehungen mit den Kunden sind seit 1937 die gleichfalls wiederholt geänderten

AGB-Banken maßgeblich. Vom 1. 1. 1993 an wurde eine neue, **wesentlich geänderte Fassung** vom privaten Bankgewerbe, den Volksbanken und Raiffeisenbanken zugrunde gelegt. Zum 31. 10. 2009 folgte eine grundlegende Überarbeitung, welche die Vorgaben der Verbraucherkreditrichtlinie 2008/48/EG (ABl EU 2008 Nr L 133 S 66 v 22. 5. 2008) und des zivilrechtlichen Teils der ersten Zahlungsdiensterichtlinie 2007/64/EG (ABl EU 2007 Nr L 319 S 1 v 5. 12. 2007) berücksichtigen sollte. Die letzte bedeutende Änderung erfuhren die AGB-Banken mit der Umsetzung der Verbraucherrecherichtlinie 2011/83/EU (ABl EU 2011 Nr L 304 S 64 v 25. 10. 2011; BGBl 2013 I 3642). Inzwischen gelten die „Allgemeinen Geschäftsbedingungen der privaten Banken" in der Fassung vom Juli 2014; die AGB-Sparkassen, in der Fassung vom Februar 2014, weichen hiervon nur geringfügig ab (vgl zu der grundlegenden Änderungen von 1993 mit Erläuterung der einzelnen Klauseln H P Westermann WM 1993, 1865; Sonnenhol WM 1993, 677 und Merkel WM 1993, 725; Schebesta/Vortmann, Die neuen AGB-Banken [1992]; ferner Hoeren NJW 1992, 3263; Krings ZBB 1992, 362; Aden NJW 1993, 832; Bruchner DZWiR 1993, 89; Ohlroggen, Die Allgemeinen Geschäftsbedingungen der Banken [1993] und Der allgemeine Bankvertrag [1997]; vWestphalen BB 1993, 8 sowie die Beiträge von Wagner-Wieduwilt, Merkel, Reich und Horn, in: Horn [Hrsg], Die AGB-Banken [1993]). Die Neufassung, die sich auf 21 „Nummern" mit jeweils wenigen Absätzen beschränkt (früher: 47), will mit Rücksicht auf das **AGB-rechtliche Transparenzgebot** dem Durchschnittskunden kurz, knapp und klar die einzelnen Regelungsbereiche der Geschäftsbeziehung verständlich machen. Die heute geltenden AGB der Banken und Sparkassen werden in der Literatur ganz überwiegend als „Fortschritt bei der ausgleichenden und abgewogenen Ordnung des komplexen und durch gesetzliche Vorschriften nicht vollständig erfassbaren Verhältnisses zwischen den Kreditinstituten und ihren Kunden" angesehen (so H P Westermann WM 1993, 1865, 1875).

Einleitend werden in sechs Nummern die **Grundregeln für die Beziehung zwischen Kunde und Bank** formuliert. **Nr 1 Abs 1** behandelt den Geltungsbereich und allfällige Änderungen der AGB-Banken und der Sonderbedingungen für einzelne Geschäftsbeziehungen. Letztere müssen zusätzlich etwa bei der Kontoeröffnung oder bei der Erteilung eines Auftrags mit dem Kunden vereinbart werden, während die AGB-Banken „für die gesamte Geschäftsverbindung", dh für den allgemeinen Bankvertrag (s oben Rn 29 ff, insbes 31) gelten. Klauseländerungen müssen dem Kunden schriftlich mitgeteilt werden. Die aufgestellte **Genehmigungsfiktion in Nr 1 Abs 2** entspricht § 308 Nr 5, der auch für AGB-Änderungen im Rahmen laufender Geschäftsbeziehungen Geltung beansprucht. Freilich ist in der weiteren Inanspruchnahme von Bankleistungen ohnehin eine **konkludente Einverständniserklärung** des Kunden mit geänderten Klauseln zu sehen. **Nr 2** befasst sich mit **dem Bankgeheimnis und der Bankauskunft**. Anders als die Fassung aus dem Jahr 1993 enthielten die Fassungen aus dem Jahr 2002 und nun aus dem Jahr 2014 der AGB-Banken keine Klausel zur Haftungsbegrenzung bei Verletzungen des Bankgeheimnisses bzw fehlerhaften Bankauskünften mehr. Die Haftung der Bank bei der Erfüllung ihrer Verpflichtungen für das Verschulden von Mitarbeitern und anderer Personen sowie die Berücksichtigung eines **Mitverschuldens des Kunden** sind allgemein in **Nr 3** geregelt; auch hier wurde auf eine Haftungsbegrenzung verzichtet. Bei der Einschaltung Dritter zur Erledigung von Kundenaufträgen wird zwischen Erfüllungsgehilfen, gestatteter Substitution (§ 664 Abs 1 S 2) und weitergeleiteten Aufträgen unterschieden. **Nr 4** schränkt die **Aufrechnungsbefugnis** des Kunden ein, während **Nr 5** die **Verfügungsberechtigung** nach dem Tod des Kunden behandelt. Das maßgebliche B 35

Recht und der Gerichtsstand bei in- und ausländischen kaufmännischen und öffentlich-rechtlichen Kunden bilden den Regelungsgegenstand der **Nr 6**. Während früher das Recht des Erfüllungsortes anwendbar war, wird nunmehr einschränkungslos deutsches Recht für anwendbar erklärt, was wegen der vertragscharakteristischen Leistung der Bank freilich praktisch kaum einen Unterschied macht. Weil die Gerichtsstandsvereinbarungen der Nr 6 Abs 2 und 3 nur für den vollkaufmännischen und den ihm gleichgestellten Bereich durch AGB getroffen werden können, wird der private Geschäftsbereich des Kaufmannes davon ausgenommen. Zu Recht setzt Nr 6 Abs 3 die Zulässigkeit einer Gerichtsstandsvereinbarung auch mit vollkaufmännischen Auslandskunden voraus, denn die Regelung des § 38 Abs 1 ZPO wird insoweit nicht durch § 38 Abs 2 ZPO verdrängt.

B 36 Der die Nrn 7 bis 10 umfassende Abschnitt enthält die Klauseln zur **Kontoführung**. Hier sind die **Rechnungsabschlüsse** bei Kontokorrentkonten (regelmäßig zum Quartalsende), die **Storno- und Berichtigungsbuchungen** der Bank, die **Einzugsaufträge** (zB bei Schecks, Lastschriften und Inkassowechseln) und die Risiken bei **Fremdwährungskonten** und **Fremdwährungsgeschäften** geregelt. **Nr 7** begründet freilich keine Kontokorrentabrede schon mit Vereinbarung der AGB-Banken, sondern setzt eine im Kontoeröffnungsantrag getroffene oder konkludent vereinbarte Kontokorrentabrede voraus. Anders als früher erstreckt sich die **Genehmigungsfiktion** der heutigen Nr 7 Abs 2 nur noch auf Rechnungsabschlüsse, keinesfalls mehr auf einzelne Kontoauszüge. Sie steht trotz der **Beweislastumkehr** wegen der Spezialität des § 308 Nr 5 gegenüber § 309 Nr 12 mit dem AGB-Recht in Einklang. Zwar ist die früher (AGB-Banken von 1993) zugunsten der Bank aufgestellte und besonders für Rechnungsabschlüsse bedeutsame **Zugangsfiktion** aus den neuen AGB-Banken getilgt, doch ist der Kunde nunmehr nach Nr 11 Abs 5 zur **unverzüglichen Nachricht über den Nichterhalt von Mitteilungen** (einschließlich Rechnungsabschlüssen) verpflichtet. Die Regelung in **Nr 8** bildet nunmehr die Grundlage für das **Stornorecht der Banken**, bei dem zwischen Korrekturbuchungen vor und nach Rechnungsabschluss genau unterschieden werden muss. Die Klauseln beziehen sich nur auf Kontokorrentkonten, weil Fehlbuchungen außerhalb des Kontokorrentverkehrs mit seinem periodischen Rechnungsabschluss, beispielsweise Fehler auf Festgeld- oder Sparkonten, von der Bank jederzeit berichtigt werden können. Bei der „Stornobuchung“ einer fehlerhaften Gutschrift durch Belastungsbuchung **vor** Rechnungsabschluss (Nr 8 Abs 1) geht es um ein **girovertragliches Korrekturrecht**, dem der Kunde keinen Entreicherungseinwand nach § 818 Abs 3 entgegensetzen kann. **Nach** Rechnungsabschluss kann der Kunde gegen die „Berichtigungsbuchung“ einer fehlerhaften Gutschrift Einwendungen erheben, was zu einer erneuten Gutschrifterteilung und zur separaten Geltendmachung des Rückzahlungsanspruchs der Bank führt (Nr 8 Abs 2). Sowohl die Storno- wie die Berichtigungsbuchung ist freilich vom Bestehen eines Kondiktionsanspruchs der Bank aus § 812 Abs 1 S 1 und Abs 2 wegen rechtsgrundloser Bereicherung des Kunden mit einem abstrakten Schuldversprechen (fehlerhafte Gutschrift bzw Saldoanerkenntnis) abhängig; es endet jedenfalls mit der Erteilung des nächsten Rechnungsabschlusses.

B 37 In **Nr 11** der AGB-Banken werden in einem eigenen Abschnitt die **Mitwirkungspflichten des Kunden** bei Änderungen von Name, Anschrift oder Vertretungsmachterteilungen behandelt. Danach wird vom Kunden die „Klarheit von Aufträgen“ und besondere Hinweise auf die Eilbedürftigkeit von Aufträgen verlangt, die Prüfung und Einwendungen bei Mitteilungen der Bank geregelt und eine Benachrichtigungspflicht des Kunden bei Ausbleiben von Mitteilungen der Bank statuiert. Mit der Überschrift **„Kosten der Bankdienstleistungen"** ist der die **Nr 12** enthaltende Abschnitt versehen, in dem sich die Einzelheiten zu Zinsen, Entgelten und Aufwendungen innerhalb und außerhalb des Privatkundengeschäfts finden. Um die „Sicherheiten für die Ansprüche der Bank gegen den Kunden" geht es in den **Nrn 13 bis 17**. Hier finden sich die Klauseln zur Bestellung oder Verstärkung von **Sicherheiten** (Nr 13), zur Vereinbarung eines **Pfandrechts** zugunsten der Bank (Nr 14), zu den Sicherungsrechten an Einzugspapieren und diskontierten Wechseln (Nr 15), zur **Begrenzung des Besicherungsanspruchs** und zur **Freigabeverpflichtung** (Nr 16) sowie schließlich zur **Verwertung von Sicherheiten** (Nr 17). Die **Kündigungsrechte** des Kunden **(Nr 18)** und der Bank **(Nr 19)** sowie die Klauseln zum Schutz der Einlagen durch Einlagensicherungsfonds (**Nr 20** – entfällt für den Bereich der Volksbanken und Raiffeisenbanken) schließen die AGB-Banken ab. Gegenstand einer ordentlichen Kündigung oder einer Kündigung aus wichtigem Grund kann sowohl die „gesamte Geschäftsbeziehung" (allgemeiner Bankvertrag) wie auch eine „einzelne Geschäftsbeziehung" (zB Krediteröffnungsvertrag, Girovertrag, Scheckvertrag) sein. In **Nr 21** ist schließlich die Möglichkeit eines Ombudsverfahrens für den Kunden mit Verbrauchereigenschaft (§ 13) geregelt. Für unternehmerische Kunden besteht diese Möglichkeit nur, soweit es sich um eine Streitigkeit handelt, deren Streitgegenstand aus dem Zahlungsdienstevertrag (§ 675f) herrührt.

Aus dem allgemeinen Bankvertrag fließen für die Bank als Geschäftsbesorgerin ihres Kunden eine Reihe **typischer Pflichten in Konkretisierung ihrer Interessenwahrungspflicht**, der sie als geschäftsbesorgungsvertragliche Hauptpflicht zu genügen hat. Hierzu gehören namentlich die Pflichten zu **Beratung und Betreuung, Auskunft und Aufklärung, Warnung und Geheimhaltung**. Die Verpflichtung zu Hinweisen und zur Mitteilung von Bedenken oder zur Abgabe von Empfehlungen kann in gesteigerter Form aus § 665 folgen, wenn **veränderte Umstände** solche Hinweise, Mitteilungen und Empfehlungen erforderlich machen. Die allgemeine, die einzelnen Bankgeschäfte übergreifende Verpflichtung der Bank zu Auskunft und Rechenschaft (Herausgabe von Belegen und Kontoauszügen, Verschaffung von Nachweisen für das Finanzamt etc) gründet in §§ 675 Abs 1, 666 und hat in Art 248 EGBGB lediglich teilweise eine Konkretisierung erfahren. Bei Verletzung ihrer Pflichten wie unterlassenen Hinweisen oder falschen Auskünften kann sich die Bank schadensersatzpflichtig machen. **Formularmäßige Haftungsfreizeichnungen** („ohne unser Obligo") unterliegen der AGB-rechtlichen Kontrolle. Danach ist ein Haftungsausschluss für unrichtige Auskünfte jedenfalls bei vorsätzlichem oder grob fahrlässigem Verhalten von **verfassungsmäßig berufenen Vertretern oder leitenden Angestellten** der Bank (Repräsentanten, Erfüllungsgehilfen, Wissensvertretern) unwirksam. Gleiches gilt bei vorsätzlich unrichtigen Auskünften auch **nichtleitender Bankangestellter**, wenn die Bank aus den Auskünften wirtschaftliche Vorteile zieht oder diese in ihrem wirtschaftlichen Interesse liegen. Im Einzelnen hängen der Umfang und die Ausprägung der allgemeinen bankvertraglichen Pflichten von dem jeweiligen Kunden und den konkreten Umständen ab. Ein professioneller Anleger mit hinreichenden Kenntnissen des Kapitalverkehrs ist anders zu behandeln als ein unkundiger Sparer; Spekulationsgeschäfte erfordern andere Beratungen als Rentenpapiere. Außerhalb der üblichen Pflichtenstellung der Bank liegt die Unterbreitung von Börsentipps. Auch die Unterrichtung über die Vermögensverhältnisse von anderen B 38

Kunden oder über deren besondere Insolvenzrisiken, die für einen Bankkunden im Hinblick auf mögliche Geschäfte mit jenen anderen Kunden bedeutsam sein mögen, liegt grundsätzlich außerhalb des Pflichtenspektrums der Bank. Im Einzelfall kann allerdings auch das Pflichtenspektrum entsprechend erweitert sein. **Besondere Informationspflichten** bestehen gegenüber geschäftsunfähigen oder beschränkt geschäftsfähigen Bankkunden (BGHZ 52, 61 = WM 1969, 682; Scheerer BB 1971, 981; Beule, Die Stellung Geschäftsunfähiger und beschränkt Geschäftsfähiger im Rechtsverkehr mit Kreditinstituten [1967]).

B 39 Die **Verschwiegenheitspflicht der Bank (Bankgeheimnis)** umfasst „alle Tatsachen, die der Kunde geheimzuhalten wünscht" (BGHZ 27, 241, 246 = WM 1958, 776; BGHZ 171, 180 Rn 17; Fuchs, Zur Lehre vom allgemeinen Bankvertrag [1982] 32–75; Kirchherr/Stützle, Bankgeheimnis und Bankauskunft [2. Aufl 1983]; J Wolff DB 1968, 695; ders AG 1968, 286; Hadding/Häuser, Rechtsfragen des bargeldlosen Zahlungsverkehrs [1984] 129 ff; Musielak, Gutachten [1981] 1209, 1302). Die erfassten kundenbezogenen Tatsachen und Wertungen müssen dem Kreditinstitut „auf Grund, aus Anlass bzw im Rahmen der Geschäftsverbindung zum Kunden bekannt geworden" (BGHZ 166, 84 Rn 35) sein. Dieses Bankgeheimnis als **privatrechtliche Verschwiegenheitspflicht** aus dem allgemeinen Bankvertrag zwischen Kunde und Bank (bzw der Geschäftsverbindung des Kunden mit der Bank) ist nicht gesetzlich geregelt, hat jedoch in den neuen AGB-Banken als „Grundregel Nr 2" Ausdruck gefunden. Es versteht sich in aller Regel als eine Hauptpflicht (nicht nur Nebenpflicht) des allgemeinen Bankvertrages mit seiner geschäftsbesorgungsvertraglichen Rechtsnatur, kann aber auch schon einer vorvertraglichen und auch noch einer nachvertraglichen Beziehung des Kunden zur Bank entspringen *(culpa in contrahendo* bzw *post contrahendum,* vgl BGH DB 1953, 1031 = BB 1953, 993; BGH WM 1973, 892). Im Zivilprozess hat die Bank nach § 383 Abs 1 Nr 6 ZPO ein **Zeugnisverweigerungsrecht**, weil ihr „kraft ihres Gewerbes Tatsachen anvertraut sind, deren Geheimhaltung durch die Natur geboten ist". Die Bank muss sich zur Festlegung der **Reichweite des Bankgeheimnisses** am wirklichen oder mutmaßlichen Willen des Kunden sowie in Ermangelung anderer Anhaltspunkte an seinem objektiven oder seinem typischen Interesse ausrichten. Das betrifft insbesondere Auskünfte über den Kunden an Dritte.

B 40 Der Üblichkeit entspricht es, dass eine Bank in dem durch das relative Bankgeheimnis gezogenen Grenzen **Auskünfte über ihre Kunden an Dritte erteilt** (sog **bankübliche Kreditauskunft**, vgl schon RGZ 126, 50, 52; RGZ 139, 103, 105 f; Schraepler NJW 1972, 1836; Wolff Die AG 1968, 286). Anfrager, die eine Auskunft begehren, können sowohl Kunden der befragten Bank als auch andere Banken oder Nichtkunden sein; die Auskunftserteilung der Bank kann deshalb sowohl aufgrund eines **Bankvertrages** als auch aufgrund eines **besonderen Auskunftsvertrages** erfolgen. Die Bank kann einerseits dem Anfrager, andererseits ihrem Kunden, über den sie befragt wird, für schuldhaft unrichtige oder unvollständige Auskünfte auf Schadensersatz haften. Die Bank muss ihren Konflikt zwischen der Pflicht zur Erteilung von Auskünften und Hinweisen auf Risiken einerseits und der Wahrung des Bankgeheimnisses andererseits durch eine Güterabwägung im Einzelfall lösen (BGH NJW 1991, 693). Kreditauskünfte (Bonitätsbewertungen) darf die Bank grds nur **mit Einwilligung des betroffenen Kunden** erteilen, was sie aber nicht immer zu einer ausdrücklichen Rückfrage nötigt. Insbesondere Kaufleute wissen über **üblicherweise eingeholte und erteilte Bankauskünfte** Bescheid. Auf Verlangen muss der **Inhalt** einer erteilten

Bankauskunft **dem Kunden** nach §§ 675 Abs 1, 666, 157, 242 offenbart werden (OLG Karlsruhe NJW 1971, 1042), doch kann der Kunde nicht zugleich die Offenlegung von Tatsachen und Verhältnissen des anfragenden Dritten fordern.

Die **Aufklärungs-, Warn- und Beratungspflichten, Nachforschungs-, Erkundigungs- und Organisationspflichten** gegenüber ihrem Kunden, die die Bank als Ausprägung ihrer allgemeinen Interessenwahrungspflicht treffen, verstehen sich letztlich als vertrauensbezogene Berufspflichten (Hopt, in: Baumbach/Hopt [Hrsg], HGB [37. Aufl 2016] Bankgeschäfte Rn A/16) und hängen in Inhalt und Umfang von dem jeweiligen Bankgeschäft ab. So muss die Bank den Kunden beim Einlagengeschäft auf einen Zinsverlust bei vorzeitiger Kündigung von Spareinlagen aufmerksam machen (BGHZ 28, 373). Sie hat den Kunden auf devisenrechtliche Bedenken gegen einen Überweisungsauftrag hinzuweisen (BGHZ 23, 227). Sie kann einer Warnpflicht gegenüber dem Überweisenden unterliegen, wenn sie Kenntnis von einem unmittelbar bevorstehenden Zusammenbruch des Begünstigten hat (BGH BB 1961, 503; BGH NJW 1978, 1852; zurückhaltend aber Hellner ZHR 143 [1981] 106, 123). Sie hat den **unerfahrenen Kunden** mit besonderem Aufklärungs- und Schutzbedürfnis uU auf die Gefährlichkeit einer Kreditaufnahme, insbes auf eine zu hohe eigene Verschuldung hinzuweisen (BGH NJW 1988, 1584; BGH WM 1988, 898). Besonders weitgehende Aufklärungspflichten hat die Bank beim Teilzahlungskreditgeschäft angesichts der besonderen Schutzbedürftigkeit des Kreditnehmers und ihrer Eigeninteressen; hier muss sie die rechtliche Trennung von Kauf- und Darlehensvertrag erläutern (BGHZ 47, 207, 217; BGHZ 47, 222, 239; BGHZ 72, 97, 102; vgl auch H P Westermann ZHR 153 [1989] 123; Brandner ZHR 153 [1989] 147; vRottenburg ZHR 153 [1989] 162). B 41

Das KWG in der Fassung der Bekanntmachung vom 9. 9. 1998 (BGBl I 2776), zuletzt geändert durch Art 12 des Gesetzes zur Umsetzung der Wohnimmobilienkreditrichtlinie und zur Änderung handelsrechtlicher Vorschriften vom 11. 3. 2016 (BGBl I 396), enthält in § 1 Abs 1 S 2 Nr 1 bis 12 zwar keine Begriffsbestimmung, wohl aber einen **Katalog von „Bankgeschäften"**, deren zulassungspflichtiger gewerbsmäßiger Betrieb ein Unternehmen zum „Kreditinstitut" macht: Einlagengeschäft, Pfandbriefgeschäft, Kreditgeschäft, Diskontgeschäft, Finanzkommissionsgeschäft, Depotgeschäft, Revolving-Geschäft (Eingehung einer Verpflichtung, Darlehensforderungen vor Fälligkeit zu erwerben), Garantiegeschäft, Girogeschäft, Emissionsgeschäft und die Tätigkeit als zentrale Gegenpartei im Sinne des § 1 Abs 31 KWG. Das **Bankenaufsichtsrecht** knüpft unmittelbar an diesen Katalog der Bankgeschäfte in § 1 Abs 1 KWG an, dem auch für die **privatrechtliche Systematik der Bankverträge** Bedeutung zukommt. Zwar greift das Tätigkeitsspektrum der Banken über die Auflistung hinaus, sodass diese **nicht als numerus clausus der einzelnen Bankverträge** gelesen werden darf. So fehlt in diesem Katalog zB die Schrankfachvermietung; ferner ist das sogenannte Auslandsgeschäft nur teilweise erfasst. Doch gibt § 1 Abs 1 KWG die **traditionell gewachsenen** und nach wie vor **praktisch bedeutsamsten Bankgeschäfte** wieder, zu denen sich jeweils spezielle bankrechtliche Vertragstypen ausgeformt haben. Daneben finden sich im § 1 Abs 1a KWG solche Geschäfte aufgelistet, die, soweit sie nicht von einem „Kreditinstitut" betrieben werden, den Gewerbetreibenden als „non-bank" oder „near-bank" zu einem „Finanzdienstleistungsinstitut" im Sinne des Gesetzes machen (zB Anlagenvermittlung, Finanzportfolioverwaltung, Sortengeschäft ua). Wenn es sich bei dem Katalog dieser Geschäfte auch nicht um „Bankgeschäfte" im Sinne des KWG handelt, zählen sie doch **privatrechtlich** B 42

zu den Bank- und Finanzierungsverträgen. Dasselbe gilt für die in § 1 Abs 3 KWG genannten Haupttätigkeiten der sog Finanzunternehmen (die anders als Kreditinstitute und Finanzdienstleistungsinstitute keine „Institute" iSd KWG sind; vgl § 1 Abs 1b KWG), zu denen etwa der Abschluss von Leasingverträgen, die Anlegerberatung oder Geldmaklergeschäfte gehören. Ob und in welcher Ausprägung ein Vertrag über ein Bank- oder Finanzierungsgeschäft nach § 1 Abs 1 bis 3 Geschäftsbesorgungscharakter hat, beurteilt sich nach seinem Gegenstand und den Umständen des Einzelfalls.

B 43 Bei dem in § 1 Abs 1 S 2 Nr 1 KWG genannten **Einlagengeschäft** nimmt die Bank fremde Gelder als verzinsliche oder als unverzinsliche Einlagen an. Einlagengeschäfte sind „Passivgeschäfte", weil sie auf der Passivseite der Bankbilanz zu Buche schlagen. Als **Sichteinlagen** (sog Tagesgelder) werden täglich fällige Gelder auf Giro- oder Kontokorrentkonten bezeichnet. Die Einlage begründet eine unregelmäßige *(depositum irregulare)* Verwahrung nach §§ 700, 488 ff (BGHZ 84, 373). **Termineinlagen** in Form von zeitweilig unkündbaren sogenannten Fest- oder Termingeldern oder in Form von ordentlich, fristgerecht kündbaren sogenannten Kündigungsgeldern werden von der Bank auch im Eigeninteresse hereingenommen und begründen zwischen Bank und Kunden einen Darlehensvertrag nach §§ 488 ff. **Spareinlagen**, über die ein Sparbuch, Sparbrief oder eine andere Urkunde (Bankschuldverschreibung, Sparschuldverschreibung) ausgestellt wird und deren Verzinsung, Kündigung, Fälligkeit und Rückzahlung besonderen gesetzlichen Regelungen und Vereinbarungen unterliegen, werden gleichfalls aufgrund eines **Darlehensvertrags bzw unregelmäßigen Verwahrungsvertrags** nach §§ 488 ff, 700 hingegeben bzw hereingenommen (BGHZ 64, 284). Spezifisch geschäftsbesorgungsrechtliche Probleme treten hierbei nur dadurch auf, dass der Darlehens- bzw Verwahrungsvertrag regelmäßig in einen allgemeinen Bankvertrag **geschäftsbesorgungsvertraglicher Rechtsnatur** eingebettet ist.

B 44 Das in § 1 Abs 1 S 2 Nr 1a KWG genannte **Pfandbriefgeschäft** umfasst die im Pfandbriefgesetz bezeichneten Geschäfte mit Hypothekenpfandbriefen, mit öffentlichen Pfandbriefen wie Kommunalobligationen und mit Schiffspfandbriefen, denen regelmäßig keine geschäftsbesorgungsvertragliche Rechtsnatur zukommt.

B 45 Als Beispiele für **Kreditgeschäfte** in den beiden Grundformen von **Zahlungskrediten** oder **Haftungskrediten** nennt § 1 Abs 1 S 2 Nr 2 KWG die Gewährung von **Gelddarlehen (effektive Kreditgewährung)** und von **Akzeptkrediten („Kreditleihe")**. Das Kreditgeschäft bildet den Hauptbestandteil der bilanziellen Aktivgeschäfte der Banken. Während der Zahlungskredit auf einem einfachen Darlehensvertrag beruht, kann beim Haftungskredit zusätzlich ein **geschäftsbesorgungsvertragliches Element** auszumachen sein, wenn etwa die Bank den von ihrem Kunden ausgestellten Wechsel akzeptiert, damit der Kunde ihn an seinen Gläubiger sicherungs- oder erfüllungshalber weiterreichen kann (BGHZ 19, 282, 291). Dagegen bleibt es bei einem bloßen Darlehen in Form eines Haftungskredits, wenn die Bank den vom Kunden auf sich selbst gezogenen Wechsel akzeptiert und diskontiert, sodass der Kunde über die Valuta verfügen kann. Beim **Akzeptkredit** gewährt die Bank dem Kunden Kredit, indem sie Wechsel für dessen Rechnung akzeptiert und ihn zur Deckung der Wechselsumme bei Fälligkeit verpflichtet. Demgegenüber sichert die Bank beim **Avalkredit** nur den Kredit eines Dritten. Die Kreditvermittlung ist kein Kreditgeschäft.

Durch den **Krediteröffnungsvertrag als Grund- und Rahmenvertrag** verpflichtet sich die Bank zur Kreditgewährung bis zu einer bestimmten Höhe (Kreditrahmen) nach Abruf (BGHZ 83, 81). Der Krediteröffnungsvertrag ist idR auf Gelddarlehen gerichtet (§§ 488 ff), kann sich aber auch auf Akzeptkredite beziehen und enthält dann die Elemente des jeweils einschlägigen Vertragstyps (§§ 488 ff, 675 Abs 1, 433 ff) (vgl Hopt, in: Baumbach/Hopt [Hrsg], HGB [37. Aufl 2016] Bankgeschäfte Rn G/2). Ein Girovertrag kann mit einem Krediteröffnungsvertrag durch Vereinbarung eines zulässigen **Überziehungskredits (Kreditlinie)** kombiniert werden. Beim **revolvierenden Kredit** kann der Kreditbetrag nach Rückzahlung erneut ganz oder teilweise abgerufen werden. Spezifisch geschäftsbesorgungsrechtliche Probleme treten beim Kreditgeschäft nur dadurch auf, dass dieses regelmäßig in einen allgemeinen Bankvertrag **geschäftsbesorgungsvertraglicher Rechtsnatur** eingebettet ist.

Das im Ankauf von Wechseln – seltener von bei Sicht fälligen Schecks (Art 28 ScheckG) – bestehende **Diskontgeschäft** nach § 1 Abs 1 S 2 Nr 3 KWG zeichnet sich dadurch aus, dass die Bank dem Einreicher (Diskontant) für das vor Fälligkeit hereingenommene Papier als Erwerbspreis den Nennbetrag (Wechselsumme; Schecksumme) abzüglich des Zwischenzinses für die Zeit bis zum Fälligkeitstag (Diskont) sowie abzüglich ihrer Kosten und ihres Gewinnanteils (Diskontspesen) zahlt. Dabei dient der Erwerb des Wechsels **nicht als Grundlage eines Haftungskredits** (Akzeptkredits), sondern versteht sich als Teil eines **Geldkreditgeschäfts**; jedenfalls wirtschaftlich kommt der Bankkunde in den Genuss eines Kredits **(Diskontkredits)**, wenn ihm die spätere Vorlage des Papiers bei dem bezogenen Dritten erspart und ihm dafür schon jetzt eine Gutschrift erteilt wird. Das Diskontgeschäft geht in der Praxis häufig mit einem Akzeptkredit einher, wenn die Bank den von ihr selbst für Rechnung des Kunden akzeptierten Wechsel diskontiert. Die Gutschrift für die auf Dritte gezogenen Wechsel und Schecks erfolgt regelmäßig „unter Vorbehalt des Eingangs". Im Regelfall verkauft die Geschäftsbank den Wechsel an die Bundesbank weiter (Rediskont, vgl § 19 Abs 1 Nr 4 BBankG). Die vertragstypologische Einordnung des Diskontgeschäfts ist umstritten. Herrschende Meinung und Rechtsprechung sprechen sich bei einem **Eigendiskont** durch die akzeptierende Bank für eine **kaufrechtliche oder doch kaufähnliche Qualifikation** aus (RGZ 112, 46, 48; 142, 23, 26; BGHZ 19, 282, 292), während andere Stimmen eine **darlehensrechtliche** Einordnung favorisieren (Canaris, Bankvertragsrecht [3. Aufl 1988] Rn 1531 ff; vCaemmerer NJW 1955, 41). Eine **geschäftsbesorgungsvertragliche Qualifikation** ist in der Regel geboten, wenn die Bank den Wechsel für Rechnung des Kunden akzeptiert und der Kunde den Wechsel sodann bei einer anderen Bank zum Diskont einreicht oder einem Gläubiger erfüllungshalber überlässt (BGHZ 19, 282, 288). Spezifisch geschäftsbesorgungsrechtliche Probleme treten beim Diskontgeschäft im Übrigen dadurch auf, dass dieses regelmäßig in einen allgemeinen Bankvertrag **geschäftsbesorgungsvertraglicher Rechtsnatur** eingebettet ist (zum Forfaiting als Unterform des Diskontgeschäfts s unten Rn B 109). **B 46**

Beim Finanzkommissionsgeschäft (früher: Effektengeschäft), dh der **Anschaffung und der Veräußerung von Finanzinstrumenten für andere** (§ 1 Abs 1 S 2 Nr 4 KWG), wird die Bank im eigenen Namen für fremde Rechnung in mittelbarer Stellvertretung, mithin als Kommissionärin gemäß §§ 383 ff HGB tätig, wobei sie sich meist AGB-rechtlich ein Selbsteintrittsrecht nach § 400 HGB vorbehält und die §§ 18 ff DepotG beachten muss. Das Finanzkommissionsgeschäft bezieht sich vor allem auf **B 47**

Wertpapiere in Form von „Effekten“, dh auf **Kapitalmarktpapiere**, die nach § 91 **vertretbar** sind. Dieser Finanzkommissionsvertrag (früher: **Effektenkommissionsvertrag**) ist nach Canaris (Bankvertragsrecht [3. Aufl 1988] Rn 1822) als ein kaufmännischer **Geschäftsbesorgungsdienstvertrag** zu qualifizieren, auf den subsidiär zu den §§ 383 ff HGB die §§ 675 Abs 1, 611 ff zur Anwendung kommen. Dies ist zutreffend, denn die Tätigkeit zur Herbeiführung eines Kaufvertrages stellt eine Geschäftsbesorgung dar. Rein kaufrechtlich ist demgegenüber der Erwerb oder die Veräußerung von Wertpapieren als **Eigenhändlertätigkeit** zu qualifizieren, die außerhalb der Begriffsbestimmung des Finanzkommissionsgeschäfts liegt und als Eigen- oder Propergeschäft bezeichnet wird (vgl auch § 31 DepotG). Hierunter fällt insbesondere die Veräußerung einer von der Bank übernommenen Emission an ihre Kunden (zum Emissionsgeschäft nach § 1 Abs 1 S 2 Nr 10 s unten Rn B 55).

B 48 Beim Depotgeschäft **verwahrt und verwaltet die Bank Wertpapiere für andere** (§ 1 Abs 1 S 2 Nr 5 KWG). Beim sogenannten **geschlossenen**, für den einzelnen Kunden separat verwahrten Depot liegt ein schlichter Verwahrungsvertrag nach §§ 688 ff vor, auf den das DepotG ausweislich seines § 1 Abs 2 und seiner Bezugnahme auf „unverschlossen zur Verwahrung anvertraute Wertpapiere“ unanwendbar ist. In der Praxis überwiegt freilich das sogenannte **offene Depot**. Der hierzu geschlossene Vertrag weist neben verwahrungsvertraglichen auch **geschäftsbesorgungsvertragliche** Elemente auf. Dies gilt sowohl für das regelmäßige **Sonder- oder Streifbanddepot** (§ 2 DepotG) wie für das **Sammeldepot** (§§ 5, 6 DepotG) und für das **Summendepot** (§ 15 Abs 1 DepotG). Beim (selten gewordenen) Sonderdepot werden die Papiere mehrerer Hinterleger in einem offenen Depot unvermischt und mit gesonderten Kennzeichnungen für jeden Hinterleger verwahrt. Beim Sammeldepot wird von den beteiligten Depotkunden eine Miteigentümergemeinschaft nach Bruchteilen am Sammelbestand der verwahrenden Bank begründet. Das Summendepot stellt sich als eine unregelmäßige Verwahrung nach § 700 *(depositum irregulare)* dar; **Eigentum an dem Depotbestand** erlangt allein die verwahrende Bank, die freilich schuldrechtlich zur Übereignung der jedem Kunden zustehenden Stückzahl verpflichtet ist. Der Depotvertrag ist auch für die Bank jederzeit kündbar (BGH NJW 1991, 978). Der Kunde ist zur Anzeige einer erkennbaren Falschbuchung verpflichtet (OLG Frankfurt NJW 1972, 436).

B 49 Eine praktisch wichtige Besonderheit mit vor allem besitzrechtlichen Problemen stellt die **Girosammelverwahrung** von Wertpapieren durch **Wertpapiersammelbanken** dar. Hierbei stehen die Wertpapiere nicht im unmittelbaren Besitz der Hausbank des Kunden, sondern in dem der Wertpapiersammelbank. Die Zentralbanken fungieren als mittelbare Besitzer erster Stufe, während die Hausbanken mittelbare Besitzer zweiter Stufe und die einzelnen Depotkunden nur mittelbare Besitzer dritter Stufe sind; sie halten als Mitbesitzer und Miteigentümer der verwahrten Papiere oft nur einen geringen Bruchteil von einem Promille des Bestandes. Die sachenrechtlichen Übertragungsvorgänge vollziehen sich in zweifelhafter **Loslösung vom Spezialitäts- und Publizitätsprinzip** allein über kontenmäßige Buchungen (vgl Kümpel WM 1980, 422; Fabricius AcP 162 [1963] 456).

B 50 Bei einem Depotvertrag über Wertpapiere beschränken sich die Pflichten der Bank gegenüber dem Kunden nicht auf **Verwahrungspflichten**, sondern umfassen als Teil der übernommenen Verwaltung auch **Überwachungs- und Benachrichtigungspflichten**

(Canaris, Bankvertragsrecht [3. Aufl 1988] Rn 2182; OLG Karlsruhe NJW-RR 1990, 753). Zum Gegenstand eines Depotvertrages gehört aber keine umfassende fortdauernde Beratungspflicht der Bank gegenüber dem Kunden über tatsächliche Gegebenheiten auf dem Kapitalmarkt, die zu einer Änderung der Anlageentscheidung führen könnten. Auch bei einer Verwahrung von Wertpapieren im Depot des Kreditinstituts bleibt der Kunde für seine Anlageentscheidung selbst verantwortlich und hat das Risiko einer Fehleinschätzung zu tragen (BGH NJW-RR 1992, 1074).

Beim **Investmentgeschäft** legen Kapitalanlagegesellschaften das Geld ihrer Anlegerkunden treuhänderisch (im eigenen Namen für fremde Rechnung) nach dem **Prinzip der Risikostreuung** in Wertpapieren oder Grundstücken an und erteilen den Einlegern sogenannte **Anteilscheine** (§ 1 Abs 1 S 2 Nr 6 KWG aF; §§ 1 ff Investmentgesetz). **§ 1 Abs 1 S 2 Nr 6 KWG aF** wurde durch das Gesetz zur Änderung des Investmentgesetzes und zur Anpassung anderer Vorschriften vom 21. 12. 2007 (BGBl 2007 I 3089) **aufgehoben**. Damit entfiel die Kreditinstitutseigenschaft der Kapitalanlagegesellschaften, was der Umsetzung der Richtlinie 85/611/EWG (OGAW-Richtlinie) diente (BT-Drucks 16/5576, 100). Die Bestimmung des § 1 Abs 1 S 2 Nr 7 KWG „Eingehung der Verpflichtung, zuvor veräußerte Darlehensforderungen vor Fälligkeit zu erwerben" erfasst das in der Praxis sogenannte **Revolving-Geschäft**, bei dem sich die Bank zum Erwerb von Darlehensforderungen vor Fälligkeit verpflichtet, etwa um die kurzfristige Refinanzierung langfristiger Darlehen durch Vermittlung an kurzfristig eintretende Geldgeber zu ermöglichen. **B 51**

Die Übernahme von **Bürgschaften, Garantien und sonstigen Gewährleistungen für andere** (Garantiegeschäft, § 1 Abs 1 S 2 Nr 8 KWG) ist durch ein Dreiecksverhältnis zwischen Bank, Kunde und einem begünstigten Dritten gekennzeichnet. Bei einer **Bürgschaft** richtet sich die Beziehung zwischen der bürgenden Bank und dem begünstigten Gläubiger nach §§ 765 ff BGB, 349 ff HGB. Das Verhältnis zwischen Bank und Kunde ist **geschäftsbesorgungswerkvertraglicher Natur**, §§ 675 Abs 1, 631. Der **Garantieauftrag** verpflichtet die Bank gegenüber ihrem Kunden zu einer Bankgarantie gegenüber einem Dritten. Die **Bankgarantie** ist ein Vertrag *sui generis,* in dem sich die Bank gegenüber dem Dritten zur Leistung verpflichtet, wenn der von ihrem Kunden geschuldete und von der Bank garantierte Erfolg, sei es auch schuldlos, ausbleibt. Dabei ist aber im Unterschied zur akzessorischen Bürgschaft der Garantievertrag von der Hauptschuld abstrakt. Auch hier stellt sich das Verhältnis zwischen Kunde und Bank (Garantieauftrag) als **Geschäftsbesorgungswerkvertrag** dar. Der geschuldete Erfolg besteht im auftragsgemäßen Abschluss eines Garantievertrags mit dem begünstigten Dritten und in der Zahlung der Garantiesumme bei Eintritt des Garantiefalls. Dem Garantiegeschäft, insbesondere der „Garantie auf erstes Anfordern" kommt vor allem bei **Auslandsgeschäften** Bedeutung zu (vgl Coing ZHR 147 [1983] 125; Nielsen, Bankgarantien bei Außenhandelsgeschäften [1986]; vWestphalen, Die Bankgarantie im internationalen Handelsverkehr [4. Aufl 2014]; Mülbert ZIP 1985, 1101). **B 52**

Zu den „sonstigen Gewährleistungen" iS des § 1 Abs 1 S 2 Nr 8 KWG (und damit zu den Garantiegeschäften) gehört insbesondere das **Akkreditivgeschäft**, das der **Zahlungsabwicklung, Sicherung und Kreditierung bei Außenhandelsgeschäften** des Bankkunden dient. Der Warenverkäufer und Exporteur bedingt sich von seinem ausländischen Geschäftspartner (Käufer/Importeur) in einer Akkreditivklausel die **B 53**

Bezahlung der Ware durch Akkreditivbestellung aus. Der Käufer beauftragt daraufhin seine Bank (Akkreditivbank) mit der Eröffnung eines Akkreditivs, wonach die Bank gegenüber dem begünstigten Verkäufer ein unwiderrufliches Zahlungsversprechen abgibt. Der Kaufpreis muss an den Verkäufer bei Vorlage bzw Übergabe bestimmter Dokumente (zB Konnossemente, Lagerscheine) bezahlt werden, sodass der Begünstigte einen durch die Präsentation der Dokumente aufschiebend bedingten, aber von Einwendungen und Einreden des Käufers aus dem Kaufvertrag unabhängigen, **selbständigen Zahlungsanspruch gegen die Akkreditivbank** erwirbt. Die Bank unterliegt besonders strengen Prüfungs- und Sorgfaltspflichten vor allem bezüglich der Echtheit der vorgelegten Papiere. Der Akkreditivauftrag hat einerseits **geschäftsbesorgungswerkvertraglichen Charakter** iS der §§ 675 Abs 1, 631 (RGZ 106, 26, 27; 107, 7, 8; 114, 268, 270; BGH WM 1958, 1542, 1543; NJW-RR 1998, 1511), ähnelt aber zum anderen einer angenommenen Anweisung iS der §§ 784 ff bzw einem abstrakten Schuldversprechen nach § 780. Der Akkreditiv-Auftraggeber muss den Akkreditivbetrag der Akkreditivbank nach §§ 675 Abs 1, 669 im Voraus zur Verfügung stellen (RGZ 102, 115). Die Bank hat einen Anspruch auf Akkreditivprovision und einen Aufwendungsersatzanspruch nach §§ 675 Abs 1, 670.

B 54 Der in § 1 Abs 1 S 2 Nr 9 KWG genannte Bereich des bargeldlosen **Zahlungsverkehrs** und des **Abrechnungsverkehrs** (Girogeschäft) ist eine **traditionelle Domäne des Geschäftsbesorgungsvertragsrechts** und hat heute für den wichtigsten Teilbereich der Zahlungsdienste eine Regelung in den §§ 675c–676c erfahren. Im Rahmen der Kommentierung dieser Vorschriften werden neben dem Überweisungsverkehr auch die anderen Formen der bargeldlosen Zahlung wie namentlich Scheckzahlungen, Kredit- und Debitkarten erläutert.

B 55 Beim **Emissionsgeschäft** nach § 1 Abs 1 S 2 Nr 10 KWG, der Übernahme von Finanzinstrumenten für eigenes Risiko zur Platzierung oder der Übernahme gleichwertiger Garantien, gibt die Bank als Mitglied eines aus mehreren Banken bestehenden Emissionskonsortiums junge Effekten (meist Aktien oder Schuldverschreibungen) aus, wobei sie anlegerschutzrechtliche Bestimmungen insbes zur Prospekthaftung (§§ 21 ff WpPG [BGBl 2011 I 2481; BT-Drucks 17/6051 S 47]) zu beobachten hat. Auch hier kann man von einem **traditionellen Kernbereich bankrechtlicher Geschäftsbesorgungsverträge** sprechen. Bei der **Effektenberatung** (Anlageberatung der Banken und Sparkassen im Rahmen des Effektengeschäfts) trifft die Bank die Pflicht zu umfassender und sachgemäßer Beratung des Kunden vor Geschäftsabschluss. Plant der Kunde erkennbar falsche und ungewöhnlich gefährliche Maßnahmen, muss die Bank ihn aufklären und warnen (OLG Köln WM 1989, 402; OLG Braunschweig ZIP 1993, 1457; vgl auch Heinsius ZHR 145 [1981] 177; Ungnade ZFK 1979, 1132; Kübler ZHR 145 [1981] 204; F A Schäfer, Haftung für fehlerhafte Anlageberatung und Vermögensverwaltung, insbes von Kreditinstituten [1993]; im Einzelnen zum Anlageberatungsvertrag s oben Rn B 7 ff). Bei der Anlageberatung hat die Bank den – gegebenenfalls zu erfragenden – Wissensstand des Kunden über Anlagegeschäfte der vorgesehenen Art und dessen Risikobereitschaft zu berücksichtigen **(anlegergerechte Beratung)**; das von ihr danach empfohlene Anlageobjekt muss diesen Kriterien Rechnung tragen **(objektgerechte Beratung)** (vgl BGH NJW 1993, 2433 = WM 1993, 1455; OLG Braunschweig ZIP 1993, 1457; im Einzelnen s oben Rn B 7 ff). Dabei darf sich die Bank nicht auf eine Börsenzulassung verlassen und sich mit dem Inhalt des Zulassungsprospekts begnügen, sondern muss die empfohlenen Papiere ihres Anlageprogramms einer eigenen Prüfung unterziehen.

(entfallen) **B 56**

Baubetreuungs- und Bauträgerverträge

Die Nachkriegsjahrzehnte sind in der Bundesrepublik Deutschland von einer regen Bautätigkeit gekennzeichnet gewesen, die durch die Entwicklung des Wohnungseigentums verstärkt wurde. Nach der deutschen Wiedervereinigung hat im Zuge der Aufbauleistungen in Ostdeutschland auch dort eine unbändige Aktivierung der Bautätigkeit eingesetzt. Unter den hier zum Einsatz kommenden neuartigen Vertragsgestaltungen spielen die **Baubetreuungsverträge** eine besondere Rolle. Beim Baubetreuungsvertrag übernimmt es der Baubetreuer gegenüber dem Bauherrn, ihn bei der Planung und Durchführung des Bauvorhabens teilweise oder vollständig zu entlasten, insbesondere das Bauvorhaben technisch, organisatorisch, wirtschaftlich und finanziell vorzubereiten, auszuführen und abzuwickeln. Die Ausgestaltung im Einzelnen kann allerdings sehr vielfältig sein. Nach inzwischen weithin konsentierter Begrifflichkeit (grundlegend LOCHER NJW 1967, 326) lassen sich **Baubetreuungsverträge im engeren Sinne** („echte" Baubetreuungsverträge) mit den **Unterformen des umfassenden und des eingeschränkten Baubetreuungsvertrages** von den **Bauträgerverträgen** unterscheiden, die nur **im weiteren Sinne zu den Baubetreuungsverträgen** gehören. Sonderfälle stellten die früher sehr bedeutsamen, ihrerseits vielfältigen, inzwischen aber ausgelaufenen **Bauherrengemeinschaften** dar. Bei der Würdigung der älteren Judikatur und Literatur ist zu berücksichtigen, dass sich die vorbezeichnete Begrifflichkeit erst allmählich durchgesetzt hat und das Baubetreuungs- und Bauträgerrecht lange Zeit terminologisch uneinheitlich behandelt wurde (vgl DOERRY ZfBR 1980, 166; ders ZfBR 1982, 189; zur neueren Entwicklung des Bauträgerrechts vgl JAGENBURG/WEBER NJW 2001, 191; WEBER/KESSELRING NJW 2004, 3469, 3471; HEUER/WEBER NJW 2015, 2086; GRZIWOTZ/KOEBLE [Hrsg], Handbuch Bauträgerrecht [2004]; PAUSE, Bauträgerkauf und Baumodelle [5. Aufl 2011]). **B 57**

Unabhängig von den verschiedenen Ausgestaltungen und der vertragstypologischen Qualifikation (Streitstand bei MEYER RNotZ 2006, 497, 498 ff) sollen sich nach der BGH-Rechtsprechung aber die **Gewährleistungsansprüche** wegen Sachmängeln gegen einen Baubetreuer und gegen einen Bauträger **immer dann nach Werkvertragsrecht** richten, wenn nur eine Pflicht zur Herstellung des Bauwerks übernommen wurde (BGHZ 60, 362; 63, 96; 65, 359; 74, 204; 74, 258). Dies soll selbst dann gelten, wenn die Parteien den Vertrag als Kaufvertrag und sich selbst als Käufer und Verkäufer bezeichnen, wenn der Bau bei Vertragsabschluss bereits fertiggestellt war und wenn der Veräußerer das Bauwerk zunächst für sich selbst errichtet und sogar einige Monate bewohnt hat (BGHZ 68, 372; BGHZ 74, 204, 208; BGH NJW 1981, 2344, 2345; BGH NJW 1982, 2243). Entscheidend hierfür sei allein, dass sich aus Inhalt, Zweck und wirtschaftlicher Bedeutung des Vertrages sowie aus der Interessenlage der Parteien die Verpflichtung des Veräußerers zu mangelfreier Erstellung des Bauwerks **(Herstellungsverpflichtung)** ergebe (vgl die Definitionen des Bauträgervertrages bei MEYER RNotZ 2006, 497, 498). Dahinter stand wohl nicht zuletzt das Bestreben, die bis zur Schuldrechtsmodernisierung nur einjährige Gewährleistungsfrist des damaligen Kaufrechts (§ 477 Abs 1 aF) zu vermeiden und durch die werkvertragliche Gewähr- **B 58** leistung von fünf Jahren (§ 638 aF) zu ersetzen; **seit der Schuldrechtsreform** von 2002 ist die kauf- und die werkvertragliche Verjährung insoweit auf fünf Jahre vereinheitlicht, vgl § 438 Abs 1 Nr 2 und § 634a Abs 1 Nr 2. Die Versuche, die frühere Fünfjahresfrist durch Vereinbarung der VOB oder durch Verweisung auf deren Gewährleistungsregelung auf zwei Jahre zu verkürzen, waren im Ergebnis ebenso gescheitert wie die meisten Freizeichnungsversuche (BGHZ 96, 129; BGHZ 100, 391; BGHZ 101, 350; Brambring NJW 1987, 97; Sturmberg NJW 1989, 1832; Conrad BauR 1990, 546; Hochstein, in: FS Horst Locher [1990] 77; Brych, in: FS Horst Locher [1990] 1; Grziwotz NJW 1989, 193).

B 59 Nach § 34c Abs 1 Nr 3a und b GewO bedarf einer **Gewerbeerlaubnis**, wer Bauvorhaben **als Bauherr** im eigenen Namen für eigene oder fremde Rechnung vorbereiten oder durchführen und dazu Vermögenswerte von Erwerbern, Mietern, Pächtern oder sonstigen Nutzungsberechtigten oder von Bewerbern um Erwerbs- oder Nutzungsrechte verwenden will (lit a) und wer Bauvorhaben **als Baubetreuer** im fremden Namen für fremde Rechnung wirtschaftlich vorbereiten oder durchführen will (lit b). Zu beachten sind ferner die Regelungen der seit dem 11. 6. 1975 in verschiedenen Fassungen geltenden **Makler- und Bauträgerverordnung (MaBV)**, die privaten Baubetreuern und Bauträgern besondere Pflichten zur Sicherung der Vermögensrechte der Erwerber auferlegt (Pflicht zur Sicherheitsleistung; Versicherungspflicht; Pflicht zur getrennten Verwaltung, Rechnungslegungs- und Buchführungspflicht; Pflicht zur Entgegennahme der fremden Vermögenswerte nur nach Baufortschritt; vgl dazu Marcks, MaBV – Kommentar zur Makler- und Bauträgerverordnung [9. Aufl 2014]; Locher NJW 1975, 98; Hepp NJW 1977, 617; Basty DNotZ 1991, 18). Nach der sogenannten **Bauträger-Entscheidung BGH NJW 1978, 1054** finden aber § 34 c Abs 1 Nr 3 lit a und lit b GewO ebenso wie die MaBV (§ 3) keine Anwendung auf solche Bauträger, die als „Generalunternehmer" im eigenen Namen und für eigene Rechnung einen Bau **auf dem Grundstück des Erwerbers** errichten. Sie seien bei einem Auftreten im eigenen Namen und für eigene Rechnung gegenüber den Bauhandwerkern ohnehin keine **Baubetreuer**, aber bei einer Errichtung des Bauwerks auf dem Grundstück der Auftraggeber zum Festpreis selbst bei Entgegennahme von Ratenzahlungen nach Baufortschritt auch keine **Bauherren**; die Bauherreneigenschaft komme vielmehr den Auftraggebern zu, denen der „bestimmende Einfluss auf das gesamte Baugeschehen" und die Sorge für die Finanzierung verbleibe und die gegenüber den Baubehörden auch als Bauherren aufträten (dazu kritisch Domrath BauR 1987, 38 und 518; Locher/Koeble, Baubetreuungs- und Bauträgerrecht [4. Aufl 1985] Rn 43 ff, 50 ff). Die Gefahr eines **erheblichen Vermögensschadens** sei „dann verhältnismäßig gering, wenn der Auftraggeber bereits Eigentümer des Grundstücks ist". In der Konsequenz dieser Entscheidung unterliegen wohl nur solche Bauträger den genannten Vorschriften, die für das Bauvorhaben Vermögenswerte der Betreuten verwenden.

B 60 Beim Baubetreuungsvertrag im engeren Sinne oder „echten" Baubetreuungsvertrag verfügt der **Bauwillige** bereits **von Anfang an über ein eigenes Grundstück**, oder er beauftragt den Betreuer zunächst mit der Beschaffung eines Grundstücks **im Namen und für Rechnung des Bauherrn** (BGHZ 70, 187; BGH NJW 1981, 757; BGH NJW-RR 1991, 914). Jedenfalls ist und bleibt der Auftraggeber selbst Bauherr. Bevorzugte Gegenstände für Baubetreuungsverträge sind Eigentumswohnungen, Reihenhäuser und genormte Häuser einheitlich gebauter Siedlungen, selten aber Zwei- oder Dreifamilienwohnhäuser. Der Baubetreuer, der für seine Leistungen eine nach Aufwand bemessene Vergütung oder einen Festpreis erhält, übernimmt für den Auftraggeber/Bauherrn insbesondere die architektonische Planung, die Klärung der Finanzierungsprobleme und die Bauaufsicht. Bei Verträgen mit Dritten tritt er in aller Regel **im Namen des Bauherrn** auf (BGH NJW 1981, 757), der allein das **Bauherrenrisiko** trägt (vgl BGHZ 67, 334, 337 = NJW 1977, 294; BGHZ 76, 86, 94 = NJW 1980, 992; zur steuerrechtlichen Anerkennung BFH BB 1980, 1137).

Schuldet der Baubetreuer die Erstellung des fertigen („schlüsselfertigen") Bauwerks, liegt ein sogenannter **umfassender Baubetreuungsvertrag** mit „Vollbetreuung" vor, der als **Geschäftsbesorgungswerkvertrag** nach §§ 675 Abs 1, 631 zu qualifizieren ist (BGH WM 1969, 1139; BGH NJW 1975, 869, 870; BGH NJW-RR 1991, 914; Koeble NJW 1974, 721; Locher NJW 1967, 326, 327; Wittchen, Der Baubetreuungsvertrag [1968] 46 ff; Jagenburg NJW 1992, 282, 286). Der Baubetreuer ist in diesem Fall gegenüber dem Bauanwärter (in der Praxis meist: einer Vielzahl von Bauanwärtern) **zur Planung des Bauvorhabens und zur Erstellung eines Finanzplanes** einschließlich der Fremdmittelbeschaffung (Finanzierungsvermittlung), zur Auswahl und Beauftragung von Architekten, Bauunternehmern und Bauhandwerkern, zur **Überwachung der Baudurchführung** sowie zur **Durchführung der Abrechnungen** verpflichtet. Auch wenn sich der Baubetreuer zur Erstellung eines schlüsselfertigen Bauwerks und zur Durchführung des gesamten Abrechnungswesens verpflichtet, sind die Architekten, Bauunternehmer und Bauhandwerker, an die er die Einzelarbeiten im Namen der Bauherren vergeben hat, **Vertragspartner der Bauherren** (BGHZ 67, 340), die ihnen als „anteilige Vergütungsschuldner" haften (BGHZ 75, 26; 75, 86). **B 61**

Ist die Tätigkeit des Auftragnehmers **auf einzelne Aufgaben** beschränkt, spricht man von einem **eingeschränkten Baubetreuungsvertrag** mit „Teilbetreuung". Er ist als **Dienstvertrag mit Geschäftsbesorgungscharakter** nach §§ 675 Abs 1, 611 zu qualifizieren, wenn er auf Betreuung, Beratung, Koordination und auf einzelne Aufgaben wirtschaftlich-finanzieller Art beschränkt ist oder diese im Vordergrund stehen; dagegen kann ein **Werkvertrag mit Geschäftsbesorgungscharakter** vorliegen, wenn die technischen Betreuungsaufgaben gegenüber den wirtschaftlich-finanziellen herausragende Bedeutung haben (OLG Hamm NJW 1969, 1438). Eine Festpreisvereinbarung steht der geschäftsbesorgungsvertraglichen Qualifikation weder beim umfassenden noch beim eingeschränkten Baubetreuungsvertrag entgegen. Zu Unrecht hat BGH MDR 1969, 999 = WM 1969, 1139 mit einer Festpreisabrede eine „reine" Werkvertragsnatur ohne Geschäftsbesorgungscharakter verbunden. **B 62**

In beiden Ausgestaltungsformen erfahren das Weisungsrecht des Bauherrn nach § 665, seine Vorschusspflicht nach § 669 und seine Herausgabeansprüche nach § 667 regelmäßig eine nähere vertragliche Regelung. Wegen des besonderen **persönlichen Vertrauensverhältnisses** zwischen Bauherr und Baubetreuer ist der Baubetreuungsvertrag **substitutionsfeindlich**, sodass der Baubetreuer im Zweifel die Baubetreuung nicht *en bloc* einem Dritten übertragen darf. Hieran ändert es nichts, dass die Verweisungsnorm des § 675 Abs 1 die auftragsrechtliche Vorschrift des § 664 Abs 1 S 1 ausspart (s oben Rn A 52 ff). **B 63**

Ansonsten kommt es für die **Rechts- und Pflichtenstellung** der Parteien wesentlich darauf an, ob ein **Festpreis** vereinbart wurde oder nicht. Als Vergütung für seine Tätigkeit kann sich der Baubetreuer auch etwa einen bestimmten Prozentsatz der **B 64** tatsächlichen Baukosten versprechen lassen. In Ermangelung einer Festpreisvereinbarung steht dem Bauherrn ein Auskunfts- und Rechnungslegungsanspruch nach §§ 675 Abs 1, 666 zu. Insbesondere muss der Baubetreuer dem Auftraggeber rechtzeitig von Bauhindernissen, Preiserhöhungen etc Mitteilungen machen, § 666. **Provisionen, Skonti und Preisnachlässe der Drittunternehmer** hat der Baubetreuer an den Bauherrn weiterzugeben. Der Baubetreuer seinerseits kann neben der vereinbarten Vergütung uU nach § 670 Auslagenersatz beanspruchen und hat einen Anspruch auf den erforderlichen Vorschuss, § 669. Bei der Verwaltung und Verwendung vom Bauherrn erhaltener Geldmittel ist er in besonderem Maße **treuhänderisch** gebunden.

B 65 Bei einer **Festpreisabrede** übernimmt der Baubetreuer das **Kostenrisiko** gegen die Aussicht, durch die Differenz zwischen Festpreis und Baukosten einen Gewinn zu erwirtschaften („Erfolgshonorar"). Bei einer Festpreisvereinbarung kommt ein Vorschuss- und Auslagenersatzanspruch nach §§ 675 Abs 1, 669, 670 nicht in Betracht. Tritt der Baubetreuer im Namen des Bauherrn gegenüber Dritten auf, so enthält die Festpreisabrede eine **Preisgarantie**, die den Betreuer zur **Freistellung** des Bauherrn von weitergehenden Forderungen der Bauhandwerker verpflichtet (BGHZ 67, 334, 336). Die Beweislast für eine Festpreisabrede trägt der Betreute (BGH MDR 1969, 999 = WM 1969, 1139). Der Baubetreuer ist nicht zu Auskunft und Rechnungslegung nach §§ 675 Abs 1, 666 verpflichtet, soweit dies – wie im Regelfall – durch die Festpreisvereinbarung ausdrücklich oder konkludent ausgeschlossen ist (OLG Stuttgart NJW 1968, 2338). Allerdings schließt eine Festpreisvereinbarung einen Auskunftsanspruch gegen den Baubetreuer nicht aus, wenn und solange der Bauherr Ansprüchen der Bauunternehmer und Bauhandwerker aus den in seinem Namen geschlossenen Verträgen ausgesetzt ist (Locher NJW 1969, 1439; Hepp NJW 1971, 11).

B 66 Beim **Bauträgervertrag** plant und errichtet der Bauträger das Bauwerk auf einem zunächst **in seinem Eigentum** stehenden oder von ihm vorab **im eigenen Namen und auf eigene Rechnung** zu erwerbenden Grundstück, und zwar mit Mitteln, die der Auftraggeber zur Verfügung stellt, und nach Plänen, die dieser gebilligt hat (BGH NJW 1975, 869; BGH NJW 1981, 757; zu den Auswirkungen der Schuldrechtsreform auf den Bauträgervertrag Pause NZBau 2002, 648; Ott NZBau 2003, 233; Derleder NZBau 2004, 237). Im Rahmen einer partiellen Neukodifizierung des Bauträgerrechts (dazu BR-Drucks 123/16, 79 ff; BT-Drucks 18/8486, 71 ff) soll in § 650t Abs 1 S 1 BGB-E eine **Legaldefinition** eingefügt werden. Danach handelt es sich beim Bauträgervertrag um einen Vertrag, „der die Errichtung oder den Umbau eines Hauses oder eines vergleichbaren Bauwerks zum Gegenstand hat und der zugleich die Verpflichtung des Unternehmers enthält, dem Besteller das Eigentum an dem Grundstück zu übertragen oder ein Erbbaurecht zu bestellen oder zu übertragen". Beim Bauen auf fremden Grundstücken hatte der BGH die Bauträgereigenschaft verneint (BGH NJW 1978, 1054). Seit BGH NJW 1981, 757 stellt die Rechtsprechung für die Abgrenzung des Bauträgerstatus, die insbesondere für die Anwendung der Makler- und Bauträgerverordnung sowie steuerrechtlich bedeutsam ist, konsequent darauf ab, **in wessen Namen gebaut wird**: Baubetreuer ist, wer im fremden Namen, Bauträger, wer im eigenen Namen baut (vgl Doerry WM-Beil 8/1991, 3). Da der Bauträger meist zugleich zur Vertretung der Interessen des Auftraggebers bei der Errichtung des Bauwerks verpflichtet ist, spricht man beim Bauträgervertrag auch vom Baubetreuungsvertrag im weiteren Sinne. Der Bauträger ist – anders als der Baubetreuer im engeren Sinne – aber selbst

Bauherr und Vertragspartner (Generalunternehmer) der Architekten, Ingenieure, Bauhandwerker und Bauunternehmer. Der Bauträger tritt als Treuhänder und mittelbarer Stellvertreter des Vertragspartners gegenüber den Architekten, Bauunternehmern, Handwerkern und Behörden im eigenen Namen auf. Er verpflichtet sich zugleich, dem Vertragspartner das Grundstück mit dem fertigen Bauwerk gegen Zahlung meist eines Festpreises zu übereignen. Deshalb ist der Bauträgervertrag **formbedürftig** nach § 311b Abs 1 (BGH NJW 1977, 2072; BGH NJW 1979, 2207; BGH BauR 1979, 514; BGH WM 1988, 830; BGH NJW-RR 1989, 198; BGH NJW-RR 2009, 953 Rn 13).

Die Praxis kennt allerdings in der Ausgestaltung der Einzelheiten **zahlreiche Abweichungen vom Regeltypus**. So kann statt eines Festpreises für das fertige Bauwerk und damit der Finanzierung mit Mitteln und Risiko des Bauträgers eine andere Finanzierungsform gewählt werden. Auch kann dem späteren Erwerber ein mehr oder weniger umfangreicher Einfluss auf die Planung oder ein Weisungsrecht zur Baugestaltung eingeräumt werden. Bisweilen wird der Bauträger dazu beauftragt, erst ein Baugrundstück mit Mitteln des Vertragspartners zu erwerben und sodann im Namen des Anwärters bzw der Anwärtergemeinschaft (Baugemeinschaft) mit Architekten und Bauunternehmern zu kontrahieren, sodass die Grenzen zum Baubetreuungsvertrag verschwimmen. Jahrzehntelang hatten die Bauträger die Praxis geübt, bei Verkauf von Immobilien, insbes von Eigentumswohnungen als Steuersparmodellen, eigene oder dritte Vertriebsgesellschaften einzuschalten, die von den Erwerbern durch notariell beurkundete **Geschäftsbesorgungsverträge und Vollmachten** umfassend beauftragt wurden, sämtliche Rechtsgeschäfte für den Erwerb (Kaufvertrag, Teilungserklärung, Darlehens- und Sicherungsverträge) abzuschließen. Dies hat der BGH nunmehr wegen Verstoßes gegen § 134 BGB iVm Art 1 § 1 Abs 1 S 1 RBerG für unzulässig erklärt (BGHZ 145, 265 = NJW 2001, 70). Dabei sind auch die vom Geschäftsbesorger abgeschlossenen Erwerbs- und Darlehensverträge (wegen der Nichtigkeit der Vollmacht) grds schwebend unwirksam (BGH NJW 2001, 3774; BGH NJW 2002, 2325; BGH NJW 2003, 2088; BGH NJW 2002, 66; BGHZ 153, 214 = NJW 2003, 1252; dazu Nittel NJW 2002, 2599; Derleder NJW 2003, 2064; Rott NJW 2004, 2794). Konsequenz hieraus ist, dass der Erwerber einen bereicherungsrechtlichen Anspruch gegen die finanzierende Bank auf Rückerstattung der Zins- und Tilgungsbeträge geltend machen kann, ohne selbst den Nettokreditbetrag zurückerstatten zu müssen, den nach der gleichfalls unwirksamen Anweisung an die Bank der Bauträger (nicht der Erwerber) erhalten hat. Freilich bleibt der Erwerber zur Übereignung der Immobilie an die Bank verpflichtet, während die Bank vom Bauträger die Darlehensvaluta (Zug um Zug gegen Übertragung der Immobilie) zurückverlangen kann. Sollte allerdings der Erwerber/Darlehensnehmer eine Genehmigung nach § 177 Abs 1 aussprechen (oder sollten die Grundsätze der Duldungs- und Anscheinsvollmacht eingreifen), bleibt eine Rückabwicklung gesperrt. Eine Vollmachtklausel, die ein sog Generalunternehmer in einem Vertrag über die Errichtung eines schlüsselfertigen Hauses verwendet hat und nach der er zur Vergabe der Bauleistungen im Namen seines Auftraggebers berechtigt ist, ist vom BGH als für den Auftraggeber überraschend und AGB-rechtlich unwirksam angesehen worden (BGH NJW-RR 2002, 1312 = ZIP 2002, 2090; dazu Weber EWiR 2002, 1025 mit der Kritik, dass in der Entscheidung keine klaren Kriterien für die Abgrenzung des Generalunternehmervertrags von einem Baubetreuungsvertrag genannt werden; vgl zu sonstigen Klauseln bei einem Bauträgervertrag und ihrer AGB-rechtlichen Wirksamkeit Meyer RNotZ 2006, 497, 500 ff). B 67

B 68 Entsprechend der Ausgestaltung im Einzelfall ist der Bauträgervertrag **typologisch unterschiedlich zu qualifizieren** (Meyer RNotZ 2006, 497, 499: „ein einheitlicher und gemischter Vertrag eigener Art, der hinsichtlich der Grundeigentumserschaffung kaufrechtliche, der Bauwerkserrichtung werkvertragliche und der sonstigen Betreuungsleistungen Elemente des Auftrags- und Geschäftsbesorgungsrechts aufweist"). Hierfür kommt es darauf an, für wessen Rechnung und auf wessen Risiko das Bauwerk errichtet wird, in wessen Eigentum das zu errichtende Gebäude steht und ob auch eine **Herstellungspflicht** oder lediglich eine **Übereignungspflicht** besteht. Vielfach liegt ein gelegentlich als Bauträgerkauf bezeichneter Kaufvertrag (BGH WM 1964, 679; BGH WM 1965, 674; BGH WM 1971, 1251; Locher NJW 1967, 326; Brych NJW 1973, 1583; 1974, 1973; ders MDR 1978, 180; Pfeiffer NJW 1974, 1449, 1452) oder ein Werk- bzw Werklieferungsvertrag vor (BGH WM 1969, 296, 298; BGH NJW 1973, 1235, 1236; BGH NJW 1976, 143; BGH NJW 1976, 515; Koeble NJW 1974, 721, 722; Nicklisch BB-Beil 10/1974, 11), insbesondere wenn es um ein Fertigbauwerk gegen Festpreis geht, doch können sich mehr oder weniger ausgeprägte, bisweilen auch dominante geschäftsbesorgungsvertragliche Elemente hinzugesellen (BGHZ 92, 123; BGH NJW 1981, 2344; Jagenburg NJW 1987, 3107). Bei einer Verpflichtung zur Grundstücksverschaffung und zur Herstellung und Betreuung des Bauvorhabens für Rechnung und mit Mitteln des Auftraggebers liegt ein **Geschäftsbesorgungswerkvertrag** besonders nahe (Doerry ZfBR 1982, 190; Locher/Koeble, Baubetreuungs- und Bauträgerrecht [4. Aufl 1985] Rn 21 ff). Auch bei kauf- und werkvertraglichen Elementen begründen die Betreuungspflichten, die Pflichten zur Wahrnehmung der Aufgaben eines Bauherrn und zur Beschaffung der Baugenehmigung regelmäßig geschäftsbesorgungsrechtliche Komponenten des Bauträgervertrags. Ein je nach betroffener Leistungspflicht differenzierendes Rechtsfolgenprogramm ordnet auch § 675t Abs 1 S 2 und 3 BGB-E an, der Gegenstand einer **partiellen Neukodifizierung des Bauträgerrechts** in einem eigenen Untertitel 3 zum Werkvertragsrechts ist (dazu BR-Drucks 123/16, 79 ff; BT-Drucks 18/8486, 71 ff). Auf die Errichtungs- bzw Umbaupflicht des Bauträgers soll grundsätzlich allgemeines Werkvertragsrecht, auf die Eigentumsverschaffungspflicht Kaufrecht Anwendung finden.

B 69 Damit ist das Regelungsprogramm des § 675 Abs 1 berufen, das insbesondere die Auskunfts- und Rechnungslegungspflicht des Bauträgers nach § 666, das Weisungsrecht nach § 665 sowie den Herausgabeanspruch nach § 667 aktiviert. Die Verpflichtung zur **Übereignung des Grundstücks** mit dem Bauwerk folgt aber bei einer geschäftsbesorgungsvertraglichen Rechtsnatur des Bauträgervertrages regelmäßig nicht erst aus § 667, sondern ist **Hauptpflicht** aus dem nach § 311b Abs 1 formbedürftigen Bauträgervertrag (BGH WM 1969, 917). Anders ist die Lage nur, wenn der Bauträger das Grundstück **treuhänderisch** für Rechnung des Auftraggebers erwirbt; dann folgt die Pflicht zur Auflassung aus § 667. Auch dann ist Formbedürftigkeit des Bauträgervertrages nach § 311b Abs 1 gegeben; sowohl der Bauträger als auch der Auftraggeber gehen eine Erwerbsverpflichtung ein (BGH NJW 1981, 1267; BGH DB 1985, 1224). Auch der **Vorvertrag** („Kaufanwärtervertrag") bedarf der Form (BGH JZ 1971, 556). Der Bauträger hat unter Umständen nach § 667 auch Provisionen und Rabatte, die er von Bauausführenden erhält, an den Betreuten abzuführen (vgl Jagenburg NJW 1992, 282, 288; Reithmann, in: FS Johannes Bärmann und Weitnauer [1990] 513).

B 70 Die **auslaufenden Bauherrengemeinschaften** lassen sich als **Sonderformen der Baubetreuung** verstehen, bei denen der Baubetreuer zumeist schon vor Zustandekommen der Bauherrengemeinschaft als Initiator tätig wird und sodann eine **Mehr- oder Vielzahl von Bauherren** zu einer Bauherrengemeinschaft zusammenführt und betreut. In der Praxis herrschte bei der Bezeichnung der Verträge „eine vollständige, babylonische Sprachverwirrung" (KOEBLE NJW 1974, 721). Die meisten der unter verschiedenen Namen kursierenden Vertragsgestaltungen (Betreuer-Bauherrenvertrag, Träger-Bauvertrag, Träger-Bewerbervertrag, Träger-Siedlervertrag, Bestellbau-, Vorratsbau-, Eigenbau-, Treuhandbauvertrag etc) waren von dem **steuerrechtlich motivierten Bestreben** gekennzeichnet, den Bauanwärter als Bauherrn und „Herrn des Baugeschehens" fungieren zu lassen, ihn aber andererseits von jedem Risiko der Baudurchführung zu entlasten. Wortlaut und Interessengehalt solcher Verträge, kautelarjuristische Vertragsgestaltung und erstrebter wirtschaftlicher Erfolg klafften vielfach auseinander. Nicht nur die Ersparnis von Grunderwerbsteuern, sondern vor allem die Ausnutzung der Vergünstigungen des staatlich geförderten Wohnungsbaus sollte den Interessenten zugutekommen, die gleichsam juristisch von Käufern zu Bauherren gemacht werden sollten (PFEIFFER NJW 1974, 1449 f; BRYCH NJW 1974, 1973, 1977). Die verschiedenen Bauherrenmodelle orientierten sich zunächst am **Bauherrenerlass** des Bundesministers für Wirtschaft und Finanzen vom 31. 8. 1972 (BStBl I 486; vgl PFEIFFER NJW 1974, 1450), später an den Bauherrenerlassen des Bundesministers für Finanzen vom 13. 8. 1981 (BB 1981, 1620) und vom 31. 8. 1990 (vHEYMANN, Die Bank 1990, 577). Wegen der unbeherrschbaren **Umgehungs- und Missbrauchsformen** ist den Bauherrenmodellen inzwischen weitgehend ein Riegel vorgeschoben worden (vgl dazu SCHELLENBERGER JZ 1986, 525; SCHMIDT-LIEBIG BB 1986, 724; JAGENBURG NJW 1992, 282). Seit der Entscheidung des BFH vom 14. 11. 1989 (BFH NJW 1990, 729) ist beim Bauherrenmodell grundsätzlich auch **kein Werbungskostenabzug mehr möglich**, weil **alle Aufwendungen Anschaffungskosten** sind. Anleger im Bauherrenmodell sind danach einkommensteuerrechtlich regelmäßig nicht als Bauherren, sondern als Erwerber des bebauten Grundstücks zu beurteilen, wenn sie sich aufgrund eines von den Projektanbietern vorformulierten Vertragswerks beteiligen und sich bei den damit zusammenhängenden Rechtsgeschäften durch die Projektanbieter vertreten lassen. Inzwischen ist im Recht der Bauherrenmodelle die **Haftung der Initiatoren und Prospektverantwortlichen**, der Anlageberater und -vermittler sowie vor allem der Treuhänder in den Mittelpunkt getreten (KÜRSCHNER ZfBR 1988, 2; WAGNER ZfBR 1991, 133; WITTMANN, in: FS Gottfried Baumgärtel [1990] 637; JAGENBURG NJW 1992, 282, jeweils mit Rspr-Nachw).

Bei einer Bauherrengemeinschaft verpflichtet der **bevollmächtigte Baubetreuer**, der als Vertreter gegenüber den Bauhandwerkern und Bauunternehmern handelt, auch die erst später hinzukommenden Bauherren (Wohnungseigentümer), selbst wenn diese noch nicht Eigentümer des Baugrundstücks sind (BGHZ 76, 86; BGH NJW-RR 1987, 1233). Kommt die Bauherrengemeinschaft später nicht zustande, haftet der Baubetreuer als *falsus procurator* aus § 179. Bestellt der Baubetreuer ohne Vollmacht des Bauanwärters einen Architekten, haftet er für ihn nach § 278 (BGHZ 70, 187). **B 71**

In den meisten Bauherrenmodellen wird ein **Treuhänder zwischen Bauherr und Baubetreuer** zwischengeschaltet (sog **Großes Bauherrenmodell**). Der einzelne Interessent tritt weder mit den anderen Interessenten noch mit dem Werkunternehmer noch mit den sonstigen Beteiligten direkt in Verbindung, sondern schließt sich unter Einschaltung des Treuhänders mit den anderen Interessenten zu einer Bauherrengemein- **B 72** schaft zusammen (Reithmann BB 1984, 681). Der **Treuhänder** oder ein von diesem eingeschalteter Baubetreuer **schließt die Verträge** über den Grundstückskauf, über die Bauherrengemeinschaft, über die spätere Aufteilung in Wohnungseigentum und – häufig mit einem Generalunternehmer – über die Werkerrichtung ab. Er kümmert sich auch um die Zwischen- und Endfinanzierung und die Mietvermittlung. Der Vertrag zwischen dem einzelnen Interessenten und dem Treuhänder **(„Basisvertrag")** ist Geschäftsbesorgungswerkvertrag nach §§ 675 Abs 1, 631 (zur Vertragsgestaltung bei den Bauherrenmodellen im Einzelnen vgl Doerry WM-Sonderbeil 8/1991; Strunz BauR 1989, 298; ders BauR 1990, 560; Gallois BB 1990, 2062; Busl BauR 1989, 407).

Belieferungsvertrag s Vertriebsverträge.

Bergungsverträge

B 73 Die zwischen einem Auftraggeber und einem Bergungsunternehmer geschlossenen Bergungsverträge über die Bergung etwa havarierter Schiffe (auch „Luftschiffe" oder Fesselballons) sind Geschäftsbesorgungsdienst- oder (meist) -werkverträge.

Betriebsführungsverträge

B 74 Die bisweilen als Betriebsführungsverträge bezeichneten konzernrechtlichen **Managementverträge** (s dort) stellen sich als Geschäftsbesorgungsverträge dar.

Chartervertrag

B 75 Der Chartervertrag über Flugzeuge, Schiffe, kleine Segel- oder Motorboote oder Busse, der die Vermittlung von Leistungen eines anderen zum Gegenstand hat, besitzt Geschäftsbesorgungscharakter (BGH NJW 1974, 1046; BGHZ 93, 271; Schwenk BB 1970, 282, 284). Er kann sowohl miet- wie auch werkvertraglich, uU auch reisevertraglich oder reisevermittlungsvertraglich ausgestaltet sein, weist aber regelmäßig ein (vielfach sogar dominantes) geschäftsbesorgungsvertragliches Element auf (zur Haftung des Vercharterers vgl BGH NJW 1995, 2629; Schartmann TranspR 1995, 369 und 1996, 328; OLG Hamm NJW-RR 1994, 44).

Consultingverträge

B 76 Consultingverträge werden zwischen einem Auftraggeber als dem „Klienten" und einem Berater oder „Consultant" geschlossen und haben **die entgeltliche Erbringung von kaufmännisch-betriebswirtschaftlichen oder ingenieurwissenschaftlich-technischen Beratungsleistungen des Consultant für den Klienten** zum Gegenstand (Steding BuW 2000, 845, 847 f; Exner, Der Unternehmensberatungsvertrag [1992] 1 ff; Reineke/Hennecke, Die Unternehmensberatung [1992] 11; Schlüter, Management- und Consulting-Verträge [1987] 107; Martinek, Moderne Vertragstypen Bd II [1992] 309 ff). Bei kaufmännisch-betriebswirtschaftlichen Beratungsleistungen spricht die Branche nur noch selten von „Unternehmensberatung", sondern bedient sich ganz überwiegend der Bezeichnung **Management Consulting**; bei ingenieurwissenschaftlich-technischen Leistungen ist von **Consulting Engineering** die Rede. Ungeachtet denkbarer Grauzonen und schwer erfassbarer Randbereiche atypischer Gestaltungen kann man das Consulting der Praxis in diese beiden Hauptformen unterteilen. Der **Klient oder Auftraggeber** ist ein privates oder öffentliches Unternehmen beliebiger Branche und Größe oder auch eine Behörde; er kann ebenso großindustrieller Produzent wie kleingewerblicher Dienstleister, kann ebenso eine ausländische Staatsregierung wie eine inländische Kommune sein. Der Klient wendet sich mit seinem **Problemlösungsbedarf** an einen Consultant, weil er selbst nicht über hinreichende Kenntnisse und Erfahrungen nach dem Stand der Wissenschaft und Technik verfügt und einen unabhängigen und unvoreingenommenen Experten mit **fachspezifischem Know-how** braucht, der ihm abgesichert kalkulierte Lösungsvorschläge unterbreitet und abgewogen begründete Entscheidungsmöglichkeiten aufzeigt. Der Consultant ist ein Fachmann für Unternehmensberatung, vor allem für **betriebswirtschaftliche Organisationsfragen (Management Consulting)** oder ein Experte für **angewandte Ingenieurwissenschaften (Consulting Engineering)**. Er praktiziert allerdings selten als einzelner Freiberufler, sondern schließt sich meist mit anderen Consultants zu einer **Sozietät** oder zu einem Unternehmen handelsgesellschaftsrechtlicher Organisationsform **(Consulting-Gesellschaft)** zusammen. Der Consultant kann Generalist oder in einem engen Teilgebiet Spezialist sein. Er steht bei Wahrnehmung seiner Consultingaufgaben in keinem Arbeitsverhältnis zum Klienten und ist nicht in dessen Unternehmen eingegliedert, sondern trägt seine Fachkenntnisse als außenstehender und unabhängiger Dritter an den Auftraggeber gegen Zahlung eines Honorars heran. Kennzeichnend für seine Unabhängigkeit ist, dass seine Beratungsleistungen in keinem Zusammenhang mit anderen Verträgen, etwa über die Lieferung von Waren oder Anlagen, sondern ohne Verfolgung wirtschaftlicher Interessen jenseits seiner entgeltlichen Consultingtätigkeit erbracht werden. Typischerweise vermittelt der Consultant dem Klienten lediglich sein Expertenwissen, **er begehrt und erhält aber vom Klienten keine Entscheidungsbefugnisse**, um die erarbeiteten und vorgeschlagenen Problemlösungen selbst zu realisieren. Dies obliegt vielmehr ausschließlich dem Auftraggeber.

Management Consultant und Klient können praktisch **sämtliche betrieblichen Aufgaben und Tätigkeiten** – einzelne oder alle – zum Beratungsgegenstand erheben. Die Informationstechnologie und das Marketing stehen bei den nachgefragten Consultantleistungen heute an erster Stelle, während die früheren Schwerpunkte Finanz- und Rechnungswesen, Technik und Fertigung, Büro und Verwaltung – bei andauerndem absoluten Wachstum – relativ an Bedeutung eingebüßt haben. Als ein eminenter Wachstumsbereich hat sich die Personalberatung und -vermittlung im Bereich der Führungskräfte der Wirtschaft *(Head Hunting)* erwiesen. In Anlehnung an weitverbreitete funktionale Gliederungen der Betriebswirtschaftslehre lassen sich als Beratungsfelder die Beschaffung, die Material- und Lagerwirtschaft, die Leistungserstellung, die Finanzierung und Investition, der Absatz und das Marketing, der Transport, das Personalwesen, die Verwaltung und Kontrolle sowie die Unternehmensleitung im engeren Sinne unterscheiden. B 77

Neben den **Beratungsgebieten** werden im Management Consulting verschiedene **Beratungsarten** unterschieden, die sich entsprechend den Bedürfnissen der Unternehmen in der Praxis herausgebildet haben. Die **Ganzheitsberatung** beansprucht heute die Stellung der modernsten und bedeutendsten Form der Unternehmensberatung. Ihr Ziel ist es, eine ganzheitliche Beurteilung aller betrieblichen Abläufe in ihrem Zusammenwirken, in ihrer Abhängigkeit voneinander und Bezogenheit aufeinander und unter Einbeziehung aller außerbetrieblichen Einwirkungsfaktoren B 78 zu ermöglichen, um durch zielgerichtete Verbesserungsmaßnahmen das Gesamtniveau des Unternehmens auf breiter Basis anzuheben. Die Ganzheitsberatung setzt demgemäß bei einer kritischen Ist-Analyse aller Unternehmensbereiche an, um Verlustquellen herauszufinden, Verbesserungsvorschläge zu deren Beseitigung zu erarbeiten und damit die Verwirklichung produktivitätssteigernder Maßnahmen einzuleiten. Die **Schwerpunktberatung** konzentriert sich demgegenüber auf **bestimmte betriebliche Funktionsbereiche**, in denen der Auftraggeber (oder der Consultant bei einer Vorprüfung) bereits eine Schwachstelle und einen Verbesserungs- oder Vorschlagsbedarf vermutet. Solche Schwerpunkte können das Personalwesen, die Werbepolitik, die EDV-Abteilung, der Materialfluss oder die Kostenrechnung bilden; der Beratungsauftrag kann auch die Einführung einer Arbeitsvorbereitung, ein leistungsgerechtes Entlohnungssystem für den Außendienst oder eine Büroorganisationsplanung zum Gegenstand haben. Häufig werden einzelne Schwerpunktberatungen miteinander baukastenartig kombiniert. Demgegenüber bezieht sich die **Spezialberatung** auf die Erarbeitung von Problemlösungen innerhalb **eng begrenzter Aufgabenstellungen**. Beispiele sind die Analyse und Reduktion des Stromverbrauchs, Einführung eines Stellenplans für eine bestimmte Abteilung oder die Neuordnung der Registratur in einem konkreten Arbeitsbereich. Bei der **Reihenberatung** greift der Consultant ein Schwerpunktthema im Sinne eines Problembereichs auf, an dem eine Gruppe von Unternehmen eines Wirtschaftsbereichs ein Beratungsinteresse geltend macht. Es kann hierbei etwa um eine EDV-Beratung für zwanzig Automobilhändler, um die Erstellung eines Fertigungsablaufs für zehn Brennereien oder um den Aufbau einer Kostenrechnung für fünf Betriebe der holzverarbeitenden Industrie gehen. Schließlich ist noch das sogenannte **Projektmanagement** zu erwähnen, bei dem der Consultant seine Beratungsleistungen mit Schulungs- und/oder Weiterbildungsleistungen für das Personal des Klienten verbindet, um dessen interne Problemlösungsfähigkeit zu steigern.

B 79 Im Bereich des **Consulting Engineering** kann man zwischen **Projekt-Engineering** einerseits und **Beratungs- und Gutachten-Engineering** andererseits unterscheiden (Schaub, Der Engineeringvertrag [1979] 1 ff). Das Projektengineering hat die Tätigkeit beratender Ingenieure bei der Planung und Erstellung größerer Bauwerke, dem Entwurf und der Montage gewerblicher Anlagen oder der Projektierung und Errichtung umfangreicher Produktionsstätten zum Gegenstand (Schlüter, Management- und Consulting-Verträge [1987] 115 ff; Kirchner BB 1971, 67 ff). Dabei kann es nicht nur um den Bau neuer, sondern auch die Umgestaltung vorhandener Anlagen gehen (Kraftwerke, Energieübertragungssysteme, Abwasseranlagen, Industrieanlagen mit komplexer baulicher und maschineller Ausstattung, Verkehrsanlagen mit Tunneln und Brücken etc). Auch wo bei derartigen Großaufgaben die beteiligten Hersteller, die mit dem Bau und der Lieferung der Ausrüstungen beauftragt werden, selbst schon Planungs-, Beratungs- und Überwachungsleistungen erbringen, erweist sich ein unabhängiger Consultant Engineer, der sein Know-how für die Koordination der Einzelbeiträge zur Verfügung stellt, für den Auftraggeber oft als sinnvoll oder gar notwendig. Denn häufig bedarf es bei der Errichtung oder Umgestaltung eines technisch komplizierten Werkes eines von Erfahrung und Fachwissen getragenen zusammenfassenden Überblicks und einer organisatorisch gestaltenden Kraft, um die Einzelbeiträge des projektierten Gesamtwerks zur funktionalen Einheit zu verbinden.

B 80 Consultingverträge werden gelegentlich mit **Know-how-Verträgen** verwechselt oder gleichgesetzt, doch müssen beide als Verkehrstypen ebenso wie als Rechtsstrukturtypen sorgsam voneinander unterschieden werden. Know-how-Verträge können zwar ein ausgeprägtes Beratungselement aufweisen, auch kann ein Consultingvertrag im Einzelfall das zusätzliche Leistungselement eines Know-how-Transfers enthalten, die Schwerpunkte liegen jedoch hier und dort durchaus verschieden (zu Know-how-Verträgen ausführlich MARTINEK, Moderne Vertragstypen Bd II [1992] 203 ff). Der Know-how-Vertrag ist auf die **Vermittlung und Überlassung von Wissen und Erfahrung zur Nutzanwendung durch den Know-how-Nehmer** ausgerichtet; eine Beratungskomponente bleibt diesem Ziel untergeordnet und hat damit lediglich eine Erläuterungs- und Erklärungsfunktion für die im Vordergrund stehende Vermittlung und Überlassung des Immaterialguts. Der Consultingvertrag ist auf **Problemerkennung und Problemlösung und auf Anwendung von Wissen und Erfahrung durch den Consultant** selbst zur Lösung der Probleme des Klienten angelegt; die Beratung als theoretisch-analytische und praktisch-kreative Arbeitsleistung des Spezialisten oder sein daraus resultierendes Arbeitsergebnis stehen hier im Vordergrund. Beim Know-how-Vertrag versteht sich das Entgelt als Gegenleistung für die Vermittlung und Gebrauchsüberlassung und bemisst sich nach dem erzielbaren Nutzen; beim Consultingvertrag wird das Beratungsentgelt nach der – unter Umständen pauschal berechneten – Arbeitsdauer des Spezialisten oder aber als Erfolgshonorar berechnet und als Entgelt für seine geleisteten Dienste oder ein von ihm erbrachtes Arbeitsergebnis geschuldet.

B 81 Von den Verträgen über Consulting Engineering-Leistungen sind im Übrigen die **Forschungs- und Entwicklungsverträge** abzugrenzen, auch wenn sie ihrerseits ebenfalls eine dienst- oder werkvertragliche Rechtsnatur aufweisen können. Forschungs- und Entwicklungsverträge verpflichten den Forschungsbeauftragten zu systematischer und schöpferischer Arbeit zur Erweiterung wissenschaftlicher und technischer Erkenntnisse und deren Anwendungsmöglichkeiten; sie zielen auf die **Vermehrung des technischen Wissens und der Regeln der Technik** ab. Demgegenüber dienen Consultingverträge im Bereich des Consulting Engineering der **Anwendung schon bestehender Kenntnisse** bei einer nach dem Stand von Wissenschaft und Technik zu bewältigenden Ingenieuraufgabe; sie zielen auf eine konkrete Verwendung von Wissenschaft und Technik zur Lösung eines Problems ab.

B 82 Die Frage der **typologischen Einordnung** des Consultingvertrags in das System der gesetzlichen Schuldvertragstypen stellt sich nur selten für den Rechtsanwender mit Dringlichkeit, denn die Parteien bemühen sich in ihrem Vertrag – in Anlehnung an die anglo-amerikanische Vertragspraxis – um eine **umfängliche Regelung aller denkbaren Einzelheiten** bis hin zu verschiedenen Leistungsstörungsarten, sodass für gesetzliche Regelungen kaum ein Anwendungsbereich verbleibt. Internationale Consultingverträge werden zudem häufig dem Recht des „Gastlandes" (des fremden Einsatzlandes) bzw englischem oder französischem Recht unterstellt. Selbst bei Anwendbarkeit deutschen Rechts hängt kaum je eine Streitfrage von der Rechtsnatur des Vertrages ab, abgesehen davon, dass zur Streitbeilegung oder -entscheidung von den Parteien der Consultingverträge selten ein deutsches Gericht, sondern meist ein **Schiedsrichter oder Schiedsgutachter** angerufen wird. In der Praxis dürfte es auf eine Rechtsnaturbestimmung lediglich in den Fällen ankommen, in denen bei Anwendbarkeit deutschen Rechts eine Inhaltskontrolle vorgefertigter Vertragsbestimmungen nach §§ 305 ff oder bei Unklarheiten der schriftlich fixierten Parteivereinbarungen eine erläuternde oder ergänzende Vertragsauslegung vorzunehmen ist. Die Frage der rechtswissenschaftlichen Qualifikation von Consultingverträgen ist vornehmlich akademischer Art.

B 83 Der Verkehrstypus des Consultingvertrages mit seinen vielfältigen Erscheinungsformen kann – bei Anwendbarkeit des deutschen Rechts – nicht einheitlich einem gesetzlichen Schuldvertragstyp des BGB zugeordnet werden. Vielmehr kann nur eine **Rechtsnaturbestimmung im konkreten Einzelfall** zu einer **dienstvertraglichen** Qualifizierung nach §§ 611 ff, zu einer **werkvertraglichen** nach §§ 631 ff, aber auch zu einer Einordnung als **Typenkombinationsvertrag** aus dienst- und werkvertraglichen Elementen führen; **nur in Ausnahmefällen ist ein Consultingvertrag als Geschäftsbesorgungsvertrag** zu qualifizieren (Steding BuW 2000, 845, 847 f; Kirchner BB 1971, 67 ff; Schlüter, Management- und Consulting-Verträge [1987] 108 f; Martinek, Moderne Vertragstypen Bd II [1992] 324 ff). Bei Consultingverträgen kann die Abgrenzung zwischen Dienstvertrag und Werkvertrag besondere Schwierigkeiten aufwerfen, die mit den Gegenüberstellungen von Dienst und Werk, Tätigkeitsbezug und Erfolgsbezug, Arbeitseinsatz und Arbeitsergebnis nur schwer zu bewältigen sind, denn auch beim Dienstvertrag wird die Tätigkeit des Dienstverpflichteten nicht als Selbstzweck, sondern im Hinblick auf einen wirtschaftlichen Erfolg in Anspruch genommen (dazu ausf Exner, Der Unternehmensberatungsvertrag [1992] 10 ff). Der Rechtsanwender ist im Einzelfall zur Auslegung des Vertrags aufgerufen, die oft nur unter Einbeziehung aller Umstände und der Verkehrssitte möglich ist und bei der nicht selten der Schwerpunkt der Leistungspflichten und das Gepräge des Consultingvertrags ermittelt werden müssen.

B 84 Angesichts der Interessenlage der Parteien ist leicht verständlich, dass der Consultant im Regelfall bestrebt ist, lediglich die Erbringung einer Beratungsdienstleistung zum Vertragsinhalt zu erheben, um jede **Haftung** für einen aus seiner Arbeit erwarteten Erfolg **auszuschließen**; umgekehrt ist dem Klienten meist daran gelegen, eine Art **Erfolgsgarantie** vom Consultant zu erreichen, zumindest eine Haftung für die Mangelfreiheit des Arbeitsergebnisses zu erzielen. Als wenig hilfreich zur Lösung der Einordnungs- und Abgrenzungsprobleme hat sich die in der Literatur für Verträge über Management Consulting vorgeschlagene Unterteilung (Hirzel, Management-Consulting [1984] 22 ff) in **Begutachtungsverträge, Beratungsverträge und Realisierungsverträge** erwiesen. Zwar lassen sich diese Ausdrücke nominaldefinitorisch voneinander abgrenzen, sodass dem Beratungsvertrag eine dienstvertragliche, dem Begutachtungs- und dem Realisierungsvertrag eine werkvertragliche Rechtsnatur zugeordnet werden kann. Doch finden die damit dezisionistisch markierten Verschiedenheiten in der Realität keine hinreichende Entsprechung, weil die überwältigende Mehrzahl der Consultingverträge bei Zugrundelegung einer derartigen künstlichen Begrifflichkeit einen **Mischcharakter** aufweisen. Mit den drei Ausdrücken kann die Realität der Consultingverträge deshalb kaum „begriffen“ werden. Auch sind die Verschiedenheiten der Erscheinungsformen beim Management Consulting und beim Consulting Engineering nicht schon für die Rechtsnaturbestimmung präjudiziell. Zwar lassen sich Verträge des Management Consulting tendenziell eher dienstvertraglich und solche des Consulting Engineering schwerpunktmäßig werkvertraglich qualifizieren; beide können im Einzelfall jedoch diesem oder jenem Schuldvertragstypus zu unterstellen oder als Typenkombination zu qualifizieren sein. Nur so viel lässt sich verallgemeinernd sagen: Bei **Dauerberatungsverträgen** wird zu allermeist das Dienstvertragsrecht, bei **Projektberatungsverträgen** vielfach das Werkvertragsrecht naheliegen (Exner, Der Unternehmensberatungsvertrag [1992] 20 und 25).

Einem Consultingvertrag kommt **allein dienstvertragliche Rechtsnatur** zu, wenn er tätigkeitsbezogen auf die Beratungsleistung als solche, auf das Wirken und die Arbeitsleistung des Consultants, ausgerichtet ist. Beim dienstvertraglichen Consultingvertrag erschöpfen sich die prägenden Leistungselemente in den vom Consultant „versprochenen Diensten" (§ 611 Abs 1), nämlich in seiner theoretisch-analytischen und praktisch-kreativen Geistestätigkeit sowie in der Darlegung und Vermittlung der gefundenen Problemlösungen für den Auftraggeber. Er schuldet eine **„Kopfarbeit"**, die ohne Weiteres zu den „Diensten jeder Art" (§ 611 Abs 2) zu zählen ist. Ihn trifft **kein Erfolgsrisiko**. Soweit der vom Auftraggeber erwartete wirtschaftliche Erfolg der Beratungsleistungen sich einer Messung und Prüfung mit objektiven Methoden ohnehin entzieht oder von unübersehbaren Imponderabilien abhängig erscheint, wird man zur Qualifikation des Consultingvertrags als Dienstvertrag neigen müssen. Das ist beim Management Consulting eher der Fall als beim Consulting Engineering, bei dem die anerkannten Regeln der Technik zu beobachten und die exakten Naturwissenschaften zugrunde zu legen sind. Freilich kann sich auch ein Consulting Engineer auf bloße Beratung beschränken. In jedem Einzelfall muss die Vertragsauslegung darauf abstellen, ob der Consultant nach dem Willen der Parteien von der Übernahme eines Erfolgsrisikos seiner Tätigkeit entbunden sein soll. B 85

Demgegenüber kommt einem Consultingvertrag eine **rein werkvertragliche Rechtsnatur** zu, wenn er erfolgsbezogen auf die Herbeiführung eines wertschöpfenden Arbeitsergebnisses des Consultants abzielt. Bekanntlich bedarf es für die Werkqualität keines körperlich fassbaren Arbeitsprodukts; vielmehr reicht die Herbeiführung eines unkörperlichen Arbeitsergebnisses wie die Erarbeitung eines Konstruktionsplanes oder die Herstellung von Computersoftware aus. Beim werkvertraglichen Consultingvertrag verspricht der Consultant die Herbeiführung des „bestellten" Erfolges durch Dienstleistung (vgl § 631 Abs 2), wobei seine Werkleistung die Dienstleistung zwar umfasst, aber darüber hinausgeht, weil er als Werkunternehmer erst durch den Erfolgseintritt erfüllt. Hier **trägt der Consultant ein Unternehmerrisiko**. Beim Management Consulting hat der Auftrag zur Erstellung einer konkreten Marktanalyse oder eines bestimmten Organisationsplans regelmäßig werkvertragliche Natur. Von zentraler Bedeutung ist dabei, dass der Consultant in diesen Fällen in aller Regel nur für den Erfolg der fehlerfreien, richtigen Marktanalyse oder des ordentlichen, verwendbaren Organisationsplanes sowie für unmittelbar darauf aufbauende Entscheidungen zur Umsetzung seines Beratungsergebnisses einstehen will. Dagegen will er keine Erfolgshaftung für weitere wirtschaftliche Folgen übernehmen, die sich der Klient von der Umsetzung des Beratungsergebnisses verspricht, es sei denn, dass der Consultant ausnahmsweise auch insoweit eine weitergehende Garantie übernimmt. Ebenso ist es bei *Feasibility*-Gutachten, Materialprüfungen, Standortanalysen oder biochemischen Untersuchungen im Rahmen des Gutachtenengineerings. B 86

Bei der Erarbeitung von **Bau- und Konstruktionsplänen** im Rahmen des Projektengineerings wird man analog dem Architektenvertragsrecht (s oben Rn B 13 ff) **im Re-** B 87

gelfall eine werkvertragliche Qualifizierung vornehmen müssen. Zu Recht wird in der Literatur die Verwandtschaft der meisten Verträge über Consulting Engineering mit **Architekten- und Ingenieurverträgen** betont, auch wenn erstere mehr auf technisch-dynamische als auf konstruktiv-statische Aufgabenstellungen, mehr auf die Betreuung und Überwachung der richtigen Anlagenherstellung zur Produktion eines Betriebsergebnisses als auf die Herstellung einer funktionsfähigen Anlage selbst gerichtet sind (etwa Kirchner BB 1971, 67). Schwieriger ist die Übernahme lediglich einer Bauleitung und -aufsicht durch einen Consulting Engineer einzuordnen. Auch hier wird man analog dem Architekten- und Ingenieurvertragsrecht (vgl BGHZ 82, 100, 105 f mit Nachweisen aus dem Schrifttum; s Rn B 13 ff, B 116) eine werkvertragliche Qualifikation vornehmen müssen. Auch der Consultant Engineer hat bei der Übernahme einer Bauführung „durch zahllose Einzelleistungen dafür zu sorgen, dass das Bauwerk plangerecht, dh entsprechend den genehmigten Bauvorlagen und frei von Mängeln entsteht". Er muss die Arbeiten der am Bauwerk Beteiligten so leiten, koordinieren und überwachen, „dass das Bauwerk plangerecht und mängelfrei zur Vollendung kommt", und hat damit nicht anders als ein bauplanender Consulting Engineer einen Beitrag zur Verwirklichung des Bauwerks zu leisten. Freilich ist seine **werkvertragliche Mängelhaftung nicht auf Fehler des Bauwerks zu erstrecken**, sondern auf die objektiv mangelhafte Erfüllung der Bauführeraufgaben zu begrenzen. Vorzugswürdig ist eine solche Rechtsnaturbestimmung nicht zuletzt deshalb, weil damit unterschiedliche Rechtsfolgen einerseits bei umfassenden, bauplanerische Aufgaben einbeziehenden Verträgen und andererseits bei auf Bauführungsaufgaben beschränkten Verträgen des Consulting Engineering vermieden werden. Eine solche Qualifizierung ist im Übrigen für den Consultant Engineer keineswegs nur nachteilig, kann er doch jedenfalls einen Anspruch auf eine Sicherungshypothek nach § 648 geltend machen.

B 88 Dass neben den rein dienst- und den rein werkvertraglichen Consultingverträgen auch die Möglichkeit von **Typenkombinationsverträgen** zu berücksichtigen ist, ergibt sich aus Folgendem: Auch bei dienstvertraglichem Gepräge eines Consultingvertrages, bei dem es den Parteien allein auf die fachkundige Beratung als Geistesarbeit ohne ein Einstehenmüssen des Consultant für die erfolgreiche Umsetzung und Nutzanwendung der Ratschläge ankommt, ist die **Erstellung von schriftlichen Gutachten**, Berichten, Empfehlungen, Verbesserungsvorschlägen usw kaum bloße Nebenpflicht, sondern gleichfalls prägendes Leistungselement, denn erst eine solche Verkörperung der angewandten Fachkenntnisse und schriftliche Fixierung der Denkergebnisse des Consultant ermöglichen dem Klienten, die geleistete Geistesarbeit als Entscheidungsgrundlage zu nutzen. Die Erstellung des Gutachtens, des Untersuchungsberichts oder des Vorschlagkatalogs ist nicht nur schlichter „Tätigkeitsbericht" über die geleistete Geistesarbeit, sondern ein körperliches Arbeitsergebnis, das in seiner Körperlichkeit fehlerfrei sein muss. Insoweit ist es geboten, auch bei einer dienstvertraglichen Qualifizierung des Consultingvertrags hinsichtlich der Beratungsleistung bei Mängeln des formellen Teils des Vertragsvollzuges, der Materialisierung der Beratungsergebnisse, die Regeln des Werkvertragsrechts, insbesondere die §§ 633 ff heranzuziehen. Das schriftliche Gutachten etwa muss verständlich und vollständig abgefasst, drucktechnisch einwandfrei gestaltet und in der vereinbarten Zahl der Exemplare übergeben werden. Die meisten **dienstvertraglichen Consultingverträge** weisen daher einen **werkvertraglichen Einschlag** auf.

In den meisten Fällen der Praxis haftet dem Consultingvertrag kein geschäftsbesorgungsvertragliches Element an. Dem stehen die häufigen Aufwendungsersatz-Regelungen in den Verträgen nicht entgegen, denn genau besehen beschränkt sich ein vertraglich vereinbarter Aufwendungsersatz zumeist auf Spesenregelungen. In aller Regel ist der Consultant nicht als Verwalter und Betreuer fremden Vermögens tätig, sondern bleibt unterstützender Berater des selbst alle Entscheidungen mit Vermögensbezug fällenden Klienten. Allerdings können seine vertraglichen Pflichten **im Einzelfall durchaus wirtschaftliche Betreuungsaufgaben mitumfassen** oder gar zum Mittelpunkt haben (Martinek, Moderne Vertragstypen Bd II [1992] 325 f). Der Consultant wird dann zum **Consulting Agent seines Klienten mit selbständigen vermögensbezogenen Entscheidungsbefugnissen und mit weisungsgebundener Interessenwahrungspflicht**. Dies kann sowohl beim Management Consulting wie beim Consulting Engineering der Fall sein. So wie für Architekten- und Ingenieurverträge ein geschäftsbesorgungsvertragliches Element in einzelnen Vertragsgestaltungen angenommen wird, wenn sie wirtschaftliche Betreuungsaufgaben mitumfassen (Rn B 17, B 116), ist in derartigen Ausnahmefällen auch bei einem Consultingvertrag eine **geschäftsbesorgungsvertragliche Komponente** festzustellen, die dann in einzelnen Bezügen der Tätigkeit das Regelungsprogramm des § 675 Abs 1 aktiviert. Die Konsequenzen reichen von der Weisungsbindung mit Abweichungsbefugnis nach § 665 über die Pflicht zur Herausgabe von Unterlagen und zugewendeten Vorteilen nach § 667 bis hin zur Auskunfts- und Rechenschaftspflicht nach § 666 sowie zum Vorschuss- und Aufwendungsersatzanspruch nach §§ 669, 670. **B 89**

Detektei- oder Detektivvertrag

Ein solcher Vertrag ist – wie die meisten anderen „Vertragstypen im Sicherheitsgewerbe" (dazu Schünemann NJW 2003, 1689) – Dienst- oder Werkvertrag, der nur ausnahmsweise, nämlich bei Vorliegen der typologischen Qualifikationsmerkmale der Geschäftsbesorgung, dem § 675 Abs 1 unterfällt (vgl BGH NJW 1990, 2549 = BB 1990, 1793: Dienstvertrag; dazu Schwerdtner EWiR 1990, 959; Schünemann NJW 2003, 1689, 1690, der vom „Detektionsvertrag" spricht; zur Abgrenzung zwischen Dienst- und Werkvertrag vgl OLG Saarbrücken MDR 2008, 555 = NJOZ 2008, 429, 431). **B 90**

Fachhändlervertrag s Vertriebsverträge.

Factoringverträge

Factoringverträge, die zwischen einem Factor und einem Anschlussunternehmen als Grundlagen- und Rahmenverträge über echtes oder unechtes Factoring geschlossen werden, sind **Typenkombinationsverträge mit ausgeprägtem geschäftsbesorgungsvertraglichen Element** (vgl die umfassenden Darstellungen bei Schwarz, Factoring [4. Aufl 2002] und bei Martinek, Moderne Vertragstypen Bd I [1991] 220 ff). Bei der Grundform des Factoringgeschäfts kauft der sogenannte **Factor** gewerbsmäßig die Forderungen eines Unternehmens aus Warenlieferungen oder Dienstleistungen an, um sie selbst beim **Schuldner** einzutreiben, und übernimmt zudem die Debitorenbuchhaltung für die bevorschussten und ihm abgetretenen Forderungen des Unternehmens. Am Factoring sind also **drei Personen** beteiligt: Das Unternehmen, der **Factoringgeber, auch Klient oder Anschlussfirma** *(client)* genannt, verkauft und überträgt sämtliche gegenwärtigen und künftigen Forderungen, die sich aus der laufenden Geschäftstä- **B 91** tigkeit gegen die **Drittschuldner oder Debitoren** *(customers)* ergeben, an den **Factor, meist ein Finanzierungsinstitut**, um diesem als neuem Gläubiger die Eintreibung der Forderungen bei den Drittschuldnern, den Abnehmern oder Kunden des Klienten, zu überlassen.

B 92 Die Grundform des sogenannten echten Factorings ist durch drei Funktionen des Factors gekennzeichnet: die Finanzierungs-, die Service- und die Versicherungsfunktion. Dabei steht die Finanzierungsfunktion oder Liquiditätsfunktion im Vordergrund (Bette, Das Factoring-Geschäft [1973] 29 ff, 39 ff; Lunckenbein, Rechtsprobleme des Factoring-Vertrages [1983] 8 ff; Berghaus, Kollision zwischen Factoring-Globalzession und verlängertem Eigentumsvorbehalt [1989] 5 ff; Serick, Eigentumsvorbehalt und Sicherungsübereignung Bd IV [1976] 546, 597; Glomb, Finanzierung durch Factoring [1969] 25 ff; Martinek, Moderne Vertragstypen Bd I [1991] 222 ff). Durch die Bevorschussung der vor Fälligkeit angekauften Forderungen verschafft der Factor dem Klienten sofortige Liquidität, sodass dieser nicht auf den Eingang seiner Außenstände mit ihren oft drei- oder gar viermonatigen Zahlungszielen bis zum Fälligkeitszeitpunkt zu warten braucht; er genießt eine vorgezogene Befriedigung und einen ständigen umsatzkongruenten Bargeldzufluss mit seiner Leistungserbringung. Wegen dieses Effekts der Vorfinanzierung oder Diskontierung der Buchforderungen wird das Factoring oft als „Finanzierung bzw Beleihung offener Buchforderungen" als „wechselloses Wechselgeschäft" oder „wechselloses Diskontgeschäft" bezeichnet. Auch nach Larenz/Canaris (SchuldR II/2 [13. Aufl 1994] 86) findet das Factoring eine „ziemlich genaue Parallele im Wechselrecht". Die Finanzierungsfunktion macht das Factoring zu einer „Methode der Unternehmensfinanzierung" (Pottschmidt/Rohr, Kreditsicherungsrecht [4. Aufl 1992] Rn 200; vgl dazu Wöhe/Bilstein/Ernst/Häcker, Grundzüge der Unternehmensfinanzierung [11. Aufl 2013] 356 ff), die insbesondere für expandierende Unternehmen attraktiv ist. Das Factoring versetzt den Anschlusskunden in die Lage, allein mit Hilfe des Bestandes an Kundenforderungen seinen kurzfristigen Mittelbedarf zu decken und seine Einnahmen und Ausgaben auszubalancieren. Die Factoringfinanzierung verhindert, dass sich saison- oder konjunkturbedingte Verlängerungen der Zahlungsziele gegenüber den Drittschuldnern liquiditätsmindernd auswirken. Bei geschickt kalkuliertem Einsatz des Factorings kann der Klient durch die gewonnene Liquiditätsreserve in beachtlichem Umfang teures Fremdkapital abbauen.

B 93 Die **Dienstleistungs-, Service- oder Verwaltungsfunktion** des Factoring kommt darin zum Ausdruck, dass der Factor für den Klienten die Debitorenbuchhaltung von der Rechnungserstellung über das Mahnwesen bis zur Forderungsbeitreibung übernimmt, oft mit Nebenleistungen wie der laufenden Solvenzüberwachung der Drittschuldner oder der Anfertigung von Statistiken und Bilanzen (Lunckenbein, Rechtsprobleme des Factoring-Vertrages [1983] 10 ff; Bette, Das Factoring-Geschäft [1973] 32 ff, 44 ff; Rödl BB 1967, 1301; Martinek, Moderne Vertragstypen Bd I [1991] 224). Es versteht sich, dass der Factor seine Aufgaben nur unter Einsatz elektronischer Datenverarbeitungsanlagen wahrnehmen kann. Der Umfang der Service-Funktion kann verschieden ausgestaltet sein. Bisweilen reduziert sie sich darauf, dass der Factor den Klienten in bestimmten Zeitabständen über auffallende Kontobewegungen unterrichtet, zögerliche Zahlungseingänge mitteilt, Übersichten anfertigt und ihm die für seine Geschäftstätigkeit wichtigen Informationen und Kontrolldaten zur Verfügung stellt. Nicht selten aber treten absatz-, investitions- und werbepolitische Beratungsaufgaben hinzu. Bisweilen umfasst die **Consulting-Komponente** des Factoringgeschäfts gar produktions- und marketingtechnische oder auch steuerliche Fragen. In einigen Branchen können Handels- und Speditionstätigkeiten des Factors wie Lagerhaltung, Sortierung, Versicherung oder Verzollung der Ware vereinbart werden. Eine Erweiterung erfährt die Dienstleistungsfunktion neuerdings dadurch, dass der Factor immer häufiger die Rolle eines Vermittlers oder Schlichters („Mediator") zwischen Klient und Drittschuldner übernimmt, bisweilen gar als **Schiedsrichter** vorgesehen wird, damit im Falle von Leistungsstörungen, insbesondere in Gewährleistungsfällen eine außergerichtliche Verständigung erzielt werden kann. Durch die betriebliche Auslagerung des Abrechnungs- und Buchhaltungswesens sowie durch die sonstigen vom Factor übernommenen Aufgaben tritt für den Klienten eine wertvolle **operative Entlastung und eine Einsparung von Sach- und Personalkosten** ein: er kann eine Kredit- und Mahnabteilung sowie weite Teile der Kundenbuchhaltung einsparen. Die Kredit- und Einzugsprobleme, die ein Unternehmen oft unverhältnismäßig stark beanspruchen und die betriebswirtschaftlich als „unproduktiv" empfunden werden, können durch das Factoring nahezu vollständig externalisiert werden.

Die dritte Funktion des Factoring ist die **Kreditversicherungs- oder Delkrederefunktion** (Lunckenbein, Rechtsprobleme des Factoring-Vertrages [1983] 12 ff; Bette, Das Factoring-Geschäft [1973] 35 ff, 46 ff; Berghaus, Kollision zwischen Factoring-Globalzession und verlängertem Eigentumsvorbehalt [1989] 10): Der Factor übernimmt – nach vorheriger Prüfung der Kreditwürdigkeit der Drittschuldner – das Risiko der Bonität der übertragenen Forderungen, kann also bei ihrer Uneinbringlichkeit wegen Zahlungsunfähigkeit oder -unwilligkeit der Drittschuldner nicht mehr gegen seinen Klienten Regress nehmen. Der Anschlusskunde haftet nur für die **Verität**, den Bestand der Forderungen, ist aber gegen einen Forderungsausfall bei seinen Kauf-, Werk- oder Dienstverträgen durch den Factor versichert, der seinerseits zur Ermittlung der **Bonität** der Forderungen oft einen hochqualifizierten Stab von Kreditspezialisten mit erstklassigen Branchenkenntnissen beschäftigt. Entgegen einem häufigen Sprachgebrauch in der Praxis kann freilich von einer „Übernahme der Delkredere-Haftung" durch den Factor jedenfalls im Rechtssinne nicht die Rede sein, denn der Factor ist keiner Haftung für die Verbindlichkeiten der Drittschuldner ausgesetzt, wie dies der in §§ 86 b, 394 HGB verwendete Delkredere-Begriff voraussetzt. Vielmehr trägt er nur das **Ausfallrisiko der Zahlungsfähigkeit des Debitors** (Ehling, Zivilrechtliche Probleme der vertraglichen Ausgestaltung des Inland-Factoring-Geschäfts in Deutschland [1977] 28). Die Kreditsicherungsfunktion des Factorings gestattet es auch kleineren Unternehmen, im Verhältnis zum Betriebskapital größere Risiken bei der Einräumung von Lieferantenkrediten einzugehen und das Risiko eventueller Debitorenausfälle zu verringern. B 94

Der Factor bedingt sich für die drei übernommenen Funktionen ein Entgelt vom Kunden aus: Für seine Dienstleistungen zieht er vom Nennwert der gekauften Forderungen eine **Factoringgebühr** ab; für die Übernahme des Kreditrisikos berechnet er eine **Delkredere-Gebühr**, die auch bereits in der Factoringgebühr enthalten sein mag; und für die Bevorschussung der Forderungen stellt er die nach ihrer Laufzeit banküblichen **Zinsen** in Rechnung, sodass der Klient im Ergebnis **nur etwa achtzig bis neunzig Prozent des Nennwerts der Forderungen** erhält (Blaurock ZHR 142 [1978] 325, 327; Pottschmidt/Rohr, Kreditsicherungsrecht [4. Auf 1992] Rn 204 ff; Bähr, Die Kollision der Factoring-Globalzession mit dem verlängerten Eigentumsvorbehalt [1989] 64; Lunckenbein, Rechtsprobleme des Factoring-Vertrages [1983] 8; Martinek, Moderne Ver- B 95 tragstypen Bd I [1991] 225 ff). Die Factoringgebühr hängt in ihrer Höhe vom Umsatz sowie von der Zahl der Kunden und Rechnungen sowie vor allem von Art und Umfang der übernommenen Dienstleistungen ab; sie beträgt, wenn sie keine Delkrederegebühr mit einschließt, sondern allein die Verwaltungskosten umfasst (Dienstleistungsprovision), etwa 0,5 bis 3 % des Forderungsumsatzes. Das Factoringunternehmen kann dabei für eine Vielzahl von Anschlusskunden im Wesentlichen gleichartige, weithin routinisierbare Serviceaufgaben erfüllen, sodass sich ein Rationalisierungseffekt durch Spezialisierung ergibt. Bei den Zinsen für die Bevorschussung der Forderungen wird entweder die effektive Laufzeit einer Forderung oder – ungleich seltener – die durchschnittliche Laufzeit des gesamten Forderungsbestandes eines Anschlusskunden zugrunde gelegt. Infolge der begrenzten Laufzeit der Forderungen bemisst sich in beiden Fällen der Zinssatz nach den auf dem Kapitalmarkt üblichen Zinssätzen für kurzfristige Kredite bzw nach den konjunkturbedingten Kontokorrentzinsen. Die Delkrederegebühr schließlich ist, wo sie nicht als Anteil in die Factoringgebühr einfließt, als ein **gesondertes Entgelt für das mit der Kreditfunktion verbundene Ausfallrisiko des Factors** anzusehen; diese Risikoprämie beträgt – je nach Bonität der Drittschuldner und dem Anteil an dubiosen Forderungen am Umsatz – etwa 0,2 bis 1,2 %.

B 96 Im Factoringvertrag als dem Grundlagen- und Rahmenvertrag kann der Anschlusskunde global alle gegenwärtigen und zukünftigen, während der Vertragslaufzeit entstehenden Forderungen an den Factor verkaufen (sogenannter **globaler Kaufvertrag mit Globalzession**). Er kann sich aber auch im Factoringvertrag lediglich dazu verpflichten, dem Factor alle künftigen Forderungen bei ihrer Entstehung zum Kauf anzubieten (sogenannter **Andienungs- oder Anbietungsvertrag**). Der zweite Weg wird ungleich häufiger als der erste beschritten. Wenn sich der Klient dazu verpflichtet, seine Forderungen aus Warenlieferungen und/oder Leistungen gegen seine Abnehmer und Kunden (die Drittschuldner) dem Factoringabkommen zu unterwerfen, dh dem Factor zum Kauf anzubieten, dann kann diese **Anbietungspflicht des Anschlusskunden** eine **allgemeine** oder eine **beschränkte** sein, je nach dem, ob sie sämtliche Forderungen des Unternehmens erfasst oder auf bestimmte Produktgruppen, auf bestimmte Absatzgebiete oder näher bezeichnete Debitorenkreise beschränkt ist. Die Summe aller vom Factoring erfassten Forderungen wird als **Factoring-Obligo** bezeichnet (Bette, Das Factoring-Geschäft [1973] 31; Lunckenbein, Rechtsprobleme des Factoring-Vertrages [1983] 17; Martinek, Moderne Vertragstypen Bd I [1991] 227). Meist erfasst der Factoringvertrag beinahe sämtliche Außenstände des Klienten. Durch diesen Globalcharakter des Factoringgeschäfts wird ausgeschlossen, dass sich der Factor nur die „sicheren", „bargeldwerten" Forderungen aussucht oder der Klient ihm nur die zweifelhaften Forderungen überlässt; für den Factor bewirkt der Globalcharakter des Vertrags in Kombination mit den anderen Verträgen mit Kunden anderer Branchen eine vertretbare Risikostreuung.

B 97 Im Wirtschaftsleben hat sich neben der vorstehend charakterisierten **Grundform des Factorings** eine Reihe von abweichenden Ausgestaltungen, Misch- und Sonderformen herausgebildet. Die praktisch und auch juristisch bedeutendste Unterscheidung zur Systematisierung dieser verschiedenen Factoring-Variationen ist die zwischen echtem und unechtem Factoring; sie hat erhebliche Bedeutung für die dogmatisch-konstruktive Erfassung des Factorings. Wenn der Factor sämtliche drei Funktionen (Finanzierungs-, Service- und Versicherungsfunktion) übernimmt, spricht man vom

„echten" oder „vollständigen" Factoring (auch *non-recourse-factoring* oder Standard-Factoring genannt), das heute in der Praxis eine dominierende Rolle spielt. Dagegen **fehlt beim unechten Factoring** *(recourse factoring,* Regress-Factoring) die Versicherungs- oder Delkrederefunktion, sodass das **Bonitätsrisiko beim Klienten** verbleibt, der vom Factor bei Uneinbringlichkeit einer abgetretenen Forderung zurückbelastet wird. Meist erfolgt eine automatische Rückbelastung, wenn der Drittschuldner nicht innerhalb einer bestimmten Frist bezahlt. Der die Forderung übertragende Klient haftet also sowohl für die Verität als auch für die Bonität der Forderung. Für den Factor entfällt jedes Risiko der Zahlungsunfähigkeit oder -unwilligkeit des Drittschuldners. Während sich beim echten Factoring die vom Factor durchgeführten Kreditwürdigkeitsprüfungen und laufenden Solvenzüberwachungen auf die Drittschuldner beziehen, konzentrieren sie sich beim unechten Factoring auf die Anschlusskunden selbst, denn der Factor bleibt mit dem Risiko der Insolvenz des Klienten behaftet, von dessen Zahlungsfähigkeit er bei einer Rückbelastung des Betrages der ausgefallenen Forderung abhängt; freilich ist dieses bei Kreditgeschäften übliche Ausfallrisiko beherrschbar. In der Praxis wird das **unechte Factoring (Darlehensfactoring)** häufig in Kombination mit dem **echten Factoring (Ankaufsfactoring)** eingesetzt.

Die Factoringverträge der Praxis sind praktisch durchweg vorformulierte Bedin- **B 98**
gungswerke der Factoringinstitute (Factoring-Banken), in denen die Einzelheiten des Verfahrens und der Abwicklung genau geregelt sind. Sie werden oft als **Factoring-Rahmenvertrag, Factoring-Gesamtvertrag, Anschlussvertrag oder Vorvertrag** bezeichnet. In solch einem Factoringvertrag erfährt eine Mehrzahl von schuldrechtlichen Verpflichtungsgeschäften und von dinglichen Verfügungsgeschäften eine Regelung. Teilweise werden schon im Factoringvertrag Rechte und Pflichten begründet, teilweise sollen erst später über die einzelnen Forderungen verbindliche Regelungen getroffen werden, deren Zustandekommen in dem „Vorvertrag" verfahrensmäßig vorgezeichnet ist. Die Gemengelage ist umso unübersichtlicher, als sich in der Praxis oft ein und derselbe Factoringvertrag sowohl auf echtes wie auf unechtes Factoring bezieht, weil erst bei Hereinnahme der einzelnen Forderung vom Factoringinstitut entschieden wird, ob das Delkredererisiko übernommen oder dem Klienten zugewiesen wird.

Soweit zunächst das **echte Factoring** mit seiner ausgebildeten Kreditversicherungs- **B 99**
funktion neben der Finanzierungs- und der Dienstleistungsfunktion in Rede steht, spricht sich die ganz herrschende Meinung im Schrifttum dafür aus, die Rechtsnatur der einzelnen schuldrechtlichen Verträge, die jeweils das Kausalgeschäft für einen bestimmten Forderungsübergang bilden, als **Kaufverträge** nach § 433 anzusehen, und zwar in der Form eines **Rechtskaufs**, genauer: eines Forderungskaufs nach § 453 Abs 1 (Serick, Eigentumsvorbehalt und Sicherungseigentum Bd IV [1976] 546 und Bd V [1982] 805; Ehling, Zivilrechtliche Probleme der vertraglichen Ausgestaltung des Inland-Factoring-Geschäfts in Deutschland [1977] 55; Klaas NJW 1968, 1502, 1506; Rödl BB 1967, 1301, 1305; Blaurock ZHR 142 [1978] 325 ff, 341 und 143 [1979] 71; Bette, Das Factoring-Geschäft [1973] 53; Pottschmidt/Rohr, Kreditsicherungsrecht [4. Aufl 1992] Rn 207; Löffler DB 1967, 1304 f; Lunckenbein, Rechtsprobleme des Factoring-Vertrages [1983] 56 ff; Teufel NJW 1981, 952, 953; E Wolf WM 1979, 1374, 1375; Berghaus, Kollision zwischen Factoring-Globalzession und verlängertem Eigentumsvorbehalt [1989] 15 ff, 21 ff, 28; Martinek, Moderne Vertragstypen Bd I [1991] 244 ff; LBS/Omlor, Bankrechts-Kommentar [2. Aufl 2016] Kap 18 B Rn 31). Auf diesem Boden

steht auch die höchstrichterliche Rechtsprechung, der die Instanzgerichte praktisch durchweg folgen (BGHZ 69, 254, 257 f = NJW 1977, 2207; BGHZ 58, 364, 366 f = NJW 1972, 1715; BGH NJW 1977, 1520, 1521; BGHZ 72, 15, 20 = NJW 1978, 1972; BGHZ 100, 353, 358 = NJW 1987, 1878; BGH NJW 2014, 2358 Rn 17; OLG Frankfurt NJW 1977, 906 = BB 1977, 913, 914; LG Mainz BB 1966, 1038, 1039; vgl dazu auch E Wolf WM 1979, 1374 ff). Der Klient verpflichtet sich gegenüber dem Factor zur Übertragung der Forderung, dh zur Verschaffung der Forderungsinhaberschaft in der Person des Factors als neuem Gläubiger im Wege eines (dinglichen) Abtretungsvertrages. Dafür verspricht der Factor dem Klienten die Zahlung des vereinbarten Entgelts als Kaufpreis (§ 433 Abs 2). Es erscheint danach nur folgerichtig, dass der Klient als Forderungsverkäufer nur für die Verität, nicht aber für die Bonität der Forderung einzustehen hat.

B 100 Gegen die kaufrechtliche Qualifizierung sind gelegentlich Bedenken vorgetragen worden, weil das Interesse des Factors nicht in erster Linie auf den Erwerb der Forderungen, sondern auf das Erbringen verschiedener Leistungen und die daraus folgende gewerbsmäßige Gewinnerzielung gerichtet sei (Canaris, Bankvertragsrecht [3. Aufl 1988] Rn 1655; Larenz, SchuldR BT [12. Aufl 1981] § 63 III; Bähr, Die Kollision der Factoring-Globalzession mit dem verlängerten Eigentumsvorbehalt [1989] 68 ff). Es gehe beim Factoring nicht um komplementäre Veräußerungs- und Erwerbsinteressen, sondern um **Kapitalüberlassung auf Zeit**. Dem ist zur Verteidigung der kaufrechtlichen Einordnung des Factoring-Kausalgeschäfts entgegenzuhalten, dass die von den Kritikern betonte Vorfinanzierung bei rechtlicher Betrachtung eben nur ein „kreditorisches Nebengeschäft" (so in einem *obiter dictum* BGHZ 76, 119, 125, 126 = NJW 1980, 1394) zu dem Kaufvertrag über die einzelne Forderung als dem Hauptgeschäft darstellt (Serick, Eigentumsvorbehalt und Sicherungseigentum Bd IV [1976] § 52 II 2 c, S 547). Es entspricht dem Vorstellungsbild der Parteien, dass der Factor den Kaufpreis zwar erst bei Fälligkeit der verkauften Forderung schuldet, ihn aber als „Barvorschuss" schon früher und durchaus *solvendi causa* auf seine Verpflichtung zur Zahlung des Kaufpreises leistet. Sie verstehen den Preis der Forderung wirtschaftlich gleichsam als deren Nennwert abzüglich des Risikos der Uneinbringlichkeit (Ausfallrisiko) und der Zinsen. Die kaufvertragliche Einordnung ist für das echte Factoring mithin durchaus zutreffend.

B 101 Andere Qualifikationsversuche haben sich demgegenüber nicht durchzusetzen vermocht. Das gilt zunächst für die namentlich von Glomb vorgetragene **geschäftsbesorgungsvertragliche Theorie**, wonach das Factoring als die Umsetzung der offenen Buchforderungen des Klienten in liquide Mittel durch den Factor anzusehen sei. Der Factor werde bei der Versorgung des Kunden mit Liquidität wie beim Kommissionsgeschäft fremdnützig im Interesse des Klienten tätig. Factoring ist danach kommissionsähnliche Geschäftsbesorgung, §§ 675 BGB, 383 HGB (Glomb, Finanzierung durch Factoring [1969] insbes 78 ff). Gegen diese Sichtweise ist vor allem einzuwenden, dass sie das Geschäftsbesorgungselement, das sicherlich den Factoring-Rahmenvertrag kennzeichnet, schon auf die einzelnen Geschäfte über die konkreten Forderungen bezieht. Es ist zwar richtig, dass der Factor die fremdnützige Wahrnehmung von ursprünglich dem Klienten obliegenden Vermögensinteressen besorgt, doch schlägt dies nicht auf die einzelnen Ausführungsgeschäfte des Factoring-Rahmenvertrages durch (vgl gegen Glomb ausführlich Lunckenbein, Rechtsprobleme des Factoring-Vertrages [1983] 49 f; Canaris, Bankvertragsrecht [3. Aufl 1988] Rn 1655 f; Serick BB 1976, 431 mit Fn 75; Martinek, Moderne Vertragstypen Bd I [1991] 247). Kaum will doch der Factor sein „einbehaltenes" Entgelt als Provision für die Wahrnehmung fremder Interessen verstanden wissen, sondern er sieht es als „Handelsspanne" aus dem Umsatzgeschäft des Erwerbs und der Einziehung der Forderung an. Bei der Geltendmachung seiner Forderung nach der Abtretung ist er dem Kunden gegenüber auch weder weisungsgebunden, § 665, noch auskunfts- und rechenschaftspflichtig, § 666. Schließlich hat er das Erlangte nicht herauszugeben, § 667, und hat keine Verzinsungspflicht, § 668. Die geschäftsbesorgungsvertragliche Einordnung erscheint daher für die schuldrechtlichen Einzelverträge zur Forderungsübertragung beim echten Factoring fehlsam.

Auch die darlehensvertragliche Einordnung der schuldvertraglichen Einzelgeschäfte hat sich beim echten Factoring nicht als überzeugend erwiesen. Namentlich CANARIS hat dafür gestritten, **das echte wie das unechte Factoring typologisch als Darlehen nach § 488 zu qualifizieren**, und zwar in Verbindung mit einer Abtretung der Forderung an Erfüllungs Statt beim echten und erfüllungshalber beim unechten Factoring (CANARIS NJW 1981, 249, 250; ders, Bankvertragsrecht [3. Aufl 1988] Rn 1655; LARENZ/CANARIS, SchuldR II/2 [13. Aufl 1994] 88 ff). In der Forderungsübertragung seitens des Klienten sei eine **atypische Rückzahlungsvereinbarung** zu sehen, auf die § 365 und damit die Regeln über den Forderungskauf entsprechende Anwendung fänden. Die Abtretungsvereinbarung sei das „anfängliche Gegenstück zur nachträglichen Vereinbarung einer Leistung an Erfüllungs Statt" (CANARIS, Bankvertragsrecht [3. Aufl 1988] Rn 1655). Wie bei einem Wechseldiskontgeschäft, bei dem CANARIS der herrschenden kaufrechtlichen Qualifizierung gleichfalls eine darlehensrechtliche Einordnung entgegensetzt (CANARIS, Bankvertragsrecht [3. Aufl 1988] Rn 1532), soll es auch beim Factoring dem Erwerber der Forderung nicht um den Erwerb selbst, sondern um einen **Zinsgewinn als Entgelt für Kapitalüberlassung** gehen. Der darlehensvertraglichen Sichtweise ist jedoch beim **echten** Factoring entgegenzuhalten, dass der das Delkredererisiko übernehmende Factor auf ein Rückgriffsrecht gegen den Klienten verzichtet, sodass es an einem Rückzahlungsanspruch gemäß § 488 Abs 1 S 2 fehlt. Dieser Rückzahlungsanspruch bildet jedoch das zentrale Typenelement des Darlehensvertrages. Der „Vorschuss" wird beim echten Factoring nicht *causa credendi* zur Begründung einer selbständigen Rückzahlungs- oder Verrechnungspflicht, sondern *causa solvendi* auf die Kaufpreisforderung des Kunden und nur wirtschaftlich als Vorausleistung auf die abgetretene Forderung bezahlt (GLOMB, Finanzierung durch Factoring [1969] 48 f; LUNCKENBEIN, Rechtsprobleme des Factoring-Vertrages [1983] 55; BERGHAUS, Kollision zwischen Factoring-Globalzession und verlängertem Eigentumsvorbehalt [1989] 19 f). Es ist auch nicht verständlich, warum dem Factor eine Kreditgewährung zugeschrieben werden soll, obwohl er den als Gegenleistung vorgesehenen Gegenstand, die Forderung, Zug um Zug gegen seine Bezahlung, also ohne eine eigene Vorleistungsverpflichtung erhält. Das **kaufrechtliche Äquivalenzverständnis** der Parteien kommt vor allem in der Regelung zum Ausdruck, wonach der Factor den Kaufantrag zu jeder einzelnen Forderung durch Gutschrift des vereinbarten Entgelts auf dem Abrechnungskonto des Klienten annimmt und dadurch zugleich die aufschiebende Bedingung für die Forderungsabtretung eintreten lässt. Auch wenn für die Vertragsparteien die Finanzierungsvereinbarung eine zentrale Bedeutung besitzt, kann sie das Veräußerungs- und Erwerbsgeschäft nicht schon in ein Darlehensverhältnis umwandeln. Im Übrigen führt CANARIS „über die Hintertür des § 365 BGB" doch wieder kaufrechtliche Regeln in das Vertragsverhältnis ein (dazu MARTINEK, Moderne Vertragstypen Bd I [1991] 248). In der Tat relativiert CANARIS B 102 inzwischen die darlehensvertragliche Komponente und weist ausdrücklich darauf hin, dass sich aus seinem Ansatz „nicht ohne Weiteres unterschiedliche praktische Konsequenzen" gegenüber der herrschenden Lehre ergeben; er betont nunmehr, dass der Factor wie ein Kommissionär beim Selbsteintritt verfahre, sodass man „nach dem Rechtsgedanken von § 400 HGB insoweit letztlich doch zur Anwendbarkeit von Kaufrecht" gelange (Larenz/Canaris, SchuldR II/2 [13. Aufl 1994] 89). Damit sieht er heute „zusammenfassend" das echte Factoring als einen gemischttypischen Vertrag mit darlehens-, geschäftsbesorgungs- und kaufrechtlichen Elementen an, dessen Entgeltstruktur darlehens- und geschäftsbesorgungsrechtlicher und dessen Risikostruktur kaufrechtlicher Art sei.

B 103 Beim unechten Factoring mit seinem Spezifikum der fehlenden Kreditversicherungsfunktion **wird die Rechtsnatur von der herrschenden Meinung im juristischen Schrifttum und von der Rechtsprechung anders beurteilt**. Anders als beim echten Factoring wird beim unechten mit der Forderungsabtretung gegen Vorschusszahlung noch **kein endgültiger Leistungsaustausch** vollzogen; das Geschäft ist – auch wirtschaftlich betrachtet – noch keineswegs erfüllt. Denn solange der Klient dem Risiko der Rückbelastung noch ausgesetzt bleibt, kann in seinem Vermögen der Barvorschuss noch nicht als Entgelt angesehen werden, das „endgültig" an die Stelle der übertragenen Forderung tritt (Montenbruck MDR 1971, 541, 542). Die **herrschende Meinung** sieht beim unechten Factoring im schuldrechtlichen Einzelgeschäft über die individuelle Forderung einen **Darlehensvertrag** gemäß § 488 (Montenbruck MDR 1971, 541, 542; Roth JURA 1979, 297, 298; Pottschmidt/Rohr, Kreditsicherungsrecht [4. Aufl 1992] Rn 208; Serick, Eigentumsvorbehalt und Sicherungseigentum Bd IV [1976] 546, 548, 554, 599 und Bd V [1982] 796; ders NJW 1981, 794; ders BB 1976, 429 ff; ders BB 1979, 845, 847; Canaris NJW 1981, 249, 250 f; ders, Bankvertragsrecht [3. Aufl 1988] Rn 1655, 1686; Larenz/Canaris, SchuldR II/2 [13. Aufl 1994] 87; LBS/Omlor, Bankrechts-Kommentar [2. Aufl 2016] Kap 18 B Rn 38). Dem ist die **Rechtsprechung** gefolgt (BGHZ 58, 364, 367 = NJW 1972, 1715; BGHZ 61, 317, 324 f; BGHZ 69, 254, 257 f = NJW 1977, 2207, 2208; BGHZ 82, 50, 61 = NJW 1982, 164; BGHZ 100, 353, 358; vgl dazu E Wolf WM 1979, 1374, 1375, 1376; Gerhardt JZ 1986, 736, 740). Der BGH nennt das unechte Factoring ausdrücklich ein „Kreditgeschäft" als Gegenbegriff zum „Umsatzgeschäft" des echten Factorings (BGHZ 58, 364, 366 f = NJW 1972, 1715). In der Tat wird diese Einordnung trotz einiger Bedenken dem unechten Factoring am ehesten gerecht (vgl Martinek, Moderne Vertragstypen Bd I [1991] 250 ff). Die gegenüber dem echten Factoring geänderte Haftungsregelung ist nicht als gleichsam akzidentelles Moment, sondern als Ausdruck einer **deutlich verschobenen Interessenlage** der Parteien zu betrachten, dient doch die Bonitätshaftung des Klienten nach dem Parteiwillen als Grundlage einer möglichen Rückforderung der Vorschussleistung durch den Factor. Von einem kaufrechtlichen Leistungsaustausch Forderung gegen Entgelt kann beim unechten Factoring schon **mangels einer Endgültigkeit des Leistungsaustausches** nicht mehr gesprochen werden. Der Vorläufigkeits- und Unsicherheitscharakter der Vorschusszahlung und der Forderungsabtretung rechtfertigen es vielmehr, den „Vorschuss" als die **kreditweise Überlassung eines Geldbetrages** an den Klienten anzusehen. Man wird eine typische kreditvertragliche Interessenlage darin sehen müssen, dass dem Klienten in erster Linie an den vom Factor überlassenen Barmitteln gelegen ist, die er zur Fortführung seines Betriebes benötigt. Sie steht im Mittelpunkt des unechten Factorings, für das sich mithin eine darlehensvertragliche Qualifizierung anbietet.

Der Abtretung der Forderung gegen den Drittschuldner kann in diesem Licht nur **B 104** eine **Sicherungsfunktion für den Rückzahlungsanspruch des Factors** nach § 488 Abs 1 S 2 zukommen. Die Abtretung geschieht **erfüllungshalber**, denn mit dem Darlehensvertrag verbinden die Parteien eine Sicherungsabrede, derzufolge der Factor zuerst Befriedigung für seinen Rückzahlungsanspruch durch Eintreibung der abgetretenen Forderung suchen und nur im Misserfolgsfall den Klienten in Anspruch nehmen und die „zwecklose" Forderung rückübertragen soll. Damit erhält allerdings, weil die Rückzahlungsverpflichtung nicht primär, sondern nur ersatzweise den Darlehensnehmer, den Klienten, trifft, der Darlehensvertrag eine atypische Komponente. **Der Forderungsübertragung liegt bei dieser Betrachtungsweise als Kausalgeschäft eine mit dem atypischen Darlehensvertrag verbundene Sicherungsabrede zugrunde** (Serick BB 1976, 425, 430; Teubner JuS 1972, 261, 263; Graf Lambsdorff ZIP 1980, 543, 546; Kübler ZIP 1980, 546; Bähr DB 1981, 1759, 1765).

Von der vorstehenden vertragsrechtlichen Einordnung der für die Forderungsabtre- **B 105** tungen jeweils kausalen Einzelverträge ist die Frage zu trennen, wie der **bei Begründung des Factoringverhältnisses zwischen den Parteien geschlossene Rahmenvertrag oder Vorvertrag** zu qualifizieren ist. Dieser Vertrag ist der **eigentliche Factoringvertrag**, der das Factoring als Dauerschuldverhältnis in Gang setzt und der ein echter, ein unechter oder ein gemischter (beide Verfahrensweisen vorsehender) Factoringvertrag sein kann (Bette, Das Factoring-Geschäft [1973] 55; Serick, Eigentumsvorbehalt und Sicherungseigentum Bd IV [1976] § 52 II 3, S 554). Ein Teil der Literatur will den – echten, unechten oder gemischten – Factoringvertrag als **einen Dienstvertrag verstanden wissen, der auf eine Geschäftsbesorgung gerichtet ist**, §§ 611, 675 Abs 1 (insbes Ehling, Zivilrechtliche Probleme der vertraglichen Ausgestaltung des Inland-Factoring-Geschäfts in Deutschland [1977] 202 f). Die einzelnen Funktionen des Vertrages, Finanzierungs-, Dienstleistungs- und (beim echten Factoring) Delkrederefunktion, sowie die jeweils hierzu getroffenen Vereinbarungen werden dabei nicht gesondert vertragsrechtlich qualifiziert, vielmehr wird der Gesamtvertrag als eine nicht in Einzelelemente zerlegbare Einheit begriffen, die **im Gesamtbild als Geschäftsbesorgungsdienstvertrag** erscheinen soll. Als ausschlaggebend hierfür sieht man den **Kommissionscharakter** der Forderungsankäufe durch den Factor an. Diese Sichtweise muss sich – wie schon die entsprechende Einordnung der forderungsbezogenen Einzelverträge – vorwerfen lassen, dass sie bei ihrer Pauschalbeurteilung des Gesamtvertrages die mit der Dienstleistungsfunktion verbundenen Vertragselemente überbetont. Den Gegenpol zur rein geschäftsbesorgungsvertraglichen Theorie bildet jene Ansicht, die zu einer getrennten rechtlichen Qualifizierung der finanzierungs-, dienstleistungs- und delkrederebezogenen Vereinbarungen tendiert und den Rahmenvertrag schlicht als eine **nur äußerliche Zusammenfassung rechtlich selbständiger Verträge** betrachtet (so tendenziell Bette, Das Factoring-Geschäft [1973] 51 ff, der allerdings den Forderungskauf als Element des Rahmenvertrages besonders hervorhebt). Die dem Factor obliegenden Aufgaben beruhen nach dieser **„Bündeltheorie"** auf einer Vielzahl von rechtlich selbständigen Kauf- bzw Darlehensverträgen (Finanzierungsfunktion), Geschäftsbesorgungsverträgen (Dienstleistungsfunktion) und Versicherungs- oder Garantieverträgen (Delkrederefunktion). Gegen die Bündeltheorie spricht vor allem, dass die Parteien und der Geschäftsverkehr den Factoringvertrag als eine rechtliche Einheit und nicht als bloßes Nebeneinander von verschiedenen Verträgen begreifen.

B 106 Nach wohl überwiegender Meinung im Schrifttum lassen sich zwar die einzelnen Vereinbarungen je nach ihrem funktionalen Bezug einem kauf- bzw darlehensvertraglichen, einem geschäftsbesorgungs- und einem versicherungsvertraglichen Element zuordnen, doch fügen sich diese einzelnen Vertragselemente durch ihre rechtsgeschäftliche und verkehrstypische Gesamtverbindung zu einem einheitlichen gemischten Vertrag in Form eines **Typenkombinationsvertrages** zusammen (Klaas NJW 1968, 1502, 1506; Rödl BB 1967, 1301 f; Serick, Eigentumsvorbehalt und Sicherungseigentum Bd IV [1976] 554, 555; ders BB 1976, 425, 431; Larenz, SchuldR BT [12. Aufl 1981] § 63 III S 461 f; Blaurock ZHR 142 [1978] 325, 327; Martinek, Moderne Vertragstypen Bd I [1991] 254 f; LBS/Omlor, Bankrechts-Kommentar [2. Aufl 2016] Kap 18 B Rn 27, 38). Zwar bleiben darin die Elemente der einzelnen Schuldvertragstypen erkennbar, doch formen sie in ihrer wirtschaftlichen und rechtlichen Kombination einen einheitlichen Vertrag. Nicht die bloße Bündelung von Einzelverträgen, sondern **die Bildung eines geordneten Gefüges von funktional aufeinander bezogenen Vertragselementen** kennzeichnet danach den Factoringvertrag.

B 107 Während eine **ausgeprägte geschäftsbesorgungsvertragliche Komponente** einem **jeden Factoringvertrag** eignet, lässt sich der **echte Factoringvertrag** als gemischter Vertrag mit prägnanten kaufrechtlichen, der **unechte Factoringvertrag** als gemischter Vertrag mit insbesondere darlehensrechtlichen Bestandteilen kennzeichnen (Pottschmidt/Rohr, Kreditsicherungsrecht [4. Aufl 1992] Rn 207; Serick, Eigentumsvorbehalt und Sicherungseigentum Bd IV [1976] 546, 554 f, 598; ders NJW 1981, 794; ders BB 1976, 425, 431; Berghaus, Kollision zwischen Factoring-Globalzession und verlängertem Eigentumsvorbehalt [1989] 29; wohl auch Lunckenbein, Rechtsprobleme des Factoring-Vertrages [1983] 63; nach Ansicht von Canaris, Bankvertragsrecht [3. Aufl 1988] Rn 1656, 1686 soll sowohl der echte als auch der unechte Factoringvertrag schwerpunktmäßig – wohl unter Absorption der anderen Elemente – als Darlehensvertrag zu qualifizieren sein; abweichend aber Larenz/Canaris, SchuldR II/2 [13. Aufl 1994] 87 ff).

B 108 Die **Typenkombinationstheorie** wird der Gemengelage schuldrechtlicher Vereinbarungen verschiedenen Charakters bei verkehrstypischer Zusammenfassung am ehesten gerecht, insbesondere weil sie eine elementflexible Typenkombination zulässt und so den Besonderheiten des Einzelfalls umfassend Rechnung zu tragen vermag. Für die AGB-rechtliche Wirksamkeitskontrolle und für die Rechtsfolgen bei Leistungsstörungen kann danach grundsätzlich auf den gesetzlich geregelten Vertragstyp zurückgegriffen werden, dem das in Rede stehende Vertragselement zuzurechnen ist. Der Verbund der Elemente des Gesamtvertrages ist namentlich nach § 139 und § 306 zu berücksichtigen. Auch ist bei schwerwiegenden gesamtvertraglichen Leistungsstörungen eine gesamtvertragliche Sanktion nach den für Typenkombinationsverträge geltenden Grundsätzen vorzusehen. Für den vorliegenden Zusammenhang ist von besonderer Bedeutung, dass einem jeden Factoring-Rahmenvertrag ein ausgeprägtes geschäftsbesorgungsvertragliches Element zukommt. Weil sich dieses aber nur auf den umfassenden Rahmenvertrag und nicht auf die ausfüllenden Kausalgeschäfte zu den einzelnen Forderungsabtretungen bezieht, findet das Regelungsprogramm der §§ 675 Abs 1, 611 ff, 663 ff auch **nur für die Rahmenvereinbarung über die Factoring-Geschäftsbeziehung und -Abwicklung im Ganzen**, nicht für das Rechtsschicksal der einzelnen abgetretenen Forderungen Anwendung. So ist der Factor nach § 665 weisungsgebunden und nach § 666 auskunfts- und rechenschaftspflichtig, soweit die allgemeine Geschäftspolitik und die Dienstleistungs-, Service- oder Verwaltungsfunktion betroffen ist, etwa die Debitorenbuchhaltung, die Solvenzüberwachung, die Anfertigung von Statistiken und Bilanzen. Auch soweit der Factor absatz-, investitions- und werbepolitische Aufgaben übernimmt oder in der Lagerhaltung, Sortierung, Versicherung und Verzollung von Waren tätig ist, wirkt sich das geschäftsbesorgungsvertragliche Element aus. Die Beendigung des Factoringvertrages richtet sich gleichfalls nach den Regeln des Geschäftsbesorgungsdienstvertrages, §§ 675 Abs 1, 672 ff, 620 ff.

Forfaitingvertrag

Das **Forfaiting-Geschäft** (die Forfaitierung einer Forderung) stellt sich als eine Unterform des Diskontgeschäfts dar, die im Exportgeschäft eine besondere Bedeutung erlangt hat. Der Forfaiteur (meist eine Bank) kauft und erwirbt vom Kunden (Exporteur) „regresslos" *(à forfait:* „in Bausch und Bogen") dessen Forderung aus einem Liefergeschäft oder das dem Kunden von seinem Geschäftspartner (Importeur) aufgrund der Lieferung begebene Wertpapier (meist: Wechsel). Zu Unrecht wird oft das **Forfaiting** mit dem Export-Factoring gleichgesetzt, was zu der Ansicht verleiten kann, dem Forfaitingvertrag wohne ebenso wie dem Factoringvertrag eine geschäftsbesorgungsvertragliche Komponente inne. In Wirklichkeit weist das Forfaiting verschiedene Besonderheiten auf, die es durchaus zu einer **eigenen Art der Exportfinanzierung** für Investitionsgüter machen (Hakenberg RIW 1998, 906; Bernard, Rechtsfragen des Forfaitierungsgeschäfts [1991]; Deuber, Rechtliche Probleme der Forfaitierung [1993]; Finger BB 1969, 765 ff; Gerth ZFK 1979, 576; Harries RIW 1973, 1; Kissner Die Bank 1981, 56; Schütze WM 1979, 962; vWestphalen RIW 1977, 80). Die wichtigste Besonderheit ist, dass der Forfaiteur die Forderung des Exporteurs aus dem Außenhandelsgeschäft unter ausdrücklichem Verzicht auf jeden Regress im Falle einer Uneinbringlichkeit der Forderung erwirbt. Der Forfaiteur schließt den Rückgriff aus, indem er den Zusatz „à forfait" („in Bausch und Bogen", ohne Regress) im Kauf- und Abtretungsvertrag über die Forderung oder auf dem hereingenommenen, vom Exporteur ausgestellten und vom Importeur akzeptierten Wechsel platziert. Dieser **unbedingte und sich auf sämtliche Eventualitäten erstreckende Regressverzicht findet sich beim Export-Factoring nicht**, bei dem die Factoringgesellschaft allenfalls teilweise das Bonitätsrisiko übernimmt. Beim Forfaiting steht weniger die Finanzierungsfunktion als vielmehr die Kreditversicherungsfunktion im Vordergrund (Martinek, Moderne Vertragstypen Bd I [1991] 241 f). Der Forfaitingvertrag wird zudem fallweise, über einzelne Forderungen abgeschlossen, die vielfach, wenn nicht in aller Regel eine **sechsstellige Höhe** erreichen. Deshalb ist das Forfaiting auch dadurch gekennzeichnet, dass der Forderungserwerber nicht die beim Export-Factoring üblichen Dienstleistungen bzw Geschäftsbesorgungen im Bereich von Buchhaltung, Mahnwesen, Statistik und ersatzweisem Inkasso (im Falle der Ablehnung des Forderungserwerbs) übernimmt. Auch sind die **Laufzeiten** der dem Forfaiting zugeführten Forderungen mit sechs Monaten bis zu fünf Jahren ungleich länger als die ein- bis viermonatigen Laufzeiten der von einem Factor erworbenen Exportforderungen. Schließlich ist das Forfaiting meist auf Forderungen „in bester Währung" wie Schweizer Franken, Euro oder US Dollar und gegen „erste Adressen" beschränkt. **B 109**

Forfaitingverträge erfüllen „alle Tatbestandsmerkmale des Forderungskaufs" (so zu Recht Bernard, Rechtsfragen des Forfaitierungsgeschäfts [1991] 137; vgl auch Hakenberg RIW 1998, 906). Allgemein lässt sich zur Unterscheidung sagen, dass das Export-Factoring ein Bündel mehrerer gleichartiger, eher kurzfristiger Forderungen umfasst, während **B 110** das Forfaiting **langfristige Einzelforderungen mit besonders hohen Beträgen** zum Gegenstand hat (LBS/Omlor, Bankrechts-Kommentar [2. Aufl 2016] Kap 18 C Rn 4). Soweit allerdings der **regresslose Verkauf der Forderungen** von **Leasinggesellschaften** gegen ihre Leasingnehmer zum Zwecke der Refinanzierung als Forfaiting bezeichnet wird (vgl insbes BGH ZIP 2004, 2384 mit Anm Zeller EWiR 2005, 343), können sich dahinter durchaus **factoringtypische Vertragsgestaltungen** und Abwicklungsformen verbergen (dazu Bernstein DB 1989, 567; Bink DB 1987, 1106; Lwowski ZIP 1983, 900; Peters WM 1993, 1661 und 1701; Schölermann/Schmidt-Burgk WM 1992, 933; Uhlenbruck/Sinz WM 1989, 1113; Vortmann WM 1988, 1117). Der Forfaitingvertrag ist ein **Kaufvertrag in der Form eines Forderungskaufs**, §§ 433, 453 Abs 1 (BGH NJW 1994, 2483, 2484; LBS/Omlor, Bankrechts-Kommentar [2. Aufl 2016] Kap 18 C Rn 9); der Kaufgegenstand, die Forderung, wird auf den Käufer übertragen, indem als **Erfüllungsgeschäft ein Abtretungsvertrag** nach § 398 zwischen Verkäufer/Zedent und Käufer/Zessionar geschlossen wird, durch den der Käufer neuer Forderungsinhaber wird. Während die Praxis unter einem Forfaitinggeschäft und -vertrag die Gesamtheit von kaufrechtlichem Verpflichtungs- und abtretungsrechtlichem Verfügungsgeschäft versteht, bezieht sich unter Juristen der Forfaitingbegriff auf den Forderungskaufvertrag. Die Übernahme des Risikos der wirtschaftlichen Einbringlichkeit der Forderung (Bonität) durch den Forfaiteur und die Beschränkung der Haftung des Forfaitisten auf den Bestand der Forderung (Verität) entspricht der gesetzlichen Ausgestaltung des Forderungskaufs. Hiervon gehen die ganz überwiegende Mehrheit der Literaturstimmen zum Forfaiting und auch die Rechtsprechung (vgl etwa BGH WM 1994, 1370) wie selbstverständlich aus. Nur **vereinzelt** sind in der Literatur Stimmen laut geworden, die sich – zumindest für den Fall der Forfaitierung von Wechselforderungen – gegen die kaufrechtliche Qualifizierung des Forfaitingvertrages richten und eine **darlehensvertragliche Einordnung** favorisieren (Canaris, Bankvertragsrecht [3. Aufl 1988] Rn 1584; Helm WM 1968, 933 f). Danach soll das Interesse des Forfaiteurs nicht auf einen endgültigen Forderungserwerb, sondern auf den Verdienst von Zinsen (Diskontspesen) für die Laufzeit der Forderung bis zur Fälligkeit gerichtet sein. Festzuhalten ist aber, dass dem Forfaitingvertrag ein **geschäftsbesorgungsvertragliches Element fehlt**.

Frachtvertrag

B 111 Der Frachtvertrag ist ein Geschäftsbesorgungsvertrag mit Werkvertragscharakter, denn der Frachtführer verpflichtet sich nicht nur zur Leistung von Diensten, sondern zur Erbringung eines Werks, nämlich zur Beförderung des Gutes von einem Ort zu einem anderen (bestimmten) Ort, gegen Zahlung eines Entgelts (sog Fracht). Auf den Frachtvertrag finden die Vorschriften der §§ 407 ff HGB und ergänzend die §§ 675 Abs 1, 631 ff Anwendung (K Schmidt, Handelsrecht [6. Aufl 2014] § 31 Rn 1 ff, 8, 15: „Grundfigur des Transportrechts“; zur neueren Entwicklung des Transportrecht vgl Freise RdTW 2013, 41; vgl auch Sieg TranspR 1996, 317; OLG München NJW-RR 1990, 358; OLG Düsseldorf TranspR 1995, 350; OLG Düsseldorf NJW-RR 1996, 26; OLG München NJW-RR 1993). Parteien sind auf der Geschäftsbesorgerseite der Frachtführer, der im Seefrachtgeschäft „Verfrachter“ genannt wird, auf der Geschäftsherrenseite der Absender, der im Seefrachtgeschäft „Befrachter“ heißt. Der Frachtvertrag ist ein Geschäftsbesorgungsvertrag zugunsten Dritter, nämlich zugunsten des Empfängers (§§ 421 Abs 1 S 1, 446 Abs 2 HGB).

Franchisevertrag s Vertriebsverträge.

Geldkartenvertrag

Der Geldkartenvertrag über aufladbare Geldkarten ist ein Geschäftsbesorgungsvertrag oder eine geschäftsbesorgungsvertragliche Nebenabrede zum seinerseits geschäftsbesorgungsrechtlich zu qualifizierenden Girovertrag (vgl STAUDINGER/OMLOR [2012] Vorbem 215 ff zu §§ 675c–676c). **B 112**

Geschäftsführer-/Geschäftsleitervertrag

Der Geschäftsführervertrag (oder Geschäftsleitervertrag), mit dem der GmbH-Geschäftsführer gegen Entgelt zum selbständigen Führen des Geschäftsbetriebs (Unternehmens) einer GmbH (Unternehmensträgerin) verpflichtet wird, ist – auch bei gerichtlicher Bestellung zum Geschäftsführer – **Geschäftsbesorgungsdienstvertrag** (BayObLG BB 1975, 1037; OLG Schleswig GmbHR 1993, 156; PRIMUS, Der GmbH-Geschäftsführer [2. Aufl 2001]; MÜLLER, Der GmbH-Geschäftsführer [2. Aufl 1995]; Gesamtdarstellung bei HOFFMANN/LIEBS [Hrsg], Der GmbH-Geschäftsführer [3. Aufl 2009]; TILLMANN/MOHR, GmbH-Geschäftsführer [10. Aufl 2013]; BROSS [Hrsg], Vertragshandbuch GmbH-Geschäftsführer [2013]; vgl zu Verträgen mit und Haftung von Geschäftsleitern ANDERS/GEHLE, Das Recht der freien Dienste [2001]). Von der schuldrechtlichen Anstellung ist die körperschaftliche Organbestellung zu unterscheiden (vgl K SCHMIDT, Gesellschaftsrecht [4. Aufl 2002] 416 ff, 809 ff; BAUMS, Der Geschäftsleitervertrag [1987]; FLECK WM-Sonderbeil 3/1968 und 3/1981). Natürlich können Geschäftsführerverträge auch zwischen einem Geschäftsführer und anderen Unternehmensträgern, insbes auch einem Einzelkaufmann geschlossen werden. Bei Personengesellschaften muss der Geschäftsführer wegen des Prinzips der Selbstorganschaft Gesellschafter sein. **B 113**

Gerichtsvollzieher

Der Gerichtsvollzieher wird aufgrund öffentlich-rechtlicher Vorschriften (insbes §§ 154, 155 GVG, §§ 753, 166, 194 ZPO) tätig und schließt keine privatrechtlichen Verträge mit seinem Auftraggeber ab (RGZ 82, 85; BGH NJW-RR 2009, 658 Rn 14). **B 114**

Handelsvertretervertrag s Vertriebsverträge.

Herausgebervertrag

Der Herausgebervertrag wird zwischen einem Verlag und einem Herausgeber oder Redaktor über die Herausgabe eines Sammelwerkes verschiedener Autoren geschlossen und ist Dienstvertrag mit Geschäftsbesorgungselementen (RGZ 113, 70, 72) sowie uU verlagsvertraglichen Elementen (RGZ 115, 358, 361 f; Einzelheiten: ROHNER, Der Herausgebervertrag [1980]; SELLIER, Die Rechte der Herausgeber, Mitarbeiter und Verleger bei Sammelwerken [1964]; HABERSTUMPF/HINTERMEIER, Einführung in das Verlagsrecht [1985] § 27; DELP, Der Verlagsvertrag [8. Aufl 2008] Kap I Rn 138, Kap II S 84 ff). Die Pflichten des Herausgebers (nach älterer Terminologie – etwa beim vorliegenden Kommentarwerk Staudinger – wird auch von Redaktoren gesprochen) umfassen regelmäßig die Auswahl und Einteilung des zu bearbeitenden Stoffes, die Auswahl, Betreuung und Koordinierung der Autoren und die Verteilung der zu bearbeitenden Teile des Gesamtwerks, aber auch die Überprüfung der einzelnen Teilbearbeitungen auf **B 115**

Überschneidungen und Widersprüche, jeweils in enger Abstimmung zu den Autoren einerseits und zum Verlag sowie zur Druckerei andererseits.

Ingenieurvertrag

B 116 Verträge mit Ingenieuren sind bezüglich der vertragstypologischen Qualifikation und bezüglich der meisten vertragsrechtlichen Einzelfragen wie Architektenverträge (s dort) zu behandeln (Jagenburg/Kesselring NJW 2001, 3302; Kesselring/Hennig NJW 2004, 3535; vgl auch den Mustervertrag mit Anmerkungen vom Forum für die Entwicklung des Architekten- und Ingenieurrechts in Europa [FAIR], Sonderdruck der Zeitschrift BauR 2003; zur Rspr Neuenfeld NZBau 2004, 633 und NZBau 2005, 15; zu Kodifikationsbestrebungen Fuchs NZBau 2015, 675), können aber auch als Consultingverträge (s dort) des Untertyps Consulting Engineering zu qualifizieren sein; wie bei diesen ist auch bei den heutigen Ingenieurverträgen eine Tendenz zu mehr oder weniger ausgeprägten geschäftsbesorgungsrechtlichen Elementen des regelmäßig werkvertraglich, seltener dienstvertraglich zu qualifizierenden Rechtsverhältnisses unübersehbar. Durch die Reform des Werkvertragsrechts soll mit §§ 650o–650s BGB-E ein neuer Untertitel 2 zum Architekten- und Ingenieurvertrag geschaffen werden (dazu BR-Drucks 123/16, 72 ff; BT-Drucks 18/8486, 66 ff). Auf den Ingenieurvertrag finden nach § 650p Abs 1 BGB-E grundsätzlich die allgemeinen werkvertragsrechtlichen Vorschriften entsprechende Anwendung.

Inkassovertrag

B 117 Der Inkassovertrag über die Einziehung von Forderungen des Auftraggebers durch ein Inkassobüro oder eine sonstige Inkassostelle (Bank, Rechtsanwalt) ist ein Dienstvertrag mit geschäftsbesorgungsvertraglichem Charakter (RG JW 1906, 109; RG JW 1911, 581, 582; BGH NJW-RR 2004, 989; OLG München BB 1974, 101; Rieble DB 1995, 195).

Insolvenzverwalter

B 118 Der Insolvenzverwalter wird kraft Amtes tätig (vgl § 56 InsO, § 150 ZVG) und schließt keine privatrechtlichen Verträge über seine Tätigkeit ab. Ausweislich der § 63 InsO, §§ 150d, 150e, 152, 153a, 154 ff ZVG haben Insolvenz- und Zwangsverwalter jedoch eine geschäftsbesorgungsähnliche Stellung, die auch eine analoge Heranziehung einzelner Grundsätze des vertraglichen Geschäftsbesorgungsrechts rechtfertigt (BGHZ 24, 393, 396). Man kann von einem gesetzlichen Schuldverhältnis mit Geschäftsbesorgungscharakter sprechen (vgl BGHZ 24, 393, 396; BGHZ 62, 1, 2 f).

Just-in-Time-Verträge s Zulieferverträge.

Justitiarvertrag

B 119 Der Vertrag eines Unternehmens mit einem Justitiar oder Syndikus, der regelmäßig zugelassener Rechtsanwalt ist und mit der Wahrnehmung aller Rechtsangelegenheiten des Unternehmens betraut ist, ist Geschäftsbesorgungsdienstvertrag (BGH NJW 1970, 34).

Kautionsversicherungsvertrag

Durch einen Kautionsversicherungsvertrag übernimmt der Versicherer gegen Zahlung von Versicherungsprämien das **Insolvenzrisiko des Versicherungsnehmers gegenüber dessen Gläubigern**, indem der Versicherer Bürgschaften (Erfüllungs-, Ausführungs-, Gewährleistungsbürgschaften etc) oder auch andere Sicherheiten stellt, die auf ein bestimmtes Gesamtvolument (sog Limit) beschränkt sind. Tritt die Zahlungsunfähigkeit des Versicherungsnehmers ein, trifft den Versicherer die Bürgenhaftung mit der regulären Regressmöglichkeit nach § 774 S 1 gegenüber dem Versicherungsnehmer. Eine strikte **Trennung** ist konstruktiv **zwischen dem Kautionsversicherungsvertrag und** den auf dieser Grundlage **gewährten Sicherheiten** vorzunehmen. Den Gläubigern des Versicherungsnehmers stehen ausschließlich Ansprüche aus den Bürgschaftsverträgen (oder sonstigen Sicherungsgeschäften) gegen den Versicherer zu, mangels Parteistellung aber nicht aus dem Kautionsversicherungsvertrag. Den Gläubigern des Versicherungsnehmers kommt insbesondere nicht die Stellung von Dritten iSd §§ 328 ff zu. Die praktische Bedeutung des Kautionsversicherungsvertrages betrifft vor allem die **Baubranche**, indem der Bauunternehmer durch einen Kautionsversicherungsvertrag in die Lage versetzt wird, bestehende Zahlungsverbindlichkeiten zeitnah zu realisieren (Proske ZIP 2005, 1035). Entsprechend spricht § 17 Abs 2 VOB/B ausdrücklich von der Bürgschaft eines Kreditversicherers als Sicherheit. **B 119a**

Seiner Rechtsnatur nach handelt es sich beim Kautionsversicherungsvertrag um einen **Geschäftsbesorgungsvertrag** (BGHZ 168, 276 Rn 8 = BKR 2007, 74, 75; BGH NZI 2007, 234 Rn 7; BGH NJW-RR 2008, 1007 Rn 7; BGH WM 2010, 1397 Rn 10; OLG Frankfurt ZIP 2005, 1245, 1246; OLG München ZIP 2006, 677, 678; OLG Koblenz NJW-RR 2014, 1062; Vosberg ZIP 2002, 968, 970; Spliedt EWiR 2005, 573, 574; Proske ZIP 2006, 1035, 1036; Dahl NJW-Spezial 2008, 693), nicht aber um einen Versicherungsvertrag (**aA** KG ZinsO 2004, 979; Thomas/Dreher VersR 2007, 731, 734 mwNw zur älteren Judikatur; Rind/Wendt VersR 2008, 1601, 1603). Der Versicherer nimmt durch die Stellung von Sicherheiten die für ihn fremden Vermögensinteressen des Versicherungsnehmers wahr. Dem Versicherungsnehmer wird zugleich sein **Liquiditätsspielraum** bei seiner Hausbank erweitert (OLG Koblenz NJW-RR 2014, 1062). Wirtschaftlich-funktionell besteht eine **Vergleichbarkeit mit dem Avalkreditvertrag** (BGHZ 168, 276 Rn 8); soweit die Bank zur Gewährung einer Bürgschaft verpflichtet ist, handelt es sich bei dem Avalkreditvertrag ebenfalls um einen Geschäftsbesorgungsvertrag (BGHZ 95, 375, 380 f; OLG München NZI 2009, 250; OLG Koblenz NJW-RR 2014, 1062). Gegen eine Einordnung als Geschäftsbesorgungsvertrag lässt sich auch nicht vorbringen, dass die Regressmöglichkeit des Versicherers eher theoretischer Art sei und praktisch zumeist wegen der Zahlungsunfähigkeit des Versicherungsnehmers nicht bestehe (so Thomas/Dreher VersR 2007, 731, 735). Der Kautionsversicherungsvertrag schützt aber die Gläubiger des Versicherungsnehmers auch gegen eine lediglich vorübergehende Zahlungsunfähigkeit, bei der es im Ergebnis nicht zu einem Regressausfall kommt. Auch greift letztlich die Erwägung, auch Versicherungsverträge könnten mit einer Regressoption des Versicherers gegenüber dem Versicherungsnehmer ausgestattet sein (Thomas/Dreher VersR 2007, 731, 735), nicht durch. Im Regelfall richtet sich der Regress des Versicherers beim Versicherungsvertrag gegen den Dritten, nicht aber gegen den Versicherungsnehmer; letzterer kann nur in äußersten Ausnahmefällen in Anspruch genommen werden (Armbrüster, in: Prölss/Martin [Hrsg], VVG [29. Aufl 2015] § 86 Rn 22, 27). Folge der **B 119b**

Einordnung als Geschäftsbesorgungsvertrag ist unter anderem die Anwendbarkeit der §§ **115, 116 InsO** und nicht des § 103 InsO in der **Insolvenz des Versicherungsnehmers** (BGHZ 168, 276 Rn 9 ff mwNw).

Kommissionsagentenvertrag s Vertriebsverträge.

Kommissionsvertrag

B 120 Der handelsrechtliche Kommissionsvertrag der §§ 383 ff HGB ist ein kaufmännischer Geschäftsbesorgungsvertrag dienstvertraglichen Charakters (bei längerem Bemühen und Tätigkeitsbezug) oder werkvertraglichen Charakters (bei Einzelgeschäften mit Erfolgsbezogenheit), durch den es der Kommissionär übernimmt, Waren oder Wertpapiere für Rechnung des Kommittenten im eigenen Namen zu kaufen oder zu verkaufen (zur dienstvertraglichen Kommission vgl RGZ 110, 123, zur werkvertraglichen vgl RGZ 71, 77). Dabei betrifft § 383 HGB nur die „eigentliche" oder „regelmäßige" Einkaufs- und Verkaufskommission, die den gewerbsmäßigen Übernehmer solcher Geschäfte zum Kommissionär im Sinne des Handelsrechts macht (K Schmidt, Handelsrecht [6. Aufl 2014] § 31 Rn 21 ff). Die in § 406 Abs 1 S 1 und 2 HGB geregelte „uneigentliche" oder „unregelmäßige" Kommission bezieht in die Regelungen zum Kommissionsvertrag auch die von Kommissionären (S 1) oder von anderen Kaufleuten (S 2) im Betrieb ihres Handelsgewerbes geschlossenen Verträge mit ein, in denen für Rechnung eines anderen im eigenen Namen der Geschäftsabschluss mit Dritten übernommen wird (nicht nur Waren- oder Wertpapierkauf oder -verkauf). Auch der Kaufmann, der nicht nach § 383 HGB Kommissionär „nach Gewerbe" ist, aber nach § 406 Abs 1 S 2 einen Kommissionsvertrag abschließt, kann aber Kommissionär („kraft Geschäfts") genannt werden. Die gewerbsmäßige Kommission hat gegenüber dem 19. Jahrhundert stark an Bedeutung eingebüßt. Herausragende Relevanz kommt der **Effektenkommission** beim Wertpapiergeschäft der Banken und der **Konsignationskommission** im Exportgeschäft zu. Daneben ist die Kommission vor allem noch im Kunst-, Antiquitäten- und Briefmarkenhandel verbreitet. Ergänzend zu den handelsrechtlichen Regeln beansprucht § 675 Abs 1 und das damit berufene Regelungsprogramm Geltung. Die Auslegungsregel des § 673 ist freilich unanwendbar. Die Vorschrift des § 666 wird durch § 384 Abs 2 HGB oder durch § 400 Abs 2 HGB ersetzt, die Vorschrift des § 665 wird durch § 385 Abs 2 HGB wohl wegen ihrer Wichtigkeit vom Gesetz in Erinnerung gerufen und durch § 385 Abs 1 HGB ergänzt. Die Vorschrift des § 670 findet durch § 396 Abs 2 HGB eine zusätzliche Klarstellung. Wegen § 392 Abs 2 HGB trägt der Kommittent nicht das volle Insolvenzrisiko des Kommissionärs. Neben der handelsrechtlichen Kommission steht der zivilrechtliche Kommissionsvertrag etwa über den Kauf oder Verkauf von Grundstücken, der gleichfalls ein Dienst- oder (meist) Werkvertrag mit Geschäftsbesorgungscharakter ist. Der Kommissionsagentenvertrag ist als Vertriebsvertrag ebenfalls ein Dienstvertrag mit Geschäftsbesorgungscharakter (s unten Rn B 225).

Konkursverwalter

B 121 Der Ausdruck „Konkursverwalter" lebt in der Praxis fort, auch wenn das Konkursgesetz durch die Insolvenzordnung abgelöst wurde und den **Insolvenzverwalter** (s dort) geschaffen hat, der ebenso wie der Zwangsverwalter kraft Amtes tätig wird (vgl § 56 InsO, § 150 ZVG) und keine privatrechtlichen Verträge über seine Tätigkeit abschließt.

Kreditauftrag

Der in § 778 geregelte Kreditauftrag ist bei Entgeltlichkeit ein Geschäftsbesorgungsvertrag (RGZ 56, 130, 133; H Weber JuS 1972, 9, 12). **B 122**

Kreditkartenverträge

Die Kreditkartenverträge mit ihrer geschäftsbesorgungsvertraglichen Rechtsnatur und ihren rechtlichen Besonderheiten finden sich bei Staudinger/Omlor [2012] Vorbem 130 ff zu §§ 675c–676c erläutert. **B 123**

Leasingverträge

In den literarischen Auseinandersetzungen über die Rechtsnatur des Finanzierungsleasingvertrags spielt nach wie vor das **geschäftsbesorgungsvertragliche Leasingverständnis** eine gewisse Rolle. Entsprechend dem enzyklopädischen Anspruch des vorliegenden Kommentarwerks erscheint deshalb eine Darstellung der geschäftsbesorgungsvertraglichen Leasingtheorie geboten – wiewohl unter Verzicht auf eine Rekapitulation sämtlicher anderer Leasingtheorien (vgl dazu ausf Martinek, Moderne Vertragstypen Bd I [1991] 33 ff; zur Gesamtdarstellung des Leasingrechts H Beckmann/Scharff, Finanzierungsleasing [4. Aufl 2015] und vWestphalen [Hrsg], Der Leasingvertrag [7. Aufl 2015]; Staudinger/Stoffels [2014] Leasing; zur jüngeren Entwicklung des Leasingrechts Harriehausen NJW 2015, 1422; dies NJW 2016, 1421). Die dogmatische Einordnung der Leasingverträge (im engeren des sog erlasskonformen **Finanzierungsleasings)** in das System der gesetzlich geregelten Vertragstypen und die damit verbundene Bestimmung der Rechtsnatur bereitet der Rechtswissenschaft und der Rechtsprechung seit je **außerordentliche Schwierigkeiten** und ist bis heute umstritten. Dabei ist die zivilrechtliche Einordnung des „so rätselhaften Gebildes Leasing" (Lieb DB 1988, 946) **keine Frage von akademischer Folgenlosigkeit**, denn die Rechtsnaturbestimmung präjudiziert in praktisch sehr bedeutsamer Weise die Festlegung des rechtlichen Regelungsprogramms für das Zustandekommen, den Inhalt, die Durchführung und die Abwicklung des Vertrags (E G Koch, Störungen beim Finanzierungs-Leasing [1988] 90; Sonnenberger NJW 1983, 2217, 2218; Seifert DB-Beilage 1/1983, 1 f; Coester-Waltjen JURA 1980, 123, 125; Bernstein, Der Tatbestand des Mobilien-Finanzierungsleasingvertrages [1983] 133; Papapostolou, Die Risikoverteilung beim Finanzierungsleasingvertrag [1987] 33; Martinek, Moderne Vertragstypen Bd I [1991] 64). **B 124**

Das Leasinggeschäft lässt sich seiner wirtschaftlichen Grundkonzeption nach als eine **Investitions- und Finanzierungsmethode** kennzeichnen, die auf die mittel- und langfristige Verschaffung der unternehmerischen Einsatzmöglichkeit von Wirtschaftsgütern gegen Entgelt gerichtet ist. Sieht man vom weniger bedeutsamen Konsumgüterleasing ab, sind am Leasinggeschäft **typischerweise drei Kaufleute** beteiligt: **erstens** der **Unternehmer, Investor und Leasingnehmer**, der an dem betrieblichen Einsatz eines Wirtschaftsgutes interessiert ist; **zweitens** der **Hersteller oder Händler**, der als Lieferant das Wirtschaftsgut verkaufen und veräußern, dh Eigentum daran gegen Kaufpreiszahlung übertragen will; **drittens** der **Financier und Leasing-** **B 125**

geber, meist ein gewerbliches Leasingunternehmen, das zur Finanzierung der Nutzungsmöglichkeit „zwischengeschaltet" wird. Das Leasinggut wird zwar von dem investierenden Leasinginteressenten selbst ausgesucht, nicht aber selbst gekauft und erworben, vielmehr schließt der Leasinggeber – meist auf Veranlassung des Leasingnehmers – den Kaufvertrag mit dem Lieferanten und erwirbt von ihm den Leasinggegenstand, zB eine aufwendige EDV-Anlage zur Rationalisierung der Buchhaltung. Der Leasingnehmer *in spe* kann das Leasinggeschäft dadurch anbahnen, dass er zunächst das von ihm gewünschte Wirtschaftsgut bei einem Lieferanten aussucht und sodann – möglicherweise auf Vermittlung des Lieferanten – zur Finanzierung der Investition eine Leasinggesellschaft anspricht, die das Wirtschaftsgut im eigenen Namen und für eigene Rechnung kauft und schließlich an den Leasingnehmer „verleast". Der Leasingnehmer *in spe* kann sich aber auch gleich an eine Leasinggesellschaft wenden. Dieser Weg wird insbesondere beschritten, wenn von vornherein als Finanzierungsmethode nur das Leasing in Betracht kommt und der Leasingnehmer das besondere Know-how der Leasinggesellschaft schon bei der Auswahl des Objektes in Anspruch nehmen will.

B 126 Der Lieferant, der an dem Leasingvertrag nicht beteiligt ist, erhält vom Leasinggeber seinen Kaufpreis, ohne einen Kredit einräumen zu müssen. Der Leasinggeber überlässt aufgrund des Leasingvertrages die jetzt ihm gehörende Sache dem Leasingnehmer für einen bestimmten, im Vorhinein festgelegten Zeitraum, während dessen der Leasingnehmer monatliche Leasingraten zu entrichten hat. Die Zahlungen innerhalb der meist mehrjährigen „Grundmietzeit" (besser: Grundlaufzeit oder Grundvertragszeit), während der der Leasingvertrag nicht ordentlich gekündigt werden kann, summieren sich dazu, dass der Leasinggeber **das für die Kaufpreiszahlung eingesetzte Kapital zuzüglich Verzinsung und Gewinn** erwirtschaftet. Wird während der Grundvertragszeit keine **Vollamortisation** erreicht, dann sieht der Leasingvertrag regelmäßig vor, dass der Leasinggeber im Anschluss daran auf seine Kosten kommt, sei es durch einen Verkauf des Objektes an den Leasingnehmer oder an einen Dritten, sei es durch eine ergänzende „Abschlusszahlung" des Leasingnehmers. **Jedenfalls ist die Vollamortisation für den Leasinggeber immer gesichert**. Der Leasingnehmer ersetzt wirtschaftlich gesehen mit den aufgebrachten Leasingraten für die Gebrauchsüberlassung und notfalls mit ergänzenden Zahlungen im Ergebnis den vom Leasinggeber aufgewandten Kaufpreis und zahlt ihm für die „Vorleistung" zudem ein Entgelt. Der Leasingnehmer, der zwar kein Eigentum am Leasinggut erhält, dafür aber auch keinen Kaufpreis in einer Summe aufzubringen braucht, kommt unter Schonung von Eigenkapital und damit Liquidität in den Genuss der unternehmerischen Einsatzmöglichkeit des Leasingguts und kann das dafür zu entrichtende Entgelt, die monatlichen Leasingraten, gerade durch den gewinnbringenden Einsatz des Investitionsguts als Produktionsmittel erwirtschaften, getreu der „goldenen" Finanzierungsregel **„pay as you earn"**. Dass der Leasingnehmer kein Eigentum an den eingesetzten Objekten (Maschinen, Fahrzeuge oder ganze Produktionsanlagen) erwirbt, ist für ihn von zweitrangiger Bedeutung, solange die Nutzungsmöglichkeit gewährleistet ist: für ihn ist der praktische Nutzen, nicht das formale Eigentum wichtig, „leadership not ownership". Leasing versteht sich daher betriebswirtschaftlich als **funktionales Substitut zum Kauf**.

B 127 Bei dem vorstehend geschilderten Grundkonzept des Leasings, das allerdings **vielfachen Abwandlungen** zugänglich ist, bestehen zwischen dem Lieferanten und dem

Leasingnehmer grundsätzlich keine vertraglichen Beziehungen. Allenfalls können sich die Vorverhandlungen über das zu liefernde Objekt zu einem vorvertraglichen Vertrauensschuldverhältnis verdichten. Zwischen dem Lieferanten und dem Leasinggeber wird ein Kauf-, Werk- oder Werklieferungsvertrag, zwischen dem Leasinggeber und dem Leasingnehmer der Leasingvertrag geschlossen. In dem „für derartige Leasingverträge typischen Dreiecksverhältnis" (so BGH NJW 1977, 195, 196; vgl auch BGH NJW 1977, 1058 und BGH NJW 1985, 1544, 1545; Hiddemann WM 1978, 834; Flume DB 72, 1 ff; 53 ff, 57; Autenrieth JA 1980, 407; Coester-Waltjen JURA 1980, 122, 123; Larenz/Canaris, SchuldR II/2 [13. Aufl 1994] 183) behält der Verkäufer und Veräußerer seine klassische **Lieferantenfunktion**, ohne zusätzlich eine **Kreditfunktion** übernehmen zu müssen. Der Leasingnehmer kann ohne schwerwiegende Veränderung seiner Vermögenssphäre die **Funktion des wirtschaftenden Unternehmers** hinsichtlich des genutzten Anlageguts ausüben. Der Leasinggeber, der die Investition finanziert, ohne das Leasinggut selbst unternehmerisch einzusetzen, übernimmt die **Funktion des Financiers** oder „Kapitalisten" und verschafft dem Leasingnehmer die Nutzungsmöglichkeit. Vor allem bei den Leasinggeschäften der letzten Jahre kann hierzu noch eine **Dienstleistungsfunktion** des Leasinggebers treten, wenn dieser für den Leasingnehmer beratend und betreuend tätig wird. Das Leasinggeschäft ermöglicht mithin eine Trennung von Vermögenssphäre und unternehmerischer Sphäre hinsichtlich des von einem Unternehmen genutzten Anlageguts (so grundlegend Flume DB 1972, 1, 8). Der **Finanzierungsfunktion** des Leasinggeschäfts entspricht es, dass der Leasinggeber das Risiko der Bonität des Leasingnehmers trägt, vergleichbar einem Kreditgeber gegenüber einem Kreditnehmer (Bossert BB 1981, 2038 ff, 2041; Tacke DB-Beilage 28/1983, 2); die **Gebrauchsüberlassungsfunktion** des Leasing lässt die Verschaffung und Belassung zur Nutzung zwar als „Hauptpflicht" (so BGHZ 96, 103, 106 = NJW 1986, 179 f) des Leasinggebers erscheinen, jedoch soll der Leasingnehmer alle mit seiner Investitionsentscheidung (der Auswahl des Objekts, der Anschaffung und Erhaltung) verbundenen Risiken tragen, die aus der **Nutzungsfunktion** des Objekts entspringen, insbesondere die Sachgefahr (Klamroth BB 1982, 1949, 1952).

Der **geschäftsbesorgungsvertragliche Ansatz** zur dogmatischen Einordnung des Leasingvertrages ist insbesondere von Canaris entwickelt worden, der allerdings **nur geringe Gefolgschaft** im Schrifttum gefunden hat (Canaris, Bankvertragsrecht [2. Bearb 1981] Rn 1710 ff, 1718 ff; ders NJW 1982, 305 f; ders AcP 190 [1990] 410; ders ZIP 1993, 401; Larenz/Canaris, SchuldR II/2 [13. Aufl 1994] 106 ff; vgl auch Koch/Haag BB 1968, 93 f; Ulmer/Schmidt DB 1983, 2558 f). **In der Rechtsprechung** hat die geschäftsbesorgungsvertragliche Leasingtheorie **keine Resonanz** gefunden, sondern – im Gegenteil – eine ausdrückliche Abfuhr erfahren (BGHZ 81, 298 = NJW 1002, 105 ff; BGHZ 96, 103 ff = NJW 1986, 179 ff; BGHZ 97, 135 ff = NJW 1986, 1744 ff; NJW 1990, 1785, 1787 f). In seinen Kernaussagen konnte Canaris allerdings durch Lieb Unterstützung gewinnen (Lieb WM-Sonderbeil 6/1992; dazu kritisch vWestphalen DB 1993, 921). Nach dieser Sichtweise schließt der Leasinggeber bei der Beschaffung des Leasingobjektes den Kauf- bzw Werklieferungsvertrag mit dem Lieferanten **in Besorgung eines Geschäfts für den späteren Leasingnehmer** ab. Er handelt bei Abschluss dieses Beschaffungsvertrages im eigenen Namen, aber **für fremde Rechnung** (des Leasingnehmers) wie ein verdeckter (mittelbarer) Stellvertreter nach Art eines Einkaufskommissionärs. Das Verhältnis zwischen Leasinggeber und -nehmer wird wesentlich durch den Beschaffungsauftrag charaktcrisicrt: dcr **Leasinggeber erwirbt das Leasinggut im Auftrag des Leasingnehmers**, um ihm sodann dessen Nutzung zu überlassen. Der Beschaffungs- B 128 auftrag richtet sich also auf den **Erwerb der Nutzungsmöglichkeit, nicht des Eigentums**, das beim Leasinggeber verbleibt. Der Leasinggeber, dem gegen den Leasingnehmer aus dem Geschäftsbesorgungsverhältnis ein Anspruch auf **Ersatz seiner Aufwendungen** (§§ 675 Abs 1, 670) und auf ein provisionsartiges Entgelt zusteht, kreditiert diese Ansprüche dadurch, dass er mit dem Leasingnehmer ein **Vereinbarungsdarlehen** verabredet. Der Leasinggeber hält während der Grundlaufzeit des Vertrages das Eigentum an der Leasingsache für Rechnung des Leasingnehmers. Der Leasingvertrag erscheint aus dieser Sicht als ein **gemischttypischer Vertrag mit Elementen des Darlehensvertrages und vorwiegend des Kommissionsvertrages**, der sich als ein **Sonderfall des Geschäftsbesorgungsdienstvertrages** darstellt, §§ 675 Abs 1, 611. Das Handeln des Leasinggebers für fremde Rechnung und damit das geschäftsbesorgungsvertragliche Element des Leasings „dominiert" derart, dass ein wirtschaftliches Eigeninteresse des Leasinggebers ganz in den Hintergrund tritt und demgegenüber die vermögensmäßige Zuordnung des Leasinggegenstandes zur unternehmerischen Sphäre des Leasingnehmers betont wird. Von der „geschäftsbesorgungsrechtlichen" Leasingtheorie ist nicht nur wegen des Handelns des Leasinggebers für fremde Rechnung, sondern vor allem deshalb die Rede, weil der leasingtypische Amortisationsanspruch des Leasinggebers **zuerst** als ein nach §§ 675 Abs 1, 670 entstehender, geschäftsbesorgungsvertraglicher, **sodann** durch ein Vereinbarungsdarlehen kreditierter Aufwendungsersatzanspruch erscheint.

B 129 Der **vorgeschaltete Beschaffungsauftrag**, der das geschäftsbesorgungsvertragliche Element des Leasinggeschäfts determiniert, ist auch für die **Risikoverteilung** der Parteien maßgeblich: in offenem Gegensatz insbesondere zur mietvertraglichen Leasingtheorie der herrschenden Meinung und Rechtsprechung werden die **Risiken** eines Scheiterns oder einer Verspätung der Beschaffung sowie einer sich später herausstellenden Fehlerhaftigkeit der Kauf-/Leasingsache **auf den Leasingnehmer abgewälzt**. Dies liegt in der Konsequenz des dogmatisch-konstruktiven Anliegens der geschäftsbesorgungsvertraglichen Leasingtheorie, die vor allem die **Fremdnützigkeit des Beschaffungsvorgangs** durch den Leasinggeber neben dem Kreditelement des Leasinggeschäfts betont. Der **Aufwendungsersatz- bzw Kreditrückzahlungsanspruch** steht danach **außerhalb des leasingvertraglichen Synallagmas**; der Amortisationsanspruch bleibt etwa von einer Kündigung oder einem Untergang der Leasingsache unberührt.

B 130 Unverkennbar hat allerdings namentlich Canaris seine ursprüngliche Ausprägung der geschäftsbesorgungsvertraglichen Leasingtheorie in späteren Veröffentlichungen (AcP 190 [1990] 410; ZIP 1993, 401; Larenz/Canaris, SchuldR II/2 [13. Aufl 1994] 106 ff) – möglicherweise unter dem Eindruck der Kritik – **teilweise abgemildert und frühere Extrempositionen revoziert**. Früher wurde ein Eigeninteresse des Leasinggebers allenfalls „berücksichtigt", nahm sich aber im Gesamtbild der geschäftsbesorgungsvertraglichen Konzeption ganz und gar marginal aus (vgl Canaris NJW 1982, 305 und 306, wonach „der Leasinggeber typischerweise kein eigenes Interesse an dem Leasinggut hat und sich bei dessen Anschaffung demgemäß nach den Wünschen und Weisungen des Leasingnehmers richtet"; vgl auch ders, Bankvertragsrecht [3. Aufl 1988] Rn 171, 1719, 1733 und 1782; dazu kritisch Lieb DB 1988, 946, 950; replizierend Canaris AcP 190 [1990] 410, 453 Fn 68). Nunmehr wird dem Eigeninteresse des Leasinggebers verstärkt Rechnung getragen (AcP 190 [1990] 410 ff, 453; ZIP 1993, 401, 405, wonach der Leasinggeber „nur überwiegend im Interesse des Leasingnehmers, zum Teil aber auch in seinem eigenen Interesse [handelt], weil er sowohl aus der Finanzierung als auch aus dem Restwert Gewinn ziehen will"). Die früher eindeutig in den Mittelpunkt gerückte geschäftsbesorgungsvertragliche („dominante") Komponente des Leasingvertrages (Canaris, Bankvertragsrecht [3. Aufl 1988] Rn 1718 und 1719) findet sich nun zu einer nur noch „teilweisen" geschäftsbesorgungsrechtlichen Qualifikation abgemildert (Canaris AcP 190 [1990] 461). Auch erfuhr früher das Treuhandelement eine besondere Hervorhebung (Canaris, Bankvertragsrecht [3. Aufl 1988] Rn 1718, 1719: „Das Eigentum des Leasinggebers ist während der Dauer des Leasingvertrages treuhänderisch oder treuhandähnlich gebunden ..."); inzwischen wird es zu einem „treuhandrechtlichen oder treuhandähnlichen Einschlag" (AcP 190 [1990] 410, 461) abgeschwächt, wohl weil eine zu offensichtliche treuhänderische oder treuhandähnliche Bindung des Leasinggebers steuerrechtlich nach § 39 Abs 2 Nr 1 S 1 und S 2 AO schädlich sein könnte. Schließlich hat Canaris gegen die nach seinen früheren Äußerungen (Bankvertragsrecht [3. Aufl 1988] Rn 1717) überaus naheliegende Deutung protestiert, dass seiner Sichtweise zufolge der Leasinggeber „das Eigentum für den Leasingnehmer nach Art eines Sicherungseigentümers treuhänderisch hält" (so Martinek, Moderne Vertragstypen Bd I [1991] 86; dagegen Canaris ZIP 1993, 401, 405 Fn 33). Man darf aus diesen Beobachtungen indes schwerlich schon auf ein Rückzugsgefecht der geschäftsbesorgungsvertraglichen Leasingtheorie schließen, innerhalb derer sich lediglich die argumentativen Gewichte verschoben haben. Denn nach dem **Inkrafttreten des VerbrKrG** (1991) wähnte sich dieser Ansatz wieder im Aufwind (Canaris ZIP 1993, 401; dagegen vWestphalen NJW 1993, 3225), wenn auch nunmehr modifiziert vom Finanzierungsleasing als „gemischttypischem Vertrag aus Elementen des Kredit- und Geschäftsbesorgungsrechts" gesprochen wird. Der Gesetzgeber habe das „Finanzierungsleasing" in § 3 Abs 2 Nr 1 VerbrKrG (vgl § 500 BGB aF, aufgehoben durch das Gesetz zur Umsetzung der Verbraucherkreditrichtlinie, des zivilrechtlichen Teils der Zahlungsdiensterichtlinien sowie zur Neuordnung der Vorschriften über das Widerrufs- und Rückgaberecht [BGBl 2009 I 2355]) zu einem Terminus der Gesetzessprache gemacht, es explizit unter die Kreditgeschäfte aufgenommen, das darlehensvertragliche Element und damit insgesamt die „geschäftsbesorgungs-/kreditrechtliche Konzeption" des Finanzierungsleasing „bestätigt und bekräftigt" (Canaris ZIP 1993, 401, 405, 406 mit Hinweisen auch auf „unbefangene" geschäftsbesorgungsrechtliche Termini aus den Beratungen zum VerbrKrG und aus der Leasing-Rechtsprechung).

Die geschäftsbesorgungsvertragliche Leasingtheorie ist in der Literatur auf heftige **B 131**
Kritik gestoßen (vgl etwa Flume DB 1991, 265, 266; Basedow RIW 1988, 1, 3; vWestphalen, Leasingvertrag [5. Aufl 1998] Rn 84 ff; ders ZIP 1991, 639; ders DB 1993, 921; Ebenroth JuS 1978, 588, 591; teilweise auch Lieb DB 1988, 946, 950; gegen Canaris auch BGHZ 96, 103 ff = NJW 1986, 179 ff). Auch in seiner entschärften Gestalt führt dieser Ansatz zu weitreichenden Konsequenzen für die Mängelhaftung ebenso wie für den Einwendungsdurchgriff und für das Insolvenzverfahren und gelangt in diesen Fragen fast durchweg zu sachgerechten Ergebnissen. Bisweilen drängt sich angesichts der konstruktiven Schlüssigkeit und Glätte der Eindruck auf, dass das Versäumnis einer näheren Hinwendung der Rechtsprechung und der Leasingpraxis zu diesem Rechtsverständnis des Leasingvertrages eine juristische Fehlsteuerung war. **Bei näherer Nachprüfung** erweist sich das „blendende" dogmatisch-konstruktive Bild indes als **trügerisch**, sodass man Canaris und den ihm folgenden Stimmen letztlich die Unterstützung versagen muss.

Gewiss schließt der Leasinggeber den Beschaffungsvertrag mit dem Lieferanten im **B 132**

Hinblick auf den späteren Leasingvertrag ab. Wirtschaftlich gesehen kauft er die Sache, um sie dem Leasingnehmer zum Gebrauch und zur Nutzung überlassen zu können. Indes wird durch diesen wirtschaftlichen Hintergrund der **Beschaffung als Durchgangsgeschäft** und durch das Motiv des Leasinggebers zur **sofortigen Weiterverschaffung** der Kauf- oder Werklieferungsvertrag noch nicht zu einem Geschäft auf fremde Rechnung. Auch der Groß- oder Einzelhändler, der im Einzelfall auf Veranlassung seines Abnehmers von seinem Lieferanten eine Ware zur späteren Weiterveräußerung bezieht und „besorgt", wird dabei nicht als Geschäftsbesorger des Abnehmers, sondern **für eigene Rechnung** tätig. Der Leasinggeber selbst versteht den Beschaffungsvorgang, den er als wirtschaftliche und rechtliche **Voraussetzung** seiner Geschäftstätigkeit mit dem Leasingnehmer ansieht, als ein **Geschäft auf eigene Rechnung**, bei dem **er ein Risiko trägt und eine Gewinnchance erhält**. Zudem rückt der geschäftsbesorgungsvertragliche Ansatz den Beschaffungsvorgang zu Unrecht in den Mittelpunkt des Leasinggeschäfts, steht doch für die Parteien des Leasingvertrages **weniger die Beschaffung als vielmehr die Gebrauchsüberlassung und die Finanzierung des Objektes** im Vordergrund. Für die Geschäftsbesorgungstheoretiker wird **die Gebrauchsüberlassung zur bloßen Verlängerung des Beschaffungsvorganges**, der zwar zeitlich der primäre, sachlich aber sicherlich der sekundäre Vorgang ist. Denn mit der Überlassung des Gegenstandes an den Leasingnehmer, mit dem der Geschäftsbesorgungsvertrag, streng genommen, beendet sein müsste, **beginnt** für die Parteien erst die eigentliche Vertragsdurchführung. Dem Leasingnehmer kommt es auf die **fortwährende Nutzung** der Sache an. Dieses zentrale Moment vermag nicht zu erfassen, wer das auf den Beschaffungsvorgang folgende Dauerschuldverhältnis nur als darlehensvertragliche Abwicklung versteht. Es ist auch nicht ohne Verrenkungen möglich, den Vollamortisationsanspruch des Leasinggebers als kreditiert anzusehen, denn dieser bezieht sich nicht allein auf eine Tilgung des eingesetzten Kapitals zuzüglich des kalkulierten Gewinns, sondern ist in seinem Umfang von den Marktverhältnissen im Zeitpunkt der Beendigung des Leasingvertrages abhängig. Es irritiert auch am geschäftsbesorgungsvertraglichen Ansatz, dass der Leasinggeber nicht das aus der Geschäftsführung Erlangte (§§ 675 Abs 1, 667 BGB, § 383 Abs 2 HGB), nämlich das Eigentum, sondern nur den Besitz, die Nutzungsmöglichkeit und die Gewährleistungsansprüche auf den Leasingnehmer überträgt.

B 133 Die **Ergebnisse** des geschäftsbesorgungsvertraglichen Ansatzes dürften auch **allzu einseitig den Leasinggeber begünstigen**. Insbesondere versperrt die Erfassung der Vertragsdurchführung als **darlehensvertraglicher Annex** zum kreditierten Aufwendungsersatzanspruch dem Leasingnehmer **ausreichende Möglichkeiten der Risikoabsicherung gegen Störfälle**, weil damit der Amortisationsanspruch des Leasinggebers aus dem Synallagma des Leasingvertragsverhältnisses herausgerückt wird. Der Leasingnehmer, der doch bei natürlicher Betrachtungsweise laufend dafür zahlt, dass er die beschaffte Sache fortdauernd nutzt, soll angeblich nur das kreditierte Entgelt für die zurückliegende Beschaffung der Nutzungsmöglichkeit zahlen. Der Leasinggeber verabschiedet sich damit reichlich früh aus seiner Verantwortung, für die ihn der Leasingnehmer entlohnt; die Verantwortung des Leasinggebers für Beschaffung **und** Nutzungsmöglichkeit der Sache wird von der Geschäftsbesorgungstheorie **um die entscheidende Dimension kupiert**. Den Leasingnehmer interessiert der Beschaffungsakt letztlich nur als Mittel und Vorstufe zu der langfristigen Gebrauchsüberlassung. Es wird bei einer Gegenüberstellung der auf den ersten Blick eindrucksvollen „geschäftsbesorgungs-/kreditrechtlichen Konzeption" (so nunmehr Canaris ZIP 1993, 401,

406) mit dem Vorstellungsbild der Parteien verständlich, dass FLUME (DB 1991, 265, 266) „geradezu eine Verkehrung im Grundsätzlichen" diagnostiziert.

Schließlich vernachlässigt der geschäftsbesorgungsvertragliche Ansatz, dass die Parteien des Leasingvertrages ihre Rechtsbeziehungen **mit dem Blick auf die steuerrechtliche Würdigung** ausgestalten, und zwar – wie zu betonen ist – legitimerweise. Aus ihrer Sicht ist der Erwerb der Sache zunächst durch den Leasinggeber „für sich", mit dem davon zu trennenden Endzweck der späteren Nutzungsüberlassung durch ein separates Geschäft, **die allein angemessene Erfassung des Beschaffungsvorgangs**, auch wenn die zu finanzierende Investitionsentscheidung des Leasingnehmers erst und allein den Anlass für den Erwerb des Leasinggebers gibt. Die Vorstellung eines fremdnützigen Erwerbs der Leasingsache durch den Leasinggeber, die Einordnung der geschuldeten Vollamortisation als darlehensmäßige Rückgewährpflicht und nicht zuletzt das Halten des Leasingobjekts durch den Leasinggeber für Rechnung des Leasingnehmers **widerspräche aber leicht den steuerrechtlichen Vorgaben**. Das Finanzierungsleasing ist geradezu eine Geburt des Steuerrechts. Der Leasingvertrag wird von den Parteien privatautonom zuerst im Hinblick auf steuerrechtliche Zielsetzungen konzipiert, die seine zivilrechtliche Erfassung nicht gefährden darf, sondern zu respektieren hat. Die Anwendbarkeit der auftrags- bzw geschäftsbesorgungsvertraglichen Vorschriften würde im Ergebnis entgegen den Zielsetzungen der Parteien **das wirtschaftliche Eigentum des Leasinggebers** in Zweifel ziehen (vgl dazu vWESTPHALEN, in: vWESTPHALEN [Hrsg], Leasingvertrag [7. Aufl 2015] Kap A Rn 15 ff; MEINCKE AcP 190 [1990] 358, 374 ff; REINICKE/TIEDTKE BB 1982, 1142, 1144; KLAMROTH BB 1982, 1949; ZIGANKE BB 1982, 706, 709; SEIFERT DB-Beil 1/1983, 1, 4). Wenn CANARIS annimmt, der Leasinggeber halte das Eigentum für den Leasingnehmer „während der Dauer des Leasingvertrages treuhänderisch oder treuhandähnlich gebunden", so läuft er damit Gefahr, **dass das Objekt nach § 39 Abs 2 Nr 1 AO dem Leasingnehmer zugerechnet werden muss**. Im Übrigen fehlt es an einer Treuhandabrede der Parteien; der Leasinggeber ist Volleigentümer. Vor allem die Zuweisung des Gewährleistungsrisikos allein an den Leasingnehmer verliehe dem Leasinggeschäft eine deutlich erwerbsgeschäftliche Komponente, die an den Lebensnerv des Leasing, die steuerrechtliche Zuordnung auch des wirtschaftlichen Eigentums an den Leasinggeber rührt (MARTINEK, Moderne Vertragstypen Bd I [1991] 178; MEINCKE AcP 190 [1990] 358 ff, 374 ff; gegen steuerrechtliche Einflüsse auf die zivilrechtliche Qualifikation aber CANARIS AcP 190 [1990] 410 ff, 457 ff; LIEB WM-Sonderbeil 6/1992, 16). B 134

Zuzugeben ist allerdings, dass die CANARIS'sche Konstruktion – ungeachtet ihrer Schwächen – zur normativen Erfassung des Finanzierungsleasings nicht von vornherein ungeeignet erscheint, sondern bei einem hypothetisch anderen Verlauf der Rechtsnaturdebatte **zur Grundlage des Leasingrechts hätte werden können**, wenn auch wohl nur mit weiteren als den schon eingeräumten Korrekturen. Indes vollzieht sich bei modernen Innominatverträgen des Wirtschaftslebens die Rechtsinstitutionalisierung iS der Bildung normativer Rechtsstrukturtypen in einem **diskursiven Rechtsfindungsprozess**, an dem die beteiligten Verkehrskreise, die Kautelarjurisprudenz, die Rechtsprechung und die Rechtswissenschaft beteiligt sind. Vertragstypologische Qualifikationsfragen sind weniger solche einer letzten normativen Wahrheit als solche einer gesetzeskonformen funktionalen Zweckmäßigkeit auf möglichst breit konsentierter Grundlage. Der jahrzehntelange Rechtsnaturdiskurs zum Lea- B 135 singvertrag dürfte die Geschäftsbesorgungstheorie als **modus operandi** inzwischen **ausdiskutiert und verworfen** haben.

B 136 Nach **weitverbreiteter, wenn nicht gar herrschender Literaturansicht** wird eine **mietvertragliche Qualifizierung** für den Leasingvertrag im engeren Sinne für sachgerecht gehalten – der Leasingvertrag ist danach „letztlich" ein Mietvertrag. Ein Teil der Literatur behandelt den Leasingvertrag gar als „reinen" Mietvertrag iS der §§ 535 ff (grundlegend Flume DB 1972, 1 ff, 4 ff; Blomeyer NJW 1978, 973; Döllerer BB 1971, 535 ff, 539; E G Koch, Störungen beim Finanzierungs-Leasing [1988] 99 ff; Sonnenberger NJW 1983, 2217, 2218), während das wohl überwiegende Schrifttum ihn als atypischen, besonders ausgestalteten Mietvertrag ansieht (Reinicke/Tiedtke BB 1982, 1142; Hiddemann WM 1978, 838 ff, 836; Sannwald, Der Finanzierungsleasingvertrag 87 ff; wohl auch Mosel NJW 1974, 1454; Meilicke BB 1964, 691) oder als Mietvertrag mit „gewissen Besonderheiten" (so Coester-Waltjen JURA 1980, 123, 125 f und wohl auch Emmerich JuS 1990, 1, 4). Leasing ist danach ein Mietvertrag mit den „Amputationen" (Blomeyer NJW 1978, 973) der Sach- und Preisgefahrüberwälzung und des Gewährleistungsausschlusses. Vor allem das kautelarjuristische Schrifttum folgt bisweilen beinahe sklavisch den Formulierungen der mietrechtlich orientierten Rechtsprechung (so namentlich vWestphalen, in: vWestphalen [Hrsg], Leasingvertrag [7. Aufl 2015] Kap A Rn 2 ff und passim; vgl auch ders BB 1988, 1829, der allerdings besonders das garantievertragliche Element der Teilamortisationsverträge hervorhebt; tendenziell auch Tiedtke JZ 1991, 954). Begründet wird die mietrechtliche Qualifizierung schlicht damit, dass die Parteien eine entgeltliche Gebrauchsüberlassung des Leasinggegenstandes anstrebten. Das Entgelt solle den Gebrauch bzw die Nutzung, nicht aber die Substanz der Sache vergüten. Entsprechend der Grundstruktur des Mietvertrages nach §§ 535 ff sei die Leistung des Leasinggebers auf die Verschaffung des *„usus rei"* gerichtet, die des Leasingnehmers stelle sich als Entgelt *„pro usu rei"*, nicht *„pro re"* dar (so insbes Flume DB 1972, 1, 5; vgl auch Coester-Waltjen JURA 1980, 123 ff, 126). Die mietvertragliche Rechtsnatur soll dabei **in gleicher Weise die Vollamortisations- wie die Teilamortisationsverträge** betreffen und insbesondere **unabhängig von einer Kaufoption** des Leasingnehmers sein. Der BGH (vgl zur Leasing-Rechtsprechung des BGH die Entscheidungsübersicht mit Fundstellen-Verzeichnis bei vWestphalen, Leasingvertrag [6. Aufl 2008] Anh S 967 ff und Martinek, Moderne Vertragstypen Bd I [1991] 36 f) hat sich verhältnismäßig spät zum ersten Mal grundlegend mit der Rechtsnatur des Leasingvertrages auseinandergesetzt, nämlich erst im Jahre 1975, mehr als zehn Jahre nach der Gründung der ersten deutschen Leasinggesellschaft. In jener Entscheidung aus dem Jahre 1975 hat der BGH einen Leasingvertrag über **Heißgetränke-Automaten**, bei dem die Sach- und Preisgefahr auf den Leasingnehmer übertragen und dem Leasingnehmer kein Erwerbsrecht eingeräumt war, als eine **besondere Form des Mietvertrages** angesehen und für die „Rechtsbeziehungen der Parteien in erster Linie die §§ 535 ff BGB" als „maßgebend" angesehen (BGH NJW 1977, 195, 196; vgl auch die Bestätigung in BGHZ 68, 118, 123 = BGH NJW 1977, 848, 849). Wenige Jahre später hat der BGH die mietvertragliche Einordnung auch auf Verträge mit einem Erwerbsrecht für den Leasingnehmer bei Vertragsende ausgedehnt, weil auch bei eingeräumter Kaufoption „das Schwergewicht des Vertrages ... im mietvertraglichen Bereich" liege (BGHZ 71, 189, 194 = NJW 1978, 1383, 1384). Inzwischen sind nach dem BGH die mietrechtlichen Vorschriften „in erster Linie" maßgebend, auch wenn ein Andienungsrecht für den Leasinggeber vereinbart wurde (BGH NJW 1977, 195, 196; BGH NJW 1977, 1058; BGHZ 71, 196, 204 = NJW 1978, 1432, 1432; BGHZ 82, 121, 125 = NJW 1982, 870, 871; BGHZ 97, 135, 139 = NJW 1986, 179; BGHZ 97, 135, 139 = NJW 1986,

1744; zur Entwicklung der BGH-Rechtsprechung im Einzelnen JÜRGENS, Die Entwicklung des Finanzierungs-Leasing [1988] 43 ff und PAPAPOSTOLOU, Die Risikoverteilung beim Finanzierungsleasingvertrag [1987] 36 ff).

Bei den Vollamortisations- wie den Teilamortisationsverträgen liegt der **BGH-Rechtsprechung seitdem die Vorstellung von einem Mietvertrag** in der Sonderform des Leasingvertrages zugrunde (BGHZ 82, 121, 125 = NJW 1982, 870, 871; BGHZ 96, 103, 106 = NJW 1986, 179; BGHZ 97, 137, 139 = NJW 1986, 1744). Zwar könne sich der Leasinggeber „nicht ersatzlos von der ihn treffenden Hauptpflicht, dem Leasingnehmer die Leasingsache in einem für den Vertragszweck geeigneten Zustand zur Verfügung zu stellen, formularmäßig freizeichnen". Die Verantwortlichkeit des Leasinggebers für die Leasingsache verbiete es, durch eine Haftungsabwälzung den Leasingnehmer mit der **vollen Sachgefahr** zu belasten und sich auf eine reine Position als Financier zurückzuziehen. Individualvertraglich könnten die Gewährleistungsrechte aber auch in einem Mietvertrag abbedungen werden. Ein zulässiger **Gewährleistungsersatz** sei aber bei Formularverträgen darin zu sehen, dass der Leasingnehmer die kaufrechtlichen Gewährleistungsansprüche gegen den Lieferanten vom Leasinggeber abgetreten erhalte. Der Ausschluss von „Zahlungsansprüchen" von der Abtretung qua sogenannter **Drittverweisungsklauseln** führt nach der BGH-Rechtsprechung im Falle der Mangelhaftigkeit des Leasingobjekts bei nachfolgender Wandelungserklärung des Leasingnehmers gegenüber dem Lieferanten dazu, dass der Leasingvertrag *ex tunc* seine **Geschäftsgrundlage verliert** und an die veränderten Umstände anzupassen ist. Diese Vertragsanpassung führt zu einem Wegfall der Pflicht zur Zahlung von Leasingraten sowie zu einem Rückforderungsanspruch auf bereits gezahlte Leasingraten. Der Leasinggeber trägt nach der BGH-Rechtsprechung sowohl das **Störungsrisiko** wie auch das Risiko der Insolvenz des Lieferanten. Eines (zusätzlichen) **Einwendungsdurchgriffsrechts** des Leasingnehmers gegenüber dem Leasinggeber bedarf es danach nicht; der Einwendungsdurchgriff könnte die Rechtsstellung, die der Leasingnehmer nach der geschäftsgrundlagenrechtlichen Konstruktion genießt, nicht verbessern. Die **besondere Regelung der Gewährleistungspflicht** gibt nach der BGH-Rechtsprechung dem Leasingvertrag „sein typisches, insoweit vom Leitbild des Mietvertrags abweichendes Gepräge" (so BGHZ 81, 298, 302 = NJW 1982, 105 ff; dazu CANARIS NJW 1982, 305; KLAMROTH BB 1982, 1949, 1952). Auf dieser Grundlage hat der BGH die Auffassung zurückgewiesen, dass es beim Leasingvertrag keinen gesetzlichen Vertragstyp gebe, dessen dispositive Vorschriften an die Stelle ungültiger Vertragsbestimmungen treten könnten (BGH NJW 1977, 1058, 1059). Vielmehr sollen dort, wo die vertraglichen Modifikationen unwirksam sind, etwa nach § 138 oder nach § 305 ff, die mietrechtlichen Vorschriften einschlägig sein, dh **insbesondere die mietrechtlichen Gewährleistungsrechte** der §§ 536 ff oder das **außerordentliche Kündigungsrecht** nach § 543. Da der Leasinggeber nach § 535 Abs 1 S 2 das Leasingobjekt dem Leasingnehmer in einem für den vertragsgemäßen Gebrauch geeigneten Zustand überlassen muss, hat der Leasingnehmer einen entsprechenden Erfüllungsanspruch und kann bei einer Inanspruchnahme auf Ratenzahlung die Einrede des nicht erfüllten Vertrages erheben (BGHZ 84, 42, 45 = NJW 1982, 2242; BGH NJW 1984, 2687). B 137

Freilich übersieht der BGH keineswegs die **Finanzierungsfunktion** des Leasings (insbes BGHZ 81, 298, 303 = NJW 1982, 105, 106 und BGHZ 82, 121 ff = NJW 1982, 870 ff). Er hat vielmehr ausgeführt, dass „nach den erlasskonformen Leasingvertragstypen" der B 138

Leasingnehmer „stets volle Amortisation der Gesamtkosten des Leasinggebers (schuldet)", denn „es gehört zum Wesen jeglicher Finanzierung, dass die eingesetzten Mittel an den Kapitalgeber zurückfließen" (BGHZ 95, 39, 49 = NJW 1985, 2253, 2255); auch wird der Vollamortisationsanspruch des Leasinggebers als „leasingtypisch" erkannt. Letztlich jedoch glaubt der BGH, die **Finanzierungsfunktion als bloßen Annex** zur „Hauptpflicht" der Gebrauchsüberlassung (BGHZ 81, 298, 303 = BGH NJW 1982, 105, 106) behandeln zu können, der nichts an der Rechtsnatur des Leasingvertrages als eines „auf den Austausch wechselseitiger Leistungen gerichteten Gebrauchsüberlassungsvertrages" (BGHZ 82, 121 ff = NJW 1982, 870 ff) ändere, auf den „in erster Linie Mietrecht" anzuwenden sei (so BGHZ 82, 121, 125 = NJW 1982, 870 ff; BGHZ 96, 103, 106 = NJW 1986, 179 ff; BGHZ 97, 135, 139 = NJW 1986, 1744 ff).

B 139 Allerdings darf nicht unerwähnt bleiben, dass einzelne Nuancen der Entscheidungsbegründungen des BGH in die Richtung eines Verständnisses des Leasingvertrages als **Vertrag sui generis** weisen. So hat der BGH gelegentlich darauf hingewiesen, „dass die strikte Anwendung mietrechtlicher Grundsätze der Interessenlage beim Finanzierungs-Leasing nicht gerecht" werde (BGHZ 95, 39, 49 = NJW 1985, 2253, 2255). Auch hat er bereits in einer Entscheidung anfangs der Achtzigerjahre nicht mehr vom „Leitbild des Mietvertrages", sondern *expressis verbis* vom „Leitbild des Leasing-Vertrages" gesprochen (BGH NJW 1982, 1747, 1748). Man kann daher wohl von einer Annäherung des BGH an diejenigen Literaturstimmen sprechen, die den Leasingvertrag als einen atypischen, zwischen (oder besser: neben) Miete, Kauf und Darlehen angesiedelten Vertrag ansehen, der jedoch nicht schlicht als Kombination miet-, kauf- und darlehensvertraglicher Elemente aufgefasst werden kann, sondern als ein **Vertrag sui generis** qualifiziert werden muss (vgl etwa Larenz, SchuldR BT [12. Aufl 1981] § 63 II, 453 f; Bernstein, Der Tatbestand des Mobilien-Finanzierungsleasingvertrages [1983] 133 ff; Klamroth BB 1982, 1949, 1951; Sannwald, Der Finanzierungsleasingvertrag 87 ff; Papapostolou, Die Risikoverteilung beim Finanzierungsleasingvertrag [1987] insbes 57 ff; Lieb JZ 1982, 561; ders DB 1988, 946 ff; ders DB 1988, 2495; Sternberg BB 1987, 12; Martinek, Moderne Vertragstypen Bd I [1991] 86 ff; MünchKomm/Koch[7] Finanzierungsleasing Rn 32; Staudinger/Stoffels [2014] Leasing Rn 76; LBS/Omlor, Bankrechts-Kommentar [2. Aufl 2016] Kap 18 A Rn 42). Leasing ist danach **finanzierte Gebrauchsüberlassung eigener Art**. Der Leasingvertrag ist ein im BGB nicht geregelter Vertragstyp *sui generis,* bei dem den Leasinggeber gegenüber dem Leasingnehmer die Pflicht zur **Finanzierung** eines Leasingobjekts durch Abschluss eines Liefervertrages mit einem Dritten (Lieferanten) sowie die Pflicht zur **Gebrauchsüberlassung und -belassung** (nicht aber zur Gebrauchs„gewährleistung") für die vereinbarte Leasingzeit trifft, während der Leasingnehmer zur Zahlung der vereinbarten Leasingraten als Entgelt für die **Gebrauchsfinanzierung, -überlassung und -belassung** sowie unter Umständen (bei Teilamortisationsverträgen) zur **garantiemäßigen Absicherung der Vollamortisation** verpflichtet ist. Man sollte freilich von einer Überbetonung der Finanzierungsfunktion hinreichende Distanz wahren und den Leasingvertrag in einem genügenden Abstand von einem Erwerbsgeschäft in der Form eines „verdeckten Kaufs" halten, wird doch gerade dies vom Steuerrecht wie von den Parteien als wesentlich angesehen. Hierum bemüht sich die sogenannte **bifunktionale sui generis-Theorie** (Martinek, Moderne Vertragstypen Bd I [1991] 88 ff; vgl dazu Heermann ZVerglRW 92 [1993] 326, 328 ff; vWestphalen NJW 1992, 1087 f; vgl auch Sefrin, Die Kodifikationsreife des Finanzierungsleasingvertrages [1993] 132 ff, 184 ff, der diesen Ansatz zu einer „multifunktionalen sui generis-Theorie" ausbaut). Für sie ist die Kernaussage kennzeichnend, dass **Gebrauchsüber-**

lassungsfunktion und Finanzierungsfunktion völlig gleichgewichtig sind. Konsequenz hieraus ist etwa, dass sich der Leasinggeber von einer Haftung für Unmöglichkeit oder Verzug der Lieferung nicht formularvertraglich befreien kann. Auch wird danach die Funktionstauglichkeit des Leasingobjekts zwar nicht vom Leasinggeber versprochen, wohl aber ist sie **Geschäftsgrundlage** des Leasingvertrages, sodass der Leasingnehmer bei einem wandelungsberechtigenden Mangel der Leasingsache wegen Störung der Geschäftsgrundlage des Leasingvertrages die Leasingraten nicht zu bezahlen braucht. Weil sich die Gebrauchsüberlassungspflicht des Leasinggebers in der (rechtzeitigen) Zurverfügungstellung und im Belassen des Leasingguts zur Nutzung erschöpft, trifft den Leasinggeber zwar keine Haftung für die Gebrauchstauglichkeit, doch ist die **fehlende Gebrauchstauglichkeit** ein risikoneutraler, das Vertragsziel erschütternder Umstand, der zur Störung der Geschäftsgrundlage des Leasingvertrages führt; die sogenannte **Geschäftsgrundlagen-Lösung**, die in der BGH-Rechtsprechung mit der mietvertraglichen Qualifikation dogmatisch konfligiert – die danach geschuldete Gebrauchstauglichkeit kann nicht zugleich Geschäftsgrundlage sein (vgl Lieb DB 1988, 2496) –, erhält erst durch die bifunktionale sui generis-Theorie ihre dogmatische Fundierung (vgl Martinek, Moderne Vertragstypen Bd I [1991] 175 ff).

Im Ergebnis spielt damit das **Geschäftsbesorgungsrecht für Leasingverträge eine völlig untergeordnete Rolle**. Es sind letztlich nur atypische Ausgestaltungen des Leasings, in denen das Regelungsprogramm der §§ 675 Abs 1, 611 ff bzw 631 ff zum Tragen kommen kann. Das betrifft etwa die Vereinbarung von Nebenleistungspflichten des Leasinggebers zur selbständigen Vornahme der Investitionsentscheidung, zur eigenständigen Auswahl der Leasingobjekte, zur Ausführung besonderer Wartungsaufgaben oder zur späteren Verwertung des Leasinggutes, bei denen an eine Heranziehung geschäftsbesorgungsvertraglicher Vorschriften gedacht werden kann. **Im Kern** aber erweist sich das Geschäftsbesorgungsrecht zur qualifikatorischen Erfassung des Leasinggeschäfts und zur dogmatisch-konstruktiven Lösung seiner Einzelprobleme als **untauglich**. **B 140**

Maklervertrag

Der Makler- oder Mäklervertrag nach §§ 652 ff weist zunächst als lediglich einseitig verpflichtender Vertrag – den Makler trifft nach dem gesetzlichen Normalstatut keine Tätigkeitspflicht – keinen Geschäftsbesorgungscharakter auf. Wird er aber tätig, so hat er wie ein entgeltlicher Geschäftsbesorger die Interessen des Auftraggebers zu wahren (vgl im Einzelnen Staudinger/Reuter [2003] Vorbem 1 ff zu §§ 652 ff; Staudinger/Arnold [2016] Vorbem 4 zu §§ 652 ff qualifiziert den Mäklervertrag als einen „kaufähnlichen Vertrag“). Beim gesetzlichen Leitbild des Maklervertrages sowie beim Alleinauftrag werden keine wechselseitigen Rechte und Pflichten begründet (vgl BGH NJW 2011, 1726 zur Abgrenzung zwischen dem Maklervertrag und den Auftrag an Autohändler zur Vermittlung eines KfZ [= Vermittlungsvertrag], der geschäftsbesorgungsrechtlicher Natur ist). Anders ist die Lage bei den **Maklerwerk- und Maklerdienstverträgen**, die durchaus als Geschäftsbesorgungsverträge nach §§ 675 Abs 1, 631 bzw 611 zu qualifizieren sind; hierbei handelt es sich freilich richtiger Ansicht nach überhaupt **nicht um Maklerverträge**. Beim Maklerdienstvertrag verpflichtet sich der Auftraggeber zur Gegenleistung unmittelbar für die Tätigkeit des Maklers ohne Rücksicht auf ihr Ergebnis, während er sich beim Maklerwerkvertrag zum Entgelt für die Herbeifüh- **B 141** rung eines bestimmten Erfolgs wie etwa der Vermittlung eines solventen Nachfragers für die Mietwohnung des Auftraggebers zur genannten Mindestmiete verpflichtet.

Management- und Betriebsführungsverträge

B 142 Bei einem Managementvertrag verpflichtet sich der eine Vertragspartner, der Managementgeber (auch als „Manager" bezeichnet), den Betrieb bzw (hier synonym) das Unternehmen des anderen Vertragspartners, des Managementnehmers und Unternehmensträgers, für dessen Rechnung und Risiko, im eigenen oder im fremden Namen gegen Entgelt zu führen (Steding BuW 2000, 845, 847 f; Joachim DWiR 1992, 397 f; Schlüter, Management- und Consulting-Verträge [1987] 22; Löffler NJW 1983, 2920, 2921; Zeiger, Der Management-Vertrag als internationales Kooperationsinstrument [1984] 29; Gessler, in: FS Hefermehl [1976] 263 ff, 264; U Huber ZHR 152 [1988] 1 ff, 2; Martinek, Moderne Vertragstypen Bd II [1992] 276 ff). Der **Managementnehmer**, der aus wirtschaftlichen oder persönlichen Gründen selbst von der Unternehmensleitung absehen will oder muss, überträgt durch den Vertrag die Betriebsführung auf den **Managementgeber**, um dessen unternehmerisches Know-how und/oder betrieblichen Goodwill für die Rentabilität seines Betriebs fruchtbar zu machen und zahlt ihm für dessen Managementleistungen eine Vergütung. Der Managementgeber stellt sein unternehmerisches Wissen, seine Erfahrung, seine wirtschaftlichen Beziehungen *(know-how, experience and skill)* zur Verfügung und bringt dies in die Führung des Betriebs ein, um diese immateriellen Werte dort mit den vom Managementnehmer bereitgestellten sachlichen, finanziellen und personellen Produktionsfaktoren zu verbinden.

B 143 Die **rechtliche Einordnung** der im Gesetz nicht ausdrücklich erwähnten Managementverträge in das System der gesetzlich geregelten schuldrechtlichen Vertragstypen ist praktisch **unstreitig**: Da sich der Managementgeber zur Leitung des fremden Unternehmens und damit zur Leistung von Diensten, der Managementnehmer zu Zahlung einer näher bestimmten Vergütung verpflichtet, liegt zunächst ein **Dienstvertrag** iS der §§ 611 ff vor. Ohne Weiteres stellt die Unternehmensleitung bzw Betriebsführung dabei eine selbständige (Raum für eigenverantwortliche Überlegungen und Willensbildungen gewährende) Tätigkeit wirtschaftlicher Art mit Vermögensbezug dar und wird fremdnützig im fremden Interesse wahrgenommen; der Managementgeber nimmt also dem Managementnehmer eine eigentlich in die Zuständigkeit zur Wahrnehmung seiner Vermögensinteressen fallende Tätigkeit ab. Der Dienstvertrag ist mithin **auf eine Geschäftsbesorgung** gerichtet, sodass nach § 675 Abs 1 das Regelungsprogramm des entgeltlichen Geschäftsbesorgungsvertrags mit den auftragsrechtlichen Vorschriften der §§ 663, 665–670 und 672–674 in Ergänzung zum Dienstleistungsvertragsrecht der §§ 611 ff heranzuziehen ist (Joachim DWiR 1992, 397, 398; Löffler NJW 1983, 2920 ff, 2921; Windbichler ZIP 1987, 825 f; Mestmäcker, Verwaltung, Konzerngewalt und Rechte der Aktionäre [1958] 320; Martinek, Moderne Vertragstypen Bd II [1992] 283). Dem folgt auch die Rechtsprechung (BGH NJW 1982, 1817; BGH NJW 1983, 1191, 1192; OLG München ZIP 1987, 849, 852).

B 144 Diese Rechtsnaturbestimmung betrifft zunächst den **Grundtypus** des regelmäßigen Managementvertrags. Dieser Grundtypus des Managementvertrages, den man auch als **Unternehmensführungsvertrag** bezeichnen könnte (Veelken, Der Betriebsführungsvertrag [1975] 20), hat nach dem Ende des Zweiten Weltkriegs innerhalb der westlichen

Industriestaaten im jeweiligen nationalen, gelegentlich auch im internationalen westeuropäischen Bereich Ausbreitung erfahren. Zu den **typischen Einsatzbereichen** gehören die Fälle, in denen ein Unternehmensträger zur optimalen Führung seines Betriebs nicht (mehr) willens oder fähig ist. Man denke an ein einzelkaufmännisches oder als Personenhandelsgesellschaft bzw GmbH organisiertes Familienunternehmen, bei dem der bisherige Geschäftsführer krank oder gestorben ist und ein durch professionelle Erfahrungen ausgewiesenes Unternehmen mit Management-Aufgaben für Rechnung der Familie betraut werden soll. Auch ohne den Zwang persönlicher Gründe kann ein Managementvertrag von kleinen und mittleren Unternehmen erwogen werden, um durch ein externes Manager-Team unternehmerisches Know-how unmittelbar für die Betriebsführung fruchtbar zu machen, hierdurch einen Wettbewerbsvorsprung zu erkämpfen und eine Ertragssteigerung zu erwirtschaften. Dabei braucht der Managementgeber nicht notwendig im Verborgenen zu bleiben; er muss auch nicht die Firma des Unternehmens weiterführen und als offener Stellvertreter im fremden Namen auftreten; vielmehr kann der Managementgeber auch im eigenen Namen die Unternehmensleitung betreiben und damit seinen schon anderweitig erworbenen Goodwill für den Managementnehmer zur Wirksamkeit bringen. Im Gastronomiegewerbe und dort namentlich in der Hotellerie kann ein Unternehmen sich durch den Abschluss eines Managementvertrages mit einem zahlreiche andere Betriebe führenden Managementgeber an eine Kette anbinden und deren Know-how und Goodwill für das eigene Unternehmen ausnutzen (vgl dazu Windbichler ZIP 1987, 825 ff, 826, 828; Löffler NJW 1983, 2920, 2921; Joachim DWiR 1992, 397 ff; Veelken, Der Betriebsführungsvertrag [1975] 29; besonders illustrativ hierzu der „Holiday-Inn-Fall" BGH ZIP 1982, 578 = NJW 1982, 1817). Der Managementgeber stellt in diesen Fällen nicht allein sein organisatorisches und kaufmännisches Fachwissen zur Verfügung, sondern lässt den Managementnehmer auch **an seinem Image und seinem Goodwill partizipieren**. Regelmäßig verbindet sich mit dem Managementvertrag dann die **Lizenzierung** von eingetragenen Dienstleistungsmarken oder die Nutzungsüberlassung anderer imageträchtiger und absatzfördernder Bezeichnungen, Slogans und Logotypen, die sich bei den Verkehrskreisen als Ausweis für die standardisierte Produktqualität Geltung verschafft haben.

Dabei fällt die Ähnlichkeit eines solchen, als Instrument der Absatzkooperation und/oder Beschaffungskooperation eingesetzten Managementvertrages mit einem **Franchisevertrag** (dazu s unten Rn B 227 ff) ins Auge. Dies gilt insbesondere dann, wenn sich der Managementgeber von irgendwelchen Einflussnahmen des Managementnehmers, der nur noch formal Betriebsinhaber bleibt, durch vertragliche Vereinbarungen weithin abkoppelt, sodass er eine Kette standardisierter Betriebsstätten aufbauen kann, die äußerlich der Betriebstypenfixierung einer Franchisekette entsprechen. Die Abgrenzung bleibt aber in den meisten Fällen leicht möglich: beim Franchisevertrag **bleibt der Franchisenehmer der Betriebsführer**, der sich aufgrund des Vertrages in seinem Absatzverhalten als Interessenwahrer des Franchisegebers an dessen Vorgaben und Weisungen auszurichten hat; beim Managementvertrag ist nicht der Betriebsinhaber (Unternehmensträger), sondern **der externe Managementgeber der Betriebsführer**, der zumindest in einem Restbereich von den Weisungen des Managementnehmers abhängig ist. B 145

Gerade im nationalen Bereich braucht ein Managementvertrag nicht notwendig das Unternehmen *in toto* zu erfassen. In seltenen, aber durchaus berücksichtigungsbe- B 146 dürftigen Fällen wird er gegenständlich **auf einen bestimmten Unternehmensteil**, insbesondere auf einzelne Funktions- und Führungsbereiche wie Produktion, Personal, Vertrieb oder Finanzierung beschränkt (Veelken, Der Betriebsführungsvertrag [1975] 22 f; Huber ZHR 152 [1988] 1 ff, 2; Schlüter, Management- und Consulting-Verträge [1987] 65). So kann der Aufbau eines neuen Vertriebssystems oder die Entwicklung einer neuen Produktlinie und ihre Durchsetzung am Markt Gegenstand eines funktional beschränkten Managementvertrages sein. Die **Grenze zum Consultingvertrag** (dazu s unten Rn B 76 ff) ist danach zu ziehen, ob der Managementgeber im einschlägigen Funktionsbereich selbst die Betriebsführungsaufgaben wahrnimmt oder nur zur besseren Aufgabenerfüllung anleitet.

B 147 Der Managementgeber bzw der einzelne Angestellte der Managementgeber-Gesellschaft handelt bei der Geschäftsführung **regelmäßig in fremdem Namen**, weil er rechtsgeschäftlicher oder gar organschaftlicher Vertreter des zu führenden Unternehmens ist. Liegt dieser Regelfall vor, dann spricht man vom **echten oder typischen Managementvertrag**, dem der **unechte oder atypische** gegenübergestellt wird (vgl Gessler, in: FS Hefermehl [1976] 263, 264; Löffler NJW 1983, 2920, 2921; Huber ZHR 152 [1988] 1, 4; Veelken, Der Betriebsführungsvertrag [1975] 18). Bei Letzterem handelt der Managementgeber bei Wahrnehmung der Geschäftsführungsaufgaben im Managementnehmer-Betrieb **in eigenem Namen** bzw der von ihm entsandte einzelne Angestellte handelt im Namen des Managementgebers. Ob diese oder jene Form gewählt wird, hängt vor allem davon ab, mit welchem Namen sich in der Außendarstellung des zu führenden Unternehmens das profiliertere Image und der ausgeprägtere Goodwill verbindet. Im Normalfall des Handelns in fremdem Namen tritt nach außen die Firma des zu führenden Unternehmens auf, die aus allen Geschäften berechtigt und verpflichtet wird. Die Gläubiger tragen das **Risiko der Insolvenz** entsprechend der Lage ohne Managementvertrag. Beim Handeln in eigenem Namen trägt der Managementgeber, der im Außenverhältnis für die Verbindlichkeiten des Unternehmens gegenüber den Gläubigern einstehen muss, hinsichtlich seiner Regressmöglichkeit (*qua* Aufwendungsersatz- oder Freistellungsanspruch) im Innenverhältnis zum Managementnehmer das Insolvenzrisiko.

B 148 Ein Teil der Literatur und der Rechtsprechung in Deutschland setzt den **Managementvertrag** mit dem seit langem vertrauten **Betriebsführungsvertrag** gleich (Joachim DWiR 1992, 397 ff; Löffler NJW 1983, 2920 ff; Damm BB 1976, 294 ff; Windbichler ZIP 1987, 825 ff; Loss BB 1963, 615 ff; Gessler, in: FS Hefermehl [1975] 263 ff; BGH ZIP 1982, 578 = NJW 1982, 1817; OLG München ZIP 1987, 849). Erst im neueren Schrifttum wird deutlich, dass beides **nicht deckungsgleich** ist (Schlüter, Management- und Consulting-Verträge [1987] 21; Martinek, Franchising [1987] 427 ff; ders, Moderne Vertragstypen Bd II [1992] 276 ff, 298 ff). In Übereinstimmung mit dem Sprachgebrauch der Praxis empfiehlt sich auch für die Rechtsordnung, im **Betriebsführungsvertrag nur eine Unterform des Weiteren und vielgestaltigen Managementvertrages** zu sehen. Diese Unterform zeichnet sich dadurch aus, dass hier der Managementvertrag gezielt als **Mittel der Konzernpolitik** eingesetzt wird (vgl auch BGH ZIP 1982, 578 = NJW 1982, 1817 = WM 1982, 394 „Holiday Inn"). Der Betriebsführungsvertrag ist demnach ein **konzerninterner** oder **konzernleitender** Managementvertrag, der eine Reihe konzernrechtlicher Spezialprobleme aufwirft.

B 149 Hier sind **verschiedene Gestaltungsformen** denkbar, denen eine weitgehende **Einschränkung der Weisungsmöglichkeiten** des Managementnehmers gegenüber dem

Managementgeber und Betriebsführer sowie die Ausrichtung der Betriebsführung an einem Konzerninteresse gemeinsam ist, die sich aber durch das Maß und die Intensität dieser Ausrichtung unterscheiden (grundlegend VEELKEN, Der Betriebsführungsvertrag [1975] insbes 31 ff mit vielen praktischen Beispielen; LOOS BB 1963, 615 ff). Dabei kann sich der Managementnehmer mit dem Managementgeber/Betriebsführer hinsichtlich des Konzerninteresses und der Konzernpolitik abstimmen, sodass eine einheitliche Leitung ohne unmittelbar oder mittelbar beherrschenden Einfluss des Managementgebers/Betriebsführers über den unabhängig bleibenden Managementnehmer zustande kommt (vgl § 18 Abs 2 AktG). Es kann aber auch zu Gestaltungsformen kommen, bei denen der Managementgeber/Betriebsführer den Vertrag zielgerichtet dazu einsetzt, auf das Unternehmen des Managementnehmers einen **beherrschenden Einfluss** auszuüben, es also in **Abhängigkeit** zu bringen und einer **einheitlichen Leitung** zu unterwerfen, sodass Managementgeber/Betriebsführer und Managementnehmer einen **Unterordnungskonzern** im Sinne der Begrifflichkeit des Rechts der verbundenen Unternehmen bilden (vgl §§ 17 Abs 1, 18 Abs 1 AktG). Es ist leicht vorstellbar, dass sich ein solcher Betriebsführungsvertrag einem **konzernrechtlichen Beherrschungsvertrag** stark annähern kann, sodass das Regelungsprogramm der §§ 291 ff, 304 ff, 308 ff AktG – jedenfalls bei einer beherrschten Aktiengesellschaft, wenn nicht auch teilweise bei einer GmbH – entsprechende Anwendung verlangt. Man darf den Managementvertrag und seine konzernrechtliche Unterform des Betriebsführungsvertrags auch nicht mit dem Geschäftsführungsvertrag iS des § 291 Abs 1 S 2 AktG gleichsetzen und verwechseln, bei dem eine Gesellschaft ihr Unternehmen für Rechnung eines anderen Unternehmens führt (HUBER ZHR 152 [1988] 1 ff, 6 ff mit weiteren begrifflichen Abgrenzungen).

Auch der **internationale Managementvertrag** ist seiner Rechtsnatur nach als ein **Geschäftsbesorgungsvertrag dienstvertraglichen Charakters** zu qualifizieren. Er unter- **B 150**
scheidet sich von der Grundform des Managementvertrages nur dadurch, dass neben die Betriebsführungsfunktion gleichrangig eine **Ausbildungsfunktion** tritt, insofern das externe Know-how vom Managementgeber nicht nur angewendet, sondern zielgerichtet dem Managementnehmer, dh seinem Personal vermittelt wird. Diese Unterrichtung und Unterweisung, Ausbildung und Anleitung weist **keinen unmittelbaren Vermögensbezug** auf und ist nicht als selbständige Tätigkeit wirtschaftlicher Art iS des Geschäftsbesorgungsrechts zu qualifizieren. Vielmehr repräsentiert diese Ausbildungsfunktion eine rein dienstvertragliche Komponente. Damit fügt sie freilich wegen der auch insoweit berufenen Geltung der §§ 611 ff der geschäftsbesorgungsvertraglichen Qualifizierung im Ergebnis nichts Neues hinzu. Es besteht entgegen einer vereinzelten Literaturansicht (ZEIGER, Der Management-Vertrag als internationales Kooperationsinstrument [1984] 29) auch kein Anlass, aus dem Vertragsziel der Gewinnung einer unternehmerischen Autonomie nach erfolgtem Know-how-Transfer eine Qualifizierung als Vertrag *sui generis* abzuleiten (MARTINEK, Moderne Vertragstypen Bd II [1992] 286).

In der **Durchführungsphase** des Vertragsverhältnisses, die sich an eine mehr oder **B 151**
weniger ausgeprägte **Vorbereitungsphase** mit eigenständigen Pflichten anschließt, trifft den Managementgeber die **Hauptpflicht der Geschäftsführung (Unternehmensleitung, Betriebsführung)**, zu der sich die Hauptpflicht zur Ausbildung des Managementnehmer-Personals gesellen kann. Die Geschäftsführung geschieht „für fremde Rechnung“, dh die im Laufe der Führung des Unternehmens anfallenden einzelnen

Geschäftsvorfälle werden unmittelbar dem Managementnehmer zugerechnet und erscheinen allein in dessen, von der des Managementgebers **streng getrennter Buchhaltung**. Sie umfasst, wenn sie nicht gegenständlich eingeschränkt ist, die Wahrnehmung der Leitungs- und Entscheidungskompetenzen, der Weisungs- und Kontrollbefugnisse in den einzelnen Unternehmensbereichen, insbesondere in den Bereichen Beschaffung (Einkauf) und Produktion, Absatz (Marketing), Verkauf und Qualitätskontrolle, Finanz-, Kredit-, Rechnungs- und Steuerwesen und nicht zuletzt Personalwesen. Gelegentlich liegt auf dem Personalwesen, auf der Motivierung und Führung des vorhandenen Personalbestandes, auf der Entlassung unqualifizierten und der Einstellung neuen Personals ein Schwerpunkt der Betriebsführung. Aber auch die allgemeine Unternehmensleitung mit der mittel- und langfristigen Planung, Strategie- und Organisationsentwicklung obliegen dem Managementgeber. **Selten wird dem Managementgeber aber die Geschäftsführung einschränkungslos übertragen**. In der Regel behält sich der Managementnehmer zumindest die Kompetenz für unternehmerische Grundsatzentscheidungen vor oder überträgt ausdrücklich nur die laufenden Geschäfte der „Tagespolitik".

B 152 Auch kann die Geschäftsführung in einzelnen Bereichen von **Konsultationspflichten** des Gebers oder **Genehmigungsvorbehalten** abhängig gemacht oder gar von Weisungsbefugnissen und Interventionsrechten des Nehmers begleitet werden. Im Grundsatz folgt aus der Rechtsnatur des Managementvertrags als eines Geschäftsbesorgungsvertrags mit Dienstleistungscharakter nach §§ 675 Abs 1, 611, 665 ein **Weisungsrecht** des Managementnehmers gegenüber dem Managementgeber, sodass dieser in der Ausführung seiner Geschäftsführungsbefugnisse weisungsunterworfen wäre. In der Praxis freilich wird dieses Weisungsrecht **vertraglich mehr oder weniger stark eingeschränkt, manchmal gar in Teilbereichen „umgepolt", sodass der Managementgeber gegenüber dem Managementnehmer in Einzelbereichen weisungsbefugt ist**. Die Selbständigkeit und Freiheit des Managementgebers in seiner Geschäftsführung und die entsprechende Abhängigkeit des Managementnehmers kann so weit reichen, dass Letzterem **kaum mehr als das Recht zur Kündigung** des Vertrags bei schwerwiegenden Interessenbeeinträchtigungen verbleibt. In der Tat ist für den Managementvertrag nicht etwa eine Weisungsgebundenheit konstitutiv (dazu insbes Huber ZHR 152 [1988] 1, 9; Veelken, Der Betriebsführungsvertrag [1975] 49 ff). Es ist durchaus denkbar, dass der Managementgeber den Betrieb weisungsfrei führen darf (dazu BGH ZIP 1982, 578 = NJW 1982, 1817 = WM 1982, 394 „Holiday Inn"), sofern nicht das bürgerliche Recht, das Gesellschafts- oder Konzernrecht Grenzen setzen. Das deutsche Privatrecht lässt die Übertragung der Betriebsführung eines Unternehmens an ein anderes **nicht einschränkungslos** zu; die Rechtsordnung setzt vielmehr, je nach der Rechtsform der beteiligten Unternehmen, der Gestaltungsmacht der Parteien Grenzen (dazu ausführlich Martinek, Moderne Vertragstypen Bd II [1992] 298 ff; Huber ZHR 152 [1988] 1 ff; Veelken, Der Betriebsführungsvertrag [1975] 248 ff; Gessler DB 1965, 1691, 1694). In der Praxis finden sich meist gegenständlich konkretisierte Abstufungen und Zwischenformen zwischen Weisungsgebundenheit und -freiheit.

B 153 Die wichtigsten, unmittelbar an die Hauptpflicht der Geschäftsführung und gegebenenfalls auch die des Know-how-Transfers und der Ausbildung angebundenen Nebenpflichten des Managementgebers sind seine **Berichts-, Informations-, Rechenschafts- und Rechnungslegungspflichten**, die schon aus den §§ 675 Abs 1, 666 folgen, aber regelmäßig im Vertrag eine ausführliche Regelung erfahren. Sie sind also nicht nur aus Treu und Glauben abgeleitete (selbständig einklagbare) Nebenpflichten, sondern **Nebenleistungspflichten**, die einem legitimen Bedürfnis des Managementnehmers entsprechen und mit der Figur des treuhänderischen Handelns für fremde Rechnung unmittelbar verknüpft sind. Zumindest trifft den Managementgeber die Verpflichtung zur Unterrichtung des Managementnehmers von der Lage des Unternehmens in festgelegten Zeitabständen. Bei nationalen Managementverträgen wird er den gesetzlichen Voraussetzungen der für den jeweiligen Unternehmensträger vorgesehenen Abschluss-, Berichts-, Rechnungslegungs- und Bilanzierungspflichten zu genügen haben. Bei internationalen Verträgen besteht für die Ausgestaltung dieser Pflichten ein größerer Spielraum, wenn das Unternehmens- und Wirtschaftsrecht des Landes keine Detailregelungen hierzu vorsieht. Von derselben Rechtsnatur ist die Verpflichtung des Managementgebers, das aus der Geschäftsbesorgung Erlangte herauszugeben, §§ 675 Abs 1, 667. Auch sie ist mit dem Handeln für fremde Rechnung wesensmäßig verbunden.

Die mit der Geschäftsführungs- und gegebenenfalls der Ausbildungspflicht des Managementgebers im Gegenseitigkeitsverhältnis stehende Hauptpflicht des Managementnehmers ist seine **Vergütungspflicht**, §§ 675 Abs 1, 611 Abs 1, die gleichfalls im Vertrag eine nähere Ausgestaltung zu erfahren pflegt (Schlüter, Management- und Consulting-Verträge [1987] 76 ff; Martinek, Moderne Vertragstypen Bd II [1992] 293 ff). Dabei haben sich in der Praxis **verschiedene Vergütungsmodalitäten** ausgeformt. Eher selten wird das **„Kosten-plus-System“** zugrunde gelegt, dh eine gewinn- und umsatzunabhängige Festgebühr (Personalkosten, Gemeinkosten plus Gewinnaufschlag). Ungewöhnlich sind auch **umsatzabhängige Entgelte**, denn die Bezugnahme auf den Umsatz des Unternehmens bedeutet keine Anbindung der Vergütung an seine Rentabilität. Vielmehr wird oft eine **gewinnabhängige Vergütungsmodalität** von beiden Parteien als angemessen empfunden, weil der Managementgeber hierdurch einen besonderen Leistungsanreiz erhält, sich mit aller Kraft für die Prosperität des Unternehmens einzusetzen. Dabei wird in Managementverträgen mit Ausbildungsfunktion der wechselnde Umfang des vom Managementgeber eingesetzten Personals in der Vergütungsmethode erfasst, zB durch ein **Mann/Monat-System** (vgl Kühnel RIW 1981, 533, 534; Schlüter, Management- und Consulting-Verträge [1987] 77 f). Für die große Mehrzahl der Managementverträge hat sich eine **Kombination zwischen fester Grundgebühr und leistungsbezogenen Elementen** als angemessen herausgestellt, bei der durch die **lizenzartige Grundgebühr** zunächst die Festkosten des Managementgebers und seine Know-how-Transfer-Leistungen abgedeckt werden, während durch eine **provisionsartige, leistungsbezogene und erfolgsabhängige Zusatzkomponente** das Eigeninteresse des Managementgebers angespornt und seine Verdienste um eine positive Unternehmensentwicklung belohnt werden sollen. **B 154**

Sofern in der vertraglichen Vergütungsmethode **keine Kostendeckung** für die Aufwendungen des Managementgebers eingebaut ist, trifft den Managementnehmer neben der Vergütungspflicht im Regelfall eine Verpflichtung zum **Ersatz der Aufwendungen**, die im Rahmen der Geschäftsführung (nicht: der Ausbildung) angefallen sind (vgl Windbichler ZIP 1987, 825, 827; Schlüter, Management- und Consulting-Verträge [1987] 76 ff; Zeiger, Der Management-Vertrag als internationales Kooperationsinstrument [1984] 53 ff). Der Aufwendungsersatzanspruch des Geschäftsbesorgers gehört ausweislich der §§ 675 Abs 1, 670 zu den Wesensmerkmalen der fremdnützigen treuhänderischen Tätigkeit. Er ist besonders bedeutsam bei einem **atypischen oder unechten** **B 155**

Managementvertrag, bei dem der Managementgeber im eigenen Namen handelt und deswegen im Außenverhältnis selbst für die vertraglichen Verbindlichkeiten einzustehen hat. Er muss sich bei seiner Geschäftsführung im Innenverhältnis auf eine „Rückversicherung" verlassen können und hat nicht nur einen Anspruch auf Erstattung der schon von ihm verauslagten Kosten, sondern auch einen **Anspruch auf Freistellung** der gegen ihn entstandenen Forderungen, § 257. In aller Regel wird der Managementgeber freilich – wie der Geschäftsbesorger bei anderen Geschäftsbesorgungsverträgen auch – seine Aufwendungen aus dem Entgelt bestreiten, sodass lediglich Fehlbeträge nach §§ 675 Abs 1, 670 ausgeglichen werden müssen.

B 156 Im Normalfall sehen die Parteien eines Managementvertrags eine **unbefristete Vertragsdauer** vor, weil sie von einem dauerhaften Bestand des Kooperationsverhältnisses ausgehen. Nach der gesetzlichen Regelung kommt dann für beide Parteien als Beendigungsmöglichkeit eine ordentliche Kündigung ohne Angabe von Gründen in Betracht, für die das Gesetz in §§ 675 Abs 1, 621, 624 eine dispositive Regelung der Kündigungsfristen getroffen hat. Die jederzeitige Widerrufbarkeit bzw Kündbarkeit eines Auftragsverhältnisses gemäß § 671 Abs 1 gilt für die entgeltliche Geschäftsbesorgung nach § 675 Abs 1 nicht. Den Parteien ist jedoch zu allermeist an ungleich länger bemessenen Kündigungsfristen gelegen, weil die Intensität des Kooperationsverhältnisses auf beiden Seiten langfristige Dispositionen erfordert, denen nicht durch eine unerwartet frühe Kündigung der Boden entzogen werden darf. Deshalb werden **vertraglich ungleich längere Kündigungsfristen** vorgesehen, die nicht selten nach Jahren bemessen werden. Als **Anlaufschutz** vereinbaren sie zudem oft eine **Mindestvertragsdauer** (meist zwischen drei und sieben Jahren), während derer eine ordentliche Kündigung ausgeschlossen ist. Wie immer bei langfristigen Mindestlaufzeiten ist das Verbot sittenwidriger Knebelung nach § 138 zu beachten. In seiner **Holiday-Inn-Entscheidung** erschien dem BGH selbst eine Laufzeit von zwanzig Jahren noch als zulässig, wohingegen er eine darüber hinausgehende dreimalige Verlängerungsoption des Managementgebers für jeweils weitere zehn Jahre als Verstoß gegen § 138 wertete (BGH ZIP 1982, 578 = NJW 1982, 1817 = WM 1982, 394 mit vollst Abdr). Gelegentlich sichern sich die Parteien auch dadurch gegen eine unerwartet früh ausgesprochene ordentliche Kündigung der anderen Seite ab, dass sie sich in Anlehnung an die Regelung der §§ 675 Abs 1 aE (HS 2), 671 Abs 2 einen vertraglichen Schadensersatzanspruch bei einer Kündigung zur Unzeit ausbedingen.

B 157 Wie bei allen Dauerschuldverhältnissen besteht auch beim Managementvertrag ein **unabdingbares außerordentliches Kündigungsrecht** für beide Parteien aus wichtigem Grund nach § 314. Das ist für den Geschäftsbesorgungsvertrag (§ 675 Abs 1) wie schon für den Dienstvertrag (§ 611) ausdrücklich in § 626 geregelt. Dagegen kommt das außerordentliche Kündigungsrecht ohne wichtigen Grund gem § 627 wegen der „festen Bezüge" des Managementgebers von vornherein nicht in Betracht (vgl dazu Windbichler ZIP 1987, 825, 828 und Joachim DWiR 1992, 397, 398). In vielen Fällen wird man es allerdings auch bei einer schwerwiegenden Vertragsverletzung der einen Partei der anderen zumuten müssen, bis zur **nächstmöglichen ordentlichen Kündigung** abzuwarten. In der Praxis sehen die Verträge zudem oft eine erfolglose **Abmahnung** als Voraussetzung für eine außerordentliche Kündigung vor, listen „wichtige Gründe" katalogmäßig auf und sehen dafür gesonderte Kündigungsfristen vor.

Mediaagenturvertrag

Durch einen Mediaagenturvertrag wird die Mediaagentur regelmäßig verpflichtet, den Werbetreibenden strategisch zu beraten, einen Mediaplan zu erstellen und die entsprechenden Werbezeiten und -plätze einzukaufen; der Werbetreibende vergütet den Einkauf der Werbezeiten und -plätze sowie aufwands- oder provisionsbasiert das Tätigwerden der Mediaagentur (Salomon, in: Gaedertz/Martinek/Ory [Hrsg], Handbuch Mediaagenturen [2016] III Rn 46 ff). Die Finanzierung der Mediaagenturen basiert dabei im Wesentlichen auf außertariflichen Rabatten („AT-Vergünstigungen"), die den Mediaagenturen durch die Werbungdurchführenden gewährt werden (Martinek, Mediaagenturen und Medienrabatte [2008] 47; Martinek/Hans, in: Gaedertz/Martinek/Ory [Hrsg], Handbuch Mediaagenturen [2016] VII Rn 39 ff). Die Mediaagenturen treten gegenüber den Werbungdurchführenden in eigenem Namen auf und schließen mit ihnen **Mediaeinkaufsverträge**, bei denen es sich ihrer Rechtsnatur nach um **atypische Werkverträge** handelt (BGH NJW 1970, 1317, 1318; Martinek/Hans, in: Gaedertz/Martinek/Ory [Hrsg], Handbuch Mediaagenturen [2016] VII Rn 17). Der Mediaagenturvertrag hingegen stellt regelmäßig einen Geschäftsbesorgungsvertrag dar (BGH NJW-RR 2016, 1391 Rn 24; vgl zu den abweichenden Ansätzen Hans, Die Auswirkungen des Medienwandels auf das Werbevertrags- und Werbekartellrecht [2015] 64 ff; dies, in: Gaedertz/Martinek/Ory [Hrsg], Handbuch Mediaagenturen [2016] VII Rn 135 ff mwNw). Zu differenzieren ist sodann danach, inwiefern die Mediaagentur **auf eigene oder fremde Rechnung** gegenüber den Werbungdurchführenden tätig wird und ihr ein eigenunternehmerischer Handlungs- und Gestaltungsspielraum verbleibt. Steht der Mediaagentur – wie im **Regelfall** – im Bereich des Mediaeinkaufs und der Mediaabwicklung ein **eigenhändlerischer Spielraum** zu, ist von einer **atypischen Geschäftsbesorgung** auszugehen (Martinek, Mediaagenturen und Medienrabatte [2008] 53). In der Folge steht dem Werbetreibenden gegen die Mediaagentur weder ein Auskunfts- (§§ 675 Abs 1, 666) noch ein Herausgabeanspruch (§§ 675 Abs 1, 667 Alt 2) hinsichtlich von **agenturbezogenen Rabatten** zu (Martinek, Mediaagenturen und Medienrabatte [2008] 59 ff, 67 ff). Den Parteien steht es offen, vertraglich davon abweichende Regelungen zu treffen (vgl dazu Hans, in: Gaedertz/Martinek/Ory [Hrsg], Handbuch Mediaagenturen [2016] VII Rn 161 ff). Tritt die Mediaagentur bei den Mediaeinkaufsverträgen ausnahmsweise für fremde Rechnung auf, so liegt eine typische Geschäftsbesorgung vor, die eine Anwendung der §§ 675 Abs 1, 666, 667 Alt 2 hinsichtlich von agenturbezogenen Vergünstigungen nach sich zieht (BGH NJW-RR 2016, 1391 Rn 24; Martinek, Mediaagenturen und Medienrabatte [2008] 69). B 157a

Mediatorvertrag

Der Mediator- oder Mediationsvertrag ist ein Dienstvertrag mit geschäftsbesorgungsvertraglichem Charakter (vgl dazu Leibner NJW 2002, 3521; Krischek, Wirtschaftsmediation als alternatives Streitbeilegungsverfahren [2005]; Dendorfer DB 2003, 135; Duve/Eidenmüller/Hacke [Hrsg], Mediation in der Wirtschaft [2003]; Eidenmüller, Vertrags- und Verfahrensrecht der Wirtschaftsmediation [2001]; Haft, in: FS Schütze [1999] 225; Haft, in: FS Söllner [2000] 391; Henssler/Schwankenberg MDR 1997, 409; Lörcher DB 1999, 789; Neuenhahn NJW 2004, 663; Nicklisch, in: FS Schwab [1990] 633; Risse, Wirtschaftsmediation [2003]; Risse WM 1999, 1864; Risse NJW 2000, 1614; Schmidt DB-Beil 10/1998, 6; Schwarz/Thomas DStR 2009, 2338; Walz DNotZ 2003, 164; Wassermann NJW 2003, 1685). B 158

Nachlassverwalter

B 159 Der Nachlassverwalter wird kraft Amtes tätig (§§ 1985 ff) und nicht kraft eines privatrechtlichen Geschäftsbesorgungsvertrags.

Notarvertrag

B 160 Der Notarvertrag ist kein Geschäftsbesorgungsvertrag, da die Notartätigkeit auf dem Gebiet der Beurkundungen oder der vorbeugenden Rechtspflege ausweislich der §§ 1, 24 Abs 1 BNotO und §§ 17 ff BeurkG die eines öffentlichen Amtsträgers ist (BGH NJW-RR 1990, 630). Der Notar haftet als Amtsträger nach § 19 BNotO (zur Haftung eines Anwaltsnotars aus Verletzung anwaltlicher und notarieller Pflichten vgl BGH NJW 1993, 2747).

Patentanwalt

B 161 Der Vertrag mit einem Patentanwalt über die Anmeldung von Patenten, Gebrauchsmustern, Warenzeichen etc ist ein Dienstvertrag mit Geschäftsbesorgungscharakter (RGZ 69, 26; BGHZ 52, 359, 361; OLG Düsseldorf GRUR-RR 2012, 181). Er hat in der Patentanwaltsordnung eine nähere Regelung erfahren, aus der die Pflicht zur unverzüglichen Anzeige bei Ablehnung des Auftrags (§ 40), die Vertretungspflicht des beigeordneten Patentanwalts (§ 43) und das Zurückbehaltungsrecht an Handakten (§ 44 Abs 3) genannt seien.

Prozessagentenvertrag

B 162 Dieser Vertragstyp lässt sich aus verschiedenen gesetzlichen Einzelvorschriften entnehmen (vgl § 157 Abs 3 ZPO, Art 1 § 3 Nr 3 RBerG, §§ 1 Abs 2 und 3 Abs 1 S 1 der 2. AVO zum RBerG) und ist ein Dienstvertrag mit Geschäftsbesorgungscharakter.

Rechtsanwaltsverträge

B 163 Der Beruf des Rechtsanwalts (vgl zur Übersicht Büchting/Heussen [Hrsg], Beck'sches Rechtsanwaltshandbuch [11. Aufl 2016]; Henssler/Prütting [Hrsg], Bundesrechtsanwaltsordnung [4. Aufl 2014]; Borgmann/Jungk/Schwaiger, Anwaltshaftung [5. Aufl 2014]) gehört zu den historisch überkommenen Anwendungsfeldern des römisch- und gemeinrechtlichen Mandats, aus dem sich die entgeltliche Geschäftsbesorgung entwickelt hat. Der Rechtsanwalt ist bis heute der **Prototyp des Geschäftsbesorgers**, wiewohl sein Engagement als Interessenwahrer des Mandanten im Spannungsfeld zu seiner Verantwortung gegenüber Recht und Gesetz steht. Nach dem in den §§ 1–3 BRAO niedergelegten Berufsbild ist der Rechtsanwalt „unabhängiges Organ der Rechtspflege" und „der berufene unabhängige Berater und Vertreter in allen Rechtsangelegenheiten". Der BGH hat sich zur beruflichen Tätigkeit des Rechtsanwalts wie folgt geäußert: „Die berufliche Tätigkeit eines Rechtsanwalts wird geprägt durch die ihm eigentümliche Aufgabe, der berufene unabhängige Vertreter und Berater in allen Rechtsangelegenheiten zu sein … Im Zweifel ist anzunehmen, dass derjenige, der die Dienste des Rechtsanwalts in Anspruch nimmt, ihn auch in dieser Eigenschaft beauftragen will" (BGH NJW 1980, 1855). Das anwaltliche Berufs- und Standesrecht hat in den letzten Jahren im Mittelpunkt einer heftigen Diskussion über seine Vereinbarkeit mit Art 12 und Art 2 Abs 1 GG und über seine Anpassung an die Erfordernisse einer modernen Dienstleistungsgesellschaft gestanden. In einer Grundsatzentscheidung vom 14. 7. 1987 hat sich das BVerfG zu den Standesrichtlinien geäußert (BVerfGE 76, 171 = NJW 1988, 191; dazu Kleine-Cosack NJW 1988, 164; vgl auch die sog Zweitberufsbeschlüsse vom 4. 11. 1992, BVerfGE 87, 287 = NJW 1993, 317), die den Gesetzgeber zu einer bedeutsamen Reform des Berufs der Rechts- und Patentanwälte – wie auch der Steuerberater und Wirtschaftsprüfer – veranlasst hat (Abschaffung des sog Lokalisationsprinzips; Ersetzung der Standesrichtlinien durch eine Berufsordnung in Satzungsform; Neuordnung der Gerichtsbarkeit der Rechtsanwälte und der zweitberuflichen Tätigkeit von Rechtsanwälten; Neuregelung der anwaltlichen Berufspflichten sowie Lockerung des Wettbewerbsverbots durch neue Vorschriften zum anwaltlichen Werberecht; Neuordnung des Gebührenrechts für Rechtsanwälte durch das RVG). Die frühere BRAGO wurde zum 1. 7. 2004 durch das RVG abgelöst (vgl Gerold/Schmidt, Rechtsanwaltsvergütungsgesetz [22. Aufl 2015]; Braun, Die Abrechnung nach dem neuen Rechtsanwaltsvergütungsgesetz [2004]; Hartung/Schons/Enders, RVG [3. Aufl 2017]; Hartung NJW 2004, 1409). Vor allem das anwaltliche Werberecht hat in den letzten Jahren eine fortlaufende Liberalisierung erfahren (vgl Kleine-Cosack, Das Werberecht der rechts- und steuerberatenden Berufe [2. Aufl 2004]), insbes nachdem das BVerfG mit seinem Beschluss vom 28. 7. 2004 (NJW 2004, 2656; dazu Offermann-Burckhart NJW 2004, 2617) eine Erweiterung spezialisierter Fachanwaltschaften angemahnt hat. Der Rechtsanwaltsberuf entwickelt sich „vom freien Beruf zum dienstleistenden Gewerbe“ (so Stürner/Borgmann NJW 2004, 1481; vgl auch Jaeger NJW 2004, 1492; Grunewald NJW 2004, 1146).

Für die Formen anwaltlicher Kooperation ist zudem das **Partnerschaftsgesellschafts-** **B 164**
gesetz von 1994 (BGBl I 1744) von Bedeutung, das eine besonders auf die freien Berufe zugeschnittene Gesellschaftsform zwischen Kapitalgesellschaft und BGB-Gesellschaft geschaffen hat (dazu Seibert AnwBl 1993, 155; vFalkenhausen AnwBl 1993, 479; K Schmidt ZIP 1993, 633). Es ergänzt die Rechtsanwalts-Sozietät als Sonderform der BGB-Gesellschaft nach §§ 705 ff (dazu K Schmidt NJW 2005, 2801; zur Rechtsanwalts-GmbH vgl Zuck, Die Anwalts-GmbH [1999]; zur Rechtsanwalts-AG vgl BayObLG BB 2005, 946; Kempter/Kopp NJW 2004, 3605; Henssler AnwBl 2005, 374; Kilian NZG 2001, 150). Das anwaltliche Berufsrecht lässt aber noch Raum für weitere Vorstöße in Richtung auf Liberalisierung und Europäisierung (dazu Hellwig NJW 2005, 1217).

Der Anwaltsvertrag ist als **Geschäftsbesorgungsvertrag** nach § 675 Abs 1 zu qualifi- **B 165**
zieren, denn der Anwalt ist zur selbständigen wirtschaftlichen fremdnützigen Interessenwahrnehmung mit Vermögensbezug verpflichtet. Das gilt auch bei der Strafverteidigung, die immer zumindest auch wirtschaftliche Vermögensinteressen berührt. Die geschäftsbesorgungsvertragliche Qualifikation entspricht ständiger Rechtsprechung (BGH VersR 1961, 467 = LM Nr 28 zu § 675; BGH LM Nr 21 zu § 667; BGH NJW 1964, 2402, 2403; 1978, 1807, 1808; KG OLGZ 1973, 18, 19; anders allerdings vereinzelt BGH VersR 1969, 38: reiner Dienstvertrag) und allgemeiner Lehre (Müller JR 1969, 161; Strauch JuS 1992, 897; Ostler NJW 1975, 2273). Das Handeln des Rechtsanwalts für seinen Mandanten kann **dienstvertraglich-tätigkeitsbezogen** oder **werkvertraglich-erfolgsbezogen** ausgerichtet sein. Im **Regelfall** liegt der Geschäftsbesorgung ein **dienstvertragliches Verhältnis** zugrunde, insbesondere dann, wenn der Rechtsanwalt die Rechtsberatung, die Prozessführung oder die Besorgung einer sonstigen Rechtsangelegenheit schuldet (Prot II 379; RGZ 88, 223, 226 f; OGH 1947/48, 587; BGH NJW 1964,

2402, 2403; BGH VersR 1961, 467 = LM Nr 28 zu § 675; BGH NJW 1965, 106 = MDR 1965, 121 = BB 1964, 1398 = VersR 1965, 41, 42; BGH NJW 1978, 1808; BGH VersR 1988, 1217; OLG Düsseldorf VersR 1993, 702, 703; OLG Nürnberg MDR 1960, 310; MÜLLER JR 1969, 161). Der Rechtsanwaltsvertrag ist bei tätigkeitsbezogenem Charakter als Geschäftsbesorgungsdienstvertrag auf **Dienste höherer Art iSd § 627** gerichtet. **Ausnahmsweise** kann aber auch ein **Werkvertrag** Gegenstand der Vereinbarung sein. Voraussetzung dafür ist, dass die geschuldete anwaltliche Tätigkeit auf die Herbeiführung eines Erfolges gerichtet ist (RGZ 88, 226; BGH NJW 1965, 106; MÜLLER JR 1969, 161). Dies kommt insbesondere bei einer Rechtsauskunft über eine konkrete Einzelfrage (OLG Düsseldorf VersR 1993, 702, 703), einer Gutachtenerstattung (RGZ 88, 223, 226 f; 162, 171, 173), einer Anpassung eines Vertrages an ausländisches Recht (RG JW 1914, 642 Nr 4) oder einer konkreten Vertragsgestaltung für einen vorgegebenen Zweck in Betracht. Dann hat der Rechtsanwalt für einen bestimmten Erfolg seiner Tätigkeit einzustehen (OLG Düsseldorf VersR 1993, 702, 703).

B 166 Das Tätigkeitsprofil und die Pflichtenstellung des Rechtsanwalts spiegeln sich in der BRAO, der Berufsordnung für Rechtsanwälte (BORA) und im RVG wider, seine (inzwischen aufgelockerte) staatliche Monopolstellung ergibt sich aus dem RBerG mit seinen Ausführungsverordnungen. Das aus dem Jahr 1935 stammende RBerG, dessen Art 1 § 1 Abs 1 S 1 durch das BVerfG mehrfach stark einschränkend ausgelegt wurde (BVerfG NJW 2002, 1190; BVerG NJW 1998, 3481), ist durch das Rechtsdienstleistungsgesetz (RDG; BGBl 2007 I 2840) abgelöst worden (vgl dazu die Gutachten „Rechtsberatung zwischen Deregulierung und Verbraucherschutz" von PRÜTTING und ROTTLEUTHNER zum 65. Deutschen Juristentag, Bd I Gutachten G und H [2004]). Ferner sind die Fachanwaltsordnung und das Gesetz über die Tätigkeit europäischer Rechtsanwälte in Deutschland (EuRAG) zu beachten. In erster Linie ist aber für die **Rechts- und Pflichtenstellung** gegenüber dem Mandanten der Rechtsanwaltsvertrag maßgeblich. Nach § 675 Abs 1 sind in weitem Umfang Auftragsvorschriften anzuwenden, die durch die Regelungen der BRAO teilweise ergänzt, geändert oder gar ersetzt werden (vgl zur neueren Entwicklung des Anwaltshaftungsrechts BORGMANN NJW 2013, 3343; umfassend BORGMANN/JUNGK/SCHWAIGER, Anwaltshaftung [5. Aufl 2014]; vgl zu Verträgen mit und Haftung von Ärzten auch ANDERS/GEHLE, Das Recht der freien Dienste [2001]). Der Anwalt hat im Zweifel seine Dienste persönlich zu leisten, §§ 675 Abs 1, 613, ist an die Weisungen des Mandanten gebunden, § 665, zur Auskunft und Rechenschaft nach § 666, sowie zur Herausgabe nach § 667 verpflichtet. Die Verschwiegenheitspflicht des Rechtsanwalts ist strafgesetzlich in § 203 Abs 1 Nr 3 StGB sanktioniert. Entsprechend § 663 legt § 44 BRAO dem Anwalt eine schadensersatzbewehrte Anzeigepflicht bei Auftragsablehnung auf (weitergehende Regelungen in §§ 45, 48, 49 BRAO; zur Herausgabepflicht bzgl Handakten vgl § 50 BRAO und § 667 Rn 9; zum Zurückbehaltungsrecht bei den Handakten vgl § 667 Rn 20).

B 167 Für das **Zustandekommen** des Anwaltsvertrags gelten die allgemeinen Regeln des BGB. Auch dann, wenn ein Rechtsanwalt im Wege der Prozesskostenhilfe nach § 121 ZPO, § 11a ArbGG beigeordnet wird, ist der Abschluss eines Anwaltsvertrags zur Begründung der gegenseitigen Rechte und Pflichten notwendig, worauf der Anwalt die rechtsunkundige Partei aufmerksam machen muss (RGZ 98, 338; 147, 154). Ein Kontrahierungszwang besteht für Anwälte nicht. Unter Umständen kann der beigeordnete Anwalt nach § 48 BRAO verpflichtet sein, zum Schutze einer benachteiligten Partei ein Mandat zu übernehmen. Nach § 45 BRAO besteht in den typischen Fällen einer drohenden Interessenkollision eine Verpflichtung zur Ablehnung eines Mandates. Auch vor Vertragsschluss muss der gerichtlich beigeordnete Anwalt zur Vermeidung von Rechtsnachteilen des Mandanten (zB bei drohendem Fristablauf) tätig werden. Ein Anwaltsvertrag kann auch durch **schlüssiges Verhalten** der Vertragsparteien zustande kommen, doch kann hiervon im Interesse der Rechtssicherheit nur ausgegangen werden, wenn die Umstände die Annahme eines entsprechenden Vertragsangebots eindeutig und klar erkennen lassen (BGH NJW 1991, 2084, 2085; BGH NJW 2003, 3564; BGH NJW 2004, 3630). Der Rechtsanwaltvertrag kann auch **Schutzwirkungen für Dritte** entfalten, soweit die Voraussetzungen der Einbeziehung (dazu BGH NJW 2016, 3432 Rn 17 ff; Staudinger/Klumpp [2015] § 328 Rn 109 ff) erfüllt sind. Berät ein Rechtsanwalt im Auftrag einer Mieterschutzorganisation eines ihrer Mitglieder, kann eine solche Schutzwirkung anzunehmen sein (OLG Düsseldorf VersR 2010, 213 f).

Bei Beauftragung eines in eine Sozietät eingebundenen Rechtsanwalts kam nach der **alten Rechtslage** der Vertrag im Zweifel mit allen der Sozietät (BGB-Gesellschaft) angehörenden Anwälten zustande (BGHZ 56, 355, 359 = NJW 1971, 1801, 1802 im Anschluss an das Reichsgericht in RGZ 85, 306 = JW 1914, 1073; BGHZ 83, 328; Steindorff, in: FS R Fischer [1979] 747; **aA** aber BGH NJW 1963, 1301, 1302). Ihnen stand freilich auch gemeinsam als Gesamthändern der Vergütungsanspruch zu (RGZ 85, 307, 308); sie hafteten aber auch füreinander – in Ausnahme von § 425 – als Gesamtschuldner für schuldhafte Schadensverursachung bei der Anwaltstätigkeit (BGH NJW 2001, 1056; BGH NJW 2003, 1445; BGH NJW 2003, 1803; BGH NJW 2004, 836; vgl ferner BGHZ 56, 335, 361 = NJW 1971, 1801; BGHZ 83, 328 = NJW 1982, 1866; BGHZ 94, 380; BGH NJW 1986, 589; RGZ 88, 342, 344). Infolge der Anerkennung der **Rechtsfähigkeit der Außen-GbR** (grundlegend BGHZ 146, 341 ff mwNw), der Abkehr von der früheren Doppelverpflichtungslehre und Annahme einer **akzessorischen Gesellschafterhaftung analog §§ 128–130 HGB** ließ sich die auf die einzelnen Anwälte einer Sozietät abstellende Konstruktion nicht mehr halten. **Vertragspartnerin** des Rechtsanwaltsberatungsvertrags wird daher die **Sozietät**, nicht der einzelne Anwalt (BGH NJW-RR 2006, 1071 Rn 9 = WM 2006, 830 Rn 9; BGH NJW 2009, 1597 Rn 9 = WM 2009, 669 Rn 9; BGHZ 193, 193 Rn 9 = BGH NJW 2012, 2435 Rn 15). Die Anwaltssozietät stellt im Zweifel eine GbR dar (BGHZ 172, 169 Rn 11). Analog §§ 128–130 HGB besteht eine persönliche, akzessorische, unmittelbare und unbeschränkte Haftung der Sozien als Gesamtschuldner für die Verbindlichkeiten der Sozietät. **Deliktisches Handeln** eines Sozius in Ausübung eines Sozietätsmandats ist der Sozietät **analog § 31** zuzurechnen (BGHZ 172, 169 Rn 13 ff). Ausnahmen ergeben sich auch nicht im Rahmen einer **interprofessionellen Haftung**, wenn namentlich Steuerberater oder Wirtschaftsprüfer mit Rechtsanwälten in einer Sozietät verbunden sind (BGH NJW 2012, 2435 Rn 69 ff = DStR 2012, 1722, 1723 = MDR 2012, 1031, 69 ff; Bräuer LMK 2012, 335785; Weipert EWiR 2012, 553, 554; Kresse NJ 2012, 381; Grunewald NJW 2012, 2443; Deckenbrock AnwBl 2012, 723, 725). Eine **Haftungsbeschränkung analog § 8 Abs 2 PartGG** auf den sachbearbeitenden Partner **scheidet aus** (BGH NJW 2012, 2435 Rn 74; Lux NJW 2003, 2806, 2807; Römermann BB 2003, 1084, 1086; Hasenkamp DB 2003, 1166, 1167; K Schmidt NJW 2005, 2801, 2805; **aA** Hirtz AnwBl 2008, 82, 83; Kamps/Wollweber DStR 2009, 926, 927). Die Haftung der Sozien erstreckt sich auch auf die berufshaftungsrechtlichen Verbindlichkeiten aus Tätigkeiten, welche spezifisch Rechtsanwälten, Steuerberatern oder Wirtschaftsprüfern vorbehalten sind (BGH NJW 2012, 2435 Rn 69). Eine Analogie zu § 8 Abs 2 PartGG führte entgegen § 51a Abs 2 S 2 BRAO zu einer Haftungskonzentration auf die mit dem Mandat befassten Sozien auch **B 167a** insofern, als ausschließlich Rechtsanwälte involviert sind (BGH NJW 2012, 2435 Rn 74). Zudem fehlt es an einer planwidrigen Regelungslücke, da die Haftungsprivilegierung auf das gesetzgeberisch abgewogene Konzept der Partnerschaftsgesellschaft mit ihren Vor- und Nachteilen zugeschnitten ist. Zudem sperrt die Sonderregelung in § 52 Abs 2 S 2 und 3 BRAO (dazu Rinkler, in: Fischer/Vill/Fischer/Rinkler/Chab, Handbuch der Anwaltshaftung [4. Aufl 2015] § 1 Rn 517 ff). Die beteiligten Sozien trifft hingegen **keine Haftung in Analogie zu § 28 HGB**. Der Grund hierfür liegt jedoch nicht in dem durch persönliches Vertrauen geprägten besonderen Verhältnis zwischen Rechtsanwalt und Mandant (so BGH WM 2012, 87 Rn 20; dagegen Posegga DStR 2013, 547, 550), sondern in der fehlenden Möglichkeit der Sozietät, über eine Handelsregistereintragung einen Haftungsausschluss (vgl § 28 Abs 2 HGB) zu erreichen.

B 167b Nicht nur in haftungsrechtlicher Hinsicht von Bedeutung ist die **Abgrenzung zwischen einem Sozietäts- und einem Einzelmandat**. Die Ausrichtung auf eine **anwaltsuntypische Tätigkeit** (zB Vermögensverwaltung) deutet auf ein Einzelmandat des betreffenden Sozius hin (OLG Celle MDR 2006, 1198; OLG Celle NJW 2006, 3431, 3433 = MDR 2007, 60; **aA** Hirtz AnwBl 2008, 636; Schodder EWiR 2008, 429, 430; Henssler/Deckenbrock WuB IV A § 675 BGB 3.08; Lux NJW 2008, 2309, 2310 ff; vgl zur Scheinsozietät auch BGH WM 2008, 1136, 1137 = NJW 2008, 2330). Über die Bestimmung der Vertragsparteien hinaus ist bei anwaltsuntypischen Tätigkeiten zu überprüfen, ob überhaupt ein Rechtsanwaltsvertrag vorliegt. Als Orientierung dient § 3 BRAO, der den Rechtsanwalt als Vertreter in allen Rechtsangelegenheiten ausweist. Im Rahmen einer **Schwerpunktbetrachtung** schließen anwaltsfremde Maßnahmen zwar einen Anwaltsvertrag nicht aus; jedoch müssen diese auch Rechtsfragen aufwerfen können und in einem engen inneren Zusammenhang mit der rechtlichen Beistandspflicht stehen. Tritt die Rechtsvertretung völlig als unwesentlich in den Hintergrund, scheidet ein Rechtsanwaltsvertrag aus (BGH NJW 1985, 2642; BGH NJW 1994, 1405, 1406; OLG Düsseldorf 2. 4. 2007 – I-24 U 26/05; vgl auch OLG Stuttgart WM 2009, 1840, 1842). Im Zweifel ist von einem Rechtsanwaltsvertrag auszugehen (BGH NJW 1985, 2642; OLG Düsseldorf 2. 4. 2007 – I-24 U 26/05).

B 168 Der **allgemeine Wirkungskreis** des Rechtsanwalts bestimmt sich nach **§ 3 BRAO**. Danach ist er befugt, **unabhängiger Berater und Vertreter in allen Rechtsangelegenheiten** zu sein. Diese allgemeine Tätigkeitsbeschreibung wird im Einzelfall durch den erteilten Auftrag konkretisiert (BGH WM 1993, 1508, 1509). Da der Rechtsanwalt aber nach § 1 BRAO ein unabhängiges Organ der Rechtspflege ist, hat er auch den hieraus folgenden Bindungen zu genügen und Verpflichtungen nachzukommen. Seine Pflichtenstellung ist also zum einen durch die **vertragliche Treuepflicht gegenüber dem Mandanten**, zum anderen durch seine **berufliche Treuepflicht gegenüber Gesetz und Recht** gekennzeichnet. Dieses besondere Vertrauensverhältnis verbietet es etwa dem Rechtsanwalt, unter Drohung einer Mandatsniederlegung eine für ihn günstige Vergütungsabrede kurz vor dem anberaumten Gerichtstermin durchsetzen (widerrechtliche Drohung iSd § 123 Abs 1: BGH WM 2013, 942, Rn 10 ff = LMK 2013, 347218 [Walker/Storck] = DStR 2013, 1860 [Mutschler]). Das Treue- und Vertrauensverhältnis zwischen Anwalt und Mandant ist freilich kein einseitiges, sondern ein gegenseitiges. Ein Rechtsanwalt kann nicht sinnvoll tätig werden, wenn ihm nicht auch der Mandant Treue und Vertrauen entgegenbringt. Er darf sich nicht bei jedem eingeleiteten Schritt der Gefahr ausgesetzt sehen, dass ihm sein Mandant den Rückhalt verweigert oder ihm gar in den Rücken fällt.

Im Allgemeinen ist der Rechtsanwalt zu umfassender und möglichst erschöpfender Beratung und Belehrung des Auftraggebers auf der Grundlage seiner Prüfung der Rechtslage verpflichtet und, soweit vom Mandanten gewünscht, zur Einleitung, Besorgung und Betreuung der entsprechenden außergerichtlichen oder gerichtlichen Maßnahmen gehalten (BGH NJW-RR 2004, 1358; BGH NJW-RR 2003, 1064, 1065; BGHZ 89, 178, 181; BGHZ 97, 372, 372; BGH NJW 1988, 563, 566; BGH NJW 1992, 1159, 1160; BGH MDR 2006, 958, 959; BGH NJW 2008, 2041 Rn 12). Er hat dem Mandanten die jeweiligen Schritte anzuraten, die zu dem erstrebten Ziel zu führen geeignet sind, und hat **Nachteile für den Mandanten zu verhindern**, soweit solche voraussehbar und vermeidbar sind (BGH VersR 1968, 966; BGH WM 1993, 1508, 1509; OLG Koblenz NJW-RR 2006, 1358, 1359). In Ausnahmefällen kann aus dem Inhalt des Mandats oder den Umständen des Einzelfalls eine **eingeschränkte Beratungspflicht** folgen. Als Anhaltspunkte hierfür kommen eine inhaltliche Spezifizierung des Gegenstands des Mandats, eine besondere Eilbedürftigkeit oder ein außer Verhältnis stehender Aufwand in Betracht (BGHZ 171, 261 Rn 9–10 = NJW 2007, 2485; BGH NJW 2011, 2889 Rn 12 = MDR 2011, 951). Allerdings hat der Anwalt auch bei eingeschränktem Mandat die Pflicht, den Mandanten vor Gefahren (zB Verjährungseintritt) zu warnen, derer sich der Mandant erkennbar nicht bewusst ist und die sich bei ordnungsgemäßer Bearbeitung aufdrängen (BGH NJW-RR 2008, 1235 Rn 15; BGH WM 2008, 1560 Rn 16; Bergmann WuB IV A § 675 BGB 1.09). B 169

Die umfassende und erschöpfende Beratungs- und Belehrungspflicht des Rechtsanwalts verlangt noch vor einer eingehenden rechtlichen Überprüfung und Würdigung eine **sorgfältige Aufklärung und Ermittlung des Sachverhalts**. Die anwaltliche Aufklärungspflicht ist also als Pflicht nicht etwa zur Aufklärung des Mandanten, sondern vielmehr zur Ermittlung des juristisch relevanten Sachverhalts zu verstehen. Ausgangspunkt sind hierbei die vom Mandanten bei der Formulierung seiner Anliegen vorgetragenen Tatsachen, zu deren Ergänzung und Vervollständigung der Rechtsanwalt seinen Auftraggeber gegebenenfalls anzuregen, zu veranlassen und aufzufordern hat. Dabei darf der Rechtsanwalt grundsätzlich auf die Vollständigkeit und Richtigkeit der tatsächlichen Angaben des Mandanten in ihren Einzelheiten und Zusammenhängen vertrauen, solange ihn keine Zweifel an deren sachlicher und rechtserheblicher Richtigkeit und Vollständigkeit beschleichen (BGH NJW 1985, 1154, 1155 im Anschluss an BGH VersR 1960, 911). Die Aufklärungspflicht des Anwalts findet ihren Gegenpol in der **Informationspflicht des Mandanten** (BGH NJW 1961, 601, 602; NJW 1982, 437); ohne diese kann er jener nicht genügen. Seine Aufklärungspflicht steht im Wechselspiel mit der Informationspflicht des Mandanten, der den Anwalt umfassend und richtig über alle wichtigen tatsächlichen Einzelheiten und Zusammenhänge im Rahmen des von ihm gewünschten Auftrages in Kenntnis setzen muss (Ostler JA 1963, 109, 110). Dabei sind die Anforderungen an den **Umfang der Informationspflicht** jeweils an den speziellen **Fähigkeiten und Kenntnissen des Mandanten** auszurichten. An einen Universitätsprofessor, einen Arzt oder einen Architekten sind weitaus höhere Maßstäbe anzulegen als an einen Laien. Die Informationspflicht des Mandanten ist besonders ausgeprägt, wenn die anwaltliche Auftragswahrnehmung nicht ohne die Sach- und Fachkenntnis des Mandanten erfolgen kann, der seinen Rechtsanwalt erst mit spezifischem Hintergrund- oder Detailwissen versorgen muss, um sein Anliegen verständlich und eine juristische Würdigung möglich zu machen. B 169a

B 170 Der Rechtsanwalt muss in Wahrnehmung seiner Aufklärungspflicht **alle Informationsmöglichkeiten des Mandanten ausschöpfen** und rückfragend auf Richtigkeit und Vollständigkeit, Nüchternheit und Genauigkeit drängen. Denn Mandanten können zu einer subjektiv gefärbten Sichtweise, zu Übertreibungen und Vorurteilen, zu Nachlässigkeiten und Fehleinschätzungen neigen, aus denen der Anwalt durch die objektive Betrachtung des Juristen den juristisch bedeutsamen Sachverhalt herausfiltern muss. Der Auftraggeber sucht sein „gutes Recht" und will eine positive Beurteilung seines Anliegens erreichen. Der Rechtsanwalt muss im Mandantengespräch die enge Beziehung von Tatsachenmaterial und Rechtsfragen durchdringen, dabei seinen Blick zwischen Sachverhalt und Rechtsordnung hin- und herschweifen lassen, um die rechtserheblichen Tatsachen zu ermitteln. In dieser Gemengelage von bunten Fakten der Lebenswirklichkeit mit rechtlichen Anknüpfungspunkten und Konsequenzen muss der Rechtsanwalt auf eine umfassende und **völlige Klarstellung des Sachverhaltes** und Beseitigung von Zweifeln hinarbeiten. Bereits in diesem Stadium kann es zu gravierenden anwaltlichen Fehlern kommen (vgl BGH NJW 2013, 2965, 2966 Rn 10 = MDR 2013, 1097, 1098), die eine Haftpflicht des Anwalts aus dem Vertragsverhältnis verletzen. Schöpft der Anwalt seine Aufklärungsmittel gegenüber dem Mandanten aus, kann er sich auf die insoweit gewonnenen Erkenntnisse jedoch verlassen (Ostler JA 1983, 109, 110; BGH NJW 1985, 1154, 1155). Hat der Mandant ihm beispielsweise angegeben, das Kündigungsschreiben des Arbeitgebers habe in einem freigestempelten Umschlag im Briefkasten gelegen, und zieht der Anwalt daraus den Schluss, die Kündigung sei per Post verschickt worden, so kann eine darauf beruhende Versäumung der Frist nach § 4 KSchG dem Anwalt nicht vorgehalten werden (OLG Karlsruhe VersR 2008, 969, 970). Bei der Beurteilung des **Umfanges der anwaltlichen Aufklärungspflicht** ist von einem vorrangigen Stellenwert der Informationspflicht des Mandanten auszugehen, denn letztere determiniert als Vorleistung weitgehend die weitere Aufklärung durch den Anwalt. Ohne tatsächliche Anhaltspunkte für einen Verstoß gegen ein Verbotsgesetz iSd § 134 hat der Anwalt daher keine eigenständigen Nachforschungen in diese Richtung anzustellen (BGH MDR 2006, 238, 240). Hieraus folgt, dass der Mandant bei einem möglichen Haftpflichtprozess nachweisen muss, dass er durch den Anwalt nicht hinreichend zur Information aufgefordert wurde (BGH NJW 1982, 437, 438).

B 170a Schon im **vorvertraglichen Stadium** besteht die Pflicht des Rechtsanwalts, seinen potenziellen Mandanten auf **mögliche Interessenkollisionen** hinzuweisen. Hierzu zählt insbesondere der Umstand, dass er oder seine Sozietät häufig von der gegnerischen Partei mit rechtsberatender Tätigkeit betraut wird. Infolge einer wirtschaftlichen Abhängigkeit oder einer Identifizierung mit den Angelegenheiten der gegnerischen Partei können nämlich berechtigte Zweifel entstehen, ob die Interessen des potenziellen neuen Mandanten in gleicher Weise wie gegenüber einer unbekannten und damit „neutralen" gegnerischen Partei wahrgenommen werden (BGH WM 2008, 371, 372 = VersR 2008, 688, 689 = MDR 2008, 413, 414; zustimmend Posegga EWiR 2008, 237, 238; **aA** Kleine-Cosack AbwBl 2008, 278 ff).

B 171 Zur Aufklärungspflicht des Rechtsanwalts gesellt sich seine **Rechtsprüfungspflicht**, die den **Mittelpunkt** der geschuldeten Leistung bildet und mit der Aufklärungspflicht in enger Wechselwirkung steht. Hierbei schöpft der Rechtsanwalt aus seiner Rechtsgelehrtheit, seiner Kenntnis und seinem Verständnis von Recht und Gesetz, seinem Fundus an juristischem Wissen und praktischen Erfahrungen. In dieser juristischanwaltlichen Kompetenz, die von der Persönlichkeit des Rechtsanwalts getragen wird, gründet im Wesentlichen das Vertrauen des Mandanten. Zu Recht hat der BGH betont, dass der Rechtsanwalt grundsätzlich **jeden Rechtsirrtum zu vertreten** hat (BGH VersR 1959, 638, 641). Ihm obliegt eine umfassende, sorgfältige Prüfung und Sicherung der Ansprüche des Mandanten in jeder Richtung (BGH VersR 1967, 704, 705 mwNw; BGH WM 1993, 420, 423). Vor diesem Hintergrund muss bei der Bemessung des Inhalts und der Reichweite, des Umfangs und der Tiefe der Beratungspflicht vorausgesetzt werden, dass der gewissenhafte Anwalt über eine **detaillierte Gesetzeskenntnis** verfügt (OLG Hamm VersR 1981, 936). Selbst auf speziellen oder neuen Rechtsgebieten muss er bei Übernahme eines entsprechenden Mandats die einschlägigen Rechtsnormen kennen; kann er keine Kenntnisse auf solchen Spezialgebieten vorweisen, muss er sich jedenfalls nach der Übernahme des Mandats **hinreichend einarbeiten** (OLG Köln VersR 1979, 580; BGH MDR 1959, 646; BGH MDR 2006, 238, 239). Ist er dazu zeitlich nicht in der Lage, so muss er das Mandat ablehnen. Der **Verteidiger im Strafverfahren** hat bei seiner Rechtsprüfungspflicht alle Möglichkeiten des materiellen Rechts und des Prozessrechts auszuschöpfen, die dem Beschuldigten zugutekommen können. Dabei darf er sich nicht durch die Offizialmaxime, den Untersuchungsgrundsatz und den Amtsermittlungsgrundsatz im Strafprozessrecht entlastet fühlen und auf die Umsicht der Staatsanwaltschaft und des Gerichts bei der Berücksichtigung entlastender Gesichtspunkte vertrauen.

Stehen die entscheidungserheblichen Tatsachen fest und sind die damit verbundenen **B 172**
rechtlichen Schlussfolgerungen und Wertungen aufbereitet – möglicherweise mit zahlreichen Beurteilungs- und Ermessensfragen, Abhängigkeiten und Verweisungen –, muss der Rechtsanwalt dem **Mandanten** die Möglichkeit zu einer **eigenverantwortlichen Entscheidung** über die Vorgehensweise geben. Dies setzt eine **umfassende Belehrung und Beratung** des Auftraggebers über das Ergebnis der anwaltlichen Rechtsprüfung in ihren Einzelheiten und mit ihren verbliebenen Zweifeln voraus. Nach der Rechtsprechung muss die Beratung in allgemeiner, umfassender und möglichst erschöpfender Form erfolgen, es sei denn, der Mandant gibt unzweideutig einen gegenteiligen Wunsch zu erkennen und bescheidet sich mit groben Oberflächlichkeiten, Tendenzmeldungen und Pauschalurteilen (BGH DNotZ 1970, 48, 49 mit Anm Wolfsteiner; BGH VersR 1993, 743, 745 mwNw). Der Rechtsanwalt darf sich bei seiner Rechtsberatung nicht auf seine eigene Rechtsansicht versteifen, sondern muss im Interesse des Mandanten auch abweichende Meinungen in seine Perspektive einbeziehen (RGZ 89, 426, 430 f). Zwar kann er sich auf herrschende Meinungen in der Literatur und auf die ständige Rechtsprechung verlassen, muss aber die Risiken einer abweichenden Ansicht im Auge behalten. Er darf sich nicht auf die Darstellung der Rechtslage beschränken, sondern muss die zur Rechtswahrung oder Rechtsverfolgung erforderlich erscheinenden Maßnahmen anraten. Er muss dem Mandanten von den **Chancen und Risiken eines Prozesses** oder anderer rechtlicher Schritte einen zuverlässigen Eindruck vermitteln (OLG Koblenz NJW-RR 2006, 1358, 1359). **Alternative Vorgehensweisen** sind mit dem Mandanten im Hinblick auf Erfolgsaussichten und Gefahren, Kosten und Zeitablauf durchzusprechen. Eine Beratungspflichtverletzung liegt ohne Weiteres in dem unterlassenen oder unzureichenden Hinweis auf geringe oder fehlende Erfolgsaussichten eines Prozesses (BGH VersR 1963, 387, 388). Der Anwalt ist verpflichtet, seinen Mandanten über die bestehenden und erfolgsversprechenden Angriffspunkte gegen eine erstinstanzliche Entscheidung für eine Berufung aufzuklären; ein bloßer Hinweis auf die abstrakte Möglichkeit

einer Berufung genügt nicht (Althammer LMK 2007, 239772). Eine solche Pflicht besteht auch dann, wenn der Anwalt erstinstanzlich der Erfolg der gegnerischen Klage durch eigenes Verhalten mitverschuldet hat (BGH WM 2007, 1425 Rn 12–14 = MDR 2007, 1071, 1072; OLG Düsseldorf FamRZ 2012, 1253, 1254).

B 172a Der Anwalt muss auf Verlangen des Mandanten auch die **voraussichtliche Höhe seines Honorars** mitteilen (BGH NJW 1980, 2128, 2130). Insbesondere hat der Anwalt seinen Mandanten regelmäßig darüber aufzuklären, dass die gesetzlichen Gebühren nach **RVG** durch Vereinbarung überschritten werden (OLG Düsseldorf MDR 2012, 316). In seltenen Ausnahmefällen kann einzelnen Kostenposten eine untergeordnete Bedeutung zukommen, sodass eine Information insofern unterbleiben kann (BGH MDR 2006, 478, 479 = NJW-RR 2006, 557 Rn 10; kritisch Möller AnwBl 2006, 446, 447). Weiterhin hat der Rechtsanwalt einen dem Mandanten möglicherweise zustehenden Schutz durch eine **Rechtsschutzversicherung** zu prüfen und alles Naheliegende zu unternehmen, um den Deckungsschutz zu bewahren (OLG Dresden 28. 3. 2007 – 6 U 1234/06). Auf Kosten, welche die Rechtsschutzversicherung nicht abdeckt und die somit vom Mandanten gedeckt werden müssen, hat der Anwalt hinzuweisen (OLG Düsseldorf 8. 5. 2008 – I-24 U 211/03). Voraussetzung ist jedoch, dass der Rechtsanwalt durch den Mandanten vom Bestehen einer Rechtsschutzversicherung und dem betroffenen Versicherer Kenntnis erlangt (OLG Celle 7. 3. 2007 – 3 U 262/06).

B 173 Bei seiner Rechtsberatung hat der Rechtsanwalt dem Mandanten diejenigen Schritte anzuraten, die für die – ihrerseits beratungsbedürftigen – erstrebten Ziele des Mandanten geeignet sind. Vor allem muss der Anwalt auf **die für den Mandanten sicherste Art und Weise einer Zielerreichung** hinweisen. Kommen mehrere Maßnahmen zur Erreichung des vom Mandanten gewünschten Ziels in Betracht, hat der Rechtsanwalt die relativ sicherste und gefahrloseste Maßnahme vorzuschlagen und den Mandanten über mögliche Risiken aufzuklären, damit dieser zu einer sachgerechten Entscheidung in der Lage ist. Dieses **Prinzip des sichersten Weges** wird in der st Rspr des BGH besonders betont (vgl nur BGH NJW-RR 1990, 1241 mit Anm Giesen in JR 1991, 366, 368; BGH NJW 1991, 2079, 2080 mwNw; BGH NJW 2009, 2949 Rn 8; BGH NJW 2015, 3519 Rn 16); bisweilen wird auch vom „risikolosesten Weg" gesprochen (BGH NJW 2004, 1521; Borgmann NJW 2005, 22, 25). Dabei muss der Anwalt zum einen die höchstrichterliche Rechtsprechung als Leitfaden aufgreifen, zum anderen eine **mögliche Änderung der Rechtsprechung einkalkulieren**, wenn eine Grundtendenz in diese Richtung erkennbar ist (BGH WM 1993, 420, 423; BGH WM 1993, 382, 384; BGH WM 2006, 1304, 1305; vgl auch OLG Düsseldorf NJW-RR 2007, 873, 874).

B 174 Will sich der Anwalt in einem konkreten Einzelfall in seinen Beratungen und Empfehlungen vom Prinzip des sichersten Weges lösen, so muss er seinen Mandanten eindringlich darauf hinweisen und ihm die möglichen Folgen unzweideutig klarmachen. Dabei darf er sich in seiner Beratung und Absicherung „nach unten" auf die bis dahin geltende Rechtsprechung verlassen, soweit keine Änderung derselben erkennbar ist (BGH WM 1993, 1508, 1510). Das Prinzip des sichersten Weges schließt auch die Verpflichtung des Anwalts ein, darauf zu achten, dass **von Seiten des Gerichtes keine Fehler** gemacht werden (Lang WM-Beil 9/1988, 1 u 6; BGH WM 2009, 2138 Rn 7 = NJW 2010, 73 Rn 7: „Der mit der Prozessführung betraute Anwalt ist mit Rücksicht auf das auch bei Richtern nur unvollkommene menschliche Erkenntnisvermögen und die niemals auszuschließende Möglichkeit eines Irrtums verpflichtet, nach Kräften dem Aufkommen von Irrtümern und Versehen des Gerichts entgegenzuwirken"). Regelmäßig muss der Versuch unternommen werden, das angerufene Gericht **unter Hinweis auf die einschlägige höchstrichterliche Rechtsprechung** von der Rechtsauffassung des beauftragten Anwalts zu überzeugen (BGH WuM 2008, 602 Rn 2; BGH WM 2009, 324 Rn 13 = WuM 2009, 134; Römermann EWiR 2009, 431, 432). Der Rechtsanwalt ist sogar dazu verpflichtet, seinen Mandanten auf **mögliche Regressansprüche** gegen ihn selbst hinzuweisen. Unterlässt er dies, begeht er eine erneute Pflichtwidrigkeit und verliert die Einrede der Verjährung gegen spätere Regressansprüche des Mandanten (BGH NJW 1985, 1151, 1152; BGH WM 1986, 199, 203; BGH VersR 1993, 700, 701; BGH NJW 2008, 2041 Rn 34). Konstruktiv richtet sich der Schadensersatzanspruch des Mandanten aus Verletzung der anwaltlichen Beratungspflicht (durch Unterlassen des Hinweises auf einen Regressanspruch) als sog **Sekundäranspruch** nach § 249 darauf, dass der Anwalt die **Einrede der Verjährung gegenüber dem Regressanspruch (Primäranspruch) nicht erhebt**. Keinesfalls braucht der Anwalt allerdings auf einen entstandenen Sekundäranspruch und dessen Verjährung hinzuweisen; ein „Tertiäranspruch" kann nicht zur Entstehung gelangen (BGHZ 94, 380 = WM 1985, 889). Nach **Beendigung des Anwaltsvertrages** umfassen die nachvertraglichen Verpflichtungen eine Belehrung über Regressansprüche allerdings nicht mehr (BGH NJW 1987, 326 = LM BRAO § 51 Nr 11), auch dann nicht, wenn der Rechtsanwalt nunmehr als freier Mitarbeiter eines anderen Rechtsanwalts und für diesen den Mandanten weiterhin berät (BGH WM 1990, 815, 817 f). Den Rechtsanwalt kann allerdings uU auch **nachvertraglich** noch eine Pflicht zu warnenden Hinweisen treffen.

Von besonderer Bedeutung für den Rechtsanwalt sind seine **prozessualen Pflichten der Fristberechnung und -überwachung, der Fristnotierung und -einhaltung** (Hansens NJW 1992, 1353, 1356). Die Fristberechnung darf er nicht insofern dem Mandanten überlassen, als er sich auf dessen Angaben zu fristauslösenden Ereignissen (zB Urteilszustellung) verlässt; insofern handelt es sich um Rechtstatsachen, die der Anwalt einer eigenen Klärung zuführen muss (BGH NJW-RR 1995, 825; OLG Düsseldorf VersR 2007, 244). Soweit der Beginn einer prozessualen Frist von der förmlichen Zustellung eines Schriftstücks mit Empfangsbekenntnis des Prozessbevollmächtigten (§§ 195, 174 ZPO) abhängt, muss der Rechtsanwalt das ihm zugestellte Schriftstück entgegennehmen und dies durch Unterzeichnung des datierten **Empfangsbekenntnisses beurkunden** (BGH NJW 1991, 42). Die **anwaltliche Fristenkontrolle und -wahrung** muss durch organisatorische Maßnahmen der Kanzlei (Fristenkalender, Ausgangskontrolle etc) zuverlässig gewährleistet sein (BGH NJW 1991, 1178; vgl insbes BGH BB 1993, 2327). Dies gilt insbesondere bei der Kontrolle der Frist zur Begründung der Revision (BVerwG NJW 1991, 2096). Dem erstinstanzlichen Prozessbevollmächtigten obliegt die eigenverantwortliche Feststellung des maßgeblichen Zustellungsdatums für den Beginn des Laufs der Rechtsmittelfrist (BGH FamRZ 1991, 1173). Auch **Rechtsmittelbegründungsfristen** sind zuverlässig zu notieren und zu kontrollieren (BGH NJW 1991, 2082; BGH VersR 1991, 121; BGH VersR 1991, 1270, 1271; BVerwG NJW 1991, 2096). Insbesondere muss der Rechtsanwalt für den Fall seiner Erkrankung Vorkehrungen treffen, soweit es sich nicht um eine plötzliche, unvorhersehbare Erkrankung handelt (BGH VersR 1991, 1270, 1271). Ebenso hat der Rechtsanwalt einen Antrag auf Verlängerung der Rechtsmittelbegründungsfrist eigenverantwortlich auf seine Richtigkeit und Vollständigkeit hin zu überprüfen (BGH NJW-RR 1991, 1150). Der Rechtsmittelführer ist mit dem Risiko belastet, dass der Vorsitzende des Rechtsmittelgerichts in Ausübung seines pflichtgemäßen Ermessens die beantragte Ver- **B 175** längerung der Rechtsmittelbegründungsfrist versagt (BGH NJW-RR 1991, 1359). Für die **Rechtzeitigkeit des Eingangs eines fristwahrenden Schriftstücks** ist allein entscheidend, dass es innerhalb der Frist tatsächlich bei Gericht oder bei der Behörde eingegangen ist (BVerfG NJW 1991, 2076). Auch nach einer **Mandatsniederlegung** kann der Rechtsanwalt noch verpflichtet sein, für den Auftraggeber fristwahrende Maßnahmen (zB Einlegen eines Einspruchs) zu treffen (OLG Frankfurt VersR 1991, 897). Bei konkreten Anhaltspunkten für eine Fristversäumung kann eine **Nachforschungspflicht** des Anwalts entstehen (vgl BVerfGE 42, 120, 126). Ein solcher besteht beispielsweise, wenn ein deutlicher Hinweis des gegnerischen Anwalts auf eine Fristversäumung hindeutet (BGH WuM 2015, 682 Rn 11 = MDR 2015, 1380).

B 175a Inhalt des Schadensersatzanspruchs des Mandanten gegen den Anwalt wegen Verletzung der Beratungspflicht kann auch die Erbringung von **zusätzlichen honorarfreien Anwaltsleistungen** sein, sofern sich ein weiterer Schaden auf diese Weise noch verhindern lässt (BGH MDR 1994, 837). Bedarf es eines zweiten Prozesses, hat der Mandant einen **Freistellungsanspruch** (§ 257) hinsichtlich der Prozesskosten (BGH MDR 2006, 512). **Immaterielle Schäden** iSd § 253 Abs 2 infolge von Beratungsfehlern sind regelmäßig nicht vom Schutzzweck des Rechtsanwaltsvertrages gedeckt und daher nicht ersatzfähig (BGH NJW 2009, 3025, 3027 = MDR 2009, 1224; zustimmend Podewils LMK 2009, 291389; kritisch Schiemann JZ 2011, 526 f; Gsell ZJS 2011, 389, 390 f). Ausnahmen können sich aus Besonderheiten des Beratungsgegenstandes ergeben. Bei einer Strafverteidigung unterfällt das Rechtsgut Freiheit durchaus dem Schutzzweck des Anwaltsvertrages (KG NJW 2005, 1285, 1286).

B 175b Für Schadensersatzansprüche des Mandanten gegen seinen Anwalt aus anwaltlicher Pflichtverletzung gilt die **regelmäßige Verjährungsfrist** der §§ 195, 199. Im praktisch bedeutsamen Fall, dass eine **verjährungsbedrohte Forderung** nicht rechtzeitig verjährungshemmend geltend gemacht wird, entsteht der Anspruch iSd § 199 Abs 1 Nr 1 erst am **1. 1. des Folgejahres um 0 Uhr** (BGH WM 2012, 162 Rn 8 = NJW 2012, 673 = MDR 2012, 255). Dem beauftragten Anwalt stand der 31. 12. des Vorjahres vollständig zur Verjährungshemmung zur Verfügung. Für das subjektive Erfordernis des § 199 Abs 1 Nr 2 genügt auf Seiten des Mandanten nicht die allgemeine Kenntnis von Umständen, denen zufolge es zu einem ihn belastenden Rechtsverlust gekommen ist. Auch das Wissen um die anwaltliche Beratung als solche genügt nicht (**aA** OLG Stuttgart WM 2010, 1330; OLG Hamm GI aktuell 2012, 111, 116). Kenntnis oder grob fahrlässige Unkenntnis des Mandanten müssen sich auf den **Schaden und die Pflichtwidrigkeit des Beraters** beziehen (BGHZ 200, 172 Rn 17 f = BGH NJW 2014, 993; BGH NJW 2014, 1800 Rn 8 f = MDR 2014, 654; zustimmend Bräuer LMK 2014, 359125; im Ergebnis ebenso Peters JR 2015, 70, 71).

B 176 Nach §§ 675 Abs 1, 665 steht dem Mandanten ein **Weisungsrecht** gegenüber dem Rechtsanwalt zu, das schon mit der Erteilung des Auftrages und der damit verbundenen Zielvorgabe ausgeübt, damit aber keineswegs notwendig erschöpft wird. Vielmehr kann der Mandant die Handlungen des Rechtsanwalts auch später und während des gesamten Vertragsverhältnisses durch seine Weisungen leiten und lenken, berichtigen, beschleunigen und bremsen (RG HRR 31, 405; WarnRspr 30 Nr 34). Bei fehlenden Einzelweisungen muss der Rechtsanwalt nicht nur Schäden und Nachteile des Mandanten vermeiden, sondern dessen Interessen im Rahmen der generellen Vorgaben nach Kräften wahren und fördern. Der **anwaltliche Handlungsspielraum**

kann durch das Weisungsrecht des Mandanten mehr oder weniger stark eingeschränkt werden, doch muss dem Anwalt im Hinblick auf seine Sach- und Fachkenntnis sowie im Hinblick auf seine Stellung als unabhängiges Organ der Rechtspflege ein gewisser eigenverantwortlicher Handlungs- und Entscheidungsfreiraum verbleiben. Unter Umständen kann er nach § 665 dazu aufgerufen sein, entgegen einer ausdrücklichen Weisung seines Mandanten zu verfahren, wenn dies in einer neuen Situation objektiv dem Interesse seiner Partei entspricht (BGH VersR 1980, 925, 926). Der Anwalt muss seine Bedenken gegen die Ausführung von Weisungen vorbringen und gegebenenfalls eine warnende Stimme erheben. Auch expliziten und konkreten Weisungen darf der Anwalt nicht unbesehen folgen (OLG Düsseldorf 26. 10. 2006 – I-6 U 219/05; OLG Düsseldorf 6. 5. 2009 – I. 24 U 214/08). Vor allem muss er auf erhebliche rechtliche Zweifel und Risiken der Rechtsverfolgung, auf drohenden Verjährungseintritt oder Fristablauf hinweisen (BGHZ 89, 178, 181 ff). Andererseits hat der Rechtsanwalt einer Weisung ohne Weiteres Folge zu leisten, wenn diese nach eingehender Beratung und unter Hinweis auf die möglichen Konsequenzen erteilt wurde. In keinem Fall ist er zur Befolgung **standeswidriger oder rechtswidriger Weisungen** verpflichtet. Hat eine einzureichende **Klage keinerlei Aussichten auf Erfolg**, so muss er die Führung eines Prozesses auch bei beharrlicher anderweitiger Weisung des Mandanten ablehnen. Beruht das Einverständnis des Mandanten in einen objektiv aussichtslosen Prozess auf einer unzureichenden Beratung, so haftet der Rechtsanwalt für die entstehenden Prozesskosten (OLG Düsseldorf VersR 1973, 424). Anderes gilt nur dann, wenn die Auftragserteilung so kurzfristig erfolgt, dass eine Rechtsprüfung vor dem Ablauf einer Frist nicht mehr möglich ist. In diesem Fall muss zur Wahrung eventueller Ansprüche die Klage erhoben werden; dem Rechtsanwalt ist keine schuldhafte Pflichtverletzung vorzuwerfen, wenn sie sich als aussichtslos herausstellt.

Der Auftraggeber ist nach dem Anwaltsvertrag (§§ 675 Abs 1, 611, 631) zur **Zahlung des Honorars – gegebenenfalls bereits eines Vorschusses – gemäß den Vorschriften des RVG** verpflichtet (vgl im Einzelnen Gerold/Schmidt, Rechtsanwaltsvergütungsgesetz [22. Aufl 2015]). Für einen Anspruch aus § 670 bleibt nur Raum, soweit keine Sonderregelungen eingreifen. Die **Abtretung eines anwaltlichen Honoraranspruches** ist ohne Zustimmung des Mandanten sogar dann rechtsunwirksam, wenn sie an einen anderen Rechtsanwalt erfolgt (BGHZ 122, 115 = BGH VersR 1993, 1019). Dies wird damit begründet, dass der Erwerber der Forderung nicht an die anwaltliche Schweigepflicht gebunden sei, die Abtretung aber wegen § 402 nicht ohne die Offenbarung von Hintergründen durchgeführt werden könne (vgl dazu Giesen/Poll JR 1994, 29; Ring BB 1994, 373; Mankowski JZ 1994, 48). **B 177**

Die Vereinbarung eines **Erfolgshonorars** ist grundsätzlich nicht nur standeswidrig, sondern wurde auf Grundlage von § 49b Abs 2 BRAO aF **regelmäßig** auch zugleich als **sittenwidrig** und nach § 138 nichtig angesehen (BGHZ 39, 142, 148; BGH NJW 2009, 3297 Rn 15 ff = MDR 2009, 1011). Dieser Grundsatz ist zwar den Vorschriften der BRAO, der BORA und des RVG nicht unmittelbar zu entnehmen, wird aber aus den mit einem Erfolgshonorar verbundenen Gefahren für die Objektivitätspflicht des Rechtsanwalts abgeleitet. Dies gilt sowohl für Vereinbarungen, wonach der Rechtsanwalt sein Honorar nur im Falle des Erfolgs erhalten soll *(palmarium),* als auch für Abreden, wonach die Vergütung in einem Streitanteil bestehen soll *(quota litis);* denn immer soll bei Abhängigkeit der Vergütung von dem Ausgang der Sache ein **B 177a** sittenwidriges Erfolgshonorar vorliegen (Lang WM-Beilage 9/1988, 5). Die **Neuregelung in § 4a RVG** (eingeführt durch das Gesetz zur Neuregelung des Verbots der Vereinbarung von Erfolgshonoraren vom 1. 7. 2008, BGBl 2008 I 1000; vgl weiterführend Kilian NJW 2008, 1905) hat diesen Grundsatz nicht vollständig aufgehoben. Nach der Gesetzesbegründung soll die „Vereinbarung von Erfolghonoraren auch künftig grundsätzlich verboten bleiben" (BT-Drucks 16/8916, 14). Eine gegen § 4a Abs 1 und 2 RVG verstoßende Vergütungsvereinbarung ist allerdings nicht unwirksam, sondern erlaubt die Geltendmachung der vereinbarten Vergütung bis zur Höhe der gesetzlichen Gebühr (BGHZ 201, 334 Rn 14 ff). Ausnahmsweise lässt § 4a RVG im Einzelfall ein Erfolgshonorar zu, wenn ansonsten der Auftraggeber wegen seiner wirtschaftlichen Verhältnisse bei verständiger Betrachtung von einer Rechtsverfolgung abgehalten würde. Als Auftraggeber erfasst die Vorschrift auch Unternehmen (BeckOGK RVG/vSeltmann [Stand: 1. 2. 2016] § 4a Rn 1). Der Maßstab des § 4a Abs 1 S 1 RVG ist insofern flexibel, als auch finanzielle Risiken der Rechtsverfolgung einbezogen werden können (BT-Drucks 16/8916, 14). Neben Erfolgshonorarvereinbarungen können auch Abreden dem Sittenwidrigkeitsverdikt unterliegen, nach denen sich der Rechtsanwalt zur **Rückzahlung eines Honorarteils** bei Nichteintritt eines bestimmten Erfolges verpflichtet (BGH NJW 1987, 3203).

B 177b Das konsensuale Abweichen vom gesetzlichen **Vergütungssystem des RVG** ist nicht *per se* unzulässig (arg e § 3a RVG). Eine Honorarvereinbarung, die den Gebühren- und Auslagenrahmen des RVG unterschreitet, verstößt gegen § 49b Abs 1 BRAO. Eine **höhere Vergütung** kann hingegen im Grundsatz vereinbart werden. Als Bestandteil der Vertragsfreiheit in Gestalt der **Berufsausübungsfreiheit** aus Art 12 Abs 1 GG zählt auch die Freiheit, die Entgelte für berufliche Leistungen auszuhandeln (BVerfG NJW 2003, 1232; BVerfG NJW 2007, 979 Rn 58; BVerfG NJW-RR 2010, 259 Rn 7). Eine vereinbarte Vergütung unterliegt jedoch dem Vorbehalt einer **Herabsetzung** durch richterlichen Gestaltungsakt nach § 3a Abs 2 RVG, sofern sie **unangemessen hoch** ist. Die gerichtliche Angemessenheitsprüfung hat gewichtige Gemeinwohlbelange einzubeziehen, wozu insbesondere konkret der Schutz des Mandanten vor überhöhten Vergütungsforderungen und generell das Vertrauen des Rechtssuchenden in die Integrität der Anwaltschaft zählen (BVerfG NJW-RR 2010, 259 Rn 20). Es liegt in der Natur der Sache, dass eine Vergütungsvereinbarung von den gesetzlichen Sätzen des RVG abweicht; daher können die gesetzlichen Gebühren und Auslagen nicht als das allein maßgebliche Beurteilungskriterium fungieren. Konzeptionell zielen sie darauf ab, für den Rechtsanwalt durch sein Gebührenaufkommen in der Gesamtheit sowohl seinen Kostenaufwand als auch seinen Lebensunterhalt abzudecken (BVerfG NJW 1989, 1985; BVerfG NJW-RR 2010, 259 Rn 17). Führt die Vergütungsvereinbarung zu einer Vergütungshöhe, welche dem Fünffachen der gesetzlichen Gebühren und Auslagen entspricht, kann daraus nicht automatisch auf eine Unangemessenheit geschlossen werden (BVerfG NJW-RR 2010, 259 Rn 29; vgl weiterführend zur Rechtsprechung bzgl der Sittenwidrigkeit von Vergütungsvereinbarungen Schulz BRAK-Mitt 2010, 112 ff). Dennoch ist in die Angemessenheitskontrolle die gesetzliche Gebührenordnung einzubeziehen, da sie für das schutzwürdige Vertrauen der Bevölkerung in die Integrität der Anwaltschaft und ihrer Vergütungshöhe als Vergleichsmaßstab dient (BVerfG NJW-RR 2010, 259, 262). Im Lichte dieser verfassungsrechtlichen Judikatur hat der BGH eine **tatsächliche und widerlegliche Vermutung zugunsten einer Unangemessenheit** abgeleitet, wenn **mehr als das Fünffache der RVG-Vergütung** vorgesehen ist (BGHZ 162, 98, 107; BGHZ 184, 209 Rn 47). Für eine

Widerlegung der Vermutung bedarf es nicht des Nachweises „ganz ungewöhnlicher, geradezu extremer einzelfallbezogener Umstände" (BGHZ 184, 209 Rn 49). Vielmehr kann sich eine Angemessenheit im Einzelfall unter Würdigung der in § 14 Abs 1 RVG genannten Kriterien ergeben, namentlich die Schwierigkeit und der Umfang der Sache, ihre Bedeutung für den Mandanten und das von ihm angestrebte Ziel (BGHZ 184, 209 Rn 49).

Rechtsbeistandsvertrag

Der Rechtsbeistandsvertrag (vgl § 1 Abs 1 RBerG aF, § 4 Abs 1 der 2. AVO zum RBerG aF, welches bis zum 30. 6. 2008 galt und durch das RDG abgelöst wurde [BGBl 2007 I 2840], vgl Rn B166) ist ein Dienstvertrag mit Geschäftsbesorgungscharakter (BGH MDR 1985, 31; LANG WM-Beil 9/1988, 1, 16). Deshalb ist etwa der Rechtsbeistand nach §§ 675 Abs 1, 666 verpflichtet, seinem Auftraggeber die erforderlichen Nachrichten zu geben, auf Verlangen über den Stand des Geschäfts Auskunft zu erteilen und nach der Ausführung des Auftrags Rechnung zu legen (BGH NJW-RR 1984, 1514). Für das Verhältnis zwischen dem Rechtsbeistand und seinem Mandanten gelten im Wesentlichen die gleichen Grundsätze wie beim Rechtsanwaltsvertrag (s dort). Eine geschäftsmäßige Besorgung fremder Rechtsangelegenheiten iSd Art 1 § 1 RBerG ist nur dann anzunehmen, wenn der Berater die Absicht hat, eine rechtsberatende oder rechtsbesorgende Tätigkeit in gleicher Weise zu wiederholen und sie dadurch zu einem dauernden und wiederkehrenden Bestandteil seiner Beschäftigung zu machen (BGH NJW 1986, 1050 = LM RBerG § 1 Nr 39). Falls der Rechtsbeistand nicht über die erforderlichen steuerlichen Kenntnisse verfügt, muss er seinen Auftraggeber darauf hinweisen und die Hinzuziehung eines steuerlichen Beraters veranlassen (BGH NJW-RR 1987, 869 = LM § 276 Hb Nr 43). **B 178**

Reisevertrag

Der in den §§ 651a ff geregelte Reisevertrag, genauer: Reiseveranstaltungsvertrag, versteht sich als eine besondere Form des Werkvertrags, bei dem der Reiseveranstalter eine Gesamtleistung, ein „Leistungsbündel", selbst schuldet (BGHZ 60, 14; BGH NJW 2013, 1674 Rn 14; vgl zur neuen Pauschalreiserichtlinie [EU] 2015/2302 FÜHRICH NJW 2016, 1204; TONNER EuZW 2016, 95). Die voneinander abhängigen, zur Reiseveranstaltung verschmolzenen Einzelleistungen der Reise können in der Planung und Zusammenfassung sowie in einer Vielzahl weiterer Leistungen (Beförderung, Beherbergung, Verpflegung etc) bestehen. Während dem Reiseveranstaltungsvertrag keine geschäftsbesorgungsvertragliche Qualität zukommt, ist der **Reisevermittlungsvertrag** als ein Geschäftsbesorgungsdienstvertrag zu qualifizieren. Der reine Reisevermittler, der nicht dem § 651a Abs 2 unterfällt, sondern nur zur Vermittlung von Einzelleistungen oder von Pauschalreisen tätig wird, ist Geschäftsbesorger (OLG Hamburg NJW 1982, 1537; OLG Frankfurt MDR 1983, 841; OLG Hamburg NJW-RR 1998, 1670; LG Göttingen NJW-RR 1990, 1397; AG Menden NJW-RR 2006, 1288; BARTL NJW 1978, 729; ders NJW 1979, 1384; NEUNER AcP 193 [1993] 1, 8; TAMM VuR 2006, 329, 330). Ein solcher Reisevermittlungsvertrag kommt zustande, wenn ein veranstalterunabhängiges Reisebüro im eigenen Namen einen Hauptvertrag (zB Luftbeförderungsvertrag) vermittelt. Die Abgrenzung zwischen Reiseveranstaltungs- und -vermittlungsvertrag kann im Einzelfall problematisch sein, zumal Reiseveranstalter wie -vermittler oft in der Öffentlichkeit als „Reisebüro" firmieren (vgl JACOB-WENDLER, Reisevertragsrecht und Ver- **B 179** anstalterreisen – Zur Einbeziehung der Teilpauschalreise in eine korrigierte Reisevertragsdefinition [1985]; ARNDT, Der Reiseveranstaltungsvertrag [1982]; BERNREUTHER, Die Pauschalreise [1981]; LARENZ VersR 1980, 689; TAESLER, Das Reisevertragsgesetz – Entstehungsgeschichte und Auslegung [1983]; TEMPEL JuS 1984, 81; aus der Rspr: BGHZ 100, 157; BGHZ 100, 185; BGHZ 102, 80; BGHZ 103, 298; BGHZ 109, 29; BGHZ 109, 224; AG Hamburg VuR 2009, 236, 237; LG Würzburg RRa 2009, 232; BGH NJW 2011, 599). Der Reisevermittler schuldet im Wesentlichen (1) die Bemühung um den ordnungsgemäßen Vertragsabschluss, (2) die sorgfältige und zutreffende Aufklärung und Beratung des Kunden und (3) die vertragsgemäße Durchführung des Vertrages (NEUNER AcP 193 [1993] 1, 21 ff; TAMM VuR 2006, 329, 330; zu den einzelnen Aufklärungspflichten vgl TAMM VuR 2006, 329, 331 ff).

Schiedsverträge

B 180 Hinter der im weiteren Sinne verwendeten Bezeichnung Schiedsverträge verbergen sich **unterschiedliche Vertragsformen**, denen die **Planung oder Durchführung einer außergerichtlichen Streitschlichtung als Vertragsgegenstand** gemeinsam ist (vgl insbes SCHWAB/WALTER, Schiedsgerichtsbarkeit [7. Aufl 2005]; zu aktuellen Entwicklungen vgl KRÖLL NJW 2005, 194; WILSKE/MARKERT/BRÄUNINGER SchiedsVZ 2016, 127). In der Praxis werden die Begriffe (Schieds-)Gutachter, Sachverständiger, Schiedsrichter, Arbitrage, Schiedsstelle und die darüber bzw damit geschlossenen Verträge höchst unscharf verwendet. Juristisch lassen sich – wenn auch nicht ohne Abgrenzungsschwierigkeiten, die schon durch die Kombinationsmöglichkeiten unvermeidlich auftreten – **vier Vertragsformen von Schiedsverträgen im weiteren Sinne** unterscheiden: **Schiedsverträge im engeren Sinne, Schiedsrichterverträge, Schiedsgutachtenverträge und Schiedsgutachterverträge**.

B 181 Unter einem **Schiedsvertrag im engeren Sinne** wird nur die Vereinbarung darüber verstanden, dass die Entscheidung einer bereits entstandenen oder bevorstehenden Rechtsstreitigkeit durch einen oder mehrere Schiedsrichter als nichtstaatliche(n) Richter erfolgen soll. Der Schiedsrichter soll nach dem Parteiwillen **an Stelle des staatlichen Gerichts** entscheiden. Die ZPO hat den Schiedsvertrag im engeren Sinn im 10. Buch in den §§ 1025 ff aufgegriffen und dabei insbesondere dem UNCITRAL-Modellgesetz über die internationale Handelsschiedsgerichtsbarkeit angepasst. Die ZPO spricht in §§ 1029 ff allerdings nicht vom Schiedsvertrag, sondern durchgängig von der **„Schiedsvereinbarung"**. Das **Schiedsverfahrensrecht** nach dem Gesetz zur Neuregelung des Schiedsverfahrens vom 22. 12. 1997 (BGBl 1997 I 3224 mit Änderung BGBl 1998 I 1481, 1583) erfasst sowohl internationale als auch nationale Schiedsfälle (vgl dazu schon SCHLOSSER RIW 1994, 723; vgl die Gesamtdarstellung von SCHÜTZE, Schiedsgericht und Schiedsverfahren [6. Aufl 2016]).

B 182 Der **Schiedsrichtervertrag** (sogenanntes Rezeptum, früher *receptum arbitri)* sieht vor, dass ein Schiedsrichter den Rechtsstreit durch einen Schiedsspruch entscheiden soll. Dieser Vertrag ist in § 1035 ZPO („Bestellung der Schiedsrichter") und den Folgevorschriften der §§ 1036–1039 ZPO zur Schiedsrichterablehnung, zur Untätigkeit oder Unmöglichkeit der Aufgabenerfüllung und zur Bestellung eines Ersatzschiedsrichters teilweise geregelt. **Er wird – anders als der Schiedsvertrag im engeren Sinne (Schiedsvereinbarung) – zwischen den Parteien des Schiedsgerichtsverfahrens und dem Schiedsrichter geschlossen**. Hier ist also am Vertrag ein Dritter, der Schiedsrichter, beteiligt; es können auch mehrere Schiedsrichter einbezogen sein. Der Vertrag kommt zwischen allen Parteien und jedem Schiedsrichter zustande, und zwar (spätestens) dadurch, dass der nach der Schiedsvereinbarung von einer Partei oder von dritter Seite berufene Schiedsrichter das Schiedsamt übernimmt (RGZ 59, 247, 251; 94, 210; BGH NJW 1953, 303). Diejenige Partei, die den Schiedsrichter nicht ernannt hat, wird am Vertrag durch Zugang der Bestellungsanzeige (auch: Ernennungsanzeige) nach § 1035 Abs 2 ZPO beteiligt. Die Gültigkeit des Schiedsrichtervertrages ist von derjenigen des Schiedsvertrages unabhängig. Das Rechtsverhältnis zwischen den Parteien und dem/den Schiedsrichter(n) bestimmt sich nach dem Schiedsrichtervertrag. Dieser beruht auf der Schiedsvereinbarung oder ergänzt diese; dennoch handelt es sich um einen eigenständigen schuldrechtlichen Vertrag (Geimer, in: Zöller, ZPO-Komm [31. Aufl 2016] § 1035 Rn 23 mwNw; **aA** Schwab/Walter [7. Aufl 2005] Kap 11 Rn 9: „auch Prozessvertrag").

Der im Gesetz nicht geregelte **Schiedsgutachtenvertrag** sieht lediglich vor, dass ein Schiedsgutachter die für die Entscheidung eines Rechtsstreits relevanten rechtlichen oder tatsächlichen Umstände **verbindlich feststellen** soll; er ist aber **nicht auf die Entscheidung des Rechtsstreits** selbst gerichtet (RGZ 96, 57, 60; BGHZ 6, 335, 339; BGHZ 65, 59, 61). Der Schiedsgutachtenvertrag enthält eine Vereinbarung, wonach der Schiedsgutachter solche Umstände rechtlicher oder tatsächlicher Art verbindlich festzustellen hat, die für die Entscheidung eines Rechtsstreits erheblich sein können (vgl Schütze, Schiedsgericht und Schiedsverfahren [6. Aufl 2016] Rn 12 ff; Strieder, Rechtliche Einordnung und Behandlung des Schiedsrichtervertrages [1984] 9 ff; Habscheid KTS 1971, 133). Eine Qualifikation als **Geschäftsbesorgungsvertrag dienstvertraglicher Natur** kommt von vornherein nur für den **Schiedsrichtervertrag** und den **Schiedsgutachtervertrag** in Betracht. Teilweise wird ein geschäftsbesorgungsrechtlicher Charakter dieser Verträge rundweg abgelehnt (etwa MünchKomm/Heermann[6] § 675 Rn 102), weil insbesondere die Regeln des Auftrags über Weisungsrecht und Rechnungslegung (§§ 665, 666) „nicht passen". In ständiger Rechtsprechung des Reichsgerichts wurden diese **beiden Verträge als solche sui generis** angesehen (RGZ 41, 251, 254; 59, 247, 248 f; 87, 190, 193; 94, 210, 212; auch noch BGH NJW 1953, 303; Breetzke NJW 1968, 1115; so auch noch Strieder, Rechtliche Einordnung und Behandlung des Schiedsrichtervertrages [1984] 37; **jetzt wieder** MünchKomm/Herrmann[6] § 675 Rn 102; MünchKommZPO/Münch[4] vor § 1034 Rn 5). Schiedsrichter und Schiedsgutachter hätten eine den Parteien gegenüber unabhängige, nicht auf die Wahrung der Vermögensinteressen der einen oder der anderen Partei gerichtete Stellung und müssten eine Entscheidung gerade über die widerstreitenden Interessen herbeiführen. Nicht mehr vertreten wird die frühere Ansicht, dem Schiedsrichtervertrag komme wegen seiner Bezogenheit auf die Beendigung des Rechtsstreits werkvertragliche Rechtsnatur zu (wohl zuletzt Kauffmann, Der Schiedsrichtervertrag [receptum arbitri] nach geltendem Recht [1915] 71 ff, 113). **B 183**

(Rn B 184–186 entfallen.)

In Wirklichkeit sind der Schiedsrichtervertrag und der Schiedsgutachtervertrag regelmäßig **bei Unentgeltlichkeit als Aufträge und bei Entgeltlichkeit als Geschäftsbesorgungsverträge dienstvertraglichen Charakters** zu qualifizieren. Die Tätigkeit des Schiedsrichters und des Schiedsgutachters dient durchaus den gemeinsamen Interessen beider Parteien an einer Streitentscheidung. Die vertragstypologischen Elemente der Geschäftsbesorgung im engeren Sinne liegen in aller Regel sämtlich vor, sodass nichts die Annahme eines Geschäftsbesorgungsdienstcharakters hindert (so **B 187** auch schon Staudinger/Wittmann[12] § 675 Rn 34), mag auch beim Schiedsrichtervertrag (anders als beim Schiedsgutachtervertrag) der prozessrechtliche Charakter dazu führen, dass ein Weisungsausschluss und eine Haftungsprivilegierung eingreifen (Schwab, in: FS Schiedermair [1976] 513). Eine Ausnahme von der geschäftsbesorgungsvertraglichen Qualifikation gilt nur, wenn die Tätigkeit des Schiedsrichters/Schiedsgutachters nicht in Beziehung zum Vermögen der Parteien steht. Dieser Ausnahmefall ist wohl nur beim Schiedsrichter denkbar, denn die Schiedsfähigkeit des Streitgegenstandes reicht (bei nicht vermögensrechtlichen Ansprüchen) nach § 1030 Abs 1 S 2 ZPO so weit wie die Parteien vergleichsfähig sind; die Parteien können durchaus über nicht vermögensrechtliche Streitgegenstände einen Schiedsvertrag und Schiedsrichterverträge schließen. In diesen Fällen ist der Schiedsrichtervertrag als Dienstvertrag anzusehen. Bei unentgeltlicher Tätigkeit des Schiedsrichters bzw Schiedsgutachters sind die auftragsrechtlichen Vorschriften der §§ 662 ff anzuwenden.

B 188 **Schiedsverträge im engeren Sinne** (Schiedsvereinbarungen) sind in §§ 1029 ff ZPO und **Schiedsrichterverträge** in den §§ 1035 ff ZPO teilweise geregelt. Ihnen kommt neben ihrer materiellrechtlichen auch eine prozessvertragliche Rechtsnatur zu; sie haben nach richtiger Ansicht eine Doppelnatur (Schwab, in: FS Gerhard Schiedermair [1976] 513). Die entsprechende Anwendung der §§ 317 ff ist ausgeschlossen. Der Schiedsspruch kann daher nicht auf offenbare Unrichtigkeit oder Unbilligkeit nach §§ 317–319 von einem staatlichen Gericht untersucht werden. Solange kein materieller *ordre-public*-Verstoß gerügt wird, kann die „unterlegene Partei" den Schiedsspruch nicht vor dem staatlichen Gericht darauf überprüfen lassen, ob das Schiedsgericht den Rechtsstreit „richtig" entschieden hat, § 1059 Abs 2 Nr 2b ZPO. Vor allem aber kann der Aufhebungsantrag nach § 1059 Abs 1 ZPO nur unter den sehr engen Voraussetzungen und aus den sehr restriktiven Gründen des § 1059 Abs 2 und 3 ZPO gestellt werden. Das Rechtsschicksal des Schiedsrichtervertrages ist jedoch davon getrennt zu würdigen. Ob ein Schiedsrichtervertrag bei Verstoß gegen das Genehmigungserfordernis bzw bei einer zu Unrecht erfolgten Genehmigung nach des § 40 Abs 1 S 2 DRiG unwirksam ist, ist streitig (offen gelassen von BGHZ 55, 313), aber zu bejahen (Breetzke NJW 1971, 1458; Habscheid KTS 1972, 209).

B 189 Auf **Schiedsgutachtenverträge**, bei denen der Streit über die Rechtsnatur mit besonderer Heftigkeit tobt, finden dagegen nach hM die §§ 317–319 entsprechende Anwendung (grundlegend RGZ 96, 57, 60; BGHZ 17, 366; BGH NJW 1977, 801; Gelhaar DB 1968, 743; Raeschke-Kessler BB-Beil 17/1993, 19; OLG Frankfurt BauR 2006 1325, 1326), sodass jederzeit vom staatlichen Gericht überprüft werden kann, ob das Schiedsgutachten „offenbar unrichtig" oder „offenbar unbillig" ist (BGH NJW 1977, 801; BGH NJW 1991, 2698; BGH NJW 1991, 2761; OLG Frankfurt BauR 2006, 1325, 1326). Dies führt häufig nach der Einholung eines Schiedsgutachtens zu einem Streit vor den staatlichen Gerichten über drei Instanzen. Eine Mindermeinung vor allem im prozessrechtlichen Schrifttum will allerdings (auch) Schiedsgutachtenvereinbarungen über Feststellungen auf rechtlichem Gebiet als Verträge des Prozessrechts den strengen §§ 1025 ff ZPO unterwerfen (Habscheid, in: FS Heinrich Lehmann II [1956] 806; Kornblum, Probleme der schiedsrichterlichen Unabhängigkeit [1968] 102 ff; Rauscher, Das Schiedsgutachtenrecht [1969] 110 ff; ders BB 1974, 629; Nicklisch BB 1971, 1205). Die Rechtsprechung lehnt dies mit Blick vor allem auf die hier unangemessen erscheinenden Vorschriften der §§ 1031 und 1036 ZPO zur Form der Schiedsvereinbarung und zur Ablehnung eines Schiedsrichters zu Recht ab und hält an der materiellrechtlichen Natur fest (RGZ 152, 201; BGHZ 6, 335, 341; BGHZ 17, 366; BGH NJW 1977, 801; BGH NJW 1991, 2761). Die Regelung zur Gestaltungsklage nach § 319 Abs 1 S 2, die für Schiedssprüche von Schiedsgerichten keine Geltung beanspruchen kann, ist auf Schiedsgutachten entsprechend anzuwenden (vgl auch die parallele Regelung in §§ 84 Abs 1, 189 Abs 1 VVG). Der Schiedsgutachtervertrag hat keine gesetzliche Sonderregelung erfahren.

Die **geschäftsbesorgungsvertragliche Rechtsnatur sowohl von Schiedsrichter- wie auch Schiedsgutachterverträgen** hat zur Folge, dass der Schiedsrichter/Schiedsgutachter bei Beendigung des Verfahrens neben seiner Vergütung (§ 612) auch **Aufwendungsersatz** nach §§ 675 Abs 1, 670 verlangen kann; schon vorher kann er einen **Vorschuss** nach § 669 beanspruchen. Hierfür haften die beiden Parteien als **Gesamtschuldner** nach § 427, die im Innenverhältnis jeweils zur Hälfte verpflichtet sind (RGZ 94, 210). Wird ihm der Vorschuss verweigert, kann er sich auf sein Zurückbehaltungsrecht (§ 273 Abs 1) berufen oder den Schiedsrichter-/Schiedsgutachtervertrag kündigen, ohne Schadensersatzansprüchen der Parteien ausgesetzt zu sein. Den Parteien ist der Schiedsrichter wie der Schiedsgutachter zur Auskunft verpflichtet, § 666. Beide trifft eine geschäftsbesorgungsvertragliche Pflicht zur gewissenhaften und unparteiischen Amtsführung. **B 190**

Schiedsrichter- und Schiedsgutachtervertrag unterscheiden sich aber auch in vieler Hinsicht, denn **nur dem Schiedsrichtervertrag kommt eine materiell- und prozessrechtliche Doppelnatur** zu. Der Schiedsrichter mit seiner besonderen quasi-richterlichen Stellung hat sich jeder Entscheidung in eigener Sache zu enthalten. Insbesondere darf er nicht selbst die ihm zustehende Vergütung (im Schiedsspruch oder außerhalb) festsetzen (BGH WM 1977, 319). Er darf nicht von einer gebotenen Beweisaufnahme absehen und ohne Verwertung eines Beweismittels entscheiden, nur weil eine Partei keinen Auslagenvorschuss hierfür entrichtet (BGHZ 94, 92). Der Schiedsrichtervertrag kann von beiden Schiedsparteien gemeinsam gekündigt werden, § 627. Eine Kündigung des Vertrages durch den Schiedsrichter hat RGZ 59, 247, 249 zu Unrecht für ausgeschlossen gehalten und haben RGZ 101, 392 sowie RGZ 126, 379 zu Unrecht vom Vorliegen eines wichtigen Grundes abhängig gemacht. In Wirklichkeit ist die Kündigung stets zulässig, mag sich der Schiedsrichter auch bei grundloser Kündigung zur Unzeit nach §§ 675 Abs 1, 627 Abs 2 schadensersatzpflichtig machen. Zwar ist die in § 675 Abs 1 nicht genannte Kündigungsvorschrift des § 671 Abs 1 unanwendbar, doch ist ohne Weiteres § 627 einschlägig. Der Schiedsrichter haftet aber für schuldhafte Pflichtverletzungen beim Schiedsspruch nach Maßgabe eines staatlichen Richters beschränkt: Nach ständiger Rspr (RGZ 65, 175; BGHZ 15, 12; 42, 313, 316) soll für den Schiedsrichter eine **stillschweigend vereinbarte Haftungsbeschränkung** wie bei einem staatlichen Richter nach § 839 Abs 2 anzunehmen sein. **B 191**

Beim **Schiedsgutachtervertrag** kommt eine entsprechende Anwendung des § 839 Abs 2 nicht in Betracht. Ein Schiedsgutachter haftet freilich bei groben Verstößen gegen anerkannte Regeln seines Fachs und bei Unverbindlichkeit des Gutachtens wegen offenbarer Unrichtigkeit nach § 319 Abs 1 (BGHZ 43, 374; BGHZ 22, 343, 345; RG JW 1933, 217). Im Einzelnen sind die Haftungsmaßstäbe umstritten. Der BGH schränkt beim Schiedsgutachtervertrag die Haftung für Verschulden bei der Gutachtenerstattung praktisch auf Willkür ein (BGHZ 43, 374; anders RG JW 33, 217). **B 192**

Sicherungsvertrag

B 193 Verträge über eine Sicherungsübereignung oder Sicherungszession wurden vom RG (RGZ 59, 190, 191 f; 76, 345, 347; 116, 330, 331 f) als Geschäftsbesorgungsverträge, werden aber heute allgemein als Verträge *sui generis* qualifiziert.

Speditionsvertrag

B 194 Speditionsverträge sind Geschäftsbesorgungsverträge, auf die in Ergänzung zum Speditionsrecht der §§ 453 ff HGB auch die durch § 675 Abs 1 berufenen Auftragsregeln Anwendung finden (RGZ 114, 375; K Schmidt, Handelsrecht [6. Aufl 2014] § 33 Rn 1 ff, 9, 14). Vorrang noch vor den §§ 453 ff HGB haben – soweit wirksam vereinbart – die Spezialregeln der Allgemeinen Deutschen Spediteurbedingungen (ADSp; vgl dazu Widmann, ADSp [6. Aufl 1999]). Speditionsverträge sind Werkverträge mit Geschäftsbesorgungscharakter, soweit sie bestimmte einzelne Versendungen zum Gegenstand haben, und Dienstverträge mit Geschäftsbesorgungscharakter, soweit sie alle anfallenden Versendungen während der Laufzeit des Vertrages umfassen.

Sponsoringverträge

B 195 Den modernen Vertragstypen gehören auch Sponsoringverträge an, deren rechtliche Qualifikation zunächst viel Mühe bereitete (Röhrborn, Der Sponsoringvertrag als Innengesellschaft – Abschluss, Vollzug und Leistungsstörungen [1997]; Bruhn/Mehlinger, Rechtliche Gestaltung des Sponsoring Bd I – Vertragsrecht, Steuerrecht, Medienrecht, Wettbewerbsrecht [1992] sowie Bd II – Sport-, Kultur-, Sozial-, Umwelt- und Programmsponsoring [1994]; Weiand, Kultur- und Sportsponsoring im deutschen Recht unter besonderer Berücksichtigung urheber-, medien- und wettbewerbsrechtlicher Aspekte [1993]; Hauser, Der Sponsoring-Vertrag im schweizerischen Recht unter besonderer Berücksichtigung kommunikativer Aspekte des Sport-, Kultur- und Sozio-Sponsoring [1991]; zur Rechtswirklichkeit vgl insbes Bruhn, Sponsoring – Unternehmen als Mäzene und Sponsoren [2. Aufl 1991]; BGH NJW 1992, 2089 = ZIP 1992, 804 = GRUR 1992, 518). Sie haben seit etwa Mitte der achtziger Jahre auch in Deutschland als Kommunikations- und Marketinginstrument der Unternehmen erhebliche Bedeutung gewonnen. Die sich um das Sponsoring rankenden Verträge, die in der Praxis auch Promotion-, Ausrüster-, Lizenz-, Förder- oder Partnerschaftsverträge genannt werden, sind als empirische Realtypen wie als Rechtsstrukturtypen außerordentlich vielfältig und teilweise amorph; erst allmählich formen sich in der Rechtswirklichkeit typische Vertragsgestaltungen aus. Allgemein sind sie darauf gerichtet, dass die *eine* Partei (der Sponsornehmer, Gesponserter) bei den von ihr entfalteten Primär-Aktivitäten auf sportlichem, kulturellem, ökologischem oder sozialem Gebiet die Marketing- oder Kommunikationsinteressen der *anderen* Partei (des Sponsors), meist unter Einsatz der Medien, mitverfolgt und als Gegenleistung dafür vom Sponsor Geld, Sachmittel oder Dienstleistungen zur Förderung ihrer Primär-Aktivitäten zur Verfügung gestellt erhält. In der Literatur werden bislang vor allem die medien- und lauterkeitsrechtlichen Probleme der Sponsorships gewürdigt. Die zivilrechtsdogmatische Erfassung der Sponsoring-Praxis in den zentralen Bereichen des Sport-, Kultur-, Sozial- und Umwelt-Sponsoring geht davon aus, dass die Sponsoringverträge teils als Typenkombinationsverträge, teils als Verträge *sui generis* verstanden werden müssen. Jedenfalls kann bei ihnen aber ein mehr oder weniger ausgeprägtes geschäftsbesorgungsvertragliches Element gegeben sein, soweit sich der Gesponserte dem Sponsor zur selbständigen Erbringung von Leistungen verpflichtet, die den Vermögensinteressen des Sponsors dienen (zB Auftragsforschung an Hochschulen).

Steuerberaterverträge

Steuerberaterverträge sind **Dienst- oder (bei Erfolgsbezogenheit) Werkverträge mit Geschäftsbesorgungscharakter**, die auf die Erstellung und Einreichung von Steuererklärungen des Mandanten oder auf die Erteilung von Auskünften über Steuerfragen und Steuervorteile, bisweilen auch auf die Erstattung steuerbezogener Gutachten oder die Anfertigung von Bilanzen und das Führen von Büchern gerichtet sind (vgl BGHZ 54, 106; BGHZ 84, 244; BGHZ 115, 382). Nach BGHZ 54, 106, 107 f entspricht die Rechtslage beim Steuerberatervertrag „weitgehend der beim Anwaltsvertrag" (vgl zu Verträgen mit und Haftung von Steuerberatern auch ANDERS/GEHLE, Das Recht der freien Dienste [2001]). Dabei hat der Steuerberater ungefragt über alle bedeutsamen steuerlichen Einzelheiten und deren Folgen zu unterrichten und den sichersten Weg aufzuzeigen (vgl auch BGH NJW-RR 2004, 1210; BGH NJW-RR 2003, 1574). Entsprechendes gilt für Verträge mit **Steuerbevollmächtigten**. Steuerberater und Steuerbevollmächtigte schließen ihre Verträge allerdings im Gegensatz zu Rechtsanwälten **überwiegend mit Dauermandanten** ab. Die Umstände des Einzelfalls entscheiden darüber, ob mehrere Einzelaufträge erteilt wurden oder ein einheitlicher Dauerauftrag geschlossen wurde (BGH VersR 1988, 584). Ohne Indizwert ist dabei die Art der Rechnungserteilung durch den Steuerberater, denn die Steuerberatergebührenverordnung schreibt als Regel eine Gebührenberechnung nach Einzeltätigkeiten auch für Tätigkeiten im Rahmen eines Dauermandats vor; nur unter bestimmten Voraussetzungen und nur nach vorheriger schriftlicher Vereinbarung ist die Anforderung eines **Pauschalhonorars** zulässig. Das Berufs- und Standesrecht der steuerberatenden Berufe ist ebenso wie das der Rechtsanwälte und Wirtschaftsprüfer in einem **turbulenten Umbruch** begriffen. Es geht dabei um die Stärkung der Leistungs- und Wettbewerbsfähigkeit der steuerberatenden Berufe durch eine Auflockerung überkommener berufsrechtlicher Regulierungen, etwa im Bereich der standesgerechten Werbung und der Zusammenarbeit mit anderen rechts- und wirtschaftsberatenden Berufen. B 196

Ein Vertrag, durch den einem Steuerberater oder Steuerbevollmächtigten **allgemein die Wahrnehmung aller steuerlichen Interessen** des Auftraggebers übertragen wird, ist **regelmäßig ein Dienstvertrag**, der eine Geschäftsbesorgung zum Gegenstand hat, §§ 675 Abs 1, 611 (BGHZ 54, 106, 107 f; BGH WM 1971, 1206; BGH WM 1988, 763, 764; BGHZ 115, 382, 386; BGH NJW-RR 2006, 1490 Rn 4; BGH NJW 2010, 1520 Rn 9; MARTENS NJW 1977, 766 f; PRÜTTING WM 1978, 130 f; vgl auch MUTSCHLER DStR 2007, 550, 552). Reine Dienstleistung mit Geschäftsbesorgungscharakter ist namentlich die steuerliche Beratung bei der Anlage, der Verteilung und der Bewertung von Vermögensgegenständen oder bei der Ausschöpfung und Abstimmung von Steuervergünstigungen, ferner die Vertretung des Steuerpflichtigen vor den Steuerbehörden, zB bei Betriebsprüfungen. Typischerweise ist ein Vertrag mit einem Steuerberater über die Beratung beim Erwerb von Immobilien zur Steuerersparnis nach §§ 675 Abs 1, 611 zu qualifizieren (BGH NJW-RR 1987, 1380). Keineswegs wird bei derartigen tätigkeitsbezogenen Steuerberaterverträgen jede zu erbringende greifbare Einzelleistung für sich als ein Erfolg im Sinne des Werkvertragsrechts geschuldet (teilweise anderer Ansicht aber OLG Celle DStR 1974, 290 f; OLG Nürnberg DStR 1974, 709 f; SPÄTH DStR 1966, 91, B 197

93 f). Lediglich bei Einzelaufträgen, die auf eine einmalige, in sich abgeschlossene Leistung gerichtet sind, ist eine Qualifikation als **Werkvertrag** mit Geschäftsbesorgungscharakter nach §§ 675 Abs 1, 631 angebracht; nur hier kann im Allgemeinen der Steuerberater das Risiko hinreichend abschätzen, um für einen bestimmten Erfolg seiner Tätigkeit als Werkleistung iS von § 631 einzustehen (RGZ 88, 223, 226; BGH NJW 1965, 106; BGHZ 115, 382, 386). Beispiel ist der Steuerberatervertrag über die Anfertigung einer bestimmten steuerlichen Bilanz (BGH WM 1988, 763, 764; BGH WM 1992, 62, 64; BGH NJW-RR 2006, 1490 Rn 4) oder die Erstellung eines Gutachtens nach § 22 StBGebV (Mutschler DStR 2007, 550, 553). Auch die einmalige Erstellung einer Steuererklärung dürfte dem Werkvertragsrecht zuzuordnen sein. Bei der jährlichen Erstellung von Steuererklärungen ist dagegen ein Dienstvertrag anzunehmen (Mutschler DStR 2007, 550, 552). Dass einzelne Tätigkeit des Steuerberaters auf einen Erfolg (zB Ermittlung von Daten, Erstellung von Unterlagen und Erklärungen) gerichtet, ändert jedoch nichts daran, dass das **Vertragswerk als Ganzes** der vom Auftraggeber gewählten Zielrichtung nach als Dienstvertrag mit Geschäftsbesorgungscharakter einzuordnen ist (OLG Köln DStRE 2008, 197, 198). **Mischverträge**, die sowohl Tätigkeit als solche als auch den Erfolg zum Gegenstand haben, sind **im Zweifel** ebenfalls als Dienstverträge einzustufen (vgl die umfangreiche Auswertung der Rechtsprechung bei Mutschler DStR 2007, 550, 554).

B 198 Die Rechts- und Pflichtenstellung des Steuerberaters ergibt sich nicht nur aus dem Vertrag mit dem Mandanten, sondern zudem aus dem Steuerberatungsgesetz (StBerG) und gem § 64 StBerG aus der Steuerberatungsvergütungsverordnung (StbVV; BGBl 1981 I 1442, zuletzt geändert zum 11. 12. 2012, BGBl I 2637) (vgl Koslowski, Steuerberatungsgesetz [7. Aufl 2015] § 64 Rn 7). Die Ausübung eines steuerberatenden Berufs stellt kein Gewerbe dar, sondern unterliegt strengen Berufspflichten, über deren Einhaltung Kammern und Berufsgerichte wachen. Der Steuerberater darf durch den Vertrag nur zu **rechtsberatenden und rechtsbesorgenden Tätigkeiten** auf den in **§ 1 StBerG** genannten Rechtsgebieten verpflichtet werden. Für die Abfassung etwa von Darlehens- oder Gesellschaftsverträgen mangelt ihm formal die erforderliche Qualifikation, falls er nicht zugleich Rechtsbeistand, Rechtsanwalt oder Wirtschaftsprüfer ist. Bei allgemein-rechtlichen Fragestellungen muss der Steuerberater seinen Mandanten an einen Rechtsanwalt oder Notar verweisen (BGH NJW 1986, 1050, 1051).

B 199 Der Steuerberater muss bei seiner Beratungstätigkeit grundsätzlich das Bild von einem **Mandanten ohne jede steuerlichen Kenntnisse** zugrunde legen (BGH LM § 676 Nr 33; BGH LM § 675 Nr 127). Zu seinem Pflichtenkreis gehört die **Aufklärung** des steuerrechtlich relevanten Sachverhalts: er muss im Rückgriff auf seine Sachkunde die veranlagungs- und entscheidungserheblichen Tatsachen ermitteln und Unklarheiten durch Rückfragen beim Mandanten ausräumen (Mendel WuB § 675, 5/86; BGH GuT 2007, 333). Des Weiteren trifft den Steuerberater – **ähnlich einem Rechtsanwalt** – eine **Prüfungspflicht** sowie eine **Beratungs- und Belehrungspflicht**. Der Steuerberater hat daher bei der Prüfung der Vor- und Nachteile einer Gestaltungsmöglichkeit seinen Mandanten darauf hinzuweisen, dass Kirchensteuer oberhalb der üblichen Sätze anfiele (BGH WM 2006, 1736 Rn 7 = NJW-RR 2006, 1645 Rn 7; Zugehör WuB IV A § 675 BGB 3. 06). Ausländische Steuerpflichtige, die sich im Inland niederlassen, sind stets auf die Kirchensteuer hinzuweisen (OLG München MDR 2016, 424). Demgegenüber trifft den Steuerberater keine Pflicht, seinen Mandanten auf Gestaltungsmöglichkeiten hinzuweisen, die nach dem derzeitigen und absehbaren Stand der Rechtsprechung, Steuerrichtlinien und Verwaltungserlasse **praktisch aussichtslos** sind (BGH GuT 2007, 179, 180). Im Rahmen eines Dauerauftrages muss der Steuerberater den Mandanten auf die steuerlichen Auswirkungen unvorhergesehener Sachverhaltsänderungen und neuartiger Entwicklungen hinweisen. Von einem allgemeinen Steuerberatervertrag sind auch außerhalb der Routine liegende Fragestellungen umfasst, in die sich der Steuerberater notfalls einarbeiten muss. In seine Beratungstätigkeit hat der Steuerberater alle für den Auftraggeber bedeutsamen steuerlichen Gesichtspunkte mit einzubeziehen. Ähnlich wie der Rechtsanwalt ist auch der Steuerberater in seiner Beratungstätigkeit an das **Prinzip des sichersten Weges** gebunden und muss sich um die **weitestmögliche Abwendung von Schäden des Mandanten** bemühen (BGH VersR 1993, 443, 444 mwNw). Ohne eine eindeutige Zusage übernimmt der steuerliche Berater im Zweifel nicht die Vertragspflicht, für den Leistungserfolg einzustehen, dass die steuerlichen Erklärungen zu den gesetzlich festgelegten Fristen fertiggestellt sind (BGHZ 115, 382, 387 in Abweichung von BGHZ 84, 244, 250; Späth DStR 1985, 450). Ein solches werkvertragsähnliches Versprechen kann von ihm regelmäßig nicht einseitig erwartet werden, schon weil er bei der Anfertigung der Steuererklärung ganz entscheidend auf die **Mitwirkung des Mandanten** angewiesen ist. Allerdings ist der steuerliche Berater verpflichtet, nach besten Kräften mit Rat und Tat im Rahmen des Zumutbaren dabei mitzuwirken, dass der steuerpflichtige Mandant die festgesetzten Fristen für die Abgabe der Steuererklärung einhalten kann (BGHZ 115, 382, 389; BGH VersR 1968, 48, 49; BGH WM 1971, 1206). Vermittelt ein Steuerberater seinem Klienten im Rahmen des Vertragsverhältnisses steuerbegünstigte Kapitalanlagen und erhält der Steuerberater hierfür zusätzlich von Seiten des angesprochenen Anlagevermittlers eine Provision, dann muss er diese nach §§ 675 Abs 1, 667 an den Klienten abführen (BGH NJW-RR 1987, 1380, 1381; OLG Koblenz BB 1989, 2001).

Ein Steuerberater muss seinem Auftraggeber **auch ungefragt die bedeutsamen steuerlichen Einzelheiten**, die bei der Erledigung des Auftrags als problematisch auftreten, darlegen und erklären. Er muss ihn über ihre Folgen unterrichten, insbesondere auch über die Möglichkeiten einer Steuerersparnis belehren (BGH WM 1980, 308; BGH VersR 1981, 1029; BGHZ 83, 17; BGH WM 1982, 128; BGH NJW-RR 1987, 1375; BGH NJW 1990, 2057; BGH NJW-RR 1992, 158). Er muss den Mandanten in die Lage versetzen, **eigenverantwortlich** seine Rechte und Interessen zu wahren und eine Fehlentscheidung zu vermeiden (BGH NJW-RR 2006, 273 Rn 13; BGH NJW-RR 2012, 830 Rn 11). Für den steuerlichen Berater gelten auf seinem Fachgebiet auch insoweit die gleichen Anforderungen, die an die Wahrnehmung der Pflichten aus einem Anwaltsvertrag zu stellen sind (BGH NJW-RR 1992, 1110, 1112). Wenn der Steuerpflichtige aufgrund des Verhaltens des Finanzamts darauf vertrauen darf, dieses werde an einer für ihn günstigen Beurteilung eines bestimmten Sachverhalts auch in Zukunft festhalten, hat der steuerliche Berater seine Empfehlungen und Belehrungen in der Regel danach auszurichten, selbst wenn er persönlich die Sach- und Rechtslage anders beurteilt (BGH NJW-RR 1992, 1110). Veranlasst der steuerliche Berater, dass das Finanzamt von einer günstigen Sachverhaltsbeurteilung abweicht und einen nachteiligen Bescheid erlässt, muss er dem Mandanten den daraus entstandenen Schaden ersetzen, mag auch die nunmehr vertretene Auffassung objektiv der Sach- und Rechtslage entsprechen. Auf Steuerrisiken, welche die Entscheidung eines vernünftigen Auftraggebers beeinflussen können, hat der Berater hinzuweisen (BGH NJW-RR 2006, 273 Rn 13). Bei einer **unsicheren oder unklaren Rechtslage** kann im **B 200**

Einzelfall die Pflicht bestehen, den Auftraggeber auf die Möglichkeit einer einer **verbindlichen Auskunft des Finanzamts** (vgl § 89 Abs 2 AO) hinzuweisen (BGH NJW-RR 2007, 1556 Rn 9). Ob eine solche Anfrage letztlich durchgeführt wird, entscheidet nicht der Berater, sondern der darüber informierte Auftraggeber (BGH NJW 2008, 440 Rn 12; zustimmend WACLAWIK DStR 2008, 321, 322). Der Berater hat zudem auf die **aktuellen Rechtsprechungsentwicklungen** (OLG Köln 22. 5. 2007 – 8 W 10/07) und mögliche, nicht notwendig bereits sicher absehbare **Gesetzesänderungen** hinzuweisen (BGH 26. 4. 2007 – IX ZR 118/05). Nur in Ausnahmefällen ist der Steuerberater verpflichtet, seinen Mandanten auf die potenzielle **Verfassungswidrigkeit** eines einschlägigen Steuergesetzes hinzuweisen (BGHZ 178, 258 Rn 13 ff = BGH NJW 2009, 1593 Rn 13 ff; zustimmend MUTSCHLER DStR 2009, 451; BAUMERT EWiR 2009, 137, 138; OLG Düsseldorf MDR 2010, 504, 505). Um seinen Pflichten gegenüber dem Mandanten gerecht werden zu können, hat sich der Berater aus den **„einschlägigen allgemeinen Fachzeitschriften“** (BGH WM 2010, 2050 Rn 22) fortlaufend zu informieren; hierzu zählen insbesondere das Bundessteuerblatt und die Zeitschrift „Deutsches Steuerrecht“ (OLG Stuttgart DStR 2010, 407, 408), nicht aber der Jahresbericht des Bundesfinanzhofs (BGH NJW 2015, 770 Rn 13 ff; zustimmend WOLF DStR 2015, 317, 319; kritisch RÖHM/SEICHTER EWiR 2015, 11, 12).

B 201 Bei einer **schuldhaften Pflichtverletzung** macht sich der steuerliche Berater schadensersatzpflichtig (GOUNALAKIS NJW 1998, 3593; LONGIN, in: FS Hermann Oettinger [1995]; MEINE DStR 1992, 1706; SPÄTH, Die zivilrechtliche Haftung des Steuerberaters [4. Aufl 1994]). Dabei gilt die Vermutung, dass sich der Mandant bei sachgerechter Belehrung beratungsgemäß verhalten hätte (BGH NJW-RR 1992, 1110). Inhalt des Schadensersatzanspruchs des Mandanten kann ausnahmsweise auch der Vermögensschaden sein, der durch eine gegen ihn im Strafbefehlsverfahren verhängte **Geldstrafen wegen vorsätzlicher Steuerhinterziehung** entsteht; grundsätzlich hat der Mandant aber die Folgen einer vorsätzlichen Steuerhinterziehung allein zu tragen (BGH WM 2010, 993 Rn 9). Seit der Anpassung von Verjährungsvorschriften an das Gesetz zur Modernisierung des Schuldrechts (BGBl 2004 I 3214) gilt für Schadensersatzansprüche des Mandanten gegen seinen Steuerberater die **regelmäßige Verjährung** nach §§ 195, 199 (vgl zur früheren Rechtslage nach § 68 StBerG aF BGHZ 73, 363; BGHZ 114, 150; BGH NJW-RR 1992, 157, 159; BGH NJW 1992, 1694; ECKERT NJW 1989, 2081). Der Auftraggeber soll durch Geltung des § 199 Abs 1 Nr 2 vor einer Verjährung seines Anspruchs bewahrt werden, ohne dass er auch nur potenziell Kenntnis von Bestehen und Inhalt dieses Anspruchs hatte (BT-Drucks 15/3653 S 28). Findet beim Steuerpflichtigen eine Außenprüfung statt, dann tritt der Schaden erst mit der Steuermehrbelastung nach Abschluss der Prüfung ein. Wie ein Rechtsanwalt muss auch ein Steuerberater im Rahmen seiner Beratungspflicht den Mandanten auf **mögliche Regressansprüche gegen sich** selbst hinweisen (BGH VersR 1993, 448, 449; BGH NJW 1985, 1285, 1286 f), doch entfällt diese Hinweispflicht, wenn dem Mandanten zwischenzeitlich eine anwaltliche Beratung zuteil geworden ist (BGH VersR 1993, 448, 449; BGH NJW 1982, 1288, 1289). Hierfür genügt es nicht, wenn der Steuerberater lediglich von einer solchen anwaltlichen Befassung ausgeht, ohne sichere Kenntnis zu haben (BGH 12. 5. 2011 – IX ZR 91/08). Anders als ein Rechtsanwalt ist ein Steuerberater jedoch nicht verpflichtet, auf Regressansprüche gegen einen früheren Steuerberater des Mandanten und deren drohende Verjährung hinzuweisen (BGH NJW 2015, 2326 Rn 8 ff = MDR 2015, 827). Bei einem Verstoß gegen die Beratungspflicht über einen Regressanspruch kann es – wie beim Rechtsanwalt – zu einem **Sekundäranspruch** des Mandanten gegen den Steuerberater auf **Unterlassen der Verjährungseinrede** kommen (BGHZ 83, 17 = WM 1982,

367; BGHZ 96, 290 = WM 1986, 261). Dritten können eigene Schadensersatzansprüche gegen den Steuerberater zustehen, wenn der Steuerberatungsvertrag ihnen gegenüber Schutzwirkungen entfaltet (BGHZ 193, 297 Rn 6 ff: Geschäftsführer einer GmbH, die das Umsatzsteuermandat erteilt hat; zustimmend Schwetik GmbH-StB 2012, 10, 11; Wagner EWiR 2012, 75, 76; **aA** Juretzek DStR 2012, 721, 722).

Testamentsvollstrecker

Der Testamentsvollstrecker wird kraft privaten Amtes nach §§ 2197 ff tätig. Die Regelung des § 2218 Abs 1 verweist auf auftragsrechtliche Vorschriften. **B 202**

Transportverträge s Frachtvertrag; s Speditionsvertrag.

Turnkeyverträge

Als Turnkeyvertrag bezeichnet man einen vor allem im **internationalen Anlagenbau** gebräuchlichen Vertragstyp, bei dem sich der Auftragnehmer gegenüber dem Auftraggeber verpflichtet, eine funktionstüchtige **Großanlage** (Flughafen, Krankenhaus, Wasserwerk etc) oder **Industrieanlage** (Autofabrik, Stahlwerk etc) gegen Zahlung eines Pauschalpreises zu errichten. Ungleich seltener wird ein Turnkeyvertrag (dann nach internationalem Vorbild) zwischen Parteien desselben Landes geschlossen. Wegen seiner **vielfältigen Ausgestaltungsformen** ist er keineswegs von vornherein als Geschäftsbesorgungswerkvertrag zu qualifizieren, doch kann ihm eine mehr oder weniger stark ausgeprägte geschäftsbesorgungsvertragliche Komponente eignen (zur Rechtsnatur näher s unten Rn B 209 ff). **B 203**

Der **internationale Anlagenbau** vor allem von Industrieanlagen hat im Zuge der fortschreitenden Internationalisierung der wirtschaftlichen Zusammenarbeit eine herausragende Stellung eingenommen und bietet für die Kooperation zwischen Unternehmen der westlichen Wirtschaftshemisphäre einerseits und den sog Schwellenländern, aber auch den osteuropäischen Staaten andererseits ein breites Betätigungsfeld (Dünnweber, Vertrag zur Erstellung einer schlüsselfertigen Industrieanlage im internationalen Wirtschaftsverkehr [1984] 1 ff; Schaub, Der Konsortialvertrag unter besonderer Berücksichtigung des Industrieanlagenbaus [1991] 13 f; Hautkappe, Unternehmereinsatzformen im Industrieanlagenbau [1986] 19 ff). Der in Deutschland traditionell starke, in Teilbereichen gar führende Anlagenbau hat schnell die Chancen der Internationalisierung der Geschäftsverbindungen erkannt, sodass die Unternehmen auf vielen Märkten einen **erheblichen Marktanteil** erringen konnten; ihre Tätigkeit erfährt freilich manche Begrenzungen durch die staatlichen **Beschränkungen nach dem Außenwirtschaftsgesetz** (Rosiny RIW 1990, 702 ff; Martinek, Moderne Vertragstypen Bd III [1993] 242 ff). Die **Vielfalt der Vertragsformen** im internationalen Anlagenbau erklärt sich dadurch, dass die Bauherren zur Projektierung und Realisierung einer Industrieanlage, je nach dem nationalen Stand der Technik, in unterschiedlichem Maß auf die technologische Hilfe westlicher Unternehmen angewiesen sind (Dünnweber, Vertrag zur Erstellung einer schlüsselfertigen Industrieanlage im internationalen Wirtschaftsverkehr [1984] 6 ff; Hautkappe, Unternehmereinsatzformen im Industrieanlagenbau [1986] 26 ff; Schaub, Der Konsortialvertrag [1991] 34 ff). Die Errichtung einer **Anlage in Eigenregie**, bei der lediglich einzelne Verträge zur Beschaffung der notwendigen Materialien oder zur Ausführung einzelner Arbeiten mit Dritten abgeschlossen werden, ist daher die Ausnahme. **B 204**

Das technologische Defizit des Bauherrn zwingt ihn vielmehr in der Regel dazu, sich des technischen Know-hows spezialisierter westlicher Unternehmen zu versichern. Charakteristisch für den Industrieanlagenbau ist daher die **vollständige Übertragung aller erforderlichen Arbeiten** auf kompetente Unternehmen. Hierzu kann der Auftraggeber mit mehreren Unternehmen, die sich auf bestimmte Teilbereiche wie Ingenieur-, Bau-, oder Maschinenbauleistungen spezialisiert haben, Einzelverträge abschließen, aus deren koordinierter Erfüllung sodann die Gesamtanlage hervorgehen soll. Beschreitet der Auftraggeber diesen Weg, bleibt er für die Koordinierung der jeweiligen Leistungen verantwortlich und trägt vor allem weiterhin das Risiko für das Gelingen des Gesamtprojekts. Ist der Auftraggeber zur Übernahme der Koordinierungsaufgaben nicht willens oder in der Lage, bietet sich der Abschluss eines **Consultingvertrages** an, bei dem der Bauherr typischerweise einen beratenden Ingenieur (Consulting Engineer) mit den zur Errichtung der Anlage erforderlichen Planungs-, Koordinierungs- und Überwachungsarbeiten betraut (zu Consultingverträgen s oben Rn B 76 ff). Statt der Beauftragung eines beratenden Ingenieurs kann sich der Bauherr auch zur Projektierung und Realisierung einer Anlage an **einen einzigen Auftragnehmer** wenden, dessen Metier gerade die Koordinationstätigkeit zur Erstellung von Anlagen der gewünschten Art in eigener Verantwortung ist. Dabei tritt der Auftragnehmer gegenüber den hinzuzuziehenden Subunternehmen nicht mehr als Beauftragter des Bauherrn auf, sondern **wird selbst deren Vertragspartner**. Auch bei einem derartigen **Comprehensive Contract** richtet sich der jeweilige Vertrag aber nicht auf die Erstellung der schlüsselfertigen Anlage, sondern nur auf einzelne Komponenten, die erst in ihrer Gesamtheit die fertige Industrieanlage bilden sollen. Dementsprechend verbleibt auch bei dieser Gestaltungsform das **Risiko des Gelingens des Gesamtprojekts beim Auftraggeber**.

B 205 Beim Turnkeyvertrag hingegen werden die zur Errichtung der gesamten Anlage erforderlichen Teilarbeiten nicht mehr als koordinierte Teilleistungen geschuldet, sondern zu einer **einheitlichen Leistungsverpflichtung des Auftragnehmers** zusammengefasst, der die Erstellung einer schlüsselfertigen, voll funktionstüchtigen Industrieanlage schuldet (vgl Michaelis de Vasconcellos, Garantieklauseln und Risikoverteilung im internationalen Anlagenvertrag [1987] 22; Flocke, Risiken beim Internationalen Anlagenvertrag [1986] 23 ff; vWestphalen BB 1971, 1126). Als **Auftraggeber** treten dabei sowohl private, als auch – vor allem noch in den ehemaligen Ostblockstaaten – staatliche Unternehmen und Behörden auf. Komplizierter ist die Lage auf der **Auftragnehmerseite**, denn nur selten kann lediglich ein einziges Unternehmen den Bau der gesamten Anlage durchführen. Üblicherweise ist der mit der Errichtung der Anlage beauftragte **Generalunternehmer** auf eine Kooperation mit anderen Spezialunternehmen angewiesen, mit denen als Subunternehmern er im eigenen Namen Verträge abschließt (Fikentscher AcP 190 [1990] 34, 49 ff; Hautkappe, Unternehmereinsatzformen im Industrieanlagenbau [1986] 37 ff). Keine Vertragsbeziehungen bestehen zwischen den Subunternehmern des Auftragnehmers und dem Auftraggeber als Besteller der Anlage, mag dieser sich auch gegenüber dem Auftragnehmer ein **Recht zur Benennung der Subunternehmer** *(„nominated subcontractors")* vorbehalten. Als eine besondere Form der Zusammenarbeit auf der Auftragnehmerseite kennt die Praxis des internationalen Anlagenbaus die Bildung eines **Konsortiums**, bei der sich mehrere rechtlich selbständige Unternehmen mit komplementären Arbeitsgebieten zur Durchführung eines bestimmten Bauprojekts zusammenschließen (dazu und zu den verschiedenen Formen der Ausschreibung und Auftragsvergabe MARTINEK, Moderne Vertragstypen Bd III [1993] 245 f).

Die Auftragnehmerpflichten erfahren in den umfangreichen Turnkeyvertragswerken eine ausführliche inhaltliche Konkretisierung. Vor allem bedarf es zur Konkretisierung der **Hauptleistungspflicht** des Auftragnehmers bei der Errichtung der schlüsselfertigen Industrieanlage einer präzisen Festlegung aller Ingenieur- und Managementleistungen, die für die Konstruktion der Gebäude, Maschinen und sonstigen Betriebsmittel sowie für die Planung des Produktionsablaufes, für die Auswahl und Beschaffung der erforderlichen Maschinen und Baumaterialien, unter Umständen auch für den Personaleinsatz und die Bezugs- und Absatzbeziehungen erbracht werden müssen, um schließlich zum Ergebnis der Errichtung der einsatzbereiten Anlage zu führen. Gelegentlich werden in den Verträgen für den Auftragnehmer auch besondere, mit der Erstellung der Anlage nur mittelbar **zusammenhängende Nebenpflichten** statuiert, zu denen beispielsweise die Suche und Erschließung des Baugrundstücks, die Erstellung eines Strom- und Telefonnetzes oder spezielle Infrastrukturmaßnahmen gehören können. Weit verbreitet sind schließlich solche Vereinbarungen, die den späteren **reibungslosen Betrieb** der Anlage durch den Auftraggeber sicherstellen sollen. Hierzu zählt typischerweise die Vermittlung des einschlägigen technischen und kaufmännischen Know-how, etwa durch die Lizenzierung technischer Schutzrechte, die Zurverfügungstellung und Überlassung von Know-how, die Leistung von Managementdiensten oder die Schulung und Ausbildung des Auftraggeberpersonals (KÜHNEL RIW/AWD 1981, 533). Die Betriebsbereitschaft der Anlage kann durch Verpflichtungen zu **Kundendienstleistungen**, zur Wartungsübernahme oder zu **Ersatzteillieferungen** langfristig abgesichert werden. **B 206**

Beim **„einfachen" Turnkeyvertrag** *(turnkey lump sum contract; contrat clé en main)* hat der Auftragnehmer seine Hauptpflicht erfüllt, sobald er dem Auftraggeber nach Errichtung der Anlage mittels eines **Probelaufes** deren Funktionstüchtigkeit („Schlüsselfertigkeit") nachweist. Oft wird freilich dem Auftraggeber, der nicht über das technische und kaufmännische Know-how zum erfolgreichen Betrieb der Anlage nach deren Ab- und Übernahme verfügt, an weiterer Unterstützung und zusätzlichen **„Garantien" des Auftragnehmers** gelegen sein. Gelingt ihm in den Verhandlungen die Durchsetzung eines von den Praktikern sogenannten **Produktivitätsgarantievertrages** *(turnkey guarantee contract; contrat produit en main)*, dann gewährleistet der Auftragnehmer die (unter Umständen zahlenmäßig konkretisierte) Produktivität der Anlage. Hierzu wird der Auftragnehmer für einen vereinbarten Zeitraum maßgeblich an der Betriebsführung beteiligt, um durch eigene Einflussnahmen seiner Zusage gerecht werden zu können (SCHLOTKE, in: NICKLISCH [Hrsg], Bau- und Anlagenverträge [1984] 155, 158). Die erwähnten Zusatzvereinbarungen treten bei dieser Vertragsgestaltung nicht wie beim einfachen Turnkeyvertrag neben die Hauptpflicht der Anlagenerstellung, sondern werden mit den sonstigen Einzelpflichten als weitere Elemente der Hauptpflicht zu jenem Pflichtenpaket verbunden, das in seiner Gesamtheit auf die Herbeiführung des Leistungserfolgs der Anlage gerichtet ist und diese einheitliche Hauptleistungspflicht spezifiziert. **B 207**

Den **Auftraggeber** trifft die Pflicht, die vereinbarten Zahlungen zu erbringen, und zwar regelmäßig in zeitlicher Koppelung an das Fortschreiten der Bauausführung (NICKLISCH BB 1979, 533, 538). Meist obliegt es ihm, **Banksicherheiten** für die jeweils **B 208** fälligen Teilraten beizubringen. Im Übrigen sichert sich der Auftragnehmer gegen Zahlungsschwierigkeiten durch **Exportkreditversicherungen** (in Deutschland etwa durch „Hermes-Bürgschaften") ab. Beliebig ausgestaltbar sind, in starker Abhängigkeit vom jeweiligen Anlagentyp, die weiteren, die Bauausführung **begleitenden Pflichten** des Auftraggebers, wie etwa Bereitstellung von Bauland, Anwerben von Arbeitskräften, Einholen von Genehmigungen (vWestphalen BB 1971, 1126, 1127; Nicklisch BB 1979, 533, 538 ff). Besondere Beachtung gebührt schließlich seiner Verpflichtung, nach den pro Bauabschnitt durchzuführenden Leistungstests und Fertigungskontrollen schon die Anlagenteile abzunehmen.

B 209 Nach einer vor allem **früher vertretenen Auffassung** ist der Turnkeyvertrag als ein **Geschäftsbesorgungsvertrag werkvertraglichen Charakters** iS des § 675 Abs 1, 631 anzusehen (MünchKomm/Seiler[3] § 631 Rn 72; teilweise zustimmend vWestphalen BB 1971, 1126, 1134; MünchKomm/Heermann[6] § 675 Rn 103). Diese Einordnung gründet auf der rechtstatsächlichen Prämisse, dass der Auftragnehmer typischerweise lediglich zur **Bauplanung und Bauleitung** verpflichtet ist und die zur Erstellung der Anlage erforderlichen weiteren Verträge mit den einzelnen Subunternehmen als Beauftragter des Auftraggebers in dessen Namen abschließt; der Auftragnehmer verstand sich bei der Erstellung der Anlage in Durchführung des Auftrags als der **„Agent" des Auftraggebers**. Eine derartige Vertragsgestaltung mag früher im internationalen und nationalen Anlagenbau gebräuchlich gewesen sein. Heute aber hebt sie sich vom real-empirischen Erscheinungsbild des üblichen Turnkeyvertrages ab, für den gerade die **Hauptpflicht des Auftragnehmers zur selbständigen und eigenverantwortlichen Erstellung der Anlage**, sei es auch unter Einschaltung von ihm beauftragter Subunternehmer als Erfüllungsgehilfen (§ 278), charakteristisch ist. Inzwischen entspricht es weithin der Üblichkeit, dass der Auftragnehmer die Verträge mit den Subunternehmern **im eigenen Namen** schließt. Dabei tritt er nicht etwa nur nach außen im eigenen Namen auf; er ist nicht mittelbarer Stellvertreter des Auftraggebers mit einer kommissionärsähnlichen Position. Vielmehr handelt er **auch für eigene Rechnung** und setzt seine Subunternehmer als Erfüllungsgehilfen für seine eigene Leistungserbringung ein. Soweit freilich heute noch ausnahmsweise bei einem Turnkeyvertrag der Auftragnehmer als **„Agent" des Auftraggebers** tätig ist, steht einer Qualifizierung des Vertrags als **Geschäftsbesorgungsvertrag mit werkvertraglichem Charakter** nach §§ 675 Abs 1, 631 nichts entgegen.

B 210 Als ein ungewöhnlicher Einordnungsversuch erscheint die von Fikentscher vorgeschlagene Qualifizierung des Turnkeyvertrages als **Werkverschaffungsvertrag** (dazu ausführlich Fikentscher AcP 190 [1990] 34 ff insbes 55 ff und 64 ff; Fikentscher/Heinemann, SchuldR [10. Aufl 2006] Rn 1196 f). Von einem Werkverschaffungsvertrag als Unterfall eines Werkvertrages iSd § 631 soll immer dann gesprochen werden können, wenn sich die Vertragsparteien über die **Erstellung des Werks durch Dritte** statt durch den Unternehmer selbst einig sind. Falls der Auftragnehmer die Werkleistungen der Subunternehmer nur vermittle, sei von einem **organisationsbezogenen** (echten) Werkverschaffungsvertrag auszugehen. Demgegenüber sei ein **gehilfenbezogener** (unechter) Werkverschaffungsvertrag anzunehmen, wenn der Auftragnehmer nicht nur die Auswahl und Vermittlung der Subunternehmer schulde, sondern sich selbst zur Erbringung der Werkleistung, wenn auch unter Zuhilfenahme von Erfüllungsgehilfen verpflichte. Der Werkverschaffungsvertrag mag als eigenständige vertragstypologische Kategorie seine grundsätzliche Berechtigung haben, seine Fruchtbarkeit für die Rechtsnaturbestimmung des Turnkeyvertrages bleibt aber zweifelhaft. Der organisationsbezogene Werkverschaffungsvertrag ist von Geschäftsbesorgungs- und Maklerverträgen nur abgrenzbar, wenn er auf die Fälle beschränkt wird, in denen der Unternehmer/Auftragnehmer mit den Subunternehmern im eigenen Namen kontrahiert. Gehilfenbezogener und organisationsbezogener Werkverschaffungsvertrag können sich deshalb nur darin unterscheiden, dass sich bei Gehilfenbezogenheit „der Besteller (…) um nichts mehr zu kümmern braucht" (Fikentscher AcP 190 [1990] 34 ff, 52), während ihm bei Organisationsbezogenheit der Subunternehmer benannt wird. Diese Unterscheidung zielt auf unterschiedliche Rechtsfolgen von Vertragsverletzungen der Subunternehmer ab: Während der Auftraggeber beim gehilfenbezogenen Werkverschaffungsvertrag nach § 278 für schuldhaftes Verhalten der Subunternehmer einzustehen hat, trifft ihn beim organisationsbezogenen Werkverschaffungsvertrag nach § 664 Abs 1 S 2 lediglich die Pflicht zu deren sorgfältiger Auswahl (vgl hierzu Fikentscher AcP 190 [1990] 34, 98 f; Fikentscher/Heinemann, SchuldR [10. Aufl 2006] Rn 1197; vWestphalen BB 1971, 1126, 1134 f; Michaelis de Vasconcellos, Garantieklauseln und Risikoverteilung im internationalen Anlagenvertrag [1987] 298 f; differenzierend Hautkappe, Unternehmereinsatzformen im Industrieanlagenbau [1986] 61). Diese Unterscheidung findet in der Praxis des Anlagenbaus indes keine ausgeprägte Entsprechung. Nicht selten ist der Auftraggeber daran interessiert, dass bestimmte (einfache) Arbeiten an ortsansässige Unternehmen vergeben werden, und behält sich deshalb ein Mitspracherecht bei der Bestimmung der Subunternehmer vor. Auch bei einer derartigen Vertragsgestaltung soll der Auftragnehmer nach dem Parteiwillen aber **nicht aus seiner umfassenden Verantwortung für die Errichtung der Anlage entlassen** werden; nicht selten wird die generelle Haftung des Auftragnehmers ungeachtet der gemeinsamen Vergabeentscheidung ausdrücklich aufrechterhalten (Hautkappe, Unternehmereinsatzformen im Industrieanlagenbau [1986] 62). Im Übrigen würde eine Qualifizierung des Turnkeyvertrages als Werkverschaffungsvertrag einseitig auf die Erstellung der Anlage abheben und die den Betrieb der Anlage begleitenden Pflichten vernachlässigen.

Die bisher vorgestellten Einordnungsversuche beschränken sich entweder auf Teil- **B 211**
aspekte des Turnkeyvertrages oder zerbrechen an der Eigenart der inhaltlichen Verknüpfung der verschiedenen beiderseitigen Rechte und Pflichten. Dieser eigenartigen Ausgestaltung des Turnkeyvertrages kann man nur durch eine Qualifikation als **Vertrag sui generis** gerecht werden (so Hautkappe, Unternehmereinsatzformen im Industrieanlagenbau [1986] 24 f; Vetter RIW 1984, 170, 171; Martinek, Moderne Vertragstypen Bd III [1993] 252 f; wohl auch Michaelis de Vasconcellos, Garantieklauseln und Risikoverteilung im internationalen Anlagenvertrag [1987] 84). Dabei besteht die **Hauptleistungspflicht des Auftragnehmers** in der **Erstellung der schlüsselfertigen Anlage als solcher**, nicht in der Erbringung verschiedenartiger Leistungen, die als Endprodukt die Anlage hervorbringen. Die detaillierte Auflistung der Auftragnehmerpflichten in Turnkeyverträgen dient lediglich der inhaltlichen Umschreibung der zur Erfüllung der Hauptpflicht erforderlichen Arbeiten. In Abgrenzung zum *Comprehensive Contract* ist für den Turnkeyvertrag gerade die rechtliche Zusammenfassung mehrerer verschiedentypischer Vertragspflichten zu einer einzigen umfassenden Hauptpflicht charakteristisch.

Allerdings kann auch dem als Vertrag *sui generis* verstandenen **Turnkeyvertrag im** **B 212**
Einzelfall eine mehr oder weniger stark ausgeprägte **geschäftsbesorgungswerkver-**

tragliche Komponente eignen, die sodann zur Anwendung der §§ 675 Abs 1, 631 ff, 663 ff oder auch der §§ 675 Abs 1, 611 ff, 663 ff führt. Die Stellung des Auftraggebers kann nach dem Vertrag zwar kaum grundsätzlich und umfassend, wohl aber in einzelnen oder mehreren Teilbereichen als diejenige eines weisungsgebundenen Interessenwahrers ausgestaltet sein. So entspricht es einer verbreiteten Praxis, dass der Auftragnehmer vor Übergabe der Anlage an den Auftraggeber in enger Abstimmung mit ihm die Belegschaft des Unternehmens einschließlich des mittleren und höheren Managements aussucht und einweist. Weitergehend wird der Auftraggeber vor Übergabe der Anlage nicht selten bei der Anbahnung und Vermittlung der ersten geschäftlichen Beziehungen zu Abnehmern oder Anbietern tätig. Insoweit ist seine **Tätigkeit diejenige eines Agenten für den Auftraggeber**. Dies kann vorbehaltlich detaillierter Einzelregelungen im Vertrag das Regelungsprogramm des Geschäftsbesorgungsdienst- oder -werkvertrages zur Anwendung berufen.

B 213 Die oft erfolgreichen Bemühungen der Vertragsparteien des Turnkeyvertrags, ein sämtliche Aspekte des Anlagenbaus regelndes autonomes Vertragsrecht zu schaffen, haben zur Folge, dass die **Rechtsnaturbestimmung** für das Zustandekommen, den Inhalt, die Durchführung und die Abwicklung des Vertrags nur **von untergeordneter Relevanz** ist. Das betrifft insbesondere die vertragstypologische Qualifikation nach **deutschem Recht**, das im internationalen Anlagengeschäft nur **in Ausnahmefällen** zum anwendbaren Recht erkoren wird (vgl aber BGHZ 83, 197 ff = RIW 1982, 441 zu Fragen des internationalen Anlagenbaus). Turnkeyverträge sind eine Domäne nicht nur für Gerichtsstands- und Schiedsgerichtsvereinbarungen, sondern auch für Rechtswahlklauseln, bei denen die Parteien vorzugsweise auf andere Rechtsordnungen als die deutsche reflektieren (Vetter RIW 1984, 170; Dünnweber, Vertrag zur Erstellung einer schlüsselfertigen Industrieanlage im internationalen Wirtschaftsverkehr [1984] 151 ff; Laschet, in: Nicklisch [Hrsg], Bau- und Anlagenverträge [1984] 255, 256; Nicklisch RIW 1991, 89 ff). In den Bemühungen um eine weitere Schärfung seines Profils und seiner Konturen spielen spezifisch geschäftsbesorgungsrechtliche Gesichtspunkte nur eine untergeordnete Rolle. Im Mittelpunkt stehen vielmehr die Vereinbarungen zur Minderung der Störanfälligkeit und zur Erhöhung der Bestandskraft von Turnkeyverträgen (Preisgleit- und Wertsicherungsklauseln, Hardship-Klauseln, force-majeure-Klauseln, Stillstands- und Neuverhandlungsklauseln). Von besonderer Wichtigkeit ist zudem die **regelmäßige Erfüllungsgehilfenhaftung des Auftragnehmers** für die von ihm eingeschalteten Subunternehmer (§§ 276, 278). **Geschäftsbesorgungsvertragliche Regelungen** kommen bei Turnkeyverträgen im Ergebnis **nur in Einzelfällen** und in Randbereichen zur Anwendung (vgl auch Martinek, Moderne Vertragstypen Bd III [1993] insbes 253 ff mit Einzelheiten zum Leistungsstörungsrecht bei Turnkeyverträgen).

Treuhandvertrag

B 214 Treuhandverträge sind in derart vielfältigen Ausgestaltungsformen rechtlich denkbar und praktisch anzutreffen, dass man sie schwerlich unter nur einem Vertragstyp erfassen kann (vgl Coing, Die Treuhand kraft privaten Rechtsgeschäfts [1973]; Assfalg, Die Behandlung von Treugut im Konkurse des Treuhänders [1960]; Kötz, Trust und Treuhand [1963]; vgl auch Vorbem 40 ff zu §§ 662 ff). Die Rechtsbeziehungen zwischen einem Treuhänder und dem Treugeber hängen völlig vom Einzelfall ab. Bei der rechtsgeschäftlichen Treuhand ist der Treuhandvertrag im Falle unentgeltlicher Treuhandschaft seiner Rechtsnatur nach ein Auftrag, im Falle entgeltlicher Treuhandschaft regelmäßig ein

Geschäftsbesorgungsvertrag nach §§ 675 Abs 1, 611 (RGZ 153, 367, 369; BGH BB 1969, 1154; BGHZ 76, 131; BGH NJW 1987, 2071; OLG Nürnberg OLGZ 90, 449; Coing, Die Treuhand kraft privaten Rechtsgeschäfts [1973] 92). Die Tätigkeit des Treuhänders ist „Geschäftsbesorgung in dem begrenzten Sinne, in dem die herrschende Lehre dieses Wort in § 675 BGB interpretiert" (so Coing, Die Treuhand kraft privaten Rechtsgeschäfts [1973] 99). Insbesondere ist der Treuhänder in den Grenzen der Treuhandabrede und ihrer Zwecksetzung frei, nach eigenem Ermessen zu handeln, wobei er nach außen grundsätzlich im eigenen Namen oder als Treuhänder auftreten kann. Nach § 664 ist der Treuhänder mangels anderweitiger Absprache zur persönlichen Wahrnehmung der Treuhandgeschäfte verpflichtet. Er muss Treuhandvermögen und Eigenvermögen getrennt halten (BGH NJW 1959, 1224; BGHZ 17, 140, 146). Er ist nach § 666 verpflichtet, dem Treugeber die notwendigen Auskünfte zu erteilen und bei Beendigung der Treuhandschaft Rechenschaft abzulegen, und muss gegebenenfalls Weisungen vom Treugeber einholen, § 665 (RGZ 76, 345, 348). Nach § 670 kann den Treugeber die Pflicht zum Aufwendungsersatz einschließlich der Freistellung von eingegangenen Verbindlichkeiten (§ 257) treffen (BGHZ 185, 310 Rn 11 = NJW 2010, 2197). Der Treuhandvertrag kann auch als Geschäftsbesorgungsvertrag zugunsten Dritter nach §§ 675 Abs 1, 611, 328 ausgestaltet sein, wenn eine Drittbegünstigung mit selbständigem Forderungsrecht des Dritten im Zweck der Treuhand liegt (BGH NJW 1966, 1116).

Unfallabwicklungsverträge

Verträge mit Beteiligung einer Bank und eines Mietwagenunternehmens zur umfassenden Unfallschadensabwicklung (wie beim „Unfallhelferring") sind konstruktiv Geschäftsbesorgungsverträge. Für Darlehensgeber im Rahmen von Unfallhelferringen ist die Regulierung von Unfallschäden regelmäßig kein zulässiges Hilfsgeschäft nach § 5 RDG (dazu BGHZ 192, 270; Deckenbrock/Henssler, in: dies [Hrsg], RDG [4. Aufl 2015] § 5 Rn 105). Kompliziert wird die Rechtslage häufig dadurch, dass Rechtsanwälte aufgrund einer „Stapelvollmacht" eingeschaltet werden (vgl zum Ganzen BGHZ 61, 317; BGH NJW 1977, 38; BGH NJW 1977, 431; BGH NJW 1978, 2100; OLG Sachsen-Anhalt VerkMitt 1994 Nr 84; vgl Chemnitz DAR 1995, 8; Rochow AnwBl 1995, 189; ausf zu den Gestaltungsformen und ihrer rechtl Würdigung Ikinger VersR 1976, 906 und 1977, 400). **B 215**

Vermögensverwalter s Verwaltungsverträge.

Versteigerer s Auktionsvertrag.

Vertragshändlervertrag s Vertriebsverträge.

Vertriebsverträge

Eine herausragende praktische Rolle spielt das Geschäftsbesorgungsrecht heute für die **Vertriebsverträge** oder **Absatzmittlungsverträge**, die überwiegend ihrer Rechtsnatur nach als **Dienstverträge mit Geschäftsbesorgungscharakter** oder doch als gemischte Verträge mit einem mehr oder weniger ausgeprägten geschäftsbesorgungsvertraglichen Element zu qualifizieren sind. Das Vertriebs(vertrags)recht ist neben dem Bankvertragsrecht zu **einem der wichtigsten Anwendungsfelder des Geschäftsbesorgungsrechts im Wirtschaftsleben** geworden (vgl zu den Grundlagen des Vertriebsrechts **B 216** als Rechtsgebiet MARTINEK, in: MARTINEK/SEMLER/HABERMEIER/FLOHR [Hrsg], Handbuch des Vertriebsrechts [4. Aufl 2016] §§ 1–7). Zugleich zeigen sich hier beispielhaft die Eignung und die Kraft des Geschäftsbesorgungsvertrages als eines eigenständigen Rechtsstrukturtypus, moderne wirtschaftliche Entwicklungen normativ aufzugreifen und aufzubereiten.

B 217 Unter Vertriebsverträgen oder (synonym) Absatzmittlungsverträgen lassen sich sämtliche Kooperationsabkommen verstehen, die im klassischen dreistufigen Absatzgefüge Hersteller-Großhändler-Einzelhändler von einem Unternehmen auf höherer Stufe mit einem auf einer nachgeordneten Stufe platzierten Unternehmen geschlossen werden, um der **absatzwirtschaftlichen Zusammenarbeit eine langfristige vertragliche Grundlage** zu geben (zu den betriebs- und absatzwirtschaftlichen Hintergründen von Vertriebsverträgen vgl MARTINEK, in: MARTINEK/SEMLER/HABERMEIER/FLOHR [Hrsg], Handbuch des Vertriebsrechts [4. Aufl 2016] § 2). Auf der einen Seite des Vertrages steht der Lieferant, der ein Hersteller, ein Großhändler, ein Importeur oder etwa eine Vertriebsgesellschaft sein mag; auf der anderen Seite des Vertrages steht der Händler (Groß- oder Einzelhändler), der vom Lieferanten im Rahmen seiner Marketing-Strategie in den Absatz der Ware an den Endverbraucher eingeschaltet wird. Bei allen Verschiedenheiten der einzelnen Formen von Vertriebsverträgen (von den einfachen Belieferungs- und den Fachhändlerverträgen über die Vertragshändler-, Kommissionsagenten- und Handelsvertreterverträge bis hin zu Franchiseverträgen) ist für sie die Gemeinsamkeit kennzeichnend, dass sie **Elemente eines Vertriebssystems** darstellen. Der Lieferant schließt mit einer Vielzahl von Absatzmittlern Vertriebsverträge ab, sodass sich ein **fächer- oder pyramidenförmiges Vertriebs(vertrags)system** konstituiert. Auch die Dienstleistungsbranchen bedienen sich zunehmend vertriebsvertraglicher Absatzorganisationen, wobei im Dienstleistungssektor die Vertriebsformen des Warenabsatzes seit jeher mit Zeitverzögerung imitiert werden; hier geht es um die zentrale Aufbereitung standardisierter Leistungsformen (zB einer bestimmten Gaststätten-, Reinigungsbetriebs- oder Immobilienmakler- oder Zeitarbeitsbüro-Konzeption), die als programmierte und „industrialisierte" Dienstleistungen sodann von einzelnen Dienstleistungsbetrieben als Absatzmittlern der Systemzentrale gegenüber den Kunden erbracht werden.

B 218 Der **einzige gesetzlich geregelte Vertriebsvertrag** ist der **Handelsvertretervertrag**, §§ 84 ff HGB. Der Handelsvertreter, der von seinem Vertriebsherrn (Unternehmer) mit der Interessenwahrung „ständig betraut" ist, § 84 Abs 1 HGB, ist nach der Vorstellung des Gesetzgebers Absatzorgan mit einer dauerhaften Position im Absatzkanal *(marketing channel)* und Partner einer systemisch-vertriebsvertraglichen Absatzkooperation. Der Handelsvertreter als „Prototyp" des Vertriebsmittlers ist in seinem Bemühen um Geschäftsabschlüsse oder -vermittlungen **zur Wahrung der Interessen des Unternehmers** verpflichtet, § 86 Abs 1 HGB; er besorgt in Form der **Absatzmittlung** und **Absatzförderung für den Unternehmer ein Geschäft** (EBENROTH, Absatzmittlungsverträge im Spannungsverhältnis von Kartell- und Zivilrecht [1980]; K SCHMIDT, Handelsrecht [6. Aufl 2014] § 27 Rn 42 ff). Gegenüber einem freien Umsatzhändler ist er von den Umschlagsaufgaben des Handels, insbesondere der Transport-, der Lager- und der Vorausdispositionsfunktion entlastet; er konzentriert sich auf die händlerischen Abstimmungsaufgaben, genauer: auf die Markterschließungs-, Marktbeobachtungs- sowie die Kundenberatungsfunktion. Vom unternehmerischen Absatzrisiko ist er insoweit entbunden; das Geschäftsrisiko verbleibt beim Unternehmer. Der

Handelsvertreter wird **im fremden Namen und für fremde Rechnung** tätig. Schon nach dem gesetzlichen Leitbild ist der Handelsvertreter als Absatzmittler voll in die Vertriebsorganisation des Unternehmers integriert. Der Absatzmittlertyp „Handelsvertreter“ steht nicht auf einer selbständigen Stufe im Absatzgefüge, sondern ist der Stufe des Unternehmers zugeordnet, auf der er als „kaufmännische Hilfsperson“ Stabsaufgaben wahrnimmt. Der Handelsvertretervertrag – die absatzwirtschaftliche Praxis spricht seit jeher gern vom **Agenten- oder Agenturvertrag** – ist als **ein auf die Begründung eines Dauerschuldverhältnisses und auf kaufmännische Geschäftsbesorgung (Absatzmittlung und -förderung) gerichteter Dienstvertrag iSd §§ 675 Abs 1, 611** anzusehen. Der Geschäftsherr ist gegenüber dem Handelsvertreter **weisungsberechtigt**, §§ 675 Abs 1, 665 BGB, § 86 HGB. Er kann ihm also für das Verhältnis zu den Kunden etwa die Preise, Geschäftsbedingungen und sonstige Einzelheiten vorschreiben.

Wenn die Absatzwirtschaft der Bundesrepublik Deutschland heute zum Gutteil aus einem **Netz vertraglicher Vertriebssysteme** besteht und neben den klassischen Handelsvertreterverträgen zahlreiche andere geschäftsbesorgungsrechtliche Vertragsformen der Absatzmittlung zu den wichtigsten Gestaltungsmitteln der Absatzwirtschaft (sog **Kontrakt-Marketing**) geworden sind, dann erklärt sich dies weitgehend als ein Erfolg der industriellen Unternehmungen in ihrem Bemühen, ursprünglich „freie“ Handelsunternehmen in ihr Lager zu ziehen und sie zu langfristig gebundenen Interessenwahrern zu machen. Beim Aufbau ihrer Vertriebssysteme spielt die Industrie so weit wie möglich ihre **Marktmacht** aus und übernimmt regelmäßig die autonome **Marketing-Führerschaft**, um die Marketing-Aktivitäten der Institutionen des Handels möglichst bis zum Endabnehmer unmittelbar **steuern und kontrollieren** zu können **(Hersteller-Marketing)**. Ähnlich wie die Handelsvertreter, die als klassische Absatzorgane schon kraft ihrer Funktion weisungsgebunden und zur Interessenwahrung verpflichtet sind („geborene Interessenwahrer“), werden inzwischen weithin auch die früher selbständig absatzmittelnden Handelsbetriebe von den Herstellern **zur Interessenwahrung und Geschäftsbesorgung verpflichtet** und als „gekorene Interessenwahrer“ in den Aufbau vertraglicher Vertriebssysteme einbezogen. Die vertikalen Integrationsprozesse zwischen Industrie und Handel führen bei größer werdenden Kooperationsfeldern und länger werdender Kooperationsdauer zu einer hochgradigen Verdichtung der Beziehung der Beteiligten. Es prägen sich **immer enger mit dem Hersteller verbundene**, das heißt von ihm „gebundene“ **Kommissionsagenten, Vertragshändler, Fachhändler, Eigenhändler, Alleinvertreter, Generalvertreter, Werksvertreter, Konzessionäre oder Franchisenehmer** aus. Die vertikale Vorwärtsintegration durch Vertriebsverträge hat auf diese Weise zu weitgehenden Stufenverzahnungen und -verwischungen im Absatzgefüge geführt. Wenn sich auch in vielen Bereichen aufgrund einer verstärkten Macht des Handels bereits gegenläufige Tendenzen abzeichnen oder gar (wie in der Lebensmittelbranche) schon durchgesetzt haben, so wird die Absatzwirtschaft der Bundesrepublik Deutschland doch in vielen Branchen weitgehend von **industrieseitig gesteuerten, integrierten Distributionssystemen** bestimmt. **B 219**

Eine **Typenbildung von Absatzmittlungs- oder Vertriebsverträgen** erscheint kaum anders sinnvoll als auf der Grundlage einer Unterscheidung nach der Intensität der Verhaltensabstimmung bei der vertriebsvertraglichen Kooperation, das heißt nach dem Grad der vertikalen Integration (Veelken ZVglRWiss 89 [1990] 358; Martinek, **B 220**

Franchising [1987] 196 ff; ders, Moderne Vertragstypen Bd II [1992] 53 ff). Insofern lassen sich zunächst unter den **herkömmlichen Vertriebsverträgen** die Belieferungs-, Fachhändler-, Vertragshändler-, Kommissionsagenten- und Handelsvertreterverträge unterscheiden, bei denen die Rechtsnatur bereits als geklärt angesehen werden kann (s unten Rn B 221 ff); streitig ist demgegenüber die Rechtsnatur von Franchiseverträgen (s unten Rn B 232 ff).

B 221 Der zwischen einem Lieferanten und einem Vertriebsmittler geschlossene **Belieferungsvertrag** hat vor allem die Funktion der **Verstetigung der Lieferbeziehung** in Richtung auf ein dauerndes Kooperationsverhältnis. Er erschöpft sich nicht in einem kaufrechtlichen Vor- oder Rahmenvertrag, sondern umfasst – meist nur als vertragliche **Nebenpflicht** – auch die Verpflichtung des Absatzmittlers zur **Absatzförderung der Vertragsware** unter Berücksichtigung der Interessen des Lieferanten. Eine Weisungsbindung des Absatzmittlers in Bezug auf den Einsatz wettbewerblicher Parameter fehlt regelmäßig, jedoch ist er in seinem Handeln auf eigene Rechnung und im eigenen Namen **nicht mehr völlig frei**. Seine unternehmerische Freiheit als Absatzorgan ist sowohl in der Wahl seiner Bezugsquellen wie auch in der Art und Weise seiner Absatzgestaltung in einem bestimmten Umfange gebunden. Der Belieferungsvertrag ist meist weder **Alleinvertriebs- noch Selektivvertriebsvertrag**, sondern versteht sich als Mittel der Typisierung von Vertriebsbeziehungen und der Kalkulierbarkeit von Absatzaufgaben im Rahmen des Streuabsatzes (Universalvertriebsstrategie). Vertragsware kann dabei auch ein Teilsortiment sein. Der verhältnismäßig lockeren Kooperationsintensität entspricht es, dass Mindestbezugsvereinbarungen und Konkurrenzverbote für diesen Typus des Vertriebsvertrags nicht charakteristisch sind. Bei noch dominant austauschvertraglicher (kaufrechtlicher) Rechtsnatur der Vertragsbeziehung spielt in den Belieferungsvertrag schon **ein geschäftsbesorgungsvertragliches Element** in Form einer vertraglichen Nebenpflicht zur interessenwahrenden Absatzförderung hinein.

B 222 Die Stufe der nächsthöheren Kooperationsverdichtung ist bei den **Fachhändlerverträgen** erreicht, die der Lieferant mit einem Vertriebsmittler als „autorisiertem" Fachhändler schließt (Heidmeier, Maßstäbe für die Wirksamkeit von Fachhandels-Vertriebsbindungen [1983]; Martinek, Moderne Vertragstypen Bd II [1992] 54). Mit Fachhändlerverträgen wird ein **Warenvertrieb über selektierte Händler** angestrebt, die im eigenen Namen und für eigene Rechnung äußerlich selbständig, im Innenverhältnis jedoch in gewissem Maße an den Lieferanten gebunden und **in Wahrnehmung seiner Interessen** als operative Einheiten an der Absatzfront tätig werden. Diese Verträge umfassen Vereinbarungen über die **Anbietungsform der Waren und über Service oder Reparaturleistungen**. Fachhändlerverträge dienen dem Aufbau eines **Vertriebsnetzes für beratungsbedürftige oder problemintensive Güter**, wobei die Vertriebsstellen auch mit dem für die Serviceanforderungen notwendigen Know-how ausgestattet werden. Warenzeichen oder dienstmarkenrechtliche Lizenzen sind eher selten, wenn der Vertriebsmittler auch mit Werbe- und Display-Material ausgestattet wird und das Warenzeichen der bereits vorher in den Verkehr gebrachten Produkte zur Werbung und Anbietung der Ware beim Weiterverkauf benutzen mag. Der Fachhändlervertrag ist regelmäßig ein **typengemischter Vertrag**, bei dem neben kaufvertrags-, lizenzvertrags-, dienstvertrags- und know-how-vertragsrechtlichen Typenelementen auch ein **deutliches geschäftsbesorgungsvertragliches Element** auszumachen ist. Die **Absatzförderungspflicht** gehört hier bereits zum Kreis der **Hauptpflichten** des Absatzmittlers. Da freilich seine Weisungsgebundenheit nur sehr schwach ausgeprägt ist, besteht für eine analoge Anwendung handelsvertreterrechtlicher Vorschriften noch kaum Raum.

Zur Kennzeichnung des **Vertragshändler- oder Eigenhändlervertrags** kann die von PETER ULMER entwickelte und vom BGH in ständiger Rechtsprechung zugrunde gelegte Begriffsbestimmung herangezogen werden (ULMER, Der Vertragshändler [1969] 206; BGHZ 54, 338, 340). Danach ist der Vertragshändler ein Kaufmann, dessen Unternehmen in die Vertriebsorganisation eines Herstellers von Markenwaren in der Weise eingegliedert ist, dass er es durch den Vertrag mit dem Hersteller oder einem von diesem eingesetzten Zwischenhändler ständig übernimmt, in eigenem Namen und auf eigene Rechnung die Vertragswaren im Vertragsgebiet zu vertreiben und ihren Absatz zu fördern, die Funktionen und Risiken seiner Handelstätigkeit hieran auszurichten und im Geschäftsverkehr das Herstellerzeichen neben der eigenen Firma herauszustellen. Bei diesem Typus des Vertriebsmittlers ist **bereits ein relativ hoher Integrationsgrad erreicht**. Die Position des Vertragshändlers ist die eines „verlängerten Armes" des Lieferanten. B 223

Zwar sind dem Vertragshändler die auf den Warenumschlag gerichteten **Vertriebsfunktionen**, insbesondere die Aufgaben der Verteilung, der Lagerhaltung, des Transports und der Absatzfinanzierung nach außen belassen (anders als dem Handelsvertreter und dem Kommissionsagenten), jedoch muss er sie je nach Vertragsausgestaltung **nach Maßgabe mehr oder weniger einschneidender Weisungen des Herstellers** ausüben. Die Sortiments- und Beratungsfunktion des Handels werden beim Vertragshändlersystem infolge der mehr oder weniger weitreichenden Ausrichtung des Geschäftsbetriebs auf den Absatz der Vertragswaren eingeschränkt. Auch eine Tätigkeit der Markterschließung und Marktpflege tritt beim Vertragshändler deutlich zurück: Der Hersteller ist der uneingeschränkte Marketing-Führer; der Vertragshändler wird als sein **ausführendes Organ** tätig. Bei alldem behält der in die Vertriebsorganisation des Herstellers eingegliederte Vertragshändler jedoch **das volle Absatz- und Kreditrisiko** für die von ihm vertriebenen Waren. Sein Risiko erfährt sogar gegenüber den Risiken des unabhängigen Händlers möglicherweise eine Verschärfung, soweit er wegen der eingeschränkten Sortimentsfunktion infolge seiner Bezugsverpflichtung auch nur mit Einschränkungen einen Risikoausgleich zwischen den Artikeln anstreben kann. Seine Gewinnchancen und seine Risiken bei der Kapazitätsauslastung, der Vorratshaltung und dem Absatz (bei häufiger Mindestabnahmeverpflichtung) werden nicht allein von seiner eigenen Tätigkeit, sondern **wesentlich von der Geschäftspolitik des Herstellers** in Produktion und Marketing beeinflusst. Beim Vertragshandel bewirkt die vertikale Vorwärtsintegration mithin zwar eine **Funktionsverlagerung zugunsten des Herstellers**, aber **keine komplementäre Risikoverlagerung** zu seinen Lasten. Der Vertragshändlervertrag stellt sich als ein **gemischttypischer Vertrag** dar, bei dem das **geschäftsbesorgungsvertragliche Element (weisungsgebundene Absatzförderungspflicht im Interesse des Herstellers)** deutlich ausgeprägt, wenn nicht gar dominant ist. Rechtsprechung und herrschende Lehre wenden die handelsvertreterrechtlichen Schutzvorschriften weithin auf den Vertragshändler analog an. B 224

Auf der nächsthöheren Stufe der Kooperationsverdichtung ist der **Kommissionsagent** anzusiedeln, der wie ein Kommissionär im eigenen Namen und für fremde Rech- B 225 nung verkauft, aber wie ein Handelsvertreter „ständig betraut" ist (Ulmer, Der Vertragshändler – Tatsachen und Rechtsfragen kaufmännischer Geschäftsbesorgung beim Absatz von Markenwaren [1969] 44, 195; Ebenroth/Parche BB-Beil 10/1988, 5; K Schmidt, Handelsrecht [6. Aufl 2014] § 28 Rn 9). Er hat anders als der Handelsvertreter keine gesetzliche Regelung erfahren. Der in den §§ 383 ff HGB geregelte **Kommissionär** ist nach dem Leitbild des HGB **kein Vertriebsmittler**, weil er immer nur fallweise eingeschaltet wird. Die Wirtschaftspraxis benötigt aber den **Kommissionsagenten** als einen ständig tätigen Absatzmittler mit der Stellung eines indirekten (verdeckten) Stellvertreters, durch dessen Einschaltung für den Unternehmer eine direkte Vertragsbeziehung mit dem Abnehmer vermieden wird. Konsequenz der verdeckten Stellvertretung ist, dass **bei diesem „Zwischentyp" Innen- und Außenverhältnis** auseinanderfallen. Nur im Außenverhältnis gegenüber den Abnehmern ist dem Kommissionsagenten durch die Aufteilung der Funktionen beim Absatz das volle Risiko zugewiesen; als nach außen im eigenen Namen Handelnder hat er anders als der Handelsvertreter dem Kunden selbst einzustehen. Aber als auf fremde Rechnung Handelnder ist der Kommissionsagent wie der Handelsvertreter vom Absatz-, Transport-, Lagerhaltungs-, Vorausdispositions-, Gewährleistungs-, Garantie- und Kreditrisiko entlastet; diese Risiken verbleiben grundsätzlich beim Unternehmer. Zwar ist bei der Novelle von 1953 zum Handelsvertreterrecht eine Änderung des § 84 HGB und eine Einbeziehung des Kommissionsagenten wegen der Auswirkungen seiner andersartigen Außenstellung und der entsprechenden Risiken auf das Innenverhältnis ausdrücklich abgelehnt worden. Die „innere" Verwandtschaft des Kommissionsagenten mit dem Handelsvertreter lässt jedoch keinen Zweifel an der Rechtsnatur des **Kommissionsagentenvertrags** als eines **Dienstvertrags, der eine Geschäftsbesorgung (Absatzmittlung und Absatzförderung) zum Gegenstand hat**, §§ 675, 611, 665. Für das Innenverhältnis zwischen Kommissionsagent und Unternehmer ist weithin das Handelsvertreterrecht analog anwendbar.

B 226 Auf der nächsten Intensitätsstufe der Kooperation ist der gesetzlich geregelte **Handelsvertretervertrag** (§§ 84 ff HGB, 675, 611 BGB) mit seiner **rein geschäftsbesorgungsvertraglichen Rechtsnatur** angesiedelt (dazu schon oben Rn B 218).

B 227 Das **Franchising** ist die **bisher intensivste Form der Zusammenarbeit** zwischen selbständigen Unternehmen verschiedener Wirtschaftsstufen **zum Zwecke des Absatzes von Waren und Dienstleistungen** (Tietz/Mathieu, Das Franchising als Kooperationsmodell für den mittelständischen Groß- und Einzelhandel [1979] Vorwort VIII; Kaub, Franchise-Systeme in der Gastronomie [1980] 47 und 231 ff; Ahlert [Hrsg], Vertragliche Vertriebssysteme zwischen Industrie und Handel [1981] 84 ff; Martinek, Franchising [1987]; Ahlert [Hrsg], Handbuch Franchising & Cooperation – das Management kooperativer Unternehmensnetzwerke [2001]; Metzlaff [Hrsg], Praxishandbuch Franchising [2003]; Flohr, in: Martinek/Semler/Flohr [Hrsg], Handbuch des Vertriebsrechts [4. Aufl 2016] § 29 Rn 20; zu neueren Entwicklungen des Franchiserechts vgl Flohr, in: Martinek/Semler/Flohr [Hrsg], Handbuch des Vertriebsrechts [4. Aufl 2016] vor § 29). Es steht an der Spitze der Intensitätsskala der Verhaltensabstimmungen in Vertriebssystemen. Bisweilen wird von „totaler Kooperation" gesprochen, weil praktisch der gesamte Geschäftsbetrieb des Franchisenehmers von der Zusammenarbeit erfasst wird (etwa Kaub, Franchise-Systeme in der Gastronomie [1980] 47; Tietz/Mathieu, Das Franchising als Kooperationsmodell [1979] passim). Dies kommt schon in der durch Franchisesysteme gebildeten Imageeinheit („Gruppenimage") zum Ausdruck, durch die die Partner auf dem Markt als eine einheitliche Unternehmung erscheinen. Franchisesysteme erklären das einheitliche Gruppenimage zu einer der Hauptkomponenten der Absatzpolitik, als deren Basis die sogenannte Betriebstypenfixierung, dh die rigide gleichförmige Ausrichtung der einzelnen points of sale, erscheint (Tietz/Mathieu, Das Franchising als Kooperationsmodell [1979] 12; Görge, Die Internationalisierung von Franchise-Systemen [1979] 70; Mack, Neuere Vertragssysteme in der Bundesrepublik Deutschland – Eine Studie zum Franchising [1975] 45; Knigge, Franchise-Systeme im Dienstleistungssektor [1973] 112 f). Alle Elemente, die sonst von ihrer äußeren Erscheinungsform her auf einen bestimmten Betrieb und seine individuelle Leistung hinweisen, werden in einem Franchisesystem einer strikten systemeinheitlichen Gleichförmigkeit unterworfen, die meist in auffälligen Symbolen, Ornamenten, Farbkombinationen, Firmenschlagworten usw ihre Ausprägung findet. Jedes Franchisesystem soll so zu einem Gütezeichen werden, das positive Assoziationen beim Verbraucher weckt. Der Kunde identifiziert dieses Gütezeichen mit einem **einheitlichen Versorgungs- und Erlebnisprogramm** und mit ihm von anderen Gelegenheiten her **vertrauten Geschäftsmöglichkeiten**.

Die klassische Franchisekooperation findet zwar zwischen **Herstellern und Einzelhändlern unter Aussparung der Großhandelsstufe** statt. Eine Franchise-Verbindung kann auch in den Verhältnissen **Hersteller/Großhändler, Großhändler/Einzelhändler** und vor allem **Dienstleistungszentrale/Dienstleistungseinzelbetrieb** aufgebaut werden. Treten Großhändler als Franchisegeber auf, dann vermitteln sie oft nur als **reine Software-Zentralen** ohne Lagerfunktion den Bezug von Drittlieferanten an ihre Franchisenehmer und markieren die Waren eigenständig in Ergänzung oder in Verdrängung der Herstellermarken. Die genannten **vier einstufigen Franchisesysteme** werden durch die **mehrstufigen Systeme**, insbesondere im Verhältnis Hersteller/Großhändler/Einzelhändler ergänzt, bei denen der erste Franchisenehmer zugleich wieder Franchisegeber von Sub-Franchisen ist. **B 228**

Die meisten Franchisesysteme erklären sich vor dem geschilderten Hintergrund der **vertikalen Vorwärtsintegration** und stellen sich als **Weiterentwicklung des Vertragshandels** dar; bei ihnen hat sich die vertikale Kooperation praktisch zum **Anweisungsvertrieb** verdichtet. Dies gilt besonders für die übliche Franchisekooperation zwischen einem Hersteller oder Großhändler einerseits und Einzelhändlern andererseits. Hier ist der Handel von seiner eigentlichen Funktion des räumlichen, zeitlichen, quantitativen und qualitativen Ausgleichs zwischen Industrie und Verbraucherschaft vollständig entfremdet und **gänzlich ins Lager der Systemzentrale als deren weisungsgebundener Interessenwahrer** gestellt. Bei derartigen Franchisesystemen sind die Handelsbetriebe weit mehr als dies beim Vertragshandel der Fall ist zu **Exekutivorganen der Systemzentrale** geworden und in nahezu allen betrieblichen Funktionen auf den Franchisegeber eingeschworen. Hier wie in der deutlichen Mehrzahl der Franchiseverträge zwischen Dienstleistern beruht die Absatzkooperation auf einer **einseitigen Indienststellung des Franchisenehmers durch den Franchisegeber**, auf seiner Bindung und Instrumentalisierung für die Durchführung der autonom vom Franchisegeber entwickelten, verfolgten und weitergeführten Marketingkonzeption. Unverkennbar herrscht eine **asymmetrische Machtbeziehung**, weil rechtliche und wirtschaftliche Verfügungsmacht über den franchisierten Geschäftsbetrieb auseinanderfallen, ohne dass damit auch eine Risikoverlagerung auf den Franchisegeber als den Inhaber der wirtschaftlichen Verfügungsmacht verbunden wäre. Der Franchisegeber als der Systemkopf benutzt die Franchisenehmer als seine **B 229**

„verlängerten Arme" und gleichsam als seine Vasallen, die ihre Betriebe ganz **nach den Weisungen und unter der Kontrolle des Franchisegebers** führen müssen.

B 230 Für die gekennzeichnete, in der Praxis deutlich überwiegende Erscheinungsform der Franchisekooperation hat sich der Begriff **Subordinations-Franchising** eingebürgert. Die als Subordinations-Franchising bezeichnete Absatzkooperation – man mag auch vom **Absatzmittlungs-, Vertriebsmittlungs- oder Interessenwahrungs-Franchising** sprechen – stellt sich im Bereich des Warenvertriebs als logistische und marketingstrategische Verfeinerung des klassischen Vertragshandels in Richtung auf eine integrierte vertikale Gruppenkooperation dar. Im Außenverhältnis gegenüber den Kunden unterscheidet sich der Franchisenehmer-Betrieb vom Vertragshändler-Betrieb dementsprechend durch die franchisespezifische Aufmachung des Unternehmens **nach Art einer Filiale** des Franchisegebers **(Quasi-Filialität)**. Der Vertragshandel erscheint sozusagen als Vorform des Waren-Subordinations-Franchising, das im Übrigen nicht nur herstellerzentrierte, sondern auch großhändlerzentrierte Vertriebssysteme einbezieht. Als deutliches Merkmal der Abgrenzung zwischen Vertragshandel und Waren-Subordinations-Franchising kann das **Franchisepaket** dienen, jenes Bündel von Unterstützungs- und Förderungsmaßnahmen, welches der Franchisegeber dem Franchisenehmer nach den Franchiseverträgen zur Verfügung stellt, um die Betriebstypenfixierung zu gewährleisten. Während beim Vertragshandel solche Betriebsförderungsmaßnahmen – wenn überhaupt – nur als unselbständige vertragliche Nebenpflicht des Herstellers erscheinen, sind sie beim Subordinations-Franchising durchweg als Hauptpflichten des Franchisegebers ausgestaltet. Nach dieser Abgrenzung ist das Subordinations-Franchising zwischen Industrie und Handel sowie zwischen Groß- und Einzelhandelsunternehmen eine Weiterentwicklung des Vertragshändler-Systems, die dieses aber nicht überholt oder unnötig macht. Im Bereich des **Dienstleistungsvertriebs** ist das Subordinations-Franchising die Übertragung der Idee der zentralgesteuerten interessenwahrenden Absatzmittlungsverhältnisse vom Warenvertrieb, wo diese Idee ihren Ursprung hatte, auf den Dienstleistungssektor, wo die von einer Zentrale aufbereiteten Dienstleistungen durch die franchisierten Dienstleistungsbetriebe analog dem Warenstrom vom Produzenten zum Verbraucher abgesetzt werden können. Das Subordinations-Franchising beim Waren- wie beim Dienstleistungsvertrieb lässt sich ohne Weiteres in die dogmatisch-konstruktiven Kategorien einfügen, die von den herkömmlichen Vertriebsverträgen her bekannt sind (so Rn D 9 ff) und gehört demgemäß zu dem vom Interessenwahrungs- und Geschäftsbesorgungsgedanken geprägten Absatzmittlungsrecht. In der Praxis dürften mindestens sechzig bis siebzig Prozent der Franchisesysteme, die in der Bundesrepublik Deutschland den Merkmalen der Definition des Deutschen Franchise-Verbands (DJV) genügen, diesem Typus zuzurechnen sein (die „offizielle Definition des Verbandes" wurde entwickelt von Kaub, Franchise-Systeme in der Gastronomie [1980] 29; vgl auch Skaupy, Franchising – Handbuch für die Betriebs- und Rechtspraxis [1987] 5).

B 231 Daneben kennt die absatzwirtschaftliche Praxis und die neuere Franchisetheorie das **Partnerschafts-Franchising**, das sich in die Untertypen des **Koordinations-Franchising**, des **Koalitions- und des Konföderations-Franchising** ausdifferenzieren lässt (erstmals Martinek, in: R Scholz [Hrsg], Wandlungen in Technik und Wirtschaft [1985] 144; sodann ausführl ders, Franchising – Grundlagen der zivil- und wettbewerbsrechtlichen Behandlung der vertikalen Gruppenkooperation beim Absatz von Waren und Dienstleistungen [1987] 67 ff, 378 ff; ders ZIP 1988, 1362; ders, Moderne Vertragstypen Bd II [1992] 62 ff). Bei diesen Kooperationsformen, die freilich zusammen in höchstens 30% aller Franchisesysteme verwirklicht sind, liegt ein **partnerschaftlich gleichberechtigtes Zusammenwirken** von Franchisegeber und Franchisenehmern ohne ausgespielte Übermacht der Zentrale bei der Verfolgung und Weiterentwicklung der Marketingkonzeption und bei der Systemsteuerung vor. Die Franchisenehmer haben an der Systemsteuerung und konzeptionellen Weiterentwicklung einen mehr oder weniger großen Anteil. An die Stelle einseitiger Weisungen tritt die **Verständigung, Abstimmung, Mitbestimmung** (Tietz, Handbuch Franchising – Zukunftsstrategien für die Marktbearbeitung [2. Aufl 1991] 709 ff; Jurgeleit, Moderne Partnerschaften im Know-how- und Lizenzgeschäft [1974] 1 ff; Mack, Neuere Vertragssysteme in der Bundesrepublik Deutschland – Eine Studie zum Franchising [1975] 107 ff; Lederer, Franchising und das Genossenschaftsgesetz [1984] 72 ff; Skaupy BB 1969, 113; Sölter, Kooperative Absatzwirtschaft – Grundlagen, Erfordernisse und Möglichkeiten der Zusammenarbeit zwischen Industrie und Handel [1971] 1 ff). Der Franchisenehmer ist **nicht Instrument des Franchisegebers**, vielmehr stellt der Franchisegeber dem Franchisenehmer sein Franchisepaket als Betriebsunterstützungsmaßnahme zur Verfügung, ohne ihn damit zugleich als Absatzmittler zu verpflichten. Während das **Subordinations-Franchising zentralistisch-autoritativ und monokratisch** strukturiert ist, sind die Systeme des **Partnerschafts-Franchising dezentral-partizipativ und demokratisch** organisiert. Diese Franchisesysteme lassen sich nicht als Instrumente der vertikalen Vorwärtsintegration verstehen, sondern nähern sich den **Verbundgruppen des Handels** an (vgl dazu Skaupy DB 1969, 113; Lederer, Franchising und das Genossenschaftsgesetz [1984] 72 ff; Baumgarten, Das Franchising als Gesellschaftsverhältnis [1993]; Beuthien BB 1993, 77; Beuthien/Schwarz, Kooperationsgruppen des Handels und Franchisesysteme in Europa aus der Sicht des EG-Wettbewerbsrechts [1993]; Martinek, Franchising [1987] 80 ff). Diese in der Praxis weniger bedeutsamen Vertriebsverträge des Partnerschafts-Franchising sind **von geschäftsbesorgungsvertraglichen Elementen frei** und können hier vernachlässigt werden (ausführl dazu Martinek, Moderne Vertragstypen Bd II [1992] 78 ff, 109 ff, 148 ff, 168 ff, 194 ff).

Im Streit des Schrifttums über die **Rechtsnatur des in der Praxis am weitesten verbreiteten Subordinations-Franchisevertrags** dominierte lange Zeit die Charakterisierung als **typengemischter Vertrag** mit von Fall zu Fall mehr oder weniger stark hervortretenden Elementen. Danach werden Franchiseverträge etwa als Mischverträge mit vor allem **lizenzvertraglichen Elementen** und mit Elementen von Know-how- sowie von Handelsvertreterverträgen angesehen, die als „obligatorische" Elemente den „fakultativen" Komponenten der Geschäftsbesorgung sowie eventueller miet-, options- und finanzierungsvertraglicher Abreden kontrastiert werden (so etwa Skaupy BB 1969, 115; ders DB 1982, 2447; ders, Franchising – Handbuch für die Betriebs- und Rechtspraxis [1987] 7 ff). Das „obligatorische" Element eines Lizenzvertrags ergebe sich aus der Nutzungsüberlassung von Warenzeichen, Handelsnamen sowie sonstiger Ausstattungs- und Kennzeichnungsrechte, falls nicht gar Patent-, Gebrauchsmuster- oder Geschmacksmusterrechte lizensiert würden; die Überlassung von technischer, betrieblicher und kommerzieller Erfahrung bringe Elemente einer Know-how-Vereinbarung ein; die handelsvertretervertraglichen Elemente werden „jedenfalls" bei der Lieferung von Produkten (also beim Waren-Franchising) in der Absatzförderungspflicht des Franchisenehmers gesehen. Fakultative Elemente ergäben sich vor allem daraus, dass der Franchisegeber häufig mit Geschäftsbesorgungspflichten in Form von Beratung und Betreuung belastet sei. Daneben fänden sich „oft" auch kaufvertragliche, werkvertragliche oder weitere Elemente. Andere Stimmen betonen im Rahmen des Mischvertragsansatzes besonders das know-how-vertragliche Element B 232 oder die pacht- und kaufrechtlichen Elemente (etwa Finger GRUR 1970, 3 ff; Jurgeleit, Moderne Partnerschaften im Know-how- und Lizenzgeschäft [1974] 56; Emmerich JuS 1986, 558). Gelegentlich wird in der Zusammensetzung der einzelnen Vertragselemente auch noch eine „gesellschaftsrechtliche" oder doch „gesellschaftsähnliche" Komponente entdeckt (Enghusen, Rechtliche Probleme der Franchiseverträge [1977] 176; Mack, Neuere Vertragssysteme in der Bundesrepublik Deutschland – Eine Studie zum Franchising [1975] 98). Eine Vielzahl von Stellungnahmen in der Literatur zur Rechtsnatur des Franchisings kreist mit wechselnden Schwerpunkten um diese Mischvertragsbetrachtung. Auch die Rechtsprechung gelangt kaum über eine Kennzeichnung des Franchisevertrags als gemischtrechtlichen Austauschvertrag hinaus (vgl etwa BGH NJW 1985, 1894 = ZIP 1984, 1494 = DB 1985, 35 = MDR 1985, 926 – „McDonald's"; BGH WM 1978, 245 – „Franchise-Makler-System"; BAG NJW 1979, 335 = BB 1979, 325 – „Wettbewerbsverbot für kaufmännische Angestellte"; KG MDR 1974, 144 – „Nachvertragliches Wettbewerbsverbot des Franchisenehmers"; OLG Frankfurt MDR 1980, 576 f – „Irrtumsanfechtung eines Franchisevertrags", wonach es sich beim Franchisevertrag „nicht um einen Kaufvertrag, sondern um einen Mischvertrag besonderer Art [handelt], bei dem pachtrechtliche Elemente deutlich im Vordergrund stehen"). Der Mischvertragstheorie bleibt auch verbunden, wer den Franchisevertrag als einen **Vertrag eigener Art** bezeichnet (so Behr, Der Franchisevertrag – Eine Untersuchung zum Recht der USA mit vergleichenden Hinweisen zum deutschen Recht [1976] 142). Dieser Mischvertragsansatz hat einen überaus **aporetischen Charakter** und bleibt weit entfernt von einer befriedigenden vertragstypologischen Qualifikation des Franchisings. Kaum findet eine Auseinandersetzung mit den absatzwirtschaftlichen Besonderheiten der modernen Vertriebskooperation statt, die mit den Stichworten der vertikalen Vorwärtsintegration und der Gruppenkooperation verbunden sind. Es wird darauf verzichtet, das Franchising mit anderen Formen der Absatzkooperation in ein stimmiges System zu bringen.

B 233 Für eine Reihe von Literaturstimmen sind die **lizenzvertraglichen Elemente** beim Franchising das vorherrschende und seine **Rechtsnatur weitgehend determinierende Element** (Gross/Skaupy, Franchising in der Praxis – Fallbeispiele und rechtliche Grundlagen [1976] 281; Skaupy DB 1982, 2448; Enghusen, Rechtliche Probleme der Franchiseverträge [1977] 170 f). Bisweilen wird auch wegen des regelmäßigen Überwiegens nicht patentierbaren immateriellen Erfahrungswissens gegenüber gewerblichen Schutzrechten als Gegenstand der Nutzungsüberlassung von **know-how-vertraglichen Elementen** als den deutlich dominierenden Komponenten gesprochen (insbes Enghusen, Rechtliche Probleme der Franchiseverträge [1977] 170 f; Finger GRUR 1970, 3 ff). Dabei wird die Ähnlichkeit des Franchisings mit Lizenz- bzw Know-how-Verträgen teilweise auf das Dienstleistungs-Franchising beschränkt, während das Waren-Franchising in die Nähe der Geschäftsbesorgung gerückt wird; teilweise wird die Ähnlichkeit aber auch auf das Waren-Franchising erstreckt. Für diesen Ansatz steht **nicht das Systemprodukt (Waren oder Dienstleistung)**, sondern die lizenzierte **Vertriebsmethode** im Vordergrund des Franchisevertrags (so deutlich Gross/Skaupy, Franchising in der Praxis [1976] 281; Skaupy DB 1982, 2448). Gelegentlich wird auch von der „Lizenzierung des Know-how des Franchisegebers" gesprochen (so etwa Emmerich JuS 1986, 558). Es lassen sich auch manche Wendungen in der **Franchise-Rechtsprechung** als lizenzvertraglich orientierte Typologisierungsansätze deuten; so wird etwa gelegentlich herausgestellt, dass der Franchisegeber dem Franchisenehmer „die Franchise einräumt" (so BGHZ 97, 351, 360 = NJW 1986, 1988 = ZIP 1986, 781 „Yves Rocher"; vgl auch EuGH, ECLI:EU:C:1986:41, 28. 1. 1986 – Rs 161/84 *[Pronuptia]* Slg 1986, 353 = NJW 1986, 1415 = ZIP 1986, 328; BGH

NJW-RR 1987, 612, 613 = DB 1987, 1039, 1040 „Heimdienstsystem"; OLG Düsseldorf WM 1987, 599, 600). FORKEL hat namentlich die lizenzvertragliche Franchisetheorie aufgegriffen und weiterentwickelt (FORKEL ZHR 153 [1989] 511). Er sieht den Franchisevertrag als „Lizenz am Unternehmen" an. Im Anschluss an ihn und weitgehend in seiner Gefolgschaft hat sich auch ULLMANN dezidiert für eine lizenzvertragliche Franchisetheorie ausgesprochen, wonach „die Lizenz im Absatzmittlungsverhältnis" als „Kernstück des Franchisevertrags" zu betrachten ist (ULLMANN CR 1991, 193 ff; vgl auch ULLMANN NJW 1994, 1255, 1256 mit Fn 2).

Soweit sich die lizenzvertragliche Theorie zunächst auf die Überlassung gewerblicher Schutzrechte stützt, ist ihr darin recht zu geben, dass eine Reihe von Franchiseverträgen eindeutig lizenzvertragliche Elemente aufweisen, etwa patent-, gebrauchsmuster-, geschmacksmuster- oder warenzeichenrechtlicher Art. Vor allem kommt die Lizenzierung von Ausstattungsrechten beim Franchising oft vor (BODEWIG, in: FS Friedrich-Karl Beier [1986] 937 ff). Beim Dienstleistungs-Franchising werden regelmäßig Dienstleistungsmarken lizenziert; beim Waren-Franchising besteht freilich wegen der Lehre von der Erschöpfung nur eingeschränkter Bedarf für Lizenzen, führt doch das erstmalige Inverkehrbringen der Waren (durch den Franchisegeber oder dessen Lieferanten) bereits zu einem Wirkungsverlust von Immaterialgüterrechten (vgl dazu etwa BGH GRUR 1973, 520 „Spielautomat II"; BGH GRUR 1980, 38 f mwNw „Fullplastverfahren"; HUBMANN/REHBINDER, Urheber und Verlagsrecht [7. Aufl 1991] 135 f; HUBMANN, Gewerblicher Rechtsschutz [5. Aufl 1988] 140 ff). Selbst wenn ein Franchisevertrag jedoch derartige lizenzvertragliche Abreden enthält, bleibt festzustellen, dass sie nur sehr selten das Vertragsverhältnis **dominieren**. Vor allem sind sie nicht *conditio sine qua non* des Franchisings; es finden sich durchaus Franchiseverträge, vor allem im Bereich der Warendistribution, ohne ein derartiges lizenzvertragliches Element, weil keine mit spezialgesetzlichem Ausschließlichkeitsschutz zugunsten des Franchisegebers ausgestatteten Immaterialgüterrechte überlassen werden. Die Lizenzvertragstheorie verkürzt insoweit das Franchising auf einen **im Gesamtzusammenhang letztlich akzidentellen und recht unbedeutenden Aspekt**. Soweit sich die lizenzvertragliche Franchisetheorie auf die Nutzungsüberlassung nicht spezialgesetzlich geschützter immaterialgüterrechtlicher Positionen wie das Know-how, die Marketingkonzeption oder gar „das Unternehmen" des Franchisegebers stützt, muss schon die Heranziehung des Lizenzvertrags als Vertragstyp als zweifelhaft angesehen werden (dazu MARTINEK, Moderne Vertragstypen Bd II [1992] 46 ff). Mit der Charakterisierung des Franchisevertrags als Lizenzvertrag wäre auch kein auch nur halbwegs konturiertes Regelungsprogramm verbunden, das zur rechtlichen Gestaltung der Vertragsbeziehungen fruchtbar gemacht werden könnte. Zu der eigentlich naheliegenden Konsequenz, den Franchisegeber nach §§ 581 Abs 2, 536 ff zu einer verschuldensunabhängigen Garantiehaftung für die Gebrauchstauglichkeit und Marktfähigkeit der überlassenen Marketingkonzeption oder des vermittelten Know-how zu verpflichten, gelangen die Lizenzvertragstheoretiker jedoch offenbar nicht; dies würde auch in Praktikerkreisen als „weltfremd" disqualifiziert werden. Ein Lizenzvertrag, der auf Überlassung von Immaterialgüterrechten und zur Duldung ihres Gebrauchs und ihrer Nutzung gerichtet ist, kann auch schwerlich den franchisespezifischen Kampf um den Markt erfassen. Es geht den Parteien nicht um ein immaterialgüterrechtliches Werk, sondern um absatzwirtschaftliches Wirken. Der Franchisegeber ist nicht zu passiver Überlassung, sondern zu aktiver Tätigkeit in Form der Eingliederung und laufenden Förderung des Franchisenehmerbetriebs verpflichtet. Nicht die Aus- B 234 nutzungsmöglichkeit seiner rechtlich geschützten Position, sondern ständige Beratung, Betreuung und Unterstützung begründen die Hauptpflicht des Franchisegebers. So sieht sich FORKEL zu dem Zugeständnis veranlasst, dass oft auch geschäftsbesorgungsvertragliche Bestandteile „durchaus in beträchtlichem Umfang dem Franchisevertrag innewohnen, stärker im Durchschnitt als den bisher geläufigen Lizenzverträgen" (FORKEL ZHR 153 [1989] 511, 536).

B 235 Die Vorstellung von der Lizenzierung eines Marketingkonzepts, einer Organisationstechnik oder der Franchise als des immaterialgüterrechtlichen Kerns des Unternehmens greift auch deshalb zu kurz, weil bei vielen Franchisesystemen nicht der Franchisegeber den System-Goodwill geschaffen hat und die Franchisenehmer daran partizipieren lässt, sondern die Gesamtheit der Franchisenehmer den Goodwill erst aufbaut und ständig weiterentwickelt. Nicht zufällig statuieren die Franchiseverträge mindestens ebenso häufig und ausdrücklich eine **Systemanwendungspflicht** für den Franchisenehmer wie ein **Systemanwendungsrecht**. Vor allem aber entfernt sich die lizenzvertragliche Franchisetheorie vom absatzwirtschaftlichen Kooperationsgegenstand der Franchiseverträge. Sie **entkoppelt das Franchising vom Recht der Absatzmittlungsverträge** und wird damit den besonders weit verbreiteten Franchisesystemen mit einem ausgeprägten **Über/Unterordnungsverhältnis** zwischen Franchisegeber und -nehmer **nicht hinreichend gerecht**. Sie macht tendenziell den Franchisenehmer zu einem vermeintlich Privilegierten, der in Wirklichkeit bei den meisten Franchisesystemen der Weisungsabhängige und Untergeordnete ist; sie **macht den tendenziell Ausgenutzten zum Nutznießer**. Zu Unrecht sieht zudem die lizenzvertragliche Franchise-Theorie offenbar den Dienstleistungsbereich als einer Absatzmittlung unzugänglich an; demgegenüber hat der Gesetzgeber im Handelsvertreterrecht etwa bei Versicherungs-, Bausparkassen- und Schifffahrtsvertretern (§§ 92, 92c HGB) ausdrücklich eine Absatzmittlung von Dienstleistungen anerkannt. Der lizenzvertragliche Ansatz führt schließlich zu offenen Wertungswidersprüchen, wenn er einem franchisierten Dienstleistungsbetrieb anders als einem Vertragshändler einen Goodwill-Ausgleichsanspruch analog § 89b HGB bei Vertragsbeendigung versagen muss, obwohl die Interessenlage hier wie dort dieselbe ist.

B 236 Es drängt sich zudem der Verdacht auf, dass die Lizenzvertragstheorie ohne Not solche Rechte und Pflichten der Parteien eines Franchisevertrags in die Kategorie der Nutzungsüberlassung zwängt, für die eine dienst- und geschäftsbesorgungsvertragliche Erfassung ungleich sachgerechter erscheint. Abgesehen von der eher marginalen Lizenzierung gewerblicher Schutzrechte werden nämlich im Franchisepaket überwiegend Dienstleistungen versprochen. Bei den Verträgen des Wienerwald-Systems (GROSS/SKAUPY, Franchising in der Praxis [1976] 41 ff, 158 ff, 187 ff) sind dies etwa: Beratung bei der Objektauswahl; Unterstützung bei Pacht und Mietverhandlungen; Beratung bei Finanzierung und Leasing; Beratung und Planung von Lokalumbauten, Fassaden und Einrichtungen; Unterstützung bei der Auftragsvergabe an Handwerker; Beratung bei der technischen Einrichtung; Hilfeleistungen der Sortimentsgestaltung und beim Aufbau eines Warenbestandkontrollsystems; Weitergabe von Marketinginformationen; Bereitstellung von Vergleichsdaten anderer Betriebe; Hilfestellung beim Abrechnungssystem; Durchführung einer Ergebniskontrolle; überregionale Werbeleistungen usw. Gewiss bringt jeder Dienstleister bei der Leistungserstellung sein Know-how zum Einsatz, ohne dieses Immaterialgut aber gleich nach

Art der Lizenzierung eines Schutzrechts zur Nutzung zu überlassen. Der Franchisegeber selbst ist es, der sein Know-how „zur Leistung der versprochenen Dienste" (§ 611) nutzt. Der Franchisenehmer wird gleichfalls überwiegend schlicht zu Dienstleistungen, und zwar in weisungsgebundener Interessenwahrung verpflichtet (§§ 675, 611), wenn er als Wienerwald-Restaurateur nach dem Vertrag das Hauptspeisen-Angebot während der vorgeschriebenen Öffnungszeiten anbieten und bereithalten muss, die Produktquantitäten und -qualitäten einhalten, die Lager-, Zubereitungs-, Anrichte- und Serviervorschriften beachten, das vorgeschriebene Geschirr, die Arbeitskleidung, das Verpackungsmaterial, die Speisekarte verwenden und die Systemprodukte vom Franchisegeber oder vorgeschriebenen Bezugsquellen abnehmen muss. Im Ergebnis muss die **lizenzvertragliche Franchisetheorie** deshalb als **ein gescheiterter vertragstypologischer Qualifizierungsversuch** angesehen werden.

Ein Großteil des Schrifttums sieht beim Waren-Franchising (nicht beim Dienstleistungs-Franchising) den Franchisevertrag als einen **reinen Geschäftsbesorgungsvertrag** iS der §§ 675, 611 oder doch als einen **gemischtrechtlichen Vertrag mit überwiegenden Elementen des Geschäftsbesorgungsvertrags** an (Skaupy DB 1982, 2448; Mack, Neuere Vertragssysteme in der Bundesrepublik Deutschland – Eine Studie zum Franchising [1975] 33, 84; Ulmer RabelsZ 42 [1978] 190 ff; Köhler ZHR 146 [1982] 580 ff; Gross/Skaupy, Franchising in der Praxis – Fallbeispiele und rechtliche Grundlagen [1976] 271, 283; Ahlert, Vertragliche Vertriebssysteme zwischen Industrie und Handel [1981] 84 f; so wohl auch OLG Frankfurt MDR 1980, 576); dies jedenfalls dann, wenn der Franchisegeber beim Waren-Franchising ein Hersteller und keine reine Software-Zentrale mit bloßer Koordinierungsfunktion für das Absatzprogramm der von dritter Seite bezogenen Waren ist. In Wirklichkeit besteht für derartige Einschränkungen kein Anlass. Auch für die üblichen **Dienstleistungs-Franchisesysteme** ist die Anbindung an die Figur der weisungsgebundenen und interessenwahrenden Absatzmittlung als kaufmännischer Geschäftsbesorgung naheliegend; zu Unrecht bleibt das Dienstleistungs-Franchising von der geschäftsbesorgungsvertraglichen Franchisetheorie überwiegend ausgespart. Genau besehen, weisen **sämtliche Franchiseverträge des Typs Subordinations-Franchising ein dominant geschäftsbesorgungsvertragliches Element** auf (zum Folgenden ausführlich Martinek, Franchising [1987] 265 ff, 293 ff; ders, Moderne Vertragstypen Bd II [1992] 65 ff). B 237

Beim Subordinations-Franchising lassen sich nämlich folgende **Hauptpflichten** der Parteien gegenüberstellen: die Betriebseingliederungs- und Betriebsförderungspflicht des Franchisegebers; die Gebührenzahlungs- und die Absatzförderungspflicht des Franchisenehmers. Das **Franchisepaket**, dessen Beschreibung im Mittelpunkt der vertraglichen Regelungen zu den Franchisegeberpflichten steht, listet die einzelnen Leistungen auf, aus denen sich die Betriebseingliederungs- und -förderungspflicht zusammensetzt. Die Hauptpflicht des Franchisegebers zur Eingliederung des Franchisenehmer-Betriebs in sein Vertriebssystem (Betriebseingliederungspflicht) betrifft sämtliche Maßnahmen bis zur Eröffnung des Franchisenehmer-Betriebs und ist je nach Zuschnitt der Marketingkonzeption in systemspezifische Einzelbestandteile aufgegliedert. Dazu können etwa die Verpachtung des Betriebsgrundstücks, die Erstausstattung und Einrichtung des Betriebs, die Lizenzierung von Warenzeichen, Dienstleistungsmarken oder auch Patenten, die Überlassung von Betriebsgeheimnissen, die Einweisung in das systemspezifische Know-how oder die Personalschulung gehören. Die Hauptpflicht des Franchisegebers zur Betriebsförderung umfasst sämtliche auf die laufende Unterstützung und Einbeziehung des Franchiseneh- B 238 mer-Betriebs in das Vertriebssystem gerichteten Maßnahmen des Franchisepakets. Auch sie sind je nach Systemzuschnitt verschieden. Hierzu gehören im Regelfall insbesondere die systemspezifischen zentralen Dienste wie überörtliche Werbung, Schulung, Beratung oder Buchhaltung. Die Regelungen zu den sogenannten „Gebühren" des Franchisenehmers, dh zu seinen Pflichten zur Erbringung von Entgeltleistungen, sind in den Franchiseverträgen uneinheitlich gefasst. Meist trifft den Franchisenehmer eine Verpflichtung zur Zahlung einer Abschluss- oder Eintrittsgebühr *(entry fee);* regelmäßig hat er – meist jährlich – die laufenden umsatzabhängigen Franchise-Gebühren *(franchise fees; royalties)* zu entrichten. Im Mittelpunkt der Pflichten des Franchisenehmers steht aber beim Subordinations-Franchising seine Absatzförderungspflicht, die in den Vertragswerken und den begleitenden Unterlagen wie insbesondere den Handbüchern in zahlreichen Einzelpflichten spezifiziert wird. Im Rahmen der vorgeschriebenen Einzelheiten der Ausübung dieser Absatzförderungspflicht verlangt der Franchisegeber insbesondere die Ausrichtung des Franchisenehmer-Betriebs auf den Absatz des Systemprodukts durch das Herausstellen der Systemsymbole und durch spezielle Modalitäten der Leistungsdarbietung. Oft nehmen die Verträge auf die Einzelanweisungen Bezug, die in den mitgelieferten umfangreichen Handbüchern (Franchise-Manuals) aufgelistet sind. Regelmäßig werden daneben begleitende Berichts- und Informationspflichten des Franchisenehmers sowie korrespondierende Kontroll- und Aufsichtsrechte des Franchisegebers statuiert. Die wettbewerbsbeschränkenden Vertikalbindungen (Inhalts- und Abschlussbindungen sowie marketingpolitischen Bindungen) des Franchisenehmers sind ein besonders deutlicher Ausdruck der Interessenwahrungspflicht und Weisungsgebundenheit des Subordinations-Franchisenehmers und konkretisieren gleichfalls das geschäftsbesorgungsvertragliche Element des Vertriebsvertrages.

B 239 Aus der Gegenüberstellung der im Synallagma stehenden Betriebseingliederungs- und Betriebsförderungspflichten des Franchisegebers einerseits und der Gebührenzahlungs- und Absatzförderungspflichten des Franchisenehmers andererseits lässt sich für die vertragstypologische Qualifikation des Subordinations-Franchisevertrags Folgendes ableiten: Den **Franchisegeberpflichten** kommt im Kern **dienstvertragliche Rechtsnatur** zu, weil jedenfalls den Betreuungs-, Beratungs-, Werbe- und Schulungsmaßnahmen, den Einweisungs- und Anleitungsleistungen des Franchisegebers nach Maßgabe seines Franchisepakets Dienstcharakter iS des § 611 eignet. Elemente anderer schuldrechtlicher Vertragstypen können sich um diese dienstvertraglichen Grundpflichten fallweise wechselnd ranken. So können miet- oder pachtrechtliche Elemente durch die Bereitstellung des Geschäftslokals oder kaufrechtliche bzw leasingvertragliche Elemente durch die Verschaffung der Einrichtungsgegenstände in den Franchisevertrag einfließen. Dabei mögen die Einzelabreden aus Zweckmäßigkeitsgründen in separaten Vertragsurkunden festgehalten werden; doch bilden auch dann sämtliche Verträge, die nach dem Willen der Vertragsparteien miteinander „stehen und fallen", eine rechtliche Einheit iS der Dogmatik zu § 139. Außerhalb der rechtlichen Einheit stehen freilich die späteren Durchführungsverträge in Vollzug des Kooperationsverhältnisses.

B 240 Die Gebührenpflicht des Franchisenehmers stellt sich als Entgelt für die Betriebseingliederungs- und -förderungsmaßnahmen dar. Dabei lässt sich allerdings **nicht durchweg eine exakte Zuordnung der Einmalzahlung** *(entry fee)* zu den Eingliederungsmaßnahmen bzw **der laufenden Gebühren** *(franchise fees; royalties)* zu den während der Vertragsdurchführung geleisteten Betriebsförderungsmaßnahmen vornehmen, weil die Kalkulation der Systemzentrale meist undurchsichtig bleibt. Die ausdrückliche **Absatzförderungspflicht** des Franchisenehmers, die von einer weitreichenden Weisungsgebundenheit sowie von einzelnen Berichts- und Informationspflichten flankiert ist, besitzt mit Eindeutigkeit **geschäftsbesorgungsvertragliche Rechtsnatur**: Absatzförderung im Interesse und nach Weisung des Franchisegebers ist eine **selbständige Tätigkeit wirtschaftlicher Art für einen anderen in dessen Interesse gegen Entgelt und damit dienstvertragliche Besorgung eines fremden Geschäfts nach §§ 675, 611**. Denn die Förderung des Absatzes geschieht nicht allein in Verfolgung eigener Interessen des Franchisenehmers, sondern auch – und zwar überwiegend – in Wahrnehmung der Interessen des Franchisegebers. Die Geschäftsbesorgung ist dabei ohne Weiteres eine entgeltliche, denn jedenfalls müssen die Verdienstmöglichkeiten des Franchisenehmers aufgrund der Goodwill-Partizipation und aufgrund der vom Franchisegeber gewährten Betriebsförderungsmaßnahmen als Entgelt für die Absatzförderungstätigkeit angesehen werden.

Mithin lässt sich der Subordinations-Franchisevertrag als ein **Typenkombinationsvertrag mit partiell konstanten, partiell flexiblen Typenelementen** kennzeichnen. Nur zwei Typenelemente eignen ihm als *essentialia negotii:* das Dienstvertragselement hinsichtlich der Betriebseingliederungs- und -förderungspflichten des Franchisegebers und das geschäftsbesorgungsvertragliche Element bezüglich der Absatzförderungspflichten des Franchisenehmers. Die sonstigen, je nach Gestaltung des Franchisesystems und insbesondere des Franchisepakets kombinierten Elemente, von denen einzelne auch gänzlich fehlen können, sind insbesondere solche des Kauf-, Miet-, Pacht-, Lizenz- und Know-how-Vertrags. Subordinations-Franchiseverträge können also in ihrer Rechtsnatur nicht *in genere* klar und gleichbleibend fixiert werden, sondern müssen als elementflexible Typenkombinationsverträge gekennzeichnet werden. Dabei ist unschwer zu erkennen, dass das **geschäftsbesorgungsvertragliche Element der Absatzförderung** im Interesse des Franchisegebers **dominiert und das Subordinations-Franchising als eigenständigen Typus kennzeichnet**. Es ist das Geschäftsbesorgungselement, das dem Subordinations-Franchisevertrag als eines auf die Begründung eines interessenwahrenden Absatzmittlungsverhältnisses gerichteten Kooperationsvertrags sein **wirtschaftliches und rechtliches Gepräge** gibt. Der Subordinations-Franchisevertrag ist mithin ein elementflexibler Typenkombinationsvertrag mit dominantem geschäftsbesorgungsvertraglichen Element. Auf der Grundlage dieser geschäftsbesorgungsvertraglichen Franchisetheorie sind die am weitesten verbreiteten Franchiseverträge des Subordinations-Franchisings in der Typenreihe der Vertriebs- oder Absatzmittlungsverträge als **höchste Steigerungsform der weisungsgebundenen und interessenwahrenden Absatzmittlung** zu verstehen. **B 241**

Der Vertrag regelt für die Zusammenarbeit beim Absatz von Waren oder Dienstleistungen nur die **grundlegenden Rechte und Pflichten** der Vertragsbeteiligten. Im Zuge der Absatzkooperation werden noch viele weitere ausfüllende Verträge nötig, die als **Hilfs-, Durchführungs- oder Ausführungsverträge** bezeichnet werden. Sie haben zum Beispiel Warenlieferungen, Rohmaterialbezüge, Schulungsmaßnahmen oder Werbemittelbeschaffung zum Gegenstand, soweit diese nicht im Franchisevertrag abschließend geregelt sind. Der Franchisevertrag ist ein zu Beginn oder bei Neugestaltung einer Geschäftsverbindung geschlossener selbständiger Kooperationsvertrag, der die fortwährende Verhaltensabstimmung hinsichtlich des künftigen **B 242**

Waren- oder Dienstleistungsabsatzes regelt und späteren Austauschverträgen vorhergeht, diesen ihren Rahmen und gleichsam die Verfassung gibt. Gegenstand des Vertrags ist **weniger ein konkreter Leistungs- und Güteraustausch**, als vielmehr **das künftige Geschäftsverhalten der Beteiligten als gegenseitiger Tauschpartner**. Ferner begründet jeder Franchisevertrag ein **Dauerschuldverhältnis** zwischen den Parteien (BGH NJW 1985, 1894 = ZIP 1984, 1494 – „McDonald's"; BAG NJW 1979, 335 = BB 1979, 325 – „Wettbewerbsverbot für kaufmännische Angestellte"; LAG Düsseldorf NJW 1988, 725 = ZIP 1988, 454 – „Jacques'Weindepot"). Der Vollzug des Vertrags erschöpft sich nicht in konkreten einzelnen Leistungsakten, sondern fordert eine ständige Pflichtenanspannung über einen längeren Zeitraum hinweg. Die dauerhafte vertragliche Beziehung ist für die Verwirklichung des Kooperationsziels wesentlich.

B 243 Die einzelnen typologisch unterscheidbaren Vertriebsverträge, Belieferungs-, Fachhändler-, Vertragshändler-, Kommissionsagenten-, Handelsvertreter- und (Subordinations-)Franchiseverträge – weisen mithin in ihrer Rechtsnatur **mit steigender Intensität ein geschäftsbesorgungsvertragliches Element** auf. Dies führt in ebenfalls gesteigerter Ausprägung zu einer **grundsätzlichen Anwendung des geschäftsbesorgungsvertraglichen Regelungsprogramms** nach §§ 675 Abs 1, 611 ff, 663 ff. Ferner sind die **handelsvertreterrechtlichen Sondervorschriften** der §§ 84 ff HGB auf ihre analoge Anwendbarkeit zu überprüfen, denn der **Handelsvertretervertrag als Sonderform des Geschäftsbesorgungsvertrags** entfaltet für andere interessenwahrende Absatzmittlungsverhältnisse eine **Leitbildfunktion**. Daneben konstituieren sich die vertragsrechtlichen Rechtsfolgen aus den sonstigen, im jeweiligen Vertriebsvertrag vereinbarten Rechten und Pflichten und ihren Rechtsnaturelementen. Bei **einfachen Belieferungsverträgen** mit nur **geschäftsbesorgungsvertraglichen Nebenpflichten** sowie bei **Fachhändlerverträgen** mit einer zwar deutlich hervortretenden geschäftsbesorgungsvertraglichen Hauptpflicht, aber nur **geringer Weisungsgebundenheit** wird freilich **nur mit Zurückhaltung in einzelnen Bezügen** das Regelungsprogramm der §§ 675 Abs 1, 611 ff, 663 ff zur Anwendung kommen und nur ausnahmsweise eine analoge Anwendung handelsvertreterrechtlicher Vorschriften angezeigt sein. Demgegenüber unterliegen **Vertragshändler-, Kommissionsagenten- und Franchiseverträge** sehr weitgehend den geschäftsbesorgungsvertraglichen Regelungen und sind ebenfalls sehr weitgehend für eine analoge Anwendung des Handelsvertreterrechts offen. Denn bei diesen Vertriebsverträgen, bei denen der Absatzmittler regelmäßig systemintegriert, interessenwahrungspflichtig und weisungsgebunden ist, ist eine **Dominanz des geschäftsbesorgungsvertraglichen Elements** festzustellen, das das Vertragsverhältnis seines sonst denkbaren Charakters als materiell „echtes" Austauschverhältnis der Interessenkoordination beraubt und es zu einem subordinativen Interessenwahrungsverhältnis macht, welches lediglich von gleichsam hinkenden Austauschelementen umgeben ist.

B 244 Eine der praktisch wichtigsten Konsequenzen aus der grundsätzlichen Anwendbarkeit des Auftragsrechts, auf das § 675 Bezug nimmt, ist die Anwendbarkeit der §§ 672–674 über den Einfluss des Todes des Auftraggebers oder des Beauftragten auf die weitere Durchführung des Auftragsverhältnisses. Nach der Auslegungsregel des § 673 („im Zweifel") müssen auch die von Interessenwahrungspflicht und Weisungsbindung gekennzeichneten Vertriebsverträge beim **Todesfall des einzelkaufmännischen Absatzmittlers** enden und dürfen von dem Erben nur vorläufig kommissarisch fortgesetzt werden. In der Praxis sind allerdings gerade in Vertriebsverträgen mit Familienbetrieben oft **„Nachfolgeklauseln"** vorgesehen, wonach der Absatzzentrale ein **„Genehmigungsvorbehalt"** bei der Fortführung des Geschäfts durch einen Erben eingeräumt wird, was auf die Notwendigkeit eines neuen Vertragsschlusses mit dem Erben hinausläuft. Im Übrigen ist zu beachten, dass die grundsätzlich persönliche Dienstpflicht des interessenwahrenden Absatzmittlers nach §§ 675, 613 S 1, 664 zur Folge hat, dass der Vertriebsherr ein **Mitspracherecht bei der Auswahl eines Geschäftsführers** hat, durch den ein einzelkaufmännischer Absatzmittler den Betrieb führen lassen will. Dabei beschränkt sich die persönliche Dienstpflicht des Absatzmittlers nur auf die geschäftsleitenden Funktionen; sie erstreckt sich nicht auf die Ausführung **untergeordneter Absatzförderungsaufgaben**. Aus dem **Substitutionsverbot** der §§ 675, 613, 664 folgt jedenfalls, dass der Absatzmittler nicht einfach aus dem Vertrag ausscheiden und einen Nachfolger präsentieren darf. Eine „Übertragung" seines „Vertriebsrechts" aus eigener Entscheidung kommt nicht in Betracht.

Aus dem Auftragsrecht ist des Weiteren § 666 hinsichtlich der **allgemeinen Auskunfts- und Informationspflicht** des Beauftragten (dh des interessenwahrungspflichtigen Absatzmittlers) anwendbar. Uneingeschränkte Anwendbarkeit erfährt auch § 665 über das **Abweichen von erteilten Weisungen**. Aus den Vorschriften der §§ 675, 665 folgt eine **Bindung des Absatzmittlers an die Weisungen des Vertriebsherrn** selbst dort, wo sie nicht schon ausdrücklich im Vertrag statuiert ist, sich der Vertrag aber ausweislich vor allem der Vereinbarung einer Absatzförderungspflicht nach seinem Gesamtbild als ein Vertriebsvertrag mit dominantem Geschäftsbesorgungselement darstellt. Freilich findet die Weisungsbindung des Absatzmittlers ihre Grenze immer in dem dem Vertrag zugrunde liegenden Marketingkonzept und in den entsprechenden Kooperationszielen (vgl für den Vertragshandel ULMER, Der Vertragshändler [1969] 417 ff; für das Franchising MARTINEK, Moderne Vertragstypen Bd II [1992] 104). Auch ist das Weisungsrecht des Vertriebsherrn durch seine Treuepflicht begrenzt, die sachfremde Erwägungen bei der Erteilung von Weisungen verbietet, soweit die Maßnahmen für die Erreichung der Vertragsziele ungeeignet sind oder die damit verbundenen Beeinträchtigungen des Absatzmittlers zu weit gehen. B 245

Die Vorschrift des § 671 über **Widerruf bzw Kündigung** des Auftrages ist wegen der Entgeltlichkeit und des Dauerschuldcharakters von Vertriebsverträgen unanwendbar; im Übrigen kennt das Handelsvertreterrecht Sondervorschriften (s unten Rn D 52 ff). Ein **Aufwendungsersatzanspruch** des Absatzmittlers nach den §§ 675, 670 scheitert daran, dass diese Vorschriften von einem Tätigwerden des Geschäftsbesorgers **für fremde Rechnung** ausgehen. Die für eigene Rechnung handelnden Fachhändler, Vertragshändler, Kommissionsagenten und Franchisenehmer müssen die allgemeinen Geschäftsunkosten ihrer Gewerbebetriebe aus ihren Handelsspannen bestreiten, und auch der für fremde Rechnung tätige Handelsvertreter bezahlt seine allgemeinen Geschäftsunkosten aus seinen Provisionsbezügen, weil damit auch deren Entgeltung beabsichtigt ist. Zwar sehen die §§ 87d, 396 HGB einen Anspruch auf Ersatz der Aufwendungen – im regelmäßigen Geschäftsbetrieb – vor, wenn dies ausdrücklich vereinbart oder handelsüblich ist. In der Praxis aber haben alle Absatzmittlertypen ihre normalen Unkosten als selbständige Kaufleute ganz üblicherweise selbst zu tragen. Für die auf eigene Rechnung handelnden Absatzmittler versteht sich von selbst, dass sie die gesamten Vertriebskosten allein zu bestreiten haben, so weit nicht der Vertriebsvertrag etwas anderes, etwa in Form von „Start- B 246 hilfen", vorsieht. Lediglich bei ganz **außergewöhnlichen, im Interesse des Vertriebsherrn getätigten Aufwendungen** kann ein Anspruch aus berechtigter **Geschäftsführung ohne Auftrag** (§§ 665, 670, 675 Abs 1, 683 S 1) in Betracht kommen.

Verwaltungs-/Verwalterverträge

B 247 Verträge, in denen sich ein Verwalter dazu verpflichtet, das Vermögen des Auftraggebers oder Teile davon (Haus, Gut, Fuhrpark, Bibliothek, Gebäudeanlagen etc) in dessen Interesse zu verwalten, sind Dienstverträge mit Geschäftsbesorgungscharakter (zum Verwalter bei Wohnungseigentum vgl §§ 20, 25 ff WEG; vgl zur Rechtsstellung des Verwalters nach der Anerkennung der Rechtsfähigkeit der Wohnungseigentümergemeinschaft durch den Gesetzgeber im Jahre 2007 [BGBl 2007 I S 370] Hadding ZWE 2012, 61 ff; vgl auch zur Verwaltung vermieteter Gewerbeimmobilien Neuhaus GuT 2008, 244 ff). Auch Verträge mit Vermögensverwaltern, die für einen Anleger dessen Geldmittel oder Wertpapiere als Anlagevermögen aufgrund entsprechender Vollmachten verwalten, sind als Dienstverträge mit Geschäftsbesorgungscharakter zu qualifizieren (BGH NJW-RR 2008, 1269 Rn 17; Hopt, in: FS Robert Fischer [1979] 237; Heymann, in: FG Karl Güterbock [1910] 561; zum Wohnungseigentumsverwalter BGHZ 78, 65; OLG Köln NJW 1991, 1302; BayObLG NJW-RR 1987, 78; BayObLG NJW-RR 2002, 1169; BayObLG NJW-RR 1995, 530; vgl auch F A Schäfer, Haftung für fehlerhafte Anlageberatung und Vermögensverwaltung, insbes von Kreditinstituten [1993]; zum Facility-Management-Vertrag Najork NJW 2006, 2881). Nach Beendigung der Verwaltung hat der Verwalter das durch die Verwaltung Erlangte wieder herauszugeben, §§ 675 Abs 1, 667. Der Auftraggeber muss dartun und notfalls beweisen, was der Beauftragte durch die (Vermögens-)Verwaltung erlangt hat (BGH WM 1987, 79). Besonderen Anforderungen unterliegt die **Vermögensverwaltung**, die sich mit der Anlageberatung (s oben Rn B 7 ff) überschneidet.

Vormundschaft/Pflegschaft

B 248 Vormundschaft und Pflegschaft richten sich nach §§ 1773 ff und 1909 ff und sind dem Geschäftsbesorgungsrecht entzogen.

Werbeagentur/Werbemittler

B 249 Der Vertrag mit einer sog Kreativagentur zur entgeltlichen Entwicklung eines Werbemittels ist je nach Ausgestaltung Dienst- oder Werkvertrag (Martinek, in: FS Elmar Wadle [2008] 551, 569). Abzugrenzen davon sind die sog Mediaagenturverträge, bei denen es sich um Geschäftsbesorgungsverträge handelt (s oben Rn B 157a).

Wirtschaftsprüfer

B 250 Der mit der Erstellung des Jahresabschlusses für den Kaufmann mit Prüfungsbericht und Bestätigungsvermerk betraute Wirtschaftsprüfer wird aufgrund eines Geschäftsbesorgungswerkvertrages tätig (BGH NJW 1982, 1516; BGH NJW 1992, 2021; Brandner ZIP 1984, 1187; ders JZ 1985, 767; Homburger JW 1931, 2928). Seine Aufgaben ergeben sich aus der Wirtschaftsprüferordnung idF vom 10. 5. 2016 (BGBl I 1142); seine Rechtsstellung ist der eines Steuerberaters (s oben Rn B 196 ff) und eines Rechtsanwalts (s oben Rn B 163 ff) ähnlich (BGHZ 100, 132; BGHZ 102, 220; Lang WM-Beilage 99/1988, 15; Ebke, Wirtschaftsprüfung und Dritthaftung [1993]; Möllers JZ 2001, 909; Zugehör NJW 2001, 1601).

Durch das am 1.1.1995 in Kraft getretene Dritte Gesetz zur Wirtschaftsprüferordnung (BGBl I 1569) wurden im Berufsrecht der Wirtschaftsprüfer und vereidigten Buchprüfer diejenigen Grundsätze verwirklicht, die durch die Entscheidung BVerfGE 76, 171 = NJW 1988, 191 zum Standesrecht der Rechtsanwälte aufgestellt worden sind. Eine **rechtsbesorgende Tätigkeit** ist dem Wirtschaftsprüfer nur im Zusammenhang mit solchen Aufgaben gestattet, die zu seinem anerkannten herkömmlichen Berufsbild gehören (zB Verhandlungen mit Gläubigern im Rahmen eines Sanierungsversuchs zur Vorbereitung eines Zwangsvergleichs, BGHZ 102, 128). Dabei muss nach § 5 Abs 1 RDG die wirtschaftsberatende oder -besorgende Tätigkeit des Wirtschaftsprüfers im Vordergrund und die rechtsberatende Tätigkeit hiermit in unmittelbarem Zusammenhang stehen.

Zulieferverträge

Eine bedeutsame Rolle spielt das Geschäftsbesorgungsrecht für Zulieferverträge. **B 251** Unter Zulieferverträgen im weiteren Sinne versteht man alle Güteraustauschverträge der Herstellerkooperation; im hier relevanten engeren Sinne beziehen sich Zulieferverträge auf die Vertragsverhältnisse zwischen Endherstellern, die sich auf den Zusammenbau von Endprodukten (Assembling) konzentrieren, und Zulieferern, die auf die Fertigung von Einzelteilen spezialisiert sind. Früher konnte man Zulieferverträge ohne Weiteres als **Kauf- bzw Werklieferungsvertrage** oder aber als **kaufrechtliche Rahmenvereinbarungen** zu einzelnen werklieferungsvertraglichen Ausfüllungsgeschäften qualifizieren; letztlich konnten Zulieferverträge als **kaufrechtliche Dauerschuldverhältnisse** hinreichend erfasst werden. In den letzten Jahrzehnten hat sich mit der Entwicklung zu Massen-Qualitätsprodukten aber eine immer feiner gegliederte **Arbeitsteilung auf der Herstellerebene** und eine fortschreitende Verlagerung der Herstellung von Teilprodukten vom Endhersteller zu vorgelagerten Zulieferern vollzogen. Die Ausformung neuer Formen der Produktion sowie der kaufmännischen und technischen Zusammenarbeit in den letzten beiden Jahrzehnten hat gegenüber den klassischen Zulieferverträgen **neue Beteiligungs-, Verantwortungs- und Haftungsregelungen in der Herstellerkooperation** hervorgebracht. Dadurch haben sich die Erscheinungsformen der Zulieferverträge – ähnlich wie im Vertriebsrecht – zu beachtlicher Vielfalt aufgefächert, sodass man sie nach der Kooperationsintensität untergliedern, nämlich graduell von einfachen kauf- und werklieferungsrechtlichen Verträgen bis hin zu umfassenden, auf produktionssynchrone Zusammenarbeit angelegte **Verträge mit ausgeprägten geschäftsbesorgungsvertraglichen Elementen** abschichten kann. Vor allem haben sich auf der höchsten Stufe die sogenannten **Just-in-time-Verträge** mit früher unbekannter Kooperationsintensität entwickelt. Sie haben sich zunächst vornehmlich in der Automobilindustrie durchgesetzt, bald aber auch in anderen Branchen wie der Maschinenbau-, Elektrogeräte- und Computerindustrie Eingang gefunden (vgl Nagel/Riess/Theis, Der Lieferant on line [1990] 18 ff; Altmann/Sauer [Hrsg], Systemische Rationalisierung der Zulieferindustrie [1989] 1 ff; Martinek, Zulieferverträge und Qualitätssicherung [1991] 1 ff; dazu Borgwardt ZIP 1992, 966; Martinek, Moderne Vertragstypen Bd III [1993] 286 ff; vgl auch Nagel DB 1988, 2291 und DB 1991, 319; Lehmann BB 1990, 1849; Zirkel NJW 1990, 345).

Die Ausformung einer eigenständigen, auf die Beschaffungsbedürfnisse der Automobilindustrie abgestimmten Zulieferbranche hat ihren Ausgangspunkt zunächst in dem Bestreben der Automobilhersteller, durch Rationalisierung und Spezialisierung **B 252** ihrer Produktionsabläufe Kosteneinsparungen zu erzielen. Die Entwicklung und Produktion sämtlicher zur Automobilherstellung erforderlichen Bestandteile und Zubehörteile würde für eine Vielzahl von hochspezialisierten Erzeugnissen (Scheinwerfer, Sitze, Zigarettenanzünder, Spiegel, Einspritzpumpen, Lenkgestänge, Bremssysteme, Airbags usw) den Aufbau umfangreicher Produktionsstätten, den Einsatz besonders ausgebildeter Arbeitskräfte und aufwendiger Werkzeugmaschinen sowie ständige Forschungsanstrengungen zur Verbesserung der Produkte und Fertigungsmethoden erfordern (vgl hierzu Fandel/Reese ZfB 1989, 55 ff). Vor allem die Bindung technischer Produktionsmittel in einem der planerischen Automobilkonstruktion nachgelagerten und der zusammenbauenden Automobilherstellung vorgelagerten Feld schlüge sich negativ auf die Kostenstruktur der Endprodukt-Hersteller nieder. Für sie bietet es sich daher an, ihre eigene **Fertigungstiefe zu verringern**, das heißt die Fertigung von abgegrenzten Einzelteilen aus ihrem Herstellungsprozess auszulagern und selbständigen, auf die Fertigung des jeweiligen Einzelteils spezialisierten Unternehmen zu übertragen (sog *outsourcing)*. Damit sind zugleich Einsparungen im Konstruktionsbereich sowie in der Forschung und Entwicklung erzielbar. Denn oft verfügen solche Zulieferer selbst über das nötige Know-how zur Entwicklung und Produktion der Teile, sodass sie kooperativ in die Konstruktionsverantwortung eingebunden werden können. Zumeist produzieren sie die verlangte Ware zwar im Ergebnis strikt nach den vom Hersteller vorgegebenen Plänen, doch stimmt der Hersteller zuvor seine Pläne mit denen des Zulieferers ab. Bei zunehmender Auslagerung der Produktion und damit Verringerung der eigenen Fertigungstiefe rückt der Endproduzent immer mehr in die Rolle eines bloßen **Assemblers, Montierers und Delegierers** ein, der die angeforderten und angelieferten Einzelteile nur noch zum fertigen Produkt zusammensetzt.

B 253 Kennzeichnend für eine Just-in-time-Lieferbeziehung – gelegentlich ist sogar von einer Just-in-time-Philosophie die Rede (Zibell, Die Just-in-Time-Philosophie – Grundlagen, Wirtschaftlichkeit [1990] 1 ff) – ist deshalb vor allem eine **weitgehende Ausrichtung des Produktionsablaufs des Zulieferers auf die Bedürfnisse des Herstellers**, sodass die jeweils benötigten Teile ohne Zwischenlagerung genau im Zeitpunkt der geplanten Montage am Endprodukt verfügbar sind (Nagel DB 1988, 2291 und DB 1991, 319; Lehmann BB 1990, 1849; Zirkel NJW 1990, 345; Welker, Produktionstiefe und vertikale Integration [1993]; Saxinger, Zulieferverträge im deutschen Recht [1993]). Um diese Zeitgenauigkeit zu erreichen, muss der Zulieferer freilich genau über den Produktionsstand des Herstellers informiert sein. Das ist heute dank des Einsatzes moderner Kommunikationsmittel organisierbar; bei perfekt eingespielten Just-in-time-Beziehungen werden die Datennetze der Zulieferunternehmen und des Herstellers „on line" miteinander verkoppelt, sodass die jeweils benötigten Teile kurzfristig abgerufen werden können. Im Extremfall gestaltet sich die Kooperation so intensiv und präzise, dass die benötigten Ersatzteile im minutengenau vorausbestimmten Zeitpunkt vom Waggon, Container oder Trailer des Zulieferers über die Laderampe auf das Fließband des Herstellers zum geplanten Einbau gebracht werden; der Zulieferer fungiert gewissermaßen als die verlängerte Werkbank des Herstellers.

B 254 Die Just-in-time-Bewegung hat neue Schubkraft durch das **Modell der „lean production"** (schlanken, abgemagerten Produktion) und des **„lean management"** erhalten, wonach eine optimale Koordination der Teilfunktionen eines möglichst „schlank" getrimmten Unternehmens zu einer Rationalisierung und Flexibilisierung von Produktion und Management führen soll (vgl dazu SCHMIDT-SALZER BB 1992, 1866 ff, insbes 1872 ff; grundlegend dazu WOMACK/JONES/ROOS, The machine that changed the world [1990] = Die zweite Revolution in der Autoindustrie [1992]; DOLESCHAL, Neue Logistikkonzepte in der bundesdeutschen Automobilindustrie [1991]; WELKER, Produktionstiefe und vertikale Integration [1993]; SAXINGER, Zulieferverträge im deutschen Recht [1993]). Um eine reibungslose Zusammenarbeit zwischen Herstellern und Zulieferern zu erreichen, bedarf es nicht nur einer ausgeklügelten betriebswirtschaftlichen Organisation und hoch entwickelter technischer Verfahren, sondern auch ausgefeilter vertragsrechtlicher Instrumente. Auf beiden Seiten bedarf es einer möglichst umfassenden vertraglichen Absicherung der Kooperationsziele, -gegenstände und -verfahren und dabei eines Höchstmaßes an Verlässlichkeit und Loyalität, Vertraulichkeit und Sorgfalt auf beiden Seiten. In einer modernen Zulieferbeziehung müssen vielfach Einzelteile von höchster Präzision nach den exakten technischen Vorgaben, den sogenannten „Spezifikationen" des Herstellers gefertigt werden. Nicht selten ist der Hersteller darauf angewiesen, dass der Zulieferer an der weiteren Verbesserung der Einzelteile bzw deren Fabrikation arbeitet und die Forschungs- und Entwicklungsergebnisse dem Hersteller zur Verfügung stellt (ZIRKEL NJW 1990, 345, 346; NAGEL/RIESS/THEIS, Der Lieferant on line [1990] 49). Bisweilen muss er vom Zulieferer verlangen, dass er seine Teileproduktion nicht nur quantitativ, sondern auch qualitativ kurzfristig ändert und an überraschende Bedarfslagen bzw umgestellte Spezifikationen schnellstmöglich anpasst. Unsicherheitsfaktoren der Bedarfsschätzung müssen nach Kräften neutralisiert werden, sodass es weder zu Überlieferungen noch zu Lieferengpässen kommt. Fortschritte etwa in der Sicherheitskonzeption, der Funktionsweise oder der Handhabbarkeit müssen ebenso ohne Zeitverlust umgesetzt werden wie Geschmacksänderungen des Publikums in Design- und Farbfragen. Hierzu bedarf es raffinierter Dispositions- und Abrufsysteme, auf die sich die Parteien verständigen müssen. Auch müssen die Risiken von Lieferausfällen durch Transportverzögerungen aufgrund von Staus oder Unfällen aufgefangen werden. Dies kann durch ein kleines Reservelager des Herstellers („Pufferlager") oder – vorzugsweise – durch die Ansiedlung des Zulieferbetriebes in unmittelbarer Nähe des Herstellerwerkes erreicht werden. Schließlich ist eine „an Band"-Lieferung nur dann sinnvoll, wenn der sofortige Einbau ins Endprodukt nicht durch eine umständliche Wareneingangskontrolle verzögert wird, der Hersteller also auf eine eigene **Überprüfung der Mangelfreiheit** der gelieferten Einzelteile **weitgehend oder gar vollständig verzichten kann** (vWESTPHALEN DB 1982, 1655; ders, in: FS 40 Jahre Der Betrieb [1988] 223; ders CR 1990, 567; MARTINEK, in: FS Günther Jahr [1993] 305 ff). Zur Vermeidung von Qualitätseinbußen bedarf es einer Verständigung der Parteien über **Qualitätssicherungsverfahren**. Die Hersteller wollen sich vor fehlerhaften Zulieferteilen, die ihre Gewährleistungs- oder Produzentenhaftung für das Endprodukt auslösen können, gegenüber ihren Zulieferern sichern. Just-in-time-Verträge werden deshalb regelmäßig von **Qualitätssicherungsvereinbarungen** begleitet, nach denen der Zulieferer eine umfassende Produktions- und Warenausgangskontrolle übernimmt (dazu umfassend MERZ, Qualitätssicherungsvereinbarungen [1992] insbes 155 ff). Dabei bestehen die Hersteller nicht nur auf effektiven Kontrollverfahren, sondern auch auf präzisen **Dokumentationen der Kontrollergebnisse**. Durch den Einsatz von Verfahren des Computer Integrated/Aided Manufacturing (CIM-/CAM-Verfahren) kann dieser Dokumentationspflicht zur Qualitätssicherung vielfach durch Computerausdrucke mit Prüfergebnissen genügt werden, neben denen sich die Hersteller das Recht zu regelmäßigen Kontrollen im

Betrieb des Zulieferers (Audits) ausbedingen (Quittnat BB 1989, 571; Nagel/Riess/Theis, Der Lieferant on line [1990] 62; Ensthaler NJW 1994, 817).

B 255 Moderne Zulieferverträge vom Typ der Just-in-time-Verträge werden – als Rahmenverträge für die einzelnen Bestellungen (Aufträge, Abrufe) – meist mit einer Laufzeit von einem Jahr mit Verlängerungsmöglichkeit, bisweilen auch für mehrere, höchstens aber für fünf Jahre abgeschlossen. Die zeitliche Dimensionierung der Liefer- und Abnahmepflichten sowie der sonstigen beiderseitigen Vertragspflichten führt – noch unabhängig von einer vertragstypologischen Rechtsnaturbestimmung – zur Qualifizierung als **Dauerschuldverhältnis**, was bereits einen Teil des Rechtsfolgenprogramms präjudiziert. Die auf längere Zeit angelegte Zusammenarbeit der Vertragsparteien bringt zwischen ihnen ein gegenüber punktuellen Austauschverträgen gesteigertes Vertrauens- und Abhängigkeitsverhältnis zur Entstehung, aufgrund dessen die Vertragsparteien in erhöhtem Maße zu gegenseitiger Rücksichtnahme, Loyalität und Sorgfalt verpflichtet sind. Eine hochsensible Just-in-time-Lieferbeziehung vermag nur dann erfolgreich ins Werk gesetzt und aufrechterhalten zu werden, wenn die Parteien in allen Kooperationsphasen von der ersten Festlegung der Spezifikationen, über die Verknüpfung der Datennetze und die Dokumentation der Qualitätssicherung, bis hin zur bedarfsgenauen Anlieferung ans Band äußerst eng und vertrauensvoll zusammenarbeiten. Dem Grundsatz von Treu und Glauben nach § 242 kommt deshalb in Just-in-time-Verträgen eine zentrale Bedeutung zu.

B 256 Angesichts der hohen Kooperationsintensität und der gesteigerten Treuepflicht der Parteien eines modernen Zulieferverhältnisses liegt der Gedanke nicht fern, dass Hersteller und Zulieferer sogar **in Verfolgung eines gemeinsamen Zwecks** und damit in einer gesellschaftsrechtlich relevanten Verbundenheit tätig sind. In der Literatur ist die Frage aufgeworfen worden, ob die Leistungen der Vertragsparteien eines Just-in-time-Vertrags überhaupt im Austauschverhältnis der Gegenseitigkeit (Koordination) stehen oder nicht vielmehr als Beiträge zur gemeinschaftlichen Zweckförderung im Rahmen einer Zweckgemeinschaft (Koalition) verstanden werden müssen (insbes Zirkel NJW 1990, 345, 350; Engel RabelsZ 57 [1993] 556, 561; Martinek, Moderne Vertragstypen Bd III [1993] 296 ff). Bei genauerer Betrachtung entspricht die Qualifikation eines Zuliefervertragsverhältnisses als (höchst atypisch ausgestaltete) BGB-Gesellschaft iS des § 705 allerdings **kaum der Interessenlage**. Der Zulieferer kann kein Interesse an der Förderung eines gemeinsamen Zwecks haben, solange ihm jede nennenswerte Einflussmöglichkeit auf die Herstellung und den Absatz des Endproduktes versagt bleibt. Er erbringt seinen Herstellungsbeitrag zum Endprodukt zudem in einer weitgehenden Weisungsunterworfenheit gegenüber dem Hersteller, wie sie einem Verhältnis gleichberechtigter Gesellschafter fremd ist. Zwar ist dem Zulieferer an einer möglichst erfolgreichen Produktion des Herstellers gelegen, und er will hierzu durch seine eigene Leistung beitragen, denn vom Erfolg des Endprodukts am Markt hängt letztlich auch der Gewinn des Zulieferers ab. Dieses Erfolgsinteresse begründet jedoch keine gesellschaftsrechtliche Beteiligung am Geschäftserfolg des Herstellers, sondern ist schlichte Konsequenz seiner liefervertraglichen Ausrichtung auf das Unternehmen des Abnehmers und seiner mittelbaren Abhängigkeit von der Prosperität des Bestellers und Käufers, dessen langfristige und wiederholte Auftragserteilung durch den Markterfolg des Endprodukts bedingt ist. Es liegt **keine Gleichstufigkeit** von vertragsrechtlich zur Zweckgemeinschaft verbundenen Interessen, sondern eine Zweistufigkeit verschiedener, wirtschaftlich aufeinander bezogener und voneinander erfolgsabhängiger Interessen vor. Der Geschäftserfolg des Zulieferers ist nur mittelbar und wirtschaftlich, nicht aber rechtlich mit dem des Herstellers verbunden, weil er dessen Zweck nicht als eigenen zu fördern verspricht (zum Merkmal des gemeinsamen Zwecks in § 705 grundlegend BALLERSTEDT JuS 1963, 253). Die allein für ein Gesellschaftsverhältnis niemals ausreichende extrem hohe Kooperationsintensität findet zum Gutteil ihre Ursache in der Bereitschaft des Zulieferers zur Übernahme bestimmter Aufgaben, um überhaupt als Vertragspartner vom verhandlungsstärkeren Hersteller akzeptiert zu werden und um von dessen Geschäftserfolg mittelbar durch den Absatz von Zulieferteilen profitieren zu können. **Nicht Teilhabe, sondern Anpassung** ist für den Zulieferer das Strukturelement der Kooperationsdichte. Und **nicht Partizipation, sondern Integration** ist für den Endproduzenten die Maxime der Indienstnahme des Zulieferers. Denn dem Hersteller ist zuvörderst an der Optimierung seiner innerbetrieblichen Kostenstruktur durch die Externalisierung von Produktionslasten, nicht aber an einer Partizipation des Zulieferers an seinem Geschäftserfolg gelegen. Der Hersteller will vom Zulieferer gegen Entgelt die für das Endprodukt erforderlichen Materialien erhalten, nicht ihn zum Partner seiner Geschäftschancen und -risiken mit auch nur mittelbarer Gewinnbeteiligung und Verlusttragung machen.

Für den Just-in-time-Vertrag üblicher Ausgestaltung kommt vielmehr nur eine im Grundsatz **austauschvertragliche Qualifizierung** der Rechtsnatur in Betracht. Die Verpflichtung des Zulieferers, bestimmte Einzelteile nach den vom Hersteller vorgegebenen Spezifikationen zu fabrizieren und ihm zu liefern, lässt sich unschwer einem Werklieferungsvertrag über die Herstellung vertretbarer oder auch (je nach Einzelfall) nicht vertretbarer Sachen zuordnen, § 651 S 1 und 2, der sich nach dem Kaufrecht der §§ 433 ff BGB und der §§ 373 ff HGB richtet. Allerdings ist der schon angesprochene **Rahmencharakter** moderner Zulieferverträge vom Typ des Just-in-time-Vertrages zu berücksichtigen. Denn nach den getroffenen Vereinbarungen soll die Herstellung und Lieferung der Einzelteile zu allermeist **in mehreren Partien oder Sendungen** zeitlich gestreckt und in gestaffelter Abfolge erfolgen (ZIRKEL NJW 1990, 345, 349). Lassen sich Art und Umfang der vom Zulieferer partieweise herzustellenden Einzelteile sowie die Zeitpunkte der verschiedenen Sendungen und die Preise bereits bei Vertragsschluss vorausbestimmen, bietet sich der Abschluss eines **Sukzessivlieferungsvertrages** in Form eines **Ratenlieferungsvertrages** an. Ist lediglich noch der exakte Bedarf des Herstellers und damit der Lieferumfang und -zeitpunkt der im Übrigen schon genau feststehenden Einzelteile offen, lassen sich zwar keine Ratenlieferungen datieren und spezifizieren, doch können die Parteien einen Sukzessivlieferungsvertrag in Form eines **Bezugsvertrages, Abrufvertrages** oder **Bedarfdeckungsvertrages** schließen. Bei dieser Unterart des Sukzessivlieferungsvertrages werden neben den allgemeinen Lieferbedingungen und den Zahlungsmodalitäten auch die bedarfsgerecht partieweisen Lieferungen der Einzelteile vertraglich näher geregelt, indem die Art und Weise der Sendungen zu den später vom Hersteller per Abruf zu bestimmenden Zeitpunkten und Liefermengen sowie zu den bereits konsentierten Preisen verbindlich festgelegt werden. Die bei jeder Einzelsendung zu liefernde Gesamtmenge wird allerdings bei dieser Vertragsgestaltung noch nicht abschließend bestimmt, sondern richtet sich nach dem jeweiligen Bedarf des Abnehmers. Nur das **quantitative Gesamtvolumen des Vertrags**, dh die Summe der Zulieferteile aller Sendungen wird, oft mit einem gewissen Spielraum oder unter bestimmten Vorbehalten, von den Parteien einverständlich festgelegt. Die späteren B 257

Sendungen erfolgen sodann ohne weitere Vertragsabschlüsse in Erfüllung dieses Bezugsvertrages jeweils „auf Abruf". Das **Abrufverfahren** mitsamt den Fristen und Terminen erfährt im Rahmenvertrag eine eingehende Regelung in Ergänzung zu den §§ 375, 381 Abs 2 HGB.

B 258 Sind Art und Umfang sowie die Zeitpunkte der Lieferungen und auch die genauen Preise **noch unbestimmt** – und das ist die Regel –, dann reicht die Zweistufigkeit von Just-in-time-Rahmenvertrag und ausfüllenden Lieferabrufen nicht aus. Hier sind die Parteien vielmehr auf einen dreistufigen Konkretisierungsprozess angewiesen: Dem Abschluss eines Just-in-time-Vertrages als **Rahmenvertrag** folgen in festgelegten Zeiträumen die Abschlüsse einzelner **Lieferverträge**, sobald sich Mengen und Preise vom Hersteller besser übersehen lassen. Die Praxis hat sich vielfach auf sogenannte **„Jahresverträge"** eingerichtet, die in Ausfüllung der Just-in-time-Rahmenverträge mit ihrer dann mehrjährigen Laufzeit in jährlichem Abstand geschlossen werden und denen sodann wiederum die einzelnen, oft nach Wochenzeiträumen disponierten **Lieferabrufe** zur Konkretisierung der Einzelsendungen nach §§ 375, 381 Abs 2 HGB folgen. Jedenfalls legen die Parteien im Rahmenvertrag nur die grundlegenden Rechte und Pflichten für das Kooperationsverhältnis fest, bestimmen die Größenordnungen und die Preismaßstäbe für die späteren Lieferungen, verständigen sich auf die allgemeinen Einkaufs-, Verkaufs- oder Lieferbedingungen für die einzelnen abzurufenden Sendungen und sehen vor allem einen Abschlusszwang für die später vom Hersteller initiierten konkreten Lieferverträge vor.

B 259 Welcher Ausgestaltungsform ein Zuliefervertragsverhältnis im Einzelfall folgt, lässt sich mitunter nur schwer anhand der getroffenen Vereinbarungen bestimmen. Wichtigstes Abgrenzungskriterium ist für den Rechtsanwender, ob nach dem Vorstellungsbild der Parteien bei Abschluss des Vertrages unter Berücksichtigung der Verkehrssitte (Branchengepflogenheiten) noch weitere Vereinbarungen über die Einzellieferungen getroffen werden sollten (vgl dazu BGH DB 1985, 1687 = WM 1985, 718 = EWiR 1985, 263 [Paulusch]). In der Mehrzahl der Fälle wird man einen Zuliefervertrag bei einer modernen Just-in-time-Beziehung als **einen bezüglich der Einzellieferungen noch ausfüllungsbedürftigen Rahmenvertrag werklieferungsvertraglicher Rechtsnatur** einordnen müssen. Denn zumeist finden sich in ihm vorwiegend Vereinbarungen über die Ziele und die Grundvoraussetzungen der Zusammenarbeit, über die vom Zulieferer anzuschaffenden Maschinen, über die zu erwartenden Größenordnungen der Einzelbestellungen mit Unter- und Obergrenzen pro Sendung, über die Verfahrensweise bei den Abrufen und den Anlieferungen, über die zu erwartende Häufigkeit und die voraussichtlichen Zeiträume der Bestellungen, über das Zustandekommen der Einzelverträge, über die Maßstäbe der Preisgestaltung und über sonstige die Kooperationsgrundlagen betreffenden Rahmenbedingungen (Martinek, Zulieferverträge und Qualitätssicherung [1991] 51). Nicht selten sind diese Rahmenverträge vom Hersteller in der Weise vorformuliert, dass der konkrete Inhalt der Einzelverträge nur noch von seinem Willen abhängt und der Zulieferer in den Modalitäten der Einzellieferungen von vornherein völlig an die einseitigen Bestimmungen des Herstellers gebunden ist. Der Rahmenvertrag fungiert zugleich als **Vorvertrag für die Ausfüllungsgeschäfte**. Die Einzelverträge in Ausfüllung des Rahmenvertrages hängen mithin allein von der Disposition des Herstellers ab, weil sich der Zulieferer schon im Rahmenvertrag zur Annahme der späteren Vertragsangebote innerhalb der abgesteckten Grenzen verpflichtet hat. Damit hat es der Hersteller weitgehend in der Hand, kurzfristig auf die Lieferung einer bestimmten Menge von Einzelteilen zu drängen, ohne dass dem Zulieferer noch ein Verhandlungsspielraum für die Liefermodalitäten verbliebe.

In der werklieferungsvertraglichen Rechtsnatur erschöpfen sich jedenfalls die modernen Zulieferverträge vom Typ der Just-in-time-Verträge mit begleitenden Qualitätssicherungsvereinbarungen noch nicht. Denn der Werklieferungsvertrag ist nach seinem gesetzlichen Leitbild als ein Austauschvertrag der gegenseitigen Wahrung eigener Belange, mithin als ein vom Interessengegensatz der Parteien bestimmter **Koordinationsvertrag** gekennzeichnet. Einer Just-in-time-Lieferbeziehung wohnt aber ein mehr oder weniger ausgeprägtes Element der Unterordnung der Eigeninteressen des Zulieferers unter diejenigen des Herstellers inne; sie ist nicht frei von **subordinationsrechtlichen Elementen**. Der Zulieferer ist zumindest teilweise zur **entgeltlichen Wahrung von Fremdinteressen und zur Befolgung von Weisungen** verpflichtet. Dieser Komponente der weisungsgebundenen Interessenwahrung des Zulieferers zugunsten des Herstellers muss bei der vertragstypologischen Qualifikation durch ein geschäftsbesorgungsvertragliches Element nach §§ 675, 665 Rechnung getragen werden (Martinek, Moderne Vertragstypen Bd III [1993] 301 ff; Saxinger, Zulieferverträge im deutschen Recht [1993] 148 ff). **B 260**

Es ist nicht etwa die Ausrichtung der Kooperationsbeziehung auf die Produktion und den Absatz des Endprodukts unter der Leitung des Herstellers, die diese geschäftsbesorgungsvertragliche Komponente begründet; dies bliebe konturenlos-global und entzöge sich einer Identifizierung im Rechts- und Pflichtengefüge der Vereinbarungen. Tatsächlich kommt das Geschäftsbesorgungselement in vielen Einzelheiten der Vertragsbeziehung sinnfällig und greifbar zum Ausdruck. Hierzu gehören bereits die vom Hersteller ausbedungene **Weisungsbefugnis bei notwendigen Spezifikationsänderungen** der Einzelteile und die **autokratische Steuerungskompetenz** des Herstellers bei der Konkretisierung **des Umfangs und des Zeitraums der Lieferungen**. Hierzu gehört die umfängliche **Anpassung der Betriebsorganisation des Zulieferers** an die Produktionserfordernisse des Herstellers von der Datennetzverknüpfung bis zu den Modalitäten der Anlieferung der Einzelteile „an Band" des Herstellers. Bis in die **Investitionsentscheidungen** über die Anschaffung neuer Werkzeugmaschinen oder die Verwendung bestimmter Computer-Hard- und Software hinein, kann der Hersteller **in das Unternehmen des Zulieferers hineinregieren**. Auch darf die übliche Verpflichtung des Zulieferers nicht unerwähnt bleiben, dem Hersteller während des Produktionsprozesses gewonnene Erkenntnisse über die Verbesserung der Einzelteile und die Optimierung von Fertigungsmethoden zugänglich zu machen und **ihm das gesamte Innovations-Know-how zu übertragen**. Der Hersteller greift in diesen Fällen auf die beim Zulieferer angewachsenen Wissens- und Erfahrungsschätze zu, eignet sich die für die verbesserte Konstruktion und Fabrikation des Einzelteils erforderlichen Immaterialgüterwerte an und lässt sich vom Zulieferer die in Ausführung des Auftrags erworbenen Vorteile auskehren. **B 261**

Freilich kann die Konstruktions- und Entwicklungsverantwortung für ein Zulieferteil zwischen den Parteien ganz unterschiedlich verteilt sein. In vielen Fällen ist die vorgegebene Spezifikation des Einzelteils Ausfluss der selbständigen und alleinigen Entwicklungsarbeit des Herstellers bezüglich des Endprodukts, die meist auch dessen Einzelkomponenten umfasst. Auch dann aber wird der Zulieferer nicht bloß als **B 262**

Werkunternehmer und Verkäufer der bestellten spezifizierten Teile eingeschaltet, sondern regelmäßig in die weitere Forschungs- und Entwicklungsarbeit einbezogen und zur Übertragung der Ergebnisse an den Hersteller verpflichtet, der die innovatorischen Fortschritte für sein Endprodukt fruchtbar machen will. Bisweilen wird den Ingenieuren der Zulieferer sogar die Pflicht auferlegt, ausschließlich Zeichenpapier mit dem Firmenkopf des Herstellers zu verwenden (Nagel/Riess/Theis, Der Lieferant on line [1990] 49). Dies lässt ihre **Funktionalisierung als externalisiertes Konstruktionsbüro** in kaum mehr zu übertreffender Weise manifest werden. Denn die ständige Suche nach Innovationen zur Verbesserung seiner Produkte gehört eigentlich zu den originären Aufgaben des Herstellers. Gewiss ist das Endprodukt als Ganzes mehr als die Summe seiner Einzel- und Zulieferteile. Wie der Hersteller haben jedoch auch die Zulieferer bei ihrer Tätigkeit der Fertigung von Einzelteilen immer das Ganze, dh das Endprodukt im Auge, denn jedes Zulieferteil dient dem Endprodukt. Der im Zuge des Kooperationsverhältnisses in der Teilekonzeption konstruktiv und innovativ tätige **Zulieferer besorgt also auch ein Geschäft des Herstellers**.

B 263 Keineswegs selten schließen – weitergehend – Hersteller und Zulieferer vor oder mit einem Just-in-time-Vertrag sogar einen **Forschungs- und Entwicklungsvertrag**, um ihre Know-how-Ressourcen schon zur gemeinsamen Erarbeitung der Spezifikation zu verbinden. In vielfältiger Hinsicht ist der Zulieferer nach den Einzelregelungen des Just-in-time-Vertrages den **konkretisierenden Weisungen des Herstellers unterworfen**, zu Rechenschaftsberichten, Informationspflichten, zum Know-how-Transfer, ja sogar zu vorauseilendem Gehorsam in Form von Warnungen vor erkannten Gefahren für das Endprodukt verpflichtet und fungiert insofern als dessen interessenwahrender Geschäftsbesorger.

B 264 Mit ganz besonderer Deutlichkeit aber tritt das geschäftsbesorgungsvertragliche Element bei den **Qualitätssicherungsvereinbarungen** hervor, die als Bestandteil des Just-in-time-Vertrages oder als formal eigenständiger Zusatzvertrag im Bedingungszusammenhang mit ihm getroffen werden. Zu einer mangelfreien Lieferung der Einzelteile nach Maßgabe der Spezifikationsvorgaben ist der Zulieferer zunächst ohnehin verpflichtet. Der Hersteller hält jedoch vor dem Hintergrund seiner umfassenden Endproduktverantwortlichkeit zusätzliche Sicherungsvorkehrungen für unerlässlich und schwört den Zulieferer auf die Beobachtung gemeinsam festgelegter Qualitätsmaßstäbe und auf die Beweisbarkeit ihrer Einhaltung in der Konstruktion und Produktion ein. Bei vordergründiger Betrachtung geht es in den Qualitätssicherungsvereinbarungen vornehmlich um eine einvernehmliche Abbedingung bzw Ersetzung der Rügeobliegenheit des Herstellers nach §§ 377, 381 Abs 2 HGB. Der Hersteller will seine vertraglichen Sachmängelgewährleistungsrechte auch ohne eine zeit-, material-, personal- und damit kostenaufwendige Wareneingangskontrolle gewahrt wissen. Er delegiert deshalb auf den Zulieferer, was das Gesetz ausweislich der §§ 377 ff HGB primär seinem eigenen Verantwortungsbereich zurechnet: die Kontrolle der Qualität (und Quantität) der erhaltenen Ware (zur AGB-rechtlichen Wirksamkeit solcher „Rügeverzichtsklauseln" in Zulieferverträgen vgl vWestphalen DB 1982, 1655, 1658; ders, in: FS 40 Jahre Der Betrieb [1988] 223, 231 ff; ders CR 1990, 567, 569; Nagel DB 1991, 319; Quittnat BB 1989, 571; Steckler BB 1993, 1225; dies WiB 1994, 300; Steinmann BB 1993, 873; dies, Qualitätssicherungsvereinbarungen zwischen Endproduktherstellern und Zulieferern [1993] 29 ff; Saxinger, Zulieferverträge im deutschen Recht [1993] 214 ff; Ensthaler NJW

1994, 817, 820 ff; MARTINEK, in: FS Günther Jahr [1993] 305 ff; ders, Moderne Vertragstypen Bd III [1993] 326 ff).

Genau besehen sind es keineswegs allein die zeitlichen Engpässe der Just-in-time-Lieferungen und die organisatorischen Hindernisse einer Wareneingangskontrolle beim Hersteller, die ihn zu den umfänglichen Qualitätssicherungsvorkehrungen im Organisationsbereich des Zulieferers veranlassen. Vielmehr geht für den Hersteller die Zielsetzung von Qualitätssicherungsvereinbarungen über eine Abbedingung der Rügeobliegenheit und Sicherung der Sachmängelgewährleistungsrechte hinaus, denn er will durch die Auslagerung von Testverfahren, Materialprüfungen, Warenkontrollen usw nicht zuletzt, wenn nicht vor allem seine eigenen Haftungsrisiken beim Inverkehrbringen des Endprodukts minimieren, die ihn nach dem Produkthaftungsgesetz bzw nach der deliktischen Produzentenhaftung aus § 823 gegenüber geschädigten Dritten treffen. Dabei geht es ihm nicht allein um eine Absicherung vor Schadensersatzansprüchen der Endverbraucher und vor unübersehbaren Rückrufkosten, sondern auch um eine Vermeidung von Imageverlusten und Absatzeinbrüchen in Produkthaftungsfällen (vgl NAGEL DB 1991, 319; ders DB 1993, 2469; QUITTNAT BB 1989, 571; STECKLER BB 1993, 1225; MARTINEK, in: FS Günther Jahr [1993] 305 ff; ders, Moderne Vertragstypen Bd III [1993] 326 ff). Hierfür sieht es der Hersteller als zweckdienlich an, den Zulieferer in den Qualitätssicherungsvereinbarungen zu **umfangreichen Prüfungs- und Kontrollverfahren** zu verpflichten, die teilweise im originären Verantwortungsbereich des Herstellers selbst liegen. Gewiss ist auch der Zulieferer als Hersteller des Einzelteils produkthaftungsrechtlich für dessen Mangelfreiheit verantwortlich; ihm werden jedoch detailliert vorgeschriebene Qualitätskontrollen aufgebürdet, die nach Umfang, Art und Weise seinen eigenen, gesetzlich vorgegebenen Verantwortungsbereich überschreiten und denjenigen des Herstellers betreffen. Der Hersteller **delegiert mithin Tauglichkeitsprüfungen des Zulieferteils** im Hinblick auf die Verwendung im Endprodukt und **schaltet insofern den Zulieferer als seinen Interessenwahrer ein**. Unter diesem Gesichtspunkt können Qualitätssicherungsvereinbarungen kaum mehr als eine lediglich austauschvertragliche Verständigung der Parteien über die Durchführung der im Verantwortungsbereich allein des Zulieferers liegenden Fertigungskontrollen angesehen werden. Hier tritt ein **ausgeprägtes Element eines Geschäftsbesorgungsvertrages dienstvertraglichen Charakters**, §§ 675 Abs 1, 611, in der Zulieferbeziehung zutage. Der typische Zuliefervertrag vom Typ eines Just-in-time-Vertrages mit begleitenden Qualitätssicherungsvereinbarungen muss mithin als ein auf die Begründung eines Dauerschuldverhältnisses angelegter Typenkombinationsvertrag mit werklieferungsvertraglichen Elementen und mit mehr oder weniger ausgeprägten geschäftsbesorgungsvertraglichen Elementen qualifiziert werden. B 265

C. Auskunftshaftung (§ 675 Abs 2)

Schrifttum

ARING/ASSMANN/BERGMANN/BRINKMANN, Die Anwaltsauskunft, JuS 1973, 39

ASSMANN, Prospekthaftung (1985)

BENEDICT, Die Haftung des Anlagevermittlers – Von der Vertrags-, Vertrauens- und Garantiehaftung zu einer Berufshaftung?, ZIP 2005, 2129

BOSCH, Expertenhaftung gegenüber Dritten –

Überlegungen aus der Sicht der Bankpraxis, ZHR 163 (1999) 274
Brandner, Berufshaftung und Versicherung der Wirtschaftsprüfer, JZ 1985, 757
Breinersdorfer, Die Haftung der Banken für Kreditauskünfte gegenüber dem Verwender (Diss Mainz 1991)
ders, Zur Dritthaftung der Banken bei Erteilung einer fehlerhaften Kreditauskunft, WM 1991, 977
Brunswig, Die vertragsmäßige Haftung des Ratgebers, ZHR 56 (1905) 77
Canaris, Bankvertragsrecht (3. Aufl 1988)
ders, Die Vertrauenshaftung im deutschen Privatrecht (1971)
ders, Die Reichweite der Expertenhaftung gegenüber Dritten, ZHR 164 (1999) 246
Cordes, Haftung für Kreditauskunft, BankArch 1931, 161
ders, Die Kreditauskunft der Banken, BB 1949, 90
Damm, Entwicklungstendenzen der Expertenhaftung, JZ 1991, 373
vDassel, Haftung für Auskunft über Angestellte, Recht 1909, 733
Dirichs, Die Haftung der Banken für Rat und Auskunft (Diss Münster 1966)
Dörner, Die Auskunftshaftung italienischer Banken im deutsch-italienischen Geschäftsverkehr, WM 1977, 962
Ebke, Wirtschaftsprüfer und Dritthaftung (Diss Münster 1983)
Ebke/Fechtrup, Anmerkung zu BGH WM 1986, 711, in: JZ 1986, 1112
Esser, Die zivilrechtliche Haftung des Wirtschaftsprüfers gegenüber Dritten aus dem Bestätigungsvermerk (Diss Münster 1981)
Fischer, Dritthaftung für falsche freiwillige Auskünfte, ZVerglRW 1993, 1084
Förster, Die Prospekthaftung der organisierten und grauen Kapitalmärkte (Diss Gießen 2002)
Früh, Die Aufklärungspflichten von Kreditinstituten bei der Kreditvergabe, WM 1998, 2176
Gaede, Die Haftung der Banken für Kreditauskünfte, NJW 1972, 926
Grunewald, Zur Haftung von Fachleuten im Zivilrechtsverkehr, JZ 1982, 627
dies, Die Haftung des Experten für seine Expertise gegenüber Dritten, AcP 187 (1987) 285
Hagenmeyer, Die Haftung für Rat und Auskunft (Diss Hamburg 1995)
Haller, Haftung für Rat und Auskunft, Jura 1997, 234
Heinsius, Anlageberatung durch Kreditinstitute – ein Thema ohne Ende, in: Freundesgabe für Kübler (1997) 405
ders, Pflichten und Haftung der Kreditinstitute bei der Anlageberatung, ZBB 1994, 47
Hektor, Haftung für Anlageberatung und Vermögensverwaltung, DStR 1996, 547
Herrmann, Die Sachwalterhaftung vermögenssorgender Berufe, JZ 1983, 422
Honsell, Probleme der Haftung für Auskunft und Gutachten, JuS 1976, 621
Hopt, Der Kapitalanlegerschutz im Recht der Banken (1975)
ders, Dritthaftung für Testate, NJW 1987, 1745
ders, Funktion, Dogmatik und Reichweite der Aufklärungs-, Warn- und Beratungspflichten der Kreditinstitute, in: FS Gernhuber (1993) 163
ders, Dritthaftung für Testate, NJW 1987, 1745
Horn, Anlageberatung im Privatkundengeschäft der Banken, WM 1991, 1
ders, Die Aufklärungs- und Beratungspflichten der Banken, ZBB 1997, 139
Jost, Vertragslose Auskunfts- und Beratungshaftung (1991)
Kieninger, Informations-, Aufklärungs- und Beratungspflichten beim Abschluss von Versicherungsverträgen, AcP 199 (1999) 190
Kiethe, Prospekthaftung und grauer Kapitalmarkt, ZIP 2000, 216
Kiss, Die Haftung berufsmäßiger Sachkenner gegenüber Dritten, WM 1999, 117
Köhler, Das neue Gesetz gegen unseriöse Geschäftspraktiken, NJW 2013, 3477
Koenigsberger, Die berufliche Auskunftserteilung und die Stellung der Auskunftsanstalt gegenüber dem Anfragenden (Diss Tübingen 1907)
Köndgen, Zur Theorie der Prospekthaftung, Die AG 1983, 85 und 120
ders, Wieviel Aufklärung braucht ein Wertpapierkunde?, ZBB 1996, 361
Lammel, Zur Auskunftshaftung, AcP 179 (1979) 337

LANG, Aufklärungspflichten bei der Anlageberatung (1995)
ders, Das Aus für die Lehre vom „allgemeinen Bankvertrag"?, BKR 2003, 227
LANGE, Informationspflichten von Finanzdienstleistern (Diss Potsdam 1999)
LITTBARSKI, Die Berufshaftung – eine unerschöpfliche Quelle richterlicher Rechtsfortbildung?, NJW 1984, 1667
LOCHER, Die Haftung für Expertisen, NJW 1969, 1567
LORENZ, Das Problem der Haftung für primäre Vermögensschäden bei Erteilung einer unrichtigen Auskunft, in: FS Larenz (1973) 575
F MÜLLER, Auskunftshaftung nach deutschem und englischem Recht (Diss Freiburg/Br 1995)
MÜLLER-GRAFF, Rechtliche Auswirkungen einer laufenden Geschäftsverbindung im amerikanischen und deutschen Recht (1975, zugl Diss Tübingen 1973)
MÜSSIG, Falsche Auskunftserteilung und Haftung, NJW 1989, 1697
MUSIELAK, Haftung für Rat, Auskunft und Gutachten (1974)
ders, Die Haftung der Banken für falsche Kreditauskünfte, VersR 1977, 973
OCHS, Die einheitliche kapitalmarktrechtliche Prospekthaftungstheorie (Diss Saarbrücken 2005)
PHILIPOWSKI, Die Geschäftsverbindung (Diss Würzburg 1963)
PHILIPPSEN, Die Dritthaftung des privat beauftragten Gutachters für fahrlässig verursachten Vermögensschaden (Diss Mannheim 1998)
PIKART, Die neuere Rechtsprechung des Bundesgerichtshofs zur Haftung für Ratschläge und Auskünfte, WM 1966, 698
PLEYER/HEGEL, Die Prospekthaftung bei der Publikums-KG, ZIP 1985, 1370
POTTHAST, Die vertragliche Haftung für Erteilung einer Auskunft (Diss Köln 1975)
PRINZ ZU HOHENLOHE-OEHRINGEN/PETERIN, Die Rechtsprechung zur Auskunftshaftung, BB 1986, 894
RÖMER, Zu den Informationspflichten der Versicherer und ihrer Vermittler, VersR 1998, 1313
SCHEFFLER, Anwaltspflichten – Anwaltsverschulden, NJW 1961, 577
SCHNEIDER, Die Haftung für Rat, Auskunft und Empfehlung, JA 1996, 907
SCHULZE, Grundprobleme der Dritthaftung bei Verletzung von Auskunfts- und Beratungspflichten in der neueren Rechtsprechung, JuS 1983, 81
SEFRIN, Die Haftung für Rats- und Auskunftserteilung (1928)
SICHTERMANN, Bankgeheimnis und Bankauskunft (2. Aufl 1966)
STAFFLAGE, Die Anlageberatung der Banken (Diss Düsseldorf 1996)
STOLL, Vertrauensschutz bei einseitigen Leistungsversprechen, in: FS Flume I (1978) 741
STOLZ, Die Kreditauskunft der Banken (Diss Köln 1966)
STRAUCH, Rechtsgrundlagen der Haftung für Rat, Auskunft und Gutachten, JuS 1992, 897
SUTSCHET, Der Schutzanspruch zugunsten Dritter (1999)
TITZ, Beratungspflichten für Discount-Broker?, WM 1998, 2179
VORTMANN, Prospekthaftung und Anlageberatung (2000)
WEIMANN, Prospekthaftung (1998)
WIEGAND, Die „Sachwalterhaftung" als richterliche Rechtsfortbildung (Diss Göttingen 1991)
WOLFF, Bankgeheimnis und Kreditauskunft, Die AG 1968, 286
WÜTHRICH, Die zivilrechtliche Verantwortlichkeit der Banken für Rat und Auskunft nach deutschem und schweizerischem Recht (1936).

I. Anliegen, Hintergrund und Bedeutung der Vorschrift

1. Die Umplatzierung

Die Bestimmung des heutigen § 675 Abs 2 über die Haftung für Rat oder Empfehlung fand sich in den ersten einhundert Jahren der Geltung des BGB in der C 1

Vorschrift des § 676 aF; lediglich der früher fehlende Passus „oder einer sonstigen gesetzlichen Bestimmung" ist bei der Umplatzierung in den Wortlaut der Norm eingefügt worden. Dieser Eingriff erfolgte nicht erst durch das am 1. 1. 2002 in Kraft getretene Schuldrechtsmodernisierungsgesetz, sondern kurz vorher, nämlich durch das Überweisungsgesetz vom 21. 7. 1999 (BGBl I 1642), das am 14. 8. 1988 in Kraft trat und das vor allem die §§ 675a–676g aF mit ihren Regelungen zu den Informationspflichten, zu Übertragungsverträgen, zum Überweisungs-, zum Zahlungs- und zum Girovertrag in das Gesetz eingefügt hat. Dabei wurde **sozusagen aus Platzgründen** die Vorschrift des alten § 676 zu Rat und Empfehlung in einen angefügten Abs 2 zu § 675 übernommen, um in § 676 aF, der bis zur Umsetzung der Zahlungsdiensterichtlinie gegolten hat (vgl Vorbem 3 zu §§ 662 ff und § 675 Rn A 1), die „Kündigung von Übertragungsverträgen" aufnehmen zu können. Diese Umschichtung brachte den Schönheitsfehler mit sich, dass die Regelung über die Haftung für Rat oder Empfehlung nunmehr in § 675 Abs 2 an die Zentralvorschrift des § 675 Abs 1 zum entgeltlichen Geschäftsbesorgungsvertrag angekoppelt wurde, in dessen „Schatten" sie einigermaßen verloren wirkt, zumal sie im Kern **unentgeltliche Auskünfte** behandelt (vgl MünchKomm/Heermann[6] § 675 Rn 111, wonach die Zuordnung der Bestimmung zum Recht der entgeltlichen Geschäftsbesorgung als „systematisch verfehlt angesehen werden" muss; vgl auch treffend Erman/Ehmann[12] vor § 662 Rn 1: „missglückt"; Erman/Berger[14] § 675 Rn 125: „verfehlt"). Zur Rechtfertigung der systematischen Platzierung des § 675 Abs 2 hat die Bundesregierung in ihrer Gegenäußerung zur insoweit kritischen Stellungnahme des Bundesrates darauf hingewiesen, ein Vertrag über Auskunftserteilung sei üblicherweise als **entgeltlicher Geschäftsbesorgungsvertrag** einzuordnen (BT-Drucks 14/1067, 1 ff, insbes 14). Solche geschäftsbesorgungsrechtlichen Auskunftsverträge, bei denen es im Pflichtverletzungsfall zu einer Schadensersatzhaftung aus §§ 675 Abs 1, 280 Abs 1 kommt, stehen jedoch nicht im Mittelpunkt der Regelung des § 675 Abs 2, der es – im Gegenteil – um Rat und Empfehlung als **unentgeltlichen Gefälligkeiten** zu tun ist.

2. Die Hauptaussage

C 2 Die nur **schwer erkennbare Hauptaussage** der Vorschrift des § 675 Abs 2 lautet, dass die bloße Erteilung eines fehlerhaften Rats oder das schlichte Aussprechen einer misslichen Empfehlung, selbst wenn hieraus für den Empfänger der unrichtigen Auskunft ein Schaden erwächst, noch keine ausreichende Grundlage für eine Schadensersatzhaftung bilden, sondern dass es für eine Schadensersatzhaftung wegen Unrichtigkeit einer Auskunft der Voraussetzungen einer vertraglichen Pflichtverletzungen, einer unerlaubten Handlung oder einer einschlägigen spezialgesetzlichen Bestimmung bedarf; mit anderen Worten: fehlerhafte Ratschläge und Empfehlungen begründen „an sich", „als solche", dh soweit sie außerhalb eines Vertragsverhältnisses, einer unerlaubten Handlung oder einer spezialgesetzlichen Bestimmung erfolgen, als reine Gefälligkeiten keine Haftung. Bei Enneccerus/Lehmann (SchuldR [13. Bearb 1950] § 164 II) findet sich der Inhalt des § 676 aF dahingehend zusammengefasst: „Ein Rat, eine Empfehlung oder Auskunftserteilung erzeugen, selbst wenn Fahrlässigkeit vorliegt, an sich keine Verpflichtung zum Ersatz des dadurch verursachten Schadens. Auskunftshandlungen sind Vorgänge tatsächlicher und nicht rechtsgeschäftlicher Art, die erst im Rahmen eines Auskunftsvertrages zu Erfüllungshandlungen werden." Josef Esser (SchuldR Bd II [2. Aufl 1960] 626) drückt dies wie folgt aus: „Ratschläge, Empfehlungen und Auskünfte machen den, der sie erteilt, privatrechtlich auch bei schuldhafter Unrichtigkeit nicht verantwortlich, wenn kein Deliktstatbestand und kein Vertragsverhältnis vorliegt." Wegen dieses **eher trivialen Inhalts** kommt der Norm im Grunde nur eine **deklaratorische Bedeutung** zu (MünchKomm/Heermann[6] § 675 Rn 111 sowie Rn 113: kein „eigenständiger Regelungsgehalt"). Aus heutiger Sicht verwundert es, dass der Gesetzgeber eine solche Regelung überhaupt ins BGB – und dazu noch im Zusammenhang mit dem Auftrags- und Geschäftsbesorgungsrecht – aufgenommen hat. Dies erklärt sich indes aus dem **historischen Hintergrund der Vorschrift**.

3. Der historische Hintergrund

Man muss nämlich wissen, dass es **im römischen Recht** ein für uns kaum mehr recht nachvollziehbares Problem der Abgrenzung des *Auftrags*vertrags *(mandatum)* vom – wie wir heute sagen würden – *Auskunfts*vertrag gab (vgl Zimmermann, The Law of Obligations [1990] 420 ff; Kaser, Römisches Privatrecht I [2. Aufl 1971] 578; Jörs/Kunkel, Römisches Privatrecht [3. Aufl 1949] 225). Ein *mandatum* war nämlich nur in verschiedenen Interessenkonstellationen vorstellbar und zulässig: es konnte den Interessen des Auftraggebers *(mandatum mea gratia* bzw *mandatum sui gratia)* oder den Interessen eines Dritten *(mandatum aliena gratia)* dienen, und es durfte dabei immer auch ein Eigeninteresse des Beauftragten mitspielen. Das Eigeninteresse des Beauftragten an dem Auftrag schadete nicht, solange immer noch ein Interesse des Auftraggebers oder eines Dritten auszumachen waren. Schlechthin unzulässig aber war ein Auftrag, der **allein den Interessen des Beauftragten** nutzte *(mandatum tua tantum gratia);* er galt als *„supervacuum"* (Gaius Inst III 156). In den römisch-rechtlichen Quellen wird immer wieder die Unwirksamkeit von Mandaten im Alleininteresse des Mandatars betont. Anders ausgedrückt: der „Beauftragte" *(mandatarius)* konnte sich nicht gegenüber einem „Auftraggeber" *(mandator)* dazu verpflichten, seine eigenen Angelegenheiten wahrzunehmen. Gaius (Inst III 156) hat dies wie folgt gefasst: *„(Q)uod … tu tua gratia facturus sis, id de tua sententia, non ex meo mandatu, facere debes."* Von hier aus schlug das römische Recht eine uns seltsam erscheinende Brücke zur Rat- und Empfehlungserteilung *(consilium).* Das *consilium* wurde nämlich weithin als unzulässiges *mandatum tua tantum gratia* verstanden. Dabei sah man den Ratgebenden in der Position eines Auftraggebers *(sic!)* und den Beratenen in der eines (unzulässig) Beauftragten *(sic!). „(C)uius generis mandatum magis consilium est quam mandatum et ob id non est obligatorium"* (Gaius Inst III 26, 6). Wer also einem anderen den Rat beispielsweise zu einer bestimmten Geldanlage durch einen Immobilienerwerb oder durch ein verzinsliches Darlehen (Dig 17, 1, 2, 6) erteilte, hatte dem Beratenen allein die Entscheidung darüber zu belassen, ob er dem Rat folgen wollte oder nicht; alles andere hätte einen **unakzeptablen Eingriff in das Selbstentscheidungsrecht des Beratenen** (Beauftragten) bedeutet. Dies markierte die entscheidende Abgrenzung zwischen einem **zulässigen Auftrag** (im Interesse des Auftraggebers oder eines Dritten) und dem **unzulässigen Auftrag im Eigeninteresse** allein des Beauftragten *(mandatum tua tantum gratia)* wie dem *consilium:* Der **Auftraggeber** will und verlangt, dass der Beauftragte auftragsgemäß handelt. Der **Ratgeber** überlässt die Sache dem Gutdünken des Ratsuchenden. *„Qui mandat, vult, et urget, ut fiat quod mandatum est. Qui dat consilium, consultoris arbitrio rem permittit"* (Vinnius, Institutiones, Lib III, Tit XXVII, 6, n 1). Damit aber war zugleich der Gedanke verbunden, dass eine Rats- oder Empfehlungserteilung kein wirksames Auftragsverhältnis mit Haftungsfolgen für den beratenden Auftraggeber (!) begründen konnte. Uns liegt C 3 heute der Gedanke nicht mehr nahe, dass ein Rat oder eine Empfehlung eine abgeschwächte Form einer Aufforderung oder gar eines Auftrags bzw einer Geschäftsbesorgung für den Beratenen als Beauftragten bzw Geschäftsbesorger sein könnte; eher liegt heute die (umgekehrte) Parallele nahe, den **Ratgeber** als Beauftragten/Geschäftsbesorger und den **Beratenen** als Auftraggeber/Geschäftsherrn anzusehen, denn „dem Beauftragten wird die Macht eingeräumt, im Interesse des Auftraggebers dessen Willensbildung durch Informationen und Beratungen meist zu Entscheidungen in wirtschaftlichen Angelegenheiten zu beeinflussen" (so Erman/Ehmann[12] § 675 Rn 8).

C 4 Erst vor diesem historischen Hintergrund erklärt sich die Aufnahme der Regelung ins BGB im ursprünglich bruchlosen Anschluss an die Auftragsvorschriften durch die 1. Kommission (E I § 607; Mot II 554). Die 2. Kommission hatte zunächst beschlossen, die Vorschrift in das Recht der unerlaubten Handlung im Anschluss an die Vorschriften über sittenwidrige Schädigung (heute: § 826) einzufügen (Prot II 380), entschied sich aber später für die Beibehaltung des ursprünglichen Standorts (Prot II 664). Denn **noch im gemeinen Recht** wurde eine Auskunftshaftung nur **als Ausnahme** von der grundsätzlichen Unverbindlichkeit eines allein im Interesse des Beauftragten liegenden Auftrags *(mandatum tua tantum gratia)* aufgefasst (vgl Windscheid II § 142; Mot II 554 f; Jost, Vertragslose Auskunfts- und Beratungshaftung [1991] 20). Wer einen Rat befolgte oder sein Verhalten nach einer Empfehlung einrichtete, handelte nicht als Beauftragter und musste daher den ihm daraus erwachsenen Schaden grundsätzlich selbst tragen. Aus der Erteilung eines Rates oder einer Auskunft konnte jemand nur ausnahmsweise in Anspruch genommen werden, wenn er arglistig handelte oder besondere Umstände ihn zur Anwendung von Sorgfalt verpflichteten, wobei insbesondere das Bestehen einer Geschäftsverbindung von Bedeutung war (ROHGE 19, 196 ff; ROHGE 27, 118 ff; ROHGE 42, 129 ff; BayObLGZ 6, 137 ff; SeuffA 55 Nr 26; vgl auch Lorenz, in: FS Larenz [1973] 578).

C 5 Der historische Gesetzgeber wollte mit der Regelung des § 676 aF bzw des heutigen § 675 Abs 2 die Erteilung von Rat und Empfehlung im Anschluss an die römisch- und gemein-rechtliche Tradition **grundsätzlich als unverbindliche Gefälligkeit** behandelt wissen, andererseits aber Raum für eine rechtsgeschäftliche, deliktische oder spezialgesetzliche Schadensersatzhaftung lassen (insbes Prot II 380). Sorgen bereiteten ihm nicht zuletzt die **Grenzfälle stillschweigend abgeschlossener Auskunftsverträge**, bei denen er eine vertragliche Haftung für fehlerhafte Auskünfte mit Schadensfolgen bejaht wissen wollte (Mot II 554; Prot II 380; vgl zu den früheren partikularrechtlichen Vorschriften über die Auskunftshaftung Jost, Vertragslose Auskunfts- und Beratungshaftung [1991] 20).

4. Die Bedeutung des Unverbindlichkeitsgrundsatzes

C 6 Die Vorschrift spricht nur von der Erteilung eines Rats oder einer Empfehlung, meint aber letztlich allgemein die **Erteilung von Auskünften**, die – auch ohne ausdrückliche Aufforderung zu einem bestimmten Verhalten – Grundlage für die Willensbildung des Auskunftsempfängers werden kann (Mot II 554; RGZ 126, 50, 51; RGZ 148, 286, 293; Lorenz, in: FS Larenz [1973] 575 Anm 1). Diese Gleichstellung der Auskünfte mit Ratschlägen und Empfehlungen war bereits vor Inkrafttreten des BGB anerkannt (ROHGE 19, 196, 197; RGZ 27, 118; Soergel/Häuser/Welter[12] § 676 Rn 1 mit Fn 7) und wurde weder vom Gesetzgeber noch von der späteren Rechtsprechung in Frage gestellt. Genau genommen, könnte man zwischen einer Auskunft, einer Empfehlung und einem Ratschlag feinsinnig unterscheiden und ein **Stufenverhältnis wachsender Dringlichkeit** ausmachen, denn gegenüber einer bloßen Auskunft (Information) stattet der Auskunftsgeber eine Empfehlung und erst recht einen Rat mit einer eigenen positiven Wertung und einer auffordernden Stellungnahme für ein auskunftsgemäßes Verhalten des Adressaten aus (ähnlich SOERGEL/HÄUSER/WELTER[12] § 676 Rn 4; s auch BGB-RGRK/STEFFEN § 676 Rn 3). Indes sind solche sprachlichen Exerzitien für den heutigen Rechtsanwender ebenso folgenlos wie sie es schon für den historischen Gesetzgeber waren. Fasst man Rat, Empfehlung und Auskunft unter dem Begriff der Auskunft zusammen, dann enthält § 675 Abs 2 den **negativen Rechtssatz** (Prot II 380), dass die Erteilung einer Auskunft (auch in Form einer Empfehlung oder eines Rates) als solche keine ausreichende Grundlage für die Haftung auf Ersatz des Schadens darstellt, der dem Auskunftsempfänger aus der Unrichtigkeit der Auskunft erwächst. Diesem **Unverbindlichkeitsgrundsatz** liegt der Gedanke zugrunde, dass die Auskunftserteilung grundsätzlich dem Bereich **allgemein-sozialer Gefälligkeiten** angehört und dem Auskunftsgeber insoweit der Rechtsbindungswille fehlt (Mot II 554). Der Bereich **verbindlicher** Auskunftserteilung sollte demgegenüber durch den Vorbehalt („unbeschadet") vertraglicher Haftung erfasst werden. Dabei wurde insbesondere an die **Haftung für berufseinschlägige oder gewerbliche Auskünfte** gedacht und als Haftungsgrund ein stillschweigend geschlossener Auskunftsvertrag ins Auge gefasst (Mot II 555). Außerdem sollte die – nach § 604 des 1. Entwurfs nur bei Arglist vorgesehene – deliktische Verantwortlichkeit des Auskunftsgebers unberührt bleiben. Der Vorbehalt deliktischer Verantwortlichkeit bezieht sich auf Gefälligkeitsauskünfte, da sich im Bereich verbindlicher Auskünfte die Möglichkeit einer Konkurrenz von Vertrags- und Deliktsansprüchen von selbst versteht.

Die Bedeutung des von § 675 Abs 2 aufgestellten negativen Rechtssatzes liegt mithin vor allem darin, für den Bereich der **Gefälligkeitsauskünfte** die Haftung für *culpa lata* oder gar für jede Fahrlässigkeit zurückzuweisen (Mot II 555; Prot II 664). Dieses gesetzgeberische Anliegen kommt in der mit dem BGB in Kraft getretenen Fassung des § 676 aF bzw im heutigen § 675 Abs 2 infolge des (erst im revidierten 2. Entwurf so formulierten) pauschalen Hinweises auf die Haftung aus unerlaubter Handlung nicht mehr so deutlich zum Ausdruck wie im ursprünglich vorgesehenen Vorbehalt der Arglist (vgl E I § 604; Prot II 664). Immerhin bedeutet aber auch der Vorbehalt der Haftung aus unerlaubter Handlung vornehmlich, wenn auch nicht ausschließlich, einen Hinweis auf § 826 und insoweit jedenfalls auf einen Schädigungsvorsatz. An der lediglich deklaratorischen Bedeutung der Vorschrift (s oben Rn C 2) ändert auch die Aufnahme der Wendung „oder einer sonstigen gesetzlichen Bestimmung" anlässlich der Umplatzierung (s oben Rn C 1) nichts, denn damit wollte der Gesetzgeber nur auf den umfangreichen Bestand und die besondere Bedeutung der zahlreichen sondergesetzlichen Regelungen zur Auskunftserteilung hinweisen (BT-Drucks 14/765, 15). **C 7**

5. Das Regel-Ausnahme-Verhältnis

Die (negative) Regelung über Gefälligkeitsauskünfte lässt im Aufbau ein **Regel-Ausnahme-Verhältnis** erkennen. Die Erteilung einer Auskunft als solche führt im **C 8**

Zweifel nicht zur Begründung eines Auskunftsvertrages (OLG Frankfurt NJW 1965, 1334; BGH WM 1969, 247; BGB-RGRK/Steffen § 676 Rn 10). Weil dem Auskunftsgeber, der im sozialtypischen Regelfall nur eine Gefälligkeit erweisen will, der Rechtsbindungswille fehlt, ist die **Auskunft in der Regel unverbindliche Gefälligkeitsauskunft**. Der Auskunftsempfänger handelt also, wenn er sich auf die Auskunft verlässt, auf eigene Gefahr (Mot II 554). Das Zustandekommen eines Auskunftsvertrags als eines **Gefälligkeitsvertrags** oder die deliktische Verantwortlichkeit ist die **Ausnahme bei der Gefälligkeitsauskunft**. Das Regel-Ausnahme-Verhältnis bezieht sich auf die rechtliche Wertung der Auskunftserteilung **aus Gefälligkeit, weil der Gesetzgeber Ratschläge und Empfehlungen mit regelmäßig unverbindlichen und haftungsfreien, nur ausnahmsweise verbindlichen und haftungsbewehrten Auskünften gleichsetzte**. Das Regel-Ausnahme-Verhältnis hat mit der statistischen Häufigkeitsverteilung zwischen unverbindlichen und verbindlichen Auskünften im Allgemeinen nichts zu tun. *De lege ferenda* stellt sich allerdings die Frage, ob der Gesetzgeber nicht der verbindlichen Auskunft, die in dem der Rechtsprechung vorgelegenen Fallmaterial eindeutig überwiegt und deren wirtschaftliche und soziale Bedeutung außer Zweifel steht, größere Aufmerksamkeit schenken sollte (vgl auch W Lorenz, in: FS Larenz [1973] 575; Lammel AcP 179 [1979] 337, 351; MünchKomm/Heermann[6] § 675 Rn 112 mit Fn 488).

C 9 Der von § 675 Abs 2 als Regel aufgestellte Unverbindlichkeitsgrundsatz gilt somit nur für den eng begrenzten Bereich **bloßer Gefälligkeitsauskünfte**. Von vornherein außerhalb des Unverbindlichkeitsgrundsatzes fallen Auskünfte, die in Erfüllung einer vertraglichen Haupt- oder Nebenleistungspflicht auf Auskunft oder in Erfüllung einer vertraglichen Nebenpflicht, etwa einer Aufklärungs-, Beratungs- oder Warnpflicht, erteilt werden oder die auf einer spezialgesetzlichen Verpflichtung beruhen. Aber auch nicht jede freiwillig, insoweit **ohne Rechtspflicht erteilte Auskunft** ist eine folgenlose Gefälligkeitsauskunft. Der Auskunftsgeber kann vielmehr für schuldhaft-unrichtige Auskünfte trotz Freiwilligkeit der Auskunftserteilung einer vertraglichen oder vertragsähnlichen Haftung unterliegen, wenn die Auskunftserteilung in ein Schutzpflichtenverhältnis eingebettet ist. Ohne Rücksicht auf Verschulden haftet er für die Richtigkeit der Auskunft dann, wenn er dafür durch Garantievertrag eine Einstandspflicht übernommen hat (s unten Rn C 35). Vor allem aber kann den Auskunftsgeber eine spezialgesetzliche Auskunftspflicht und – im Verletzungsfalle – Haftpflicht treffen. Während der historische Gesetzgeber bei der Normierung des § 676 aF bloße Gefälligkeitsauskünfte als Regelfall betrachtete, spielen heute in der „durchnormierten" Praxis des gesellschaftlichen und wirtschaftlichen Lebens die Fälle der „verbindlichen" Auskünfte mit vertraglicher, quasi-vertraglicher oder spezialgesetzlicher Auskunftshaftung eine ungleich größere Rolle gegenüber den Gefälligkeitsauskünften, an die der Gesetzgeber mit seinem Unverbindlichkeitsgrundsatz nur in Ausnahmefällen einer vertraglichen Gefälligkeit oder einer Arglist eine Auskunftshaftung knüpfen wollte. „Entgegen dem ersten Eindruck, den § 676 (aF, entspricht heute § 675 Abs 2) vermittelt, wird heute in vielfältigen Zusammenhängen für Erteilung eines fehlerhaften Rates oder einer fehlerhaften Auskunft gehaftet" (so Soergel/Häuser/Welter[12] § 676 Rn 5). Bezieht man neben den Gefälligkeitsauskünften sämtliche Formen verbindlicher Auskünfte in die Perspektive ein, kann von einem **Unverbindlichkeitsgrundsatz für Auskünfte keine Rede mehr sein**; das **Regel-Ausnahme-Verhältnis hat sich umgekehrt** (vgl Soergel/Häuser/Welter[12] § 676 Rn 6).

6. § 675 Abs 2 als Auslegungsregel

Wenn sich aus § 675 Abs 2 entnehmen lässt, dass die Erteilung einer Auskunft als solche im Zweifel nicht zur Begründung eines Auskunftsvertrages führt (s oben Rn C 8), dann darf man diese Vorschrift durchaus als eine **Auslegungsregel** ansehen (so insbes Wiegand, Die „Sachwalterhaftung" [1991] 90; wohl auch Erman/Ehmann[12] § 675 Rn 8: keine Haftung für unentgeltliche, „im Zweifel" aber wohl für entgeltliche Ratschläge und Empfehlungen; vgl auch Grunewald JZ 1982, 627; Honsell JuS 1976, 621; Schulze JuS 1983, 81 f; BGB-RGRK/Steffen § 676 Rn 10; vgl auch OLG Frankfurt NJW 1965, 1334; BGH WM 1969, 247). Die Auslegungsregel betrifft die Grenzziehung zwischen unverbindlicher, rechtsgeschäftlich nicht erfassbarer, reiner Gefälligkeit einerseits und verbindlichem, rechtsgeschäftlich erfassbarem Gefälligkeitsvertrag andererseits. Dem steht nicht entgegen, dass der für Auslegungsregeln sonst übliche Passus „im Zweifel" im Wortlaut der Vorschrift fehlt. Entscheidend ist, dass § 675 Abs 2 zum Ausdruck bringen will, dass für Rat und Empfehlung im Regelfall nicht gehaftet wird, weil es sich erfahrungsgemäß im Regelfall um eine bloße Gefälligkeit handelt, sodass die Abweichung hiervon eine begründungsbedürftige Ausnahme darstellt. In diesem Sinne darf der Rechtsanwender bei der Würdigung einer Auskunft „im Zweifel" von einer unverbindlichen Gefälligkeit ausgehen, wenn die Umstände keine abweichende Betrachtung nahe legen. Freilich ändert ein solches Verständnis als Auslegungsregel nichts an der bloß deklaratorischen Bedeutung der Norm. Denn die Auslegungsregel folgt nach heutigem Verständnis bereits aus den allgemeinen Grundsätzen der Rechtsgeschäftslehre sowie der Darlegungs- und Beweislast: Die vertragliche Verbindlichkeit einer Auskunft ist vom geschädigten Anspruchsteller darzulegen und notfalls zu beweisen. Zudem muss man sich immer der Tatsache bewusst sein, dass die Auslegungsregel vom Gesetzgeber auf Gefälligkeitsauskünfte beschränkt sein sollte; jenseits der Gefälligkeitsauskünfte kann die Auslegungsregel von vornherein keine Gültigkeit beanspruchen. C 10

7. Systemkonturen der Auskunftshaftung

Zu Recht weist Heermann darauf hin, dass sich aus § 675 Abs 2 kein „Sonderrecht der Auskunftserteilung" ableiten lässt (MünchKomm/Heermann[6] § 675 Rn 113), auch wenn in der Kommentarliteratur die Erläuterung der Vorschrift tendenziell als Sammelbecken zur Darstellung der zahlreichen, im Grunde sehr disparaten Formen und Folgen der Auskunftserteilung angesehen wird (vgl insbes Soergel/Häuser/Welter[12] § 676 insbes Rn 12 ff; Erman/Ehmann[12] § 676 insbes Rn 26 ff [zur bankrechtlichen Haftung]). Andererseits muss es aber unbenommen bleiben, sich anlässlich der Regelung des § 675 Abs 2 die dogmatisch-konstruktiven Möglichkeiten einer Auskunftshaftung zu vergegenwärtigen. Hierzu lädt die Vorschrift mit ihrem Passus „unbeschadet der sich aus einem Vertragsverhältnis, einer unerlaubten Handlung oder einer sonstigen gesetzlichen Bestimmung ergebenden Verantwortlichkeit" geradezu ein. In diesem Sinn ist der Frage nach den **möglichen Rechtsgründen einer Auskunftshaftung** nachzugehen, um damit die wichtigsten Systemkonturen nachzuzeichnen. Auch die Rechtsprechung orientiert sich bei der Suche nach und Erörterung von möglichen Anspruchsgrundlagen für eine Auskunftshaftung gern an der tradierten Systematik (vgl etwa BGHZ 145, 187 = NJW 2001, 360; BGH NJW-RR 1991, 217; BGH NJW 1989, 1029; dazu näher F Müller, Auskunftshaftung nach deutschem und englischem Recht [1995] 99 ff) und C 11 betont dabei, dass nach § 675 Abs 2 (bzw § 676 aF) aus der Auskunftserteilung allein noch keine Haftung folgt (vgl insbes BGH NJW 1992, 2080 f).

II. Selbständiger Auskunftsvertrag

1. Rechtsnatur und Erscheinungsformen

C 12 Im Mittelpunkt der Auskunftshaftung steht ungeachtet aller sondergesetzlicher Regelungen nach wie vor der selbständige Auskunftsvertrag oder Beratungsvertrag. Die Redeweise vom „selbständigen" oder „eigentlichen" Auskunftsvertrag soll die besondere Bedeutung des Auskunftsvertrags im weiten Rahmen der verschiedenen Formen vertraglicher und quasivertraglicher Auskunftshaftung (s unten Rn C 17 ff) markieren. Damit ist allerdings **kein typologisch eigenständiger Vertrag** bezeichnet, weder iS eines empirisch-realen noch iS eines normativen Vertragstypus. Die Rede vom Auskunfts- oder Beratungsvertrag bezieht sich lediglich auf den Vertragsgegenstand bzw die Hauptleistungspflicht der Erteilung von Informationen und Beratung oder der Vornahme von Begutachtungen; für einen Auskunfts- oder Beratungsvertrag als normativen Rechtsstrukturtypus besteht weder Bedarf noch überhaupt ein tauglicher Ansatzpunkt (vgl Hopt, Der Kapitalanlegerschutz im Recht der Banken [1975] 237; MünchKomm/Heermann[6] § 675 Rn 116). Vielmehr ist der **entgeltliche** selbständige Auskunftsvertrag unschwer als **Dienstvertrag** nach § 611 zu qualifizieren, wenn die beratende **Tätigkeit** geschuldet wird. Richtet er sich hingegen **erfolgsbezogen** auf die Erteilung einer Auskunft zu einer bestimmten Frage, ist er als **Werkvertrag** nach § 631 anzusehen. Die werkvertraglichen Auskunftsverträge überwiegen in der Praxis und begegnen in zahlreichen Gestaltungen, von der bloßen Fahrplanauskunft bis zur rechtsanwaltlichen Stellungnahme zu einem bestimmten Rechtsfall (RGZ 88, 226; RG JW 1936, 2861; BGH NJW 1965, 106). Der **unentgeltliche** Auskunftsvertrag begründet ein **Auftragsverhältnis** nach §§ 662 ff zwischen dem Auskunftssuchenden und dem Auskunftsgeber. Bei **Entgeltlichkeit** erhält der (dienst- oder werkvertragliche) Auskunftsvertrag **Geschäftsbesorgungscharakter** nach §§ 675 Abs 1, 663 ff, wenn die Merkmale einer Geschäftsbesorgung ieS der sog Geschäftsbesorgungsformel vorliegen, dh eine selbständige Tätigkeit wirtschaftlicher Art mit Vermögensbezug und fremdnützigem Interessenwahrungscharakter gegeben ist. Wer auf vertraglicher Grundlage einen anderen in wirtschaftlicher oder rechtlicher Hinsicht gegen Entgelt berät, ist jedenfalls interessenwahrender Geschäftsbesorger, gleichviel ob er sich auf die Verschaffung notwendiger Informationen beschränkt oder auch bestimmte Schlussfolgerungen nahelegt oder anempfiehlt. Fehlt es an den Merkmalen der Geschäftsbesorgung, wie etwa – mangels Wirtschaftlichkeit und Vermögensbezugs der Tätigkeit – bei der Beratung durch einen Arzt, kann es nicht zur Aktivierung der in § 675 Abs 1 genannten auftragsrechtlichen Regelungen kommen.

C 13 Entgeltliche selbständige Auskunftsverträge mit der Hauptleistungspflicht der Erteilung von Informationen und Beratung oder der Vornahme von Begutachtungen begegnen in Wirtschaft und Gesellschaft in vielfältigen Erscheinungsformen. Sie werden von Privatpersonen wie von Unternehmen als Auskunftssuchenden beispielsweise mit **Rechtsanwälten, Steuerberatern** und **Wirtschaftsprüfern**, mit **Notaren**, mit **Kreditinstituten, Auskunfteien** oder **Kreditinformationssystemen**, mit **Ingenieuren** oder **Architekten** geschlossen. Immer geht es dabei um ein mehr oder weniger gezieltes Auskunftsersuchen über eine mehr oder weniger deutlich abgegrenzte Frage, die der Auskunftssuchende von einem Experten bzw Spezialisten beantwortet haben will, um darauf zumeist sein Entscheidungsverhalten bzw seine Handlungen auszurichten. Dabei greift der Auskunftsgeber zwar zu allermeist, aber nicht notwendig auf eigene Sachkunde bzw Datenbestände zurück; er kann auch lediglich auf die Informationsbeschaffung aus ansonsten schwer zugänglichen Quellen etwa im Ausland oder von schwer ermittelbaren Personen spezialisiert sein. Allerdings darf der empirische Befund der häufigen Verknüpfung von Auskunftsverträgen mit bestimmten Berufsgruppen nicht zu der Annahme einer selbständigen **Auskunftshaftung kraft beruflicher Stellung** jenseits der anerkannten dogmatisch-konstruktiven Anspruchsgrundlagen führen (vgl dazu Sutschet, Der Schutzanspruch zugunsten Dritter [1999] 139 ff; Jost, Vertragslose Auskunfts- und Beratungshaftung [1991] 122 f; Esser, Die zivilrechtliche Haftung des Wirtschaftsprüfers gegenüber Dritten aus dem Bestätigungsvermerk [1981] 87 ff). Die sog **Lehre von der Berufshaftung** (vgl insbes Hopt AcP 183 [1983] 608, 705 ff; Grunewald JZ 1982, 627, 630; Benedict ZIP 2005, 2129,) bemüht sich zwar darum, bereits an die Ausübung bestimmter Berufe eine Haftung für Auskünfte des Berufsausübenden zu knüpfen, ist aber bisher eine überzeugende Einbettung in das schuldrechtliche Haftungssystem schuldig geblieben. Daran ändert auch der Hinweis auf Bernhard Windscheid nichts, der schon in seinem Lehrbuch des Pandektenrechts (Bd II [8. Aufl 1900] § 404 Fn 4) verlautbart hat: „Wer die Dienste eines Menschen in Anspruch nimmt, welcher von dem Besitze einer Kunst oder Wissenschaft Profession macht, darf, abgesehen von besonderen Umständen, voraussetzen, dass derselbe diejenigen Kenntnisse und Fähigkeiten habe, welche man in dieser Wissenschaft oder Kunst bei gewöhnlichem Fleiße und gewöhnlicher Gewissenhaftigkeit zu erwerben im Stande ist." Einem „removement from contract to status" darf auch im Bereich der Haftung für Auskünfte zumindest nicht ohne ausdrückliche gesetzgeberische Anordnung der Boden bereitet werden.

2. Zustandekommen

Aus § 675 Abs 2 folgt, dass die Erteilung eines Rates, einer Empfehlung oder einer Auskunft als solche nicht zu einer rechtsgeschäftlichen Verpflichtung oder Haftung führt, sodass die Auskunft **unverbindlich** im Sinn von **rechtsfolgenlos** ist (RGZ 157, 228, 233). Die Auskunft ist für sich betrachtet keine Willens-, sondern eine Wissenserklärung; sie ist tatsächlicher und nicht rechtlicher Art. Eine **verbindliche, rechtsfolgenbelastete** Auskunft ist indes gegeben, wenn zwischen dem Auskunftsgeber und dem Auskunftsempfänger nach §§ 145 ff ein – ausdrücklicher oder stillschweigender – Auskunfts- oder Beratungsvertrag zustande kommt, der die Erteilung der Auskunft oder die Übernahme der Beratung oder zumindest die Übernahme der Haftung für schuldhaft-unrichtige Auskünfte zum Gegenstand hat. Ein **stillschweigend (konkludent)** abgeschlossener Auskunftsvertrag mit einer Haftung für die „Richtigkeit der Auskunft", richtiger: für eine pflichtwidrig und schuldhaft erteilte Falschauskunft, ist anzunehmen, wenn eine Würdigung der Gesamtumstände des Einzelfalls unter Berücksichtigung der Verkehrsauffassung zu dem Ergebnis gelangt, dass die Parteien nach dem normativen Inhalt ihrer Erklärungen die Auskunft und die Haftung für deren Richtigkeit zum Vertragsgegenstand erheben wollten (vgl insbes BGH NJW 1992, 2080 f und BGHZ 123, 126 = NJW 1993, 2433). Ein stillschweigender Vertragsabschluss ist vor allem in Betracht zu ziehen, wenn die Auskunftserteilung zum Beruf oder zum Gewerbe des Auskunftsgebers gehört (vgl hierzu bereits Mot II 555; Münch- C 14

Komm/Heermann[6] § 675 Rn 122; BGH NJW 1992, 2080 f; BGH NJW 1992, 3167 f). Ein starkes Indiz kann darin gesehen werden, dass der Auskunftsgeber die selbständige Überprüfung von Angaben des Geschäftspartners des Auskunftsempfängers in Aussicht stellt (BGH WM 1995, 287). Es versteht sich, dass der Rechtsanwender bei der Prüfung des stillschweigenden (konkludenten) Zustandekommens eines Auskunftsvertrags mit besonderer Sorgfalt auf einen **rechtsgeschäftlichen Erklärungswert** des konkludenten Verhaltens der Vertragspartner zu achten und der Versuchung einer **Flucht in die Fiktion** zu widerstehen hat. Andernfalls besteht die Gefahr, dass der Auskunftsgeber nicht haftet, weil er es will, sondern weil er es soll (ähnlich Ebke/Fechtrup JZ 1986, 1112, 1115).

C 15 Der selbständige Auskunftsvertrag kommt mithin immer erst durch die übereinstimmenden Willenserklärungen des Auskunftssuchenden und des Auskunftsgebers nach §§ 145 ff zustande. Beim Zustandekommen des Auskunftsvertrags sind auch die Regelungen des § 663 BGB (Anzeigepflicht bei Ablehnung) und des § 362 HGB (Fiktion des Schweigens als Antragsannahme) zu beachten. Voraussetzung für den selbständigen Auskunftsvertrag ist jedoch stets, dass der Auskunftsgeber die Auskunft mit entsprechendem Rechtsbindungswillen (Verpflichtungswillen) erteilt (BGH WM 1978, 576). Die Beratung durch einen Rechtsanwalt, die in ihrer Durchführung der geschäftsbesorgungsrechtlichen Pflichtenbindung unterliegt, basiert zu allermeist auf einem ausdrücklich, gelegentlich auch stillschweigend geschlossenen Vertrag. Das Gleiche gilt für die Beratung eines Kunden durch eine Bank über eine Geldanlage (vgl insbes BGHZ 123, 126 = NJW 1993, 2433; vgl auch BGH NJW 1973, 456 = WM 1973, 164, BGHZ 100, 117, 118), der zuletzt als „bloße Fiktion" zunehmende Kritik erfuhr (vgl dazu § 675 Rn B 7), aber auch für die Anlageberatung durch einen Wirtschaftsprüfer (BGH WM 1975, 763) oder Steuerberater (BGH WM 1960, 1353).

3. Haftung

C 16 In allen Fällen des selbständigen Auskunftsvertrags kommt es bei einer pflichtwidrig und schuldhaft unrichtigen bzw unterlassenen Auskunft und bei einem daraus entstehenden Schaden für den Auskunftsempfänger zu einer **vertraglichen Schadensersatzhaftung** nach § 280 Abs 1 (vgl auch Mot II 555). Insbesondere stellt sich bei Vorliegen eines selbständigen Auskunftsvertrags nicht die Frage, ob den Auskunftsgeber „nur" eine Haftung „nach Vertragsgrundsätzen" trifft. Auch soweit ein lediglich stillschweigend geschlossener Auskunftsvertrag vorliegt, ist der Rekurs auf eine vertragsähnliche Auskunftshaftung kraft laufender Geschäftsverbindung (s unten Rn C 22) oder kraft „eines Auskunftskontakts" und damit in Anspruch genommenen Vertrauens (s unten Rn C 25) fehl am Platz, wenn sich nach den Regeln der Rechtsgeschäftslehre ein selbständiger Auskunftsvertrag ausmachen lässt (so mit Recht BGH NJW 1973, 456). Auch bankmäßige Auskünfte, zB Kreditauskünfte führen bei verschuldeter Unrichtigkeit zu einer vertraglichen Haftung der Bank, wenn sie im Rahmen einer von der Bank ausdrücklich oder stillschweigend übernommenen vertraglichen Anlageberatung erteilt werden. Die Erteilung von bankmäßigen Auskünften als solche stellt allerdings – der Wertung des § 675 Abs 2 entsprechend – noch nicht ohne Weiteres den Abschluss eines stillschweigenden Auskunftsvertrages dar. Mangels eines solchen Auskunftsvertrags kann insoweit bei Kunden eine Auskunftshaftung kraft Geschäftsverbindung, bei Nichtkunden eine Vertrauenshaftung der Bank aus Auskunftskontakt in Betracht kommen.

III. Begleitende vertragliche Auskunftshaftung

Von einem **„unselbständigen Auskunftsvertrag"** war in der Bearbeitung aus dem Jahr 1995 die Rede, wenn dem Auskunftsgeber im Rahmen eines **anderstypischen Vertragsverhältnisses** zusätzlich zu den Hauptleistungspflichten eine **Auskunfts- oder Beratungspflicht** oder wenigstens eine Verpflichtung zu sorgfältiger Auskunftserteilung kraft besonderer Vereinbarung **als Nebenleistungspflicht oder als Nebenpflicht** obliegt (Staudinger/Wittmann [1995] § 676 Rn 11). Diese Terminologie erscheint indes nicht recht glücklich, weil sie quer zu der kategorischen Unterscheidung zwischen selbständigen und unselbständigen Nebenpflichten liegt; sie hat auch keine Resonanz im Schrifttum oder in der Rechtsprechung gefunden. Ist die Auskunfts- oder Beratungspflicht als Nebenleistungspflicht oder Nebenpflicht im Rahmen eines Vertragsverhältnisses zu verstehen, sollte man besser von einer **begleitenden vertraglichen Auskunftshaftung** sprechen. Auch hier haftet der Auskunftsgeber nach § 280 Abs 1 für eine pflichtwidrige und schuldhafte Nicht-Erteilung bzw Falscherteilung der Auskunft (vgl BGH WM 2002, 1456). Selbstredend können solche vertraglichen Aufklärungs-, Beratungs- oder Warnpflichten ebenso durch Unterlassen wie durch falsche Auskünfte verletzt werden (BGH WM 1977, 334, 336). Auch wenn der Auskunftsgeber die Auskunft freiwillig (ohne Auskunftspflicht) erteilt, kann er durch eine haftungsbegründende Vereinbarung eine Einstandspflicht für die sorgfältige Auskunftserteilung übernehmen. Besteht für den Auskunftssuchenden **ein selbständiger Anspruch** auf Auskunft oder auf Beratung im Rahmen etwa eines Kauf- oder Kreditvertrags, eines Leasing- oder Factoringvertrags, eines Dienst- oder Werkvertrags, eines Kommissions- oder Speditionsvertrags usw, dann erfolgen Auskunft und Beratung zur **Erfüllung einer Nebenleistungspflicht**. Aber auch ohne eine solche (ausdrückliche oder stillschweigende) Vereinbarung einer begleitenden Auskunftspflicht können aus **Treu und Glauben** bei praktisch allen Vertragstypen und ihren Typenkombinationen nach den konkreten Umständen des Einzelfalles Auskunfts- und Beratungspflichten für einen Vertragspartner als **Nebenpflichten iS von Schutzpflichten** gem § 241 Abs 2 für einen der Vertragspartner erwachsen. Die Rechtsprechung hat immer wieder §§ 242, 260 zum Ausgangspunkt für eine Auskunftspflicht genommen, wenn nach Art und Inhalt eines Schuldverhältnisses ein Vertragspartner über Bestand oder Umfang seiner Rechtsposition im Unklaren ist und der andere Vertragspartner mit zumutbarem Aufwand die zur Beseitigung der Unklarheit erforderlichen Auskünfte aus seiner Sphäre beibringen könnte (vgl nur BGH NJW 1995, 386, 387 mwNw). Voraussetzung für eine begleitende vertragliche Auskunftshaftung wegen Verletzung einer Nebenpflicht (Schutzpflicht) aus Treu und Glauben ist aber immer ein innerer Zusammenhang mit der Hauptleistungspflicht. Fehlt es daran, scheidet die begleitende vertragliche Auskunftshaftung aus. So fällt die Mitwirkung des Architekten beim Verkauf eines Hauses idR aus dem Rahmen eines gewöhnlichen Architektenvertragsverhältnisses, sodass die Übernahme einer Haftung für sorgfältige Beratung bei der Auswahl des Käufers allenfalls durch selbständigen Beratungsvertrag möglich ist (BGH WM 1972, 826). **C 17**

Ob bei besonderer Vereinbarung einer Auskunfts- oder Beratungspflicht ein selbständiger Auskunftsvertrag oder eine begleitende Neben(leistungs)pflicht zu einem anderstypischen Vertrag vorliegt, kann im Einzelfall zweifelhaft sein (BGH MDR 1958, 422; BGH WM 1977, 1027). Zu berücksichtigen ist zudem, dass die Haftung für die Verletzung einer begleitenden vertraglichen Auskunftspflicht mit der Haftung für **C 18**

Verschulden beim Vertragsschluss nach §§ 280 Abs 1, 241 Abs 2, 311 Abs 2 konkurrieren kann (BGH Betrieb 1974, 2392; Lorenz, in: FS Larenz [1973] 578, 588). Eine begleitende Auskunfts- oder Beratungspflicht liegt regelmäßig vor, wenn der **Verkäufer** zugleich mit dem Abschluss eines Kaufvertrags die Haftung für die schon während der Verkaufsverhandlungen erfolgte Beratung des Käufers übernimmt. Dann verdrängt die begleitende vertragliche Auskunftshaftung die Haftung für Verschulden bei Vertragsschluss. Es kommt durchaus häufig vor, dass der Verkäufer als Nebenpflicht im Rahmen des Kaufvertrags die Haftung für sorgfältige Auskunftserteilung übernimmt (zB BGH WM 1977, 1027). Hierher gehört die vom Verkäufer übernommene Beratung über die Verwendungsmöglichkeit der Kaufsache zu einem bestimmten Zweck (BGH NJW 1965, 148: Elektrospeicheröfen; BGH WM 1971, 74: Dachfolie), über die Eingliederung der Kaufsache in den Betrieb des Käufers (BGH NJW 1962, 1196), über die mit ihr verbundenen Vorteile (BGH Betrieb 1974, 2382: Kalkulation eines Futtermittelhändlers über das durchschnittlich erzielbare Lebendschlachtgewicht bei der Putenmast) und Risiken (BGH WM 1977, 1027: gleichzeitige Verwendung verschiedener Pflanzenschutzmittel). Solche Angaben **beratender Art** vor oder nach Vertragsabschluss unterscheiden sich von **Zusicherungen** dadurch, dass sich letztere auf die Eigenschaften der verkauften Sache als solche beschränken (BGH MDR 1958, 422; BGH NJW 1973, 843, 844), während eine besondere Beratungspflicht zusätzlich bei Abschluss des Kaufvertrages übernommen wird. Für die **Verjährung** des Anspruchs aus schuldhaft unrichtiger Beratung gegen den Verkäufer gilt bei der einen Kaufvertrag begleitenden vertraglichen Auskunftshaftung § 438 nur ausnahmsweise, nämlich nur dann entsprechend, wenn bei der Beratung über die Verwendungsmöglichkeit der Kaufsache eine bestimmte Eigenschaft im Vordergrund steht (BGH NJW 1965, 148, 150).

C 19 Begleitende vertragliche Auskunfts- und Beratungspflichten als Nebenleistungs- oder Nebenpflichten können auch im – insoweit meist dispositiven – Gesetzesrecht vorgesehen sein. So bestimmt das Gesetz in § 402 eine Auskunftspflicht für den Zedenten gegenüber dem Zessionar über die abgetretene Forderung, die sich als eine Nebenleistungspflicht aus dem der Abtretung zugrunde liegenden Kausalverhältnis versteht. Zahlreiche im BGB verstreute Vorschriften sehen gleichfalls Auskunftspflichten im Rahmen von Vertragsverhältnissen (vgl §§ 666, 713, 740 Abs 2) oder außerhalb von Vertragsverhältnissen vor (vgl §§ 799 Abs 2 S 1, 1839, 2003 Abs 2, 2011, 2012 Abs 1 S 2, 2057 S 1, 2218). Es versteht sich, dass Auskunfts- und Informationspflichten besonders häufig bestehen, wenn die Hauptleistungspflicht auf die Besorgung eines fremden Geschäfts iSd § 675 Abs 1 gerichtet ist und damit § 666 anwendbar ist (Erman/Ehmann[12] § 675 Rn 10).

IV. Auskunftshaftung wegen Verschuldens bei Vertragsschluss

1. Allgemeines

C 20 Eine Haftung für schuldhaft-unrichtige Auskunft nach Vertragsgrundsätzen (quasivertragliche Haftung) kann sich auf die **vorvertraglichen Beziehungen** zwischen Auskunftsgeber und Auskunftsempfänger nach §§ 280 Abs 1, 241 Abs 2, 311 Abs 2 gründen. Besteht eine **vorvertragliche Aufklärungspflicht**, so haftet der Verhandlungspartner nicht nur für (schuldhaft) wahrheitswidrige, sondern auch für unterlassene Auskunft (BGH NJW 1978, 41, 42). Die Haftung aus Verschulden beim Vertragsschluss kann mit der Haftung aus selbständigem Auskunfts- oder Beratungsvertrag sowie mit der begleitenden vertraglichen Auskunftshaftung (s oben Rn C 18) zusammentreffen (BGH Betrieb 1974, 2392; BGH NJW 1979, 1449). Eine solche Auskunftshaftung aus *culpa in contrahendo* konnte nach der Rechtsprechung schon vor der Schuldrechtsreform von 2002 auch den **rechtsgeschäftlichen oder gesetzlichen Stellvertreter** bzw **Verhandlungsgehilfen** treffen, wenn er die Vertragsverhandlungen maßgeblich im eigenen Interesse führt, dabei das persönliche Vertrauen des Verhandlungspartners in Anspruch nimmt und aus dem Geschäftsabschluss persönlichen Nutzen erstrebt (BGH WM 1971, 498, 499). Inzwischen wird die Haftung des Vertreters bzw Verhandlungsgehilfen aus *culpa in contrahendo* von §§ 311 Abs 3, 241 Abs 2 erfasst.

2. Sachwalterhaftung

C 21 Einen zweifelhaften Sonderfall der Auskunftshaftung Dritter aus *culpa in contrahendo* nach §§ 311 Abs 3, 241 Abs 2 bildet die sog Sachwalterhaftung (vgl dazu MünchKomm/Heermann[6] § 675 Rn 128; Erman/Ehmann[12] § 675 Rn 16, 22 u 24; Erman/Berger[14] § 675 Rn 131 f; Soergel/Schur[13] § 675 Rn 126). Unter diesem Stichwort wird gelegentlich die Haftung von Sachverständigen, Rechtsanwälten, Steuerberatern, Wirtschaftsprüfern, Fachgutachtern aber auch von Anlagevermittlern oder Gebrauchtwagenhändlern erfasst, die im Rechtsverkehr typischerweise als besonders objektive und neutrale, vertrauenswürdige und seriöse Auskunftspersonen und Verhandlungsgehilfen auftreten und mit ihren Informationen die Vertragsverhandlungen oder gar einen Vertragsabschluss – zT auch ohne ein Eigeninteresse daran – maßgeblich fördern. Der „Sachwalter" beansprucht für sich angeblich eine besondere Vertrauensstellung und trägt dadurch besonders zur Willensbildung und Entscheidungsfindung des Verhandlungs- bzw Vertragspartners bei. Zwischen dem Sachwalter als Auskunftsgeber und „Dritten" einerseits und dem Geschäftspartner andererseits soll deshalb regelmäßig ein Vertrauensschuldverhältnis mit Schutz- und Rücksichtnahmepflichten nach §§ 311 Abs 3, 241 Abs 2 zustande kommen. Die Bildung einer eigenständigen Haftungsform oder auch nur Fallgruppe der „Sachwalterhaftung" erscheint indes zweifelhaft, weil sie sich statt an den Umständen des Einzelfalls an einer soziologischen Typizität und einem beruflichen Status orientiert. Die rechtlich durchaus unkonturierte Figur entbehrt einer eindeutigen dogmatischen Verankerung und weist starke Parallelen zur bereits kritisierten **Lehre von der Berufshaftung** auf (s oben Rn C 13), die damit auf das vorvertragliche Verhandlungsgeschehen und auf einen erweiterten Kreis von Anspruchstellern ausgedehnt werden soll. In Wirklichkeit ist eine Sachwalterhaftung als besondere Auskunftshaftung ebenso entbehrlich wie unbegründbar; es gibt **keinen Sonderstatus von Sachwaltern als Auskunftsgebern mit besonderen Haftungsfolgen**. Die vertrauten Grundsätze, Anforderungen und Maßstäbe der §§ 311 Abs 3, 241 Abs 2 zur Haftung von Vertretern und Verhandlungsgehilfen aus *culpa in contrahendo* auch gegenüber den in den Schutzbereich einbezogenen Personen müssen in jedem Einzelfall zur Anwendung kommen, wobei die Rede von einem „Sachwalter" nur stört.

V. Auskunftshaftung im Rahmen einer laufenden Geschäftsverbindung

C 22 Nach ständiger Rspr des RG und des BGH kann eine laufende Geschäftsverbindung ein Vertrauensverhältnis zwischen den Beteiligten schaffen, aufgrund dessen der Auskunftsgeber dem anfragenden Kunden für sorgfältige Auskunftserteilung einer vertragsähnlichen Haftung unterliegt, sofern der Gegenstand der Auskunft in den Rahmen dieser Geschäftsverbindung fällt (grundlegend RGZ 27, 118, 121; s ferner RGZ 65, 141; 67, 395; 126, 52; 139, 103, 105; JW 1903, 151; 1907, 363; 1910, 183; 1903, 2927; LZ 1921, 264; Recht 1922 Nr 427; WarnR 1930 Nr 33, 95; 1932 Nr 37; 1937 Nr 117; BGHZ 13, 198, 200; 49, 167, 168; WM 1955, 230; WM 1956, 1056; WM 1967, 1077; WM 1969, 247; OLG Stuttgart WM 1969, 278, 279). Diese Auskunftshaftung im Rahmen einer laufenden Geschäftsverbindung hat das durch die Geschäftsverbindung geschaffene vertragsähnliche Vertrauensverhältnis zur Grundlage und hat seit jeher eine besondere Bedeutung für Auskünfte von Kreditinstituten gegenüber ihren Kunden. Das durch die Geschäftsverbindung geschaffene Vertrauensschuldverhältnis **hebt die Auskunft aus dem Bereich folgenloser Gefälligkeit heraus**. Schon vor der Schuldrechtsreform von 2002 führte die im Rahmen einer laufenden Geschäftsverbindung erteilte schuldhaft-unrichtige Auskunft zu einer Haftung des Auskunftsgebers „nach Vertragsgrundsätzen" (BGH WM 1976, 630, 631). Inzwischen lässt sich diese Haftung aus §§ 280 Abs 1, 241 Abs 2, 311 Abs 2 ableiten und speziell an dem Passus **„ähnliche geschäftliche Kontakte" in § 311 Abs 2 Nr 3** festmachen (Lang BKR 2003, 227, 232; MünchKomm/Ernst[7] § 280 Rn 133). Für Hilfspersonen, die für die Erteilung der Auskunft befugt sind, haftet der Auskunftsgeber nach § 278 (BGHZ 49, 167).

C 23 Aus einer laufenden Geschäftsverbindung als solcher folgt allerdings grundsätzlich **keine Verpflichtung zur Erteilung von Auskünften**. Das durch die Geschäftsverbindung geschaffene Vertrauensschuldverhältnis begründet vielmehr regelmäßig lediglich die Verpflichtung zu **sorgfältiger** Auskunftserteilung ohne Anspruch des Empfängers auf Erteilung der Auskunft, gleichsam nach dem **Motto: wenn schon, dann richtig**. Eine Verpflichtung zu sorgfältiger Auskunftserteilung kann sich auch aus einer gerade erst „anlaufenden", **neu begründeten Geschäftsverbindung** ergeben, wenn die Auskunft mit dem eingegangenen Geschäft in innerem Zusammenhang steht (RG WarnR 1937 Nr 117; RGZ 126, 50, 52; RG BankArch 32, 228; RG BankArch 34, 190; RG BankArch 36, 519; BGH WM 1976, 630, 631). Die **quasivertragliche** Auskunftshaftung aufgrund des Vertrauensschuldverhältnisses aus laufender Geschäftsverbindung ist von der **vertraglichen** Auskunftshaftung wegen Verletzung vertraglicher Nebenpflichten in Form begleitender vertraglicher Auskunftspflichten (s oben Rn C 17 ff) zu unterscheiden. Freilich greift die vertragsähnliche Auskunftshaftung aufgrund laufender Geschäftsverbindung nur dann ein, wenn die unterlassene oder unrichtige Auskunft nicht schon die Verletzung einer vertraglichen Pflicht aus einem selbständigen Auskunftsvertrag oder die Verletzung einer begleitenden vertraglichen Auskunftspflicht darstellt.

C 24 Der Geschäftspartner haftet nur für Auskünfte, die **in den Rahmen der laufenden Geschäftsverbindung** fallen. Die Bank haftet also nur für bankmäßige Auskünfte wie Kreditauskünfte oder Scheckbestätigungen (BGHZ 49, 167; BGH WM 1965, 287; BGH WM 1973, 1134; OLG Stuttgart WM 1969, 278), nicht hingegen für Auskünfte **ohne einen inneren Sachzusammenhang mit der Geschäftsbeziehung** (RGZ 126, 50, 52; RG WarnR 1930 Nr 33; RG Warn 1937 Nr 117; RG Recht 1909 Nr 3057; RG Recht 1922 Nr 427; BGH BB 1956, 770; OLG Celle MDR 1954, 675; Enneccerus/Lehmann, SchuldR [13. Bearb 1950] § 164 II 2; Lorenz, in: FS Karl Larenz [1973] 575, 587). Ein Zusammenhang mit einem bestimmten Einzelvertrag ist hingegen nicht erforderlich (RGZ 126, 50, 52). Die Geschäftsbeziehung muss zwischen dem Auskunftsgeber und dem Anfragenden bestehen. Die Kreditauskunft über einen Kunden an einen **Nichtkunden** gehört daher nicht in den Bereich der vertragsähnlichen Haftung aufgrund laufender Geschäftsverbindung, sondern, falls ein rechtlicher Verpflichtungswille (Rechtsbindungswille) gegeben ist, zur vertraglichen Haftung aus (stillschweigend abgeschlossenem) selbständigem Auskunftsvertrag (s oben Rn C 12 ff), ansonsten zur vertragsähnlichen Haftung bei einmaligem geschäftlichen Auskunftskontakt (s unten Rn C 25).

VI. Auskunftshaftung aus „geschäftlichem Auskunftskontakt"

Fehlt es zwischen Auskunftsgeber und Auskunftsempfänger an vertraglichen oder vorvertraglichen Beziehungen oder an einer als Haftungsgrundlage in Betracht kommenden laufenden Geschäftsverbindung, so nimmt die ständige Rspr gleichwohl eine **vertragsähnliche Haftung** dann an, wenn für den Auskunftsgeber objektiv erkennbar ist, dass die Auskunft für den Auskunftsempfänger von erheblicher Bedeutung ist und zur Grundlage wichtiger Vermögensdispositionen gemacht werden soll (RGZ 101, 297, 301; RGZ 114, 289, 290; RGZ 169, 324, 328; BGHZ 7, 371; BGHZ 74, 375; BGH WM 1957, 1432, 1434; BGH WM 1958, 397, 398; BGH WM 1958, 1080; BGH WM 1960, 660, 662; BGH WM 1962, 1110; BGH WM 1965, 287; BGH WM 1966, 1148, 1149; BGH WM 1969, 36, 37; BGH WM 1970, 878, 879; BGH WM 1971, 206, 207; BGH WM 1976, 498, 499 = LM Nr 15 zu § 676 BGB; BGH NJW 1986, 180). Dabei ist das Interesse des Auskunftsempfängers an einer verbindlichen Auskunft insbesondere dann für den Auskunftsgeber „objektiv erkennbar", wenn dieser wegen seiner **beruflichen Stellung oder besonderen Sachkunde** um Auskunft gebeten wird oder wenn bei diesem selbst ein eigenes wirtschaftliches Interesse im Spiel ist (BGHZ 7, 371, 374; BGH WM 1962, 1110; BGH WM 1969, 36, 37; BGH WM 1970, 632; BGH WM 1972, 826, 827; BGH NJW 1986, 180; BGH NJW 1989, 1029). Die Unentgeltlichkeit der Auskunft schließt diese quasivertragliche Haftung nicht aus (BGH WM 1969, 36, 37). Beim bloßen geschäftlichen Auskunftskontakt fehlt es an einem Vertragsverhältnis und insbes an einem selbständigen Auskunftsvertrag (s oben Rn C 12 ff), weil der Auskunftsgeber nicht wie ein Beauftragter oder Geschäftsbesorger mit Rechtsbindungswillen vertraglich, sondern nur im Rahmen eines meist kurzfristigen Vertrauensschuldverhältnisses die Interessen des Auskunftsempfängers wahrnimmt, der seinerseits ohne Vertragsabschluss auf die Auskunft vertraut. Nach der zitierten ständigen Rechtsprechung ist die vom Auskunftsgeber erteilte Auskunft gegenüber dem Auskunftsempfänger gleichwohl „verbindlich" und bei schuldhaft-fehlerhafter Erteilung schadensersatzbewehrt (vgl insbes RGZ 101, 297, 301: Auskunft des Lagerhalters über Lieferschein gegenüber dem Vertragspartner des Einlagerers; BGHZ 7, 331: Auskunft eines den Vermieter beratenden Wirtschaftstreuhänders an dessen Vertragspartner). C 25

Man wird auch diese Haftung, die sich in richterlicher Rechtsfortbildung über Jahrzehnte entwickelt hat, heute aus §§ 280 Abs 1, 241 Abs 2, 311 Abs 2 ableiten und speziell an dem Passus **„ähnliche geschäftliche Kontakte" in § 311 Abs 2 Nr 3** festmachen können (LANG BKR 2003, 227, 232; MünchKomm/ERNST[7] § 280 Rn 133). Wegen der einschlägigen Rechtsprechungstradition wird man weiterhin von einer **eigenständigen Fallgruppe** der Auskunftshaftung aus geschäftlichem Auskunftskontakt sprechen können. Sie unterscheidet sich von der Auskunftshaftung aufgrund laufender Geschäftsbindung dadurch, dass der geschäftliche **Auskunftskontakt punktuell begründet** wird. Schon vor der Schuldrechtsreform führte die schuldhaft-unrichtige Auskunft bei einem geschäftlichen Auskunftskontakt zu einer Haftung nach Vertragsgrundsätzen **auch für Hilfspersonen des Auskunftsgebers**, die für die Erteilung der Auskunft C 26 befugt sind, nach § 278. Dabei kommt es nicht darauf an, ob der geschäftliche Auskunftskontakt (wie meist) von dem Auskunftssuchenden nachgefragt und begründet wurde oder ob (wie im Einzelfall) der Auskunftsgeber die Initiative ergriffen hat.

C 27 Die Rspr neigte allerdings – jedenfalls bis zur Schuldrechtsreform – gelegentlich dazu, bei bloßem geschäftlichen Auskunftskontakt einen stillschweigend geschlossenen Auskunftsvertrag anzunehmen, was nicht selten auf eine Fiktion hinauslief (vgl RGZ 101, 287, 301; BGHZ 7, 371, 374 f; BGH WM 1970, 878, 879; BGH NJW 1986, 180; 1991, 32). Zum Teil sprach sie ohne nähere Konkretisierung der Haftungsgrundlage auch von einer „Haftung nach Vertragsgrundsätzen" (BGH WM 1965, 287; WM 1972, 826; WM 1976, 498, 499) oder von einer vertragsähnlichen Haftung (BGHZ 12, 105, 108; BGH NJW 1970, 1737; BGH WM 1973, 141, 143). Für einen stillschweigenden Abschluss eines Auskunftsvertrages fehlt es in den Fällen des bloßen geschäftlichen Auskunftskontakts aber an dem Rechtsbindungswillen zur Wahrnehmung der wirtschaftlichen oder rechtlichen Interessen des Auskunftsempfängers. In Wirklichkeit besteht die Haftungsgrundlage in solchen Fällen nicht in einem stillschweigend geschlossenen Auskunftsvertrag, sondern in dem vom Auskunftsgeber in Anspruch genommenen und vom Auskunftsempfänger entgegengebrachten Vertrauen (Lorenz, in: FS Karl Larenz [1973] 575, 681; Canaris, Bankvertragsrecht [3. Aufl 1988] Rn 89; vgl auch BGHZ 7, 371, 375 f; BGH WM 1976, 498, 499; **aM** BGB-RGRK/Steffen Rn 36). Die vertragsähnliche Auskunftskontakthaftung ist mithin dadurch gekennzeichnet, dass der Auskunftsgeber bei wirtschaftlich oder rechtlich entscheidungsrelevanten Auskünften aufgrund in Anspruch genommenen und gewährten Vertrauens für den Schaden verantwortlich ist, der dem Auskunftsempfänger durch die schuldhaft-unrichtige Auskunft entsteht, selbst wenn er die Auskunft ohne einen auf Abschluss eines Haftungsvertrags gerichteten Verpflichtungswillen erteilt hat (RG LZ 1915, 49; JW 1927, 1145; 1928, 1134; BGHZ 7, 331, 345). Es handelt sich also um eine Haftung, die insoweit auf objektiven Voraussetzungen beruht. Der geschäftliche Auskunftskontakt basiert auf einem vertragsähnlichen Vertrauensschuldverhältnis. Nachdem diese Form der Auskunftshaftung heute auf §§ 280 Abs 1, 241 Abs 2, 311 Abs 2 Nr 3 gestützt werden kann, bedarf es keiner fiktionalen konstruktiven „Verrenkungen" zur Begründung eines vermeintlichen Vertragsschlusses mehr.

VII. Auskunftshaftung kraft Schutzwirkung zugunsten Dritter (Drittweitergabe-Fälle)

1. Frühere dogmatische Erfassungsversuche

C 28 Die vorgenannten Fälle der Auskunftshaftung aus geschäftlichem Auskunftskontakt gem §§ 280 Abs 1, 241 Abs 2, 311 Abs 2 Nr 3 (s oben Rn C 25 ff) überschneiden sich recht stark mit den Fällen der Haftung des Auskunftsgebers für eine sog Drittweitergabe von Auskünften. Gemeint sind mit den „Drittweitergabe-Fällen" solche Konstellationen, in denen der Auskunftsempfänger als Dritter in den Schutzbereich eines Vertrags oder eines vertragsähnlichen Vertrauensschuldverhältnisses einbezogen ist, der dem Auskunftsgeber Schutzpflichten zur sorgfältigen und fehlerfreien Auskunftserteilung gegenüber Dritten auferlegt. Denn vielfach wird ein geschäftlicher Auskunftskontakt zwischen Auskunftsgeber und Auskunftsempfänger nicht isoliert begründet, sondern ist mit einer vertraglichen oder zumindest quasivertraglichen Beziehung des Auskunftsgebers zu derjenigen Person verknüpft, die die Auskunft betrifft (Auskunftsbezugsperson). Der Auskunftsgeber ist dann Vertragspartner oder zumindest Verhandlungsgehilfe der Auskunftsbezugsperson, erteilt aber einem Dritten aus eigener Initiative oder auf dessen Nachfrage eine Auskunft. Die frühere Rechtsprechung hat zur – durchaus uneinheitlichen – Lösung derartiger Fälle allerdings zunächst nicht auf das Institut des Vertrags oder des vertragsähnlichen Vertrauensschuldverhältnisses mit Schutzwirkung zugunsten Dritter zurückgegriffen, weil dies lange Zeit sehr restriktiv verstanden wurde (s unten Rn 30), sondern mit der dogmatisch verschwommenen Figur des geschäftlichen Auskunftskontakts operiert. In diesem Sinne hat die Rechtsprechung eine Auskunftshaftung aus geschäftlichem Auskunftskontakt etwa bejaht bei der Erklärung des Lagerhalters an einen Dritten, der Lieferschein des Einlagerers gehe „in Ordnung" (RGZ 101, 297), bei Auskünften eines Rechtsanwalts gegenüber der anderen als der vertretenen Partei (Gegenpartei) (RG LZ 1915, 435; RG LZ 1920, 889; RG JW 1928, 1134; BGH NJW 1972, 678; BGH WM 1978, 576), bei Auskünften des den Vermieter beratenden Wirtschaftstreuhänders gegenüber dem Mieter (BGHZ 7, 371) oder bei unrichtigen Angaben eines zu den Kaufverhandlungen hinzugezogenen Kunsthändlers gegenüber der anderen Partei (BGH WM 1969, 36). Hierher gehören auch die Kreditauskünfte oder sonstige bankmäßige Auskünfte der Banken an **Nichtkunden** sowie Bankauskünfte an Kunden, die den Rahmen der zwischen der Bank und dem Kunden bestehenden Geschäftsverbindung etwa überschreiten (BGH WM 1970, 632). Fragwürdig erscheint es, dass ein Statiker, der für eine Behörde eine Schätzung angefertigt hat, **nicht** gegenüber dem von der Behörde mit dem Bau beauftragten Unternehmer haften soll, der sich nach der Richtigkeit der Schätzung erkundigt hat (OLG Köln OLGZ 1970, 317).

Nach den in der Bearbeitung aus dem Jahr 1995 zu solchen Fällen unternommenen dogmatischen Erfassungsversuchen (vgl Staudinger/Wittmann [1995] § 676 Rn 15) sollte eine eigenständige Kategorie der **Auskunftshaftung aus unmittelbarem Auskunftskontakt** identifizierbar sein. Damit war gemeint, dass die Auskunft einerseits **unmittelbar dem Auskunftsempfänger** erteilt wird und dass der Auskunftsgeber andererseits zu derjenigen **Person, die die Auskunft betrifft (Auskunftsbezugsperson)** in vertraglichen Beziehungen steht oder zumindest ihr Verhandlungsgehilfe ist (unmittelbare Drittweitergabe). Dieser Kategorie wurde diejenige eines **mittelbaren Auskunftskontakts** zur Seite gestellt. Gemeint waren damit diejenigen Fälle, in denen Auskünfte vom Vertragspartner (!) des Auskunftsgebers **an einen Dritten** weitergegeben werden, der im Vertrauen auf die Richtigkeit der Auskunft Vermögensdispositionen trifft und dadurch einen Schaden erleidet (vgl Staudinger/Wittmann [1995] § 676 Rn 15). Bei einem mittelbaren Auskunftskontakt (einer mittelbaren Drittweitergabe) sollte der Auskunftsgeber dem Dritten nur unter den engen Voraussetzungen haften, dass erstens die Auskunft zumindest auch **für den Dritten bestimmt** war und dass zweitens für den Auskunftsgeber die Bedeutung der Auskunft für den Dritten als **Grundlage wichtiger Vermögensdispositionen** erkennbar war (vgl Staudinger/Wittmann [1995] § 676 Rn 15; vgl auch Canaris, Bankvertragsrecht [3. Aufl 1988] Rn 93; BGH WM 1976, 498, 499). Diese Differenzierungen und Kategorisierungen erscheinen indes **wenig hilfreich** und sollten nicht weiter verfolgt werden, zumal sie mit dem unpräzisen Hinweis auf ein „Vertrauensverhältnis" den rechtsdogmatischen Haftungsgrund offen lassen. Vor allem operieren sie an dem Institut des Vertrags oder vertragsähnlichen Vertrauensschuldverhältnis mit Schutzwirkung zugunsten Dritter vorbei, dessen Anwendungsbereich sich nach neuerem Verständnis erweitert hat und zur Lösung der Drittweitergabe-Fälle anbietet. C 29

2. Der Auskunftsempfänger als geschützter Dritter

C 30 In der Tat ist es heute in Übereinstimmung mit neueren Kommentierungen (Erman/Ehmann[12] § 675 Rn 16 ff; Erman/Berger[14] § 675 Rn 131; MünchKomm/Heermann[6] § 675 Rn 129) geboten, die inzwischen anerkannte Dogmatik des **Vertrags** bzw des vertragsähnlichen Vertrauensschuldverhältnisses **mit Schutzwirkung zugunsten Dritter** für sämtliche Fälle fruchtbar zu machen, in denen eine Auskunft aus einer vertraglichen oder vertragsähnlichen Beziehung heraus an einen Dritten (weiter)gegeben wird, sei es vom Auskunftsgeber, sei es von der Auskunftsbezugsperson. Die Rspr hat das früher für das Vorliegen eines Vertrags mit Schutzwirkung für Dritte verlangte Erfordernis einer Fürsorgepflicht mit personenrechtlichem Einschlag (sog „Wohl-und-Wehe"-Rechtsprechung, vgl insbes RGZ 127, 218; BGH JZ 1985, 951) seit längerer Zeit stark aufgelockert (BGH NJW 1987, 1759; BGH VersR 2005, 517, 518 f; BGHZ 176, 281 Rn 27; BGHZ 200, 188 Rn 9; vgl auch Canaris, Bankvertragsrecht [3. Aufl 1988] Rn 93; Musielak VersR 1977, 973, 977; MünchKomm/Heermann[6] § 675 Rn 129). Entscheidend ist, dass der Vertrag für den Schuldner (Auskunftsgeber) eine Schutzpflicht gegenüber dem Gläubiger nach §§ 241 Abs 2, 311 Abs 2 begründet, in deren Reichweite nach dem ausdrücklich oder stillschweigend vereinbarten Vertragsinhalt analog § 328 Abs 2 oder nach Treu und Glauben gem § 242 auch die schutzwürdigen Interessen des Dritten mit einbezogen sind. Dabei muss freilich – zur Ausgrenzung unübersehbarer Haftungsfolgen – für den Auskunftsgeber das schutzwürdige Drittinteresse und damit der Risikobereich erkennbar sein (BGHZ 49, 350; BGH NJW 1985, 489; BGH NJW 1995, 2411). Entsprechendes gilt für die vertragsähnlichen Vertrauensschuldverhältnisse mit Schutzwirkung zugunsten Dritter. Ist der Dritte aufgrund eines solchen Vertrags oder Vertrauensschuldverhältnisses mit Schutzwirkung zu seinen Gunsten vor einer schuldhaft-fehlerhaften Auskunft geschützt und hat er sein Entscheidungsverhalten oder seine Handlungen nach den Informationen mit einer Schadensfolge ausgerichtet, kann er aus eigenem Recht einen Schadensersatzanspruch aus §§ 280 Abs 1, 241 Abs 2, 311 Abs 3 S 1 gegen den Auskunftsgeber erheben. Dies betrifft im Grundsatz sowohl „unmittelbar" vom Auskunftsgeber an den Dritten erteilte wie „mittelbar" vom Vertragspartner des Auskunftsgebers an den Dritten weitergegebene Auskünfte; entscheidend für die Haftungsfrage ist freilich immer die Bestimmung und Abgrenzung des Schutzbereichs und die Einbeziehung des Dritten in diesen bestimmten und abgegrenzten Schutzbereich. In diesem Licht erscheint eine sog Haftung aus unmittelbarem oder mittelbarem Auskunftskontakt, soweit sie eine eigenständige dogmatische Institutionalisierung reklamiert, verfehlt und entbehrlich. Stattdessen ist **in allen Drittweitergabe-Fällen** für die Auskunftshaftung allein auf den Vertrag bzw das vertragsähnliche Vertrauensschuldverhältnis mit Schutzwirkung zugunsten Dritter zurückzugreifen.

C 31 Die von der früheren Rechtsprechung „wild" entschiedenen Fälle der unmittelbaren Drittweitergabe (s oben Rn 28) lassen sich auf dieser dogmatischen Grundlage angemessen lösen. Einen Vertrag mit Schutzwirkung zugunsten eines Dritten wird man beispielsweise auch annehmen können, wenn eine Bank im Auftrag eines Kunden (Dritter) bei einer Korrespondenzbank um eine Kreditauskunft ersucht und die befragte Korrespondenzbank erkannt hat, dass die Auskunft im Interesse eines bestimmten Dritten, des Kunden der anfragenden Bank, erfolgen sollte (vgl dazu BGH NJW 1970, 1737). Ohne Weiteres ist auch in den Fällen, in denen Auskünfte vom auskunftssuchenden Vertragspartner des Auskunftsgebers an einen Dritten weitergegeben werden und die man früher als Auskunftshaftung aus mittelbarem Auskunftskontakt systematisch zu erfassen versucht hat (s oben Rn C 29), nach dem heutigen Stand der privatrechtlichen Dogmatik das Institut des Vertrags mit Schutzwirkung zugunsten Dritter fruchtbar zu machen, um eine Haftung des Auskunftsgebers gegenüber dem Dritten zu begründen, wenn dieser im Vertrauen auf die Richtigkeit der Auskunft Vermögensdispositionen trifft und dadurch einen Schaden erleidet. Der Dritte kann nach der sog Drittweitergabe der fehlerhaften Auskunft einen **eigenen Schadensersatzanspruch** gegen den Auskunftsgeber geltend machen (vgl BGH WM 2003, 1621; BGH NJW-RR 2002, 1528; BGH NJW 1993, 944; BGHZ 127, 378). Beispiel hierfür ist etwa die Erstellung eines **Wertgutachtens über eine Kaufsache** für den Verkäufer; hier kann der spätere Käufer, uU sogar auch sein Kreditgeber in den Schutzbereich des Vertrags einbezogen sein (BGHZ 127, 378; vgl auch OLG Frankfurt NJW-RR 1989, 337). Dem steht nicht entgegen, dass der Verkäufer regelmäßig an einem hohen, der Käufer an einem niedrigen Wert interessiert ist (vgl BGH NJW 1997, 1235; Musielak VersR 1977, 978). Auch bei testierten **Gutachten von Wirtschaftsprüfern** hat die Rechtsprechung vielfach eine derartige **Dritthaftung** angenommen (BGH NJW-RR 1986, 1307; BGH NJW 1987, 1758; BGH NJW 1993, 944; BGH JZ 2001, 933; BGH NJW 2014, 2345 Rn 12 ff; vgl dazu Möllers JZ 2001, 909; Ebke/Scheele WM 1991, 389; Ekkenga WM-Sonderbeil 1/1996). Im Einzelfall kann auch ein fehlerhaftes **Expertengutachten im Kunsthandel** zu einer Dritthaftung führen (OLG Hamm NJW 1995, 2640; Grunewald AcP 187 [1987] 285; Braun JZ 1993, 855; ders JZ 1995, 1015). Die Rechtsprechung zur Lösung und Abgrenzung der Drittweitergabe-Fälle konzentriert sich verstärkt zu Recht auf die vertragliche Drittschutzwirkung (BGHZ 127, 378 = NJW 1995, 392; BGHZ 138, 257 = NJW 1998, 1948; BGHZ 145, 187 = NJW 2001, 360).

3. Auskunft an den, den es angeht

In der Rspr ist allerdings vereinzelt sogar in Erwägung gezogen worden, dass der Auskunftsgeber ein Angebot auf Abschluss eines haftungsbegründenden Auskunftsvertrags ausnahmsweise auch an noch unbekannte Dritte abgeben könnte (BGHZ 12, 105, 109; BGH WM 1966, 1148; BGH NJW 1970, 1737; BGH BB 1976, 855). Auch in diesem Zusammenhang wird bisweilen von „Drittweitergabe" von Auskünften gesprochen. Soweit ersichtlich, ist es aber in keinem Fall im Ergebnis zur Bejahung einer solchen Haftung gekommen (vgl insbes BGH NJW 1970, 1737). Es geht hierbei um solche Fallkonstellationen, in denen der Auskunftsgeber bei der Auskunftserteilung zwar **weiß, dass** sich jemand auf seine Auskunft verlässt, aber noch **nicht weiß, wer** auf seine Auskunft vertraut. Der Auskunftsgeber richtet gleichsam eine Auskunftserteilung oder ein Angebot zur Auskunftserteilung *ad incertas personas* (MünchKomm/Heermann[6] § 675 Rn 124). Eine derartige allgemeine **vertragliche oder vertragsähnliche Haftung für Auskünfte an die, die es angeht, ist indes abzulehnen**; sie würde zu unüberschaubaren Haftungsrisiken führen und lässt sich dogmatisch nicht herleiten (BGH NJW 1979, 1882, 1884; vgl auch Lorenz, in: FS Karl Larenz [1973] 575, 592; MünchKomm/Heermann[6] § 675 Rn 124). Wenn derjenige, der einem anderen eine Auskunft erteilt, zu einem Dritten, der sich auf die Auskunft verlässt, **nicht einmal in mittelbarem Auskunftskontakt steht und nicht in den Schutzbereich eines Vertrages oder eines vorvertraglichen Vertrauensschuldverhältnisses einbezogen ist**, dann muss es grundsätzlich bei den erschwerten Voraussetzungen einer Deliktshaftung des Auskunftsgebers sein Bewenden haben (vgl auch Erman/Ehmann[12] § 675 Rn 23). C 32

C 33 Wenn auch die „Fallgruppe“ einer besonderen „Auskunftshaftung gegenüber dem, den es angeht“ abzulehnen ist, sind damit nicht schon die älteren Gerichtsentscheidungen, die in der Literatur bisweilen als Anwendungsfälle hiervon eingeordnet werden, im Ergebnis als unrichtig zu qualifizieren (vgl dazu BGB-RGRK/Steffen § 676 Rn 41 zu RGZ 114, 289; RGZ 131, 239, 246; BGH WM 1963, 913). Bei der Aushändigung einer Bescheinigung über den Verkauf unmittelbar an einen Drittkäufer, bei der Auskunft einer Sparkasse über ein Sparbuch unmittelbar an den Kreditgeber oder bei Mitteilungen des Verkäufers an die Bank des Käufers über Gegenstand und Inhalt des Kaufvertrages usw liegt durchaus die Annahme einer Einbeziehung des Dritten in einen Vertrag oder in ein vorvertragliches Vertrauensschuldverhältnis nahe (**aA** aber wohl BGB-RGRK/Steffen Rn 41).

C 34 Gewiss hat es der Rechtsanwender auf diesem Gebiet bisweilen mit schwierigen Grenzfällen zu tun. Ein Wirtschaftsprüfer haftet, sofern er nicht an den Kreditverhandlungen auf Seiten seines kreditsuchenden Mandanten teilnimmt oder zum Kreditgeber in einem geschäftlichen Auskunftskontakt steht, dem Kreditgeber gegenüber, der sich auf die von ihm erstellte Bilanz verlässt, nicht aus Vertrag mit Schutzwirkung zugunsten Dritter, sondern allenfalls nach § 826 (vgl dazu BGH WM 1977, 52; BGH WM 1979, 326). Anders liegt es jedoch dann, wenn dem Auskunftsgeber erkennbar war, dass die Auskunft auch für den Dritten bestimmt war; er haftet dann nach den Grundsätzen über den Vertrag mit Schutzwirkung für Dritte (vgl BGH NJW 1987, 1759; **aM** Littbarski NJW 1984, 1667). Kritisch sind nicht zuletzt die Fälle, in denen ein Dienstberechtigter dem ausscheidenden Dienstverpflichteten ein (bewusst oder fahrlässig) unrichtiges Zeugnis (§ 630) ausstellt und sich die Frage stellt, ob er gegenüber einem späteren Dienstberechtigten haftet, der auf das Zeugnis vertraut (vgl dazu BGH NJW 1979, 1882, 1884). Einer Haftung kann auch unterliegen, wer die Berichtigung eines von ihm ausgestellten grob unrichtigen Dienstzeugnisses unterlässt, wenn ihm bekannt ist, dass ein bestimmter Dritter auf das Zeugnis vertraut hat und dadurch schweren Schaden zu nehmen droht (BGH NJW 1979, 1882, 1884).

VIII. Auskunftshaftung aus Garantievertrag

C 35 Von dem auf sorgfältige Auskunftserteilung gerichteten und haftungsbegründenden selbständigen Auskunftsvertrag (s oben Rn C 12 ff), von der begleitenden vertraglichen Auskunftshaftung (s oben Rn C 17 ff), der Auskunftshaftung wegen Verschuldens bei Vertragsschluss (s oben Rn C 20 ff) wie auch von der zur Haftung nach Vertragsgrundsätzen führenden Auskunftserteilung im Rahmen einer laufenden Geschäftsverbindung (s oben Rn C 22 ff) oder im Rahmen eines geschäftlichen Auskunftskontakts (s oben Rn C 25 ff) und von der Auskunftshaftung kraft eines Vertrags oder vertragsähnlichen Schuldverhältnisses zugunsten Dritter (s oben Rn C 28 ff) muss schließlich die **Übernahme einer Garantie** für die Richtigkeit der Auskunft durch **Abschluss eines Garantievertrags** unterschieden werden (vgl BGHZ 7, 371 = NJW 1953, 60; BGH NJW 1962, 1500). Sie kommt wegen des Erfordernisses eines **eindeutigen Garantie- und Einstandswillens** des Auskunftsgebers freilich nur selten in Betracht; die Rechtsprechung kennt aber durchaus Fälle einer Auskunftshaftung aus Garantievertrag. Die Besonderheit ist, dass sich (nur) hier die Haftung auf den Ersatz des positiven Interesses richtet (vgl dazu noch u Rn 43), also auf den Ersatz des Schadens aus der **Befolgung des Rats** (Soergel/Häuser/Welter[12] § 676 Rn 2).

In der Erklärung des Bezogenen, dass der Wechsel „in Ordnung" gehe, kann nach den Umständen des Falles durchaus eine Garantie für die Echtheit des Wechsels liegen (RGZ 82, 337; vgl auch BGH WM 1960, 879, 881). Das Gleiche gilt für die Erklärung, dass ein vorgelegter Scheck „eingelöst" sei (RG BankArch 25, 335; BGH WM 1959, 113, 114). Der Garant haftet dabei ohne Rücksicht auf ein Verschulden auf das positive Interesse, dh auf den durch die Unrichtigkeit der Auskunft dem Auskunftsempfänger entstandenen Schaden. Bei Anfechtung des Garantievertrags wegen Irrtums muss er gemäß § 122 den Vertrauensschaden ersetzen. Bei der Scheckauskunft kommt freilich ein Garantievertrag nur unter ganz besonderen Umständen in Betracht (BGHZ 49, 167, 168; BGH WM 1973, 1134). C 36

IX. Auskunftshaftung als Prospekthaftung

Bei der Betrachtung der Auskunftshaftung in ihren verschiedenen Erscheinungsformen und mit ihren verschiedenen Rechtsgründen darf die sog **Prospekthaftung** nicht kommentarlos bleiben. Damit sind zum einen **spezialgesetzliche Haftungstatbestände** im Bereich des organisierten Kapitalmarktrechts im engeren Sinn des Wertpapiermarkts bezeichnet, die an den Vertrieb unrichtiger oder unvollständiger Prospekte anknüpfen. Solche spezialgesetzlichen Prospekthaftungstatbestände finden sich in den **§§ 21–25 WpPG**. Seit der Leitentscheidung des II. Zivilsenats des BGH vom 24. 4. 1978 (BGHZ 71, 284 = BGH NJW 1978, 1625) hat sich aber eine „Zweigleisigkeit der Prospekthaftung" ausgeformt, insofern sich in der Folgezeit eine **allgemeine zivilrechtliche Prospekthaftung** neben die spezialgesetzliche gesellt hat. In jener Entscheidung sah das Gericht die Klage gegen die Geschäftsführer einer Komplementär-GmbH, die zugleich als Vertreterin aller übrigen Kommanditisten auftrat, wegen irreführender Angaben in einem von ihr verwandten Anlageprospekt auf der Grundlage einer *culpa in contrahendo* als begründet an. Die umworbenen Anleger eines Werbeprospekts können danach darauf vertrauen, dass der Prospekt alle für ihre Anlagenentscheidung wichtigen Angaben vollständig und richtig wiedergibt. Von der Publikums-KG (vgl auch BGH NJW 2002, 1711) wurde der Anwendungsbereich dieser Haftungsgrundsätze auf den Vertrieb von Bauherrenmodellen (BGHZ 111, 314 = NJW 1990, 2461; BGHZ 126, 166 = NJW 1994, 2226) und Bauträgermodellen (BGHZ 145, 121 = NJW 2001, 436) ausgeweitet, um einen umfassenden Anlegerschutz vor unvollständigen und fehlerhaften Prospekten zu gewährleisten. Dabei werden neben den gesellschaftsrechtlich verantwortlichen Organen auch sog **Initiatoren** in den Kreis der haftenden Personen einbezogen, die auf die Geschäftsführung einen maßgeblichen Einfluss ausüben. Darüber hinaus können auch sog **Gründer und Gestalter**, insbes **Rechtsanwälte, Steuerberater, Wirtschaftsberater und Kreditinstitute** dieser Form der Vertrauenshaftung ausgesetzt sein, wenn sie als besondere Vertrauensträger in Erscheinung getreten sind (BGHZ 145, 187 = NJW 2001, 360; BGHZ 111, 314 = NJW 1990, 2461). Zentrales Element der allgemeinen zivilrechtlichen Prospekthaftung ist die **hervorragende Bedeutung des Prospekts für die Anlageentscheidung des Interessenten**, der darin regelmäßig die einzige Informationsquelle sieht und seinen Anlageentschluss danach ausrichtet. Man wird die allgemeine zivilrechtliche Prospekthaftung indes nicht als bloße Erscheinungsform einer „allgemeinen Vertrauenshaftung" aus § 241 herleiten, sondern als **Sonderhaftung zwischen Vertrag und Delikt** ansehen müssen (ausf Ochs, Die einheitliche kapitalmarktrechtliche Prospekthaftungstheorie [2005] insbes 127 ff, 177 ff). C 37

X. Deliktische Auskunftshaftung

C 38 Liegt ein Vertragsverhältnis oder ein vertragsähnliches Vertrauensschuldverhältnis zwischen den Beteiligten nicht vor, so wird durch die fehlerhafte und schädigende Erteilung eines Rates, einer Empfehlung oder einer Auskunft eine Haftung nur dann begründet, wenn sich diese als unerlaubte Handlung darstellt. Da durch unrichtige Ratschläge, Empfehlungen und Auskünfte idR **keine absoluten Rechtsgüter** verletzt werden, die verursachten Schäden in der Regel **reine Vermögensschäden** sind und § 823 Abs 1 das Vermögen als solches nicht schützt, scheidet diese Vorschrift als Anspruchsgrundlage für eine deliktische Auskunftshaftung zu allermeist aus. Allerdings kann ein Schadensersatzanspruch bei Verletzung eines Schutzgesetzes durch die fehlerhafte Auskunft aus § 823 Abs 2 abgeleitet werden, wobei in erster Linie an den **Betrugstatbestand** des § 263 StGB, an den **Kapitalanlagebetrug** nach § 264a StGB und an die **Untreue** nach § 266 StGB zu denken ist. Vor allem aber kann eine deliktische Auskunftshaftung auf § 826 gestützt werden. Im Rahmen des Tatbestands der Kreditgefährdung nach § 824 kann uU sogar eine Haftung für leicht fahrlässig erteilte Fehlauskünfte begründet sein.

C 39 Der Schwerpunkt der deliktischen Auskunftshaftung liegt auf der Anwendung des § 826, ist also auf Tatbestände der vorsätzlichen und sittenwidrigen Schädigung beschränkt (RGZ 67, 395; RG JW 1922, 1390; RGZ 91, 80; BGH WM 1979, 326). Hierbei kann allerdings eine leichtfertige, grob fahrlässige Auskunft genügen, wenn nur ein (bedingter) Schädigungsvorsatz vorliegt (BGH WM 1962, 934; BGH WM 1966, 1149, 1150; 1975, 559). Der Tatbestand des § 826 ist aber nur erfüllt, wenn der Auskunftsgeber die objektiv falsche Auskunft mit zumindest bedingtem Schädigungsvorsatz (BGH WM 1966, 1148, 1149; 1976, 498, 500) *und* in einer gegen die guten Sitten verstoßenden Weise erteilt hat (BGH NZG 2016, 1346 Rn 25). Im Falle der Weitergabe einer Schätzurkunde über den Wert eines Grundstücks des Empfängers an einen Dritten ist es für die Anwendung des § 826 daher erforderlich, dass der Aussteller mit der Möglichkeit rechnete, ein Dritter könne im Vertrauen auf die Richtigkeit der Urkunde Schaden erleiden, und dass er außerdem diesen Erfolg billigend in Kauf genommen hat (BGH WM 1966, 1148, 1149). Ein Sittenverstoß kann auch durch leichtfertiges, grob fahrlässiges Verhalten gegeben sein (BGHZ 10, 228, 233; BGH WM 1966, 1148, 1149; BGH WM 1970 878, 879; BGH NJW 1970, 1737, 1738; BGH WM 1976, 498, 500; BGH NJW 2008, 1734 Rn 29; OLG Celle MDR 1954, 675; kritisch zum Sittenverstoß durch grobe Fahrlässigkeit aber H Honsell JuS 1976, 628 f). Die Art des sittenwidrigen Verhaltens kann für den Schädigungsvorsatz Anhaltspunkte bieten (RGZ 90, 106; Enneccerus/Lehmann, SchuldR [13. Bearb 1950] § 236 II 3 c), ihn jedoch nicht ersetzen (vgl BGH WM 1956, 1229; BGH LM Nr 3 zu § 826 C BGB). In einer Auskunftserteilung „ins Blaue hinein" kann uU bereits ein sittenwidriges Handeln gesehen werden (BGH NJW 1991, 3282; OLG Hamm VersR 1995, 225; OLG Stuttgart BB 1994, 2032).

C 40 Unübersehbar ist jedoch, dass Voraussetzungen für eine deliktische Auskunftshaftung häufig an unüberwindlichen Schwierigkeiten der Beweislast des geschädigten Auskunftsempfängers scheitern. Gerade deshalb hat sich neben der vertraglichen Haftung aus selbständigem und unselbständigem Auskunftsvertrag die vorgenannte Rechtsprechung mit ihren zahlreichen Fallgruppen herausgebildet, die im Ergebnis zu einer quasi-vertraglichen Schadensersatzhaftung mit Verschuldensvermutung nach § 280 Abs 1 S 2 für primäre Vermögensschäden führen soll. Vor allem durch die Auskunftshaftung aufgrund eines Vertrags oder vertragsähnlichen Vertrauensschuldverhältnisses mit Schutzwirkung zugunsten Dritter (s oben Rn C 28 ff) ist die Bedeutung der deliktischen Auskunftshaftung zurückgedrängt worden. „Angesichts der … von der Rechtsprechung ausgeweiteten Vertragshaftung kommt es auf außervertragliche Haftungsgrundlagen meistens auch gar nicht an" (so Soergel/Häuser/Welter[12] § 676 Rn 7).

Als gefährlich müssen Bestrebungen eingeschätzt werden, eine deliktische Auskunftshaftung dadurch zu stärken, dass man die potenziellen Auskunftsgeber mit (richterrechtlich ausgeformten) **Verkehrspflichten bzw Verkehrssicherungspflichten** und im Ergebnis mit absoluten Schutzpflichten gegenüber jedermann belastet (so aber tendenziell vBar JuS 1982, 643; Brüggemeier AcP 182 [1982] 424; dagegen zu Recht Grunewald AcP 187 [1987] 296; Erman/Ehmann[12] § 675 Rn 15). Damit würde zum einen das Normengefüge der §§ 823 ff derangiert, wonach ohne Verletzung eines absoluten Rechts (§ 823 Abs 1) oder eines Schutzgesetzes iSd § 823 Abs 2 nur bei vorsätzlicher sittenwidriger Schädigung ein Ersatz reiner Vermögensschäden in Betracht kommen darf. Zum andern widerstreiten diese Überlegungen der gesetzgeberischen Zielsetzung des § 675 Abs 2, der „tief im allgemeinen Rechtsbewusstsein verwurzelt (ist) und verhindert, dass jedermann für die 1000 gut gemeinten Ratschläge und Empfehlungen, die täglich wohlfeil im ‚gesellschaftlichen Verkehr' ausgeteilt werden, zu haften hat" (so Erman/Ehmann[12] § 675 Rn 9 aE). C 41

XI. Schadensersatzpflicht

1. Inhalt und Umfang des Ersatzes

Liegen die vorstehenden Voraussetzungen einer vertraglichen, vertragsähnlichen oder deliktischen Auskunftshaftung vor, so ist nach § 249 S 1 derjenige Zustand wiederherzustellen, der ohne die Pflichtverletzung bestehen würde. Der Auskunftsempfänger ist mithin so zu stellen, wie er bei pflichtgemäßem Verhalten des Auskunftsgebers stehen würde. Die Differenzhypothese des § 249 S 1 zwingt mithin je nach den Umständen des Falles zur Prüfung, wie der Auskunftsempfänger ohne Auskunft oder bei richtiger Auskunft stünde. Wer die Auskunft, den Rat oder die Empfehlung erteilt hat, ist also nach § 249 S 1 zum Ersatze des Schadens verpflichtet, der dem Auskunftsempfänger dadurch entstanden ist, dass dieser sich auf die Auskunft verlassen hat. Es sind also die Nachteile auszugleichen, die ihm durch die aufgrund der Falschauskunft getroffenen Vermögensdispositionen entstanden sind (BGHZ 49, 167, 174; BGH NJW-RR 1995, 619). Es geht mithin um eine **Vertrauenshaftung auf das negative Interesse**. Der durch pflichtwidrig falsch erteilten Rat entstandene Nachteil, dass Wertpapiere verloren gegangen sind, die später eine günstige Kursentwicklung zeigten, wird nicht dadurch ausgeglichen, dass aufgrund pflichtgemäß erteilten Rates später andere Wertpapiere angeschafft wurden, die sich ebenfalls günstig entwickelten (BGH WM 1972, 19, 20). Auch bei der vorvertraglichen Auskunftshaftung geht der Schadensersatzanspruch auf das negative Interesse. Wenn erst infolge der fehlerhaften Auskunft ein Vertragsverhältnis zustande gekommen ist, richtet sich der Anspruch nach § 249 auf Herstellung desjenigen Zustands, der ohne den Vertragsabschluss bestehen würde (RGZ 151, 357, 359; BGH WM 1955, 728; 1965, 315; 1974, 51). Der Auskunftsempfänger kann danach die Aufhebung des Vertrags bzw die C 42

Befreiung von seinen vertraglichen Verpflichtungen verlangen (BGH WM 1974, 51, 52).

C 43 Den Ersatz seines **positiven Interesses** am Vorliegen der Tatsachen, auf die sich die Auskunft bezogen hat, kann der Auskunftsempfänger grds nicht verlangen. Wer auf eine falsche Kreditauskunft hin einem anderen ein Darlehen gewährt hat, muss nicht etwa so gestellt werden, wie wenn der in Wahrheit nicht kreditwürdige Darlehnsnehmer der falschen Kreditauskunft entsprechend kreditwürdig gewesen wäre, sondern so, wie wenn er über die fehlende Kreditwürdigkeit richtig informiert worden wäre. Sowohl beim negativen als auch beim positiven Interesse geht es zwar um das **Interesse an der Richtigkeit der Auskunft**. Beim **negativen Interesse** wird die „Richtigkeit" aber dadurch bestimmt, dass der Inhalt der Auskunft hypothetisch den Tatsachen angeglichen wird. Beim **positiven Interesse** würden die Tatsachen hypothetisch der falschen Auskunft angeglichen werden. Das positive Interesse kann der Auskunftsempfänger nur verlangen, wenn der Auskunftsgeber für die Richtigkeit der Auskunft eine Garantie übernommen hat; (nur) hier kann der Auskunftsempfänger den „Ersatz des Schadens aus der **Befolgung des Rats**" verlangen (Soergel/Häuser/Welter[12] § 676 Rn 2).

2. Verschuldenszurechnung und Mitverschuldenseinwand

C 44 Im Bereich der vertraglichen und vertragsähnlichen Auskunftshaftung trifft den Auskunftsgeber die Erfüllungsgehilfenhaftung nach § 278, sodass etwa ein Rechtsanwalt für seinen Bürovorsteher einzustehen hat (RGZ 101, 248). Bei juristischen Personen erfolgt die Verschuldenszurechnung nach § 31 (BGHZ 49, 19; BGH NZG 2016, 1346 Rn 13), bei öffentlich-rechtlichen Körperschaften und Anstalten nach § 89 (RGZ 148, 286, 296). Auch ansonsten gelten die üblichen Verschuldenszurechnungsnormen, zB § 425 bei echten Gesamtschuldnern wie Anwaltssozien.

C 45 Ein Mitverschulden des Anfragenden schränkt die Haftung des Auskunftsgebers gemäß § 254 ein (RG Warn 1908 Nr 463; RG JW 1916, 1273; RG WarnR 1937 Nr 117; RG Warn 1938 Nr 100 = SeuffA 92 Nr 124). Die Vorschrift des § 254 greift zu Lasten des Auskunftsempfängers jedoch nicht schon deswegen ein, weil er auf die Auskunft vertraut und dadurch einen Mangel an Sorgfalt gezeigt hat (BGH WM 1965, 287, 288). Ein Mitverschuldensvorwurf kann erst in Betracht kommen, wenn der Auskunftsempfänger den Angaben des Auskunftsgebers ohne Rückfragen blindlings, dh grob fahrlässig vertraut, obwohl sich Bedenken gegen die Zuverlässigkeit geradezu aufdrängen (BGH WM 1973, 164, 166 = NJW 1973, 456, 458; BGH WM 2002, 1456; vgl auch RGZ 162, 129, 156; RG JW 1931, 3097; BGH NJW 1984, 921), oder wenn er einen vom Auskunftsgeber gemachten Vorbehalt außer Acht lässt (BGH WM 1965, 287, 288; OLG Karlsruhe VersR 1972, 203, 204). Der Auskunftsgeber ist notfalls, wenn er sonst zur Auskunftserteilung nicht in der Lage ist, verpflichtet, einen entsprechenden Vorbehalt zu machen (BGH WM 1962, 1110). Steht in den Fällen der Drittweitergabe einer fehlerhaften Auskunft die Auskunftshaftung gegenüber einem Dritten aus einem Vertrag mit Schutzwirkung zugunsten des Dritten (s oben Rn C 28 ff) in Rede, kann der Auskunftsgeber gegenüber dem Dritten analog § 334 auch das Mitverschulden seines Vertragspartners einwenden (BGHZ 33, 247, 250; BGH NJW 1975, 867).

XII. Haftungsausschluss

Der Auskunftsgeber kann die Haftung für Fahrlässigkeit und die Erfüllungsgehilfenhaftung nach § 278 durch **Individualvereinbarung** mit dem Auskunftsempfänger grds ausschließen. Die Haftung für Vorsatz kann ihm gemäß § 276 Abs 3 „nicht im Voraus erlassen werden". Für Erfüllungsgehilfen kann aber sogar die Haftung für vorsätzliches Handeln ausgeschlossen werden, § 278 S 2. Grenzen kann der individualvertragliche Haftungsausschluss freilich durch die Grundsätze des Organisationsverschuldens (RGZ 115, 122) oder bei Vorsatz und grober Fahrlässigkeit von Repräsentanten juristischer Personen iSd § 31 (BGHZ 13, 198; BGHZ 38, 186) finden. Auch kann es der Wirksamkeit eines Haftungsausschlusses nach § 242 entgegenstehen, dass der Auskunftsgeber mit seinem Ratschlag oder seiner Empfehlung eigennützige Ziele verfolgte (RGZ 126, 50; RGZ 139, 103; BGHZ 13, 198). Der wirksame Haftungsausschluss durch **AGB bzw formularvertragliche Klauseln** setzt zunächst voraus, dass die AGB bzw das Klauselwerk Vertragsbestandteil geworden sind, §§ 305, 305a. Im Übrigen ist eine Haftungsminderung oder -freizeichnung (zB durch Wendungen wie „ohne unser Obligo" „ouO" oder dergl) an § 309 Nr 7 sowie an der Generalklausel des § 307 zu messen (vgl Canaris, Bankvertragsrecht [3. Aufl 1988] Rn 84; BGH WM 1970, 1021; BGH WM 1971, 206; OLG Köln WM 1973, 1125, 1127). Steht die Auskunftshaftung gegenüber einem Dritten aus einem Vertrag mit Schutzwirkung zugunsten des Dritten (s oben Rn C 28 ff) in Rede, kann der Auskunftsgeber die mit seinem Vertragspartner vereinbarte Haftungsbeschränkung grds auch dem Dritten analog § 334 entgegenhalten, falls sich die Haftungsbeschränkung auch auf die Drittweitergabe erstrecken sollte (BGHZ 127, 378 = JZ 1995, 307 mit Anm Medicus S 308 und Canaris S 441; vgl auch Klein JZ 1997, 390). C 46

D. Anmeldung und Registrierung zu Gewinnspielverträgen (§ 675 Abs 3)

Durch Art 4 des Gesetzes gegen unseriöse Geschäftspraktiken (v 1. 10. 2013, BGBl I 3714; vgl dazu Köhler NJW 2013, 3477 ff) wurde § 675 mit Wirkung zum **9. 10. 2013** um einen neuen Absatz 3 erweitert. Für die intertemporale Anwendbarkeit kommt es nach Art 229 § 33 EGBGB auf den Zeitpunkt des Vertragsschlusses an, der vor dem 9. 10. 2013 erfolgt sein muss (Staudinger/Omlor [2016] Art 229 § 33 EGBGB Rn 1). Die Gesetzesverfasser ordneten die Formvorschrift des § 675 Abs 3 als **Reaktion auf Missstände** ein, die durch das „Unterschieben" von Gewinnspieldienstverträgen entstanden waren (BT-Drucks 17/13057, 24). Im Fokus der Gesetzesverfasser standen vor allem Angebote unter den Bezeichnungen „Gewinneintragungsdienst", „Gewinnspielservice" und „Gewinnspielclub" (BT-Drucks 17/13057, 24). Ihnen ist gemeinsam, dass die Auftraggeber monatlich eine Vergütung dafür entrichten, dass die Auftragnehmer diese für eine Vielzahl von Gewinnspielen anmelden, die von Drittunternehmern angeboten werden. Da solche **Gewinnspieldienstverträge als Geschäftsbesorgungsverträge** eingeordnet werden (BT-Drucks 17/13057, 24; ebenso Erman/vWestphalen[14] Rn 151), wurde die Formvorschrift an § 675 angefügt. Dem Auftraggeber steht danach sowohl ein Auskunfts- (§§ 675 Abs 1, 666) als auch ein Herausgabeanspruch in Bezug auf erzielte Gewinne (§§ 675 Abs 1, 667 Alt 2) zu. Durch das Textformerfordernis (im Einzelnen Staudinger/Hertel [2012] § 126b Rn 25 ff) sollen insbesondere **telefonische Vertragsabschlüsse ausgeschlossen** werden. Die *ratio legis* des § 675 Abs 3 liegt daher vor allem in der **Warnung** des Auftraggebers und seinem D 1

Schutz vor Übereilung. Für das Textformerfordernis ist es daher unerheblich, ob die Anwerbung durch den Anbieter von Gewinnspieldiensten wettbewerbsrechtlich zulässig war (ERMAN/vWESTPHALEN[14] Rn 152).

§ 675a
Informationspflichten

Wer zur Besorgung von Geschäften öffentlich bestellt ist oder sich dazu öffentlich erboten hat, stellt für regelmäßig anfallende standardisierte Geschäftsvorgänge (Standardgeschäfte) schriftlich, in geeigneten Fällen auch elektronisch, unentgeltlich Informationen über Entgelte und Auslagen der Geschäftsbesorgung zur Verfügung, soweit nicht eine Preisfestsetzung nach § 315 erfolgt oder die Entgelte und Auslagen gesetzlich verbindlich geregelt sind.

Materialien: Eingefügt durch Art 1 des ÜberweisungsG v 21. 7. 1999, BGBl 1999 I 1642, E: BT-Drucks 14/745, in Umsetzung der Richtlinie 97/5/EG des Europäischen Parlaments und des Rates v 27. 1. 1997 über grenzüberschreitende Überweisungen, ABl EG Nr L 43 S 25 v 14. 2. 1997, sowie der teilweisen Umsetzung der Art 3 und 5 der Richtlinie 98/26/EG des Europäischen Parlaments und des Rates v 19. 5. 1998 über die Wirksamkeit von Abrechnungen in Zahlungs- sowie Wertpapierliefer- und -abrechnungssystemen, ABl EG Nr L 166 S 45 v 11. 6. 1998. Die Vorschrift des § 675a wurde geändert durch G zur Modernisierung des Schuldrechts v 26. 11. 2001, BGBl 2001 I 3138, E: BT-Drucks 14/6857 (Regierungsentwurf), BT-Drucks 14/6040 (Abgeordnetenentwurf), BT-Drucks 14/7052 (Rechtsausschuss) sowie zuletzt im Zuge der Umsetzung der ersten Zahlungsdiensterichtlinie (Richtlinie 2007/64/EG über Zahlungsdienste im Binnenmarkt vom 13. 11. 2007, ABl EU Nr L 319 S 1 vom 5. 12. 2007) durch das G zur Umsetzung der Verbraucherkreditrichtlinie, des zivilrechtlichen Teils der Zahlungsdiensterichtlinie sowie zur Neuordnung der Vorschriften über das Widerrufs- und Rückgaberecht vom 29. 7. 2009, BGBl I 2355.

Schrifttum

Zu Informationspflichten bei der Erbringung von Zahlungsdiensten s die Angaben zu Art 248 EGBGB.

Systematische Übersicht

Alphabetische Übersicht

I. Kodifikationstechnische Hintergründe

Die Regelung des § 675a gewährt nach der Gesetzesbegründung einen **„individuellen Informationsanspruch" des Kunden/Auftraggebers** gegen den Normadressaten in Form eines „Anspruchs auf Geschäftsanbahnungsinformation" (BT-Drucks 14/745, 15). Der Kunde/Auftraggeber soll schon während der Geschäftsanbahnung die von ihm möglicherweise zu erbringende Gegenleistung taxieren und uU einen **Markt- und Konditionenvergleich** vornehmen können. Die Vorschrift blickt auf eine zwar junge, aber **bewegte Kodifikationsgeschichte** zurück. Sie ging zunächst auf die Überweisungsrichtlinie (Richtlinie 97/5/EG über grenzüberschreitende Überweisungen v 27. 1. 1997 [ABl EG Nr L 43 S 25 v 14. 2. 1997]) zurück, in deren Art 3 bis 5 katalogartig Informationspflichten aufgelistet waren, die die Mitgliedstaaten ihren Kreditinstituten auferlegen mussten. In Umsetzung dieser Richtlinie hat der deutsche Gesetzgeber durch das ÜberweisungsG v 21. 7. 1999 (BGBl 1999 I 1642) mit Wirkung vom 14. 8. 1999 den § 675a aF geschaffen, der ursprünglich aus drei Absätzen bestand. Der **damalige Abs 2** (Verordnungsermächtigung) ist durch das SchuldrechtsmodernisierungsG v 26. 11. 2001 (BGBl 2001 I 3138) **ins EGBGB** verpflanzt worden und dort zum **Art 239** geworden, während § 675a Abs 1 aF unverändert geblieben und der damalige § 675a Abs 3 aF danach zu § 675a Abs 2 aF geworden ist. Denn das SchuldrechtsmodernisierungsG hatte durch seinen Art 2 „Änderung des Einführungsgesetzes zum Bürgerlichen Gesetzbuch" in Nr 4 den neuen siebten Teil „Durchführung des Bürgerlichen Gesetzbuchs, Verordnungsermächtigungen" geschaffen, um die früher im BGB und in den verbraucherschutzrechtlichen Spezialgesetzen verstreuten Verordnungsermächtigungen in diesem Teil zusammenzufassen. 1

Das Bundesministerium der Justiz hatte zunächst auf der Ermächtigungsgrundlage des vom 14. 8. 1999 bis zum 31. 12. 2001 geltenden § 675a Abs 2 aF die **Verordnung über Kundeninformationspflichten vom 30. 7. 1999** (BGBl 1999 I 1730) erlassen, die am 14. 8. 1999, zeitgleich mit dem neuen Überweisungsrecht, in Kraft trat. Diese Verordnung über Kundeninformationspflichten wurde sodann als selbständige Verordnung durch Art 6 Nr 1 des SchuldrechtsmodernisierungsG aufgelöst, das mit seinem Art 4 die alte Verordnung über Informationspflichten von Reiseveranstaltern vom 14. 11. 1994 (BGBl 1994 I 3436) geändert und zu einer „Verordnung über Informationspflichten nach Bürgerlichem Recht" umgestaltet hat. Diese BGB-Informationspflichten-VO vom 2. 1. 2002 (BGBl I 2002, 342) hatte mit Wirkung vom 9. 1. 2002 die 2 alte Verordnung über Kundeninformationspflichten ersetzt. In deren „Abschnitt 4 – Informationspflichten von Kreditinstituten" – waren zunächst in § 10 die „Kundeninformationspflichten von Kreditinstituten" geregelt und in § 11 die „betroffenen Überweisungen" genannt. Diese Vorschriften entsprechen wörtlich den früheren §§ 1 und 2 der alten Verordnung über Kundeninformationspflichten. Die ursprüngliche BGB-Informationspflichten-VO vom 2. 1. 2002 wurde durch VO vom 13. 3. 2002 (BGBl I 2002, 1141), vom 28. 3. 2002 (BGBl I 2002, 1230) und vom 1. 8. 2002 (BGBl I 2002, 2958) ersetzt und mit VO vom 5. 8. 2002 (BGBl I 2002, 3002) neu bekannt gemacht. Inzwischen beschränkt sie sich auf die Regelung von Informations- und Nachweispflichten von Reiseveranstaltern und **betrifft** daher **nicht mehr das Geschäftsbesorgungsrecht**.

3 Im Zuge der **Umsetzung der ersten Zahlungsdiensterichtlinie** 2007/64/EG (vgl Vorbem 3 zu §§ 662 ff und § 675 Rn A1) entfielen § 675a S 2 und 3 aF (BT-Drucks 16/11643, 98). Die dort enthaltenen Informationspflichten sind seither **abschließend in Art 248 EGBGB** normiert (im Einzelnen Staudinger/Omlor [2016] Art 248 EGBGB). Weitergehende oder abweichende Informationspflichten aus § 675a im Kontext mit der Erbringung von Zahlungsdiensten bestehen nicht.

II. Allgemeine Informationspflichten für öffentliche Geschäftsbesorger

1. Normadressaten

4 In § 675a sind zunächst die allgemeinen Informationspflichten für solche Personen geregelt, die „zur Besorgung von Geschäften öffentlich bestellt" sind oder „sich dazu öffentlich erboten" haben. Man kann diese Normadressaten als „öffentliche Geschäftsbesorger" bezeichnen. Hierzu können nicht nur natürliche und juristische Personen, sondern auch rechtsfähige Personengesellschaften gehören. Nicht durch ausdrückliche Verweisung, wohl aber durch seinen parallelen Wortlaut im ersten HS nimmt § 675a auf die auftrags- und geschäftsbesorgungsrechtliche Vorschrift des § 663 Bezug. Allerdings ist der Geschäftsbesorgungsbegriff des § 675a, wie sich bereits aus der systematischen Stellung im Untertitel „Geschäftsbesorgungsvertrag" ergibt, im engeren Sinne der entgeltlichen Geschäftsbesorgung nach § 675 Abs 1 zu verstehen. Eigentlich war der deutsche Umsetzungsgesetzgeber bei der Überweisungsrichtlinie lediglich zur Aufstellung von Informationspflichten für Kreditinstitute verpflichtet; er hatte es aber für angemessen gehalten, darüber hinausgehend einen allgemeinen Informationsanspruch auch gegenüber anderen öffentlichen Geschäftsbesorgern zu regeln und hierzu terminologisch die Spezialbestimmung des § 663 aufzugreifen (vgl dazu BT-Drucks 14/745, 15).

2. Informationspflichtige Standardgeschäfte

5 Informationspflichtig sind nach § 675a „Standardgeschäfte", die vom Gesetz – allerdings tautologisch – als „regelmäßig anfallende standardisierte Geschäftsvorfälle" definiert werden. Ein Standardgeschäft erkennt man insbesondere daran, dass seine Einzelheiten (Zustandekommen, Inhalt, Abwicklung, Beendigung) zu allermeist durch vorformulierte Geschäftsbedingungen (AGB) näher geregelt sind, dass es im Geschäftsverkehr häufig wiederkehrt und bekannt ist sowie dass dafür von vornherein ein Entgelt festgesetzt ist. Wie in der Gesetzesbegründung besonders betont wird, gehören Geschäfte von besonderem individuellen Zuschnitt und/oder mit besonderer individueller Aushandlung und Vereinbarung des Entgelts nicht zu den Standardgeschäften (BT-Drucks 14/745, 15). Der Begriff des „Standardgeschäfts" insinuiert Gleichförmigkeit und Regelmäßigkeit; er will den typischen Massenverkehr im **Bereich der Bankgeschäfte**, aber auch im Bereich **anderer Geschäftsbesorgungen** erfassen, der aus Rationalisierungsgründen weitgehend vereinheitlicht ist. In diese Richtung weist auch der Blick auf die öffentlich bestellten oder sich öffentlich erbietenden Normadressaten (s oben Rn 7), denn die „öffentliche Geschäftsbesorgung" ist wirtschaftlich auf Gleichförmigkeit und Regelmäßigkeit der Geschäfte angelegt. Zu den Standardgeschäften gehören im Bereich der Bankgeschäfte neben dem Überweisungsverkehr ohne Weiteres das Lastschriftverfahren sowohl in der Form des Abbuchungsauftrags- wie des Einzugsermächtigungsverfahrens, der Scheckverkehr und der Zahlungsverkehr mittels Kreditkarten, aber auch das Depot- und Verwahrgeschäft. Für Zahlungsdienste gilt nun der spezielle § 675d. Auch außerhalb der Bankgeschäfte zeichnen sich Standardgeschäfte regelmäßig am Einsatz von vorformulierten Geschäftsbedingungen aus. Dabei unterfällt auch das erste der den regelmäßigen „Standard" begründenden Geschäfte unter die Vorschrift. Allerdings hat der Gesetzgeber des § 675a eine begriffliche Bezugnahme auf allgemeine Geschäfts- oder vorformulierte Vertragsbedingungen unterlassen, sodass im Einzelfall uU auch außerhalb des AGB-Rechts „Standardgeschäfte" iSd § 675a denkbar bleiben.

Die verlangten Informationen müssen „Entgelte und Auslagen der Geschäftsbesorgung" zum Gegenstand haben, „soweit nicht eine Preisfestsetzung nach § 315 erfolgt" ist oder die Entgelte und Auslagen „gesetzlich verbindlich geregelt" sind. In diesen beiden Ausnahmefällen dürften vielfach schon keine „Standardgeschäfte" vorliegen. Die **erste Ausnahme** wird im Übrigen dadurch relativiert, dass die formularmäßige Einräumung eines einseitigen Leistungsbestimmungsrechts nach § 315 der AGB-rechtlichen Inhaltskontrolle nach § 307 I S 1 unterworfen ist (vgl BGH NJW 1983, 1894). Diese Ausnahme wird etwa durch Nr 12 Abs 1 S 3, Abs 3 der AGB-Banken illustriert. Die **zweite Ausnahme** zielt speziell auf „Freiberufler" ab und geht auf einen Vorstoß des Bundesrats zurück (BT-Drucks 14/1067, 2). Gesetzlich festgelegte Entgelte finden sich etwa bei Ärzten, bei Rechtsanwälten (RVG) sowie bei Architekten und Ingenieuren (HOAI). Die Gesetzesbegründung (BT-Drucks 14/745, 21) hebt hervor, dass bei individuell ausgehandelten Geschäftsbesorgungen die Informationspflichten der Regelung nicht anwendbar sein sollen. 6

3. Informationsinhalt

Die von der Regelung erfassten „Entgelte und Auslagen der Geschäftsbesorgung" sind sämtliche Gegenleistungen, die dem Vertragspartner abverlangt werden, wie immer sie bezeichnet oder berechnet werden mögen: Preise, Gebühren, Provisionen, Disagien, Vergütungen. Die Aufzählung ist als bloß beispielhaft zu verstehen, denn nach Sinn und Zweck der Vorschrift soll dem Kunden eine genaue Ein- und Abschätzung seiner Gegenleistungspflichten und -lasten und damit eine Würdigung von Alternativangeboten am Markt ermöglicht werden. Als „Auslagen" sind solche Kosten anzusehen, die dem Auftraggeber über die Entgelte hinaus belastet werden und die vom beauftragten Geschäftsbesorger vorher zu tragen waren, weil er sie „verauslagt" hat. Als **ungeschriebenes Tatbestandsmerkmal** wird man es ansehen 7 müssen, dass der Informationsinhalt **transparent und damit leicht verständlich aufbereitet** sein muss.

4. Informationsform

8 Die Information hat nach § 675a „schriftlich, in geeigneten Fällen auch elektronisch" sowie „unentgeltlich" zu erfolgen. Das Erfordernis der „schriftlichen" Information hat freilich nichts mit dem gesetzlichen Schrifterfordernis nach § 126 (mit eigenhändiger Unterschrift) zu tun, sondern meint einfach nur eine **körperlich-textliche und von einem gegenständlichen Informationsträger ablesbare Textform**. Man kann hierfür auf die in § 126b geregelte Textform (Wiedergabe durch Schriftzeichen auf einer Urkunde oder in einer zur dauerhaften Wiedergabe geeigneten Form) zurückgreifen, sodass in § 675a **das Merkmal „schriftlich" als „in Textform" zu verstehen** ist. Da die Information „zur Verfügung" gestellt werden muss, kann sich der öffentliche Geschäftsbesorger darauf beschränken, sie für eine Kenntnisnahme bereitzustellen und bereitzuhalten, sie durch Aushang einsehbar zu machen, sie auf Anforderung auszuhändigen oder zuzusenden oder sonst zu sichern, dass der Kunde die schriftlichen Informationen in Ruhe lesen und sich damit vertraut machen kann. Dagegen ist nicht erforderlich, dass der Geschäftsbesorger eine Eigeninitiative entfaltet und dem Kunden die Informationen aktiv zur Kenntnis bringt oder sich gar einer Kenntnisnahme vergewissert und sich rückabsichert. Auf die Anforderungen an eine Bekanntmachung iS des § 5 der Preisangabenverordnung idF der Bekanntmachung vom 28. 7. 2000 (BGBl I 2000, 1244) wird man bei der Konkretisierung des Merkmals der Zurverfügungstellung in § 675a Abs 1 nur eingeschränkt und vorsichtig zurückgreifen können.

9 Man wird auch für die nähere Kennzeichnung der in § 675a für „geeignete Fälle" vorgesehenen **„elektronischen" Informationsform** nicht auf die Regelung des § 126a zurückgreifen können, denn die dort geregelte „elektronische Form" bestimmt sich von ihrer Funktion des Ersatzes einer Schriftform iS des § 126 her. Vor allem ist im Rahmen des § 675a eine „elektronische Signatur" entbehrlich. Vielmehr geht es lediglich darum, dass die in einem Datensatz gespeicherten Informationen für den Kunden mittels Internet oder mittels eines Terminals, von zu Hause oder von irgendeinem anderen Computer mit Internet-Zugang aus, oder auch mittels eines Bildschirms in den Geschäftsräumen abrufbar und damit verfügbar sind. Eine Ausdrucksmöglichkeit, dh eine Umwandlungsmöglichkeit in eine schriftliche Form, ist nicht erforderlich.

10 Zur Informationsform gehört auch die **vorgeschriebene Unentgeltlichkeit** der Zurverfügungstellung, mit der eine Kostenbelastung etwa für „Porti/Papier" oder für sonstigen Aufwand ausgeschlossen ist. Das Unentgeltlichkeitserfordernis hindert den öffentlichen Geschäftsbesorger allerdings nicht daran, dem Kunden besondere Aufwendungen (etwa auch Portokosten) als Aufwendungsersatzanspruch nach § 670 dann in Rechnung zu stellen, wenn der Kunde einen **überobligationsmäßigen Einsatz** verlangt hat, etwa eine Zusendung der Informationen per Post nach Hause gewünscht hat, wo deren Aushang in den Geschäftsräumen nach § 675a ausreichend gewesen wäre. Lädt der Kunde auf seinem Personal Computer die zur Verfügung gestellten Informationen herunter, fallen zwar gewisse Kosten an, doch sind diese zu gering, um die Unentgeltlichkeit in Frage zu stellen.

§ 675b
Aufträge zur Übertragung von Wertpapieren in Systemen

Der Teilnehmer an Wertpapierlieferungs- und Abrechnungssystemen kann einen Auftrag, der die Übertragung von Wertpapieren oder Ansprüchen auf Herausgabe von Wertpapieren im Wege der Verbuchung oder auf sonstige Weise zum Gegenstand hat, von dem in den Regeln des Systems bestimmten Zeitpunkt an nicht mehr widerrufen.

Materialien: Neufassung im Zuge der Umsetzung der ersten Zahlungsdiensterichtlinie (Richtlinie 2007/64/EG über Zahlungsdienste im Binnenmarkt v 13. 11. 2007 [ABl EU Nr L 319 S 1 v 5. 12. 2007]) durch das G zur Umsetzung der Verbraucherkreditrichtlinie, des zivilrechtlichen Teils der Zahlungsdiensterichtlinie sowie zur Neuordnung der Vorschriften über das Widerrufs- und Rückgaberecht vom 29. Juli 2009, BGBl I 2355. Die Vorschrift basiert auf Art 5 der Zahlungssicherungsrichtlinie (Richtlinie 98/26/EG über die Wirksamkeit von Abrechnungen in Zahlungs- sowie Wertpapierliefer- und -abrechnungssystemen v 19. 5. 1998 [ABl EG Nr L 166 S 45 v 11. 6. 1998]).

Schrifttum

S die Nachweise zu den Vorbem zu §§ 662 ff.

Systematische Übersicht

Alphabetische Übersicht

I. Systematische und teleologische Verortung

§ 675b führt § 676 S 3 aF fort. Im Zuge der **Umsetzung der ersten Zahlungsdiensterichtlinie** (Richtlinie über Zahlungsdienste im Binnenmarkt v 13. 11. 2007 [ABl EU Nr L 319 S 1 v 5. 12. 2007]), genauer: durch Art 1 Nr 47 des Gesetzes zur Umsetzung der Verbraucherkreditrichtlinie, des zivilrechtlichen Teils der Zahlungsdiensterichtlinie 1 sowie zur Neuordnung der Vorschriften über das Widerrufs- und Rückgaberecht vom 29. Juli 2009 (BGBl I 2355), wurde § 676 aF neugefasst und § 675b eingefügt. Die Vorschrift basiert auf **Art 5 der Zahlungssicherungsrichtlinie** (Richtlinie 98/26/EG über die Wirksamkeit von Abrechnungen in Zahlungs- sowie Wertpapierliefer- und -abrechnungssystemen v 19. 5. 1998 [ABl EG Nr L 166 S 45 v 11. 6. 1998]), der eine Unwiderruflichkeit von Übertragungsaufträgen in Wertpapierablieferungs- und -abrechnungssystemen ab dem „in den Regeln des Systems bestimmten Zeitpunkt" vorgibt. Ziel der Regelung ist ein **Schutz** solcher Systeme **vor Risiken aus der Insolvenz von einzelnen Systembeteiligten** (vgl Erwägungsgründe 2 und 4 der Richtlinie 98/26/EG).

II. Grundlagen zur Verwahrung von Wertpapieren

2 Die Regelung des § 675b knüpft – ebenso wie ihrer Vorgängervorschrift in § 676 S 3 aF – an **sammelverwahrte Wertpapiere und Wertrechte** an. Sie ist als eine bankrechtliche Sonderregelung zu verstehen, deren **wirtschaftlicher Hintergrund** in den verkehrsüblichen Bankgeschäften der Verwahrung von vertretbaren Wertpapieren wie etwa Aktien oder Inhaberschuldverschreibungen auf der Grundlage eines Vertrages zwischen dem Kunden und seinem Kreditinstitut zu sehen ist. Typischerweise wird dabei die Verwahrung der Wertpapiere nicht unmittelbar von dem beauftragten Kreditinstitut selbst durchgeführt, sondern für dieses von speziellen Wertpapiersammelbanken in Form der Sammelverwahrung nach § 5 DepotG besorgt. Das beauftragte Kreditinstitut handelt regelmäßig als offener Vertreter oder – in verdeckter, mittelbarer Vertretung – als Kommissionär des Hinterlegers/Kunden, wenn es mit der Wertpapiersammelbank (§ 1 Abs 3 DepotG) einen Vertrag nach dem DepotG abschließt. Nach § 6 DepotG wandelt sich dabei das Eigentum des Hinterlegers/Kunden an den einzelnen Wertpapierstücken in einen Miteigentumsanteil an dem jeweiligen Sammelbestand um, sodass der Hinterleger/Kunde nur einen Auslieferungsanspruch gegen die Wertpapiersammelbank auf Lieferung von Wertpapieren zum Nennbetrag der hinterlegten Stücke aus dem Sammelbestand hat (§ 7 DepotG), den der Hinterleger/Kunde unter Einschaltung seines Kreditinstituts geltend machen kann, dem er die Wertpapiere zur Verwahrung anvertraut hat. Der Hinterleger/Kunde bleibt freilich zur Verfügung über seinen Miteigentumsanteil am Sammelbestand berechtigt, wobei diese Verfügung über die weiterhin in Sammelverwahrung verbleibenden Wertpapiere (genauer: über seinen Miteigentumsanteil am Sammelbestand) im Regelfall durch Abtretung seines Auslieferungsanspruchs nach § 931 an den Erwerber erfolgt. Will der Hinterleger/Kunde über seinen Wertpapierbestand zugunsten eines Erwerbers verfügen, dann schaltet er zur Vornahme des Übertragungsgeschäfts an den Erwerber sein Kreditinstitut ein, indem er mit diesem einen Übertragungsvertrag schließt.

III. Der Übertragungsvertrag

1. Begriff

3 In **§ 676 S 1 aF** wurde der Übertragungsvertrag als ein „Geschäftsbesorgungsvertrag" definiert, „der die Weiterleitung von Wertpapieren oder Ansprüchen auf Herausgabe von Wertpapieren im Wege der Verbuchung oder auf sonstige Weise zum Gegenstand hat". Ungeachtet der Streichung der **Legaldefinition** in der Neufassung

von § 675b kann an dieser Begrifflichkeit weiterhin festgehalten werden (MünchKomm/HEERMANN[6] Rn 4). Nach der Gesetzesbegründung (BT-Drucks 14/745, 27) sollten auch **nicht wertpapierrechtlich verbriefte Wertrechte** (vgl § 1 Abs 1 DepotG) von der Norm erfasst werden. Der Gesetzgeber stuft Wertrechte als Unterfall von Wertpapieren ein (SOERGEL/WERNER[13] Rn 4). Damit kommt auch § 675b ein **breiter Anwendungsbereich** zu, der insbesondere Aktien, Zwischenscheine, Zins-, Gewinnanteils- und Erneuerungsscheine ebenso wie Kuxe, Inhaberschuldverschreibungen oder Bundesanleihen einschließt. Vom Anwendungsbereich ausgenommen sind dagegen Banknoten, Schecks und Wechsel, Hypotheken- und Grundschuldbriefe, die nicht der Sammelverwahrung unterliegen. Die Übertragung muss weiterhin im Rahmen eines **Wertpapierablieferungs- und Abrechnungssystems iSv Art 2 lit a der Zahlungssicherungsrichtlinie** (Richtlinie 98/26/EG über die Wirksamkeit von Abrechnungen in Zahlungs- sowie Wertpapierliefer- und -abrechnungssystemen v 19. 5. 1998 [ABl EG Nr L 166 S 45 v 11. 6. 1998]), der § 1 Abs 16 KWG zugrunde liegt.

2. Gegenstand

Der Übertragungsvertrag kommt nicht nur zwischen dem Bankkunden/Hinterleger und seinem die Wertpapiere unter Einschaltung einer Wertpapiersammelbank verwahrenden Kreditinstitut, sondern auch in der Hinterlegungskette zwischen dem Kreditinstitut und der tatsächlichen Verwahrstelle zustande (SOERGEL/WERNER[13] Rn 3). Er hat „zum Gegenstand" eine „Weiterleitung" entweder von verwahrten Wertpapiere selbst oder von „Ansprüchen" auf deren Herausgabe an einen Begünstigten (den Erwerber), und zwar „im Wege der Verbuchung oder auf sonstige Weise". In allen Fällen geht es um die **Übertragung von (regelmäßig: sammelverwahrten) Wertpapieren von einem Bankkunden auf einen anderen, den „Begünstigten"**. Der Übertragungsvertrag hat eine geschäftsbesorgungsvertragliche Rechtsnatur (SOERGEL/WERNER[13] Rn 3: mit werkvertraglichem Charakter) und ist lediglich **schuldrechtlicher Verpflichtungsvertrag**, zu dessen Erfüllung noch dingliche Ausführungsgeschäfte, nämlich die Übereignung der Wertpapiere bzw die Abtretung (Übertragung der Inhaberschaft) von Herausgabeansprüchen erforderlich sind, die praktisch allein durch „Verbuchung", also ohne jeden Besitzwechsel erfolgen. Im Fall der **Sonderverwahrung** vollzieht sich dagegen die Übertragung im Wege der Übergabe eines Stückeverzeichnisses an den Erwerber (vgl § 18 Abs 3 DepotG). 4

3. Widerruf

Unter einem Widerruf iSd § 675b ist sowohl die einseitige Beendigung des Übertragungsvertrags durch Kündigung als auch die Rückgängigmachung einer einzelnen Weisung im Rahmen des Übertragsvertrages (MünchKomm/HEERMANN[6] Rn 8). Durch § 675b werden die allgemeinen Grenzen für Widerruf und Kündigung (vgl § 671 Rn 5 ff) nicht beeinträchtigt; es tritt lediglich eine **weitere zeitliche Einschränkung** hinzu (**aA** wohl ERMAN/vWESTPHALEN[14] Rn 7). Der zugrunde liegende Art 5 der Zahlungssicherungsrichtlinie (Richtlinie 98/26/EG über die Wirksamkeit von Abrechnungen in Zahlungs- sowie Wertpapierliefer- und -abrechnungssystemen v 19. 5. 1998 [ABl EG Nr L 166 S 45 v 11. 6. 1998]) schreibt lediglich den spätesten Zeitpunkt für eine Unwiderruflichkeit vor, steht aber zusätzlichen Begrenzungen durch das mitgliedstaatliche Privatrecht nicht entgegen. Durch letzteren wird die Zielsetzung aus den Erwägungsgründen 2 und 4 der Zahlungssicherungsrichtlinie, Insolvenzrisi- 5 ken innerhalb von Wertpapierablieferungs- und -abrechnungssystemen zu verringern, nicht beeinträchtigt, sondern vielmehr gefördert. Nach § 116 S 3 InsO wird der Übertragungsvertrag durch die Insolvenz des beauftragten Kreditinstituts nicht beendet (Soergel/Werner[13] Rn 6).

Sachregister

Die fetten Zahlen beziehen sich
auf die Paragrafen, die mageren Zahlen
auf die Randnummern.

J. von Staudingers Kommentar zum Bürgerlichen Gesetzbuch mit Einführungsgesetz und Nebengesetzen

Übersicht vom 1. 2. 2017
Die Übersicht informiert über die Erscheinungsjahre der Kommentierungen in der 13. Bearbeitung und deren Neubearbeitungen (= Gesamtwerk STAUDINGER). *Kursiv* geschrieben sind die geplanten Erscheinungsjahre.

Die Übersicht ist für die 13. Bearbeitung und für deren Neubearbeitungen zugleich ein Vorschlag für das Aufstellen des „Gesamtwerk STAUDINGER" (insbesondere für solche Bände, die nur eine Sachbezeichnung haben). Es wird empfohlen, die Austauschbände chronologisch neben den überholten Bänden einzusortieren, um bei Querverweisungen auf diese schnell Zugriff zu haben. Bei Platzmangel sollten die ausgetauschten Bände an anderem Ort in gleicher Reihenfolge verwahrt werden.

	Neubearbeitungen				
Buch 1. Allgemeiner Teil					
Einl BGB; §§ 1–14; VerschG	1995	2004	2013		
§§ 21–89; 90–103 (1995)	1995				
§§ 21–79		2005			
§§ 80–89		2011			
§§ 90–103; 104–133; BeurkG	2004				
§§ 90–124; 130–133			2012	2016	
§§ 134–163	1996	2003			
§§ 134–138			2011		
§§ 139–163			2010	2015	
§§ 164–240	2001	2004	2009	2014	
Buch 2. Recht der Schuldverhältnisse					
§§ 241–243	1995	2005	2009	2014	
§§ 244–248	1997	2016			
§§ 249–254	1998	2005	2016		
§§ 255–292	1995				
§§ 255–314		2001			
§§ 255–304		2004	2009	2014	
§§ 293–327	1995				
AGBG	1998				
§§ 305–310; UKlaG		2006	2013		
§§ 311, 311a, 312, 312a–i			2005	2013	
§§ 311b, 311c			2006	2012	
§§ 313, 314	*2019*				
§§ 315–327		2001	2004	2009	2015
§§ 328–361b	1995	2001			
§§ 328–359			2004		
§§ 328–345				2009	2015
§§ 346–361				2012	
§§ 358–360					2016
§§ 362–396	1995	2000	2006	2011	2016
§§ 397–432	1999	2005	2012		
§§ 433–534	1995				
§§ 433–487; Leasing		2004			
§§ 433–480			2013		
Wiener UN-Kaufrecht (CISG)	1994	1999	2005	2013	
§§ 488–490; 607–609		2011	2015		
VerbrKrG; HWiG; § 13a UWG; TzWrG	1998	2001			
§§ 491–512		2004	2012		
§§ 516–534		2005	2013		
§§ 535–563 (Mietrecht 1)	1995				
§§ 564–580a (Mietrecht 2)	1997				
2. WKSchG; MÜG (Mietrecht 3)	1997				
§§ 535–562d (Mietrecht 1)		2003	2006	2011	
§§ 563–580a (Mietrecht 2)		2003	2006	2011	
§§ 535–555f (Mietrecht 1)					2014
§§ 556–561; HeizkostenV; BetrKV (Mietrecht 2)					2014
§§ 562–580a; Anh zum Mietrecht: AGG (Mietrecht 3)					2014
MietNovG 2015	2015				
Leasing			2014		
§§ 581–606	1996	2005	2013		
§§ 607–610 (siehe §§ 488–490; 607–609)	./.				
§§ 611–615	1999	2005			
§§ 611–613			2011	2015	
§§ 613a–619a			2011	2016	
§§ 616–619	1997				
§§ 616–630		2002			
§§ 620–630			2012	2016	
§§ 631–651	2000	2003	2008	2013	
§§ 651a–651m	2001	2003	2011	2015	
§§ 652–704	1995				
§§ 652–656		2003	2010		
§§ 652–661a			2015		
§§ 657–704		2006			
§§ 662–675b			2017		
§§ 675c–676c			2012		
§§ 677–704			2015		
§§ 705–740	2003				
§§ 741–764	1996	2002	2008	2015	
§§ 765–778	1997	2013			
§§ 779–811	1997	2002	2009	2015	
§§ 812–822	1994	1999	2007		
§§ 823–825	1999				
§§ 823 A–D		2016			
§§ 823 E-I, 824, 825		2009			
§§ 826–829; ProdHaftG	1998	2003	2009	2013	
§§ 830–838	1997	2002	2008	2012	
§§ 839, 839a	2002	2007	2013		
§§ 840–853	2002	2007	2015		

Neubearbeitungen

Buch 3. Sachenrecht				
§§ 854–882	1995	2000	2007	2012
§§ 883–902	1996	2002	2008	2013
§§ 903–924; UmweltHR	1996			
§§ 903–924		2002	2009	2015
UmweltHR		2002	2010	
§§ 925–984; Anh §§ 929 ff	1995	2004	2011	2016
§§ 985–1011	1993	1999	2006	2013
ErbbauRG; §§ 1018–1112	1994	2002	2009	2016
§§ 1113–1203	1996	2002	2009	2014
§§ 1204–1296; §§ 1–84 SchiffsRG	1997	2002	2009	
§§ 1–64 WEG	2005			
Buch 4. Familienrecht				
§§ 1297–1320; Anh §§ 1297 ff; §§ 1353–1362	2000	2007		
§§ 1297–1352		2012	2015	
LPartG		2010		
§§ 1353–1362			2012	
§§ 1363–1563	1994	2000	2007	
§§ 1564–1568; §§ 1–27 HausratsVO	1999	2004		
§§ 1564–1568; §§ 1568 a+b			2010	
§§ 1569–1586b	2014			
§§ 1587–1588; VAHRG	1998	2004		
§§ 1589–1600d	1997	2000	2004	2011
§§ 1601–1615o	1997	2000		
§§ 1616–1625	2000	2007	2014	
§§ 1626–1633;§§ 1–11 RKEG	2002	2007	2015	
§§ 1638–1683	2000	2004	2009	2015
§§ 1684–1717	2000	2006	2013	
§§ 1741–1772	2001	2007		
§§ 1773–1895; Anh §§ 1773–1895 (KJHG)	1999	2004		
§§ 1773–1895			2013	
§§ 1896–1921	1999	2006	2013	
Buch 5. Erbrecht				
§§ 1922–1966	1994	2000	2008	2016
§§ 1967–2086	1996			
§§ 1967–2063		2002	2010	2016
§§ 2064–2196		2003	2013	
§§ 2087–2196	1996			
§§ 2197–2264	1996	2003		
§§ 2197–2228			2012	2016
§§ 2229–2264			2012	
§§ 2265–2338	1998	2006		
§§ 2265–2302			2013	
§§ 2303–2345			2014	
§§ 2339–2385	1997	2004		
§§ 2346–2385			2010	2016
EGBGB				
Einl EGBGB; Art 1, 2, 50–218	1998	2005	2013	
Art 219–222, 230–236	1996			
Art 219–245		2003		
Art 219–232			2015	
Art 233–248			2015	
EGBGB/Internationales Privatrecht				
Einl IPR; Art 3–6	1996	2003		
Einl IPR			2012	
Art 3–6			2013	
Art 7, 9–12, 47,48	2000	2007	2013	
IntGesR	1993	1998		
Art 13–18	1996			
Art 13–17b		2003	2011	
Art 18; Vorbem A + B zu Art 19		2003		
Haager Unterhaltsprotokoll			2016	
Vorbem C–H zu Art 19		2009		
IntVerfREhe	1997	2005		
IntVerfREhe 1			2014	
IntVerfREhe 2			2016	
Kindschaftsrechtl Ü; Art 19	1994			
Art 19–24		2002	2008	2014
Art 20–24	1996			
Art 25, 26	1995	2000	2007	
Art 27–37	2002			
Art 1–10 Rom I VO		2011	2016	
Art 11–29 Rom I-VO; Art 46b, c; IntVertrVerfR		2011	2016	
Art 38	1998			
Art 38–42		2001		
IntWirtschR	2000	2006	2010	2015
Art 43–46	1996	2014		
Eckpfeiler des Zivilrechts	2008	2011	2012	2014
Demnächst erscheinen				
§§ 125–129; BeurkG			2012	2017
§§ 1363–1407				2017

oHG Dr. Arthur L. Sellier & Co. KG – Walter de Gruyter GmbH, Berlin
Postfach 30 34 21, D-10728 Berlin, Telefon (030) 2 60 05-0, Fax (030) 2 60 05-222